Für Königtum und Himmelreich
1000 Jahre Bischof Meinwerk von Paderborn

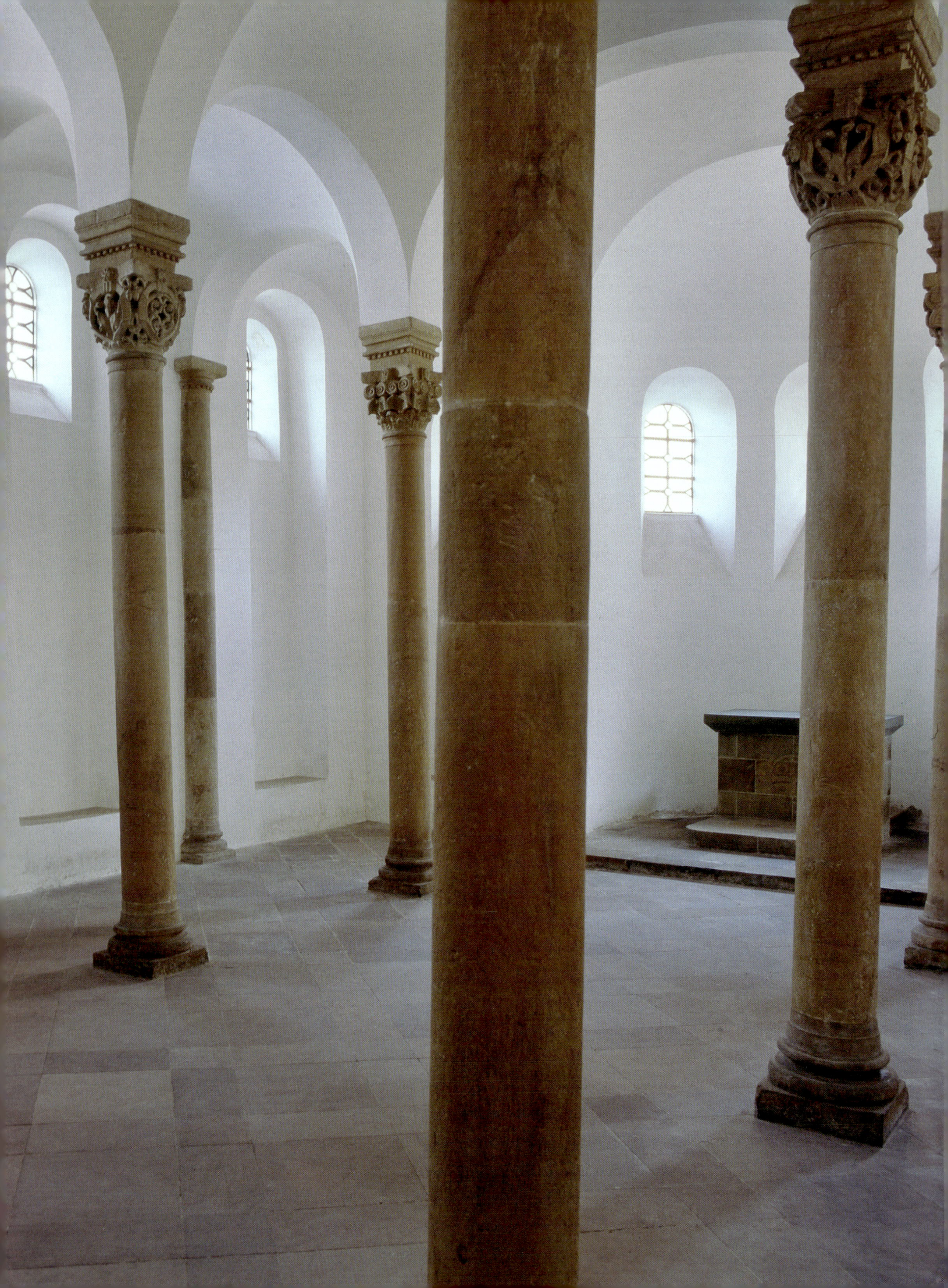

Incipit vita Meynwerci epi padboenensis

Postea quã mediator dĩ & hominũ carnẽ sumere & crucẽ subire p salute dignat' ẽ omniũ. discipuli ab ipso electi & dilecti. p ei' gloriosã ascensionẽ. sps sci uisitatione & consolatione confortati. & oĩ scĩa ueritatis imbuti. scd'm ipi' pmissionẽ. ut p eos saluarent' an mundi consummationẽ. q saluandi p gratiã. pordinati erant an mundi constitutionẽ. Quoꝝ pdicationis instantia. quersa st ad dñm inumerabilia multoꝝ hominũ milia. agnitaq; fide xpiane religionis. respuert cultũ antique supsticionis. In cui' unitate fidei. cũ diuersarũ trarũ & linguarũ alacrit' & salubrit' conuenirent ppli. conuenit q; magna clementis saluatoris clementia. sedulaq; magni Karoli multimodi laboris instantia. gens saxonica. quã ad credendũ eo ipso lit difficili'. q'd gen' hominũ natura animi erat ferocior. Subiecta aũ iugo fidei. facta ẽ sacerdotib' tributaria. q tributa alioꝝ exegerat temeraria. cepitq; sua p xpi amore xpianis tribuere. que raptu alioꝝ solebat uiuere. Destruunt' hinc fana idoloꝝ. erigunt' oratoria scoꝝ. designant' parrochiarũ t'mini. construunt' epaliũ sediũ i locis congruis tituli. inquibus rudis adhuc i fide ppls ne ad pfidiã pstinã relaberet' salutarib' monitis imbueret'. & seruientiũ domino multitudo numero & merito cotidie augeret'. Int' omnia u' loca principalib' ecclis constituendis destinata. speciali quadã dignitate patherbrunnensis sedes pminebat. que semp magnoꝝ titulis signata uirorũ

Für Königtum und Himmelreich

1000 Jahre Bischof Meinwerk von Paderborn

Katalog zur Jubiläumsausstellung
im Museum in der Kaiserpfalz
und im Erzbischöflichen Diözesanmuseum
Paderborn 2009/2010

herausgegeben von
Christoph Stiegemann und Martin Kroker

SCHNELL + STEINER

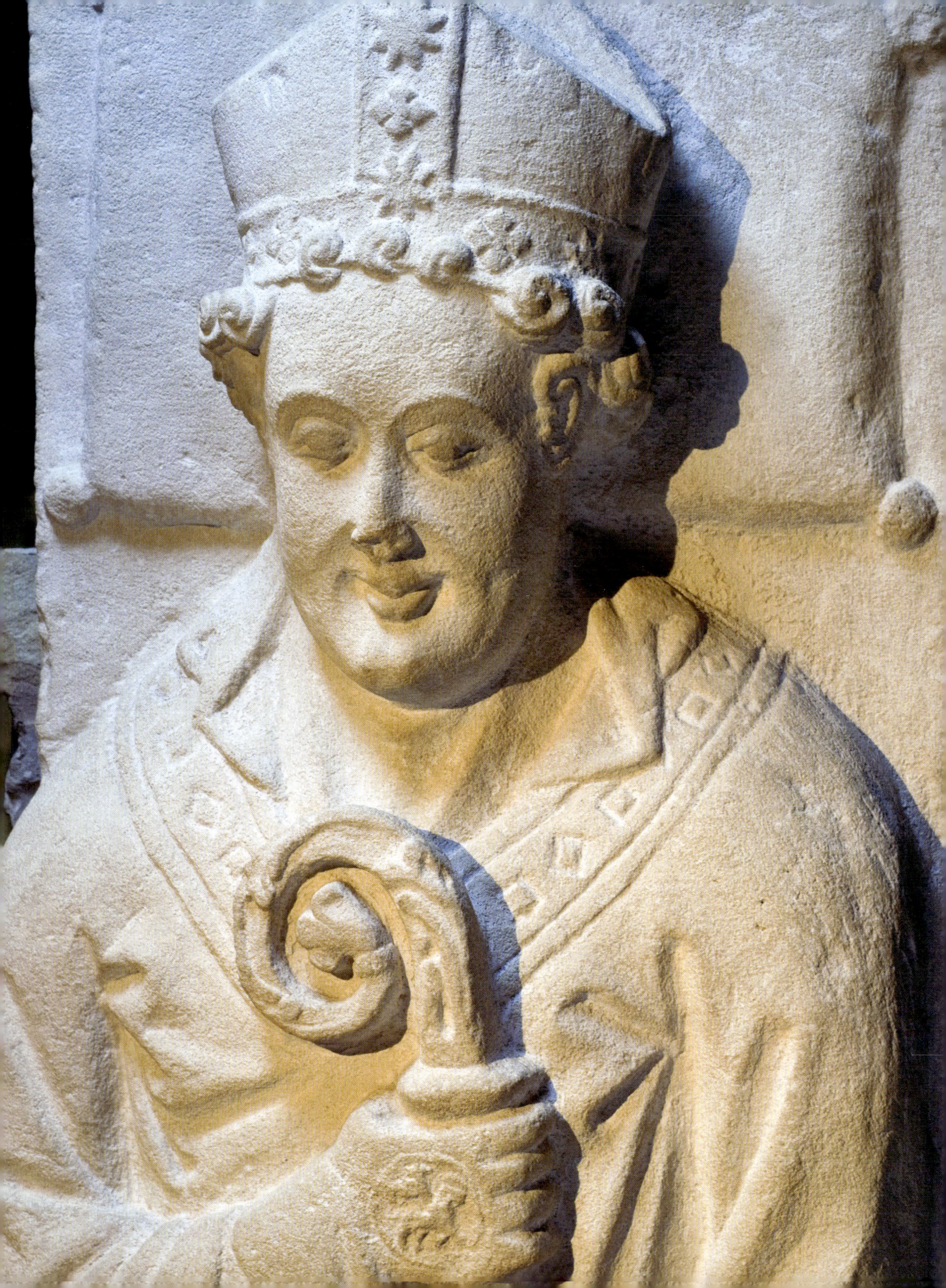

Der Erzbischof von Paderborn

Se. Exzellenz Hans-Josef Becker

und der Minister für Bauen und Verkehr
des Landes Nordrhein-Westfalen

Herr Lutz Lienenkämper

gewährten der Ausstellung

Für Königtum und Himmelreich
1000 Jahre Bischof Meinwerk von Paderborn

ihr hohes Patronat.

Grußwort

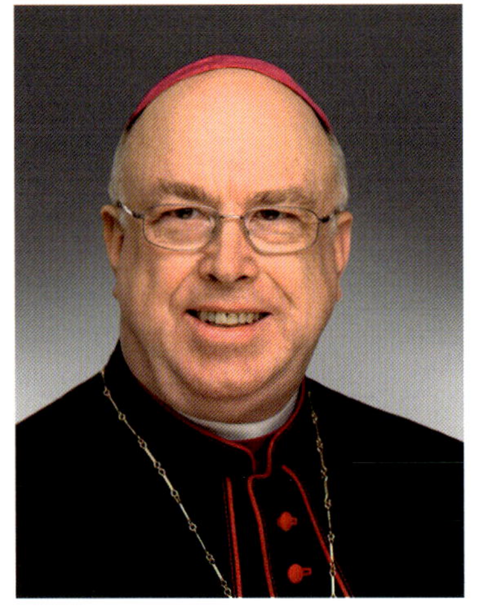

In diesem Jahr feiert das Erzbistum Paderborn eine der überragenden Bischofsgestalten des frühen Mittelalters: Meinwerk, der vor genau 1000 Jahren, am 9. März des Jahres 1009, von seinem Freund König Heinrich II. in der Pfalz zu Goslar zum Bischof der Paderborner Kirche erhoben wurde. Die Weihe erteilte ihm dort vier Tage später der zuständige Metropolit, der Mainzer Erzbischof Willigis. »Meinwerk« ist althochdeutsch und bedeutet »der mit Kraft Wirkende«. Er ist der Zehnte in der Reihe der Bischöfe unseres Bistums. Während seines Episkopats entwickelte sich Paderborn zu einem der bedeutendsten politischen, künstlerischen und geistlichen Zentren im Reich der Ottonen. Die Kirche von Paderborn gedenkt des seligen Meinwerk am 7. August.

Um diesen bedeutenden Bischof zu ehren, haben wir am 9. Januar 2009 das Meinwerkjahr ausgerufen. Den Höhepunkt dieses Jubiläumsjahres bildet die Ausstellung *Für Königtum und Himmelreich. 1000 Jahre Bischof Meinwerk von Paderborn*, die von unserem Diözesanmuseum in Kooperation mit dem Museum in der Kaiserpfalz des Landschaftsverbandes Westfalen-Lippe erarbeitet wurde. Ich habe gerne die Schirmherrschaft über die Ausstellung des Diözesanmuseums angenommen, die sich in guter Weise in die Reihe der großen Mittelalterausstellungen einreiht, die seit der unvergessenen Karolingerausstellung 1999 in Paderborn stattfanden. Schon der Titel der Ausstellung weist hin auf die Doppelfunktion des Bischofs in der ottonisch-salischen Reichskirche des 10. und 11. Jahrhunderts, die zu jener Zeit nicht getrennt gedacht werden konnte. Die Bischöfe hatten weltlichen und geistlichen Aufgaben gleichermaßen nachzukommen. Die Liturgie wurde mit besonderem Gepränge ausgestaltet. Umfangreich waren die sakralen Bau- und Kunststiftungen, die dem Gebetsgedächtnis in der Liturgie und damit der »Jenseitsvorsorge« galten. In den vieltürmigen Kirchenfamilien suchte man das Himmlische Jerusalem auf Erden abzubilden. All dies vollzog sich »sub specie aeternitatis«. Das war ein völlig anderes Verständnis des Bischofsamtes, als wir es heute kennen.

Seit Beginn des 19. Jahrhunderts hat sich die Trennung von Staat und Kirche in dieser Hinsicht segensreich ausgewirkt; ihre Vorgeschichte reicht bis in die Zeit der Kirchenreform des 11. Jahrhunderts zurück. Mit der Canossaausstellung im Jahr 2006 haben wir dieser Epoche in besonderer Weise gedacht. Anders als zur Zeit Meinwerks sind dem Bischof heutzutage die Glaubensverkündigung sowie die Für- und Seelsorge für die Gläubigen in seiner Ortskirche als vorrangige Aufgaben aufgegeben.

Unbenommen dessen gilt es, an die herausragenden Leistungen meines Vorgängers im Amt und seiner bischöflichen Mitbrüder vor 1000 Jahren zu erinnern. Mit guten Gründen spricht man in den Jahrzehnten um die Jahrtausendwende vom »Europa der Bischöfe«, denn für den Kernbereich des damaligen Europas können wir von einem funktionierenden und ziemlich lückenlosen Bistumsnetz als Grundstruktur der Reichsorganisation ausgehen. Die Kathedralstädte wurden von den Bischöfen reich ausgebaut und prächtig gestaltet und so in Sakrallandschaften verwandelt, die noch heute von Barcelona bis Bremen und von Paderborn bis Verona vom Europa der Bischöfe vor eintausend Jahren künden. In den drei Generationen vor und nach der Jahrtausendwende wurde so die Karte des modernen Europas zu einem erheblichen Teil gestaltet und über Jahrhunderte geprägt.

Mit der Meinwerkausstellung wollen wir in diesem Jahr nicht nur an die historische Figur des Bischofs der ottonisch-salischen Reichskirche erinnern, sondern auch verdeutlichen, welch herausragenden Stellenwert Meinwerk bis zum heutigen Tage für die Identität der Kirche von Paderborn besitzt. Das ist beileibe kein totes Erbe, das wir etwa nur aus historischer Rücksichtnahme »künstlich beatmen«, sondern ein vitaler Bestandteil einer lebendigen Tradition, in der wir gründen und aus der wir stets neu schöpfen.

Ich wünsche, dass möglichst viele Menschen im Erzbistum Paderborn und darüber hinaus die Bedeutung des seligen Meinwerk für ihre eigene Geschichte und Identität erkennen und daraus Kraft für die Gestaltung der Zukunft schöpfen.

Paderborn, im Oktober 2009

+ Hans-Josef Becker

Hans-Josef Becker, Erzbischof von Paderborn

Grußwort

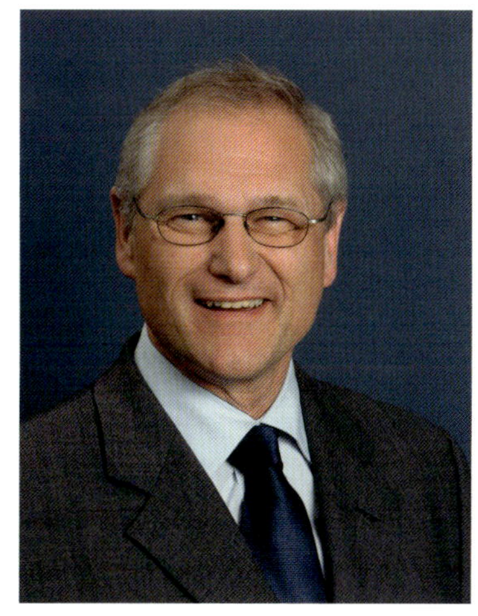

Vor 1000 Jahren, genau am 13. März 1009, wurde Meinwerk nach der Einsetzung durch Kaiser Heinrich II. vom Mainzer Erzbischof Willigis zum Bischof von Paderborn geweiht.

Meinwerk stammte aus der in Westfalen, Niedersachsen und am Niederrhein reich begüterten Familie der Immedinger, die im Sachsenherzog Widukind, dem Gegenspieler Karls des Großen, einen ihrer Vorfahren sah. Mit hohem persönlichen Einsatz hat Meinwerk dem Paderborner Bischofssitz zu einer neuen Blüte verholfen. Mit dem Vermögen seiner Familie und in enger Bindung an die Könige Heinrich II. und Konrad II. wurden neue Strukturen im Bistum und in der Stadt geschaffen. Der Bau der neuen Kaiserpfalz, unmittelbar nördlich der beim Brand des Jahres 1000 zerstörten Pfalzanlage Karls des Großen, wird eine seiner ersten Leistungen gewesen sein. Hier konnte er in den kommenden Jahren mindestens 15-mal den Herrscher empfangen. Sehr oft verbrachten die Könige hier in einem würdigen Rahmen das Weihnachtsfest. Die Paderborner Pfalz wurde in dieser Zeit zu einem Ort des Königtums, zu einem der zentralen Orte im Reich.

In der wieder errichteten Pfalz des frühen 11. Jahrhunderts ist heute das Museum in der Kaiserpfalz untergebracht. Ausgrabungen des LWL unter der Leitung von Prof. Wilhelm Winkelmann zwischen 1964 und 1978 haben die in großen Teilen noch erhaltenen Gebäudestrukturen freigelegt, so dass eine Rekonstruktion des Baus möglich war.

Für den LWL als Träger des Museums war es daher eine gerne angenommene Aufgabe, zusammen mit dem Erzbistum Paderborn die Epoche Bischof Meinwerks zu würdigen. Andere Bischöfe folgten dem Beispiel des Paderborner Oberhirten und begannen im 11. Jahrhundert ihren Sitz mit hohem Aufwand auszubauen. Nicht nur in Paderborn, sondern auch in den weiteren westfälischen Städten Münster und Minden entstanden neue Kirchen und Klöster außerhalb der Domburg. Deren Errichtung zog zahlreiche Handwerker und Kaufleute an, die sich in neu erschlossenen Stadtvierteln ansiedelten. Mit dem Erwerb und der Errichtung von Burgen – wie der des Grafen Dodiko in Warburg – betrieb Meinwerk die Bildung eines festen Territoriums, aus dem später das Hochstift Paderborn hervorgehen sollte. Besonders erfolgreich verfolgten auch die Bischöfe von Münster diese Politik. Es entstanden die Grundlagen für zwei der großen Territorien Westfalens.

Der bedeutendste mittelalterliche Bischof Paderborns hat in der zweiten Hälfte des 12. Jahrhunderts einen Biographen in dem von ihm gegründeten Abdinghofkloster gefunden. Die Lebensbeschreibung Meinwerks erscheint zum Jubiläumsjahr in einer neuen, zweisprachigen Ausgabe, gefördert mit Mitteln der LWL-Kulturstiftung. Zusammen mit dem vorliegenden Katalog wird einmal mehr der hohe wissenschaftliche Rang der Paderborner Ausstellungsprojekte unterstrichen.

Die bedeutenden Objekte, die aus vielen Museen Europas zusammengetragen wurden, werden die Besucher begeistern und den kulturellen Reichtum der Epoche lebendig werden lassen. Ich wünsche der Ausstellung großen Erfolg.

Münster, im Oktober 2009

Dr. Wolfgang Kirsch, LWL-Direktor

Vorwort der Herausgeber

»Da alle sofort zustimmten und Heinrich II. wegen dieser Entscheidung beglückwünschten, rief er Meinwerk herbei, lächelte ihm mit gewohnter Liebenswürdigkeit zu und reichte ihm einen Handschuh mit den Worten: ›Nimm!‹ Als dieser zurückfragte, was er nehmen solle, antwortete der König: ›Das Bistum der Paderborner Kirche.‹« (Vita Meinwerci 2009, cap. 11). So lebendig – wenn auch historisch sicher nicht korrekt – schildert der Verfasser der *Vita Meinwerci* die Erhebung Meinwerks (1009–1036) zum zehnten Bischof der Kirche von Paderborn. 27 Jahre lang lenkte Meinwerk äußerst erfolgreich die Geschicke des Bistums; er gilt zu Recht als dessen »zweiter Gründer«. Durch seine imposanten Bauwerke prägt er das Bild der Stadt bis heute. Seine Investitur durch König Heinrich II. (1002–1024) erfolgte sicher nicht mit einem Handschuh, sondern mit Stab und Ring, wie es vor dem Investiturstreit am Aufgang des Jahrtausends die Regel war, als die sakrale Stellung des Königs noch unangefochten galt und er mit der Salbung im Krönungszeremoniell zum Stellvertreter Christi auf Erden wurde. Die *Vita Meinwerci*, verfasst vermutlich von Abt Konrad von Abdinghof (1142–1173), entstand erst etwa 130 Jahre nach seinem Tod, und damit nach dem Ende des Investiturstreits, in dem das überkommene Recht des Königs, Bischöfe in ihr Amt einzusetzen, radikal infrage gestellt worden war. Dieser entscheidenden Epoche tiefgreifender Gegensätze, Reformen und Umbrüche haben wir 2006 die große Canossaausstellung gewidmet.

Aus Anlass des 1000-jährigen Jubiläums der Bischofserhebung Meinwerks findet in Paderborn nun die Ausstellung *Für Königtum und Himmelreich – 1000 Jahre Bischof Meinwerk von Paderborn* statt, die das Erzbischöfliche Diözesanmuseum und das Museum in der Kaiserpfalz in Kooperation durchführen. Die Ausstellung ist zweigeteilt und nimmt die beiden grundlegenden Wesenszüge des mittelalterlichen Bischofsamtes bereits in ihrem Titel auf: *Für Königtum und Himmelreich* – im Dienst des Königs für das Reich, aber auch als Geistlicher für die Seelsorge in der ihm anvertrauten Diözese hatte der Bischof in jener Zeit zu wirken. Nur wenn er beiden Aufgaben gerecht wurde, konnte der Bischof als idealer Amtsinhaber gelten. Meinwerk war als »Diener dreier Kaiser« von Otto III. (983–1002) in die Hofkapelle berufen worden und es gelang ihm, Heinrich II. und Konrad II. (1024–1039) eng an seinen Bischofssitz zu binden. Insgesamt neunmal weilte Heinrich II. mit seinem Gefolge in Paderborn, Konrad II. war achtmal in der Kaiserpfalz zu Gast. Meinwerks unermüdlicher Dienst für das Reich wurde mit zahlreichen Privilegien und Güterschenkungen belohnt, die die Wirtschaftskraft der Paderborner Kirche enorm steigerten. Innerhalb der Reichskirche wusste Meinwerk sich damit durchaus zu behaupten, stand er doch gleichberechtigt neben den durch ihre einzigartigen Kunststiftungen berühmten Bischöfen Bernward von Hildesheim (993–1022), Notker von Lüttich (972–1008) und Sigebert von Minden (1022–1036).

Für Königtum …
Die Ausstellung im Museum in der Kaiserpfalz

Dem Anlass der Ausstellung entsprechend beginnt der Rundgang in der Kaiserpfalz mit der Bischofserhebung Meinwerks durch König Heinrich II. und seiner Weihe durch den zuständigen Metropoliten Erzbischof Willigis von Mainz (975–1011). Die Symbole der Investitur, Ring und Stab, werden in der Ausstellung mit dem Ring Aribos von Mainz (1021–1031) und dem Stab Heriberts von Köln (999–1021) zu sehen sein (Kat.Nr. 2–3). Eine Investiturdarstellung in der *Vita sancti Audomari* aus St-Omer ist eines der Hauptexponate dieser Abteilung (Kat.Nr. 1).

Voraussetzung für die Befähigung Meinwerks als Bischof war neben seiner adeligen Herkunft – er entstammte dem Geschlecht der Immedinger – und dem Vermögen seiner Familie die Ausbildung in der königlichen Hofkapelle, dem engsten Beratergremium des mittelalterlichen Herrschers. Urkunden belegen das vertraute Verhältnis zwischen Kaiser Otto III. und Meinwerk; spätestens 1006 scheinen am Hofe die Weichen zur Übernahme der Paderborner Kirche gestellt worden zu sein.

Die Bischöfe der ottonisch-frühsalischen Zeit waren aktiv in die Regierung des Reiches eingebunden. In einer Urkunde Heinrichs II. heißt es, der Bischof habe »in beständiger Ergebenheit im Königsdienst geschwitzt« (MGH DD H II, Nr. 484). Diese, auch *servitium regis* genannten Pflichten, umfassten eine Vielzahl von Leistungen, die das Thema der folgenden Ausstellungseinheiten über die Bischöfe und ihre weltlichen Aufgaben in der ottonischen Reichskirche bilden. Neben der Sicherstellung der Versorgung und Beherbergung galt es, Beschäftigungs- und Arbeitsmöglichkeiten für den Tross des Königs anzubieten. Mit sprechenden Exponaten der Zeit wird die Gastung des umherreisen-

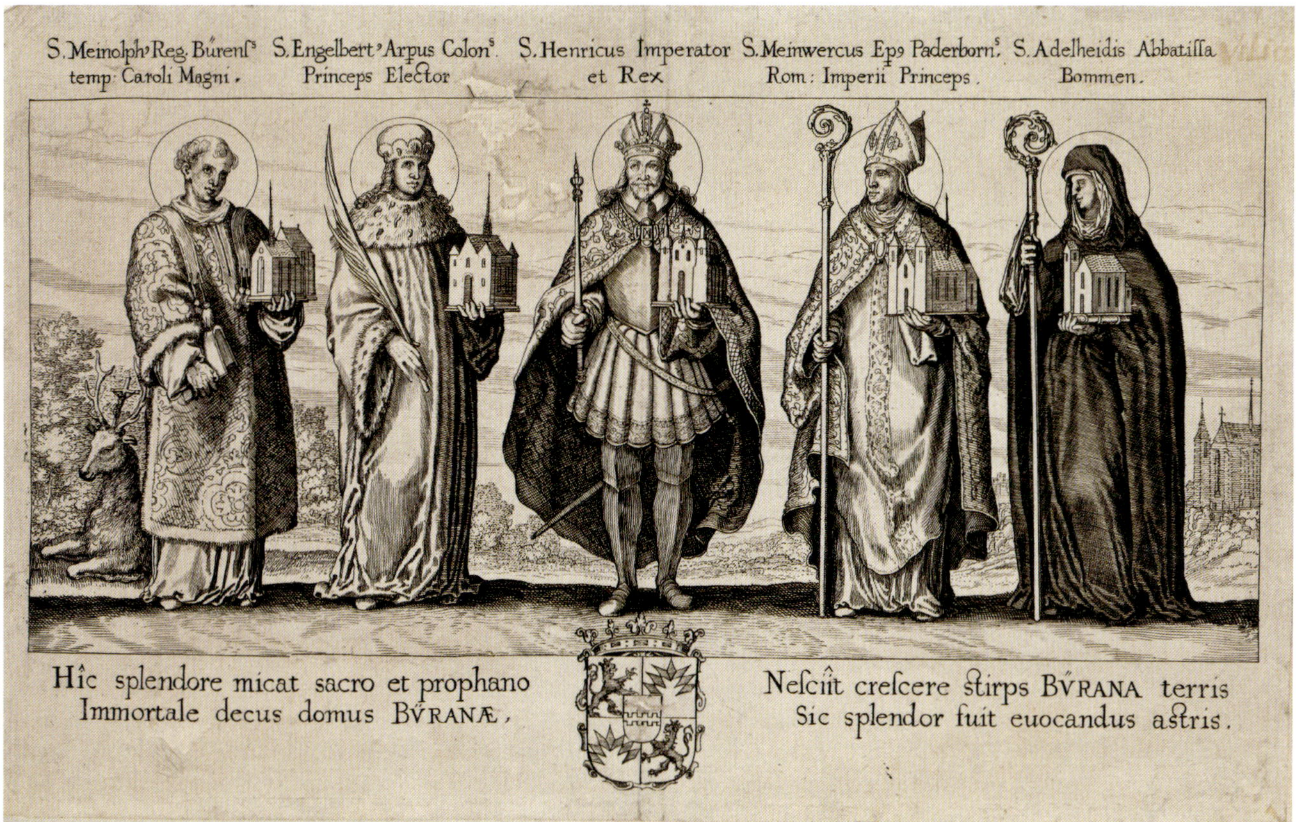

1 Einzelblatt (beschnitten: 14,9 x 23,4 cm) mit den Patronen der Herrschaft Büren: heiliger Meinolf († 857), Erzbischof Engelbert von Köln (1216–1225), heiliger Kaiser Heinrich II., seliger Bischof Meinwerk von Paderborn und Adelheid von Büren, Äbtissin von Gernrode und Frose (1206–1221). Unter Kaiser Heinrich das Wappen des Freiherrn Moritz von Büren († 1661); die Verse links und rechts davon lauten: »Hier strahlt durch heiligen und weltlichen Glanz / Der ewige Schmuck des Hauses Büren, // Nicht weiß zu wachsen das Bürener Geschlecht auf Erden / So ist der Glanz bei den Sternen hervorzurufen.« Kupferstich von Isaac Mayer, um 1650. Köln, Kölnisches Stadtmuseum, G 14411,1

den Königshofes zur Darstellung gebracht. Mehrere Male begleitete Meinwerk die Herrscher nach Italien. Denn zu den verschiedenen Facetten des Königsdienstes gehörte auch die Heerfolgepflicht des Bischofs. In seinen Kriegszügen gegen den christlichen polnischen Herrscher Bolesław I. Chrobry (992–1025), an denen auch Meinwerk teilnahm, verbündete sich Heinrich II. sogar mit den heidnischen Liutizen. Neben schriftlichen Quellen gestatten zahlreiche Exponate aus dem slavischen Kontext einen Einblick in deren Gebräuche und Vorstellungswelten.

Meinwerks Familie gehörte dem Hochadel an und war reich begütert. Der Adel, dessen Darstellung sich im Ausstellungsrundgang anschließt, bildete gemeinsam mit dem Klerus und dem Herrscher das »Kräftedreieck des Reiches«. Durch prächtige und kunstvoll gearbeitete Schmuckstücke wird das Leben des Adels ebenso präsentiert wie durch Pergamenthandschriften und Architekturfragmente.

Für seine weltlichen Dienste wurde Meinwerk mit Schenkungen und Privilegien belohnt, welche die Wirtschaftskraft und das Ansehen der Paderborner Kirche steigerten und ihr Territorium ausdehnten. Exemplarisch für die Übernahme von Adelsherrschaften und Landesburgen durch den Bischof wird Graf Dodiko von Warburg († 1020) vorgestellt. Dieser regierte über einen relativ geschlossenen, aus grundherrlichen und gräflichen Rechten zusammengesetzten Herrschaftsbereich mit der Grafschaft Warburg im Mittelpunkt, welche er der Paderborner Kirche übereignete und sich so ewiges Gebetsgedenken sicherte (Kat.Nr. 122).

Im Gegensatz zum König, der »vom Sattel aus« das Reich lenkte, verfügten die Bischöfe über einen festen Amtssitz: ihre Bischofsstadt. Neueste stadtarchäologische Forschungen vermitteln einen Eindruck von der überaus regen Bautätigkeit, die etwa Meinwerk in Paderborn entfaltete; Marktplätze, Handwerk und Handel lassen ein lebendiges Bild der Stadt um 1000 entstehen. In der Ausstellung werden an der Seite Paderborns vor allem die sächsischen (Erz-)Bistümer Hildesheim, Halberstadt, Magdeburg, Bremen, Minden und Münster vorgestellt. Die Lebensbeschrei-

bung Meinwerks spricht an vielen Stellen die Bautätigkeit des Geistlichen an und so mag es nicht verwundern, dass es vor allem die steinernen Zeugen sind, auf denen Meinwerks Ruhm bis heute gründet. Neben Klöstern und Stiften entstanden Bischofspfalz und Bischofspalast, repräsentative Stadtmauern mit gewaltigen Schutzgräben sowie neue Stadtviertel mit Märkten für Handwerker und Kaufleute.
Eine der wichtigsten erzählenden Quellen für die Zeit Bischof Meinwerks ist seine um 1160 verfasste Lebensbeschreibung, deren Textzeugen den Abschluss des Ausstellungsrundgangs in der Kaiserpfalz bilden. Die Originalhandschrift wird hier ebenso präsentiert wie ihre beiden überlieferten Abschriften und die frühesten Drucke, die seit dem beginnenden 17. Jahrhundert herausgegeben wurden (Kat.Nr. 124–129).

… und Himmelreich
Die Ausstellung im Diözesanmuseum

Wie die großen Mittelalterausstellungen der zurückliegenden Jahre vom einzelnen Ereignis ausgehen, so stellt die Meinwerkausstellung die Einzelpersönlichkeit in den Mittelpunkt. Dabei wird Meinwerk als herausragender Vertreter des Reichsepiskopats im Zusammenhang mit seinen »Kollegen« präsentiert. Die Bischöfe als Elite des Reichs in spätottonisch-frühsalischer Zeit sind im Zusammenhang noch nicht dargestellt worden. Besonderes Augenmerk wird dabei auf die sozialen Strukturen und Kommunikationsformen gelegt, die für die Herausbildung und Stabilisierung dieses außerordentlich effizienten »Netzwerks« der Bischöfe kennzeichnend waren. Dieser Aspekt zieht sich im Diözesanmuseum wie ein roter Faden durch die Ausstellungseinheiten.
So dienten etwa Synoden wie jene vom 7. Juli des Jahres 1005 in Dortmund, deren Inszenierung den Auftakt im Diözesanmuseum bildet, dazu, die Bindungen der Bischöfe untereinander und zum König zu stärken. In Dortmund schlossen Heinrich II. und seine Gemahlin Kunigunde († 1033) mit 15 Bischöfen, jeder von ihnen in der Ausstellung durch ein sprechendes Exponat vertreten, eine Gebetsverbrüderung im Todesfalle, die den Zusammenhalt förderte, gerade auch im Hinblick auf den unmittelbar bevorstehenden Kriegszug gegen den Polenherzog Bolesław.
Wie aber stieg man in diese Bischofselite auf, deren Mitglieder sich selbstbewusst als Kollegen des Königs verstanden? Eine wichtige Rolle spielten dabei die Domschulen, in denen die für die geistliche Laufbahn bestimmten jungen Adligen schon sehr früh zusammenkamen. Nicht ganz sicher ist, ob Meinwerk in der Domschule zu Hildesheim bereits den künftigen Kaiser Heinrich II. kennen lernte, mit dem ihn später eine enge Freundschaft verband, die für den erfolgreichen Werdegang Meinwerks von besonderer Bedeutung wurde. Wie aber nahmen sich die Lehrinhalte der Domschulen und damit der Bildungskanon jener Zeit aus? Darauf gibt die folgende Ausstellungseinheit eine umfassende Antwort. Verbindlich galt in jener Zeit der Fächerkanon der sieben freien Künste, die erstmals in der ausgehenden Antike von Martianus Capella vorgestellt wurden. Neben Texthandschriften zu Grammatik, Geometrie und Astronomie (Kat.Nr. 144–147) sowie zeitgenössischen Bibliothekskatalogen (Kat.Nr. 148–149) ist ein arabisches Astrolabium aus Saragossa (Kat.Nr. 156) zu sehen. Basierend auf den Harmonielehren des Boethius († um 525) wurde um 1030 das »Zahlenkampfspiel« erfunden (Kat.Nr. 161), das von Schülerinnen und Schülern des Paderborner Gymnasiums Theodorianum eigens für die Ausstellung neu aufbereitet wurde.
Der folgende thematische Schwerpunkt widmet sich den geistlichen Aufgaben, wobei die vornehmste, »der Bischof am Altar«, am Anfang steht. Die Bischofsmesse wurde in dieser Zeit mit besonderer Prachtentfaltung ausgestaltet. Eine vollständige Altargarnitur aus ottonischer Zeit hat sich zwar nicht erhalten. Dennoch werden der Ornat des Bischofs – das Zeremoniell seiner Einkleidung – und die Ausstattung des Altares mit herausragenden Leihgaben, darunter Altargerät und Paramente, aus europäischen Museen vergegenwärtigt. Seinem Umfang nach einzigartig ist der Komplex von acht reich illuminierten Handschriften samt zugehörigen Einbänden mit Elfenbeinschmuck, die Bischof Sigebert von Minden im berühmten St. Galler Skriptorium in Auftrag gab (Kat.Nr. 190–197). Sie alle haben sich – in unterschiedlichen Sammlungen – erhalten und werden in Paderborn nun erstmals wieder zusammengeführt.
Die Heiligenverehrung nimmt im hohen Mittelalter breiten Raum ein. Reliquienschenkungen durch Herrscher und Päpste belegen eindrucksvoll die Kontakte der Bischöfe im Reich und in Italien. Die »Hausheiligen« der ottonischen Herrscherdynastie – Vitus, Mauritius, Laurentius oder auch Adalbert – waren nicht nur als Fürsprecher in Notsituationen von Bedeutung, sondern wurden vielfach bei Altarweihen als Patrone gewählt. Als 1921 der romanische Altar in der Paderborner Bartholomäuskapelle abgebrochen wurde, fand sich in dessen Sepulchrum ein Bleibehältnis. Ein beschriftetes Pergament nennt die darin verwahrten Reliquien: solche vom Grab des Herrn, vom Kreuz des Herrn, vom Kleid der Maria, aber auch ein Zahn des heiligen Laurentius sind neben anderen genannt.
»Als das dritte Jahr nach dem Jahrtausend ins Land zog«, berichtet der burgundische Mönch Rodulfus Glaber († um 1047), »wurden fast auf der ganzen Erde […] die Kirchen umgebaut; […] Es war geradezu, als schüttelte die Welt ihr Alter ab und legte allenthalben einen weißen Mantel von Kirchen an« (Rudolfus Glaber 1989, lib. III, cap. 4). Der Ausbau der Bischofssitze ist – wie auch das Paderborner

Beispiel zeigt – charakteristisch für diese Zeit. Während die weltlichen Herrscher, die Könige und Fürsten, keine Hauptstädte besaßen, wurden die Bischofssitze von den Amtsinhabern ausgebaut und zu Sakrallandschaften umgestaltet. Besonders tritt hier Bischof Notker von Lüttich hervor; sein kostbares Evangeliar, dessen Vorderdeckel ein kunstvoll gearbeitetes Elfenbeinrelief mit der Darstellung Notkers als Stifter ziert (Kat.Nr. 199), zählt zu den herausragenden Stücken der Paderborner Ausstellung.
Wenige Jahre nach dem Ausbau Lüttichs erfolgte der Ausbau der Bischofsstadt Paderborn und es deutet vieles darauf hin, dass sich Meinwerk am Bauprogramm Notkers orientierte. Im Westen der Stadt ließ er das bedeutende Benediktinerkloster Abdinghof errichten, im Osten entstand mit dem Busdorfstift eine der anspruchsvollsten architektonischen Kopien des Heiligen Grabes von Jerusalem im Reich. Den Mittelpunkt der Kirchenfamilie Meinwerks bildete aber der Dom, den er umfassend umbauen ließ. In der Verschränkung von Reich und Kirche stellte sich die Paderborner Bischofsstadt als »heilige Stadt« dar, die auf Rom und Jerusalem weist. In Hildesheim begann Bischof Bernward gleich nach seiner Bischofsweihe mit dem Bau der Abtei St. Michael, die er zu seiner Grablege bestimmte. Bereits 1015 wurde in der Krypta ein Altar der Gottesmutter Maria geweiht. Wie Sigebert von Minden, so stiftete auch Bernward seiner Kirche eine Reihe überaus wertvoller, kostbar ausgestatteter Handschriften.
Ein wesentliches Motiv dieser bischöflichen Baustiftungen bestand in der Jenseitsvorsorge und der Sicherung des Gebetsgedenkens, der *memoria*. Hier schließt sich der Kreis der Ausstellung im Diözesanmuseum: Am Beginn stand das Gelübde der Bischöfe und des Herrscherpaares, einander im Todesfall zu gedenken. Das Ende bildet eine Ausstellungseinheit, die dem Tod Meinwerks und seinem Nachleben gewidmet ist. Nach seinem Tod am 5. Juni 1036 wurde Meinwerks Leichnam – wie er dies zu Lebzeiten verfügt hatte – in der Krypta des von ihm gegründeten Abdinghofklosters beigesetzt. In der Ausstellung werden unter anderem der Sarkophag Meinwerks sowie das so genannte Merseburger Nekrolog zu sehen sein, in dem – neben anderen Bischöfen – auch Name und Sterbedatum Meinwerks verzeichnet sind (Kat.Nr. 225–226). Ein kleiner Ausblick auf Rezeption und Nachleben steht am Schluss, der noch einmal die vitale identitätsstiftende Bedeutung Meinwerks für die Kirche von Paderborn deutlich werden lässt.

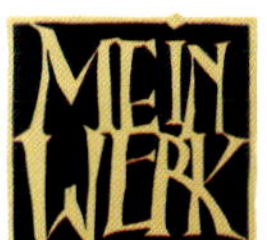

SEI DEIN WERK, haben wir in den zahlreichen Gesprächsrunden im Vorfeld gedacht. Die Entstehung solch einer großen Ausstellung ist immer ein Abenteuer mit vielen Unbekannten: ein Gemeinschaftswerk, das ohne das Zutun einer Vielzahl begeisterter, engagierter Personen nicht gelingen kann. Wie schon bei den zurückliegenden Ausstellungen, so ist auch das Meinwerkprojekt als interdisziplinäres Vorhaben angelegt, an dem zahlreiche Fachwissenschaftler des wissenschaftlichen Beirats sich mit großem Engagement beteiligt haben. Schon bei der Konkretisierung der Idee, die Bischofselite in den Blick zu nehmen, waren die intensiven Gespräche mit den Wissenschaftlerinnen und Wissenschaftlern des Beirates überaus hilfreich. Sie haben das Ausstellungsvorhaben zu ihrer Sache gemacht. Für ihr uneigennütziges Engagement sei ihnen allen an dieser Stelle herzlich gedankt. Besonders möchten wir Prof. Dr. Stefan Weinfurter, Heidelberg, erwähnen, der im Vorfeld wichtige Anregungen für die Konzeption der Ausstellung im Diözesanmuseum gab. Das gilt in gleicher Weise für Prof. Dr. Rudolf Schieffer, München, der überhaupt den Blick auf die Beschäftigung mit dem Thema der Bischöfe um 1000 gelenkt und sich freundlicherweise bereit erklärt hat, den Eröffnungsvortrag zur Ausstellung am 23. Oktober 2009 im Hohen Dom zu halten. Prof. Dr. Manfred Balzer, Münster, war mit seiner umfangreichen Kenntnis zur Bischofsstadt im 11. Jahrhundert stets bereit, das Ausstellungsteam zu beraten. Diese Wissenschaftler gehören zu den 88 Autorinnen und Autoren des Kataloges, denen wir für die gute, kollegiale Zusammenarbeit danken.

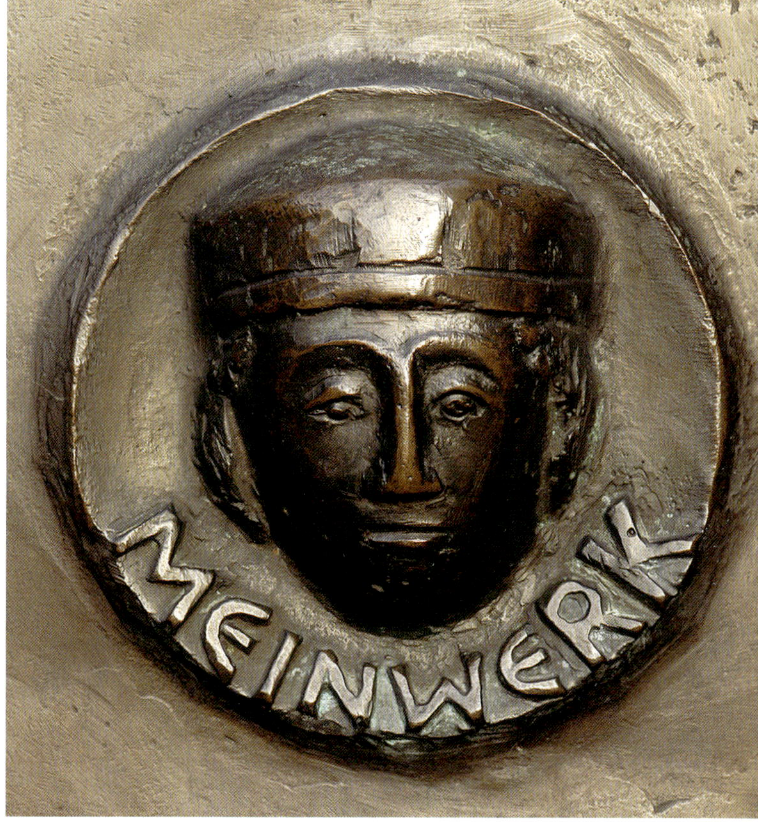

2 Paderborn, Medaillon mit einer Darstellung Bischof Meinwerks an der Bronzetür der Bartholomäuskapelle (Detail); Heinrich Gerhard Bücker, 1978

Sie haben mit ihren qualifizierten und dabei verständlich abgefassten Beiträgen wesentlich zum Gelingen des umfangreichen Kataloges beigetragen, der die Ausstellung überdauern wird. Bedeutsam im Hinblick auf den wissenschaftlichen Ertrag des Unternehmens ist auch die zweisprachige Neuedition der *Vita Meinwerci,* die von Prof. Dr. Jörg Jarnut, Paderborn, und Prof. Dr. Matthias Becher, Bonn, angestoßen und von Dr. Guido M. Berndt bearbeitet wurde. Sie erscheint zeitgleich mit dem Katalog in der Reihe der Paderborner MittelalterStudien. Besonderer Dank gebührt weiterhin Prof. Dr. Anton von Euw, Köln, der als erfahrener Museumsmann und ausgezeichneter Kenner der ottonischen Buchmalerei uns wertvolle Hinweise auf wichtige Exponate gegeben und einen Großteil der Bearbeitung der Handschriften übernommen hat. Das gilt in gleicher Weise für unseren hochgeschätzten Kollegen Prof. Dr. Michael Brandt, Hildesheim. Seiner Unterstützung und Fürsprache ist es zu verdanken, dass es erstmals gelungen ist, das Domkapitel in Hildesheim dazu zu bewegen, alle berühmten Handschriften, die der heilige Bischof Bernward – einer der bedeutendsten Zeitgenossen Meinwerks – für seine als Grabeskirche bestimmte Stiftung St. Michael hat schreiben und kostbar ausgestalten lassen (Kat.Nr. 204–207), zusammen mit dem wunderbaren Silberkreuz, das seine Inschrift trägt, und den noch nie zuvor ausgeliehenen Silberleuchtern (Kat.Nr. 165–166) auf Zeit nach Paderborn zu geben. An dieser Stelle möchten wir unmittelbar den Dank an die Leihgeber anschließen. Die über Erwarten große Bereitschaft, sich für das Meinwerkprojekt von einzigartigen ottonischen Kunstwerken und Dokumenten zu trennen und sie nach Paderborn zu geben, hat uns sehr bewegt und wir möchten uns bei allen Leihgebern von Herzen bedanken. Es ist ein großes und ermutigendes Zeichen des in den zurückliegenden Jahren gewachsenen Vertrauens in die wissenschaftliche Qualität wie konservatorische Professionalität der Paderborner Mittelalterausstellungen.

Vor allen anderen aber gebührt unser Dank den Trägern der Ausstellung, dem Erzbistum Paderborn und dem Landschaftsverband Westfalen-Lippe (LWL), sowie unseren Schirmherren: Se. Exzellenz Hans-Josef Becker, Erzbischof von Paderborn, und Herrn Lutz Lienenkämper, Minister für Bauen und Verkehr des Landes Nordrhein-Westfalen. Erzbischof Hans-Josef Becker hat sich die Ausstellung in besonderer Weise zu eigen gemacht und das Projekt nicht zuletzt durch die Ausrufung des Meinwerkjahres mit seinen zahlreichen Veranstaltungen von Anfang an in erheblichem Maße unterstützt. Ebenso hat sich der LWL-Direktor, Dr. Wolfgang Kirsch, für das Unternehmen stark gemacht. Danken möchten wir auch der Landesrätin für Kultur des LWL, Dr. Barbara Rüschhoff-Thale, außerdem Wolf-Daniel Gröne-Holmer sowie dem Direktor der LWL-Archäologie für Westfalen, Prof. Dr. Michael Rind, und seiner Vorgängerin Dr. Gabriele Isenberg. Herrn Martin Klümper danken wir für sein Engagement bei der finanziellen und verwaltungstechnischen Umsetzung der Ausstellung. Herrn Regierungsdirektor Dr. Thomas Otten vom Ministerium für Bauen und Verkehr des Landes Nordrhein-Westfalen danken wir für die großzügige Unterstützung des Unternehmens. In finanziell schwierigen Zeiten unterstützte Generalvikar Alfons Hardt das Meinwerkprojekt stets, haben die Entscheidungsgremien im Erzbischöflichen Generalvikariat die finanzielle Grundlage zu seiner Realisierung gesichert. An dieser Stelle sei stellvertretend für alle dem Leiter der Finanzabteilung, Dirk Wummel, ein besonderes Wort des Dankes gesagt. Auch allen Förderern und Stiftungen sei an dieser Stelle ein herzliches Dankeschön ausgesprochen, ohne deren Unterstützung und Engagement die Ausstellung nicht in dieser Qualität hätte realisiert werden können.

Für die Durchführung des Meinwerkjahres wurde von Generalvikar Alfons Hardt eine Arbeitsgruppe unter Leitung des Pressereferenten im Erzbischöflichen Generalvikariat, Aegidius Engel, ins Leben gerufen, die zahlreiche Veranstaltungen geplant und durchgeführt hat. Darunter seien die Reihe der wissenschaftlichen Meinwerkvorträge in der Kaiserpfalz, die von Domkapellmeister Thomas Berning konzipierten Konzerte in der Reihe *Musik in den Räumen Meinwerks* und die Kunstperformance *a Brush with Silence* von Brody Neuenschwander, Brügge, besonders hervorgehoben. Dank gilt allen Mitgliedern, namentlich Prälat Andreas Kurte, der die Idee entwarf, und Monsignore Joachim Göbel, der das Thema in die kirchlichen Schulen hineingetragen hat. Auch für die professionelle Unterstützung bei der Pressearbeit gilt an dieser Stelle Aegidius Engel und Claudia Nieser von der Pressestelle im Erzbischöflichen Generalvikariat sowie Frank Tafertshofer und Dr. Yasmine Freigang vom LWL ein Wort des Dankes.

Wesentlichen Anteil an der Realisierung haben alle Mitarbeiterinnen und Mitarbeiter der beteiligten Häuser, die sich weit über das Pflichtmaß hinaus mit außerordentlichem Engagement eingebracht und so den Erfolg der Ausstellung zu ihrem persönlichen Anliegen gemacht haben. An erster Stelle seien die beiden wissenschaftlichen Ausstellungssekretärinnen genannt: Annika Pröbe M.A. für das Museum in der Kaiserpfalz und Simone Heimann M.A. für das Diözesanmuseum. Sie haben mit unermüdlichem Eifer alle fachlichen Probleme gemeistert und zum Gelingen des Ganzen beigetragen. Zu nennen sind weiterhin Dr. Guido M. Berndt, der Dr. Martin Kroker in der Leitung des Museums in der Kaiserpfalz vertrat, sowie Ralf Mahytka M.A. als wissenschaftlicher Volontär. Die inhaltliche Betreuung der Pressearbeit aufseiten des Diözesanmuseums, das Marketing sowie die Vermittlung der Inhalte und museumspädagogischen Programme an die Schulen oblag Dr. Christiane Ruhmann, die dies in enger Kooperation mit Dr. Guido M.

Berndt vom Museum in der Kaiserpfalz meisterte. Die Gestaltung der Werbemedien, aber auch der Karten und der graphischen Elemente lag in den bewährten Händen von Wolfgang Noltenhans. Für die Inszenierung der Ausstellung in der Kaiserpfalz zeichnete das Büro Thöner von Wolffersdorff, Augsburg, verantwortlich; die Ausstellung im Diözesanmuseum wurde vom Büro Christiani & Partner, Salzkotten, konzipiert, die innovative Lichtgestaltung inszenierte René Berhorst, Paderborn. Für die bauliche Betreuung konnte Bernhard Schulte aus dem Bauamt des Erzbischöflichen Generalvikariats gewonnen werden. Die filmischen und kalligraphischen Installationen im Diözesanmuseum schuf der international renommierte Schriftkünstler Brody Neuenschwander. Aufbau und Organisation der Ausstellung im Diözesanmuseum lagen in den bewährten Händen von Ursula Pütz, Bernd Fieseler und Manfred Schniedermeier. In der Kaiserpfalz gilt unser Dank Klemens Kendzorra und der Paderborner Initiative gegen Arbeitslosigkeit (PIGAL) für ihre Unterstützung des Projekts sowie Markus Schäfer, Stiftung Kloster Dalheim, für seine Hilfe beim Aufbau der Ausstellung. Besonderer Dank geht an Rita Diermann und Angelika Mateja, die nicht nur das große Pensum an Büroarbeit gemeistert, sondern auch die gesamte Logistik und Abwicklung der Gruppenführungen meisterhaft bewältigt haben. Franz-Josef Volmert und Dr. Werner Sosna, Liborianum Paderborn, sei gedankt für die Unterstützung der Ausstellung durch das Angebot eines eigenen Bildungstages. Auch das Meinwerkinstitut in Paderborn unterstützt die Ausstellung, was uns sehr freut.

Für die umfangreiche, mit großer Sorgfalt und Umsicht betriebene Arbeit der redaktionellen Betreuung des Kataloges gebührt Dr. Mario Müller unser besonderer Dank. Um die Bildredaktion hat sich Evelin Thomik M.A. besonders verdient gemacht. Dem Verlag Schnell & Steiner, Regensburg, mit seinem Geschäftsführer Dr. Albrecht Weiland sowie Dr. Simone Buckreus sei an dieser Stelle für die gute Zusammenarbeit herzlich gedankt. Im Verlag erscheint zeitgleich ein fundierter Führer zu den baulichen Zeugen Bischof Meinwerks in Paderborn aus der Feder von Ansgar Köb M.A., in den die neusten Erkenntnisse der archäologischen Forschung des Paderborner Stadtarchäologen Dr. Sven Spiong eingeflossen sind. Beiden möchten wir herzlich danken, ebenso Dr. Sveva Gai, die uns in allen Fragen der Übersetzung stets zur Seite stand.

Dank gilt auch der Stadt Paderborn und der Tourist-Information Paderborn, die sehr dazu beigetragen haben, die Ausstellung weit über die Stadtgrenzen hinaus bekannt zu machen. Ein so anspruchsvolles Unternehmen kann nur gelingen, wenn sich Teamgeist und Leidenschaft für die Sache verbinden. Das war hier in hohem Maße der Fall. Wir meinen, das in jeder Weise überzeugende Ergebnis spricht für sich!

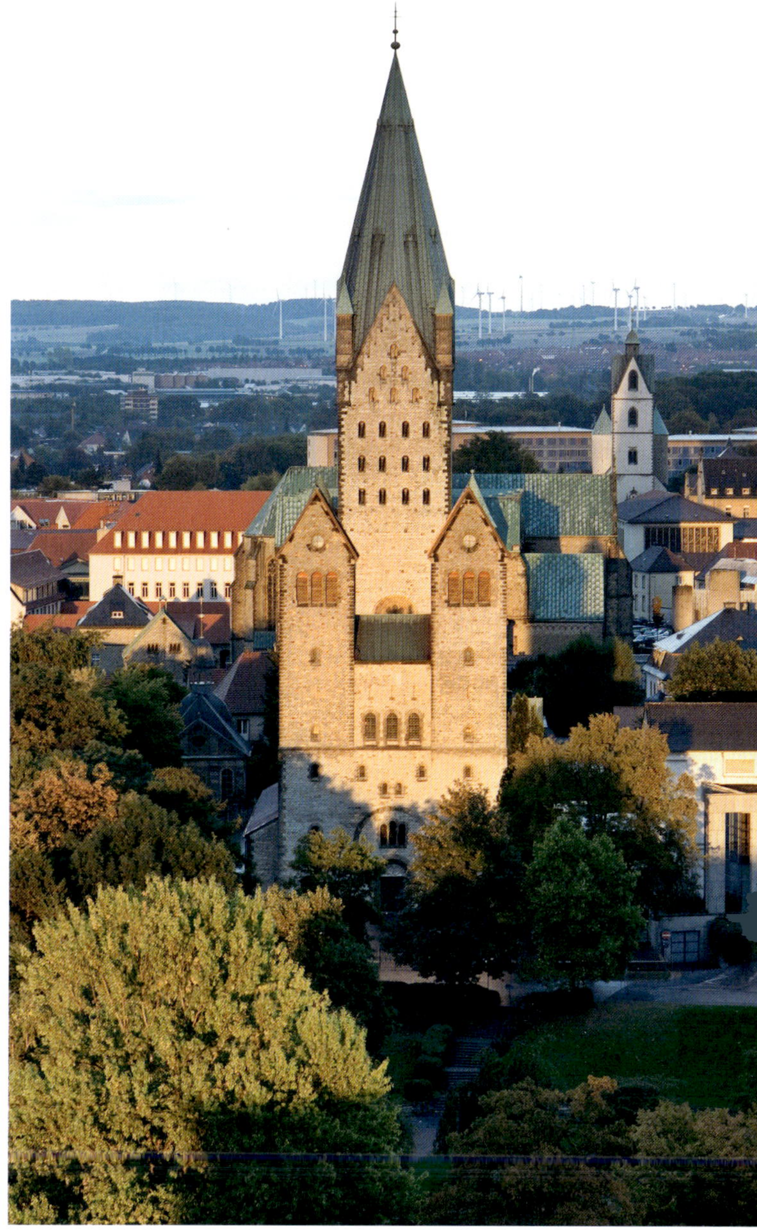

3 Paderborn, Abdinghofkirche, Hoher Dom und Busdorfkirche

Christoph Stiegemann und Martin Kroker

Wissenschaftlicher Beirat

Dank an unsere Leihgeber

Augsburg, Römisches Museum der Kunstsammlungen und Museen

Bad Lippspringe, Jens Lütkemeyer
Bamberg, Diözesanmuseum
Bamberg, Staatsbibliothek
Bergkamen, Andreas Ernst
Berlin, Staatsbibliothek zu Berlin – Preußischer Kulturbesitz
Bonn, LVR–LandesMuseum, Rheinisches Landesmuseum für Archäologie, Kunst- und Kulturgeschichte
Bremen, Stiftung Bremer Dom e.V. / Dom-Museum
Bremen, Landesarchäologie
Brüssel, Bibliothèque Royale de Belgique

Darmstadt, Hessisches Staatsarchiv
Düsseldorf, Universitäts- und Landesbibliothek

Einsiedeln, Stiftsbibliothek
Emmerich, Kath. Kirchengemeinde St. Christophorus
Erfurt, Universitätsbibliothek
Essen, Domschatzkammer

Gent, Rijksarchief
Gotha, Forschungsbibliothek

Halberstadt, Städtisches Museum
Halle (Saale), Landesamt für Denkmalpflege und Archäologie – Landesmuseum für Vorgeschichte – Sachsen-Anhalt
Hannover, Gottfried Wilhelm Leibniz Bibliothek – Niedersächsische Landesbibliothek
Hannover, Niedersächsisches Landesarchiv – Hauptstaatsarchiv Hannover
Herne, LWL–Museum für Archäologie – Westfälisches Landesmuseum
Hildesheim, Dom-Museum

Karlsruhe, Badische Landesbibliothek
Kassel, Universitätsbibliothek Kassel, Landesbibliothek und Murhardsche Bibliothek der Stadt Kassel
Köln, Domschatzkammer
Köln, Erzbischöfliche Diözesan- und Dombibliothek
Köln, Kath. Kirchgemeinde St. Heribert, Köln-Deutz
Köln, Kolumba – Kunstmuseum des Erzbistums Köln
Köln, Museum Schnütgen
Konstanz, Landesbetrieb Vermögen und Bau Baden-Württemberg, Amt Konstanz

Lednogóra, Muzeum Pierwszych Piastów na Lednicy
Leiden, Universiteitsbibliotheek
Lübeck, Bereich Archäologie und Denkmalpflege Abteilung Archäologie
Lüttich, Archéoforum
Lüttich, Grand Curtius
Luxemburg, Grand Séminaire

Magdeburg, Kulturhistorisches Museum
Magdeburg, Landeshauptarchiv Sachsen-Anhalt
Mainz, Bischöfliches Dom- und Diözesanmuseum
Marburg, Hessisches Staatsarchiv
Merseburg, Domstiftsarchiv
Merseburg, Domstiftsbibliothek
Minden, Kath. Dompropsteigemeinde St. Gorgonius und Petrus Ap.
Minden, Museum für Geschichte, Landes- und Volkskunde
München, Bayerisches Hauptstaatsarchiv
München, Bayerische Staatsbibliothek
München, Sammlung C. S.
Münster, Bistum Münster, Bischöfliches Generalvikariat
Münster, Domkammer der Kathedralkirche St. Paulus
Münster, Kath. Kirchengemeinde Liebfrauen-Überwasser
Münster, Landesarchiv NRW Abteilung Westfalen
Münster, LWL–Landesmuseum für Kunst und Kulturgeschichte – Westfälisches Landesmuseum
Münster, Stadt Münster/ Stadtarchäologie
Münster, Stadtmuseum, Förderverein Stadtmuseum Münster e.V.

Nürnberg, Germanisches Nationalmuseum

Osnabrück, Domkapitel zu Osnabrück

Paderborn, Erzbischöfliche Akademische Bibliothek
Paderborn, Hoher Dom
Paderborn, Kath. Pfarrgemeinde St. Liborius, Busdorfkirche
Paderborn, Universitätsbibliothek
Paderborn, Verein für Geschichte und Altertumskunde Westfalens, Abt. Paderborn e.V
Paris, Musée national du Moyen Âge – thermes et hôtel de Cluny
Pécs, Janus Pannonius Múzeum
Pforzheim, Sammlung Schmuckmuseum (Sammlung Heinz Battke)
Pulheim-Brauweiler, Kath. Kirchengemeinde St. Nikolaus
Reims, Palais du Tau, Centre des monuments nationaux

Schaffhausen, Stadtbibliothek, Ministerialbibliothek
Schleswig, Archäologisches

Landesmuseumin der Stiftung Schleswig-Holsteinische Landesmuseen, Schloß Gottorf
Speyer, Domschatzkammer im Historischen Museum der Pfalz
St. Gallen, Stiftsbibliothek
St-Omer, Bibliothèque de l`Agglomération
St. Paul, Benediktinerstift
Stade, Niedersächsisches Landesarchiv, Staatsarchiv Stade

Trier, Bibliothek des Bischöflichen Priesterseminars
Trier, Bischöfliches Dom- und Diözesanmuseum
Trier, Bistumsarchiv
Trier, Domschatz

Utrecht, Museum Catharijneconvent

Vatikanstadt, Biblioteca Apostolica Vaticana

Wolfenbüttel, Herzog August Bibliothek

Xanten, LVR–Archäologischer Park / RömerMuseum Xanten

Dank für Rat und Unterstützung

Dr. Amalia D'Alascio, Vatikanstadt
Dompropst Josef Alfers, Münster
Dipl.-Ing. Alois Arnold, Konstanz
Dr. Hermann Arnold, Münster
Maria Arnold, Wolfenbüttel
Laurence Bacart, St-Omer
Dr. Lothar Bakker, Augsburg
Prof. Dr. Manfred Balzer, Münster
Prof. Dr. Friedrich Battenberg, Darmstadt
Clemens M. M. Bayer, Bonn
Eleonore Beckmann, Paderborn
Dr. Leonie Becks, Köln
Dipl.-Kfm. Johannes Behringer, Paderborn
Kurt F. K. De Belder, Leiden
René Berhorst, Paderborn
Thomas Berning, Paderborn
Tarcisio Kardinal Bertone SDB, Vatikanstadt
Pfarrer Dr. Gerhard Best, Körbecke
Dr. Werner Best, Bielefeld
Martin Beutelspacher, Minden
Stefan Bießenecker, Frankfurt/Main
Dr. Dieter Bischop, Bremen
Dr. Ulrich Bittihn, Paderborn
Dr. Mechthild Black-Veldtrup, Münster
Blindenschrift-Verlag und -Druckerei GmbH »Pauline von Mallinckrodt«, Paderborn
Bischof Dr. Franz-Josef Bode, Osnabrück
Hubert Böddeker, Paderborn
Dr. Richard Böger, Paderborn
Dr. Jörg Bölling, Göttingen
Dr. Manfred von Boetticher, Hannover
Marc Botlan, Paris
Thomas Bouillon, Erfurt
Dr. André Th. Bouwman, Leiden
Dipl.-Ing. Emanuela Freiin von Branca, Paderborn
Prof. Dr. Michael Brandt, Hildesheim
Elmar Brok, Bielefeld/Brüssel
Dr. Tania Brüsch, Leer
Klaus Bruns, Paderborn
Dr. Simone Buckreus, Regensburg
Wolfgang Burichter, Köln
Dr. Johannes Burkardt, Münster
Prof. Dr. Claus von Carnap-Bornheim, Schleswig
Markus Cottin, Merseburg
Jan D. Cramer, Leiden
Pfarrer Peter Nicholas Cryan, Pulheim-Brauweiler
Alain Decouche, Paris
Eric Degelaen, Brüssel
Willy Demeyer, Lüttich
Pierre Depot, Paris
Prof. Dr. Philippe Depreux, Limoges
Dr. Gerd Dethlefs, Münster
Dr. Aurelia Dickers, Münster
Simon Diekneite, Paderborn
Dipl.-Kfm. Dieter Doktorczyk, Bünde
Susanne Doktorczyk, Bünde
Murielle De Doncker, Brüssel
Friederike-Andrea Dorner, Osnabrück
Prälat Thomas Dornseifer, Paderborn
Pfarrer Jürgen Dreher, Köln
Dr. Gabriele Dreis, Düsseldorf
Manfred Dreker, Paderborn
Thierry Dumanoir, Reims
Sabina Eckenfels, Pforzheim
Dechant Ludger Eilebrecht, Höxter
P. Dr. Werinhard Einhorn OFM, Paderborn
Dr. Peter Eisenbarth, Konstanz
Andreas Ernst, Bergkamen
Prof. Dr. Anton von Euw, Köln
Dr. Júlia Fabényi, Pécs
Dr. Claudia Fabian, München
Dr. Birgitta Falk, Essen
Propst Roland Falkenhahn, Minden
Wilhelm Ferlings, Paderborn
Dr. Gudrun Fiedler, Stade
Prof. Dr. Heinz Finger, Köln
Prof. Dr. Joachim Fischer, München
Dr. Erich Franz, Münster
Dr. Monika Ruth Franz M.A., München
Margret Frye, Paderborn
Bibl. Amtm. Rainer Fürst, Karlsruhe
Dr. Sveva Antonella Gai, Münster
Dr. Bernhard Gallistl, Hildesheim
Eva Gebhard, Bonn
Bastian Gillner M.A., Marburg
Jutta Gladen, Osnabrück
Dr. Manfred Gläser, Lübeck
Prof. Dr. Gudrun Gleba, Osnabrück
Dr. des. Niklas Gliesmann, Köln
Christoph Gockel-Böhner, Paderborn
Domkapitular Luitgar Göller, Bamberg
Dr. Janusz Górecki, Lednogóra
Dipl.-Rest. Heiner Grieb, Coburg
Hans-Heinrich Grosse-Brockhoff, Düsseldorf
Prof. Dr. G. Ulrich Großmann, Nürnberg
Dr. Udo Grote, Münster
Agnoko-Michelle Gunn, Paris
Saskia van Haaren, Utrecht
Sylvia Hackel, Paderborn
Alexander Häuptle, Konstanz
Michael Hahn, Paderborn
Dr. Axel Halle, Kassel
Prof. Dr. Uta Halle, Bremen
Dr. Julia Hallenkamp-Lumpe, Herne
Dipl.-Ing. Wolfgang Hannemann, Oldenburg
Generalvikar Alfons Hardt, Paderborn
Dr. Dietmar Haubfleisch, Paderborn
Dr. Andreas Hedwig, Marburg
Pfarrer Dr. Andreas Heieck, Schaffhausen
Prof. Dr. Heinz-Dieter Heimann, Potsdam
Dr. Christian Heitzmann, Wolfenbüttel
Dipl.-Rest. Helga Helbig, Köln
Regens Prof. Dr. Georges Hellinghausen, Luxemburg

Dompropst Dr. Wilhelm Hentze, Paderborn
P. Prof. Michael Hermes OSB, Meschede
Dr. Gerhard Hetzer, München
Dr. Claudia Höhl, Hildesheim
Anke Hölzer, Hannover
Delia Hoerold, Berlin
Dr. Ulrike Höroldt, Magdeburg
Dr. Christian Hoffmann, Hannover
Cornelie Holzach, Pforzheim
Dieter Honervogt, Paderborn
Cornelia Hopf, Gotha
Dipl.-Theol. Harald Horst, Köln
A.H.P.J. Guus van den Hout, Utrecht
Jean-Pierre Hupkens, Lüttich
Dr. Peter Ilisch, Münster
Dr. Gabriele Isenberg, Hattingen
Hans-Dieter Jakobsmeyer, Paderborn
Erzbischof Thierry Jordan, Reims
Prof. Dr. Hermann Kamp, Paderborn
Dr. Reinhard Karrenbrock, Münster
Dr. Claudia Kauertz, Hannover
Holger Kempkens M.A., Dalheim
Dr. Wilhelm Klare, Magdeburg
Ulrich Klaus, Paderborn
Dr. Holger A. Klein, Cleveland
Stefan Kleine, Paderborn
Ferdinand Klingenthal, Paderborn
Florian Knörl, Regensburg
Dr. Alexander Koch, Speyer
Ansgar Köb, M.A., Paderborn
Dr. Clemens Kosch, Dalheim
Pfarrer Peter Kossen, Emmerich am Rhein
Dr. Hans-Jürgen Kotzur, Mainz
Dr. Stefan Kraus, Köln
Jörg Krause, Münster
Renate Kreischer, Xanten
Marek Krężalek, Lednogóra
Wilhelm Krüggeler, Paderborn
Prof. Dr. Heinrich Kürpick, Paderborn
Dr. Holger Kunde, Naumburg
Friedrich Kunkel, Halberstadt
Stephan Kurze, Minden
Dr. Thomas Labusiak, Braunschweig/Bad Gandersheim
P. Odo Lang OSB, Einsiedeln
Andrea Langner, Erfurt
Marie Lefebvre, St-Omer
Thomas Lehmkuhl, Steinfurt
Prof. Dr. Albert Lemeunier, Lüttich
Hannes Lemke, Magdeburg
Ulrich Lettermann, Paderborn
Dipl.-Museol. Anja Löchner, Nürnberg
Jens Lütkemeyer, Bad Lippspringe
Dr. Peter Lütke Westhues, Paderborn
Heinz Lukkezen, Kalkar
Dr. Gerhard Lutz, Hildesheim
Dr. Thomas Lux, Darmstadt
Elisabeth Maas, Xanten
Lorraine Mailho, Paris
Dr. Petra Marx, Münster
Dr. Harald Meller, Halle/Saale
Dominique Ménager, Reims
Domvikar Dr. Michael Menke-Peitzmeyer, Paderborn
Maeva Méplain, Paris
Ulrich Mettenmeier, Paderborn
Friedhelm Meyer, Paderborn
Gretchen Shie Miller, Cleveland
Dr. Roman Mischker, Halle/Saale
Wolfgang Mittlmeier, Hannover
Séverine Monjoie, Lüttich
Dr. Claudia Montuschi, Vatikanstadt
Prof. Dr. Eckhard Most, Paderborn
Dr. Josef Mühlenbrock, Herne
Doris Mührenberg M.A., Lübeck
Dr. Birgit Münz-Vierboom, Münster
Prof. Dr. Florentine Mütherich, München
Waltraud Murauer-Ziebach, Dortmund
Frédéric Murienne, Châlons-en-Champagne
Berthold Naarmann, Paderborn
Dr. Heribald Närger, München
Dr. Erzsébet Nagy, Pécs
Brody Neuenschwander, Brügge
Dr. Stefan Nöth, Bamberg
Propst Dr. Elmar Nübold, Paderborn
Birgit Nupens, Detmold
Dr. Ute Obhof, Karlsruhe
Felix Oppenhoff, Paderborn
Arno van Os, Utrecht
Prof. Dr. Thomas Osborne, Luxemburg
Dr. Thomas Otten, Düsseldorf
Dr. Arnold Otto, Paderborn
Weihbischof Franz-Josef Overbeck, Münster
Prof. Dr. Eef Overgaauw, Berlin
Prof. Dr. Bernd Päffgen, München
Meinolf Päsch, Paderborn
Präfekt Cesare Pasini, Vatikanstadt
Bgm. Heinz Paus, Paderborn
Annette De Pauw, Gent
Michael Pavlicic, Paderborn
Axel Peiss, Bonn
Dr. Martin Persch, Trier
Heinz Peterburs, Paderborn
Wilhelm Peters, Paderborn
Franz Pieper, Minden
Dr. Heike Pöppelmann, Magdeburg
Dr. Christian Popp, Göttingen
Prof. Dr. Rolf Dieter Postlep, Kassel
Henning Probst, Paderborn
Prof. Dr. Matthias Puhle, Magdeburg
Dr. Hermann Queckenstedt, Osnabrück
Thomas Reich, Münster
Jürgen Reineke, Paderborn
Dr. Michael Reitemeyer, Düsseldorf
Prof. Dr. Michael M. Rind, Münster
Prälat Prof. Dr. Dr. Franz Ronig, Trier
Dr. Barbara Rommé, Münster
Dr. Michael Roth, Berlin
Philippe Rousselle, Lüttich
Timothy Rub, Cleveland
Helmut Rudolph, Münster
Markus Runte M.A., Paderborn
Dr. Georg Ruppelt, Hannover
Ulrich Rüther, Münster
Thomas Schäfers, Paderborn
Dr. Hans-Joachim Schalles, Xanten
Domkapitular Peter Schappert, Speyer
Dipl.-Rest. Roland Schewe, Nürnberg
Dr. Hermann-Josef Schmalor, Paderborn
Dr. Michael Schmauder, Bonn
Dr. Christian Schmidt, München
Prof. Dr. Helwig Schmidt-Glintzer, Wolfenbüttel
Christiane Schmiedeknecht, Erfurt
Dr. Dirk Schmitz, Xanten
Prälat Dr. Heribert Schmitz, Paderborn
Dr. Karl Schmuki, St. Gallen
Dr. Barbara Schock-Werner, Köln
Angelika Schomberg, Paderborn
Uwe Schuchardt, Hildesheim
Armin Schulze, Halberstadt
Burkhard Schulze, Paderborn
Prof. Dr. Heinrich Schulze Altcappenberg, Berlin
Sabine Schumm, Bamberg
Dipl.-Bibl. Hanne Schweiger-Schimang, München
Dr. Aloys Schwersmann, Marburg

PD Dr. Rainer Schwindt, Trier
Dr. Hubertus Seibert, München
Carolin Seifert, Augsburg
Dr. Irmgard Siebert, Düsseldorf
P. Gerfried Sitar OSB,
St. Paul im Lavanttal
Dr. René Specht, Schaffhausen
Matthias Spille, Oldenburg
Dr. Sven Spiong, Paderborn
Thomas Steckel, Oldenburg
Dr. Michaela Stoffels, Schwerte
Dipl.-Rest. Hendrik Strelow, Köln
Dr. Ulrike Surmann, Köln
Elisabeth Taburet-Delahaye, Paris
Prof. Dr. Werner Taegert, Bamberg
Dr. Bernd Thier, Münster
Dr. Paul Thissen, Paderborn
Marianne Thomann-Stahl, Detmold
Dr. Marlene Tiggesbäumker,
Paderborn
Dr. Karin Tille, Wernigerode
Prof. Dr. Doris Tophinke, Paderborn
Dr. Werner Transier, Speyer
Patrick Trautmann, Trier
Sabine Treffer, Münster
Prof. Dr. Ernst Tremp, St. Gallen
Dr. Christoph Trepesch, Augsburg
Françoise Trupin, St-Omer
Dr. Gabriele Uelsberg, Bonn
Dr. Ingrid Ulbricht, Schleswig
Marcus Vaillant, Düsseldorf
Dr. Chantal Vancoppenolle, Gent
Carsten Venherm, Paderborn
Dompropst Otmar Vieth, Essen
Elmar Volkmann, Paderborn
Birgit Voß, Berlin
Sabine Wagener, Kassel
Rita Wagner M.A., Köln
Jutta Wczulek, Trier
Dr. Peter Weber, Pulheim-Brauweiler
Prof. Dr. Winfried Weber, Trier
Dr. Ingrid Weibezahn, Bremen
Dr. Albrecht Weiland, Regensburg
Dr. Elisabeth Weinberger, München
Dipl.-Rest. Andreas Weisgerber,
Münster
Prof. Dr. Matthias Wemhoff, Berlin
Dipl.-Ing. Georg Wendel, Münster
Prof. Dr. Hiltrud Westermann-
Angerhausen, Köln
Marion Widmann, Bonn
Renate Wiechers M.A. Münster
Dr. Konrad Wiedemann, Kassel
Bischof Dr. Karl-Heinz Wiesemann,
Speyer
Alexis Wilkin, Lüttich
Dagmar Wolff, Köln
Dirk Wummel, Paderborn
Prof. Dr. hab. Andrzej M. Wyrwa,
Lednogóra
Georg Graf von Zech-Burkersroda,
Naumburg/Saale
Markus Zeisberg, Paderborn
Heribert Zelder, Paderborn
Dr. Karin Elisabeth Zinkann,
Gütersloh
Ralf Zumbusch, Münster

Wir danken unseren Förderern und Sponsoren

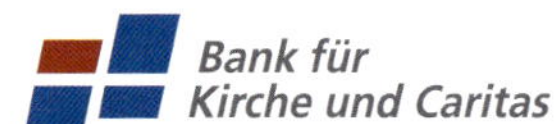

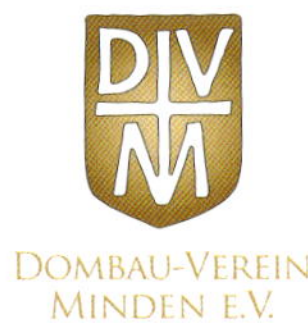

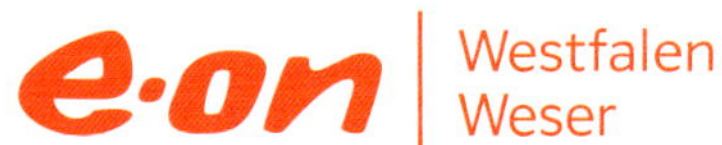

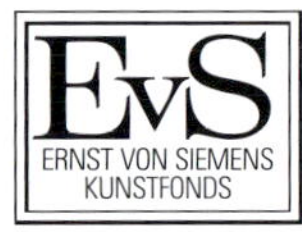

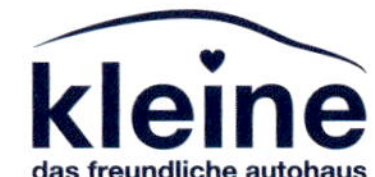

Kulturfonds Paderborn

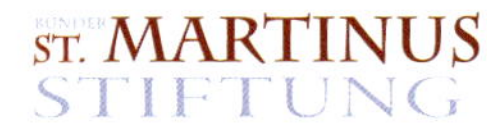

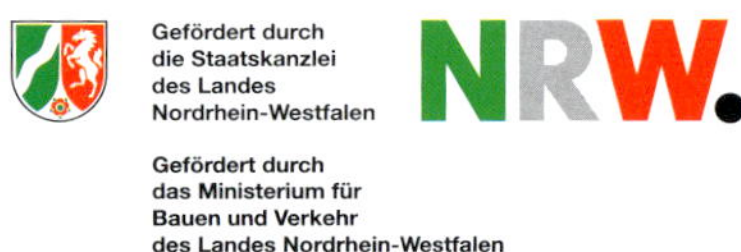

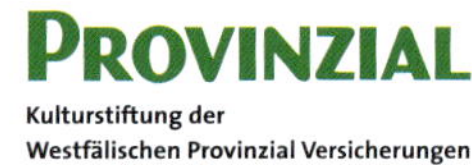

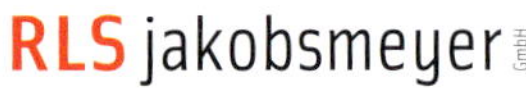

Stiftungen der

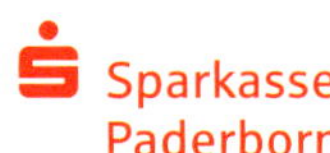

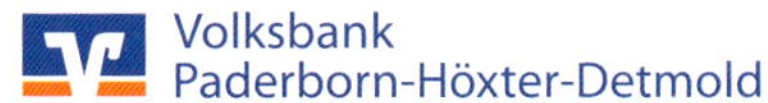

Ausstellung im Museum in der Kaiserpfalz

Wissenschaftliche Gesamtleitung
Dr. Martin Kroker
Dr. Guido M. Berndt

Wissenschaftliches Ausstellungssekretariat
Annika Pröbe M.A.

Wissenschaftliches Volontariat
Nadine Baumann M.A.
Ralf Mahytka M.A.

Sekretariat und Übersetzungen
Angelika Mateja

Organisation und Verwaltung
Stefanie Bause
Martin Klümper
Anni Übbing
Dorothe Wieskötter
Adrian Ziomek

Kunsttransporte
Schenker Eurocargo (Deutschland) AG, Düsseldorf

Versicherung
AON Artscope, Mülheim

Ausstellungsgestaltung

Konzeption
Dr. Guido M. Berndt
Dr. Martin Kroker
Ralf Mahytka M.A.
Dr. Sven Spiong
Annika Pröbe M.A.

Ausstellungsarchitektur und -gestaltung
Thöner von Wolffersdorff GbR, Augsburg

Ausstellungsgraphik
Olga Heilmann, Paderborn
Wolfgang Noltenhans, Paderborn
Robert Strauch, Augsburg
Thöner von Wolffersdorff GbR, Augsburg

Ausstellungstechnik
Ars colendi, Paderborn
Bosch Telekom, Bochum
Klemens Kendzorra
Niggemeier, Bochum
Markus Schäfer, Stiftung Kloster Dalheim
Zolnir, Selm

Schattenspiel
René Adamek, Neuhaus
Florian Imig, Siegen
Laura Mateja, Bonn
Michael Tanger, Paderborn

Ausstellungsaufbau
Johann Fehse
Peter Gruschka
Petra Hendrix
Tina Köller
Jonas Patsch
Burkhard Petzold
Siegfried Pieqsa
PIGAL e.V.
Matthias Pottoff
Sergej im Grunt
Wladimir Snamenski
Hans-Dieter Tollkötter

Konservatorische Betreuung
Dipl.-Rest. Matthias Rüenauver, Ars colendi, Paderborn
Birgit Geller, LWL – Archivamt
Sebastian Pechtold, LWL – Archäologie für Westfalen
Ruth Tegetoff, LWL – Archäologie für Westfalen

Kasse, Garderobe und Aufsicht
Margarete Dreker
Gertrud Grosche-Giese
Ulrike Hansjürgen
Margarete Kendzorra
Hildegard Kolodzeyski
Kornelia Kräkel
Sophia Meier
Margot Melzer
Veronika Pacifico
Christel Topp
Annemarie Zelesinski

Praktikanten
Linnéa Mühlenkamp
André Schröder
Vera Vogt
Judith Wedderwille

Ausstellung im Erzbischöflichen Diözesanmuseum

Wissenschaftliche Gesamtleitung
Prof. Dr. Christoph Stiegemann

Wissenschaftliches Ausstellungssekretariat
Simone Heimann M.A.

Sekretariat
Rita Diermann

Übersetzungen
Dr. Sveva Antonella Gai
Angelika Mateja
Nicole Millet-Freitag

Kunsttransporte
Schenker Eurocargo (Deutschland) AG, Düsseldorf

Versicherung
AON Artscope, Mülheim

Ausstellungsgestaltung

Konzeption
Prof. Dr. Christoph Stiegemann
Simone Heimann M.A.

Ausstellungsarchitektur und -gestaltung
Christiani und Partner, Salzkotten
Dipl.-Ing. Bernhard Schulte, Paderborn

Ausstellungsgraphik
Brody Neuenschwander, Brügge
Wolfgang Noltenhans, Paderborn

Filminstallationen
Brody Neuenschwander, Brügge

Lichttechnik
René Berhorst, Paderborn

Modellbau
Dipl.-Ing. Wolfgang Hannemann, Modellbau für Architektur und Industrie, Oldenburg

Haustechnische Dienste
Bernd Fieseler
Manfred Schniedermeier

Ausstellungstechnik
Ars colendi, Paderborn
Bosch Telekom, Bochum
Elektro Hannemann, Paderborn
event:ware, Paderborn
RLS Jakobsmeyer, Paderborn
Sachsen-Fahnen GmbH, Kamenz
Sprenger Malerfachbetrieb, Bad Lippspringe
Dipl.-Ing. Ulrich Wiemann, Innenausbau, Bad Lippspringe

Ausstellungsaufbau
Bernd Fieseler
Ulrike Hauser M.A.
Simone Heimann M.A.
Ursula Pütz
Dr. Christiane Ruhmann
Manfred Schniedermeier
Karin Wermert M.A.
Dipl.-Ing. Mariette Wiemeler

Konservatorische Betreuung
Andreas Ahlers, Paderborn
Dipl.-Rest. Christoph Fiebiger, Paderborn
Margret Frye, Paderborn
Sabine Heitmeyer-Löns, Havixbeck
Monika Raker, Werl
Dipl.-Rest. Matthias Rüenauver, Paderborn

Meinwerkjahr
Aegidius Engel
Geistl. Rat Msgr. Joachim Göbel
Geistl. Rat Msgr. Andreas Kurte
Dr. Arnold Otto
Pastor Frank Schäffer
Prof. Dr. Christoph Stiegemann
Markus Zeisberg

Kasse, Aufsicht und Information
Bernd Fieseler
Rita Bach
Angela Gärtner
Rosemarie Gaug
Rosemarie Gockel
Brigitte Jung
Sabina Kischel
Evelyn Mertens
Theresia Radszuhn
Angelika Regener
Manfred Schniedermeier
Karl Scholz
Ursula Stratmann
Margret Wibbe
Mathilde Witting
Angelika Wolff
Maria-Theresia Wulf

Museum in der Kaiserpfalz und Erzbischöfliches Diözesanmuseum

Presse- und Öffentlichkeitsarbeit
Aegidius Engel
Frank Tafertshofer
Dr. Guido M. Berndt
Dr. Yasmine Freigang
Claudia Nieser
Dr. Christiane Ruhmann

Museumspädagogisches Begleitprogramm
Dr. Kristina Hartmann
Simone Heimann M.A.
Thorsten Hoppe-Hartmann
Ralf Mahytka M.A.
Annika Pröbe M.A.
Dr. Christiane Ruhmann
Evelin Thomik M.A.
Renate Wiechers

Audioführung
Annika Pröbe M.A.
Dr. Christiane Ruhmann

Katalog

Konzeption
Prof. Dr. Christoph Stiegemann
Dr. Martin Kroker
Dr. Guido M. Berndt
Dr. Mario Müller

Redaktion
Dr. Mario Müller

Redaktionsassistenz und Bildredaktion
Evelin Thomik M.A.

Mitarbeit und Lektorat
Simone Heimann M.A.
Dr. Petra Koch-Lütke Westhues
Martin Krusche
Hannes Lemke
Annika Pröbe M.A.
Dörthe Tetzlaff-Müller
Judith Wedderwille
Karin Wermert M.A.
Anne Kathrin Zimmermann

Übersetzungen
Nicole Freitag-Millet
Dr. Theo A. Pronk
Dr. Christiane Ruhmann
Evelin Thomik M.A.

Graphik und Gestaltung
Florian Knörl, Regensburg
Brody Neuenschwander, Brügge
Wolfgang Noltenhans, Paderborn

Verlagslektorat
Dr. Simone Buckreus, Regensburg

Druck
Erhardi Druck GmbH, Regensburg

Für Königtum und Himmelreich. 1000 Jahre Bischof Meinwerk von Paderborn – Katalog der Jubiläumsausstellung im Museum in der Kaiserpfalz und im Erzbischöflichen Diözesanmuseum Paderborn vom 23. Oktober 2009 bis 21. Februar 2010: eine Ausstellung des Erzbistums Paderborn und des Landschaftsverbandes Westfalen-Lippe

Bibliografische Information der Deutschen Bibliothek: Die Deutsche Bibliothek verzeichnet diese Publikation in der Deutschen Nationalbibliografie; detaillierte bibliografische Daten sind im Internet über <http://dnb.ddb.de> abrufbar.

Leibnizstr. 13
D-93055 Regensburg

1. Auflage 2009
ISBN 978-3-7954-2152-6

Weitere Informationen zum Verlagsprogramm erhalten Sie unter: www.schnell-und-steiner.de

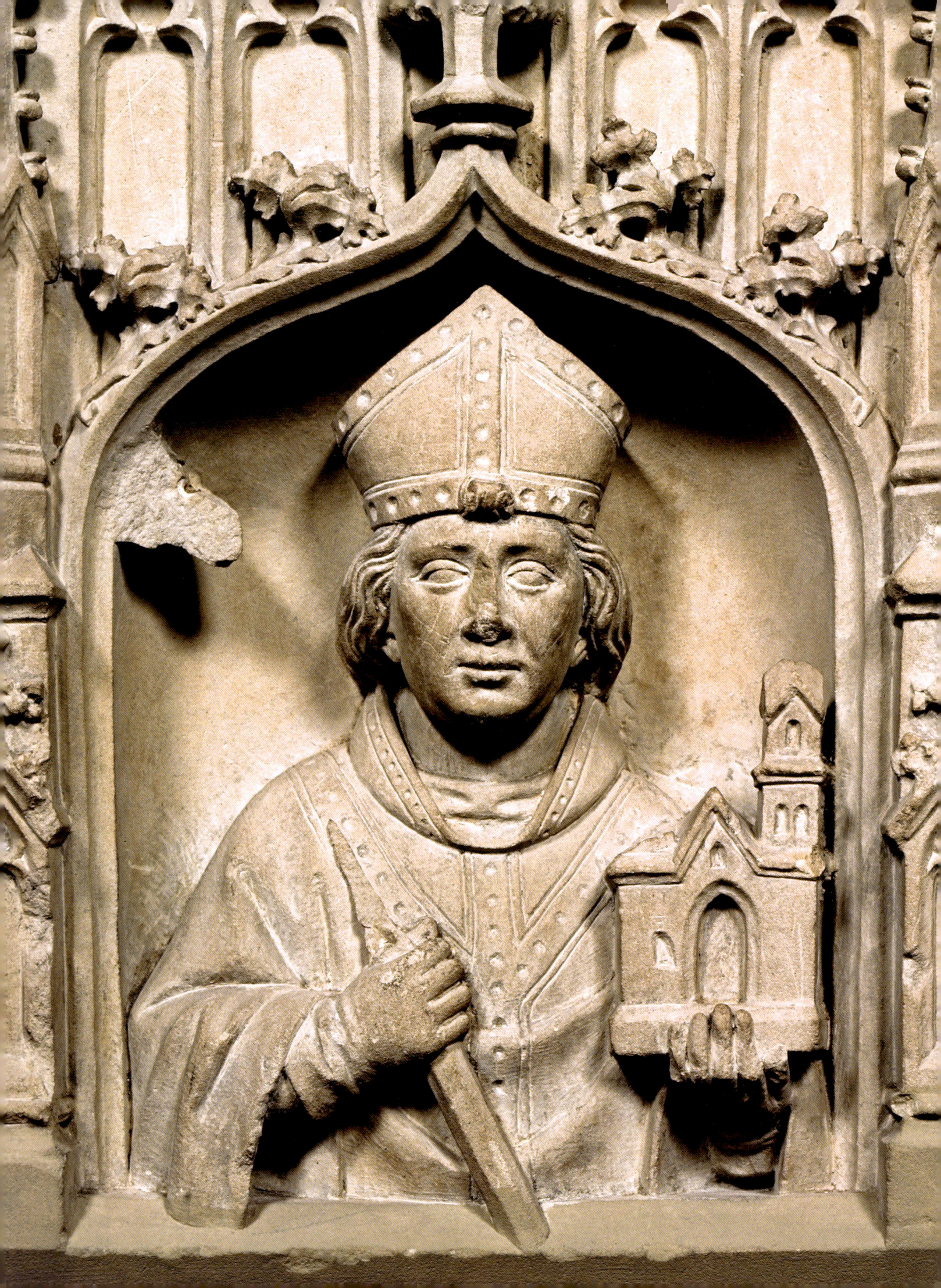

Inhalt

Essays

König und Bischof

Katalog

Museum in der Kaiserpfalz

Erzbischöfliches Diözesanmuseum

Anhang

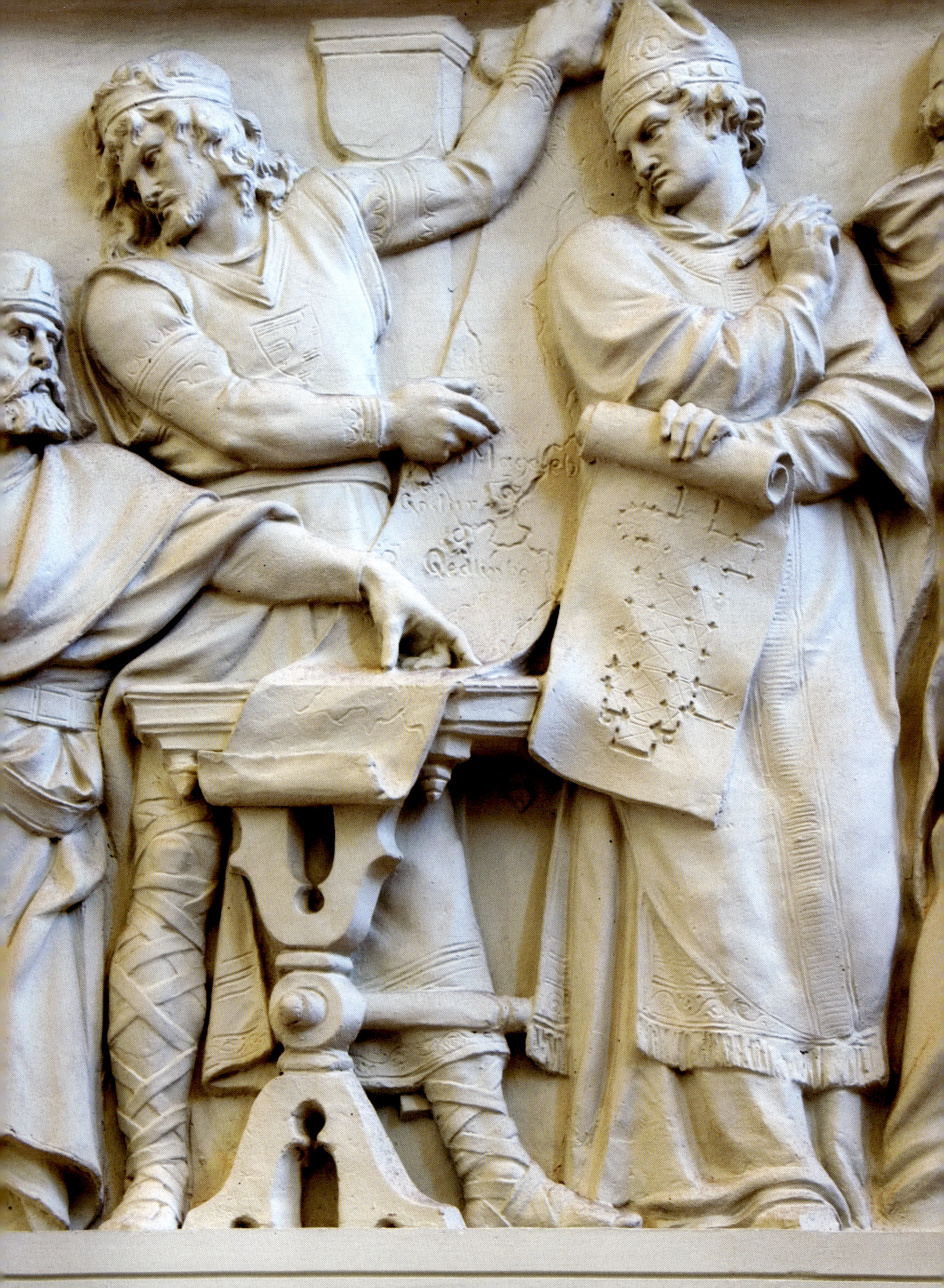

König und Bischof

Kollegen des Königs

Die Bischöfe im Reich vor 1000 Jahren

Stefan Weinfurter

Vor gut 1000 Jahren, 1007, traf sich König Heinrich II. (1002–1024) mit seinen Bischöfen in Frankfurt am Main. Alle Bischöfe aus den Ländern nördlich der Alpen, so erfahren wir von Thietmar von Merseburg (1009–1018), einem zeitgenössischen Chronisten, seien dort zusammengekommen – eine Versammlung der kirchlichen Elite des Reichs also. In Frankfurt nun, so fährt Thietmar fort, habe sich der König vor all den Erzbischöfen und Bischöfen demütig zu Boden geworfen (»humotenus prosternitur«). Dabei habe er beteuert, er wolle das Bistum Bamberg gründen und erbitte dafür die Zustimmung der Bischöfe. Doch als er erkannte, dass sich bei den Kirchenfürsten großer Widerstand gegen sein Vorhaben formierte, habe er sich erneut demütig zu Boden geworfen und sich auf diese Weise erniedrigt: »prostratus humiliatur«. Da hätten die Bischöfe nachgegeben und die Erlaubnis zur Bistumsgründung in Bamberg unterschrieben (Thietmar von Merseburg 1935, lib. VI, cap. 30–32; Abb. 1).

Diese Episode könnte uns heute zu dem Eindruck verleiten, wir hätten es vor 1000 Jahren mit einem extrem schwachen König zu tun gehabt, der ganz von den Bischöfen und ihrem Urteil abhängig war. Bestimmten die Bischöfe unter Heinrich II. die Regierung? Musste der König kniefällig um ihre Erlaubnis bitten? Was war das für eine Welt, was für eine Ordnung, in der sich der König vor den Bischöfen demütigte, um seinen Willen durchzusetzen?

Ersten Aufschluss über solche Fragen gibt uns die Erhebung Heinrichs II. zum König im Jahre 1002. Im Februar dieses Jahres zogen die hohen Reichsfürsten aus Italien über die Alpen zurück ins Reich. Mit sich führten sie den Leichnam des jung verstorbenen Kaisers Otto III. (983–1002), den sie nach Aachen zum Begräbnis bringen wollten. Auf dem Weg durch Bayern wurden sie jedoch vom bayerischen Herzog aufgehalten. Dieser war kein anderer als der spätere König Heinrich II. Er beschlagnahmte den kaiserlichen Leichnam und die Reichsinsignien, darunter die heilige Lanze mit einem Nagel vom Kreuz Christi. Dann setze er die Großen unter Druck: Sie sollten ihn zu ihrem Herrn und König wählen. Ihn allein nämlich habe Gott zum König bestimmt. Außerdem sei er der nächste Verwandte des verstorbenen Kaisers.

So führte sich also der künftige Herrscher ein: ziemlich rigoros und kompromisslos, aber erfüllt von seinem göttlichen Auftrag. Als die Mehrheit der Fürsten einen anderen Kandidaten, den Herzog Hermann II. von Schwaben (997–1003), für das Königsamt bevorzugte, kam es zu Droh- und Kampfhandlungen. Am Ende aber setzte sich Heinrich II. durch – und diesen Sieg verdankte er vor allem der Hilfe mächtiger Bischöfe. An ihrer Spitze stand Erzbischof Willigis von Mainz (975–1011). Dieser besaß seit 975 das päpstlich bestätigte Privileg, dass nur er den neuen König salben und krönen dürfe (PUU 1, Nr. 237). Ja noch mehr: Willigis besaß die *Präeminenz*, die Amtshoheit über die gesamte Reichskirche, das heißt, er verkörperte die höchste Autorität. Ein enger Vertrauter von ihm war Bischof Burchard von Worms (1000–1025). Beide stellten sich 1002 auf die Seite Heinrichs von Bayern. In einer gemeinschaftlichen Aktion erreichten sie, dass Heinrich über den Rhein übersetzen und heil nach Mainz ziehen konnte. Hier wurde er – wohl noch im alten Dom von Mainz, der heutigen Johanniskirche – von Willigis in großer Eile, so möchte man hinzufügen, am 7. Juni 1002 zum König gesalbt und geweiht (Abb. 2). »Zusammen mit der heiligen Lanze«, so erfahren wir aus der Vita Bischof Bernwards von Hildesheim (993–1022), »übertrug ihm Erzbischof Willigis das Reich und die königliche Gewalt« (Vita Bernwardi 1841, cap. 38). »Durch den Ruhm der Salbung und der Krone« (»benedictionis et corone gloria«), so der Chronist Thietmar, habe er von da an »nach dem Beispiel des Herrn alle Sterblichen überragt« (Thietmar von Merseburg 1935, lib. I, cap. 26).

Das klingt für unsere heutigen Vorstellungen überraschend. Allein durch den Akt der Salbung und die Krönung durch den Mainzer Erzbischof konnte sich Heinrich II. als König sehen. Eine Wahl durch die Großen des Reichs hatte gar nicht stattgefunden, ganz im Gegenteil: Die Mehrheit der Großen hatte ihn gar nicht gewollt. Wir sehen, dass die Königserhebung vor 1000 Jahren offensichtlich ganz andere Grundlagen und Legitimationsvoraussetzungen hatte, als wir uns das heute vorstellen. Nicht die Wahl war entscheidend, sondern die Salbung, also die Königsweihe, vorgenommen vom höchsten Würdenträger der Reichskirche. Der neue König wurde gesalbt – und von diesem Augenblick an war er König. Nicht ein weltlicher Auftrag durch die Fürsten war entscheidend, sondern der Auftrag durch Gott – vermittelt durch den Erzbischof von Mainz. Durch die Salbung wurde die göttliche Gnade auf den neuen Herrscher gelenkt. Er war von diesem Augenblick an ein »Gesalbter des Herrn«, ein »Christus domini«, und überragte von da an alle Sterblichen.

Um diese Zusammenhänge zu verstehen, müssen wir noch einen Schritt weitergehen. Wir müssen berücksichtigen, dass vor 1000 Jahren noch gar kein weltlicher Staat existierte. Vielmehr herrschte die Überzeugung, dass der eigentliche König des christlichen Reichs Christus selbst sei. Er, der König der Könige, der im Himmel herrscht, setze aber in seinem Reich auf Erden einen Stellvertreter ein. Dieser war somit der »vicarius Christi«, der Stellvertreter Christi, in einem »Gottesreich«. Mit anderen Worten: Das irdische Reich gehörte gar nicht den Menschen, sondern Christus selbst. Daher gab es in diesem Reich zwar die Gewohnheitsrechte der Stammesvölker, aber die eigentlichen Rechtsprinzipien gingen von den Geboten Gottes und seiner Kirche aus. Der König regierte nicht nur durch die Gnade Gottes, sondern er war als Stellvertreter Christi auch an der göttlichen Autorität beteiligt. Sein Wort war wie das Wort Christi, denn durch ihn sprach Christus (siehe den Beitrag von Erkens).

Der König sah sich infolgedessen nur Christus selbst verantwortlich. Stets war er daher von den christlich-religiösen Verpflichtungen erfüllt, die ihm als Stellvertreter des himmlischen Königs auf Erden auferlegt waren. Er hatte das Reich zusammenzuhalten, für Frieden und Ausgleich zu sorgen, die Kirchen, den Klerus und die Armen zu schützen und ihnen Gerechtigkeit widerfahren zu lassen. Heinrich II. selbst war zutiefst von diesen Gedanken geleitet, wie man seinen eigenen Verlautbarungen entnehmen kann. Es sei ihm, so soll er sich geäußert haben, stets bewusst, dass ein Gebiet, in dem der König mit seiner Autorität und seiner Gewalt nicht präsent ist, nur allzu häufig vom Schreien und Seufzen der Armen überströme (Adelbold von Utrecht 1983, cap. 19). In einer von ihm selbst diktierten Urkunde vom 7. Juli 1005 klingt durch, wie tief ihn dieses Verantwortungsgefühl durchdrang. »Im reich gefüllten Haus Gottes«, so heißt es da, »sind wir die obersten Verwalter. Wenn wir die Verwaltung getreu ausführen, werden wir selig werden und, indem wir in die Freuden des Herrn eingehen, dessen Güter besitzen. Wenn wir aber untreu sind, dann werden wir in die Folterkammer hinabgestoßen und bis zum letzten Glied gefoltert werden.« (MGH DD H II, Nr. 99). Der ganz persönliche Auftrag Gottes ließ ihm keinen Spielraum. Jedes Missgeschick in seinem Reich musste er auf seine Sünden zurückführen. Mit jedem Abweichen von seinen Pflichten würde er sich selbst der ewigen Verdammnis und unablässigen Folterqualen ausliefern. Drastischer konnte die Auffassung von den Pflichten des Königs, die ihn zum Handeln trieben, kaum formuliert werden.

Heinrich II. wurde aber nicht erst als König mit diesen Vorstellungen konfrontiert, vielmehr war er schon als Herzog von Bayern in dieser Gedankenwelt geformt worden. In den letzten Jahren und Jahrzehnten vor der ersten Jahrtausendwende hatte sich in Bayern, genauer gesagt in Regensburg, ein Zentrum dieser theokratischen Herrscheridee herausgebildet. Bischof Wolfgang von Regensburg (972–994) war ihr geistliches Oberhaupt und sein wichtigster Helfer war Abt Ramwold von St. Emmeram in Regensburg (975–1000). Beide waren hochgelehrt, förderten den Aufbau exzellenter Bibliotheken und pflanzten die Klosterreform von Gorze (Lothringen), St. Maximin (bei Trier) und Einsiedeln (Schwaben) in die bayerischen Klöster ein. Im Kern verfolgten sie das Ziel, die Ordnung der Kirche auch zur Ordnung der Welt zu machen. Ihr Vorbild war dabei Moses, der vom Herrn dazu ausersehen war, seinem Volk die Gesetze Gottes zu überbringen und das Volk Gottes zu retten. Als Ramwold in der neuen Krypta seines Klosters 985 fünf Altäre weihte, wurde dieser Akt ausdrücklich in Beziehung zu den fünf Büchern Mose gesetzt (Arnold von St. Emmeram 1841, lib. II, cap. 40).

Wie einst Moses von den Hohepriestern Aaron und Hur gestützt wurde, so war schon der Herzog von Bayern, Heinrich der Zänker (955–976), ein enges Bündnis mit den Häuptern seiner Kirche eingegangen. Um Wolfgang von Regensburg sammelte sich ein Kreis von geistlichen und weltlichen Anhängern, die sich gleichsam als die Auserwählten des Herrn sahen. Wie weit diese Überzeugung von ihrem einzigartigen Auftrag ging, zeigt sich am Verhalten des Regensburger Bischofs selbst. Sein Lieblingsschüler war Tagino. Wolfgang, so erfahren wir, habe ihn so geliebt, dass er ihn von klein auf wie einen Sohn gehalten und ihn in späteren Jahren über alle seine Güter gesetzt habe. Mit dem Herzog habe er schon vereinbart, dass Tagino sein Nachfolger werden sollte, wenn er, Wolfgang, dereinst nach Gottes Gebot aus diesem Lichte scheiden sollte. In der Todesstunde schließlich habe er zu Tagino gesagt: »Lege deinen Mund auf meinen und empfange so von Gott den Hauch meines Geistes, damit du durch die himmlische Gewalt und durch mein Wohlwollen das richtige Maß findest.« Durch den Hauch seines Mundes übertrug er seinem Schüler die richtige Gesinnung, geradezu den Heiligen Geist (Thietmar von Merseburg 1935, lib. V, cap. 42).

Zu diesem Kreis gehörte auch der junge Herzogssohn, Heinrich IV. von Bayern, der 995 seinem Vater im Herzogsamt nachfolgte und 1002 König wurde. »Es nährte Bischof Wolfgang den herausragenden Schüler«, so heißt es beim

Chronisten Thietmar (»Nutrit praeclarum Wolfgangus presul alumnum«; Thietmar von Merseburg 1935, lib. V, Prolog). Schon zuvor hatte der junge Heinrich, der offenbar zunächst für die geistliche Laufbahn vorgesehen war, intensiven Unterricht bei Bischof Abraham von Freising (957–993/994) genossen. So verfügte er in hervorragender Weise über theologische und literarische Bildung. Als Herzog führte er die Ideen der Gottesmänner aus und unterzog die Klöster Regensburgs und andere große Abteien der Reform. Den Beginn machte er mit Niederaltaich an der Donau, wo Godehard 996 als Reformer eingesetzt wurde (Abb. 3). Dieser, der später noch andere Klöster reformierte und schließlich Bischof von Hildesheim (1022–1038) wurde, erstrahlte durch sein heiligmäßiges Leben derart, dass er nach seinem Tod zur Ehre der Altäre erhoben wurde. Die St. Gotthardkapelle in Mainz aus dem 12. Jahrhundert zeugt von der besonderen Verehrung, die man ihm auch an diesem zentralen Ort der Reichskirche entgegenbrachte.

Wir erkennen an diesen Vorgängen, dass der Herzog von Bayern schon vor seiner Erhebung zum König vollständig von der Mosesidee und der Stellvertreterschaft Christi erfüllt war. Schon in Bayern nannte man ihn den »einzigen Herrn nach Gott« (»unicissimus post deum nobis estis domnus«; Froumund von Tegernsee 1925, Nr. 49). Als sein Vetter, Otto III., 1002 gestorben war, war Heinrich II. von der Überzeugung geleitet, dass er nunmehr nicht nur Bayern, sondern das gesamte Reich auf den Weg zur Ordnung Gottes zu führen habe.

Für Erzbischof Willigis wiederum eröffnete sich damit die Gelegenheit, seine Rolle als Königsmacher zu demonstrieren. Für dieses Königtum, das die Stellvertretung Christi bedeutete, war, wie wir gesehen haben, die Salbung ausschlaggebend. Dies bedeutete, dass durch einen kirchlich-liturgischen Akt, durch die Königsweihe, der himmlische Auftrag vermittelt wurde. Diese Weihe war in hohem Maße der Bischofsweihe nachgebildet, denn auch die Bischöfe, die Nachfolger der Jünger Christi, erhalten ihre Berufung unmittelbar durch Christus. An dieser Stelle erkennen wir gleichsam die Schnittmenge: König und Bischöfe waren »Geweihte des Herrn« und bildeten eine gemeinsame Sondergruppe, eine geweihte Elite. So konnte das Wort vom Bischof als dem »Kollegen« des Königs entstehen (Thietmar von Merseburg 1935, lib. VI, cap. 38). Der dafür verwendete Begriff »simpnista« bezeichnet denjenigen, der im gleichen Atem – das heißt, im gleichen Geist und Auftrag – spricht wie der König. Auch das Wort »coepiscopus« ist anzutreffen. Auf einem Hoftag in Dortmund, so erfahren wir von Thietmar, habe sich Heinrich II. mit den »coepiscopi« getroffen, also mit seinen Mitbischöfen (Thietmar von Merseburg 1935, lib. VI, cap. 18). Natürlich war der König damit kein Bischof, aber er stand mit ihnen als Gesalbter und Geweihter auf einer Stufe. Gemeinsam suchten sie die Ordnung Gottes im Reich durchzusetzen.

Erzbischof Willigis von Mainz (975–1011) hatte den Kampf um die Königswürde also einfach dadurch entschieden, dass er in Mainz an Heinrich II. die Salbung vornahm. Sein Handeln enthielt gleichsam die Entscheidung Gottes und war für alle bindend. Dieses Vorgehen des Mainzer Oberhirten stand in einer engen Beziehung zum Neubau des Mainzer Domes. Der neue Mainzer Dom entstand nicht an der Stelle des früheren Domes. Der »alte« Dom war, wie wir heute wissen, identisch mit der heutigen Johanniskirche in unmittelbarer Nähe. Der neue Dom wurde völlig neu konzipiert und benötigte daher auch ein neues Areal. Vorbild für den Neubau war der Petersdom in Rom. Wahrscheinlich begannen die Bauarbeiten im Jahre 997. Wie der Kirche Alt-St. Peter in Rom waren dem neuen Dom in Mainz ein Atrium und eine Marienkirche (S. Maria ad gradus) nach Osten zum Fluss hin vorgelagert. Vom Atrium und von der Mariengredenkirche sind heute nur noch die Andeutungen im Pflaster erkennbar. Von dem hehren Geist einer bewusst vollzogenen, epochalen Neuschöpfung zeugt vor allem das Bronzetor am seitlichen Hauptportal. Es trägt noch heute die ursprüngliche, von Selbstbewusstsein getragene Umschrift: »Als erster nach dem großen Kaiser Karl [...] ließ Erzbischof Willigis derartige Türflügel aus Metall anfertigen.«

Die Idee dieser Konzeption ist überaus beeindruckend: So wie in St. Peter vom Papst der Kaiser gekrönt wurde – wobei dort die Kirche S. Maria in Turri eine wichtige Rolle im Krönungszeremoniell spielte –, so sollte der neue Mainzer Dom die Krönungskirche für den König sein. Bei der Königsweihe, so das Signal, verleihe ausschließlich der Mainzer Oberhirte in seinem Dom das Herrscheramt. Mit dem neuen Mainzer Domkirchenensemble, das Rom imitierte, war in gewisser Weise auch die Idee der Gleichrangigkeit mit dem Bischof von Rom verbunden. Mainz wurde das »Rom« für den König (Abb. 4).

Diese Nachahmung Roms liefert übrigens auch die Begründung dafür, dass der neue Mainzer Dom den Hauptchor nicht im Osten, sondern im Westen hatte und bis heute hat: Auch der Petersdom in Rom war nicht geostet, sondern gewestet. Mit den großartigen Bronzetüren nahm Willigis schließlich Bezug auf das Aachener Marienmünster. Mainz – so konnte damit zum Ausdruck gebracht werden – sollte nunmehr Aachen ablösen. Dort war 936 Otto der Große (936–973) zum König erhoben worden, fortan aber sollte der König in Mainz gekrönt werden. Der neue Mainzer Dom mit seinem Atrium sollte schließlich auch ein Abbild des Tempels Salomons in Jerusalem sein. Auch dieser hatte Bronzetüren. Sie dienten dem König des auserwählten Volkes als Hintergrund für seine Handlungen als Herrscher und Richter.

Wir können aufgrund dieser Zusammenhänge nun erkennen, wie innig sich in diesem Jahr 1002 die von Mainz und den Bischöfen repräsentierte kirchliche Ordnungsvorstellung und die von Heinrich II. verinnerlichte Überzeugung

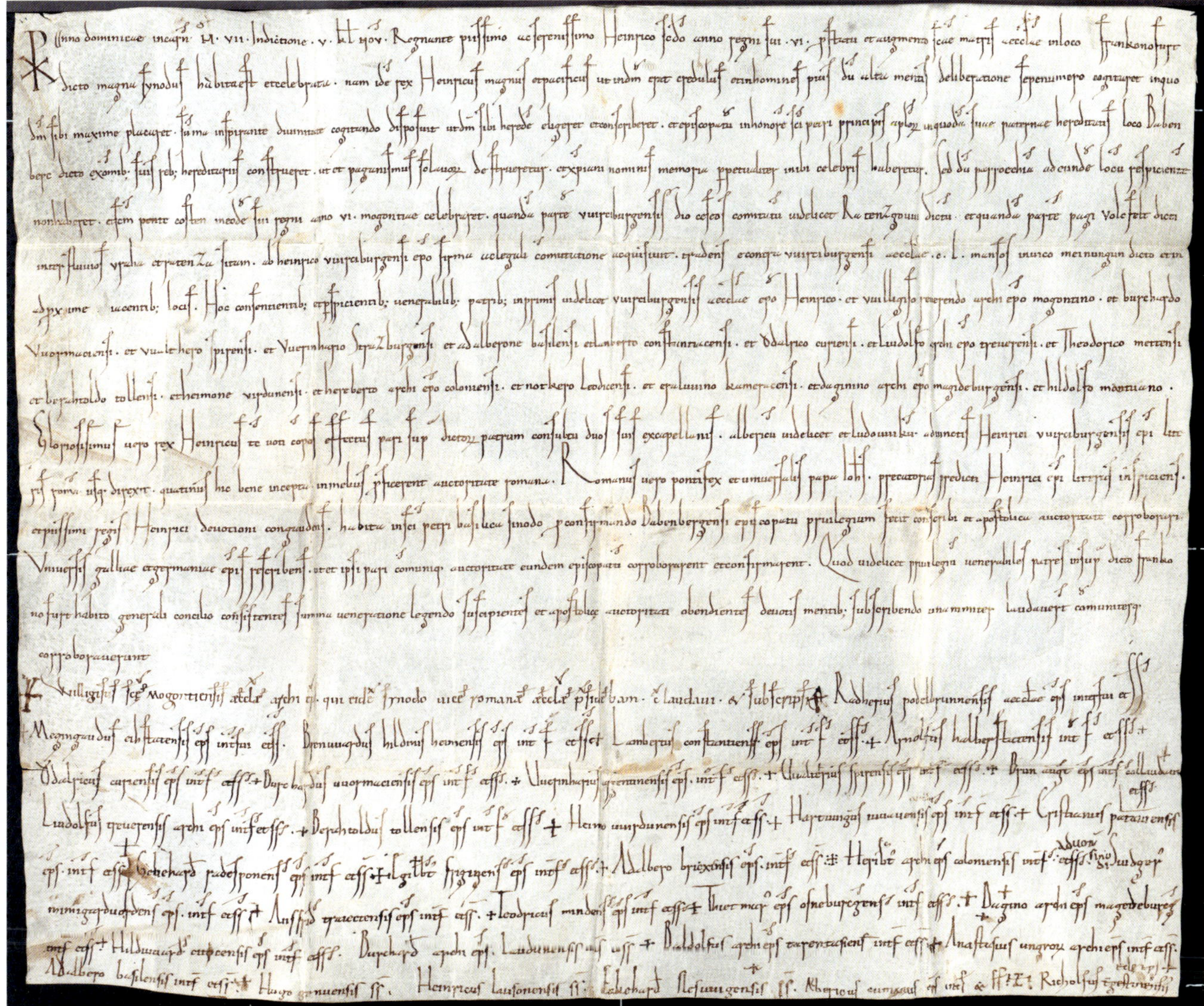

1 Protokoll der Frankfurter Synode über die Gründung des Bistums Bamberg; Frankfurt, 1. November 1007. Bamberg, Staatsarchiv, Bamberger Urkunden (Münchner Abg. 1993), Nr. 21

von einem Gottesreich, das von ihm geleitet wurde, miteinander verbunden haben. König und Bischöfe wurden zu einer unzertrennlichen Handlungsgemeinschaft. Sie war nicht nur von denselben Vorstellungen und Zielen geleitet, sondern in ihr waren beide – König und Bischöfe – auch in höchstem Maße aufeinander angewiesen. Dabei ging es nicht nur um die Erhebung Heinrichs II. zum König, sondern auch um die ständig wiederholte Inszenierung des Königs als Stellvertreter Christi. In Texten, Bildern und liturgischen Riten und Ritualen wirkten die Bischöfe unermüdlich daran mit, die einzigartige Stellung des irdischen Königs der ganzen Welt vor Augen zu führen. Insbesondere anlässlich der kirchlichen Hochfeste, zu Weihnachten, Ostern und Pfingsten, zeigte sich der König in festlichem Aufzug. Nur zu diesen Anlässen trug er in der Regel die Königskrone, das heißt »ging er unter der Krone«. Damit zeigte er sich als höchster Repräsentant eines Reichs, das als »Haus Gottes«, als »domus dei«, aufgefasst wurde. Diese hohen Kirchenfeste waren regelrechte Staatsakte.

Besonders wichtig für die Symbiose von König und Bischöfen waren die Synoden, die Heinrich II. in neuartiger Regelmäßigkeit einberief. Fünfzehn Versammlungen sind bis zu seinem Tod 1024 nachzuweisen. Jedes Mal waren so gut wie alle Bischöfe des Reichs anwesend. Für alle diese Bischofssynoden setzte der König die Tagesordnung fest. Auf einer Synode in Merseburg im Jahre 1004 erreichte er, dass das Bistum Merseburg wieder eingerichtet wurde. Später, 1019, ging es auf einer Synode in Goslar darum, ob es einem unfreien Priester, der eine Freie zur Frau nimmt, erlaubt sei, seine Kinder ebenfalls zu Freien zu erklären, um sie so dem Dienst ihrer geistlichen Herren zu entziehen. Auch solche Themen wurden also unter dem Vorsitz des Herrschers behandelt. Über diese Frage – so erfahren wir – sei auf der Synode lange nachgedacht worden. Die Bischöfe hätten gezögert und sich nicht einigen können. Da habe Heinrich II. autoritativ gehandelt und das Urteil einfach vorweggenommen: Kinder aus solchen Ehen sollten unfrei sein wie der Priester und künftig der Kirche gehören. Damit konnte verhindert werden, dass durch Erbansprüche der Kirche Güter entfremdet würden. Dieser Entscheidung schlossen sich die Bischöfe an, und dieser Beschluss der kaiserlichen Autorität, so fügten sie hinzu, dürfe durch kein Recht jemals wieder aufgehoben werden.

Die Bischöfe ihrerseits hatten angesichts eines solchen Ordnungsmodells hohen Ansprüchen zu genügen. »Sie herrschen nun im Reich«, so formulierte es Thietmar treffend (Thietmar von Merseburg 1935, lib. VI, Prolog) – doch dafür mussten sie auch fähig sein und entsprechenden Einsatz zeigen. Gleich zu Beginn seiner Herrschaft ließ Heinrich II. keinen Zweifel daran aufkommen, wie er sich brauchbare Bischöfe vorstellte. Am 15. Januar 1003 hielt er seine erste große Reichsversammlung ab. Sie fand im lothringischen Diedenhofen (französisch Thionville) statt, am linken Moselufer gelegen, etwa 20 Kilometer nördlich von Metz. Alle bedeutenden Bischöfe des Reichs hatten sich hier versammelt. Man habe, so lesen wir in der Vita Bischof Adalberos II. von Metz (984–1005), über verschiedene Themen dieses und jenes disputiert (Vita Adalberonis 1841, cap. 15–18). Dann aber habe Heinrich II. die Bischöfe ganz unvermittelt angegriffen, weil sie seiner Meinung nach in ihren Diözesen die synodalen Beschlüsse, also das Kirchenrecht, nicht ausreichend zur Geltung gebracht hätten. Vor allem die Bestimmungen über das Verbot der Nahehe würden sie viel zu nachlässig behandeln. Die Bischöfe ihrerseits seien von den Ausbrüchen des neuen Königs völlig überrascht worden und hätten nun betreten und schweigend dagesessen. Daraufhin habe sie Heinrich II. aufs Neue beschimpft: Sie hätten es sich auf ihren Bischofsstühlen bequem gemacht und seien nur noch »stumme Hunde« (»canes muti«), welche die ihnen anvertraute Herde in den Abgrund führten. Der diensteifrige Metzer Bischof, so erfahren wir weiterhin, habe diese Beurteilung sogleich eilfertig bestätigt. Dadurch sei in der Versammlung große Unruhe entstanden. Die erste große Reichsversammlung Heinrichs II. war von einer Bischofsbeschimpfung ganz ungewöhnlicher Art gekennzeichnet. Von nun an wussten alle Bischöfe, was der König von ihnen erwartete.

Einer unter ihnen, den Heinrich II. als König sogleich förderte, war Bischof Burchard von Worms. Ihm verschaffte er die Stadtherrschaft über Worms, indem er die bisherigen Herren, das salische Grafenhaus, dazu zwang, die Stadt und ihren Herrschaftspalast zu verlassen. Burchard war eine be-

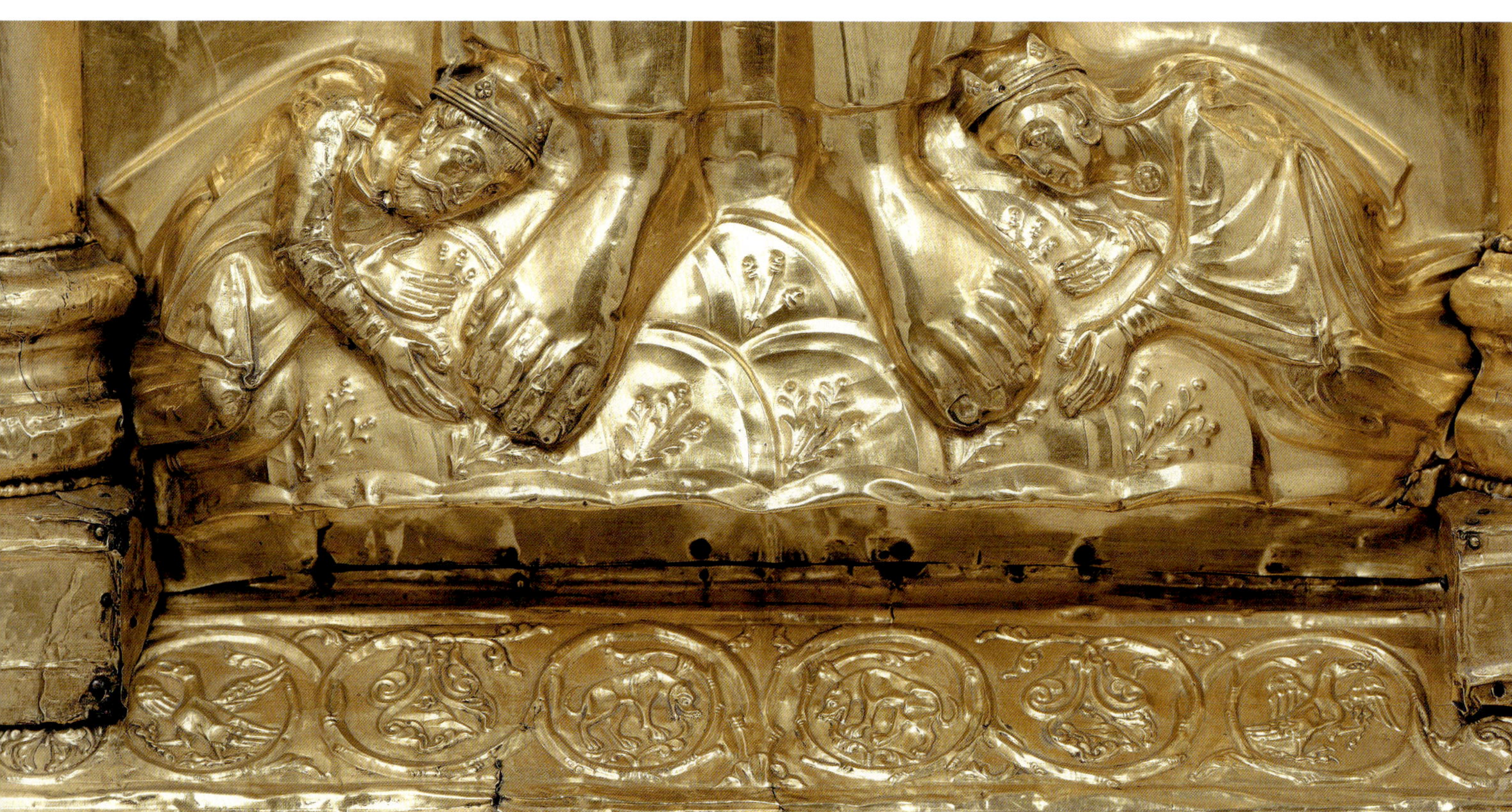

2 Baseler Antependium, Detail: Kaiser Heinrich II. und Kaiserin Kunigunde; um 1020. Paris, Musée national du Moyen Âge – thermes et hôtel de Cluny, Cl. 2350

sondere Aufgabe zugedacht: Er, der Schüler und Vertraute von Willigis, sollte das Kirchenrecht und die Gebote Gottes in einem neuen, umfassenden Gesetzbuch zusammenfassen. Seine ausgezeichnete Bildung und die Bibliotheken in Mainz verhalfen ihm zu dieser ungewöhnlichen Leistung. So entstand das berühmte *Decretum Burchardi*, das erste normativ wirkende Rechtsbuch, in dem das Kirchenrecht nachzulesen war und das ebenso für die weltliche Ordnung maßgeblich war (Kat.Nr. 5, 150). Das Haus Gottes, die »domus dei«, erhielt ihre verbindliche Rechtsbasis, so könnte man diesen Vorgang umschreiben.

In welchem Ausmaß das Kirchenrecht in der Tat das weltlich-politische Leben mitbestimmte, zeigt sich am Beispiel des Markgrafen der bayerischen Nordmark. Dieser hatte sich gegen den König aufgelehnt und wurde von ihm militärisch niedergeworfen. Als Strafe ereilte ihn strenge Kerkerhaft und eine Kirchenbuße. Als er dann, wie es heißt, an einem Tag 150 Kniebeugen verrichtete und dabei den gesamten Psalter sang (Thietmar von Merseburg 1935, lib. VI, cap. 2), konnte man daran seine große Bußfertigkeit erkennen. Nicht lange danach wurde er wieder freigelassen.

Besondere Sorgfalt legte Heinrich II. auf die Auswahl neuer Bischöfe. Hier ließ er sich von keinem beirren. In seiner Zeit waren 64-mal Bistümer neu zu besetzen und nur in einem einzigen Fall konnte sich ein Bischof behaupten, der sein Amt nicht vom König erhalten hatte. Zwar versuchten sich die Domkapitel gegen diese Fremdbestimmung vereinzelt zur Wehr zu setzen, aber sie konnten sich nicht behaupten. Als 1004 ein neuer Erzbischof für Magdeburg zu erheben war, pochten die Domkanoniker auf ihr freies Wahlrecht. Die Freiheit des Volkes, so argumentierten sie, sei gefährdet, wenn man allen Weisungen des Herrschenden folgen müsse (Thietmar von Merseburg 1935, lib. V, cap. 41). Es half nichts, neuer Erzbischof wurde Tagino (1004–1012), der einstige Musterschüler Bischof Wolfgangs von Regensburg. Ihn nannte Heinrich II. seinen »ganz engen Vertrauensmann« (»familiaris noster«; MGH DD H II, Nr. 474).

So baute Heinrich II. den Kreis seiner Bischöfe auf. Mindestens 24 von ihnen, also über ein Drittel, kamen aus der Hofkapelle. Die Hofkapelle wurde vom Klerus am Königshof gebildet. Dort konnten die jungen Kleriker lernen, welche theologischen und politischen Grundsätze dem König und seinem Hof wichtig waren. Vor allem für die Erzbistümer Magdeburg, Trier, Hamburg-Bremen, Köln und Mainz legte Heinrich II. Wert darauf, dass sie von ehemaligen Hofkapellänen geleitet wurden. Aber ebenso wichtig war ihm, dass seine ehemaligen Gefährten aus alten bayerischen Tagen in Schlüsselpositionen gelangten. Neuer Erzbischof von Köln wurde Pilgrim (1021–1036), der Sohn eines bayerischen Grafen und verwandt mit dem mächtigen bayerischen Adelshaus der Aribonen. Diese Familie gehörte schon in der Herzogszeit zum Regensburger Freundeskreis. Auch der Nachfolger von Erzbischof Willigis von Mainz, Aribo (1021–1031), ein Onkel Pilgrims, war Mitglied dieser Familie. Als Mainzer Erzbischof suchte er die kirchlichen Gesetze mit großer Strenge und unbeugsamer Härte durchzusetzen. Darüber konnte sich sogar Bern, der glaubensstrenge Abt von Reichenau (1008–1048), einer leicht spöttischen Bemerkung nicht enthalten, als er ihm schrieb: »Dir hat die göttliche Vorsehung eine solche Fülle des Wissens verliehen, daß sie Dich durch das Wasser der heiligen Schriften nicht bloß bis zu den Knöcheln oder zu den Knien, sondern sogar bis zur Taille hindurchgeführt hat« (Bern von Reichenau 1961, Nr. 13). Auch Erzbischof Poppo von Trier (1016–1047) stammte aus Bayern. Sein Namensvetter aus dem Haus der Chiemgaugrafen wurde Patriarch von Aquileja (1019–1042) und dessen Verwandter Hartwig erhielt den Bischofsstuhl von Brixen (1022–1039). Die Liste könnte man fortsetzen und man kann geradezu von einer Bajuwarisierung des Reichsepiskopats sprechen. Alle diese Männer zeichneten sich dadurch aus, dass sie in ihren Ordnungsvorstellungen ganz der Linie des Königs folgten und dass für sie Gehorsam gegenüber dem König einen hohen Stellenwert einnahm.

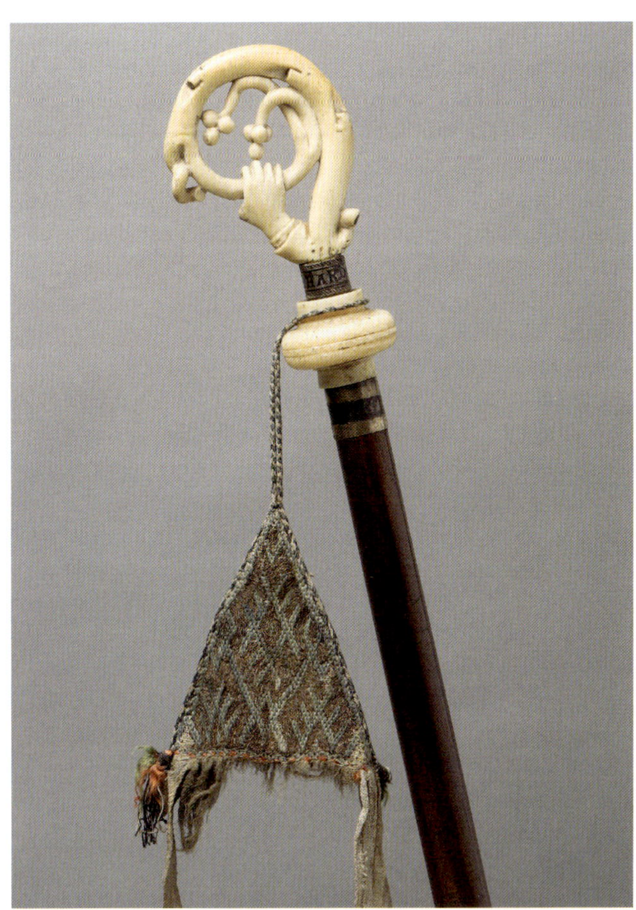

3 Stab des Abtes Godehard von Niederaltaich; Hildesheim (?), erstes Viertel 11. Jahrhundert. Niederaltaich, Klosterkirche

Auch aus Sachsen rekrutierte Heinrich seine geistlichen Helfer. Unter ihnen ragte Meinwerk von Paderborn (1009–1036) heraus. Er stammte aus einer sächsischen Hochadelsfamilie, die man in der Forschung unter dem Namen Immedinger zusammenfasst. Von Beginn an legte er in seinem Auftreten hohes adliges Bewusstsein an den Tag – eine Grundhaltung, die von Heinrich II. sehr geschätzt wurde. »Wegen der Eleganz seiner Sitten«, so weiß sein Biograph zu berichten, sei er »für den Königsdienst für würdig erachtet worden« (Vita Meinwerci 1921, cap. 5). Von einem geschätzten Mann sei er zu einem höchst geschätzten aufgestiegen und habe die Stellung eines für den König unverzichtbaren Begleiters in öffentlichen und privaten Angelegenheiten erlangt (Vita Meinwerci 1921, cap. 9). Nach seinen Jahren als Hofkapellan wurde er 1009 zum Bischof von Paderborn erhoben. Nun zeigte sich, dass er in ganz ungewöhnlicher Weise dem König nacheiferte. So wie Heinrich sein ganzes Vermögen der Kirche von Bamberg stiftete, so übergab Meinwerk seine Besitzungen der Kirche von Paderborn. Unermessliche Summen investierte er in einen völligen Umbau und Neubau des Bischofssitzes. Paderborn blühte auf. Ein neuer Dom, der heiligen Maria und dem heiligen Kilian geweiht, entstand, die Pfalzanlage wurde erneuert und mit Abdinghof ein besonders kunstvoll gestaltetes Kloster errichtet.

Großes Gewicht legte der König auf hervorragende geistige Bildung seiner Bischöfe. Er selbst ließ in seiner Gründung Bamberg eine einzigartige Bibliothek mit kostbaren Büchern anlegen. In Bamberg sollte eine Art Musterschule entstehen und zwar nach dem Vorbild der damals berühmten Domschule von Lüttich. Der Scholaster Egbert von Lüttich stellte um 1023 ein Lehrbuch zusammen, das uns gut in den Stoff einer Domschule einführt. Hier finden wir Sätze wie: »Der König kann das Recht, das schlecht ist, ändern« (Egbert von Lüttich 1889, S. 56). Das war nicht so gemeint, als wäre der König der Gesetzgeber, sondern es bedeutete, dass der König das gute Recht, also die Gebote Gottes, durchzusetzen hatte. Die Lütticher Schule vertrat ganz die Auffassung Heinrichs II.

Von mehreren der von Heinrich II. eingesetzten Bischöfe weiß man, dass sie theologische oder sonstige Werke verfasst haben. So wurde Bischof Heribert von Eichstätt (1022–1042), der aus der Familie der Konradiner stammte, als Dichter gepriesen. Er verfasste Hymnen und Mariengebete und legte größten Wert auf eine gute Domschule. Er habe sogar, so erfahren wir, den Leiter seiner Domschule, den Scholaster Gunderam, einer Evaluation durch einen auswärtigen Experten unterzogen (Anonymus Haserensis 1987, cap. 28). Vor allem muss man in diesem Zusammenhang die Geschichtsschreiber Bischof Thietmar von Merseburg und Bischof Adelbold von Utrecht (1010–1026) nennen. Der Utrechter Bischof hat darüber hinaus mathematische Abhandlungen über die Fläche des Kreises und den Inhalt der Kugel verfasst, also besonders anspruchsvolle Wissenschaften betrieben. Von ihm stammt ferner ein Kommentar zur *Consolatio philosophiae* des Boethius († um 524) und mit anderen Gelehrten, wie dem Abt Bern vom Inselkloster Reichenau, stand er in Kontakt und pflegte mit ihnen wissenschaftlichen Austausch. Auch die Erzbischöfe Erkanbald (1011–1021) und Aribo von Mainz könnte man hier nennen, die Sermones und Kommentare verfasst haben.

Viele Bischöfe dieser Zeit wandten große Mühen und Kosten auf, um ihre Domschulen mit Büchern reich auszustatten. So hat sich Bischof Bernward von Hildesheim, der selbst nicht nur die *artes liberales*, sondern auch die *artes mechanicae* (Baukunst, Architektur) beherrscht haben soll (Vita Bernwardi 1841, cap. 1), um die Bibliothek seiner Domkirche sehr bemüht. Er holte den Diakon Guntbald, einen Schreiber und Miniaturenmaler aus St. Emmeram in Regensburg, nach Hildesheim, der dort im Stil der Regensburger Malschule mehrere Handschriften für den Bischof schuf (Kat.Nr. 207–208). Ebenfalls von St. Emmeram in Regensburg wurde die Buchmalerei beeinflusst, die sich in Salzburg unter Erzbischof Hartwig (991–1023) entfaltete. Von Bischof Sigebert von Minden (1022–1036) wiederum wissen wir, dass er in St. Gallen acht liturgische Bücher herstellen ließ (Kat.Nr. 190–197). An der Mainzer Domkirche schließlich muss es in dieser Zeit eine umfassende und höchst bedeutende Bibliothek gegeben haben. In dieser Reihe ist auch wieder Bischof Meinwerk von Paderborn zu nennen, der die Schule an seinem Bischofssitz in solchem Maße förderte, dass sie sich zu schier unglaublicher Blüte entwickelt haben soll (Vita Meinwerci 1921, cap. 160). In allen Bereichen der Wissenschaften habe man hier studiert, in Musik und Dialektik, Rhetorik und Grammatik, und ebenso hätten sich gerne Mathematiker, Astronomen, Physiker und Geometer in Paderborn versammelt.

Alle diese Bischöfe, so sehen wir, hatten schon vor ihrer Amtszeit in enger persönlicher Bindung zum König gestanden und waren, wie Thietmar es ausdrückte, bereit, »alle Anweisungen der von Gott eingesetzten Autorität zu erfüllen« (Thietmar von Merseburg 1935, lib. VI, cap. 38). »Die von Gott eingesetzte Autorität« – diese Formel wurde zu einer Kernforderung an die Bischöfe. Allein dem König war zu gehorchen, wie Thietmar es formulierte. Er sei der Stellvertreter Christi auf dieser irdischen Pilgerfahrt, daher stünde er zu Recht über allen Bischöfen (Thietmar von Merseburg 1935, lib. I, cap. 26). Dabei wurde immer wieder Bezug genommen auf den berühmten Paulusbrief an die Römer. Dort heißt es: »Jeder leiste den Trägern der staatlichen Gewalt den schuldigen Gehorsam. Denn es gibt keine staatliche Gewalt, die nicht von Gott stammt. Jede ist von Gott eingesetzt. Wer sich daher der staatlichen Gewalt widersetzt, wendet sich gegen die Ordnung Gottes, und wer sich ihm entgegenstellt, wird dem Gericht verfallen sein.« (Röm 13, 1–2).

Seine besondere Schärfe erhielt der biblische Satz vom Gehorsam gegenüber der Obrigkeit dadurch, dass mit ihr auch die Verdammung beim Jüngsten Gericht verknüpft wurde, falls sich jemand ungehorsam zeigte: »Wer sich der von Gott eingesetzten Obrigkeit widersetzt, wird dem Gericht verfallen sein!« Die Naherwartung des Jüngsten Gerichts war um die Jahrtausendwende und auch noch in den darauffolgenden Jahrzehnten in der geistlichen und politischen Elite besonders stark ausgebildet. Endzeiterwartung gab es im Mittelalter zwar immer, aber nach dem Ablauf von 1000 Jahren musste man ihr doch besondere Aufmerksamkeit widmen. In der geheimen Offenbarung des Johannes, der Apokalypse, heißt es, nach 1000 Jahren sei die Zeit vollendet. Dann werde der Satan aus seinem Gefängnis freigelassen. Er werde ausziehen, um die Völker der Erde, Gog und Magog, zu verführen und zusammenzuholen für den Kampf. Diese Völker würden das Lager der Heiligen und die Stadt Gottes umzingeln, bis Feuer vom Himmel falle und sie vertilge. Dann werde das Endgericht gehalten, dann würden die Toten nach ihren Werken gerichtet. Wer nicht im Buch des Lebens verzeichnet sei, werde in den Feuersee geworfen.

Die Gelehrten begannen zu rechnen, wann die 1000 Jahre abgelaufen seien. Man begann, Naturereignisse und Katastrophen danach zu befragen. Schon bei Otto III. ist eine gesteigerte Unruhe in diesem Sinne zu beobachten. Von Heinrich II. wird gar berichtet, er sei schon als Herzog von Bayern davon überzeugt gewesen, dass in seinen Tagen »das Ende der Zeiten bevorstünde« (Vita Godehardi 1854, cap. 11). Der König ließ im Kloster auf der Insel Reichenau Handschriften der Apokalypse herstellen, die reich mit Bildern ausgeschmückt waren. Solche Endzeithandschriften gab es vorher im Reich nicht. Hier war nun zu sehen, wie beim Jüngsten Gericht Christus als Weltenrichter auf dem Thron sitzt und, umgeben von Engeln und Aposteln, das Kreuz als Zeichen des Lebens in seiner Rechten hält. Unter ihm werden die Guten und die Bösen voneinander getrennt, indem ihnen zwei Engel die auf Schriftrollen eingetragenen guten oder bösen Taten vorhalten und das Urteil verkünden. So gelangen die Gerechten zur ewigen Seligkeit, die Bösen aber werden in den aufgerissenen Rachen des bösen Tiers geworfen (Abb. 5).

Diese gesteigerte Endzeiterwartung führte dazu, dass die Bischöfe in ihrem Eifer noch weiter angetrieben wurden. Der gute Christ, das gehört zu allen Zeiten zu den Grundregeln des Christentums, erwartete den Jüngsten Tag nicht in Lethargie und Untätigkeit, sondern in dem Bemühen, bereit zu sein. Mit dieser Einstellung ist auch zu erklären, dass in diesen Jahrzehnten um die Jahrtausendwende die Bischöfe in einem unglaublichen Kraftakt ihre Kirchen prachtvoll ausbauen oder ganz neu errichten ließen. »Es war, als würde die Kirche ihr altes Gewand ablegen und ein neues, hell strahlendes Kleid aus neuen Bauwerken überstreifen«, so kommentierte der Mönch Rodulfus Glaber

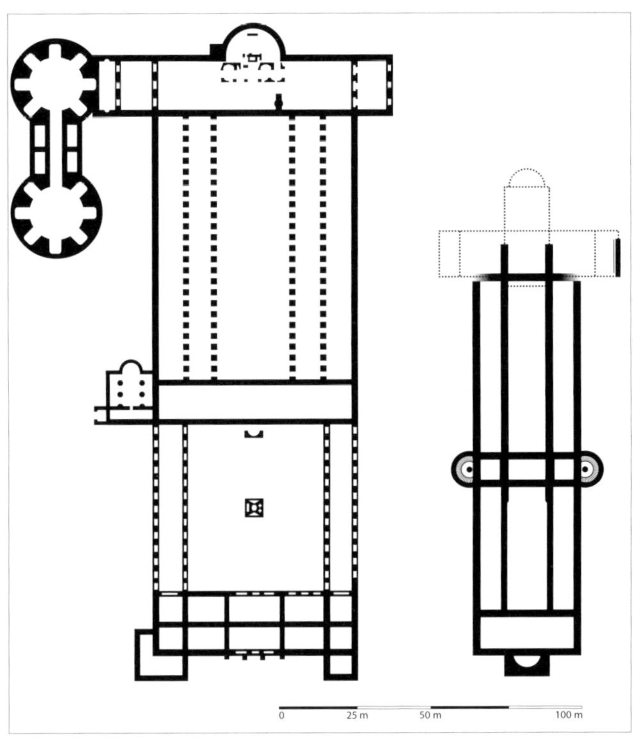

4 Alt-St. Peter in Rom (links) und der Mainzer Dom des Erzbischofs Willigis

(† um 1047) aus Burgund um 1030 diese Vorgänge (Rodulfus Glaber 1989, lib. III, cap. 4).

In dieser Phase wandten sich die Bischöfe ganz bestimmten Heiligen zu, von denen am Jüngsten Tag besondere Hilfe zu erwarten war. An vorderster Stelle stand der heilige Stephanus. Er war der erste Märtyrer und er hat als erster den gewöhnlichen Sterblichen den Weg in den Himmel gezeigt. So ließ Erzbischof Willigis das Stift St. Stephanus in Mainz errichten, und auch Heinrich II. selbst stiftete in Bamberg dem Heiligen ein Kloster. Auch der Erzengel Michael erfuhr nunmehr besondere Verehrung, denn er ist am Jüngsten Tag einer der Engel, der die Bösen von den Guten trennen wird. Bischof Bernward von Hildesheim gründete das Kloster St. Michael in seiner Stadt (Kat.Nr. 202) und erneut reihte sich der König ein, der in Bamberg das Kloster auf dem Michelsberg errichten ließ.

Vor dieser gesteigerten Erwartungshaltung auf das bevorstehende Weltenende erhält die Idee des Mosekönigtums plötzlich einen ganz besonderen Stellenwert. Gerade diese Zeit erforderte den König, der wie das alttestamentliche Vorbild die Gebote Gottes in Kirche und Welt zur Geltung zu bringen vermochte. Umso mehr musste man ihm gehorchen, umso mehr konnte er verlangen, dass ihm unbedingter Gehorsam geleistet würde. Mitunter erhoben sich zaghaft kritische Stimmen gegen diese Gehorsamsforderung, aber letztlich wurde sie doch nicht öffentlich und direkt in Zweifel gezogen.

Nur ein einziges Mal drohte der Eklat. Damit kommen wir auf die eingangs geschilderte Situation auf dem Hoftag zu Frankfurt von 1007 zurück. Die Gründung des Bistums Bamberg stellte insofern ein gravierendes Problem dar, als dafür ein anderer Bischof, derjenige von Würzburg, Teile seines Bistums abtreten musste. Ein Bischof aber war gemäß dem Kirchenrecht mit seiner Diözese in eine unauflösliche Verbindung getreten und musste darauf achten, dass seiner Kirche niemals Schaden zugefügt werde. Mit diesem Rechtssatz argumentierte Bischof Heinrich von Würzburg (996–1018), der sich weigerte, die Gebiete seines Bistums für die Neugründung Bambergs abzutreten. Vorsichtshalber blieb er selbst der Synode fern und schickte nur seinen Kapellan Berengar. Dieser trug nun die Würzburger Position vor: Würden die Kollegen zustimmen, so sei damit ein Präzedenzfall geschaffen, der für sie alle böse Auswirkungen hätte, denn das Recht der Kirche, das mit dem Gesetz Gottes identisch wäre, würde missachtet (Thietmar von Merseburg 1935, lib. VI, cap. 32). Das Projekt Bamberg stand auf der Kippe.

Wir können uns nunmehr die ganze Dimension dieser Situation ausmalen. Heinrichs II. königlicher Wille, die Forderung des von Gott beauftragten Königs, stieß mit dem Rechtsgebäude der Bischöfe, mit ihren kirchlichen Rechtsgrundsätzen zusammen. Auf der Frankfurter Versammlung kam es zur entscheidenden Auseinandersetzung zweier Ordnungsprinzipien. Auf der einen Seite stand das Kirchenrecht der Bischöfe, das in diesen Jahren zu einer Art Grundgesetz der gesamten politischen Ordnung wurde. Auf der anderen Seite waren die Ordnungsvorstellungen des Königs verbindlich, der sich als Stellvertreter Christi sah und unbedingten Gehorsam verlangte – auch von den Bischöfen. Niemals sonst war die Autorität Heinrichs II. so gefährdet wie in dieser Situation auf dem Konzil von Frankfurt am 1. November 1007. Würden die Bischöfe sich seinem Wunsch versagen, dann würden sie seine gesamte Autorität in Zweifel ziehen. Frankfurt war, so kann man sagen, der Prüfstein für das Königtum Heinrichs II.

Die Freunde des Herrschers haben in dieser Situation einmal mehr mit Römer 13 argumentiert. Ungehorsam gegenüber der von Gott eingesetzten Obrigkeit, so ihre Warnung, würde die widerspenstigen Bischöfe in die ewige Verdammnis führen. Außerdem sei doch das Gebiet um Bamberg noch von Heiden bewohnt und habe für den Würzburger Bischof gar keinen Wert. Aufseiten des Würzburger Bischofs wurden, wie es heißt, die Privilegien der Würzburger Kirche mit »lauter Stimme« verlesen. Das Recht der Kirche, so wurde damit zum Ausdruck gebracht, stand fest und unverrückbar. Der König drohte zu scheitern, ja mehr noch, seine ganze Autoritätsbasis drohte wegzubrechen. Da warf er sich demütig zu Boden. Diese Aktion änderte die Situation schlagartig. Angesichts der demütigenden Bitte waren den Bischöfen die Hände gebunden, denn im König demütigte sich Christus selbst. So konnten die engen Freunde des Königs das Ruder herumreißen. Erzbischof Willigis, der die Synode leitete, stellte die Frage nach dem Urteil, und Erzbischof Tagino von Magdeburg ergriff sogleich das Wort, indem er einen Kompromiss vorschlug: Königlicher Wille und kirchliches Recht der Bischöfe müssten sich nicht widersprechen – heute würde man sagen: ein Verhandlungstrick, der wie ein Kompromissvorschlag wirkte. Damit war der Durchbruch erreicht und die anderen Bischöfe schlossen sich an. So setzte sich 1007 eine Ordnungskonzeption durch, bei der sich die Reichsbischöfe ganz in den Dienst ihres Kollegen, des Königs, stellten. Niemals mehr zogen sie die theokratische Herrscherautorität Heinrichs II. in Zweifel. Der König war fortan mächtiger denn je. Erst 70 Jahre später, 1076/1077, brach dieses Modell der Einheit von König und Bischofskirche dann doch auseinander. »Canossa« steht hierfür als Chiffre. Die damit verbundenen Vorgänge kennzeichnen einen der heftigsten Umbrüche unserer Geschichte, sofern man die Zeit Heinrichs II. und seiner Bischofskollegen zum Maßstab nimmt.

Quellen

Adelbold von Utrecht 1983 · Anonymus Haserensis 1987 · Arnold von St. Emmeram 1841 · Bern von Reichenau 1961 · Burchard von Worms 1992 · Egbert von Lüttich 1889 · Froumund von Tegernsee 1925 · Hermann von Reichenau 1844 · MGH DD H II · PUU · Rodulfus Glaber 1989 · Thietmar von Merseburg 1935 · Vita Adalberonis 1841 · Vita Bernwardi 1841 · Vita Godehardi 1854 · Vita Meinwerci 1921 · Vita Wolfkangi 1894.

Literatur

Althoff 1997a · Althoff 1997b · Althoff/Kamp 1998 · Balzer 1986a · Bannasch 1972 · Bernhardt 1997 · Beyreuther 1991 · Ehlers 1996 · Engels 1998 · Esser 1975 · Finck von Finckenstein 1989 · Fried 1989 · Gallistl 1990 · Goez 1998 · Hehl 1998a · Hirschmann 2004 · Hoffmann 1993a · Kat. Hildesheim 1993 · Keller 1964 · Keller 1985 · Laudage 1984 · Matheus 1995 · May 1995 · Müller 1991 · Schieffer 1976 · Schieffer 1989 · Schieffer 1998a · Schneidmüller 1997 · Schubert 1993 · Weinfurter [3]2002 · Weinfurter 2004 · Weinfurter 2007.

5 Darstellung des Jüngsten Gerichts in der *Bamberger Apokalypse;* um 1000. Bamberg, Staatsbibliothek, Msc.Lit.140, fol. 53r

tar (Abb. 3). Der Herrscher ragt mit Kopf und Brust in die Mandorla hinein und wird von Christus gekrönt. Seine Arme werden von den heiligen Bischöfen Ulrich und Emmeram gestützt; durch die »sustentatio« erscheint er als Betender wie Moses mit Aaron und Hur in der Amalekiterschlacht, der mit der unablässigen Anrufung des Herrn göttliche Hilfe erflehte und erlangte (Ex 17, 8–16). Von oben wird Heinrich Hilfe gewährt, indem Engel ihn mit himmlischen Waffen investieren, mit der Sieg bringenden Lanze und mit dem Schrecken verbreitenden Schwert. Die Lanze ist durch die Hülle über dem Blatt und das aufgesetzte Kruzifix als Abbild der realen heiligen Lanze erkennbar, wird aber durch die Knospen am Schaft theologisch komplex interpretiert als der Stab Aarons und Levis, den Gott grünen lässt zum Zeichen, dass sie von ihm erwählt sind (Num 17, 16–25). Wie man neuerdings vermutet, könnte die Handschrift ganz an den umkämpften Herrschaftsbeginn Heinrichs II. im Jahr 1002 gehören, als Votiv- und Dankesgabe für die Durchsetzung seines Königtums.

Der geistlich-kirchliche Charakter des Königsamtes wurde dadurch unterstrichen, dass sich die Königsweihe unter den Ottonen durch die von Benediktionen begleitete Investitur mit den Herrschaftsinsignien, durch Salbung, Krönung und Thronsetzung – im Rahmen einer sonntäglichen Messe von mehreren Erzbischöfen vollzogen – in ihren Formen der Bischofsweihe anglich. Mit der Krone wurde dem König Anteil an der Königsherrschaft Christi über die irdische Welt gegeben; er wurde, wie es im Gebet beim Aufsetzen der Krone heißt, Teilhaber des bischöflichen Amtes (Vogel/Elze 1963–1972, Bd. 1, S. 257). Otto der Große (936–973) soll jedes Mal gefastet haben, wenn ein Anlass gegeben war, die Krone zu tragen. Der König steht also nicht der Kirche gegenüber, sondern im Kreis der Bischöfe steht er in ihr als der ihr von Gott gegebene Lenker. Insofern verfehlt, wie Gerd Tellenbach zu Recht bemerkt hat, das in der Geschichtswissenschaft verbreitete Konzept einer »ottonisch-salischen Reichskirche«, die vom Königtum in Dienst genommen wurde, das damalige Verständnis von der Kirche und vom Königtum. Man würde besser vom »Kirchenreich« der Ottonen und Salier sprechen, weil sich von einer solchen Vorstellung her Stellung und Aufgaben von König und Episkopat sowie ihr Zusammenwirken angemessener verstehen lassen (Tellenbach 1988, S. 57–60).

Wie noch zu erörtern sein wird, verlief die Bestellung der Bischöfe unter maßgeblicher Mitwirkung des Königs auch im ottonisch-salischen Reich keineswegs immer konfliktfrei. Denn ein Bischof sollte ja auf Wunsch und mit Zustimmung seiner Kirche, das heißt des betroffenen Klerus und der Gemeinde, sein Amt übernehmen; und gerade die Ottonen und Salier haben den bischöflichen Kirchen in Privilegien häufig das Wahlrecht verliehen oder bestätigt. Der Vorschlag und Wunsch des Domklerus und der Diözesanen musste mit dem Wunsch und Vorschlag des Königs in Übereinstimmung gebracht werden und nicht immer wurde ein Konsens auf Anhieb erreicht. Außerdem konnte sich Kritik an einem vorgeschlagenen Kandidaten, am Procedere seiner Einsetzung und dann an der Art seiner Amtsführung entzünden, die umso mehr auf den König zurückfiel, je größer sein Einfluss auf die Besetzung der Bistümer war. Das Zusammenwirken von König und Bischöfen mochte unter der Vorstellung des Christusvikariats eine gottgewollte Ordnung repräsentieren; doch die Vergabe der Bistümer durch den König verband sich mit einer neuen Realität: dem werdenden geistlichen Fürstentum. Mehr als je zuvor wurde das Bischofsamt zu einer Herrschaftsposition, die über Macht und Rang der führenden Familien mitentschied. War sie wirklich kompatibel mit dem apostolischen, von Christus gewollten Hirtenamt? Als es unter der Regierung des jungen Heinrich IV. (1056–1106) zu krassen Fehlbesetzungen kam, begann das Fundament des ottonisch salischen »Kirchenreichs« zu zerbrechen. Genährt von einer immer radikaler werdenden Kritik an konkreten Zu- oder Missständen, zeichneten sich die Auseinandersetzungen ab, die in den »Investiturstreit« führten.

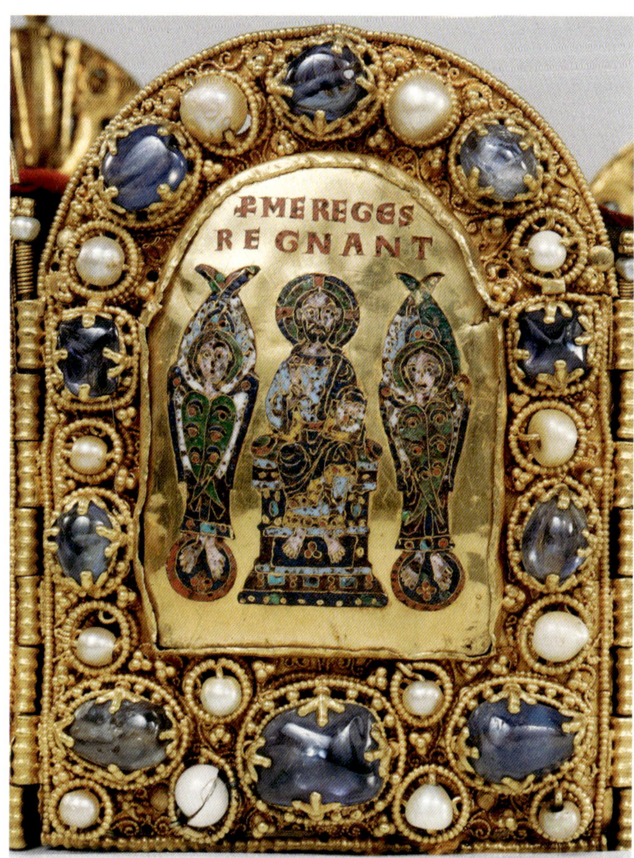

1 Reichskrone Ottos I. (936–973), ergänzt unter Konrad II. (1024–1039), Detail: Emailplatte mit dem Pantokrator. Die Inschrift lautet: »Durch mich herrschen die Könige«. Wien, Kunsthistorisches Museum, WS XIII 1

Die Stationen der Bischofserhebung

Bischof Meinwerk hat dies alles nicht mehr erlebt. Zu seiner Zeit war der dominierende Einfluss des Königs auf die Besetzung der Bischofsstühle fast unbestritten. Und sie vollzog sich in Formen, in denen das »Kirchenreich« der Ottonen immer wieder aufs Neue glanzvoll in Erscheinung trat. Die um 1160 niedergeschriebene *Vita Meinwerci* lässt allerdings davon nicht mehr viel erkennen. Wie die Einsetzung der Bischöfe im 11. Jahrhundert vor sich ging, soll deshalb zunächst an Beispielen gezeigt werden, für die zeitgenössische Berichte und sogar Selbstaussagen der zum Bischof Promovierten vorliegen.

Geradezu idealtypisch sind die wesentlichen Stationen der Bischofserhebung aufgezählt in den Notizen, in denen Bischof Gundekar II. von Eichstätt (1057–1075) festhielt, wie er sein Bistum empfing (Abb. 5). Gundekars Vorgänger Gebhard (1042–1057), der 1055 als Viktor II. zum Papst erhoben worden, aber zugleich Bischof von Eichstätt geblieben war, starb am 28. Juli 1057 in Arezzo in der Toskana. Als die Todesnachricht am kaiserlichen Hof in Tribur bei Mainz eintraf, sei noch in derselben Stunde über das Bistum neu verfügt worden. Die Kaiserin Agnes († 1077), die für ihren noch unmündigen Sohn Heinrich IV. die Regentschaft führte, investierte ihren Kapellan Gundekar am 20. August in Gegenwart der Erzbischöfe von Mainz und Mailand sowie der Bischöfe von Bamberg und Lucca mit dem bischöflichen Ring, zweifellos nach Beratung mit den Genannten und anderen Großen. Da Gundekar seine Ausbildung in Eichstätt erhalten hatte und auch als Hofkapellan noch dem dortigen Klerus angehörte, konnte man mit einer Akzeptanz der Entscheidung in der Diözese rechnen. Dennoch wurde, während Gundekar am Hofe blieb, auch formal das Einverständnis der Betroffenen eingeholt. Denn, wie es heißt, erhielt Gundekar dann mit allgemeiner Zustimmung des Klerus, der Vasallen und der »familia« (der Ministerialen und Amtleute) des Hochstifts am 5. Oktober in Speyer die Investitur durch die feierliche Übergabe des Bischofsstabes im Rahmen des sonntäglichen Hochamtes. Gundekar vermerkt die Anwesenheit der Erzbischöfe von Mainz, Köln, Trier und Mailand, der Bischöfe von Regensburg, Würzburg, Worms, Speyer, Straßburg, Konstanz, Chur, Verdun, Sitten und Pavia sowie mehrerer Äbte und eines zahlreichen Klerus; und natürlich war der Hof der Kaiserin mit weiteren weltlichen Großen zugegen. Am 17. Oktober wurde Gundekar in Eichstätt inthronisiert; er ergriff also von seinem Bistum Besitz, wozu auch die feierliche Einholung in die Stadt mit der Prozession zum Dom gehörte. Am 27. Dezember empfing der Elekt wiederum am Königshof, in der Pfalz Pöhlde am Harz (Stadt Herzberg, Landkreis Osterode), die Bischofsweihe. Außer der Kaiserin, dem jungen König und dem Mainzer Metropoliten, dem die Konsekration seines Suffragans zustand, wirkten die Erzbischöfe von Hamburg-Bremen und Magdeburg, die Bischöfe von Bamberg, Konstanz, Speyer, Hildesheim, Paderborn, Verden, Meißen und Merseburg, von Sitten und Lucca sowie ein Bischof aus Polen mit. Als päpstlicher Legat war Hildebrand, der spätere Papst Gregor VII., zugegen. Eindrucksvoll wird in diesem Selbstzeugnis eines Reichsbischofs die Reichskirche mit ihrem herrscherlichen Haupt gegenwärtig, besser würde man sagen: Hier trat das »Kirchenreich« der letzten Ottonen und der ersten Salier in Erscheinung. In bewusster Visualisierung wird mehrfach öffentlich die Einheit vollzogen, die Thietmar von Merseburg in dem oben zitierten Bild beschwor: Der von Gott erwählte, in Christi Auftrag handelnde Lenker des christlichen Volkes beruft im Zusammenwirken mit den in der Apostelnachfolge stehenden Bischöfen und den Repräsentanten der Diözese den Nachfolger eines verstorbenen Hirten. Gemeinsam mit seinen Mitbrüdern und besonders in seinem Bistum soll er nun die Verantwortung mittragen für das beständige Lob Gottes und das nicht nachlassende Gebet um seine Gnade, den rituellen Vollzug der Gemeinschaft mit dem Erlöser, die Spendung der heilsnotwendigen Sakramente, das Seelenheil seiner Schafe, die Belehrung und Zurechtweisung des Volkes. Wie die gesamte Handlungssequenz, die Gundekar in das Bischofsamt führte, hatten auch die einzelnen Akte vor allem bildhaft-symbolischen Charakter, obwohl ihr Vollzug – die Designation mit dem Ring, die Zustimmung der Eichstätter Kirche, die Investitur mit dem Stab, die Einholung in die Bischofsstadt mit der Inthronisation und schließlich die Weihe – konstitutive, rechtlich bindende Bedeutung besaß: Keine Handlung durfte fehlen, und Gundekar war erst nach Abschluss der gesamten Kette der rechtmäßige Bischof seiner Diözese mit allen zugehörigen Prärogativen und Pflichten.

Als Gundekar Bischof von Eichstätt wurde, lag die Neubesetzung des Paderborner Stuhles von 1009 fast vier Jahrzehnte zurück. Thietmar von Merseburg hingegen wurde nur einen Monat später als Meinwerk zum Bischof erhoben. Er selbst hielt die Vorgänge nur wenige Jahre danach in seiner Chronik fest. Aus hohem Adel stammend und reich begütert, gehörte er dem Magdeburger Domkapitel an, war aber nie Hofkapellan, und so spielte sein Erzbischof Tagino (1004–1012), nach Thietmar der »Lieblingsjünger« König Heinrichs, bei seiner Promotion eine wichtige Rolle als Fürsprecher beim König. Als Bischof Wigbert von Merseburg (1004–1009) schwer erkrankte, wurde schon um Weihnachten 1008 am Königshof in Pöhlde über die Nachfolge verhandelt. Tagino schlug Thietmar vor, man schickte dessen Vetter zu ihm, um die Zustimmung einzuholen; doch Thietmar wollte zu Lebzeiten Wigberts dazu nicht Stellung nehmen. Nach dem Tode des Bischofs werde er in alles einwilligen, was Gott gefällt und den Gewalten, die von ihm gesetzt sind – das ist das in diesem Zusammen-

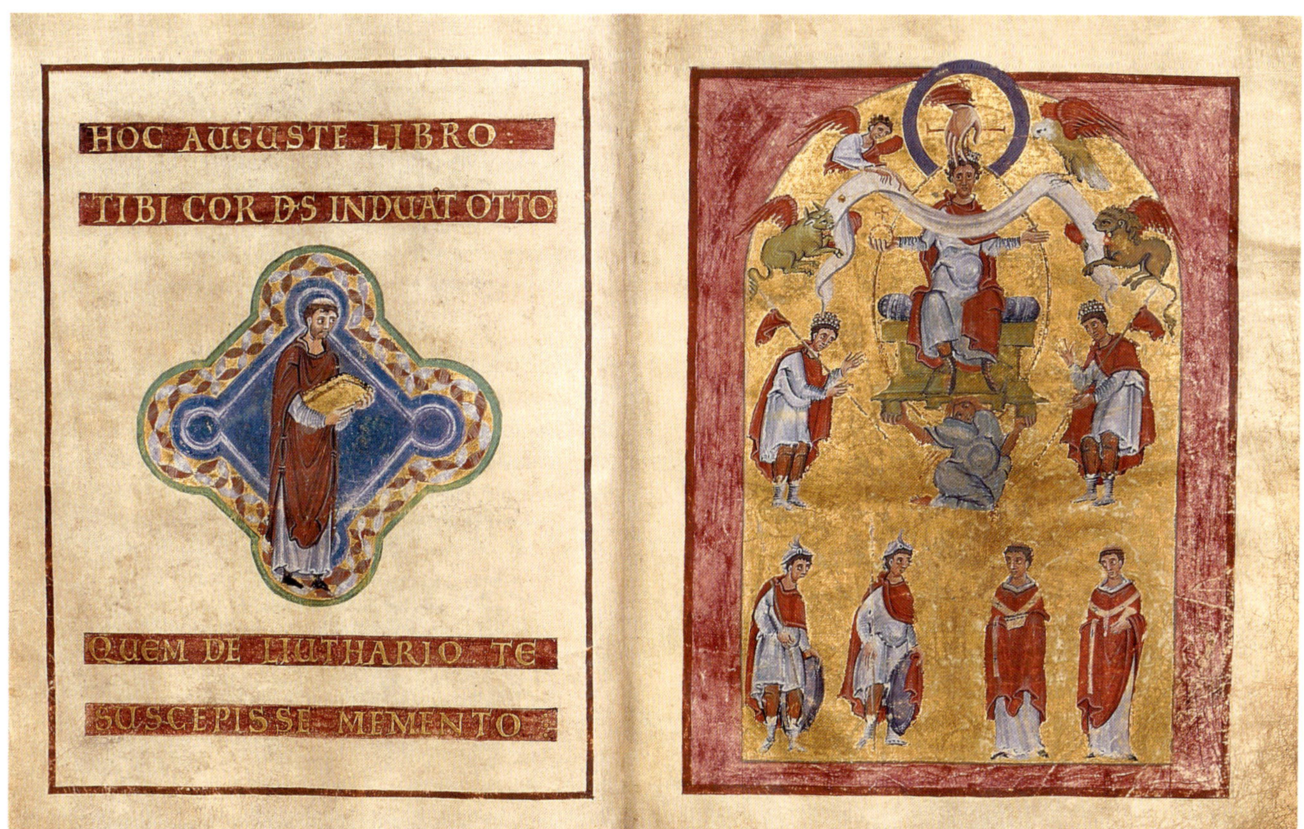

2 Links: Widmungsbild mit dem Mönch Liuthar. Die Inschrift (zwei Hexameter) lautet: »Möge Gott dir, Kaiser Otto, mit diesem Buch das Herz bekleiden; erinnere dich, dass du es von Liuthar erhalten hast.« Rechts: Kaiser Otto III. thront christusgleich; *Liutharevangeliar*, Reichenau, vor 1000. Aachen, Domkapitel, D 25, fol. 15v–16r

hang immer wieder zitierte Pauluswort aus dem Römerbrief (13, 1–7). Als Wigbert Ende März 1009 gestorben war, wurde der König benachrichtigt, der sich gerade in Frankfurt aufhielt. Der König betrauerte den Tod des Bischofs und ließ Gedenkmessen abhalten. Er wollte aber nicht mehr Thietmar, sondern »dem verdienstvollen Adelger« das Bistum anvertrauen. Als Erzbischof Tagino dies erkannte, widersetzte er sich mit allen Kräften, und »nach beharrlichen Bitten rief er mich mit der Gnade des Königs durch den Propst Gezo« an den Hof. Gezo erreichte Thietmar auf einem seiner Güter, wies zwei Schreiben vor und »bat und befahl« Thietmar, am Karsamstag (16. April) in Augsburg zu erscheinen.

Thietmar bricht am Palmsonntag von Magdeburg auf, erreicht Augsburg aber erst Dienstag nach Ostern (19. April). Trotz seiner Verärgerung lässt Tagino ihn am nächsten Tag zu sich rufen und fragt auf Weisung des Königs, ob er seiner Kirche mit einem Teil seines Erbgutes helfen wolle. Thietmar antwortet hinhaltend, gibt aber eine grundsätzliche Bereitschaft zu erkennen. Damit ist Tagino zufrieden und führt Thietmar in die Kapelle des Augsburger Bischofs Bruno (1006–1029), wo der König ihn erwartet. Der Erzbischof übergibt in den Messgewändern seinen Domkleriker dem König. Diesem leistet Thietmar, der nicht in der Hofkapelle gedient hatte, jetzt den »Handgang«, ein Treueversprechen nach dem Vorbild der Vasallenhuldigung. Heinrich II. vertraut ihm mit Zustimmung der Anwesenden durch Übergabe des Stabes das Hirtenamt an. Thietmar wirft sich nieder, um die Vergebung Gottes zu erlangen, vollzieht also die auch bei der Bischofs- und Königsweihe geforderte Prostration (Abb. 4), der Kantor stimmt den Introitus »Kommt ihr Gesegneten meines Vaters« an, der zum dritten Tag nach Ostern gehört; vom Dom erklingen zufällig in diesem Moment alle Glocken, die zur Messe läuten – der König würdigt dies als gutes Vorzeichen. Dann gibt der Ortsbischof, der Bruder des Königs, ein Festmahl. Am Samstag reist der Hof nach Neuburg an der Donau. Dort wird Thietmar am Sonntag nach Ostern von Erzbischof Tagino und Bischof Hildeward von Zeitz (1003–1030) unter Teilnahme von vier weiteren Bischöfen geweiht (Abb. 6).

Von Neuburg fährt die Gesellschaft mit dem Schiff nach Regensburg, wo ein großer Hoftag stattfindet. Auf Befehl des Königs reist Thietmar ab, um seinen Bischofssitz einzunehmen. In Merseburg wird er am 21. Mai ehrenvoll eingeholt und von Bischof Erich von Havelberg (1008–nach 1028) inthronisiert. Am folgenden Tag, einem Sonntag, singt er erstmals in seiner Bischofskirche die Messe, predigt und spricht die Beichtenden kraft seines Amtes von den Sünden los. Anschließend reist er auf Ersuchen des Erzbischofs Tagino gleich nach Magdeburg, wo er von seinen Mitbrüdern am 25. Mai empfangen wird. Am 26. Mai feiert er mit ihnen gemeinsam Christi Himmelfahrt.

Die Einsetzung Meinwerks zum Bischof

Wie Meinwerk zum Bischof von Paderborn erhoben wurde, erfahren wir nur aus einem ca. 130 Jahre später niedergeschriebenen Text, aus der *Vita Meinwerci*. Nach dem Tod Bischof Rethars (6. März 1009) schickte die Paderborner Kirche Abgesandte zum König, um ihm den Tod des Bischofs anzuzeigen und von seiner herrscherlichen Gnade in Demut Trost durch einen geeigneten Nachfolger zu erbitten. Der König beweinte in gebührender Trauer den vortrefflichen Mann und ließ zu dessen Seelenheil Messen lesen und Almosen verteilen. Dann beriet er mit den anwesenden Bischöfen und Fürsten über einen geeigneten Nachfolger und nachdem man mehrere Personen in sorgfältiger Prüfung durchgegangen war, hielt er Meinwerk aufgrund des hohen Adels seiner Vorfahren und seines Reichtums an weltlichen Gütern für die geeignete Wahl. Dem stimmten alsbald alle mit Glückwünschen zu. Der König rief Meinwerk herbei, lächelte ihn gütig an, ergriff den Handschuh und sagte: »Nimm an!« Als dieser fragte, was er denn annehmen werde, sagte der König: »Das Bischofsamt der Paderborner Kirche.« Meinwerk fühlte sich nicht gerade geehrt: was ihm denn dieses Bistum solle, wo er doch aus seinen eigenen Gütern ein hervorragenderes errichten könne. »Genau das habe ich bedacht«, sagte der König, »und deshalb wünsche ich, dass Du dem Mangel dieser Kirche abhilfst, damit Du im Himmel Miterbe desjenigen zu werden verdienst, dessen Mutter (Maria, die erste Patronin der Domkirche) Du auf Erden zu deiner Erbin gemacht hast«. Und Meinwerk sagte heiter: »Ich will in dieser Hoffnung und unter dieser Bedingung das Bistum annehmen.« Am darauffolgenden Sonntag (13. März 1009) wurde Meinwerk vom Mainzer Erzbischof Willigis (975–1011) und den übrigen Bischöfen geweiht. Danach wurde er ehrenvoll nach Paderborn geleitet und dort von den Amts- und Würdenträgern und der ganzen Bevölkerung festlich eingeholt, das heißt schon weit vor der Stadt offiziell empfangen und dann in die Domburg geführt, wo zum Abschluss der Bischofserhebung die Inthronisation vollzogen wurde (Vita Meinwerci 2001, cap. 11).
Viele Angaben der Vita entsprechen so sehr dem üblichen Ablauf, dass schwer zu entscheiden ist, ob und wo der Autor über konkrete Informationen verfügte: Der Tod des Bischofs wird möglichst schnell dem König gemeldet; am Hof wird über die Nachfolge beraten; der gefundene Kandidat wird gerufen und gefragt, ob er annehmen will; der künftige Bischof muss versprechen, der Bischofskirche einen Teil seines Erbgutes zu vermachen; er wird vom zuständigen Metropoliten und den übrigen anwesenden Bischöfen geweiht; dann begibt er sich in sein Bistum zur Inthronisation und wird dort mit größter Feierlichkeit empfangen. Natürlich kannte man in Paderborn das Todesdatum Bischof Rethars (6. März 1009); und auch das Datum der Weihe Meinwerks (13. März) dürfte in einer Memorialquelle festgehalten gewesen sein. Doch schon mit der Nennung Goslars als Ort, an dem die Paderborner Gesandtschaft den König erreichte und dann Meinwerk zum Bischof bestimmt wurde, beginnen Zweifel. Heinrich II. hatte, wie auch in den Jahren zuvor, Weihnachten in Pöhlde gefeiert. Danach fehlen Hinweise auf den Aufenthaltsort des Königs. Nach den nächsten Itinerarbelegen ist er am 12. März in Dortmund, am 17. März in Duisburg nachweisbar. Eine längere Anwesenheit Heinrichs II. in Goslar ist wenig wahrscheinlich. Zwar machte er Goslar anstelle der ottonischen Pfalz Werla (Gemeinde Schladen, Kreis Wolfenbüttel) zum Pfalzort und hielt sich dort seit 1015 häufiger auf. 1009 wäre der früheste Beleg für einen Königsaufenthalt in Goslar; 1013 ist hingegen die alte Pfalz Werla zum letzten Mal als Station auf dem Reiseweg Heinrichs II. bezeugt. Er und seine Nachfolger kamen von Goslar aus mehrfach durch Paderborn oder setzten den Reiseweg nach Besuchen in der Bischofsstadt an der Pader dorthin fort. So könnte der Autor der Meinwerkvita mangels einer genaueren Angabe auf Goslar gekommen sein. Die beiden sicheren Daten – 6. März als Todestag Rethars, 13. März als Datum für Meinwerks Bischofsweihe – zeigen aber, dass die Nachfolgeregelung für Paderborn in der üblichen Eile getroffen wurde. Der König war beim Tode Rethars in der Nähe, Meinwerk hielt sich als Kapellan am Hofe auf, die Gesandtschaft, die um einen neuen Hirten bat, konnte im Namen der Paderborner Kirche der Wahl gleich zustimmen. Einige Jahre zuvor hatte Meinwerk der Paderborner Kirche nach dem Brand des Domes bereits durch eine Stiftung aus seinen Gütern geholfen. Dass Erzbischof Willigis, der entschiedenste Parteigänger Heinrichs im Streit um die Nachfolge Kaiser Ottos III. und dann einer der wichtigsten Berater des Königs, damals am Hofe war, ist in der damaligen politischen Situation ebenfalls wahrscheinlich. Doch wo die Nominierung oder gar die Weihe Meinwerks er-

3 Krönung Heinrichs II. sowie Verleihung von Schwert und Lanze durch die Engel im Sakramentar des Königs; Regensburg, zwischen 1002 und 1024. München, Bayerische Staatsbibliothek, Clm 4456, fol. 11r

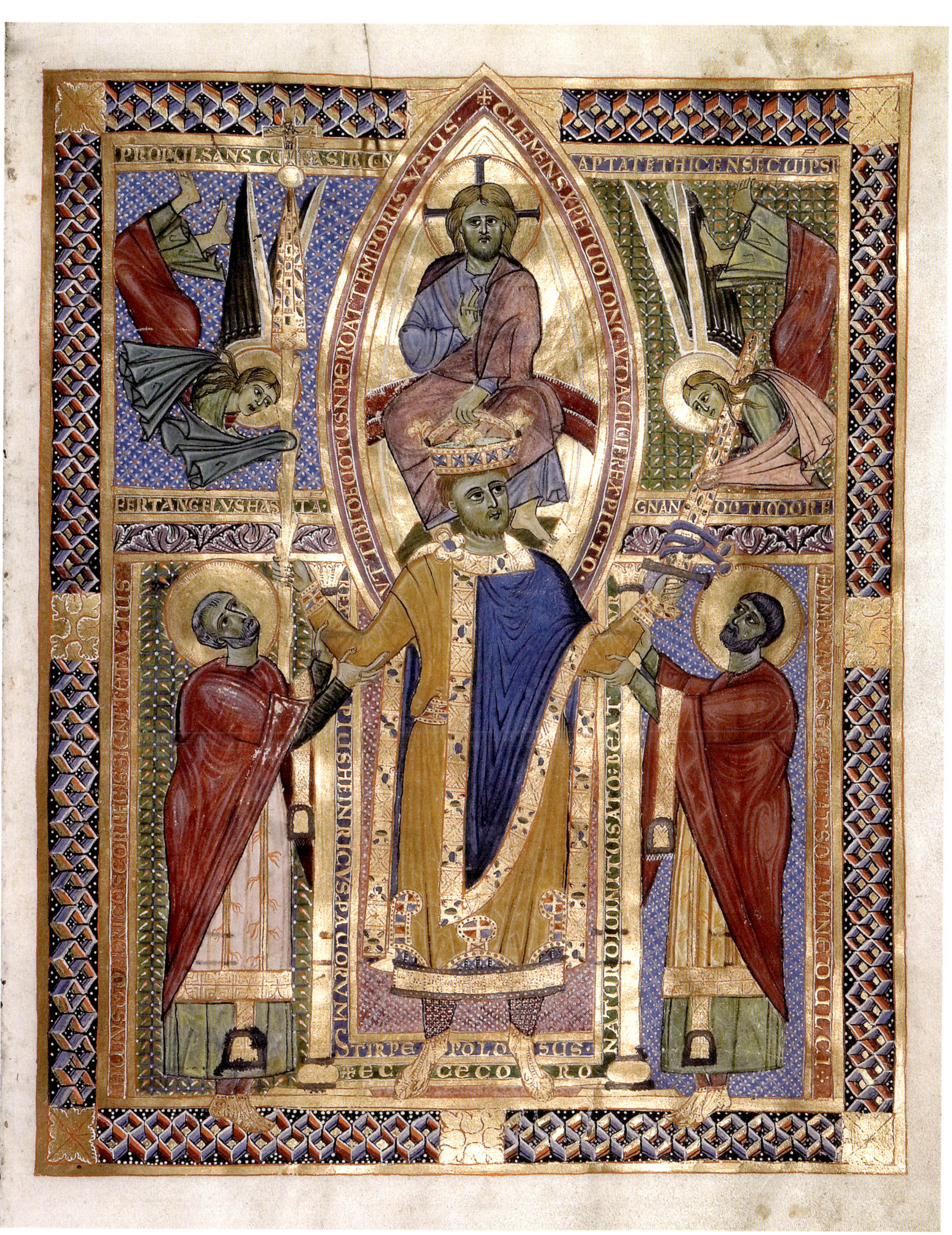

folgte, bleibt ungewiss; und auch die Frage, ob der Neubau des Paderborner Doms nach dem Brand von 1000 schon so weit gediehen war, dass man dort in provisorischem Rahmen die Inthronisation vornehmen konnte, muss offen bleiben.

Höchst merkwürdig erscheint der Bericht der Vita in anderen Angaben, wenn man bedenkt, dass er nach den Auseinandersetzungen des »Investiturstreits« geschrieben wurde. Der Autor hebt bei den Kriterien der Auswahl nur auf den Adel und den Reichtum des Kandidaten ab, nicht auf Frömmigkeit und Bildung; und an späterer Stelle behauptet er sogar, der Bischof sei vor lauter weltlichen Geschäften so unsicher im Latein geworden, dass er nicht einmal die Fürbitte für die toten Eltern des anwesenden Kaisers richtig sprach, nachdem jemand eine Silbe von zwei Buchstaben aus dem Messbuch ausradiert hatte (Vita Meinwerci 1921, cap. 186). Auch lässt der Verfasser der Vita den zum Bischof Auserwählten zunächst das Bistum fast ausschlagen, entschuldigt ihn aber schließlich damit, das sei nicht aus Verachtung von Paderborns Armut oder aus Ehrgeiz auf einen bedeutenderen Sitz oder auf eine höhere Würde geschehen; Meinwerk habe nur gemeint, er könne anderswo nützlicher sein. Natürlich sind die Dialoge erfunden. Ähnlich »frei« geht der Autor mit den beiden Problemen um, die seit dem »Investiturstreit« im Zentrum aller Debatten standen: mit der Wahl und mit der Investitur. Eine Wahl kommt gar nicht vor, wenn man nicht die Bitte der Paderborner Gesandtschaft an den König, ihrer Kirche einen geeigneten Hirten zu geben, so interpretieren will. Die Investitur, die der König 1009 ganz zweifellos mit dem Stab vornahm, ist in eine fast parodistische Szene gekleidet. Der Handschuh als Investitursymbol bei der Einweisung in ein Bistum ist auf jeden Fall eine Fiktion. Zur Entstehungszeit der Vita war eine andere Form der Investitur üblich, die man im »Wormser Konkordat« von 1122 als Kompromiss gefunden hatte. Der Herrscher investierte den Elekten mit seinem Zepter, um ihm die Verfügungsgewalt über die Güter und Rechte der Kirche, die nicht zum geistlichen Bereich im engeren Sinne gehörten, und vor allem über die Regalien anzuvertrauen – erst danach durfte die Weihe erfolgen. Dabei erhielt der neue Bischof aus geistlicher Hand Ring und Stab. Das gehörte übrigens auch vorher – nach altem Ritus – zur Bischofsweihe dazu, unbeschadet der Tatsache, dass der zu Weihende vorher vom König bereits durch Übergabe des Stabes in das Bistum eingewiesen worden war. Dabei sagte der König bis zum »Investiturstreit«: »Accipe ecclesiam [illam]« – »Empfange die Kirche von [Nomen Nominandum]«, oder auch, wie es in der Meinwerkvita heißt: »Accipe episcopatum Patherbrunnensis ecclesiae« – »Nimm an die Bischofswürde der Paderborner Kirche«.

Alle Beispiele machen deutlich, welche Konsequenzen das »Reisekönigtum« für eine Bischofserhebung unter der ausschlaggebenden Mitwirkung des Herrschers mit sich brachte. Der König befand sich mit seinen engsten Helfern und dem gesamten Hof auf einem permanenten Umzug durch das Reich, um sich an verschiedenen Orten mit weltlichen und geistlichen Fürsten zu treffen und in wechselnder Besetzung mit ihnen zu beraten. So brachte er in den einzelnen Regionen seine Herrschaft zur Geltung, die nicht auf dauerhafte Institutionen gegründet war, sondern auf den Konsens mit den Großen. Diese periodischen Zusammenkünfte von einem festen mit einem variierenden Kreis von Personen ließen Königsherrschaft sozusagen an repräsentativen Orten konkret und sichtbar werden. Die Einsetzung eines Bischofs musste sich jeweils in die gerade gegebenen Umstände einpassen. Dem in Kirchenrecht und Liturgie vorgesehenen Ablauf konnte sie nur in Varianten folgen; die unverzichtbaren konstitutiven Akte fanden an wechselnden Orten statt. Die Einsetzung eines Bischofs wurde gewissermaßen vor einer Art Reichsöffentlichkeit vollzogen: Der »vicarius Christi« mit den Hirten der christlichen Herde repräsentierte bei solchen Gelegenheiten stets auch die rechte Ordnung des ihm und den Bischöfen anvertrauten Reiches. Nur die Inthronisation, die Besitzergreifung von Amt und Diözese, verbunden mit dem feierlichen, prozessionsartigen Einzug in Stadt und Kathedrale, musste am Bischofssitz selbst stattfinden.

Domklerus und König im Ringen um die Bischofswahl

Unbeschadet der sakralen Stellung des Königs und unbeschadet der ekklesiologisch begründeten Gemeinsamkeit von König und Episkopat in der Verantwortung vor Gott waren die Bischofseinsetzungen im Reich der Ottonen und Salier in mehrfacher Hinsicht konfliktträchtig. Die Könige oder Kaiser konnten keineswegs mehr oder weniger frei über vakante Bischofsstühle verfügen. Vielmehr mussten sie jeweils neu versuchen, in einem spezifischen Interessen- und Spannungsfeld eine Entscheidung in ihrem Sinne herbeizuführen. Nicht immer ist das gelungen.

Unbestritten war zur Zeit Heinrichs II. und Meinwerks, dass ein Bischof nach erfolgter Wahl die Investitur aus der Hand des Königs erhielt durch Übergabe des Bischofsstabes (Abb. 7) und spätestens zur Zeit Heinrichs III. auch eines Ringes. Die königliche Investitur galt so sehr als die Regel, dass Adam von Bremen († vor 1085), als er um 1072 die Geschichte der Hamburger Kirche schrieb, stereotyp bei jedem neuen Erzbischof berichtete, von welchem König er den Stab, von welchem Papst das Pallium empfangen hatte. So heißt es etwa von Unwan (1013–1029), der aus dem Paderborner Domklerus kam und Vetter Meinwerks sowie Hofkapellan Heinrichs II. war, als er 1013 zum Erzbischof erhoben wurde: »Er empfing den Stab von Heinrich, das Pallium von Papst Benedikt« (VIII., 1012–1024; Adam von

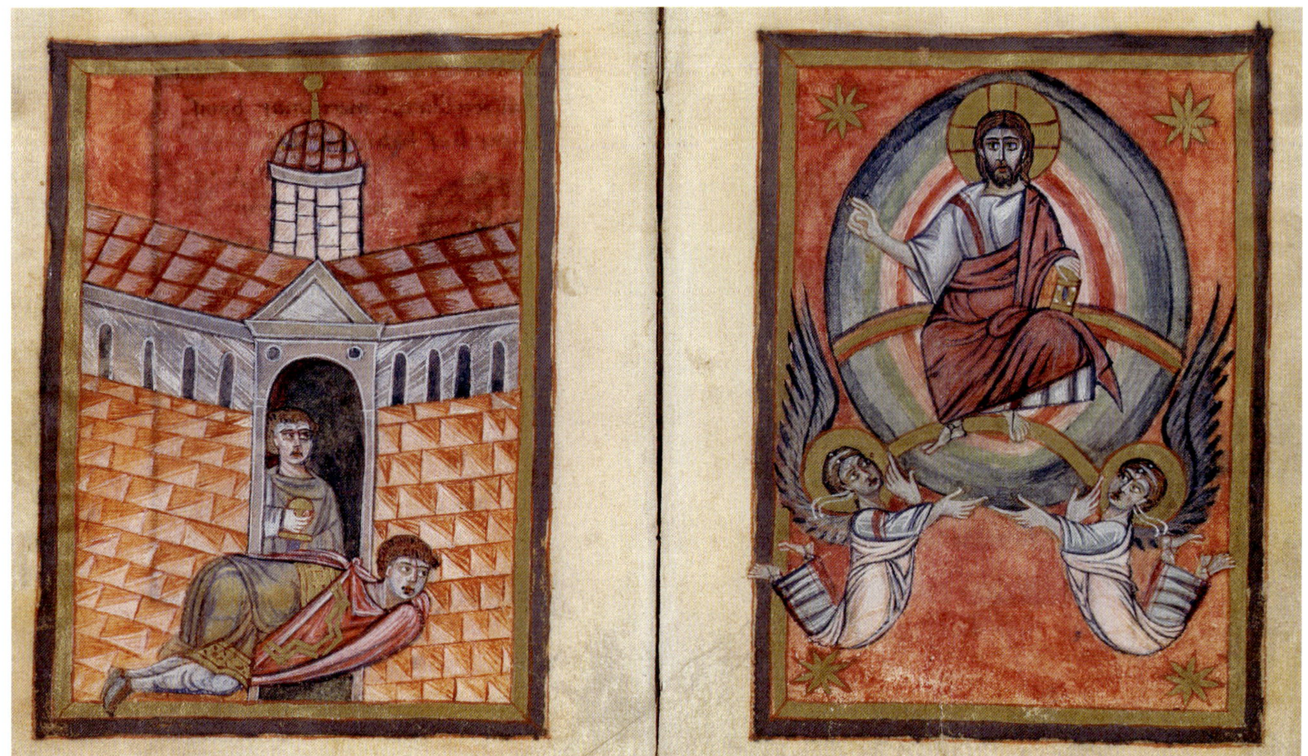

4 Gebetbuch Ottos III. – Otto III. in Prostration betend und Christus in der Mandorla; zwischen 983 und 991. München, Bayerische Staatsbibliothek, Clm 30111, fol. 20v–21r

Bremen 1961, lib. II, cap. 47). Im ostfränkischen Reich wurde diese Investitur durch den König um 900 als »dem Brauch gemäß« bezeichnet und »scheint seit Otto I. zur Regel geworden zu sein« (Schieffer 1981, S. 10–26; Depreux 2006a, S. 183–184). Bis zum Tode Heinrichs III. hat daran niemand Anstoß genommen. Doch die Investitur erfolgte erst, wenn die Personalentscheidung getroffen war.

Für die Beteiligung des Königs an der Erhebung eines Bischofs bildete die »Wahl« den schwierigsten und oft einen kritischen Teil des Verfahrens. Hier konnte es auf verschiedenen Ebenen zu Konflikten kommen. Bezeichnenderweise nahm die Kritik, die dann zum grundsätzlichen Streit um die königliche Investitur der Bischöfe führte, ihren Ausgang von diesem Punkt. Die alte Norm, dass ein Bischof von Klerus und Volk seiner Diözese, gegebenenfalls unter Beteiligung der übrigen Bischöfe der Kirchenprovinz, gewählt werden soll, wurde nie bestritten. Doch was war eine »Wahl«, wenn man dafür keinerlei geregeltes Verfahren kannte? Wenn der Kreis der »Wähler« nie klar umschrieben war und die Voten niemals gezählt wurden? Und wie verhielt sich die »Wahl durch Klerus und Volk« zu dem »Wahlrecht«, das die Ottonen und Salier – in karolingischer Tradition – einzelnen Domkapiteln verbrieften?

Wählen bedeutete im früheren Mittelalter, in Beratungen einen Konsens der Gemeinschaft herbeizuführen und zu verhindern, dass es zu einer Spaltung kam. Denn eine zwiespältige Wahl brachte nicht den Willen Gottes zum Ausdruck, den man in der einmütigen Entscheidung wirken sah, und hatte, vom Teufel als Urheber der Zwietracht hervorgerufen, oft blutigen Streit zur Folge. In solchen Beratungen fiel den Angesehensten und den Mächtigen das größte Gewicht zu; denn vor allem ihr Ehrgeiz oder ihre Interessen konnten einer Einigung im Wege stehen und gewaltsame Auseinandersetzungen heraufbeschwören. Geradezu idealtypisch schildert der Hofkapellan Wipo den informellen Charakter einer solchen Prozedur bei der Wahl Konrads II. zum König im Jahr 1024 (Gesta Chuonradi 1978, cap. 2). Selbst als 1059 im »Papstwahldekret« des Papstes Nikolaus II. (1058–1061) Regeln verkündet wurden, die eine Einmischung von außen, vor allem vonseiten der Reichsregierung, ausschalten und eine zwiespältige Papstwahl in Zukunft verhindern sollten, blieb es bei dem Verfahren der Konsensfindung: Die Beratung sollte im kleinen Kreis der sieben römischen Kardinalbischöfe beginnen, dann sollten die Kardinalpriester (bis zu 28) und danach die Kardinaldiakone (bis zu zwölf) in die Entscheidung eingebunden werden, damit der übrige Klerus und das Volk von Rom ihr einmütig beipflichten konnten, ehe zum Schluss der Kaiser um seine Zustimmung zu bitten war. Die kaiserliche Gewalt wurde hier bereits als außenstehende Instanz behandelt und es bleibt undeutlich, ob die Zustimmung mehr als formalen Charakter haben sollte.

Klar tritt jedoch die Tendenz hervor, die sich bald in der Forderung nach »freier« und »kanonischer« Wahl der Bischöfe artikulieren wird: Die Kirche und die Gemeinde, die dem künftigen Bischof gehorchen soll, wählt ihren Hirten ohne Einmischung einer äußeren »Gewalt«.
Bei der Erhebung eines Bischofs ließ die wenig formalisierte Wahlberatung im Grunde auch die Einbeziehung des Königs zu. Da er bei einer anstehenden Neuwahl selten vor Ort zugegen war, wurde das Einvernehmen oft am Hofe gesucht, wo eine Abordnung der betroffenen Kirche mit dem König verhandelte, oder aber der Herrscher schickte einen Beauftragten in die Wahlversammlung, um seine Wünsche in die Beratung an der Bischofskirche einzubringen. Doch kollidierte die alte Vorstellung der Wahl durch Klerus und Volk der Diözese mit Regelungen, welche die Könige und Kaiser in Privilegien für einzelne Bischofskirchen geschaffen hatten. Häufig war seit dem frühen Mittelalter den Konventen monastischer Gemeinschaften das Recht verbrieft worden, nach dem Tode ihres bisherigen Hauptes den Abt oder die Äbtissin zu wählen, wie es auch die Regel des heiligen Benedikt vorsah, um einen Einbruch der äußeren Welt in die Abgeschiedenheit des Klosters aus Anlass der Nachfolgeregelung zu verhindern. Als die Karolinger, insbesondere Kaiser Ludwig der Fromme (814–840), das Leben der Kanoniker nach dem monastischen Vorbild reformierten, wurde auch den Gemeinschaften in den Domklöstern das Recht verliehen, ihr Haupt – das war der Bischof – zu wählen, normalerweise aus den eigenen Reihen oder aber, wenn sich ein Geeigneter nicht fand, auch von außerhalb ihrer Gemeinschaft. Die Kirche von Paderborn hatte ein solches Privileg 885 von Kaiser Karl III. (876–887) erhalten, das König Heinrich I. 935 bei einem Aufenthalt in Erwitte bestätigte; Halberstadt, dessen Domklerus Meinwerk ursprünglich angehörte, besaß ein Wahlrechtsprivileg von König Ludwig dem Kind (900–911), das in Verfügungen Ottos I., Ottos II. (973–983) und Heinrichs II. bekräftigt wurde. Klauseln wie die, dass der Gewählte »würdig und geeignet« oder »nach Leben und Sitten bewährt« sein müsse, konnten allerdings den Eingriff einer außenstehenden höheren Instanz legitimieren, wenn ein Gewählter diese Voraussetzungen nicht erfüllte. Erst König Heinrich II. setzte vereinzelt bei der Bestätigung des Wahlrechts hinzu »vorbehaltlich der Zustimmung des Königs oder Kaisers«, wie in dem Privileg zu lesen ist, das er am 12. März 1009, einen Tag vor der Weihe Meinwerks, der Bischofskirche von Minden gab (MGH DD H II, Nr. 189).
Welche Konflikte sich ergeben konnten, wenn ein Domkapitel bei der Bischofswahl das verbriefte Wahlrecht wahren wollte, illustrieren lebensnah und mit vielen Nuancen die Berichte Thietmars von Merseburg über die Erhebung der Magdeburger Erzbischöfe in spätottonischer Zeit (Weinfurter 1999, S. 147–148). Das Erzbistum war erst 968 definitiv eingerichtet worden. Selbstverständlich hatte der Stifter, Kaiser Otto der Große, bei der Erstbesetzung das entscheidende Wort gesprochen. Weshalb er seinen zuerst in Aussicht genommenen Kandidaten fallen ließ und das Erzbistum einem Adalbert, einst Missionsbischof bei den Rus' von Kiew und damals Abt des Klosters Weißenburg im Elsass, anvertraute, ist unbekannt. Im hohen Alter ließ dieser Adalbert 979 seiner Kirche von Kaiser Otto II. das Wahlrecht zusichern; der Kaiser bekräftigte sein Privileg durch das Geschenk eines Buches, in dem oder auf dessen Einband goldglänzend sein und seiner Gemahlin Bildnis zu sehen war. In feierlicher Form wurde das Privileg beim nächsten Aufenthalt Ottos II. in Magdeburg öffentlich bekanntgegeben und bekräftigt: In seinen Messgewändern verlas der Erzbischof mit Erlaubnis und in Anwesenheit des Kaisers während des Gottesdienstes nach dem Evangelium und der Predigt das kaiserliche Privileg, zeigte es vor und belegte jeden, der gegen das Recht verstoßen sollte, mit der Exkommunikation. Durch den Ruf »Amen, so geschehe es« verlieh die Gemeinde dem Spruch zusätzlichen Nachdruck.
Schon zwei Jahre später brach Otto II. selbst das Wahlrecht des Domkapitels. Dieses hatte ohne Verständigung mit dem Kaiser und gegen den Rat Erzbischof Adalberts aus seinen Reihen den hochgelehrten Ochtrich gewählt, der sich bei Otto II. in Italien befand. Doch als die Gesandtschaft am Hofe eintraf, verwarf der Kaiser die Wahl und machte den bisherigen Bischof Giselher von Merseburg (971–981), einen seiner wichtigsten Berater und ständigen Begleiter während des Italienaufenthalts, zum Erzbischof (981–1004). Das Bistum Merseburg wurde von einer päpstlichen Synode in Rom aufgehoben, weil bei seiner Errichtung die Rechte der Halberstädter Kirche verletzt worden waren; und so stand das kanonische Verbot der Translation – des Wechsels von einem Bischofssitz auf einen anderen – der Ernennung Giselhers zum Erzbischof nicht im Wege. Unter Otto III. wollte man Giselher durch mehrere Synodalentscheidungen und durch Druck der Reichsregierung zwingen, nach Merseburg zurückzukehren, das nun mit Zustimmung des Halberstädter Bischofs wieder eingerichtet werden sollte. Doch Giselher entzog sich allen Pressionen und starb Anfang 1004 in seinem erzbischöflichen Amt.
Vor dem Hintergrund solcher Erfahrungen handelte der Magdeburger Dompropst Walthard sofort: Er rief alle Brüder zusammen, gab den Tod Giselhers bekannt und wies darauf hin, dass König Heinrich II. bereits auf dem Weg nach Magdeburg sei. Er bat sie inständig, jemanden geeigneten zu suchen, mit dessen Nominierung sie ihr altes Wahlrecht behaupten könnten. Einmütig wählten alle Walthard. Doch dann traf ein Kapellan des Königs ein, der eine einmütige Willenserklärung zugunsten des Hofkapellans Tagino einleiten sollte. Am nächsten Tag kam auch Bischof Arnulf von Halberstadt (996–1023) als Bote des Königs dazu, um sich für die Wahl Taginos einzusetzen. Ihm wurde

entgegengehalten, dass die Magdeburger, wenn irgend möglich, ihr Wahlrecht behaupten wollten. Der Bischof berichtete dies dem König. Der ließ Walthard kommen und erlangte nach vielen Zusicherungen die Zustimmung des Propstes und seiner Brüder zur Wahl Taginos. Sofort versammelte man sich in der Domkirche, »und der König übertrug mit dem Hirtenstabe Bischof Arnulfs dem hochwürdigsten Vater Tagino Geistlichkeit und Volk zu künftiger Rechenschaft vor dem höchsten Richter und setzte ihn selbst auf den Bischofsstuhl« (Thietmar von Merseburg 1935, lib. V, cap. 41).
Das Ringen des Magdeburger Domklerus mit dem König um die Ausübung des Wahlrechts begann aufs Neue, als Tagino 1012 starb. Thietmar von Merseburg war als einer der Magdeburger »Brüder« und zugleich als unmittelbar benachbarter Suffraganbischof selbst in die Vorgänge involviert. Er berichtet (Thietmar von Merseburg 1935, lib. VI, cap. 61–63, 66–68): Während der König das Pfingstfest (1. Juni 1012) in Merseburg feierte, erkrankte der Erzbischof schwer; auf dem Schiffstransport nach Magdeburg starb er kurz vor der Metropole (9. Juni) und wurde dann dort im Dom aufgebahrt. Der Propst versammelte seine Mitbrüder und die Vasallen des Erzstifts im Refektorium zu einer Beratung über die Neuwahl. Er hatte den König über den Tod Taginos unterrichten lassen und um Übermittlung seiner Wünsche für die kommenden Schritte ersucht. Heinrich II. schickte den Bischof Erich von Havelberg mit der Anweisung, man solle keine Wahl vornehmen, sondern ihm nur einen einmütigen Vorschlag unterbreiten; doch von der Reise ermüdet, ruhte Erich zunächst lange und inzwischen schritten die Magdeburger zur Tat. Sie einigten sich auf ihren Propst Walthard, »wenn Gott zustimmt und der König es will«. Da erst stieß auch Thietmar, der alles zu spät erfahren hatte, dazu. Er erklärt, er »gehöre zu denen, die an dieser Wahl und Weihe teilnehmen müssen«. Und er empfiehlt: »Mein Herr mag gebieten, was er will. Ihr aber hütet euch vor dem Verlust von Rechten, die ihr von Gott und von seinen Vorgängern erhalten habt«. Er erwählt in aller Form Walthard zum Erzbischof und bittet die Anwesenden dann, einzeln ihre Meinung kundzutun. Einmütig sagen alle: »Walthard erwählen wir zu unserem Herrn und Erzbischof« – das war ein offizieller Kürspruch, wie Wipo (Gesta Chuonradi 1978, cap. 2) ihn ähnlich zu 1024 für die Wahl Konrads II. zum König überliefert. Die im Refektorium Versammelten vollzogen also eine rechtsförmliche Wahl; auch der Bischof von Brandenburg stimmte der Wahl nach seiner Ankunft zu. Sofort wurde ein Geistlicher namens Reding als Sprecher der Magdeburger Kirche zum König geschickt. Erst danach erwachte der von Heinrich II. abgesandte Bischof Erich, sang zunächst das Totenamt für Tagino und gab nach dem Evangelium – also im Rahmen des Trauergottesdienstes – bekannt, mit welchem Auftrag ihn der König gesandt hatte; dann wurde der Leichnam des verstorbenen Erzbischofs gesegnet, unter Gesang und Klagen an die Grabstätte gebracht und beigesetzt.

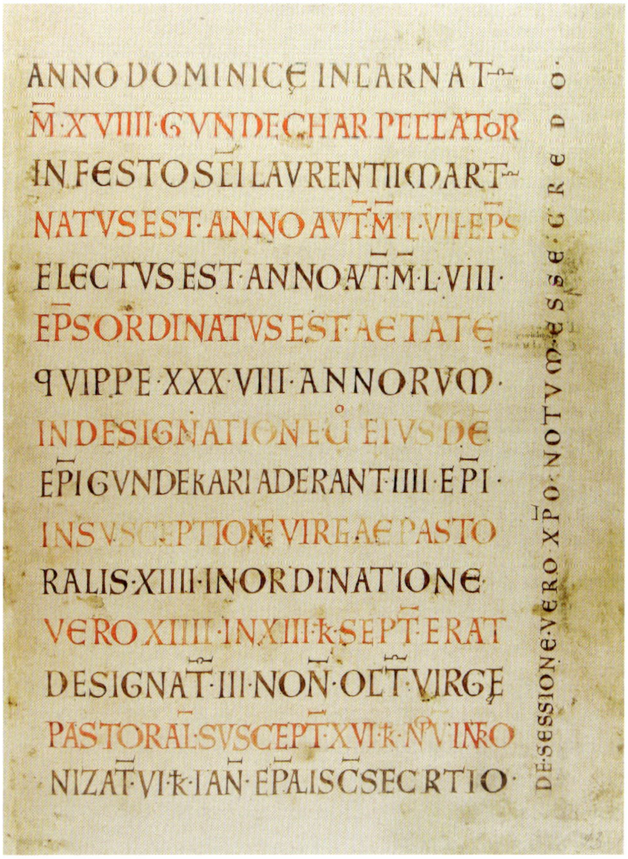

5 Notizen Bischof Gundekars II. von Eichstätt im *Pontifikale Gundekarianum;* Eichstätt, um 1072 (mit Ergänzungen bis 1697). Eichstätt, Diözesanarchiv, Cod. B 4, fol. 13r

Inzwischen trug Reding dem König seine Botschaft vor und erreichte mit viel Mühe, dass der König Walthard sowie weitere Männer, darunter Bischof Thietmar, an den Hof nach Grone (Stadt Göttingen) lud. Nach einem kurzen freundlichen Empfang wurden sie in ihr Quartier entlassen und am nächsten Tag (15. Juni) wieder in die Pfalz gerufen, wo sie die Kemenate des Königs betraten. Nur Walthard wurde zu einer langen Unterredung vorgelassen. Als er herauskam, trug er einen Ring und zeigte ihn den anderen mit den Worten: »Hier seht ihr das Unterpfand künftiger Huld« (Abb. 8). Und Thietmar fährt fort: »Dann versammelten wir uns alle vor dem König und erwählten aufgrund der Prüfung durch den König, der selbst als erster sein Votum abgab, diesen Vater, und alle Vornehmen stimmten bei; und alsbald empfing er vom König den Hirtenstab« – den Satz über die Investitur trug Thietmar eigenhändig in der Chronik nach. »Nachdem er der königlichen Gewalt den Treueid geschworen hatte, führte man ihn in die neue Pfalzkirche, wo alle das Gotteslob sangen.« Noch am gleichen Tag reisten Walthard, Thietmar und die anderen nach Mag deburg zurück. Am 21. Juni trafen sie dort ein, wurden mit großen Ehren und in allgemeiner Freude empfangen, und Bischof Arnulf von Halberstadt inthronisierte »auf Geheiß des Königs« den designierten Bischof. Am Tag darauf, einem Sonntag, wurde Walthard vom Bischof Eido von Meißen (992–1015) gesalbt unter Assistenz seiner Amtsbrüder, der Bischöfe von Brandenburg, Zeitz, Havelberg und Merseburg sowie des Bischofs von Halberstadt.

Walthard starb jedoch schon wenige Wochen danach auf einem Feldzug gegen den Polenherzog; am Sterbelager umgaben ihn die Bischöfe Bernward von Hildesheim (993–1022), Thietmar von Merseburg, Eido von Meißen, Arnulf von Halberstadt, Hildeward von Zeitz, Erich von Havelberg und Meinwerk von Paderborn. Kaum war der Leichenzug mit dem toten Erzbischof in Magdeburg angekommen, versammelten sich die Angehörigen des Domklosters im Kapitel und wählten Thietmars Vetter Dietrich zum Erzbischof. Wie Thietmar selbst zugibt, rechneten die Magdeburger angesichts der Jugend des Vorgeschlagenen nicht mit einem Erfolg; doch sie taten es »zur Wahrung unseres Wahlrechts«. Am nächsten Tage wurde die Wahl noch einmal in aller Form vollzogen, bevor man die Leiche des Vorgängers beisetzte. Da der König zu diesem Zeitpunkt Metz belagerte, war die Verständigung langwierig. Als der König vom Westfeldzug zurückkam, versuchte er seinen Kapellan Gero in das frei gewordene Amt einzusetzen; Bischof Erich von Havelberg fand als Abgesandter der Magdeburger Domkleriker kein Gehör. Der gewählte Dietrich wurde an den Hof gerufen, trat durch Handgang in den Dienst des Königs ein und erhielt Geros Platz in der Hofkapelle. Der König begab sich selbst nach Magdeburg und befahl, dass sich die Brüder der Magdeburger Kirche alle im Refektorium versammelten. »Dort wurde auf des Königs Wunsch unbeschadet des Wahlrechts für die Zukunft einstimmig Gero erwählt. Er übergab sich in der Kirche dem Altar und erwarb durch die Schenkung von zehn Höfen die Aufnahme in die Gemeinschaft der Brüder. Dann empfing er vom König den Hirtenstab, wurde sogleich inthronisiert und von Bischof Eido gesalbt, wobei wir oben genannten Bischöfe assistierten.« (Thietmar von Merseburg 1935, lib. VI, cap. 81).

Sehr schön illustrieren Thietmars Berichte, wie der Anspruch des Domkapitels, gemäß des verbrieften Rechts und alter Gewohnheit unter Beteiligung eines weiteren Kreises, darunter vor allem der Vasallen des Erzstifts, den eigenen Hirten zu wählen, mit dem Anspruch des Königs kollidierte, dass bei der Erhebung eines Bischofs seine Präferenz berücksichtigt werde. Mühsam suchte man einen für beide Seiten annehmbaren Kompromiss. Im Falle Taginos und Geros setzte der König seinen »Wunsch und Willen« durch und überging die Wahl der Magdeburger. Allerdings gab er die Garantie, dass dies nicht zum Präzedenzfall werden und das Wahlrecht des Domklerus nicht beeinträchtigen solle, und erreichte so, dass sein Kandidat einmütig gewählt wurde. Gero trat in das Magdeburger Domkapitel ein, bevor er vom König den Stab entgegennahm. Im Falle Walthards, dessen Wahl durch den Magdeburger Domklerus er schon 1004 übergangen hatte, stimmte Heinrich 1012 nach Verhandlungen zu. Doch wurde ausdrücklich hervorgehoben, dass Walthard das Erzbistum erhalte, nachdem der König seine Eignung geprüft hatte, und beim Wahlakt verkündete Heinrich II. als erster, dass er Walthard zum Bischof erwähle. Der König demonstrierte so öffentlich seinen Auftrag, als »vicarius Christi« maßgeblich an der Erhebung eines neuen Bischofs mitzuwirken; umgekehrt kämpfte die Magdeburger Kirche darum, dass ihr »Wahlrecht« trotz der königlichen Mitsprache gültig blieb und dass aus der Mitwirkung des Königs nicht ein Gewohnheitsrecht zur Einsetzung der Erzbischöfe wurde.

Wie das Beispiel Magdeburgs lehrt, war das Zusammenwirken des Königs und der einzelnen Bischofskirchen von dem Bemühen bestimmt, einen Konsens zu finden, den beide Seiten zu tragen bereit waren. Auch als Otto II. 979 der Magdeburger Kirche in nachdrücklichen Formulierungen das Wahlrecht verlieh, verbriefte er nach dem Wortlaut des Privilegs der Neugründung seines Vaters nur, was Köln und anderen Bischofskirchen gemäß der Privilegien seiner Vorgänger zustand.

Konsensuale Herrschaft und Konfliktaustrag bei der Bischofserhebung

In der Geschichtswissenschaft wurde lange die Meinung vertreten, im so genannten »ottonisch-salischen Reichskirchensystem« seien die Hochkirchen gewissermaßen als »Eigenkirchen« des Reiches und damit des Königs betrachtet worden. Deshalb habe er gehandelt wie der Herr einer Eigenkirche, der einen Priester einsetzt, und ihm mit dem Stab die Verfügungsgewalt über das Bistum übergeben, so wie man auch andere Güter durch Überreichung eines Symbols dem Begünstigten zur Nutzung oder zu Eigen überließ (Abb. 9). Für die Bischofskirchen lassen sich solche Rechtsvorstellungen nirgends belegen; die Aussage, die Bischöfe seien in ottonischer Zeit gewissermaßen »Reichsbeamte« geworden, verfehlt nicht nur alle ekklesiologischen und kirchenrechtlichen Vorstellungen vom Bischofsamt, sondern wird zugleich durch viele Episoden widerlegt, wo die Quellen genaueres über die Einsetzung eines neuen Bischofs berichten. Nichts wäre von den damaligen Auffassungen und der damaligen Realität weiter entfernt als die Annahme, der ottonisch-salische Episkopat wäre im Großen und Ganzen eine dem Herrscher ergebene Gruppe von Würdenträgern gewesen (Althoff 2008). Trotz seiner Mitwirkung bei der Erhebung der Bischöfe, die in der Investitur ihren symbolischen Ausdruck fand, konnte der König nicht einfach über die Bistümer des Reiches verfügen.

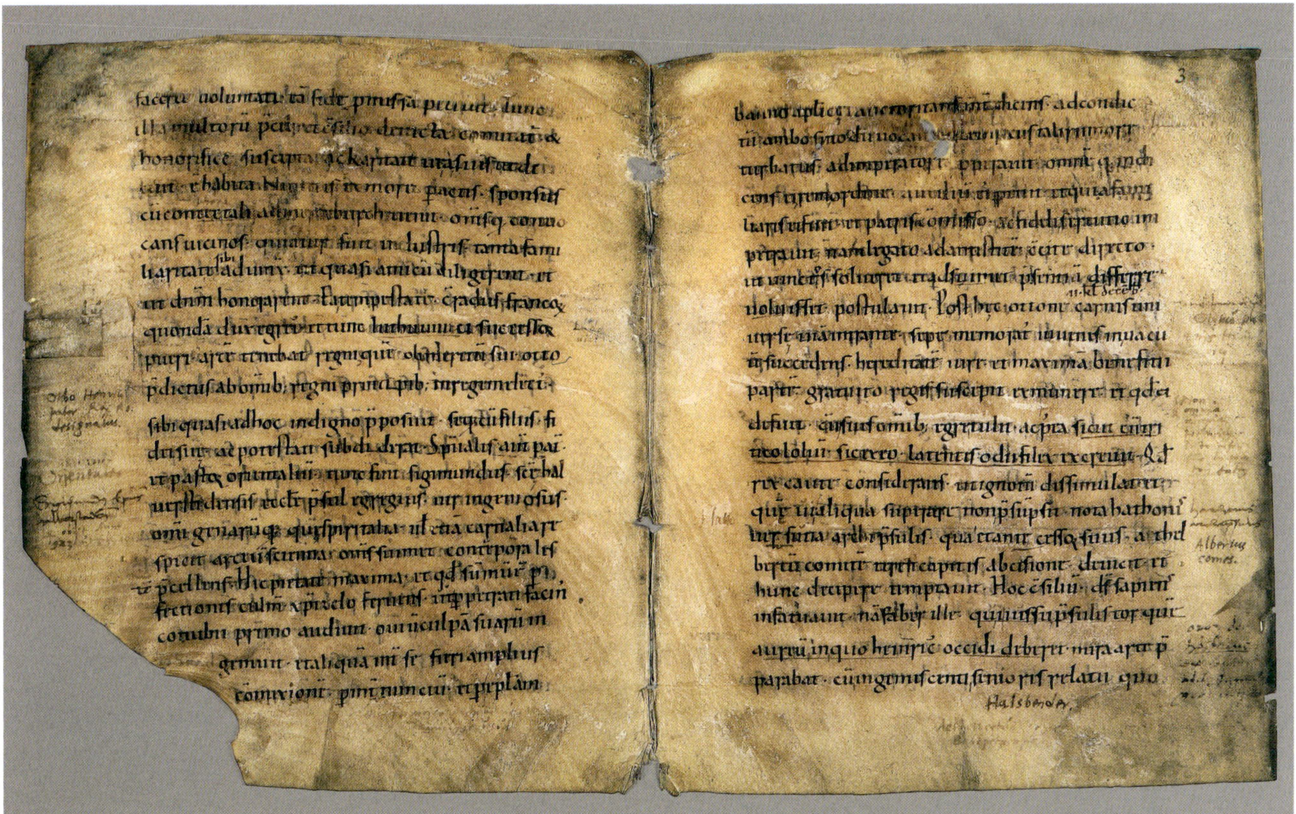

6 Fragment der Chronik Bischof Thietmars von Merseburg; 11. Jahrhundert. Dresden, Sächsische Landesbibliothek – Staats- und Universitätsbibliothek, Mscr. Dresd. R. 147, Doppelblatt 3

Wie bei allen politischen Entscheidungen von Gewicht war es die wichtigste und oft schwierige Aufgabe des Königs, bei der Einsetzung eines Bischofs in Beratungen mit den betroffenen Kirchen und Adelsfamilien einen Konsens herbeizuführen. Nur auf dieser Grundlage konnte er eine tatkräftige Unterstützung für sein politisches Handeln gewinnen. Wo er Ämter vergab, wo er einem mächtigen Anwärter ein Amt verweigerte, riskierte er Konflikte. Sie konnten weite Kreise ziehen, wenn seine Entscheidungen vermeintlichen Ansprüchen und Rangordnungen nicht gerecht wurden oder sich nicht durch Vergünstigungen für andere kompensieren ließen.

Was im Konfliktfall auf dem Spiel stand, kann wiederum der Bericht Thietmars (Thietmar von Merseburg 1935, lib. VI, cap. 35) über einen Vorgang illustrieren, der in das Jahr vor der Erhebung Meinwerks zum Bischof von Paderborn gehört: »Als nach Ostern Liudolf, der hochwürdigste Erzbischof der Trierer Kirche starb, erwählte man, mehr aus Furcht vor dem Könige als aus Liebe zur Religion, einmütig seinen Kapellan Adalbero, den Bruder der Königin, einen unreifen jungen Mann. Bei dieser Nachricht musste der König an die frühere, nicht mit ihm abgestimmte Einsetzung von dessen Bruder Dietrich [zum Bischof von Metz] denken; er wies daher die dringenden Bitten seiner geliebten Gemahlin und anderer Freunde zurück, Adalbero die Bischofswürde zu verleihen, und übergab sie Megingand, dem Kämmerer des Erzbischofs Willigis aus edlem Geschlecht. Dadurch kam es zur Empörung der verschlagenen Sippe. Die Trierer befestigten die Pfalz gegen den König, und nun wurde das bisher so friedliche Land immer wieder durch Brandschatzungen heimgesucht. […] Empört von solcher Überheblichkeit zog der König sofort mit seinem Heere dorthin und befahl, den Erzbischof dort zu inthronisieren und zu weihen und Adalbero zu exkommunizieren.« Sechs Wochen lang belagerte Heinrich II. seine rebellischen Verwandten, die sich in der Trierer Pfalz verschanzt hatten; und als sie ihm diese gegen freien Abzug übergaben, war die Auseinandersetzung keineswegs beendet. Kompromisse wie bei der Besetzung des Erzbistums Magdeburg waren hier schon aufgrund personaler Konstellationen kaum möglich. Die Brüder der Königin waren nicht bereit, vor einem Machtspruch des Königs zurückzuweichen, wo es massiv um ihre Herrschaftsinteressen ging, zumal die Wahl Adalberos, des Propstes von St. Paulin, zum Erzbischof in ihren Augen formal korrekt verlaufen war. In seiner Bischofsstadt konnte sich der vom König bestellte Megingand (1008–1015) nie durchsetzen; bis zu seinem Tod residierte er in Koblenz (Anton/Haverkamp 1996, S. 221–222).

Wo das Verhältnis zwischen dem Herrscher und einzelnen Bischöfen gespannt war, konnten sogar blockierende Streitigkeiten um das Weiherecht ausbrechen. Bei Bischöfen war das Recht des Metropoliten, die Weihe vorzunehmen, klar. Doch welcher der Suffragane durfte einen neuen Erzbischof konsekrieren? Als 1016 ein neuer Erzbischof von Trier eingesetzt wurde, sollte er auf Befehl des Kaisers vom Erzbischof von Mainz geweiht werden; der Bischof von Verdun hatte als rangältester Suffragan auf sein Vorrecht verzichtet. Doch der Bischof von Metz meinte, dass ihm die Weihehandlung mit größerem Recht zustehe und wies den Kaiser mehrfach nachdrücklich darauf hin. »Doch der Kaiser hörte nicht auf ihn, wenn er seine Urkunden vorwies und die Handlung unter Bannandrohung untersagte, sondern ordnete vielmehr an, die Salbung vorzunehmen« (Thietmar von Merseburg 1935, lib. VII, cap. 26). Rangstreitigkeiten dieser Art waren innerhalb des Episkopats in spätottonisch-frühsalischer Zeit nicht selten und haben viele Synoden, aber stets auch den König beschäftigt und normalerweise konnte er den Streit nicht durch einen Machtspruch entscheiden. Bischof von Metz war freilich jener Dietrich, ein Bruder der Königin, an dessen Einsetzung Heinrich II. so sehr Anstoß nahm, dass er die Erhebung eines weiteren Bruders, des eben genannten Adalbero, zum Erzbischof von Trier gewaltsam unterband. Den Hintergrund des Konflikts bildete in beiden Fällen ein Streit um die Form der Wahl: Man hatte weder in Metz noch in Trier den König selbst in die Entscheidung einbezogen (Weinfurter 1999, S. 146–147).

Wie nahezu alle ausführlichen Berichte zeigen, ist das Zusammenwirken von Domkapitel beziehungsweise Bischofskirche und König bei der »Wahl« eines neuen Bischofs ein kommunikatives Geschehen. Selbst wenn die Kanoniker des Domklosters zur Wahrung ihrer Rechte eine förmliche Wahl vollziehen, bitten sie demütig um Annahme ihres Vorschlags, hoffen darauf, dass auch der König den Kandidaten will; sie wissen, dass der König ablehnen kann, rechnen im Extremfall damit, dass der König ihren Kandidaten ablehnen wird. Aber auch der König bittet, sei es um einen Vorschlag, sei es um Aufschub der Wahl, sei es um Annahme eines von ihm Nominierten, und selbst wo er sich über den Willen der eigentlichen »Wähler« hinwegsetzt, heißt es in der Regel: »Er bat und befahl«. Die korrekte Wahl erscheint so als Aushandlungsprozess, in dem der König die stärkere, ja die letztlich entscheidende Position besitzt, in dem aber ein gemeinsamer Wille, eine konsensuale Lösung gesucht werden soll. Wenn es ein Bistum neu zu besetzen gilt, gehört auch der König zu den Wählenden; und seiner Stellung gemäß haben seine Bitte und sein Wort das größte Gewicht.

Zum Eklat kommt es, wenn die Gemeinschaft einer Domkirche versucht, ein Fait accompli zu schaffen, ohne den König oder Kaiser in einer Form zu kontaktieren, die diesem noch eine Einflussnahme auf den Prozess der Entscheidungsfindung belässt, wie dies 981 in Magdeburg oder 1008 in Trier geschehen war. Doch ein solches »Durchgreifen« vonseiten des Königs – wie dargelegt, nicht eines außenstehenden Laien, sondern des »Gesalbten des Herrn«, der auf Zeit unter dem ewigen König Christus das Reich lenkt – bedeutete nie eine Maßnahme, die sich auf die einmalige Situation eingrenzen ließ. Sie konnte das Verhältnis nicht nur zu einer Kirche, sondern auch zu deren weiterem Umfeld langfristig belasten.

Man kann die Vorgänge bei der Erhebung eines Bischofs im spätottonisch-frühsalischen Reich und das Verhalten der beteiligten Parteien nicht angemessen verstehen, wenn man nur auf das formale Procedere blickt und fragt, wer dabei welches »Recht« ausgeübt oder auch missachtet hat. Die einschlägigen Kanons älterer Synoden und die daraus abgeleiteten Stellungnahmen früherer kirchlicher Autoritäten waren auch im 10. Jahrhundert bekannt; die Forschung hat oft mit Verwunderung registriert, dass die entsprechenden Sätze weiterhin abgeschrieben wurden, ohne dass die Zeitgenossen an der davon abweichenden Praxis Anstoß genommen hätten. Doch diese scheinbare »Missachtung« lag nicht nur daran, dass die in den Kanonsammlungen überlieferten Rechtssätze keineswegs eine einheitliche Tradition bildeten, denn in ihnen spiegelten sich historische Entwicklungen und Situationen aus vielen Jahrhunderten und erst in der Zeit des »Reformpapsttums« und danach wurde – unter völlig neuen, systematisierenden Denkansätzen – aus diesen verehrungswürdigen Zeugnissen »das Kirchenrecht« formuliert, das dann die weitere Entwicklung bestimmte. Vielmehr stand, wie die aufgeführten Beispiele deutlich gemacht haben dürften, die ottonisch-salische Praxis keineswegs in diametralem Widerspruch zur normgebenden Regel der Wahl des Bischofs durch Klerus und Volk seiner Diözese, die ja schon in den Jahrhunderten davor in unterschiedlicher Weise gestaltet worden war und die auch nach dem »Investiturstreit« mit der Entwicklung zum ausschließlichen Wahlrecht der Domkapitel eine durchaus eigenwillige und zunächst umstrittene Interpretation erhielt.

Die Formen der Bischofserhebung brachten, wie eingangs dargelegt, stets auch ein bestimmtes Kirchenverständnis zum Ausdruck. Zugleich wurden sie geprägt von den Strukturen und Formen der Kommunikation im Herrschaftsverband, den man ebenso sehr als religiöse wie als politische Gemeinschaft verstehen muss. Man darf nicht vergessen, dass nach der Auffassung jener Zeit bei der Wahl eines Königs oder Bischofs der »von Gott Erwählte« ermittelt wurde.

7 Bischofsinvestitur durch den König in der *Vita sancti Audomari;* drittes Viertel 11. Jahrhundert. St-Omer, Bibliothèque de l'Agglomération, Ms. 698, fol. 7v (Kat.Nr. 1)

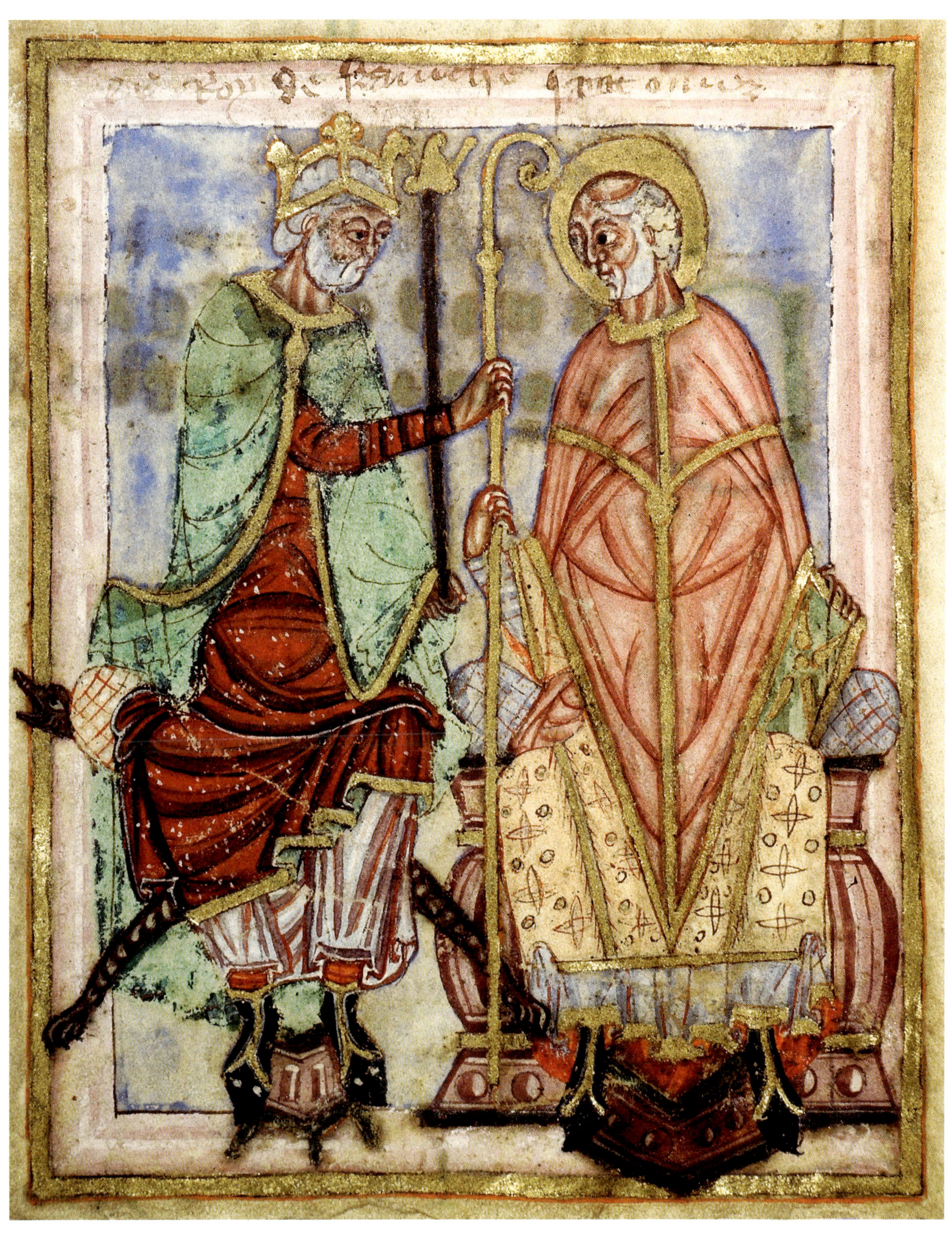

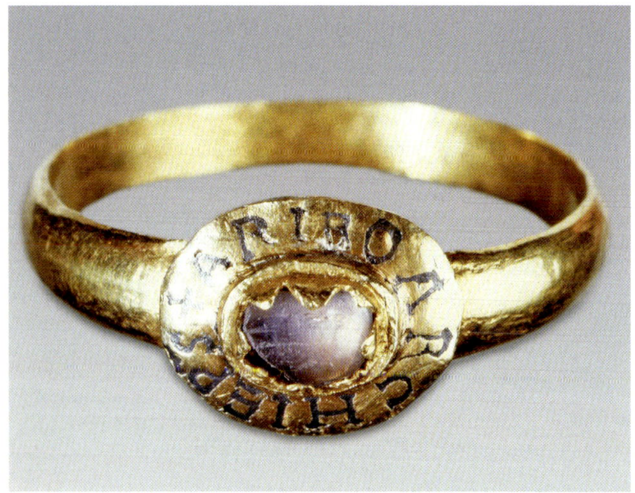

8 Fingerring Erzbischof Aribos von Mainz; Mainz, 1021–1031. Mainz, Bischöfliches Dom- und Diözesanmuseum, S 00062 (Kat.Nr. 3)

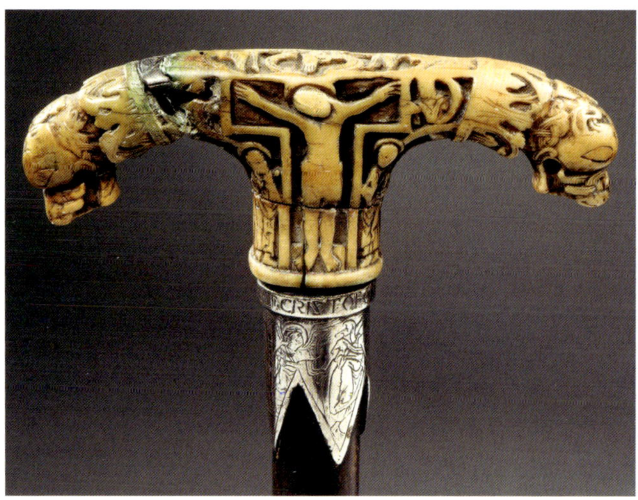

9 Sogenannter Stab Erzbischof Heriberts von Köln; England, Mitte 11. Jahrhundert. Köln, Kath. Kirchgemeinde St. Heribert Köln-Deutz; Kat.Nr. 2

In der einmütigen Wahl sah man einen Ausdruck des göttlichen Willens – den Konsens zu finden, war insofern auch ein religiöses Gebot. Das schloss nicht aus, dass man den Konsens auch durch Begünstigungen und Kompensationen herbeiführte – auch in dieser Hinsicht war die Wahl ein Aushandlungsprozess. Dieser öffnete den Weg, divergierende Rechtsstandpunkte und gegensätzliche Interessen zu überwinden und damit eine Verpflichtung zur Kooperation auch in der Zukunft zu begründen. Was zugesichert wurde, war meist nicht eine sofort fällige Leistung, sondern eine schwer zu präzisierende Garantie für künftige Hulderweise. Der von den Magdeburgern nominierte, von Heinrich II. übergangene Kanoniker Dietrich wurde in die Hofkapelle des Königs aufgenommen und erhielt den Platz des Kapellans, dem der Herrscher das Erzbistum übertrug – dies war so etwas wie ein Versprechen, ihm, falls er sich im Königsdienst bewährte, bei passender Gelegenheit ein Bistum anzuvertrauen. Wie seine »Wähler« gleich vorhergesehen hatten, erlangte er das Erzbistum nicht; doch er wurde huldvoll in die unmittelbare Umgebung des Königs aufgenommen und avancierte später sogar zu dessen Kanzler.

Das Netz von Erwartungen, Verpflichtungen, Vertrauen und Vorleistungen, das dem Willen zu einvernehmlichen Lösungen zugrunde liegt, wird in den lebensnahen, detaillierten Berichten Thietmars immer wieder sichtbar. Er selbst kämpfte darum, dass das 981 aufgehobene Bistum Merseburg wieder voll in die alten Rechte eingesetzt wurde, was bei der Wiedereinrichtung im Jahre 1004 nicht geschehen war. In Entscheidungssituationen brachte er dieses Anliegen wiederholt zur Sprache. Bezeichnend ist die Art und Weise, in der er es tat. Als die Angehörigen des Magdeburger Domstifts unter dem maßgeblichen Einfluss Thietmars ihren Propst Walthard in aller Form zum künftigen Erzbischof erwählt hatten und dieser Gott kniefällig um die Gnade bat, seinen Wählern ihr Verhalten durch Wohltaten vergelten zu können, beugte sich Thietmar vor und bat ihn »bei Gott und echter Bruderliebe« um die Restitution aller der Merseburger Kirche zustehenden Güter und Rechte, falls er die erzbischöfliche Würde erhalte; und Walthard sagte dies in Gegenwart aller eidlich zu (Thietmar von Merseburg 1935, lib. VI, cap. 62). Als nach Walthards Tod am Königshof Gero zum Nachfolger gewählt wurde, forderte Thietmar vor allen Versammelten vom König, mit Gero vor der Einsetzung zum Erzbischof über die volle Restitution Merseburgs zu sprechen. Der König nahm daraufhin Thietmar unter seinen besonderen Schutz, damit über die Angelegenheit »durch Urteil oder durch anderen heilsamen Rat« entschieden werde (Thietmar von Merseburg 1935, lib. VI, cap. 81). In beiden Fällen brachte Thietmar nicht eine Bedingung für seine Zustimmung vor – bei Walthard war die Willensbildung im Magdeburger Domstift, bei Gero die Wahl am Königshof in unwiderruflicher Form abgeschlossen. Doch er machte deutlich, dass er seine Mitwirkung an der Beförderung zum Erzbischof mit der festen Erwartung auf eine entsprechende Haltung verband, deren Nichteinlösung den Bruch eines Vertrauensverhältnisses bedeuten würde. Eine rechtlich einklagbare Zusage gewann er damit nicht.

Sieht man vom legitimierenden religiösen Hintergrund ab, so gehört die Entscheidung, die am Königshof bei einer Bischofserhebung zu treffen war, zu der Art politischer Willensbildung, die in der neueren Forschung als »konsensuale Herrschaft« gekennzeichnet wird. »Konsensuale Herrschaft« ist nicht nur ein Charakteristikum des 10. und 11. Jahrhunderts, sondern des gesamten Mittelalters. Doch in der Zeit der Ottonen und Salier besaß das Prinzip ein ganz besonderes Gewicht, weil institutionelle Grundlagen der »Staatlichkeit« noch mehr fehlten als in den Jahrhunderten davor und danach. Die Stellung, die man den Königen und Kaisern in der von Gott geordneten Welt zuschrieb, gab dem Willen zum Konsens eine religiöse Dimension. Trotz heftiger Auseinandersetzungen im Episkopat, wenn eine Seite ihre Vorrechte missachtet oder ihre Rechte geschmälert sah, trotz der Aufstände gegen den König und der Adelsfehden um Ehre, Rang und Recht war die Suche nach einer einvernehmlichen Lösung geradezu ein religiöses Gebot.

Ausblick

Gewiss beruhte die Macht der Ottonen und Salier ganz entscheidend auf dem Zusammenwirken zwischen den Herrschern und den Bischöfen ihres Reiches. Doch wer die »Reichskirche« als Instrument der königlichen Herrschaftsausübung einstuft, verkennt das, was man die religiös fundierte politische Kultur der Zeit nennen könnte. Bei der Einsetzung der Bischöfe wird dieses Fundament sichtbar. Die Präsenz des Königs in den Hochkirchen seines Reiches ist allerdings mit dem Einfluss auf die Bischofserhebung allein noch nicht umschrieben. Sie setzte sich während des Pontifikats für alle sichtbar fort und trat oft umso stärker hervor, je mehr der Herrscher auf die Erhebung eines Bischofs Einfluss genommen hatte. Das Aufblühen der Bischofsstädte in spätottonisch-frühsalischer Zeit, vom König gefördert, von den geistlichen Fürsten vorangetrieben, ist vielleicht der schönste Beleg für das Zusammenwirken von Königtum und Episkopat. Es stand ebenso im Zeichen der zentralen religiösen Aufgabe von Herrschaft wie im Zeichen fürstlicher Machtentfaltung. Am Beispiel Paderborns stellt die »Epoche Meinwerks« diese Gemeinsamkeit für die Zeit der Kaiser Heinrich II. und Konrad II. in helles Licht.

Quellen

Adam von Bremen 1961 · Annales Quedlinburgenses 2004 · Gesta Chuonradi 1978 · MGH DD H II · Thietmar von Merseburg 1935 · Vita Meinwerci 2001.

Literatur

Althoff 1998 · Althoff 2003 · Althoff [2]2005 · Althoff 2008 · Angenendt 2004c · Angenendt 2008 · Anton/Haverkamp 1996 · Balzer 1986 · Bannasch 1972 · Brandt 1990 · Claude 1972 · Depreux 2006a · Erkens 1998a · Erkens 2003 · Erkens 2006 · Fried 1994 · Keller 1986 · Keller 1993 · Keller 2001 · Keller 2005/2007 · Keller 2006 · Keller 2008 · Keller/Althoff 2008 · Keller 2009 · Körntgen 2001 · Lippelt 1973 · Mayr-Harting 1991 · Nitschke 1962 · Schieffer 1981 · Schieffer 1998a · Schieffer 1998b · Schmid 1926 · Schmid 1985 · Tellenbach 1988 · Vogel/Elze 1963–1972 · Weinfurter 1996 · Weinfurter 1999 · Weinfurter 2005 · Weinfurter 2006 · Wolfram 2000.

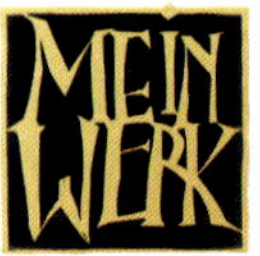

»Nach Art der biblischen Martha«

Bischof Meinwerk im Dienst der Könige

Franz-Reiner Erkens

Drei Königen hat Meinwerk (1009–1036) gedient und er tat es, wie schon immer bemerkt worden ist, mit großem Einsatz, ja, offenbar sogar mit Hingabe, aber auch mit großem Gewinn für seine Kirche. Der jugendliche Otto III. (983–1002), mit hochfliegenden Plänen früh vollendeter Enkel Ottos des Großen (936–973) und letzter im direkten Mannesstamm der königlichen Linie der sächsischen Liudolfinger, holte ihn an den Hof und machte ihn zu einem Mitglied der Hofgeistlichkeit, zum Kapellan; der geistlich erzogene und spirituell bewegte Heinrich II. (1002–1024), aus der herzoglichen Nebenlinie stammender Urenkel Heinrichs I. (919–936) und letzter der liudolfingischen Herrscher überhaupt (Abb. 3, 4, 5), erhob ihn zum Bischof; und unter dem nach schulisch-kirchlichen Maßstäben wenig gebildeten, also illiteraten, aber politisch effektvollen Konrad II. (1024–1039), dem ersten Kaiser aus salischem Hause (Abb. 6, 7), ist er zu Grabe getragen worden. Zu allen diesen Herrschern entwickelte Meinwerk eigene, aber offenbar immer intensive Beziehungen, die wegen der unterschiedlichen Persönlichkeiten der einzelnen Könige und Kaiser wohl auch stets individuell ausgestaltet waren. Von besonderer Natur scheint dabei das Verhältnis zu Heinrich II. gewesen zu sein, zumindest suggeriert dies die Lebensbeschreibung, die Meinwerk erhalten hat: die *Vita Meinwerci.*

In dieser werden lebensvolle Geschichten erzählt vom Handeln des Kaisers und des Bischofs, farbige Schilderungen, die einen ironisch-vertrauten Umgang unter Freunden erkennen lassen und gelegentlich den Charakter von derben, immer den Geistlichen und niemals den Herrscher treffende Possen annehmen – etwa, wenn Heinrich angeblich aus dem Himmel stammende Zettel mit der Ankündigung des baldigen Todes Meinwerks bis hin zur Latrine auslegen lässt, um das Verhalten des Bischofs angesichts des nahenden Endes zu prüfen (Vita Meinwerci 1921, cap. 187), oder wenn er Meinwerks Lateinkenntnisse während einer Messfeier auf die Probe stellt (Vita Meinwerci 1921, cap. 186). Doch entstand Meinwerks Vita erst etwa 130 Jahre nach dem Tode des Bischofs und gibt daher allenfalls Klostertraditionen wieder, die, wenn sie überhaupt einen historischen Kern besitzen, in der Erinnerung vielfach verfremdet und umgestaltet worden sind und keinesfalls die Verhältnisse des frühen 11. Jahrhunderts ungebrochen reflektieren, die vielleicht aber auch lediglich Interpretationen des Historiographen aus der Mitte des 12. Jahrhunderts darstellen. Wie sehr der Vitenschreiber die Vorgänge aus der Epoche vor dem Investiturstreit aus der Sicht der Zeit nach der Beilegung dieses Konfliktes beschreibt, belegt etwa die häufig beachtete Andeutung, Meinwerk sei durch die Überreichung eines Handschuhs mit seinem Bistum investiert worden (Vita Meinwerci 1921, cap. 11); denn Meinwerk ist selbstverständlich – weil zeitüblich – mit dem Bischofsstab in sein Amt eingewiesen worden (während die Überreichung eines Ringes unsicher ist), doch war ein solcher Investiturakt nach dem Wormser Konkordat von 1122 inakzeptabel und musste entsprechend verschleiert werden. Auch verdient die Behauptung wenig Vertrauen, Meinwerk habe dem anwesenden Herrscher bei einer Predigt im Paderborner Dom den Unterschied zwischen der kaiserlichen Herrschaftsgewalt und der priesterlichen Würde dargelegt (»differentiam inter imperii potestatem et sacerdotii asserens dignitatem«; Vita Meinwerci 1921, cap. 185), blitzt hier doch eine Vorstellungswelt auf, die erst in der Mitte des 11. Jahrhunderts Gestalt anzunehmen begann. Man tut daher sicherlich gut daran, die bunten Schilderungen der Vita über Meinwerks Beziehung zu den Herrschern, insbesondere zu Heinrich II., mit Zurückhaltung zu betrachten und, wenn überhaupt, nur mit aller Vorsicht in eigene Überlegungen über das bischöflich-kaiserliche Verhältnis einzubeziehen, obwohl der Vitenschreiber für seine Darstellung ausgiebig auf Quellen nicht zuletzt aus dem Paderborner Archiv zurückgriff.

Wie kein anderer Bischofsbiograph benutzte der Verfasser der *Vita Meinwerci* für seine Ausführungen zwar Rechtsdokumente, die zum Teil noch anderweitig erhalten sind und deren korrekte Benutzung deshalb überprüft werden kann (Kat.Nr. 123a–g), aber was er über die Hintergründe der verbrieften Rechtsgeschäfte berichtet, erweckt doch sehr stark den Eindruck der eigenen Deutung und dürfte daher zumeist Interpretation des 12. Jahrhunderts sein; was er darüber hinaus von Heinrich II. weiß, schöpfte er aus der nur wenige Jahre vor dem eigenen Schaffen verfassten Lebensbeschreibung des Kaisers, der 1146 in einem regulären Kanonisationsverfahren zur Ehre der Altäre erhoben worden ist und deshalb bei der Geistlichkeit ein entsprechend positives Andenken genoss. Wipos († nach 1046) zeitnäheren Bericht über Konrads II. Herrschaft kennt der Biograph Meinwerks hingegen nicht (Gesta Chuonradi 1978). Deswegen bleibt des Saliers Bild in der *Vita Meinwerci* wesentlich blasser als das seines liudolfingischen Vorgängers – blasser und (trotz allen Bemühens um Aufhellung) auch etwas negativer, weil Konrad zu Beginn seines Königtums dem Bistum Paderborn eine von Heinrich II. übertragene Grafschaft wieder entzog, die er später freilich restituierte (Vita Meinwerci 1921, cap. 198), vor allem aber, weil nicht verschwiegen wird, dass sich der Salier zeitweise gegen Heinrich II. in bewaffneter Opposition befand, wie in der Chronik Frutolfs von Michelsberg († 1103) nachzulesen war (Frutolfs und Ekkehards Chroniken 1972) und was in der Vita zu einem von Frutolf wörtlich übernommenen Hinweis auf Konrads ehemaliges Rebellentum führte (»regno antea per rebellationem adversus«; Vita Meinwerci 1921, cap. 196). Das bis heute nachwirkende Schicksal Konrads, im Vergleich zum Vorgänger Heinrich II. und zum Nachfolger Heinrich III. (1039–1056), dem eigenen Sohn, im Erinnerungsschatten zu stehen und schlechter abzuschneiden, ereilte den ersten Salierherrscher mithin auch in der *Vita Meinwerci*, die das allgemeine Geschichtsbild dauerhaft prägte und das unbestritten gute Verhältnis des Paderborner Bischofs zu allen drei Kaisern seiner Zeit hinsichtlich Heinrichs II. als besonders ausgeprägt erscheinen lässt.

Um nur ein Beispiel zu nennen: An die Erwähnung der schulischen Ausbildung Meinwerks zunächst in Halberstadt, dann in Hildesheim schließt der Vitenschreiber die Bemerkung an: »wo« – gemeint ist Hildesheim – »sich Heinrich«, der spätere König, »mit sehr vielen anderen, die der Kirche Christi in ihrer Zeit zur Ehre und Zierde gereichen sollten, fleißig mit theoretischen Studien beschäftigte« (Vita Meinwerci 1921, cap. 3), und legt damit den selbst nicht ausgesprochenen, aber von vielen aufgegriffenen Gedanken nahe, Meinwerk und Heinrich seien Schulkollegen gewesen (was zum dann geschilderten besonderen Verhältnis zwischen König und Bischof passt). Erwähnt ist ein Hildesheimer Aufenthalt des heranwachsenden Heinrich aber nur in dessen Vita aus dem 12. Jahrhundert (aus der Meinwerks Biograph schöpfte). Einen zeitgenössischen Beleg hingegen gibt es weder für Heinrichs Schulbesuch in Hildesheim, auch wenn der Kaiser später eine besondere Beziehung zu dieser Kirche erkennen lässt (MGH DD H II, Nr. 256a), noch für Meinwerks Mitschülerschaft – und selbst wenn beide in Hildesheim ausgebildet worden sein sollten, muss dies nicht gleichzeitig gewesen sein. Als Erklärung für ein besonderes Verhältnis zwischen Meinwerk und Heinrich sollte die auf einer nebulösen Schilderung beruhende Vermutung einer Schulfreundschaft jedenfalls nicht, zumindest nicht primär, herangezogen werden.

Der Weg, um Meinwerks Verhältnis zu den drei Königen und Kaisern seiner Zeit zu erfassen und zu deuten, darf mithin nicht über die Vita des Bischofs führen; vielmehr ist von Zeugnissen der Meinwerkzeit, vor allem von Königsurkunden auszugehen, deren Aussagen verknüpft werden müssen mit den allgemeinen Erkenntnissen über die mittelalterliche Vorstellung vom Königtum und über die Korrelation von geistlicher und weltlicher Sphäre, Priestertum und Königsgewalt, *sacerdotium* und *regnum*, Bischof und Herrscher. Königsidee und Gewaltenverhältnis befanden sich dabei zu Beginn des 11. Jahrhunderts und nach einer vielhundertjährigen Entwicklung auf dem Höhepunkt einer besonderen Ausgestaltung. Eine Generation nach Meinwerks Tod wurden beide zwar heftig kritisiert, leidenschaftlich attackiert und schließlich verändert, zu Lebzeiten des Bischofs aber waren sie in ihrer eigentümlichen Besonderheit noch nahezu unangefochten. Daher ist ohne ihre Kenntnis Meinwerks Verhältnis zu den Königen und sein Einsatz für das Königtum nicht angemessen zu begreifen.

Vor dem Investiturstreit galt der König weitgehend unbestritten als Gottes Stellvertreter auf Erden, der eine besondere Verantwortung für die gesamte Christenheit besaß. Er wurde als in einem eigentümlichen Nahverhältnis zu Gott stehend begriffen, als von Gott erwählt und gekrönt, wie es gerade um die erste Jahrtausendwende in eindrucksvollen Buchbildern mit Blick auf Otto III. und Heinrich II. zur Anschauung gebracht worden ist (Beitrag Keller, Abb. 2). Im Rahmen der kirchlichen Krönungsfeierlichkeiten wurde der König wie ein Priester gesalbt, wurde er zum »Christus domini«, zum Gesalbten des Herrn, dem bei der Weihe nicht nur erklärt wurde, ein Stellvertreter Christi zu sein, sondern dem die Bischöfe beim Aufsetzen der Krone auch einschärften, dass er ein Teilhaber, ein »particeps«, ihres Amtes sei, dass er also eine sazerdotale Aufgabe und Verantwortung besitze, die zwar nicht den inneren Kern des Priestertums, nicht Sakramentenspendung und liturgischen Vollzug umfassten, wohl aber eine allgemeine Seelsorge, die Verpflichtung nämlich, dem christlichen Volk eine gottgefällige und seelenheilsichernde Existenz sowohl durch ein vorbildliches Leben als auch durch rechtliche und herrscherliche Maßnahmen zu ermöglichen. Den Herrscher umgab daher eine starke sakrale Aura.

Diese Sakralität korrespondierte mit weitreichenden Rechten des Königs über die Kirche. Sie begründete zwar nicht die aus machtpolitischem und herrschaftspraktischem Kalkül erwachsenen Handlungsmöglichkeiten der Herrscher bei den Bischofserhebungen, half den Geistlichen aber, die dem Kirchenrecht nicht entsprechenden Eingriffe leichter zu akzeptieren, wie eine Äußerung in der Chronik von Meinwerks zeitgenössischem Amtskollegen Thietmar von Merseburg (1009–1018) belegt: »Vielmehr nehmen« die Vergabe von Bistümern »ganz allein unsere Könige und Kaiser wahr, die [...] als Stellvertreter für den höchsten Lenker bestellt sind; und nur sie stehen zu Recht über allen« geistlichen »Hirten, denn es wäre sehr unpassend, wenn Männer, die Christus um seinetwillen als die Ersten auf Erden eingesetzt hat [das sind die Bischöfe], einer anderen Herrschaft unterständen als derer, die wie der Herr durch den Glanz der Weihe und der Krone alle Sterblichen überragen.« (Thietmar von Merseburg 1957, lib. I, cap. 26). Letztlich profitierten beide Seiten, Bischöfe wie König, von diesem speziellen Verhältnis. Der König nahm die Bischofskirchen in seinen besonderen Schutz, stattete sie mit Besitz und Rechten sowie schließlich mit ganzen Grafschaften aus und empfing dafür den Königsdienst, das »servitium regis«, das vieles umfasste: allgemeine Beratung ebenso wie diplomatische Aufgaben, wirtschaftliche Leistungen besonders bei der Beherbergung des Hofes und militärische Unterstützung durch vor allem von den Kirchen aufzubietende Panzerreiter (Kat.Nr 34). Abgesehen von kleineren Störungen funktionierte dieser königlich-bischöfliche Wirkverbund um das Jahr 1000 recht reibungslos und bildete eine wichtige Grundlage der königlichen Herrschaft, solange der König ein prinzipielles Mitspracherecht bei der Bischofswahl besaß, solange ihm also eine Entscheidungshoheit zustand, die er zwar nicht ohne Rücksichtnahme auf fremde, vor allem adlige Interessen ausüben konnte, die aber bei der Amtseinweisung eines Bischofs durch die Investitur eindrucksvoll zur Anschauung gebracht wurde. Zuverlässige Bischofskandidaten, die spirituelle Verantwortung und königlichen Dienst miteinander zu verbinden wussten, fand er dabei – freilich nicht ausschließlich, aber doch in einem beachtlichen Maße – in der Geistlichkeit, die an seinem Hofe lebte und wirkte, den Herrschergottesdienst versah, die Reliquien hütete und Urkunden des Königs schrieb, in der Hofkapelle also.

Wenn auch nicht jeder Bischof aus dieser Kapelle stammte, so endete die Karriere eines Hofkapellans doch in der Regel auf einem Bischofsstuhl. Die in den Hofdienst aufgenommenen jungen Geistlichen dürften daher sorgfältig ausgesucht worden sein, wobei natürlich lokalkirchliche und regionaladlige Verbindungen wirksam werden konnten. In diesem Zusammenhang ist auch die Aufnahme des Sachsen Meinwerk aus der durch Königsverwandtschaft ausgezeichneten und auf Widukind († nach 785), den Widersacher Karls des Großen (768–814), zurückführbaren Adelsfamilie der Immedinger in die Kapelle Ottos III. zu sehen; sie setzte zudem ein deutliches Zeichen für die weitere Karriere des jungen Kapellans, die, wenn nichts Unvorhergesehenes geschah, nur noch an der Spitze eines Bistums enden konnte. Zuvor hatte Meinwerk, wie bereits erwähnt, die geistliche Grundausbildung in Halberstadt und dann in Hildesheim, einer damals aufstrebenden Bildungsstätte für Reichsgeistliche, erhalten. Freilich ist darüber so gut wie nichts bekannt, doch werden dem jungen Geistlichen die üblichen Grundbegriffe der sieben freien Künste (*septem artes liberales*), theologische Einsichten und kirchenrechtliche Prinzipien vermittelt worden sein. Ob er sich dabei wirklich so makellos und unverdorben hielt, wie es seinem späten Biographen als Allgemeinplatz aus der Feder floss (Vita Meinwerci 1921, cap. 3), lässt sich natürlich nicht mehr entscheiden; auf alle Fälle fiel er dem ottonischen Hof auf und wurde, wohl nicht ohne Mitwirkung des Herrschers selbst, an diesen gezogen, um Mitglied der Kapelle zu werden, wobei er sein Halberstädter Kanonikat beibehielt, sicherten die Einkünfte aus dieser Stelle doch neben dem Reichtum der eigenen Familie den Lebensunterhalt. Die immedingische Herkunft, die Zugehörigkeit zu einer bedeutenden sächsischen Adelsfamilie also, die mit dem liudolfingischen Königshaus verwandt und bis hin zum Niederrhein einflussreich war (Vita Meinwerci 1921, cap. 5; MGH DD H II, Nr. 262), hat Meinwerks Berufung an den Königshof zweifellos über die persönlichen Qualitäten hinaus, vielleicht sogar noch vor diesen, maßgeblich beeinflusst.

In das Licht der Geschichte getreten ist Meinwerk, dessen Geburtsjahr unbekannt bleibt, erstmals im Jahre 1001, mithin im ersten Jahr des 2. Jahrtausends, als er im Zeitraum von vier Monaten dreimal, näherhin am 18. März, 27. April und 25. Juli, in allesamt in Italien ausgestellten Urkunden Ottos III. als Intervenient genannt wurde, weil er sich für Schenkungen an zwei sächsische Grafen (MGH DD O III, Nr. 393, 401) sowie für eine Besitzbestätigung zugunsten des Hamburg-Bremer Erzstiftes (MGH DD O III, Nr. 407) eingesetzt hatte. In denselben zeitlichen Zusammenhang gehört vielleicht eine weitere Urkunde des jugendlichen Kaisers, die undatiert, aber im Original überliefert ist und mit der Otto dem liebenswürdigen Kapellan Meinwerk (»Maginuu[a]rdo nostr[o amabi]li ca[pell]a[no]«; MGH DD O III, Nr. 417) zwei Königshufen in Lutter am Barenberge schenkte. Bemerkenswert an diesen Erwähnungen sind weniger die Charakterisierungen (in der ersten Urkunde schlicht als »capellanus«, in der zweiten als »dilectissimus capellanus« und in der dritten ebenso wie in der bereits zitierten vierten als »capellanus amabilis«), die weitgehend konventionell sind und auch keinen Ansehensanstieg signalisieren. Dafür wäre der Zeitraum zwischen erster und letzter Nennung doch zu kurz gewesen. Bemerkenswert sind ebenfalls nicht die Interventionen an sich, da sie auch bei anderen Kapellänen vorkommen. Bemerkenswert ist vielmehr die Fürsprache für Adlige der sächsischen Führungsschicht und für das Erzbistum Hamburg-Bremen, die einen gewissen Einfluss Meinwerks anzeigt, und beachtenswert ist darüber hinaus der Hinweis, dass der Immedinger nicht nur Kapellan war, sondern gleichzeitig auch Kardinal am Aachener Pfalzstift (»sanctae Aquisgranensis ecclesię cardinalis«; MGH DD O III, Nr. 407), dem von Otto III. bevorzugten und stark geförderten Begräbnisort Karls des Großen. Nicht zuletzt dieses Kardinalat bezeugt die besondere Wertschätzung des jungen Otto für seinen sächsischen Kapellan, denn dieses Amt war erst durch die besondere Gunst Papst Gregors V. (996–999), Ottos salischem Verwandten, am 8. Februar 997 zusammen mit dreizehn weiteren Kardinalsstellen geschaffen worden (PUU 2, Nr. 340), die eine besondere Auszeichnung der als Krönungskirche dienenden und mit der Hofkapelle verknüpften Pfalzkapelle bedeuteten.

Kardinäle gab es vor dem 12. Jahrhundert, in dem die Beschränkung auf Rom einsetzte, in manchen bedeutenden Bischofskirchen Italiens (etwa in den Metropolen Mailand und Ravenna) sowie in Frankreich aus alter Gewohnheit, doch konnten Klerikergruppen weiterer Kathedralkirchen ebenfalls das Recht zur Führung des Titels eines Kardinals und der damit verbundenen liturgischen Vorrechte erhalten, und zwar durch päpstliches Zugeständnis, wie im Reich geschehen 968 zugunsten Magdeburgs, 975 zugunsten Triers und 997 zugunsten Aachens (sowie in der Mitte des 11. Jahrhunderts zugunsten Besançons und Kölns). Aachen allerdings war, anders als die übrigen genannten Kirchen, kein Bischofssitz, wohl aber stand hier der Thron Karls des Großen, des Reiches Erzstuhl, wie es Konrads II. Biograph Wipo ausdrückte (»totius regni archisolium«; Gesta Chuonradi 1978, cap. 6), weswegen Otto III. den Ort stark begünstigte und zur letzten Ruhestätte erwählte. Auf die Ernennung der je sieben Kardinalpriester und Kardinaldiakone dürfte Otto, der auch der Empfänger von Gregors V. Urkunde gewesen ist, erheblichen Einfluss genommen haben; und gerade ein zum Aachener Kardinal erhobener Kleriker, der zugleich Mitglied der Hofkapelle war, wird das besondere Vertrauen Ottos genossen haben. Daher darf Meinwerk, im Übrigen der einzige namentlich bekannte Kardinal Aachens seiner Zeit, getrost zu dem engeren Freundes- und Mitarbeiterkreis Ottos III. gezählt werden, zu dem so klangvolle Namen wie Bernward von Hildesheim (993–1022) und Notker von Lüttich (972–1008), Gerbert von Aurillac, der spätere Papst Silvester II. (999–1003), und Leo von Vercelli (998–1026), Heribert von Köln (999–1021) und Brun von Querfurt († 1009) sowie der Kanzler und Bischof Hildibald von Worms (979–998) gehörten. Nicht nur Meinwerks weitere Karriere durfte daher 1001 als gesichert gelten, sondern zugleich auch die guten Beziehungen zum Herrscher, als Otto III. Anfang 1002 im Alter von gerade einmal 21 Jahren überraschend starb und die Nachfolge völlig offen war.

Ein personeller Wechsel im Zentrum der Macht bewirkte zu allen Zeiten (und bewirkt bis heute) eine Veränderung des Machtumfeldes, eine Verlagerung der von diesem ausgehenden Einflussmöglichkeiten und eine Umstrukturierung der auf den Machthaber ausgerichteten personalen Netzwerke. Von den alten Beratern verlieren manche ihre Stellung, andere treten ins zweite Glied zurück und machen Platz für neue Ratgeber, wieder andere vermögen ihre alte Position zu behaupten oder gewinnen sie nach einiger Zeit zurück. Die von einem Machtwechsel bewirkte Umgestaltung der engeren und weiteren Entourage eines Herrschers bedeutete daher auch immer die Gefährdung älterer Verbindungen zum Machtzentrum. Diese zeitlos gültige Wahrheit kleidete Meinwerks Biograph nach der Mitte des 12. Jahrhunderts in die Worte: Bei einem Wechsel im Königtum »werden gewöhnlich auch alle Freunde und Ratgeber [des Königs] ausgetauscht« (Vita Meinwerci 1921, cap. 198), und macht damit die Gefährdung der herausragenden Stellung des Paderborner Bischofs nach dem Tode Heinrichs II. deutlich. Freilich erlebte Meinwerk diese unsichere Situation, wenn auch in geringerem Maße als 1024, bereits 1002 als Kapellan, konnte er doch nicht wissen, welche Haltung der neue König zu ihm einnehmen würde. Die glanzvolle Stellung in der Kapelle war daher 1002 gefährdet; allerdings verblieb Meinwerk, von dem es wie zuvor von einem anderen Kapellan Ottos einmal hieß, er liebe den Kaiser wie sich selbst (MGH DD O III, Nr. 417, 334), in Heinrichs Kapelle und übertrug als Hofgeistlicher Besitz an Heinrich II., den dieser am 24. Oktober 1006 während eines Aufenthalts in Corvey an die Kirche von Paderborn weiterreichte (MGH DD H II, Nr. 121).

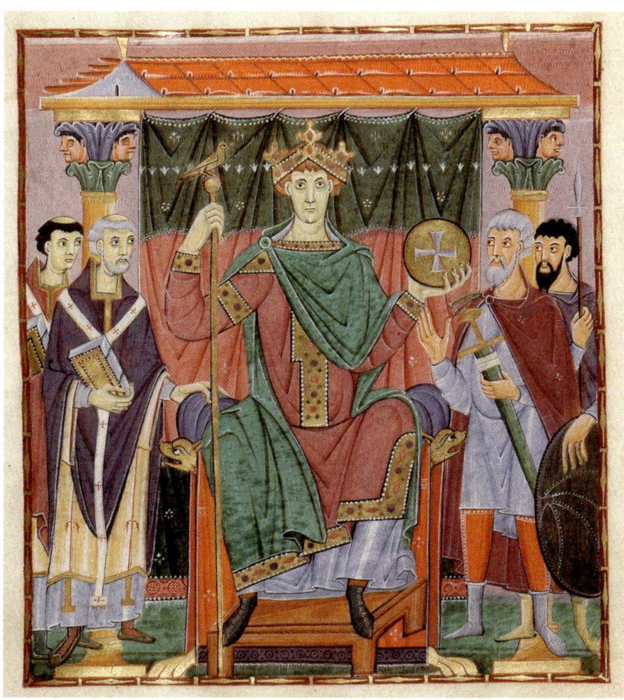
1 Otto III. – im Kaiserornat thronend – im Evangeliar des Kaisers; um 1000. München, Bayerische Staatsbibliothek, Clm 4453, fol. 24r

Der Grund für diese Zuwendung lag sicherlich nicht in einer Mittelknappheit des Herrschers, aus welcher der reiche Kapellan heraushalf, wie man anderthalb Jahrhunderte später glauben machen wollte (Vita Meinwerci 1921, cap. 10); vielmehr wurden hier Weichen für die bischöfliche Zukunft gestellt. Im Herbst 1006 war Meinwerk bereits mehr als vier Jahre Mitglied in der Kapelle Heinrichs II. und mindestens seit sechs Jahren königlicher Kapellan. Über die durchschnittliche Verweildauer der Geistlichen im Hofdienst ist zwar nichts bekannt, aber dass Meinwerk 1006 dessen Ende im Blick hatte, ist mehr als wahrscheinlich. Mit seiner Zuwendung brachte er sich nämlich ganz allgemein als Bischofskandidat in Erinnerung und lenkte dabei vielleicht sogar bewusst die Aufmerksamkeit auf Paderborn. Betrachtet man nämlich die Bistumslandschaft in den sächsischen und angrenzenden Regionen, wo ein Immedinger seine kirchlichen Karrierepläne am ehesten verwirklicht wissen wollte, dann zeigt sich um 1006 nur ein eingeschränkter Handlungsspielraum: Hildesheim, Münster, Verden, Utrecht und Halberstadt waren seit 993, 993/994, 994, 995 und 996 besetzt (und sollten es noch bis 1022, 1011, 1014, 1010 und 1023 bleiben); zur Zeit von Meinwerks Kapellanat wurden 1003 Minden und 1004 Magdeburg, Brandenburg, Merseburg sowie vielleicht auch Zeitz neu vergeben (und erst 1022, 1012, 1023, 1009 und 1030 wieder frei). Die Ernennung von Ottos III. Kanzler Heribert zum Erzbischof von Köln im Jahre 999 hatte Meinwerk vielleicht auch schon als Kapellan erlebt. Als mögliche Objekte für Meinwerks Interesse blieben damit im Grunde nur Lüttich, wo seit 972 Notker Bischof war und 1008 starb, Havelberg, dessen Bischofsstuhl seit 981 besetzt war (und ebenfalls 1008 frei wurde), das Erzbistum Hamburg-Bremen, an dessen Spitze als Metropolit von 988 bis 1013 Liawizo stand, Meißen, wo Eido 992 erhoben wurde, der 1015 in Leipzig starb, und eben Paderborn, wo Rethar seit 983 die Bischofswürde innehatte. Diese überschaubare Lage ändert sich auch nicht, wenn man den Kreis noch etwas weiter zieht: Das Bistum Bamberg wurde erst 1007 gegründet, Würzburg war seit 995/996 (bis 1019), Worms seit 1000 (bis 1025), Straßburg seit 1001/1002 (bis 1029) und Speyer seit 1004 (bis 1028) vergeben; allein in Mainz war ein Wechsel erwartbar, bekleidete hier doch der bedeutende Willigis bereits seit 975 die Metropolitenwürde (doch lebte dieser noch bis 1011).

Insgesamt stand also – soweit sich dies überhaupt berechnen ließ – im Jahre 1006 mit sechs Bistümern (mit Hamburg-Bremen, Lüttich, Havelberg, Meißen und Paderborn sowie mit Mainz, das aber ohnehin außerhalb der Reichweite gelegen haben dürfte) eine nur kleine Auswahl von Orten zur Verfügung, auf die sich Meinwerks Karrierekalkül mit einer gewissen Berechtigung richten konnte; von diesen Bischofssitzen kamen als Karriereziel aber wohl ernsthaft nur Hamburg-Bremen, wohin Meinwerk 1013 einen Neffen zu befördern half, und eben Paderborn infrage. Und dass sich die Hoffnung wirklich auf die Stadt an der Pader richtete, macht Heinrichs II. Bistumsbesetzungspolitik zwischen 1006 und 1009 deutlich. Drei in diesem Zeitraum vakant werdende Bistümer aus Meinwerks Interessenraum – Lüttich (1008), Havelberg (1008) und Merseburg, wo Bischof Wigbert am 24. März 1009 starb, nachdem bereits seit Weihnachten 1008 über die sich abzeichnende Nachfolge beraten wurde – fielen dem Immedinger nicht zu, was, wenn man dies nicht als ein bewusstes Übergehen verstehen will, nur bedeuten kann, dass zugunsten Meinwerks auf das Freiwerden der Paderborner Kathedra gewartet wurde.

Überraschend für den Kapellan, wie im 12. Jahrhundert behauptet (Vita Meinwerci 1921, cap. 11), kam Heinrichs II. Entscheidung über die Paderborner Kirche nach Rethars Tod am 6. März 1009 mithin kaum. Vielmehr dürfte Meinwerk sie bereits 1006 im Blick gehabt haben, wobei seine grundsätzliche Bischofswürdigkeit natürlich nie infrage stand – im Gegenteil! Nach den Maßstäben der Zeit brachte er beste Voraussetzungen für das Bischofsamt mit: hochadlige, ja, königliche Herkunft (Vita Meinwerci 1921, cap. 5), verwandtschaftliche Verbindungen zum Königshaus (Vita Meinwerci 1921, cap. 9), die Heinrich II. gelegentlich selbst betonte (MGH DD H II, Nr. 262, 341), Erfahrungen im Königsdienst als Kapellan, Reichtum, der, wie prinzipiell erwartet wurde, für das übertragene Bistum nutzbar gemacht und gerade für die noch ausbaufähige und zudem einige Jahre zuvor durch eine Feuersbrunst geschädigte (MGH DD H II, Nr. 45) Paderborner Kirche in einem besonderen Maße bedeutsam werden konnte, schließlich persönliche Frömmigkeit und eine angemessene Ausbildung als Geistlicher. Nur eine Woche nach Rethars Tod ist Meinwerk daher am 13. März 1009 in Goslar vom Mainzer Metropoliten Willigis zum Bischof geweiht worden, nachdem er zuvor von Heinrich II. erwählt und durch die Überreichung des Bischofsstabes in das neue Amt investiert worden war (was – wie bereits erwähnt – nach dem Investiturstreit als anrüchig empfunden werden musste, weswegen in der *Vita Meinwerci* nichts von ihr verlautet und allein von einer eigentümlichen, freilich nicht genauer charakterisierten Übergabe eines Lederhandschuhs die Rede ist; Vita Meinwerci 1921, cap. 11). Problemloser als 1009 in Goslar konnte eine Bischofsnachfolge kaum geregelt werden, was im Übrigen auch ein Indiz dafür liefert, dass sie nicht ohne entsprechende Vorüberlegungen vollzogen werden musste.

Die Erwartungen, die 1009 in ihn gesetzt worden sind, hat Meinwerk über alle Maßen erfüllt. Bis 1016 löste er seinen Anteil aus den immedingischen Besitzungen heraus und übertrug sie seiner Kirche. Das war eine reiche Zuwendung, die noch durch eine Verfügung des nach Hamburg-Bremen transferierten Neffen Unwan, eines Paderborner Domklerikers, vermehrt worden ist (MGH DD H II, Nr. 328). Stadt wie Bistum profitierten also von der Tatkraft Meinwerks, der Klöster gründete (Abdinghof und Busdorf) oder für seine Kirche erwarb (Helmarshausen und Schildesche), der die Mönchsreform förderte (Vita Meinwerci 1921, cap. 28, 145) und der seiner Stadt ihr hochmittelalterliches Antlitz verlieh und damit den bald zunehmenden Herrscherbesuchen an der Pader einen würdigen Rahmen verlieh. Auch die Könige und Kaiser konnten zufrieden sein, erfüllte Meinwerk doch über das übliche Maß hinaus den Königsdienst, das »servitium regis«, das von allen Bischöfen erwartet, aber natürlich mit unterschiedlicher Anstrengung erbracht wurde.

Der Paderborner Bischof gab, wie es sein Biograph mit Bezug auf das Matthäusevangelium (22, 21) ausdrückte, »dem Kaiser, was des Kaisers ist« (Vita Meinwerci 1921, cap. 12), und erhielt dafür im Gegenzug nicht nur reichen Lohn, sondern auch lobende Worte, die das bischöfliche Ansehen am Hofe in den leuchtendsten Farben erscheinen lassen: Meinwerk ist nicht nur (wie viele andere auch) der »dilectus« (MGH DD H II, Nr. 262, 418, 430, 486; MGH DD K II, Nr. 198) und »dilectissimus« (MGH DD H II, Nr. 403), der »geschätzte« und »äußerst geschätzte« Bischof, sondern für Heinrich II. auch derjenige, der am meisten zum Dienst bereit ist (»nostrae servitutis paratissimus«; MGH DD H II, Nr. 385), fortgesetzt und unermüdlich im Dienst für den Herrscher ausharrt (»ob iuge et indefessum servicium« und »indessum servitium«; MGH DD H II, Nr. 420–421) und mehr als die übrigen Getreuen im Königsdienst mit nicht endender Ergebenheit schwitzt (»plus caeteris fidelibus nostris in servitute nostro iugi devocione sudavit«; MGH DD H II, Nr. 484–485), was im Übrigen eine Formulierung ist, die vielleicht sogar auf den König selbst zurückgeht; der Bischof erscheint als Vertrauter des Königs (»familiaris nostri«; MGH DD H II, Nr. 444), der andere durch sein Beispiel zu treuem Dienst anspornen kann (MGH DD H II, Nr. 420). Auch unter Konrad II. ändert sich diese Tonlage kaum. Weiterhin erscheint Meinwerk als fortgesetzt und ergeben im Dienst für den König (MGH DD K II, Nr. 158–160), als ein Bischof, der seinem Herrscher häufig und treu (MGH DD K II, Nr. 82) sowie zu Hause und auswärts (»domi forisque«; MGH DD K II, Nr. 176) dient und den treuen Dienst auf königliches Geheiß hin sehr häufig versieht (MGH DD K II, Nr. 188). Daher vergleichen beide Herrscher den Bischof, der als »äußerst ergebener Diener und Verehrer der Kaiser« vorgestellt wird, auch mit der biblischen Martha (»evangelicae Marthae, cuius more Meinuuercus episcopus nobis frequenti ministerio satagit deservire«; MGH DD H II, Nr. 328, sowie »imperatorum devotissimus servitor et amator, Marthae sedulis satagens obsequiis«; MGH DD K II, Nr. 198), mit der geschäftigen Dienerin des Herrn (Lk 10, 40), und betonen damit eine Parallelität, auf die wohl Heinrich II. zunächst persönlich hingewiesen hat, die aber später, wahrscheinlich auf Paderborner Vermittlung, von Konrads II. Kanzlei gern aufgegriffen worden ist.

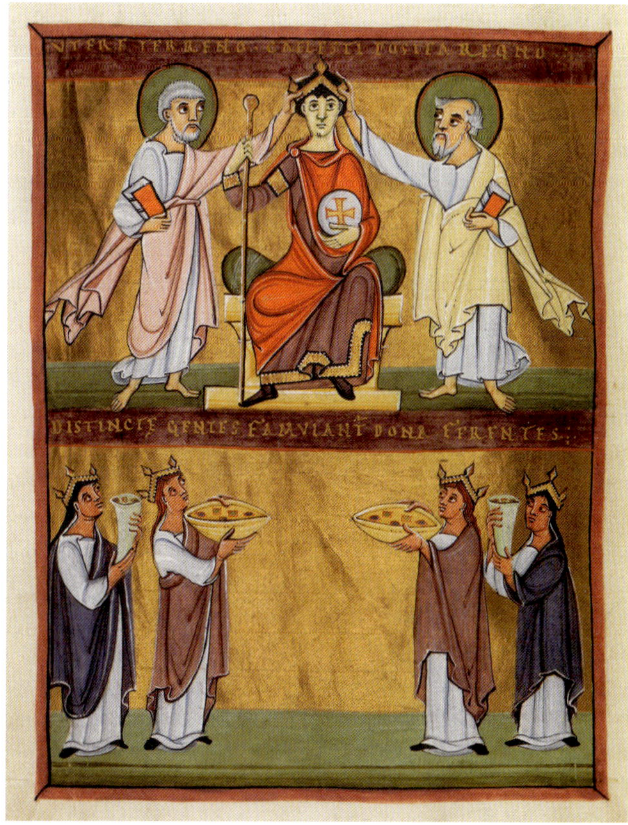

2 Kaiser Otto III. (oder Heinrich II.) – auf dem Thron sitzend, die Krone durch Petrus und Paulus gestützt – in der *Bamberger Apokalypse;* um 1000. Bamberg, Staatsbibliothek, Msc.Lit. 140, fol. 59v

Der Reichsdienst der Kirchen umfasste dabei eine große Vielfalt an Leistungen, auf die der König in einem hohen, lange Zeit auch unverzichtbaren Maße angewiesen war bei der Ausübung seiner Herrschaft: Gebete für König und Reich, die einen nicht unerheblichen Wert in einer religiös geprägten Gesellschaft besaßen, in der der König als Stellvertreter Gottes auf Erden galt, waren noch am leichtesten zu erbringen; schon die Beraterfunktion in geistlichen und politischen Angelegenheiten aber brachte Mühen und Kosten mit sich, musste man zu ihrer Erfüllung doch an den ambulanten Hof reisen und den Herrscher ein Stück auf dem allenfalls für wenige Wochen unterbrochenen Ritt durch das Reich begleiten und damit an einer Herrschaftspraxis teilnehmen, die nötig war, um die Königsherrschaft in den einzelnen Teilen des Reiches durch sporadische Repräsentation und konkrete Ausübung der Macht zu verwirklichen. Diese Mühen und Kosten intensivierten sich, wenn die Beratung in eine diplomatische Mission einmündete oder wenn ein Kriegszug beschlossen wurde. Gerade in diesem Fall kamen auf die Bistümer große Belastungen zu, denn sie mussten einen entscheidenden Anteil der Kriegstruppen stellen. Aber auch in Friedenszeiten trugen sie große finanzielle Lasten, hatten sie doch zu dem Unterhalt des umherziehenden Hofes beizutragen und diesen zu beherbergen und zu beköstigen, wenn der König auf einem bischöflichen Besitz oder in einer Kathedralstadt Quartier nahm. Da sich die königlichen Reisegewohnheiten seit der ersten Jahrtausendwende zu ändern begannen und als Reiseetappen nicht mehr vorwiegend Königshöfe und -pfalzen, sondern zunehmend Bischofsstädte aufgesucht wurden, stiegen die kirchlichen Gastungsanstrengungen natürlich in entsprechendem Maße an (wobei allerdings auch auf die über viele Jahrzehnte hinweg angesammelten Besitztümer aus königlicher Hand zurückgegriffen werden konnte).

Auf welche Summe sich alle diese Kosten addierten, lässt sich nicht sagen. Sie hingen ja vom jeweiligen Einsatz des einzelnen Bischofs ab. Außerdem gibt keine Quelle eine zuverlässige Auskunft darüber. Allein hinsichtlich der täglichen Herbergs- und Gastungskosten lassen sich halbwegs fundierte Überlegungen anstellen aufgrund zweier aus dem 12. Jahrhundert überlieferter, möglicherweise Verhältnisse des 10. Jahrhunderts widerspiegelnder Nachrichten. 1000 Schweine und Schafe, 10 Fuder Wein und ebensoviel Bier, 1000 Malter Getreide, acht Rinder und noch manches mehr können offenbar pro Tag von einem mehrere 100 Personen umfassenden Hofstaat verzehrt worden sein. Die Versorgung des Hofes soll daher täglich 30 Pfund Silber gekostet haben. Verweilte der König längere Zeit an einem Ort oder kehrte er in zu kurzen Abständen zurück, konnte dies, selbst wenn von der angegebenen Summe Abstriche gemacht werden müssten, zu einer enormen Belastung werden. Meinwerk jedoch hat sich von solchen Anforderungen nicht beeindrucken lassen und die Könige wieder und wieder bei sich aufgenommen.

Freilich lässt sich aufgrund der fragmentarischen und oft auch undurchsichtigen Quellenlage keine Berechnung darüber anstellen, wie oft und wie lange Meinwerk im Reichsdienst tätig war. Aber insgesamt muss der Zeit- und damit der Kostenaufwand immens gewesen sein, wie nicht nur die bereits erwähnten Lobesworte belegen, sondern wie auch aus den Königsurkunden, die des Bischofs Mühe erwähnen, sowie aus deren Zahl ablesbar ist. Wenn aber der Bischof auch überaus oft und lange in der königlichen Umgebung geweilt hat, so lässt sich doch nur in wenigen Fällen angeben, welche konkreten Aufgaben er dabei erfüllte. Bemerkenswert ist freilich, dass er niemals in diplomatischer Mission erwähnt wird. Vielleicht war er aber im Februar 1020 an der Vermittlung eines Ausgleichs zwischen den oppositionellen Sachsen und Heinrich II. beteiligt, wie seine Lebensbeschreibung hervorhebt (Vita Meinwerci 1921, cap. 165). Im Mai 1027 ist er jedenfalls Beisitzer im Königsgericht gewesen, als Konrad II. in San Zeno bei Verona einen Streit um Abgaben, den der Herzog Adalbero von Kärnten († 1039) mit der Kirche von Aquileja führte zugunsten des Patriarchen Poppo (1019–1042), eines Verwandten Meinwerks, entschied (MGH DD K II, Nr. 92).

Natürlich ist der Paderborner Bischof auch an den militärischen Unternehmungen der Herrscher – zumindest durch die Gestellung von Truppen – beteiligt gewesen, doch bleibt hierbei vieles dunkel. Eine persönliche Teilnahme an Kriegszügen lässt sich zumeist nur vermuten und zwar dann, wenn der Bischof ungefähr zur selben Zeit wie der Herrscher in einer Region bezeugt ist, in der oder in deren Nähe es einen militärischen Konflikt gab. Am 1. November 1009 etwa war Meinwerk zusammen mit weiteren Bischöfen an der vom Mainzer Erzbischof Willigis vollzogenen Weihe der im Mainviereck gelegenen Kirche in Dorfprozelten beteiligt (MUB 1, Nr. 249); da Heinrich II. damals in Fehde mit den Brüdern seiner luxemburgischen Gemahlin Kunigunde lag und deshalb von Mitte Juli bis Mitte Oktober 1009 das Gebiet von Metz heimsuchte und verheerte, liegt der Gedanke nahe, Meinwerk sei auf dem Rückzug von dort an den Main gekommen. Sicher ist dies allerdings nicht. Daher muss die Frage letztlich offen bleiben, inwieweit der Paderborner Bischof aktiv an der von Heinrich II. gegen die luxemburgischen Schwager geführten Moselfehde beteiligt gewesen ist.

Etwas besser bezeugt ist dagegen die Teilnahme an polnischen Feldzügen, die Heinrich II. und Konrad II. unternahmen; doch ist eine aktive Mitwirkung an diesen zumeist ebenfalls nur erschließbar – etwa durch den Umstand, dass Meinwerk am 12. August 1012 auf dem Giebichenstein am Sterbelager des Erzbischofs Waltard von Magdeburg stand, dem vom König die Leitung des am 24. Juli eröffneten, aber bald wieder abgebrochenen Polenfeldzuges anvertraut worden war (Thietmar von Merseburg 1957, lib. VI, cap. 67, 69, 71), oder durch Meinwerks Anwesenheit bei der Versammlung in Leitzkau an der Elbe, von wo der Kaiser 1017 gegen den Polenherzog Bolesław I. Chrobry (992–1025) zog, nachdem zuvor am 10. und 11. Juli je eine Schenkung für das Paderborner Kloster Abdinghof und für die Bischofskirche selbst beurkundet worden war (MGH DD H II, Nr. 370–371), oder durch die Verbriefung einer Schenkung an die Paderborner Kirche am 21. August 1032 in Magdeburg (MGH DD K II, Nr. 183) kurz vor dem Beginn eines polnischen Feldzuges Konrads II. Dagegen ist eine persönliche Beteiligung Meinwerks an den Polenzügen des Saliers in den Jahren 1029 und 1031, die gelegentlich behauptet wird, kaum wahrscheinlich. Die einzig wirklich sicher belegte militärische Aktion des Immedingers fällt hingegen in die Anfänge seines Pontifikats, in den Spätsommer des Jahres 1010, als Heinrich II. einen Kriegszug gegen den Polenherzog wegen einer Erkrankung abbrechen musste und eine kleine Schar Fürsten, unter ihnen auch der Paderborner Bischof, beauftragt wurde, im Feindesland einige Gebiete zu verwüsten (Thietmar von Merseburg 1957, lib. VI, cap. 57).

Insgesamt bleiben Meinwerks militärische Aktivitäten jedoch vage, wenn an ihnen und vor allem an der Truppengestellung für Feldzüge auch grundsätzlich nicht zu zweifeln ist. Eine exponierte Rolle hat der Bischof bei diesen kriegerischen Unternehmungen aber offenkundig nicht gespielt. Bezeichnenderweise werden sie in der späteren Lebensbeschreibung auch nicht aus bischöflicher Warte besonders thematisiert. Wenn Meinwerk den Herrschern ins Feld folgte, tat er dies offenbar hauptsächlich in Erfüllung des Königsdienstes und nicht, weil es galt, neben den herrscherlichen auch eigene Interessen zu verfolgen. Eine ganz andere Bedeutung besaßen für ihn dagegen die Italienzüge, die zwar gelegentlich auch den Charakter militärischer Expeditionen annehmen konnten, aber doch in weiterreichenden Dimensionen standen und ein den Blick weitendes Erlebnis besonderer Art waren.

Mindestens viermal, wenn nicht gar fünfmal ist Meinwerk in Italien gewesen, in dem von antiker Kultur und Zivilisation geprägten Land, ohne dass erkennbar wird, ob der Glanz des Südens auf ihn einen eigenen Reiz ausübte; aber jedes Mal befand er sich in der Begleitung eines Herrschers dort: 1001 als Kapellan Ottos III., 1014/1015 während des Romzuges Heinrichs II., möglicherweise 1021/1022 bei einem weiteren Italienzug des letzten Liudolfingers und 1026 zu Beginn von Konrads II. Romzug, den er jedoch – wie andere Fürsten auch – mit Erlaubnis des Saliers unterbrechen durfte, dem er sich aber 1027 wieder anschloss, um an der Kaiserkrönung teilnehmen zu können. Ungefährlich waren diese Reisen nicht, da sich – wegen kleiner und großer Ursachen, wegen Fragen der Einquartierung und der Fourage oder wegen politischer Meinungsverschiedenheiten und herrschaftlicher Ansprüche – bewaffneter Widerstand gegen die Herren aus dem Norden formieren konnte; gefährlich waren sie zudem wegen des ungewohnten und Krankheiten fördernden Klimas, weswegen Konrad II. sich 1026 über die Etsch in die Sommerfrische des Gebirges zurückzog und einen Teil seiner Begleitung entließ, als sein Romzug ins Stocken geriet und er sich erst in der kühleren Jahreszeit wieder gen Rom wandte. Während Heinrichs II. Romfahrt im Jahre 1014 soll Meinwerk selbst, aber auch seine Begleitung von einer jener Seuchen bedroht gewesen sein, die die deutschen Heere so oft während des Mittelalters dezimierten, und zur Abwendung dieser Gefahr die Stiftung der Paderborner Alexiuskapelle gelobt haben (Vita Meinwerci 1921, cap. 26, 154).

Trotz solcher Gefährdungen ist der Zug über die Alpen aber immer auch ein Bildungserlebnis gewesen, konnten auf ihm doch Eindrücke einer fremden Kultur, der südlichen Landschaft sowie des religiösen Lebens in den Hauptorten Italiens und besonders natürlich in Rom gesammelt, aber auch die Erfahrung eines Zusammenwachsens der engeren Entourage des künftigen Kaisers gemacht werden, wobei sich nicht nur Gelegenheiten ergaben, bislang unbekannte oder weniger bekannte Fürsten und Geistliche (näher) kennenzulernen, sondern auch das kirchliche Oberhaupt der lateinischen Christenheit, den Papst, der den König im Petersdom zum Kaiser krönte, zu sehen, zu sprechen oder gar um Vergünstigungen zu bitten. Meinwerk jedenfalls hat diese Chance genutzt und drei Päpste des frühen 11. Jahrhunderts persönlich getroffen, nämlich, wie vermutet werden darf, den gelehrten Silvester II. im Jahre 1001 und mit Sicherheit Benedikt VIII. (1012–1024) 1014 und – während einer Deutschlandreise des Papstes – 1020 sowie Johannes XIX. (1024–1032) bei der Kaiserkrönung von 1027. Von Benedikt VIII. empfing er dabei im März 1014 nicht nur ein Bestätigungsprivileg für den gesamten Besitz der Paderborner Kirche (PUU 2, Nr. 487), sondern der Papst höchstselbst ist 1020 sogar bei Heinrich II. für Wünsche des Bischofs eingetreten und wird daher in den entsprechenden Urkunden des Kaisers ausdrücklich als Intervenient erwähnt (MGH DD H II, Nr. 420, 440).

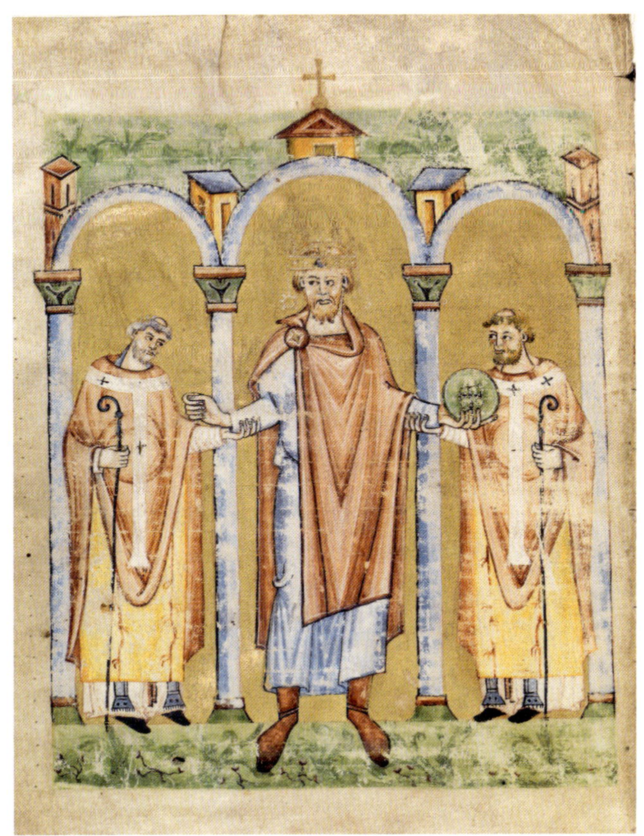

3 Heinrich II. – von Erzbischöfen gestützt und geleitet – im Pontifikale des Kaisers; vermutlich Salzburg, um 1020. Bamberg, Staatsbibliothek, Msc.Lit.53, fol. 2v

Meinwerk suchte und besaß mithin auch zur höchsten Autorität der lateinischen Kirche ein gutes Verhältnis und nutzte dies, den Besitzstand und vor allem die zahlreichen Neuerwerbungen seiner Kirche durch eine päpstliche Urkunde abzusichern. Trotzdem zeigen allein schon die zahlreichen Urkunden, die er von den Königen und Kaisern erhielt, wo für ihn das eigentliche Orientierungszentrum lag: bei den Herrschern, denen er sich daher auch immer dienstfertig zeigte. Diese Ausrichtung auf das Königtum war nicht nur die Konsequenz einer langen Entwicklung der Indienstnahme der Geistlichkeit für das Reich, eines Prozesses, der im so genannten ottonisch-salischen Reichskirchensystem gipfelte und in der ersten Hälfte des 11. Jahrhunderts zu einem Höhepunkt gelangte, sondern sie entsprach auch der Vorstellung vom König und Kaiser als einem gesalbten und gotterwählten Stellvertreter und Sachwalter Gottes auf Erden, die den Herrscher in ein eigenes Nahverhältnis zum Numinosen rückte, wie gerade um die Jahrtausendwende in einigen Buchbildern und besonders mit Bezug auf Heinrich II. zur Darstellung gebracht worden ist. Herrscher und Bischöfe erscheinen daher eng aufeinander bezogen und gemeinsam verpflichtet, dafür zu sorgen, dass die einzelnen Mitglieder der ihnen anvertrauten Gemeinschaft ein Leben gemäß der christlichen Gebote führen und somit ihr Seelenheil wahren konnten. Bei vielen Gelegenheiten, bei Synoden und Herrschergottesdiensten, Bischofs- und Kirchweihen, kam dieses eigentümliche Zusammenwirken von König und Bischöfen, die dabei als dienende und wegweisende Stützen des Herrschers erschienen (Abb. 3), zu eindrucksvoller Anschauung. In einem besonderen Maße geschah dies jedoch bei der Weihe eines neuen Königs oder des Kaisers.

An der Krönung eines Königs des ottonisch-salischen Reiches hat Meinwerk zumindest als Bischof wohl niemals teilgenommen: An der Wahl Konrads II. Anfang September 1024 in Kamba und der kurz darauf am 8. September in Mainz vollzogenen Weihe waren wohl keine Vertreter des sächsisch-westfälischen Raumes beteiligt, und ob der Paderborner Oberhirte bei der auf Ostern 1028 in Aachen vorgenommenen Salbung Heinrichs III. anwesend war, kann allenfalls vermutet werden; belegt ist eine Teilnahme ebenso wenig wie eine (allerdings eher unwahrscheinliche) Anwesenheit als Kapellan bei der Mainzer Krönung Heinrichs II. im Jahre 1002. Ganz anders jedoch verhält es sich bei den beiden Kaiserkrönungen, die während Meinwerks Pontifikat stattfanden. Beide hat der Paderborner Bischof miterlebt als vielleicht feierlichsten Ausdruck eines weltlich-geistlichen Synergismus und Zeichen des harmonischen Zusammenwirkens der höchsten Gewalten der lateinischen Christenheit; er dürfte sie deshalb als Höhepunkte seines Königsdienstes begriffen haben. Jede Kaiserkrönung war dabei ein prachtvolles Fest eigener Art, eines der glanzvollsten aber fand ohne Zweifel zu Ostern 1027 statt – und Meinwerk ist unter den mindestens 70 hochrangigen Geistlichen gewesen, die sich zusammen mit weltlichen Fürsten zur Kaiserweihe Konrads II. versammelt hatten. Auch zwei Könige waren erschienen, Rudolf III. von Burgund (993–1032) und Knut der Große von England und Dänemark (1014–1035), die Konrad nach der Kaiserkrönung das Geleit gaben auf dem Weg vom Petersdom vorbei an Kapitol und Kolosseum hin zum Lateran, der Residenz des römischen Bischofs, wo das Krönungsmahl stattfand.

Solche Höhepunkte waren freilich selten und ließen sich kaum wiederholen, aber im Kleinen konnte an sie angeknüpft werden, wenn der Herrscher einen Bischofssitz aufsuchte, um an diesem ein kirchliches Hochfest, besonders Ostern, Weihnachten und Pfingsten, zu begehen und dabei den Glanz seiner sakralen Majestät zu entfalten. Es hatte sich nämlich seit der Karolingerzeit eine ganze Reihe von Möglichkeiten für die Könige herausgebildet, sich in christusähnlicher Haltung zu zeigen. Die feierliche Einholung eines Herrschers beim Besuch einer Stadt etwa war eine solche Gelegenheit. Wichtiger noch war der Herrschergottesdienst an den kirchlichen Festtagen, denn in ihm konnte zur Schau gestellt werden, was bei der Königsweihe erstmals manifest geworden war: das Herausgehobensein des Herrschers aus der Masse der Laien, der Auftritt des Königs im strahlenden Glanz seiner sakralen Würde und der Einklang von Monarchie und Geistlichkeit. Bei diesen sich ständig wiederholenden Gelegenheiten trug der König oftmals eine Krone, das sichtbarste Zeichen seiner Begnadung durch Gott. Gesteigert werden konnte diese Präsentation der Herrschersakralität noch dadurch, dass der Herrscher nicht nur einfach *Unter-der-Krone* ging, sondern dass ihm diese zuvor in einem eigenen liturgischen Akt auf das Haupt gesetzt und eine Festkrönung vorgenommen wurde. Zuvor haben sich die Könige auf das Tragen der Krone vorbereitet wie die Priester auf das Messopfer, denn gelegentlich wird berichtet, sie hätten vor diesem Kroneaufsetzen gefastet oder gebeichtet. Während des Gottesdienstes wurden die »laudes« gesungen, Lobgesänge, die in der zweiten Hälfte des 8. Jahrhunderts aus der Verschmelzung von spätantik-christlicher Herrscherakklamation, irisch-angelsächsischer Heiligenanrufung und fränkischer Hymnentradition entstanden und nach dreimaliger Anrufung des siegreichen, regierenden und herrschenden Christus die Hilfe der Heiligen für die irdischen Gewalten erflehten. Dabei wurde zunächst des Papstes und dann des Königs gedacht, für den jedoch der Beistand der höherrangigen Jenseitsgestalten erbeten wurde, bevor sich die »laudes« in ihrem Schlussteil zu einem jubelnden Lobpreis des segenbringenden Weltenherrschers Christus steigerten und die himmlische und irdische Hierarchie in eine Parallele setzten und in Harmonie zeigten.

Solche glanzvollen Herrscherauftritte waren an der ersten Jahrtausendwende bei den kirchlichen Hochfesten offenbar üblich und werden daher nur selten in den Quellen eigens erwähnt. An den Orten, an denen sie geschahen, gelangte dabei nicht nur für kurze Zeit die herrscherliche Sonderstellung im Gefüge von Kirche und Gesellschaft zur besonderen Anschauung, sondern auch die eigentümliche Gemeinschaft von Episkopat und König, dem die Bischöfe bei der Erstkrönung erklärten, er sei ein Teilhaber ihres besonderen Amtes. Auf den Bischof des Ortes, an dem diese synergetische Gemeinschaft zum festlichen Ereignis wurde, kamen daher nicht nur beträchtliche Kosten zu, sondern auf ihn fiel auch ein bedeutender und sein Ansehen stei gernder Abglanz dieser Feierlichkeit. Meinwerk ist häufig in diesen Genuss gekommen, denn Paderborn bot für einen festlichen Herrscheraufenthalt den geeigneten Rahmen, gab es hier doch die wohl von dem Immedinger erweiterte, auf Karl den Großen zurückgehende Pfalz mit ihrem großen Versammlungssaal und eigenen Kapellen sowie den nahe gelegenen Dom, der nach der Brandkatastrophe des Jahres 1000 ebenfalls von Meinwerk erneuert worden war. Gerade die topographische Situation zwischen der Pfalz mit ihren Kapellen und der Bischofskirche war günstig für ein öffentliches *Unter-der-Krone-gehen*, doch gibt es keinen Beleg dafür, dass es hier jemals stattgefunden hat. Eine gewisse Wahrscheinlichkeit spricht allerdings dafür.

Mindestens 18-mal, vielleicht – wie vermutet werden darf – sogar einmal mehr, wenn nicht noch öfter (falls unspektakuläre oder kurze Aufenthalte gar nicht erst verzeichnet worden sein sollten), hat Meinwerk den königlichen Hof bei sich aufgenommen: mit Sicherheit vierzehnmal in Paderborn und viermal in Imbshausen bei Northeim, einem ehemaligen, von dem Bischof an seine Kirche übertragenen Eigenbesitz, der offenbar groß genug war, die königliche Familie und ihr Gefolge zu beherbergen und dessen Ausstattung es sogar ermöglichte, hier einmal, nämlich am 29. Mai 1015, das Pfingstfest zu feiern. Zur Weihe des neuen Domes am 15. September 1015, die eine weitere Gelegenheit für einen kaiserlichen Besuch in Paderborn geboten hätte, da Heinrich II. gerade an Kirchweihen gerne teilnahm, erschien der Herrscher aber nicht wegen eines Feldzugs, den er gegen den Polenherzog Bolesław I. Chrobry unternahm. Neunmal jedoch feierten die Könige in Paderborn kirchliche Hochfeste: sechsmal Weihnachten, nämlich 1015, 1018, 1022, 1029, 1030 und 1032, zweimal Ostern, und zwar 1013 und 1035, sowie einmal Christi Himmelfahrt (am 27. Mai 1036). Die Anzahl dieser Festtagsbesuche verteilt sich dabei recht gleichmäßig auf die beiden Herrscher Heinrich II. und Konrad II.: Der letzte Liudolfinger feierte viermal in Paderborn (1013 Ostern sowie 1015, 1018 und 1022 Weihnachten) und einmal in Imbshausen (1015 Pfingsten), der erste Salierkaiser fünfmal in Paderborn (1029, 1030 und 1032 Weihnachten, 1035 Ostern und 1036 Christi Himmelfahrt). Besonders für das winterliche Weihnachtsfest ist die Stadt an der Pader mithin ein bevorzugter Aufenthaltsort gewesen.

Die Stadt und ihr Bischof profitierten dabei von einer allgemeinen Entwicklung der königlichen Gastungspolitik. Nach Karl dem Großen sind bis hin zu Heinrich II. nur wenige Herrscheraufenthalte in Paderborn belegt: Im Jahre

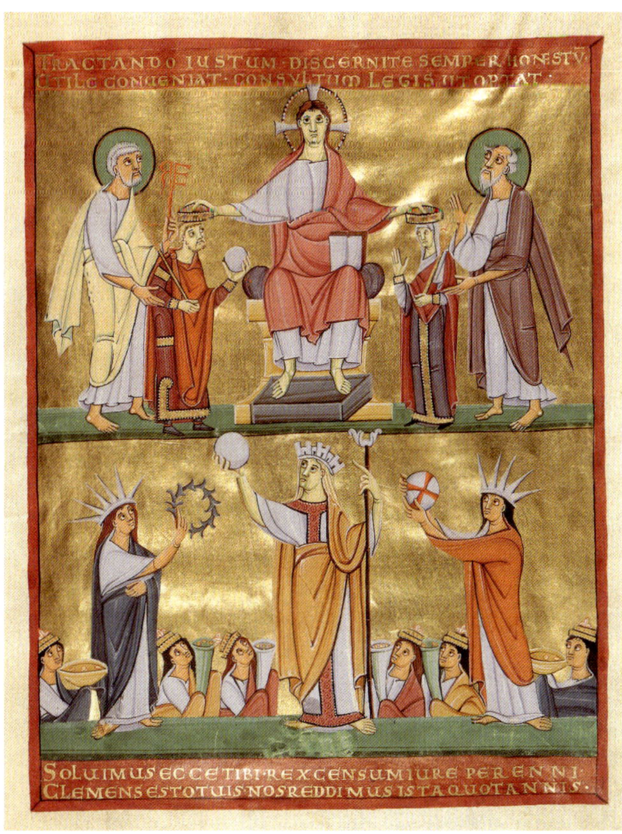

4 Das Kaiserpaar Heinrich II. und Kunigunde – von Christus gekrönt und von Petrus und Paulus gestützt – im Perikopenbuch des Kaisers; Reichenau, zwischen 1007 und 1012. München, Bayerische Staatsbibliothek, Clm 4452, fol. 2r

845 ist Ludwig der Deutsche (817–876) hier bezeugt und dann erst wieder Otto der Große am 25. Juni 958. Natürlich können Könige häufiger auf ihren Reisen durch das Reich an den Paderquellen abgestiegen sein; prominente Aufenthaltsorte aber sind entlang des Hellwegs das Kloster Corvey, der Königshof Erwitte und die Pfalz Dortmund gewesen. Überhaupt nahmen die Herrscher etwa bis zur Jahrtausendwende lieber in ihren Pfalzen als in einer Bischofsstadt Quartier. Einige dieser Pfalzen entwickelten sich dabei zu Festtagspfalzen, an denen bevorzugt das Weihnachts- oder das Osterfest gefeiert wurde. Pöhlde etwa war bis zum Brand des Jahres 1017 Heinrichs II. Weihnachtspfalz schlechthin (während unter den Saliern Goslar diese Funktion zwischen 1031 und 1075 übernahm); Quedlinburg, Ingelheim und Frankfurt sind ebenfalls alte Festtagspfalzen gewesen, die jedoch als Festtagsorte unter Heinrich II. und seinen Nachfolgern von Bischofsstädten abgelöst wurden. Es kann daher kaum überraschen, wenn man in Quedlinburg diese neue Entwicklung gleichsam seismographisch erfasste und in den zeitgenössischen Annalen des Stiftes die erste Feier eines kirchlichen Hochfestes (nämlich des Osterfestes) durch Heinrich II. in Pader-

born korrekt zum Jahre 1013 notierte und dazu vermerkte, dass dergleichen bisher unüblich und der König dazu allein durch äußere Umstände gezwungen gewesen sei: »Convalescens autem necessitate cogente Patherbrunensi monasterio festa paschalia celebravit, quod eatenus regibus insolitum fuit.« (Annales Quedlinburgenses 2004).
Lag es mithin in der Tendenz der Zeit, wenn nach 1000 immer häufiger Bischofsstädte anstelle von Königspfalzen zur zeitweiligen Residenz des ambulanten Königshofes wurden, so nutzte Paderborn diese Entwicklung doch vor allem durch den ambitionierten Einsatz Bischof Meinwerks. Die Stadt war zwar bereits in der Endphase des Vorgängerpontifikats stärker in das Blickfeld Heinrichs II. gerückt, der dem Bischof Rethar zwei Urkunden für die durch den Dombrand schwer geschädigte Paderborner Kirche gewährte (MGH DD H II, Nr. 17, 45, Kat.Nr. 6) und der hier seine Gemahlin Kunigunde 1002 zur Königin krönen ließ, aber zur festen Station im Königsitinerar wurde der Ort erst unter Meinwerk und zwar seit 1013, und sollte dies während der beiden folgenden Jahrzehnte bleiben; danach geriet er wieder stärker ins Abseits. Allein dies zeigt schon, wie sehr es die Persönlichkeit des Immedingers gewesen ist und wie wenig es die Attraktivität der ostwestfälischen Bischofsstadt war, die die Herrscher über nahezu ein Vierteljahrhundert hinweg immer wieder zu den Paderquellen hinzog. Dazu scheint im Übrigen auch Meinwerk selbst durch entsprechende Einladungen beigetragen zu haben. In der *Vita Meinwerci* werden solche Einladungen jedenfalls wiederholt erwähnt (etwa Vita Meinwerci 1921, cap. 29, 181, 214); zeitgenössische Quellen wissen davon natürlich nichts.
Selbstverständlich war ein König in der Planung seines Reisewegs prinzipiell frei, doch ließ er sich dabei von geographischen und logistischen Rahmenbedingungen ebenso beeinflussen wie von politischen Erwägungen und persönlichen Vorlieben. Dabei haben die guten Beziehungen zu einem Bischof, der sich zudem als äußerst gastfreundlich erwies, zweifellos ebenfalls eine Rolle gespielt – zumal dann, wenn ein Aufenthalt in dessen Kathedralstadt sich problemlos mit der Reiseroute verbinden ließ. Meinwerk muss daher weder Heinrich II. noch Konrad II. jedes Mal eigens zu sich eingeladen haben, wenn sie bei ihm erschienen, aber er hat durch seinen treuen Reichsdienst und die willige Erfüllung der Gastungspflicht ebenso wie durch (vielleicht nur gelegentliche) Einladungen dafür gesorgt, dass die Herrscher seiner Zeit immer wieder für einige Tage Halt an den Paderquellen gemacht haben, um wichtige Angelegenheiten zu erledigen.
Dieser kostenaufwendige Einsatz des Bischofs ist allerdings auch nicht ohne Belohnung geblieben. Im Gegenteil! Die Zuwendungen der Könige an die Paderborner Kirche erreichten unter Meinwerk einen einsamen Höhepunkt. Schon allein die Zahl der Urkunden ist beeindruckend, die der Bischof für das Bistum entgegennehmen konnte; sie belief sich insgesamt auf 33: 21 davon stammten von Heinrich II., zwölf von Konrad II. Zu diesen Dokumenten können aber noch die Diplome hinzugerechnet werden, die an andere, in Meinwerks Besitz befindliche Kirchen gingen: Vier Schriftstücke (MGH DD H II, Nr. 370, 421, 486; MGH DD K II, Nr. 176) waren für das vom Bischof gegründete Kloster Abdinghof bestimmt und eine Urkunde (MGH DD K II, Nr. 190) erhielt das 1017 von Heinrich II. an das Bistum übertragene Kloster Helmarshausen. Inhaltlich lassen sich die Diplome für die Bischofskirche in drei Gruppen einteilen: in die Besitz- und Rechtsbestätigungen sowie Wiederholungen bereits getätigter Schenkungen, sechs an der Zahl (MGH DD H II, Nr. 307, 342, 343, 344, 430; MGH DD K II, Nr. 127), in die Übertragungen von Gütern und Rechten, die dem Herrscher eigens zu diesem Zwecke von anderen überlassen worden sind, insgesamt fünf (MGH DD H II, Nr. 262, 264, 265, 328, 341), und in die Übertragungen neuer Rechte und Besitzungen, die mit 21 Urkunden die Masse der Diplome ausmachen (MGH DD H II, Nr. 225, 368, 371, 385, 403, 418, 420, 439–440, 484–485; MGH DD K II, Nr. 82, 152, 158–160, 171, 177–178, 183, 188). Hinzu kommt noch als Sonderfall die Rückgabe einer zuvor entzogenen Grafschaft (MGH DD K II, Kat.Nr. 198).
Die Vergrößerung des Besitzes der Paderborner Kirche ist mithin enorm gewesen. Allein das, was Meinwerk aus seinem eigenen Besitz an das Bistum übertragen ließ, dürfte weit über 8000 Hektar ausgemacht haben. Aus Reichsbesitz kamen dann noch hinzu: zwei Klöster, nämlich Helmarshausen und Schildesche (MGH DD H II, Nr. 371, 403), vier Grafschaften (MGH DD H II, Nr. 225, 344, 439–440; MGH DD K II, Nr. 178, 198), verschiedene Besitzungen (MGH DD H II, Nr. 368, 370, 385, 484–485; MGH DD K II, Nr. 152, 158–160, 171, 177–178, 183, 188), drei Höfe (MGH DD H II, Nr. 420; MGH DD K II, Nr. 177), unter denen sich auch die wegen ihrer ergiebigen Einkünfte begehrte »curtis« Erwitte befand (MGH DD K II, Nr. 82), sowie ein ausgedehntes Forstgebiet (MGH DD H II, Nr. 418, 430). Das »Schwitzen« im Reichsdienst hat sich mithin ohne allen Zweifel gelohnt. Doch wirft diese positive Erwerbsbilanz sofort die Frage auf, inwieweit die Besitzerweiterung das eigentliche Movens für Meinwerks Reichsdienst gewesen sein könnte.
Dass Meinwerk um manche dieser Zuwendungen gebeten hat, steht außer Zweifel. Gleich das erste Privileg Heinrichs II. zugunsten der Paderborner Kirche, durch welches am 10. April 1011 die Verleihung der Grafschaft des verstor-

5 Kaiser Heinrich II. (oder III.) als Richter unter göttlicher, durch den Heiligen Geist vermittelter Eingebung im Evangeliar von Montecassino; Regensburg, vor 1024. Vatikanstadt, Biblioteca Apostolica Vaticana, Cod. Ottob. lat. 74, fol. 193v

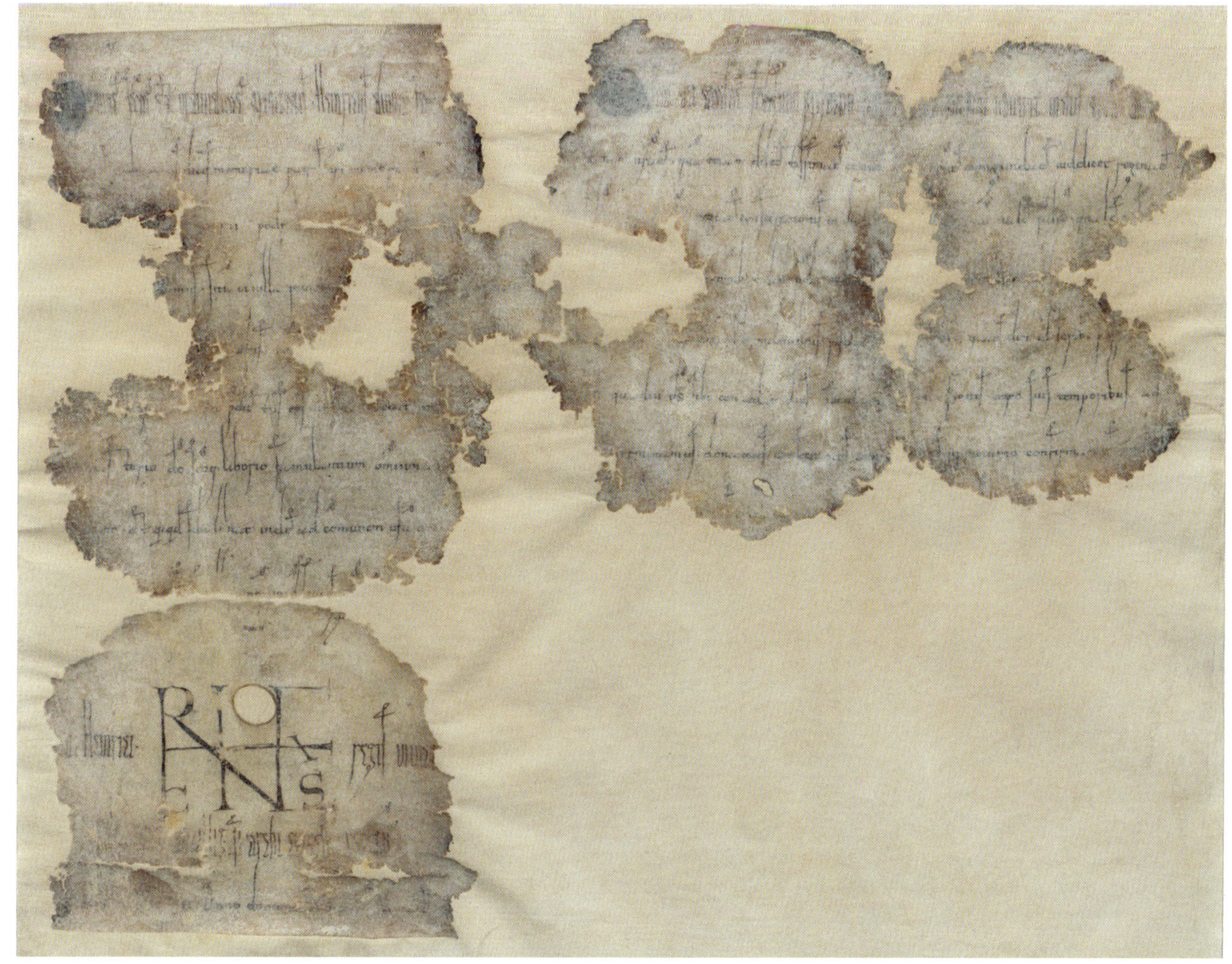

2 Urkunde über die Schenkung des Gutes Bökenförde durch Kaiser Heinrich II. an die Paderborner Kirche. Corvey, 24. Oktober 1006. Münster, Landesarchiv NRW Abteilung Westfalen, Abt. Fürstentum Paderborn, KU 144

Jahre zuvor gegründeten Bistums eingeweiht wurde (Regesta Imperii II/4, Nr. 1757b). Die Weihenotiz spricht pauschal von 45 anwesenden Bischöfen, bezeichnet namentlich aber nur diejenigen, die die Konsekration einzelner Altäre vornahmen, wozu Meinwerk nach erst drei Amtsjahren noch nicht ausersehen wurde. Ein bescheidenerer Anlass führte ihn im Februar 1017 nach Magdeburg, wo in Gegenwart Heinrichs II. eine Kapelle am Dom geweiht wurde und auf einem anschließenden Hoftag, an dem sich außer Meinwerk nur ostsächsische Bischöfe unter Führung des gastgebenden Erzbischofs Gero (1012–1023) beteiligten, ein Grenzstreit zwischen den Bistümern Merseburg und Meißen verhandelt wurde (Regesta Imperii II/4, Nr. 1896–1897). Kaum mit Meinwerks Anwesenheit zu rechnen ist bei der Wormser Domweihe im Juni 1018, an der angeblich »viele Bischöfe« teilnahmen (Regesta Imperii II/4, Nr. 1932a), denn die feierliche Handlung wurde auf Geheiß Kaiser Heinrichs II., der sich auf einem Feldzug nach Burgund befand, ganz kurzfristig anberaumt, obgleich das Bauwerk noch nicht wirklich vollendet war; die Weihe konnte also kaum rechtzeitig auswärts bekanntgemacht werden. Dagegen steht fest, dass Meinwerk im April 1020 in Bamberg erschien, als dort der über die Alpen gekommene Papst Benedikt VIII. (1012–1024) zusammen mit dem Kaiser das Osterfest beging und anschließend die Stiftskirche St. Stephanus sowie eine bischöfliche Hofkapelle konsekrierte (Regesta Imperii II/4, Nr. 1962b). Gleich im nächsten Jahr unternahm der Paderborner Bischof eine weitere Reise nach Ostsachsen, um mitzuerleben, wie im Beisein des Kaisers die Stiftskirche St. Servatius in Quedlinburg am 24. September 1021 und eine Woche später der Merseburger Dombau eingeweiht wurden. In Quedlinburg wird überliefert, dass sich Meinwerk unter den Bischöfen angeblich aus allen Teilen des Reiches durch die Konsekration eines Altars im südlichen Teil des Querschiffs zu Ehren des heiligen Liborius hervortat, was mit der Überbringung von Reliquien aus Paderborn verbunden gewesen sein dürfte (Annales Quedlinburgenses 2004, S. 564). Unbedingt zu vermuten ist, dass er mit der ganzen Festgesellschaft nach Merseburg weiterzog, doch sind über die dortige Domweihe keine Einzelheiten bezeugt. Anfang 1023 begleitete er den Kaiser von seinem Besuch in Paderborn aus auf dem Weg nach Hildesheim, wo bei dem neuen Bischof Godehard (1022–1038) das Fest Mariä Lichtmess begangen wurde. Falls er, was gut denkbar ist, am 2. Juni desselben Jahres zu einer auch vom Kaiser besuchten Provinzialsynode am Pfingstfest in Mainz erschienen ist, könnte er anschließend mit dem Hof rheinabwärts gezogen sein und am 26. Juni zu den zwölf namentlich nicht sicher spezifizierten Bischöfen gehört haben, die mit Heinrich II. eine Domweihe in Utrecht vollzogen.

Mit Konrad II., an dessen Königswahl in Kamba (4. September 1024) er wohl wie die meisten sächsischen Großen nicht beteiligt war, ist Meinwerk in festlichem Rahmen und zusammen mit anderen Bischöfen erstmals an Weihnachten 1024 in Minden zusammengetroffen, bevor sich der neue König für die ersten Januartage auch nach Paderborn und Corvey begab (Regesta Imperii III/1, Nr. 8c–9a). Einem weiteren Besuch Konrads an der Pader ging zu Ostern 1028 in Aachen die Königswahl und Krönung des elfjährigen Thronfolgers und späteren Kaisers Heinrich III. unter Zustimmung der »Fürsten des Reiches« (Gesta Chuonradi 1915, cap. XXIII) voraus, was die Vorstellung nahelegt, dass auch Meinwerk zugegen gewesen ist und von Aachen aus Vater und Sohn über Dortmund und Paderborn bis nach Magdeburg begleitet hat. In den folgenden Jahren teilte er mehrfach mit Konrad II. die Gastfreundschaft seiner ostsächsischen Mitbischöfe: rund um Pfingsten 1030 in Merseburg, wo er wieder einmal eine Kaiserurkunde entgegennahm (Regesta Imperii III/1, Nr. 158), ebenso im August 1032 in Magdeburg (Regesta Imperii III/1, Nr. 189), aber auch noch im Juni/Juli 1033, als in Merseburg ein Hoftag mit der Schwertleite des jungen Heinrich III. stattfand (Regesta Imperii III/1, Nr. 196a). Erst 1034 bis 1036 ist Meinwerk nach unseren Quellen nicht mehr außerhalb Paderborns anzutreffen, vermutlich wegen zunehmender Altersbeschwerden.

Eine ostentative Form des Zusammenwirkens der Bischöfe, häufig auf Veranlassung und unter aktiver Beteiligung des Königs, bildeten die Reichssynoden, rechtsförmliche Versammlungen zur Beratung und Entscheidung wichtiger Angelegenheiten, wozu sich nicht bloß die Oberhirten einer bestimmten Kirchenprovinz unter Leitung ihres Erzbischofs, sondern aus dem gesamten Herrschaftsbereich des Königs einfanden. Erstmals als Bischof dürfte dies Meinwerk im Mai 1012 in Bamberg miterlebt haben, falls er, was höchstwahrscheinlich ist, zu den 45 Bischöfen gehört hat, die zur dortigen Domweihe gekommen waren. Nicht sicher zu klären ist die interessante Frage, ob er sich am 16. März 1018 in Nimwegen an der »großen Synode« (Thietmar von Merseburg 1935, lib. VIII, cap. 5) beteiligt hat, auf der unter anderem Sanktionen wegen der auf Anstiften seiner Mutter, Gräfin Adela von Hamaland († 1028), geschehenen Ermordung des Billunger Grafen Wichmann († 1016), durch seinen Stiefvater Balderich († nach 1021) beschlossen wurden; immerhin ist Meinwerk vier Wochen später bei Heinrich II. am Tagungsort Nimwegen nachzuweisen (Regesta Imperii II/4, Nr. 1926). Ganz gewiss war er im März des folgenden Jahres zugegen auf der Synode in Goslar, wo der Kaiser fast ausschließlich den sächsischen Episkopat mit den Erzbischöfen Unwan von Hamburg-Bremen und Gero von Magdeburg (1012–1023) an der Spitze um sich versammelte, denn in denselben Tagen fiel wieder eine Urkunde für die Paderborner Kirche ab (Regesta Imperii II/4, Nr. 1944). Auf gleiche Weise ist auch seine Anwesenheit bei der Bamberger Synode verbürgt, die aus Anlass des Papstbesuchs kurz nach Ostern 1020 veranstaltet wurde.

Unter Konrad II. nahm Meinwerk die Mitwirkung am Synodalgeschehen wieder auf durch sein Erscheinen bei der schwach besuchten Versammlung von Grone (bei Göttingen) im März 1025, die sich im wiederaufgelebten Streit um Gandersheim gegen den Versuch Erzbischof Aribos von Mainz (1021–1031) wandte, die früheren Entscheidungen zugunsten Hildesheims aufzuheben (Regesta Imperii III/1, Nr. 20b). Meinwerk behielt diese Linie auch in der Folgezeit bei und unterstützte den Standpunkt Bischof Godehards auf der Provinzialsynode von Seligenstadt am 21. September 1026 (ohne König) wie auf der Reichssynode von 23 namentlich aufgeführten Bischöfen in Frankfurt mit Konrad II. am 23./24. September 1027 (Regesta Imperii III/1, Nr. 112d), mied aber vielleicht wie Godehard die Mainzer Provinzialsynode im Frühjahr 1028 in Geisleden (im Eichsfeld), um dann wieder an der beim Kaiser in Pöhlde am 6. Oktober 1028 abgehaltenen Reichssynode teilzunehmen (Regesta Imperii III/1, Nr. 134a), der keine weitere in dieser Sache mehr gefolgt ist. An Pfingsten 1030 in Merseburg hatte Meinwerk die Genugtuung, an Konrads Hof noch die Aussöhnung Godehards mit Aribo miterleben zu können (Regesta Imperii III/1, Nr. 199a). Das Ende dieser zähen Auseinandersetzung, die in besonderer Weise eine Vielzahl von Bischöfen in Bewegung versetzt, aber auch immer wieder zusammengeführt hatte, zog in den 1030er Jahren ein gewisses Erlahmen der Synodaltätigkeit nach sich und trug dazu bei, dass Meinwerk in seinen letzten Jahren zunehmend ortsfest wurde.

Es ist sehr bezeichnend für die Reichskirche des frühen 11. Jahrhunderts, dass Meinwerks Kontakte zum Papsttum nur an der Seite des Königs und im Rahmen von dessen

3 Bronzetür des Hildesheimer Domes
St. Mariä Himmelfahrt, 1015

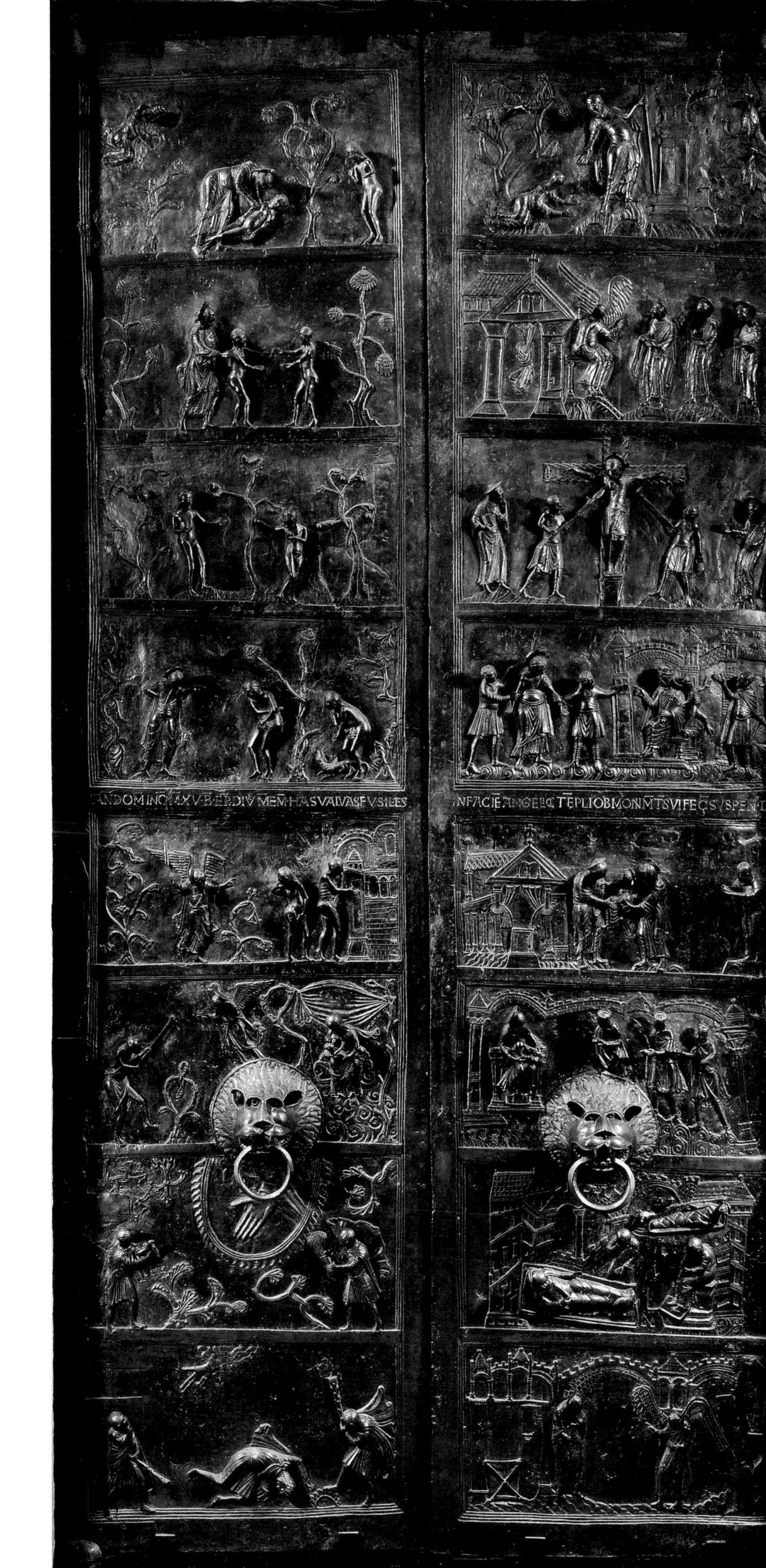
AN DOM INC M X V B ER DIV MEM HAS VALVAS FVSILES
IN FACIE ANGELIC TEPLI OB MON M TS VI FEC SVSPEN D

politischem Handeln zustande kamen. Als Heinrich II. nach elfjähriger Königsherrschaft im Spätherbst 1013 seinen Zug zur Kaiserkrönung in Rom antrat, gehörte Meinwerk, der Italien ja schon als Hofkapellan unter Otto III. kennengelernt hatte, mit Heinrich von Würzburg und Egilbert von Freising (1005–1039) zu den ganz wenigen deutschen Bischöfen, die ihn über die Alpen begleiteten. Konkret ergibt sich das zum einen aus dem Privileg, das ihm Papst Benedikt VIII. im März 1014, bald nach Heinrichs Krönung, in Rom ausstellen ließ und das der *Vita Meinwerci* zufolge bei der Paderborner Domweihe des nächsten Jahres öffentlich verlesen und übersetzt worden ist (Vita Meinwerci 1921, cap. 29). Es bestätigte Meinwerks Kirche global alle Besitzungen, hob aber besonders (und durchaus situationsgerecht, also nach einer vom Empfänger eingereichten Textvorlage) die jüngst von Kaiser Heinrich wie auch die aus dem Vermögen des Bischofs gemachten Schenkungen bekräftigend hervor. Zum anderen kennen wir eine mit Kaisertitel, somit auf dem Rückweg, in Pavia ausgefertigte Urkunde Heinrichs II., worin mit Bezug auf das päpstliche Privileg nochmals alle Besitztümer und Rechte der Paderborner Kirche, zumal die Schenkungen des Bischofs selbst, bestätigt wurden und Meinwerk anerkennend zugute gehalten wurde, zusammen mit dem Kaiser »die beschwerliche Mühe« (»arduum laborem«) der Reise zu den Schwellen der Apostel auf sich genommen zu haben (Regesta Imperii II/4, Nr. 1829). Sicher hat er in Italien außer dem Papst nicht wenige zuvor unbekannte Bischöfe getroffen, zumal er auf dem Hinweg an einer Synode in Ravenna und kurz nach der Kaiserkrönung an der aus solchem Anlass fälligen römischen Synode teilgenommen haben dürfte.

Es mag von diesen Eindrücken mitbedingt gewesen sein, dass der Bischof von Paderborn als einziger aus Sachsen zu Ostern 1020 in Bamberg erschien, als derselbe Papst Benedikt VIII. dort mit dem Kaiser zusammentraf, um ihn zu bewaffnetem Eingreifen in Unteritalien zu bewegen. Gemeinsam mit der Kaiserin, dem Erzbischof Erkanbald von Mainz und dem Ortsbischof Eberhard intervenierte der Pontifex genauso wie der 1014 ebenfalls in Rom gewesene Egilbert von Freising in einer Urkunde, die Heinrich II. bei dieser Gelegenheit Meinwerk gewährte (Regesta Imperii II/4, Nr. 1963). Ob dieser sich tatsächlich an dem abermaligen Italienzug beteiligt hat, den der Kaiser vom November 1021 bis zum September 1022 durchgeführt hat, steht nicht fest, weil wir weder über seinen Verbleib in der Heimat zu dieser Zeit noch über sein Auftreten an der Seite Heinrichs II. verlässliche Nachrichten haben. Allenfalls aus den unmittelbar nachfolgenden Monaten finden sich Indizien dafür, dass er ebenso wie der sicher bezeugte Erzbischof Pilgrim von Köln (1021–1036) und die beiden in Italien verstorbenen Bischöfe Walther von Eichstätt (1020–1021) und Rudhart von Konstanz (1018–1022), also wiederum in einer kleinen Gruppe, den militärisch nur mäßig erfolgreichen Zug bis nach Apulien mitgemacht hat. Unter dieser Voraussetzung hätte er wohl auch ein drittes Mal Papst Benedikt VIII. getroffen, als dieser am 1. August 1022 in Pavia gemeinsam mit dem Kaiser eine Synode abhielt, deren Akten indes nur von oberitalienischen Bischöfen unter Führung des Erzbischofs Aribert von Mailand (1018–1045) unterschrieben sind.

Sehr viel klarer liegen die Verhältnisse bei der Kaiserkrönung Konrads II., zu der der Salier im März 1027 mit großem Gefolge bei Papst Johannes XIX. (1024–1032), dem Bruder seines Vorgängers, in Rom erschien. Zu den hohen Geistlichen aus Deutschland, die Konrad begleiteten, gehörten die vier Erzbischöfe Aribo von Mainz, Poppo von Trier (1016–1047), Thietmar II. von Salzburg (1025–1041) und Hunfried von Magdeburg (1023–1051) sowie an sonstigen Bischöfen Bruno von Augsburg (1006–1029), Werner von Straßburg (1001–1028), Warmann von Konstanz (1026–1034) und eben Meinwerk. Zwar fehlt der Name des Paderborners in der langen Teilnehmerliste der Krönungssynode vom 6. April 1027 im Lateran, die die sieben anderen deutschen und 41 italienische Bischöfe aufreiht, weshalb vermutet werden muss, dass er an jenem Tage abwesend war, doch geht aus der gleich am 7. April für ihn ausgestellten Kaiserurkunde, der Schenkung von Erwitte, worin wieder einmal sein häufiger und treuer Dienst für den Herrscher gelobt wird (Regesta Imperii III/1, Nr. 85), eindeutig hervor, dass er damals in Rom gewesen ist und folglich die Kaiserkrönung am Osterfest (26. März) miterlebt hat, die durch die gleichzeitige Anwesenheit der Könige Knut von Dänemark und England (1014–1035) sowie Rudolf von Burgund (993–1032) besonders glanzvoll vonstatten ging. Auf der Rückreise fungierte er am 19. Mai in Verona mit den Amtskollegen aus Trier, Straßburg, Augsburg und Konstanz sowie vielen Italienern als Beisitzer des Königsgerichts in einem Rechtsstreit, der gegen Herzog Adalbero von Kärnten († 1039) zugunsten des Patriarchen Poppo von Aquileja (1019–1045) entschieden wurde (Regesta Imperii III/1, Nr. 95). Zumal in Italien mussten die Bischöfe aus dem Norden, die den Kaiser mit ihrem bewaffneten Aufgebot flankierten, stets als Organe der Reichsgewalt erscheinen.

Die Bischöfe untereinander

Seit seinen Anfängen unter Karl dem Großen (768–814) gehörte das Bistum Paderborn zur Kirchenprovinz des Erzbischofs von Mainz, die sich vom Alpenraum bis zur Unterelbe erstreckte und samt dem 973 gegründeten Bistum Prag zu Meinwerks Zeit fünfzehn Diözesen umfasste. Als Metropolit kam dem Mainzer Oberhirten die Aufgabe der Weihe der übrigen Bischöfe, der Suffragane, zu sowie das Recht zu deren Einberufung auf eine Provinzialsynode. Wil-

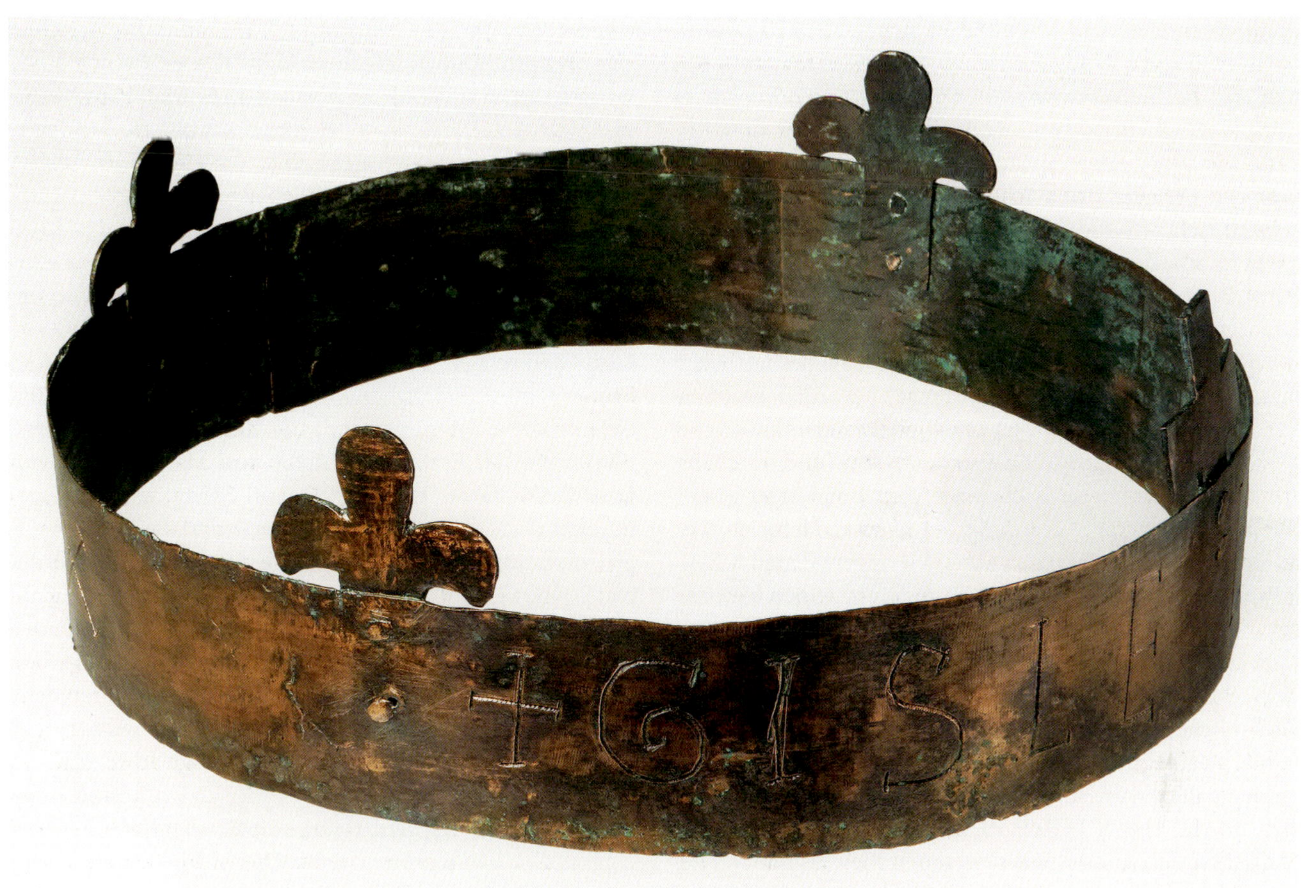

4 Grabkrone der Kaiserin Gisela; um 1043. Speyer, Domschatzkammer im Historischen Museum der Pfalz, D 5 (Kat.Nr. 14–15)

ligis war, als er Meinwerk zum Bischof konsekrierte, schon 34 Jahre in diesem Amt. Unter Kaiser Otto II. (973–983) und während der Minderjährigkeit Ottos III. hatte er unbestritten die führende Position im Reichsepiskopat innegehabt, doch waren ihm unter Ottos eigenem Regiment – zu der Zeit, als Meinwerk seine Bekanntschaft machte – andere wie Erzbischof Heribert von Köln und Bischof Bernward von Hildesheim an Einfluss beim Kaiser zuvorgekommen. Zwar hatte Willigis dies 1002 wettmachen können durch sein erfolgreiches Eintreten für die Thronkandidatur Heinrichs II., den er in Mainz und dessen Gemahlin Kunigunde er in Paderborn krönte, was zugleich sein gutes Verhältnis zu Meinwerks Vorgänger Rethar anzeigt, doch blieb sein zähes Festhalten am Mainzer Anspruch auf das Stift Gandersheim an der Diözesangrenze zu Hildesheim ein fühlbares Hemmnis für die reichsweite Anerkennung seiner Autorität, weil viele Bischöfe in dieser Sache eher aufseiten Bernwards standen. Auch Meinwerk dürfte dieser Position, schon angesichts seiner Hildesheimer Wurzeln und der Zeit in der Hofkapelle Ottos III., von vornherein näher gestanden haben als sein Vorgänger Rethar, was ihn freilich nicht hinderte, loyal mit dem alten Erzbischof zusammenzuwirken. Am 1. November 1009 beteiligte er sich gemeinsam mit den Bischöfen Burchard von Worms, Walter von Speyer und Arnulf von Halberstadt, lauter alten Bekannten, an einer Kirchweihe in Dorfprozelten am Untermain, die Willigis vornahm.

Mit dessen 1011 wohl in Gegenwart Meinwerks geweihtem Nachfolger Erkanbald, der zuvor Abt von Fulda gewesen und mit Bernward sogar verwandt war, ergaben sich keine Reibungsflächen, da er den Gandersheimer Streit ruhen ließ. Anders dagegen der nächste Erzbischof Aribo, ein vorheriger Hofkapellan aus höchstem bayerischen Adel, der nicht nur sogleich nach seiner Weihe (1021) den Anspruch auf Gandersheim erneuerte, sondern auch gegenüber Paderborn die Mainzer Hoheit im nördlichen Hessen auszubauen suchte und überhaupt seine Vorrechte als Metropolit in ungewohnter Weise zur Geltung brachte. Gelegenheit dazu bot ihm die kirchenrechtliche Auseinandersetzung um die Gültigkeit der Ehe des Grafenpaares Otto und Irmingard von Hammerstein, die infolge einer Appellation der betroffenen Frau an den Papst einen unverhofften Konflikt Aribos mit der höchsten kirchlichen Instanz heraufbeschwor. Während Meinwerk bei der ersten Provinzialsynode Aribos am 2. Juni 1023 in Mainz zugegen gewesen sein dürfte, hat er die folgenden in Seligenstadt (12. August) und Höchst (13. Mai 1024) offenbar bedachtsam gemieden. Sein Verhältnis zu Aribo wurde weiter dadurch belastet, dass es dem Erzbischof gelang, beim neuen König Konrad II., der wiederum in Mainz gekrönt worden war, die Übertragung der Grafschaft des 1020 verstorbenen Dodiko von Warburg, die Heinrich II. 1021 Paderborn geschenkt hatte, an seine Mainzer Kirche und damit eine fühlbare Machtverschiebung im Diemelraum zu erreichen. Meinwerk ließ sich indes in seiner Ergebenheit auch gegenüber dem salischen Herrscher nicht beirren, den er ebenso wie Aribo 1026/1027 nach Rom begleitete. In der Folgezeit profitierte er davon, dass Ansehen und Einfluss des Erzbischofs am Hof wegen seiner Unversöhnlichkeit in der Gandersheimer Streitsache immer mehr schwanden, bis Aribo schließlich nach der Schilderung der Vita Bischof Godehards von Hildesheim an Weihnachten 1030 in Paderborn alle Beteiligten um Vergebung bat (Vita Godehardi 1854, S. 209) und eine Pilgerfahrt nach Rom ankündigte, auf der er am 6. April 1031 in Como gestorben ist. Erst danach erstattete Konrad II. Meinwerk die Grafschaft Dodikos zurück (Regesta Imperii III/1, Nr. 205), fügte eine zweite hinzu und bedachte ihn mit weiteren Schenkungen, ohne dass der neue Mainzer Erzbischof Bardo (1031–1051), eine mildere Natur, erkennbaren Einspruch erhob. Er hat Meinwerk 1036 noch in dessen letzten Lebenstagen anlässlich der Weihe des Busdorfstifts in Paderborn besucht.

Die Kölner Erzbischöfe beanspruchten gegenüber Paderborn selbstverständlich keine Metropolitangewalt, waren aber seit alters mit ihrem westfälischen Diözesananteil der Bischofsstadt an den Paderquellen dicht benachbart, so dass in einer Zeit allgemeiner Intensivierung der Hoheitsrechte geistlicher wie weltlicher Fürsten Spannungen nicht ausbleiben konnten. An sich darf unterstellt werden, dass Meinwerk zu dem etwa gleichaltrigen Erzbischof Heribert seit gemeinsamen Tagen am Hof Kaiser Ottos III. ein engeres persönliches Verhältnis hatte als zu dem eine ganze Generation älteren Willigis von Mainz, doch verhinderten herrschaftliche Interessengegensätze ein ungetrübtes Zusammenwirken. Während Heribert, schon seit 999 Erzbischof, sich 1002 vergeblich Herzog Hermann von Schwaben zum König gewünscht hatte und zeitlebens in spürbarer Distanz zu Heinrich II. verblieb, verstand es Meinwerk, vielleicht als vornehmer Sachse, nach relativ kurzer Zeit auch in dessen Hofkapelle aufgenommen und 1009 dann ebenfalls zum Bischof befördert zu werden. Als er 1011 vom König mit der Grafschaft des Hahold bedacht wurde, die, westlich von Paderborn gelegen, in den Kölner Sprengel hineinragte (Regesta Imperii II/4, Nr. 1738), musste sich Heribert auf den Plan gerufen fühlen. Auch wenn er 1013 einmal in einer Königsurkunde für Meinwerk (mit manchen anderen) als Fürsprecher auftrat (Regesta Imperii II/4, Nr. 1782), schuf er doch 1014 während Heinrichs und Meinwerks Abwesenheit auf dem Romzug neue Fakten zu seinen Gunsten, indem er bei einem Aufenthalt in Soest das von der Haholdfamilie gegründete Kanonissenstift in Geseke durch die dortige Äbtissin der Schutzherrschaft der Kölner Kirche unterstellen ließ. Heinrich II. erneuerte daraufhin am 14. Januar 1016 in Dortmund die Schenkung der Haholdgrafschaft an Paderborn (ohne Intervention Heriberts, der sich nachweislich ebenfalls am Hof aufhielt; Regesta Imperii II/4, Nr. 1877), weigerte sich aber anscheinend beharrlich, Meinwerks Wunsch nach Übereignung des Königshofs Erwitte zu erfüllen, der noch tiefer im Kölner Diözesangebiet lag. Im Unterschied zu dem Paderborner Bischof, der sich von seiner Mutter Adela und deren zweitem Gatten Balderich spätestens nach ihrer blutigen Fehde mit Graf Wichmann abwandte, war es Heribert, der die beiden im März 1018 in Nimwegen vor noch schwererer Bestrafung bewahrte und für den Rest ihrer Tage in seinen Schutz nahm.

Heriberts wesentlich jüngerer Nachfolger Pilgrim war ein Neffe des gleichzeitig 1021 ins Amt gekommenen Aribo von Mainz, von dem er sich jedoch bald schon im Verhalten abzuheben begann. Daraus resultierten auch insgesamt freundlichere Beziehungen zu Meinwerk, den er bereits 1020 noch als Bamberger Dompropst in seinen Anliegen beim Kaiser unterstützt hatte. Der Paderborner mag daher gleich bei der Bischofsweihe am 29. Juni 1021 in Köln zugegen gewesen sein, jedenfalls aber trafen sich beide vier Wochen später in Nimwegen, wo sie gemeinsam in einem Diplom Heinrichs II. für das Stift Gandersheim als Fürsprecher genannt wurden (Regesta Imperii II/4, Nr. 1986). Falls Meinwerk am dritten Italienzug des Kaisers beteiligt war, auf dem Pilgrim eine dominierende Rolle spielte, hätte er sogar ein knappes Jahr in dessen näherer Umgebung zugebracht, bevor er ihn bald danach zu Anfang 1023 auch in Paderborn empfing. Unbeteiligt blieben beide an Aribos Synoden in Seligenstadt und Höchst und nach Heinrichs II. Tod erlebte Meinwerk im September 1024 zumindest aus der Ferne mit, wie Pilgrim im offenen Gegensatz zu Aribo bei der Königswahl für den gescheiterten jüngeren Konrad eintrat, diese Niederlage aber sogleich wieder auszubügeln verstand, indem er die von Aribo in Mainz verweigerte Krönung der neuen Königin Gisela († 1043) zwei Wochen später in seinem Kölner Dom nachholte. Gleichwohl erschienen beide Erzbischöfe im Gefolge des Königspaares Anfang 1025 bei Meinwerk in Paderborn (Regesta Imperii III/1, Nr. 9). Als dieser sich zu Ostern 1027 zusammen mit Aribo, aber nicht Pilgrim, zur Kaiserkrönung Konrads II. in Rom befand, nutzte er die Gunst der Stunde, um – gegen alle Kölner Interessen – doch noch die Schenkung von Erwitte zu erlangen (Regesta Imperii III/1, Nr. 85), die ihm Heinrich II., wie die *Vita Meinwerci* beteuert, zeitlebens vorenthalten hatte (Vita Meinwerci 1921, cap. 29, 182). Eine nachhaltige Verstimmung im Verhältnis zu Pilgrim scheint sich daraus für Meinwerk aber nicht ergeben zu haben. Man traf sich im Rahmen des Reichsepiskopats auf der Synode in Frankfurt 1027 und wahrscheinlich bei der Krönung des Königssohns Heinrich durch Pilgrim in Aachen 1028 ebenso wie bei weiteren Besuchen des Hofes in Paderborn 1029 und 1033. Bevor Meinwerk und Pilgrim fast gleichzeitig im Sommer 1036 starben, kam es allem Anschein nach zu einer letzten Begegnung bei der Weihe des Busdorfstifts am 25. Mai.

Eine sichtliche Vorliebe hegte Meinwerk für die ostsächsischen Bischöfe von Halberstadt und Hildesheim sowie diejenigen aus der gesamten Kirchenprovinz Magdeburg, was fraglos mit der Tradition seiner Familie und den Eindrücken seiner Jugend zusammenhing. Neben der Haltung, die er im Streit um Gandersheim einnahm, ist hier vor allem auf seinen Eifer für den Kampf gegen Herzog Bolesław I. Chrobry von Polen (992–1025) hinzuweisen, bei dem er als einziger westfälischer Bischof seinen Amtsbrüdern an der Ostgrenze des Reiches tatkräftig zur Seite stand. 1010, 1012, 1017 und vermutlich noch einmal 1029 unter Konrad II. bot er jeweils eine Truppe aus Paderborner Lehnsleuten und Dienstmannen auf und beteiligte sich selbst an Feldzügen in die Lausitz oder weiter nach Schlesien, die durchweg nur temporären Erfolg hatten. 1010 übernahm er dabei gemeinsam mit seinem Heimatbischof Arnulf von Halberstadt die Gesamtführung, als Heinrich II. wegen einer Erkrankung zusammen mit einem Teil des Heeres rasch wieder umgekehrt war (Thietmar von Merseburg 1935, lib. VI, cap. 57). 1012 musste das Unternehmen nach kaum zehn Tagen abgebrochen werden, weil der Anführer, Erzbischof Waltard von Magdeburg (1012), ebenfalls erkrankte und alsbald sogar starb; aus der Schilderung seines Todes durch den Geschichtsschreiber Bischof Thietmar von Merseburg (1009–1018) erfahren wir, dass außer diesem selbst und Meinwerk auch die Bischöfe Arnulf von Halberstadt, Eido von Meißen (992–1015), Hildeward von Zeitz (1003–1030) und Erich von Havelberg ohne den König mit von der Partie waren (Thietmar von Merseburg 1935, lib. VI, cap. 71). Als 1015 ein weiterer Polenfeldzug Heinrichs II. anstand, blieb Meinwerk zu Hause, offenbar mit Rücksicht auf die bevorstehende Domweihe, die daher ohne den Kaiser stattfand; doch als man 1017 bis vor Breslau (polnisch Wrocław) vordrang, war er wieder dabei und empfing unterwegs schon jenseits der Elbe die wichtige Kaiserurkunde über die Schenkung von Helmarshausen ebenso wie das erste Diplom für seine Neugründung Abdinghof (Regesta Imperii II/4, Nr. 1907–1908). Es fällt auf, dass ostsächsische Bischöfe häufiger als andere für Meinwerks Anliegen ein gutes Wort beim König einlegten. So hat beispielsweise Erzbischof Gero von Magdeburg dreimal für ihn bei Heinrich II. interveniert, aber nie für jemand anderen. Gelegentlich fand sich aus Ostsachsen auch Besuch in Paderborn ein wie etwa Anfang Januar 1025 Erzbischof Hunfried von Magdeburg mit Hildeward von Zeitz und Luizo von Brandenburg (1023–1030) als Begleiter Konrads II. Die endgültige Weihe der Klosterkirche von Abdinghof, die am 1./2. November 1031 in Abwesenheit des Kaisers vonstatten ging, feierte Meinwerk mit Hunfried von Magdeburg und Godehard von Hildesheim sowie dem Nachbarn Sigebert von Minden (1022–1036), vielleicht auch Siegfried von Münster (1022–1032).

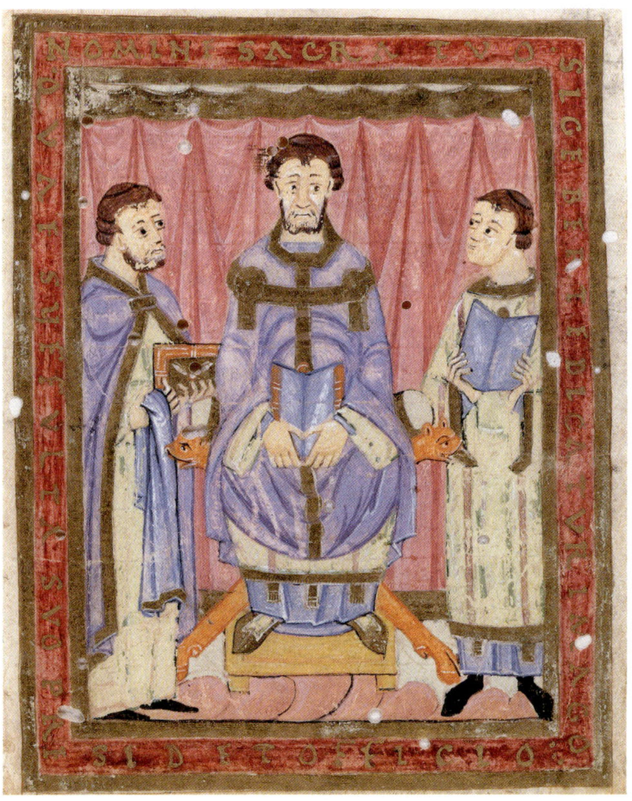

5 Miniatur Bischof Sigeberts von Minden aus seinem *Ordo missae*; St. Gallen, um 1022–1036. Berlin, Staatsbibliothek zu Berlin – Preußischer Kulturbesitz, Ms. theol. lat. qu. 3 Fragment (Kat.Nr. 196)

Deutlich weniger treten in unseren Quellen die Kontakte Meinwerks zu seinem immedingischen Verwandten, Erzbischof Unwan von Hamburg-Bremen, zutage, dessen umfangreiche Güterabtretungen an Heinrich II. 1013/1015 nicht seiner eigenen Kirche, sondern Paderborn zugute gekommen waren. Er wird als Fürsprecher für Meinwerk in den beiden Kaiserurkunden über die Schenkung von Helmarshausen und von Schildesche aufgeführt und war zusammen mit ihm sowie der Kaiserin Kunigunde († 1033) Anfang 1020 erfolgreich bemüht, die Rebellion des billungischen Sachsenherzogs Bernhard II. (1011–1059) friedlich zu überwinden, konzentrierte sich im Übrigen aber mehr auf die eigenen Ziele im hohen Norden. Unter den westfälischen Anrainern des Paderborner Bistums, die alle der Kölner Kirchenprovinz angehörten und daher zum Beispiel an den Synoden des Gandersheimer Streits unbeteiligt blieben, hatte Osnabrück für Meinwerk anscheinend die geringste

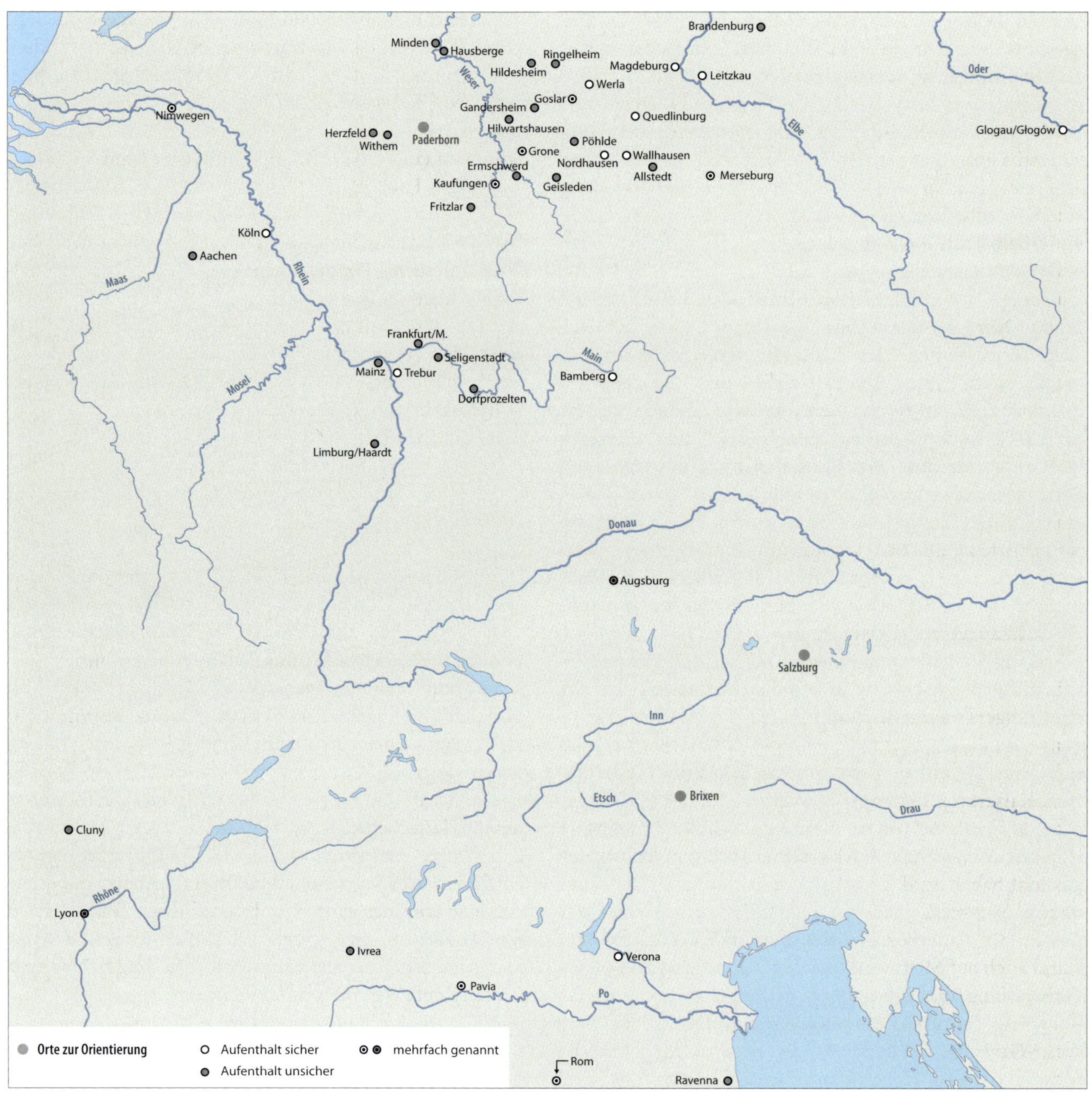

6 Aufenthalte Bischof Meinwerks außerhalb des Bistums Paderborn (1009–1036)

Bedeutung. Der dortige Bischof Thietmar (1003–1023), der unter Kaiser Otto III. gleichzeitig mit dem jungen Meinwerk dem Aachener Marienstift angehört hatte, erscheint dreimal in Diplomen Heinrichs II. für Paderborn als Intervenient, und sein übernächster Nachfolger Gosmar (1027–1036) bemühte sich 1028 an die Pader, um dort ein Bestätigungsprivileg Konrads II. entgegenzunehmen, worin Aribo von Mainz und nicht Meinwerk als Fürsprecher genannt ist. Dagegen war Bischof Dietrich von Münster einer der wenigen, für die sich der Paderborner nachweislich bei Heinrich II. eingesetzt hat (1019 in Goslar). Bald darauf war er in Paderborn zugegen, als Meinwerk vor großem Publikum eine eigene Kaiserurkunde verlesen ließ, die er 1020 in Bamberg sogar mit Intervention Papst Benedikts VIII. erlangt hatte. Wie häufig Dietrich seinerseits für Meinwerk am Hof vorstellig geworden ist, lässt sich wegen der Namensgleichheit mit Bischof Dietrich II. von Minden (1002–1022) nicht sicher ausmachen. Erst unter dessen Nachfolger Sigebert (Abb. 5) ist mehr Klarheit zu gewinnen: Dass Konrad II. 1024 sein erstes Weihnachtsfest als König nicht in Paderborn, sondern in Minden beging und dort die Huldigung der sächsischen Großen entgegennahm, bevor er dann zu

Neujahr auch an der Pader erschien, ist vielleicht doch nicht als ein solcher Affront gegen Meinwerk einzuschätzen wie mitunter in der Forschung angenommen wurde; jedenfalls ist dessen gutes Einvernehmen mit dem Mindener Amtsbruder nicht spürbar beeinträchtigt worden. Sigebert beteiligte sich 1027/1028 an der Beilegung des Gandersheimer Streits im Hildesheimer Sinne und folgte 1031 der Einladung zur Weihe der Abdinghofkirche.

Außerhalb Sachsens hat Meinwerk – abgesehen von den Italienzügen, die vom Sammelplatz Augsburg ihren Anfang nahmen – einen Raum bereist, der durch die Eckpunkte Nimwegen – Aachen – Mainz – Limburg an der Haardt (bei Speyer) – Bamberg umrissen ist (Abb. 6). Das brachte es mit sich, dass er westlich und südlich dieser imaginären Grenze nur eine sporadische Personenkenntnis haben konnte, die davon abhing, ob die einzelnen Oberhirten ihrerseits den Königshof auch im Norden des Reiches aufzusuchen pflegten oder sonstwie mit Paderborn in Beziehung traten. Zu Meinwerks frühen Bekannten gehörte zweifellos Bischof Bruno von Augsburg (1006–1029), der jüngere Bruder Kaiser Heinrichs II., der dessen Kanzler war, als der spätere Paderborner Bischof ebenfalls der Hofkapelle angehörte. Zu näheren Kontakten scheint es jedoch erst wieder unter Konrad II. gekommen zu sein, bei dem Bruno in hohem Ansehen stand und Erzieher des Thronfolgers Heinrich wurde. Auf den Synoden der Endphase des Gandersheimer Streits zog er mit Meinwerk am selben Strang und auf dem gemeinsamen Romzug zu Konrads Kaiserkrönung 1027 intervenierte er für die langersehnte Schenkung von Erwitte. Ein prominenter Amtskollege, den Meinwerk schon aus seiner vorbischöflichen Zeit gekannt haben wird, war auch der Bamberger Gründungsbischof Eberhard. Er taucht nicht bloß mehrfach als Intervenient in Paderborner Königsurkunden auf, sondern stand auch auf Meinwerks Seite 1018 in Nimwegen bei der Verhandlung über Adela und Balderich und ab 1025 bei der Beilegung des Streits um Gandersheim. Bischof Heinrich von Würzburg, Heriberts Bruder, der wie Meinwerk bereits bei Otto III. Hofkapellan gewesen war, kam nach seiner schweren Enttäuschung über die allseits unterstützte Bamberger Bistumsgründung (1007) dem Paderborner Mitbischof wieder näher durch den gemeinsamen Romzug 1013/1014. Daran beteiligt war auch Egilbert von Freising, Heinrichs II. erster Kanzler und der einzige bayerische Bischof, der, soweit wir sehen, in Meinwerks Blickfeld trat; er blieb ihm bis 1032 als Fürsprecher bei Königsurkunden erhalten. In anderen Fällen wirkte sich ungünstig aus, dass die Beteiligung der Suffragane aus der südlichen Hälfte der Mainzer Kirchenprovinz an den Synoden über sächsische Themen durchaus lückenhaft war. So fehlt es etwa an Indizien dafür, dass sich Meinwerks Wege mit denen des berühmten Kanonisten Burchard von Worms nach der erwähnten Kirchweihe in Dorfprozelten (1009) und vielleicht der Weihe Erkanbalds von Mainz (1011) noch einmal gekreuzt hätten. Erst die regere Synodalpraxis der frühen Jahre Konrads II. führte ihn mit Amtskollegen wie Warmann von Konstanz (1026/1027 auch auf dem Romzug), Azecho von Worms (1025–1044) und Meginhard I. von Würzburg (1018–1034) zusammen. Werner von Straßburg, Meinwerks Hildesheimer Mitschüler, für den dasselbe gilt, war immerhin bereits 1023 mit dem Kaiser in Paderborn erschienen. Während er nur schwache Beziehungen nach Trier unterhielt, konnte Meinwerk schon aus familiären Rücksichten das Bistum Utrecht nicht aus den Augen lassen. Der dortige Bischof Adalbold (1010–1026), der 1018 in Nimwegen zu den entschiedenen Gegnern seines Stiefvaters Balderich und seiner Mutter Adela gehörte, begegnet seither mehrfach in Meinwerks Umfeld, 1023 auch als Besucher in Paderborn.

Fazit

Die Quellen erlauben uns sicher nicht, alle personellen Verflechtungen zu durchschauen, die den Reichsepiskopat vor 1000 Jahren zusammenhielten. Bei jedem Bischof ergab sich ein je eigenes Beziehungsnetz, das von seiner familiären Herkunft, seinem Werdegang, seiner regionalen Position und wohl auch persönlichen Neigungen bestimmt war. Alle Linien kreuzten sich beim König und seinem Hof, von wo aus die meisten Karrieren gesteuert worden waren und immer wieder Anlass zur Begegnung geschaffen wurde: durch Herrscherbesuche, Hoftage, Synoden oder auch Kriegszüge. Für den Bestand eines Reiches, zu dessen Durchquerung man damals mehrere Wochen benötigte, war eine über das ganze Land verteilte geistliche Elite wesentlich, die sich kannte und trotz aller internen Divergenzen gemeinsam zu handeln vermochte. Einer ihrer markanten Köpfe war Meinwerk in Paderborn.

Quellen

Annales Quedlinburgenses 2004 · Regesta Imperii II/3 · Regesta Imperii II/4 · Regesta Imperii III/1 · Thietmar von Merseburg 1935 · Vita Godehardi 1854 · Vita Meinwerci 1921 · Gesta Chuonradi 1915.

Literatur

Balzer 1999 · Bannasch 1972 · Benz 1975 · Finck von Finckenstein 1989 · Fleckenstein 1966 · Görich 1993a · Hoffmann 1988 · Hoffmann 1993a · Kat. Paderborn 1986a · Meier 1967 · Müller-Mertens/Huschner 1992 · Weinfurter 1999 · Wolfram 2000 · Wolter 1988 · Zielinski 1984.

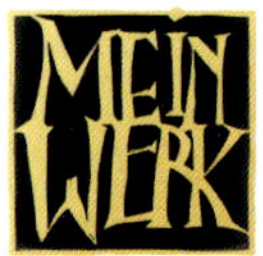

Vornehm – reich – klug

Herkunft, Königsdienst und Güterpolitik Bischof Meinwerks

Manfred Balzer

»Sowohl wegen seiner vornehmen Herkunft als auch durch die Menge seiner irdischen Besitztümer und Geldmittel« sei der Kapellan Meinwerk für das Paderborner Bischofsamt geeignet gewesen. So formulierte es jedenfalls der Autor der *Vita Meinwerci*, vermutlich Abt Konrad von Abdinghof (1142–1173), als er im Abstand von etwa 130 Jahren ein Resümee der Beratungen am Hof Heinrichs II. (1002–1024) in Goslar nach dem Tod Bischof Rethars von Paderborn (6. März 1009) zog. Er scheute sich dabei – auch nach den Simoniediskussionen der Kirchenreformer der zweiten Hälfte des 11. Jahrhunderts – nicht, in anekdotenhaft zugespitzter Wechselrede hervorzuheben, dass der Kandidat verpflichtet wurde, seinen Erbbesitz für die Paderborner Kirche zur Verfügung zu stellen (Vita Meinwerci 1921, cap. 11). Das war keine nachträgliche Interpretation, die dem besonderen Interesse des Abtes an Gütergeschäften und ihrer rechtlichen Absicherung entsprang, sondern Einsicht in die Politik des Königs, die durch zeitgenössische Zeugnisse wie Urkunden und Traditionsnotizen erhärtet wird. Was also wissen wir über die Herkunft Bischof Meinwerks (1009–1036), seine Schenkungen, Erwerbungen und sonstigen Gütergeschäfte, die den Altbesitz der Paderborner Kirche erheblich vermehrten und die wirtschaftlichen Grundlagen für sein Wirken bereitstellten.

Meinwerks Herkunft und Werdegang

Bischof Meinwerk entstammte einer »widukindisch-immedingischen« Familie, die über die zweite Gemahlin Heinrichs I. (919–936), die Königin Mathilde († 968), mit den Ottonen versippt war, so dass sein Biograph ihn als Verwandten Heinrichs II. bezeichnen kann. Die Besitzschwerpunkte der väterlichen Linie lagen – das ergibt sich aus den Schenkungen an Paderborn – an der Weser, im Tal der Leine bei Göttingen und um Northeim sowie nördlich und nordöstlich des Harzes (Abb. 1). Einen besonderen Rang unter ihnen dürfte Imbshausen (»Immedeshusen«) nordöstlich von Northeim besessen haben, dessen Name mit dem Leitnamen der Familie, Immad/Immed, als Bestimmungswort gebildet war; es muss so gut ausgebaut und reich ausgestattet gewesen sein, dass Meinwerk dort nicht nur 1015 das Pfingstfest mit Heinrich II. feiern konnte (29. Mai) und dieser erneut am 1. März 1021, in der zweiten Fastenwoche, in Imbshausen nachweisbar ist, sondern dass auch Konrad II. (1024–1039) zweimal auf diesem ehemaligen Familienbesitz des Bischofs zu Gast war (11. September 1028 und 3. August 1031).

Spätestens mit der Heirat seines Vaters Imad († vor 983) mit Adela († vor 1028), der Tochter Graf Wichmanns »von Hamaland« († vor 975), als dessen Nachfolger er als Graf in der Diözese Utrecht bezeugt ist, besaß Meinwerks Familie einen zweiten Besitz- und Machtschwerpunkt am Niederrhein und hatte somit wie andere sächsische Geschlechter nach Niederlothringen ausgegriffen. Graf Wichmann, ein entschiedener Parteigänger Ottos I. (936–973), hatte in seiner Burg (Hoch-) Elten, nördlich von Emmerich, nach dem Tod seines einzigen Sohnes ein Damenstift gegründet (967), dessen erste Äbtissin Adelas jüngere Schwester Liutgard (968–996) wurde (Kat.Nr. 18–20). Letztere trug den Namen ihrer Mutter, während Meinwerks Mutter Adela nach ihrer Großmutter Adela »von Vermandois« († 960) benannt worden war, die zu den Nachfahren Karls des Großen (768–814) zählte. Vermutlich deshalb heißt es von Meinwerk, er sei von »königlicher Geburt« gewesen. Ihm selbst war diese Abstammung sowohl vom Eroberer und Bekehrer Sachsens als auch von dessen schärfstem Widersacher, Widukind († nach 785), durchaus bewusst, denn es fällt auf, dass seit seinem Regierungsantritt in Paderborner Urkunden entschieden Bezug auf die Gründung des Bistums durch den Frankenkönig genommen wird (Meinwerks Stammbaum im Beitrag Becher, Abb. 4).

Bereits zu Lebzeiten ihres Vaters und weiterhin während der Regierungszeit Ottos II. (973–983) hat Adela die Güterübertragungen an das Stift angefochten. Sie wehrte sich dagegen, dass mit der Gründung und Ausstattung Eltens ihre Ansprüche an das väterliche Erbe ohne ihre Zustimmung gemindert wurden. Zusammen mit ihrem zweiten Mann Balderich († 1021), Graf in Drenthe, den sie nach dem Tod Liutgards

(22. Oktober 996 [?]) geheiratet hatte, erhielt sie nach fürstlichem Schiedsspruch mit einem Diplom Ottos III. vom 18. Dezember 996 Teile aus dem Stiftsbesitz zurück (MGH DD O III, Nr. 235; RUB 2, Nr. 150; Abb. 2). Das wurde, wie zu zeigen sein wird, bedeutsam für Meinwerk und seine Gründungen Abdinghof und Busdorf.

Berüchtigt ist Adela bei den zeitgenössischen Chronisten und auch noch bei späteren Historikern, weil sie ihnen als Hauptverantwortliche für die Ermordung des Billungers Graf Wichmann III. »von Vreden« gilt, der am 16. Oktober 1016 erschlagen wurde, als er, noch geleitet von Balderich, der ihn nicht rächte, von einem rituellen Versöhnungsmahl in der Burg Uplade (Houberg nördlich von Elten) zurückritt. Das Mahl war eine Gegeneinladung und hatte einen Friedensschluss besiegeln sollen, der nach jahrelangen Fehden zwischen Balderich und Wichmann III. um die Macht in den Rheingegenden und das Erbe des Präfekten Gottfried (Balderichs Onkel, Wichmanns Schwiegervater) zustande gekommen war. Der Mord ist unbestritten und auch sonst nicht entschuldbar, selbst wenn man bedenkt, dass politische Morde in der Zeit häufiger zu beobachten sind. Offen bleiben die Schuldanteile des Ehepaares. Mit dem Hinweis darauf, dass Balderich, nicht aber, soweit zu sehen, seiner Frau der Prozess gemacht wurde, klassifizieren einige Historiker wegen des traditionell negativen Frauenbildes der Autoren die mehrfachen Mordvorwürfe gegenüber Adela als »üble Nachrede« (Derks 1995). Nach einer neuen Interpretation hätte Adela mit der Heirat Balderichs, der keine Kinder hatte und von dem sie altersbedingt keine mehr bekommen würde, dessen Erbansprüche auf die Präfektur Gottfrieds für ihren Sohn, Graf Dietrich, sichern wollen. Es war ein Versuch, der auch deshalb scheiterte, weil Dietrich schon bald starb – an einem 7. April, vermutlich im Jahr 1017 oder 1018. Balderich wurde im April 1018 – wohl erst nach Ostern (6. April) und vielleicht gleichzeitig mit Dietrichs Tod – in Nimwegen verurteilt, konnte sich aber bereits Ende Mai des Jahres in Bürgel mit dem Kaiser wieder aussöhnen – vielleicht unter Verweis auf die Schuld seiner Frau. Sie vor allem hätte dann die besitzrechtlichen Konsequenzen getragen, die sich aus der so genannten »Wernerurkunde« Konrads II. von 1025 erschließen lassen (Jongbloed 2006b).

In jedem Fall bleibt festzuhalten, dass die Verdammung Adelas in der Überlieferung, der dort – sicher unzutreffend – noch weitere Morde und sexuelle Freizügigkeit vorgeworfen werden, ihr als Frau galten, einer Adligen, die sich als Witwe nicht trauernd in ein Kloster oder Stift zurückgezogen hatte, sondern im Machtkampf ihrer Zeit Besitz- und Herrschaftsrechte an sich ziehen und für ihre Familie sichern wollte. Nach dem Tod ihres ersten Mannes Imad, (29. April 983 [?]), hatte sie mehr als ein Jahrzehnt als Witwe mit eigener Gefolgschaft agiert, während Balderich noch auf der Seite ihrer Schwester stand. Sie übte sogar Hoheitsrechte aus, als sie – seit 994 (?) – Münzen mit ihrem Namen prägen ließ (Kat.Nr. 16g). Adela war eine der gar nicht wenigen Fürstinnen des 10. und 11. Jahrhunderts, die Burgen hielten, in Abwesenheit oder beim Fehlen eines Mannes sogar Truppen befehligten, kurz: die selbstständig waren und eine eigenständige Politik betrieben. Im Hinblick auf ihren Sohn gewinnt man den Eindruck, dass seine Tatkraft durchaus vom Vorbild seiner Mutter geprägt war.

Meinwerk wurde – das wird aus der Bischofsweihe im Jahre 1009 erschlossen, weil man für das Amt nach kanonischem Recht mindestens 30 Jahre alt sein musste – in den frühen 970er Jahren geboren. Er hatte den erwähnten älteren Bruder Dietrich und drei Schwestern: Emma († 1038), Glismod († 1041) und Adela (auch Azela, † 1038). Emma heiratete den Grafen Liudger († 1011), einen Billunger, und war Mutter das späteren Bischofs Imad von Paderborn (1051–1076), der also den Namen seines Großvaters mütterlicherseits trug. Glismod war verheiratet mit einem bayerischen Adligen – höchstwahrscheinlich Markgraf Adalbert von Österreich (Dopsch 1997) –, während Adela/Azela in das Familienstift Elten eintrat. Der Bruder Dietrich starb nach 1015, als er noch bei der Schenkung Balderichs von Besitz in Hemmerfelden – zusammen mit Graf Wichmann »von Vreden« († 1016) – unter den Zeugen genannt wird, und zwar vermutlich am 7. April 1017 oder 1018. Da für ihn nur eine Tochter erschließbar ist, verlor die Familie der Hamaländer Grafen mit seinem Tod zum zweiten Mal den männlichen Haupterben.

Weil Meinwerk der nachgeborene Sohn war, wurde er schon früh für den geistlichen Stand bestimmt. Die Eltern wählten für seine Ausbildung unter den ostsächsischen Bischofssitzen zunächst Halberstadt aus und übergaben den Knaben »in zarterem Alter« an den Stephanusdom und seine Schule zur Erziehung. Von dort wechselte er später an die Domschule in Hildesheim, die damals in Sachsen neben Magdeburg führend war. Mitschüler Meinwerks war vielleicht der Sohn des Bayernherzogs, der künftige König Heinrich II.; die später zu beobachtende enge Verbundenheit der beiden wäre in dieser Zeit grundgelegt worden. Nach Abschluss der Studien lebte Meinwerk zunächst als Domkanoniker in Halberstadt (Vita Meinwerci 1921, cap. 3). Von dort berief ihn Otto III. (983–1002) in den späteren 990er Jahren in seine Hofkapelle. Das war die entscheidende Wende im Leben des jungen Klerikers und eine hohe Auszeichnung dazu; denn seit Otto III. im Jahre 994 – fünfzehnjährig – die Herrschaft selbst übernommen hatte, bemühte er sich persönlich darum, fähige Männer für seinen Hof zu gewinnen. Wie sehr der etwa acht Jahre jüngere Otto Meinwerk schätzte, wird daran deutlich, dass er ihm nach 997 ein mit der Würde eines der sieben Kardinaldiakone verbundenes Kanonikat des Aachener Pfalzstiftes übertrug.

Die hervorragende Stellung, die Meinwerk am Hofe erringen konnte, zeigte sich besonders im Jahre 1001, als er den Kaiser auf seinem letzten Italienzug begleitete: Der Kapellan begegnet als Intervenient sowie Vermittler in Urkunden für hochrangige sächsische Empfänger – unter anderem für seinen Schwager Liudger – und erhält selbst zwei Königshufen in Lutter am Barenberge, im Bereich immedingischer Besitzungen, als Geschenk. Am signifikantesten für das enge Verhältnis und die wachsende Vertrautheit von Herrscher und Kapellan sind die Formulierungen der Urkunden. Aus »unserem Kapellan« wird »der uns sehr liebe Kapellan« und schließlich: »unser lieber Kapellan, der unser Leben wie sein eigenes liebt« (MGH DD O III, Nr. 393, 401, 417). Meinwerks Eifer im Königsdienst, der ihn bis an sein Lebensende auszeichnete, trat schon früh so deutlich hervor, dass die Anerkennung dafür den Weg auf das Pergament gefunden hatte! Die Berufung in die Hofkapelle war nicht nur eine Auszeichnung, sie bot vielmehr die Möglichkeit zur weiteren Ausbildung und Qualifikation im Reichsdienst. Die Kapelläne hatten neben ihren geistlichen Funktionen am Königshof Aufgaben in Hofverwaltung und Kanzlei inne, sie waren Berater der Könige und fungierten als Gesandte, als Beisitzer oder sogar Vorsitzende des Königsgerichts. Sie konnten zu den einflussreichsten Persönlichkeiten in der Umgebung der Herrscher aufrücken und galten schließlich wegen der Königsnähe und des Einsatzes im Reichsdienst als prädestiniert für die Übernahme von Bischofssitzen. Gerade Heinrich II., seit 1002 Nachfolger Ottos III., legte großen Wert darauf, Bischöfe aus den Reihen seiner Kapelläne zu berufen. Von 56 Bischöfen, die in den 22 Jahren seiner Regierung erhoben wurden, waren nachweislich 24, also mehr als ein Drittel, vorher Mitglied der Hofkapelle gewesen. Obschon Meinwerk der Gruppe um Erzbischof Heribert von Köln (999–1021) und Bischof Bernward von Hildesheim (993–1022) angehört hatte, die anfangs die Kandidatur und Erhebung Heinrichs II. abgelehnt und Gegenkandidaten favorisiert hatten, war es ihm gelungen, über den Regierungswechsel hinaus Angehöriger der Kapelle zu bleiben. Es war daher ein deutliches Signal seiner Ambitionen, als er dem König 1006 sein Eigengut in Bökenförde bei Erwitte übergab, damit der König es Bischof Rethar (983–1009) und der Paderborner Kirche schenken konnte (MGH DD H II, Nr. 121). Rethar war damals mindestens Mitte 50 und wir wissen nicht, ob er kränkelte; Meinwerk jedenfalls hatte die Option angemeldet, im Falle einer Paderborner Vakanz dort Bischof zu werden.

Die Schenkung von immedingischem Besitz an die Paderborner Kirche

Die Übertragung von immedingischen Erb- und Familiengütern beziehungsweise Besitzrechten an die Paderborner Kirche erfolgte in einem ersten Block mit mehreren Schritten in den Jahren 1013 bis 1016. Am Anfang sind fünf Haupthöfe (»principales cortes«) im Weserraum belegt, die Meinwerk seiner Mutter Adela übergeben und diese wiederum durch ihren Mann Balderich als Vogt dem König übertragen hatte (Abb. 1). Heinrich II. schenkte sie mit Urkunde vom 3. März 1013, einen Monat vor seinem ersten Osterfest in Paderborn (5. April), weiter an die Paderborner Kirche. Es waren die Höfe Großenwieden nordöstlich von Hessisch Oldendorf, Rehme südwestlich von Minden, Meerbeck nordwestlich von Stadthagen, Goldbeck westlich von Hameln sowie Dohnsen nordöstlich von Bodenwerder (MGH DD H II, Nr. 262; für die Belege der weiteren Gütergeschäfte siehe die Übersicht am Schluss des Beitrags). Der König als Treuhänder und Garant der Schenkung begegnet uns noch öfter. Das unterstreicht die Vorsicht und Sorgfalt Bischof Meinwerks, die nicht zuletzt in der Erinnerung an die Familienstreitigkeiten um die Ausstattung des Stiftes Elten begründet gewesen sein dürften.

Nach dem genannten Osteraufenthalt bestätigte der König in zwei Diplomen die Schenkung der Höfe Moringen (bei Northeim) und Bernshausen nordwestlich von Duderstadt aus dem Besitz Erzbischof Unwans von Hamburg-Bremen (1013–1029), der Kapellan Heinrichs II. und Kanoniker in Paderborn gewesen und kurz vorher auf Vermittlung Meinwerks zum Erzbischof erhoben worden war (2. Februar 1013). Eine dritte Schenkung dieses Verwandten, des Hofes Hohnstedt nördlich von Northeim, belegt eine Königsurkunde vom 15. Januar 1015.

Vor dem Dezember des Jahres 1015 – einer der Zeugen, Erzbischof Meingoz von Trier, starb am 24. Dezember – schenkte Meinwerks Stiefvater, Graf Balderich, mit Zustimmung seiner Gemahlin im Beisein Heinrichs II. und zahlreicher Großer ein Gut in Hemmerfelden (südlich von Einbeck), das offensichtlich ebenfalls nicht im engeren Sinne zum Erbteil Meinwerks gehörte. Als Zeugen nennt die *Vita Meinwerci* außer den bereits Erwähnten noch Erzbischof Heribert von Köln und die Bischöfe Adelbold II. von Utrecht (1010–1026), Dietrich I. von Münster (1012/1014–1022), Thietmar von Osnabrück (1003–1023) und Arnulf von Halberstadt (996–1023) sowie bei den Laien neben Herzog Bernhard II. (1011–1059) die Grafen Liudolf, Dietrich (Meinwerks Bruder), Wichmann »von Vreden« und Udo »von Katlenburg« († nach 1040). Der Autor der Vita ordnet den Vorgang falsch zu 1016 ein; fragt man daher nach dem Zeitpunkt, an dem im Jahr 1015 eine so hochrangige Gesellschaft beisammen war, drängt sich die Pfingstfeier in Imbshausen mit dem anzunehmenden Hoftag, für den sonst nur die Absetzung Abt Walhs von Corvey (1011–1015) überliefert ist, geradezu auf.

Im Rahmen der Domweihe am 15. September 1015, an der Heinrich II. nicht teilnahm, habe Meinwerk selbst, so sein Biograph, aus Erbbesitz die Burg Plesse bei Göttingen geschenkt, die Übertragung von insgesamt 1100 Hufen bestätigt und einen Fonds für Kirchengründungen gebildet, an dem seine Mutter allerdings ein lebenslanges Nutzungsrecht behielt. Diese Aussagen lassen sich teilweise erhärten mit den Bestätigungen und Neuschenkungen, die Heinrich II. im Januar 1016 in Dortmund vornahm, nachdem er das Weih-

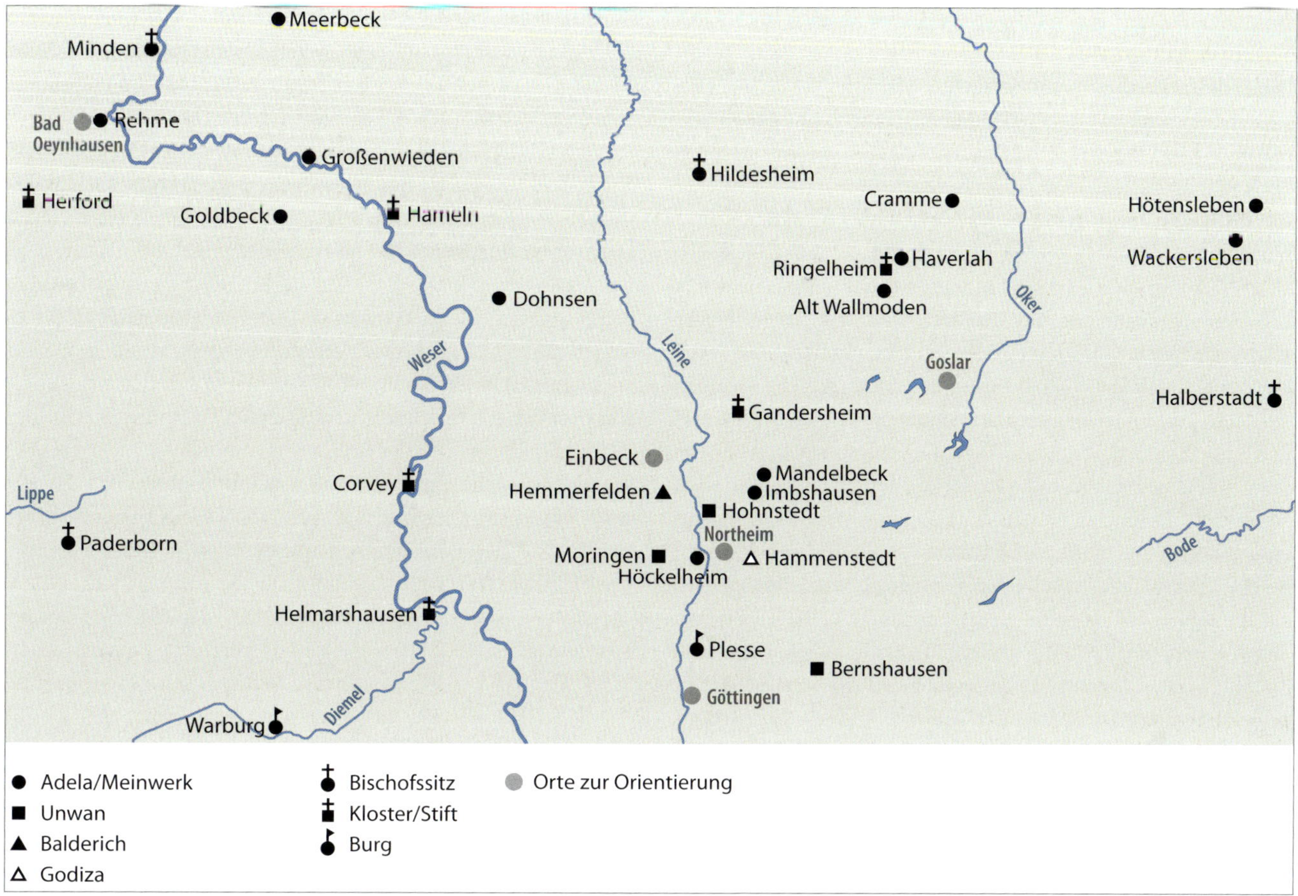

1 Schenkungen aus immedingischem Familienbesitz in Sachsen

nachtsfest 1015 in Paderborn gefeiert hatte, beziehungsweise mit einem Abgleich der Gründungsurkunde des Klosters Abdinghof vom 2. November 1031. Erneut hatte der Bischof seine Erbgüter der Mutter übergeben, damit diese sie durch ihren Mann an Heinrich II. weitergab. Neu werden 1016 die Haupthöfe Imbshausen, Alt Wallmoden, Haverlah (beide bei Ringelheim), Höckelheim (südlich davon), Mandelbeck (bei Imbshausen), Hötensleben und Wackersleben (beide bei Schöningen) genannt. Als Gründungsausstattung von Abdinghof erscheinen aus diesem Schenkungsblock Großen Wieden, Rehme, Meerbeck, Goldbeck und Dohnsen, also Höfe im Weserraum.

Noch vor dem Tod des Bruders Dietrich, der dabei als Vogt fungierte, überließ Meinwerks Schwester, die Stiftsdame Adela, mit Zustimmung ihrer Schwester Glismod in einem Prekarievertrag der Paderborner Kirche nicht genauer bezeichneten Besitz in Engern und Ostfalen. Meinwerk gab ihr dafür auf Lebenszeit Cramme (»Crammo«), nordöstlich vom immedingischen Kloster Ringelheim (südwestlich von Bad Salzgitter) gelegen, mit zehn Hörigen und einer jährlichen Geldrente (Vita Meinwerci 1921, cap. 46).

Aus Meinwerks Verwandtschaft dürfte auch der Hof Hammenstedt stammen, den Heinrich II. am 23. April 1020 in Bamberg – mit spektakulärem Bezug auf den Königsdienst des Bischofs – an die Paderborner Kirche schenkte. Die *Vita Meinwerci* bezieht sich auf dieses Diplom und weiß darüber hinaus von zwei weiteren Rechtsgeschäften beziehungsweise Absprachen zu berichten, die sonst nicht überliefert sind. Zunächst hatte ein gewisser Godiza mit Zustimmung seiner Frau Addila diesen Hof an Heinrich II. übertragen und ihn als Lehen zurückerhalten, vermehrt um 100 Hufen auf Lebenszeit. Beim zweiten Vorgang wird Godiza nicht mehr erwähnt. Heinrich schenkte den Hof zu seiner *memoria* an Paderborn unter der Bedingung, dass der Bischof der Addila ihr Eigentum erstatte, wenn jemand ihr das Lehen aberkennen sollte. Meinwerk hatte das schriftlich mit dem Zeugnis des Bischofs Dietrich von Münster und der Grafen Liudolf, Udo, Hiddo und Acca bestätigt. In der Bamberger Urkunde ist von dieser Vorgeschichte nicht die Rede, sie bestätigt nur die Schenkung.

Der Rückschluss auf Godiza als einen Verwandten liegt nahe, weil Alpert von Metz († um 1021/1025) einen Godizo, Sohn des Richizo, als Verwandten Adelas und Liutgards kennt, der sich mit Balderich – vor dessen Heirat mit Adela – gegen diese verbündete (Alpert von Metz 1980, lib. I, cap. 2; Kat.Nr. 17). Dieser darf mit dem Grafen Godizo identifiziert werden, der am 17. August 1018 im Gefolge Herzog Gottfrieds II. von Niederlothringen (1012–1023) im Kampf gegen den Grafen Dietrich III. von Holland (993–1039) fiel und zwar zusammen mit einem Gottfried, vermutlich dem Sohn Wichmanns »von Vreden«. Die Umwandlung des Allods in ein Lehen lag demnach vor dem August 1018, die Sicherung der Rechte seiner Witwe nach diesem Termin. Als nach dem Tod Heinrichs II. am 13. Juli 1024 die Sachsen sich in der Pfalz Werla trafen, um über die Nachfolge zu beraten, hat Meinwerk sich nicht nur mit Graf Thietmar († 1048) wegen Helmarshausens ausgesöhnt, sondern auch der Addila wegen des Lehens Hammenstedt Ersatz geschaffen und eine genau geregelte Memorienfeier im Dom zu Paderborn verabredet (Vita Meinwerci 1921, cap. 168, 195).

Die Übertragung von Erb- und Familiengütern – das wird aus diesen Schenkungen deutlich – entsprach nicht nur dem königlichen Auftrag bei der Erhebung zum Bischof, sondern einem neuen Engagement der Familie für den Bischofssitz, nicht zuletzt mit dem Ziel der Jenseitsvorsorge, der Sicherung der *memoria*. Wie Meinwerk in der Gründungsurkunde für Abdinghof hervorhob, hatte er dieses Kloster für das eigene Seelenheil und das seiner Eltern gestiftet. Im Abdinghofer Nekrolog sind daher außer Meinwerk sein Vater Imad und die Mutter Adela sowie die Geschwister Glismod und Dietrich eingetragen. An einer Memorienfeier im Dom mit Armenspeisung und Gaben an die Kanoniker war auch Addila, die Witwe Godizas, interessiert gewesen. Im Dom wurde bis in die Neuzeit hinein das Gedächtnis Glismods an ihrem Todestag gefeiert – ein Zeugnis, welches darauf aufmerksam macht, dass es weitere Absprachen mit Familienmitgliedern und entsprechende Schenkungen gegeben haben muss, die wir nicht kennen.

Ein außergewöhnlicher Beleg für die Hinwendung der Familie nach Paderborn und das Familienbewusstsein Meinwerks, das den Grafen Balderich einschloss, ist leider verloren. Es handelte sich um einen Memorialteppich, den Meinwerk in Auftrag gegeben hatte – vermutlich bei seiner Mutter, die – auch nach Auffassung ihrer Gegner – eine berühmte Textilkünstlerin war, angeblich »das einzig menschliche« an ihr (Alpert von Metz 1980, lib. I, cap. 2). Der Teppich zeigte Balderich als Drachenkämpfer und war von Meinwerk vom Hofgut in Renkum geholt und dem Kloster Abdinghof zu ihrer beider Erinnerung übergeben worden (Vita Meinwerci 1921, cap. 138).

Balderich starb am 5. Juni 1021 und wurde im Kloster Zyfflich beigesetzt, das er zwischen 1014 und 1016 zusammen mit seiner Frau gegründet hatte. Adela verschied einige Jahre später, sicher vor dem 6. August 1028 im hohen Alter von mehr als 70 Jahren und wurde in Köln vor dem Dom bestattet. Es ist unbekannt, seit wann sie sich nach dort zurückgezogen hatte und unter anderem von Pfründen des Klosters Deutz lebte, dessen Gründung sie und Balderich entschieden unterstützt hatten. Spätestens jetzt konnte Meinwerk uneingeschränkt auch über seinen Anteil am verbliebenen mütterlichen Erbe verfügen. Darauf geht der in der Abdinghofer Gründungsurkunde genannte und mit einer Papsturkunde von 1146 bestätigte niederländische Besitz des Klosters zurück, unter dem die Eigenkirchen besonders auffallen: Dazu gehörten die Höfe Renkum bei Wageningen (»Radincheim«) mit einer Kapelle und dem halben Zehnten des Ortes, der Hof in Putten (südlich von Harderwijk) mit der Kirche und dem Zehnten der gesamten Pfarrei sowie die von der Pfarrkirche abhängige Kapelle im südlich davon gelegenen Voorthuizen (»Vorthusen«), das nahegelegene Appel(derbroek, »Appele«) und Wessel im Kirchspiel Voorthuizen. Hinzu kamen Besitz in Rhedebrügge bei Borken und die Mutterkirche in Tuil bei Zaltbommel am Waal (»Tuilon«) mit vier abhängigen Kapellen in Nieuwaal, Hellouw, Haaften und Gameren. Das Busdorfstift erhielt bei seiner Gründung 1036 noch den Hof Delden (südöstlich von Zutphen; Vita Meinwerci 1921, cap. 210, 217; WUB 5.1, Nr. 54; UB Busdorf, Nr. 1; Abb. 3).

Königsdienst und königliche Schenkungen

Zu den vielfältigen Aufgaben der Bischöfe im Königsdienst, dem »servitium regis«, gehörte nicht zuletzt die Gastung, die Beherbergung des reisenden Hofes am Bischofssitz. Anders als noch seine Vorgänger nahm Heinrich II. sie entschiedener in Anspruch. Über die damit verbundenen Belastungen wurde im 11. Jahrhundert durchaus Klage geführt, nicht jedoch von Bischof Meinwerk: Er übernahm die Verpflichtung offensichtlich nicht ungern, weil er die Chancen, die sie bot, nutzte. Es ist kein Zufall, dass er mit Amtsantritt nicht nur den begonnenen Neubau des Domes fortsetzte, sondern auch eine neue Pfalz errichten ließ. So stieg Paderborn unter die führenden Aufenthaltsorte im Reich unter Heinrich II. und Konrad II. auf (siehe den Beitrag von Erkens).

König Heinrich II. hatte Paderborn spätestens auf seinem Umritt 1002 kennengelernt, als seine Gemahlin Kunigunde († 1033) hier von Erzbischof Willigis von Mainz (975–1011) gekrönt wurde. 1013 musste Heinrich krankheitsbedingt seine Reisepläne ändern und war zu Ostern erstmals Gast Bischof Meinwerks – was bis dahin nicht üblich gewesen war, wie die *Quedlinburger Annalen* zurückhaltend kommentieren (Annales Quedlinburgenses 2004). Meinwerks Interesse an Königsaufenthalten in Paderborn oder Imbshausen war begründet in den politischen Möglichkeiten, die die damit verbundene Königsnähe bot und zwar ganz konkret in der berechtigten Erwartung königlicher Gegengaben. Wie sehr seine Erwartungen erfüllt wurden, belegen die erhaltenen Königsurkunden, wenn man sie mit dem nachweisbaren Königsdienst Meinwerks korreliert. Dieser bestand allerdings nicht nur in der Gastung; Meinwerk leistete vielmehr auch – sicher mit einem eigenen Truppenkontingent – Militärdienst, zum Beispiel auf einem Polenfeldzug 1017, nahm an den Ita-

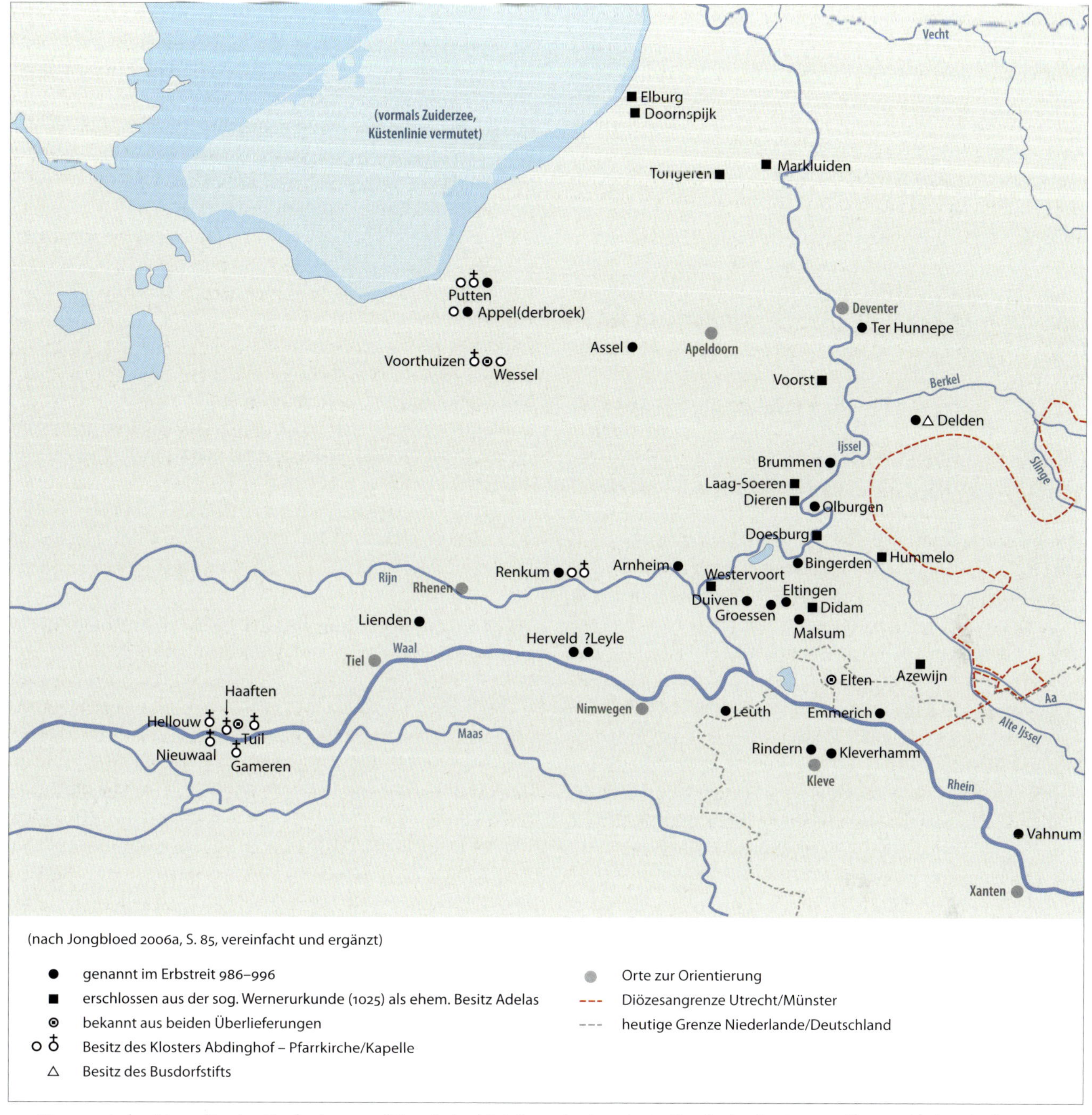

2 Eigengut des Hamaländer Grafenhauses (Elten'sche Linie) sowie der niederländische Besitz von Kloster Abdinghof und Stift Busdorf

lienzügen zu den Kaiserkrönungen 1014 (Heinrich II.) und 1027 (Konrad II.) teil und war häufig bei Hoftagen und Synoden in der Umgebung der Könige (siehe die Übersicht im Anschluss des Beitrags).

Im Einzelnen ist darauf hier nicht einzugehen. Hervorzuheben bleibt, dass unter den Begünstigungen, die Meinwerk zuteil wurden, die Vergabe der Grafschaft des Hahold war (1011), auf die die Grafschaftsrechte in der Nachfolge Dodikos (1021), des Grafen Liudolf (1021) und des Grafen Hermann (1032) folgten, so dass Meinwerk schließlich über Hoheitsrechte (Gericht, Aufgebot) und deren Einkünfte in weiten Teilen seiner Diözese verfügen konnte. Auch die bereits genannten königlichen Privilegierungen und Bestätigungen von Güterschenkungen der immedingischen Familienangehörigen dürfen nicht gering veranschlagt werden; sie sind Hulderweise der Herrscher und dokumentierten öffentlichkeitswirksam deren großes Wohlwollen und Entgegenkommen, das sich aber vor allem in den königlichen Güterübertragungen selbst fassen lässt. Dabei ist – außer im Fall Erwitte – schwer zu entscheiden, in welchem Grade Heinrich II. und Konrad II. sich von »altem« Krongut trennten; häufig drängt sich der Eindruck auf, als habe der Bischof die Gelegenheit wahrgenommen, gerade in solchen Fällen um die Überlassung zu bitten, in denen der Krone Rechte neu zugefallen waren, wobei sowohl an die Übernahme von Nachlässen als auch an das Einziehen von gerichtlich aberkanntem oder als Buße verwirktem Grundeigentum zu denken ist.

Wie »verdeckt« die Vorleistung Meinwerks beziehungsweise seine Mitwirkung sein konnten, sei an einem Beispiel aufgezeigt, das zugleich zu seinen Familienverhältnissen zurückführt. Die entsprechende Urkunde steht im Zusammenhang mit der Sühne des Mordes an Wichmann III. Heinrich II. hatte seine Entscheidung über das Schicksal Balderichs von Oktober 1016 bis April 1018, also bis zum Osteraufenthalt in Nimwegen, hinausgeschoben, als Meinwerks Bruder, Graf Dietrich, vielleicht gerade erst verstorben war. Schließlich musste er auf Drängen der billungischen Partei, namentlich Herzog Bernhards II. von Sachsen, und Herzog Gottfrieds II. von Niederlothringen gegen Balderich entscheiden, dem wegen des Mordes der Reinigungseid verweigert wurde. Dieser verlor seine Herrschaftsrechte, unter anderem die Grafschaft in der Drenthe, und wurde zusammen mit Adela dem Schutz Erzbischof Heriberts von Köln unterstellt.

Zwar wird Meinwerk in der erzählenden Überlieferung nicht als in Nimwegen beteiligt genannt, er muss aber in der entscheidenden Phase mitgewirkt haben und hat entweder eine Vermittlerrolle übernommen oder sich sogar auf die Seite der Gegner des Stiefvaters gestellt. Denn auf den 12. April, den Samstag nach Ostern, ist eine Urkunde datiert, mit der Heinrich II. ein Gut in Sieberhausen südlich Einbeck (»Siburgohusen«) an die Paderborner Kirche schenkte. Meinwerk wird darin als »stets zu unserem Dienst überaus bereit« hervorgehoben. Die Sensation und zugleich die hier vorgeschlagene Interpretation des Kontextes ist nun nicht das Objekt der Schenkung, es sind die in der Urkunde genannten zahlreichen Intervenienten. Für Meinwerk hatten sich verwandt: die Kaiserin Kunigunde, die Erzbischöfe Poppo von Trier (1016–1047) und Erkanbald von Mainz (1011–1021), die Bischöfe Eberhard von Bamberg (1007–1040) und Adelbold II. von Utrecht sowie Abt Poppo von Fulda (1013–1018). Als Laien stehen in der Liste die genannten Hauptgegner Balderichs, nämlich die Herzöge Gottfried II. und Bernhard II., gefolgt von einem Grafen Becelin.

Dass solche Privilegierungen Belohnungen waren, muss man nicht immer aus den Kontexten erschließen; es wird mit den Hinweisen auf die stetige Dienstbereitschaft Meinwerks mehrfach ausdrücklich angesprochen. Besonders aussagestark ist der Passus der Urkunde, die am 23. April 1020, erneut am Samstag nach Ostern, in Bamberg ausgestellt wurde. Papst Benedikt VIII. (1012–1024), die Kaiserin, Erzbischof Erkanbald von Mainz sowie die Bischöfe Eberhard von Bamberg und Egilbert von Freising (1005–1039) sind als Fürbitter genannt. Geschenkt wurde der bereits erörterte Hof Hammenstedt und zwar, wie die Urkunde hervorhebt, »am meisten wegen des beständigen und unermüdlichen Dienstes des verehrten Meinwerk, damit jener nicht den Vorwürfen eines Neiders unterliege, sondern weil er uns mehr als alle dient, die Belohnungen und zahlreiche Ehren von uns erhalte und durch die Beispiele unseres Nutzens andere zu unserem treuen Dienst herausfordere«. Erneut war der Königsdienst der Grund für die Privilegierung. Außergewöhnlich aber ist der Text, weil er zeigt, dass es Kritiker am Diensteifer des Paderborners gab und dass diese Kritik ausdrücklich und öffentlich zurückgewiesen wurde, denn es ist zu vermuten, dass die Urkunde bei der Übergabe in Bamberg vor den versammelten Fürsten verlesen worden ist.

So ließ Meinwerk sich nicht beirren und wurde weiterhin gelobt als einer, der – wie es Heinrich 1023 formulieren ließ – »mehr als andere« im Königsdienst »geschwitzt« habe. Konrad II., der zunächst auf Distanz zum Paderborner Bischof gegangen war, betonte am 7. April 1027 in Rom, nicht ganz vierzehn Tage nach der Kaiserkrönung, die an Ostern (26. März) vollzogen worden war, dass Meinwerk ihm »zu Hause und anderwärts«, »in seiner Nähe und auch fern von ihm« häufig und unermüdlich gedient habe, und zwar »eifriger«, »ergebener und häufiger als andere Bischöfe«, nämlich »nicht nur einmal im Jahr, sondern fast das ganze Jahr«. Diese rückblickende rühmende Beurteilung steht in jener Schenkungsurkunde, mit der der Königshof Erwitte mit seinem Markt, den Meinwerk von Heinrich II. trotz mehrfacher Bitten nicht erhielt, an Paderborn übertragen wurde. Übertroffen wurde diese öffentliche Belobigung noch in einer Urkunde von 1033 durch den ganz positiv gemeinten Vergleich Meinwerks mit der geschäftigen Martha, der Schwester des Lazarus und der Maria: »Bischof Meinwerk, der ergebenste Diener und Freund der Kaiser, der sich unermüdlich abmüht in den fleißigen Diensten der Martha.« Das genannte Vorbild unterstreicht, dass dieser Bischof schon von den Zeitgenossen nicht der *vita contemplativa*, dem betrachtend-beschaulichen Leben, sondern der *vita activa* zugerechnet wurde. Er wurde in dieser Weise charakterisiert, als Konrad II. die Übertragung der Grafschaft Dodikos an das Erzbistum Mainz zugunsten Paderborns rückgängig machte.

Die zitierten Begründungen sind Hymnen des Hofes auf die Leistungen des Paderborner Bischofs im Königsdienst. Meinwerk stand an erster Stelle unter jenen Kirchenfürsten, die sich uneingeschränkt in den Dienst des Reiches stellten und zugleich die Chancen nutzten, die die Gegengaben der Herrscher boten – sowohl beim Grundbesitz als auch bei Hoheitsrechten oder der Verfügungsgewalt über Klöster. Die im Königsdienst erworbenen Einkünfte und Rechte vergrößerten die wirtschaftliche Basis für das bischöfliche Wirken erheblich, nicht nur für den Reichsdienst, sondern auch für den Bischofssitz und das Bistum.

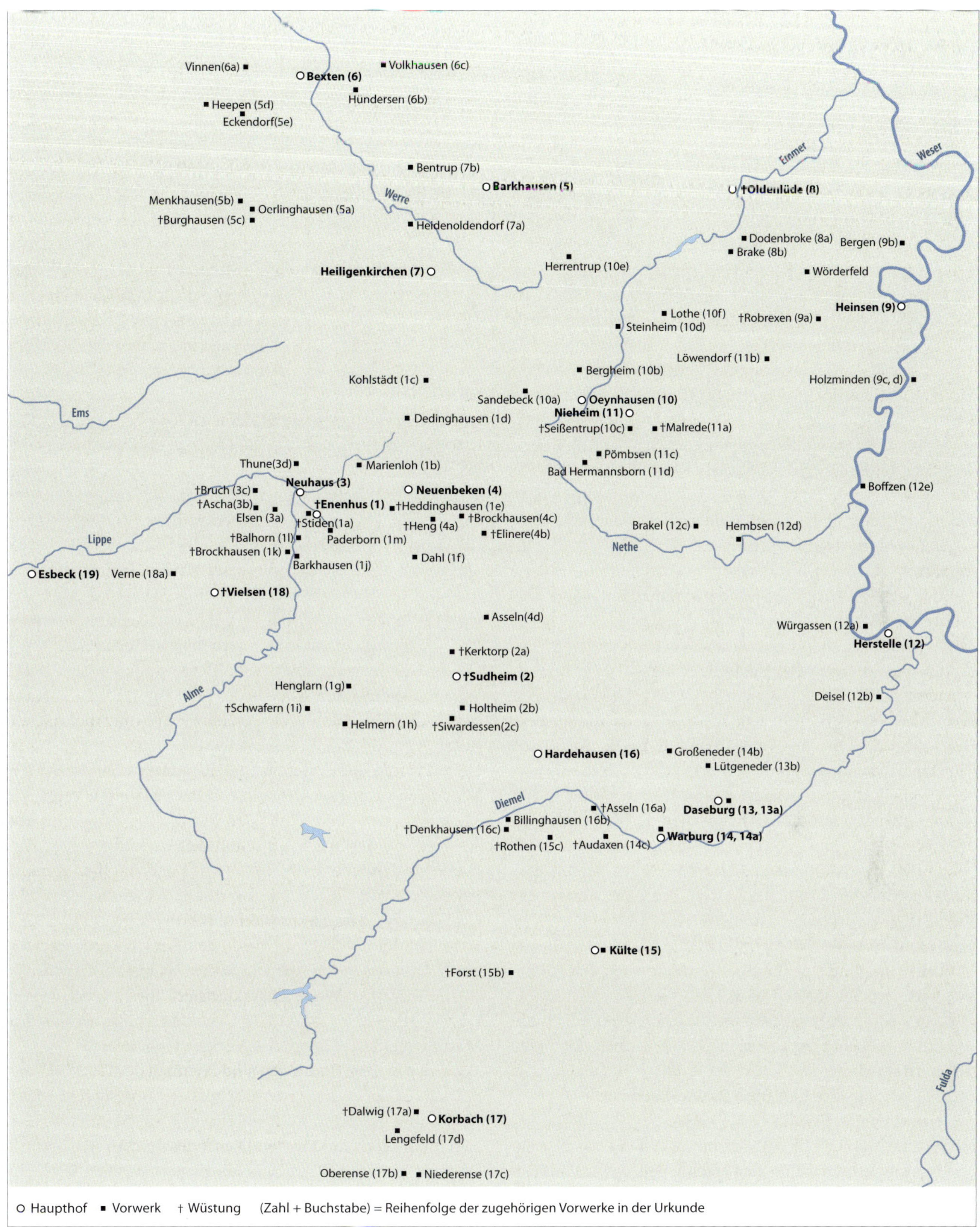

3 Die Haupthöfe und Vorwerke des Paderborner bischöflichen Tafelgutes nach der Gründungsurkunde des Busdorfstiftes (1036)

Übersicht zum Königsdienst Bischof Meinwerks und über die Ausstellung von Herrscherurkunden zugunsten der Paderborner Kirche beziehungsweise des Klosters Abdinghof

Kaiser Heinrich II.

1006, 24. Oktober, Corvey	Heinrich schenkt der Paderborner Kirche den Hof Bökenförde, den sein Kapellan Meinwerk ihm zuvor übergeben hat (MGH DD H II, Nr. 121)
1011, 10. April, Trebur	Heinrich verleiht der Paderborner Kirche die Grafschaft des verstorbenen Grafen Hahold (MGH DD H II, Nr. 225)
1013, 3. März, Werla	Heinrich überträgt der Paderborner Kirche Erbgüter Bischof Meinwerks im Weserraum (MGH DD H II, Nr. 262)
1013, 5. April	*Heinrich feiert Ostern in Paderborn (Regesta Imperii II/4, Nr. 1780a)*
1013, 24. April, Grone	Heinrich bestätigt die Übertragung des Hofes Moringen durch Erzbischof Unwan von Hamburg-Bremen an die Paderborner Kirche (MGH DD H II, Nr. 264)
1013, 24. April, Grone	Heinrich schenkt der Paderborner Kirche den Hof Bernshausen, den ihm zuvor Erzbischof Unwan von Hamburg-Bremen übergeben hat (MGH DD H II, Nr. 265)
1013, 7. Oktober bis 1014, Mai	*Meinwerk begleitet Heinrich auf seinem Romzug zur Kaiserkrönung, die am 14. Februar 1014 stattfand (Regesta Imperii II/4, Nr. 1790a–1839a)*
1014, vor 21. Mai, Pavia	Heinrich bestätigt der Paderborner Kirche ihre Privilegien und ihren Besitz (mit ausdrücklichem Bezug auf die Teilnahme Meinwerks am Romzug; MGH DD H II, Nr. 307)
1015, 15. Januar, Mühlhausen	Heinrich schenkt der Paderborner Kirche den Hof Hohnstedt, den ihm Erzbischof Unwan von Hamburg-Bremen zuvor übergeben hat (MGH DD H II, Nr. 328)
1015, 29. Mai	*Heinrich feiert Pfingsten auf Meinwerks Familienbesitz Imbshausen; Walh, Abt von Corvey, wird abgesetzt; Graf Balderich schenkt der Paderborner Kirche Hemmerfelden (Regesta Imperii II/4, Nr. 1866b/c)*
1015, 25. Dezember bis 1016, 1. Januar	*Heinrich feiert Weihnachten und Neujahr in Paderborn (Regesta Imperii II/4, Nr. 1870b)*
1016, 10. Januar, Dortmund	Heinrich überträgt der Paderborner Kirche folgende Erbgüter Meinwerks: Imbshausen, Alt Wallmoden, Haverlah, Höckelheim, Mandelbeck, Goldbeck, Dohnsen, Hötensleben, Wackersleben (MGH DD H II, Nr. 341)
1016, 10. Januar, Dortmund	Heinrich erneuert die Schenkung des Hofes Moringen an die Paderborner Kirche (MGH DD H II, Nr. 342)
1016, 14. Januar, Dortmund	Heinrich erneuert die Schenkung des Hofes Bernshausen an die Paderborner Kirche (MGH DD H II, Nr. 343)
1016, 14. Januar, Dortmund	Heinrich erneuert die Verleihung der ehemaligen Grafschaft Haholds (MGH DD H II, Nr. 344)
1017, 13. Juni, Paderborn	*Heinrich und dessen Gemahlin Kunigunde werden in die Gebetsverbrüderung des Paderborner Domstiftes aufgenommen (Regesta Imperii II/4, Nr. 1904)*
1017, [unbekannt], Paderborn	Heinrich schenkt dem Paderborner Domstift für die Aufnahme in die Gebetsverbrüderung den Besitz eines gewissen Heinrich im Raum Haltern (MGH DD H II, Nr. 368)
1017, Juli, Leitzkau	Meinwerk nimmt am Feldzug Heinrichs nach Polen teil (Regesta Imperii II/4, Nr. 1907a–1908d)
1017, 10. Juli, Leitzkau	Heinrich schenkt dem Kloster Abdinghof Besitz in Großeneder (MGH DD H II, Nr. 370)
1017, 11. Juli, Leitzkau	Heinrich schenkt der Paderborner Kirche die Benediktinerabtei Helmarshausen (MGH DD H II, Nr. 371; Kat.Nr. 142)
1018, 6. April, Nimwegen	*Heinrich verurteilt Balderich, Graf in Drenthe und zweiter Gemahl von Meinwerks Mutter Adela, wegen der Ermordung Wichmanns »von Vreden« (Regesta Imperii II/4, Nr. 1923d)*
1018, 12. April, Nimwegen	Heinrich schenkt der Paderborner Kirche Besitz in Sieberhausen, den ihm zuvor Willa mit Zustimmung ihres Gemahls Otto übergeben hat (MGH DD H II, Nr. 385)
1018, 25. Dezember	*Heinrich feiert Weihnachten in Paderborn (Regesta Imperii II/4, Nr. 1937a–1938)*
1019, 16. März	*Meinwerk nimmt in Goslar an einer Synode unter dem Vorsitz Heinrichs teil (Regesta Imperii II/4, Nr. 1943)*
1019, 20. März, Goslar	Heinrich schenkt der Paderborner Kirche das Damenstift Schildesche (MGH DD H II, Nr. 403)
1019, nach 15. Juni, Paderborn	Heinrich urkundet für das Kloster Kaufungen (Regesta Imperii II/4, Nr. 1953)
1019, 15. Dezember, Mühlhausen	Heinrich überträgt der Paderborner Kirche einen Forst in der Grafschaft Dodikos (MGH DD H II, Nr. 418)
1020, Februar, Hausberge	*Meinwerk und andere vermitteln im Streit zwischen Heinrich und Herzog Bernhard II. von Sachsen (Regesta Imperii II/4, Nr. 1961a)*
1020, 19. Februar, Köln	Heinrich schenkt dem Kloster Abdinghof den Hof Drebber (MGH DD H II, Nr. 421)
1020, 14. bis 24. April	*Meinwerk nimmt in Bamberg am Empfang Papst Benedikts VIII., der Feier des Osterfestes (17. April) und einer Synode teil (Regesta Imperii II/4, Nr. 1962b–1964a)*
1020, 23. April, Bamberg	Heinrich schenkt der Paderborner Kirche unter besonderer Hervorhebung des Königsdienstes Meinwerks den Hof Hammenstedt (MGH DD H II, Nr. 422)
1020, 22. Mai, Kaufungen	Heinrich schenkt der Paderborner Kirche einen Forst am linken Ufer von Fulda und Weser (MGH DD H II, Nr. 430)
1021, 16. Februar, Paderborn	Heinrich verleiht der Paderborner Kirche die Grafschaft des verstorbenen Grafen Dodiko (MGH DD H II, Nr. 439)
1021, März, Imbshausen	*Heinrich ist zu Gast auf dem ehemaligen Familienbesitz Meinwerks (Regesta Imperii II/4, Nr. 1982)*

1021, 3. März, Imbshausen .... Heinrich verleiht der Paderborner Kirche die Grafschaft Liudolfs, über die bereits in Bamberg 1020 verhandelt worden war (MGH DD H II, Nr. 440)
1022, 24. Dezember bis 1023, 14. Januar .... Heinrich feiert Weihnachten in Paderborn und wohnt der Weihe der Krypta in der noch unfertigen Kirche von Kloster Abdinghof bei (2. Januar 1023; Regesta Imperii II/4, Nr. 2031b–2037)
1023, 14. Januar, Paderborn .... Heinrich schenkt der Paderborner Kirche mit besonderer Betonung des Königsdienstes Meinwerks das Gut Steinen (MGH DD H II, Nr. 484)
1023, 14. Januar, Paderborn .... Heinrich schenkt der Paderborner Kirche das Gut Honsel (»Hohunseli«; MGH DD H II, Nr. 485)
1023, 14. Januar, Paderborn .... Heinrich bestätigt den Besitz des Klosters Abdinghof, verleiht diesem Immunität und das Recht auf freie Vogtwahl (MGH DD H II, Nr. 486)

Kaiser Konrad II.

1025, 1. bis 3. Januar .... Konrad reist nach der Huldigung der Sachsen und der Feier des Weihnachtsfestes in Minden nach Paderborn und hält sich dort drei Tage auf (Regesta Imperii III/1, Nr. 8f, 9)
1026, 2. Februar bis 1027, Juni .... Meinwerk begleitet Konrad auf dessen Romzug zur Kaiserkrönung an Ostern (26. März 1027; Regesta Imperii III/1, Nr. 49a–106a)
1027, 7. April, Rom .... Konrad schenkt der Paderborner Kirche wegen der besonderen Dienste Meinwerks den Königshof Erwitte (MGH DD K II, Nr. 82)
1028, vor 15. Juli .... Konrad urkundet in Paderborn (Regesta Imperii III/1, Nr. 126)
1028, 20. August, Wallhausen .... Konrad bestätigt der Paderborner Kirche ihren Besitz und ihre Privilegien (MGH DD K II, Nr. 127)
1028, 11. September, Imbshausen .... Konrad weilt auf Meinwerks ehemaligem Familienbesitz und urkundet für die Kirche von Aquileja (Regesta Imperii III/1, Nr. 134)
1029, 25. bis 31. Dezember .... Konrad feiert zum ersten Mal Weihnachten in Paderborn (Regesta Imperii III/1, Nr. 147c–148)
1030, 17. Mai .... Meinwerk nimmt in Merseburg an einem königlichen Hoftag teil (Regesta Imperii III/1, Nr. 155a)
1030, 1. Juni, Merseburg .... Konrad schenkt der Paderborner Kirche den Hof Padberg mit zehn zugehörigen Hufen, der ihm aus dem Erbe des außerehelich geborenen Bernhard zugefallen ist (MGH DD K II, Nr. 152)
1030, 25. Dezember .... Konrad feiert Weihnachten in Paderborn (Regesta Imperii III/1, Nr. 163a)
1031, 20. Januar, Allstedt .... Konrad schenkt der Paderborner Kirche die von Bernhard und dessen Schwester Hazecha ererbten Güter in Alfen und Etteln (MGH DD K II, Nr. 158)
1031, 19. Februar, Goslar .... Konrad schenkt der Paderborner Kirche Besitz in acht Orten des Augaus bei Holzminden (MGH DD K II, Nr. 159)
1031, 19. Februar, Goslar .... Konrad schenkt der Paderborner Kirche Besitz in Bennanhusen, Vahlbruch und Dadanbruch bei Holzminden und Bad Pyrmont (MGH DD K II, Nr. 160)
1031, August, Imbshausen .... Konrad weilt auf Meinwerks ehemaligem Familienbesitz (Regesta Imperii III/1, Nr. 177)
1031, 3. August, Imbshausen .... Konrad schenkt der Paderborner Kirche als Belohnung für von Meinwerk geleistete und künftige Dienste ein von ihm ertauschtes Gut in Sandebeck mit Besitz in elf weiteren Orten zwischen Horn und Steinheim (MGH DD K II, Nr. 171)
1032, 16. Januar, Paderborn .... Konrad bestätigt dem Kloster Abdinghof dessen Besitz und Privilegien, nachdem die Klosterkirche am 2. November 1031 geweiht wurde (MGH DD K II, Nr. 176)
1032, 18. Januar, Hilwartshausen .... Konrad schenkt der Paderborner Kirche wegen der geleisteten Dienste Meinwerks den Hof Gertenbach und Besitz in Hubenthal, Mollenfelde und Ludolfshausen bei Witzenhausen (MGH DD K II, Nr. 177)
1032, 18. Januar, Fritzlar .... Konrad verleiht der Paderborner Kirche die Grafschaft Hermanns im Augau, Nethegau und Hessengau mit allen der Krone gehörenden oder ihr künftig zufallenden Gütern dort (MGH DD K II, Nr. 178)
1032, 21. August, Magdeburg .... Konrad schenkt der Paderborner Kirche sechs Hörige mit deren Besitz (MGH DD K II, Nr. 183)
1032, 25. Dezember .... Konrad plant, das Weihnachtsfest in Paderborn zu verbringen, sagt aber wegen Auseinandersetzungen in Süddeutschland ab (Regesta Imperii III/1, Nr. 190a)
1033, 13. Mai, Nimwegen .... Konrad schenkt der Paderborner Kirche Besitz in Marsvelde bei Gieboldeshausen nördlich von Duderstadt mit sieben Hörigen sowie noch drei weitere Hörige (MGH DD K II, Nr. 188)
1033, 2. August, Limburg .... Konrad verleiht der Paderborner Kirche wegen der Dienste Meinwerks (Vergleich mit der biblischen Martha) die Grafschaft Dodikos, die ihr am 16. Februar 1021 schon einmal von Kaiser Heinrich II. verliehen, aber von Konrad eingezogen und an das Erzbistum Mainz ausgegeben worden war (MGH DD K II, Nr. 198)
1033, Herbst .... Konrad urkundet in Paderborn (Regesta Imperii III/1, Nr. 210)
1035, 30. März .... Konrad feiert Ostern in Paderborn (Regesta Imperii III/1, Nr. 224a)
1036, 25. bis 27. Mai .... Konrad nimmt an der Weihe der Busdorfkirche (25. Mai) teil und feiert Christi Himmelfahrt (27. Mai) in Paderborn (Regesta Imperii III/1, Nr. 238a)
1036, 5. Juni .... Meinwerk stirbt am Samstag vor Pfingsten gegen zehn Uhr in der Primus- und Felicianuskapelle des Paderborner Bischofspalastes (Vita Meinwerci 1921, cap. 219)

Güterverwaltung und Gütergeschäfte des Bischofs

Die Güter und Rechte, mit denen eine Bischofskirche bei ihrer Gründung ausgestattet wurde oder die sie später erwarb, bildeten theoretisch eine Einheit; in Paderborn waren sie Eigentum der Dompatrone Maria, Kilian und (später) Liborius. Praktisch wurden im Laufe der Zeit aber einzelne Vermögensfonds gebildet und als eigene Güterverwaltungen ausgegliedert. Neben der »structura«, dem Amt für die Bauunterhaltung des Domes, war das seit dem 9./10. Jahrhundert die »mensa capituli«, das Vermögen für die Verköstigung und den sonstigen Unterhalt des Domklerus unter der Verwaltung des Dompropstes – zunächst für das gemeinsame Leben im Domkloster und später, als die Domherren in eigene Kurien gezogen waren (beginnend im 11. Jahrhundert), für deren Pfründen. Spätestens seit dem frühen 11. Jahrhundert wurden neue Schenkungen zum Beispiel für die Totenmemoria oder die besondere Gestaltung von Kirchenfesten nicht mehr in diese Fonds integriert, sondern als so genannte Obödienzen von einzelnen Kanonikern verwaltet, die die mit der Stiftung verbundenen Verpflichtungen zu erfüllen hatten, die Überschüsse aber für sich verwenden konnten. Zum Kirchengut gehörten auch Lehen, die entweder vom Bischof oder vom Dompropst vergeben wurden.

Dem Kapitelsgut entsprach die »mensa episcopi«, das Tafelgut des Bischofs. In Paderborn kennen wir seinen Umfang – zumindest die Zahl der Haupthöfe und ihrer Vorwerke, nicht aber die der davon abhängigen Hufen, das heißt die einzelnen Bauernhöfe, die Abgaben und Dienste bei Aussaat und Ernte zu leisten hatten –, weil Meinwerk 1036 zur Ausstattung des Busdorfstiftes auf die Zehnten der Haupthöfe und Vorwerke zurückgriff (Abb. 3). Er wusste, dass das nicht statthaft war und entschuldigte sich daher bei seinen Nachfolgern damit, dass er diesen »Verlust« hundertfach erstattet habe (UB Busdorf, Nr. 1).

Die zentrale Verwaltung des bischöflichen Tafelgutes oblag dem *vizedominus*, der als Vertreter des Bischofs dem bischöflichen Haushalt vorstand. Trotzdem ließ Meinwerk es sich nicht nehmen, folgen wir seiner Vita, sich persönlich auch um Einzelfragen zu kümmern. Als nach einer Missernte in den Niederlanden eine Hungersnot drohte, orderte er in Köln zwei Schiffe mit Getreide, um seinen Bauern dort zu helfen, unter anderem mit Korn für die nächste Aussaat (Vita Meinwerci 1921, cap. 151). Den Hufenbauern des Tafelgutes gestand er eine Verköstigung zu, wenn sie auf den Haupthöfen Dienste leisten mussten, und einer armen Witwe, die er vom Laubengang des Bischofspalastes aus beobachtet hatte, erließ er die Schweinelieferung an die bischöfliche Küche (Vita Meinwerci 1921, cap. 146, 150). Er gab Anregungen für die Hühnerhaltung in Hürden und soll sogar – als Wanderhändler verkleidet – »heimlich« seine Besitzungen kontrolliert haben. Während sich dabei die Frau des Meiers von Balhorn nicht zu einem Kauf von Schmuck auf Kredit verführen ließ, traf eine andere der ganze Zorn des Grundherrn: Nackt wurde sie durch die Brennnesseln in ihrem ungepflegten Hausgarten geschleift (Vita Meinwerci 1921, cap. 148–149, 153). Vermutlich wurden solche Anekdoten in verklärender Erinnerung in Paderborn erzählt und daher vom Biographen aufgeschrieben; unterstreichen sollten sie die Strenge und zugleich die Barmherzigkeit des Bischofs als Grundherrn.

Bei der oben zitierten Aussage vom hundertfachen Ersatz der bischöflichen Einkünfte, die er kurz vor seinem Tod niederschreiben ließ, wird Meinwerk nicht nur an die Übertragung seines Erbes oder die Schenkungen der Könige gedacht haben; er konnte sich auch auf eine große Zahl sonstiger Erwerbungen berufen. Die 117 in original erhaltenen Traditionsnotizen (Kat.Nr. 123a–g) beziehungsweise die in den so genannten Traditionskapiteln der *Vita Meinwerci* überlieferten Nachrichten darüber gewähren überraschende Einblicke in eine Fülle von Gütergeschäften mit – soweit identifizierbar – Grafen, anderen adligen Männern und Frauen sowie Freien, Klerikern und Stiftsdamen. Dabei sind Schwerpunkte im Bistum selbst erkennbar; die Aktivitäten des Bischofs überschritten aber auch bei weitem den Rahmen seiner Diözese: im Westen bis nach Soest sowie im Osten, wo eine Streuung in Räumen mit Familienbesitz Meinwerks zu erkennen ist (Abb. 4). Bezeugt sind »Kauf und Verkauf« sowie bedingte Schenkungen, letztere zum Teil mit dem Vorbehalt der Rückgabe als Lehen und vielfach in Formen einer »precaria remuneratoria«: Auf Lebenszeit behielt der Schenkende sich die Nutzung der Objekte vor und bekam vom Bischof zusätzlichen Grundbesitz mit seinen Einkünften hinzu. Hier sei nur hingewiesen auf Graf Dodikos Sicherung seines Totengedächtnisses, bei der gleichzeitig Zahlungen an die Erben zum Verzicht auf ihre Ansprüche überliefert sind (Kat.Nr. 122).

Breit ist das Spektrum der Gegengaben Meinwerks; sie gewähren weitere Einblicke in die sozialen und wirtschaftlichen Verhältnisse der Zeit, in Markt und Handelsgüter sowie frühes städtisches Handwerk. Meinwerk gab auf Lebenszeit Land und Leute als Gegenleistung; er übertrug Bann- und Zehntrechte. Geistliche erhielten Kirchen und Ämter, Frauen häufig Leibrenten, Lebensmittel und Kleidung. Hervorzuheben sind Pelze, die aus heimischer Produktion stammten oder als Luxusgüter im Fernhandel erworben wurden, sowie Waffen und Pferde – letztere unter anderem zur Ausrüstung von Rittern. Auch Geld oder Edelmetall stellten eine wichtige Gegenleistung dar, sowohl als einmalige Zahlung als auch als Geldrente – Zeugnisse für die wachsende Bedeutung der Geldwirtschaft.

Zusammengenommen erweisen gerade die Nachrichten über einzelne Gütergeschäfte Meinwerk als kapitalkräftigen »landbroker« (Reuter 1995b), als einen »Grundstücksmakler«, der über Grundbesitz und andere Sachwerte ebenso verfügte wie über Geld. »Bischof Meinwerk hat als Gegenleistung für Traditionen von privater Seite allein an barem Geld oder Edelmetall insgesamt mehr als 103 Pfund Denare, 117 Pfund Gold und

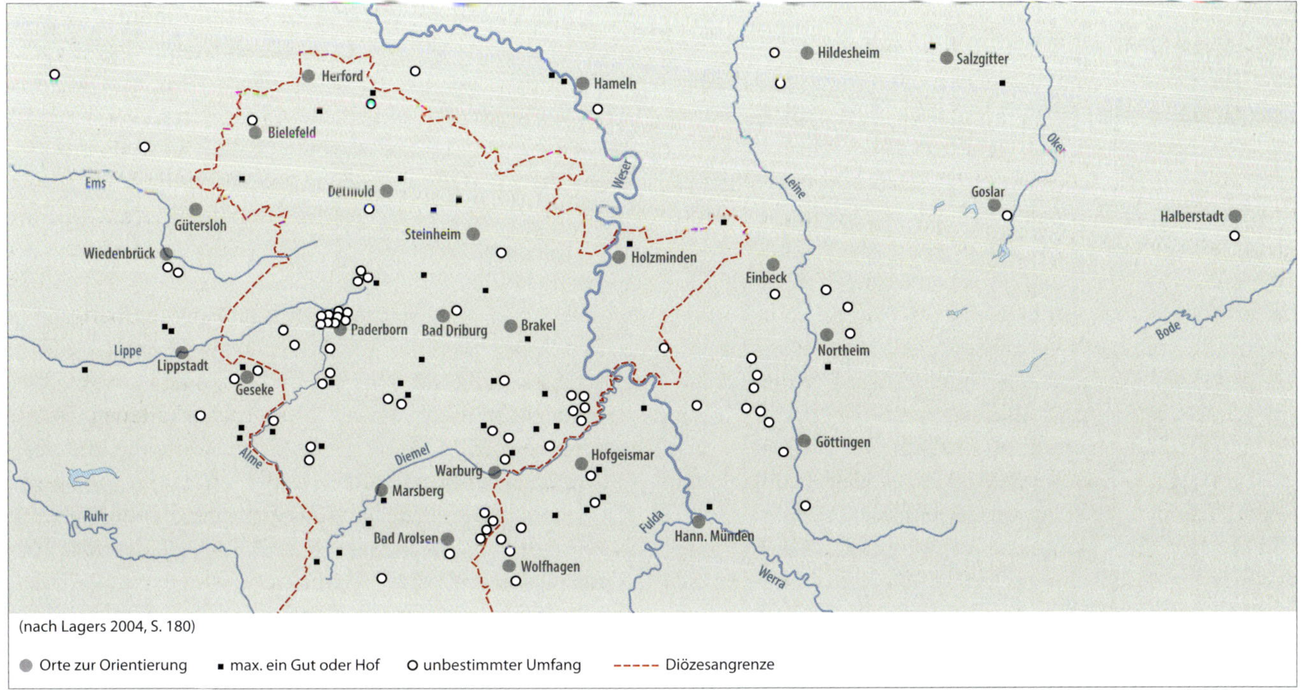

4 Lokalisierung der in cap. 30–130 der *Vita Meinwerci* belegten Gütergeschäfte Bischof Meinwerks

Silber, 113 Talente, 32 Unzen Gold und 9 Mark ausgegeben. Dazu kamen Geldrenten in Höhe von mindestens 8 Talenten und 15 Schillingen jährlich.« (Irsigler 1970). Der Bischof war ein finanzkräftiger Mann. Dabei ist für die Wertrelationen festzuhalten, dass ein Talent wie ein Pfund gerechnet wurde und zum Beispiel ein gutes Pferd ein Talent Silber wert war.

Fazit

Bischof Meinwerk hat die Erwartungen, die König Heinrich II. bei seiner Ernennung im Jahre 1009 in ihn gesetzt haben soll, voll erfüllt. Er leistete in ungewöhnlichem Umfang Königsdienst und wurde dafür zugunsten seines Bistums fürstlich belohnt. Er schenkte sein Erbe, zunächst das väterliche im östlichen Sachsen und später auch Anteile am mütterlichen in den heutigen Niederlanden, an die Domkirche beziehungsweise verwandte es zur Ausstattung seiner beiden Stiftungen in Paderborn, des Benediktinerklosters St. Petrus und Paulus, genannt Abdinghof, und des Klerikerstiftes St. Petrus und Andreas, genannt Busdorf. Er baute Netzwerke auf und nutzte vorhandene, um – wo es ging – weiteren Grundbesitz für sein Bistum zu sichern, unter dem der des Grafen Dodiko von Warburg besonders hervorgehoben werden muss. Sein Biograph war offensichtlich fasziniert vom Eifer und den Erfolgen seines »Helden« und hat deshalb die einleitend zitierten Feststellungen kritiklos getroffen. Sie sind, das bestätigt die zeitgenössische Überlieferung, zutreffend. Meinwerk hat mit seinem Erbe, seinem Königsdienst und seinem Erwerbssinn die wirtschaftlichen Grundlagen für sein Wirken als Bischof, als Bauherr und Stifter geschaffen und zugleich ein dauerhaftes Fundament für die weitere Entwicklung seines Bistums, nicht zuletzt für die Bildung des Hochstifts, des weltlichen Territoriums seiner Nachfolger, gelegt.

Quellen

Alpert von Metz 1980 · Annales Quedlinburgenses 2004 · MGH DD H II · MGH DD K II · MGH DD O III · Regesta Imperii II/4 · Regesta Imperii III/1 · RUB 2 · UB Busdorf · Vita Meinwerci 1921 · Vita Meinwerci 2001 · WUB 5.1.

Literatur

Balzer 1977 · Balzer 1984b · Balzer 1986a · Bannasch 1972 · Baumgärtner 2004 · Derks 1995 · Dopsch 1997 · Balzer 2006c · Fischer 2004 · Haarländer 2000 · Hengst 1986a · Holtschoppen 2004 · Ilisch 1997/1998 · Irsigler 1970 · Jongbloed 2005 · Jongbloed 2006a · Jongbloed 2006b · Jongbloed 2008 · Keller 2004 · Kos 2002 · Lagers 2004 · Le Jan 2006 · Ludwig 2002 · Reuter 1995b · Tersteeg 1973.

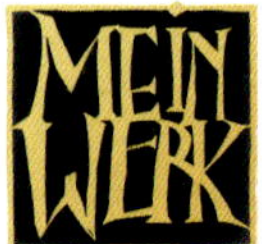

»... von edler Herkunft und Lebensart«

Adligsein im 10. und 11. Jahrhundert

Hermann Kamp

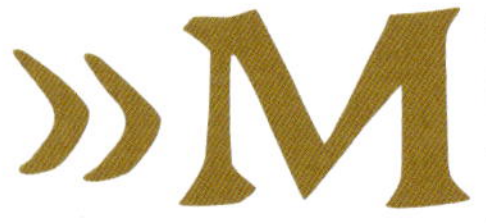

änner von edler Herkunft und Lebensart hatte er gern, geringe verachtete er zwar nicht, hielt sie jedoch von sich fern.« Mit diesen Worten beginnt Thietmar von Merseburg (1009–1018), ein Kollege und Zeitgenosse Bischof Meinwerks (1009–1036), seinen Nachruf auf den verstorbenen Erzbischof Tagino von Magdeburg (1004–1012; Thietmar von Merseburg 1935, lib. VI, cap. 65). Der Satz bringt ein Bewusstsein zum Ausdruck, das man in vielen Texten des 10. und 11. Jahrhunderts antrifft. Die Gesellschaft, in der man lebte, war gespalten in Edle (»nobiles«) und Unedle (»ignobiles«). Die Unterschiede waren nicht nur offenkundig, sie wurden von den zeitgenössischen Autoren auch bejaht. Verwunderlich ist das nicht, denn als edel wurden zunächst einmal nur einzelne Menschen bezeichnet, deren Vorzüge stets auch moralisch, an der Lebensart, den Sitten (»mores«) festgemacht wurden. Folglich konnte man von edlen und unedlen Menschen so selbstverständlich reden wie von guten und bösen Menschen.

Doch als edel galt man nicht allein dank der persönlichen Verdienste; die Auszeichnung war, wie Thietmar von Merseburg gleich zu Anfang zu erkennen gibt, an die Herkunft gebunden. Der Edle des 10. und 11. Jahrhunderts war nicht nur ein Mensch mit lobenswerten Sitten, er gehörte einer Familie an, die ihm das Prädikat edel vererbt hatte. Infolgedessen wurde die Gesellschaft in edle und unedle, sprich adlige und nichtadlige Familien unterteilt. Damit markierte diese Unterscheidung auch soziale Grenzen. Sie treten umso schärfer hervor, als die Nichtadligen den Adligen aufgrund der ererbten Lebensart Ansehen schuldeten, während man auf die Nichtadligen durchaus herabblicken konnte, wenn auch nicht musste, wie man an der Würdigung Erzbischof Taginos ablesen kann.

Die Vorstellungen, die Thietmar von Merseburg mit dem Adel verbindet, gewinnen ihren besonderen Wert vor dem Hintergrund der in den letzten Jahren geführten Diskussion über den Adel im Mittelalter. Sie zeigen, dass es, wie zuweilen geschehen, unangemessen wäre, die Existenz eines Adels für das frühere Mittelalter gänzlich zu bestreiten, offenbaren aber auch ein noch recht diffuses, mehr moralisch-sittlich begründetes, mehr auf die einzelne Person beziehungsweise die einzelne Familie bezogenes, denn sozial bestimmtes Bild vom Adel. Selbst wenn in diese Zeit bereits die Anfänge eines Denkens fallen, das die menschliche Gesellschaft nicht mehr bloß in Laien und Geistliche aufteilte, sondern in Bauern, die für die Produktion der Nahrung zuständig waren, in Mönche und Kleriker, die beten und für das Seelenheil der Gläubigen sorgen sollten und schließlich in Krieger, die den anderen Schutz zu gewähren hatten. Und mit der letzten Gruppe waren in erster Linie die Adligen gemeint, die so als eigenständiger unverzichtbarer Teil der gesellschaftlichen Ordnung gedacht wurden.

Solche Gedanken können jedoch nicht darüber hinwegtäuschen, dass der Adel um die Jahrtausendwende noch kein Standesadel war, wie man ihn aus dem späten Mittelalter kennt. Noch waren es keine rechtlichen, dem Adel allein zuerkannten Privilegien, keine expliziten Sonderrechte, wie etwa das Recht auf Steuerfreiheit, die den Adel definierten. Noch hatte sich das ritterliche Adelsethos, die christlich ausgerichtete Rechtfertigung des Adels, nicht entwickelt. Und ebenso wenig gab es zu Meinwerks Zeiten ein adliges Standesbewusstsein. Auf die Idee, sich als Teil eines Kollektivs namens »Adel« zu begreifen, in dessen Namen man bestimmte Forderungen an den König stellen kann, wären die Edlen des 10. und 11. Jahrhunderts nicht gekommen, zumal für sie der König seiner Stellung gemäß von höchstem Adel war respektive sein sollte. Kurzum, der Adel dieser Zeit, oder präziser die Adligen dieser Zeit, zeichneten sich, und hier kann man erneut auf Thietmar verweisen, durch ihr Bewusstsein, adlig zu sein, und die Anerkennung dieser Selbstzuschreibung durch die anderen aus. Dabei umfassten die anderen sowohl diejenigen, die sich als adlig bezeichneten, als auch jene, die es nicht taten.

Erscheint der Adel auf diese Weise vornehmlich als ein Bewusstseinsphänomen, so gab es doch Kriterien, an denen sich die Zeitgenossen orientierten, wenn sie sich oder bestimmten Familien das Prädikat adlig zugestanden. Zu diesen Kriterien zählten vor allem die Herkunft, die Geburt und die adäquate Lebensart. Die angemessene Lebensweise aber erforderte wiederum eine Reihe von Qualitäten, die dann zum Ausweis von Adel taugten und ihn sichtbar werden ließen. Dazu gehörten umfangreicher Besitz, das Vermögen, mit der nötigen Ausrüstung in den Krieg ziehen zu können, sodann die Ausübung von Herrschaftsrechten, enge Verbindungen zu anderen adligen Familien und gegebenenfalls die Nähe zum König.

Was man nun über adliges Leben um die Jahrtausendwende weiß, ist nicht allzu viel. Die spärlichen Quellen geben allein den Blick auf einige wenige Adelsfamilien frei, aus denen die 200 bis 300 Personen stammen, die gemeinhin als die politische Führungsschicht des ottonisch-frühsalischen Reiches hervortritt. Dabei handelt es sich um eine verschwindende Minderheit von äußerst vermögenden Familien, deren Mitglieder die hohen Ämter innehatten, also als Herzöge, Markgrafen oder Grafen von sich reden machten. Angesichts dieser Quellenlage muss man sich bei den folgenden Ausführungen stets vor Augen halten, dass das Gros der adligen Familien weniger Möglichkeiten besaß, den eigenen Adel zu demonstrieren als die in den Quellen genannten Familien. Für Meinwerk und dessen Familie gilt das allerdings nicht. Sie gehörte dem so genannten Hochadel an und so vermitteln die Quellen schon einen Eindruck davon, was die Zeitgenossen meinten, wenn sie, wie auch im Falle des Paderborner Bischofs, den Adel einer Familie betonten.

Adel braucht Unterscheidung. Und das galt offenbar auch für die Adligen um die Jahrtausendwende. So grenzten sie sich allein durch das Tragen wertvoller Waffen, durch den Besitz ausgewählter Pferde, durch hochwertige Kleidungsstücke, durch Goldschmuck und den Besitz kostbarer Edelsteine vom Rest der Bevölkerung ab. Der Reichtum wurde zur Schau gestellt, man gab sich freigebig und großzügig, wenn man andere bewirtete oder einlud. Dieses Verhalten diente bewusst vor allem dazu, sich von seinesgleichen zu unterscheiden. Denn die Qualität des eigenen Adels offenbarte sich gemeinhin erst im Vergleich mit den übrigen Adligen.

Das Bemühen um Abgrenzung und Distinktion verursachte zwangsläufig hohe Kosten, die die Adligen unter den Bedingungen einer kaum entwickelten Geldwirtschaft nur mit den Erträgen, die die Bauern auf ihren Feldern erwirtschafteten, bezahlen konnten. Infolgedessen war Landbesitz eine unabdingbare Voraussetzung ihres Adels. Die vermögenden Adligen verfügten zumeist über große Güterkomplexe, die weit voneinander entfernt lagen. Da befanden sich, wie im Falle der Familie Meinwerks, Teile am Niederrhein, andere im Vorharz und wieder andere an der Weser. Der Streubesitz resultierte nicht zuletzt aus dem Zusammenspiel der damaligen Erb- und Heiratsregeln. Noch war der Erbgang nicht von der Primogenitur geprägt, dem Anrecht des ältesten Sohnes auf den Großteil des väterlichen Erbes. Alle Söhne und in Abstufung auch die Töchter konnten erben. Die Ausstattung von Ehefrauen mit Mitgift und Wittum vereinte daher zugleich immer wieder weit entfernte Besitztümer in einer Hand.

Der Umfang an Eigengut war bestimmend für den sozialen Rang einer adligen Familie. Je mehr man besaß, desto höher stieg das Ansehen, während fehlender Besitz die vornehme Geburt minderte. Zugleich war der Besitz eine entscheidende Säule für das adlige Selbstbewusstsein, wofür die vielen Kämpfe um das Erbe respektive das vorenthaltene Erbe ein beredtes Zeugnis sind. Im Unterschied zu den späteren Verhältnissen bedurfte es indes noch keines, von Generation zu Generation weiterzugebenden Stammgutes, um als adlig zu gelten.

Neben den Eigengütern besaßen die hochadligen Familien auch Lehngüter, die ihnen der König übertragen hatte, etwa um die Übernahme eines Amtes zu belohnen. Da die Lehen im 10. Jahrhundert in den meisten Regionen des Reiches erblich geworden waren, trugen sie dauerhaft zum Reichtum bestimmter adliger Familien bei, verstetigten und erweiterten aber auch die sozialen Unterschiede innerhalb des Adels. Diese Wirkung fiel umso stärker aus, als auch das Prestige der einzelnen Familien durch den Lehnbesitz zunahm, signalisierte dieser doch die Nähe zum König, die selbst eine Auszeichnung war.

Um ihren umfangreichen Besitz nutzbar zu machen, verfügten die adligen Herren zumeist über mehrere Herrenhöfe, auf denen Verwalter die wirtschaftlichen Aktivitäten koordinierten und kontrollierten. Einige dieser Höfe dienten auch als Wohnsitze. Dann waren sie größer als gewöhnliche Gutshöfe, umfassten mehrere Gebäude, verfügten über eine Kemenate und waren nicht selten befestigt. Die größten von ihnen dürften repräsentative Bauten aufgewiesen haben. Bischof Meinwerk hatte von seinem Vater den Hof Imbshausen in der Nähe von Northeim geerbt, der offenkundig so angelegt war, dass er hier König Heinrich II. (1002–1024) gleich mehrmals empfangen konnte. Die Zeit, in der Adlige systematisch Burgen und Höhenburgen als Wohnsitze zu nutzen begannen, sollte allerdings erst noch kommen. Um das Jahr 1000 war es nur eine verschwindende Minderheit, die über Burgen verfügte und diese dauerhaft bewohnte.

Die Bedeutung des Besitzes für den Adel erwuchs zudem aus den Herrschaftsrechten, die er damit einhergehend ausüben konnte. Diese Rechte nahmen die Adligen unmittelbar gegenüber ihren Dienstleuten und den Bauernfamilien wahr, die ihr Land bewirtschafteten. Das galt zum einen für die unfreien Bauern, vielfach aber auch für die freien zinspflichtigen, über die der adlige Herr nicht selten die niedere Gerichtsbarkeit ausübte. Inwieweit die vom Adel praktizierten Herrschaftsrechte vom König abgeleitet waren, ist bis heute nicht restlos geklärt. Da die ranghohen

Adligen vielfach auch als Grafen oder Herzöge und damit im Namen des Königs Herrschaftsrechte wahrnahmen, sammelten sie über die Jahre hinweg eine Fülle von Rechtstiteln in ihren Händen, deren Herkunft nicht immer klar zu bestimmen ist.

Hohe Adlige geboten nicht allein über Dienstleute und Abhängige. Die königsnahe Führungsschicht besaß stets auch ein Gefolge aus Kriegern, das sich selbst wieder aus Adligen zusammensetzte. Sie unterhielt diese Gefolgsleute, indem sie den Kriegern einen Teil ihres Eigengutes als Lehen ausgab. Da sich der Rang eines Adligen nicht zuletzt auch nach der Menge seiner bewaffneten Gefolgsleute bemaß, sahen sich viele Adlige veranlasst, ihren Besitz unablässig zu vergrößern, um dann mehr Gefolgsleute unterhalten zu können. Deshalb bemühten sie sich um königliche Lehen oder Schenkungen, griffen nach jedem potentiellen Erbe oder versuchten, eine reiche Frau zu heiraten.

Mit der gewinnbringenden Eheschließung ist ein Aspekt angesprochen, der für die Adligen aus weiteren Gründen von prinzipieller Bedeutung war: die adäquate Ehe und angemessene Verheiratung der Kinder. Dies musste so sein, wenn Adel zunächst einmal eine Frage der Herkunft war. Die Adligen kamen nicht umhin, wollten sie ihre Stellung und ihren Rang bewahren, adlige Frauen zu heiraten beziehungsweise für ihre Kinder Ehepartner aus adligen Familien zu suchen. Edle Frauen für edle Männer war die Devise. Wer sich daran hielt, sicherte sich auf Dauer ein hohes Ansehen, das so weiter vererbt wurde. Als besonders vornehm galt Bischof Meinwerk, weil sowohl sein Vater als auch seine Mutter aus einer hochadligen Familie stammte.

Während das Gros der Adligen adlige Frauen aus der näheren Umgebung geheiratet haben dürfte, ging der Hochadel immer wieder Ehen über die alten Stammesgrenzen hinweg ein. So heiratete eine Schwester Bischof Meinwerks nach Bayern, so waren die in Sachsen reich begüterten Billunger mit den Grafen von Flandern verwandt und so hatte sich die im ostfälischen Gebiet beheimatete Familie der Grafen von Walbeck dank einer Ehe mit den Markgrafen von Schweinfurt verbunden. Indem der Hochadel seine Söhne mit Frauen aus der adligen Führungsschicht in anderen Reichsgebieten verheiratete und damit letztlich unter sich blieb, hob er sich schon durch sein Heiratsverhalten vom übrigen Adel deutlich ab. Das galt umso mehr, als der König selbst nicht selten solche Ehen vermittelte.

Da Ehen im Adel nicht nur das Verhältnis der Familien zueinander, sondern auch die Stellung der Familien gegenüber allen anderen adligen Familien berührte, waren Ehre und Rang die Kriterien, mit deren Hilfe Eheschließungen bewertet wurden. Allerdings kam es wiederholt zu Rang mindernden Ehen, die den Einfluss anderer Motive und Kriterien aufzeigen. Von Meinwerks Mutter Adela († vor 1028) berichtet Alpert von Metz († nach 1021/1025), sie habe in zweiter Ehe mit dem Grafen Balderich († 1021) einen Mann geheiratet, der an ihren Adel nicht heranreichen konnte (Alpert von Metz 1980, lib. I, cap. 2). Umgekehrt bedeutete dies für Balderich einen Aufstieg, und da dies kein Einzelfall war, erkennt man daran zugleich, in welchem Maße die Eheschließungen die Rangordnung in Bewegung setzten.

Eine gute Partie versprach nicht nur zusätzliches Ansehen. Sie war auch ein Mittel, um sich mit anderen Familien zu verbünden und damit den eigenen politischen Einfluss zu erhöhen. So heiratete der Billunger Wichmann III. († 1016) nach den Worten Alperts von Metz die Tochter des Präfekten Gottfried, um durch dieses Bündnis seine Stellung am Niederrhein auszubauen (Abb. 2). Dies gelang ihm auch, rief dann aber die Neider auf den Plan und er wurde im Auftrag seines Hauptkonkurrenten, des Grafen Balderich, ermordet. Thietmar und andere sahen im Übrigen in Adela, der Ehefrau Balderichs und damit der Mutter Meinwerks, die eigentliche Anstifterin zu dieser Tat, was nur schwer zu überprüfen ist (Kat.Nr. 17).

Seine Kinder richtig zu verheiraten, war eine Kunst. Thietmar von Merseburg beschreibt sehr anschaulich die Schwierigkeiten, mit denen sein Onkel, Markgraf Liuthar, zu kämpfen hatte, als er seinen Sohn Werner († 1014) mit der Tochter des Markgrafen Ekkehard von Meißen (985–1002) verheiraten wollte (Thietmar von Merseburg 1935, lib. IV, cap. 40). Erst musste Liuthar treue Freunde vorschicken, um die Haltung des Brautvaters zu ermitteln und diesen für das Unterfangen zu gewinnen. Ein Nein, direkt ins Gesicht gesprochen, wäre eine Brüskierung gewesen. Dann galt es, ein Treffen beider Familien zu organisieren, bei dem mit Sicherheit über die Mitgift verhandelt wurde. Doch damit nicht genug: Weitere Magnaten, also einflussreiche Adlige, mussten hinzugezogen und das Eheversprechen öffentlich gemacht werden. Das sorgte für Verbindlichkeit und sollte wohl auch den übrigen Adel dazu bringen, sein Einverständnis zu erklären und damit offiziell von der Verfolgung eigener Pläne hinsichtlich der Markgrafentochter abzusehen.

So vielfältig die Gründe für eine Heirat auch immer waren, zunächst einmal besaß die Ehe vor allem einen Zweck: Sie sollte einen Erben hervorbringen, auf dass sich der Adel, der gute Name der Familie, fortpflanzen konnte. Wo dies glückte, besaß denn auch die rechte Erziehung einen großen Stellenwert. Schon früh wurden die Söhne außer Haus geschickt. Sie kamen bei Verwandten oder befreundeten adligen Familien, manchmal auch bei nahe stehenden Bischöfen unter. Dort sollten sie insbesondere das Waffenhandwerk und die richtigen Umgangsformen lernen. Diese Zeit war für die Ausbildung des adligen Habitus von großer Bedeutung, weil die jungen Adligen bei den Gastfamilien oder eben an den Höfen der Bischöfe, wo sich ja immer bewaffnete Krieger aufhielten, lernten, wie man sich als Adliger benimmt und auftritt, wie man mit Untergebenen spricht, das Wort an den König richtet, wie man in der Öffentlichkeit oder im

Geheimen agiert, wie man Anweisungen gibt, befiehlt oder bittet, ohne unterwürfig zu erscheinen. Darauf verweist indirekt auch Thietmar von Merseburg, wenn er über die Jugend des späteren Markgrafen Ekkehard schreibt: »[…] schon während er allmählich zum Manne heranwuchs, machte er allen seinen Verwandten durch hervorragend ritterliches Auftreten und Handeln Ehre, steht doch geschrieben: ›Fehler verunehren edle Abkunft.‹« (Thietmar von Merseburg 1935, lib. IV, cap. 39). Ekkehard von Meißen hatte gelernt, wie man sich als Adliger verhalten sollte. Die dritten und vierten Söhne, das sei der Vollständigkeit halber noch hinzugefügt, wurden vielfach in eine Bischofsstadt geschickt, wo sie dann die Domschule besuchten und auf eine geistliche Laufbahn vorbereitet wurden.

Schon am Heiratsverhalten zeigte sich, in welchem Maß das Bemühen, Ehre und Rang der eigenen Familie zu wahren und zu steigern, die adlige Lebensweise bestimmte. Ehre wie Adel gewann man letztlich, indem man besser war als andere. Das ließ nicht nur das Konkurrenzverhalten unter Adligen aufblühen, sondern brachte auch ein bestimmtes Konfliktverhalten mit sich. Sich notfalls sein Recht oder sein vermeintliches Recht mit Gewalt selbst zu verschaffen, war zumindest für die hohen Adligen eine Selbstverständlichkeit. Das offenbaren die vielen bewaffnet geführten Konflikte zwischen verschiedenen Adelsfamilien.

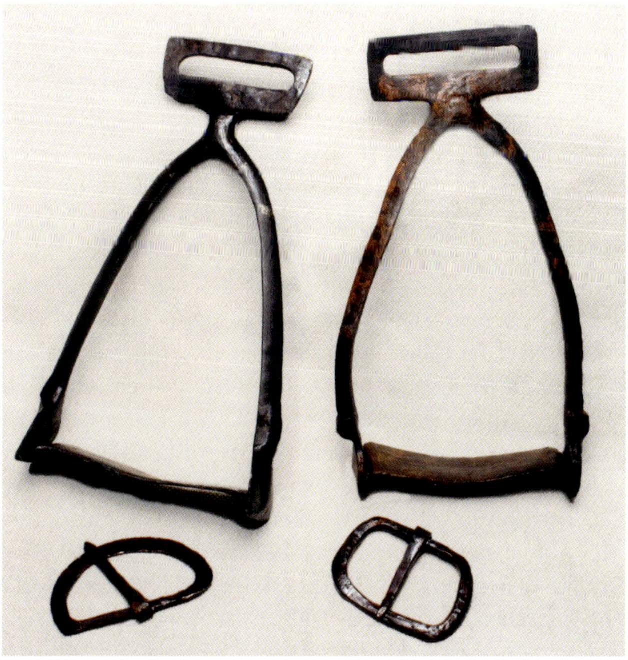

1 Steigbügelpaar mit Steigriemenschnallen; 2. Hälfte 10. Jahrhundert (vor 983). Schleswig, Archäologisches Landesmuseum in der Stiftung Schleswig-Holsteinische Landesmuseen Schloß Gottorf, Fd.Nr. Old 12.18.089; Old 12.18.090; Old 098 (Kat.Nr. 43)

Vor allem zwei Formen der Auseinandersetzung mündeten immer wieder in gewalttätige Aktionen. Das waren zum einen Erbauseinandersetzungen, die häufig zwischen Brüdern sowie Onkeln und Neffen ausgetragen wurden. Und das waren zum anderen Konflikte um die verletzte Ehre. Zwar suchte man nicht immer die Gewalt und mancher Streit endete in der Tat vor dem Königsgericht oder wurde durch gemeinsame Freunde, verwandte Würdenträger oder das Machtwort des Königs beigelegt. Aber dennoch gehörte der Rekurs auf die Gewalt zum adligen Auftreten in der damaligen Zeit.

Geführt wurden solche Auseinandersetzungen immer wieder auf die gleiche Art und Weise. Die Konfliktgegner mobilisierten ihre Gefolgsleute und begannen damit, einander zu schädigen, indem sie Land und Besitzungen des anderen verwüsteten und gegebenenfalls auch dessen Bauern töteten. Nicht selten bemühte man sich, die Burgen und Befestigungen der Gegner in die eigenen Hände zu bekommen. Man belagerte sie und hungerte die Burgwacht und sonstige dort Schutz suchende Menschen aus, um sie zur Übergabe zu zwingen. Kam es dazu, wurden die Burgen häufig niedergebrannt. All das passierte in der Hoffnung, den Hauptgegner zum Einlenken zu bewegen, was zuweilen auch geschah. Aber die Auseinandersetzung konnte ebenso gut eskalieren und mit dem gewaltsamen Tod eines der Konfliktgegner enden. So fiel etwa Graf Dedi († 1009) einer bewaffneten Attacke durch den Markgrafen Werner von der Nordmark († 1014) und dessen Gefolgsleute zum Opfer, nachdem er zuvor die Burg des Markgrafen bei Wolmirstedt in Brand gesetzt hatte. Es kam ebenso vor, dass der Gegner einfach aus dem Weg geräumt wurde. Ekkehard von Meißen verlor 1002 auf diese Weise sein Leben und 1016 wurde Wichmann III. von einem Vasallen des Grafen Balderich im Kampf um die Vorherrschaft am Niederrhein hinterhältig getötet.

Inwieweit man im 10. und beginnenden 11. Jahrhundert dem Adel ein Recht auf Selbsthilfe zugestanden hat, ist schwer zu sagen. Die Ermordung eines Gegners wurde jedenfalls nicht einfach hingenommen; in solchen Fällen griff der König oder ein anderer hochgestellter Amtsträger ein oder versuchte es zumindest. Es galt eine Kettenreaktion zu unterbinden, weil die Familien der Opfer schnell zur Selbsthilfe bereit waren. Auf der anderen Seite werden jene, die es selbst in die Hand nahmen, sich ihr Recht zu verschaffen, dafür nicht von den Geschichtsschreibern getadelt. Auch königliche Amtsträger, von denen man eigentlich Zurückhaltung in Sachen Selbsthilfe erwarten sollte, dachten kaum anders. Nach der Ermordung Wichmanns III. trat der damalige Herzog von Sachsen als nächster Verwandter von Wichmanns minderjährigem Sohn auf und gab bekannt, dass er die Untat rächen wolle.

Der Hang bei den Adligen, Konflikte mit Gewalt zu lösen, erstaunt nicht allzu sehr, hat man es doch mit einer Gruppe von Personen zu tun, die ihre Hauptaufgabe im Kriegsdienst sah. Auf diesem Felde hatten sich die Vorfahren häufig ihre Verdienste erworben und damit die Grundlage für die Anerkennung der hervorgehobenen Stellung gelegt. Und auf diesem Gebiet suchten ihre Nachkommen vor allem den Beweis ihres Adels anzutreten. Vielfach zogen die Adligen im Gefolge des Königs in den Krieg, vor allem gegen die Elbslaven und Ungarn, später dann gegen die Polen, gegen Rebellen im eigenen Reich. Gemeinhin wurden die hochrangigen Adligen mit wichtigen Kommandos betraut, so dass sie im Erfolgsfall ihr Ansehen stark vermehren konnten, ganz abgesehen davon, dass sie insbesondere bei den Zügen nach Osten Beute machen und neues Land gewinnen konnten.

Der Kriegsdienst im Gefolge des Königs ist nur ein Fingerzeig für die Bedeutung, die das Königtum für das adlige Selbstwertgefühl, zumindest bei den Führungsschichten, besaß. Bei jeder Erhebung eines neuen Königs waren viele ranghohe Adlige zugegen und wählten gemeinsam mit dem hohen Klerus den König, dem sie huldigten und den Treueid leisteten. Der Treueid verpflichtete sie zum Kriegsdienst sowie zu Rat und Beistand, so dass einige von ihnen immer wieder am Hof anzutreffen waren. Hier nahmen sie an Hoftagen teil, saßen zu Gericht, beratschlagten mit dem König über den nächsten Krieg oder gingen als Gesandte auf Reisen. Wiederholt teilten sie mit dem König das Vergnügen der Jagd, womit sie zugleich ihre Königsnähe und mithin ihre Vornehmheit unter Beweis stellten. Da die Ottonen und Salier keine festen Residenzen besaßen, sondern im Reich umherzogen, blieb der Kreis der Adligen, der sich dauerhaft am Hof aufhielt, beschränkt. Allerdings kamen Adlige vielfach an den königlichen Hof, wenn sich dieser in der Nähe ihrer Besitzungen aufhielt.

Die Nähe zum König war für die Adligen auch deshalb von Bedeutung, weil sie für geleistete Dienste häufig mit einem Stück Land belohnt wurden, das sie zumeist als Lehen erhielten. Darüber hinaus konnte man sich am Hof für bestimmte Ämter ins Gespräch bringen, die dann ebenfalls mit der Inbesitznahme bestimmter Lehen verknüpft waren. Die Anzahl der Lehen und die Bedeutung der Ämter, aber auch das Vertrauen, das man beim Herrscher erlangte, hatten erheblichen Einfluss auf das Ansehen und damit den Rang des einzelnen Adligen. Das lateinische Wort für Ehre ist »honor«; und »honor« meinte zugleich sowohl das Amt als auch ein Lehen. So offenbart der damalige Sprachgebrauch, in welchem Maß Amt und Lehen als Formen der Ehrung verstanden wurden. Damit besaß der König einen entscheidenden Einfluss auf die Ehre des einzelnen Adligen und mithin auf die Rangordnung unter den Adligen, so dass ein regelrechter Aufstieg eigentlich nur über den Königshof verlaufen konnte.

Der Einfluss, den der König auf die Rangordnung nehmen konnte, belastete das Verhältnis zu einzelnen adligen Herren oder ganzen Familien immer wieder. Beim Ringen um die begrenzte Anzahl von wichtigen Ämtern und Aufgaben am Hofe gab es stets auch Verlierer, die sich brüskiert und um ihr Recht gebracht fühlten und die dann zu den Waffen griffen. Dabei konnte sich die Gewalt sowohl gegen die Konkurrenten als auch gegen den König richten. Die Fülle solcher Auseinandersetzungen verweist auf die Schwäche des Königtums, das schnell damit überfordert war, die widersprüchlichen Interessen und Ansprüche adliger Familien oder Familiengruppen in Einklang zu bringen.

Insofern waren Rebellionen adliger Herren gegen den König nicht selten. Sie brachten die Könige zuweilen in arge Gefahr, weil sich sehr schnell eine ganze Reihe unzufriedener Adliger auf die Seite der Empörer stellte. Dafür sorgte vor allem die Einbindung der adligen Herren in jeweils größere personale Netzwerke. Denn die Betroffenen konnten vielfach nicht nur die eigenen Gefolgsleute, sondern auch nähere Verwandte und befreundete Adlige mit deren Vasallen gegen den König mobilisieren. Solche Verbände waren keine Dauereinrichtungen; sie mussten immer wieder neu aufgebaut werden. Aber wenn sie handelten, vermochten sie den König durchaus zu Zugeständnissen zu bewegen.

Nützlich waren derartige Verbindungen nicht allein im Konfliktfall. Auch wenn man vom König etwas wollte, und sei es nur eine Urkunde, war es hilfreich, in dessen Umgebung einige Leute zu kennen, die bereit waren, für die eigenen Wünsche ihr Wort einzulegen. Insofern war es für die adligen Familien von Vorteil, wenn die nachgeborenen Söhne als Hofkapelläne oder gar als Bischöfe am Hof aktiv werden konnten. Denn sie vergaßen ihre Familien nicht, wenn sie in ihr Amt eingeführt wurden. Damit tritt zugleich das Verhältnis der Adligen zur Kirche in den Blick, das eine gesonderte Betrachtung verlangt.

Zunächst einmal war das Verhältnis der Adligen zur Kirche dadurch bestimmt, dass sie nicht selten die hohen kirchlichen Würdenträger, also die Bischöfe und Reichsäbte, als Konkurrenten am Königshof, aber auch vor Ort erlebten. Die Könige hatten seit Otto III. (983–1002) immer häufiger die Bistümer und großen Reichsabteien mit Geistlichen besetzt, die zuvor ihr Vertrauen als Hofkapelläne gewonnen hatten, so wie das auch bei Bischof Meinwerk der Fall war. Da sie den Bischöfen zugleich eine Reihe von Herrschaftsrechten, angefangen vom Münz- und Marktrecht bis zu ganzen Grafschaften übertragen hatten, traten diese in ihren Bistümern auch als weltliche Herrschaftsträger auf und konkurrierten mit den adligen Herren, wenn es um den Ausbau der eigenen Herrschaftsrechte ging.

Vor diesem Hintergrund hat man wiederholt die Frage gestellt, ob nicht die Bischöfe um die Jahrtausendwende absichtlich von den Königen eingesetzt wurden, um den regionalen Adel zu kontrollieren. Eine Antwort fällt nicht leicht. Immerhin setzte Heinrich II. ganz bewusst landesfremde Bischöfe in Sachsen ein, wo er anfänglich keinen großen Rückhalt besaß. Dass Bischöfe den Adel zumindest binden konnten, liegt auf der Hand. Ein Teil desselben diente den Bischöfen als berittene Krieger und viele besaßen kirchliche

Lehen. Auch kann man besonders im 11. Jahrhundert den König dabei beobachten, wie er in bestimmten Regionen, etwa in Norddeutschland, die von ihm dort eingesetzten Bischöfe bedingungslos unterstütze, wenn diese mit den hochadligen Herzögen und Grafen um Einfluss, Herrschaftsrechte und Besitz stritten. Auf der anderen Seite gingen die Bischöfe während ihres Episkopats vielfach eigene Wege und vertraten nicht immer die Interessen des Königs, sondern traten für die Belange ihrer Kirche oder der zumeist aus dem regionalen Adel entstammenden Domherren ein. Darüber hinaus mussten die Könige bei einer Besetzung auf die Erwartungen bestimmter Adelsfamilien Rücksicht nehmen, ja einigen wenigen hochadligen Familien gelang es sogar, dauerhaft Einfluss auf die Besetzung von Bistümern zu gewinnen. So kamen beispielsweise die Bischöfe von Verden im 10. und 11. Jahrhundert zumeist aus der Familie der Billunger. Aufs Ganze gesehen sollte man demnach die königlichen Bischofseinsetzungen nicht als systematische Politik der Adelsdisziplinierung deuten, was nicht ausschließt, dass es in bestimmten Fällen diesen Wunsch gegeben hat.

Daneben bestimmte vor allem die Gelegenheit, die nachgeborenen Söhne als Bischöfe oder Domherren beziehungsweise die Töchter als Kanonissen zu versorgen, das Verhältnis vieler Adliger zur Kirche. Aus diesem Grund schenkten sie häufig Land an Klöster und Kirchen, in denen ihre Kinder unterkamen. Das stärkte einerseits die Bindungen an die einzelnen Kirchen, andererseits führte das vielfach in der nächsten Generation zu Konflikten, weil Erben solche Schenkungen nicht anerkannten – auch hier kann man auf das Umfeld Bischof Meinwerks verweisen, weigerte sich doch seine Mutter Adela, die Schenkungen ihres Vaters an das Stift Elten, dem ihre ältere Schwester vorstand, anzuerkennen, weil dadurch ihr Erbe geschmälert wurde (Abb. 3). Der Streit zog sich lange hin und wurde dann vor dem Königsgericht zugunsten Adelas entschieden.

Selbstverständlich waren für die adligen Familien die Kirchen Orte der Frömmigkeit. In diesen Zusammenhang gehört ihre ausgeprägte Sorge um das Totengedächtnis für die eigene Familie, die nächsten Verwandten und die Freunde. Denn dieses Gedächtnis diente in erster Linie dazu, die Voraussetzungen zu schaffen, um am Tag des Jüngsten Gerichts bestehen zu können. Es hatte vornehmlich die Gestalt von Fürbitten und Almosen, die von geistlichen Gemeinschaften in Stellvertretung dargebracht wurden. Um sich und der eigenen Familie ein solches Totengedenken zu verschaffen, schenkten die Adligen immer wieder Land an die geistlichen Gemeinschaften, die im Gegenzug dauerhaft für die Spender beteten. Die sehr vermögenden Adligen gingen vereinzelt noch einen Schritt weiter und gründeten eigens zu diesem Zweck ein neues Kloster oder ein Stift, das dann als Grablege gewählt wurde. Meinwerks Großvater ließ das Stift Elten am Niederrhein errichten, die Billunger St. Michael in Lüneburg, der Graf Hahold

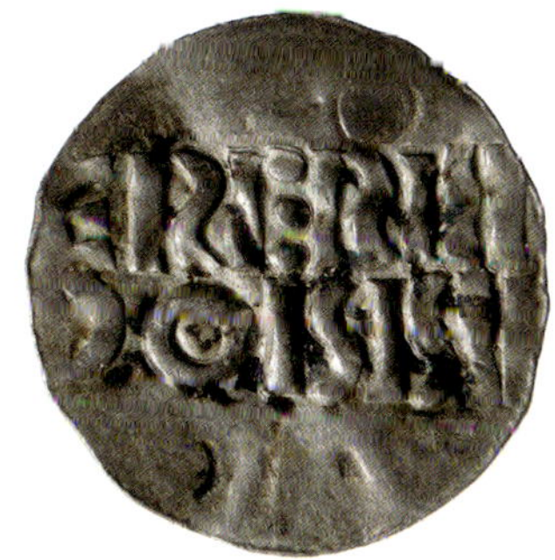
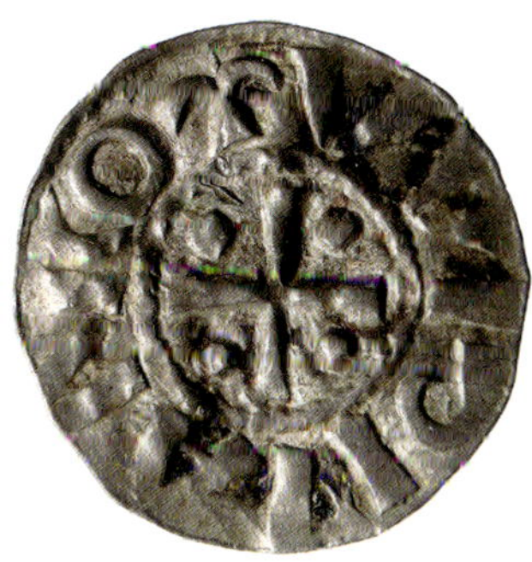

2 Pfennig des Grafen Wichmann III.; Friesland, zwischen 994 und 1016. Münster, LWL–Landesmuseum für Kunst und Kulturgeschichte – Westfälisches Landesmuseum, 11562 Mz (Kat.Nr. 16h)

Geseke, wobei es bei solchen Stiftungen auch um eine mögliche Versorgung der nachgeborenen Söhne, der Töchter oder der Witwen ging.

Die Gründung von Klöstern und Stiften und ebenso die kontinuierliche Nutzung eines benachbarten Klosters zur Grablege oder zum familiären Totengedächtnis konnte und sollte das Herkunfts- und Zusammengehörigkeitsgefühl adliger Familien auf Dauer bestärken und über mehrere Generationen hinweg verfestigen. Dies scheint allgemein ein Zug der Zeit um die Jahrtausendwende gewesen zu sein, den man gern als Übergang von der adligen Sippe oder Verwandtschaft zum Adelsgeschlecht bezeichnet. Gemeint ist damit, dass die Adligen, die sich im früheren Mittelalter sowohl über ihre Verwandtschaft väterlicherseits als auch mütterlicherseits definierten und für die Verwandtschaft wichtiger als die Abstammung war, nunmehr die Erinnerung an ihre Vorfahren väterlicherseits stärker pflegten. Da zugleich seit dem 11. Jahrhundert die Adligen zusehends in Burgen ihren festen Wohnsitz nahmen, bildeten sich bald so genannte Stammsitze, die dann neben den neu gegründeten Klöstern oder Stiften die adligen Familien mit einem bestimmten Ort fest verbanden, so dass sich auch ein Kontinuitätsbewusstsein einstellen konnte.

Wenngleich diese Entwicklung zum adligen Geschlecht seit dem ausgehenden 10. Jahrhundert vermehrt zu beobachten ist, so verlief dieser Prozess regional doch mit unterschiedlicher Geschwindigkeit und Intensität. Da auch das Zusammengehörigkeitsbewusstsein adliger Familien in spätottonisch-frühsalischer Zeit weiterhin sehr verschiedene Formen annahm, blieb diese langfristige Veränderung den Zeitgenossen wohl verborgen. Thietmar von Merseburg jedenfalls fasste die Verwandtschaft recht weit und offen, was bei den vielen vornehmen Verwandten gerade auch mütterlicherseits nicht verwundert. Bei seinem Amtsbruder Meinwerk dürfte es nicht viel anders gewesen sein, zumal er als so genannter Immedinger aus einer dieser alten, weit verzweigten Familien stammte, deren Zusammenhalt sich

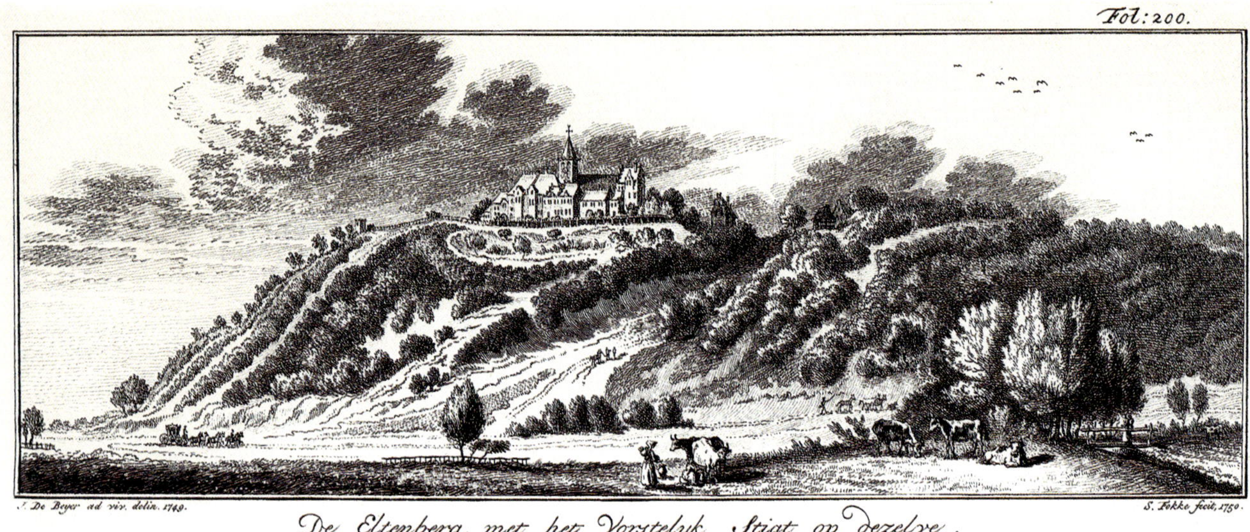

3 Das von Bischof Meinwerks Großvater, Graf Wichmann von Hamaland, 967 auf seiner Burg Hochelten gegründete Damenstift, von Süden aus der Rheinebene gesehen; Stich von Jan de Beyer, 1750. Emmerich, Stadtarchiv

um die Jahrtausendwende gerade allmählich auflöste. Und beide profitierten noch von den alten Erbregeln, konnten sie doch ein Gutteil des mütterlichen wie väterlichen Erbes für sich reklamieren und dann ihren Kirchen zugute kommen lassen. Das Adelsgeschlecht war noch Zukunftsmusik. Auch jetzt konnten hochadlige Familien eine Burg besitzen, eine Stiftskirche gründen und auf die entfernte Verwandtschaft nicht viel Wert legen. Aber entscheidend für ihren Adel war das nicht. Denn der fußte noch immer in erster Linie auf ihrer adligen Herkunft und ihrer als adlig angesehenen Lebensweise.

Quellen

Alpert von Metz 1980 · Thietmar von Merseburg 1935.

Literatur

Althoff 1990 · Althoff 2000 · Bannasch 1972 · Fichtenau 1984 · Hechberger 2005 · Kamp 2006 · Leyser 1984 · Oexle 1990 · Oexle/Paravicini 1997 · Schmid 1998a · Schubert/Patze 1997.

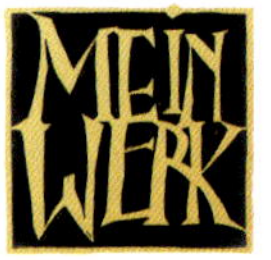

Meinwerk von Paderborn

Bischof zwischen König und Adel

Matthias Becher

Am 6. März 1009 verstarb Bischof Rethar von Paderborn (983–1009). 26 Jahre lang hatte er dieses Amt bekleidet. Das Domkapitel schickte daher eine Gesandtschaft zu König Heinrich II. (1002–1024) nach Goslar, damit dieser einen neuen Bischof ernenne: »Daraufhin ließ er [Heinrich II.] die Bischöfe und Fürsten, die in seiner Nähe waren, zu sich kommen und beriet sich mit ihnen wegen eines geeigneten Nachfolgers. Nachdem sie sehr viele Kandidaten in Erwägung gezogen hatten, meinte er, dass Meinwerk wegen seiner hochadligen Herkunft und seines großen Reichtums der geeignete sei. Da alle sofort zustimmten und ihn wegen dieser Entscheidung beglückwünschten, rief er Meinwerk herbei, lächelte ihm mit gewohnter Liebenswürdigkeit zu und reichte ihm einen Handschuh mit den Worten: ›Nimm!‹ Als dieser zurückfragte, was er nehmen solle, antwortete der König: ›Das Bistum der Paderborner Kirche.‹ Jener entgegnete, was ihn denn dieses Bistum angehe, da er sich selbst doch aus seinem eigenen Vermögen ein glänzenderes gründen könne. ›Weil ich dies‹, sagte der König, ›wahrhaft bedenke, wünsche ich, dass du voller Mitleid jenem Bistum in der Not zu Hilfe kommst, damit du würdig wirst, im Himmel Miterbe desjenigen zu werden, dessen Mutter du auf Erden zu deiner Erbin machst.‹« (Vita Meinwerci 2009, cap. 11).

Das Domkapitel überließ also die Entscheidung über den neuen Bischof dem König, was durchaus den Gepflogenheiten der Zeit entsprach, auch wenn Rethar und seine unmittelbaren Vorgänger wohl ohne königliche Beteiligung ihr Amt erhalten hatten. Mehr noch: Eigentlich besaß die Paderborner Kirche seit dem ausgehenden 9. Jahrhundert das Recht der freien Bischofswahl, das Kaiser Otto III. (983–1002) ihr neben anderen Rechten und Besitzungen noch einmal bestätigt hatte, um die Folgen des verheerenden Stadt- und Dombrandes im Jahr 1000 zu lindern. Heinrich II. hatte das Wahlrecht jedoch nach seinem Herrschaftsantritt 1002 seiner allgemeinen Politik folgend nicht mehr erneuert (Kat.Nr. 6). So wandte sich die Paderborner Domgeistlichkeit im März 1009 ohne Umschweife an den Herrscher, um einen Bischof zu erbitten. Tatsächlich wurde Meinwerk bereits am 13. März in Goslar durch den Mainzer Erzbischof Willigis (975–1011) geweiht, was eine Rücksprache mit dem Domkapitel ausschließt. Dieses hatte also seine vom Papst bestätigte Kompetenz voll und ganz an den König abgetreten – und doch dürften seine Mitglieder von der Person des neuen Bischofs nicht überrascht gewesen sein.

Bei der eingangs erwähnten Erzählung vom unwilligen Bischofskandidaten handelt es sich wohl um eine erbauliche Legende, die erst lange nach der Ernennung entstanden ist. Tatsächlich spricht vieles dafür, dass Meinwerk spätestens seit 1006 als Nachfolger Rethars feststand. Am 24. Oktober 1006 schenkte Heinrich II. der Paderborner Kirche das Gut Bökenförde südlich von Lippstadt zum Gedenken an seinen Vater. Meinwerk spielte dabei eine entscheidende Rolle, denn Bökenförde gehörte eigentlich ihm, aber er hatte es dem König zu diesem Zweck überlassen. Interessant sind auch die weiteren Bestimmungen dieser Stiftung: Zunächst sollte Bischof Rethar den Besitz auf Lebenszeit nutzen dürfen; nach dessen Tod sollte er an die Paderborner Domkleriker fallen. König, Bischof und Domgeistlichkeit zogen also ihren Nutzen aus dieser Schenkung. Was aber hatte der eigentliche Geber Meinwerk davon? Seine Großzügigkeit ließ ihn zum aussichtsreichsten Kandidaten auf Rethars Nachfolge werden, denn in dem Moment, da diese anstand, profitierten die Geistlichen von seinem Geschenk. So waren sie positiv auf Meinwerk als neuen Bischof eingestimmt. Jeder der Beteiligten zog also erheblichen Gewinn aus diesem Geschäft: Meinwerk erhielt die Aussicht auf Rethars Nachfolge, dieser und nach ihm die Paderborner Domkleriker ein schönes Stück Land und der König die Gewissheit, dass einer seiner Vertrauten künftig das Paderborner Bistum leiten und für dessen Loyalität sorgen würde.

Tatsächlich waren Paderborn und sein Umland keineswegs immer ein sicheres Pflaster für Heinrich II. gewesen, auch wenn die Treue Bischof Rethars selbst wohl nicht bezweifelt werden kann. Immerhin hatte der König Rethar kurz nach seinem Regierungsantritt eine hohe Ehre und zugleich

einen Beweis seines großen Vertrauens zuteil werden lassen: Am 10. August 1002 ließ Heinrich II. seine Gemahlin Kunigunde († 1033) in Paderborn durch Erzbischof Willigis zur Königin krönen. Damit erlebte Paderborn die erste sicher bezeugte Krönung im ostfränkisch-deutschen Reich überhaupt – ein großes Ereignis für die Stadt und ihren Bischof. Und dennoch endete dieser Tag in einer Katastrophe, die der bedeutende Chronist Thietmar, Bischof von Merseburg (1009–1018), folgendermaßen schildert:
»Darauf erhob sich allgemeine Freude, die aber leider durch die unersättliche Habsucht der Bayern sehr getrübt wurde. Denn diese, die sich daheim stets mit wenigem begnügen, außer Landes aber beinahe unersättlich sind, verheerten die Saaten der Umwohnenden und erschlugen diese, als sie ihr Eigentum verteidigten. So entstand ein sehr heftiger Kampf. Die Haustruppen des Königs rückten aus und Einheimische wie Fremde zogen vor und hinter ihnen her. Ein heftiger Zusammenstoß der Kämpfenden erfolgte, und völlig besiegt floh die Schar der Bayern in die königliche Hofburg. Hier fiel Heinrich, ein Bruder des Kanzlers Eilbert, der den König beständig bei Tische bediente, von einem Speer durchbohrt zu Boden. Darum versammelten sich diejenigen, die bis dahin fern geblieben waren, und setzten sofort den Sachsen wieder nach, und wäre nicht Herzog Bernhard mit stärkerer Mannschaft dazwischen gekommen, so wäre auf beiden Seiten eine unberechenbare Zahl von Kriegern gefallen. Nachher wurden alle Anstifter dieser schweren Gewalttat, die man auffinden konnte, gezüchtigt. Den Schmerz des Bischofs aber über dieses Ereignis linderte der König später durch die Schenkung von Bökenförde.« (Thietmar von Merseburg 1935, lib. V, cap. 19).
Thietmar, der gebürtige Sachse und Zeitgenosse dieser Ereignisse, machte also die Bayern verantwortlich für die Unruhen. War aber Habsucht wirklich für die Kämpfe verantwortlich? Eher wird man an den hohen Bedarf an Lebensmitteln denken, den die Anwesenheit des Königs im Allgemeinen und die Feierlichkeiten im Besonderen mit sich brachten. Ob die Bayern tatsächlich für sich plünderten oder lediglich die Versorgung des Königs, der ja auch ihr Herzog war, sicherstellen wollten, ist nicht mehr zu klären. Überraschend ist jedenfalls die Intensität der Auseinandersetzungen: War man sich über den Stellenwert des Tages für den neuen König nicht im Klaren oder wollte man im Gegenteil darauf gerade keine Rücksicht nehmen? Schließlich passt auch die Wertung Thietmars nicht ganz zum Geschehen: Trotz des Ungemachs, das den König getroffen hatte, erweckt er den Eindruck, dass nicht Heinrich, sondern Bischof Rethar der eigentlich Geschädigte gewesen sei und daher vom König das Gut Bökenförde als Ausgleich erhalten habe. Thietmars Interpretation des Geschehens passt allerdings in keiner Weise zum Wortlaut der Urkunde Heinrichs II. von 1006, der hier sicher der Vorzug zu geben ist (MGH DD H II, Nr. 121).

Heinrich II. dürfte die Angelegenheit indes vollkommen anders beurteilt haben. Vieles deutet darauf hin, dass er über die Paderborner Unruhen des Jahres 1002 sehr verstimmt war, auch wenn der Bischof selbst nach wie vor in seiner Gunst stand. In keiner einzigen Urkunde für Paderborn bis 1006 erinnerte die königliche Kanzlei an die Krönung der Königin. Selbst wenn Heinrich II. für Paderborn urkundete – und dazu war nach dem verheerenden Brand des Jahres 1000 durchaus Anlass. Dann verwies er einzig und allein auf dieses Unglück und nicht etwa auf die verunglückten Feierlichkeiten vom 10. August 1002. Immerhin erweiterte er noch in diesem Jahr den im Besitz des Bistums befindlichen Forst, um die Folgen des großen Brandes von 1000 zu lindern, und bestätigte ein Jahr später die Rechte des Bistums mit Ausnahme des schon erwähnten Bischofswahlrechts. Aber auch die Königin war verstimmt. In Heinrichs Urkunden für Paderborn erscheint die von den Ereignissen des Jahres 1002 besonders geschädigte Kunigunde nicht als Fürsprecherin. Entweder wandte sich Rethar von vornherein nicht an sie, weil er wusste, dass sie sich nicht für ihn verwenden würde, oder sie lehnte es ab, für Paderborn tätig zu werden. Das änderte sich erst mit der Schenkung von Bökenförde, mit der sich das Königspaar vollständig mit Paderborn aussöhnte, weil Bischof Rethar und die Domkleriker das Zugriffsrecht des Herrschers auf das Bischofsamt und mit Meinwerk zugleich den zukünftigen Inhaber der Paderborner Kathedra akzeptierten.
Wer aber stand hinter den Unruhen des Jahres 1002? Wie ist dieses Geschehen zu erklären? Ist es denkbar, dass einfache Bauern den bayerischen Kriegern aus der Begleitung des Königs derart zusetzen konnten? Warum kam es ausgerechnet in Paderborn und nicht andernorts zu solchen Auseinandersetzungen? Oder handelte es sich gar nicht um eine Provokation der Bayern, standen andere Kräfte hinter den Ereignissen, die dem neuen König damit schaden wollten? Immerhin waren sie stark genug, um nicht nur diesem Widerstand zu leisten, sondern auch dem eigenen Bischof die Grenzen aufzuzeigen. Ähnliches hatte sich bereits ein halbes Jahr zuvor ereignet. Damals war mit dem Markgrafen Ekkehard I. von Meißen (um 985–1002) ein weiterer Thronkandidat vor den Mauern Paderborns erschienen. Er wollte weiter nach Westen an den Niederrhein, um in Duisburg mit Herzog Hermann II. von Schwaben (997–1003) und anderen Fürsten über die Zukunft des Reiches zu verhandeln. Bischof Bernward von Hildesheim (993–1022) hatte ihn bereits wie einen König empfangen. Aber in Paderborn fand der Markgraf die Tore verschlossen. Schließlich wurde er auf Befehl Bischof Rethars doch eingelassen. Er begab sich zur Andacht in die Kirche und fand dann freundliche Aufnahme an der Tafel des Bischofs, obwohl diesem sein Anliegen missfiel. Warum hat Rethar die Tore dann aber doch geöffnet und warum hat sich Ekkehard überhaupt nach Paderborn begeben? Vermutlich besaß der

Markgraf hier einflussreiche und mächtige Anhänger, die sich sogar gegen den Bischof durchsetzen konnten. Allerdings musste Ekkehard sein Ziel aufgeben. In Paderborn erfuhr er, dass das Duisburger Treffen abgesagt worden war. Daher und wegen der abweisenden Haltung Rethars setzte Ekkehard seine Reise nicht fort, sondern wandte sich wieder nach Osten. Sein gewaltsamer Tod bald darauf lässt die Spannungen und Gegensätze erahnen, die durch den erbenlosen Tod Kaiser Ottos III. ausgebrochen waren. Am 30. April 1002 wurde Ekkehard in Pöhlde von Angehörigen der Northeimer Grafenfamilie ermordet, ohne dass die Gründe dafür noch feststellbar wären. Aber alles in allem vergrößerte sein Tod die Aussichten des späteren Heinrich II. auf die Königswürde.

Tatsächlich war der Anfang Juni 1002 in Mainz gekrönte Heinrich auch im August noch nicht allgemein akzeptierter König, sondern hatte in Herzog Hermann von Schwaben einen mächtigen Konkurrenten, der unter anderem von Erzbischof Heribert von Köln (999–1021) und vielen lothringischen Großen unterstützt wurde. Daher war Heinrich wie zuvor schon Ekkehard an den Niederrhein unterwegs, als er in Paderborn Station machte, um mit der Krönung seiner Gemahlin seine eigene Königserhebung gleichsam zu vervollständigen. Danach wollte er mit Heribert und den anderen lothringischen Unterstützern Hermanns von Schwaben verhandeln, um auch sie zur Anerkennung seiner Herrschaft zu bewegen. Die Paderborner Unruhen störten diese Bemühungen zumindest kurzzeitig. Waren damals politisch einflussreiche Kreise am Werk – Adlige aus der engeren oder weiteren Nachbarschaft Paderborns? Jedenfalls ließ der König sich nicht beirren. Bereits am 12. August, also zwei Tage später, war er im rund 30 Kilometer weiter westlich gelegenen Erwitte, zog dann weiter nach Duisburg und erreichte schließlich die allgemeine Anerkennung im Reich. Die Ereignisse in Paderborn vergaß er nicht so schnell und war erst wieder versöhnlich gestimmt, als der amtierende Bischof und das Domkapitel seine Entscheidung über die Zukunft des Bistums ausdrücklich anerkannten. Ohne dass wir im Einzelnen über die Beziehungen zwischen Domgeistlichkeit und regionalem Adel Bescheid wüssten, liegt es doch nahe, eine personelle Verflechtung beider Gruppen anzunehmen. Mit der Verabredung des Jahres 1006 dürften daher auch die meisten Adligen aus dem Paderborner Umland zumindest mittelbar akzeptiert haben, dass mit Meinwerk künftig ein kraftvoller Vertreter Heinrichs II. an der Pader amtieren würde.

Während seines gesamten Pontifikats hatte Meinwerk also mit den Vertretern des regionalen Adels umzugehen. Sowohl wirtschaftlich als auch politisch hatten sie neben ihm das Sagen in der Paderborner Region. Sie verfügten über großen Grundbesitz, den sie nicht selbst bewirtschafteten, sondern teils von ihren Knechten, teils von abhängigen Bauern bebauen ließen. Letztere waren im Gegenzug zu Abgaben und Diensten verpflichtet. Selbst engagierten sich die Adligen im Dienst des Königs, der Kirche oder auch höhergestellter Standesgenossen, denn der Adel war keineswegs eine homogene Schicht. Vor allem das Alter einer Familie und die Positionen, die ihre Angehörigen im Laufe der Zeit erreicht hatten, entschieden über ihren gesellschaftlichen Rang. Wer vom König mit einer Grafschaft belehnt worden war, gehörte ganz sicher zu den Etablierten. Der Aufstieg zum Herzog war nur ganz wenigen vergönnt. Die übrigen Adligen aber traten in den Dienst der genannten, aber auch in den eines Bischofs oder Abtes ein und stellten vor allem ihre militärischen Fähigkeiten zur Verfügung. Im Gegenzug erhielten sie von ihren Auftraggebern weitere Güter als Lehen, was ihren Reichtum nur noch vermehrte, zumal ein Lehnsherr seinen Besitz nur in Ausnahmefällen, insbesondere in Konflikten, zurückforderte. Ihren Reichtum nutzten die Adligen aber auch zu frommen Stiftungen, indem sie Klöster und Stifte gründeten und förderten, um so vor allem für ihr Seelenheil zu sorgen. Daneben zogen sie auch praktischen Nutzen aus ihrem Engagement für den Glauben: Als Vögte übten sie weiterhin die weltliche Herrschaft in den Besitzungen ihrer Stiftungen aus und beanspruchten außerdem für ihre Verwandten wichtige Positionen innerhalb der Kirche – als Abt, Äbtissin oder als Domgeistlicher. Für einen Bischof war es also nicht ganz leicht, mit den Adligen aus der Region umzugehen – einerseits waren sie ihm als Förderer geistlicher Institutionen sehr willkommen, andererseits dürfte ihm ihr Anspruch auf ein Mitspracherecht, das sich sogar auf die Besetzung des Bischofsamtes selbst erstrecken konnte, nicht gefallen haben.

Wer aber waren die Vertreter dieses regionalen Adels im Paderborner Bistum? Erinnern wir uns der Unruhen nach der Krönung der Königin am 10. August 1002. Es war Herzog Bernhard I. von Sachsen (973–1011), der die Gemüter schließlich beruhigte. Bernhard entstammte der mächtigen Familie der Billunger, die in ganz Sachsen mit Schwerpunkten in Ostfalen und Engern, also auch im Bistum Paderborn, begütert war und zudem zahlreiche Grafschaften innehatte. Seit fast 30 Jahren war Bernhard zudem Herzog und hatte damit formal gesehen das höchste Amt in Sachsen inne, das der König zu vergeben hatte. Auf der anderen Seite fungierte er aber auch als Sprecher des Adels gegenüber dem König. Gerade im Jahr 1002, kurz vor den Paderborner Ereignissen, hatte er das in Merseburg eindrucksvoll getan. Dorthin war Heinrich II. nach seiner Krönung in Mainz gezogen, um sich den Sachsen erstmals als König zu präsentieren und sie auf seine Seite zu ziehen. Herzog Bernhard trat als Sprecher seines Volkes auf und übergab dem neuen König die heilige Lanze, während dieser im Gegenzug versprach, die überkommenen Rechte der Sachsen zu wahren. Bernhards Rolle ist umso bedeutender, als er zunächst Ekkehard von Meißen als Thronbewerber unter-

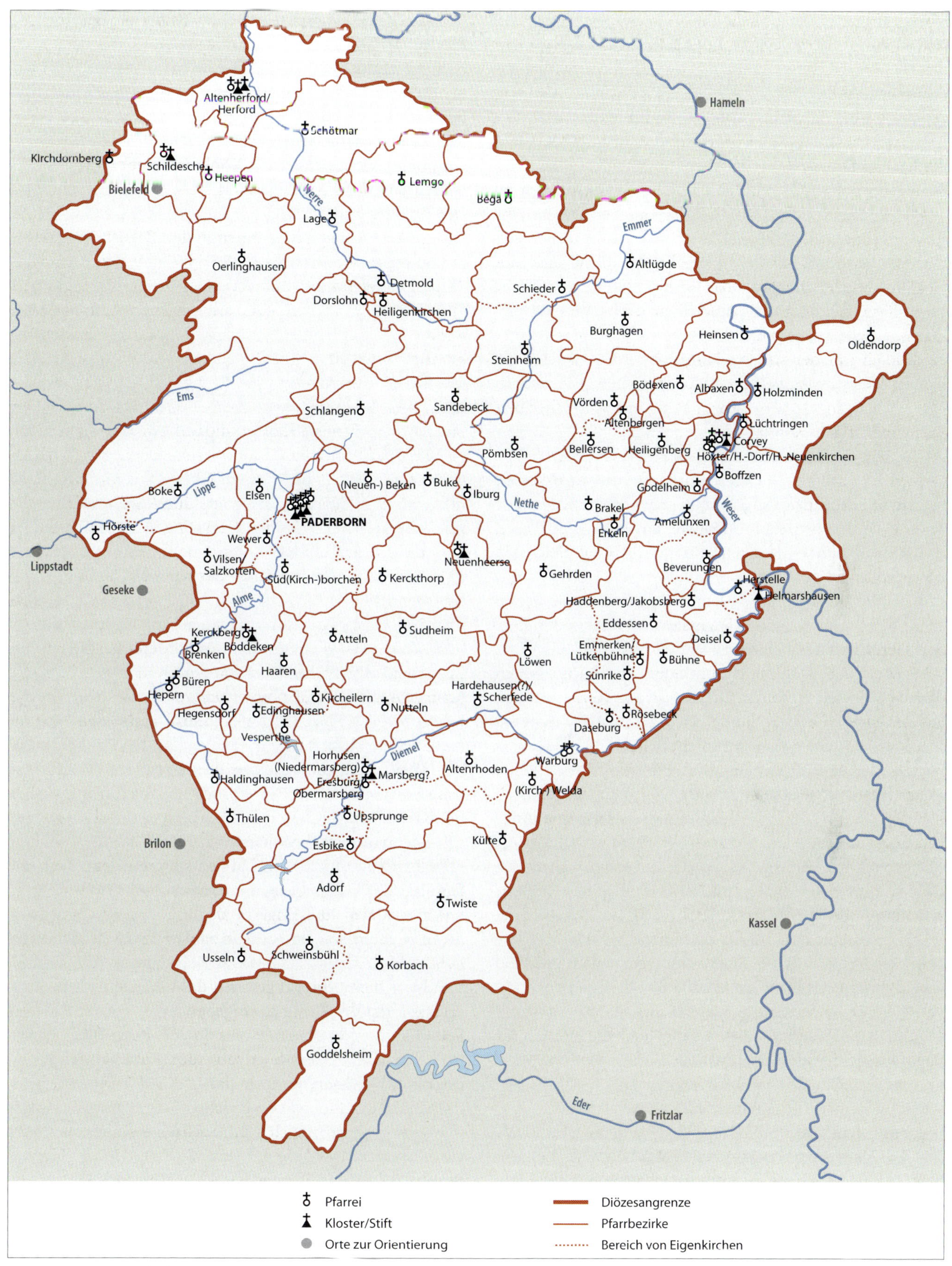

1 Die Diözese Paderborn zur Zeit Meinwerks

stützt hatte, nun aber für Heinrich optierte. Als führender Adliger ganz Sachsens, der insbesondere in der Paderborner Diözese präsent war, und als ehemaliger Anhänger Ekkehards war er 1002 der Richtige, um die sächsische Seite zu beruhigen.

Bernhard I. starb im Februar 1011 in Corvey, wo Heinrich II. soeben einen neuen Abt bestellt hatte. Auch Meinwerk, der für das Kloster zuständige Diözesanbischof (Abb. 1), dürfte sich daher dort aufgehalten haben. Der Verfasser seiner Vita übertreibt allerdings den Einfluss des Paderborner Oberhirten, indem er behauptet, Bernhard II. von Sachsen (1011–1059) habe »mit der Zustimmung Bischof Meinwerks und seiner Freunde die Herzogswürde« erhalten und sich diesem, zum Gefolgsmann des Bischofs geworden, in aller Treue gehorsam gezeigt (Vita Meinwerci 2009, cap. 14). Zu bedenken ist, dass Bernhards überragende Machtstellung weit über das Paderborner Bistum hinauswies und ganz Sachsen betraf. Immerhin scheint der neue Herzog vom Bischof Grafenrechte im rund um Corvey gelegenen Augau erhalten zu haben; außerdem trat Bernhard vergleichsweise häufig bei Paderborner Rechtsgeschäften als Zeuge auf. Andererseits forderten die Billunger den Bischof aber auch mehrfach heraus und zwar in der Person von Bernhards jüngerem Bruder Thietmar († 1048). Dieser überfiel das Damenstift Herford, dem seine Schwester Godesti als Äbtissin (992–1040) vorstand. Er plünderte auch die Schatzkammer »und nahm dort mehr Geld weg, als recht ist« (Vita Meinwerci 2009, cap. 100). Hinter diesem Gewaltakt sind erbrechtliche Auseinandersetzungen zwischen den Geschwistern zu vermuten, in die auch Herzog Bernhard involviert war, der zudem als Vogt eigentlich für den Schutz des Damenstifts zuständig war. Angesichts dieser Gemengelage konnte Meinwerk in den Streit eingreifen, zumal er als zuständiger Diözesanbischof das Geschehen nicht ungesühnt lassen konnte. Er hielt eine Synode ab, auf der Thietmar Reue zeigte und sich dazu verpflichten musste, eine Buße in Höhe von 30 Pfund Denaren an den Bischof zu zahlen. Über diese hohe Summe verfügte er jedoch nicht in bar und übertrug daher mit Zustimmung seines älteren Bruders und Erben, Herzog Bernhards, der Paderborner Kirche seinen gesamten Besitz in Brundorf.

Thietmar gab jedoch immer noch keine Ruhe: 1018 unternahm er einen Raubzug gegen Meinwerk. Ein Zusammenhang mit der Übereignung der Reichsabtei Helmarshausen an das Paderborner Bistum durch Heinrich II. 1017 liegt nahe, da das Kloster 997 von dem Grafen Ekkard, einem mutmaßlichen Verwandten der Billunger, gegründet worden war (Kat.Nr. 142). Falls es sich so verhielt, handelte Thietmar nur konsequent, als er sich 1018/1019 sogar gegen den Kaiser selbst erhob. Dazu hatte er sich mit den Söhnen des Grafen Hermann I. von Werl († 985/988) zusammengetan, die ihrerseits mit dem Bischof von Münster wegen der Abtei Liesborn im Streit lagen. Heinrich II. bekam die Lage jedoch schnell in den Griff. Allerdings fühlte sich auch Herzog Bernhard II. aufgrund mancher Zurücksetzungen durch Heinrich II. herausgefordert. Er brachte 1020 die Schalksburg südlich von Minden in seine Gewalt. Der Kaiser erschien mit Heeresmacht in Sachsen, doch konnte eine militärische Auseinandersetzung durch einen Ausgleich verhindert werden, den die Kaiserin Kunigunde, der Bremer Erzbischof Unwan (1013–1029) und Bischof Meinwerk vermittelten. Als Paderborner Oberhirte musste dieser ein Interesse an einer Verständigung haben, besaßen die Billunger doch eine überragende Machtstellung in seiner Diözese und waren dort stets präsent, während sein Rückhalt beim Kaiser zwar groß war, aber wegen dessen Beanspruchung im gesamten Reich nur sehr sporadisch zur Geltung kam.

Angesichts seiner guten Beziehungen zum Kaiser konnte Meinwerk sein Verhältnis zu den mächtigen Billungern also ausgeglichen gestalten. Gegenüber anderen Adligen konnte er sogar offensiver auftreten, etwa gegenüber den so genannten Haholden, die das Land westlich von Paderborn kontrollierten. Im Jahre 946 hatte Graf Hahold zusammen mit seinen Brüdern Brun und Friedrich sowie seiner Schwester Wichburg ein Damenstift in Geseke gegründet, das Otto der Große (936–973) sechs Jahre später bestätigte und unter seinen Schutz nahm. Wichburg wurde die erste Äbtissin (952–984) und ihre Nichte Wigswid (984–1014) folgte ihr in dieser Funktion, während Hahold als Vogt fungierte und damit weitgehende Kontrollrechte über die weltlichen Güter des Stifts erhielt (Abb. 2). 949 überließ der König dem Grafen reiche Ländereien im Ittergau. Damit sind die neben dem Eigenbesitz wichtigsten Elemente adliger Herrschaftsbildung genannt – die Position als Graf, also im weitesten Sinne als Stellvertreter des Herrschers, königliche Schenkungen und die Gründung geistlicher Institutionen, in Sachsen bevorzugt von Damenstiften –, die aufgrund ihres geistlichen Prestiges und ihres dank weiterer frommer Stiftungen rasch wachsenden Grundbesitzes große Bedeutung besaßen. Die Funktion als Vogt, das heißt als Vertreter der Äbtissin in Rechtsprechung und bei der Leitung des militärischen Aufgebots, sicherte dem ältesten Vertreter der Familie zudem einen deutlichen Vorrang gegenüber anderen Familienangehörigen.

Leider ist die Überlieferung für diese Familie sehr brüchig. Im Jahr 1011 übergab Heinrich II. die Grafschaft des ersten oder eines weiteren Hahold an Bischof Meinwerk. Es handelte sich dabei um eine so genannte Streugrafschaft, die sich zu beiden Seiten der westlichen Bistumsgrenze über 16 verschiedene Kleingaue und Orte erstreckte und zu der auch das Gebiet um Geseke gehörte. Man nimmt an, dass dieser Hahold ohne Erben verstorben war, doch ist dies keineswegs sicher, da 1029 ein weiterer Graf Hahold das Zeitliche segnete, der seinen Hauptsitz wohl in Padberg hatte. So könnte man fragen, ob mit der Übertragung der

Grafschaft nicht die Position des königstreuen Bischofs gegenüber einem Adelsgeschlecht gestärkt werden sollte, das den Hellweg westlich von Paderborn kontrollierte und dessen Mittelpunkt nicht nur in der Erzdiözese Köln lag, sondern das auch politisch zu diesem hintendierte. Erzbischof Heribert von Köln hatte zu den Gegnern Heinrichs II. gehört und dessen Vertrauen niemals gewinnen können. Daher war die Verleihung der Grafschaft an den zuverlässigen Meinwerk eine Maßnahme zur Sicherung der königlichen Position entlang des Hellwegs. Denn möglicherweise waren es die Haholde, die 1002 in Übereinstimmung mit dem Kölner Erzbischof die Krönungsfeierlichkeiten für die Königin gestört hatten, um so den Weitermarsch Heinrichs II. nach Westen zu behindern. Das Stift Geseke fiel drei Jahre später übrigens an Köln – ein deutliches Zeichen der Loyalität der Familie gegenüber dem Erzbischof und wohl auch eine Maßnahme, um die östliche Grenze des Kölner Einflussbereichs gegen Paderborn zu sichern.

Graf Dodiko († 1020), der seinen Sitz in Warburg hatte, war über seine Mutter Hildegund, die damalige Äbtissin von Geseke (1014–1024), mit den Haholden verwandt. Nimmt man seinen Bruder, den Grafen Sigebodo, hinzu, der bei Salzgitter begütert war, ist die machtvolle Stellung dieser Familie leicht zu ermessen. Nach dem Erwerb der Grafschaft der Haholde im Westen wollte Meinwerk auch seine Stellung im Südosten seiner Diözese verbessern. Graf Dodiko war dem Bischof gegenüber in einem besonderen Punkt benachteiligt: Er war nicht rechtmäßig verheiratet, sondern lebte mit einer gebildeten Stiftsdame zusammen, nach Auffassung Meinwerks nicht in einer Ehe, sondern im Konkubinat. Deshalb bestritt der Bischof auch die Erbberechtigung des gemeinsamen Sohnes, weil auf der Frucht dieser illegitimen Verbindung kein Segen ruhen könne. Der Graf kümmerte sich nicht darum und deshalb ereilte ihn, so die Überzeugung des Meinwerkbiographen, ein Gottesurteil, als der Junge bei einem Reitunfall ums Leben kam. Aus Trauer über diesen Verlust übertrug Dodiko 1018 oder 1019 Grundbesitz, der über zehn Orte verteilt war, einschließlich der daran gebundenen Hörigen sowie acht Mühlen, an die Paderborner Kirche (Kat.Nr. 122). Allerdings sollten diese Ländereien erst nach dem Tod des Grafen an das Bistum fallen und er erhielt darüber hinaus Güter in acht Orten zur Nutzung. Für den Fall seines Todes ließ Dodiko sich ferner zusichern, dass sein Jahrgedächtnis mit dem gleichen Aufwand begangen werden sollte wie für einen Bischof von Paderborn. Beide Seiten hatten also mit dieser Prekarie – so nennt man einen Vertrag, bei dem der eine Partner dem anderen Land abtrat und dann zur Nutzung zurückerhielt – einen Kompromiss geschlossen: Während der Graf zu Lebzeiten seine Güter faktisch vermehrte und außerdem die Sorge für sein Seelenheil sicherte, machte der Bischof nach Dodikos Tod einen erheblichen Gewinn. Möglich war das nur, weil der Graf über keinen direkten leiblichen Erben mehr verfügte, der sowohl den Besitz als auch die Verpflichtung, sich um das Seelenheil seines Vaters zu kümmern, übernommen hätte. So aber konnte der Bischof in den Südosten seiner Diözese expandieren und Heinrich II. stützte ihn dabei ganz nachdrücklich: Der Kaiser verlieh Dodikos Grafschaft nach dessen Tod 1020 an die Paderborner Kirche. Damit kontrollierte Meinwerk zumindest theoretisch auch diesen Teil seiner Diözese, zumal ihm Graf Sigebodo ebenfalls einige Güter als Sühneleistung für Angriffe auf Paderborner Besitz überließ. Vielleicht hatte er zunächst gegen die Nachfolgeregelung seines Bruders Dodiko gewaltsam protestiert, sich dann aber doch gefügt. Die Ansprüche eines nahen Verwandten der beiden namens Bern löste der Bischof schließlich durch die Zahlung von 83 Pfund Silber ab. Auch sonst griff Meinwerk oft auf seine finanziellen Ressourcen zurück, um Ansprüche Dritter – ob gerechtfertigt oder nicht, entzieht sich oft unserer Kenntnis – abzulösen und so den Landbesitz seines Bistums zu mehren.

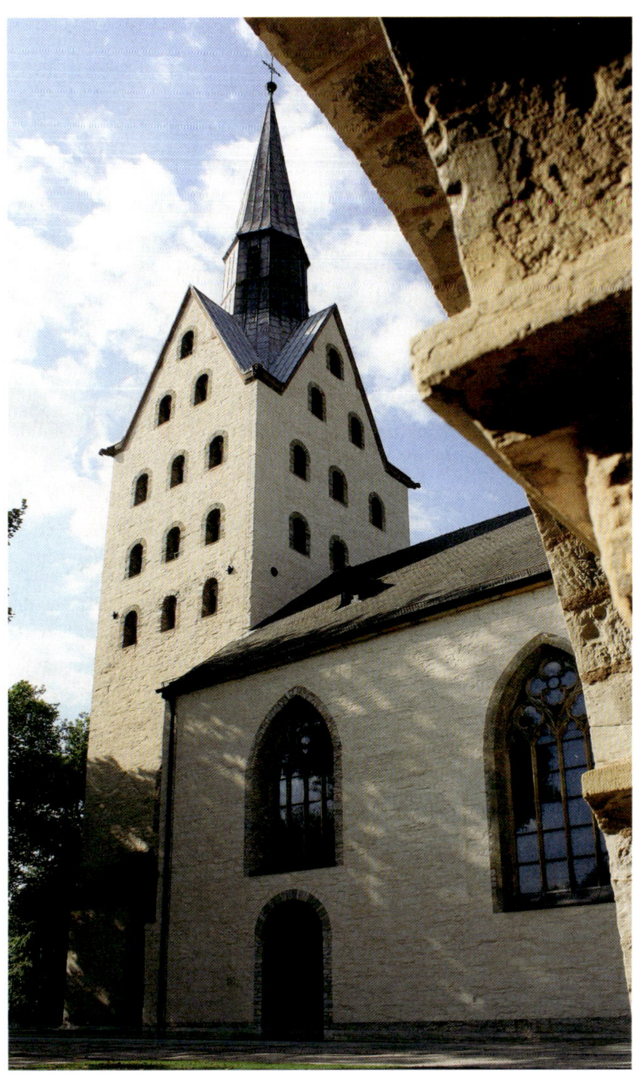
2 Ehemaliges Damenstift Geseke

Am 13. Juli 1024 verstarb Kaiser Heinrich II. kinderlos und die Wahl eines neuen Königs wurde notwendig. Damit geriet das auf die Person des Herrschers zugeschnittene Regierungssystem der damaligen Zeit in eine schwere Krise. Wie 1002 waren heftige Auseinandersetzungen zu erwarten, bis sich ein Thronkandidat durchsetzte. Bis dahin drohte Chaos im Reich. Insbesondere für Vertraute des alten Herrschers wie Meinwerk war die Situation schwierig, denn sie hatten voll und ganz auf Heinrich II. gebaut, der sich natürlich auch viele Feinde gemacht hatte. Es bestand durchaus die realistische Gefahr, dass die vom Kaiser niedergehaltenen Adligen sich nun an seinen Helfern schadlos halten würden. Zu Kämpfen wie 1002 kam es 22 Jahre später allerdings nicht, vielmehr berieten die Großen des Reiches auf zahlreichen Zusammenkünften über mögliche Kandidaten. Sie nutzten die königslose Zeit aber auch zu Frontbegradigungen. So versammelte sich der sächsische Adel in Werl. Im Streit um das Kloster Helmarshausen kam es zu einem Kompromiss zwischen Meinwerk und dem Billunger Thietmar. Auf einer weiteren Versammlung Mitte September 1024 focht die Äbtissin Hildegund von Geseke die oben erwähnte Verfügung ihres Sohnes Sigebodo zugunsten Paderborns an. Nun machte sich der Ausgleich mit den Billungern für Meinwerk bezahlt: An der Spitze eines Adelsgerichts wies Herzog Bernhard II. die Klage der Äbtissin ab.

Hatte Meinwerk in dem kurzen Interregnum von 1024 also seine Stellung halten können, so musste er nun noch den eigentlichen Machtwechsel überstehen. Zum Nachfolger Heinrichs II. war Anfang September 1024 Konrad II. (1024–1039) gewählt worden, der der fränkischen Familie der Salier entstammte und sein Leben lang eher zu den Gegnern des verstorbenen Kaisers gehört hatte. Der Biograph des Paderborner Bischofs beschreibt den nun eintretenden politischen Umschwung wie folgt: »Nachdem Konrad nun als König in seiner Herrschaft bestätigt und anerkannt war und mit dem Wechsel in der Regierung, wie gewöhnlich, auch die Freunde und die Ratgeber ausgetauscht worden waren, nahm er auf Ratschlag des Erzbischofs Aribo von Mainz die Grafschaft, die einst dem Grafen Dodiko gehört und sein Vorgänger in kaiserlicher Großzügigkeit der Kirche von Paderborn übertragen hatte, von ihr fort, und übertrug sie, noch ganz unerfahren im Regieren und auch durch falsche Beratung überredet, vorschnell der Mainzer Kirche zu eigen.« (Vita Meinwerci 2009, cap. 198). Nach Angabe der Vita gelang es Meinwerk, durch treue Dienste das Verlorene wiederzugewinnen und noch dazu weitere Belohnungen zu erhalten, aber er musste bis zum Tod des Grafen Bernhard 1033 warten, bis er die Grafschaft vom Kaiser zurückerhielt. Bernhard war vermutlich ein Verwandter Dodikos und hatte die Grafschaft vom Mainzer Erzbischof Aribo (1021–1031) zu Lehen erhalten, der sich 1024 maßgeblich für die Wahl Konrads zum König eingesetzt hatte.

Letztlich veränderte sich Meinwerks Position auch unter Konrad II. nicht grundlegend, obwohl dieser zum Laienadel ein insgesamt viel besseres Verhältnis hatte als Heinrich II., der sich seinerseits vor allem auf die Bischöfe gestützt hatte. Meinwerk blieb auch über den Thronwechsel hinweg ein treuer Sachwalter des Herrschers und wurde entsprechend belohnt. Doch suchte Meinwerk während seines gesamten Pontifikats auch immer die Position seiner Bischofskirche zu stärken. Sein Verhältnis zum Adel blieb daher ambivalent: Teils arbeitete er mit ihm zusammen, teils focht er Interessengegensätze mit seinen Vertretern aus. Bischof und Adel waren einerseits aufeinander angewiesen, andererseits verfolgten sie ihre Eigeninteressen in der gleichen Region. Doch war ihr Verhältnis nicht allein von Konkurrenz geprägt, sondern auch durch ein gelungenes Miteinander. So schloss Meinwerk nicht nur mit dem Grafen Dodiko einen Prekarievertrag, sondern auch mit etlichen weiteren Grundbesitzern, was im Interesse beider Vertragspartner lag. Auch dürfte der Bischof das Engagement des Adels für geistliche Einrichtungen insgesamt begrüßt haben. Und schließlich war Meinwerk mit der Mentalität des Adels durchaus vertraut, entstammte er selbst doch dieser Schicht (Abb. 3).

Quellen

MGH DD H II · Thietmar von Merseburg 1935 · Vita Meinwerci 2009 · WUB 1.

Literatur

Althoff 1991 · Balzer 1982 · Balzer 1999 · Bannasch 1972 · Irsigler 1970 · Irsigler 1976/1977 · Keller 1968 · Dick/Jarnut/Wemhoff 2004 · Reuter 1992 · Reuter 1995a · Reuter 1995b · Struve 1969.

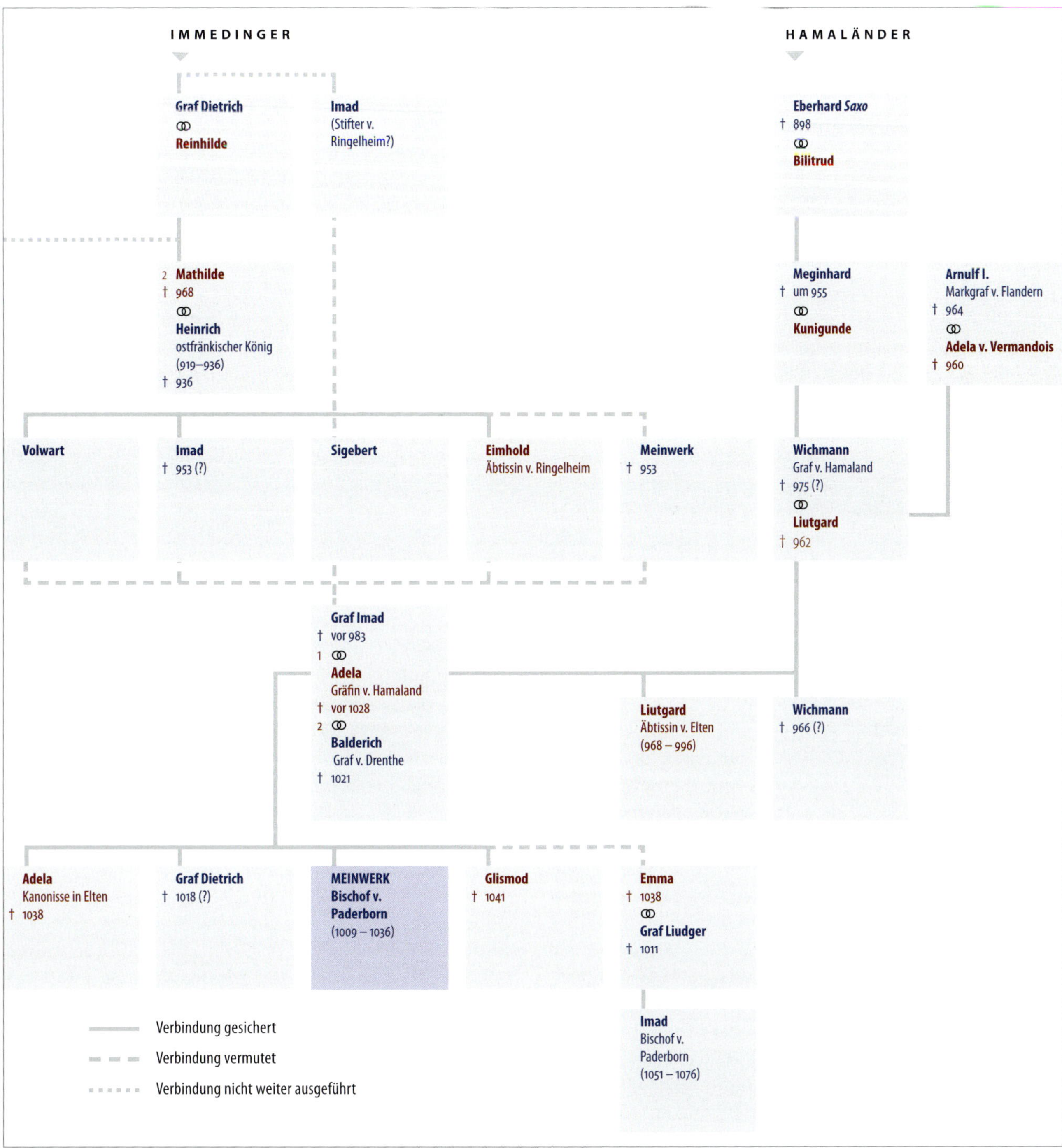

3 Stammtafel Bischof Meinwerks von Paderborn

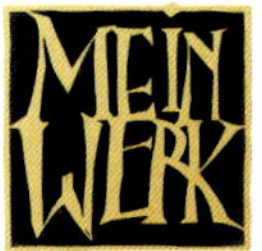

Von der Wallburg zum Adelssitz

Westfälische Burgen des 11. Jahrhunderts

Werner Best

Der frühmittelalterliche Burgenbau war bis in das 10. Jahrhundert gekennzeichnet durch großflächige, oft weit über 10 Hektar große Anlagen, die in der Regel auf Anhöhen lagen. Nicht selten wurden die Wallburgen an den gleichen Plätzen wie diejenigen aus der vorrömischen Eisenzeit errichtet. Ein besonders gutes Beispiel dafür ist die Wittekindsburg bei Minden, Kreis Minden-Lübbecke. Ihre frühmittelalterliche Trockenmauer folgt genau der Linie des Holz-Erde-Walls des 2./3. Jahrhunderts v. Chr. Aber nicht nur Trockenmauern dienten den frühmittelalterlichen Burgen als Schutz, sondern auch mit Erde hinterschüttete Holzwände oder eine Kombination aus beiden Möglichkeiten. Meistens sicherten vorgelagerte Gräben zusätzlich die Verteidigungslinien.

Wegen ihrer großen Innenflächen liegt die Vermutung nahe, in den frühmittelalterlichen Burgen Rückzugsorte für Menschen und Tiere in Gefahrenzeiten zu sehen. Wenngleich bei gut untersuchten Anlagen Spuren von Häusern gefunden wurden, kann keineswegs davon ausgegangen werden, dass eine solche Burg jemals völlig bebaut war. Beispielsweise sind auf dem 7 Hektar großen Burggelände des Gaulskopfes bei Warburg, Kreis Höxter, Spuren dreier Pfostenhäuser aufgedeckt worden, die zwischen 6,2 und 12 Meter lang waren. Während ein Haus möglicherweise als frühe Holzkirche interpretiert werden kann, werden die beiden anderen und darüber hinaus ein halbunterkellertes Schwellbalkenhaus von etwa 7,5 Metern Länge als Unterkünfte gedient haben. Die Datierung der geborgenen Funde verdeutlicht, dass die Burg spätestens seit der Mitte des 7. Jahrhunderts bestand und bis in das 10. Jahrhundert genutzt wurde. Während einer zweiten Ausbauphase im 9. Jahrhundert besaß die Burg im Osten zwei repräsentative, gemauerte Tore, wovon eines im Gelände als restaurierte Ruine sichtbar ist. Funde des 8. Jahrhunderts zeigen, dass der Gaulskopf während der Sachsenkriege sicherlich neben den in fränkischen Quellen namentlich genannten Burgen eine wichtige Rolle spielte. Ob während der gesamten Zeit die Befestigungsanlagen immer intakt waren, lässt sich nicht mit letzter Sicherheit sagen. Besonders bemerkenswert unter den Funden sind zwei goldene Gewandspangen, ein vergoldeter Schwertgurtbeschlag und ein Nietplattensporn mit Buntmetallapplikationen, die in das ausgehende 9. und in das 10. Jahrhundert datieren. Somit korrespondieren sie mit der zweiten Ausbauphase in Stein. Die Beobachtung weist auf einen repräsentativen Ausbau des Gaulskopfes hin (Best 1997).

Am Fuß des Gaulskopfes im Diemeltal befinden sich die Siedlungsflächen und Burganlagen der Wüstung Aslen. Sie wird erstmalig 1024 indirekt durch das Auftreten eines »Ekkika comes de Aslan« in einer Urkunde erwähnt. Der Gedanke, die Wüstung, deren Geschichte nach Ausweis der Lesefunde bereits im Frühmittelalter beginnt, mit dem Gaulskopf in Verbindung zu bringen und damit das klassische Ensemble von Wallburg und Herrenhof im Frühmittelalter zu sehen, ist reizvoll. Den Beweis dafür müssen zukünftige Forschungen aber erst erbringen.

Die Oldenburg, 700 Meter nordwestlich von Laer im Kreis Steinfurt gelegen, ist ein eindruckvolles Beispiel für den Beginn neuer Bauformen des Burgenbaus im 11. Jahrhundert in Westfalen. Die 13 Hektar große Anlage gliedert sich in drei verschiedene Teile. Zu nennen ist der so genannte Hauptring mit etwa 400 Metern Länge und maximal 200 Metern Breite. Ihm ist ein 300 Meter langer Vorwall vorgelagert. An der Südspitze des Hauptringes setzt ein weniger gut ausgebildeter Wall an, der nach 100 Metern in Richtung Westen umbiegt und nach weiteren 240 Metern endet. Dieser umschlossene Raum wird »Deelborg« genannt. In der nördlichen Hälfte des Hauptringes befindet sich ein heute noch als markantes Bodendenkmal gut zu erkennender, kreisrund angelegter Wall mit einem Durchmesser von 80 bis 90 Metern (Abb. 1), das so genannte »Rondeelken«. Durch Grabungen in den 1950er Jahren konnte nachgewiesen werden, dass jedes dieser drei Elemente mehrphasig war. Die Datierung und Zuordnung der einzelnen Phasen bleibt nach wie vor schwierig. Mit dem Fundmaterial lässt sich eine Nutzung der Oldenburg bis in die erste Hälfte des 12. Jahrhunderts nachweisen. Dagegen kann die früher oft in Anspruch genommene Datierung des Hauptringes und der Deelborg in das 9. Jahrhundert nicht mehr aufrecht erhalten werden. Der Wall des »Rondeelken« weist zwei Bauphasen auf. Phase I bestand aus einer Trockenmauer mit Erdwall und datiert in das 10. Jahrhundert. Phase II ersetzte in der Zeit um 1000 die Trockenmauer durch eine 2,1 Meter breite Mörtelmauer mit erhöhter Wallschüttung. Dieser Phase wird auch der Bau eines gewaltigen Wohnturms fast in der Mitte des Rundlings zugerechnet. Auf einem Fundament aus Findlingen stand das Gebäude mit 24,7 mal 19 Metern Grundfläche und 2,4 Metern Mauerstärke. Es gehört zu den frühsten Beispielen aus Stein errichteter Wohntürme in Westfalen, die im normannischen Ursprungsgebiet Donjon genannt werden. Auf der Mittelachse des Wohnturms fanden sich Fundamente von vier großen Pfeilern mit 1,25 Metern Seitenlänge, die die Decken des Bauwerkes trugen. Diese Elemente der Deckenkonstruktion scheinen charakteristisch für den Bautyp des mittelalterlichen Wohnturms zu sein und lassen sich auch bei jüngeren Exemplaren nachweisen. Die mehrgeschossigen Wohntürme vereinten Wehr-, Wohn-, Repräsentations- und Wirtschaftsfunktionen in sich und waren in der Frühzeit das einzige Gebäude der Anlage. Der Bauherr des Donjons in der Oldenburg ist namentlich nicht bekannt. Infrage kommen können nur die mächtigen Adelsgeschlechter oder Kirchenfürsten jener Zeit, die die Rechte, die Macht und das Vermögen besaßen, solche imposanten Bauwerke errichten zu lassen. Verwiesen sei an dieser Stelle auf den fast gleichzeitigen, 25 mal 25 Meter großen Wohnturm, der in die karolingisch-ottonische Befestigung von Soest eingebaut wurde. Er gilt traditionell als Pfalz der Kölner Erzbischöfe und war zwischen 985 und 1152 Aufenthaltsort fünf deutscher Könige (Peine 2005).

Die Utzenburg liegt etwa 750 Meter nördlich von Petershagen-Döhren, Kreis Minden-Lübbecke, oberhalb des Baches Gehle. Die Anlage ist im Gelände kaum noch nachzuvollziehen, jedoch ist ihr Umriss auf Luftbildern als negatives Bewuchsmerkmal gut erkennbar (Kühlborn 1989). Sehr klar tritt ein hufeisenförmiges Gebilde von etwa 100 Metern Breite und 75 Metern Länge hervor. Nach Nordosten zeigt sich eine deutliche Unterbrechung, die vielleicht auf ein Tor hinweist. Die Südflanke der Burg ist wegen einer Baumreihe nicht zu erkennen, ebenso wird die Westseite durch Büsche und Bäume verdeckt. Etwa 70 Meter weiter nördlich befindet sich ein weiteres gelbliches Bewuchsmerkmal, das im Westen, kurz vor der ehemaligen Uferkante der Gehle, beginnt und sich im weiten Bogen fast über die ganze Breite des Ackers erstreckt. Im Osten geht die Spur an der Grenze zu einem anders genutzten Grundstück verloren. Ungeklärt bleibt die Frage, ob die geschlossene Spur gleichsam als Kernwerk einer insgesamt größeren Anlage zu betrachten ist oder zwei zeitlich voneinander zu trennende Ausbauphasen der Utzenburg anzeigt. Grabungen zur Klärung dieser Frage und zur Dokumentation einer Innenbebauung versprechen wegen tiefgreifender Zerstörung des Bodendenkmals keinen befriedigenden Erfolg mehr.

Die Utzenburg war im Besitz des Edelherrn Mirabilis, der 1167 zum letzten Mal bezeugt ist. Weil er keine Erben hatte, übergab er den größten Teil seiner Besitzungen dem Kloster St. Mauritz bei Minden und zur Ausstattung von vier Kurien dem Bischof von Minden. Diese Schenkungen sind in zwei Urkunden, die in die Jahre 1165 und 1167 datiert wurden, festgehalten. In der zweiten, die als Fälschung betrachtet werden muss, finden auch sechs Hufen in Utzenburg Erwähnung. Die Angabe in einer bischöflichen Urkunde von 1295, »in campo castri Uthenborch«, lässt die Vermutung zu, dass die Burg zu diesem Zeitpunkt zerstört war (Scriverius 1966).

Die schriftlichen Quellen zeigen, dass die Utzenburg in der Mitte des 12. Jahrhunderts bestand. Neue archäologische Funde, die mit Hilfe einer Metallsonde geborgen wurden, geben Hinweise darauf, die Anlage auch im Kontext der Burgen des 11. Jahrhunderts zu sehen. Scheibenfibeln wie die zwei im Bereich der Utzenburg gefundenen Emailscheibenfibeln (Durchmesser 1,8 und 1,6 Zentimeter) mit konzentrischen Kreisen auf der Schauseite sind auch von anderen Fundplätzen des 10. und 11. Jahrhunderts bekannt. Hervorzuheben unter den Funden der Utzenburg ist ein kleines, gegossenes Kruzifix aus dunkelgrün patinierter Bronze mit 2,8 Zentimetern Länge und noch 1,9 Zentimetern Breite. Der rechte Kreuzarm ist beschädigt. Der Kopf des Gekreuzigten mit auffallend großen Augenhöhlen ist dreieckig ausgebildet. Korpus, Arme und Beine sind schwach reliefartig gestaltet. Soweit erkennbar, ist er mit einem langärmeligen und knielangen Gewand bekleidet. Hände und Füße sind nur angedeutet. Am oberen Ende ist eine quer verlaufende Öse fragmentarisch erhalten. Das Kruzifix datiert in das 11. Jahrhundert (Abb. 2).

Die Beispiele der Oldenburg und der Utzenburg mögen genügen, um die Schwierigkeiten der Identifizierung und Datierung von Burgen des 11. Jahrhunderts über archäologische Quellen darzustellen. Ältere Grabungen entsprechen häufig nicht mehr den heutigen wissenschaftlichen Ansprüchen oder sie waren zu kleinräumig, um Zusammenhänge von Nutzungs- und Bauphasen klar erkennen zu können. Andere Burgen sind durch intensive landwirtschaftliche Nutzung oder anderweitige Eingriffe so tiefgründig zerstört, dass aufwendige Ausgrabungen nicht mehr sinnvoll erscheinen.

Glücklicherweise gibt es in Westfalen einige Burgen, deren Existenz im 11. Jahrhundert in schriftlichen Quellen überliefert ist. Kai Niederhöfer hat zuletzt überzeugend darlegen können, dass die in zwei Bauphasen entstandene Haupt- und Vorburg Alt Schieder bei Schieder-Schwalenberg, Kreis Lippe, auch eine Befestigung des 11. Jahrhunderts ist.

Lange Zeit hat die Forschung die Burg als karolingische »curtis« angesehen, in der sogar Karl der Große (768–814) 784 das Weihnachtsfest verbracht haben soll. Diese Einschätzung basierte auf einer Fehlinterpretation karolingischer Quellen. 889 hatte König Arnulf (887–899) dem Kloster Corvey in einer Schenkungsurkunde den Besitz des »loco Schidara« bestätigt und 997 schenkte Otto III. (983–1002) die »curtis Sigdri« dem Erzstift Magdeburg. Heinrich II. (1002–1024) bestätigte die Schenkung der »civitas Scidere« im Jahr 1005 und hat vier Jahre später auch die freien Familien der »civitas« unter Magdeburger Gerichtsbarkeit gestellt. Der Grund für den Wechsel in der Benennung von »curtis« zu »civitas« könnte nach Meinung Niederhöfers die Errichtung der steinummauerten Hauptburg dokumentieren, die immerhin eine Fläche von 4,2 Hektar im Grundriss aufweist. Schon 1899 wurde fast mittig in der Hauptburg eine 15,7 mal 13,1 Meter große Saalkirche mit eingezogenem Rechteckchor freigelegt, die nicht zuletzt wegen ihres Laurentiuspatroziniums in der zweiten Hälfte des 10. Jahrhunderts entstanden sein kann. Im 11. und 12. Jahrhundert wurde die Kirche weiter aus- und umgebaut. Auch die Grabungsfunde, die frühesten gehören ins 10., der Hauptanteil ins 11. und 12. Jahrhundert, stützen diese Überlegungen. Alt Schieder kann aufgrund vieler Spuren wie Werkzeuge, Schlacken und Glasflussreste nicht nur als Burg, sondern auch als Wirtschaftshof gesehen werden. Dies würde die ungewöhnliche Größe für eine Befestigung des 11. Jahrhunderts erklären. Im Laufe des 13. Jahrhunderts scheint die Bedeutung der Anlage an den Barkhof im Bereich des heutigen Emmerstausees übergegangen zu sein (Niederhöfer 2004).
Mit der Burg Wartberch im Bereich der heutigen Stadt Warburg, Kreis Höxter, erfassen wir eine der ältesten Höhenburgen in Westfalen. Die etwa 100 Meter breite Anlage wurde um das Jahr 1000 gegründet und war Stammsitz des Grafen Dodiko († 1020). Die Entstehung der Burg ist eng mit einem Haupthof auf der Hüffert in Warburg zu sehen, der bereits im 9. Jahrhundert mit einer hölzernen Kirche ausgestattet war. Kurz vor seinem Tod überließ Dodiko Bischof Meinwerk von Paderborn (1009–1036) große Teile seines Warburger Besitzes (Kat.Nr. 122). Zum Gebäudebestand wird in der *Vita Haimeradi* und in der *Vita Meinwerci* überliefert, dass in der Burg ein Gebäude mit großem Saal, eine dem heilige Andreas geweihte Kapelle und ein Frauenhaus vorhanden waren, wobei letzteres vielleicht in der Vorburg oder auf der Hüffert zu suchen ist. Durch Ausgrabungen stieß man 1963 auf den Nachfolgebau der Kapelle: eine große Basilika des frühen 12. Jahrhunderts mit Krypta sowie auf Reste der Ringmauer mit 2,45 Metern Stärke. In den folgenden Jahrhunderten war die Burg ein wichtiger Stützpunkt der Paderborner Bischöfe im Ringen um die Landesherrschaft im hessisch-westfälischen Grenzraum (Peine 2006).

Zu den frühen Höhenburgen gehört auch die auf zwei Bergkuppen erbaute Doppelburganlage auf dem Altenfels, die sich an einer Heerstrasse zwischen Brilon und Bredelar im Hochsauerlandkreis befand. Der Teil auf der westlichen Bergkuppe entstand in der zweiten Hälfte des 11. Jahrhunderts und wurde bis in das 14. Jahrhundert genutzt. Der Teil auf der östlichen Kuppe datiert in das 12. Jahrhundert und wurde bereits am Ende desselben Jahrhunderts zerstört und aufgegeben. Eng verbunden mit dem Schicksal der Ostburg scheint eine zu Beginn des 12. Jahrhunderts erbaute und im späten 12. Jahrhundert wieder aufgegebene Saalkirche zu sein, die unterhalb des Altenfelses ergraben wurde. Die singuläre Bestattung eines Mannes in einem Kopfnischengrab im Innenraum, der räumliche wie zeitliche Bezug zur Burg und weitere Indizien sprechen für eine Nutzung als Eigenkirche der Burgherren auf dem Altenfels. Besondere Beachtung verdient die Kombination von Burg und Kirche. Der Bau einer Kirche war für den Adel nicht nur ein Mittel zur Selbstdarstellung, sondern ist auch ein Beleg für die Nutzung der Burg als Wohnsitz neben ihrer militärischen Funktion (Peine 2006).
Nicht unerwähnt bleiben darf der Desenberg, der nur wenige Kilometer östlich von Warburg als markante Landmarke die Warburger Börde beherrscht. Auf dem 345 Meter hohen Basaltkegel wird für das Jahr 1070 eine wegen der topographischen Gegebenheiten räumlich sehr begrenzte Burg des Grafen Otto von Northeim († 1083) erwähnt. Diese Gipfelburg steht als Beispiel für einen neuartigen Burgenbau, der in Westfalen in der zweiten Hälfte des 11. Jahrhunderts Einzug hielt und als Prototyp der klassischen Adelsburg des Hochmittelalters gilt. Kennzeichnend für den Gebäudebestand dieser Burgen ist der Wechsel vom Wohnturm zum freistehenden Bergfried mit separatem Wohnhaus. Hinzu kommen eine Burgkapelle sowie weitere Wohn- und Wirtschaftsgebäude, die fast immer an die Wehrmauer angebaut wurden. Als Stützpunkt des Grafen Otto, der als führender Vertreter der sächsischen Adelsopposition gilt, belagerte König Heinrich IV. (1056–1106) den Desenberg. Lampert von Hersfeld († um 1085) beschreibt den Kriegszug folgendermaßen: »Vor eine andere Burg, Desenberg mit Namen, hatte er schon Truppen gelegt. Obgleich sie ihrer Lage wegen uneinnehmbar und mit allen zur Kriegsführung notwendigen Mitteln hinlänglich versorgt war, zogen es die Insassen doch vor, sich freiwillig zu ergeben, als das zweifelhafte Kriegsglück zu versuchen.« Die wechselvolle Geschichte des Desenberges (Kneppe/Peine 2000), die an dieser Stelle nicht weiter dargelegt werden soll, zeigt, dass die Burg vom 11. bis zum 15. Jahrhundert zu den politisch und militärisch umstrittensten Anlagen Westfalens gehörte.
Zum Schluss der Betrachtungen kommen wir noch einmal auf die anfangs erwähnte Wittekindsburg zurück. Sie ist ein herausragendes Beispiel für die religiöse Nutzung alter Wallburgen zu Beginn des 11. Jahrhunderts. Die Wälle der Anlage umschließen auf dem Kamm des Wiehengebirges eine Flä-

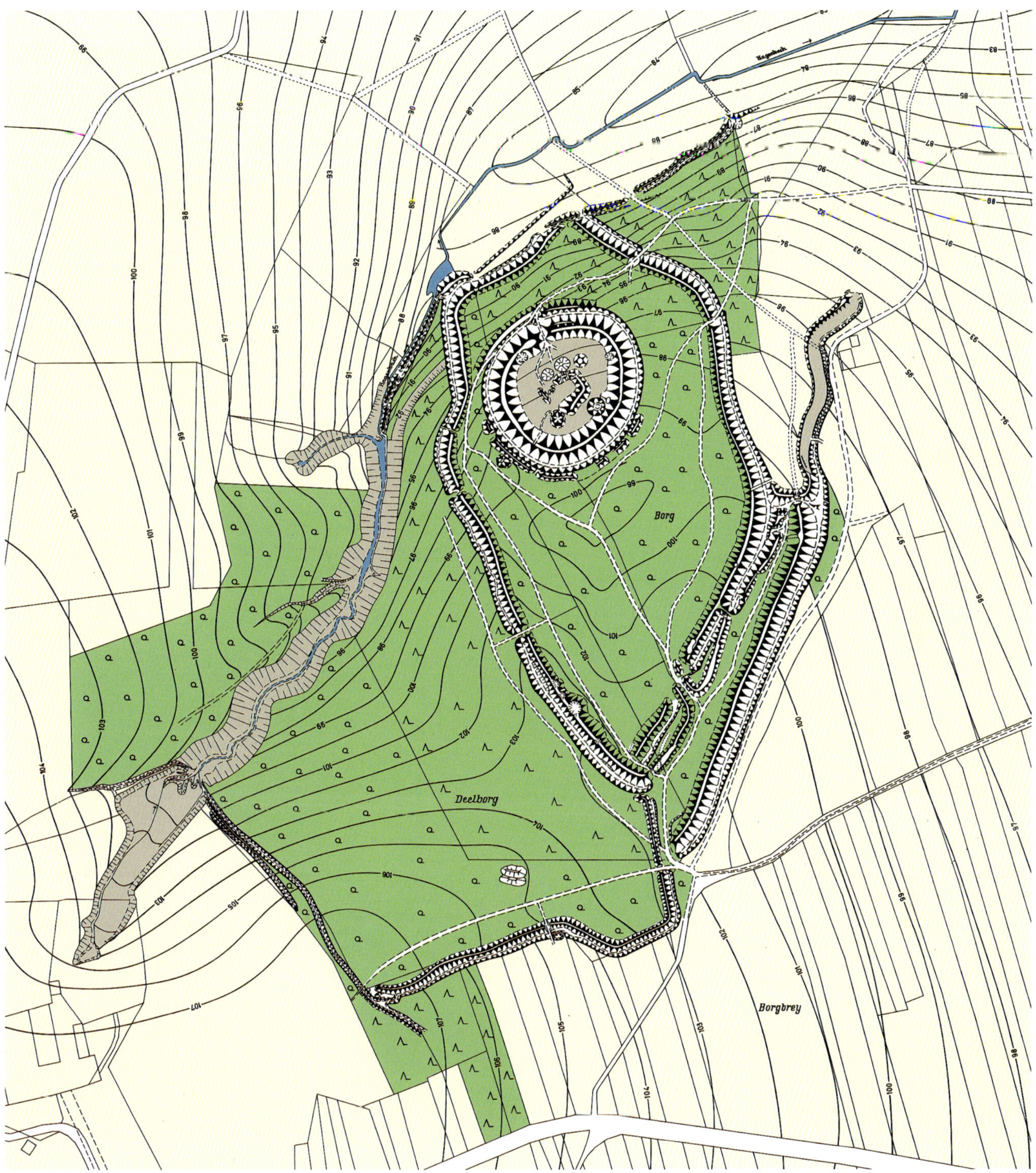

1 Laer, Kreis Steinfurt. Karte der Oldenburg

che von etwa 7 Hektar, die durch eine quer verlaufende Mauer in ein kleineres beziehungsweise größeres Areal unterteilt wird. Dabei ist unklar, ob die Mauer schon zur Grundkonzeption der Burg gehörte und eine kleinere Hauptburg im Westen von einer größeren Vorburg im Osten abtrennte. Funde und C-14-Datierungen geben Hinweise auf eine Nutzung der Burg in der zweiten Hälfte des 9. Jahrhunderts oder in der ersten Hälfte des 10. Jahrhunderts (Best 1999). Vom Ende des 10. Jahrhunderts liegen zwei urkundliche Erwähnungen zur Wittekindsburg vor. Im Jahr 991 schenkte Otto III. dem Mindener Bischof Milo (969–996) unter anderem Forstrechte im Gebiet der Wittekindsburg und im Jahr 993

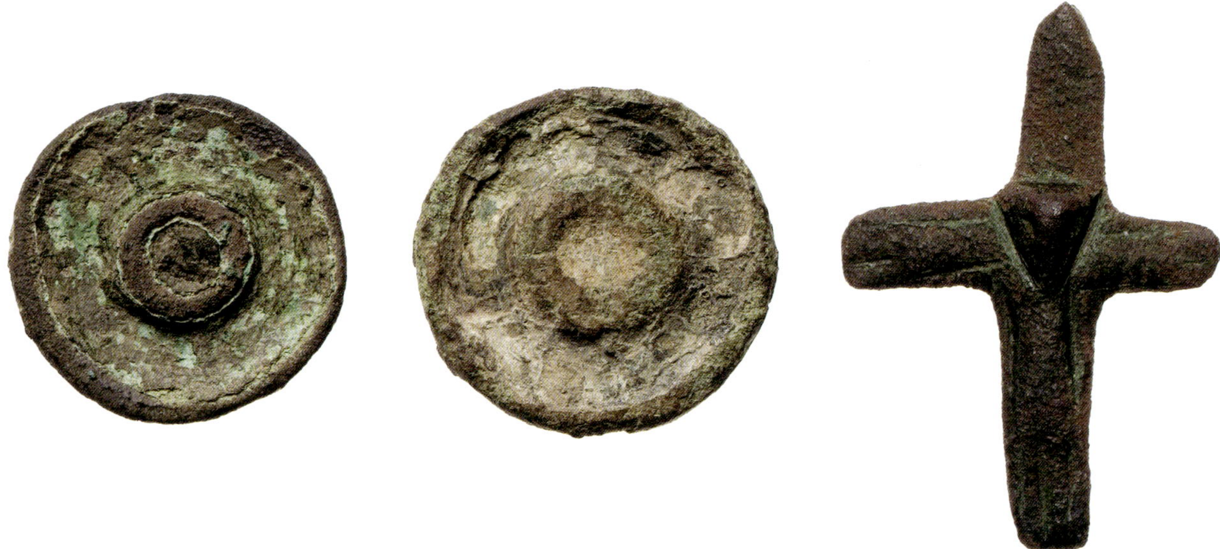

2 Zwei Emailscheibenfibeln und ein Kruzifix aus Bronze; Petershagen-Döhren, Kreis Minden-Lübbecke, 10./11. Jahrhundert

erbat Milo von Otto III. Schutz für ein Kloster, das er für eine Klausnerin namens Tetwif dort gegründet hatte und bereits zu Beginn des 11. Jahrhunderts vom Berg nach Minden verlegte. Wahrscheinlich ist zu dieser Zeit die Burg schon aufgegeben gewesen (Rüthing 2008). Der religiöse Charakter des Areals wurde 1996 durch die Entdeckung der Grundmauern eines vorromanischen Zentralbaus eindrucksvoll unterstrichen. Die in Lehm verlegten Bruchsteinmauern bilden ein griechisches Kreuz mit vier 16 Quadratmeter großen Räumen, die sich um einen ebenso großen, zentralen Raum gruppieren (Abb. 3). Über Vergleichsbefunde wird die Kirche in die Zeit um 1000 oder in das 11. Jahrhundert datiert (Untermann 1999). In ihrem Innenraum wurden fünf christliche Bestattungen gefunden. Anthropologische und genetische Untersuchungen führten zu dem Ergebnis, dass dort eine Frau mit ihren Kindern die letzte Ruhe fand. Das Grab eines Kindes war von der westlichen Abschlussmauer überbaut und ist damit wie alle Gräber älter als die Kreuzkirche. Sie ist demnach vermutlich in der Absicht errichtet worden, die Toten, die wohl dem Hochadel angehörten, auf besondere Weise posthum zu ehren (Best 1999). Die kargen schriftlichen Quellen und die Ergebnisse der Ausgrabungen werfen mehr Fragen auf, als sie Antworten geben können. Während Rüthing mit Recht vermutet, Milo könnte der Bauherr des für Westfalen sehr ungewöhnlichen Zentralbaus gewesen sein, müssen seine Überlegungen zur Herkunft der dort bestatteten Familie spekulativ bleiben (Rüthing 2008). Das religiöse Leben entwickelte sich auf dem Wittekindsberg bis in die Neuzeit weiter, die Burg hingegen wurde offensichtlich im 10. Jahrhundert aufgegeben.

Blicken wir zurück, so lässt sich zu Beginn des 11. Jahrhunderts ein Wandel im Burgenbau Westfalens feststellen. Die großen Wallburgen des Frühmittelalters werden durch kleinere Anlagen abgelöst. Diese entstehen einerseits in noch bestehenden Wallburgen, werden andererseits aber auch als Neugründungen in unterschiedlichen topographischen Lagen gebaut. Dabei wird die traditionelle Bautechnik der Holz-Erde-Werke noch beibehalten, gleichzeitig kommt aber auch die gemörtelte Mauer zur Anwendung. Völlig neu sind gemauerte Wohntürme, die sich allerdings im 11. Jahrhundert in Westfalen nur selten nachweisen lassen. Vermutlich waren auch hölzerne Bauten üblich, jedoch liegen archäologische Befunde zur Innenbebauung der Burgen nur selten vor oder können wegen der Zerstörung der Anlagen nicht mehr gewonnen werden. In einigen Burgen können Kirchen nachgewiesen werden, deren Traditionen zum Teil lange über deren Bestand hinausgehen. Die Burg wurde für den Adel zum sicheren und repräsentativen Wohnsitz und stellte gleichzeitig den Mittelpunkt der Grundherrschaft dar. Damit einhergehend fand eine stärkere ständische Differenzierung statt. Die Burg war zum Symbol der Macht geworden und bot in Zeiten der Gefahr im Gegensatz zu den früheren Wallburgen nur noch wenigen Privilegierten Schutz.

Quellen

Lampert von Hersfeld 1894 · Vita Haimeradi 1852 · Vita Meinwerci 1921.

Literatur

Best 1997 · Best 1999 · Kneppe/Peine 2000 · Kühlborn 1989 · Niederhöfer 2004 · Peine 2005 · Peine 2006 · Rüthing 2008 · Scriverius 1966 · Untermann 1999.

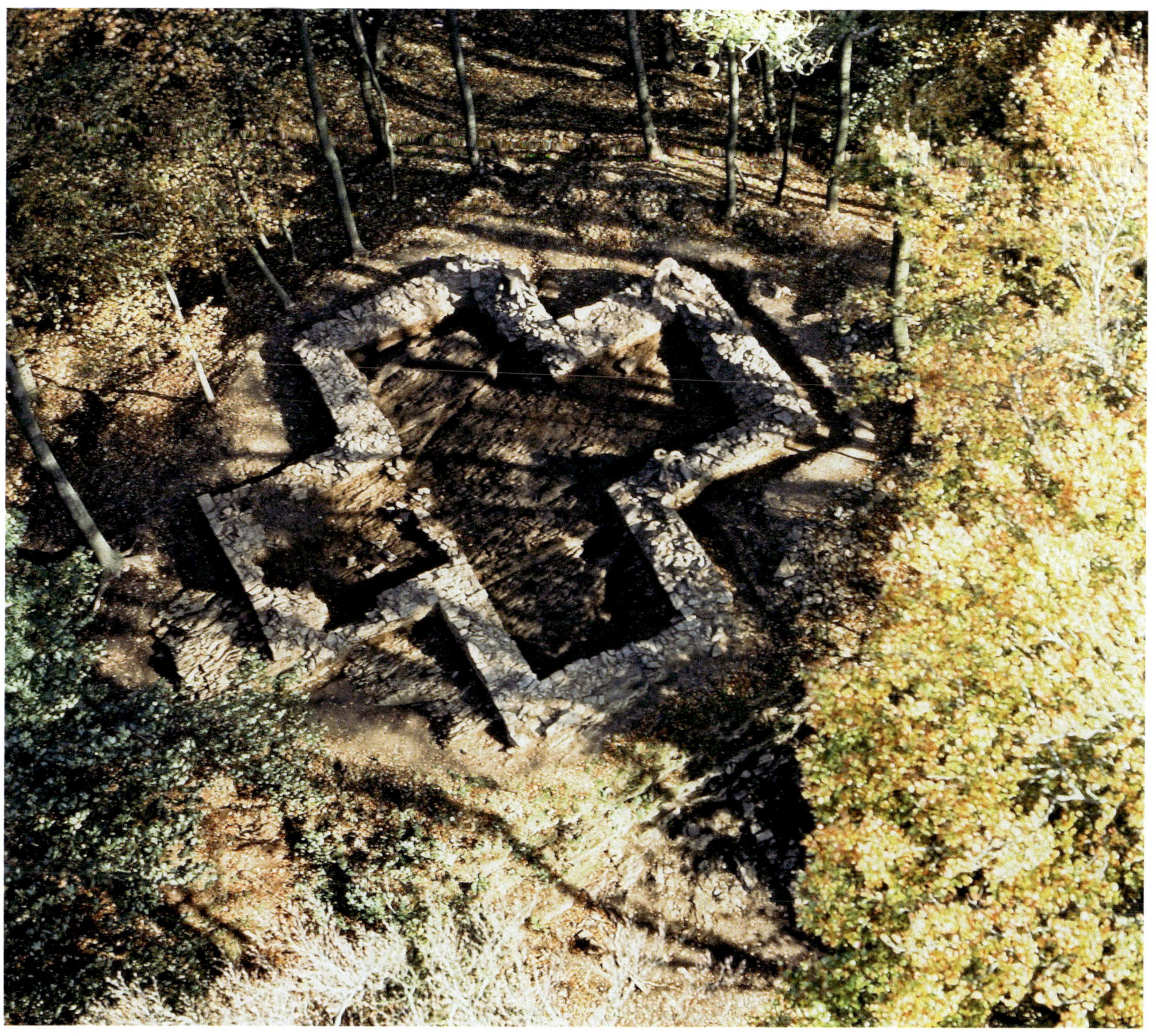

3 Minden, Kreis Minden-Lübbecke. Wittekindsburg, Luftbild des vorromanischen Zentralbaus

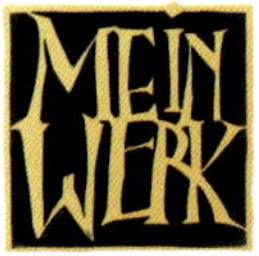

Slavische Länder und Fürsten

Das östliche Europa zur Zeit Bischof Meinwerks

Matthias Hardt und Christian Lübke

Dem heutigen Betrachter mögen Paderborn und das dortige Abdinghofkloster, wo sehr wahrscheinlich im 12. Jahrhundert die Vita Bischof Meinwerks (1009–1036) entstand, recht weit vom Osten Europas entfernt scheinen. Und doch ist die Lebensbeschreibung dieses Paderborner Bischofs durchaus geeignet, eine Art Leitfaden für die Wahrnehmung des europäischen Ostens durch die Zeitgenossen des 11. und 12. Jahrhunderts zu bieten, kannte Meinwerk sich doch als Freund und Vertrauter Kaiser Heinrichs II. (1002–1024) nicht nur mit den Hintergründen des damaligen Geschehens aus, sondern er war mitunter sogar aktiv daran beteiligt.

Da die Vita bereits in der Zeit vor der im Jahr 1009 erfolgten Investitur Meinwerks erzählend einsetzt, wird in ihr auch an ein zentrales Ereignis der europäischen Geschichte erinnert, das bis heute fasziniert und mit höchster Symbolkraft die gegenwärtige »Osterweiterung« Europas gewissermaßen vorwegnimmt: Es handelt sich um die im Jahr 1000 unternommene Pilgerreise Kaiser Ottos III. (983–1002) an das Grab des heiligen Adalbert (983–997, slavisch Vojtěch), jenes hoch geschätzten Bischofs von Prag, der seit seiner Ausbildung an der Magdeburger Domschule mit Fragen der Politik und Mission gegenüber den slavischen Gesellschaften östlich von Elbe und Saale befasst war und den Kaiser Otto II. (973–983) im Jahr 983 in Verona zum Bischof erhob und weihen ließ. Nach einem hauptsächlich durch die unsicheren Verhältnisse in Prag, der Hauptburg der Fürsten von Böhmen aus der Familie der Přemysliden, verursachten wechselvollen Schicksal, das ihn nach Ungarn, Italien und schließlich nach Polen führte, war Adalbert mit Unterstützung des polnischen Fürsten Bolesław I. Chrobry (»des Tapferen«, 992–1025) zur Mission der baltischen Pruzzen aufgebrochen und hatte dabei im Jahr 997 den Märtyrertod erlitten. Bolesław hatte die Gebeine des bald nach seinem Tod als heilig verehrten Märtyrers aufgekauft und in seiner Hauptstadt Gnesen (polnisch Gniezno) beisetzen lassen, wo sich der Adalbertskult rasch entwickelte (Abb. 1).

Die Meinwerkvita weiß zu berichten, dass Kaiser Otto III. zur Amtszeit von Meinwerks Vorgänger Rethar (983–1009) »des Gebets wegen zum heiligen Adalbert in das Slavenland« (»Slaviam intravit«) gezogen sei. Dort habe er anlässlich einer Synode sieben Bistümer eingerichtet und den Mönch Gaudentius, den Bruder Adalberts (999–1006/1020), in Prag als Erzbischof eingesetzt (Vita Meinwerci 1921, cap. 7). Ob sich hinter dieser Prager Lokalisierung von Gaudentius' Erzbistum die ursprüngliche Idee verbirgt, ein gegenüber Adalberts Bistum erhöhtes Erzbistum in Prag zu gründen (die tatsächliche Gründung dieses Erzbistum erfolgte erst im Jahr 1344), mag dahingestellt bleiben. Sicher ist, dass damals ein Erzbistum mit mindestens vier Bistümern (Posen [polnisch Poznań], Kolberg [polnisch Kołobrzeg], Krakau [polnisch Kraków], Breslau [polnisch Wrocław]) für das Herrschaftsgebiet des polnischen Fürsten Bolesław gegründet wurde und dass der erste Erzbischof Radim-Gaudentius seinen Sitz in Gnesen einnahm.

Das ganze, um das in der deutschen Forschung als »Akt von Gnesen« bezeichnete Ereignis gruppierte Geschehen ist jedenfalls nicht nur für die Geschichte Polens, dem Kaiser Otto III. damals gewissermaßen einen ersten »Staatsbesuch« in die nun christianisierte Welt der vormals heidnisch-gentilreligiösen Slaven abstattete, von höchster Bedeutung, sondern auch für die Geschichte der ältesten Beziehungen zwischen Deutschen und Polen (genauer zwischen den von den Ottonen regierten Sachsen und den von den Fürsten der polnischen Dynastie der Piasten beherrschten Slaven östlich der Oder) und sogar für die europäische Geschichte insgesamt. Denn mit Ottos Besuch in Gnesen war die Idee einer »Erneuerung des Römischen Reiches« (»renovatio imperii Romanorum«; Posse 1909, S. 13, Tafel 10, 2–7) verknüpft, bei deren Realisierung den Fürsten des europäischen Ostens eine wichtige Rolle zukommen sollte. Das gilt insbesondere für den polnischen Fürsten Bolesław, dem Otto in Gnesen feierlich die Kopie der heiligen Mauritiuslanze übergab und den er zumindest formell zu seinem »Mitarbeiter in Reichsangelegenheiten« (»cooperator imperii«) erhob, ja vielleicht sogar zum König, sowie den ungarischen Fürsten Stephan (den Heiligen, 1001–1038), der damals jedenfalls eine Königskrone erhielt. Doch nach Ottos frühem Tod (23./24. Januar 1002) erfolgte mit der Thronbesteigung Heinrichs II., des Freundes Meinwerks, eine radikale Wende, da der neue König seine eben errungene Stellung noch nicht im fernen Rom festigen wollte und musste, sondern in Deutschland und besonders in Sachsen, und weil in seiner Herrschaftspraxis den Fürsten im Osten Europas eher die Rolle lehnsabhängiger Großer zufallen sollte, als diejenige von »Mitarbeitern« an einer mit Otto III. untergegangenen Reichsidee.

Meinwerk aber, der schon Otto III. als Kapellan gedient hatte, blieb auch nach dem Herrscherwechsel in dieser Position, war er doch dem neuen König Heinrich II. »sowohl durch leibliche Verwandtschaft als auch durch sein rechtschaffenes Leben schon lange bestens bekannt, wurde vom Geschätzten zum Hochgeschätzten und ward dem König in staatlichen wie privaten Angelegenheiten ein sehr beständiger Begleiter« (Vita Meinwerci 1921, cap. 9). So beobachtet die Vita Meinwerks denn auch kritisch die Opposition gegenüber dem neuen König, die in der Person von Heinrichs Bruder Brun (1006–1029) bis in dessen nächste Verwandtschaft reichte, an der aber auch Große aus den östlichen Regionen des Reiches wie Heinrich von Schweinfurt, Markgraf der bayerischen Nordmark (980–1017), und die beiden damaligen »Boleslave, der polnische und der böhmische«, beteiligt waren (Vita Meinwerci 1921, cap. 9).

Von diesen beiden Fürsten war der polnische Bolesław ungleich bedeutender als sein damaliger böhmischer Namensvetter (Boleslav III., † 1037), der auch durch Verwandtschaft sein Vetter war, stammte doch Bolesławs Mutter Dobrawa († 977) aus der Familie der böhmischen Fürsten von Prag, der Přemysliden. Während Böhmen damals im politischen Chaos und dynastischen Zwist versank und sich die Herrschaft der Přemysliden nur ganz allmählich wieder konsolidierte, sollte der polnische Fürst Bolesław bis zu seinem Tod im Jahr 1025 eine entscheidende Rolle bei der Gestaltung der politischen Verhältnisse im Osten Europas spielen und dies nicht nur – wie es aus Sicht der Sachsen scheinen mochte – im direkten Vorfeld Sachsens, in den elbslavischen Markengebieten an Saale und Elbe. Seit der Zeit Heinrichs I. (919–936) und Ottos des Großen (936–973) waren diese Gebiete durch Kriegszüge, Tributherrschaft, militärische Besatzung und Bistumsgründungen (das 968 gegründete Erzbistum Magdeburg mit seinen Suffraganbistümern Brandenburg, Havelberg, Meißen, Zeitz, Merseburg sowie im Norden das Bistum Oldenburg im Verband des Erzbistums Hamburg-Bremen) sowie durch Landschenkungen an Getreue und kirchliche Institutionen dem Reich angegliedert worden; ihr weiteres Schicksal war aber nach dem großen Slavenaufstand von 983 und dem Sieg der heidnisch-gentilreligiösen Kräfte unter Führung des Stämmebundes der Liutizen noch nicht entschieden (Abb. 2).

Vielmehr zeigten seit der frühen Ottonenzeit auch die anderen Nachbarn jener Landschaften zwischen Ostsee und Erzgebirge sowie zwischen Elbe/Saale und Oder ihren Willen zur Mitgestaltung ihrer Zukunft: so die Fürsten von Böhmen und – vor allem – die polnischen Fürsten Mieszko I. (um 960–992) und sein Sohn und Nachfolger Bolesław, die durch Ehebündnisse ihr strategisches Interesse an den wichtigen Burgen Brandenburg an der Havel und Meißen an der Elbe demonstrierten und zwar durchaus im Gleichklang mit sächsischen Adelsgeschlechtern wie den Grafen von Haldensleben und den Ekkehardinern sowie den Repräsentanten des Reiches. Mieszko war anlässlich der Aufzeichnung seines Todes in den Fuldaer Totenannalen sogar mit dem Ehrentitel »marchio« benannt worden, mit jener Bezeichnung, die den vertrauten und mit besonderen Funktionen ausgestatteten Markgrafen der Kaiser zukam.

Doch begann mit der politischen »Wende« von Otto III. zu Heinrich II. eine Kette von militärischen Auseinandersetzungen, die in der neuzeitlichen deutschen Geschichtsbetrachtung die Dimension des »ersten deutsch-polnischen Krieges« (beispielsweise Wedekind 1836, Note XCII) annahm. Allerdings ist dies eine unangemessen vereinfachende Einschätzung, die keine Rücksicht auf die komplexen Interessenkonflikte jenseits aller vermuteten nationalen Gegensätze nimmt. Vielmehr gab es in dem Beziehungsgeflecht in den östlichen Regionen des ottonischen Reiches eine Reihe von Adelsfamilien, die sich eindeutig nach Osten hin – in die Sclavinia – orientierten und andere Vorstellungen entwickelten als der neue König. Adelsgeschlechter wie die Haldenslebener, Wettiner, Ekkehardiner, Billunger (als Herzöge von Sachsen) und Schweinfurter (als Markgrafen der bayerischen Nordmark) hatten dort slavische Partner gefunden: in erster Linie die polnischen Fürsten aus der Dynastie der Piasten, aber auch die Dynastie der elbslavischen brandenburgischen Heveller und die Familie eines »senior« Dobromir, der wahrscheinlich in der Lausitz Herrschaftsrechte besaß. Im Zentrum der Ereignisse, die durch den gewaltsamen Tod des Thronkandidaten Markgraf Ekkehard von Meißen (im April 1002) noch an Dramatik gewannen, stand dabei eben der polnische Fürst Bolesław Chrobry, der im Einklang mit der Familie des ermordeten Markgrafen seine Position in den an Meißen angrenzenden Gebieten (vor allem in den Stammesgebieten der slavischen Lusizer und Milzener in der heutigen Nieder- und Oberlausitz) festigen wollte.

Die Verhandlungen darüber mit dem gerade erst zum König gekrönten Heinrich im Juli 1002 endeten aber mit einem Eklat, als der Polenfürst noch am Schauplatz der Gespräche in Merseburg von einer Schar Bewaffneter angegriffen wurde und nur mit knapper Not entkam. Die Hintergründe des Anschlages blieben ungeklärt. Doch obwohl der zeitgenössische Beobachter und Chronist Thietmar von Merseburg (1009–1018) den von ihm besonders verehrten Heinrich ausdrücklich entschuldigte (»Ich rufe Gott zum Zeugen, dass der König es nicht angeordnet hatte, vielmehr gar nicht darum wusste.«; Thietmar von Merseburg 1935, lib. V, cap. 18), prallten seitdem die Gegensätze zwischen den beiden Herrschern nahezu unversöhnlich aufeinander. In den umstrittenen Elbmarken setzten dabei die Piasten und die Ekkehardiner noch im Sommer 1002 mit der Hochzeit zwischen Bolesławs Tochter Reglindis († nach 1016) und dem Grafen Hermann (1009–1038), dem Sohn des ermordeten Ekkehard von Meißen, ein eindeutiges Zeichen ihrer Verbundenheit. Und in unmittelbarer Nachbarschaft, in dem nach Süden anschließenden Böhmen, demonstrierte der Piastenfürst seine Macht, wobei seine verwandtschaftlichen Beziehungen eine wesentliche Rolle spielten. Denn Bolesław war als Sohn der Prager Fürstentochter Dobrawa Vetter des damaligen böhmischen Fürsten Boleslav III., der auf Betreiben des polnischen Fürsten durch ein anderes Mitglied der Přemyslidendynastie ersetzt wurde, nämlich durch Vladivoj († 1003), der sich zuvor in Polen aufgehalten hatte.

Bolesławs Intervention in Prag stellte den vorläufigen Höhepunkt der Konkurrenz zwischen den polnischen Piasten und den böhmischen Přemysliden dar. Wenige Jahrzehnte zuvor, in der Mitte der 960er Jahre, hatten die Prager Fürsten mit Dobrawa auch das Christentum nach Polen gebracht und damit der Integration des Fürsten und seiner Elite in das christliche Europa den Weg bereitet. Das Fürstentum Böhmen mit seiner zentral im böhmischen Kessel gelegenen Hauptburg Prag hatte schon seit einigen Jahrzehnten von dem Geschehen auf der transkontinentalen Fernhandelsroute profitiert, die das Kalifat von Cordoba auf der Iberischen Halbinsel mit dem fernen Kiev verband und in ihrem weiteren Verlauf in Richtung Wolgamündung und Kaspisches Meer Anschluss an die Seidenstraße fand. Davon zeugt unter anderem der Bericht eines jüdischen Händlers, der den Namen Ibrahim ibn Ja' qub trug. Er stammte aus dem damals muslimisch geprägten Tortosa und bereiste vielleicht im Auftrag des Kalifen von Cordoba das östliche Mitteleuropa. Folgt man den Informationen Ibrahims, dann kontrollierte der Prager Fürst damals einen beträchtlichen Abschnitt dieses wichtigen Handelsweges, nämlich von der Grenze zu Bayern bis mindestens an die Weichsel, einschließlich der späteren Hauptstadt Polens, Krakau: »Was das Land des Buislav anbelangt, so erstreckt es sich in seiner Länge von der Stadt Prag bis zu der Stadt Krakau, eine Reise von drei Wochen, und es grenzt der Länge nach an das Land der Türken [das sind die Ungarn]. Die Stadt Prag ist aus Steinen und Kalk erbaut, und sie ist der größte Handelsplatz jener Länder. Zu ihr kommen aus der Stadt Krakau die Rus' und die Slaven mit Waren, und es kommen zu ihnen aus den Ländern der Türken Mohammedaner, Juden und Türken gleichfalls mit Waren und gangbaren Münzen und führen von ihnen Sklaven, Zinn und verschiedene Felle aus. Ihr Land ist das beste von den Ländern des Nordens und das reichste an Lebensunterhalt. Für einen Pfennig verkauft man ihnen so viel Weizen, dass ein Mann daran für einen Monat genug hat, und man verkauft bei ihnen an Gerste für einen Pfennig das Futter von 40 Nächten für ein Reittier, und man verkauft bei ihnen 40 Hühner um einen Pfennig. In der Stadt Prag verfertigt man Sättel, Zäume und dicke Schilde, die in ihren Ländern im Gebrauch sind. Auch verfertigt man im Lande Böhmen dünne, locker gewebte Tüchlein wie Netze, die man zu nichts anwenden kann. Ihr Preis ist bei ihnen wertbeständig: 10 Tücher für einen Pfennig. Mit ihnen handeln sie und verrechnen sich untereinander. Davon besitzen sie ganze Truhen. Die sind ihr Vermögen, und die kostbarsten Dinge kauft man dafür: Weizen, Sklaven, Pferde, Gold, Silber und alle Dinge.« (Arabische Berichte 1927, S. 12–13).

Es waren die Einkünfte aus diesem ganzen Handels- und Marktgeschehen gewesen, die üblicherweise ein Zehntel der gehandelten Waren ausmachten, die den Prager Fürsten in die Lage versetzt hatten, die strategisch wichtigen Landschaften in Nordböhmen, Mähren, Schlesien und Kleinpolen (um Krakau) zu beherrschen. Mit der Zeit aber war aus dem früheren böhmisch-polnischen Bündnis militärische Konkurrenz geworden, in dem Maße nämlich, in dem Mieszko seine Macht aus dem zentralen Großpolen in alle Richtungen ausdehnte und um 990 seinem böhmischen Schwager die Kontrolle über Schlesien entriss. Vollends nach dem Tod Boleslavs II. von Prag († 997) und während der kurzen Regierungszeit Boleslavs III. wurde das politische und militärische Übergewicht des polnischen Fürsten, nun Bolesław Chrobrys, offensichtlich.

Doch erfüllten sich die Hoffnungen Bolesławs von Polen nicht, denn der von ihm nach Böhmen geleitete Vladivoj begab sich, einmal auf den Prager Fürstenthron gelangt, sofort nach Regensburg zu König Heinrich II., dem er huldigte und von ihm Böhmen als Lehen (»beneficium«) entgegennahm. Wenn dieser Bündniswechsel Vladivojs tatsächlich, wie es vermutet worden ist, durch die Einverleibung Mährens in die Herrschaft Bolesławs verursacht worden war, dann zeigt dies erneut die komplexe überregionale Interessenlage der beteiligten Mächte. Die böhmischen Angelegenheiten eskalierten jedenfalls weiter, als schließlich Bolesław im März 1003 selbst die Herrschaft in Prag übernahm, und zwar, wie Bischof Thietmar von Merseburg in seiner Chronik berichtet, auf Bitten der Bewohner Prags (Thietmar von Merseburg 1935, lib. V, cap. 30). Dadurch entstand im Osten des Reiches ein mächtiges Bündnis, das sich nicht nur auf das von Slaven besiedelte Land erstreckte, sondern das das neu christianisierte und in Person ihrer Fürsten in das Imperium Romanum integrierte östliche Europa repräsentierte – ganz in Entsprechung zu der bildlichen Darstellung der vier dem Kaiser huldigenden Provinzen, zu denen um die Jahrtausendwende neben Gallia, Roma und Germania eben jetzt auch die Sclavinia zählte (Abb. 4). Es war das weite Land im Osten inklusive der Kiever Rus', wohin vier Jahrzehnte zuvor auf Geheiß

1 Bronzetür des Gnesener Domes, Darstellung der Lebensetappen des heiligen Adalbert, zwischen 1170 und 1190. Gniezno, Dom Mariä Himmelfahrt und St. Adalbert

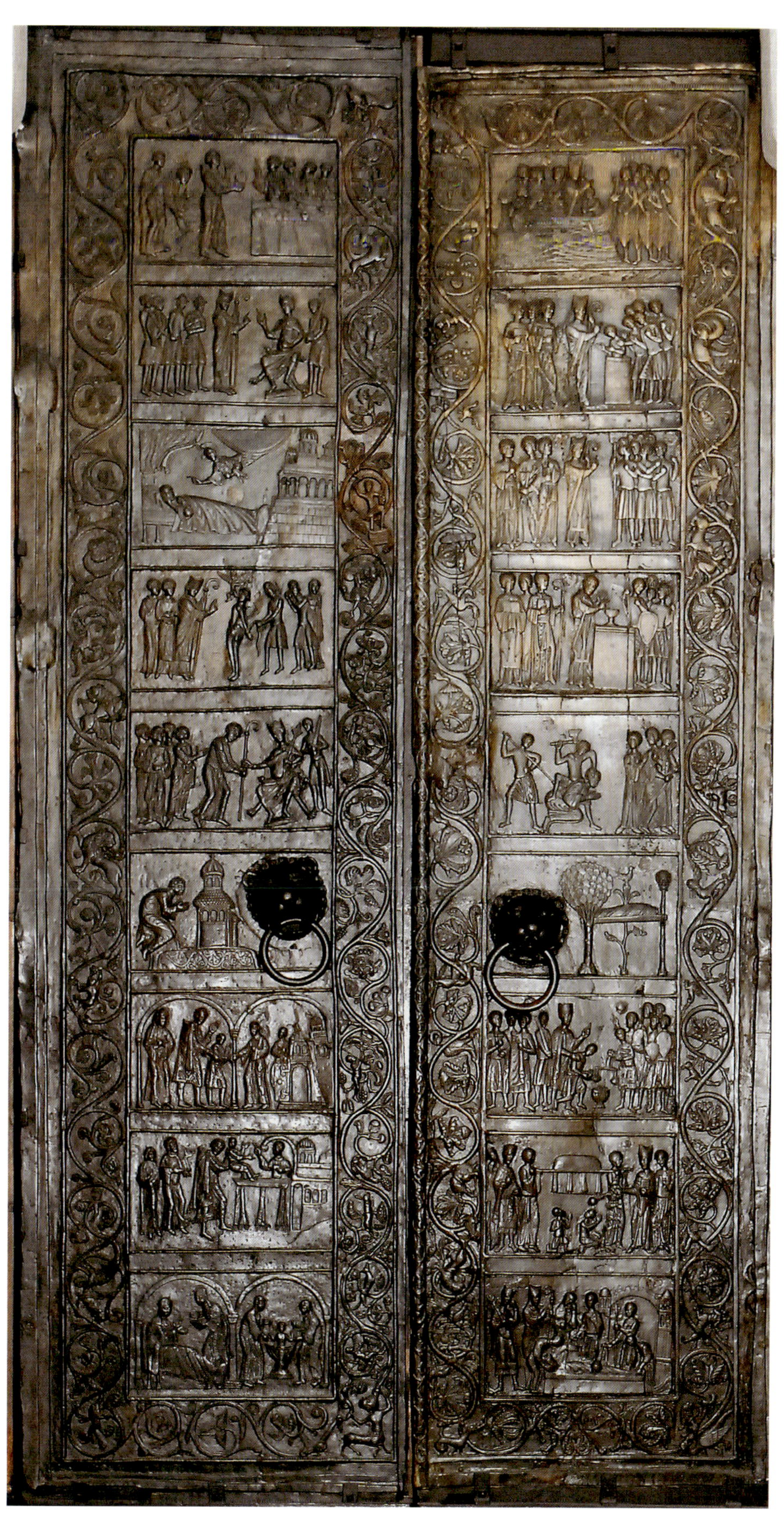

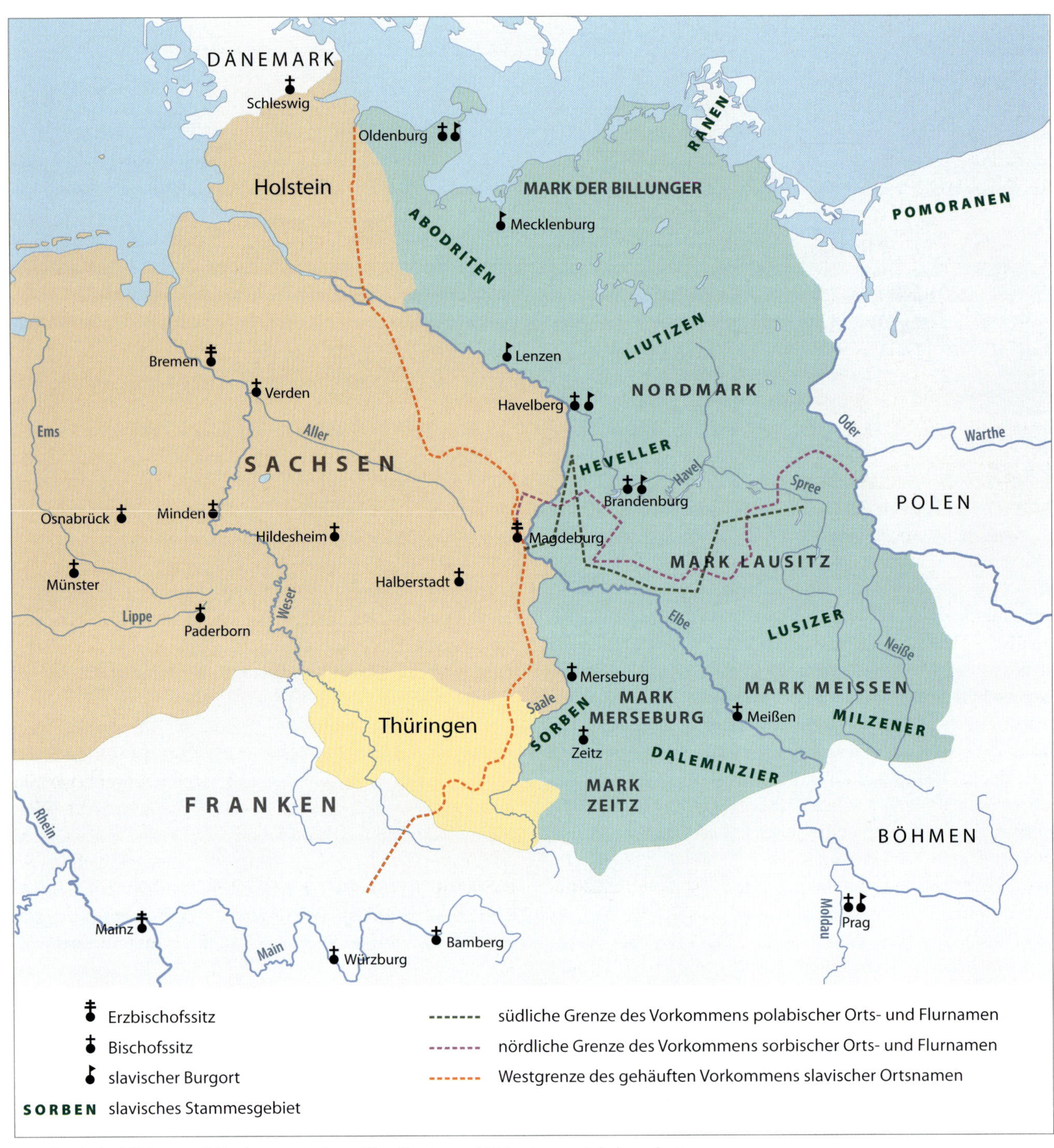

2 Slavische Völker und Marken zwischen Elbe/Saale und Oder im 10. Jahrhundert

Ottos des Großen der spätere Magdeburger Erzbischof Adalbert (968–981) zu Missionszwecken gezogen war, und Ungarns. Der westliche Übergangs- und Grenzbereich dieser Sclavinia setzte sich aus den Herrschaftsbereichen der polnischen Piasten, der böhmischen Přemysliden, der sächsisch-thüringischen Ekkehardiner, der nordbayerisch-fränkischen Grafen von Schweinfurt und wohl auch der sächsischen Billunger zusammen (Ekkehards Witwe Schwanhild war eine Schwester Herzog Bernhards I. von Sachsen [973–1011]). Im Norden schloss sich daran das von Bolesławs Schwager Sven Gabelbart (986–1014, er war mit Bolesławs Schwester Świętosława verheiratet) beherrschte Dänemark an.

Der Versuch König Heinrichs, gegenüber Bolesław von Polen als dem starken Mann dieses Machtpotentials seine eigene Autorität zu beweisen, scheiterte. Denn die Forderung Heinrichs an Bolesław, Böhmen aus seiner Hand als Lehen entge-

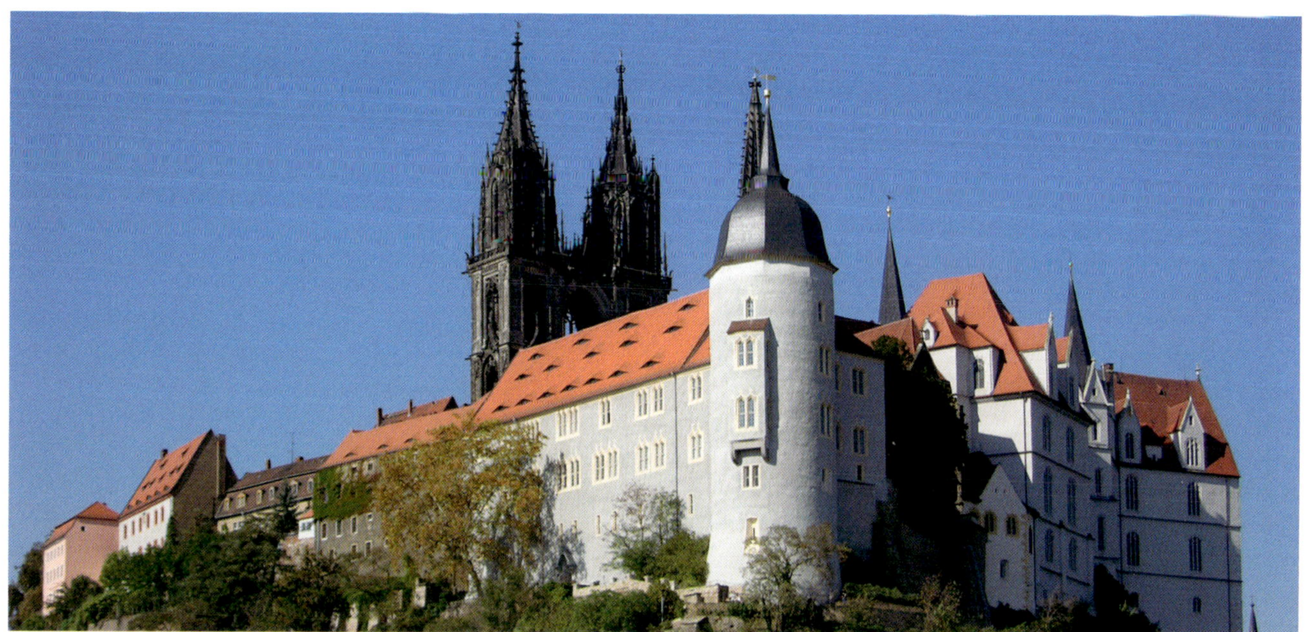

3 Meißen – Albrechtsburg (der Markgrafen von Meißen), Dom und Bischofspalast oberhalb der Elbe

genzunehmen, wie es Vladivoj zuvor getan hatte, wies der polnische Fürst ohne weiteres zurück. In dieser Situation entschloss sich Heinrich zu einem Schritt, der mit dem in der Geschichtsschreibung gepflegten Bild des »heiligen Königs« (Papst Eugen III. [1145–1153] nahm im Jahr 1146 seine Kanonisierung vor) schwer zu vereinbaren ist und der gewöhnlich mit seinem »Realitätssinn« entschuldigt wird: An Ostern des Jahres 1003 empfing er Gesandte der heidnischen Liutizen, schloss mit ihnen einen durch Geschenke bekräftigten Frieden und eine Militärallianz. Doch war es wohl weniger machtpolitisches Kalkül, das Heinrich in das Bündnis mit den Liutizen trieb, als vielmehr die Furcht vor Bolesławs Übermacht. Sie muss dem in seiner Herrschaft noch nicht gefestigten König als ein außerordentlich gefährliches Machtpotential erschienen sein, zumal seine Autorität durch die Zurückweisung des Lehnsangebotes über Böhmen erschüttert war und sächsische Adlige weiterhin in einem freundschaftlichen Verhältnis zu dem polnischen Fürsten standen.
Das nun einsetzende militärische Ringen zwischen den beiden Herrschern konzentrierte sich zunächst auf das südliche Elbmarkengebiet: auf Meißen sowie auf die Länder der elbslavischen Daleminzier und Milzener. Doch war dies nur ein Vorgeplänkel für den Kampf um Böhmen und vor allem um Prag (im August 1004), den Heinrich nicht nur aus militärischen Gründen für sich entscheiden konnte, sondern vor allem deshalb, weil es Bolesław nicht gelungen war, genügend Anhänger in Böhmen zu gewinnen, wo das Gefühl der eigenen Identität offenbar schon weithin ausgeprägt war. Dazu gehörte auch die Anerkennung der legitimen Rechte der Nachfahren des 997 gestorbenen Prager Fürsten Boleslav II.; von diesen hatte Heinrich II. Boleslavs Sohn Jaromir an seiner Seite. Deswegen erschlugen die böhmischen Bewohner die von dem polnischen Fürsten eingesetzte Besatzung in der Burg Saaz und die böhmischen Bewohner Prags öffneten nun Heinrich die Tore ihrer Burg.
Der böhmische Přemyslide Jaromir († 1035) erwies sich von nun an jedenfalls als ein treuer Gefolgsmann König Heinrichs. Noch im gleichen Jahr leistete er dem Kaiser gegen die Milzener sowie in den Jahren 1005 und 1010 gegen Polen Heeresfolge. Der böhmisch-polnische Gegensatz sollte von nun an über Jahrhunderte eine feste Größe in der geschichtlichen Entwicklung Ostmitteleuropas bilden. Er ging aber schon auf die Auseinandersetzungen um Schlesien im Jahr 990 zurück, in denen der böhmische Fürst Boleslav II. ausgerechnet jene in den nördlichen Elbmarken beheimateten Liutizen zu Bundesgenossen gewonnen hatte, die sich an die Spitze der heidnischen Reaktion des Jahres 983 gesetzt hatten. Das Liutizenbündnis Heinrichs II. von 1003 hatte also einen Präzedenzfall, der nur etwas mehr als ein Jahrzehnt zuvor stattgefunden hatte. Für König Heinrich zogen die Liutizen im Jahr 1005 ins Feld, als der König seine Truppen für einen direkten Schlag gegen Bolesław zusammengezogen hatte und von Leitzkau aus durch die Lausitz zur Oder zog. Allerdings war der Nutzen der liutizischen Hilfstruppen, die provokant auch noch ihre heidnischen Götterbilder mit sich führten, außerordentlich fraglich: Sie vereinten sich nicht nur verspätet mit dem königlichen Heer, sondern verhielten sich beim Übergang über den Bober so zögerlich, dass der Polenfürst den Rückzug antreten und sich neu formieren konnte. Es scheint, als sei es den Liutizen damals weniger um einen raschen Sieg Heinrichs gegangen als vielmehr um die Aufrechterhaltung des Gleichgewichts der in der Region engagierten christlichen

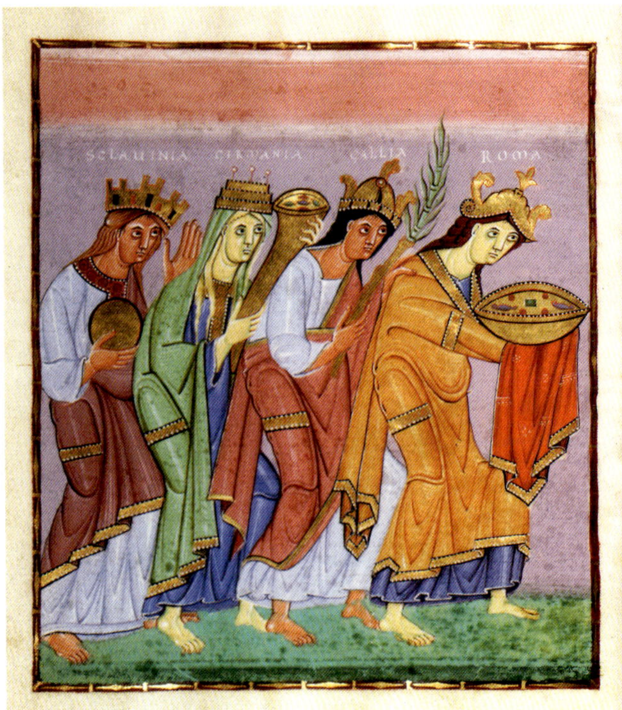

4 Darstellung der huldigenden Provinzen im Evangeliar Ottos III.; Reichenau, um 1000. München, Bayerische Staatsbibliothek, Clm 4453, fol. 23v

Mächte, das ihnen die Beibehaltung ihrer traditionellen, den Christen schwer verständlichen Lebensweise ermöglichte. Dazu gehörte nicht nur die Verehrung der gentilreligiösen Gottheiten samt der Zukunftsdeutung durch Befragung von Naturphänomenen und des Orakels, sondern auch die grundsätzliche Ablehnung fürstlicher, monarchischer Gewalt zugunsten einer segmentären Organisationsform, in der die lokalen Befehlshaber der zum Schutz der Bevölkerung in den einzelnen Siedlungsgefilden errichteten Burgen den Ton angaben. Der bald nach diesen Kämpfen im Jahr 1005 im polnischen Posen geschlossene Friede, der keine konkreten Abmachungen enthielt, war denn auch Folge des militärischen Patts, von dem die Liutizen profitierten, weil er ihre innere Autonomie garantierte, solange die grundsätzliche Feindschaft zwischen Heinrich und Bolesław erhalten blieb.

Deswegen blieben die elbslavischen Verbündeten Heinrichs aber auch gegenüber allen weiteren Expansionsversuchen Bolesławs wachsam, so dass sich an Ostern des Jahres 1007 Gesandte der Liutizen, der Böhmen und auch der auf der Insel Wollin im Oderhaff ansässigen Wolliner (der »magna civitas Livilni«) beim König in Regensburg einfanden und ihn zur Aufkündigung des Friedens von Posen veranlassten, was Bolesław mit Kriegszügen gegen das Stammesgebiet der Morazianer direkt östlich vor den Toren Magdeburgs, jenseits der Elbe, beantwortete. Wenig später besetzte er die Lausitz sowie die benachbarte Landschaft Selpoli und eroberte Bautzen, so dass sich die Position des Königs und seiner Verbündeten im Osten sogar verschlechterte. Heinrich selbst scheute sich derweil nicht, im Jahr 1009 liutizische Hilfstruppen sogar fern von der eigentlichen Konfliktregion einzusetzen, nämlich gegen den aufständischen Bischof von Metz. Den nächsten großen Kriegszug nach Osten unternahm Heinrich II. im Sommer des Jahres 1010 ohne Unterstützung der Liutizen. An den Kampfhandlungen beteiligt war dagegen der im Jahr zuvor zum Bischof von Paderborn erhobene Meinwerk, der gemeinsam mit Bischof Arnulf von Halberstadt (996–1023), Fürst Jaromir von Böhmen und den Markgrafen Gero II. (993–1015) und Hermann ein Heer anführte, das Schlesien verheerte. Allerdings gelang es ihnen nicht, den polnischen Fürsten Bolesław, der sich in der Burg Glogau (polnisch Głogów) aufhielt, zum Kampf zu stellen oder sogar seiner habhaft zu werden. So blieb der von Heinrich und seinen Getreuen erhoffte Erfolg erneut aus.

Neue Impulse empfing die politisch-militärische Lage im Osten durch den Sturz Jaromirs von Böhmen, den sein Bruder Udalrich († 1037) vertrieb und der Zuflucht zunächst ausgerechnet bei seinem vorherigen Gegner Bolesław suchte und erhielt. Später allerdings, im Jahr 1012, fand sich Jaromir vor Heinrich II. ein, um diesen – vergeblich – um Rückführung auf seinen Prager Thron zu bitten. Die Machtverhältnisse blieben mittlerweile unverändert, so dass beide Seiten – Heinrich und Bolesław – nun offenbar ernsthaft an einen friedlichen Ausgleich dachten, der 1013 im Frieden von Merseburg zustande kam. Damals kamen aber nicht nur die beiden Hauptkontrahenten zu den Verhandlungen zusammen, sondern es erschienen auch Gesandte der Liutizen und der neue Prager Fürst Udalrich, was andeutet, dass man eine umfassende Friedensordnung anstrebte. Diese bestand in der Überlassung der Lausitz und des Milzenerlandes als Lehen an Bolesław, wodurch seine faktische Herrschaft in diesen Landschaften bestätigt wurde. Darüber hinaus wurde in Merseburg die schon vor der großen politischen Wende im Jahr 1000 in Gnesen verabredete Ehe von Bolesławs Sohn Mieszko II. (1025–1034) mit der kaiserlichen Nichte Ottos III., Richeza († 1063), geschlossen. Schließlich versicherten sich die beiden Herrscher gegenseitiger Hilfeleistungen bei bevorstehenden Feldzügen, die jeweils in ganz andere Interessensgebiete geführt werden und somit auch einer gewissen Entspannung in der Mitte Europas dienen sollten.

Indem die beiden Kontrahenten ihre Interessen fern der bisher umkämpften Sclavinia in den Vordergrund stellten, zeichneten sich jedenfalls die Grundbedingungen für eine dauerhaftere Regelung ab. Für Heinrich lagen sie im Süden, in Unteritalien, und für Bolesław im Osten, in der Kiever Rus'. Das gemeinsam zu bekämpfende Objekt war eine Allianz zwischen dem byzantinischen Kaiser Basileios II. (976–1025) und dem Kiever Großfürsten Vladimir († 1015), Bolesławs direktem Konkurrenten in Bezug auf mögliche Expansionen in die Region am Bug und näher an das Nord-Süd-Fernhandelssystem heran, das unter Ausnutzung verschiedener Flussläufe die Ostsee mit dem Schwarzen Meer und der byzantinischen Hauptstadt Konstantinopel verband.

Obwohl der Friede von Merseburg keinen besonders weiten Widerhall in den zeitgenössischen Quellen fand und wenn auch dem Bolesław gegenüber stets kritischen Hauptzeugen der Ereignisse jener Zeit, Thietmar von Merseburg, daran gelegen war herauszustellen, dass sich der polnische Fürst zum Lehnsmann Heinrichs bekannte (»miles efficitur«), befand sich Bolesław jetzt doch auf dem Zenit seines militärisch-politischen Schaffens. Immer wieder hatte er dem ostfränkischen König und seinen Heeren erfolgreich Widerstand geleistet, schließlich von diesem die Lausitzen erhalten und sein hohes Ansehen durch die Heirat seines Sohnes mit einer Prinzessin aus dem ottonischen Kaiserhaus dokumentiert. Was die eigentliche Machtbasis für diesen Aufstieg der polnischen Dynastie war, ist aus den zeitgenössischen Quellen kaum zu erahnen, mit einer Ausnahme, die schon die Zeit von Bolesławs Vater Mieszko betrifft, dem es in den 960er Jahren gelungen war, durch Geschick in Krieg und Diplomatie von einem heidnischen Barbarenführer zum christlichen »Freund des Kaisers« (»amicus imperatoris«) aufzusteigen (Widukind von Corvey 1935, lib. III, cap. 69).

In diese Zeit muss die Reise des jüdischen Händlers Ibrahim ibn Ja'qub gefallen sein. Nach seinem Bericht gehörte eines der vier Slavenländer dem König des Nordens Mescheqqo (Mieszko), dessen Land reich an Getreide, Fleisch, Honig und Fischen war. Mag man diese Redewendung noch als Topos deuten, beschreiben Ibrahims weitere Ausführungen eine spezifische Eigenheit des damaligen Osteuropa, die durch andere Quellenberichte nicht nur für Polen, sondern auch für weitere Herrschaftsgebilde bezeugt ist: Es geht um ein stehendes Heer gut ausgebildeter, bewaffneter und professioneller Gefolgsleute ethnisch gemischter Herkunft, die der Fürst mit einem Anteil an seinen Einkünften entlohnte: »Er zieht die Abgaben in Marktmünzen ein, und dieses bildet den Unterhalt seiner Mannen; in jedem Monat bekommt ein jeder eine bestimmte Summe davon. Er hat 3000 Gepanzerte, und das sind Krieger, von denen das Hundert 10.000 andere aufwiegt. Er gibt den Mannen Kleider, Rosse, Waffen und alles, was sie brauchen.« (Arabische Berichte 1927, S. 13–14; Abb. 5).

Diese Gefolgschaft (slavisch družina), von deren Existenz und Stationierung in den wichtigen Burgen des Herrschaftsgebietes der Piasten noch rund eineinhalb Jahrhunderte später der erste Chronist Polens, der so genannte Gallus Anonymus, zu berichten wusste, bildete das Machtinstrument, das eine effektive Kriegsführung erlaubte. Gleichzeitig verpflichtete es den Fürsten aber auch zum dauernden militärischen Erfolg, da die Einkünfte aus der noch wenig entwickelten Wirtschaft eines eher dünn besiedelten Landes durch Beute aufgestockt werden mussten, um die Gefolgsleute zufriedenzustellen, die sich unter Umständen einem anderen Anführer unterstellten. Eine charakteristische Schilderung der solchermaßen drohenden Relation schildert die altrussische Chronik *Erzählung der vergangenen Jahre* in Bezug auf das Verhältnis des Kiever Fürsten Vladimir (980–1015), eines Zeitgenossen Bolesław Chrobrys: »Wenn sie aber viel getrunken hatten, fingen sie an, gegen den Fürsten zu murren und sprachen: ›Schlecht geht's unsereinem, denn wir müssen mit hölzernen Löffeln essen, und nicht mit silbernen.‹ Da Vladimir dies hörte, ließ er silberne Löffel schmieden für die družina, damit zu essen, indem er sagte: ›Mit Silber und Gold werde ich keine družina erlangen, aber mit der družina gewinne ich Silber und Gold, wie auch mein Großvater und mein Vater sich durch ihre družina Gold und Silber erworben haben.‹« (Radziwill-Chronik 1986, S. 130).

Die mit der Gefolgschaft zu realisierenden Expansionswünsche Bolesławs in Richtung Osten, aber auch die Notwendigkeit, sich gegenüber feindlichen Einfällen von dort zu schützen, waren seit dem Beginn seiner Herrschaft Elemente seiner außenpolitischen Orientierung. So hatte er sich schon im Jahr 992 bei dem damaligen Kaiser Otto III. entschuldigt, er könne nicht an einem Kriegszug gegen Brandenburg teilnehmen, weil ihm ein Angriff von Osten her drohe. Es ging dabei um den Grenzstreifen zwischen den beiden Herrschaftsgebieten im Bereich um Przemyśl (russisch Peremyšl), zu dem die altrussische *Erzählung der vergangenen Jahre* schon zum Jahr 981 gemeldet hatte: »Vladimir zog gegen die Polen und nahm ihre Städte ein: Červen' und andere Städte, die noch bis heute zur Rus' gehören.« Auch zum Jahr 992 liegt eine Nachricht der Erzählung vor, nämlich dass Vladimir gegen die Chorvaten gezogen sei. Zwar ist die Lokalisierung und Identifizierung dieses Stammes in der Forschung umstritten, doch dürfte es sich ebenfalls um das Grenzgebiet zwischen Polen und der Rus' gehandelt haben. Die Kriegshandlungen wurden aber offenbar bald beendet, denn in einer unter dem Jahr 996 in der Chronik verzeichneten Würdigung der Regierungszeit des Kiever Fürsten Vladimir heißt es, dass er mit den Nachbarfürsten in Frieden gelebt habe, nämlich mit Bolesław von Polen, mit Stephan von Ungarn und mit Udalrich von Böhmen: »Und es war Frieden und Freundschaft zwischen ihnen.« (Radziwill-Chronik 1986, S. 130).

Dieser Frieden wurde wohl, wie damals üblich, durch eine Heirat gesichert, die Vladimirs ältesten Sohn und designierten Nachfolger Svjatopolk († nach 1019) betraf, der seinen Fürstensitz in Turov am Pripjet, also ganz im Westen der Kiever Rus' hatte, und der eine Tochter Bolesław Chrobrys zur Gemahlin erhielt, mit der zusammen auch der Bischof von Kolberg, Reinbern (1000–um 1015), dorthin kam. Svjatopolk haftete allerdings ein übler Ruf an, der ihm den Beinamen »okojanny« (»der Verfluchte«) verschaffte, womit man auf die Tatsache anspielte, dass er gar nicht der leibliche Sohn des Kiever Großfürsten war, sondern dass ihn noch Vladimirs Bruder Jaropolk gezeugt hatte. Nach Jaropolks Tod, für den Vladimir die Verantwortung trug, hatte der Kiever Fürst dessen schwangere Witwe zu seiner Gemahlin gemacht. Möglicherweise im Zusammenhang mit dieser Vorgeschichte und dem Wunsch des Großfürsten, einem anderen seiner Söhne die Nachfolge anzuvertrauen, wurden Svjatopolk, seine Gemahlin und der Bischof um das Jahr 1013 verhaftet. Die mit Unterstützung König Heinrichs II. durchgeführte Intervention des polnischen Fürsten in diesem Jahr galt also der Wahrung der Ansprüche seines Schwiegersohnes. Heinrich versprach sich von dem Einsatz zugunsten seines vormaligen Feindes Bolesław die Ablenkung des byzantinischen Kaisers nach Osten, womit dessen Engagement in Italien gebremst werden sollte, wo Heinrich nun die Kaiserkrone erringen sollte.

Bolesławs Unternehmen gegen Kiev erwies sich jedoch als Fehlschlag, so dass er sich ohne den gewünschten Erfolg zurückziehen musste und die im Frieden von Merseburg dem König versprochene Hilfe für dessen Italienfeldzug nicht bereitstellen konnte. Das Ausbleiben der versprochenen polnischen Truppen hinderte zwar Heinrich nicht an seinem Italienfeldzug und an seinem Griff nach der Kaiserkrone, den auch Meinwerk als Zeuge miterlebte (14. Februar 1014), machte aber den im Merseburger Frieden mühsam gefundenen Kompromiss zunichte, so dass erneut Auseinandersetzungen zwischen Sachsen und Polen ausbrachen. Opfer der neuen Konfrontation wurde zunächst der polnische Thronfolger Mieszko, der auf diplomatischer Mission in Böhmen gefangen genommen und an König Heinrich ausgeliefert wurde. In den Verhandlungen um seine Freilassung, die schließlich von Erfolg gekrönt waren, zeigte sich erneut, wie verzweigt und intensiv die Beziehungen zwischen den Piasten und den Großen des Reiches waren. Mieszko, der Gemahl einer Prinzessin aus dem sächsischen Kaiserhaus (Abb. 6), nahm von nun an so etwas wie eine Mittlerrolle ein. Doch konnte auch er den militärischen Konflikt im Jahr 1015 nicht vermeiden, an dem diesmal aufseiten Heinrichs wieder die Liutizen beteiligt waren. Die Kämpfe, die den Kaiser davon abhielten, an der Weihe des Paderborner Doms teilzunehmen (Vita Meinwerci 1921, cap. 29), endeten mit beiderseits schweren Verlusten, aber ohne Entscheidung, so dass sich zwar Heinrich offenbar weiterhin von Revanchegelüsten leiten ließ, die Stimmung unter den Großen im Osten des Reiches aber immer mehr auf die Schaffung einer dauerhaft friedlichen Regelung hinauslief.

Im ferneren Osten begann direkt nach dem Tod des Fürsten Vladimir (1015) unter seinen Söhnen die gewaltsame Auseinandersetzung um die Nachfolge. Dabei war zunächst Svjatopolk, der Schwiegersohn Bolesław Chrobrys, in Kiev erfolgreich; zugleich aber setzte sich sein Konkurrent Jaroslav im Norden, in Novgorod, fest und holte sich von hier die Unterstützung skandinavischer Krieger. Im Verlauf der Kämpfe wurden zwei weitere Thronprätendenten, Boris und Gleb, ermordet. Es war dies ein Ereignis, das die altrussische Kirche bald aufnahm und – ähnlich wie im Fall des schon im Jahr 929 (oder 935) ermordeten böhmischen Fürsten Wenzel – hagiographisch in dem Sinn überarbeitete, dass die Opfer geduldig bereit gewesen wären, den Tod zu empfangen. Die altrussische Tradition schrieb die Schuld an dem Geschehen dem »verfluchten« Svjatopolk zu, dem älteren Bruder der beiden Märtyrer und Thronerben, dem gegenüber sie unbedingten Gehorsam leisten wollten; doch auch der spätere Großfürst Jaroslav (1016–1054), der aus den Thronwirren schließlich als Sieger hervorging, kommt als Urheber der Tat in Betracht. Die Boris-und-Gleb-Verehrung, die anders als in Bezug auf den Märtyrerbischof Adalbert in Polen weltlichen Fürsten galt, setzte um die Mitte des 11. Jahrhunderts ein und fand in der Kanonisierung (1072) und der Translation der Reliquien in eine neue Kirche in Vyšgorod (1115) ihre Höhepunkte.

Im Sommer des Jahres 1016 standen sich die Heere der beiden Brüder Jaroslav und Svjatopolk drei Monate lang gegenüber, bevor es schließlich zu einer Entscheidungsschlacht kam, in der Svjatopolk unterlag und zu seinem Schwiegervater nach Polen floh. Bolesław bereitete deshalb eine erneute militärische Intervention zugunsten seines Schwiegersohnes vor, weshalb er versuchte, im Westen erneut mit Heinrich II. in Verhandlungen zu treten. Allerdings hatte Heinrich die Lage in der Rus' neu sondiert, Kontakt zu Svjatopolks Konkurrenten Jaroslav aufgenommen und mit diesem eine Abmachung getroffen, wonach Jaroslaw den polnischen Fürsten von Osten her angreifen sollte. Infolgedessen nahm Heinrich eine harte Verhandlungsposition gegenüber dem polnischen Fürsten ein, und als dieser sich weigerte, sich dem Urteil des Kaisers zu unterwerfen, erklärte er ihn zum »Reichsfeind« (»hostis publicus«; Thietmar von Merseburg 1935, lib. VII, cap. 51). Für den Sommer des Jahres 1017 beraumte er, parallel zu dem geplanten Angriff Jaroslavs, auch von Westen her einen Feldzug gegen Bolesław an. Als sich Heinrichs Getreue im Sommer in Leitzkau trafen, war auch Bischof Meinwerk wieder zugegen.

Ein Todesfall gab dann den Anlass für eine plötzliche Intensivierung der diplomatischen Verhandlungen: Bolesławs Gemahlin Emnildis starb, so dass sich die Gelegenheit für eine neue Eheverbindung des schon recht betagten Bolesław selbst ergab. Der polnische Fürst fasste einen Positionswechsel in der Rus' ins Auge, um seinerseits mit Jaroslav eine Übereinkunft zu finden, und er hielt um die Hand von dessen Schwester Predslava an. Doch hielt sich Jaroslav an die Abmachung mit Heinrich II. und griff Bolesław im Sommer von Osten her an. Zugleich verlief der von Westen her anberaumte Kriegszug des Kaisers unglücklich und erfolglos: Verstärkt durch liutizische und böhmische Hilfstruppen belagerte Heinrich die Burg Nimptsch in Schlesien (polnisch Niemcza), wobei das christliche Reichsheer die Schmach erleben musste, dass die belagerten Polen gegenüber den heidnischen Liutizen, die unter ihren Götterbildnissen standen, demonstrativ das Kreuz errichteten. Für die Moral des deutschen Heeres wird dies kaum förderlich gewesen sein. Dazu kam, dass Bolesławs Sohn Mieszko in Abwesenheit des böhmischen Heeres ungehindert und plündernd durch Böhmen ziehen konnte. Als das Reichsheer sich deshalb auf dem Weg über Böhmen zurückzog, fiel Bolesław auch noch in das Gebiet zwischen Elbe und Mulde ein und führte viele Gefangene fort. Auch die Liutizen waren mit dem Vorgehen während des Kriegszuges unzufrieden und stellten in einer Versammlung die Allianz mit dem Kaiser infrage; von ihren Anführern ließen sie sich allerdings nochmals auf die bis dahin existierende Leitlinie ihrer Politik einstimmen.

Das Scheitern von Heinrichs Kriegszug war jedoch neuen Friedensgesprächen förderlich, wobei es sich zusätzlich als günstig erwies, dass Bolesław nach dem Tod der Emnildis ledig war und für ein neues Ehebündnis selbst zur Verfügung stand, nämlich mit der Familie der Ekkehardiner, der Markgrafen von Meißen. Die im Zusammenhang mit der neuen Friedensregelung vollzogene Eheschließung zwischen Bolesław und Oda († um 1015), einer Schwester des Markgrafen Hermann von Meißen († 1038), unterstrich nochmals die Ansprüche des polnischen Fürsten auf die benachbarten slavischen Stammesgebiete. Doch ging es in den vorherigen Verhandlungen auch um die Erneuerung der schon im Jahr 1013 gegen Kiev und Byzanz geschlossenen Koalition. Sie mündeten schließlich in den Frieden von Bautzen, der am 30. Januar 1018 geschlossen wurde.

Seine Bedingungen sind im Einzelnen nicht bekannt. Die überregionale Bedeutung dieses Abkommens wird aber durch die Teilnahme deutscher Kontingente am Kriegszug Bolesławs in die Kiever Rus' im folgenden Sommer deutlich. Thietmar von Merseburg, der seine Informationen sicher aus erster Hand von den Teilnehmern selbst erhalten hatte, wusste, dass es sich um 300 Männer handelte; außerdem verstärkten noch 500 Ungarn und 1000 Männer des turksprachigen Steppenvolkes der Pečenegen das Heer des polnischen Fürsten, über dessen Kriegszug die altrussische Erzählung berichtet: »Bolesław zog mit Svjatopolk gegen Jaroslav, mit Ljachen [das sind die Polen]. Jaroslav aber sammelte eine Menge Rus', Varäger und Slovenen und zog Bolesław und Svjatopolk entgegen. Und er kam nach Volyn, und sie stellten sich beiderseits des Bug auf. Und bei Jaroslav war sein Erzieher und Heerführer, mit Namen Budy. Und Budy begann, Bolesław zu verspotten, indem er sprach: ›Wir werden dir mit einem Stock deinen dicken Bauch durchbohren.‹ Denn Bolesław war groß und schwer, so dass er nicht auf seinem Pferd sitzen konnte, aber er war klug. Und Bolesław sagte [zu seiner družina]: ›Wenn euch diese Schmähung nicht kränkt, so werde ich allein zugrunde gehen.‹ Und er setzte sich aufs Pferd und ritt in den Fluß, und ihm nach seine Krieger. Jaroslav aber fand nicht Zeit, sich zur Schlacht aufzustellen, und Bolesław besiegte Jaroslav. Jaroslav aber entfloh mit vier Gefolgsleuten nach Novgorod. Bolesław aber zog in Kiev ein mit Svjatopolk. Und Bolesław sagte: ›Verteilt meine družina auf die einzelnen Städte zur Verpflegung‹, und es geschah also.« (Radziwill-Chronik 1986, S. 144–145).

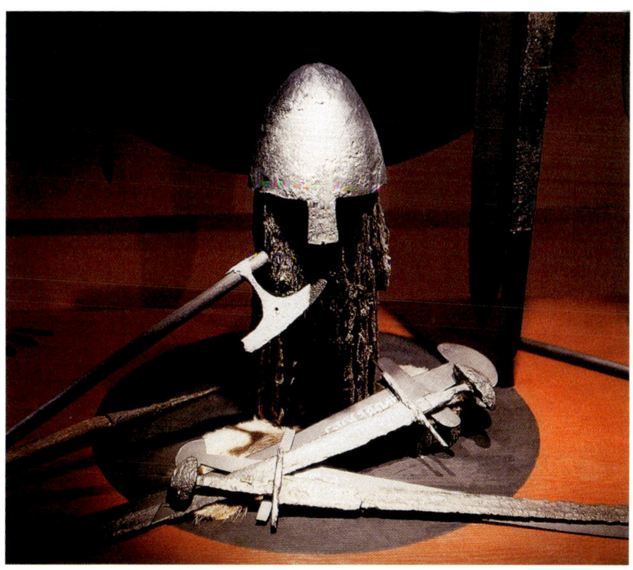

5 Helme und Schwerter, gefunden in Ostrów Lednicki – Lednogóra (Polen); 10. bis 12. Jahrhundert, Lednogóra, Muzeum Pierwszych Piastów na Lednicy

Der polnische Fürst befand sich nun auf dem Höhepunkt seiner Macht, zumal ihm – nach dem Bericht Thietmars – in Kiev immense Reichtümer und die weiblichen Verwandten Jaroslavs in die Hand fielen, so dass der Merseburger Bischof resümierte: »Der durch solches Glück stolz gemachte Bolesław sandte den Erzbischof dieses Sitzes [also Kievs] an Jaroslav, von dem er die Rückgabe seiner Tochter forderte und ihm versprach, ihm seine Gemahlin mit ihrer Stiefmutter und ihren Schwestern zu schicken. Danach schickte er seinen geschätzten Abt Tuni mit großen Geschenken an unseren Kaiser, um seine weitere Gunst und Hilfe zu erwerben und ihm anzuzeigen, dass er ihm in jeder Beziehung gefällig sein wolle. Auch nach dem nahen Griechenland schickte er Gesandte, welche dem dortigen Kaiser alles Gute versprachen, wenn er einen treuen Freund zu haben wünsche; wenn nicht, so kündigten sie ihm an, werde er ihm der entschiedenste und unbezwingliche Feind sein.« (Thietmar von Merseburg 1935, lib. VIII, cap. 33).

Allerdings konnte sich Bolesław dieser für ihn so günstigen Lage nicht lange erfreuen. Die Gefahr ging dabei nicht so sehr von Jaroslav aus, der in Novgorod neue Truppen anwarb, sondern von Svjatopolk, der sich seiner Herrschaft sicher glaubte und, so die Erzählung, sagte: »Wieviel Ljachen in den Städten verteilt sind – erschlagt sie! Und sie erschlugen die Ljachen. Bolesław aber floh aus Kiev und nahm wertvolle Habe mit und die Bojaren Jaroslavs und seine Schwestern. Und eine Menge Menschen führte er mit sich fort, und die Červenischen Burgen nahm er sich, und er kam in sein Land.« (Radziwill-Chronik 1986, S. 145). Ohne die Hilfe seines Schwiegervaters aber konnte sich Svjatopolk nicht gegen den von Novgorod anrückenden Jaroslav halten. Er floh zu den Pečenegen und, nach einer erneuten Niederlage im Jahr 1019, nach Brest im Grenzgebiet zwischen Polen und der Rus'.

Auch wenn sich die Polen auf Dauer nicht in Kiev und in der Rus' halten konnten und sich schließlich doch Jaroslav gegen Svjatopolk durchsetzte: Das Reich Bolesław Chrobrys war zu jener Zeit die bestimmende Großmacht im Osten Europas. Der polnische Fürst starb im Jahr 1025. Es scheint, als habe er in den Jahren zwischen 1018 und 1025 nach all den vielen Kämpfen seiner Regierungszeit in seinen letzten Jahren in Ruhe gelebt. Von östlicher Seite mag allenfalls ein Zug des Kiever Fürsten Jaroslav gegen Brest im Jahr 1022 als eine mittelbar auch gegen ihn gerichtete Aktion gedeutet werden. Polen jedenfalls hatte im Vergleich zu der Situation ein halbes Jahrhundert zuvor ein enorm vergrößertes Territorium und eine direkte Gefahr für den Bestand dieses Staates selbst in diesen ausgedehnten Grenzen war nicht in Sicht. Es passt daher auch in das Bild der Konsolidierung von Bolesławs Reich, dass der Fürst im Frühjahr 1025, bald nach dem Tod seines alten Widersachers Heinrich II. (er starb am 13. Juli 1024), die Königskrone erhielt, die ihm wahrscheinlich schon im Jahr 1000 von Kaiser Otto III. in Aussicht gestellt worden war. Der Akt der Krönung erfolgte, parallel zur bereits 1000/1001 stattgefundenen Königskrönung Stephans von Ungarn, durch einen päpstlichen Gesandten.

Umso überraschender kam dann der völlige Zerfall des polnischen Reiches innerhalb weniger Jahre nach dem Tode Bolesławs zustande. Dieser plötzliche Niedergang wurde eingeleitet durch die Forderung König Konrads II. (1024–1039) an Mieszko II., den ebenfalls zum König gekrönten Sohn Bolesławs, die polnischen Krönungsinsignien an ihn auszuliefern. Denn obwohl man im Reich das grundsätzliche Anrecht des polnischen Fürsten auf die Königswürde nicht bestritt und sogar seine königlichen Tugenden rühmte, war die Krönung doch ohne Zustimmung Konrads II. erfolgt. Die Übereinstimmung mit dem Kaiser suchten nun aber die Konkurrenten Mieszkos, die beim Thronwechsel in Polen nicht berücksichtigten Verwandten der Piasten. Dies waren Bezprym († nach 1032), Bolesławs ältester Sohn aus einer in den 980er Jahren geschlossenen kurzzeitigen Ehe mit einer ungarischen Prinzessin, der auch die Unterstützung Jaroslavs von Kiev fand, sowie die bereits beim Tode Mieszkos I. übergangenen Haldenslebener. Mieszko I. hatte nämlich um 977/978 Oda von Haldensleben († 1023) geheiratet, die Tochter des damaligen Markgrafen der Nordmark, Dietrich von Haldensleben († 985), um seine strategische Position in Brandenburg an der Havel und im gesamten Havelland zu festigen. In seinen späten Jahren hatte Mieszko versucht, die Thronfolge der aus dieser Ehe hervorgegangenen Söhne Lambert und Mieszko mit diplomatischen Mitteln sicherzustellen, indem er sein Herrschaftsgebiet – den »Staat« (»civitas«) Gnesen – dem Apostolischen Stuhl unterstellte, und zwar in Form einer Urkunde, in der der ältere Thronfolger Bolesław gar keine Erwähnung fand. Da Bolesław sich nach Mieszkos Tod durch den sofortigen entschlossenen Zugriff die Herrschaft gesichert hatte, hatten die jüngeren Prinzen aus der Ehe mit der Haldenslebenerin das Land zusammen mit ihrer Mutter verlassen müssen, nicht ohne die Ansprüche aufrechtzuerhalten, die nun seitens eines »Vetters« des polnischen Fürsten namens Dietrich vorgebracht wurden, sicher ein Nachkomme (Enkel?) der Oda.

Vergeblich versuchte Mieszko II., der Formierung seiner Gegner durch eine militärische Offensive gegen das östliche Sachsen entgegenzuwirken und im Jahr 1030 griff er sogar wie einst Heinrich II. auf heidnische Hilfstruppen zurück. Dennoch geriet seine Herrschaft vor allem in den peripheren, einst von seinem Vater eroberten Gebieten ins Wanken, so in den Lausitzen, wohin Konrad II. in den Jahren 1029 und 1031 seine Heere führte, und in Mähren, wo es dem böhmischen Fürstensohn Břetislav († 1055) gelang, die Polen zu vertreiben. Den Ausschlag gab aber letztlich das Eingreifen des Kiever Fürsten Jaroslav, wodurch Polen von Osten und Westen her in einen Zweifrontenkrieg verwickelt wurde. In der *Erzählung der vergangenen Jahre* heißt es zum Jahr 1031 lapidar: »Jaroslav und Mstislav [das ist ein Bruder Jaroslavs] sammelten viele Krieger und zogen gegen die Ljachen. Und sie gewannen die Červenischen Burgen zurück, und sie überzogen das ljachische Land mit Krieg und führten viele Ljachen mit und verteilten sie. Jaroslav siedelte [sie] längs der Ros [das ist ein Nebenfluss des Dnjepr] an; und sie sind dort bis zum heutigen Tag.« (Radziwill-Chronik 1986, S. 151).

Die Folgen dieses Kiever Kriegszuges waren für Mieszko verheerend, insbesondere deswegen, weil sein älterer Halbbruder Bezprym mit den Kiever Truppen ins Land kam und Mieszko zur Flucht nach Böhmen zwang. Bezprym unterwarf sich sofort dem Kaiser und er schickte diesem auch die von ihm gewünschten polnischen Krönungsinsignien. Seine Herrschaft in Polen aber vermochte er dennoch nicht zu stabilisieren. Nur wenige Monate nach seiner Machtübernahme fiel er einem Mordanschlag zum Opfer, was Mieszko die Rückkehr in seine Heimat ermöglichte. Allerdings konnte er dies nur unter der Bereitschaft bewerkstelligen, persönlich vor dem Kaiser zu erscheinen und sich dessen Verfügungen zu beugen. Im Juli des Jahres 1033 erschien Mieszko zu einem Hoftag in Merseburg, wo auch Meinwerk von Paderborn wieder anwesend war, doch seine Hoffnungen auf die Bestätigung seiner früheren Herrscherstellung erfüllten sich zunächst nicht. Konrad verteilte vielmehr die Herrschaftsrechte über die »provincia Polonorum« an drei »Tetrarchen«: an Mieszko, an seinen »Vetter« Dietrich sowie wahrscheinlich an Mieszkos jüngeren Bruder Otto. Das schnelle Ableben der Mitregenten ermöglichte Mieszko dann noch einmal für eine kurze Zeit die Alleinherrschaft über Polen anzutreten, bevor er am 10. Mai 1034 starb. Er hinterließ ein von Aufständen und heidnischer Reaktion zerrissenes Land, aus dem seine Gemahlin, die Königin Richeza, und sein Sohn Kasimir fliehen mussten.

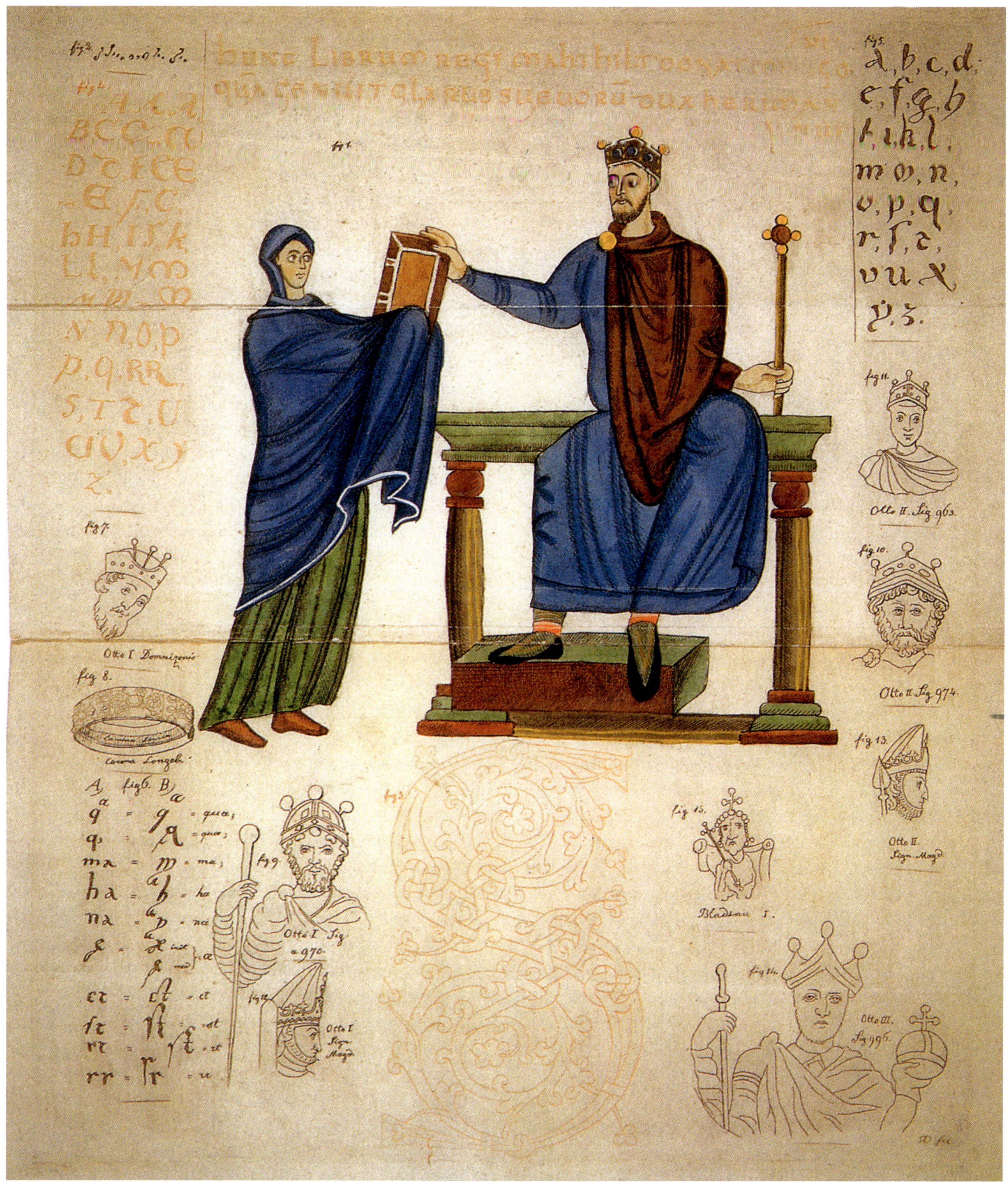

6 Darstellung Mieszkos II. und Mathildes von Schwaben auf dem Widmungsbild des *Liber de divinis officiis;* St. Gallen, erstes Viertel 11. Jahrhundert. Düsseldorf, Universitäts- und Landesbibliothek, Ms.C 91, (verschollen), fol. 3r

Meinwerk von Paderborn war, dies hat der vorangegangene Überblick gezeigt, Bischof in einer Zeit schwerwiegender politischer und kriegerischer Auseinandersetzungen der Könige Heinrich II. und Konrad II. vor allem mit den slavischen Fürsten Polens und Böhmens. Die militärische Kraft dieser im Verlauf des 10. Jahrhunderts entstandenen Herrschaftsbildungen beruhte auf den in dieser Zeit errichteten Burgen und insbesondere auf den Gefolgschaftsverbänden multigentiler Herkunft, mit denen sich die Fürsten umgaben, mit denen sie ihre gesellschaftlich hervorgehobene Stellung absicherten und mit denen sie Krieg gegen ihre Nachbarn führten. Motiviert und bei Laune gehalten wurden diese Krieger von den Fürsten durch Silber, das einerseits zunächst zum Schmuck und damit zur Visualisierung ihrer Stellung, andererseits bald auch zum Kauf von Lebensmitteln und zur Versorgung mit Luxusgütern auf den auch in Ostmitteleuropa entstehenden burgstädtischen Märkten dienen konnte.

Die Silbermengen, um die es dabei ging, schlagen sich in einer Vielzahl von Hort- oder Schatzfunden nieder, wie sie in Ostmitteleuropa zu Tausenden gefunden worden sind (Abb. 7), insbesondere in den Gebieten rund um die Ostsee, aber auch weiter im Süden, insbesondere entlang der damaligen Fernhandelswege (Abb. 8). Dort, an der von Frankfurt am Main über Erfurt, Leipzig, Meißen, Bautzen, Görlitz, Breslau und Krakau nach Mittelasien führenden Straße, der *via regia*, wurde erst im Jahr 2005 nahe Bautzen bei Cortnitz in der Oberlausitz ein so genannter Hacksilberschatz ergraben, dessen jüngste Münzen eine Verbergung zwischen den Jahren 1020 und 1055 anzeigen. Die mehr als 900 Gramm Silber, bestehend aus etwa 1600 Fragmenten, je zur Hälfte aus Münzen orientalischer und mitteleuropäischer Herkunft und einigen kleinen Barren und zerhacktem Schmuck, sind Ausdruck einer so genannten »Gewichtsgeldwährung«, wie sie vom 9. bis zum 11. Jahrhundert in den Gebieten östlich von Elbe und Saale üblich war. Dabei wurden Münzen nicht nach ihrem Nominalwert für bestimmte Transaktionen abgezählt, sondern mit Feinwaagen abgewogen, um zusammen mit zerschlagenem Schmuck und vielfach fragmentierten Münzen und Barren eine bestimmte Silbermenge für eine Gabe, ein Geschäft oder eine Dienstleistung bereitstellen zu können. Die für dieses Abwiegen notwendigen Gewichte kamen – wie im 10. Jahrhundert die meisten in den Hortfunden enthaltenen Silbermünzen (Dirhem) – aus den arabischen Kalifaten Vorder- und Mittelasiens. Erst im 11. Jahrhundert nehmen mittel- und westeuropäische Münzen, so genannte Denare und Hohlpfennige, in den ostmitteleuropäischen Silberschätzen mengenmäßig zu und zeigen damit den Übergang zu einer Münzgeldwirtschaft an, zu veränderten wirtschaftlichen Verhältnissen also. Die unzähligen arabischen Silbermünzen und das aus der arabischen Welt übernommene Gewichtssystem weisen auf die intensiven wirtschaftlichen Beziehungen hin, die im 10. und frühen 11. Jahrhundert zwischen Ostmitteleuropa und Skandinavien einerseits und Vorder- und Mittelasien andererseits geknüpft worden waren. Es stellt sich natürlich die Frage, für welche Gegenwerte dieses Silber eingehandelt wurde, das offensichtlich zu großen Veränderungen in der politischen Struktur der slavischen Welt geführt hatte.

Auf den von Ost nach West verlaufenden innerkontinentalen Karawanenwegen sowie auf den die Ostsee mit dem Schwarzen und dem Kaspischen Meer verbindenden Flüssen wurden Produkte transportiert, die in den Zentren der arabischen Länder – also etwa in Kairo, Damaskus, Bagdad, Taschkent und Buchara – außerordentlich begehrt waren. Dazu gehörten die Ergebnisse der Jagd in den unermesslichen Wäldern des östlichen und nördlichen Europas. Felle von Zobel, Marder, Fuchs, Eichhörnchen, Kaninchen, Biber und Fischotter, ja sogar von Eisbären waren dort ebenso wie in den frühen Zentren des Westens als Ausdruck adliger Lebensform begehrt und wurden teuer bezahlt.

Einen ebenso großen Absatz wie diese zu Kleidungsstücken weiterverarbeiteten tierischen Produkte fand in der arabischen und mediterranen Welt menschliche Ware. Unfreie Diener, die in arabischer Sprache als »Saqaliba« bezeichnet wurden, geben durch diese Benennung zu erkennen, dass sie slavischer Herkunft waren, wie auch das Wort »Sklave« von der griechischen Benennung der slavischen Bewohner von Gebieten an der mittleren und unteren Donau herrührt. Ganze Armeen und Palastdienerschaften wurden aus jenen Menschengruppen rekrutiert, die aus dem gesamten östlichen Europa in die Unfreiheit verkauft und über die gleichen Wege wie die übrigen Handelsgüter nach Nordafrika und Vorderasien gebracht wurden. Zahlreiche eiserne Fuß- und Handgelenkfesseln werden als Relikte solcher Menschentransfers angesehen, die einen nicht zu unterschätzenden Anteil am früh- und hochmittelalterlichen Fernhandel ausmachten.

Organisatoren dieses Menschenhandels waren Kaufleute skandinavischer, arabischer und jüdischer Herkunft. Nutznießer waren die Kunden auf den mediterranen oder orientalischen Sklavenmärkten und die in den slavischen Herkunftsländern zu suchenden Verkäufer, die wohl hauptsächlich Gefangene aus den zahlreichen Kriegen, vielleicht aber auch den »demographischen Überschuss« der eigenen Gesellschaften an die Sklavenhändler verkauften. Sie, also wohl in erster Linie die slavischen Fürsten sowie die zur Fürstenmacht aufgestiegenen, ursprünglich varägisch-skandinavischen Gefolgschaftsführer, erhielten dafür jenes Silber, das sie zur Absicherung und Ausweitung ihrer Herrschaft brauchten, also zur eigenen Repräsentation und zur Ausrüstung und Verpflegung ihrer bewaffneten Gefolgschaften.

Weitere, in Ost und West begehrte Produkte aus den Wäldern Ostmitteleuropas waren der Honig und das Bienenwachs, das die slavischen und baltischen Zeidler mit besonderen Methoden herstellten. Einen solchen »magister apum«, einen in tiefster Waldeinsamkeit lebenden Bienenmeister, traf das Heer Heinrichs II. im Jahr 1015 nach Angaben Thietmars von Merseburg im niederschlesischen Gau Diadesi (Thietmar von Merseburg 1935, lib. VII, cap. 20). Die halbwilden Waldbienen, denen nicht einfach nachgejagt, sondern denen mit Bienenbäumen und Klotzbeuten besondere Bedingungen zur Abschöpfung ihrer gesammelten Vorräte bei gleichzeitiger Überlebenssicherung geschaffen wurden, produzierten in

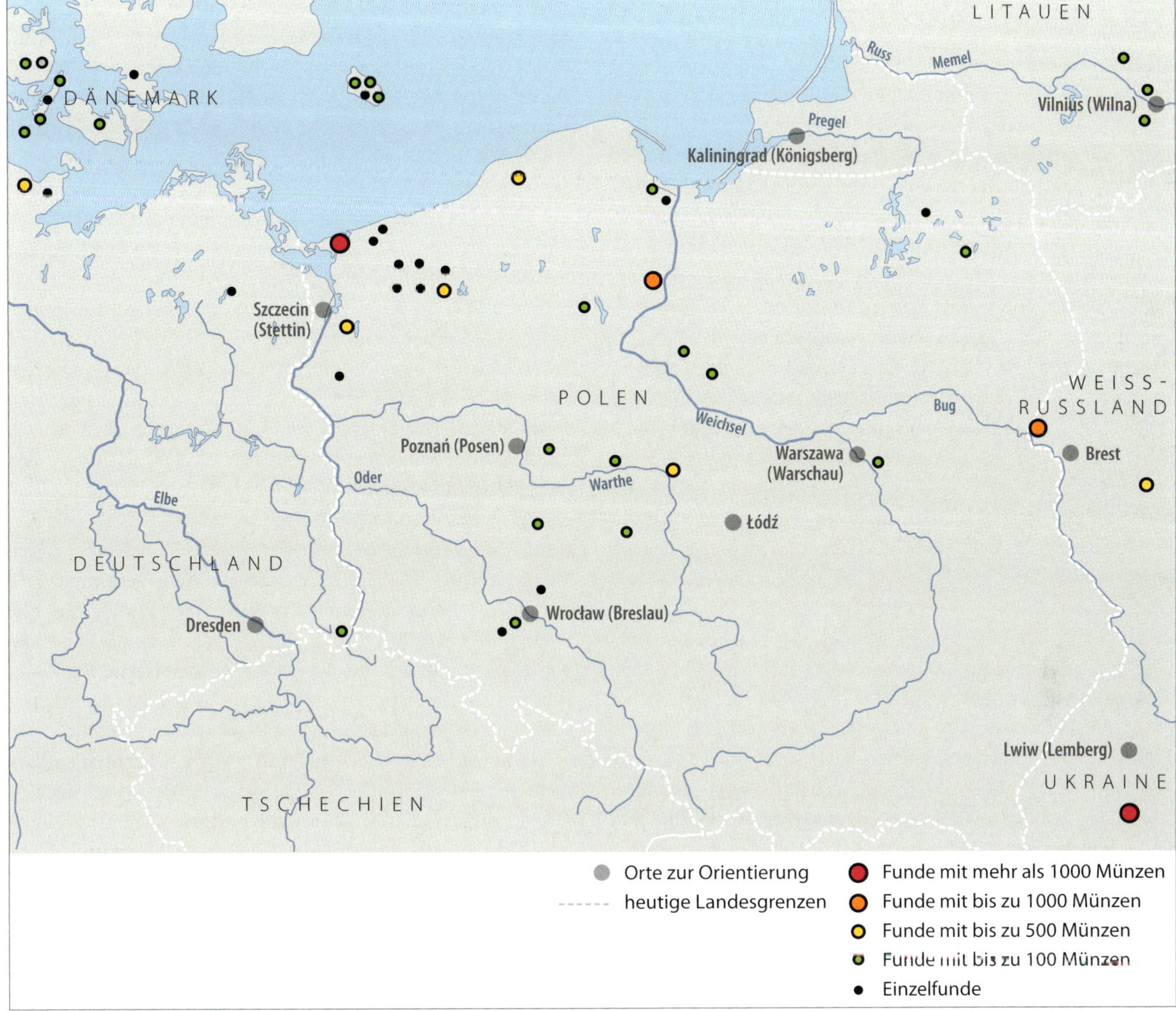

7 Verbreitung von Silberschatzfunden mit arabischen Dirhem (Schlussmünze zwischen 900 und 970)

großen Mengen jenen Honig, der als Süßstoff unentbehrlich und als Grundlage alkoholischer Getränke beliebt war. Kerzen aus Wachs waren in den Kirchen des Westens und Südens notwendige Grundlage der Messe und der Liturgie geworden, insbesondere im Rahmen von Gebetsverbrüderungen und Totengedenken, bei der *memoria* also, und hatten die traditionellen Öllampen verdrängt. Kerzenspenden galten in der West- ebenso wie in der Ostkirche als Mittel für alle Lebenslagen und der Bedarf war so groß, dass die Eigenproduktion Mitteleuropas schon bald nicht mehr ausreichte, um die Nachfrage zu befriedigen. Der Honig und das aus den Bienenwaben gewonnene Wachs finden sich häufig auch als Abgabe und Steuer in den hochmittelalterlichen Urkunden, wie etwa jene 300 Töpfe Honig jährlich, die das Kloster Nienburg an der Saale im 11. Jahrhundert aus der Niederlausitz erhielt. Während über die Rohstoffe und Produkte, die aus den slavischen Gebieten in den hochmittelalterlichen Fernhandel eingebracht wurden, relativ viele Informationen vorliegen, ist über die Siedlungsstruktur und Landwirtschaft im frühen Ostmitteleuropa viel weniger bekannt. Die Verbreitung slavenzeitlicher Siedlungsfunde zeigt die häufige Gewässernähe der ältesten Wohnplätze. Entlang von Elbe und Saale, Havel und Oder, aber auch an den Seen in Großpolen finden sich die archäologischen Fundpunkte wie auf Perlschnüren aufgereiht. Sie sind Hinweise auf offenbar häufig ausgesprochen kleine Siedlungen, die darüber hinaus wohl auch noch oft ihren Standort wechselten. Sie lagen auf leicht zu bearbeitenden Böden und waren von Wäldern umgeben, in denen sich die Siedlungskammern wie Inseln im Meer ausmachten. Schon diese Verbreitung der Wohnplätze lässt eine Landwirtschaft erkennen, die in einer Mischung aus Ackerbau und Viehzucht auf die subsidiäre Eigenversorgung mit Lebensmitteln, kaum auf die Produktion von Überflüssen ausgerichtet war. Die Fluren waren klein und umgaben blockförmig die verstreut liegenden, aus Einzelhöfen oder Weilern bestehenden Siedlungsplätze. Diese schon als Dörfer zu bezeichnen, erscheint unzulässig, weil solche ihre Struktur erst später durch die Vermessung der Feldfluren und die damit einhergehende Kontinuität erhielten. Seit dem 11. Jahrhundert gibt es in Böhmen Anhaltspunkte für eine solche Vermessung und Verhufung von Siedlungen, die bis dahin als »ujezd«, in Polen als »opole« und im später mecklenburgischen Norden vielleicht als »solitudines« bezeichnet wurden. Damit waren Siedlungsgebilde gemeint, die noch nicht mit geordneten Fluren versehen waren und deshalb bei den sie in die Schriftlichkeit einführenden Mönchen der entstehenden Klöster in den Verdacht der Unordnung, der Einöde, der »solitudo« kommen konnten. Erst fiskalische, vom Westen beeinflusste Gründe führten im Verlauf der auf das 11. Jahrhundert folgenden Jahrhunderte zur Vermessung und damit zu einer Umstrukturierung der Landwirtschaft, zur Konzentration auf marktorientierten Getreideanbau in Dreifelderwirtschaft mit Flurzwang.

Die siedlungsnahen Gewässer lieferten die mit Netzen, Reusen, aber auch mit Angelhaken oder dreizackigen Speeren gefangenen Krebse und den Fisch, der mit der Christianisierung als Fastenspeise wohl noch größere Attraktivität erhielt und mit dem vor allem in Kolberg, aber auch in Halle an der Saale, im holsteinischen Oldesloe, an der Peene in Vorpommern und im Vorland der Karpaten gewonnenen Salz haltbar und damit transportabel gemacht wurde. Die Fluren, welche die kleinen Siedlungen umgaben, wurden außer zum gebäudenahen Garten- und Obstbau in Feld-Gras-Wechselwirtschaft zum Anbau von Roggen, Weizen und in geringerem Maße von Hafer und Rispenhirse genutzt. Die Felder blieben von kleiner Ausdehnung. Sie wurden mit dem von Ochsen gezogenen hölzernen Hakenpflug, der nur selten mit eisernen Tüllen- oder Stielscharen verstärkt war und mit dem der Boden nur aufgerissen, nicht aber umgewendet werden konnte, jeweils kreuz und quer gepflügt – besser gesagt geritzt – und danach mit der Egge bearbeitet. Anhaltspunkte für Fruchtwechsel im Rahmen einer Dreifelderwirtschaft im Sinne von Wintergetreide, Sommergetreide und Brache sind selten. Das mit Sicheln geerntete Korn, zwei- bis dreimal, höchstens achtmal mehr als man ausgesät hatte, wurde in Vorratsgefäßen, Speichern oder in Gruben aufbewahrt. Gemahlen wurde mit Handdrehmühlen, deren Mühlsteine dort hergestellt und weiterverhandelt wurden, wo geeignete Gesteine vorkamen wie etwa im Rochlitz-Mügelner Porphyrgebiet mit der Mahlsteinhauersiedlung Sornzig oder am Zobtenberg (polnisch Ślęża) in Schlesien. Weinbau gab es in Böhmen wohl seit der Mitte des 11. Jahrhunderts.

Auf den Weiden und Wiesen wurden im Sommer und Winter, also wohl nur ausnahmsweise in Stallhaltung, Rinder, Ziegen und Schafe mit deutlich niedrigeren Widerristhöhen als heute gehalten, und eine Reihe von Ortsnamen wie etwa Konow von slavisch »kon'«, Pferd, oder Kuhblanck von »kobyla«, Stutenweide, zeigen die Zucht von Pferden an. Nach Ibrahim ibn Ja'qub wurden Pferde aus dem Abodritenreich im heutigen östlichen Schleswig-Holstein und westlichen Mecklenburg auch exportiert (Arabische Berichte 1927, S. 11).

Die Wälder, die neben den Möglichkeiten zur Zeidlerei und zum Sammeln von Früchten auch zur Eichelmast der Schweine genutzt wurden, waren Zielpunkte erster Ausdehnungen der landwirtschaftlichen Produktion, erster früher Landesausbauprozesse durch Rodung. Ortsnamen deuten darauf hin, dass häufig Brandrodung angewendet wurde. Die zentralen Siedlungsgebiete Großpolens sind durch großflächige Niederlegung der Laubbaumbestände in der Zeit um 900 entstanden. Viele der dabei anfallenden Hölzer mögen beim Bau der Burgen verwendet worden sein, die mit der Festigung der Fürstenherrschaft unumgänglich verbunden waren, und bei der Errichtung der Brücken und Dämme, welche die Infrastruktur zwischen Zentren und Burgen herstellten. Auch feuerintensive Gewerbe wie die Gewinnung von Eisen aus Raseneisenstein, Pech- und Salzsiederei, Kalkbrennerei, Schmieden und Töpferei sowie schließlich der Haus- und Bootsbau werden zur weiteren Reduzierung der Wälder beigetragen haben. Schon vor dem Beginn der eigentlichen Kolonisation unter Zuwanderung westlicher Immigranten seit dem späten 11. Jahrhundert war also von der slavischen Bevölkerung das agrarisch nutzbare Land ausgeweitet worden. Eine Vielzahl von Ortsnamen mit speziellen Funktionsbezeichnungen zeigt, dass die Fürsten so genannte Dienstsiedlungen anlegen ließen, deren Bewohner bestimmte Tätigkeiten für die zentralen Burgen ausübten, so zum Beispiel deren Tafeln mit Fleisch und Fisch versorgten. Aus den Ortsnamen wird ebenso deutlich, dass zur Anlage dieser Dienstsiedlungen Personenverbände aus großer Entfernung herangezogen wurden, wahrscheinlich auch in diesem Falle Kriegsgefangene, die nicht in die Sklaverei, sondern zur Förderung der eigenen landwirtschaftlichen Produktivität gebraucht wurden. Auch mit diesen Maßnahmen wurde der Weg bereitet für einen zunehmenden Getreideanbau, der offenbar gleichzeitig zu einem langsamen, aber stetigen Bevölkerungswachstum um ein Vielfaches führte. Allerdings zeigen archäologisch-paläobotanische Untersuchungen immer wieder, wie sehr der Ernteertrag dieser Frühzeit durch gesundheitsschädigende, von Weizenkörnern kaum zu unterscheidende Beimengungen wie Kornrade und ähnlichem durchsetzt war.

Diese slavische Welt der Burgen bauenden Fürsten und ihrer in Subsistenzwirtschaft lebenden ländlichen Bevölkerung, der Ökonomie der Silberschätze, des Fernhandels mit Sklaven, Fellen, Honig und Luxusgütern lernte Bischof Meinwerk von Paderborn nicht nur durch seine Teilnahme an Feldzügen Heinrichs II. und Konrads II. kennen, sondern er kam

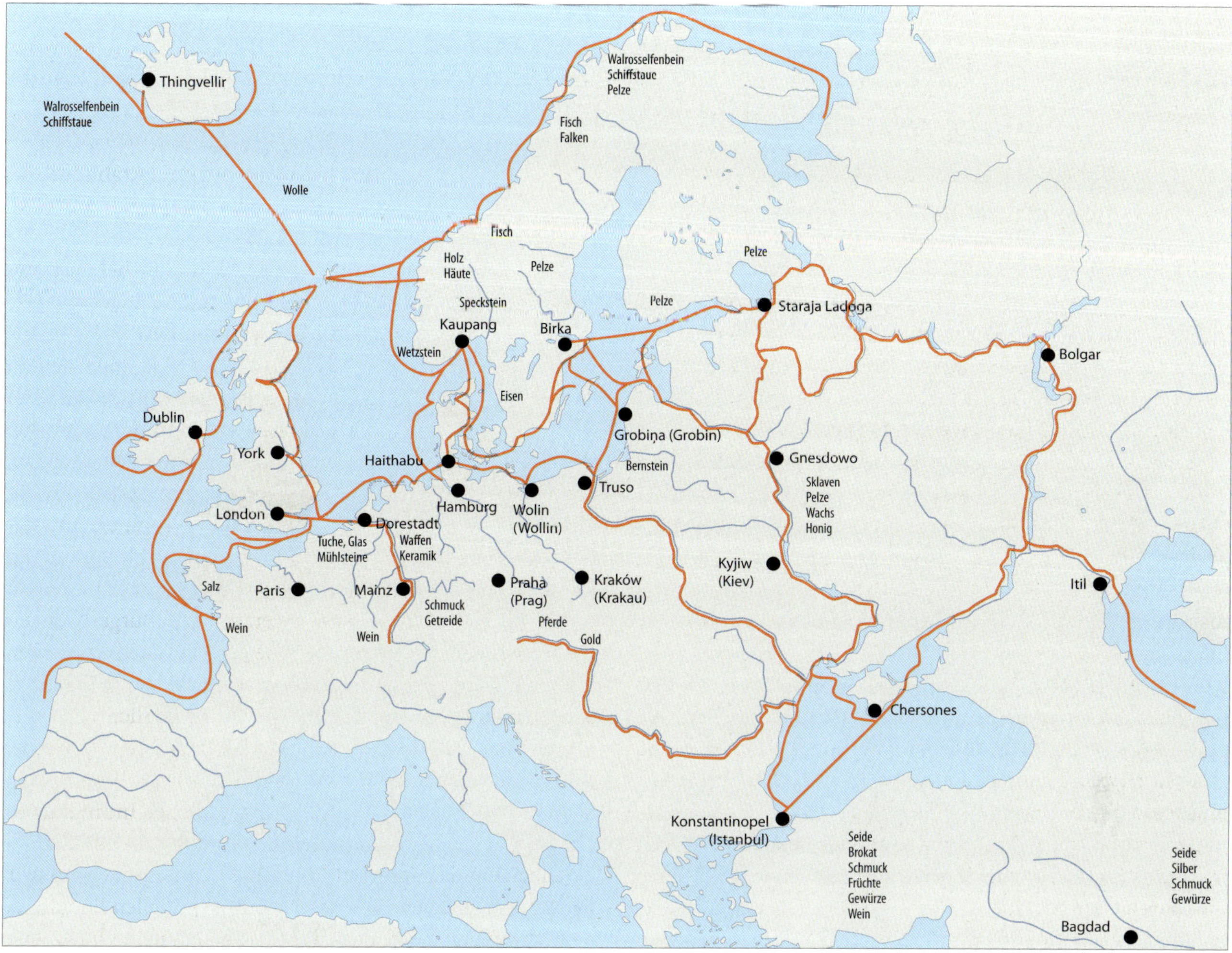

8 Europäische Fernhandelswege im 10./11. Jahrhundert

auch über jene Fernstraße, die seinen Bischofssitz ebenso mit Ost- wie mit Westeuropa verband, mit ihr in Kontakt. Der Hellweg ging in Magdeburg nach der Überquerung der Elbe in eine West-Ost-Magistrale über, die über Brandenburg an der Havel nach Posen (polnisch Poznań) und von dort wahlweise nach Schlesien und Kleinpolen und weiter nach Mittelasien oder aber nach Novgorod führte. Die Lage an diesem Fernverkehrsweg, der nach Westen über Dortmund, Bochum, Duisburg oder Köln auch Aachen, Brügge und Paris anschloss, ließ auch in Paderborn einen Markt entstehen, den König Konrad II. im Jahr 1028 mit Markt- und Münzrecht versah (MGH DD K II, Nr. 127). Dort wurden Nah- und Fernhandelsprodukte angeboten; darunter wohl auch jener Umhang aus Zobelpelz im Wert von sechs Talenten Silber, den Bischof Meinwerk gemäß der Schilderung seiner Vita als Gegengabe für überlassene Güter im Weserbergland an die Schwestern Bosa, Cristina und Ebbica überreichte (Vita Meinwerci 1921, cap. 123). Die Handelsgüter aus dem östlichen Europa trugen so nicht unwesentlich auch zur wirtschaftlichen Entwicklung der »sedes episcopalis« Bischof Meinwerks in Paderborn bei.

Quellen

Arabische Berichte 1927 · Geschichte der Slaven 1984–1988 · MGH DD K II · Radziwill-Chronik 1986 · Thietmar von Merseburg 1935 · Vita Meinwerci 1921 · Widukind von Corvey 1935.

Literatur

Berend 2007 · Brather 2001 · Görich 1997 · Hardt 2008 · Herrmann 1985 · Herrmann 1986 · Irsigler 1970 · Kat. Berlin u.a. 2000–2002 · Lübke 2001 · Lübke 2004 · Posse 1909 · Steuer 1987 · Urbańczyk 2000 · Urbańczyk 2001 · Verlinden 1970 · Wedekind 1836.

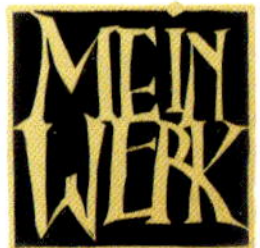

Heiligenkult und Reichspatronat

Sakrale Topographie im ottonisch-frühsalischen Reich

Stefan Samerski

Heiligen und Reliquien schrieb man im Mittelalter und darüber hinaus nicht nur kultisch-heilsvermittelnde Bedeutung zu, von der jeder Christ durch Gebet, Wallfahrt und körperlichen Kontakt profitieren konnte, sondern sie galten nach dem Willen der kirchlichen und politischen Eliten eines Landes auch als Identifikationssymbole und Garanten einer vorteilhaften Herrschaft. Zu denken ist hier an zahlreiche Landes- und Stadtpatrone wie etwa Patrick, Jakobus, Stephan den Heiligen (1001–1038) und Markus, die seit dem Hochmittelalter als Schlachtenhelfer, Gewährspersonen einer gerechten Regierung und Verteidiger der sozialen und politischen Ordnung in Irland, Spanien, Ungarn oder Venedig fungierten. Die Beziehung zwischen dem Patron und seinen »clientes« konnte so eng werden, dass es zu einer Gleichsetzung beziehungsweise Namensgebung kam. So hieß beispielsweise Spanien im 10. Jahrhundert »Jakobusland« und das alte Venedig wird bis heute als »Markusrepublik« bezeichnet. Im Namen des Heiligen wurden Feinde bezwungen, Anordnungen getroffen und Verträge geschlossen, durch den Austausch von entsprechenden Reliquien politische Kooperationen besiegelt, neue Territorialherrschaften anerkannt und als christlich sanktioniert oder sogar Hegemonialsysteme errichtet. Solche so genannten »politischen Heiligen« symbolisierten also – modern gesprochen – die kollektive Identität eines Gemeinwesens, legitimierten oftmals den Herrschaftsträger als sakrosanktes Institut und schufen auf höchster Ebene sakrale Kommunikationswege, durch die nicht nur Loyalitäten und Freundschaften vermittelt, sondern auch bestimmte Botschaften kommuniziert werden sollten.

Die Beschaffung, Übersendung und Präsentation von Reliquien bestimmter Heiliger hatte also nicht nur heilstechnischen Charakter, sondern meist auch eminent politische Bedeutung. An einer solchen Kommunikation beteiligten sich die Fürsten und Landesherren als Träger der politischen Herrschaft, seit der Karolingerzeit auch die Bischöfe als politische Vasallen und Teilhaber an der Regierung. Dementsprechend konnte nicht nur die materielle Translation von Heiligenleibern eine spezifisch politische Botschaft vermitteln, sondern auch das Datum von Schlachten, Verträgen, Hochzeiten, Krönungen etc. an einem bestimmten Heiligenfest. So suchte etwa Otto der Große (936–973) die epochale Entscheidung gegen die Ungarn bewusst am Laurentiustag 955 auf dem Lechfeld. Am Festtag dieses wichtigen Heiligen der Ottonen wurde außerdem 1002 Kunigunde († 1033) in Paderborn zur Königin gekrönt. Auf Wunsch des Kaisers gewährte der Papst 962, dass die deutschen Metropoliten das Pallium auch an den Tagen der zentralen Reichspatrone Laurentius und Mauritius tragen durften. Die Bischöfe waren demnach die ersten, die in diesen Reichskult mit einbezogen wurden und diesen vor allem zu pflegen und auszubreiten hatten. Sie taten das hauptsächlich – für den Historiker greifbar – durch Reliquienübertragungen und Pflege des Heiligenkultes. Die Herbeischaffung von Heiligenleibern war für die Bischöfe der Ottonen und Salier eine der vornehmsten Pflichten, verfügten doch die damaligen deutschen Diözesen nur über relativ wenige Heiligenpartikel. Über den Kölner Erzbischof Brun (953–965), den Bruder Ottos des Großen, berichtete der Biograph in einer für das damalige Bischofsideal typischen Weise: »Leiber und Reliquien von Heiligen und fromme Gegenstände aller Art sammelte er von überallher, um den Seinen immer mehr Fürsprecher zu verschaffen und um durch ihre Verehrung den Ruhm des Herrn bei vielen Völkern nah und fern zu verbreiten.« (Vita Brunonis 1951, cap. 31). Solche Wege der Kommunikation bezogen sich nicht nur auf die religiösen Bedürfnisse der Gläubigen, sondern ebenso auch auf politische Inhalte und Identitäten. Der Bischof als tragende Säule der Reichskirche und der kaiserlichen Herrschaft war geradezu prädestiniert für solche Kommunikationsformen. Neu errichtete Diözesen und wichtige kirchliche Orte (zum Beispiel Klöster an Landesgrenzen) mussten dementsprechend mit den damaligen Patronen des Reiches versorgt werden, wodurch nicht nur der transzendente Schutz auf die kirchlichen Rand- und Außenstellen herabgerufen wurde, sondern auch eine Art von Kommunikation der Reliquiendepots untereinander hergestellt und damit eine Art politischer Sakrallandschaft geschaffen wurde, die in ihrer Relevanz oft erst noch ausgelotet werden muss. So weist ein neues Petruspatrozinium häufig auf einen Rombezug hin, während die Mauritiusverehrung sich auf den Osten bezieht. Vieles wird indes klarer, wenn man die Kulte der ottonisch-frühsalischen Reichsheiligen im Einzelnen betrachtet.

Vitus

Der heilige Vitus (Veit) steht als Patron gewissermaßen an der Wiege Deutschlands. Diesen Heiligen bezeichnete Widukind von Corvey († nach 973) in seiner *Sachsengeschichte* als den Patron des sächsischen Stammes, aus dem die Ottonen als Herrscher des werdenden Deutschlands hervorgingen. Seit seine Reliquien 836 in das älteste sächsische Kloster, nach Corvey, transferiert wurden, sei Sachsen »aus einer Sklavin zur Freien und aus einem tributpflichtigen Volk zur Herrin vieler Völker geworden.« (Widukind von Corvey 1935, lib. I, cap. 34). Der Aspekt der politischen Herrschaft tritt hier deutlich hervor! Die Heiligenreliquien wurden 992 anlässlich der Weihe des neu erbauten Doms von Halberstadt in einem eigenen Altar niedergelegt. An dieser Domweihe nahmen die Großen des Reiches und der Kirche, allein über ein Dutzend Bischöfe, teil. Auch das unter Kaiser Heinrich II. (1002–1024) errichtete Bistum Bamberg erhielt bei der Konsekration der Kathedrale mit ähnlichem personellen Aufwand Vitusreliquien. Die Sakraltopographie des Reiches sollte nun auch im neuen kirchlich-politischen Zentrum des letzten Ottonen sichtbar werden. Vitus in Halberstadt ist deswegen so bemerkenswert, weil das von den Karolingern gegründete östliche Missionsbistum nahe der ostfränkisch-slavischen Grenzlinie lag und unter den Ottonen einen bedeutenden Aufschwung nahm. Widukind von Corvey wusste außerdem von persönlichen Implikationen zu berichten: Otto der Große sei 958 »hauptsächlich durch den Schutz des hervorragenden Märtyrers Vitus« (Widukind von Corvey 1935, lib. I, cap. 62) von schwerer Krankheit genesen. Bereits hier wird die enge persönliche Bindung an den Herrscher deutlich erkennbar. Vitus' Vita liefert dagegen keinerlei Hinweise auf seine spätere Funktion als Reichspatron; diese Aufgabe scheint der Heilige außerdem nur recht kurzzeitig innegehabt zu haben.

Wie stark die Vitusverehrung die Herrschaft im Reich tatsächlich symbolisierte und den Charakter eines Reichskults besaß, wird daran deutlich, dass auch die Nachbarvölker das ursprünglich sächsische Patrozinium als Zeichen der Tributpflichtigkeit gegenüber den Ottonen annahmen: Die Kirche auf dem Prager Hradschin wurde um 935 dem heiligen Vitus geweiht, nachdem der böhmische Fürst Wenzel (921–929/935) die Hegemonialstellung des Reiches anerkennen musste. Bis heute führt das später zur Kathedrale erhobene Prager Gotteshaus dieses Patrozinium, das durch die Übertragung einer Armreliquie vor dem Jahre 1100 und einer Schädelreliquie durch Kaiser Karl IV. 1355 weiter verstärkt wurde. Mit Karl IV. (1346–1378), der mit Vorliebe in Prag residierte, erreichten die Reichsfunktionen des heiligen Vitus einen letzten Höhepunkt; danach trat er als Reichspatron stark in den Hintergrund und seine Verehrung nahm eher regionale Züge an, was sich auch daran ablesen lässt, dass der Kult im Norden Deutschlands im 14. Jahrhundert deutlich abnahm, während er südlich des Mains noch ausgebaut wurde.

Mauritius

Der Anführer der Thebäischen Legion, Mauritius, der unter Diokletian vermutlich im Bagaudenkrieg von 285/286 ums Leben kam, bietet dagegen bereits in seiner Vita Material für eine politische Instrumentalisierung. Entsprechend der um 450 verfassten *Passio* wollte er mit seinen Soldaten dem Christengott nicht abschwören und wurde deshalb bei Agaune im Wallis niedergemetzelt. Schon im ausgehenden 4. Jahrhundert durch Erhebung der Gebeine kanonisiert, stieg er am Ende der Völkerwanderung zum Patron der Burgunder auf. Gemeinhin wird dabei übersehen, dass Mauritius an den ursprünglichen Orten seiner Verehrung Schutzfunktionen für die Alpenpässe übernahm: Sein Begräbnisort St-Maurice d'Agaune liegt am Fuße des St. Bernhardpasses, der Schweizer Ort St. Moritz an dem seit der Römerzeit genutzten Julierpass. Dort entwickelte sich sogar gegen Ende des Mittelalters eine Wallfahrt, die durch den Einzug der Reformation in Graubünden zum Erliegen kam. Geographische Schutzfunktion und militärisches Profil ergänzen sich hier ideal!

In diesem Kontext muss auch die Verbindung der heiligen Lanze mit dem Namen Mauritius gesehen werden. Die Flügellanze, mit der – der Legende nach – die Seite Christi geöffnet und in die später ein Kreuzesnagel eingelegt wurde, gelangte vermutlich über Konstantinopel und Italien an den Burgunderkönig, von dem sie wohl 926 an König Heinrich I. (919–936) kam. Spätestens seit den Sachsenherrschern führte sie den Namen Mauritiuslanze und war als Christusreliquie von allerhöchstem Wert für das westliche Christentum. Tatsächlich war die Lanze nicht, so wie es die Quellen angeben, ein burgundisches Geschenk, sondern vom ersten ostfränkischen König teuer erworben worden: Heinrich erhielt sie, nachdem er an Burgund bedeutendes schwäbisches Territorium abgetreten hatte. Der Speer wurde dann zum wichtigsten Objekt aus dem Ensemble der einstigen Herrschaftszeichen des Römischen Reiches der Zeit um das Jahr 1000 (Abb. 2). Der militärische Aspekt der ottonischen Herrschaft wird hier in doppelter Hinsicht

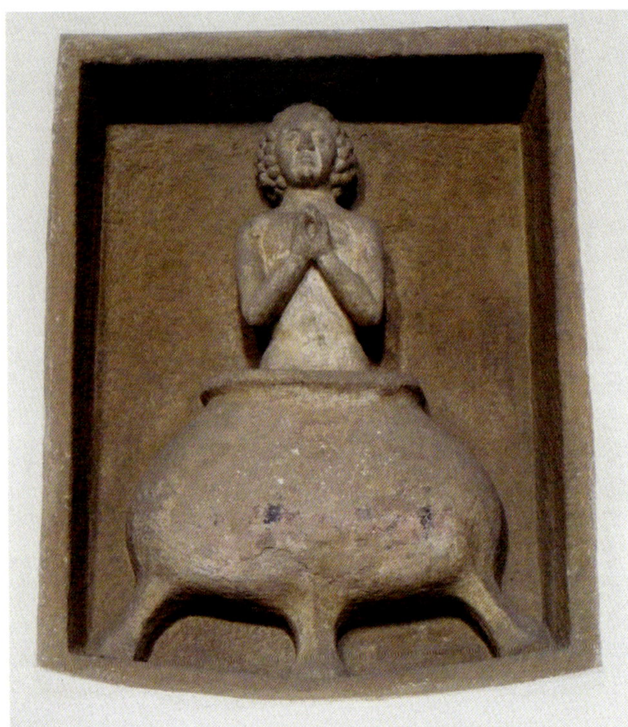

1 Steinrelief mit der Abbildung des heiligen Vitus; 1168. Wünschendorf an der Elster, Pfarrkirche St. Veit

greifbar. Hinzu kam die sakral-christologische Überhöhung derselben, denn der Kaiser galt als »vicarius Christi«, in dessen Namen er seine Schlachten schlug. Der zeitgenössische Bischof Liutprand von Cremona (961–970/972) definierte die Lanze entsprechend als »unüberwindlichste Waffe und damit als beständigen Schutz über sichtbare und unsichtbare Feinde« (Liutprand von Cremona 1915, lib. IV, cap. 25). Die Zeitgenossen schrieben die militärischen Erfolge gegen die Ungarn 933, dann in den Schlachten von Birten 939 im Westen und auf dem Lechfeld 955 – wiederum gegen den östlichen Gegner – der Wirksamkeit der mitgeführten Lanze zu. In der aussichtslosen Situation von Birten, als Otto der Große mit einem zahlenmäßig unterlegenen Heer mit dem Rücken zum Rhein kämpfen musste, saß der Herrscher vor der Schlacht vom Pferd ab, pflanzte den Speer mit den Christusreliquien auf und betete vor ihm. Und auf dem Lechfeld kam Otto dem Großen die beherzte Unterstützung des später heilig gesprochenen Bischofs Ulrich von Augsburg (923–973) zugute. Kann es ein Zufall sein, dass ausgerechnet ein östlich orientiertes deutsches Kaisergeschlecht aus Sachsen einen spätantiken Soldatenmärtyrer vorwiegend gegen Gefahren aus dem Osten eingesetzt hat? Für die Verneinung dieser Frage spricht, dass gerade die an der deutschen Grenze zu den slavischen Territorien gegründeten (Erz-)Bistümer Magdeburg und Zeitz Mauritius dediziert wurden. Vor allem Magdeburg als Lieblingsgründung und -residenz Ottos des Großen stand von Anfang an mit dem Mauritiuspatrozinium in Verbindung. Hier, auf dem Boden der Burg, die bereits in karolingischer Zeit für den slavischen Fernhandel genutzt worden war, gründete Otto am 21. September 937, also am Vorabend des Mauritiustages, ein Benediktinerkloster zu Ehren des Heiligen und seiner Gefährten. Der Ort überflügelte das alte sächsische Zentrum Quedlinburg rasch an politischer Bedeutung. Nach dem historischen Sieg über die Ungarn auf dem Lechfeld 955 erbat Otto vom Papst die Umwandlung des Magdeburger Mauritiusklosters in ein Erzbistum für die Slavenmission – ein Wunsch, der allerdings erst auf der Synode von Ravenna 967 in Erfüllung ging. 960 wurden dann nochmals Mauritiusreliquien nach Magdeburg überwiesen und auch etliche für die Hofkapelle des Kaisers verwandt. Man erkennt also auch hier wieder die strikte Verbindung von persönlichen Präferenzen und politischen Funktionen, die in den Osten weisen. Ottonische Herrschaft als persönlich aufgefasstes Phänomen verband sich hier mit einem Heiligen, der in seiner politisch-militärischen Funktion für den Heidenkampf und die Heidenmission stand.

Es scheint, als habe der Enkel Otto III. (983–1002) die besondere und persönliche Vorliebe seines Großvaters geerbt und sie noch viel stärker reichsrechtlich funktionalisiert. Die heilige Lanze, der als Mauritiuslanze gedeutete Speer, wurde in der spätestens seit Otto III. einsetzenden Expansionspolitik gegenüber Polen und Ungarn als Trägerin der Herrschaft, als Machtsymbol eingesetzt, das aus der Hand des abendländischen Herrschers kam und dementsprechend Teilhabe an seiner universalen Regierung symbolisierte: Aller Wahrscheinlichkeit nach unter Mitwirkung von Otto III. gründete Papst Silvester II. (999–1003) im Jahre 1000 eine eigene Kirchenprovinz für Polen. Ottos Pilgerzug nach Gnesen (polnisch Gniezno) zum verehrten Freund und Ratgeber Adalbert, der an der Samlandküste 997 den Märtyrertod erlitten hatte, war durchaus nicht nur persönlich und religiös motiviert, sondern diente neben der Errichtung eines Metropolitanbistums für Polen der politischen Aufwertung des dortigen Fürsten Bolesław I. Chrobry (992–1025). Dies geschah nach den Quellen durch Übergabe einer Krone und einer genauen Nachbildung der Mauritiuslanze mit Kreuznagelreliquie, die noch heute in Krakau aufbewahrt wird. Obgleich Bolesław weiterhin den Herzogstitel führte, wurde er doch von Otto als »Bruder und Mitarbeiter des Imperiums« sowie als »Freund und Bundesgenosse des römischen Volkes« tituliert (Gallus Anonymus 1952, S. 19). Otto III. war damit von seinem Missionsauftrag im Osten zugunsten des Polenherrschers entlastet; durch die Bundesgenossenschaft stand nun Bolesław an der Ostflanke des Reiches; ihm oblag die Evangelisierung der Heiden. Dass das kein singuläres Gedankenspiel war, verdeutlicht die auf die Gnesener Pilgerfahrt folgende päpstliche Gesandtschaft an den Hof von Kiev, der bereits zum orientalischen Christentum übergetreten war. Dieser diplomatische Schritt Papst Silvesters II. war unzweifelhaft mit dessen kaiserlichem Freund Otto abgesprochen worden und zeigt das nun wieder fassbare Interesse Roms an den Kiever Christen.

Der kaiserliche Freund und Ratgeber Adalbert hatte bei der zweiten Lanzenvergabe durch Vorüberlegungen vermutlich ebenfalls seine Hand im Spiel: In einer vergleichbaren gemeinsamen Aktion von Papst und Kaiser wurde der Arpadenfürst Stephan mit dem Königstitel ausgezeichnet und in Ungarn eine »Landeskirche« mit Sitz in Gran (ungarisch Esztergom) eingerichtet. Otto sandte zu diesem historischen Akt um die Jahreswende 1000/1001 ebenfalls eine Nachbildung der Mauritiuslanze, die sich Stephan der Heilige wie die Sachsenherrscher vorantragen ließ. Auch in Ungarn ging es um eine vollständige Christianisierung und vermutlich auch um das Ausstrahlen des lateinischen Christentums nach Südosten.

Kaiser Heinrich II. hatte den Mauritiuskult von seinen Vorgängern übernommen. Kurz nach seinem Amtsantritt übertrug er im Winter 1004 barfüßig die Reliquien des Heiligen vom Kloster Berge in den Magdeburger Dom, rief den thebäischen Märtyrer als Patron für seine zukünftige Regierung an und bestimmte jenen Tag der Translation zukünftig zum Festtag. Heinrich zeigte allerdings wenig Interesse an der Ostmission. 1008 hielt ihm der frühere Hofkapellan Ottos III., Brun von Querfurt († 1009), sogar vor, er verbünde sich gegen den Polenherzog mit den Heiden (Kat. Nr. 45). Damit desavouierte er Heinrichs Desinteresse gegenüber der östlichen Missionierung, die durch Karolinger und Ottonen vorangetrieben worden war: »Wie geht […] der Teufel und der Führer der Heiligen, Euer und unser Mauritius, zusammen? In welcher Front vereinigen sich die heilige Lanze und die Feldzeichen des Teufels, die sich mit Menschenblut nähren?« (Giesebrecht 1885, S. 702–703). Hier wird das damalige materielle Herrschaftssymbol, verbunden mit dem Namen des heiligen Mauritius, eindeutig mit dem kaiserlichen Missionsauftrag im Osten in Verbindung gebracht; eine solche Evangelisierung konnte und musste auch nur im Osten des Reiches vorangetrieben werden. Dafür stand Mauritius.

Im fortschreitenden 11. und 12. Jahrhundert verkümmern die reichspolitischen Funktionen des heiligen Mauritius mehr und mehr. Nur noch vereinzelt, wie in der Urkunde für Niederaltaich von 1079, in der von »sancto Mauritio regni patrono« die Rede ist (MGH DD H IV, Nr. 316), oder bei der Festkrönung des Kaisers am Mauritiustag 1136, kam dem einst wichtigsten Reichspatron noch entsprechende

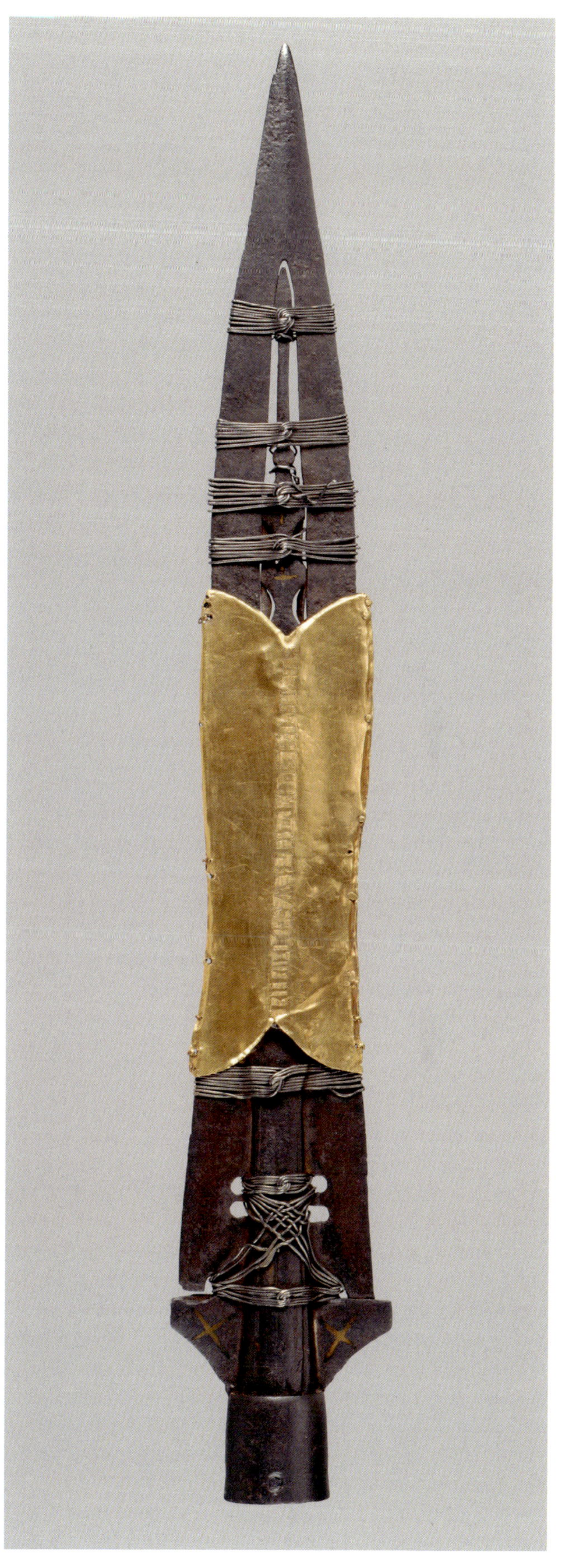

2 Heilige Lanze; 7./8. Jahrhundert mit Ergänzungen des 11. und 14. Jahrhunderts. Wien, Schatzkammer in der Hofburg, XIII, 19

Bedeutung zu. Auch die heilige Lanze trat in der Salierzeit ihre zentrale Bedeutung als deutsches Herrschaftszeichen an ein von Konrad II. (1024–1039) gestiftetes Prunkkreuz ab. Solche kultischen Fluktuationen werden angesichts wechselnder Dynastien, der Inkonstanz des Residenzortes, eines fehlenden kultischen Zentrums für das Reich sowie der politischen Inhomogenität Deutschlands verständlich. In Rom dagegen wurde die deutsche Mauritiustradition weiter gepflegt: Die Kaisersalbung in St. Peter fand seit dem 12. Jahrhundert obligatorisch am Mauritiusaltar statt.
In Deutschland wurde der Heiligenkult erst wieder unter den Staufern deutlich zu politischen Zwecken instrumentalisiert. Dabei liefen Karl der Große (768–814), die Heiligen Drei Könige und andere den alten Reichspatronen bei weitem den Rang ab. Etwa seit dem 13. Jahrhundert schwand außerdem der Einfluss des Herrschers auf kultische Innovationen wie Translationen oder Kanonisationen. Papst und Bischöfe nahmen jetzt mehr und mehr solche Handlungen vor, so dass auch an neue, zentrale Reichspatrone kaum mehr zu denken war. Mauritius selbst erscheint jetzt wieder häufiger in Bildwerken, meist als Mohr und zum Patron des Ritterstandes degradiert.

Laurentius, Ulrich, Adalbert und andere Heilige

Ähnlich wie Mauritius fand der römische Diakon Laurentius durch Kämpfe und Schlachten Eingang in die Reihe der ottonischen Hausheiligen. Er und die im Folgenden behandelten Patrone waren aber sicherlich von minderer Relevanz für die sakral legitimierte Herrschaft im Reich und zumeist auf die Herrscherzeit der Ottonen beschränkt. Die bedeutendste aller ottonischen Schlachten, jene auf dem Lechfeld, wurde bewusst am 10. August – dem Laurentiustag – ausgetragen. Vor Beginn der Kampfhandlungen hatte Otto der Große gelobt, dem Tagesheiligen ein neues Bistum bei seiner Pfalz in Merseburg zu errichten, was allerdings erst sehr viel später möglich wurde. Anlässlich seiner Kaiserkrönung in Rom 962 erhielt er vom Papst neben Mauritius- auch Laurentiusreliquien. Beide Heiligenpartikel wurden dann auch bei den bereits erwähnten Domweihen in Halberstadt und Bamberg niedergelegt und jeweils in einen Altar eingeschlossen. Auch hier ist deutlich zu erkennen, wie die kultischen Traditionen Ottos des Großen von Heinrich II. aufgegriffen wurden, der sogar seine Gemahlin Kunigunde († 1033) am Laurentiustag 1002 in Paderborn krönen ließ. Damit gehören diese drei Heiligen – Vitus, Mauritius und Laurentius – zum »Grundbestand« der ottonischen Hausheiligen; mit ihnen waren sakralisierte Herrschaftsvorstellungen und Schlachtenglück verknüpft. Auch bei Laurentius wird durch das Bistum Merseburg ein Bezug zur Ostmission deutlich.
Die beiden Bischöfe Ulrich von Augsburg und Adalbert von Prag (983–997) hatten sich gewissermaßen schon zu Lebzeiten für den transzendenten Reichsdienst qualifiziert. Als historische Gestalten waren sie loyale und agile Mitarbeiter des Kaisers – selbst in militärischen Unternehmungen – gewesen. Wie bereits angedeutet, leistete Ulrich heldenmütigen Widerstand, als die Ungarn 955 seine Bischofsstadt belagerten. Schon zwei Jahre zuvor stand der Augsburger Oberhirte ebenfalls unerschütterlich zum König, als 953 im Ostfrankenreich ein Aufstand ausbrach. Diese Nähe zu den Ottonen verwundert nicht, da doch Ulrich durch seine Mutter weitläufig mit Otto I. verwandt war. Die rasche Kanonisation durch den Papst im Jahre 993, die formell auf Initiative des kaisertreuen Bischofs von Augsburg erfolgte, tatsächlich aber von den Ottonen favorisiert wurde, stilisierte Ulrich zu einem Reichspatron. Kaiserin Adelheid († 999) stiftete eine goldene, mit Edelsteinen geschmückte Tafel für Ulrichs Grabstätte, wo 1002 auch die Eingeweide des nach Deutschland zurückgeführten Kaisers Otto III. beigesetzt wurden. Für das ottonische Interesse an Ulrich spricht außerdem, dass dessen Reliquien zusammen mit denen von Vitus, Mauritius und Laurentius bei den besagten Domweihen von Halberstadt und Bamberg niedergelegt wurden. In der Spätzeit der Sachsenherrscher wurden diese neuen Haus- und Reichspatrone bezeichnenderweise in die östlichen Nachbarländer übertragen: Ulrichsverehrung ist bereits im 10. Jahrhundert in Polen nachweisbar.
Der zweite, Otto III. besonders nahestehende Bischof war der wiederholt aus Prag vertriebene Oberhirte Adalbert, der vermutlich im römischen Kloster SS. Bonifacio ed Alessio auf dem Aventin die Slaven- und Balkanmission konzipiert und organisiert hatte. Von dort aus fungierte Adalbert außerdem als vermutlich wichtigster Berater Ottos III. in Fragen der Ostmission, die die Gründung der Kirchenprovinzen Gnesen und Gran um das Jahr 1000 einschlossen. Adalbert hatte persönlich in Ungarn und Polen missioniert, ehe er bei den heidnischen Prussen an der Samlandküste 997 den Märtyrertod erlitten hatte (Abb. 4). Bei seiner besagten Wallfahrt nach Gnesen ließ Otto III. seinem kanonisierten Freund dort am Grab einen Altar errichten und brachte bedeutende Reliquien Adalberts nach Hause. Neben der ganz persönlichen Devotion des Kaisers wird nun auch die hochpolitische Relevanz der Adalbertsverehrung deutlich: Der Polenherzog wurde zum König und »cooperator« des Reiches erhoben (Gallus Anonymus 1952, S. 19) und die Kirche Polens *ex novo* organisiert. Die erworbenen Reliquien ließ Otto dann an den beiden wichtigsten Orten des Reiches niederlegen: Aachen und Rom. Adal-

3 Otto der Große, begleitet vom heiligen Mauritius (links), präsentiert Christus den vom ihm gestifteten Magdeburger Dom; Mailand, um 968. New York, The Metropolitan Museum of Art, 41.100.157

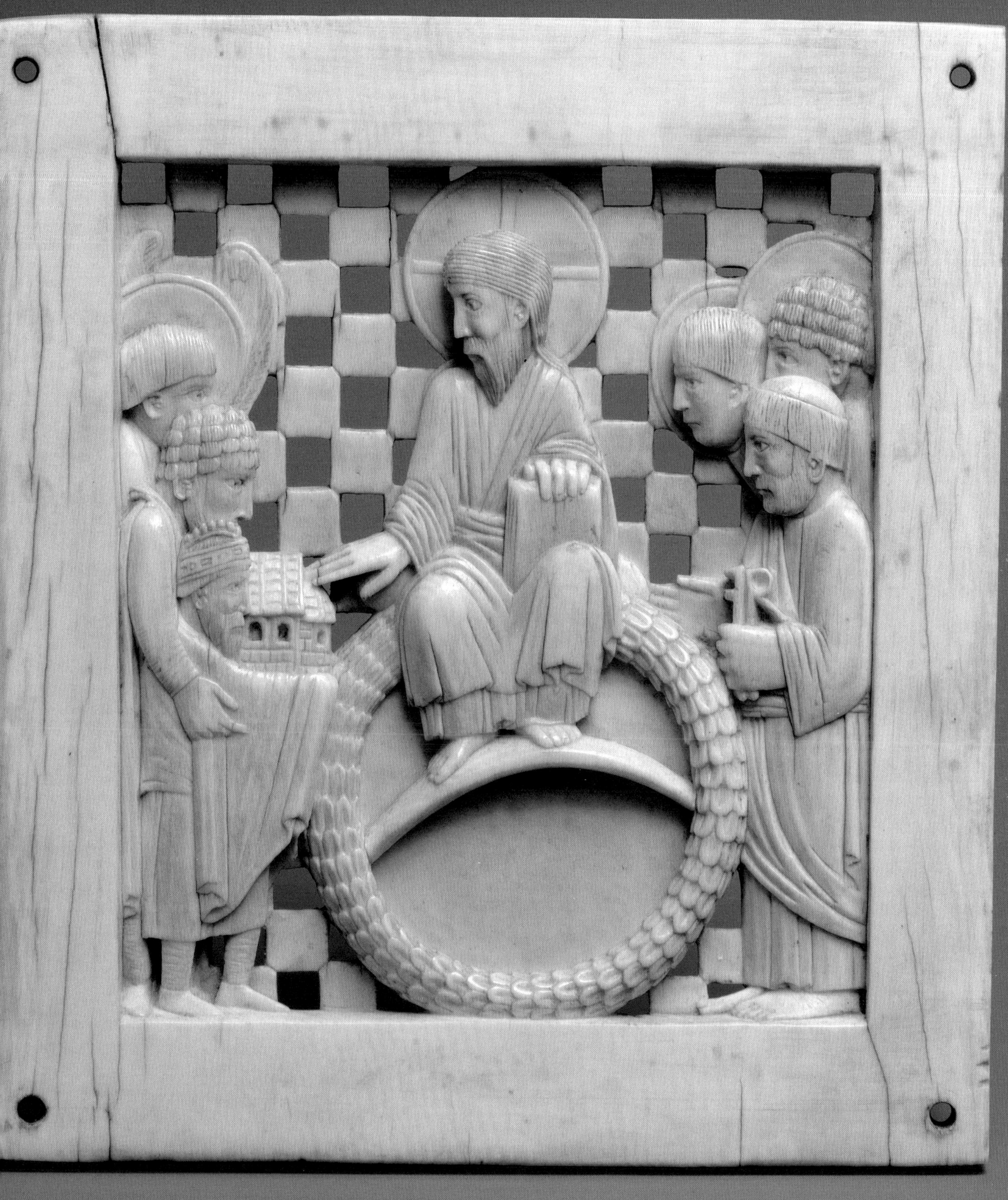

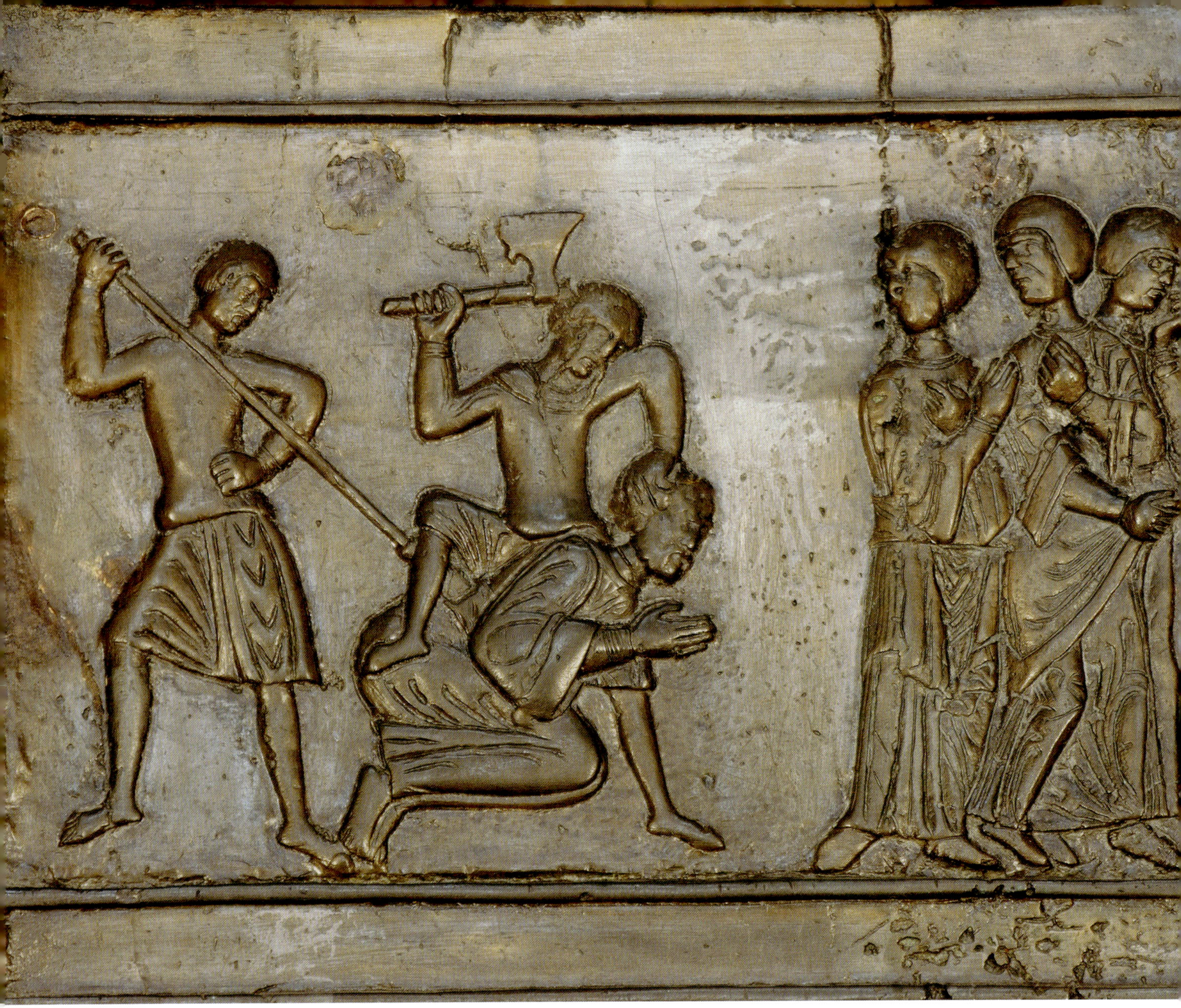

4 Martyrium des heiligen Adalbert auf der Bronzetür des Gnesener Domes; zwischen 1170 und 1190. Gniezno, Dom Mariä Himmelfahrt und St. Adalbert

bertsreliquien markierten fortan die wichtige kultisch-politische Nord-Süd-Achse sowie die nach Osten in das noch vollständig zu christianisierende Polen. Auch hier war es ein persönlicher Impuls, der einen Heiligen zum Reichspatron hatte aufsteigen lassen, wenn auch nur sehr kurzfristig, denn nach dem Aussterben der Ottonen hören wir von Adalberts reichspolitischen Funktionen nichts mehr.

Eine noch kürzere politische »Funktionsdauer« hatte der heilige Arzt aus dem Osten, Pantaleon, der im Jahre 305 im kleinasiatischen Nikomedien (türkisch Izmit) den Märtyrertod erlitten hatte. Seit 817 befinden sich seine Reliquien in der gleichnamigen Kölner Kirche, die unter Erzbischof Brun (953–965), dem jüngeren Bruder Ottos des Großen, zu einer Benediktinerabtei ausgebaut wurde. Der Komplex wurde dann unter Kaiserin Theophanu († 991) zu einer Hofkirche erweitert und als ottonische Grablege konzipiert, in der immerhin zwei bedeutende Vertreter des Herrschergeschlechts, Brun und Theophanu, bis heute bestattet sind. Otto III. und Konrad II. wurden hier 1002 beziehungsweise 1039 aufgebahrt.

Abschließend sei noch die politische Bedeutung von Michael und Bonifatius angerissen. Letzterer wurde als so genannter »Apostel der Deutschen« erst im 19. Jahrhundert innerkirchlich populär; der Titel selbst ist erst für die Mitte des 12. Jahrhunderts in klosterinternen Aufzeichnungen in Fulda greifbar, allerdings ohne weiterreichende Relevanz besessen zu haben. Michael dagegen übernahm schon in der Ottonenzeit militärisch-politische Funktion, so etwa in der epochalen Lechfeldschlacht, als Feldzeichen mit Bild und Namen des Erzengels ins Feld geführt wurden. Die

Kaiser Otto I., Otto III., Heinrich II. und Lothar III. (1125–1137) pilgerten zum Michaelsheiligtum auf dem apulischen Monte Gargano, an dessen Fuß Anfang des 13. Jahrhunderts ein deutsches Pilgerhospiz gegründet wurde. Die Tatsache, dass es von Michael keine anerkannten Reliquien gab und direkte Kultstätten – sieht man einmal von Höhenheiligtümern ab, die ursprünglich dem Wotanskult galten – außerhalb der Reichsgrenzen lagen, führte dazu, dass sich in Deutschland kein sakral-politischer Kult etablieren konnte. Populär ist er in Kirche und Volk aber dennoch geworden aufgrund seiner biblisch fundierten, militärisch-apotropäischen Funktion und seiner Aufgabe als Seelenführer und -wäger im Jenseits.

Quellen

Gallus Anonymus 1952 · Liutprand von Cremona 1915 · MGH DD H IV · Vita Brunonis 1951 · Widukind von Corvey 1935.

Literatur

Angenendt 1997 · Corbet 1986 · Dunin-Wąsowicz 2000a · Dunin-Wąsowicz 2000b · Eickhoff 1999 · Giesebrecht 1885 · Hehl 2000 · Petersohn 1994 · Samerski 2005 · Samerski 2007a · Samerski 2007b · Samerski 2009.

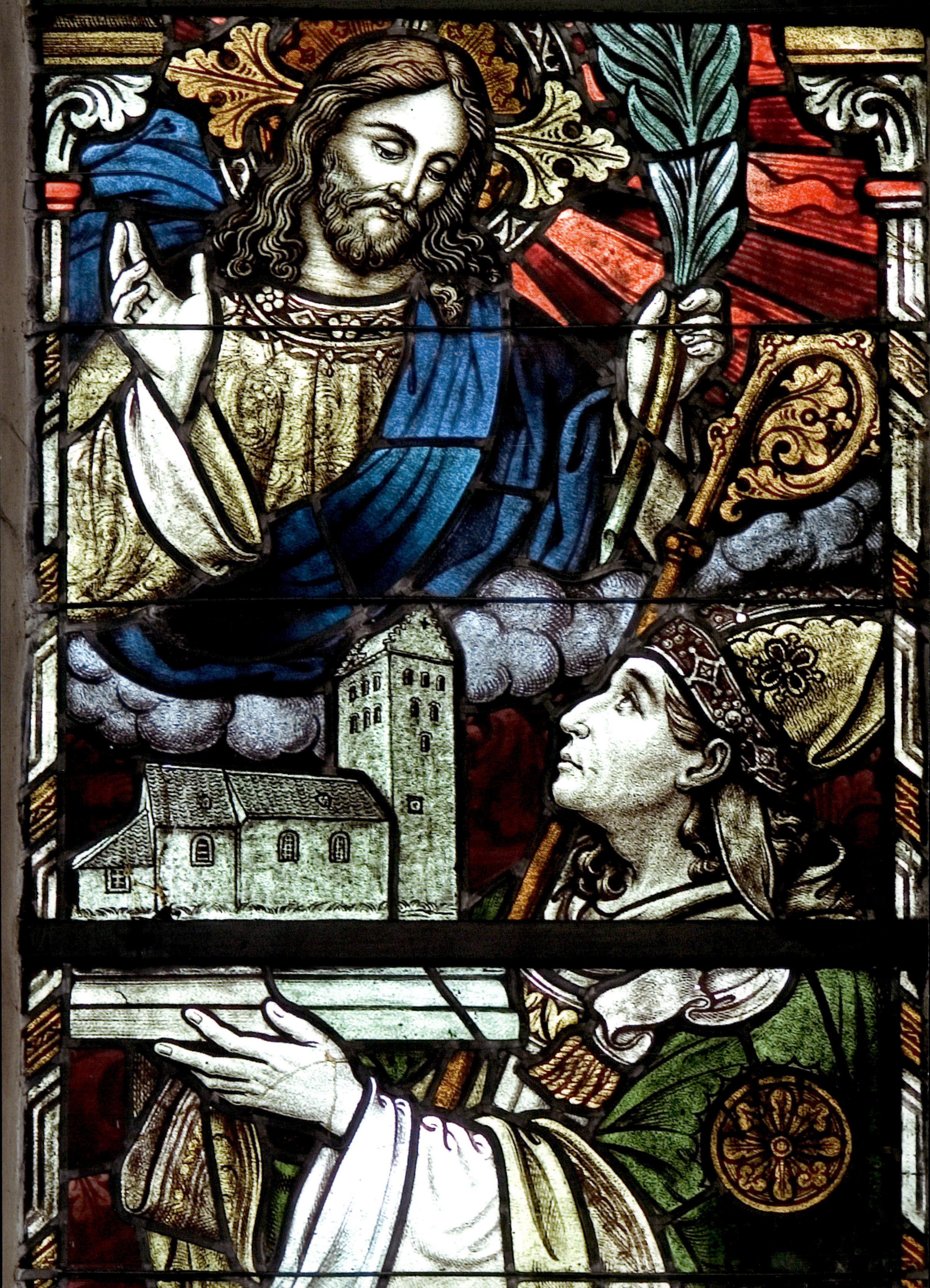

Seelsorger und Stifter

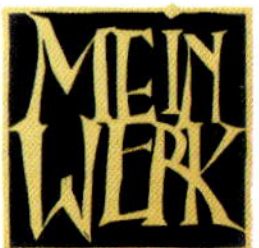

Oberhirte der Paderborner Diözese

Religiosität und Bistumspolitik Bischof Meinwerks

Manfred Balzer

Die schriftliche Überlieferung geht nur gelegentlich und dann in der Regel eher summarisch auf die Hauptaufgaben eines Bischofs ein, die bei aller Einbindung in den Königsdienst auch für einen Reichsbischof im ersten Drittel des 11. Jahrhunderts maßgeblich waren: im Namen Christi als Lehrer, Priester und Hirte durch die Verkündigung des Evangeliums, die Feier der Sakramente und die Leitung der Diözese der ihm anvertrauten Kirche zu dienen. Diese Aufgaben waren aber für die Autoren der Lebensbeschreibungen so selbstverständlich, dass sie nur in Ausnahmefällen festgehalten wurden. Auch der Abt Konrad des Paderborner Abdinghofklosters (1142–1173), der die *Vita Meinwerci* vermutlich verfasste, spricht nur formelhaft davon, dass der Bischof nach der Übertragung des Domneubaus an den fremden Baumeister Zeit hatte, sich den übrigen Aufgaben seines Bischofsamtes zuzuwenden: Häufig habe er die Diözese bereist, um den Glauben zu prüfen, das Gute zu bestärken, das Vernachlässigte zu erneuern (Vita Meinwerci 1921, cap. 12). Wichtig war dem Biographen also, dass Meinwerk die Diözese visitierte und die Aufsicht über den Klerus führte.

Die Feier der Messe

Es ist daher ein Glücksfall, dass Bischof Meinwerk auf der Oberseite des Domtragaltars (um 1120–1127) bei seiner vornehmsten Aufgabe, der Feier der Eucharistie, abgebildet ist. Er steht im Messgewand vor einem Altar und hebt bei der Opferung einen Kelch mit Patene, über der die Hostie als Kreis mit Kreuzsignatur abgebildet ist, der segnenden Gotteshand entgegen. Ihm sind die Psalmworte beigegeben: »Den Kelch des Heils will ich nehmen und anrufen den Namen des Herrn.« (Ps 116, 13; Abb. 1). Auf der anderen, dem Zelebranten näheren Seite des grünen Altarsteins in der Mitte des Deckels hat sich der Stifter, Bischof Heinrich von Werl (1084–1127), ebenfalls bei der Feier der Eucharistie darstellen lassen. Er inzensiert einen Altar, auf dem der Tragaltar selbst steht, auf dem wiederum Kelch und Patene mit der Hostie abgesetzt sind. Heinrichs Beitext lautet: »Mein Gebet möge eine Richtung nehmen wie ein Rauchopfer vor deinem Angesicht, Herr und Gott« (Ps 141, 2; Abb. 2).

Die Abbildung mit Bischof Heinrich erläutert also für uns die Funktion solcher Tragaltäre. Sie waren beweglich und wurden von den Bischöfen auf Reisen mitgenommen, um jederzeit liturgisch korrekt auf einem geweihten Altar zelebrieren zu können – auch außerhalb von Gotteshäusern, zum Beispiel im Freien oder in Zelten. Da gerade der kastenförmige Typ solcher Altäre bequem Reliquien aufnahm, konnte der Zelebrant in jedem Fall über und mit seinen Heiligen das heilige Opfer darbringen. Wie wichtig das für die Zeitgenossen war, und zwar vermutlich nicht zuletzt wegen der Echtheitsfrage, unterstreicht die von Abt Konrad – allerdings sehr tendenziös – berichtete Zurückweisung der Cunerareliquien der Kirche im niederländischen Rhenen durch Meinwerk bei der Eidesleistung von Parteigängern seiner Mutter. Er soll darauf bestanden haben, dass die Eide auf Reliquien der Heiligen Petrus, Paulus und Blasius, Patrone des Klosters Abdinghof also, geleistet wurden, die er in seinen »Kästen« (»apothecae«) mit sich führte (Vita Meinwerci 1921, cap. 135).

Es war naheliegend, auf der Deckplatte des Tragaltars seine Verwendung in der Liturgie und die Bischöfe bei der Feier der Messe darzustellen. Im speziellen Fall aber ist die Inszenierung überaus bewusst gewählt. Sie zeigt nicht beliebige Zelebranten, sondern einerseits Heinrich von Werl, der Ostern 1105 in Quedlinburg vorübergehend suspendiert worden war, wobei auch die Rechtmäßigkeit der von ihm vollzogenen Priesterweihen infrage gestellt wurde, und andererseits den bereits in den 1070er Jahren aus der Sicht der Kirchenreformer kritisierten Meinwerk beim Vollzug der heiligen Handlungen. Daher dürfen die Darstellungen als trotzige Behauptung der Rechtmäßigkeit und Gültigkeit des Vollzugs der Sakramente durch den kaisertreuen Bischof Heinrich gelesen werden – unter Berufung auf seinen berühmten Amtsvorgänger. Mit Blick auf Meinwerk weist gerade die Szene mit der Darbringung der Opfergaben Anekdoten von der Art zurück, wie sie der Autor der *Vita Meinwerci* anlässlich des Weihnachtsaufenthaltes Kaiser

Heinrichs II. (1002–1024) 1022/1023 in Paderborn referiert: Meinwerk habe sich bei der Feier der Festmessen geradezu erpresserisch liturgisches Gerät und Paramente aus Königsbesitz angeeignet (Vita Meinwerci 1921, cap. 182). Unter der offensichtlichen Verzerrung dürfte das Berichtete nämlich im Kern Zeugnis von Schenkungen, von königlichen Gaben wie Kelch und Messgewändern beim Offertorium der Messe ablegen, die im Domschatz verblieben und später Anlass für das Erfinden der Erzählungen waren.

Solche Geschichten setzen voraus, dass Meinwerk als Ortsbischof den Festgottesdiensten vorstand, denen der königliche Hof mit Prozession und Opfergaben ein außergewöhnliches Gepränge gab. Der Bischof konnte vom König/Kaiser gebeten werden, eine Spezialmesse zu feiern, etwa für die Verstorbenen der königlichen Familie. Ein Beleg dafür ist die Geschichte der *Vita Meinwerci*, die auf angeblich mangelnde Lateinkenntnisse Meinwerks verweist. König Heinrich habe den Bischof um ein Requiem für seine Eltern gebeten und gleichzeitig einen Kapellan beauftragt, im Messbuch bei der Fürbitte für die verstorbenen »Diener und Dienerinnen« (»famulis et famulabus«) die erste Silbe »fa« durch Rasur zu tilgen, so dass dort nur noch »mulis et mulabus« (»Maulesel und Mauleselinnen«) stand. Der Bischof las zwar – folgen wir seinem Biographen – den gefälschten Text, bemerkte den Fehler dann aber sofort (Vita Meinwerci 1921, cap. 186). Es gehört zur rhetorischen Leistung der *Vita Meinwerci*, solche diffamierenden Erzählungen, die zu seiner Zeit in Paderborn offensichtlich über Meinwerk kursierten, nicht zu verschweigen, sondern zu referieren und ins Positive zu wenden.

Nicht nur an Hochfesten feierte der Bischof im Dom die Messe. Aus den Bestimmungen für das Jahrgedächtnis des Grafen Dodiko († 1020), das nach dem für die Bischöfe geregelten Verfahren gefeiert werden sollte, lässt sich vielmehr erschließen, dass die Bischöfe bei ihrer Anwesenheit in Paderborn auch dem Kapitelsamt vorstanden (Kat.Nr. 122). Wie willkommen sie als Zelebranten auch außerhalb Paderborns in der Regel waren, zeigt die Einladung Graf Dodikos an Meinwerk zum Andreastag (30. November) nach Warburg, dem Patronatsfest der Burgkirche, im Jahre 1017 oder 1018, wo Meinwerk mit dem heiligen Heimerad († 1019) zusammentraf. Nachweislich nicht willkommen war der Bischof nur im Sommer 1014 in Corvey. Der Protest des Pater Custos, der den vorbereiteten Altar wieder abgeräumt haben soll, gehört in den Rahmen des Widerstandes der Corveyer Mönche gegen die Reform ihres Klosters, auf den zurückzukommen ist.

Kirchweihen

Zu den feierlichsten kirchlichen Riten, die den Bischöfen vorbehalten waren, gehörten Kirchweihen. Sie stellten Höhepunkte im Leben eines Diözesans und der Gläubigen am Ort und in der Region dar, weil sie – wie später die Erinnerung an den Kirchweihtag, die Kirchmesse/Kirmes – als großes Fest mit zahlreichen Gästen und einem Jahrmarkt begangen wurden. Eine solche Festtradition begründete Meinwerk am 5. Juni 1011, dem Bonifatiustag, als er die Kirche des Klosters Helmarshausen weihte und bei der Weihe des Marienstiftes auf dem Berge bei Herford (im selben Jahr?).

Besondere Bedeutung aber dürften die Weihen der eigenen Gründungen und Bauten für den Bischof gehabt haben. Allerdings wurde Meinwerk dabei mehrfach vom Pech verfolgt. Zur Weihe seines neuen Domes am 15. September 1015, dem Donnerstag nach Kreuzerhöhung, hatte er Heinrich II. eingeladen, der aber wegen eines Polenfeldzugs nicht teilnehmen konnte. Der König feierte dann zwar Weihnachten in Paderborn, war aber zur Weihe der Benediktskapelle des Klosters Abdinghof, mit deren Bau Meinwerk 1015 begonnen hatte, am 14. Februar 1016 nicht mehr dort. Die Weihe der Abdinghofer Klosterkirche, die am 2. Januar 1023, der Oktav des Festes des Erzmärtyrers Stephanus, dem die Krypta gewidmet wurde, erfolgen sollte, war besser geplant, da der Kaiser schon Weihnachten in Paderborn gefeiert hatte. Aber diesmal stürzte ein Gewölbe der Kirche, wohl im Westen, ein, so dass Meinwerk sich mit der Weihe der im Osten gelegenen Krypta begnügen musste.

Erst am 2. November 1031, dem Feste Allerseelen, das die Mönche von Cluny nicht lange vorher, wie sie sich rühmten, als besonderen Tag des Totengedenkens »erfunden« hatten, erfolgte die Schlussweihe seines Grabklosters, das Meinwerks *memoria*, der seiner Eltern und weiterer Verwandter dienen sollte. Schon am Vortag, dem Allerheiligenfest, waren acht geladene Bischöfe in Paderborn zu Gast, von denen die *Vita Meinwerci* vier mit Namen kennt: Erzbischof Hunfried von Magdeburg (1023–1051) sowie die Bischöfe Godehard von Hildesheim (1022–1038), Sigebert von Minden (1022–1036) und Siegfried von Münster (1022–1032; Vita Meinwerci 1921, cap. 210). Leider wissen wir nicht, welche Bischöfe in welcher Gruppierung die Altäre der Klosterkirche konsekrierten. Der Kaiser war wieder nicht in Paderborn. Er bestätigte allerdings am 16. Januar 1032, nachdem er Weihnachten in Goslar gefeiert hatte, den Besitz und die Rechte des Klosters (MGH DD K II, Nr. 176).

Konrads II. (1024–1039) Teilnahme lässt sich dann aber bei der Weihe des Altars der Heiliggrabkirche im Busdorfstift in Paderborn mit der Deponierung der Gründungsurkunde auf dem Altar am 25. Mai 1036 vermuten; denn zwei Tage später, zur Feier des Festes Christi Himmelfahrt, ist der Hof in Paderborn bezeugt. Neben dem Kaiser waren damals nachweislich die Erzbischöfe Bardo von Mainz (1031–1051) und Hermann von Köln (1036–1056) sowie Bischof Bruno von Würzburg (1034–1045) anwesend. Da Bischof Meinwerk nur wenig später (5. Juni) starb, drängt sich die Annahme

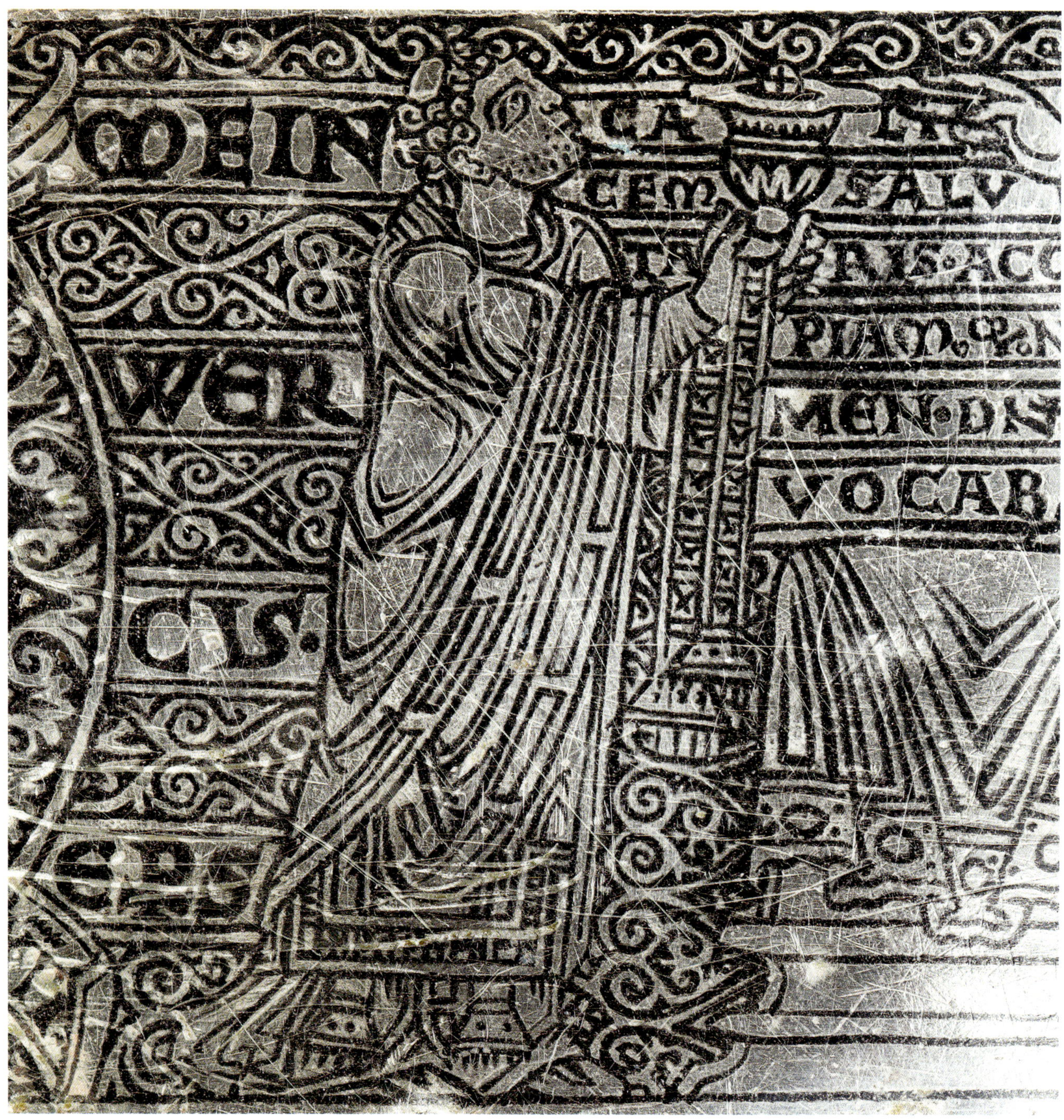

1 Bischof Meinwerk bei der Feier der Messe auf dem Deckel des Paderborner Domtragaltars, die Inschrift lautet: MEIN / WER / CUS · / EP(ISCOPU)S // CALI / CEM SALV / TARIS · ACCI / PIAM · ET · NO / MEN · D(OMI)NI IN / VOCABO (Ps 116, 13); Helmarshausen, um 1120–1127. Paderborn, Erzbischöfliches Diözesanmuseum und Domschatzkammer, Inv.Nr. DS 2 (Kat.Nr. 230)

auf, dass er sein Ende nahen fühlte und die Weihe forcierte, obschon der Bau, soweit zu sehen, noch gar nicht fertig war. (Kat.Nr. 215)

Die Anwesenheit des Königs bei der Kirchweihe lag nicht nur im Interesse des Bischofs, wie es der Autor der Vita zu 1015 suggeriert, wenn er meint, Meinwerk habe damals die Schenkung von Erwitte erwartet, und die Serie der Schenkungsnachrichten seiner Traditionskapitel an die Weihe anschließt (Vita Meinwerci 1921, cap. 29). Die Teilnahme wurde vielmehr von den Herrschern selbst gesucht. So soll Heinrich II. im Juni 1018 Bischof Burchard von Worms (1000–1025) massiv unter Druck gesetzt haben, um die Weihe des noch nicht fertigen Domes in seiner Anwesenheit zu erreichen, denn für ihn war die Teilnahme »Aus-

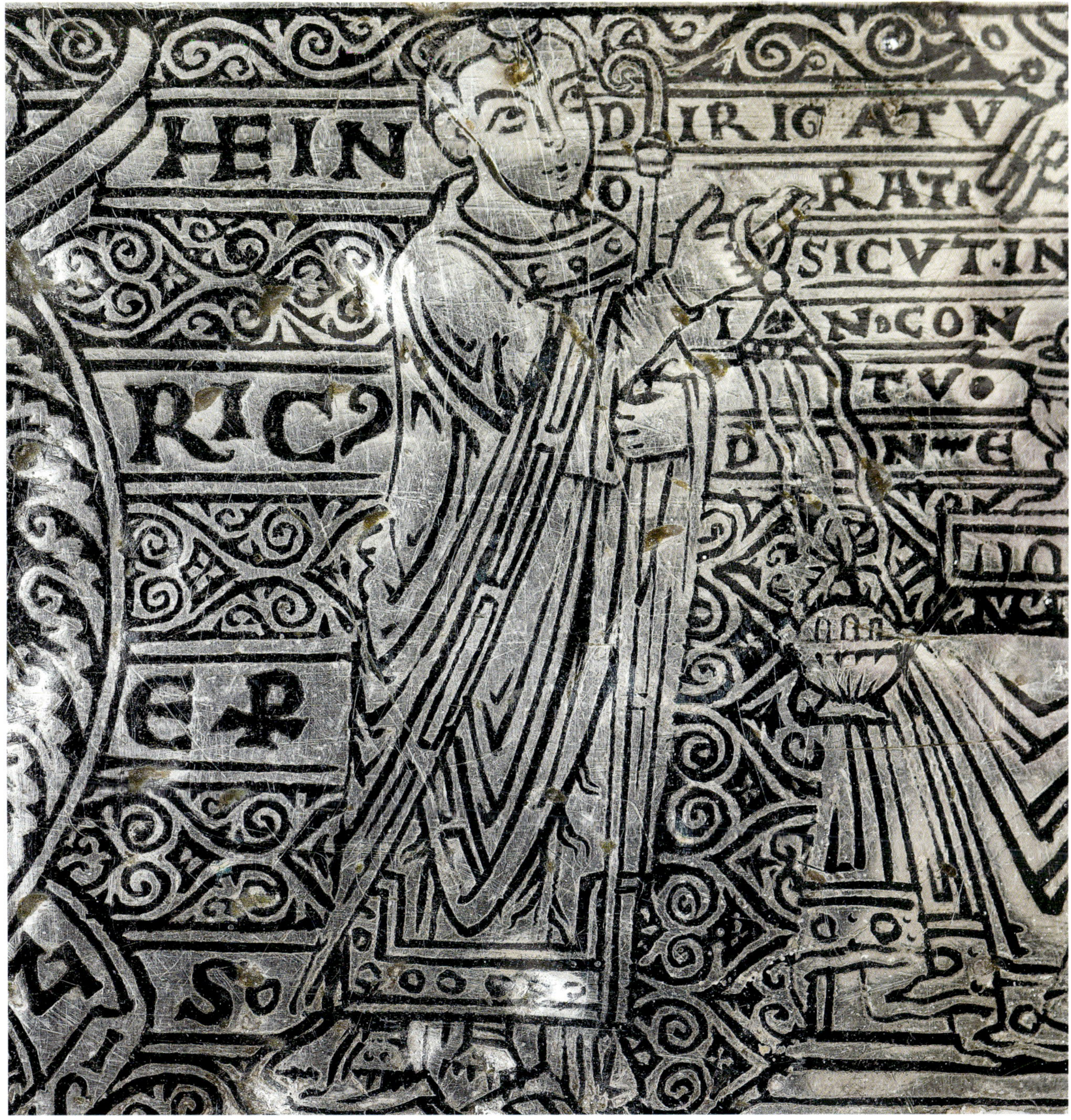

2 Bischof Heinrich von Werl bei der Feier der Eucharistie auf dem Deckel des Paderborner Domtragaltars, die Inschrift lautet: HEIN / RIC(US) / EP(ISCOPU)S · // DIRIGATVR · / ORATIO MEA · SICVT INCENSVM / IN · CONSPEC / TV · TVO D(OMI)NE D(EV)S (Ps 141, 2)

druck seines politischen und religiösen Wollens und Handelns« (Benz 1975). Die Liturgie eröffnete dem Herrscher eine Reihe hochbedeutender zeremonieller Möglichkeiten. An erster Stelle standen dabei die Festkrönung und das *Unter-der-Krone-Gehen*, eine feierliche Prozession im Ornat und mit den Insignien, mit der das Gottesgnadentum und die Stellvertretung Christi durch den König vor der großen Festversammlung öffentlich demonstriert wurde (Abb. 3). Die Teilnahme an der die Weiheliturgie abschließenden Messfeier bot beim Offertorium die Gelegenheit, die »Freigebigkeit« (»largitas«) des Königs mit einer besonderen Opfergabe zu beweisen. Zum Beispiel wurde eine Urkunde zum Altar gebracht und nicht nur öffentlich verlesen, sondern bei der Übergabe mit weiteren Symbolhandlungen

verbunden, etwa einem sichernden Kelchgeschenk (Buc 1997, Beyer 2004, Keller 2004).
In der Regierungszeit Bischof Meinwerks sind zu den bestehenden circa 100 Pfarreien acht ländliche Pfarrkirchen hinzugekommen, die auf seine Anregung hin, wie sein Biograph betont, errichtet wurden. Er habe nämlich Mitleid mit den Gläubigen wegen der oft überlangen Kirchwege gehabt (Vita Meinwerci 1921, cap. 156). Deshalb wurden Pfarreien geteilt und zum Teil Kapellen in ihnen gebaut. Für Süd-Borchen ist überliefert, dass es zur Zeit Meinwerks von der Marktkirche in Paderborn abgepfarrt wurde; die Abdinghofer Mönche errichteten dort zunächst eine Holzkirche, die dann unter Meinwerks Nachfolger Rotho (1036–1051) durch einen Steinbau ersetzt wurde, den dieser 1043 weihte (Vita Meinwerci 1921, cap. 157).

Aufsicht im Bistum

Seine Pflicht zur Aufsicht über die Einhaltung der kirchlichen Vorschriften und Gebote erfüllte ein Bischof durch die Visitation der Pfarreien, verbunden mit dem Sendgericht, dem »Sittengericht«, das die christliche Formung der Bevölkerung fördern und vor allem die kirchliche Disziplin überwachen sollte. Für die Zeit Meinwerks gibt es erste Nachrichten, dass der Bischof sich dabei bereits vertreten ließ, und zwar durch die später so genannten Archidiakone, deren Aufgabenbereiche dann auf fest umrissene Bezirke festgelegt wurden: die Archidiakonate. So erhielt zum Beispiel der Kanoniker Nithing auf Lebenszeit – im Rahmen eines Gütergeschäftes mit Meinwerk – den (Sendgerichts-)Bann über Horhusen/Niedermarsberg, Wewer und Bökenförde (Vita Meinwerci 1921, cap. 37). Zum Beweisverfahren ist in der Gründungsurkunde des Busdorfstiftes festgehalten, dass die Meier der Haupthöfe und Vorwerke des Tafelgutes bei Verweigerung der Zehntzahlungen die Richtigkeit ihrer Auffassung vor dem Sendgericht entweder mit einem Eid auf Reliquien beweisen mussten, wenn sie Ministeriale waren, oder – als Liten – mit einer Feuerprobe, dem Tragen eines heißen Eisens als Gottesurteil.
Der Regelung geistlicher Angelegenheiten einschließlich der Weitergabe und Einschärfung von Beschlüssen der Reichs- und Provinzialsynoden sowie der Gerichtsbarkeit dienten vor allem die Diözesansynoden, die zweimal im Jahr, im Frühjahr und Herbst, unter dem Vorsitz des Bischofs tagten. Neben dem Dom- und Pfarrklerus nahmen an ihnen die Vorsteher der Klöster und Stifte teil. Als der Billunger Graf Thietmar († 1048) in der Auseinandersetzung mit seiner Schwester, der Äbtissin Godesti von Herford (992–1040), in die Schatzkammer des Stiftes eingedrungen war, um ihm angeblich zustehende Gelder zu entwenden, lud Meinwerk ihn (wohl 1018) vor das Synodalgericht, wo er zur Zahlung von 30 Talenten Silbermünzen verurteilt wurde. Weil der Graf nicht über soviel Bargeld verfügte, gab er seinen gesamten Besitz in »Brunincthorp« (Brüntrup bei Blomberg oder bei Salzuflen) als Strafe an die Paderborner Kirche. Verfahrensbeteiligte waren neben Thietmars Bruder, Herzog Bernhard II. (1011–1059), die Grafen Udo (von Katlenburg, † nach 1040), Hermann III. (von Reinhausen), Bernhard (von Northeim, † um 1040) und ein Graf Liudger, was unterstreicht, dass die hier verhandelte kirchliche Angelegenheit auch erhebliche politische Bedeutung hatte. Der Fall belegt außerdem, welche Einkünfte mit der Gerichtsbarkeit zu erzielen waren.
Die überaus schroffe und harte Vorgehensweise Meinwerks gegenüber dem in bewusster Nachfolge Christi armen und heimatlosen Priester Heimerad, über die um 1072 Ekkebert († um 1080) in der Vita des Heiligen berichtet, an die sich wiederum die *Vita Meinwerci* anlehnt, dürfte aus seiner Verantwortung für die kirchliche Disziplin und diözesane Ordnung resultieren, da Heimerad außerhalb der Pfarrorganisation wirkte. Zum ersten Mal trafen die beiden in Paderborn zusammen, als sich auch das Kaiserpaar dort aufhielt – entweder um Weihnachten 1015 oder im Juni 1017. Der Text setzt voraus, dass Heimerad dort – im Dom, in der Marktkirche oder im Freien (?) – die heilige Messe gelesen hatte. Er erregte wegen seines ungepflegten Aussehens den Zorn des Bischofs, der sein schmutziges Messbuch verbrennen und den Priester im Einverständnis mit der Kaiserin auspeitschen ließ (Vita Meinwerci 1921, cap. 12).
Beim zweiten Zusammentreffen waren beide zum bereits erwähnten Andreasfest in die Warburg eingeladen, wo der Heilige, den Graf Dodiko sehr verehrte, am Vorabend an der Tafel dem Hausherrn gegenüber gesetzt wurde. Meinwerk war darüber sehr erbost und ließ sich nur durch die Zusage besänftigen, dass Heimerad zum Beweis seiner Heiligkeit am nächsten Tag in der Bischofsmesse das Halleluja singen sollte. Das habe so vollendet geklungen, wie der Warburger Kleriker dem Ekkebert berichtet hatte, dass Meinwerk den Heiligen heimlich habe zu sich kommen lassen, ihn kniefällig um Vergebung bat und auf Dauer sein Freund wurde (Vita Meinwerci 1921, cap. 13). Die Verfasser der Heimeradvita und der *Vita Meinwerci* üben mit den Geschichten Kritik an den höchsten Vertretern von Reich (Kaiserin Kunigunde, † 1033) und Reichskirche (Meinwerk) zu Anfang des 11. Jahrhunderts. Ihnen wird vorgeworfen, zunächst nur das Äußere wahrgenommen und keine Sensibilität für das Innere besessen zu haben, also für die religiöse Haltung und besondere Spiritualität des Wanderpredigers, der viele Gläubige – auch aus dem Adel – ansprach, was die Aussagen der beiden Autoren noch zuspitzt und verschärft.
Wir wissen nicht, wie der Klerus der Landkirchen, zu denen Heimerad einen Kontrast darstellte, ausgebildet wurde. Bei ihm hatte der Bischof allerdings häufig nur das Aufsichts-, nicht das Einsetzungsrecht, das vielmehr die Eigenkirchen-

herren, Stifte, Klöster oder auch adlige Laien ausübten. Daher ist schwer abzuschätzen, ob Meinwerks Bemühungen um die Paderborner Domschule, in die seine Hildesheimer Erfahrungen einflossen, auch der Pfarrseelsorge zugute kamen. Während für Bischof Badurad (815–862) im 9. Jahrhundert noch hervorgehoben wurde, dass er auch Schüler niedrigeren Standes in die Domschule aufnahm, werden für die Meinwerkzeit nur adlige Bischöfe als Absolventen namentlich genannt: zum Beispiel sein Neffe und zweiter Nachfolger Imad (1051–1076) sowie Altmann, der in Paderborn Domscholaster, also Leiter der Schule gewesen war, bevor er um 1056 Stiftspropst in Aachen und 1065 Bischof von Passau († 1091) wurde. Auch Anno II. von Köln (1056–1075) und Friedrich I. von Münster (1064–1084) werden in der *Vita Meinwerci* als Mitschüler Imads genannt (Vita Meinwerci 1921, cap. 160). Ob das den Tatsachen entspricht, wissen wir nicht. In jedem Fall bleibt festzuhalten, dass Meinwerk auch im schulischen Bereich Akzente setzte und Impulse gab, die letztlich die Blüte der Paderborner Domschule im späten 11. und 12. Jahrhundert begründeten.

Zu vielfältigen Streitigkeiten führte die Frage, bis zu welchem Grade Klöster und Stifte der geistlichen Aufsicht des Diözesanbischofs unterstanden. Relativ einfach war die Entscheidung bei den »bischöflichen« Damenstiften Böddeken und Neuenheerse. Geklärt war das Verhältnis nach 1017 beziehungsweise 1019 auch für Helmarshausen und Schildesche, nachdem Heinrich II. diese adligen Gründungen des 10. Jahrhunderts, das Benediktinerkloster und das Damenstift, der Paderborner Kirche geschenkt hatte. Dabei begründete er in der Helmarshausener Urkunde sein Vorgehen ausdrücklich mit dem kanonischen Recht, nach dem die »Bischöfe häufig die Mönchsklöster visitieren sollten, um abzuschneiden und zu korrigieren, wenn sie dort etwas nicht Regelkonformes feststellten« (MGH DD H II, Nr. 371; Kat.Nr. 142). Einen weiteren Aspekt, den die Urkunde nicht anspricht, hebt die Vita hervor. Das Kloster sei an Paderborn übertragen worden, weil es aufgrund seiner geringen Wirtschaftskraft und der Zahl seiner Ministerialen nicht zum Königsdienst geeignet war (Vita Meinwerci 1921, cap. 144). Der Erwerb von Klöstern, die allein nicht leistungsfähig genug waren, trug dennoch zur Stärkung des Bistums bei. Die Schenkungen erleichterten nicht nur die geistlichen Aufgaben des Bischofs, sondern auch seine politischen und zwar sowohl auf Reichs- als auch auf Bistumsebene.

Wenn man beachtet, dass Heinrich II. 1014/1015 die Reform in Corvey durchsetzte, indem er den Abt Walh (1011–1015) ab- und Druthmar (1015–1046) aus dem Kloster Lorsch dort einsetzte, und dass Meinwerk daran maßgeblich beteiligt war, liest sich der Urkundentext als nachträgliche Rechtfertigung. Dabei zeigt der dort erwähnte Protest gegen die bischöfliche Messfeier in der Klosterkirche, dass in diesem Reichskloster die bischöflichen Möglichkeiten, eine eigene Auffassung durchzusetzen, begrenzt waren, wenn nicht der König den Anstoß gab oder einen Auftrag erteilte (Vita Meinwerci 1921, cap. 145). Ähnliches gilt für das Reichsstift Herford.

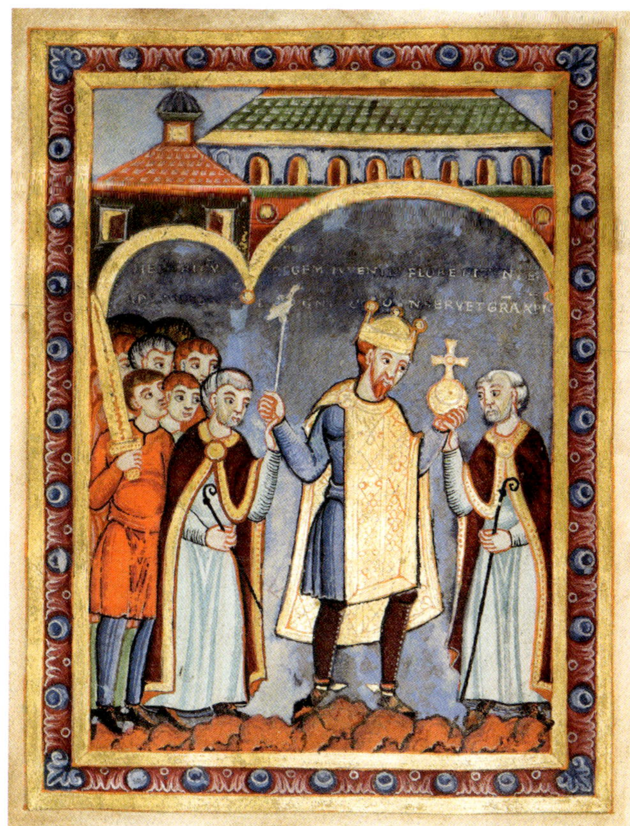

3 König Heinrich III. geht am Jahrestag seines Herrschaftsantritts, dem 5. Juni 1040, anlässlich der Weihe der Klosterkirche in Stablo *unter-der-Krone*. Zwei Äbte geleiten ihn, indem sie seine Hände, die Adlerzepter und Reichsapfel halten, stützen. Links ein Laie als Schwertträger; Echternach, Mitte 11. Jahrhundert. Bremen, Staats- und Universitätsbibliothek, Ms.b. 21, fol. 3v

Bischöfliches Bauen, Reliquienerwerb und Förderung der Heiligenverehrung

Nach den Lebensbeschreibungen von Bischöfen des 10. und 11. Jahrhunderts – nicht nur der *Vita Meinwerci* – entsprach die Wiederherstellung und Neugründung von Kirchen und Klöstern dem Bischofsideal der Zeit, weil sich darin »die kirchenrechtliche Verpflichtung, den materiellen Besitz des Bistums zu erhalten und zu vergrößern […] auf glückliche Weise mit dem pastoralen Auftrag der Verkündigung und Seelsorge« traf (Giese 1982). In diesem Beitrag ist zwar nicht detailliert auf einzelne Bauten Meinwerks einzugehen, wohl aber bleibt unter dem Aspekt des Wirkens in der

Diözese zu fragen, wie Meinwerk diese Aufgabe löste, welche Ideen ihn dabei leiteten und inwieweit daraus Rückschlüsse auf seine Religiosität und Spiritualität zu ziehen sind.
Zu Recht wird immer wieder hervorgehoben, dass Meinwerks erstes Bauvorhaben der raschen Wiederherstellung und Vollendung des Domes, der Hauptkirche des Bistums, nach der Brandkatastrophe des Jahres 1000 und im Anschluss an Maßnahmen seines Vorgängers galt. Dabei übernahm er für den Ostteil die Lösung Rethars (983–1009) und stattete ihn mit einer Krypta aus, deren Altar der von Papst Leo III. (795–816) 799 geweihte Stephanusaltar wurde. Im Westen entschied er sich für den repräsentativen Bau einer neuen Dreiturmanlage (Kat.Nr. 212). Es folgten Gründung und Errichtung des Abdinghofklosters im Suburbium westlich der Domburg. In der Krypta der Klosterkirche knüpfte Meinwerk mit dem Architekturzitat des Stephanusaltars an den Dom an. Dafür hatte er einen Altarstein aus der Kirche in Detmold heranschaffen lassen, den ebenfalls Leo III. geweiht haben soll. Wurden so in der Krypta der Klosterkirche der Dom und seine karolingische Tradition zitiert, stand die gesamte Kirche in einer weitergehenden Konzeption. Mit ihren Patronen Petrus und Paulus und vielleicht auch mit der Bauform war sie auf Rom bezogen. Dem entsprach auf der Achse mit dem Dom die Busdorfkirche im Osten, die als Abbild der Grabeskirche die Stadt Jerusalem versinnbildlichte. Eine weitere, noch tiefere Bedeutung dieser Ost-West-Achse erschließt sich nur mit Hilfe der *Vita Meinwerci*: Dort wird berichtet, dass Meinwerk zwei weitere Kirchen gründen wollte, eine im Süden »auf dem Kamp« und eine im Norden in der Siedlung Sulithe. Es wäre ein Kirchenkreuz entstanden, das für das 11. Jahrhundert auch anderwärts bezeugt ist, zum Beispiel in Fulda, Bamberg, Aachen und Utrecht. Meinwerk aber wollte die Abbildfunktion noch steigern, denn mit Rom und Jerusalem als Ecken der West-Ost-Achse hätte das Paderborner Kreuz den Erdkreis abgebildet. Die Kirchen im Norden und Süden wurden nicht mehr gebaut. Bedauernd hält es die Vita fest, denn erst dadurch hätte Meinwerk Paderborn zu einem der ersten Plätze im Reiche gemacht (Vita Meinwerci 1921, cap. 154, 218). Der Wunsch, andere Bischofssitze an Glanz zu übertreffen, war – so lernen wir aus dieser Bemerkung – neben den spirituellen Anliegen ein wichtiger Ansporn für den Bauherrn Meinwerk in einer Zeit, in der an vielen Bischofssitzen neu gebaut und ebenfalls »sakrale Landschaften« konzipiert wurden (siehe den Beitrag von Hirschmann).
Der »ideale« Bischof des 11. Jahrhunderts kümmerte sich nicht nur um die Sakral-, sondern auch um die Profanbauten. Meinwerk erneuerte nachweislich die karolingische Burgmauer um Dom- und Pfalzbezirk, wobei das Tor am Eingang vom Schildern her vermutlich eine Alexiuskapelle erhielt – als Ersatz für das geplante Kloster. Er baute die neue Königspfalz mit dem architektonischen Juwel der Bartholomäuskapelle, die sich mit der erweiterten Platzanlage hervorragend als Ausgangspunkt der Herrscherprozessionen, für das *Unter-der-Krone-gehen* beim Einzug in den Dom an hohen Festtagen eignete. Südwestlich vom Dom errichtete er einen zweigeschossigen Bischofspalast, von dessen Baudetails hier nur die beiden Kapellen genannt seien: die den beiden Heiligen Primus und Felicianus vor dem Dom geweihte, in der Meinwerk starb, und die zu Ehren der 11.000 Jungfrauen, die über dem Durchgang durch das Gebäude lag.
Die Kirchen, die Bischof Meinwerk wiederherstellte oder neu gründete, hat er auch mit liturgischem Gerät und Handschriften ausgestattet. Den Domschatz habe er, so die Vita, vielfältig erneuert, da er im Brand von 1000 gelitten hatte. Fünf Stücke hebt der Biograph hervor: ein goldenes Antependium, das heißt die Bekleidung des Altarsockels am Hochaltar (Abb. 5, 6) und drei Kelche, ebenfalls aus Gold. Die »Vorderseite des Domes« habe er »mit einem Radleuchter von stattlicher Größe und prächtiger Arbeit« geschmückt (Abb. 4). Noch genauer wissen wir, wie er das Abdinghofkloster ausstattete, weil von dort Schatzverzeichnisse überliefert sind (Kat.Nr. 228). Neben liturgischen Gewändern, Altardecken und Handschriften waren es vor allem wieder kostbare Metallarbeiten, die Meinwerk gestiftet hat. Das Antependium in Abdinghof, hier zeigt sich eine niedrigere Rangordnung gegenüber dem Dom, war aus Silber. Genannt werden ein goldener Kelch, verziert mit 72 Edelsteinen, sieben silberne Kelche, von denen einer, ein gegossener, das Martyrium des heiligen Stephanus zeigte, sowie zwei silberne Vortragekreuze und zwei silberne Leuchter. Zwei Radleuchter – ebenfalls aus Silber – schmückten den Kirchenraum. Vor dem Hauptaltar hing einer, auf dem an besonderen Festen zwölf Apostellichter angezündet wurden; der in der Mitte der Kirche symbolisierte mit seinen 72 Kerzen die 72 Jünger Jesu.
Die vielfältigen symbolischen Bezüge, die Meinwerks Bauen und die Ausstattung seiner Gründungen kennzeichnen, weisen ihn als Kenner der religiös-kulturellen Bestrebungen und Tendenzen seiner Zeit aus. Spätestens seit seiner Aufnahme an den Hof Ottos III. (983–1002) war er in den politischen und intellektuellen Zentren seiner Zeit präsent. Dort knüpfte er Kontakte und baute wichtige Beziehungen auf, die seinem Wirken und seinem Bischofssitz in vielerlei Hinsicht zugute kamen. Sie beförderten auch den Erwerb von Reliquien, von Heiltümern, die über die Gebete der neuen Konvente hinaus den Bischofssitz apotropäisch schützten, die aber auch generell die Voraussetzung für die Gründung von Kirchen und Kapellen darstellten, in deren Altären und Reliquiaren sie zu bergen waren.
Die besondere Stephanusverehrung – die die beiden Krypten, der Weihetermin 1023 und der Abdinghofer Silberkelch belegen – geschah in bewusster Anknüpfung an die karolin-

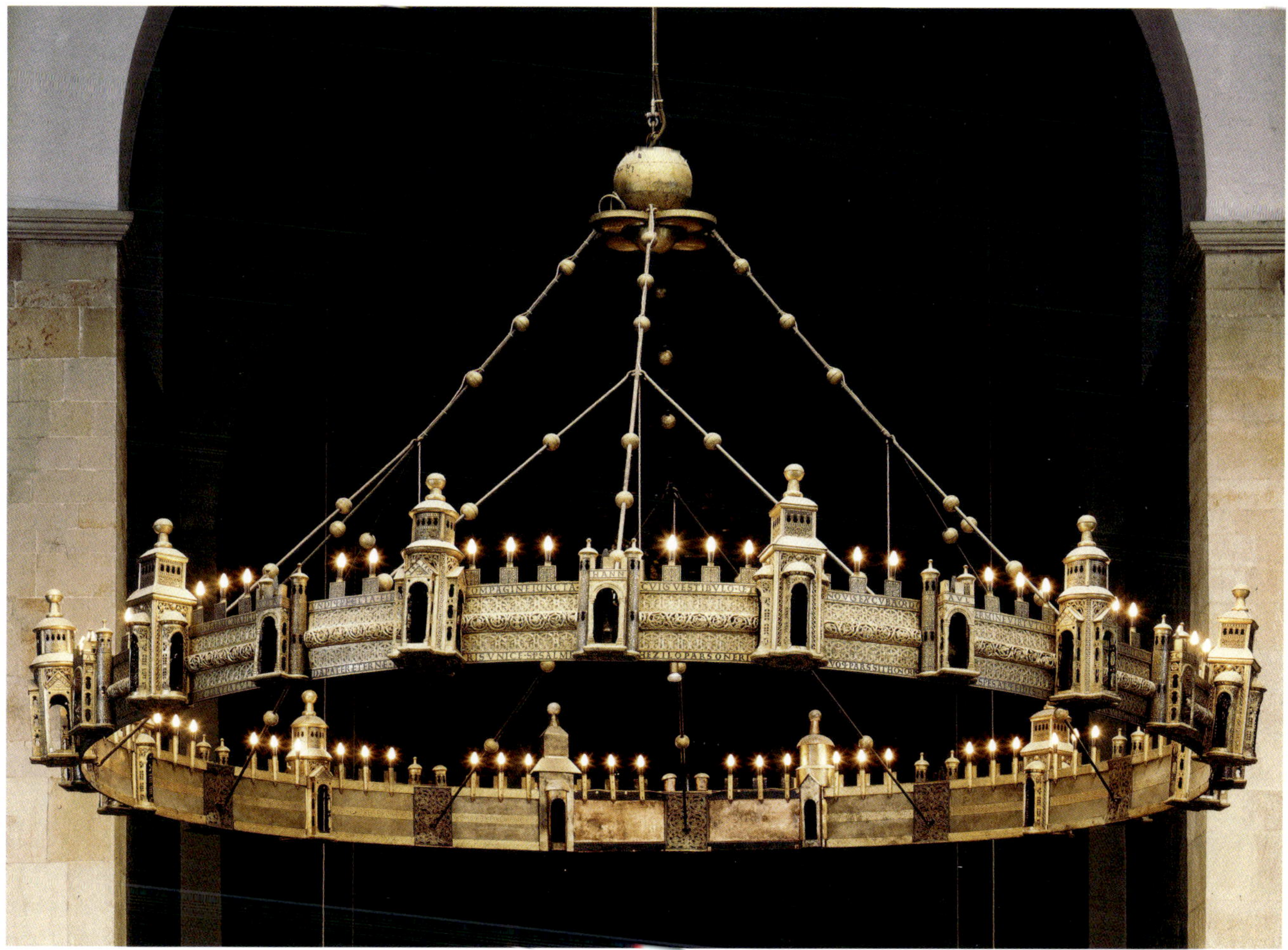

4 Im Dom von Hildesheim hängt noch heute der große Radleuchter, den Bischof Hezilo (1054–1079) für seinen Neubau nach dem Brand von 1046 anfertigen ließ. Dagegen sind Meinwerks Stiftungen für Dom und Abdinghofkloster verloren. Hildesheim, Dom St. Mariä Himmelfahrt

gische Tradition seines Bischofssitzes. Sie unterstrich in den Krypten mit ihren Grablegen die besondere Bedeutung des Erzmärtyrers als Seelenführer und besaß zugleich eine ganz persönliche biographische Komponente. Denn Stephanus war der Patron des Halberstädter Domes, an dem der Bischof als Schüler und Kanoniker gelebt hatte.

An seine Zeit am Hof Ottos III. knüpfte Meinwerk mit der Alexius- und Bartholomäusverehrung an. Die engen Beziehungen des Kaisers zum Kloster SS. Bonifacio ed Alessio auf dem Aventin, wo sein Freund, der heilige Adalbert (983–997), und dessen Bruder Gaudentius (999–1006/1020) zeitweise lebten und wo er an das Alexiusgrab seinen Krönungsmantel geschenkt hatte, sind ebenso bekannt wie der kaiserliche Erwerb von Reliquien des Apostels Bartholomäus aus Benevent im Jahre 999, für die er – auch zu Ehren Adalberts – die Bartholomäusbasilika auf der Tiberinsel errichten ließ. Leider können wir nur vermuten, dass Meinwerk die entsprechenden Reliquien erhielt, als er auf dem Romzug von 1014 gelobte, in Paderborn ein Alexiuskloster (in Sulithe) zu gründen, wenn seine Truppen von einer grassierenden Seuche verschont blieben. Zu vermuten ist auch, dass es ihm die Kontakte zum lateinisch und griechisch geprägten Alexiuskloster ermöglichten, die »griechischen Baumeister« für die Errichtung der Bartholomäuskapelle der Pfalz anzuwerben – und ebenso die entsprechenden Reliquien. Denn solche sind im Reliquienverzeichnis des Domes aus dem 11. Jahrhundert genannt (Kat.Nr. 213); im Festkalender der Zeit ist das Fest mit einer Vigil am 23. August vorgesehen, das heißt, es war als Apostelfest besonders ausgezeichnet. Bezeugt ist in der *Vita Meinwerci* für 1014 nur der Erwerb der Reliquien von dreien der Sieben Brüder, der Söhne der Felicitas (Philippus, Felix und – irrtümlich – Juvenal), eines Stücks vom Schädel des heiligen Blasius und vom Arm des Minias. Sie hätte Papst Benedikt VIII. (1012–1024) dem Bischof überlassen, als er um Reliquien »zur Gründung von Klöstern« bat (Vita Meinwerci 1921, cap. 24).

Den Italienzug 1026/1027 hat Meinwerk genutzt, seinen Verwandten, den Patriarchen Poppo von Aquileja (1019–

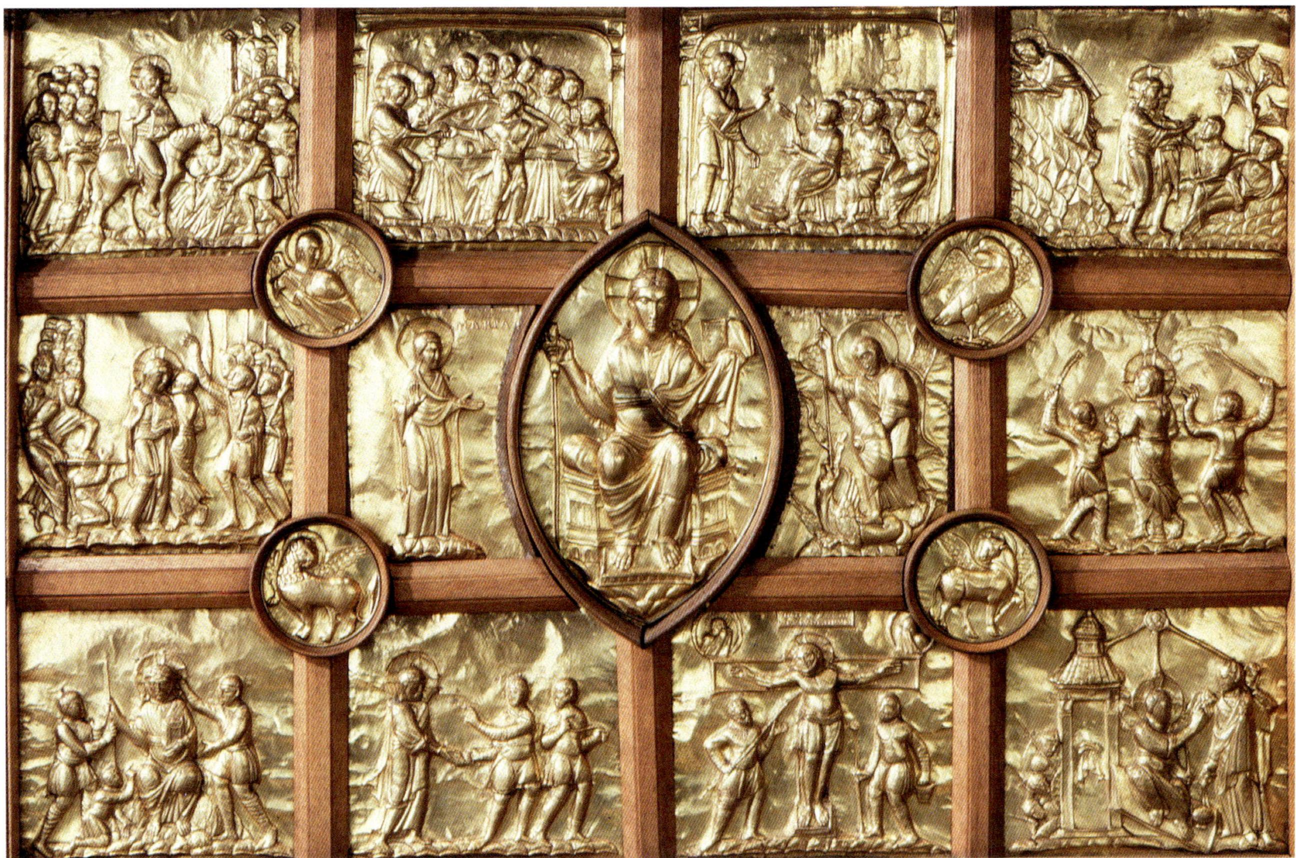

5 Vergleichbar mit den verlorenen Antependien (aus Gold beziehungsweise Silber), die Bischof Meinwerk für den Dom beziehungsweise Kloster Abdinghof stiftete, ist etwa die Pala d'oro im Aachener Dom, eine Schenkung Heinrichs II. aus der Zeit nach der Kaiserkrönung (um 1020). Christus thront in der Mandorla, flankiert von den vier Evangelistensymbolen; die Tafeln zeigen unter anderem Szenen der Leidensgeschichte. Aachen, Domkapitel, Pala d'oro

1045), ebenfalls um Reliquien »für die Gründung von Klöstern« zu bitten. Dieser stimmte zu und schickte später solche des heiligen Felix nach Paderborn, die am Sonntag, dem 3. Oktober 1031, ins Kloster Abdinghof eingeholt wurden, vier Wochen vor der Schlussweihe (Vita Meinwerci 1921, cap. 199, 209). Für die Reliquien von Felix und Blasius wurde im 12. Jahrhundert der Abdinghofer Tragaltar geschaffen, dessen Längsseiten beider Martyrium zeigen. In der Felixkapelle des Klosters stellte man 1107 die Modoaldusreliquien über Nacht auf, als die Helmarshausener Mönche bei der Translation des Heiligen von Trier in ihr Kloster an der Diemel in Paderborn Rast machten.

Die Überführung der Reliquien und die Weihe neuer Kirchen und Kapellen auf die Namen der Heiligen förderten deren Kult in der Diözese Paderborn. Die Vita nennt als Feste, die Meinwerk neu einführte, die der Sieben Brüder, des heiligen Bonifatius, des heiligen Alexius und des Longinus, der nach der Legende mit seiner Lanze die Seite Christi am Kreuz geöffnet haben soll. In diesen Kontext gehören auch die besonderen Gastmähler im Refektorium des Domklosters, die zum Beispiel für die Patronatsfeste der Heiligen Kilian und Liborius, unter anderem aus dem Hof in Bökenförde, gestiftet und dotiert worden waren. Bischof Meinwerk ist, so darf man zusammenfassen, durch den Bau von Kirchen und Kapellen, den Erwerb von Reliquien und die besondere Ausgestaltung von Heiligenfesten den geistlichen Anforderungen seines Amtes in hohem Maße gerecht geworden. Seine Aktivitäten förderten Gottesdienst und Frömmigkeit, sie sind Zeugnisse für die »vielfältige Frömmigkeit des Bischofs in der Gottesverehrung«, die Heinrich II. nach Auskunft des Biographen so bewundert haben soll (Vita Meinwerci 1921, cap. 187).

Armenfürsorge

Wenn die *Vita Meinwerci* nur nebenbei erwähnt, Bischof Meinwerk habe täglich vor der Königspfalz Almosen gegeben (Vita Meinwerci 1921, cap. 163), drängt sich die Vermutung auf, dass er dabei stellvertretend für den König tätig war, denn die Sorge für die Armen war zwar gemäß Mt 25, 36 von Anfang an die wichtigste weltliche Aufgabe der Kir-

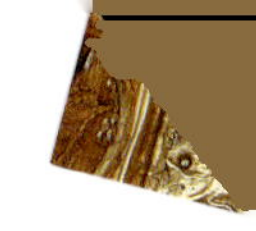

che; seit dem Frühmittelalter galt der Schutz der Armen aber auch als Aufgabe der Könige.

Dass die Sorge für die Armen in der Paderborner Überlieferung am häufigsten im Zusammenhang mit dem Totenkult begegnet, resultiert aus dem seit der Spätantike entwickelten Brauch, dass zu den Totenmählern auch Arme geladen oder nach dem Mahl mit Lebensmitteln und Geld in der Absicht beschenkt wurden, »den Kreis der dem Toten Verpflichteten zur Befestigung und Ausbreitung seiner *memoria* zu erweitern« (Oexle 1995). Beim Jahrgedächtnis für den Grafen Dodiko, das analog zu dem für die Bischöfe zu gestalten war, sollten daher 100 Arme gespeist werden. Auch bei der *memoria* der Adela war das so vorgesehen. Dem Kanoniker, der das ehemals immedingische Gut Bökenförde als Obödienz für das Domkapitel verwaltete und nutzte, oblag neben der Ausrichtung des Kilianfestes die der Memorienfeier für Kaiser Heinrich II. Am Tag seines Todes und später zum Jahrgedächtnis sollte er 300 Almosen geben und einen Armen völlig neu einkleiden. Der Autor der *Vita Meinwerci* geht im Übrigen davon aus, dass beim Tod eines Bischofs Teile seiner beweglichen Habe – als Ersatz eines Spolienrechtes, wie es für die Totenfeier der Päpste überliefert ist (?) – an die Armen verteilt wurden. Denn als Meinwerk durch angebliche Himmelsbriefe der Tod angekündigt wurde, rief er seinen Vizedominus, damit dieser »alles, was an Geld und Speisen vorhanden war, an Kirchen und Arme verteilte« (Vita Meinwerci 1921, cap. 187).

In all diesen Berichten geht es um eine eher rituelle Armenfürsorge, um Leistungen für das eigene Seelenheil und um das von Wohltätern und Stiftern. Sie gewährten den Betroffenen durchaus Hilfe, werfen aber für die Beurteilung die Frage auf, inwieweit Armut, reale Bedürftigkeit, tatsächlich wahrgenommen wurde und Mitleid hervorrief. Eine Teilantwort gibt die erwähnte Geschichte von der Witwe, die in der Adventszeit bitter weinend ihr Schwein an die bischöfliche Küche ablieferte. Meinwerk hatte sie beobachtet und erfuhr auf Befragen, dass sie das Schwein mit Brot, das ihr Sohn erbettelte, gefüttert hatte. Er löste die Frau und ihren Sohn aus dem Hofverband Enenhus und verfügte die lebenslange Versorgung beider aus seiner »Armenkasse«. Im Text wird nicht mit Meinwerks Mitleid argumentiert, im Vordergrund steht vielmehr die Überlegung, der Bischof könne durch das Handeln eines Untergebenen, hier des Meiers, schuldig werden. Meinwerk fürchtet um sein Seelenheil: »Wehe dir, höchst beklagenswerter Bischof Meinwerk! Wie drücken unglückliche Menschen wegen ihrer Wehklage deine Seele in die Hölle hinab!« Nach Meinung seines Biographen erinnerte er sich dabei auch an das Schriftwort: »Dem Herrn leiht, wer sich des Armen erbarmt.« (Spr 19, 17). In dieser Begründung steht nicht der Betroffene an erster Stelle, sondern der Gebende und Christus als Adressat.

Die zentrale Rolle der Armenfürsorge im Wirken von Bischof und Kirche ist mit diesen Hinweisen nicht bestritten. Wie die geplante Versorgung der Witwe zeigt, gab es in Paderborn einen Armenfonds, aus dem auch kontinuierliche Leistungen erbracht werden konnten, wie diese und eine weitere Stelle der Meinwerkvita – ebenfalls im Rahmen eines Gütergeschäftes belegen. Im Hildesheim der Zeit Bischof Bernwards (993–1022) wurde eine vergleichbare Einrichtung von einem Kleriker verwaltet, mit dem der Bischof wegen seiner Sorge für die Armen in täglichem Kontakt stand.

Fazit

Der Autor der *Vita Meinwerci*, unserer wichtigsten Quelle, hat gar nicht versucht, seinen »Helden« als Heiligen zu stilisieren. Er stützte sich auf schriftliche Überlieferungen und Erzählungen – auch kritische –, die in Paderborn umliefen und zeichnete aus der Sicht der Stauferzeit das positive Bild eines Reichsbischofs des frühen 11. Jahrhunderts. Meinwerk war, wie der Marthavergleich der Urkunde Kaiser Konrads II. von 1033 belegt, den auch die Vita zitiert, schon für die Zeitgenossen eindeutig der *vita activa* zuzuordnen. Er musste so sein und wirken. Das belegt eindrucksvoll der Vergleich mit Bischof Siegfried von Münster, der in der *narratio* einer objektiv verfassten Urkunde von 1022/1023 formulieren ließ, dass er »zuerst im kontemplativen Leben als Abt vervollkommnet [und] danach von Gott als Bischof zur aktiven Leitung erwählt« worden sei (Balzer 2006c, S. 485).

Einen großen Teil seiner Zeit verbrachte Meinwerk im Dienst der Könige und war häufig von Paderborn abwesend, bei Romzügen sogar länger als ein Jahr. Das minderte allerdings keineswegs die Sorge um sein Bistum. Grundlegend ist dafür seine Güterpolitik gewesen, bei der er sein Erbe, seinen Reichtum sowie seine Kenntnis von Land und Leuten einsetzte und sich auch von den Herrschern für seine Dienste reich belohnen ließ. Seine Erfahrungen und Kontakte nutzte er, um Reliquien zu erwerben, Pfänder des Heils, die den »cultus divinus«, den Gottesdienst im weitesten Sinne, förderten und den Bischofssitz für Gläubige wie Pilger anziehend machten.

Zu dieser neuen Attraktivität – auch für die Könige – trugen seine Gründungen und Bauten erheblich bei. Auf der Höhe der Zeit mit den ihnen zugrunde liegenden geistlichen Konzepten dienten sie der Rangerhöhung Paderborns. In dieser kaum auflösbaren Spannung zwischen Gottesdienst und Repräsentationswunsch standen Meinwerks Bemühungen um die Ausstattung von Dom und Abdinghofkloster sowie die besondere Gestaltung von Heiligenfesten mit Vigilien und den Liebesmählern der geistlichen Gemeinschaften (»caritas in refectorio«).

In den Rahmen der Bistumspolitik im engeren Sinne gehören der Erwerb des Klosters Helmarshausen und des Stiftes

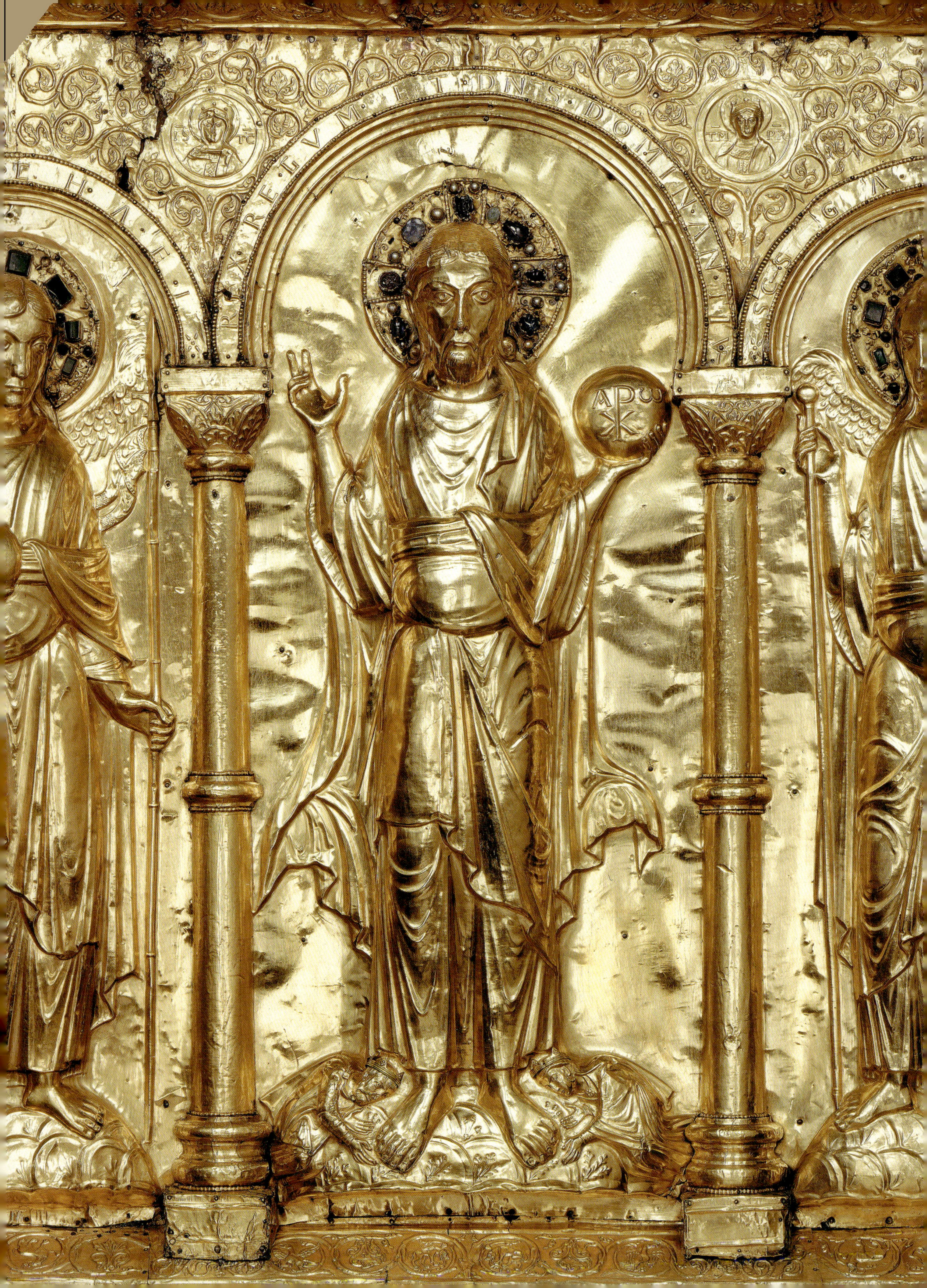
REX · REGVM · ET · DNS · DOMINANTIVM

Schildesche mit seinen geistlichen und wirtschaftlichen Komponenten; ihr diente auch der Versuch, den Einfluss auf Kloster Corvey und das Damenstift Herford zu verstärken. Unschätzbar für die Durchsetzung des Bischofs als Machthaber in der Region war die Erlangung von Grafschaftsrechten – auch in Konkurrenz zum Erzbistum Mainz. Besonderes Gewicht erhielt in diesem Zusammenhang der Erwerb der Grundherrschaft des Grafen Dodiko mit der Burg Warburg an der Diemel, das heißt der Grenze zu Mainz, wo die zweite bedeutende Stadt des Bistums entstehen sollte.

Selbst die Erzähler der kritischen Anekdoten bestritten nicht, dass Bischof Meinwerk ein zutiefst religiöser, allerdings eher konservativ orientierter Mensch war. Er zeichnete sich wohl weniger als ein meditierend Betrachtender aus; vielmehr war Meinwerk ein Praktiker, dem zum Beispiel die Ordnung in seiner Diözese so am Herzen lag, dass er sich auf die besondere Spiritualität eines Heimerad (zunächst) nicht einlassen konnte.

Bei allen Problemen, die die vom Biographen behaupteten Kontakte zu Cluny, speziell hinsichtlich der Herkunft des Abdinghofer Gründungskonventes, der wissenschaftlichen Interpretation und Einordnung bieten, das cluniazensische Gedächtniswesen mit der Feier von Allerseelen hat der Paderborner Bischof gekannt. Gerade dieses Fest für die Weihe seiner Grabkirche zu wählen, zeigt, wie bewusst Meinwerk gestaltete. Überhaupt wird die Jenseitsvorsorge als wichtigstes Anliegen seiner Frömmigkeit erkennbar: Nicht nur die Abdinghofkirche sollte diesem Ziel dienen, sondern auch die Kirche des Busdorfstiftes hat Meinwerk als Abbild der Grabeskirche gestaltet, »um das Himmlische Jerusalem zu erlangen«, wie er in der Gründungsurkunde ausdrücklich sagte (UB Busdorf, Nr. 1). Auch wenn die Geschichte mit den Himmelsbriefen vermutlich nur erfunden ist, unterstreicht sie im Kern doch die Frömmigkeit Meinwerks und sein Bemühen, mit Fasten, Beten und Almosengeben gut vorbereitet zu sterben. Dementsprechend ließ Bischof Meinwerk sich an seinem Sterbetag, dem Samstag vor Pfingsten (5. Juni 1036), frühmorgens vor den Altar der Primus- und Felicianuskapelle seines Palastes tragen, wo er nach dem Empfang der Eucharistie – nur diesen Teil der Sterbeliturgie nennt sein Biograph – in der dritten Stunde (zwischen 8 und 9 Uhr) starb: »Man fand eine so reiche Fülle aller Arten von Speisen im Besitz des Bischofs, dass man mit besonderer Hochherzigkeit an die Armen, die aus dem ganzen Bistum herbeieilten, in sieben Nächten Almosen verteilte.« (Vita Meinwerci 2001, cap. 219).

Quellen

MGH DD H II · MGH DD K II · Vita Meinwerci 1921 · Vita Meinwerci 2001 · UB Busdorf.

Literatur

Bärsch 2004 · Balzer 1982 · Balzer 1986a · Balzer 2000 · Balzer 2005 · Balzer 2006a · Balzer 2006c · Balzer 2009 · Bannasch 1972 · Benz 1975 · Beyer 2004 · Brandt 1998 · Brandt/Hengst 2002 · Buc 1997 · Ehlers 1996 · Giese 1982 · Haarländer 2000 · Hoffmann 1993a · Hoppe 1975 · Keller 2004 · Keller 2005/2007 · Kindl 1986 · Neiske 1991 · Oexle 1995 · Wolfinger 2006.

6 Das Antependium aus dem Basler Münster schenkte das Kaiserpaar Heinrich II. und Kunigunde vermutlich zur Kirchweihe am 11. Oktober 1019, an der sie teilnahmen. Der Bildausschnitt zeigt die Mitte der fünffigurigen Arkadenreihe mit Christus – zu seinen Füßen das Kaiserpaar – und an den Seiten die Erzengel Michael (links) und Raphael (rechts). Paris, Musée national du Moyen Âge – thermes et hôtel de Cluny, Cl. 2350

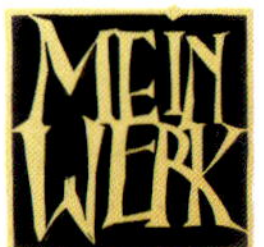

»Nimm an, heilige Dreifaltigkeit«

Bischof Meinwerk und der Gottesdienst im Kontext mittelalterlicher Frömmigkeit

Andreas Odenthal

Es ist ein außergewöhnliches Weihnachtsfest, als Kaiser Heinrich II. (1002–1024) 1022 in Paderborn weilt. Die Vita des Bischofs Meinwerk, wohl zwischen 1155 und 1165 niedergeschrieben, berichtet über die Feiern der Gottesdienste dieses Weihnachtsfestes: die Vesper am Vorabend von Weihnachten, die Vigilien und die Feier der Messe in der Heiligen Nacht. In diesen liturgischen Handlungskontext ist nun folgende Begebenheit eingewoben. Nach der Vesper sendet der Kaiser einen kunstvollen Becher an Meinwerk (1009–1036), angefüllt mit Obstwein. Der Bischof aber lässt noch in derselben Nacht diesen Prunkbecher in einen Messkelch umwandeln, den er während des Evangeliums der auf die Vigilien folgenden Messe in der Heiligen Nacht konsekriert, um ihn sogleich als Messkelch zu benutzen. Der Kapellan des Kaisers hat in dieser weihnachtlichen Mitternachtsmesse den Dienst des Subdiakons zu vollziehen, ist also auch für die Opfergaben und ihre Gefäße verantwortlich. Nun klärt er den Kaiser über den entwendeten und zum Kelch umgestalteten Becher auf, woraufhin der Kaiser den Bischof des Diebstahls bezichtigt. Meinwerk aber erklärt: »Ich habe keinen Raub, sondern deinen nichtigen Besitz in Gottes Dienst gestellt. Nimm du zur Vermehrung deiner Sündenschuld, falls du es wagst, Gott meine fromme Opfergabe.« (Vita Meinwerci 1921, cap. 182). Kaiser Heinrich erwidert: »Ich werde das Gott Dargebrachte nicht wegnehmen, sondern, was mein ist, ihm demütig opfern. Du ehre mit deinen gerechten Werken Gott, der in dieser Nacht für das Heil aller geboren werden wollte.« (Vita Meinwerci 1921, cap. 182). Und der Kaiser lässt es sich nicht nehmen, den Kelch selber beim Offertorium feierlich zum Altare zu bringen und sich des Bischofs Gebet für Seele und Leib zu vergewissern. Wie immer es um den Wahrheitsgehalt dieses Berichtes der *Vita Meinwerci* rund 130 Jahre nach Meinwerks Lebenszeit steht, auf alle Fälle illustriert er die liturgische Praxis und Frömmigkeit eines Bischofs, wie sie für das 11. und 12. Jahrhundert charakteristisch ist. Drei Beobachtungen mögen dies veranschaulichen.

Heilige Handlung: Das Verständnis der Messe seit dem frühen Mittelalter als Bußleistung und Opferhandeln in bestimmten Anliegen

Der zitierte Dialog samt dem Opfergang durch den Kaiser ist bezeichnend für die liturgische Rolle und Aufgabe des Bischofs und mittelalterliche Messfrömmigkeit insgesamt. Denn der entscheidende liturgische Akt, auf den die *Vita Meinwerci* sich hier bezieht, ist der Opfergang zur Bereitung der eucharistischen Gaben, ausgestaltet nun durch den Kaiser selbst (zu ähnlichen Vorgängen: Angenendt 1977b). Und bemerkenswert ist jenes Anliegen, der Bischof möge gerade hier, beim Offertorium, für Seele und Leib des Kaisers beten. Der Verfasser der Vita hat hier den typischen Ablauf der Messe vor Augen, wie er sich um die erste nachchristliche Jahrtausendwende ausgebildet hat. Denn solche Gebetssammlungen bei der Gabenbereitung in den vielen verschiedenen Anliegen, auch für den Herrscher, sind eines der Kennzeichen jener Veränderungen der Messliturgie, die sich seit dem Frühmittelalter zeitigen (Odenthal 2007). Die alten Sakramentare gregorianischer oder gelasianischer Prägung als Vorläufer der Messbücher überliefern einen schlichten, knappen Verlauf der gleichbleibenden Teile der Messe (*Messordo*). Nur kursorisch werden dort die entscheidenden Teile der Feier erwähnt: Der Eingangsgesang (*Introitus*), der Gesang des *Kyrie* sowie (an bestimmten Tagen) des *Gloria*, das Tagesgebet (*Collecta*) und so fort. Dies ändert sich seit dem Frühmittelalter und führt etwa um das Jahr 1000 zu einem neuen Paradigma eucharistischer Liturgie. Es ist der so genannte *Rheinische Messordo*, der fortan die Messliturgie prägt, eine neue Größe eucharistischer Liturgie, die den Messverlauf durch viele Privatgebete und Zeremonien des Priesters beziehungsweise Bischofs ergänzt. Benannt wird er nach den Zentren mittelalterlicher Kultur, an denen sich Hauptzeugen finden, und das sind – grob gesagt – die Klöster und Bischofsstädte der Rheinschiene (Luykx 1955/1961). Aufgrund der Hinweise der *Vita Meinwerci* kann man annehmen, auch die Messliturgie des Bischofs Meinwerk sei diesem neuen Grundtyp der Messe, dem *Rheinischen Messordo*, gefolgt. Hat sich zwar aus dieser Epoche kein Sakramentar Paderborner Prägung mehr erhalten, so wird man im benachbarten Minden fündig. Der mit Meinwerk etwa zeitgleiche Bischof Sigebert (1022–1036) gab zahlreiche liturgische Bücher in Auftrag, die unter anderem einen solchen reich mit Privatgebeten des Bischofs angefüllten Messverlauf belegen (Pierce 1988). Es ist bei den vielen Nennungen des Mindener Bischofs Sigebert in der *Vita Meinwerci* (Vita Meinwerci 1921, cap. 94, 175, 192, 210) undenkbar, man habe in Paderborn jene Entwicklungen nicht gekannt. Zeitgleiche Messordines haben sich auch aus dem Skriptorium des Klosters Fulda erhalten und werden heute in Köln (Odenthal 1995) und Bamberg (Odenthal 1999) aufbewahrt. Das Kennzeichen dieses neuen Grundtyps der Messe ist, dass folgende rituelle Akte besonders ausgestaltet werden: die Vorbereitungsriten des Bischofs oder Priesters in der Sakristei, die Gabenbereitung, der Beginn des Eucharistiegebetes (des *Canon Romanus*) sowie die Kommunionriten (Abb. 1). Schließlich findet sich ein eigenes Gebetspensum für die Danksagung nach Beendigung der Messe. Folgender Überblick zeigt das reiche Gebetspensum, das zusätzlich zu den in den alten Sakramentaren aufgeführten eigentlichen Messtexten vom Priester zu verrichten ist: Die Vorbereitung der Messe beginnt bereits in der Sakristei mit Psalmgebeten (in der Regel Ps 83–85). Nun folgen Gebete zum Ankleiden mit den Messgewändern (Paramenten), die jedes einzelne Gewandstück allegorisch und im Hinblick auf das übernommene Priesteramt und die gebotene Reinheit des priesterlichen Dienstes hin ausdeuten. Dieser Akt wird mit einer Händewaschung abgeschlossen. Während die Schola zum Einzug der Kleriker in die Kirche den *Introitus* singt, betet der Priester oder Bischof wiederum still, und zwar Bußgebete um Nachlass der Sünden, so genannte Apologien, gefolgt von Psalm 42. Erneut sind solche Apologien während des Gesangs des *Gloria in excelsis* zu beten, die deutlich machen, wie sehr die offizielle Liturgie mit ihren Texten und Gesängen durch eine zweite Ebene ergänzt wird, eben jene Privatgebete des Priesters, die auf die eigene priesterliche Frömmigkeit hin ausgerichtet sind. Der *Rheinische Messordo* kennt ferner Gebete zum Inzens (Weihrauchritus) des Evangeliums. Reich ausgestaltet sind ebenfalls die Riten und Gebete zur Gabenbereitung. Hier fallen vor allem die vielen Gebete auf, die mit »Suscipe sancta Trinitas« (»Nimm an, heilige Dreifaltigkeit«) beginnen. Ihre Fülle erklärt sich, wie bereits anhand der kaiserlichen Oblation deutlich wird, aus der Vielzahl der Gebetsanliegen, die vom Priester für die Messzelebration übernommen worden sind und nun in das Opfer eingebracht werden. Private Psalmgebete während des Gesanges des *Sanctus* fügen sich an, zudem Psalmgebete während des Eucharistiegebetes, des *Canon Romanus* (etwa Ps 19, 24, 50, 89–90), die aber nun nicht vom zelebrierenden Priester selbst, sondern von den Umstehenden, Diakon und Subdiakon, für den Priester gesprochen werden. Die Gebetsgruppen um die Brotbrechung mit dem Ritus, eine Partikel der konsekrierten Hostie in den Kelch mit dem Blut Christi zu geben (*Commixtio*), werden ebenso ausgestaltet wie Gebete zum Friedensgruß. Es folgen Gebete zur Kommunion um einen würdigen und fruchtvollen Sakramentenempfang, schließlich das *Placeat*-Gebet nach der Messe, eine Bitte darum, dass die erfolgte Messzelebration Gott wohlgefällig sei. Beschlossen wird die Feier der Messe wiederum mit privat vollzogenen Psalmgebeten (Ps 150 und das *Canticum* aus Dan 3). Ein Schlussevangelium, das eines der Kennzeichen der tridentinischen Messe geworden ist, kennt der *Messordo* des 11. Jahrhunderts noch nicht. Ziel des komplexen Gebetspensums ist es, eine würdige und reine Feier durch den Priester oder Bischof zu garantieren, die es zuallererst vermag, die vielen in den *Suscipe*-Gebeten gesammelten Anliegen so vor Gott zu bringen, dass er die Gebete seiner Kirche erhören kann. Das in der *Vita Meinwerci* greifbare Gabengebet des Bischofs für den Kaiser samt dessen Opfergestus passt somit gut ins Bild der Zeit. Im Messordo des Sigebert von Minden findet sich denn auch ein Gebet für Herrscher und Reich, das während des Offertoriums zu beten ist: »Nimm an, heilige Dreifaltigkeit, diese Gaben, die wir dir darbringen für unseren Herrscher und seine verehrungswürdige Familie, für den Zustand seines Reiches und für das ganze christliche Volk, für unsere Wohltäter und die, die ein Gedenken an uns in ihren ununterbrochenen Gebeten haben, dass sie hier Nachlass ihrer Sünden finden und in der Zukunft den ewigen Lohn« (Pierce 1988, S. 222). Die Liturgie hat hier eminent politische Bedeutung. Der Bischof als geistliches Oberhaupt ist in seiner Diözese letztverantwortlich für die Liturgie, die seit dem Frühmittelalter immer mehr in den Dienst des Reiches gestellt wird. Ein Blick zurück: Spätestens mit dem *Concilium Germanicum* (wohl 742/743) wird der Gottesdienst Angelegenheit des Reiches. Das Konzil unter der Hoheit Karlmanns (vor 714–754) legte fest, jeder Bischof solle in seinem Bezirk unter Mitwirkung des Grafen, der der Beschützer der Kirche ist, dafür sorgen, dass das Volk Gottes nichts Heidnisches treibe, sondern allen Unflat des Heidentums ablege. Zugleich kodifizierte es liturgisches Recht, so etwa die Erneuerung des Öls am Gründonnerstag (Angenendt 1977a, S. 80–81). Unter Karl dem Großen (768–814) setzt sich diese Tendenz fort: Es geht um das eine Reich, das mittels der einen, als authentisch römisch anzusehenden Liturgie geeint werden soll. Nicht zuletzt die karolingische Schriftkultur führt zu einer gründlichen Erneuerung des Gottesdienstes. Es sind Prozesse, die über Jahrhunderte andauern und die deshalb mit Arnold Angenendt als »bonifatianisch-karolingische Liturgiereform« zu apostrophieren sind. Es wird eine klar abgegrenzte Aufgabenteilung vollzogen, wie ein Brief Karls des Großen aus dem Jahre 796 an Papst Leo III. (795–816) deutlich macht: »Unsere Pflicht ist es, gemäß der göttlichen Hilfe die heilige Kirche Christi überall nach außen gegen den Einfall der Heiden und die Zerstörung durch die Ungläubigen zu schützen und nach innen durch die Erkenntnis des katholischen Glaubens zu festigen. Eure Aufgabe, heiligster Vater, besteht darin, zusammen mit Mose die Hände zu Gott zu erheben und somit unserem Kampf zu helfen, damit auf Eure Bitten hin das christliche Volk unter der Führung Gottes über die Feinde seines heiligen Namens überall den Sieg erringt und der Name unseres Herrn Jesu Christi im ganzen Erdkreis verherrlicht werde.« (MGH Epp. 4, Nr. 93). Die Gebete beim Offertorium, wie sie Meinwerk an Weihnachten 1022 gesprochen haben mag, lösen diese seit Karl dem Großen dem Bischof übertragenen Verpflichtungen ein: Es ist der Bischof, der für die Christenheit und das Reich betet. Und er betet um Vergebung der Sünden, also auch um einen *rite et recte*, einen rein und in der Ordnung gehaltenen Gottesdienst, in dem der Kaiser selbst sich als Opfernder beteiligt, und zwar durch den Messkelch, den er bei der Gabenbereitung zum Altar bringt. Denn es ist die sachhafte Gabe, die seit dem Frühmittelalter beim Offertorium an Bedeutung gewinnt und als Opfer qualifiziert wird (Angenendt 2004a). Wenn die Gabenbereitung selbst zunehmend als eigenständiger Opferakt der Kirche wahrgenommen wird, ist dies bedingt durch die mannigfachen Veränderungen in der Auffassung von Mysterium und Sakrament seit dem Ausgang der Spätantike. Es wurde zunehmend schwierig, kraft eines platonisch gefärbten Urbild-Abbild-Verhältnisses das eine und einzige Kreuzesopfer Jesu Christi und dessen stetige rituelle Wiederholung als eines zu denken (Pratzner 1970; Simon 2003, S. 41–164). Vielmehr konstruierte man ein zum Kreuzestod Christi zusätzliches, im Grunde sekundäres Opferhandeln der Kirche, das sich nunmehr etwa in der Gabendarbringung der Messe kultisch realisiert. In dieses Opferhandeln fließen Sachgaben ebenso ein wie die vielen Anliegen und Bitten, die der Klerus stellvertretend mit den einzelnen Gebeten zur Gabenbereitung verbindet und so vor Gott trägt. Die Stiftungen Meinwerks an sein Kloster Abdinghof formuliert die *Vita Meinwerci* bezeichnenderweise in kultischen Kategorien, und zwar mit den Formulierungen aus dem Gedächtnis für die Lebenden des damalig einzigen Eucharistiegebetes, des *Canon Romanus*: »pro spe suę salutis et incolumitatis« (»für die Hoffnung auf sein Heil und Unversehrtheit«; Vita Meinwerci 1921, cap. 210) – im *Canon Romanus*: »pro spe salutis et incolomitatis suae« (Le sacramentaire grégorien 1971–1992, Bd. 1, Nr. 6). Das materielle Opfer des Meinwerk fließt so mit dem Gedächtnis des einmaligen Kreuzesopfers Christi ineinander. Arnold Angenendt fasst die Spannung mittelalterlicher Opfervorstellungen so zusammen: »Man zitiert weiter die Spitzensätze des geistig-geistlichen Opfers und kehrt dennoch zurück zu ›früheren‹ Opferformen.« (Angenendt 2004a, S. 77). Und diese frühen Opferformen sind Natural- oder Sachgaben. Wenn der durch den Priester vollzogene Opferakt das Entscheidende der Messe ist, wird verständlich, dass sie selbst dann noch von unverzichtbarer Bedeutung ist, wenn sie – losgelöst aus dem Kontext einer Feiergemeinde – von nur einem Priester an einem der vielen Altäre einer mittelalterlichen Kirche »gelesen« wird. Es ist dies der Typus der *Missa specialis*, die im Laufe des Mittelalters zunehmend im Sinne einer von den Priestern stellvertretend übernommenen Bußleistung verstanden und als einzelne Messfeier des einen Priesters am Altar vollzogen wird (Angenendt 1983, S. 153–160). Die Klöster übernehmen Gebetsverpflichtungen und gründen Gebetsverbünde füreinander, um Buße abzuleisten, was mittels eines »Tarifsystems« geregelt ist. Von hierher ist übrigens der Hinweis der *Vita Meinwerci* zu verstehen, Heinrich II. habe bei einem (zumindest für das angegebene Jahr 1015 nicht anzunehmenden) Aufenthalt in Cluny die Bruderschaft der dortigen Mönche demütig erbeten und erhalten sowie sich zerknirschten Herzens ihrem Gebet anempfohlen (»et fraternitate monachorum humiliter petita et accepta cum maxima contricione cordis omnium se orationibus commendavit«; Vita Meinwerci 1921, cap. 28). Gemeint ist seine Aufnahme in die Gebetsverbrüderung Clunys, die, wenn auch nicht real zu diesem Datum so geschehen (siehe das Itinerar in Balzer 1986a, S. 28–39), doch gut in die Aussageabsicht der Vita und ihres Idealbildes eines Kaisers passt: Er bedarf als Herrscher des fürbittenden Gebetes der Kirche und ihres Klerus. Der Hinweis zeigt einmal den Einfluss des berühmten Klosters, zugleich aber auch, in welchem Maße man sich liturgisch an ihm ausrichtete, war Cluny doch etwa für die Ausbildung der *Missa specialis*, für die Installierung des Allerseelenfestes sowie für die Ausbildung und Vermehrung der Messfeiern für die Verstorbenen von höchster Bedeutung (Bärsch 2004, S. 80–135). Dass Meinwerk von dort Mönche nach Paderborn holt und zugleich Antiphonar und Hymnar mitbringt, passt gut in dieses Bild vom Einfluss Clunys, ebenso die Tatsache, dass Meinwerk am von Cluny aus verbreiteten Allerseelenfest 1031 seine Klostergründung Abdinghof einweiht (Vita Meinwerci 1921, cap. 210; Balzer 1986, S. 19).

Ein weiteres Beispiel, nun aus der Abtei Fulda, mag verdeutlichen, wie die Messe zunehmend als Buß- und Gebetsleistung verstanden werden konnte. Im Jahre 863 legt sich das Kloster Fulda auf bestimmte Gebetsleistungen in Stundengebet und Messe fest: Jeder der Priestermönche betet für alle Lebenden, also die Menschen aus den Gebetsverbrüderungen, zusätzlich zum sonstigen Stundengebet zehn ganze Psalter und zehn Messen (»ut unusquisque illorum singulis annis generaliter pro omnibus vivis 10 psalteria vel 10 missas cantet vel perficiat«; MGH SS 13, S. 215). Es sind dies alles Bußleistungen, die zunächst im Rahmen des Stundengebetes mit Hilfe der Zusatzoffizien, etwa ein zehnmaliges Beten aller 150 Psalmen, abgegolten werden. Diese ursprünglich nur auf das Gebet bezogene ideelle Verbindung von Büßer und Betendem wird in einem zweiten Entwicklungsschritt auf die Messe ausgedehnt: »Der letzte Schritt, der in diesem Bußaustausch vollzogen wurde, bestand darin, daß man in die geistlichen Bußwerke auch die Messfeier miteinbezog.« (Codex Brescia 2000, S. 38). Das Beten für jemanden (»orare pro«) wird zum Opfern in einem bestimmten Anliegen (»offerre pro«; Berger 1964). Dies drückt sich vor allem im Vorgang des Offertoriums, der Gabenbereitung aus, die als Handeln der Kirche nun als Teil einer stellvertretend übernommenen Bußleistung interpretiert werden kann. Von hierher verstehen sich übrigens die in der *Vita Meinwerci* dokumentierten Beschlüsse der Provinzialsynode zu Seligenstadt vom 13. August 1023, wenn etwa im 16. und 17. Artikel Bußleistungen geregelt werden (Vita Meinwerci 1921, cap. 178). Sie zeigen eines der entscheidenden Themen der Frömmigkeit seit dem Frühmittelalter an, nämlich die Buße als Grundkategorie des Christseins. Und die Feier der Messe wurde ganz und gar als eine solche Bußleistung, vollzogen durch die reinen Hände des Priesters, angesehen. So erklärt sich ferner die Anweisung jener Synode, Laien sollten, falls sie eine Messe in Auftrag geben, die Messe des Tages oder die Messe für das Heil der Lebenden und Verstorbenen hören (»vel pro salute vivorum aut pro defunctis«; Vita Meinwerci 1921, cap. 178). Dieses Heil mittels des Gottesdienstes zu bewirken, ist Paradigma mittelalterlicher Frömmigkeit (Angenendt 2004b). Von diesen Überlegungen her erschließt sich die eingangs erwähnte Begebenheit des Weihnachtstages 1022 nochmals in einem anderen Licht. Mag die Aktion des Bischofs Meinwerk vordergründig zum Ziel gehabt haben, in den Besitz eines wertvollen Kelches zu gelangen, so kann sie tiefergründig als Wahrnehmung seiner geistlichen Hirtenfürsorge dem Kaiser gegenüber interpretiert werden: Der Bischof leitet den Kaiser zum Opfer und somit zu einer für die Herrschaft stets nötigen Bußleistung an, die mittels des Messopfers sich in Segen und Heil für Kaiser und Reich auszahlt. Doch geht der Bericht der *Vita Meinwerci* für das Weihnachtsfest des Jahres 1022 noch weiter. Bei der dritten Weihnachtsmesse am Tage gelingt es dem Bischof endlich, den Kaiser zur Stiftung des Hofes Erwitte zu bewegen, die wiederum während der Gabenbereitung geschieht. Meinwerk kommentiert diesen Oblationsakt des Kaisers mit bemerkenswerten Worten: »Ob dieser Opfergabe wird dir der Himmel offenstehen und deine Seele mit den Heiligen die ewigen Freuden besitzen. Seht es, alle Völker, beachtet es wohl, alle Gläubigen: Solche Opfergabe schafft Vergebung der Sünden, dies gottgefällige Opfer bringt den Seelen Versöhnung.« (Vita Meinwerci 1921, cap. 182). Der liturgische Dialog zwischen Priester und den Ministri vor Beginn der Präfation, der vor dem Jahre 1000 zum Messverlauf hinzugekommen ist, bittet in ähnlich lautender Formulierung darum, dass das Opfer annehmbar sei bei Gott (»ut meum et uestrum sacrificium acceptabile fiat

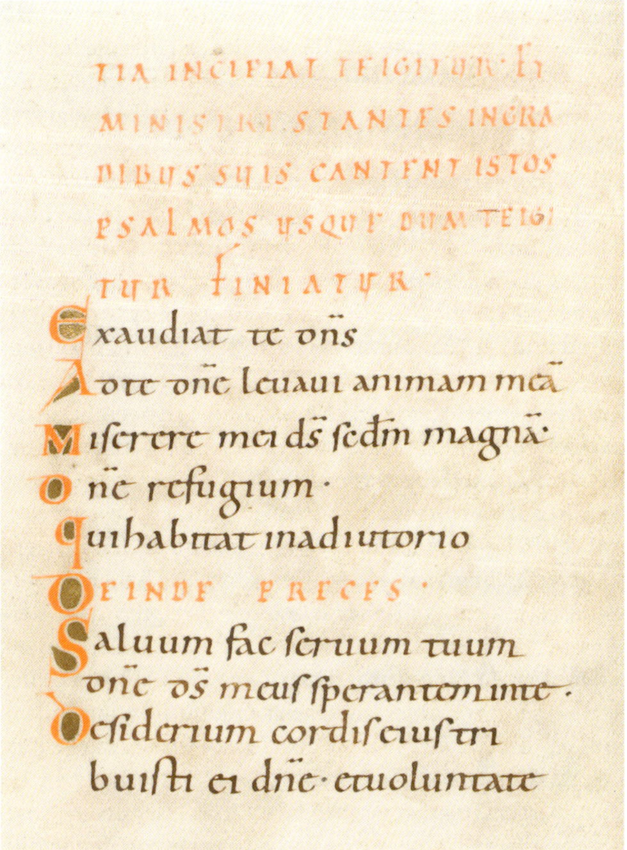

1 Beginn des *Canon Romanus* im Messordo des Sigebert von Minden; St. Gallen, erste Hälfte 11. Jahrhundert. Wolfenbüttel, Herzog August Bibliothek, Cod. Guelf. 1151 Helmst., fol. 83v (Kat.Nr. 195)

[…]«; Pierce 1988, S. 229). Und ist es annehmbar, tilgt es viele Sünden und führt zur ewigen Freude mit den Heiligen – auch dies eine typische Wendung liturgischen Betens im Messordo um das Jahr 1000 (Lutterbach 1995).

Heiliger Mann: Die Rolle des Bischofs als Kultdiener mit reinen Händen

Ein zweiter Gedankenkreis tritt hinzu. Das Bußwerk der Messe hat umso größeren Wert, je reiner und heiliger der Bischof oder Priester ist, der hier als »Kultbeamter« die Zelebration übernimmt. Es ist das religionsgeschichtlich sehr alte Motiv der reinen Hände (Angenendt 1993). Um diese Reinheit zu gewährleisten, wird dem Akt der Vorbereitung der Messe höchste Aufmerksamkeit geschenkt. Das rituelle Bekleiden mit den Gewändern, die Händewaschung und das Psalmgebet vor Beginn der Messe wurden bereits kurz erwähnt. Diese Riten ermöglichen einen Übergang vom Profanen ins Heilige und machen zugleich die unverzichtbare Bedeutung des Priesters oder Bischofs als »heiligen

Mann« deutlich. Deshalb ist der Akt der Bekleidung mit den liturgischen Gewändern hoch ritualisiert. Der als Stiftung des Bischofs Heinrich II. von Werl (1084–1127) bis heute im Paderborner Domschatz befindliche Tragaltar (Kat.Nr. 230) zeigt, welche Paramente man sich vorzustellen hat. Auf der Christusseite des Altares finden sich Darstellungen der beiden heiligen Bischöfe Kilian († um 689/697) und Liborius († um 397). Noch fehlen zwar die wenig zuvor in Übung gekommenen Mitren, doch es zeigt sich die Fülle der Gewänder: die Albe als Grundgewand, darüber die Stola, darüber als Zeichen der bischöflichen Weihevollmacht die Dalmatik als Gewand des Diakons, darüber die Kasel als Gewand des Priesters, über dem Arm das Manipel (Abb. 2, 3). Alle diese Gewandstücke werden im Mittelalter allegorisch gedeutet, wie wiederum der Messordo des Bischofs Sigebert von Minden zeigt (Pierce 1988, S. 156–161; Pierce 1996). Nach einer Händewaschung des Bischofs vor Beginn der Messe findet sich folgendes Gebet: »Gewähre unseren Sinnen, allmächtiger Gott, dass, wie hier die Unreinheiten der Hände abgewaschen werden, so von dir die Befleckungen des Geistes gereinigt werden und in uns die Vermehrung der heiligen Tugenden blühen mögen.« Der äußere Ritus wird als Ausdruck eines inneren Reinigungsprozesses erfahren und gedeutet, der dem Bischof dazu verhilft, den heiligen Dienst recht zu vollziehen. Während er nun seine Alltagskleider ablegt, beten die umstehenden Kleriker erneut Psalmen. Es ist die Gebetsgemeinschaft der Stadtkirche mit allen Geistlichen für ihren Bischof, die hier erfahrbar wird. Zum Anlegen des Schultertuches betet der Bischof dann: »Meine Schultern decke mit der Gnade des Heiligen Geistes, Herr, und umgürte meine Nieren, nachdem alle Makel beseitigt worden sind, um zu opfern dir, dem Lebenden und Herrschenden in alle Ewigkeit.« Zum Bekleiden mit dem liturgischen Grundgewand, der Albe, spricht der Bischof: »Umgib mich, Herr, mit den Waffen des Glaubens, dass, von den Pfeilen der Sünde aufgewühlt, ich Gleichmut und Gerechtigkeit zu beachten vermag.« Der Dienst des Bischofs wird hier mit dem Waffendienst des Soldaten verglichen, denn schließlich feiert er das Messopfer für das Wohlergehen des Reiches und seiner Herrscher, steht wie der Soldat in deren Dienst. Sodann umgürtet sich der Bischof mit dem Zingulum, das ebenfalls mahnt, sich vor Schuld zu bewahren: »Umgürte meine Lenden, Herr, mit dem Gürtel der Gerechtigkeit und schneide die Laster meines Herzens und Leibes ab.« Ähnlich lautet das Gebet bei der Bekleidung mit der Stola: »Mit der Stola der Gerechtigkeit umgib, Herr, meinen Nacken, und von aller Verderbnis der Sünde reinige meinen Geist.« Der Bischof legt sodann die Obergewänder der einzelnen Weihestufen an: die Tunicella als Gewand des Subdiakons, die Dalmatik als Gewand des Diakons und die Kasel als priesterliches Gewand. Eine solche Kasel in der alten Glockenform aus dem Besitz Bischof Meinwerks hat sich in Resten erhalten (Abb. 4; Schorta 2001, S. 89–91, 122, 135, 142). Bischofsring, Pontifikalhandschuhe sowie das auf hohepriesterliche Vorbilder zurückgehende Rationale, ein kurzes rechteckiges Gewandstück über der Kasel, bilden die bischöflichen Insignien. Der Messordo des Sigebert von Minden spricht zwar davon, der Bischof werde auch mit einer Mitra bekleidet (»infuliert«), doch fehlt in Minden ein eigenes Gebet. Vielleicht ist dies Ausdruck der Tatsache, dass die Mitra erst kurz nach der Jahrtausendwende überhaupt in Übung kommt und sich noch nicht etabliert hat. Stellvertretend für die Vielzahl der Gebete, die der Messordo aus Minden anbietet, sei hier nur noch das Gebet beim Bekleiden mit der Kasel zitiert: »Bekleide mich, Herr, mit der Zierde der Demut und Barmherzigkeit und gewähre mir Schutz gegen den nachstellenden Feind, dass ich mit reinem Herzen und keuschem Leib deinen heiligen Namen in Ewigkeit zu preisen vermag.« Denn das Handeln des Bischofs ist desto wirksamer, je heiliger sein Lebenswandel ist. Der Überblick über die Riten zur Ankleidung vor der Messe macht Folgendes deutlich: Die Gewandstücke werden in einem moralischen Sinne auf die Würde und Reinheit des Bischofs hin ausgelegt, damit er reinen Herzens die Messe feiern kann. Und hier ist vor allen Dingen auf das Eucharistiegebet hinzuweisen, den *Canon Romanus*, der – als Herzstück der Messe – zum »Allerheiligsten« wird. Angelus Häußling hat auf eine Formulierung des *Ordo Romanus primus* aufmerksam gemacht, also jener Form der Beschreibung der päpstlichen Messe aus dem 8. Jahrhundert, die im Zuge der karolingischen Reform für das gesamte Reich Vorbildcharakter erhielt (Häußling 1985). Dort heißt es nämlich, der Pontifex trete in den »canon«, das Hochgebet, ein (»et intrat in canonem«). Das Eucharistiegebet der Messe wird ganz wörtlich als Raum des Allerheiligsten gedeutet, den es würdig zu betreten gilt. Gerade an diese Stelle, den Beginn des Eucharistiegebetes, setzt der *Messordo* von Minden nun einige Gebete, die der Bischof für einen würdigen Vollzug des »canon« zu sprechen hat, während die Schola das *Sanctus* singt. Eines dieser Gebete sei hier noch zitiert: »Herr, Gott, der du nicht den Tod, sondern die Buße der Sünder wünschst, mich elenden und zerbrechlichen Sünder mögest du nicht von deiner Güte verstoßen, und du mögest nicht zu meinen Sünden und Freveln und meinen unreinen und schändlichen Gedanken hinschauen, mit denen ich mich jammervoll von deinem Willen getrennt habe, sondern zu deinen Barmherzigkeiten und zum Glauben und zur Hingabe derer, die durch mich Sünder deine Barmherzigkeit erbitten. Und weil du mich Unwürdigen als Mittler zwischen dir und deinem Volk haben wolltest, mache mich so, dass ich würdig deine Barmherzigkeit anrufen kann für mich und für ebendieses dein Volk. Herr, verbinde unsere Stimmen mit den Stimmen deiner heiligen Engel, damit, so wie jene dich ohne Unterlass und ohne Erschöpfung in ewiger Seligkeit loben,

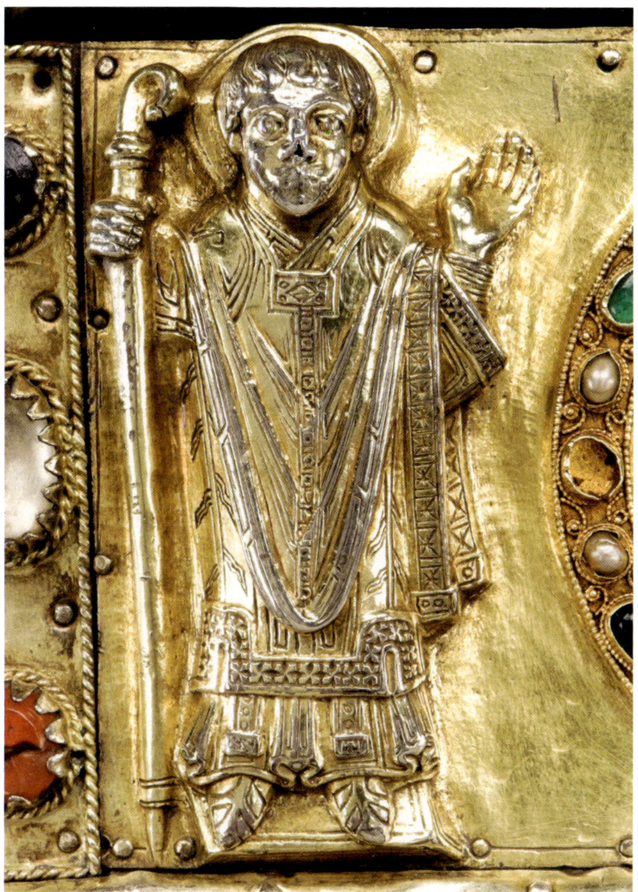

2 Der heilige Kilian auf der Stirnwand des Paderborner Domtragaltars; Helmarshausen, um 1120–1127. Paderborn, Erzbischöfliches Diözesanmuseum und Domschatzkammer, DS 2 (Kat. Nr. 230)

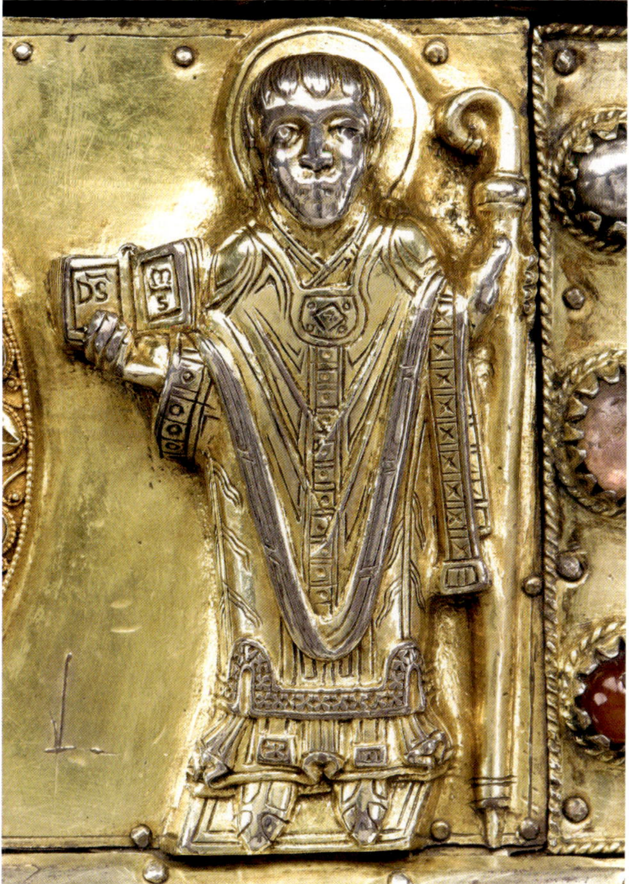

3 Der heilige Liborius auf der Stirnwand des Paderborner Domtragaltars

wir auf ihre Fürbitte dich untadelig loben können in dieser Pilgerschaft.« (Pierce 1988, S. 231–232). Nach diesen Gebeten heißt es: »Nun beginnt er mit höchster Verehrung *Te igitur* [...]«, also mit dem Eucharistiegebet. Nicht mehr der Gesang des *Sanctus* verlangt die ganze Aufmerksamkeit des Bischofs, sondern ein Gebet, das, etwa mit der Erwähnung der Stimmen der Engel, Gedanken des *Sanctus* aufgreift. An der Schwelle zum *Canon Romanus*, dessen Abendmahlsbericht mit den Herrenworten als gefährliches Gebet gilt (»oratio periculosa«; Kottje 1967), scheint es angebracht, dass der Priester sich noch einmal seiner Unwürdigkeit erinnert. Trotz aller Unwürdigkeit aber ist der Priester oder Bischof der Mittler zwischen Gott und den Menschen, hat also eine Funktion inne, die die neutestamentliche Überlieferung noch Christus selbst vorbehalten hatte (etwa 1 Tim 2, 5; Hebr 8, 6 und 9, 15). Die Bitte um ein würdiges Anrufen des göttlichen Erbarmens wird verständlich vor dem Hintergrund der Bedeutung des recht vollzogenen Kultes. Nur der Priester und sein reiner Kult ermöglichen, dass Gott auf die Menschen hört. Seit dem Frühmittelalter wird der Gedanke der kultischen Reinheit vermehrt prägend (Lutterbach 1999). Der Priester in seiner Mittlerstellung zwischen Gott und den Menschen bedarf dieser Reinheit, damit sein stellvertretendes Gebet und Opfer bei Gott wohlgefällig werde. Der bereits erwähnte Tragaltar des Domschatzes zeigt übrigens Bischof Meinwerk in den beschriebenen pontifikalen Gewändern, wie er gerade den Kelch erhebt. Flankiert wird die Darstellung durch das Zitat aus Psalm 115, 13 (Vulgata): »Calicem salutaris accipiam et nomen domini invocabo.« (»Ich will den Kelch des Heils empfangen und anrufen den Namen des Herrn.«). Das Formular des *Messordo* aus Minden lässt diesen Vers den Bischof beten, bevor er aus dem Kelch kommuniziert (Pierce 1988, S. 247). Damit bildet der Tragaltar mit seiner Ikonographie ein weiteres Indiz für die These, die Messliturgie zur Zeit Bischof Meinwerks sei jenem *Messordo* rheinischen Typs gefolgt, wie er für Sigebert von Minden dokumentiert ist.

Eine andere Dimension der Messliturgie klang bereits an. Es ist die seit dem Frühmittelalter forcierte Indienstnahme

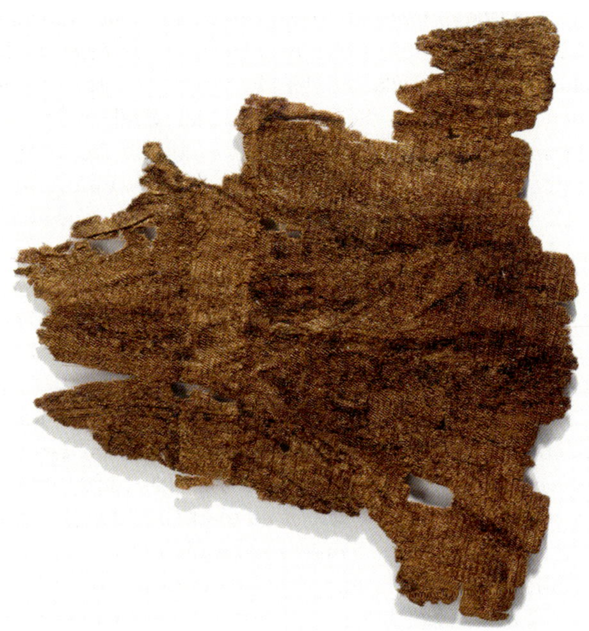

4 Fragment der Meinwerkkasel; Byzanz (?), erstes Drittel 11. Jahrhundert. Paderborn, Erzbischöfliches Diözesanmuseum und Domschatzkammer, T. 64 (Kat. Nr. 171)

der Messe für die Lebenden und Verstorbenen. Eine liturgiegeschichtlich recht späte Entwicklung fügte in das Eucharistiegebet, den *Canon Romanus*, die Bitte für die Verstorbenen ein. Und auch hierzu geben die Erzählungen der *Vita Meinwerci* über das Kräftemessen zwischen Bischof und Kaiser wieder interessante Hinweise. Denn der Kaiser versuchte einmal, den Bischof zu necken, indem er im vom Bischof genutzten Missale in einer Oration für die Verstorbenen die Silben »fa-« von »famulis« und »famulabus« ausradieren ließ – in Pergamentcodices durch Rasur nicht unschwer zu bewerkstelligen. Man kann hier an eine Oration der gregorianischen Sakramentartradition aus dem Messformular für das Heil der Lebenden oder zum Gedächtnis der Toten denken: »Wir bitten dich, Herr, auf die Fürsprache deiner Heiligen, dass du uns schützen mögest, dass du deinen Dienern und Dienerinnen [famulis et famulabus], deren Gedächtnis wir begehen oder deren Wohltaten wir empfangen haben oder auch denen, die uns durch Freundschaft verbunden sind, deine Barmherzigkeit überall vorhalten mögest […].« (Le sacramentaire grégorien 1971–1992, Bd. 1, Nr. 1448). Das Gebet zeigt nochmals deutlich mittelalterliche Messfrömmigkeit: Der Priester tritt stellvertretend für die ihm Verbundenen in vielen Gebetsanliegen an den Altar. Der Witz des kaiserlichen Auftrages liegt nun darin, dass durch die Streichung aus den »Dienern und Dienerinnen« »Maulesel und Mauleselinnen« (»mulis«, »mulabus«) werden, was den Kaiser – so der Bericht – herzlich erfreute (Balzer 1986, S. 25). Doch dann enthält die *Vita Meinwerci* einen liturgiehistorisch bedeutenden Hinweis, denn der Bischof erkennt seinen Fehler und verbessert sich sogleich durch Wiederholung der Worte (»sed errorem recognoscens repetitis verbis, quod male dixerat, correxit«; Vita Meinwerci 1921, cap. 186). Auch dies entspricht ganz und gar mittelalterlicher Messfrömmigkeit. Es ist die durch das Frühmittelalter geprägte Liturgieauffassung eines *rite et recte* vollzogenen Kultes, der nur dann seine Wirkung nicht verfehlt, wenn er korrekt ausgeführt ist. Einige Jahrhunderte vorher, am 1. Juli 746, konnte Papst Zacharias (741–752) die Frage des Winfried-Bonifatius († 754), ob eine in falschem Latein gespendete Taufe dennoch gültig sei, noch positiv bescheiden, denn schließlich käme es auf den Sinn und nicht auf das Latein an (Briefe des Bonifatius 1968, S. 210–213, hier 210). Dies ändert sich zunehmend, einhergehend mit den in der karolingischen Reform korrigierten liturgischen Büchern (Angenendt 1992). Es ist die korrekt gesprochene Formel, die für das liturgische Leben der Kirche unverzichtbar ist, wenn der Kult dem Wohle des Reiches dienen soll. Zur Bedeutung der heiligen Formel gesellt sich die Bedeutung des heiligen Ortes.

Heiliger Ort: Stationsliturgie als das typisch Römische mittelalterlichen Gottesdienstes einer Bischofsstadt

Die Ortskirchen organisieren sich seit dem Frühmittelalter streng hierarchisch unter der Leitung des Bischofs in Form einer *Kirchenfamilie* (Häußling 1973, S. 202–207). Die eine Liturgie zeitigt sich an verschiedenen Orten und bindet verschiedene Kirchenbauten in ein Liturgiesystem ein: das *Stationskirchensystem*. Es ist die Form der *Stationsliturgie*, die man seit dem Frühmittelalter als das typische Kennzeichen der Liturgie Roms ansah. Der Papst feiert den Gottesdienst nach einem bestimmten System in den einzelnen Stationskirchen und stellt so – an unterschiedlichen Orten und zu verschiedenen Zeiten – die eine Liturgie Roms her. Angelus Häußling hat in seiner Studie über die Klosterliturgie folgende, für das Frühmittelalter und seine Liturgie typische Tendenz beschrieben: Man bemühte sich, die römische Liturgie in den nun entstehenden Klosterstädten oder Basilikaklöstern zu kopieren, und als das typisch Römische kopierte man die Stationsliturgie (Häußling 1973, S. 181–198). Dies galt auf der Ebene einer Stadt: Die vielen Kirchenbauten wurden durch die an bestimmten Tagen vom gesamten Stadtklerus in ihnen vollzogene Liturgie in eine ideelle Einheit gebracht. Man legte dieses Prinzip aber auch für den einzelnen Kirchenraum zugrunde, der unter einem Dach nun verschiedene Heiligtümer, nämlich eine Vielzahl von Altären beherbergte. Dies trug mit zu einer Häufung von einzelnen Messfeiern an den vielen Altären bei. Denn der Altar als heiliger Ort sollte durch die tägliche Messzelebration geehrt werden. Das Entscheidende ist, dass man die einzelne Feier in ein das Gesamte durchdringendes Liturgiesystem zu integrieren vermochte. Häußling wehrt sich zu Recht gegen die neuzeitlich geprägte Vorstellung, die einzelnen Messfeiern der Priester seien in einem Kirchenraum subjektiv begründet gewesen und nur auf die Frömmigkeit des einzelnen Priesters hin ausgerichtet. Diese Tendenz trifft vielleicht erst für das Hoch-, sicher für das Spätmittelalter zu: Der integrierende Gesamtkontext eines liturgischen Systems geht nun verloren. Der ursprüngliche Sinn ist ein anderer: Die vielen Einzelmessen sind theologisch von den einzelnen Altären, ihren Reliquiengräbern und ihren Patrozinien her begründet. Diese Vielzahl an heiligen Orten ist auf der Makroebene der Stadt und auf der Mikroebene einer Konvent- oder Kapitelkirche unbedingt notwendig. Wenn Häußling als geistige Geburtsstätte solcher Adaption römischer Stationsliturgie die Pfalzkapelle in Aachen mit ihrem Gottesdienst annimmt, so darf man vermuten, dass man auch in Paderborn bemüht war, in Bau und Ausstattung des Domes und der anderen Kirchen samt der darin gefeierten Liturgie dem Rang anderer Orte nicht nachzustehen. Franz Kohlschein hat in diesem Kontext darauf hingewiesen, dass die Gründung des Klosters Abdinghof wie des Busdorfstiftes liturgischen Zwecken diente, nämlich um die romtopographisch forcierte Stationsliturgie umsetzen zu können (Liber ordinarius Paderborn 1971, S. 5, Anm. 19). Und die eine Liturgie, die sich an verschiedenen Orten ausdifferenziert, bedarf der einzelnen Heiligtümer samt ihrer Reliquiengräber, wie es in Rom mit den Märtyrerbasiliken möglich ist. Von hierher ist verständlich, wenn Bischof Meinwerk nach Aussage seiner Vita anlässlich der Romreise mit Kaiser Heinrich II. im Jahre 1014 Papst Benedikt VIII. (1012–1024) um Reliquien bittet. Sie erst ermöglichen die »Herstellung« heiliger Orte einer Sakraltopographie in Paderborn, die wiederum Voraussetzung der Stationsliturgie ist. Die *Vita Meinwerci* berichtet wie folgt darüber: »Als der Papst nun gar Meinwerks Wunsch nach Heiligenreliquien für die Gründung von Klöstern vernahm, schenkte er ihm mit Reliquien sehr vieler anderer Heiliger drei Körperhälften der Sieben Brüder, der Söhne der heiligen Felizitas, die unter Kaiser Antoninus gelitten haben, nämlich die des Philippus, des Juvenal und des Felix; dann den Schädel des heiligen Blasius, der unter Licinius im Jahre 322 der Menschwerdung des Herrn durch sein ruhmvolles Leiden in den Himmel übergegangen ist; ferner einen Arm des heiligen Minias, der unter Diokletian an einem 25. Oktober gelitten hat.« (Vita Meinwerci 2001, cap. 24). Die Formulierung »für die Gründung von Klöstern« (»desiderium eius de reliquiis sanctorum ad constructionem monasteriorum«; Vita Meinwerci 1921, cap. 24) ist wörtlich zu nehmen: Der Besitz von Reliquien ist zuallererst Anlass, einen Ort des Gottesdienstes zu schaffen. Angelus Häußling hat anhand der Messdekrete Gregors III. (731–741) bereits für das Jahr 732 nachweisen können, dass Reliquienbesitz den Anlass für neue Kapellen und dort gefeierte Offiziums- und Messliturgie bietet. Nicht mehr die Notwendigkeiten der christlichen Ortsgemeinde bilden den Anlass für die Eucharistiefeier, sondern der qua Reliquienbesitz heilige Ort verlangt es, durch die womöglich tägliche Messfeier geehrt zu werden (Häußling 1973, S. 288–297). Es passt in die Zeit: Auch für Köln und seine sakrale Stadttopographie ist das 11. Jahrhundert eine prägende Epoche. Der ebenfalls in der *Vita Meinwerci* öfter genannte Kölner Erzbischof Pilgrim (1021–1036; Vita Meinwerci 1921, cap. 167, 172, 192, 201) sorgte sich um einen romtopographisch orientierten Ausbau bereits bestehender heiliger Orte Kölns (Odenthal/Stracke 1998). Die *Vita Meinwerci* berichtet in den Kapiteln 216 und 217 zudem darüber, der Bischof habe Mönche nach Jerusalem geschickt, um die architektonischen Maße und Besonderheiten des Heiligen Grabes zu erforschen. Diese sollten als topographischer Orientierungspunkt für den Ausbau der Busdorfkirche dienen, die dem Heiligen Grab in Jerusalem nachempfunden werden sollte (Kat.Nr. 215). Ähnliche Bauten gibt es in Fulda (Michaelskirche) und anderswo. Es ist das seit der Spätantike anwachsende Bedürfnis nach authentischer Liturgie am authentischen Ort. Deshalb besorgte man für die Ratgarbasilika in Fulda die Maße von Alt-St. Peter in Rom (Jacobsen 1996). Bereits die erwähnten Reliquientranslationen von Rom nach Paderborn schufen »authentische« Märtyrergräber. Neben diese Romzitate tritt mit der Busdorfkirche jetzt das Zitat Jerusalems (für die Frühzeit Roms im Vergleich mit Konstantinopel und Jerusalem siehe Baldovin 1987). Die *Vita Meinwerci* erläutert nun in Kapitel 218, Meinwerk habe noch Kirchenanlagen im Süden und Norden der Stadt geplant, die mit der Abdinghofabtei und dem Busdorfstift die Form eines Kreuzes ergeben sollten (Mietke 1991, S. 217–222). Es muss offen bleiben, ob diese Planung noch in die Zeit Meinwerks zurückreicht oder ob die Veränderung der Kirchenachse zum Kirchenkreuz eine Idee aus der Zeit der *Vita Meinwerci* ist. Wie auch immer: der Plan findet eine Parallele in der Klostertopographie Fuldas. Die sekundären Klostergründungen (St. Michael, St. Andreas, St. Peter usw.) werden in Kreuzesform auf den das Hauptkloster umgebenden Hügeln verteilt. Die Vita interpretiert solches Vorgehen als Liebesbeweise Meinwerks an seine Stadt Paderborn (»dilectionis indicia«; Vita Meinwerci 1921, cap. 218). Das Kreuz nun sollte die Stadt vor allem Unheil schützen. Es sind dies typische Bestrebungen des 11. und 12. Jahrhunderts, eine Sakraltopographie auf der Makroebene einer Stadt ebenso aufzubauen wie auf der Mikroebene eines einzelnen Kirchenraumes (Blaauw 2002). Ist es im Kirchenraum der Kreuzaltar, der als einer der zentralen Altäre etwa in der Heiligen Woche von großer Bedeutung ist, so auf der Makroebene einer Stadt die vielen Kirchenbauten in Form eines Kirchenkreuzes oder (wie in Köln) Kirchenkranzes. Sie werden an besonderen Tagen li-

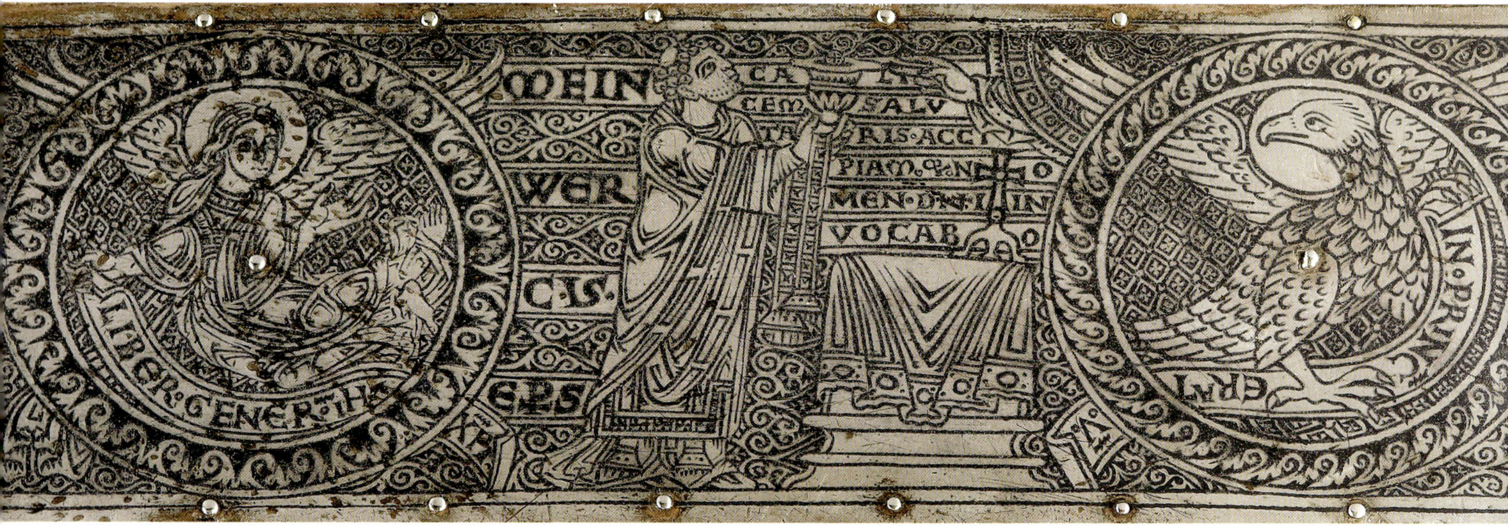

5 Der selige Bischof Meinwerk auf dem Deckel des Paderborner Domtragaltars; Helmarshausen, um 1120–1127. Paderborn, Erzbischöfliches Diözesanmuseum und Domschatzkammer, DS 2 (Kat. Nr. 230)

turgisch besucht und somit samt den dortigen Reliquien oder Altarpatrozinien geehrt. Und deshalb ist es auch nicht nebensächlich, das Datum der Weihe der Busdorfkirche zu erwähnen. Es ist der 25. Mai 1036 (Vita Meinwerci 1921, cap. 217). Das Besondere an diesem Datum ist nämlich, dass dies, wie die Vita zwei Kapitel später und beinahe beiläufig erwähnt, zwei Tage vor Christi Himmelfahrt ist, also am Dienstag der Bittwoche, liturgisch wie der vorausgehende Montag und nachfolgende Mittwoch ausgezeichnet durch eine der drei kleinen Bittprozessionen (»letaniae minores«). Der *Liber Ordinarius* des Paderborner Domes von 1324 bezeugt zwar die Stationsliturgie auch an den Bitttagen vor Christi Himmelfahrt (Liber ordinarius Paderborn 1971, S. 202). Doch leider nennt er nicht die einzelnen Stationskirchen. Es wäre nun weiter zu prüfen, ob die Busdorfkirche am Bittdienstag Stationskirche in Paderborn gewesen ist. Eine noch ausstehende Rekonstruktion des Paderborner Stationskirchensystems hätte hierzu einmal den Ordinarius der Busdorfkirche selbst von 1480 (Trier, Bistumsarchiv, Abt. 95, Nr. 587), sodann den *Processionarius ecclesiae Paderbornensis* (Paderborn, Archiv des Generalvikariats, Band rot XIX, fol. 69–87) mit einzubeziehen. Es ist durchaus denkbar, Meinwerk hätte ganz bewusst Zusammenhänge der Stationsliturgie mit den von ihm begründeten Kirchenbauten hergestellt. Die Beiläufigkeit der Nennung in der Vita allerdings kann den Verdacht nahelegen, bereits gut ein Jahrhundert später habe man um jene Zusammenhänge nicht mehr gewusst. Wenn dem aber so ist, liegt hier ein Beispiel vor, in welch detaillierter Planung Meinwerk oder seine Nachfolger eine Sakraltopographie für Paderborn errichten wollten, die Hand in Hand geht mit den liturgischen Handlungen wie den Bittprozessionen. Man wird nicht fehlgehen, Meinwerk als einen der Architekten der Paderborner Stationsliturgie anzusehen, und hierzu passt dann auch die Erhebung seiner Gebeine am 25. April 1376 (Balzer 1986a, S. 27). Denn dies ist der Markustag, also jener Tag, der in der liturgischen Tradition durch die *letania maior*, also die große Bittprozession, als Teil der Stationsliturgie ausgezeichnet ist. Am Rande sei noch erwähnt, dass Meinwerk, hier ebenfalls auf der Höhe seiner Zeit, die benediktinische Gründung zu Abdinghof mit einem Kanonikerstift, dem Busdorfstift, ergänzt, also jenes Modell kommunitären Zusammenlebens von Weltklerikern wählt, das sich seit dem Frühmittelalter als Alternative zum benediktinischen Mönchtum ausbildet. Solche Monastisierung des Klerus prägt auch die Domkapitel wie das von Paderborn, dessen vornehmste Aufgabe im Gottesdienst besteht (Liber ordinarius Paderborn 1971, S. 2). Die *Vita Meinwerci* lässt nun Meinwerk als den großen Architekten des Paderborner Kirchensystems erscheinen. Bezüglich des Stationskirchenwesens wird es aber doch wohl ähnlich sein wie in Köln: Wer der genaue Architekt war, bleibt letztlich offen. Man hat dort von vielen Händen auszugehen, die ein komplexes System von Stadtliturgie schufen. Ähnliches wird man in Paderborn vermuten dürfen. Sicherlich hat ebenfalls Meinwerks Neffe Imad (1051–1076) hohen Anteil an der Ausprägung Paderborns (Kosch 2006, S. 15–16). Doch tut eine solche Annahme dem Ansehen und der Bedeutung Meinwerks keinen Abbruch.

Zusammenfassung: Meinwerk als typischer bischöflicher Liturg des 11. Jahrhunderts

Die Ausführungen gaben einen Einblick in das liturgische Leben des Mittelalters. Natürlich muss offen bleiben, inwieweit die Zeugnisse der *Vita Meinwerci* die Situation zu Lebzeiten Meinwerks authentisch widerspiegeln. Doch nicht zuletzt aufgrund der Vergleiche etwa mit Minden konnten gute Gründe gesammelt werden, den Grundtenor des Berichtes aus dem 12. Jahrhundert auch bereits für die bischöfliche Liturgie des 11. Jahrhunderts gelten zu lassen. Die vielen Einflüsse und die Verwobenheit mit den umliegenden Diözesen lassen vermuten, die Liturgie habe sich kaum von der anderer Bistümer derselben Epoche unterschieden. In liturgischen Fragen entpuppt sich Meinwerk so als ein Bischof auf der Höhe der Zeit, vergleichbar seinem Kölner Amtskollegen Pilgrim. Meinwerk ist eingebunden in die Verstehenskontexte gottesdienstlichen Tuns, wie sie sich seit dem Frühmittelalter finden. Die Messe als Bußwerk, das Opferhandeln der Priester für Lebende und Verstorbene, die Gebetsverbrüderungen der Klöster, die Stationsliturgie mit einer städtischen Sakraltopographie als typisch römische Liturgie – all dies sind die sich seit dem Frühmittelalter ausbildenden Akzentsetzungen mittelalterlicher Liturgie. Zugleich zeigt sich, wie intensiv die Lebensgeschichte Meinwerks in der Aussageabsicht des Autors liturgisch eingebunden ist. Bischöfliche Liturgie ist der Dienst, der dem Reich zugute kommt und deshalb stets in der Nähe zum Herrscherhaus gesehen werden muss. Bei den Überlegungen wurde indes ebenso deutlich, in welchem Maße die Liturgie gerade des 11. Jahrhunderts weiter zu erforschen wäre, um die sakraltopographische, theologische wie frömmigkeitsgeschichtliche Bedeutung dieser Epoche adäquat würdigen zu können.

Quellen

Briefe des Bonifatius 1968 · Codex Brescia 2000 · Le sacramentaire grégorien 1971–1992 · Liber ordinarius Paderborn 1971 · MGH Epp. 4 · MGH SS 13 · Vita Meinwerci 1921 · Vita Meinwerci 2001.

Literatur

Angenendt 1977a · Angenendt 1977b · Angenendt 1983 · Angenendt 1992 · Angenendt 1993 · Angenendt 2004a · Angenendt 2004b · Angenendt 2005 · Bärsch 2004 · Baldovin 1987 · Balzer 1986a · Berger 1964 · Blaauw 2002 · Häußling 1973 · Häußling 1985 · Hirschmann 1998 · Jacobsen 1996 · Kohlschein/Wünsche 1998 · Kosch 2006 · Kottje 1967 · Lutterbach 1995 · Lutterbach 1999 · Luykx 1955/1961 · Mietke 1991 · Nebel 2000 · Odenthal 1995 · Odenthal 1999 · Odenthal 2007 · Odenthal/Stracke 1998 · Pierce 1996 · Pierce 1997 · Pratzner 1970 · Schorta 2001 · Simon 2003 · Stiegemann/Westermann-Angerhausen 2006.

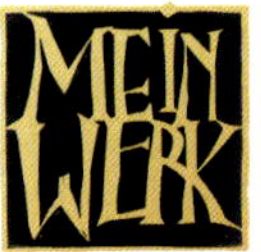

Das Haus der Heiligen

Kirchweihe und Kirchweihliturgie zur Zeit Meinwerks

Christian Popp

Der 24. September 1021 war ein denkwürdiger Sonntag in der Geschichte des Frauenstifts Quedlinburg. Wie die *Quedlinburger Annalen* – sicher nicht ganz ohne Übertreibung – berichten, soll es fast unmöglich gewesen sein, die Schar der Vornehmen, der Grafen wie auch der Bischöfe und Äbte, aufzuzählen, die sich an diesem Tag auf dem Quedlinburger Burgberg versammelten. Die Stiftskirche, die zugleich als Grabeskirche König Heinrichs I. (919–936) diente, war nach längeren Um- und Erweiterungsbauten fertiggestellt worden und sollte ihre Weihe erhalten. Die Quedlinburger Äbtissin Adelheid (999–1043), Tochter Kaiser Ottos II. (973–983) und seiner Frau Theophanu († 991), empfing dazu Kaiser Heinrich II. (1002–1024), dessen Gemahlin Kunigunde († 1033) und weitere Mitglieder der Herrscherfamilie wie die Äbtissin Sophia von Gandersheim (1002–1039), die Schwester Adelheids.

Der Eintrag in den *Quedlinburger Annalen* zum Jahr 1021, der uns über das Ereignis in Kenntnis setzt, enthält viele bemerkenswerte Einzelheiten. Offenbar stammen die detaillierten Informationen zum Weiheakt aus einer urkundlichen Weihenotiz. So erfahren wir, dass der zuständige Ortsbischof Arnulf von Halberstadt (996–1023) den Hauptaltar zu Ehren der Heiligen Dreifaltigkeit, der Gottesmutter Maria, des heiligen Johannes des Täufers, des Apostelfürsten Petrus, des Protomärtyrers Stephanus, des heiligen Dionysius und seiner Gefährten sowie des heiligen Servatius weihte. Weitere Bischöfe wurden in die Weihezeremonie eingebunden, von denen Erzbischof Gero von Magdeburg (1012–1023), Bischof Eilward von Meißen (1016–1023) und Bischof Meinwerk von Paderborn (1009–1036) namentlich genannt werden. Meinwerk übernahm die Konsekration des Altares im südlichen Teil des Querschiffes. Als ersten Titelheiligen des Altares wählte der Paderborner Bischof den heiligen Liborius, jenen Bischof von Le Mans († um 397), dessen Reliquien 836 nach Paderborn übertragen worden waren und der zum Hauptpatron des Domes und des Bistums Paderborn avancierte. Auch der Magdeburger Erzbischof verbreitete auf diese Weise den Kult seines heimischen Dompatrons. Ihm als Ranghöchsten der anwesenden Kleriker war in Quedlinburg die Weihe des Heiligkreuzaltares übertragen. Wie in vielen anderen Kathedral-, Stifts- und Klosterkirchen befand sich der Heiligkreuzaltar in Quedlinburg an zentraler Stelle im Langhaus, »in medio ecclesiae«, unmittelbar vor dem Hochchor. Unter den Titelheiligen des Kreuzaltares ist der Schutzpatron Magdeburgs, der heilige Mauritius, mit seinen Gefährten zu finden. Erzbischof Gero ließ auch Reliquien dieses Märtyrers der Thebäischen Legion im Altar bestatten.

Die gut dokumentierte Weihe der Quedlinburger Stiftskirche 1021 zeigt beispielhaft, welche Möglichkeiten die Kirchweihen im Hochmittelalter boten, um sowohl auf der Ebene der direkten als auch der symbolischen Kommunikation soziale Beziehungen zu knüpfen oder zu vertiefen. Festzuhalten ist zunächst, dass es sich bei der Kirchweihe nicht nur um einen bedeutenden kirchlichen Ritus handelte (Abb. 1). Die Weihe einer Dom-, Stifts- oder Klosterkirche stellte in den meisten Fällen zugleich ein reichspolitisch wichtiges Ereignis dar. Die Feierlichkeiten der Kirchweihe brachten es mit sich, dass sich eine große Anzahl von Bischöfen, Äbtissinnen, Äbten und anderen geistlichen Würdenträgern sowie viele weltliche Fürsten einfanden. Die Anwesenheit des Herrschers war zwar nicht verpflichtend; gerade in der ottonisch-salischen Zeit haben aber die Kaiser und Könige vielfach die Kirchweihen als Gelegenheit genutzt, sich im Kreis der versammelten geistlichen und weltlichen Großen zu präsentieren, Gespräche und Verhandlungen zu führen und Streitigkeiten zu klären. Letzteres geschah beispielsweise bei der Weihe der neu gebauten Gandersheimer Stiftskirche am 5. Januar 1007. Während der Feier verkündete König Heinrich II. den ausgehandelten Kompromiss, der die Streitfrage zwischen dem Hildesheimer Bischof und dem Mainzer Erzbischof um die Ausübung der bischöflichen Rechte in Gandersheim zumindest vorläufig zugunsten von Hildesheim entschied (Kat.Nr. 143). Kirchweihen waren mithin keine alltäglichen Ereignisse; die Erinnerung an den Weiheakt wurde alljährlich durch die Feier des Jahrtages aufrechterhalten.

Als einflussreicher Reichsbischof und enger Vertrauter zweier Könige nahm Meinwerk an mehreren Kirchweihen außerhalb seiner Bistumsgrenzen teil, unter anderem an der von Papst Benedikt VIII. (1012–1024) zelebrierten Weihe der Stiftskirche St. Stephanus in Bamberg am 24. April 1020. Der Papst soll die Kirche dabei mit kostbaren Reliquien ausgestattet haben. Dem Bericht der *Vita Meinwerci* (Vita Meinwerci 1921, cap. 165) zufolge waren 40 Bischöfe bei dieser Weihe anwesend.

Zu Meinwerks wesentlichen Pflichten als Diözesanbischof gehörte es, die neu errichteten Kirchen in seinem eigenen Bistum zu weihen. Auch hier waren die Weiheakte mit Unterstützung befreundeter und benachbarter Bischöfe in angemessener Feierlichkeit zu begehen. So erhielten am 5. Juni 1011 die Klosterkirche Helmarshausen und – vermutlich im selben Jahr – das Marienstift auf dem Berge vor Herford durch Meinwerk ihre Weihe. An seinem Bischofssitz Paderborn konsekrierte der Bischof am 15. September 1015 den Neubau des Domes, 1023 die Krypta und 1031 die Kirche des Benediktinerklosters Abdinghof und am 25. Mai 1036, wenige Tage vor seinem Tod, die Stiftskirche St. Peter und Andreas, genannt Busdorf. Natürlich bemühte sich Meinwerk um die Anwesenheit des Herrschers bei seinen Kirchweihen in Paderborn. Zur Weihe des Domes 1015 war Kaiser Heinrich II. zwar eingeladen, wegen eines Feldzuges gegen den polnischen Herzog Bolesław I. Chrobry (992–1025) aber verhindert. 1022 bat Meinwerk den Kaiser zur Weihe der Kirche des Klosters Abdinghof; allerdings stürzte kurz darauf der neu gebaute Chor ein, so dass die Weihe verschoben werden musste. Heinrich II. kam dennoch nach Paderborn und feierte mit Meinwerk das Weihnachtsfest in Abdinghof. In Anwesenheit des Herrschers konsekrierte Meinwerk am 2. Januar 1023 die Krypta von Abdinghof zu Ehren des heiligen Stephanus und deponierte im Altar Reliquien des Erzmärtyrers und vieler anderer Heiliger (Vita Meinwerci 1921, cap. 183). Auch Heinrichs Nachfolger Konrad II. (1024–1039) unterstrich seine enge Beziehung zu Meinwerk durch die Teilnahme an einer Kirchweihe. Bei der Konsekration des vor der Stadt gelegenen Busdorfstifts durch den wohl schon todkranken Paderborner Bischof am 25. Mai 1036 assistierte Kaiser Konrad II. zusammen mit vielen geistlichen Würdenträgern des Reiches. Namentlich nennt die *Vita Meinwerci* (Vita Meinwerci 1921, cap. 217) die Erzbischöfe Bardo von Mainz (1031–1051) und Hermann II. von Köln (1036–1056) sowie Bischof Bruno von Würzburg (1034–1045).

Urkundliche Weihenotizen oder davon abhängige Berichte, die uns Einzelheiten über die geweihten Altäre in den Kirchenneubauten, über die Konsekratoren der Altäre, über Altartituli und über die in den Altargräbern (Sepulchren) eingeschlossenen Reliquien verraten, fehlen für die von Meinwerk geleiteten Weihehandlungen; im Wesentlichen sind wir auf die knappen Hinweise in der *Vita Meinwerci* angewiesen. Dennoch können wir davon ausgehen, dass auch im Dom, im Abdinghofkloster und im Busdorfstift die beteiligten Bischöfe – wie bei der Quedlinburger Weihehandlung – Heiligenreliquien aus ihren Heimatdiözesen mitbrachten, die in den neu zu weihenden Altären niedergelegt wurden. Mit dieser Art der symbolischen Kommunikation schufen die Bischöfe des Reiches ein Beziehungsnetz zwischen ihren Kirchen. Kirchweihen boten dazu eine hervorragende Gelegenheit, denn nur dieser Ritus ermöglichte einen Zugriff auf das Innere des Altares, auf das Altarsepulchrum. Das Reliquiengrab im Altar gehörte ansonsten zum streng verschlossenen und tabuisierten Sakralbereich der Kirche (Abb. 2).

Seit der Ausprägung einer eigenen Liturgie für die Kirchendedikation entwickelte sich die Reliquienbeisetzung zum wesentlichen Bestandteil einer Kirchweihfeier. Die Feierordnungen zur Kirchweihe wurden in den *Ordines Romani* im 8. Jahrhundert schriftlich fixiert und vom wichtigsten Liturgieprojekt des 10. Jahrhunderts, dem *Pontificale Romano-Germanicum*, in leichter Modifikation übernommen. Das Pontifikale enthält zwei Kirchweihordnungen: den Ordo 41 (*Ordo Romanus ad dedicandam ecclesiam*) und den Ordo 42 (*Ordo ad benedicendam ecclesiam*), wobei der Letztere deutlich besser durchkomponiert ist und zum Ausgangspunkt der weiteren Entwicklung der Kirchweihliturgie wurde. Entscheidend ist, dass in beiden im 11. Jahrhundert verwendeten Feierordnungen die rituelle Reinigung (Lustration) der Altäre und die feierliche Beisetzung der Reliquien in den Altären die Schwerpunkte des Ritus bildeten. So begab sich nach Ordo 42 der Bischof am Kirchweihtag zunächst zum Ort, an dem die Reliquien provisorisch aufbewahrt wurden. Es folgte eine feierliche Prozession der Reliquien zur Kirche, wobei die Heiltümer vorerst außerhalb des Gotteshauses verblieben, während der Bischof mit seinen »ministri« das Innere der Kirche betrat. Der Bischof nahm den Exorzismus und die Segnung des Wassers vor und wusch (»baptizat«) den Altar mit einem Schwamm. Danach trat er aus der Kirche hinaus und zog mit den Reliquien in feierlicher Prozession wieder ein. Nach der Salbung des Altargrabes wurden die Reliquien zusammen mit drei konsekrierten Brotpartikeln und drei Weihrauchkörnern im Sepulchrum deponiert, worauf das Altargrab verschlossen wurde. Die Deckplatte des Altares wurde mit Mörtel bestrichen und mit Chrisam (Salböl) bezeichnet. Der Bischof salbte die vier Ecken des Altares und besprengte die gesamte Kirche mit Weihwasser. Anschließend zelebrierte er die heilige Messe.

Auch den Kirchweihen, die Meinwerk in Paderborn leitete, lag diese Feierordnung oder eine leicht modifizierte Variante zugrunde. Die Reliquien, die Meinwerk und die ihn unterstützenden Bischöfe bei den Paderborner Weihen in den Altarsepulchren der Haupt- und der Nebenaltäre deponierten, kennen wir leider nicht. Zumindest für den Pa-

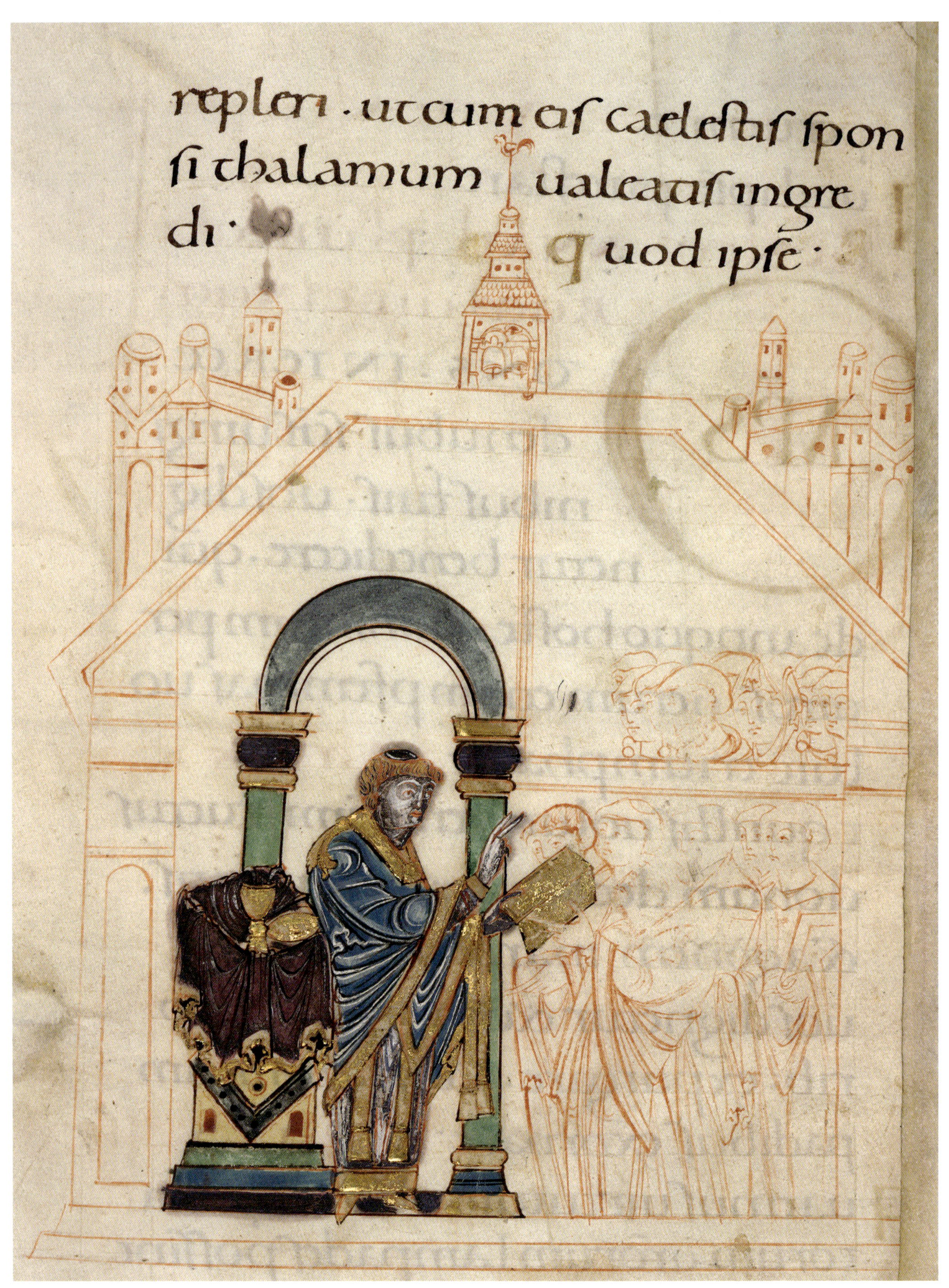
repleri · ut tamen eis caelestis spon
si thalamum ualeatis ingre
di · quod ipse ·

derborner Dom können wir aber auf ein Dokument aus dem 11. Jahrhundert zurückgreifen, das die Altäre und ihre Reliquienausstattung verzeichnet. Überliefert ist das undatierte Reliquienverzeichnis lediglich in einer neuzeitlichen Abschrift, die der Jesuitenpater Johannes Gamans († 1684) anfertigte (Kat.Nr. 213). Die darin beschriebene Altaranordnung und Altargestaltung lässt auf eine Entstehung des Verzeichnisses in der Zeit Bischof Imads (1051–1076) schließen, der sich nach der Brandkatastrophe von 1058, die das Ensemble der Meinwerkbauten weitgehend zerstört hatte, dem Wiederaufbau der Kathedralkirche widmete. Welche Reliquien bei der Domweihe von 1068, die Bischof Imad zusammen mit Erzbischof Siegfried von Mainz (1060–1084) vornahm, neu in den Altären beigesetzt oder umgruppiert wurden, lässt sich im Einzelnen natürlich nicht sagen. Fest steht aber, dass der Erwerb eines Großteils der genannten Reliquien bereits auf Bischof Meinwerk und andere Amtsvorgänger Imads zurückzuführen ist.

Das Verzeichnis listet unter der Überschrift »De reliquiis cathedralis« drei Altäre mit ihren Reliquien sowie die eindrucksvolle Reliquienausstattung der Domkrypta auf. Außerdem werden die Heiltümer in der Neuen Sakristei (»in vestiario novo«) genannt; der Raum wurde offenbar als Schatzkammer genutzt. Der Hauptaltar im Osten der Kathedrale war der Gottesmutter Maria geweiht. Er besaß vier Sepulchren an den vier Ecken des Altares sowie ein Sepulchrum in der Altarmitte. Die Anordnung der Reliquien verrät eine sorgfältige Planung. So folgen die Reliquien in den vier Ecksepulchren streng der Hierarchie der Heiligen: In der ersten Ecke ruhten die Reliquien von drei Aposteln, von Petrus, Paulus und Andreas, mithin genau jene Apostel, die als Patrone von Kloster Abdinghof (St. Petrus und Paulus) und von Stift Busdorf (St. Petrus und Andreas) in Paderborn besondere Verehrung genossen; in der zweiten Ecke ruhten Märtyrerreliquien (Mauritius, Alexander, Eustachius), in der dritten Reliquien von »confessores«, von Bekennern (Autbertus, Pamphilus, Odulphus) und in der vierten Reliquien heiliger Jungfrauen (Juliana, Honorata, Madelberta). Das Sepulchrum in der Mitte des Altares enthielt als wertvollste Partikel eine Haarreliquie der Altarpatronin, der heiligen Jungfrau Maria, die vielleicht auf eine Schenkung Karls des Großen (768–814) zur Weihe von 799 zurückzuführen ist. Der Heiligkreuzaltar barg eine Partikel des heiligen Kreuzes, außerdem Reliquien des heiligen Longinus, der der Legende nach als römischer Soldat mit der Lanze die Seite Christi durchstach, und des heiligen Bonifatius († 754). Beide gehören zu den Heiligen, deren

1 *Aethelwoldbenediktionale*, unvollendete Darstellung mit der Segnung eines Kirchengebäudes im Kontext des Kirchweihformulars; Winchester, 970–980. London, British Library, Add. Ms. 49598, fol. 118v

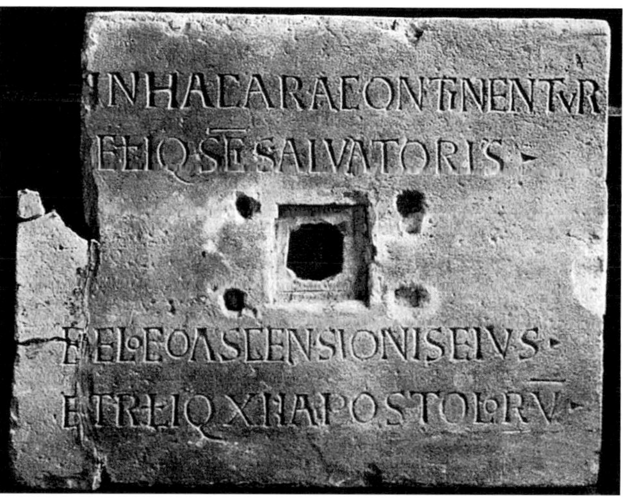

2 Altarmensa mit Sepulchrum und Weiheinschrift; Petersberg bei Fulda, 9. Jahrhundert

Verehrung Bischof Meinwerk besonders förderte (Vita Meinwerci 1921, cap. 162). Erklärungsbedürftig ist, dass ausgerechnet Liboriusreliquien an prominenter Stelle im Reliquienverzeichnis fehlen. Weder im Hauptaltar noch im Liboriusaltar im Westen der Kirche befanden sich Überreste des Heiligen, dessen Kult spätestens seit Ende des 10. Jahrhunderts unter Bischof Rethar (983–1009) intensiviert wurde und der im 11. Jahrhundert den Hauptpatronen des Doms zuzurechnen ist. Liboriusreliquien tauchen lediglich unter den mehr als 130 namentlich genannten Partikeln auf, die in der Krypta verwahrt waren. Vermutlich existierte schon damals ein eigener Schrein des heiligen Liborius, der bei der Anlage des Verzeichnisses nicht berücksichtigt wurde.

In gewisser Weise spiegelt das Reliquienverzeichnis auch die Bedeutung der Paderborner Kirche im 11. Jahrhundert wider. Es zeigt, dass die Bischöfe von Paderborn – allen voran Meinwerk – über die nötigen materiellen Ressourcen und politischen Beziehungen verfügten, um Reliquien in solcher Qualität und Quantität für ihre Kathedralkirche zu erwerben. Besonders auffällig ist die ungewöhnlich große Anzahl von Christusreliquien und weiteren Heiltümern, die direkt auf die Heilsgeschichte Christi Bezug nehmen. Dem Verzeichnis zufolge lagen im Paderborner Dom sieben Partikeln vom Kreuz Christi, drei vom Grab Christi, drei vom Schwamm, der Jesus am Kreuz gereicht wurde, drei vom Tisch Christi, drei vom Ölberg, weiterhin jeweils eine Reliquie vom Gewand des Herrn, von einem der heiligen Nägel, von der Geißelrute und vom Kalvarienberg. Genannt werden außerdem eine unbestimmte Salvatorreliquie und jeweils zwei Partikeln von den fünf Broten (Mt 14, 19), von Simeon, der Christus im Tempel in seine Arme nahm (Lk 2, 25–35), und vom Baum, den der Zöllner Zachäus erstieg, um Christus zu sehen (Lk 19, 1–10). Es ist

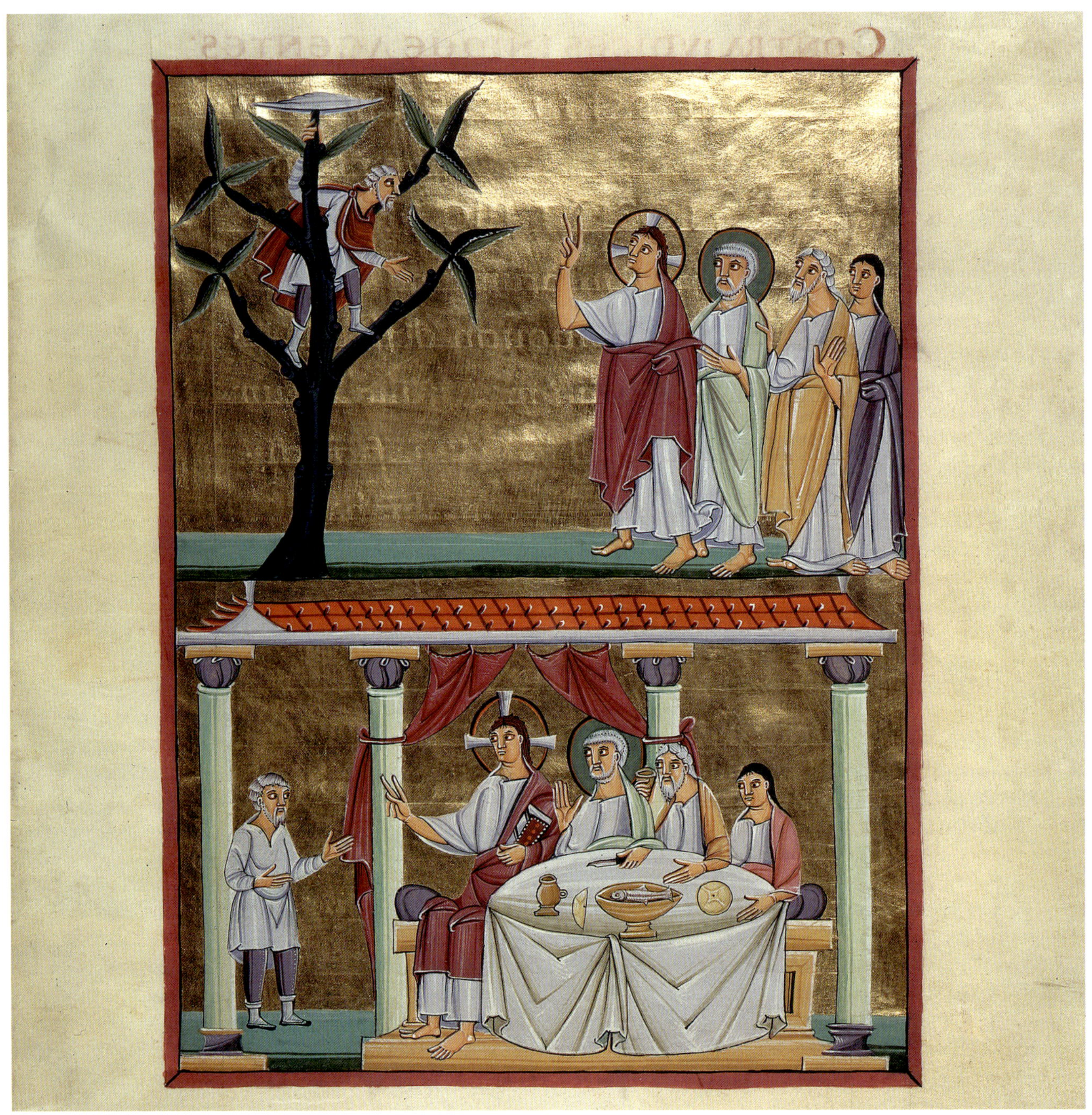

3 Reichenauer Perikopenbuch Kaiser Heinrichs II., Illustration zur Kirchweihperikope der Zachäusgeschichte nach Lk 19, 1–10; Reichenau, zwischen 1007 und 1014 (um 1012/1013?). München, Bayerische Staatsbibliothek, Clm 4452, fol. 200r

naheliegend, als Initiator dieser außergewöhnlichen Sammlung von Herrenreliquien Bischof Meinwerk anzunehmen. Meinwerk hatte Abt Wino von Helmarshausen (um 1015–1036) nach Jerusalem gesandt, um von dort die Maße des Heiligen Grabes und der Grabeskirche mitzubringen. Nach Ausweis der *Vita Meinwerci* (Vita Meinwerci 1921, cap. 216–217) kehrte Wino nicht nur mit den Maßen, sondern auch mit Reliquien vom Heiligen Grab aus dem Heiligen Land nach Paderborn zurück. Die Reliquien vom Baum des Zachäus könnten wiederum auf ein Weiheereignis verweisen, denn die Zachäuserzählung ist Teil der Leseordnung der Kirchweihe, was auf den Vers Lk 19, 9 zurückzuführen ist: »Heute ist diesem Haus das Heil geschenkt worden.« In den mittelalterlichen Handschriften findet sich deshalb im Kontext der Kirchweihperikopen oft eine Illustration zur Zachäusgeschichte (Abb. 3).

Aufschlussreich ist die Analyse der Heiltümer, die das Verzeichnis der Neuen Sakristei zuordnet. Der Raum befand sich auf der südlichen Chorseite, im Obergeschoss über der chorflankierenden Marienkapelle, und wurde offenbar als Schatz- und Heiltumskammer genutzt. Die hier deponierten Heiligenreliquien waren aller Wahrscheinlichkeit nach keine Altarreliquien, sondern Reliquien, die in einem oder mehreren mobilen Schreinen gesondert aufbewahrt wurden. Das Verzeichnis nennt Partikeln von den Steinen, durch die der Erzmärtyrer Stephanus zu Tode kam, von Anastasius und Innozenz, vom Grab Christi, vom Gewand des Evangelisten Johannes und von der heiligen Jungfrau Lucia. Die als Märtyrer titulierten Heiligen Anastasius und Innozenz, deren Reliquien zwischen den äußerst hochrangigen Partikeln von Stephanus und Christus aufgelistet sind, lassen sich aufgrund ihrer Kombination identifizieren: Es handelt sich dabei um Papst Anastasius I. (399–402) und seinen Amtsnachfolger Innozenz I. (402–417). Die Päpste waren die Spezialpatrone des sächsischen Frauenstifts Gandersheim. Die Stifter des Gandersheimer Konvents, Graf Liudolf († 866) und seine Gattin Oda († 913), hatten Reliquien der beiden römischen Bischöfe persönlich von Papst Sergius II. (844–847) in Rom entgegengenommen. Kult und Reliquien der beiden heiligen Päpste der Frühzeit waren außerhalb Gandersheims wenig verbreitet; die Kanonissen gaben die Reliquien ihrer Patrone nur selten, aber gezielt an andere Kircheninstitutionen weiter. So lassen sich Reliquien von Anastasius und Innozenz bei der Weihe des Bamberger Domes am 6. Mai 1012 nachweisen. Sie wurden von Erzbischof Tagino von Magdeburg (1004–1012), der den nördlichen Nebenaltar im Ostchor der Bamberger Kirche zu Ehren des heiligen Blasius, des heiligen Lambertus und des Erzmärtyrers Stephanus konsekrierte, im Sepulchrum dieses Altares beigesetzt. Die Reliquien sind als Weihegeschenk der bei der Bamberger Dedikation anwesenden Gandersheimer Äbtissin Sophia für Heinrich II. und seine Bistumsgründung zu deuten, denn der Kaiser hatte sich mehrfach als besonderer Wohltäter des Gandersheimer Frauenstifts erwiesen.

Über den Zeitpunkt des Transfers der Gandersheimer Spezialheiligen nach Paderborn können wir nur Vermutungen anstellen; die Aufbewahrung der Reliquien in der Sakristei im Umfeld wichtiger, direkt mit Christi Heilsgeschichte verknüpfter Überreste spricht aber für einen Stifter von großer Autorität beziehungsweise für einen entsprechend bedeutsamen Anlass zur Reliquienspende. Ein Ereignis bietet sich geradezu an: Nach seiner Wahl zum König im Juli 1002 begann Heinrich II. seinen Umritt durch das Reich, der ihn am 10. August 1002, am Laurentiustag und Tag der Lechfeldschlacht, nach Paderborn führte. Obwohl der Paderborner Dom erst zwei Jahre zuvor abgebrannt war, wurde hier die Gemahlin Heinrichs, Kunigunde († 1033), von Erzbischof Willigis von Mainz (975–1011) zur Königin gekrönt. Anwesend war auch die neue Gandersheimer Äbtissin Sophia, Tochter Kaiser Ottos II., die das Gandersheimer Kapitel nach dem Tod von Äbtissin Gerberga II. (956–1001) zur Vorsteherin gewählt hatte. Sophia erhielt im Zuge der Krönungsfeierlichkeiten in Paderborn ihre kirchliche Weihe vom Mainzer Metropoliten, nachdem sie von König Heinrich offiziell als Äbtissin von Gandersheim eingesetzt worden war. Überbrachte sie zu dieser Gelegenheit dem Paderborner Bischof Reliquien der beiden Schutzpatrone ihres Konvents?

Die hochmittelalterliche Reliquienverehrung war nicht allein ein religiöses Phänomen, sondern hatte immer auch politische Bedeutung. Durch die Verbindung von Altar und Reliquie war die Kirche zum Haus der Heiligen geworden; Reliquien vergegenwärtigten die *virtus*, die besondere Kraft der mit ihnen verbundenen heiligen Personen; zugleich konnten sie politische und soziale Beziehungen stiften und Klöster, Stifte oder Bischofssitze durch den gemeinsamen und verbindenden Kult eines Heiligen miteinander vernetzen. Der Ritus der Kirchweihe, gerade im 10./11. Jahrhundert oft ein Ereignis von reichspolitischer Bedeutung, bot den anwesenden geistlichen und weltlichen Großen bis hin zum Herrscher die Möglichkeit, auf das ansonsten verschlossene Innere der Altäre, den Reliquienbestand der Altargräber, Einfluss zu nehmen. Inwieweit Meinwerk die Paderborner Heiligen und Reliquien als kirchenpolitisches Instrumentarium nutzte, können wir quellenbedingt nur punktuell, bei der Quedlinburger Weihe von 1021 beispielsweise, erkennen. Das Reliquienverzeichnis des Paderborner Domes zeigt jedenfalls, dass die Bischofskirche im 11. Jahrhundert einen beachtlichen Bestand an Heiligen in ihren Mauern barg, vor allem eine außergewöhnliche Anzahl von Christusreliquien, und dass auch Patrone anderer Kirchen den Weg nach Paderborn gefunden haben.

Quellen

Annales Quedlinburgenses 2004 · Dedicatio ecclesiae s. Petri Babenbergensis 1861 · Reliquienverzeichnis Paderborner Dom 1986 · Vita Meinwerci 1921.

Literatur

Balzer 1986b · Benz 1975 · Hengst 1986b · Kat. Bamberg 2002 · Kat. Paderborn 1986a · Röckelein 2002 · Röckelein 2006 · Wünsche 2006.

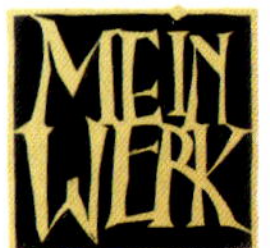

Sakrale Schatzkunst

Bischöfliche Stiftungen des frühen 11. Jahrhunderts in Sachsen und Lothringen

Lothar Lambacher

Als der Paderborner Dom im Jahre 1000 »mit Büchern, Urkunden, Plenarien und anderem kirchlichen Zierrat fast ganz in Flammen aufgegangen war« (Vita Meinwerci 1921, cap. 7), machte dies nicht nur seinen architektonischen Wiederaufbau, sondern auch eine zumindest teilweise Erneuerung seiner Ausstattung mit Kirchengerät erforderlich. Über die vor der Brandkatastrophe im Dom benutzten liturgischen Geräte und vorhandenen Reliquiare wissen wir freilich fast nichts: Kein einziges Werk ist erhalten, kein frühes schriftliches Zeugnis kündet von ihnen. Erst aus dem 1578 gedruckten *Catalogus Episcoporum Paderbornensium* des Hermann von Kerssenbroick († 1585) erfahren wir von einem angeblich durch Kaiser Otto II. (973–983) unter Einsatz von unglaublichen 600 Pfund Gold gestifteten Kreuz im Chorbogen des karolingischen Domes. Auch unsere bescheidenen Kenntnisse von der Ausstattung des 1015 geweihten neuen Domes mit sakralem Gerät durch Bischof Meinwerk (1009–1036) beruhen weder auf überkommenen Werken noch auf zeitgenössischen Quellen. Erst die um 1165 verfasste *Vita Meinwerci* berichtet darüber: »Den unter seinem Vorgänger in einem verheerenden Feuer verbrannten Schatz und Schmuck des Domes erneuerte er [Meinwerk] auf vielfältige Weise: Neben anderen ansehnlichen Gaben seiner Hochherzigkeit vermehrte und verschönerte er den Domschatz so geziemend wie auch nützlich durch eine sehr kostbare goldene Tafel sowie durch drei Messkelche aus ebenso geprüftem, besten Gold. Mit einem Kronleuchter hob er das Aussehen des Domes.« (Vita Meinwerci 1921, cap. 161). Zwischen dem Episkopat Meinwerks und der Niederschrift seiner Vita ist der Paderborner Dom noch zweimal – 1058 und 1133 – von Bränden betroffen worden. Im gleichen Zeitraum erfolgten der Domneubau unter Bischof Imad (1051–1076) bis 1068, der Neubau von Chor und Krypta um 1100 unter Bischof Heinrich II. von Werl (1084–1127) und die Einwölbung unter Bischof Bernhard I. von Oesede (1127–1160) bis 1144/1145. Es erscheint daher unklar, ob der Autor der *Vita Meinwerci*, wohl Abt Konrad von Abdinghof (1142–1173), sein Wissen aus eigener Anschauung der erwähnten Kunstwerke oder aus schriftlicher beziehungsweise mündlicher Überlieferung schöpfte.

Die in der Vita als erstes und offenbar bedeutendstes Werk erwähnte »tabula preciosissimi auri« wird wohl zu Recht als goldenes Antependium eines Altares gedeutet. Ob dieses, wie Alois Fuchs vermutet hat, mit jenem auf 17 Mark Gold taxierten Altar identisch ist, der in einer nach 1076 entstandenen Liste von sieben zum Paderborner Domschatz zählenden Werken genannt wird, bleibt ungewiss. Die drei goldenen Kelche Meinwerks finden in dieser Aufstellung jedenfalls keine Erwähnung: »Für das Bild der heiligen Maria 11½ Mark, am goldenen Schrein des heiligen Liborius 24 Mark Gold, am goldenen Messbuch 5 Mark Gold, ebenfalls am Messbuch 3¼ Mark, am goldenen Altar 17 Mark Gold, am kleinen Kreuz 5½ Mark, am großen Kreuz 14 Mark und eine Mark für das Vergolden. Zusammen aber 71½.« (Schatzverzeichnisse 1967, S. 69). Die Unstimmigkeit der Summierung beruht vor allem darauf, dass die erste Zeile mit den Angaben zum Marienbild von anderer Hand nachgetragen wurde. In jenem darf wohl die berühmte Imad-Madonna (Kat.Nr. 231) erkannt werden. Der in der Handschrift erwähnte Liboriusschrein ist vermutlich jener, der 1622 durch Herzog Christian von Braunschweig-Wolfenbüttel († 1626), den »tollen Christian«, eingeschmolzen wurde. Die jüngere Forschung erkennt in dem Verzeichnis aus dem späten 11. Jahrhundert weniger eine Bewertung der damals im Domschatz vorhandenen goldenen Werke als vielmehr einen Verwendungsnachweis für Goldbestände im Zusammenhang mit der Anfertigung neuer Kirchenausstattungen unter Bischof Imad nach dem Brand von 1058.

Auf die sowohl in einem Evangeliar aus dem 10. Jahrhundert (Kat.Nr. 228) als auch auf die – mit etwas umfänglicheren Angaben – in der *Vita Meinwerci* verzeichnete erste Ausstattung der 1031 geweihten Kirche des Paderborner Benediktinerklosters Abdinghof mit sakralen Geräten, Paramenten und liturgischen Handschriften durch Bischof Meinwerk ist Manfred Balzer jüngst ausführlich eingegangen (Balzer 2006a). An dieser Stelle sollen daher nur die in der Vita aufgezählten Goldschmiedearbeiten erwähnt werden: »Das silberne Antependium des Hauptaltares; ein goldener Kelch aus 8 Mark geprüften Goldes, geziert durch 72 Edelsteine; ein aus 30 Mark Silber gegossener Kelch, auf dem das Leiden des Protomärtyrers Stephanus dargestellt war; ein kleinerer Silberkelch von 22 Mark; 6 kleinere Kelche unterschiedlicher Qualität und Größe aus reinstem Silber; 2 silberne Kreuze mit Vortragestäben; 2 Leuchter aus je 3½ Mark geprüftem Silber; silberne Becher, 5 silberne Messkännchen« (Vita Meinwerci 1921, cap. 211).

Im Zusammenhang mit der Schilderung des Besuches von Kaiser Heinrich II. (1002–1024) in Paderborn zu Weihnachten des Jahres 1022 berichtet die *Vita Meinwerci*, dass Bischof Meinwerk durch »seine Goldschmiede Brunhard und dessen Sohn Erpho« (Vita Meinwerci 1921, cap. 182) gegen den Willen Heinrichs aus dessen kunstvollem Trinkbecher noch in der Heiligen Nacht einen Messkelch fertigen ließ. Der dazu schnell herbeigeholte Brunhard und sein Sohn Erpho waren demnach ortsansässige Goldschmiede, die offenbar regelmäßig im Auftrag Meinwerks arbeiteten. Paderborn darf also bereits im ersten Viertel des 11. Jahrhunderts als Sitz einer Goldschmiedewerkstatt betrachtet werden, von deren Produktion uns freilich keinerlei materielle Zeugnisse bekannt sind.

Die Nachrichten über Meinwerks Stiftungen sakraler Geräte und das gleichzeitige Fehlen aller damit in Zusammenhang zu bringenden Werke in Paderborn geben jedenfalls Anlass, Umschau nach vergleichbaren, aber besser überlieferten bischöflichen Donationen aus der ersten Hälfte des 11. Jahrhunderts zu halten. Im Rahmen der vorliegenden Betrachtung soll der Blick auf die Ausstattung der Domkirchen im Herzogtum Sachsen sowie der in vielen Aspekten vorbildhaften Bischofssitze in den Diözesen Nieder- und Oberlothringens beschränkt bleiben. Grenzt man den zeitlichen Rahmen des Überblicks auf die Amtszeit jener Bischöfe der 20 Diözesen dieser Territorien ein, deren Episkopat zumindest teilweise in die Periode zwischen dem Paderborner Dombrand des Jahres 1000 und dem Tod Meinwerks 1036 fällt, so ergibt sich ein ernüchterndes Bild: Für kaum ein halbes Dutzend der etwa 64 in Betracht kommenden Bischöfe sind Werke sakraler Schatzkunst – metallene Altarbekleidungen, Tragaltäre, Altargeräte, Reliquiare oder kostbare Einbände liturgischer Bücher – überliefert, die durch Inschriften oder andere Beweise als deren Stiftungen gesichert sind. Nicht immer war die eigene Domkirche Empfänger der Donationen, es wurden auch andere Institutionen, etwa zur späteren Grablege bestimmte Klosterkirchen, begünstigt. Grundsätzlich unberücksichtigt bleiben in unserer Übersicht Grabbeigaben und Insignien wie Ringe, Krümmen oder Reisekelche, die zwar in bestimmten Fällen individuell zuzuordnen sind, aber als Besitz des bischöflichen Amtsinhabers eben keine dezidierten Stiftungen an den jeweiligen Kirchenschatz waren. Um trotz der wenigen, auf uns gekommenen Werke eine hinreichend gültige Vorstellung von der Art und dem Umfang episkopaler Stiftungen sakraler Schatzkunst im frühen 11. Jahrhundert zu gewinnen, sollen ergänzend auch schriftliche Quellen, insbesondere die zeitgenössischen Schatzverzeichnisse, befragt werden. Dies kann jedoch, dem Charakter des vorliegenden Beitrages entsprechend, nur exemplarisch und ohne Anspruch auf Vollständigkeit geschehen.

Sachsen

Die größte Bedeutung als Stifter im Amt eines Bischofs kommt in jener Zeit Bernward von Hildesheim (993–1022) zu. Schriftliche Quellen über seine umfangreiche Stiftertätigkeit sowie eine ungewöhnlich hohe Zahl von Werken, die mit seinem Namen verbunden sind, haben dazu geführt, dass sich in der kunsthistorischen Forschung der Begriff »Bernwardinische Kunst« etabliert hat. Der Terminus offenbart, dass damit weniger eine durch enge stilistische Gemeinsamkeiten als vielmehr eine durch die Person des Auftraggebers verbundene Werkgruppe gemeint ist. Sie umfasst Zeugnisse aller Gattungen: Architektur (Bau der Klosterkirche St. Michael, Domerneuerung nach Brand, Kat.Nr. 202), Bronzegüsse (Bronzetüren des Domes und so genannte Bernwardsäule für den Kreuzaltar von St. Michael), Monumentalskulpturen (Kruzifix für das Kanonissenstift Ringelheim, Große Goldene Madonna für den Dom) und Handschriften (Sakramentar, Evangeliar und *Guntbaldevangelistar*, *Bernwardpsalter* und *Bernwardbibel* sowie das so genannte *Kostbare Evangeliar*, Kat.Nr. 203–208). In unserem Zusammenhang sollen nur die Werke sakraler Schatzkunst eine etwas ausführlichere Erwähnung finden.

Von den zahlreichen, während Bernwards Episkopat für den Hildesheimer Dom gestifteten Werken dieser Gattung ist nichts erhalten. Wir wissen von ihnen allein aus der *Vita Bernwardi*. Die dort erwähnten Evangelienbücher mit goldenen, edelsteinbesetzten Einbänden, Weihrauchfässer von bedeutendem Wert und Gewicht sowie Kelche aus Onyx, Bergkristall und Gold sind wohl ebenso bereits einem der Dombrände von 1013 und 1046 zum Opfer gefallen wie eine nachfolgend beschriebene große Leuchterkrone (Vita Bernwardi 1841, cap. 8).

Drei inschriftlich als Stiftungen Bernwards gesicherte Werke der Goldschmiedekunst sind auf uns gekommen, die wohl alle für die 1010 grundgelegte Kirche des Klosters St. Michael in Hildesheim geschaffen wurden, der Bernward 1019 sein gesamtes ererbtes Vermögen übertrug und die zu seiner Grablege bestimmt war: der Einband des so genannten *Kostbaren Evangeliars*, das Silberne Bernwardkreuz (Kat.Nr. 165) und die beiden Bernwardleuchter (Kat.

Nr. 166). Am Einband des *Kostbaren Evangeliars* hat Bernward gleich zwei Inschriften anbringen lassen, die das Werk als seine Stiftung ausweisen. Auf dem oberen und unteren Randsteg einer an der Vorderseite befindlichen byzantinischen Elfenbeintafel mit der Darstellung der Deesis lesen wir: SIS PIA QVESO TVO BERNVVARDO TRINA POTESTAS (»Dreifache Macht [Dreieiniger Gott], sei deinem Bernward gnädig«). Der umlaufende Text an der Rückseite betont in besonderer Weise den künstlerischen Rang des gestifteten Werkes: HOC OPV(S) EXIMIV(M) BERNVVARDI P(RE)SVLIS ARTE FACTV(M) CERNE D(EV)S MATER ET ALMA TVA (»Dieses hervorragende Werk, das durch die Kunst Bischof Bernwards geschaffen worden ist, sieh an, Gott und deine nährende Mutter«). Das aus dieser Formulierung sprechende künstlerische Qualitätsbewusstsein findet seine handwerkliche Entsprechung in der Verwendung der Technik des *Opus interrasile*, einer durchbrochenen, teilweise vergoldeten und niellierten Silberarbeit, deren bedeutendste zeitgenössische Vorbilder in Werkstätten entstanden sind, die in kaiserlichem Auftrag arbeiteten. Hier soll zum Vergleich nur auf den Einband des Sakramentars Kaiser Heinrichs II. in der Bayerischen Staatsbibliothek München (Clm 4456) und auf das Kreuzreliquiar Heinrichs II. in der Schatzkammer der Münchner Residenz verwiesen werden.

Der Kruzifixus des Silbernen Bernwardkreuzes und die figürlichen und vegetabilen Darstellungen der Bernwardleuchter bezeichnen einen absoluten Höhepunkt ottonischer Plastik. Die Technik des figürlichen Metallgusses wurde in Hildesheim unter Bischof Bernward zu einer ganz einzigartigen Blüte geführt, der man sich sehr wohl bewusst war. Die – gleichlautende – Inschrift auf den beiden Altarleuchtern besagt: BERNVVARDVS PRESVL CANDELABRVM HOC + PVERVM SVVM PRIMO HVIVS ARTIS FLORE NON AVRO NON ARGENTO ET TAMEN VT CERNIS CONFLARE IVBEBAT (»Bischof Bernward befahl seinem Knecht, diesen Leuchter in der ersten Blüte dieser Kunst nicht aus Gold oder Silber, und doch so, wie du ihn siehst, zu gießen«). Die Lobpreisung der Kunstwerke ist die alleinige Botschaft dieser Inschrift, weder Gott noch Heilige oder die Kirche finden als Empfänger der Stiftung Erwähnung. An der Rückseite des Silbernen Bernwardkreuzes, das durch seine nur teilweise ursprünglichen Inschriften als Reliquiar für Reliquien des heiligen Kreuzes und der Märtyrer Laurentius, Stephanus und Dionysius ausgewiesen ist, findet sich dagegen nur eine kurze und sachliche Stiftungsnachricht: BERNVVARDVS PRESVL FECIT HOC (»Bischof Bernward hat dies gemacht«). Hier ist vor allem der Ort dieser Inschrift bemerkenswert und aussagekräftig. Sie erscheint nicht wie üblich demutsvoll am Fuß des Kreuzes, sondern an der Rückseite des Titulus! Wie bei keinem anderen zeitgenössischen Stifter sakraler Kunst können wir bei Bischof Bernward von Hildesheim neben den Motiven frommer Demut und politischen Kalküls einen offenkundigen Stolz auf seine persönliche Kunstsinnigkeit fassen.

Die sprachlich ambivalenten Formulierungen der Inschriften, vor allem aber die Nachricht in der *Vita Bernwardi,* haben in der Forschung immer wieder die Frage aufgeworfen, inwieweit Bernward nicht nur als Stifter und Initiator, sondern auch als ausführender Künstler an den mit seinem Namen verbundenen Werken beteiligt war: »Und obwohl er am wärmsten für alle Zweige der freien Wissenschaften brannte, so bezog er doch auch die niederen Künste, die man die mechanischen nennt, in seine Studien ein. Im Schreiben hat er ganz besonders geglänzt, die Malerei übte er mit größter Sorgfalt, im Goldschmiedewissen, in der Kunst der Edelsteinfassung und in jeder Art von ordentlichem Zusammenfügen tat er sich in erstaunlicher Weise hervor, wie sich später an zahlreichen Bauten zeigte, die er in prachtvoller Schönheit schuf.« (Vita Bernwardi 1841, cap. 1; Binding 1988, S. 30). Heute steht die kunsthistorische Forschung der Annahme einer eigenhändigen kunsthandwerklichen Tätigkeit Bernwards weitgehend skeptisch gegenüber.

Auch vom Münsteraner Bischof Siegfried von Walbeck (1022–1032) wird über eigene künstlerische Tätigkeit berichtet: »Er gab der Kirche ein mit kostbarsten Edelsteinen geschmücktes goldenes Messbuch und ein besonders feines praealtare, das er mit eigenen Händen angefertigt hatte.« (WUB 1, Nr. 103). Die Mitteilung über die eigenhändige Anfertigung darf – wenn überhaupt – wohl nur auf das »praealtare«, ein vermutlich textiles Antependium, bezogen werden. Bereits zuvor hatte Siegfrid sich noch als Abt des Klosters Berge bei Magdeburg als bedeutender Stifter sakraler Kunstwerke hervorgetan. Dort stiftete er neben zahlreichen Paramenten und Handschriften ein goldenes, mit Edelsteinen verziertes Kreuz, drei silberne Schreine – vielleicht sind Tragaltäre gemeint – und einen vergoldeten Kelch mit Patene (UB Kloster Berge, Nr. 11). In der Klosterkirche zu Berge hat er auch einen goldenen, edelsteinverzierten Altar errichten lassen, zu dem er selbst 11½, das Kloster aber nur 2½ Talente gab (UB Kloster Berge, Nr. 11). Diese Nachricht ist von besonderem Interesse, da hier ein klarer Unterschied zwischen persönlicher Stiftung und institutioneller Anschaffung deutlich wird, den wir so in den meisten anderen Quellen nicht fassen können. Die urkundlichen Nachrichten lassen uns in Siegfried von Walbeck einen der bedeutendsten Stifter sakraler Schatzkunst des frühen 11. Jahrhunderts erkennen, der als solcher wohl noch heute neben Bernward von Hildesheim eindrücklich

1 Elfenbeintafel auf dem Einband des Evangeliars Bischof Notkers von Lüttich; Lüttich (?), um 1000 oder früher. Lüttich (Liège), Grand Curtis, Inv.Nr. MAAD 12.1 (Kat.Nr 199–I)

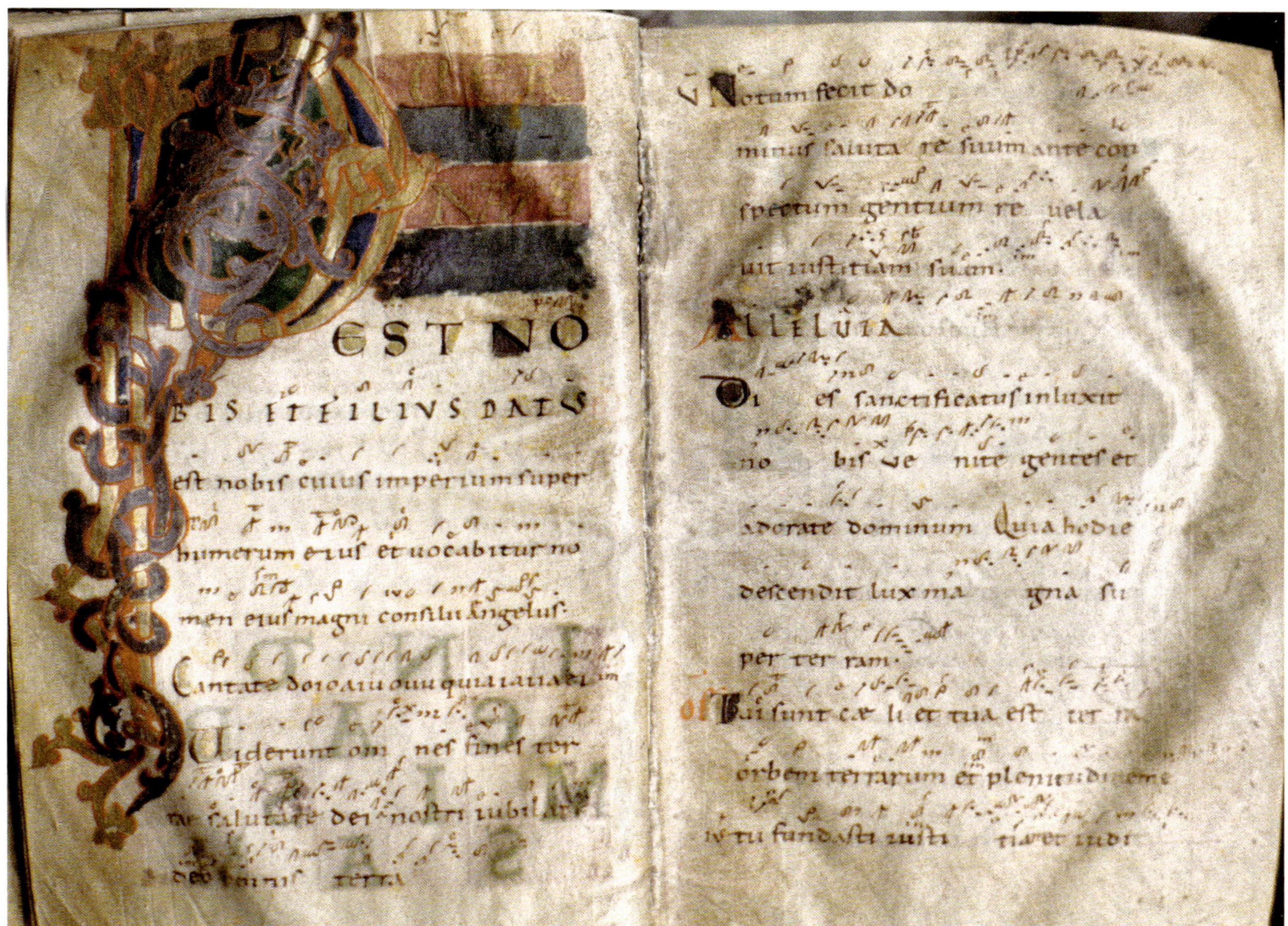

2 Introitus zu Weihnachten: »P[uer natus]«; Einsiedeln, letztes Viertel 10. Jahrhundert. Einsiedeln, Stiftsbibliothek, Cod. 121(1151), Graduale-Sequentiar, fol. 15v–16r

An erster Stelle ist ein Blick auf den Erzstuhl von Mainz zu werfen. Sein Führungsanspruch im Reich wird schon mit Erzbischof Hatto (891–913), zugleich Abt der Reichenau und zeitweise Kanzler des ostfränkischen Königs, ersichtlich. Wilhelm (954–968), Sohn Ottos I. (936–973), war einer seiner Nachfolger, in dessen Zeit im Kloster St. Alban das *Pontificale Romano-Germanicum* und der *Krönungsordo* kodifiziert wurden. Die mit den bekannten Federzeichnungen geschmückte Handschrift Min. 94 der Stadtbibliothek Schaffhausen ist ein Exemplar jenes Pontifikales (Kat.Nr. 9). Aus dem Besitz Ekkeharts II. von St. Gallen (Palatinus, Mainzer Dompropst, † 990), Erzieher Ottos II. (973–983) und wohl neben Erzbischof Willigis auch Erzieher des unmündigen Ottos III. (983–1002) in Mainz, stammt wohl das Benediktionale Cod. 398 der Stiftsbibliothek St. Gallen. Es enthält Gebete und Segnungen, die dem Bischof vorbehalten sind, zudem auf pag. 4 ein Bild des auf der Sphaira thronenden Christus sowie eine Reihe goldener Initialen auf Purpurgrund, die der Handschrift einen hohen künstlerischen Stellenwert verleihen. Pontifikale und Benediktionale sind als Bücher Instrumente des Bischofs, mit denen er den König krönt, salbt und segnet.

1 Einleitungsbild zu Präfation und *Canon missae* mit den Opfern Abels, Melchisedechs und Abrahams; Fulda, um 1000. Bamberg, Staatsbibliothek, Msc.Lit.1, fol. 13r

Zusammen mit dem Gebetbuch Ottos III. (München, Bayerische Staatsbibliothek, Clm 30111) ist das St. Galler Benediktionale ein Werk des Mainzer Domskriptoriums unter Willigis; aus dem Skriptorium der Benediktinerabtei St. Alban dagegen kommt das um 1000 geschriebene und mit Bildern ausgestattete Sakramentar des Mainzer Domschatzes (Cod. Kautzsch Nr. 4), einst verwahrt in St. Stephan zu Mainz, der Lieblingsgründung des Erzbischofs Willigis. Außerdem erhielten sich in diesem Domschatz noch zwei andere liturgische Prachthandschriften, die unter Willigis auswärts bestellt worden sein könnten, nämlich das Festtagsevangelistar Cod. Kautzsch Nr. 2 und das Epistolar Cod. Kautzsch Nr. 3. Während der erste Teil des Evangelistars (fol. 1r–16v) als Purpurhandschrift enge Verwandtschaft mit dem Lorscher Sakramentar (Chantilly, Musée Condé,

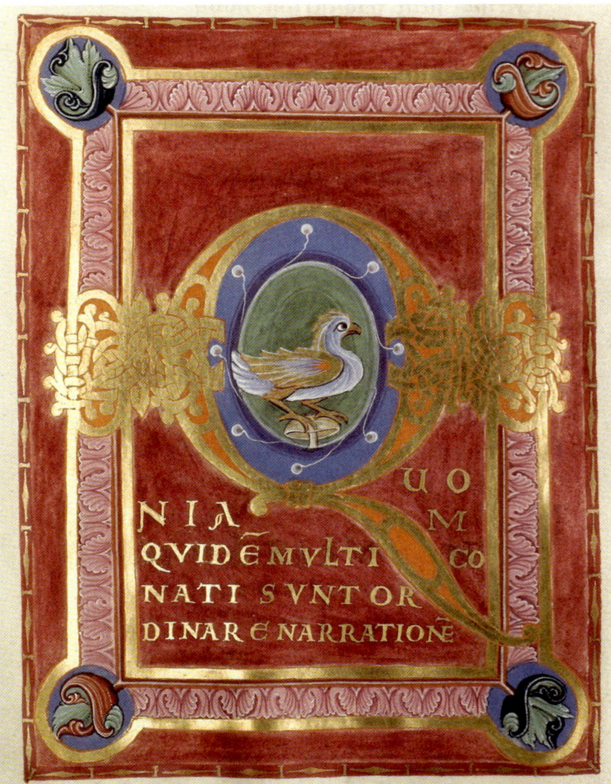

3 Beginn des Lukasevangeliums mit der Initiale »Q[uoniam quidem]« vom Reichenauer Maler Purchardus; Köln, um 1025. Köln, Erzbischöfliche Diözesan- und Dombibliothek, Hs. 12 *(Hillinuscodex)*, fol. 109v

Ms. lat. 1447) von der Hand des Meisters des *Registrum Gregorii* zeigt und wohl mit dessen Arbeit in oder für Lorsch im Zusammenhang steht, gehört das Epistolar eindeutig zur Reichenauer Handschriftenproduktion der 970er/980er Jahre und wurde wahrscheinlich vom Maler des Reichenauer Sakramentars in St. Paul im Lavanttal (Stiftsbibliothek, Cod. 20/1; Kat.Nr. 10) illuminiert. So mögen die Beispiele zeigen, wie weitreichend die Beziehungen bedeutender Bischöfe waren.

Im Gegensatz zum Metropolitansitz Mainz ist aus dem Umkreis Bischof Meinwerks von Paderborn, dem Erbauer des Domes und Gründer der Paderborner Benediktinerabtei Abdinghof, nur ein einziges Evangeliar erhalten, dessen Stifter Meinwerk gewesen sein könnte, nämlich das mit Kanontafeln und Initialzierseiten in Deckfarbenmalerei sowie fünf Federzeichnungen mit Szenen aus dem Leben Jesu und dem thronenden Christus geschmückte Ms. theol. 2° 60 (fol. 1r–151r) der Universitätsbibliothek Kassel, Landesbibliothek und Murhardschen Bibliothek der Stadt Kassel (Abb. 4). Die Handschrift könnte ein Gründungsgeschenk an die von Meinwerk 1015 gestiftete Abtei gewesen sein. Sie scheint aus der Schule des Klosters Corvey an der Weser zu stammen, deren Strahlkraft in Hildesheimer Handschriften besonders eindrücklich messbar wird. Das wohl unter Meinwerks Neffen, Bischof Imad (1051–1076), in Paderborn geschriebene Evangeliar in Berlin (Staatliche Museen zu Berlin, Kupferstichkabinett, 78 A 1) und das Evangeliar aus Hilwartshausen (Mainz, Stadtbibliothek, Hs. II 6) setzen die von Corvey ausgehende Kunst der partiell kolorierten Federzeichnung fort, wobei die schönen Kanontafeln mit den Evangelistensymbolen im Hilwartshausener Evangeliar von angelsächsischen Werken wie dem wohl in Canterbury gegen 1000 entstandenen Evangeliar aus St. Severin zu Köln (New York, The Pierpont Morgan Library, M 869) beeinflusst sein dürften.

Schon um die Mitte des 10. Jahrhunderts entwickelte sich im 822 von der fränkischen Königsabtei Corbie aus gegründeten, an der Weser gelegenen Kloster Corvey eine hohe Schule der Buchkunst, die in Evangeliaren, Evangelistaren und Sakramentaren monogrammatisch gestaltete goldene Buchstaben als Zierseiten zu komponieren in der Lage war, deren Gründe mit insuleskem Flechtwerk oder mit purpurnem Blatt- und Rankenwerk hinterlegt wurden; insulare und kontinental-karolingische künstlerische Strömungen flossen hier zusammen. Ein begeisterndes Werk dieser Art ist das in Corvey um 970 entstandene Evangelistar Astor Ms. 1 der New York Public Library. Zur ottonischen Corveyer Buchkunst führen die Fäden von künstlerischen Entwicklungen in den niedersächsischen und westfälischen Skriptorien immer wieder zurück. Corvey selbst hat seine Impulse, wofür das karolingische Evangeliar Cim. 2 der Bibliothek des Prager Metropolitankapitels (Archiv der Prager Burg) aus St. Vaast (Arras) steht, vom Norden Frankreichs erhalten. Dort haben sich im 9. Jahrhundert die insulare und kontinentale Tradition gemischt. So war auch hier die Klosterkultur für die Entwicklung der vom Buch getragenen Kultur der Bischofssitze maßgebend.

Dies wird im Südosten des Ottonenreiches, in Regensburg, der alten Residenz der ostfränkischen Könige, in besonderem Maße manifest. Ein Mönch, nämlich Wolfgang, einst Leiter der Domschule zu Trier, dann 965 bis 971 Mönch und Schulleiter im 934 gegründeten Kloster Einsiedeln (Schweiz), wurde 972 zum Bischof von Regensburg (972–994) berufen und übte sein Amt im Mönchsgewand aus. Er war Erzieher der Kinder des bayerisch-herzoglichen Hauses, aus dem Heinrich II. (1002–1024) als König und Kaiser hervorging. Wolfgang berief aus der alten Reformabtei St. Maximin zu Trier den greisen Mönch Ramwold als Abt nach Regensburg (975–1000) in das Kloster St. Emmeram. Ramwold ließ von den Mönchen Aripo und Adalbert das kostbare, aus dem *Ornatus palatii* des ostfränkischen Königs und Kaisers Arnulf (887–899) erhaltene Evangeliar Karls des Kahlen (843–877) restaurieren. Die frühen Regensburger Sakramentare wie das des heiligen Wolfgang (Verona, Biblioteca capitolare, Cod. LXXXVII) und das *Silvestersakramentar* (Vatikanstadt, Biblioteca Apostolica Vaticana, Vat. lat. 3806) zeigen in ihren Präfations- und Kanonseiten eindeutig Verwandtschaft mit Handschriften aus dem letzten Drittel des 10. Jahrhunderts der Schule von Reichenau, die Wolfgang in seiner Jugend besucht hatte. Im Sakramentar König Heinrichs II. formiert sich dann zwischen 1002 und 1014 die durch Beschäftigung mit der karolingisch-westfränkischen, der Fuldaer und wohl auch der byzantinischen Kunst erwachsene neue Regensburger Buchkunst, deren Bildkompositionen im Evangelistar der Äbtissin Uta von Niedermünster (1002–1025; München, Bayerische Staatsbibliothek, Clm 13601) eine anderswo nicht erreichte gedankliche Tiefendimension enthalten.

Bernward von Hildesheim und Heribert von Köln haben einen besonderen Lebenslauf, weil sie schon vor der Erwählung – nach Besuch der Domschulen in Hildesheim und Worms – Notare am königlichen Hof und Prinzenerzieher waren. Aus diesen Tätigkeiten ergab sich die Freundschaft der Bischöfe mit Otto III. Bernward von Hildesheim wurde von Hans Jakob Schuffels als Schreiber von kaiserlichen Diplomen unter Otto II., beispielsweise für Einsiedeln (MGH DD O II, Nr. 181) und unter Otto III. für Vilich (MGH DD O III, Nr. 32) entdeckt. Bernward selbst nannte sich »aulicus scriba doctus« (»gelehrter Schreiber am Hof«; UB Hamburg 1, Nr. 62) und zitiert mit dem Begriff »scriba doctus« (Mt 13, 52) die das Himmelreich umschreibenden Gleichnisse, die im Satz enden: »Darum ist jeder Schriftgelehrte, der Jünger des Himmelreiches wurde, einem Hausvater gleich, der aus seinem Schatze Neues und Altes hervorholt.« Das Zitat vom »scriba doctus« ist so die biblische Devise des Bischofs, der auch die Erhaltung der Domschule zu seiner Berufung zählt. Als 987 Otto III. sieben Jahre alt war, wurde Bernward von Kaiserin Theophanu († 991) zum Erzieher ihres Sohnes ausersehen. Es war gewissermaßen die letzte Stufe zum Bischofsamt, in das ihn Willigis von Mainz 993 weihte. Als Bischof wird Bernward seine durch die Tätigkeit am Hof geknüpften, weitreichenden Beziehungen genutzt haben. Dafür sprechen nicht zuletzt die aus seiner Zeit erhaltenen liturgischen Handschriften.

Zu den von Bernward vielleicht erst kurz vor seinem Tod oder von seinem Nachfolger Bischof Godehard (1022–1038) von außerhalb erworbenen Prachthandschriften zählt wohl noch das Epistolar-Orationale Hs. 688 der Dombibliothek Hildesheim. Mit seinen außergewöhnlich vielen Bildseiten war es eines der schönsten Reichenauer Werke aus dem Umkreis des Perikopenbuches Heinrichs II. (München, Bayerische Staatsbibliothek, Clm 4452) und des *Hillinuscodex* (Köln, Erzbischöfliche Diözesan- und Dombibliothek, Hs. 12; Abb. 3). Bernwards großes Verdienst beruht zudem auf der Unterhaltung des Skriptoriums am Hildesheimer Dom, aus dem er seine Lieblingsgründung, die Benediktinerabtei St. Michael, schon seit der Weihe ihrer Krypta 1015 mit Prachthandschriften wie dem *Kostbaren Evangeliar* (Hildesheim, Dommuseum, DS 18; Kat.Nr. 203) beschenkte.

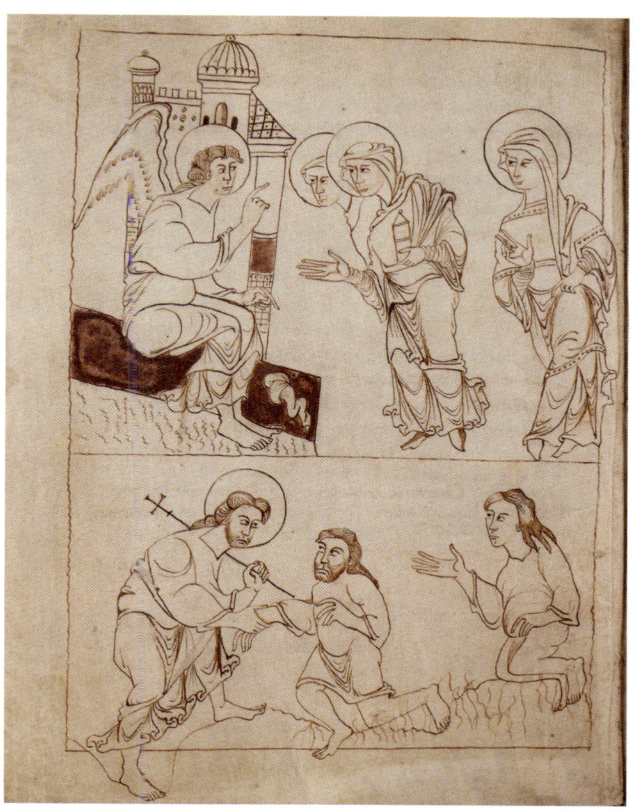

4 Frauen am Grabe und Befreiung der Stammeltern durch Christus aus der Vorhölle; wohl Corvey, letztes Viertel 10. Jahrhundert. Kassel, Universitätsbibliothek Kassel, Landesbibliothek und Murhardsche Bibliothek der Stadt Kassel, Ms. theol. 2° 60, fol. 2r (Kat.Nr. 228)

Auch wurde in diesem Skriptorium nach der Vorlage eines karolingisch-touronischen Bibelpandekten eine großformatige Vollbibel (Hildesheim, Dommuseum, DS 33; Kat.Nr. 206) geschrieben und illuminiert. Sein bischöfliches Skriptorium war demnach in der Lage, Prachthandschriften herzustellen. Unterstützung erhielt es durch den Schreiber Guntbald, Diakon aus Regensburg, dessen Hand in Büchern wie dem *Bernwardpsalter* (Wolfenbüttel, Herzog August Bibliothek, Cod. Guelf. 113 Noviss.), dem *Guntbaldevangeliar* (Hildesheim, Dommuseum, DS 33; Kat.Nr. 208), einem Evangelistar (Nürnberg, Germanisches Nationalmuseum, Hs. 29770) und dem *Guntbaldsakramentar* (Hildesheim, Dommuseum, DS 19; Kat.Nr. 207) nachweisbar ist. Die Zierseiten zu Präfation und Kanon dieser Handschrift eröffnen dem Auge ein unerwartetes Formenspiel gleichsam aus verschiedenen Werken der großen ottonischen Schulen Fulda, Mainz, Reichenau und Regensburg.

Die alte karolingische Domschule in Köln wurde unter Erzbischof Brun (953–965), dem Bruder Ottos des Großen, neu belebt. Von seinem Nachfolger Gero (969–976), Brautwerber für Otto II. in Konstantinopel, ist eine Prachthandschrift mit Dedikations- und Evangelistenbildern sowie mit einer Maiestas Domini (Darmstadt, Universitäts- und Landesbiblio-

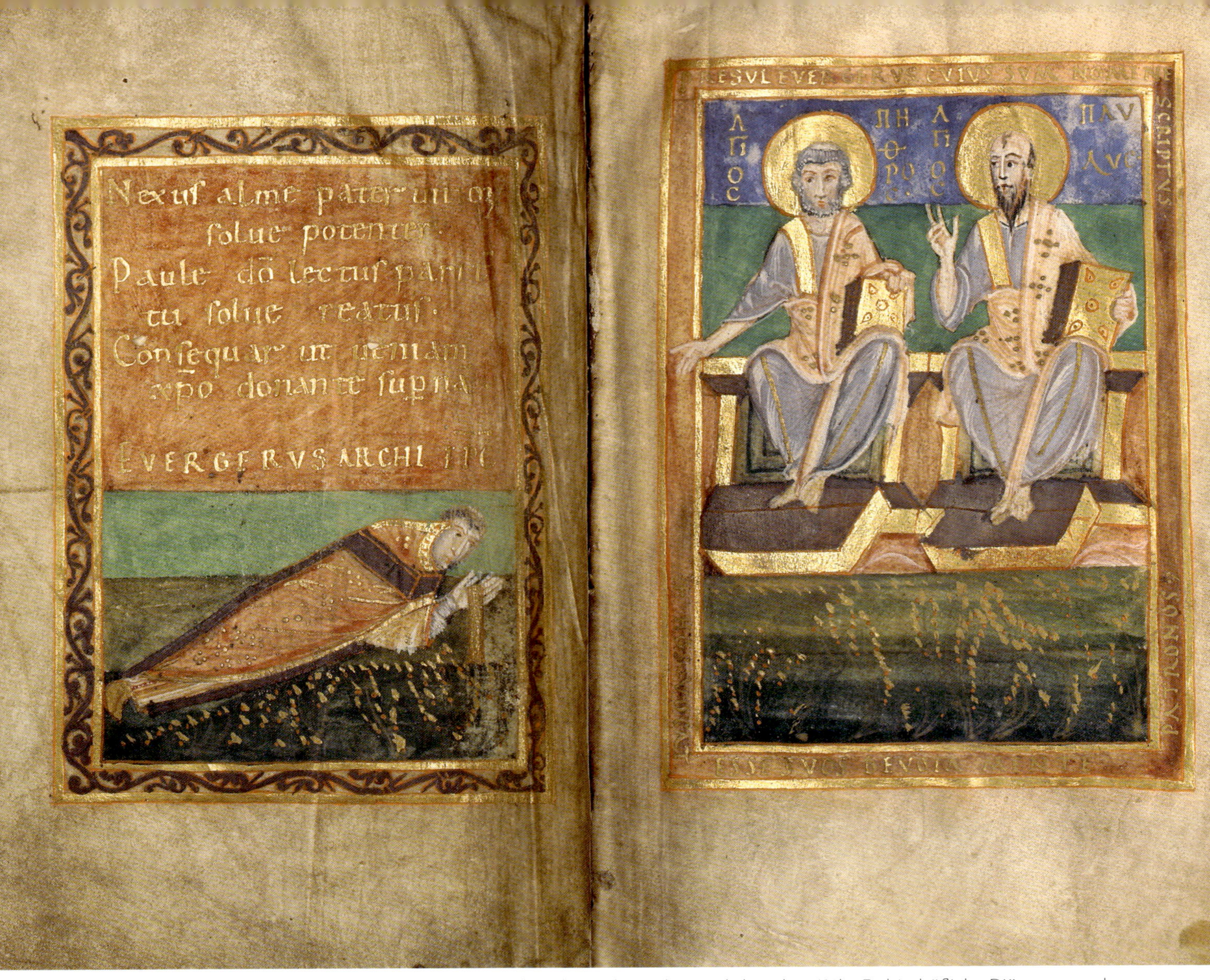

5 Erzbischof Everger von Köln betet zu Petrus und Paulus; Köln, Ende 10. Jahrhundert. Köln, Erzbischöfliche Diözesan- und Dombibliothek, Hs. 143, fol. 3v–4r

thek, Hs. 1948) erhalten, die der Reichenauer Buchkünstler Anno für den Domkustos Gero noch vor dessen Erwählung 969 zum Erzbischof geschaffen hat. Wie offen Köln für den Import bester künstlerischer Stücke war, zeigt das Fuldaer Sakramentar der alten Dombibliothek (Köln, Erzbischöfliche Diözesan- und Dombibliothek, Hs. 88). Es wurde für Köln vielleicht schon im dritten Viertel des 10. Jahrhunderts in Fulda geschrieben und illuminiert, kam dann aber über Mainz nach Trier und erst von dort nach Köln. Unter Erzbischof Everger (985–999) – den der Gelehrte Gerbert von Aurillac, später Papst Silvester II. (999–1003), als Vertrauten der Kaiserin Theophanu bezeugt und der sie 991 in der Benediktinerabtei St. Pantaleon zu Köln begraben hat – und Evergers Nachfolger Heribert entstanden in der Kölner Domschule bedeutende Bücher wie ein kommentierter Psalter (Köln, Erzbischöfliche Diözesan- und Dombibliothek, Hs. 45) und der Psalmenkommentar des Smaragdus von Saint-Mihiel († vor 841; Köln, Erzbischöfliche Diözesan- und Dombibliothek, Hs. 5). Mit dem Devotionsbild des *Evergerlektionars* (Köln, Erzbischöfliche Diözesan- und Dombibliothek, Hs. 143; Abb. 5) schuf ein Illuminator ein Werk, in dem über die alten karolingischen Gewohnheiten gleichsam der Schleier des byzantinischen Orients gelegt ist. Aus der ottonischen Kölner Malerschule, deren Sitz im Kloster St. Pantaleon war und die sich von etwa 990 bis 1150 auf die Herstellung von Prachthandschriften spezialisiert hatte, werden auch die entsprechenden Bücher für den Kölner Dom gekommen sein, die heute nicht mehr erhalten sind.

Ein Sonderfall eigener Art ist schließlich Bischof Sigebert von Minden. Sein Bistum wurde als karolingisches Missionsbistum von Fulda aus gegründet und dem Erzbistum Köln unterstellt. Sigebert soll an der Mindener Domschule ausgebildet worden sein, deren Existenz bereits für die Amtszeit Bischof Milos (969–996) Erwähnung findet. Doch haben sich aus jener Zeit keine Prachthandschriften erhalten, die in Minden entstanden sind. Dagegen beschrieb um

1460 der Mindener Domherr Heinrich Tribbe († 1464) in der *Jüngeren Bischofschronik* einen ganzen Ornat liturgischer Handschriften, einschließlich ihrer Einbände, deren Codices sich heute in der Staatsbibliothek zu Berlin (beziehungsweise als Depositum in Krakau) und in Wolfenbüttel befinden (Kat.Nr. 190–197). Erhalten blieben davon sieben beziehungsweise acht Bücher: ein Epistolar, ein Evangelistar, ein Graduale, ein Tropar-Sequentiar, ein Graduale-Hymnar, ein Hymnar, ein Ordo und ein Sakramentar. Sie sind vorwiegend von zwei St. Galler Schreibern geschaffen, die zugleich illuminierten. Inhalt und liturgische Daten dieser Werke – vor allem der gesungenen Tropen, Sequenzen und Hymnen – weisen eindeutig auf eine Entstehung in St. Gallen hin. Die Heiligenfeste wie Magnus, Gorgonius, Felix und Regula, Gallus, Otmar und Kolumban sind zusammen mit den vertonten Dichtungen von St. Galler Mönchen sichere Indizien dafür. Aber auch die Einbände mit ihren Bildern von St. Galler Hymnendichtern sprechen für die Herstellung des ganzen Ornates in St. Gallen. War Sigebert einst Schüler in St. Gallen?

Hier von besonderem Interesse ist der *Ordo missae* mit dem Messritus, den der Reformator Matthias Flacius Illyricus († 1575) besaß und 1557 in Straßburg im Druck herausgab. Er enthielt früher das Titelbild mit Bischof Sigebert sowie Diakon und Subdiakon beim Vollzug der Messe. Diese Titelminiatur erhielt auf dem ursprünglichen Einband in Elfenbeinschnitzerei ein ebenso programmatisches Bild. Beide Bilder zusammen sind große Zeugen der römisch-deutschen Liturgie im Hochmittelalter, die das Mainzer *Romano-Germanicum* mit seinen Ordines widerspiegelt. Die Handschrift aus Minden enthält von fol. 1r bis 100r den Ritus der heiligen Messe, gefolgt von verschiedenen Gebeten. Der Ritus enthält alle Details der Einkleidung des Bischofs, der inneren und äußeren Vorbereitung vor der heiligen Messe sowie deren Vollzug mit den gesprochenen und gesungenen Texten. Die vom Bischof dabei zu vollziehenden Gesten und Handlungen stehen als Rubriken (in orangefarbigem Minium) im Text, geschrieben wie die Regieanweisungen eines »sacrum theatrum«. Die Titelseite des Ordo (fol. 1v) enthält den Anfang der feierlichen Vorbereitung des Bischofs auf die heilige Messe, die – nach der Ankleidung – vor dem Altar mit dem Beten der sieben Bußpsalmen und einer Litanei beginnt. Dieselbe Gebetsfolge steht auch auf fol. 2v bis 17r im Mainzer Gebetbuch des jungen Königs Otto III. (München, Bayerische Staatsbibliothek, Clm 30111) und es geht daraus deutlich hervor, wie nahe Königtum und Priestertum in ottonischer Zeit zueinander standen.

Quellen

MGH DD O II · MGH DD O III · UB Hamburg 1.

Literatur

Zur frühen Messliturgie, zu *Canon missae* und zum bischöflichen Rationale: Honselmann 1975, bes. Nr. 26 · Klauser 1965. Zum Austausch der Bücher zwischen Rom und Aachen sowie zu den liturgischen Buchtypen: Euw 2000, bes. S. 43–46 · Palazzo 1993. Zu den ottonischen Skriptorien: Hoffmann 1986 · Hoffmann 2004. Zu den liturgischen Handschriften aus St. Gallen: Euw 2008a. Zum Decretum Burchards von Worms: Hoffmann/Pokorny 1991. Zum *Hillinuscodex*: Euw 2008b. Zum *Pontificale Romano-Germanicum*: Vogel/Elze 1963–1972, Bd. 1. Zum Gebetbuch Ottos III.: Hauke/Klemm 2008 · Klemm 2004, Bd. 2. Zur Mainzer Buchmalerei: Kat. Köln 1991, S. 92–103, Nr. 21–24 · Lauer 1987. Zum Evangeliar Kassel Ms. theol. 2° 60: Hoffmann 2006, bes. S. 459–460 · Kat. Köln 1991, Nr. 12. Zur ottonischen Buchmalerei in Corvey: Bauer 1977 · Kat. Corvey 1966, Nr. 159–167 · Usener 1966. Zur ottonischen Buchmalerei: Kahsnitz 2001 · Mütherich 1973. Zur Regensburger Buchmalerei Kat. Regensburg 1987, S. 23–38 · Swarzenski 1969. Zu den Hildesheimer Handschriften: Brandt 1993 · Exner 2008 · Kat. Wolfenbüttel 1991 · Stähli 1984. Zur Kölner Buchmalerei: Bloch/Schnitzler 1967–1970 · Kat. Köln 1998, Nr. 40–41, 78–80. Zu den Mindener Sigeberthandschriften: Euw 2008a, S. 241–251, 513–528, Nr. 149–156.

Meinwerks Domschule

Über Bildung und Wissenschaft in der *Vita Meinwerci*

Stephan Müller

Ohne Zweifel, Meinwerk von Paderborn (1009–1036) war ein gebildeter Mann. Und mehr noch, damit war er Teil einer Elite seiner Zeit, die eben auf eine solche Bildung besonderen Wert legte. Gemeinsam mit seinem Verwandten, dem späteren Kaiser Heinrich II. (1002–1024), der eigentlich für eine geistliche Karriere vorgesehen war, war er Schüler des berühmten Hildesheimer Scholasticus Thangmar († nach 1027), dem Lehrer und Biographen Bernwards von Hildesheim (993–1022). Meinwerk gehörte zu den politisch und geistig Ersten des Reiches. Da ist es kein Wunder, dass Konrad von Abdinghof (1142–1173), der vermutliche Verfasser der *Vita Meinwerci,* um 1165 es als eine der großen Leistungen des Paderborner Bischofs feiert, wie unter ihm Bildung und Wissenschaft aufgeblüht seien.

In Kapitel 157 steht dazu: »Die wissenschaftliche Arbeit blühte unter ihm in großer Fülle. Junge Männer und Knaben mit gutem Talent wurden eifrig in der Ordensregel unterrichtet, wobei sie ebenso schnell in der klösterlichen Zucht wie in allen Wissenschaften Fortschritte machten. Diese erstrahlten erst recht unter seinem Neffen, dem Bischof Imad, unter dem an der Kirche von Paderborn die allgemein üblichen Studienfächer aufblühten: denn es gab dort Lehrer für Musik und Dialektik, derweil auch bedeutende Lehrer der Rhetorik und Grammatik; Magister der freien Künste übten dort das Trivium (Dreiweg), während andere sich dem Quadrivium (Vierweg) widmeten; dort glänzten Mathematiker und Astronomen, wurden Naturwissenschaftler und Geometrielehrer beschäftigt. Ansehen hatten der große Horaz und Vergil, Sallust und Statius. Und allen war es ein Zeitvertreib, sich mit Versen, Spruchsammlungen und lustigen Liedern zu befassen. […] Ihr dauerhafter Fleiß im Schreiben und in der (Buch-)Malerei erhellt [noch] heute das Wissen, da das Studium vortrefflicher Kleriker vom Gebrauch nützlicher Bücher abhängt. Auch der erwähnte Bischof Imad wurde dort in seiner Jugend mit einer solchen Strenge klösterlicher Zucht erzogen, dass er niemals seinen Vater allein außerhalb des Konvents sehen oder mit ihm sprechen durfte. Denn der Bischof bestimmte, dass die Knaben und Jünglinge mit Strenge erzogen werden müssten und nicht durch schädliche Schmeicheleien von ihrem Wege abgebracht werden dürften, weil solche Annehmlichkeiten ihre Wildheit und Kühnheit nähren würden. Mit ihm wuchsen auch Anno, der Erzbischof von Köln, Friedrich von Münster und sehr viele weitere spätere fleißige Arbeiter im Weinberg des Herrn zu Streitern des himmlischen Dienstes heran.« (Vita Meinwerci 2009).

Diese Passage wirft scheinbar ein helles Licht auf eine dunkle Zeit, denn viele Spuren von Meinwerks Bildungsambitionen sind nicht erhalten, wofür man mit Recht den Dombrand von 1058 verantwortlich gemacht hat. Wir besitzen zwar Traditionsnotizen (Kat.Nr. 123a–g), Urkunden und eine Reihe von Fragmenten, aber keine vollständige Handschrift, die sicher im Umkreis Meinwerks entstand (Hoffmann 2006, Honselmann 1962). Es besteht also guter Anlass zu fragen, inwiefern die Schilderung der *Vita Meinwerci* die Realität der Domschule des frühen 11. Jahrhunderts widerspiegelt; dies auch deshalb, da die Vita selbst eine bemerkenswerte Einschränkung macht. Sie sagt, dass die Saat Meinwerks unter seinem Neffen und Nachnachfolger Imad (1051–1076) weiter aufgeblüht sei und man kann diese erste und einzige Erwähnung Imads in der Vita durchaus als eine Einschränkung von Meinwerks Leistung lesen, wenn auch sicher eine sehr sachte. Nur ein Blick auf die Details kann helfen, die Quelle genauer zu bewerten und dieser Blick ist schon deshalb lohnend, weil er uns an die Bildungsrealität der Zeit heranzuführen verspricht.

Beginnen wir mit den vier genannten Autoren der römischen Antike, also mit Horaz, Vergil, Sallust und Statius: Vergil und Horaz gehören zu den »Bestsellern« der antiken Autoren im Mittelalter. In seiner Erhebung der Klassikerhandschriften des Mittelalters nennt Birger Munk Olsen für beide je weit über 200 erhaltene Handschriften. Sicher mit Paderborn in Verbindung steht tatsächlich eine Oxforder Vergilhandschrift, wenn auch nur der Kommentar des Servius zu den Vergiltexten, der im Codex mit den Werken Vergils verbunden ist, in Paderborn entstand (Hoffmann 2006, S. 338). Das zeigt also, dass Vergil in Paderborn studiert wurde, wenn auch eine Datierung ins frühe 11. Jahrhundert nicht abzusichern ist; vieles scheint für eine Entstehung in der zweiten Jahrhunderthälfte zu sprechen.

Anders bei Sallust und Statius. Auf den ersten Blick gehören auch diese Autoren zum Kanon, denn beide sind jeweils weit über 100-mal bei Birger Olsen verzeichnet. Genauer betrachtet ist allerdings festzustellen, dass dabei die Überlieferung erst ab dem 12. Jahrhundert zunimmt. So stammen nur 19 von etwa 130 Statiushandschriften sicher aus dem 11. Jahrhundert. Sucht man hier konkret nach Paderborner Exemplaren, wird man zwar ebenfalls fündig, aber nur bedingt. Zu nennen ist hier eine Leipziger Sallusthandschrift, die in ihrem jüngeren Teil den Besitzvermerk »Liber sancte Marie et Liborii in Patherburnen« trägt. Diese Handschrift – eine von mehreren Paderborner Handschriften, die heute in Leipzig liegen (Honselmann 1934) – stammt jedoch aus dem 12. Jahrhundert und bietet neben dem Besitzvermerk noch den Namen »Hartmannus«, der in der Slavenchronik Helmholds († nach 1177) als Leiter der Paderborner Domschule am Anfang des 12. Jahrhunderts genannt wird (Honselmann 1962, S. 59).
Auch wenn in vielen Quellen berichtet wird, dass die genannten römischen Klassiker zum Unterrichtskanon gehören (Glauche 1970), darf man nicht übersehen, dass der Bericht über den Umgang mit mehreren von ihnen dem Lob der wichtigsten Schulen vorbehalten ist wie etwa in der Historia Richers, in der Gerbert, der spätere Papst Silvester II. (999–1003) und sicher einer der gelehrtesten Köpfe seiner Zeit, dafür hervorgehoben wird, dass er in Reims den Vergil, Statius, Terenz, Juvenal, Persius und Horaz unterrichtet habe (Richer von Saint-Remi 1839, lib. III, cap. 47). So selbstverständlich, wie der nicht gerade zu übertriebener Bescheidenheit neigende Walther von Speyer (Kat.Nr. 147) die Autoren Homer, Martianus Capella, Horaz, Persius, Juvenal, Statius, Terenz, Lucanus, Vergil etc. in den Versen 92 bis 106 auflistet, wird ihre reale Verfügbarkeit am Anfang des 11. Jahrhunderts nicht gewesen sein. Vom großen Froumund von Tegernsee († 1006/1012) etwa wissen wir, dass er sich brieflich von gelehrten Freunden neben anderen Autoren auch einen Statius erbat (Froumund von Tegernsee 1925, S. 87), dass dieser also in der berühmten Tegernseer Bibliothek fehlte.
Und mehr noch: Selbst wenn sie vorhanden waren, der Umgang mit den antiken Klassikern war nicht unumstritten. Otloh von St. Emmeram († nach 1070) beschreibt sie als gefährliche Versuchung und Thietmar von Merseburg (1009–1018) berichtet, dass der Erzbischof Brun von Köln (953–965) nur durch eine persönliche Intervention des heiligen Paulus noch ein Plätzchen im Himmelreich erlangen konnte, das ihm wegen seiner Liebhaberei für antik-heidnische Autoren verwehrt bleiben sollte. Selbst der genannte Papst Silvester II. wurde durchaus für seinen Umgang mit den heidnischen Autoren kritisiert.
Kurz, so leichtfüßig wie die Autoren Horaz, Vergil, Sallust und Statius als Lektüre in Meinwerks Schule daherzukommen scheinen, ist es wohl nur aus der Perspektive des 12. Jahrhunderts, in dem die genannten Autoren florierten, und tatsächlich lagen Konrad von Abdinghof entsprechende Codices vor, die aber erst nach dem Tod Meinwerks entstanden. Für die erste Hälfte des 11. Jahrhunderts wird die Schule damit in einem verklärenden Licht beschrieben.
Ähnliches gilt für den Umgang mit »Versen, Spruchsammlungen und lustigen Liedern«. Woher konnte der Autor der *Vita Meinwerci* davon noch wissen? Wir stoßen auf eine Spur in der Herzog August Bibliothek in Wolfenbüttel: Dort liegt eine Handschrift (Cod. 56.16. Aug. 8vo), die mit einigen Liedern aus dem Bestand der berühmten *Carmina Cantabrigiensia*, der *Cambridger Lieder*, endet: der *Modus qui et Carelmannic*, *Modus florum*, *Modus Liebinc* und *Modus Ottinc*. Vor allem der *Modus Liebinc*, die *Geschichte vom Schneekind*, ist eine derbe schwankhafte Dichtung, die das ganze Mittelalter weiterlebte und sehr beliebt war. Der Inhalt ist folgender: Eine Kaufmannsfrau bekommt in Abwesenheit ihres Mannes ein Kind und erfindet die Ausrede, dass sie durch Essen von Schnee schwanger geworden sei. Der Kaufmann akzeptiert die Ausrede scheinbar, verkauft den Sohn jedoch bei der nächsten Geschäftsreise und teilt seiner Frau mit, dass das »Schneekind« auf der Reise in der heißen Sonne geschmolzen sei.
So müssen wir uns die »lustigen Lieder« wohl vorstellen, von denen die Meinwerkvita spricht. Für die Bewertung der Vita ist der Fall deshalb wichtig, da die Handschrift gewöhnlich nach Paderborn lokalisiert wird, denn auf der ansonsten leeren Vorderseite steht zu lesen: »Liber sancte Marie et sancti Liborii«. Genauer muss man jedoch sagen, stand zu lesen, denn die Eintragung ist radiert, so dass heute auch mit technischen Hilfsmitteln kaum etwas zu erkennen ist. Selbst wenn wir uns auf die richtige Lesung verlassen, ist eine Entstehungszeit in der ersten Hälfte des 11. Jahrhunderts sehr unwahrscheinlich; dem Verfasser der *Vita Meinwerci* jedoch kann das Büchlein mit den seltenen weltlichen Liedern sehr wohl bekannt gewesen sein.
Soviel zu den Texten, nun zu den Disziplinen, die in der Domschule vertreten gewesen sein sollen. Die *Vita Meinwerci* bietet hier ein ebenso buntes wie umfassendes Bild. Die Reihe eröffnen Lehrer der Musik (»musici«) und Dialektik (»dialectici«), gefolgt von jenen der Rhetorik (»rethorici«) und Grammatik (»grammatici«). Danach werden Magister aller freien Künste genannt, schließlich folgen Mathematiker (»mathematici«) und Astronomen (»astronomici«) sowie Physiker (»phisici«) und Geometrielehrer (»geometrici«). Die Liste irritiert, da sie zweimal die Reihe der sieben freien Künste, der *septem artes liberales*, nennt und die Physiker mit aufnimmt (Schaefer 1999, Stolz 2004): Pauschal in der Mitte der Aufzählung befinden sich die *magistri artium*, die von jeder der einzelnen *artes* umrahmt werden. Auch die gängige Einteilung der *artes* wird genannt: Trivium und Quadrivum. Diese seit der Spätantike sich verfestigende Systematik zirkulierte im Mittelalter besonders durch die Schrift des Martianus Capella *Von der Hochzeit der Philologie und Merkurs*, wobei die ersten beiden Bücher in althochdeutscher Sprache durch Notker den

Deutschen († 1022) kommentiert wurden (Kat.Nr. 144–146). Nachdem sich die Philologie in einer berühmten Vomierszene im zweiten Buch ihres weltlichen Wissens entledigt hat, soll sie in den Himmel aufgenommen und mit Merkur, dem Götterboten, verheiratet werden. Dort treten die *artes* als Brautjungfern auf, die ihr Wissen dem Paar als Hochzeitsgeschenk darbieten. Notker der Deutsche hat nur diese Rahmenhandlung bearbeitet; die weitschweifige Übergabe der Wissensgeschenke ließ er unübersetzt. Vermitteln wollte er wohl die Systematik der Einzelwissenschaften, nicht die Inhalte, zumal diese bei Martianus nicht immer dem aktuellen Wissensstand und den Interessen des Mittelalters genügten.

Doch nicht nur in diesem allegorischen Gewand begegnen die Künste. Neben zahlreichen Lehrwerken (Euw 2006) sind hier besonders die graphischen *artes*-Zyklen zu nennen (Stolz 2004), von denen der Zyklus aus dem 1870 in Straßburg verbrannten *Hortus Deliciarum* (entstanden zwischen 1175 und 1195) der Herrad von Landsberg (um 1178–1196) sicherlich der berühmteste geworden ist (Abb. 1). Die kreisförmige Systematik setzt jede Kunst mit jeder anderen in Beziehung. Nur der Grammatik wird mit dem oberen Platz eine Sonderstellung eingeräumt, die sie als die absolute Grundlagendisziplin auch immer innehatte.

Ein alternatives Modell ist die Darstellung der *artes* als Leiter im Körper der Philosophie, wie man sie in einer Leipziger Handschrift des 13. Jahrhunderts findet (Abb. 2). Der Weg durch die Künste ist dort ein steiler Weg nach oben, der – anders als der alles verbindende Kreis – Schritt für Schritt genommen werden will.

Für die deutschsprachige Tradition ist der um 1215/1216 entstandene *Welsche Gast* des Thomasin von Zerklaere ein instruktives Beispiel. Neben dem mittelhochdeutschen Text sind dort Bilder zu finden, die den Inhalt der *artes* andeuten und jeweils einem antiken Gelehrten zuordnen (Abb. 3). Zusätzlich ist in diese Bilder manchmal ein Text aus den gängigen lateinischen Lehrbüchern eingefügt. Man kann das Prinzip am einfachsten anhand der Kunst der Geometrie nachvollziehen. Der Geometria steht Euklid gegenüber, beide halten zwei Kreise, unter denen eine Aufgabe aus der *Geometrie* des Boethius († um 525) steht: »Über einer gegebenen Linie ein gleichschenkliges Dreieck errichten.« Das ist, wir erinnern uns an die Schulzeit, nicht schwer: Man muss zwei Kreise ziehen, deren Mittelpunkt jeweils der Anfang der gegebenen Linie ist und deren Radius die Länge der Linie sein muss. Wo sich die beiden Kreise schneiden, liegt der Scheitelpunkt des gleichschenkligen Dreiecks. Das scheint auch das Bild zu demonstrieren, aber bei genauerem Hinsehen erkennt man, dass die Linie nicht zum Mittelpunkt der Kreise führt und vor allem, dass das entstandene Dreieck gebogene Schenkel hat. Der Illustrator hat sich von der Kreisform inspirieren lassen und ganz vergessen (wenn er es je wusste), dass es in dem Lehrsatz um ein gleichschenkliges Dreieck geht. Ähnliches könnte man auch für die anderen Illustrationen nachweisen. Ganz selbstverständlich war also ein gesichertes Wissen in den Künsten im 13. Jahrhundert nicht. Der mittelhochdeutsche Text jedoch gibt einen schönen Eindruck von deren Inhalten (Thomasin von Zerklaere 2004, Verse 8921–8932):

»Grammaticâ lêrt sprechen rehte;
dialeticâ bescheidt daz slehte
vome krumben, die wârheit
vom valsche; rethoricâ kleit
unser rede mit varwe schône;
arismeticâ, diu gît ze lône,
daz man von ir kunst zelen sol;
gêometrie lêrt mezzen wol;
musicâ mit wîse schœne
gît uns wîstuom an die dœne;
astronomie lêrt âne wanc
der sterne natûre und ir ganc.«

»Die Grammatik lehrt uns korrekt zu sprechen.
Die Dialektik trennt das Gerade
vom Krummen, das Wahre
vom Falschen. Die Rhetorik schmückt
unsere Rede schön mit Farbe.
Die Arithmetik wirft den Gewinn ab,
durch ihr Wissen zählen zu lernen.
Die Geometrie lehrt das richtige Vermessen.
Die Musik gibt uns durch schöne Melodien
Wissen über die Töne.
Die Astronomie lehrt ohne Unterlass
die Natur der Sterne und ihren Verlauf.«

Kanonisch bei der Einteilung der *artes* ist die Trennung von Trivium und Quadrivium, wobei das Trivium aus Grammatik, Rhetorik und Dialektik besteht, das Quadrivium aus Arithmetik, Geometrie, Musik und Astronomie. Vage scheint hinter dieser Systematik die moderne Einteilung von Geistes- und Naturwissenschaften greifbar zu sein. Man sollte dabei nicht vergessen, dass diese Systematik eine typisch europäische (wenn nicht sogar typisch deutsche) ist, neben der alternativ andere Systematiken stehen wie die Differenzierung von art und science oder zunehmend und bedenklich wichtiger werdend die zwischen science und applied science. Auch die mittelalterliche Systematik ist, wie deutlich werden wird, unfest und komplexer als es scheint. Schon die Reihenfolge des Thomasin weicht ein wenig vom Standard ab, da er die Dialektik vor die Rhetorik setzt. Aber absolut fixiert war das System eben nie.

Fast immer jedoch galt die Grammatik, die Sprachlehre, als die erste der *artes*. Sie wurde mit jener Strenge vermittelt, die gemäß der *Vita Meinwerci* auch Meinwerk als notwendig erachtet haben soll. Das Attribut der Grammatik war die Rute, so auch im *Hortus Deliciarum*, und dies sicher nicht nur in einem metaphorischen Sinne. Aber das musste nicht immer so sein: In den St. Galler Klostergeschichten Ekkeharts IV. († nach 1056) findet sich eine schöne Szene, die erzählt, wie Ekkehart II. († 990) mit der Herzogin Hadawich († 994) auf dem Hohentwiel den Vergil las und sich deshalb von Abt Ruodman von Reichenau (972–985) den süffisanten Kommentar einhandelte: »Du Glücklicher, der du eine so schöne Schülerin in der Grammatik zu unterrichten hast.« Ekkehart konterte jedoch geschickt, indem er den Abt daran erinnerte, wie er der Nonne Kotelind »die liebe Dialektik« beigebracht habe (Ekkehard IV. 1980, cap. 93). Der Unterricht in den *artes* war also nicht nur Tortur, sondern stand auch für einen intensiven Austausch zwischen Lehrer und Schüler. Diese Passage zeigt, dass der in der *Vita Meinwerci* genannte Vergil für den Grammatikunterricht durchaus etabliert war. Die Rhetorik als Lehre vom angemessenen Sprachstil folgte dem Sprachunterricht und richtig eingekleidet sollten logisch schlüssige Texte entstehen. Dafür stand die Lehre der Dialektik als dritte *ars*, die deshalb oft Logik genannt wurde.

Das Quadrivium, das erst nach dem Durchgang durch das Trivium studiert und bei weitem nicht von allen belegt wurde, begann mit der Arithmetik, die bis zur größten Kunstfertigkeit betrieben wurde. Zu Meinwerks Zeiten entstand zur Einübung der Zahlenkunst, die vor allem anhand einer Schrift des Boethius erlernt wurde, das berühmte Zahlenkampfspiel (Kat.Nr. 161). Rechenfähigkeit gehörte ganz praktisch zu den Notwendigkeiten im Mittelalter; die korrekte Ermittlung des Ostertermins etwa musste garantiert sein, um es nicht zu verschiedenen Zeiten zu feiern, wie es im frühen Mittelalter – nach dem Bericht des Ademar († 1034) für das Jahr 741 (Ademar 1841, S. 114) – vorgekommen sein soll. Die weiteren *artes* weichen dann deutlich von unseren modernen Vorstellungen ab: Die Geometrie war in antiker Tradition die Lehre von der Agrimensur, von der Landvermessung, die im Mittelalter keine Rolle spielte. Erst langsam ersetzt die uns geläufige euklidische Geometrie den Inhalt dieser *ars*. Bis ins Hochmittelalter hinein galt sie noch als Erdmesskunst (Hrabanus Maurus 2006, lib. III, cap. 23), bei der – so etwa beschrieb es Honorius Augustodunensis im 12. Jahrhundert – die Lage der Städte und Flüsse auf den drei dem Mittelalter bekannten Kontinenten (Europa, Asien und Afrika) studiert werde (Honorius 1854, Sp. 1244). Im *artes*-Zyklus des *Hortus Deliciarum* können wir den Übergang erahnen: Die Geometrie wird dort mit Zirkel – dem wichtigsten Hilfsmittel der euklidischen Geometrie – und dem Stab der Landvermesser zugleich abgebildet.

Die Astronomie, die Lehre von den Himmelskörpern, enthielt auch das, was wir heute Astrologie nennen und wird so oft als Kunst der Zukunftsprognose verstanden. Sie fand großes Interesse. Zahlreiche Hilfsmittel zur Himmelsvermessung wurden ersonnen, besonders das Astrolabium ist hier zu nennen (Kat.Nr. 156), aber auch Himmelskarten (Kat.Nr. 155), die nicht nur aufgezeichnet wurden. Notker der Deutsche berichtet von einem Globus, der unter Abt Burchhart (958–971) im Kloster St. Gallen vorhanden gewesen sein soll (Althochdeutsche Literatur 2007, S. 250, 381). Aber auch jenseits der Gelehrsamkeit erweckte die Astronomie Begeisterung wie bei den Töchtern Karls des Großen (768–814), die – wie Alkuin († 804) ihnen nachsagt – nachts mit Eifer die Sterne beobachteten (Alcuin 1881, S. 246).

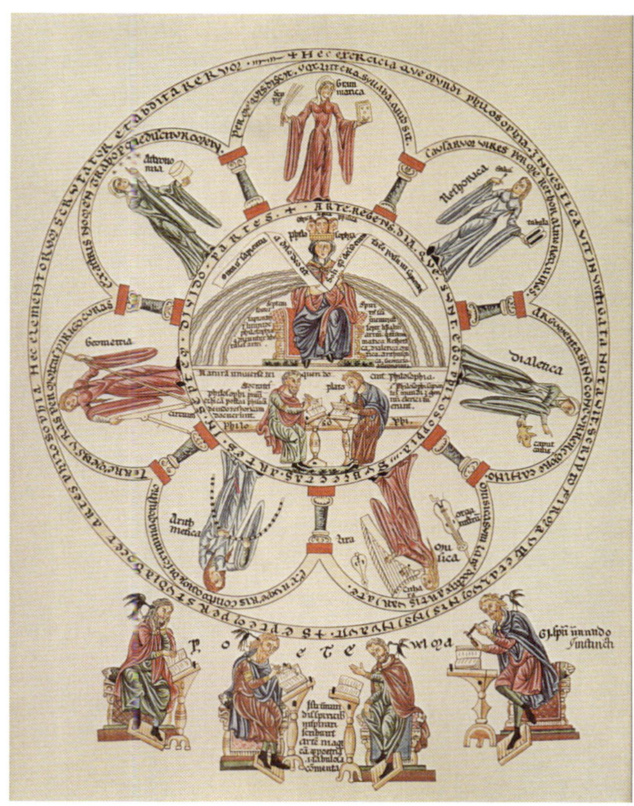

1 Der *artes*-Zyklus im *Hortus Deliciarum* der Herrad von Landsberg; Hohenburg, zwischen 1175 und 1195

Am seltsamsten mag uns schließlich die Musik im System der *artes* erscheinen, die sich ja im Kontext der Naturwissenschaften des Quadriviums findet. Man muss in diesem Fall deutlich differenzieren. Gemeint ist nicht die praktische Aufführung von Musik, die man zum Beispiel unter Karl dem Großen dem Chrodegang von Metz (742–766) zuschreibt und die so berühmt war, dass Notker der Stammler († 912) in den *Gesta Karoli* mutmaßte, der Name »Mette« für den nächtlichen Kirchgesang rühre von »Metz« her (Notker der Stammler 1959, S. 15). Sie gehört in den Bereich des Gottesdienstes, wie Hrabanus Maurus (Abt von Fulda 822–847, Erzbischof von Mainz 847–856) in *De institutione clericorum* schrieb: »Wer mit der Musik nicht vertraut ist, kann kein kirchliches Amt angemessen ausüben.« (Hrabanus Maurus 2006, lib. III, cap. 24). Ihren Platz unter den *artes* verdankt die Musik der Tatsache, dass man sie als Lehre von den Tonabständen verstand, also als eine quasi mathematisch begründete Harmonielehre, und zu Meinwerks Lebzeiten entstand sogar durch Notker den Stammler eine rein deutsche Schrift über diese Kunst (Kat.Nr. 146). Im Laufe der Zeit entwickelte sich die Musik immer mehr zur Lehre vom Instrumentenspiel, so dass ihr Platz im Quadrivium unklar wird. So ist sie auch im *Hortus Deliciarum* abgebildet: Ihre Attribute sind Lyra, Kithara und Drehleier. In der Umschrift nennt sie sich: »Musica sum late doctrix artis variate.« (»Ich bin die Musik, eine Lehrerin einer weiten, vielfältigen Kunst.«) Auch der oben zitierte Thomasin spricht davon, dass die »wîse«, die Melodie, das Wissen um die Töne vermittelt, während das beigegebene Bild noch die klassische mathematische Messung der Tonabstände zeigt.

Die *Vita Meinwerci* folgt in der genannten Einteilung der Disziplinen also dem *artes*-Schema, jedoch systematisiert sie anders. Musik, Dialektik, Rhetorik und Grammatik stehen beieinander, dem folgen – getrennt durch die summarische Nennung der Magister – Mathematik, Astronomie, Physik und Geometrie. Die Musik ist also zu den Künsten des Triviums gerückt und das »neue« Quadrivium ist um die Physik erweitert. Auch hier weht, wie es scheint, der Wind des 12. Jahrhunderts, also der Gegenwart Konrads von Abdinghof: Die Musik als erstgenannte Wissenschaft ist wohl als die »weite und vielfältige« Kunst gedacht wie bei Herrad von Landsberg und die Physik nennt auch Honorius Augustodunensis in seiner bereits zitierten Schrift von Exil und Heimat der Seele als die achte »Stadt«, die sich bei ihm

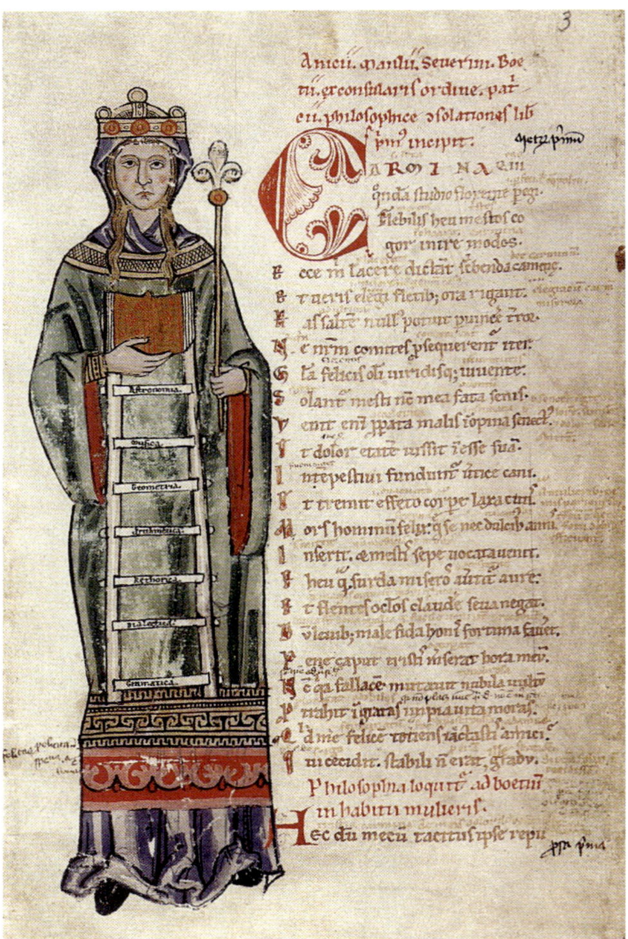

2 Eingangsminiatur zu Boethius' *De consolatione philosophiae* mit der Darstellung der Philosophia; Ostfrankreich oder Westdeutschland, letztes Drittel 12. Jahrhundert. Leipzig, Universitätsbibliothek, Ms 1253, fol. 3r

an die Liste der *artes* anschließt (Honorius von Autun 1895, Sp. 1245); sie leitet zur Mechanik und Ökonomie über. Systematisch deutet sich in der *Vita Meinwerci* damit die Verbindung der Physik mit der Theologie und Mathematik als Teil der Philosophie – nämlich der *theorica* – an, wie sie im *Didascalicon* des Hugo von St. Viktor († 1141) um 1127 vorgeschlagen wird, der mit der Einteilung der Philosophie in die Bereiche *theorica, practica, mechanica* und *logica* die *artes* in ein komplexes Gefüge einbindet (Stolz 2004, S. 40). Der Kanon der Disziplinen in der *Vita Meinwerci* ist also einerseits noch streng geprägt durch die Hochschätzung der *artes liberales*, lässt jedoch andererseits punktuell bereits die neuen Systematiken mit einfließen. Ein Abbild der Realität der frühen Domschule ist das nicht, sondern eine subtile Verschränkung alter und neuer Wissenschaftsmodelle, die für sich genommen aber wiederum und immer schon idealtypische Modelle waren.

Zuletzt noch zu den prominenten Absolventen der Schule, die als Beleg für einen funktionierenden Schulbetrieb gelten können. Die genannten Bischöfe Imad und Friedrich I. von Münster (1064–1084), auch wenn letzterer erst 1020 geboren wurde, also etwa 20 Jahre jünger war als Meinwerks Neffe, können tatsächlich als Paderborner Schüler gelten. Dass jedoch auch Anno II. von Köln (1056–1075) ein Spross aus Meinwerks Schule gewesen sein soll, ist doch sehr unwahrscheinlich. Der Kölner Erzbischof war zwar sicher ein gelehrter Mann und selbst Magister in Bamberg, aber seine Schulbildung erhielt er wohl nicht in Paderborn. Anders verhält es sich bei einem Bischof, den man in dem Kapitel vermisst, nämlich Altmann von Passau (1065–1091). Für ihn kann als gesichert gelten, dass er – als Westfale aus vornehmem Geschlecht – in Paderborn die Schule besuchte und ihr einige Jahre vorstand (Vita Altmanni 1856, S. 229). Sollte Konrad Anno und Altmann verwechselt haben? Wie immer dem auch sei, Friedrich und Altmann (geboren um 1015) können als Knaben noch zu Meinwerks Zeiten in Paderborn ausgebildet worden sein. Sie sind Große des Reiches, die ihren Anfang an den Quellen der Pader nahmen. Hier trifft die Bewertung der *Vita Meinwerci* im Grunde ebenfalls zu, wenn auch – denkt man an Anno – mit einer Einschränkung. Was schließlich die Einschätzung Imads betrifft, liegen uns Quellen vor, die ganz im Sinne der *Vita Meinwerci* berichten. Er ist – zumindest sekundär durch Johannes Gaman († 1684), also im 17. Jahrhundert – als Stifter von Büchern belegt, unter denen sich auch eine Platonhandschrift befand, die als »donum Imadi«, als »Geschenk Imads«, bezeichnet ist (Honselmann 1962, S. 49–50).

Was sind nun die Konsequenzen des Blicks auf die Details der Schuldarstellung in der *Vita Meinwerci*? Müssen wir Konrad von Abdinghof unser Vertrauen entziehen? Sicher nicht. Was deutlich wurde, ist nicht mehr als die Tatsache, dass die Bedeutung von Bildung und Wissenschaft in so knapper Form nur topisch darstellbar ist. Dabei will topisch nicht etwa als realitätsfern verstanden sein, sondern als orientiert an anerkannten Darstellungsmustern, mit denen jede Kultur komplexe Sachverhalte ihrer Realität auf den Punkt zu bringen gewohnt ist. Wie ist besser von Gelehrsamkeit zu erzählen als durch die Nennung eines imposanten Lektürekanons? Wie kann die Breite eines Wissenschaftsspektrums belegt werden, wenn nicht durch die Nennung etablierter Modelle wie der *artes*-Systematik? Die pointierte Bewertung einer modernen Bildungsanstalt würde nicht anders aussehen: Universitäten repräsentieren sich durch ihr Fakultätenspektrum, Professoren durch die Länge ihres Schriftenverzeichnisses, auch wenn jeder weiß, wie wenig damit eigentlich gesagt ist. Das Instruktive an Konrads Vita ist, dass er im Geiste seiner Zeit in jene Zeit Meinwerks zurückblickte und dabei ihm geläufige Darstellungsmuster für Bildung und Wissenschaft auf die Vergangenheit anwandte.

Eine Darstellung von Meinwerks Gelehrsamkeit kann nicht vollständig sein, ohne ein weiteres Kapitel der *Vita Meinwerci* zu erwähnen. In Kapitel 183 (Vita Meinwerci 2009) wird erzählt, wie Heinrich II. Meinwerk einen Streich spielte. Weil er wusste, dass Meinwerk sowohl bei »Aussprache als auch beim Lesen des Lateinischen nicht selten Sprachfehler unterliefen« ließ er aus einem Messbuch in einem Gebet bei den Wörtern »famulis« (»Dienern«) und »famulabus« (»Dienerinnen«) jeweils das »fa« tilgen, so dass dort nun »mulis« (»Maulesel«) und »mulabus« (»Mauleselinnen«) zu lesen stand. Meinwerk tappte in die Falle. Wenn er auch seinen Fehler umgehend verbesserte, den Spott des Kaisers musste er über sich ergehen lassen. Wie ist das zu verstehen? Konnte Meinwerk nicht richtig Latein? Das sicher nicht, denn immerhin lässt die *Vita Meinwerci* den Bischof seinen Fehler ja umgehend erkennen. Die wunderbare Anekdote gehört vielmehr zu jenen Teilen der Vita, die das enge und gute Verhältnis zwischen Kaiser und Bischof dokumentieren sollen. Der zwanglose Umgang der beiden ist es, der vorgeführt werden soll. Dass damit die an anderer Stelle betonte Gelehrtheit Meinwerks konterkariert werden könnte, daran hat Konrad sicher nicht gedacht. So wie das Schulkapitel ein in sich geschlossenes Bild zeichnet und dabei nicht bloß vom Faktischen ausgeht, so tut es auch diese Anekdote. In mittelalterlichen Lebensbeschreibungen und oft auch in literarischen Texten geht es nicht um stimmige Gesamtentwürfe in einem modernen Sinne. Inhaltliche Brüche und Unstimmigkeiten sind nicht die Ausnahme, sondern die Regel. Unstimmigkeiten sind sie nur im Auge des modernen Lesers, der sich deshalb auch nicht zwanghaft bemühen sollte, widerspruchsfreie Sinnentwürfe in den Texten des Mittelalters zu suchen. Vielmehr muss es darum gehen, die uns fremd gewordenen Darstellungsmuster und Erzähltechniken der Zeit als historische Fakten zu begreifen, um sich auf dieser Basis dem zu nähern, von dem die Texte eigentlich erzählen, und das sind zweifellos die Bemühungen eines großen Mannes um Bildung und Wissenschaft in seinem Bistum: Das ist Meinwerks Schule.

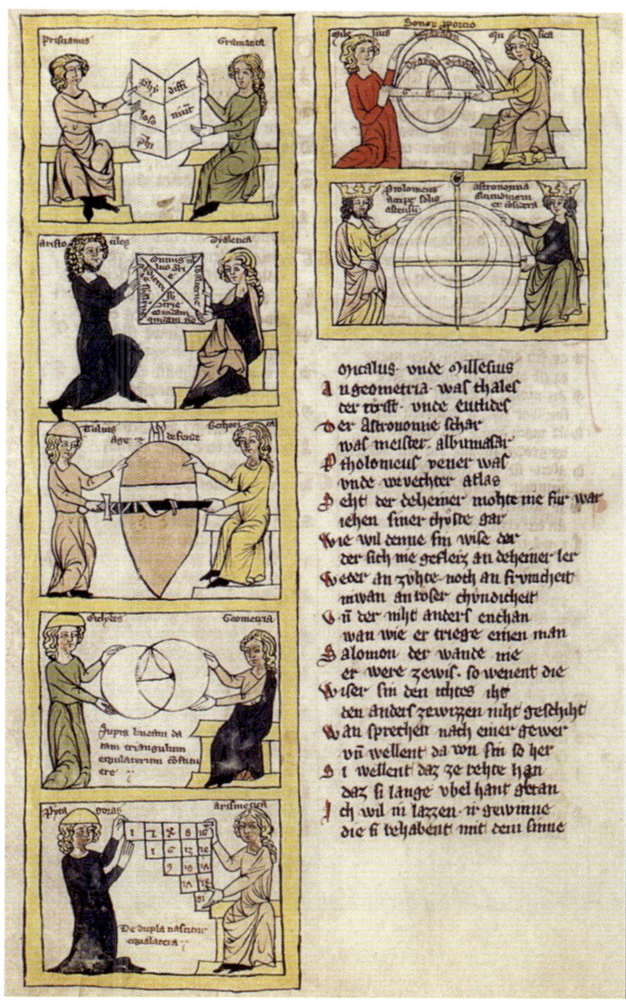

3 Der *Welsche Gast* des Thomasin von Zerkelaere; Aquileja, um 1215/1216. Gotha, Universitäts- und Forschungsbibliothek Erfurt/Gotha, Forschungsbibliothek Gotha, Cod. Memb. I 120, fol. 65v

Quellen

Ademar 1841 · Alcuin 1881 · Althochdeutsche Literatur 2007 · Ekkehard IV. 1991 · Froumund von Tegernsee 1925 · Herrad von Landsberg 1979 · Honorius 1854 · Hrabanus Maurus 2006 · Martianus Capella 2005 · Notker der Stammler 1959 · Richer von Saint-Remi 1839 · Thietmar von Merseburg 1935 · Thomasin von Zerklaere 2004 · Vita Altmanni 1856 · Vita Meinwerci 2009.

Literatur

Glauche 1970 · Hoffmann 2006 · Honselmann 1934 · Honselmann 1962 · Olsen 1982–1989 · Schaefer 1999 · Stolz 2004 · Euw 2006.

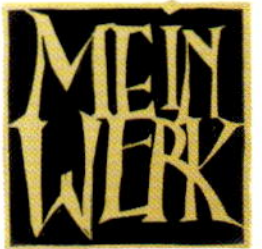

»Gute Streiter« und »sehr gute Hirten«

Bischöfe und ihre Städte um 1000

Steffen Patzold

Bischöfe bildeten im Reich der späten Ottonen um die Wende zum 2. Jahrtausend eine kleine, aber einflussreiche Elite. Im nordalpinen Reichsteil amtierten jeweils etwa drei Dutzend Bischöfe parallel zueinander, und fast alle von ihnen stammten aus bedeutenden Adelsfamilien. Meinwerk von Paderborn (1009–1036) ist ein gutes Beispiel hierfür: Noch dem Geistlichen, der im 12. Jahrhundert sein Leben beschrieb, war es wichtig, Meinwerks hohe Abkunft zu betonen. Der Verfasser, vielleicht der Abt Konrad des Klosters Abdinghof in Paderborn (1142–1173), notierte deshalb gleich zweimal, dass zu Meinwerks Verwandten sogar der König Heinrich II. (1002–1024) gezählt habe. Meinwerks Vater sei der Graf Imad († vor 983) gewesen, seine Mutter eine adlige Dame aus Sachsen namens Adela († vor 1028), die Tochter des Grafen Wichmann († um 975; Vita Meinwerci 1921, cap. 2). Zu Lebzeiten hatte sie einen zweifelhaften Ruf genossen: Man machte sie – wohl zu Recht – für mehrere Morde verantwortlich. Eines ihrer Opfer soll zudem ihr eigener Sohn gewesen sein, Meinwerks älterer Bruder, Graf Dietrich von Hamaland († um 1018). Einer von Adelas Zeitgenossen – der Chronist und Bischof Thietmar von Merseburg (1009–1018) – bezeichnete die hochgeborene Frau rundheraus als »Giftnatter« und schrieb über sie: »Mögen alle Verwünschungen, die der selige Hiob gegen sich selbst aussprach, diese Frau treffen; sie hat es verdient. Sie soll in dieser Welt so viel Leid erfahren, dass sie in Zukunft auf Verzeihung wenigstens hoffen darf!« (Thietmar von Merseburg 1935, lib. VII, cap. 49).

Meinwerk war mithin aus einer Schicht gebürtig, deren Angehörige es gewohnt waren, über andere Menschen zu herrschen und Streit mit ihresgleichen auszutragen – zuweilen bis aufs Blut. Mit seiner hohen Abkunft stand Meinwerk unter seinen Kollegen keineswegs allein da; auch der zitierte Bischof Thietmar von Merseburg beispielsweise stammte aus einer Grafenfamilie und konnte auf eine entfernte Verwandtschaft mit dem König verweisen. Das ist wichtig: Anders als es die ältere Forschung vorausgesetzt hat, darf man den Episkopat des frühen 11. Jahrhunderts nicht als eine Art geistlichen Widerpart gegen den Adel begreifen. Bischöfe waren selbst adlig; und sie gehörten jenem elitären Zirkel von »Großen« an, der gemeinsam mit dem König das politische Geschehen im Reich bestimmte.

Die Einbindung des Episkopats in die Politik war im Übrigen keine Neuerung der Ottonenzeit, sondern damals schon durch eine lange, ehrwürdige Tradition legitimiert. Bereits in der Spätantike war es üblich geworden, dass Bischöfe sich nicht mehr nur darauf beschränkten, ihre Diözesen in geistlicher Hinsicht zu leiten. Seit dem 5. Jahrhundert hatte der Episkopat immer mehr Aufgaben übernommen, die wir aus heutiger Sicht dem Bereich weltlicher Herrschaft zurechnen möchten. Unter den Karolingern und den Ottonen waren Bischöfe dann sogar noch stärker in diese säkulare Sphäre hineingewachsen: Sie zogen an den Hof des Herrschers, empfingen und begleiteten ihn auf seinen Reisen durch das Reich und berieten ihn in Fragen der Politik. Sie verteidigten ihre Bischofssitze gegen militärische Angriffe und nahmen Herrschaftsrechte über Märkte, Zölle und die Münzprägung wahr – Rechte, die sie von den Königen verliehen bekamen. Seit dem späten 10. Jahrhundert erhielten einige Bischöfe sogar ganze Grafschaften übereignet; in der Praxis bedeutete dies, dass sie nun hier – wie andernorts der König – die Grafen einsetzten.

Darüber hinaus unterstützten Bischöfe das Heer des Königs mit Truppen – eine bisweilen auch bedrückende Verpflichtung, für welche die Geistlichen große Teile des Grundbesitzes ihrer Kirche nutzen mussten. Der Anteil der bischöflichen Kontingente am Gesamtheer war bedeutend (Kat.Nr. 34): Ohne den Beitrag des Episkopats hätten die ottonischen Könige beispielsweise ihre Kriege in Italien nicht führen können. Auf die Teilnahme von Bischöfen an Feldzügen ging auch Thietmar von Merseburg in seiner Chronik immer wieder ein: Von dem Kriegszug etwa, den Heinrich II. (1002–1024) im Jahr 1005 gegen den polnischen Herzog Bolesław I. Chrobry (992–1025) unternahm, erzählte er so detailliert, dass man mit einigem Grund vermuten darf, er sei bei diesem Unternehmen persönlich dabei gewesen – geradeso wie sein Metropolit, Erzbischof Tagino von Magdeburg (1004–1012). In jedem Falle wusste Thietmar zu berichten, dass am 6. September, bei einem Handstreich unweit der Spree, neben etlichen anderen auch drei Krieger des Bischofs Arnulf von Halberstadt (996–1023) ihr Leben gelassen hätten – Bernhard, Isi und Benno (Thietmar von Merseburg 1935, lib. VI, cap. 22). Über weitere militärische Einsätze an der Grenze zu den Slaven, Operationen, an denen er selbst für den König hatte teilnehmen müssen, erstattete Thietmar in seiner Chronik ebenfalls ausführlich Bericht.

Eine Grundsatzkritik am Kriegsdienst der hohen Geistlichkeit findet man weder bei Thietmar noch bei einem seiner Zeitgenossen. Ganz im Gegenteil! Thietmar zufolge hatte Mitte des 10. Jahrhunderts der Bischof Michael von Regensburg (942–972) persönlich an einem Feldzug gegen die – damals noch heidnischen – Ungarn teilgenommen. Im Kampfgetümmel hatte der Geistliche ein Ohr verloren und war schließlich schwer verwundet »wie ein Toter unter den Erschlagenen« auf dem Schlachtfeld geblieben. Als einer seiner Feinde, ebenfalls verletzt in der Nähe liegend, nach dem Kampf erkannte, dass Michael noch am Leben war, habe er zur Lanze gegriffen und versucht, ihn zu töten. Michael aber, so erzählt Thietmar, habe daraufhin »nach langem, schwerem Ringen seinen Gegner siegreich niederstrecken« können – und sei schließlich zu den Seinen zurückgekehrt. Wir vermögen nicht zu sagen, ob die Geschichte des Merseburger Bischofs dem Tathergang gerecht wird; das Geschehen lag ja bereits etliche Jahrzehnte zurück, als Thietmar zur Feder griff. Es ist aber höchst bezeichnend, dass der Chronist Michaels Bluttat nicht im Geringsten monierte. Thietmar führte den Sieg des Bischofs sogar auf Gott selbst zurück, und er betonte, die gesamte Regensburger Geistlichkeit habe in Michael einen »guten Streiter« und einen »sehr guten Hirten« erblickt. Seine Verstümmelung am Ohr habe Michael nicht zur Schande, sondern zur Ehre gereicht (Thietmar von Merseburg 1935, lib. II, cap. 27).

Diese wenigen Beispiele müssen hier genügen, um zu zeigen: Bischöfe waren um die Wende zum 2. Jahrtausend mächtige Herren. Zum Herrschen geboren, verwalteten sie bedeutende Liegenschaften, zogen in den Krieg und an den Hof und bestimmten gemeinsam mit dem König und mit ihren Angehörigen, den weltlichen »Großen«, die Politik im Reich. Von den Laienadligen, ihren Verwandten, Freunden oder Konkurrenten, unterschieden sie sich weder durch ihre Abkunft noch in ihrer täglichen Ausübung von Herrschaft, ja wahrscheinlich nicht einmal grundsätzlich in ihrer Weltsicht, in der – wie Thietmars Geschichte über Michael von Regensburg nahelegt – Fragen von Rang und Ehre eine beachtliche Rolle gespielt haben dürften. Und doch verfügten Bischöfe im Reich der letzten Ottonen und ersten Salier über besondere Handlungsspielräume. Das ergab sich unmittelbar aus bestimmten Eigenheiten ihres geistlichen Amtes selbst. Vor allem vier Aspekte wirkten sich dabei aus: die Sicherheit der episkopalen Würde, die Bindung an die jeweilige Bischofskirche, eine jahrhundertealte Tradition kollektiver Interessenvertretung und – last, not least – ein fester Sitz, eine *sedes*.

Erstens waren Bischöfe aufgrund ihrer Weihe in besonderer Weise vor einer Absetzung geschützt. Zwar fiel es den Ottonen bereits erheblich schwerer als noch Karl dem Großen (768–814) und Ludwig dem Frommen (813–840), weltliche »Große« wie etwa Grafen ihrer Stellung zu entheben; aber dennoch sind mehrere derartige Fälle überliefert (Krah 1987). Dagegen war es dem Herrscher nahezu unmöglich, einem Bischof, wenn er erst einmal geweiht war, sein geistliches Amt wieder zu nehmen. Und wenn überhaupt, dann konnte der König eine solche Bischofsabsetzung nur im Verein mit anderen Bischöfen verwirklichen.

Zweitens verstanden sich Bischöfe, wenn sie in ihr Amt gelangt waren, in der Regel als Sachwalter ihrer jeweiligen Kirche. Deren Interessen wussten sie dann notfalls auch gegen königliche Wünsche und Zumutungen zäh und erfolgreich zu verteidigen. Beispielhaft deutlich wird das in einem Werk über die Bischöfe von Eichstätt, das ein anonym gebliebener Geistlicher aus der Umgebung des Bischofs Gundekar II. von Eichstätt (1057–1075) frühestens 1078 geschrieben hat (Abb. 1). In diesem Text ist unter anderem von Megingaud II. die Rede, der seit 991 den Eichstätter Bischofsstuhl innegehabt und auch noch zur Zeit Heinrichs II. und Meinwerks dort amtiert hatte (bis 1014 oder 1015). Der Autor tadelt den Bischof zwar für sein mitunter recht unbischöfliches Verhalten: Megingaud pflegte hemmungslos zu fluchen und war berüchtigt für seine Wutausbrüche; nicht einmal Geistliche waren in seiner Gegenwart vor Handgreiflichkeiten sicher. Stolz aber schwingt dort mit, wo der Verfasser über Megingauds Selbstbewusstsein im Umgang mit Heinrich II. erzählt, »der im Übrigen ein Blutsverwandter von ihm war«. Als der Kaiser beispielsweise einmal von Megingaud verlangt habe, ihn und seinen Hof aufzunehmen und auf eigene Kosten bis nach Regensburg zu geleiten, da soll Megingaud den Boten des Herrschers, der ihm diese Nachricht überbrachte, angefahren haben: »Du Mistkerl, Dein Herr hat offenbar den Verstand verloren! Wovon soll ich ein so großes Servitium für ihn aufbringen, der ich mich nicht einmal selbst ausreichend verpflegen kann? Ich bin ihm zwar von der Abstammung her eng verbunden, und doch hat er mich durch seine Handlungen gleichsam zu einem armen Pfarrer gemacht! Und nun fordert er von mir ein königliches Servitium?« Megingaud, so berichtet die Quelle weiter, habe den Dienst für den Herrscher verweigert und dem Kaiser stattdessen nur einige wertvolle Tücher zugesandt. Der Vorwurf, Heinrich II. habe den Bischof von Eichstätt zu einem »armen Pfarrer« gemacht, spielt darauf an, dass der König im Jahr 1007 das Bistum Bamberg gegründet hat; dafür mussten die Eichstätter Bischöfe den nördlichen Teil ihrer Diözese abtreten. Der Verfasser der Bistumsgeschichte hielt es Megingaud zugute, dass er sich »bis ans Lebensende« nicht mit dieser Fundation habe abfinden wollen, die für sein Bistum nur Nachteile brachte. Stattdessen habe Megingaud Heinrich wie einen jüngeren Angehörigen behandelt: »Wenn die anderen Bischöfe«, so behauptet der Geschichtsschreiber, »beim Vorbeigehen des Kaisers mit der gebührenden Ehrerbietung aufstanden, [Megingaud] aber sitzenblieb und die übrigen dies tadelten, rechtfertigte er sein Verhalten ganz einfach, indem er erklärte: ›Ich bin der ältere Verwandte, und den Älteren zu ehren, befehlen sowohl die Schriften der Heiden wie die der Kirche‹« (Anonymus Haserensis 1987, cap. 3–25). Auch hier können wir zwar nicht mit Bestimmtheit sagen, ob Megingaud wirklich jener selbstbewusste, ja widerspenstige Bischof gewesen ist, als den ihn der Eichstätter Historiograph darstellte; aber noch in den späten 1070er Jahren konnte man im Eichstätter Klerus offensichtlich bischöfliche Widerborstigkeit für eine Tugend halten, sofern sie nur dem eigenen Bistum zum Vorteil gereichte!

Der dritte Aspekt: Bischöfe konnten auf eine ehrwürdige Tradition der »Standesorganisation« und einer institutionalisierten, schriftbasierten Interessenvertretung zurückschauen, die es für die weltlichen Großen in dieser Form nicht gab. Wie in den Jahrhunderten zuvor traten Bischöfe auch im Reich der Ottonen regelmäßig zu Synoden zusammen. Bei diesen Treffen berieten sie über das kanonische Recht und über anstehende Einzelfragen jeder Art. Sie konnten sich deshalb in stärkerem Maße als Gruppe begreifen und in der Praxis auch wirksam im Kollektiv tätig werden. Ihre weltlichen Verwandten dagegen mussten ihre Interessen auf politischen Versammlungen und Hoftagen in Gegenwart des Königs zu wahren versuchen, und zwar meist ohne dass die Ergebnisse ihrer Beratungen schriftlich festgehalten worden wären.

Viertens aber gehörte zu den Eigenheiten der bischöflichen Stellung eben das, was das engere Thema dieses Beitrags ist: Ein Bischof verfügte über einen festen Sitz – gewissermaßen über eine »Residenz« avant la lettre. Das war etwas Besonderes: Im Reich der Ottonen wurde politische Herrschaft normalerweise nicht von einem festen Zentrum aus organisiert und ausgeübt. Die weltlichen Standesgenossen der Bischöfe konzentrierten sich um die Wende zum 2. Jahrtausend noch nicht auf einen einzelnen, festen Herrschaftssitz, sondern verfügten über mehrere Burgen, die sogar weit voneinander entfernt liegen konnten. Selbst der König hatte keine Hauptstadt, sondern herrschte ambulant und war in einem fort auf Reisen durch sein Reich. Zwar mussten Bischöfe ebenfalls mobil sein, wenn sie ihre Diözesen kontrollieren wollten, ihre Interessen auf Synoden und bei Hof vertreten wollten und den Herrscher auf Kriegszügen zu begleiten hatten. Aber im Prinzip residierte jeder Bischof doch an einem ganz bestimmten Ort, ja, er war speziell für seine *sedes*, seinen Sitz geweiht. In den Vorstellungen der Zeit war er mit der Kirche seines Bischofssitzes sogar verheiratet, seine Kirche war seine Braut. Sie zu verlassen und von einer *sedes* auf eine andere zu wechseln, das war daher kaum möglich, jedenfalls aber vom Kirchenrecht nur in seltenen, genau definierten Ausnahmefällen gedeckt. Ein Bischof, der für seine Person mehrere Bischofssitze beansprucht hätte, wäre aus dieser Perspektive der Polygamie schuldig gewesen!

Angesichts dieser Besonderheit episkopaler Herrschaft mag es sich lohnen, die Bischofssitze als Orte bischöflicher Dauerpräsenz in den Jahren um die Wende zum 2. Jahrtausend, also in der Zeit Meinwerks von Paderborn, einmal genauer in den Blick zu nehmen. Dabei sollen im Folgenden zwei Aspekte im Mittelpunkt stehen: die Baugestalt und die topographische Ausformung der *sedes*, die um die Jahrtausendwende noch fast ganz von den Bischöfen selbst geprägt wurden. Daneben ist aber zumindest kurz auch auf die übrigen Menschen einzugehen, die sich bei den Bischofssitzen ansiedelten.

Bischofssitz und Stadt: Vielfalt von Formen eines Erbes der Antike

Das Christentum hatte sich in der Frühzeit zunächst nicht auf dem Land, sondern in den Städten verbreitet; auch die ersten Bischöfe hatten daher hier, in den Städten, amtiert. So waren schon seit der Antike Bischofssitz und Stadt (*civitas*) eine enge Verbindung eingegangen. Im Laufe des 4. und 5. Jahrhunderts zur kirchenrechtlichen Norm erhoben, blieb dieser Zusammenhang im Mittelalter zwar bestehen, in einer veränderten Welt konnten daraus nun jedoch Schwierigkeiten erwachsen: Lange bevor im Jahr 1009 König Heinrich II. in Paderborn den Grafensohn Meinwerk als Bischof einsetzte und noch Jahrzehnte bevor Karl der Große in Paderborn überhaupt ein Bistum einrichten ließ, wandte sich der Missionar und Kirchenreformer Winfrid-Bonifatius († 754) mit einem Brief an den Bischof von Rom. Ende November 741 war Papst Gregor III. (731–741) verschieden; seine Nachfolge trat Zacharias (741–752) an. Mit seinem Schreiben aus der Mitte des folgenden Jahres begrüßte nun Bonifatius, der seit langem den römischen Oberhirten treu verbunden war, den neuen Papst. Demütig flehte er Zacharias an, »dass wir, wie wir kraft der Machtfülle des heiligen Petrus ergebene Diener und unterwürfige Schüler eurer Vorgänger gewesen sind, so auch Eurer Frömmigkeit gehorsame und der kirchlichen Rechtssatzung unterworfene Diener werden dürfen«. Anschließend berichtete er dem Papst von seinen Missionserfolgen in der *Germania*. Er habe diese »Provinz« in drei Sprengel eingeteilt und dort für die – nun bekehrten – Völker drei Bischöfe geweiht: Einen Bischofssitz habe er in einer Burg

(»castellum«) eingerichtet, die man Würzburg nenne; den zweiten in einer kleinen Stadt (»oppidum«), die Büraburg heiße; den dritten aber an einem Ort namens Erfurt, an dem bereits »eine Stadt [urbs] heidnischer Bauern« bestanden habe. »Jetzt bitten und wünschen wir«, so schrieb der Missionar dem Papst, »dass die drei Orte und Städte, in denen [die Bischöfe] eingesetzt und geweiht sind, durch Urkunden eurer Machtfülle bestätigt und gesichert werden.« (Briefe des Bonifatius 1916, S. 81).

Der Papst antwortete freundlich und kam der Bitte des Missionars nach – allerdings nicht ohne skeptisch nachzufragen. Bonifatius hatte in seinem Brief von einem »castellum«, einem »oppidum« und einer bäuerlichen »urbs« gesprochen. Diese Formulierungen waren wenig geeignet, den Papst an jenes Mindestmaß von Urbanität denken zu lassen, das er – dem Kirchenrecht gemäß – für einen Bischofssitz erwarten durfte. So mahnte Zacharias den Missionar in seinem Antwortschreiben: »Deine heilige Brüderlichkeit möge reiflich überlegen und nach genauer Prüfung entscheiden, ob es zweckmäßig ist und ob sich erweisen lässt, dass die Orte und ihre Einwohnerzahlen dergestalt sind, dass sie es verdienen, Bischöfe zu haben. Denn du erinnerst dich, Teuerster, was wir durch die heiligen Rechtssatzungen zu beachten angewiesen werden: Wir sollen auf keinen Fall für Dörflein oder für bescheidene Städte Bischöfe weihen, damit wir den Bischofstitel nicht in Misskredit bringen!« (Briefe des Bonifatius 1916, S. 86–87). Zacharias rief also dem Missionar ins Gedächtnis: Als Bischofssitz kam nur eine große *civitas* in Frage, eine bedeutende Stadt.

Diese Bedingung dürfte in den 740er Jahren kein einziger der drei Bischofssitze erfüllt haben, von denen Bonifatius dem Papst berichtet hatte. Doch blieb dem Angelsachsen gar keine Wahl. In seinen Missionsgebieten gab es keine Gemeinwesen, die auch nur annähernd jenen *civitates* entsprochen hätten, von deren Existenz das spätantike Kirchenrecht wie selbstverständlich ausgegangen war. Es blieb dabei: Bonifatius gründete Bischofssitze in Würzburg, Büraburg und Erfurt. Ein Erfolg war übrigens langfristig nur Würzburg beschieden. Erfurt dagegen wurde als Bischofssitz schon bald nach dem Tod des Bonifatius aufgelöst; es existierte aber immerhin als Handelsplatz an der Grenze des Frankenreichs weiter und entwickelte sich im 9. und 10. Jahrhundert zu einem Pfalzort der Karolinger und Ottonen. Aus ihm konnte schließlich die heutige Stadt erwachsen. Auch bei der Büraburg, nahe Fritzlar, blieb das bonifatianische Bistum nicht über den Tod des Gründers hinaus erhalten; der Ort wurde sogar bald so unbedeutend, dass eine Stadt gar nicht erst entstand.

Das Beispiel dieser von Bonifatius gegründeten Bistümer erinnert an etwas grundlegendes: Die knapp drei Dutzend Bischofssitze, die es zu Beginn des 11. Jahrhunderts im Reich gab, lagen zwar aus Sicht der Zeitgenossen allesamt in Städten und in unseren lateinischen Quellen werden diese Orte deshalb auch regelmäßig als *civitates* bezeichnet, tatsächlich waren diese Städte jedoch zu unterschiedlichen Zeiten entstanden und divergierten deshalb auch in ihrer Topographie und Baugestalt erheblich. Eine erste Gruppe bildeten die Bistümer, die noch in der Spätantike in römischen *civitates* gegründet worden waren und (mehr oder minder kontinuierlich) bis zur Jahrtausendwende fortbestanden – so beispielsweise Köln (Abb. 3), Mainz und Trier, aber auch Metz, Verdun und andernorts. Daneben gab es, zweitens, Bischofssitze, die erst im Laufe des Frühmittelalters ohne römische Kontinuität neu eingerichtet worden waren; zu ihnen zählten außer dem schon erwähnten Würzburg beispielsweise auch Eichstätt, Freising und Salzburg. Einen Sonderfall bildete sodann, drittens, das damalige Sachsen: Dort waren die frühesten Bischofssitze erst

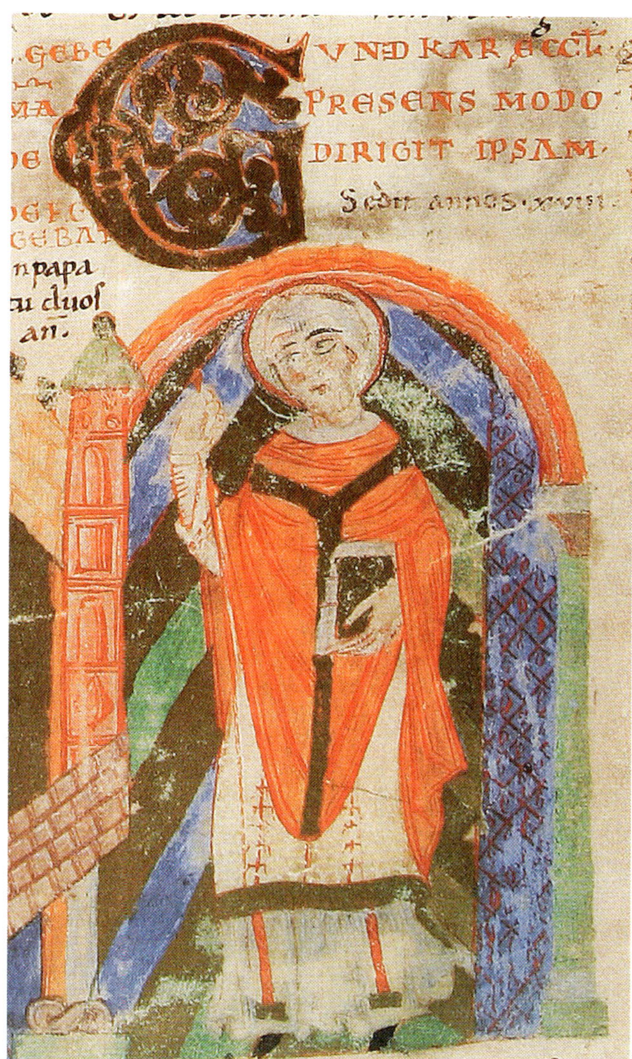

1 Der selige Bischof Gundekar II. von Eichstätt, Detail aus dem *Pontifikale Gundekarium*; Eichstätt, um 1072 (mit Ergänzungen bis 1697). Eichstätt, Diözesanarchiv, Cod. B 4, fol. 18r

nach der Eroberung durch die Franken, das heißt zur Zeit Karls des Großen und Ludwigs des Frommen, eingerichtet worden. Außer für Hamburg-Bremen, Münster, Verden, Minden und Osnabrück gilt dies auch für Hildesheim und Halberstadt – sowie für Paderborn. Eine vierte Gruppe von Bistümern schließlich war sogar noch jünger: Die meisten von ihnen verdankten ihre Entstehung dem Streben der Ottonen, den Raum östlich und nördlich der Elbe zu christianisieren und politisch zu kontrollieren. Zu diesen späten Gründungen des 10. Jahrhunderts gehörten Magdeburg, Merseburg, Zeitz und Meißen, außerdem – weniger erfolgreich – Havelberg, Brandenburg und Oldenburg in Holstein. Im frühen 11. Jahrhundert, unter Heinrich II., kam dann zuletzt noch Bamberg als neues Bistum hinzu (Abb. 2).

Auch wenn alle diese Bischofssitze nominell in Städten lagen, wird man sich angesichts solch verschiedenartiger Ursprünge vor Pauschalisierungen hüten müssen. Richtig ist zwar, dass diese *civitates* mit Blick auf ihre Einwohnerzahl und ihre Grundfläche nach heutigen Maßstäben allesamt Klein- oder Kleinststädte waren. Im Übrigen aber variierten die Topographie, die Infrastruktur und die Baugestalt von Bistum zu Bistum erheblich. Dazu trug weiteres bei: Zum Ersten waren in der kirchlichen Hierarchie einige Bistümer über die anderen herausgehoben. Die knapp drei Dutzend Bischofssitze waren nämlich in zunächst fünf, seit der Gründung Magdeburgs im Jahr 968 dann in sechs Kirchenprovinzen zusammengefasst. Jede dieser Provinzen wurde von einem Metropoliten geleitet, der den Titel des Erzbischofs führte. Solche Metropoliten hatten außer in Magdeburg auch in Köln, Trier, Mainz, Bremen und Salzburg ihren Sitz. Unter den sechs Kirchenprovinzen war wiederum diejenige von Mainz mit Abstand die größte – und zwar sowohl mit Blick auf die Zahl der Suffragane als auch hinsichtlich ihrer Fläche.

Zum Zweiten waren – geradeso wie die Kirchenprovinzen – auch die einzelnen Diözesen verschieden groß. Über die weiteste Fläche dehnte sich die Diözese von Konstanz aus; kleine Bistümer waren Worms und Eichstätt. Immerhin, im Vergleich zu den Diözesen in denjenigen Räumen Europas, die voll von der antiken Stadtkultur erfasst worden waren – etwa Italien oder Südfrankreich – umfasste selbst noch die Eichstätter Diözese eine beeindruckende Fläche. Für die Frage nach der Gestalt der Bischofssitze in der Zeit um die Wende zum 2. Jahrtausend ist das nicht unwichtig: Die *sedes* des Bischofs hatte im nordalpinen Reichsteil die Funktion eines Zentralorts für einen recht großen Raum. Hier residierte das geistliche Oberhaupt einer Diözese; hier stellten sich die Bischöfe aber auch als Angehörige der Elite in ihrer Würde und ihrem Rang dar.

Zu unterscheiden von der Diözese, über die ein Bischof als geistlicher Oberhirte die Aufsicht führte, ist – zum Dritten – der Besitz seiner Kirche an Grund und Boden und die damit begründete Verfügungsgewalt über die Menschen, die auf diesem und von diesem Land lebten. Dieses Gut einer Bischofskirche bildete in der Zeit um das Jahr 1000 allerdings noch keine in sich geschlossene Fläche; es lag mehr oder minder weit verstreut, zum Teil sogar in den Diözesen anderer Bischöfe. Der Umfang des Grundbesitzes und damit auch die materiellen Ressourcen der einzelnen Bistümer unterschieden sich ebenfalls erheblich. Als Meinwerk von König Heinrich II. die Bischofswürde in Paderborn angetragen bekam, soll er das Angebot zunächst mit der Frage ausgeschlagen haben, was ihn denn dieses Bistum angehe. Er könne selbst doch schon aus seinem Privatvermögen ein großartigeres gründen (Vita Meinwerci 1921, cap. 11). Die Anekdote findet sich erst in der Lebensbeschreibung Meinwerks aus dem 12. Jahrhundert; wir dürfen daher zweifeln, ob sich das Gespräch zwischen König und Bischof je so zugetragen hat, wie es der Autor dieses Textes behauptete. Aber in der Sache trifft die Anekdote der Jahre um 1160 auch für die Wende zum 2. Jahrtausend etwas wesentliches: Bistum war nicht gleich Bistum. Zwar fungierten alle Bischofssitze als Zentralorte und Herrschaftszentren für größere Räume, zwar werden sie alle in unseren Quellen regelmäßig als »Städte« bezeichnet, aber ihre konkrete Gestalt konnte sich doch recht unterschiedlich ausnehmen.

Vor der Kommune: Die Einwohner der Bischofsstädte

Die Menschen, die in diesen *civitates* beim Bischofssitz wohnten und lebten, waren zumindest im nordalpinen Teil des Ottonenreiches noch nicht so weit politisch organisiert, dass sie auf die Geschicke ihrer Stadt hätten Einfluss nehmen können. Erst Jahrzehnte nach Meinwerks Tod, nämlich erst im letzten Viertel des 11. Jahrhunderts, finden sich die frühesten Spuren einer entstehenden kommunalen Organisation. So hören wir für das Jahr 1074 beispielsweise von einem Aufstand der Einwohner Kölns gegen ihren Erzbischof Anno II. (1056–1075). Unser wichtigster Gewährsmann für diese Ereignisse – der konservative Mönch Lampert von Hersfeld († um 1085) – schildert zwar eher einen spontanen und unkontrollierten Ausbruch von Gewalt (Lampert von Hersfeld 1894, S. 185–190); dennoch darf man vermuten, dass für eine solche Rebellion gegen den Stadtherrn ein Mindestmaß an Absprachen und Organisation unter den Kölnern notwendig war. Handfest politisch motivierter Aufruhr gegen Bischöfe ist dann bald darauf, noch in der zweiten Hälfte der 1070er Jahre, für Mainz und Worms bezeugt. Die erste erhaltene Urkunde eines deutschen Königs für die Einwohner einer Stadt datiert ebenfalls aus dieser Zeit: 1074 ließ Heinrich IV. (1056–1106) sie den »Wormsern« (»Wormatienses«) zukommen; er be-

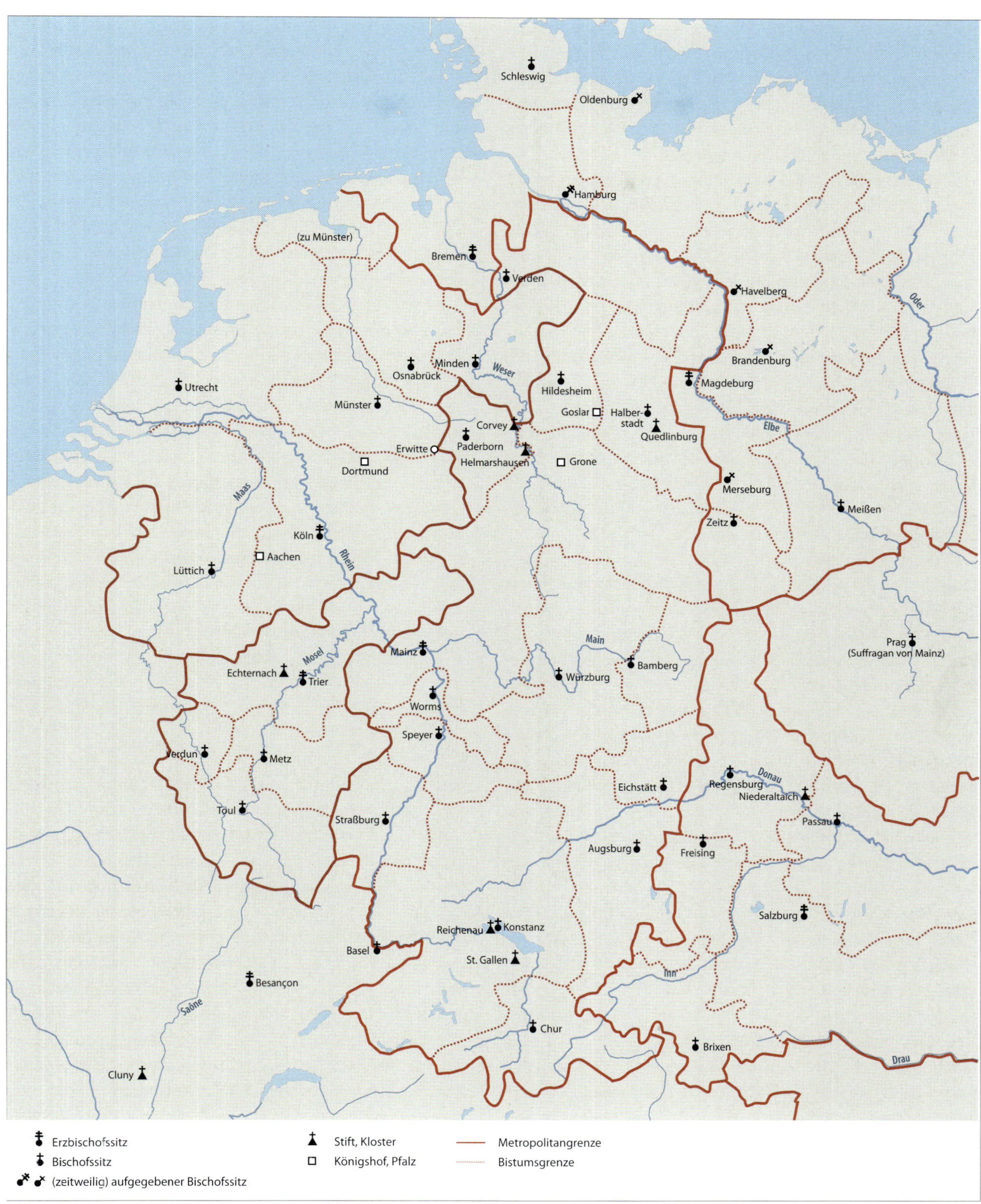

2 Kirchenprovinzen und Bistümer zur Zeit Heinrichs II.

freite sie damit zu Frankfurt am Main, Boppard, Hammerstein, Dortmund, Goslar und Enger von der Pflicht, Zölle zu zahlen (MGH DD H IV, Nr. 267). Die Einwohner von Worms haben Heinrichs Urkunde sorgfältig archiviert, so dass sie bis heute im Original überliefert wurde; auch das deutet darauf hin, dass die »Wormatienses« damals bereits über eine gewisse Selbstorganisation verfügten. Bis zu den Jahren um 1100 verdichten sich dann die Belege für solch frühe Organisationsformen. Doch eigene kommunale Institutionen – wie etwa ein Rat oder eine per Eid konstituierte Bürgergemeinde – bildeten sich erst allmählich im Laufe des 12. und 13. Jahrhunderts aus.

Von alledem waren die Einwohner Paderborns zur Zeit Meinwerks noch weit entfernt. Eine eidlich verschworene und politisch verfasste Bürgerschaft gab es an dieser sächsischen *sedes* damals nicht. Die Forschung hat deshalb für diese frühere Zeit auch vom Typus der »vorkommunalen Stadt« gesprochen. Für den rückschauenden Historiker zeitigt der Mangel an politischer Organisation eine bedauerliche Nebenwirkung: Die weitaus meisten Menschen, die in den Jahren um 1000 bei einem Bischofssitz wie Paderborn lebten, bleiben für ihn konturlos. Als Individuen, als Menschen mit Wünschen, Ängsten, Zielen, Stärken und Schwächen treten sie überhaupt nicht hervor; lediglich als Typen oder im Kollektiv erscheinen sie – selten genug! – in jenen Texten, aus denen Historiker ihr Bild von den Bischofssitzen jener Zeit gewinnen.

Immerhin lassen sich aber unter den Menschen, die damals typischerweise eine bischöfliche *civitas* bevölkerten, grob zwei Gruppen unterscheiden: Zum einen gab es diejenigen Leute, die auf Kirchengut, das heißt auf dem Grund und Boden des Bistums siedelten, dem Bischof daher zu Abgaben und zu weiteren Leistungen verpflichtet waren und auch sonst, etwa in rechtlicher Hinsicht, stark von ihrem bischöflichen Herrn abhängig waren. Die Zeitgenossen begriffen diese Menschen durchaus als Gruppe. In lateinischen Texten werden sie als »familia« bezeichnet. Zum anderen konnten sich bei einem Bischofssitz aber auch Menschen niederlassen, die nicht nur selbst über Eigentum verfügten, sondern persönlich frei und erheblich weniger vom Bischof abhängig waren. Diese beiden Gruppen unter den Einwohnern darf man sich im Übrigen weder in wirtschaftlicher noch in sozialer Hinsicht allzu homogen vorstellen. Handel und Gewerbe konnten Reichtum akkumulieren, Wohlstand schaffen und Unterschiede begründen; und auch erfolgreicher Dienst für den Bischof eröffnete einzelnen Familien im Laufe der Zeit die Chance für einen sozialen Aufstieg.

Der Bischof Burchard von Worms (1000–1025), ein weiterer Amtsbruder Meinwerks, hat kurz vor der Mitte der 1020er Jahre für die »›familia‹ des heiligen Petrus« – also für den Hörigenverband seines Bistums, dessen Patron Petrus war – eine eigene Rechtsordnung schriftlich niedergelegt (Kat.Nr. 5, 150). Dem Prolog zufolge bestand Regelungsbedarf: Burchard betonte, dass er wegen der fortdauernden Klagen der Armen und »der häufigen Übergriffe vieler Leute, die wie Hunde die ›familia‹ des heiligen Petrus zerfleischt haben«, die Gesetze habe niederschreiben lassen – und zwar nachdem er sie mit dem Klerus, den Kriegern und der gesamten »familia« beraten hatte (Burchard von Worms 1886, Prolog). In der 30. Bestimmung seiner Ordnung beklagte Burchard außerdem die vielen Mordtaten, »die wie bei wilden Bestien fast täglich innerhalb der ›familia‹ des heiligen Petrus geschahen«. Oft seien Leute »wegen einer Nichtigkeit, aus Trunkenheit oder aus Hochmut« aneinandergeraten; innerhalb nur eines Jahres seien dabei 35 Knechte, die dem Bistum Worms gehört hatten, ohne jede Schuld getötet worden, und ihre Mörder hätten sich damit sogar noch gebrüstet! Burchard hatte seinen eigenen Begriff von »Humankapital«: In seinen Augen bedeutete der Verlust dieser Leute vor allem einen »riesigen Schaden« für seine Kirche.

Für unser Thema wichtig ist nun, dass Burchard in seinem Rechtstext für die Wormser »familia« bereits mehrfach zwischen Taten innerhalb und außerhalb der Stadt unterschied. So sollten Mörder, die nicht aus Notwehr gehandelt hatten, Haut und Haar verlieren, mit Brandeisen an beiden Wangen gezeichnet werden, den Angehörigen des Ermordeten das Wergeld (also eine Buße) zahlen und mit ihnen dann wieder Frieden schließen. Sofern die Mordtat aber innerhalb der Stadt geschehen war, sollte der Täter zusätzlich auch noch die Bannbuße an den Bischof zahlen (Burchard von Worms 1886, cap. 30). Hierzu fügen sich weitere Regelungen: Beispielsweise sollte innerhalb der Stadt erblicher Grundbesitz in besonderer Weise vor dem Zugriff des Bischofs geschützt sein; solche Güter durften fortan nur noch dann in den Besitz des Bischofs überführt werden, wenn ihr Besitzer drei Jahre hindurch den Zins nicht gezahlt und andere darauf lastende Verpflichtungen nicht erfüllt hatte – und dann auch noch drei Ladungen vor das Gericht verstreichen ließ, ohne seine Schulden zu begleichen (Burchard von Worms 1886, cap. 26). Ernsthafte Schlägereien sollten, sofern sie in der Stadt angezettelt wurden, mit der bischöflichen Bannbuße in Höhe von 60 Schillingen geahndet werden (Burchard von Worms 1886, cap. 27). Und dieselbe Buße war fällig, wenn jemand in Worms selbst auch nur mit der Absicht, einen Mitmenschen zu ermorden, sein Schwert zückte, seine Lanze zum Stoß erhob oder seinen Bogen spannte und einen Pfeil auf die Sehne legte (Burchard von Worms 1886, cap. 28). Nicht minder bezeichnend sind die Bestimmungen gegen Diebstähle: Zwar ist hier nicht ausdrücklich von Taten innerhalb der Stadt die Rede; aber wenn Burchard in diesem Abschnitt von der Existenz eines »öffentlichen Marktes« ausging und von den »concives« des Täters spricht, dann hatte er offenbar abermals die Situation in Worms selbst vor Augen (Burchard von Worms 1886, cap. 32).

Bauen zur Ehre Gottes und des Bischofs

Auch wenn sich Burchards Rechtsordnung an die gesamte bischöfliche »familia« richtete, bezeugen einzelne Bestimmungen demnach bereits einen erhöhten Schutz des Frie-

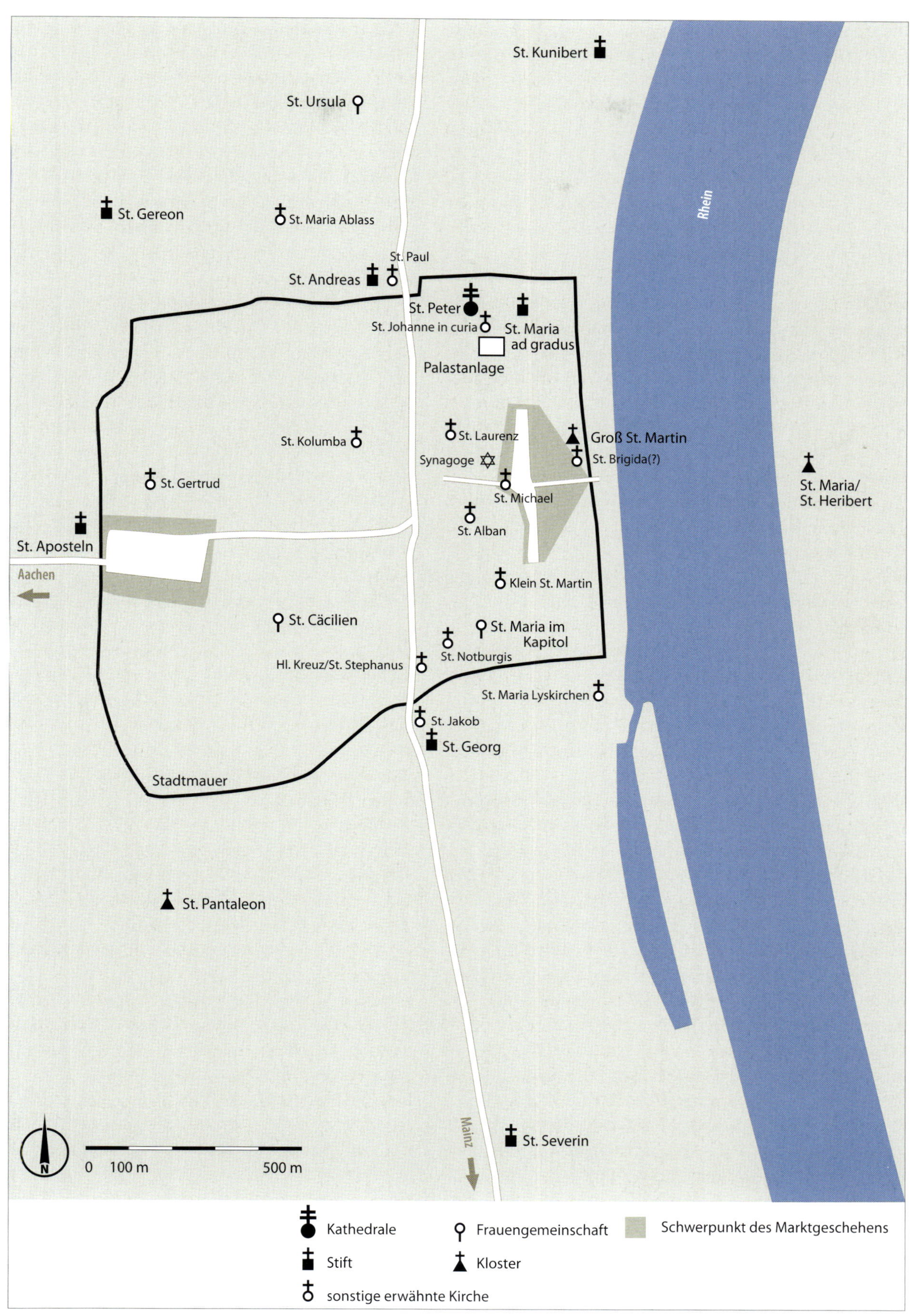

3 Köln gegen Ende des 11. Jahrhunderts

dens innerhalb der Stadt. Zugleich bleibt jedoch unübersehbar, dass sich eine politische Organisation einer eidlich verschworenen Bürgergemeinde, die dem Bischof hätte selbstbewusst entgegentreten können, in den 1020er Jahren auch in Worms noch nicht ausgebildet hatte. Das erklärt im Übrigen, warum die bauliche Ausgestaltung der bischöflichen *civitates* in erster Linie in der Hand der Bischöfe selbst lag und daher auch vor allem den Bedürfnissen und Interessen dieser geistlichen Herren entsprach. Damit ein Bischof überhaupt seine geistlichen und weltlichen Aufgaben erfüllen konnte, war an seiner *sedes* eine bauliche Grundausstattung notwendig: Neben dem Kathedralbau gehörte dazu zunächst einmal eine Unterkunft für den Bischof selbst und für jene Geistlichen, die für den Gottesdienst an der Domkirche verantwortlich waren, das heißt für die Kanoniker des Domkapitels. Damit der Ort des Bischofssitzes wirtschaftlich prosperierte, bedurfte es eines Marktes; außerdem waren Flächen vonnöten, an denen sich Handwerker und Kaufleute, aber auch die Dienstleute des Bischofs ansiedeln konnten. Um die *sedes* vor Übergriffen von außen zu schützen, war eine Wehrmauer sinnvoll; vielerorts war allerdings nicht nur der Dombezirk selbst ummauert, sondern auch die daran angelagerte, frühstädtische Siedlung. Im Übrigen waren Bischöfe dazu verpflichtet, den König und seinen Hof zu beherbergen; und Heinrich II. nahm bei seinen Reisen durch das Reich diese Gastungspflicht der Bischöfe noch weit häufiger in Anspruch als seine Vorgänger. Auch für solche königliche Präsenz musste ein Bischofssitz gewappnet sein: Immerhin galt es bei manch einem Herrscherbesuch mehr als 1000 Personen unterzubringen und zu verpflegen!

Damit ist aber erst das Minimum an baulicher Ausgestaltung benannt. Urbane Qualität – und damit auch eine Attraktivität für Handel und Gewerbe – bildete sich erst dort aus, wo zu dieser Grundausstattung weiteres hinzutrat, vor allem geistliche Institutionen wie Klöster, Stifte und Hospitäler. Zum Bischofsideal des früheren Mittelalters gehörte es bezeichnenderweise, dass ein Bischof nicht nur die »interiora«, also die Seelsorge im weitesten Sinne, in seiner Diözese beförderte, sondern darüber die »exteriora«, die äußeren Belange seines Bistums, nicht aus dem Blick verlor. Von einem hohen Geistlichen wurde deshalb erwartet, dass er seine Domkirche ausbaute, möglichst reich ausstattete, sie verschönerte oder sogar neu errichten ließ; er sollte weitere Kirchen und geistliche Institutionen bei seiner *sedes* gründen (oder doch wenigstens fördern), für eine angemessene Befestigung seiner *civitas* Sorge tragen und die Infrastruktur dort verbessern.

Einen guten Einblick in dieses Ideal eröffnet die Lebensbeschreibung des heiligen Ulrich von Augsburg (923–973), die der Dompropst Gerhard zwischen November 982 und Anfang 993 vollendete. In diesem Text kommt dem Bemühen des Bischofs um die Ausgestaltung seiner Domkirche hohe Bedeutung zu. Gleich nach seinem Bericht über die Weihe Ulrichs – wohl in der Metropole Mainz – und über Ulrichs Heimreise nach Augsburg kommt Gerhard auf die Sorgen zu sprechen, die der verfallene Kathedralbau dem Bischof bereitet habe. Als Ulrich »zu Hause ankam und sah, wie die Mauern der Domkirche an allen Ecken und Enden eingestürzt waren und alle Gebäude fast ganz in Trümmern lagen, so wie sie unter dem vorigen Bischof durch eine Feuersbrunst zugerichtet worden waren, da stellte er sich bangen Herzens die Frage, wie er das alles am besten wieder aufbauen könne«. Trotz der Armut und Not seines Bistums, so Gerhard, habe sich Ulrich sofort an den Wiederaufbau gemacht: »Und er glühte vor Eifer, die Arbeit ohne Unterbrechung fortzuführen. So trieb er in aller Sanftmut, obwohl es an Baugerät fehlte, so doch gestützt auf den Beistand Gottes, das Werk energisch voran«. Unzufrieden sei Ulrich allerdings mit der kleinen und hässlichen Krypta des Doms gewesen. Doch sollte ihm diese Sorge bald genommen werden. Eine Vision kündigte den Einsturz des gesamten Neubaus an – was Ulrich aber nur zu größerem Eifer anstachelte: »Nun«, behauptete Gerhard, »ließ er die Fundamente mit größerer Sorgfalt legen und führte den Bau stabiler auf.« (Vita Uodalrici 1993, cap. 1).

Die Geschichte ist nicht zuletzt deshalb aufschlussreich, weil der Text im Februar 993 bei der Heiligsprechung Ulrichs verlesen wurde – und auch schon mit Blick auf die Kanonisation des Bischofs verfasst worden sein dürfte. Ulrichs Baueifer entsprach demnach einem Ideal der Zeit: Ein guter, heiligmäßiger Bischof trug für die Baugestalt seiner Domkirche Sorge. Aber damit nicht genug. Wenn Ulrich seine Diözese visitierte – so berichtete Gerhard darüber hinaus – und die Klöster Feuchtwangen, Staffelsee, Füssen, Wiesensteig und Habach besuchte, dann sei er auch dort niemals untätig gewesen, »und sei es nur, dass er an den Kirchen- und Klostergebäuden, an den sonstigen Baulichkeiten oder der Klostermauer arbeitete; das Werkzeug dafür wurde ihm schon vorher bereitgestellt.« (Vita Uodalrici 1993, cap. 1). Dieser heilige Bischof pflegte selbst Hand anzulegen!

Folgt man seiner freilich erst spät verfassten Lebensbeschreibung, dann war auch Meinwerk von Paderborn ein eifriger Bauherr. Im Jahre 1000 war bei einem Brand in der Stadt auch der Dom, ein Bau der Karolingerzeit, zerstört worden. Bischof Rethar (983–1009), Meinwerks Vorgänger, hatte daraufhin zwar mit einem Neubau begonnen. Doch der Autor der *Vita Meinwerci* behauptet, Meinwerk habe schon am dritten Tag nach seiner Ankunft in Paderborn dieses mittelmäßige Gebäude, obwohl es bereits bis zur Höhe der Fenster aufgeführt gewesen sei, wieder einreißen lassen, um es durch eine prächtigere Kirche zu ersetzen (Vita Meinwerci 1921, cap. 12). 1015 konnte dann dieser von Meinwerk verantwortete Dom geweiht werden. Aber damit ließ es der Bischof nicht bewenden: Er gab eine Alexis- und eine Benediktka-

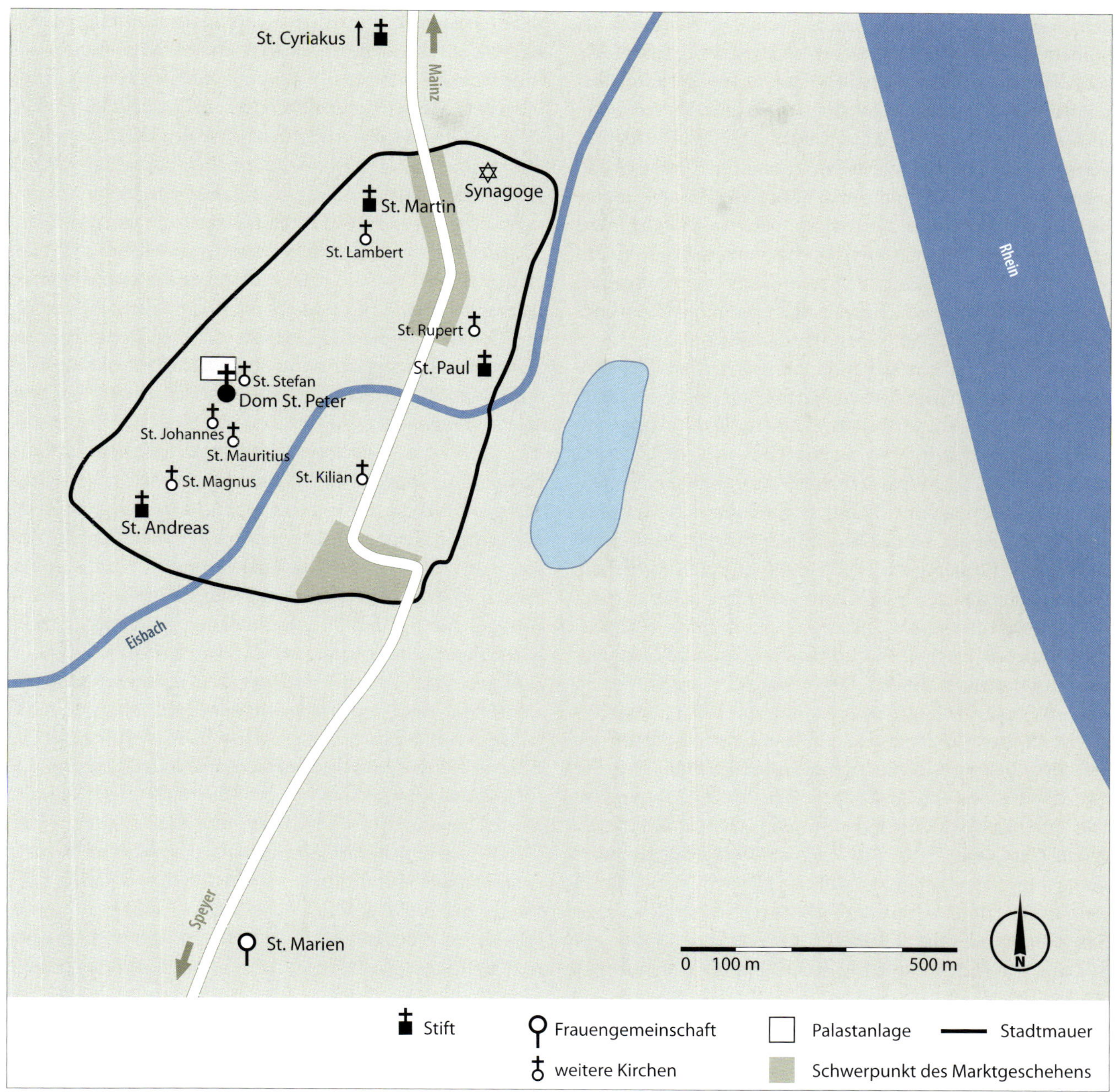

4 Worms gegen Ende des 11. Jahrhunderts

pelle in Auftrag, ließ die Bartholomäuskapelle errichten und die Busdorfkirche sowie das Abdinghofkloster erbauen. Außerdem habe er, so rühmte ihn sein Biograph, eine Mauer um die *civitas* Paderborn errichtet, ein Bischofshaus von den Grundmauern an aufgeführt und nicht nur die Gebäude der Stadt Paderborn selbst wieder herrichten lassen, sondern auch an anderen Orten, die seiner Fürsorge anvertraut waren, alles das, was er verfallen und heruntergekommen gefunden habe, niederreißen, erneuern und verbessern lassen (Vita Meinwerci 1921, cap. 159).

Die Zahl der Beispiele baufreudiger Bischöfe des 10. und 11. Jahrhunderts ließe sich leicht erhöhen: Bernward von Hildesheim (993–1022) etwa, ein Lehrer Ottos III. (983–1002) und zweifellos einer der einflussreichsten Bischöfe seiner Zeit, ließ an seiner *sedes* nicht nur Wirtschaftshöfe restaurieren, die verfallen waren; darüber hinaus stiftete er dem Hildesheimer Dom neues liturgisches Gerät und Kronleuchter und ließ den Innenraum durch Fresken prächtiger ausgestalten. Außerdem ließ er die Stadtmauern neu aufführen, eine Heiligkreuzkapelle außerhalb dieser Mauern errichten und gründete schließlich nördlich des Domkomplexes das Kloster St. Michael (Abb. 5). Berichte über derartige Bautätigkeit finden sich in fast allen Bischofsviten, die im Reich in der Zeit vom 10. bis zum 12. Jahrhundert abgefasst wurden: Unter den 33 Bischöfen, denen damals eine Lebensbeschreibung gewidmet wurde, sind nur fünf, für die keine Bauvorhaben irgendwelcher Art überliefert werden – und kaum zufällig waren dies Bischöfe, die entweder nur für kurze Zeit amtiert oder viele Jahre im Exil gelebt hatten. Die historische Forschung hat die einschlägigen Berichte aus diesen und weiteren Quellen – etwa über Bernwards Nachfolger Godehard (1022–1038) oder über die Bischöfe Dietrich (965–984) und Adalbero II. (984–1005) von Metz – schon seit langem gesammelt und ausgewertet. Das Ideal bischöflichen Bauens, das in ihnen formuliert ist, lässt sich bis in die Übergangszeit zwischen Spätantike und Frühmittelalter zurückverfolgen. Der Episkopat der Ottonen- und frühen Salierzeit stand in dieser Hinsicht also in einer längst etablierten Tradition.

Erheblich schwerer fällt es der Geschichtswissenschaft zu ermitteln, welche Motive eigentlich hinter diesem bischöflichen Baueifer standen. Denn Dokumente, in denen die geistlichen Bauherren der Meinwerkzeit selbst ihr Tun erläutert und begründet hätten, haben sich kaum erhalten. Eine der seltenen Ausnahmen bildet die Urkunde, mit der Bernward von Hildesheim das von ihm gegründete Kloster St. Michael dotiert hat. Das Stück datiert vom 1. November 1019 und ist zum einen aus einer Kopie des 11. Jahrhunderts bekannt, die aber leider 1943 verbrannt ist, zum anderen aus der Lebensbeschreibung Bernwards, in die der Wortlaut aufgenommen wurde. Bernward schildert in seiner Urkunde zunächst, wie er darüber nachgesonnen habe, welche gottgefälligen Leistungen Adam, Abraham, Moses, Elias, David und Salomon vollbracht hatten. Noch in seiner Zeit als Hofkapellan und Lehrer des kleinen Otto, so Bernward weiter, habe er hin- und herüberlegt, »durch welches Bauwerk der Verdienste [›meritorum architectura‹], durch welchen Preis ich mir die himmlischen Dinge einhandeln könnte«. Nach seiner Erhebung zum Bischof aber habe er das Werk, das er nun schon so lange geplant hatte, zum Ende bringen wollen – »nämlich folgendes der heiligen Erinnerung als Ehrentitel meines Namens anheim zu geben: Kirchen gebaut zu haben und Gottesdienste der dort Gott Dienenden angeordnet zu haben und all mein Vermögen Gott zum Vorteil gegeben zu haben.« (zitiert nach Wolfram von den Steinen 1956, S. 342). Die lateinische Formulierung blendet geradezu unauflöslich weltlichen Ruhm (»titulus nominis mei«) und geistliches Gebetsgedächtnis (»beata memoria«) ineinander. Das ist bezeichnend: Die Gründung und Ausstattung des Klosters St. Michael, in dem Bernward drei Jahre später auch sein Grab finden sollte, begründete den eigenen Worten des Bischofs zufolge die *memoria*, die Erinnerung an seine Person; die Michaeliskirche in Hildesheim sollte sowohl Bernwards Ehrentitel sein als auch sein Seelenheil sichern.

Kurzum: Es gehörte zum Bischofsideal der Zeit Meinwerks, die eigene *sedes* auszugestalten, insbesondere indem man dort Kirchen baute und geistliche Institutionen gründete und möglichst reich ausstattete; und es ist anzunehmen, dass sich die Motive der Bischöfe dabei in einem Spannungsfeld von weltlichem Rangdenken und Ehrstreben einerseits und geistlicher Suche nach Seelenheil andererseits bewegten. Die Ausgestaltung der Bischofssitze spiegelt damit letztlich nur wider, wie sehr die Bischöfe eingebunden waren in die religiösen und kirchlichen, aber auch die politischen Ordnungen ihrer Zeit. Dazu fügt sich die weitere Entwicklung: In der Hochphase der Kirchenreform, in den Jahrzehnten seit Mitte des 11. Jahrhunderts, hat die historische Forschung nämlich bezeichnenderweise immer lautere und häufigere Kritik am bischöflichen Baueifer vernommen. Geistliche Herren, die allzu viel bauten, konnten nun von ihren Zeitgenossen der Ruhmsucht geziehen werden. Heribert von Eichstätt (1022–1042) beispielsweise ließ das Bischofshaus niederreißen und neu bauen, auch die Kapelle der heiligen Gertrud durch einen Neubau ersetzen, die Stiftsgebäude verlegen, den Dom umorientieren und zu guten Teilen neu aufführen und nahm noch etliche andere Bauten in Angriff. Der anonyme Autor der Eichstätter Bistumsgeschichte tadelte diese Bauwut. Die früheren Bischöfe, so monierte er, seien doch auch mit kleinen und mäßigen Bauten zufrieden gewesen. Heribert dagegen richte mit seinen Großbauten die Leute zugrunde. Sie könnten ihre Felder nicht mehr bestellen, weil sie ohne Unterlass auf den Baustellen beschäftigt seien (Anonymus von Herrieden 1987, cap. 29).

Zugleich wachten seit Mitte des 11. Jahrhunderts die Geistlichen an einem Bischofssitz – und zumal die Angehörigen des jeweiligen Domkapitels – auch aufmerksamer darüber, auf welche Weise ihre Bischöfe derart kostspielige Bauvorhaben finanzierten. Die Vita Meinwerks aus dem 12. Jahrhundert beispielsweise preist zwar den Baueifer des Bischofs; aber ihr Verfasser ist sichtlich bemüht zu zeigen, dass Meinwerk die materiellen Ressourcen des Bistums niemals überfordert habe. So schildert der Verfasser nicht nur, wie Meinwerk seinen reichen Eigenbesitz in sein Bistum investiert habe; darüber hinaus wird auch in langen Listen vorgeführt, welche Güter Meinwerk von anderen für seine Kirche erworben habe – so dass er (bei all seiner Baufreude) den Reichtum der Paderborner Kirche sogar noch gewaltig vermehrte. Auf Kritik stießen Bischöfe nun dagegen oft dann, wenn sie für die architektonische Ausgestaltung ihrer *sedes* nicht mehr nur ihr Eigengut einsetzten, sondern auf Kirchengut zurückgriffen – oder hierfür gar Güter veräußerten, die für den Unterhalt des Domkapitels gedacht waren. Nachdem am 23. März 1046 in Hildesheim der Dom niedergebrannt war, ließ der dortige Bischof Azelin (1044–1054) einen neuen Bau in Angriff nehmen. Wolfher, ein Hildesheimer Geistlicher, der Mitte der 1060er Jahre über dieses Bauvorhaben berichtete, tadelte Azelin mit scharfen Worten. Der Neubau sei nicht ohne Sünde ge-

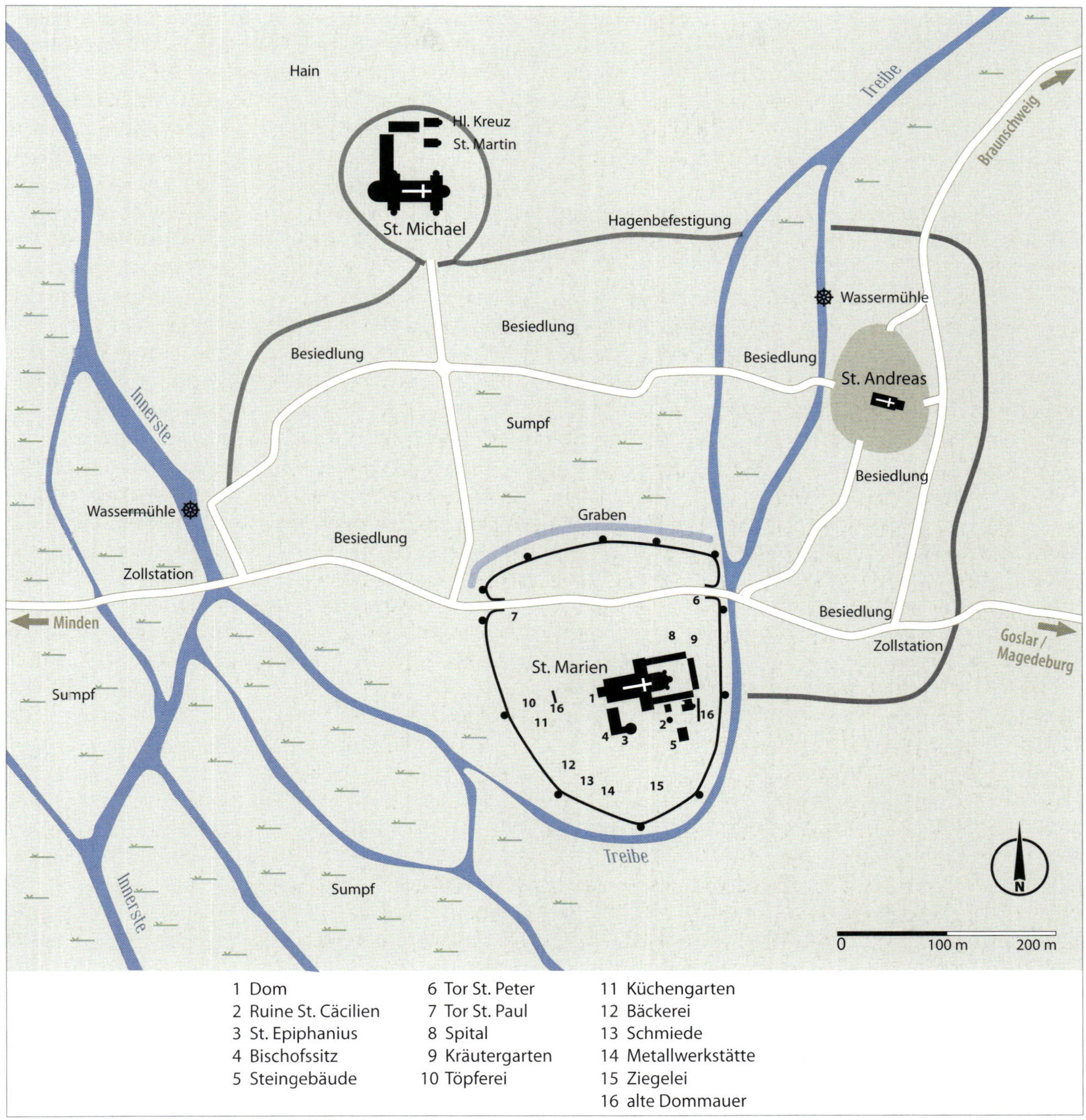

5 Hildesheim um 1000

wesen: »Wir erflehen die Nachsicht Gottes für ihn [Azelin] auch deshalb, weil er vieles von dem gemeinsamen Güteranteil der Brüder weggenommen hat, den die übrigen Gläubigen Christi im Namen des Herrn zusammengebracht hatten.« Azelin, so klagte Wolfher weiter, habe wahrhaftig vielfach gesündigt, »weil er selbst geraubt hat und den Nachgeborenen eine Gelegenheit und ein Vorbild für Raub hinterlassen hat.« (Vita Godehardi 1854, cap. 33). Bischöfe sollten ihre *sedes* ausbauen – aber bitte nicht mit jenen Gütern, von denen die Domkanoniker lebten!

Bischöfliche Stadtplanung? Ziele, Möglichkeiten und Grenzen

Der maßgebliche Einfluss der Bischöfe auf die Baugestalt ihrer *sedes* tritt selbst noch in solcher Kritik klar zutage. Weit weniger deutlich ist dagegen zu erkennen, ob die geistlichen Herren des 10. und 11. Jahrhunderts auch schon eine bewusste Stadtplanung betrieben – und welche Kriterien dabei gegebenenfalls eine Rolle gespielt haben könnten. Nun äußern sich zumindest einige Quellentexte, die über bauende Bischöfe berichten, auch etwas genauer über die Konzeptionen, die hinter den Baumaßnahmen standen. Unter diesen Kronzeugnissen kommt gerade der Lebensbeschreibung Meinwerks eine hohe Bedeutung zu. Sein Biograph behauptete nämlich, der Bischof habe geplant, die *civitas* Paderborn gewissermaßen geistlich zu bewehren, indem er Klöster und Stifte gründete, die er in Kreuzesform in allen vier Himmelsrichtungen um die Stadt herum ansiedelte. Mit den kreuzförmig angeordneten Bauten habe er das Ziel verfolgt, dass die Stadt – so wie er sie von ihrer Armut befreit, sie bereichert und befördert hatte – nun auch »von denjenigen, die dem Gekreuzigten dienten, mit den Waffen ihrer Gebete verteidigt werde und gegen alle Nachstellungen des Feindes gesichert und kenntlich gemacht sei.« (Vita Meinwerci 1921, cap. 218). Kurzum: Durch die geplante Gründung von vier kreuzförmig um die Stadt gelegten geistlichen Institutionen sollte der Teufel aus Paderborn ferngehalten werden. Allerdings hatte Meinwerk – das musste der Vitenautor einräumen – sein großes Ziel nicht erreicht. Lediglich die Neubauten im Westen (das Benediktinerkloster Abdinghof) und im Osten der Stadt (das Kanonikerstift Petrus und Andreas, die spätere Busdorfkirche) hatte er vollendet; die beiden anderen Institutionen waren für die Gegend der heutigen Kampstraße im Süden des Domes und für die Sülle weiter im Norden vorgesehen, blieben aber ein Plan. Doch betonte der Verfasser: Wenn Meinwerk nur länger gelebt hätte, so hätte er Paderborn »zu einer Stadt der Ehre und der Zierde im Reich erhoben.« (Vita Meinwerci 1921, cap. 218).

Zur Busdorfkirche wusste der Biograph im Übrigen noch mehr zu berichten. Meinwerk habe das Himmlische Jerusalem, also das Heil seiner Seele, erlangen wollen – und daher beschlossen, eine Kirche »nach dem Bilde der heiligen Kirche von Jerusalem zu errichten«. Zu diesem Zweck habe er sogar eigens den Abt Wino von Helmarshausen (um 1015–1036) nach Jerusalem geschickt, der dort »die Maße derselben Kirche und des Heiligen Grabes« aufnehmen und Meinwerk mitteilen sollte. Aus heutiger Sicht war dieses Projekt wenig erfolgreich: Die Anastasisrotunde der Grabeskirche in Jerusalem ist tatsächlich mehr als doppelt so groß wie die Paderborner Busdorfkirche; aber den Vitenautor des 12. Jahrhunderts hat dies nicht davon abgehalten, eine »Ähnlichkeit« (»similitudo«) zwischen dem Paderborner Bau und der heiligen Stätte in Jerusalem zu sehen (Vita Meinwerci 1921, cap. 214).

Nimmt man Meinwerks Biograph beim Wort, dann hatte dieser Bischof der späten Ottonen- und frühen Salierzeit also nicht einfach nur möglichst viele, möglichst prächtige Bauten errichten lassen, sondern beim Ausbau seiner *civitas* ein Gesamtkonzept verfolgt: Sie sollte von einem Kirchenkreuz umfangen werden; und dieses Kreuz sollte an seinem Ostarm dadurch besonders hervorgehoben werden, dass mit der Busdorfkirche das Heilige Grab in Paderborn selbst nachgeschaffen wurde. In der Forschung werden diese Belege regelmäßig angeführt, wenn von bischöflicher Stadtplanung im früheren Mittelalter die Rede ist. Allerdings ist Skepsis angebracht: Meinwerks Biograph schrieb erst in der zweiten Hälfte des 12. Jahrhunderts; und es ist nicht mehr zu klären, ob er tatsächlich über verlässliche Hinweise auf derartige Pläne verfügte. Vielleicht versuchte er auch nur im Nachhinein, den Einzelbauten Meinwerks in ihrer Gesamtheit einen höheren Sinn zu verleihen. Der berühmte Plan eines Paderborner Kirchenkreuzes wäre dann nicht mehr als eine nachträgliche Sinnstiftung eines phantasiebegabten Biographen.

Die Zweifel werden durch eine weitere Beobachtung eher noch bestärkt. Meinwerks Biograph kannte die Lebensbeschreibung Kaiser Heinrichs II., die ein Bamberger Geistlicher namens Adelbert um die Mitte des 12. Jahrhunderts verfasst hatte. Darin berichtet Adelbert, wie der Herrscher das Bistum Bamberg gegründet und den dortigen Dom errichtet habe. Außerdem erzählt der Verfasser, dass Heinrich im Süden der *civitas* das Kanonikerstift St. Stephanus, im Norden das Kloster St. Michael erbauen ließ. Später, so heißt es in einer Interpolation weiter, hätten die Bamberger Bischöfe Gunther (1057–1065) und Heinrich (1245–1257) dann noch ein Kanonikerstift in der Theuerstadt, östlich des Domes, sowie ein Kanonikerstift St. Jakobus im Westen eingerichtet (Abb. 6). »So wurde der Ort Bamberg durch Kirchen und Heiligenpatrozinien in Form eines Kreuzes überall befestigt und feiert nun für den gekreuzigten Jesus Christus täglich und emsig den Gottesdienst.« (Vita Heinrici 1999, cap. 7). In diesem Bericht, den Meinwerks Biograph nachweislich als Vorlage für sein eigenes Werk verwendet hat, dürfte wohl auch die Inspirationsquelle für seine Nachricht über Meinwerks Plan eines Paderborner Kirchenkreuzes zu suchen sein.

Ernster ist dagegen der Hinweis auf Meinwerks Orientierung an Jerusalem zu nehmen: Immerhin behaupteten nämlich auch die Verfasser der Viten Konrads von Konstanz (934–975) und Lietberts von Cambrai (1051–1076) ausdrücklich, diese Bischöfe hätten Kirchen nach dem Vorbild der Grabeskirche errichten lassen. Eine Stadt bewusst durch den Neubau von Kirchen zu gestalten, die sich in ihrem Aussehen oder ihren Maßen an einer Heilsstätte wie der Grabeskirche in Jerusalem orientierten, war also ein Gedanke, der Geistlichen im Mittelalter zumindest nicht ganz fern lag. Dafür spricht nicht zuletzt auch die weitere Bautätigkeit der Bischöfe Konrad und Gebhard von Konstanz (979–995) im 10. Jahrhundert. Bevor Konrad im Jahr 934 sein Amt antrat, hatte es an seiner *sedes* lediglich zwei Kirchen gegeben: die Bischofskirche selbst, die der heiligen Maria geweiht war, und die Stiftskirche St. Stephanus, die nahe vor den Mauern der Bischofsburg lag. Konrad ließ dann in seiner langen Amtszeit bis zur Mitte der 970er Jahre nicht weniger als vier weitere Kirchen errichten. Innerhalb der Mauern, die den

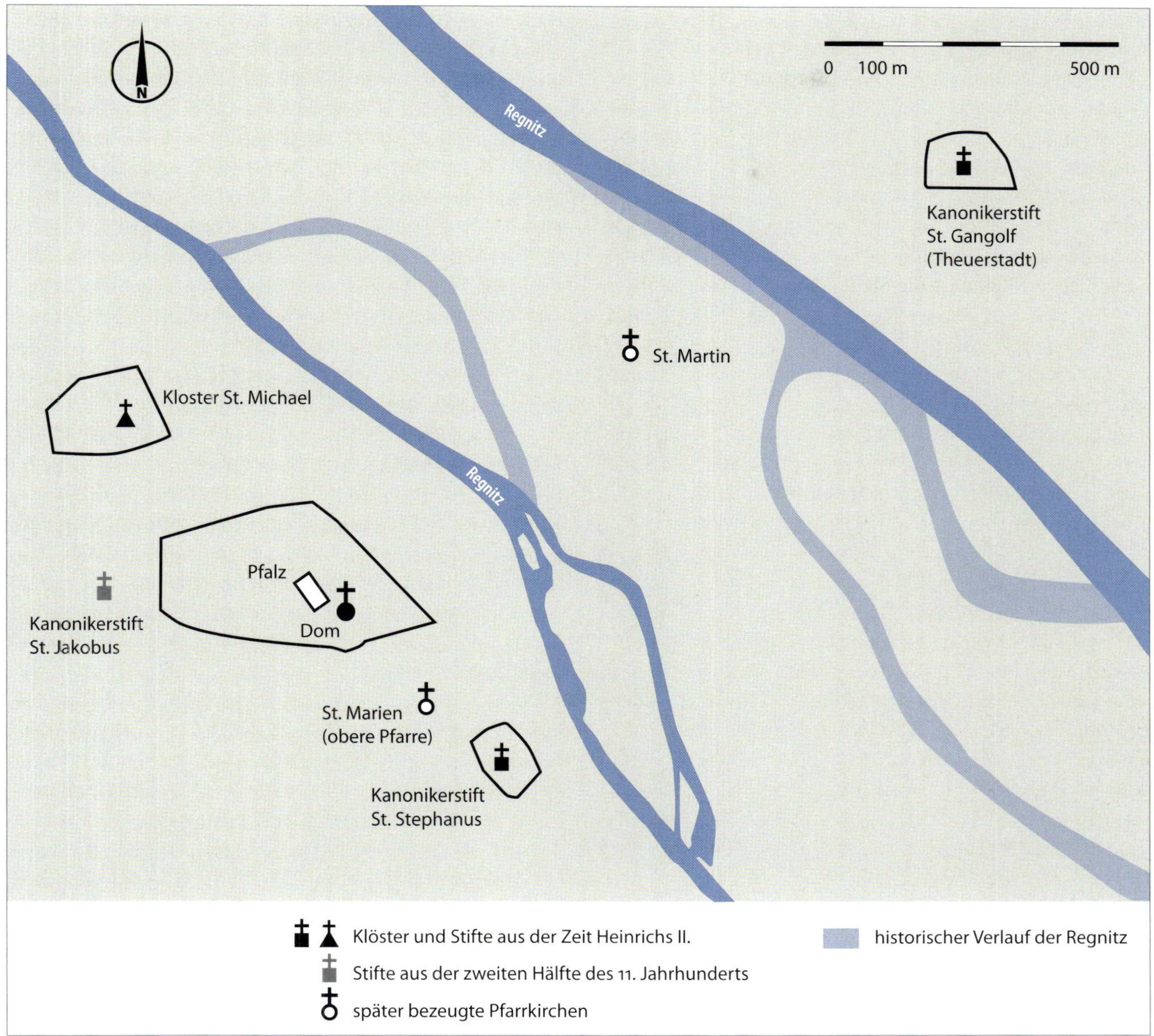

6 Bamberg im 11. Jahrhundert

Bischofssitz umfingen, gründete er eine Mauritiusrotunde. In dieser Kirche, so erzählen seine Lebensbeschreibungen aus dem 12. Jahrhundert, habe er zudem ein Heiliges Grab aus Gold aufstellen lassen; es sei nach dem Vorbild in Jerusalem gestaltet gewesen, das Konrad selbst nicht weniger als dreimal besucht habe. Außerhalb der Burg, aber doch in ihrer Nähe, schuf Konrad sodann die Kirche St. Johannes, die sowohl Johannes dem Täufer als auch dem Evangelisten Johannes geweiht war – geradeso wie das Baptisterium bei der Lateranbasilika in Rom, das ebenfalls diese beiden Namensvettern als Patrone hatte. Deutlich außerhalb der Mauern lag der dritte Neubau: die Kirche St. Paulus. Im Süden kam noch ein Heiligkreuzspital hinzu. Und möglicherweise ließ Konrad auch Reliquien des heiligen Laurentius in eine schon ältere Laurentiuskirche übertragen, die ebenfalls außerhalb der Mauern lag, etwa in der Mitte zwischen St. Stephanus und St. Paulus (Abb. 7).

Die Intensität dieser Bautätigkeit ist schon für sich genommen beeindruckend und zeugt von Konrads Willen, seine *sedes* auch räumlich über den Bereich der bisherigen Ummauerung hinaus zu erweitern. Das ist aber noch nicht alles! Konrads Nachfolger, der heilige Gebhard, ließ noch vor 983 den Bau einer weiteren geistlichen Institution an seinem Bischofssitz beginnen: Er gründete das Kloster Petershausen. Dessen Kirche wurde 992 dem heiligen Gregor geweiht und ihre Baugestalt ist bemerkenswert: Der Bau hatte eine Krypta und war zudem gewestet. In der Lebensbeschreibung Gebhards wird das Vorbild hierfür ausdrücklich genannt – die Peterskirche in Rom. Dazu fügt sich die Lage des Klosters jenseits des Rheins, geradeso wie auch in

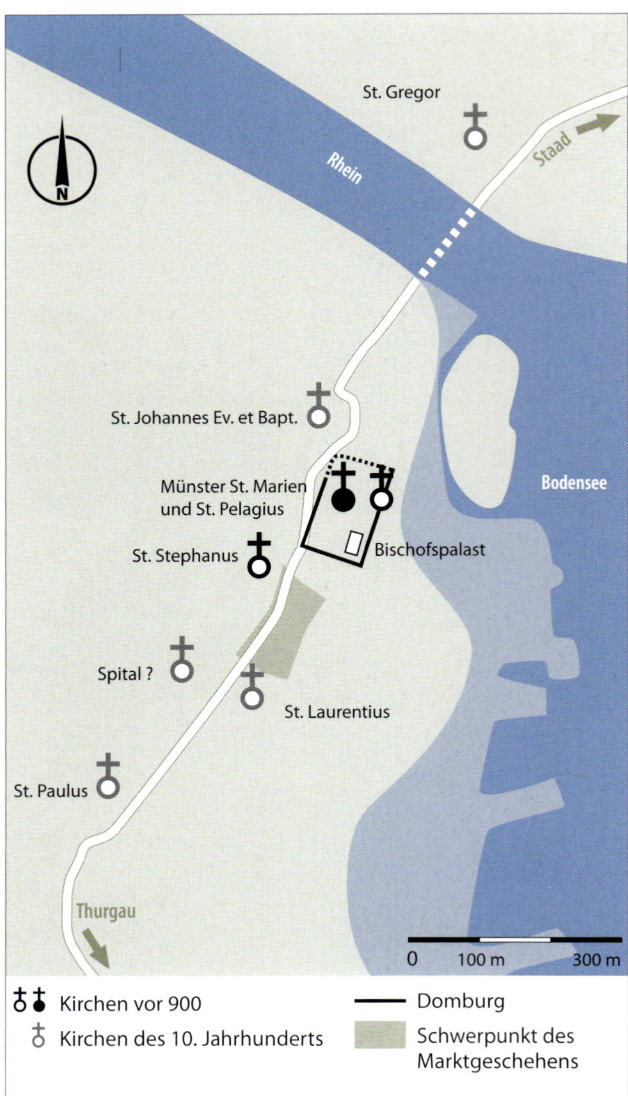

7 Das Kirchenbild des ottonischen Konstanz

Rom die Peterskirche jenseits des Tibers lag. Vor diesem Hintergrund lohnt sich schließlich ein Blick auf die Hauptpatrozinien der übrigen Kirchen, die seit Konrads Episkopat an der *sedes* bestanden. Tatsächlich war Konstanz in dieser Hinsicht zu einer kleinen Kopie der Ewigen Stadt geworden. Die Konstanzer Bischöfe hatten alle fünf stadtrömischen Kirchen, die unmittelbar dem Papst unterstanden, an ihrem Sitz imitiert: S. Maria Maggiore fand ihr Gegenstück im Mariendom, S. Giovanni in Laterano wurde mit St. Johannes aufgegriffen, S. Paolo fuori le mura in St. Paulus nachempfunden, S. Lorenzo in der Laurentiuskirche, und Alt-St. Peter schließlich spiegelte sich in der Klosterkirche von Petershausen.

Die Konstanzer Parallelen zu Rom sind so deutlich, dass man vermuten darf, sie seien bewusst herbeigeführt worden. Offen bleiben muss dabei freilich, ob es sich von vornherein um einen Plan des Bischofs Konrad gehandelt hat, den sein Nachfolger Gebhard getreulich zu Ende geführt hat. Denkbar ist auch, dass sich die Parallelen zu Rom zunächst noch ohne bewusste Planung Schritt für Schritt entwickelten und erst, nachdem sie sich ohnehin schon aufdrängten, mit der Gründung des Klosters Petershausen vollendet und akzentuiert wurden. Selbst dann aber, wenn man mit einer Gesamtkonzeption noch vor dem ersten Spatenstich rechnet, bleibt eines wichtig: Das Prinzip, von dem sich die Konstanzer Bischöfe beim Ausbau ihrer *sedes* leiten ließen, wäre auch in diesem Falle weit von den Kriterien und Maßstäben moderner Stadtplanung entfernt gewesen. Es wäre den Geistlichen nämlich darum gegangen, eine christliche Heilsstätte zu imitieren – ähnlich wie Meinwerks Biograph behauptete, der Bischof habe das Himmlische Jerusalem in Paderborn abbilden wollen. Anders als Meinwerk interessierten sich die Konstanzer Bischöfe dabei allerdings nicht für die Maße der Vorbilder (die ihnen wohl auch von vornherein unerreichbar erscheinen mussten). Stattdessen genügte es ihnen, die Patrozinien nachzuahmen und eine grobe Analogie zur Topographie Roms augenfällig zu machen.

Zu beachten bleibt bei alledem, worüber sich die Konstanzer Quellen für die Zeit um 1000 ausschweigen: Von einem geplanten Ausbau städtischer Siedlungskerne, von einer bewussten Verbesserung der Infrastruktur, von einer gezielten baulichen Förderung von Handel und Gewerbe – davon ist nicht die Rede. In jüngerer Zeit ist deshalb zu Recht Skepsis geäußert worden, ob die Bischöfe der Karolinger- und Ottonenzeit wirklich zu einer aktiven Stadtplanung in der Lage gewesen seien; hier sind inzwischen manche ältere, zu optimistische Ansichten über die Planungsmöglichkeiten frühmittelalterlicher Geistlicher korrigiert worden. Allerdings verdichten sich zumindest westlich des Rheins seit dem 11. Jahrhundert die Belege für weiterreichende Konzeptionen (siehe den Beitrag von Hirschmann). Dazu fügt es sich gut, dass der Autor der *Vita Meinwerci* schließlich in den Jahren um 1160 fest annehmen konnte, auch Meinwerk habe mit seinen Gründungen und Baumaßnahmen ein Gesamtkonzept verfolgt.

Fazit

In den Jahrzehnten um die Wende zum 2. Jahrtausend waren Bischofssitze Zentren geistlicher Autorität und weltlicher Herrschaft zugleich. Hier residierten Bischöfe, die aus mächtigen Familien stammten und gemeinsam mit ihren weltlichen Verwandten und dem König die Politik im Reich bestimmten. Die Baugestalt der bischöflichen *sedes* spiegelt diese Gemengelage von weltlichem und geistlichem wider: Ein fester Bestandteil des frühmittelalterlichen Bischofsideals war es, dass ein Bischof sich um die »interiora« und die »exteriora« gleichermaßen zu sorgen habe. Dazu gehörte die Aufgabe, den eigenen Sitz materiell zu bereichern und architektonisch auszugestalten. Die Motive, die die Bischöfe mit ihren Bauten verfolgten, dürften mehrschichtig gewesen sein: Die geistlichen Herren strebten nach Ansehen und Größe ihres Bistums im Reich; zugleich aber bemühten sie sich auch darum, ihr persönliches Seelenheil zu sichern. Längerfristige Konzeptionen zur Ausgestaltung der Bischofssitze klingen in der zeitgenössischen Überlieferung nur leise an; offenbar richteten sie sich aber, ganz den Rahmenbedingungen der Zeit entsprechend, vor allem auf die Gründung und den Ausbau geistlicher Institutionen und weit weniger auf eine Wirtschaftsförderung oder Maßnahmen zur Stadtentwicklung, wie sie in unserer Gegenwart selbstverständlich erscheinen könnten.

Die schrift- und lateinkundigen Zeitgenossen verorteten die Bischofssitze zwar regelmäßig in *civitates*, ja sie konnten sogar die Wörter »Stadt« und »Bischofssitz« geradezu synonym zueinander verwenden. Doch trotz der geistlichen, wirtschaftlichen und politischen Bedeutung dieser Zentralorte hatten sich um die Jahrtausendwende an den Bischofssitzen im Reichsteil nördlich der Alpen noch keine verschworenen Bürgergemeinden und noch keine kommunalen Institutionen ausgebildet. Meinwerk von Paderborn, Thietmar von Merseburg, Megingaud von Eichstätt, Burchard von Worms, Bernward von Hildesheim – sie alle waren noch die unangefochtenen Herren ihrer *civitates*. Deren Baugestalt spiegelte deshalb die vielschichtigen Interessen ihrer Bischöfe wider, die zugleich »gute Streiter« und »sehr gute Hirten« sein wollten.

Quellen

Anonymus Haserensis 1987 · Briefe des Bonifatius 1916 · Burchard von Worms 1886 · Lampert von Hersfeld 1894 · MHG DD H IV · Thietmar von Merseburg 1935 · Vita Godehardi 1854 · Vita Heinrici 1999 · Vita Meinwerci 1921 · Vita Uodalrici 1993.

Literatur

Fichtenau 1994 · Giese 1982 · Haarländer 2000 · Hirschmann 1998 · Krah 1987 · Maurer 1976 · Schieffer 1998 · Weilandt 1992 · Wolfram von den Steinen 1956 · Zielinski 1984.

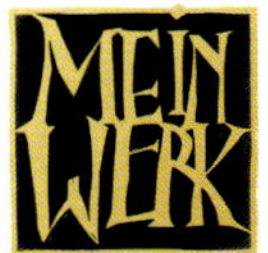

Die Anlage »heiliger Städte«

Bischöfliches Bauen um die Jahrtausendwende

Frank G. Hirschmann

Bischöfe als Bauherren um die Jahrtausendwende

Bauen als Aufgabe eines Bischofs

Meinwerk von Paderborn (1009–1036) gehörte zu den Reichsbischöfen, die ihren Bischofssitz planvoll und gezielt ausbauten, die Sakralausstattung und Infrastruktur erheblich mehrten und so einen beträchtlichen Aufschwung in die Wege leiteten. Das Bauen zählte zu den so genannten »exteriora«, den äußeren Pflichten, die ein Bischof zum Wohle der Allgemeinheit, zur Lobpreisung Gottes und nicht zuletzt für sein eigenes Seelenheil wahrzunehmen hatte. Dabei ließ man sich voneinander inspirieren. Es kam zum Austausch von Menschen, Material und Ideen, denn die Bischöfe kannten einander durch ihre Tätigkeit an der königlichen Hofkapelle oder weil sie an renommierten Domschulen wie der in Köln, Lüttich oder Hildesheim gemeinsam ihre Ausbildung erfahren hatten. Auch der Konkurrenzdruck der Reichsbischöfe untereinander konnte als Auslöser für groß angelegte Bauprojekte fungieren; dies galt insbesondere für die Erzbischöfe von Köln, Mainz und Trier, die um den Primat im Reich stritten und diesem auch baulich Ausdruck verliehen. Mit dem Ausbau der Städte gingen häufig eine Festigung des Temporalbesitzes (also der Gerichtsrechte wie der immobilen Güter) der jeweiligen Bischofskirche sowie die ersten Münzprägungen mit den Namen der Bischöfe einher.

Die Baumaßnahmen der Bischöfe erstreckten sich potenziell auf die ganze Stadt beziehungsweise darüber hinaus auf die gesamte Diözese. Die wichtigsten, prestigeträchtigsten und die meisten Mittel bindenden Projekte waren der Dombau sowie die Kloster- und Stiftsgründungen. Auch die Stadtmauern galt es zu unterhalten und gegebenenfalls zu erweitern. Hinzu kamen unter Umständen Neubauten wie Hospitäler, Domnebengebäude und Bischofspaläste (wobei unter den bekannten keiner die Dimensionen des Palastes Meinwerks von Paderborn erreichte, der seinerzeit zu den größten Profanbauten Europas zählte). Straßen und Plätze wurden angelegt und ausgebaut, Grundstücksparzellen ausgewiesen, Bannbereiche abgesteckt sowie Mühlen und Brücken gebaut.

Notker von Lüttich (972–1008)

Das wohl umfassendste, innovativste und erfolgreichste Bauprogramm unter allen Reichsbischöfen ist für Notker von Lüttich, einen Freund Kaiser Ottos III. (983–1002), bezeugt, der 984 zu einer Reichsversammlung lud, auf der er die weltlichen und geistlichen Großen ihre Treue zu Kaiserin Theophanu († 991) und dem jungen Kaiser beschwören ließ. Unter ihm stieg der relativ junge, noch 100 Jahre zuvor weitgehend unbedeutende Bischofssitz an der Maas zu einer der bedeutendsten Städte des Reiches auf (Abb. 1). Bereits Notkers Vorgänger Everaclus (959–971) hatte Großes vor: Er plante die Verlegung der Kathedrale und des Bischofspalastes von den Maasniederungen auf die Anhöhe des sich unmittelbar dahinter erhebenden Publemont und nahm zwei Stiftsgründungen (eine auf der Höhe, eine auf einer Maasinsel) in Angriff. Die Verlegung des Doms scheiterte jedoch, das St. Laurentius konnte er nicht vollenden. Ob er die Vollendung des Stifts St. Paulus noch erlebte, ist ungewiss. Notker jedenfalls machte die geplante Domverlegung rückgängig und ließ an der ursprünglichen Stelle einen Neubau mitsamt Bischofspalast errichten. Die neue Kathedrale hatte je einen Chor und ein Querhaus im Westen und im Osten und gilt als eines der frühesten Beispiele für eine Kirche mit zwei Querhäusern. Auch Kreuzgang, Wirtschaftsgebäude und die Häuser der Domherren ließ der Bischof instandsetzen – seiner Vita zufolge »als Haupt und zum Schutz der Stadt und des Hochstifts« (»in caput et protectionem civitatis et patrie protegende«; Vita Notgeri 1905, S. 11). Östlich des Doms entstand aus Säulen des Vorgängerbaus eine Art Galerie, die den Dom mit dem Markt verband. Ferner führte Notker die Domschule zu großer Blüte und ersetzte auch die neben dem Dom gelegene Taufkirche St. Maria (Notre-Dame-aux-Fonts) durch einen Neubau. Er ließ die Stadtmauern ausbessern und die ummauerte Stadtfläche auf rund 30 Hektar erweitern. Einen Maasarm leitete er durch Abdammung an das durch ihn völlig neu gestaltete Stadtzentrum heran – den Nutzen dieser Maßnahme für das Allgemeinwohl betont seine Vita ausdrücklich. In der Tat waren jetzt die Wassermassen bei Hochwasser besser kontrollierbar, der Hafen leichter zugänglich, die Maasinsel rundum durch Wasser geschützt und die Mühlen konnten effizienter arbeiten.

Auf dem vor dem Mauerbau höchsten Punkt der Stadt ließ er ein dem heiligen Kreuz geweihtes Stift errichten. Auf der Maasinsel gründete er das Stift St. Johannes, einen bemerkenswerten, das Aachener Vorbild zitierenden Kuppelbau, der aufgrund seiner Baugestalt seine Verbundenheit mit Kaiser und Reich zum Ausdruck brachte, denn die Kuppel galt als kaiserliches Bauelement. Notker baute ferner die zum Johannesstift gehörige Pfarrkirche und weihte sie einem weiteren Vertrauten des Kaisers, dem Prager Bischof Adalbert (983–997). Dieser hatte 997 auf einer Weichselinsel den Märtyrertod gefunden, weshalb man alle frühen Adalbertkirchen von Rom über Ravenna bis hin nach Gnesen und Lüttich auf einer Insel errichtete. Auf der Maasinsel befand sich auch Notkers Privathaus, sein bevorzugter Aufenthaltsort.

Die *Gesta pontificum Tungrensium et Leodiensium* des Heriger von Lobbes (990–1007), die noch zu Notkers Lebzeiten verfasst wurden, preisen ausführlich seine Bautätigkeit und betonen, er habe wie keiner seiner Vorgänger auf dem Bischofsthron den Besitz der Lütticher Kirche gemehrt und diese durch neue Bauten verschönert. Noch im 13. Jahrhundert schrieb der Historiograph Aegidius von Orval (Kat.Nr. 201), Lüttich verdanke dem Herrn Notker und alles andere Notker (»Nogerum Christo, nogero cetera debes«; Aegidius 1880, S. 59) – dies ist nur gelinde übertrieben angesichts der Tatsache, dass außer Verdun keine andere Stadt im Reich um die Jahrtausendwende einen derartigen Boom erlebte wie Lüttich. Dabei bestimmten wirtschaftliche, religiöse und fortifikatorische Motive Notkers stadtplanerische Maßnahmen, und nicht zuletzt machte er Lüttich zu einer »heiligen Stadt«, in der die Patrozinien aller römischen Patriarchalkirchen an bedeutenden Kirchen ihre Entsprechung fanden: S. Maria Maggiore an der Taufkirche St. Maria, S. Pietro in Vaticano am Petersstift, S. Paolo und S. Lorenzo fuori le mura an den Stiften St. Paulus und St. Laurentius, S. Giovanni in Laterano am Stift St. Johannes und S. Croce in Gerusalemme am Heiligkreuzstift. Stolz brachte Notker dies auch auf Münzen zum Ausdruck, die die Aufschrift S LEGIA, heiliges Lüttich, trugen.

Mit Notkers Tod kam der Bauboom in Lüttich im Übrigen keineswegs zum Erliegen. So wurden etwa unter seinen Nachfolgern Balderich II. (1008–1018) und Wolbodo (1018–1021) die Kathedrale vollendet und mit St. Bartholomäus eine weitere Stiftskirche errichtet. Jedes der sieben Lütticher Stifte war mit 30, der Dom mit 60 Kanonikaten ausgestattet, so dass die Stadt über die enorme Zahl von 270 Pfründen verfügte. Als Mangel empfand man indes, dass nicht ein einziges Benediktinerkloster vorhanden war. Hier schufen Balderich und Woldobo durch die Gründung der Klöster St. Jakobus und St. Laurentius Abhilfe. Mit zehn Klöstern und Stiften (den Dom eingeschlossen) verfügte Lüttich nun über mehr geistliche Institutionen für Männer als jede andere Stadt im Reich – einschließlich Köln –, bemerkenswerterweise aber nicht über ein einziges Frauenkloster. Die Gründe hierfür liegen im Dunklen.

Konrad von Konstanz (934–975)

Dass Notker bei weitem keinen Einzelfall darstellt, kann an einer ganzen Reihe weiterer bischöflicher Bauherren und Kirchengründer aufgezeigt werden, die ihm großenteils bekannt gewesen sein dürften. In Konstanz etwa hatte bereits einige Jahrzehnte zuvor Bischof Konrad längs der die Stadt prägenden Straße die Kirchen St. Johannes, St. Paulus und St. Laurentius und vielleicht ein dem heiligen Kreuz geweihtes Hospital erbaut, die alle mit ihren Fassaden zu eben jener Straße hin ausgerichtet waren. Als sein Nachfolger Gebhard II. (979–995) um 983 dann das Kloster Petershausen gründete, war in Konstanz noch vor der Jahrtausendwende die Reihe der stadtrömischen Hauptheiligen komplett, zumal das Peterskloster in Konstanz ebenso wie St. Peter in Rom von der eigentlichen Stadt durch den Fluss getrennt war und die dortige Kirche wie der römische Petersdom ihren Hauptchor im Westen besaß, worauf zeitgenössische Quellen auch ausdrücklich verweisen. An Jerusalem wiederum erinnerte die Stiftskirche St. Mauritius, die Konrad unmittelbar beim Dom als verkleinerte Kopie der Jerusalemer Grabeskirche hatte errichten lassen – damit ein Bauprojekt vorwegnehmend, wie es einige Jahrzehnte später Bischof Meinwerk für Paderborn in Angriff nahm.

Gerhard von Toul (963–994)

Bischof Gerhard von Toul stammte aus Köln. Daher muss ihm sein neuer Bischofssitz an der Mosel bemerkenswert klein und unbedeutend erschienen sein. Dem Vorstadtkloster St. Mansuy ließ er beträchtliche Förderung zuteil werden, baute eine neue Klosterkirche und erhob es zur Abtei. Hoch über der Stadt gründete er ein kleines, dem Erzengel Michael geweihtes Priorat, das er seinerseits St. Mansuy unterstellte. Darüber hinaus ließ er eine neue Kathedrale bauen und gründete am Touler Markt – der übrigens als einer der wenigen innerhalb des römischen Castrums lag – das Stift St. Gangolf. Auch förderte er die Klöster und Stifte durch den Erwerb zahlreicher Reliquien, und wohl als erster Touler Bischof ließ er Münzen mit seinem Namen prägen. Am Ende seiner Amtszeit hatte Toul ein völlig anderes Gesicht.

Willigis von Mainz (975–1011)

Etwa zeitgleich mit Notker nahm Erzbischof Willigis von Mainz ein umfangreiches Bauprogramm in Angriff – auch er eine Person, die auf Reichsebene herausragende Aufgaben wahrnahm und unter anderem den jungen König Otto III. krönte und dessen Mutter, Kaiserin Theophanu, tatkräftig unterstützte. Um dauerhaft das Krönungsrecht an sich zu ziehen, war freilich eine entsprechende architektonische Substanz der Krönungskirche vonnöten. In dieser Hinsicht konnte der nur 50 Meter lange, bescheidene Mainzer Dom bei weitem nicht mit Köln mithalten, wo allein der Dom eine Länge von 95 Metern hatte und ihm ein 100 Meter langes Atrium vorgelagert war. Willigis ließ daher zwischen dem alten Dom und dem Rhein eine gewaltige neue Anlage errichten. Dabei war es höchst ungewöhnlich, dass man nicht einfach eine alte Kirche ausbaute, sondern daneben einen kompletten Neubau in Angriff nahm. Willigis' Domanlage war insgesamt 160 Meter lang. Sie umfasste den Dom – mit Hauptchor wiederum im Westen –, ein östliches Atrium und noch weiter östlich, nah am Rhein, einen der Gottesmutter geweihten Querbau. Dies wiederum ist insofern bemerkenswert, als auch in Rom der Vatikan mit einer am Tiberufer gelegenen Marienkirche (St. Maria ad gradus) abschloss, in welcher der Papst den zu krönenden Kaiser im Rahmen der Weihezeremonie empfing. Insofern beruhte Willigis' Domgruppe auf einem ganz klar am römischen Vorbild ausgerichteten Programm. Dass später auch die Kölner östlich des Doms und über dem Rheinufer eine Kirche St. Mariengraden errichten ließen, fügt sich nahtlos in dieses Bild. Darüber hinaus gründete Willigis die Stiftskirchen St. Viktor und St. Stephanus, letztere am höchsten Punkt der Stadtmauer und diese durch das wirkmächtige Patrozinium des Erzmärtyrers ebenso wie durch die Wehrhaftigkeit der Mauern verstärkend. Selbstbewusst kündeten zudem die von Willigis in Auftrag gegebenen Bronzetüren für den Dom: Solche Türen habe seit Karl dem Großen (768–814) noch niemand in Metall gießen lassen (DI 2, S. 7). 1036 richtete man an der alten Domkirche das Stift St. Johannes ein, welches durch Arkaden mit dem neuen Martinsdom verbunden war; die Gesamtanlage maß nun mehr als 200 Meter. Insgesamt gehörte Willigis' Mainzer Bauprogramm gewiss zu den Aufsehen erregendsten der Jahrtausendwende; Thietmar von Merseburg (1009–1018) nennt den Erzbischof »Sonne, die durch die Strahlen heiliger Verkündigung die Herzen vieler erleuchtete, die sich nach Christi Liebe sehnten« (Thietmar von Merseburg 1957, S. 90).

Haimo von Verdun (988–1024)

Der Verduner Bischof Haimo war ein Schüler Notkers und so verwundert es nicht, dass er sich bei seinem Bauprogramm vom Lütticher Vorbild leiten ließ. Der von ihm neu erbaute Mariendom besaß wie die Lambertskathedrale in Lüttich zwei Chöre. Darüber hinaus gründete Haimo das Frauenkloster St. Maur und unter seinem Episkopat entstanden zwei Stifte: das reich dotierte Magdalenenstift und das schwach ausgestattete, kaum lebensfähige Heiligkreuzstift, welches er den Nonnen von St. Maur unterstellte. Bemerkenswerterweise gab er zur Förderung der geistlichen Institutionen sogar die wichtigsten bischöflichen Einnahmequellen aus der Hand: Die Markteinnahmen in Verdun (offenbar einschließlich des näheren Umlandes, jedoch ohne die Sonderrechte des Vitoklosters auf dem Mont St. Vanne) schenkte er St. Maur, das zu den reichsten Frauenklöstern nördlich der Alpen zählte. Der Marktzoll auf dem Abteiberg, der Maaszoll und das Salzhandelsmonopol für Verdun gingen an die Benediktiner von St. Vanne, die Kornwaage und der Torzoll an das Magdalenenstift. Umgekehrt zog er die geistlichen Institutionen zum Bau und zur Erhaltung der Stadtmauern heran.

Seit 1004 wirkte in Verdun zudem der tatkräftige, innovative und später an die Spitze zahlreicher Klöster in ganz Nordfrankreich und Lothringen berufene Reformabt Richard von St. Vanne (1004–1046). Vor allem er, aber auch Vertreter anderer geistlicher Institutionen investierten die reichen Erträge ihrer Grundherrschaften in den Kirchenbau, den Erwerb von Reliquien und insbesondere in den Bau von Mühlen. Mitte des 11. Jahrhunderts lassen sich in Verdun 21 Mühlen belegen. In den anderen Bischofssitzen des Reiches sind zusammengenommen nur neun Mühlen nachgewiesen und davon der größte Teil nicht einmal sicher. Verdun war ein bedeutendes Handels- und Gewerbezentrum, bereits im 10. Jahrhundert erwähnt Liutprand von Cremona (961–970/972) den »immensen Reichtum« seiner Kaufleute (Liudprand von Cremona 1998, S. 148).

Da Haimo ebenfalls die Stadtmauern ausbauen ließ, präsentierte sich Verdun somit im frühen 11. Jahrhundert als eine einzige Großbaustelle. Bei der Patrozinienvergabe wurde das Lütticher Vorbild insofern deutlich, als Haimo dort vorhandene Patrone wie Petrus, Paulus und Johannes in den Vordergrund rückte. Jedoch wurden diese von der Verduner Bevölkerung nicht angenommen, die weiterhin die Kirchen nach den dort bestatteten und als Heilige verehrten Verduner Bischöfen benannten. In das Bild des ebenso tatkräftigen wie selbstbewussten Reichsbischofs fügt es sich ferner, dass Haimo als erster Verduner Bischof Münzen mit seinem Namen statt dem des Königs prägen ließ. Noch knapp ein Jahrhundert später zeigte sich der Chronist Hugo von Flavigny (1096–1104) geradezu euphorisch, in einer Stadt leben zu dürfen, die von Haimo in so beeindruckender Weise architektonisch ausgestaltet worden war. Der Chronist belegte Haimo aufgrund seiner Verdienste mit den Ehrentiteln »Vater der Stadt«, »Licht des Vaterlandes« und »Zierde der Kirchen« (»pater urbis«, »lux patriae«, »decus aecclesiae«; Chronicon Hugonis 1848, S. 391).

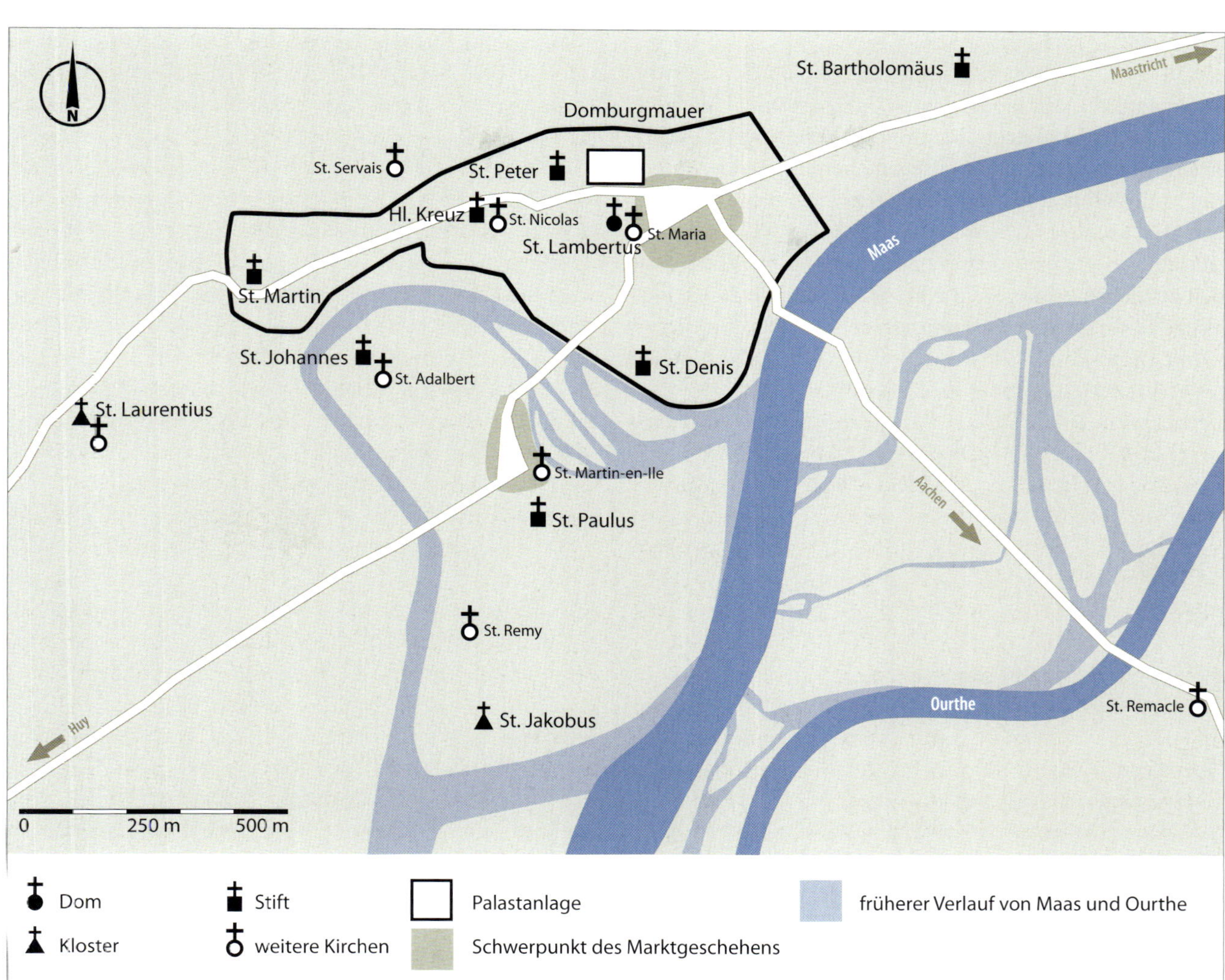

1 Lüttich gegen Ende des 11. Jahrhunderts

Bernward von Hildesheim (993–1022)

Bernward von Hildesheim ließ auf einer den Domhügel deutlich überragenden Anhöhe zunächst eine Heiligkreuzkapelle errichten, gründete dann dort ein Stift und baute unmittelbar daneben eine weitere Kirche, die 1022 dem Erzengel Michael geweiht wurde (Abb. 2, 3). Das heilige Kreuz und der Erzengel wachten fortan über die Stadt. St. Michael (Kat.Nr. 202) wandelte Bernward anschließend (1022) in ein Kloster um, welches vom Reformgeist des lothringischen Klosters Gorze erfüllt war. Zudem ließ er den Dom zu einer Doppelchoranlage ausbauen, die ummauerte Stadtfläche auf (freilich immer noch sehr bescheidene) 6 Hektar erweitern und führte die Domschule zu hoher Blüte. Zu seiner Zeit galt die Lebensweise der Hildesheimer Domherren offenbar als vorbildlich. Denn als Kaiser Heinrich II. (1002–1024) das Bistum Bamberg gründete (1007), wünschte er, dort mögen Lütticher Gelehrsamkeit und Hildesheimer Strenge einziehen. Wie Willigis ließ auch Bernward Bronzetüren für den Dom gießen, etwas später als der Mainzer, aber in ungleich aufwendigerer Gestaltung mit einem bis heute zu bewundernden Bildprogramm (siehe den Beitrag von Schieffer, Abb. 3). Der Bischof soll die Arbeiten zum Teil persönlich geleitet haben. Auch rühmt Bernwards Vita seine großen Fähigkeiten auf den Gebieten des Schreibens, des Malens, des Goldschmiedens, der Edelsteinfassung sowie in Haushaltsfragen und Güterverwaltung.

Heinrich von Würzburg (995/996–1018)

In Würzburg hatte bereits Bischof Hugo (983–990) das Kloster St. Andreas mit der ursprünglichen Bischofskirche (später St. Burkhard) am westlichen Mainufer reformiert und ausgebaut sowie den Besitz des Domkapitels gemehrt. Um dieselbe Zeit wurde wohl auch die Marienrotunde auf dem späteren Festungsberg errichtet. Bischof Heinrich gründete mit St. Johannes (später Stift Haug) und St. Petrus (später St. Stephanus) zwei Stifte. Diese drei geistlichen Institutionen umgaben

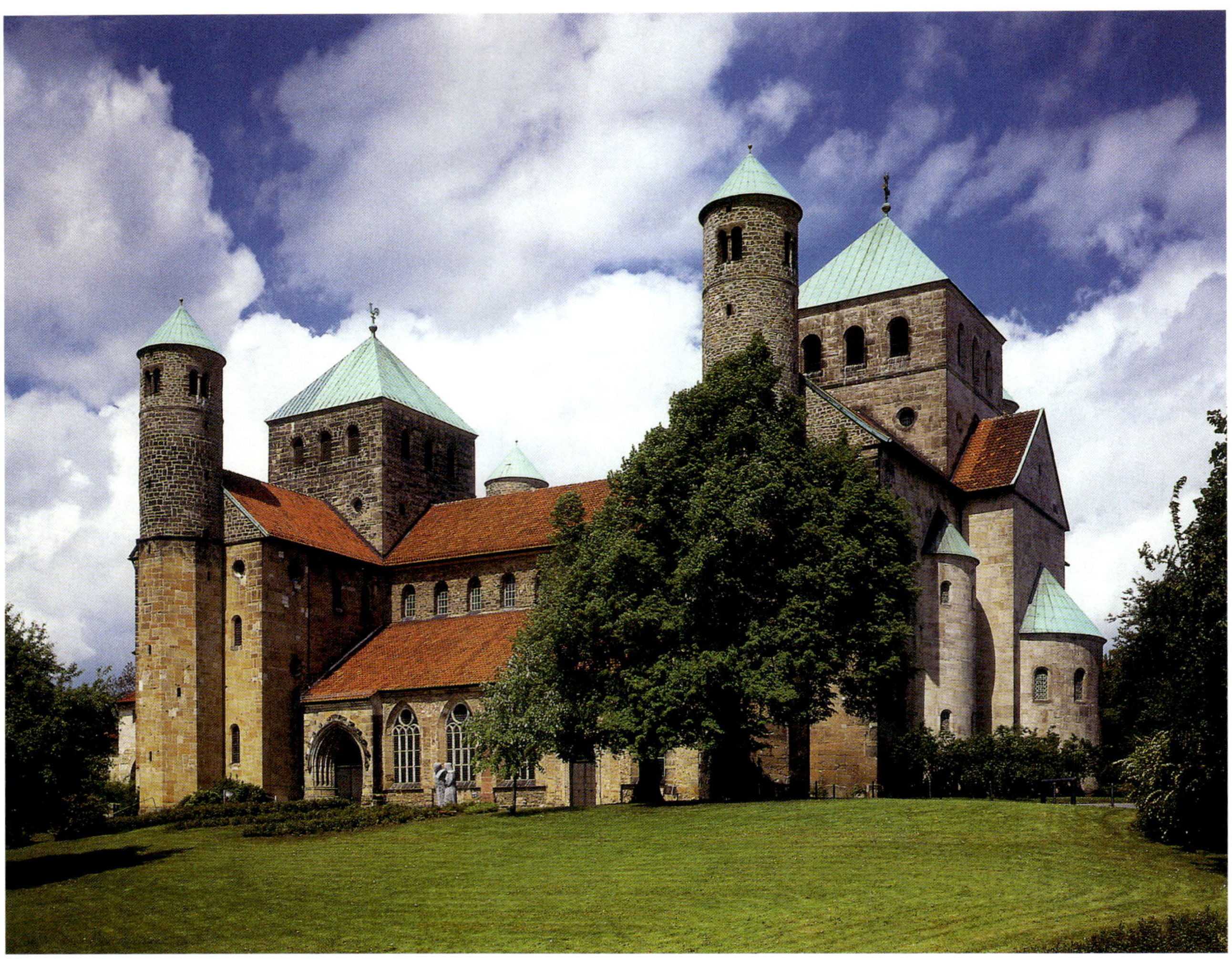

2 Klosterkirche St. Michael in Hildesheim

den Dom St. Kilian im Westen, Nordosten und Südosten wie eine »zweite, spirituelle Mauer« (Schich 2001, S. 189). Auch die erste Stadtmauer verdankte Würzburg seinem Bischof Heinrich, denn dieser schuf die bis heute das Stadtbild prägende Fünfeckmauer. Dies ist zwar durch Quellen nicht erwiesen, aber einhellige Forschungsmeinung. Dabei handelte es sich um ein für jene Zeit einzigartiges Unterfangen. Seit dem Ende der Römerzeit wurde im christlichen Abendland keine so planvoll-symmetrische und eine solch große Fläche umfassende Stadtmauer angelegt (Abb. 4). Das Fünfeck ergab sich dadurch, dass man bereits einige Jahrzehnte zuvor vom Mainufer aus im mehr oder weniger rechten Winkel zwei Gräben und Wälle nach Osten angelegt und ganz im Osten den so genannten Katzenwicker als starke Eckbastion einbezogen hatte. Durch die Errichtung der Steinmauer verfügte Würzburg nunmehr über 42 Hektar ummauerte Fläche und übertraf so alle anderen Städte östlich des Rheins bei weitem. So gehörte auch Heinrich zu jenen Reichsbischöfen, die ihren Bischofssitz – ihm waren gut 20 Jahre im Amt beschieden – erheblich ausbauten und bis heute prägen.

Arnulf von Halberstadt (996–1023)

Für die Amtszeit Bischof Arnulfs von Halberstadt sind einige, für jene Zeit ungewöhnliche Maßnahmen überliefert. So vollendete er die Befestigungsanlage – im Falle von Halberstadt allerdings lediglich ein Wall um die Domburg, keine Steinmauer – und weihte diese anlässlich ihrer Vollendung 1018 feierlich dem heiligen Stephanus, indem er sie begleitet von einer großen Volksmenge umschritt und sie damit – so der Annalista Saxo – zu einem heiligen Ort machte (Annalista Saxo 1844, S. 264). Solche Weihehandlungen kennen wir aus anderen Städten nicht. Auch für eine bischöfliche Schenkung an ortsansässige Kaufleute gibt es kein Parallelbeispiel. Von Arnulf jedoch wissen wir, dass er den Halberstädter »mercatores« Grundstücke zu Füßen des Dombergs überließ. Als weiterer Schritt zur Ausgestaltung seines Bischofssitzes ist schließlich die Gründung des Liebfrauenstiftes zu werten. Wiederum war es dieser, für die Zukunft wichtige Akzente setzende Bischof, der als erster seinen Namen auf Münzen prägen ließ.

Burchard von Worms (1000–1025)

Burchard war ein Schüler Willigis' von Mainz und dieser hatte Burchard das von ihm gegründete Stift St. Viktor in Mainz anvertraut, bevor Kaiser Otto III. Burchard zum Bischof von Worms ernannte. Seiner Vita zufolge fand er die Stadt verlassen, den Wölfen und Räubern preisgegeben und die Mauern verfallen vor, was jedoch eine Übertreibung darstellt, welche die Verdienste Burchards in umso hellerem Licht erscheinen lassen soll. Der bestimmende Faktor in der Stadt war die später zur Königsdynastie aufsteigende Familie der Salier. Burchard gelang es aber, im Zusammenhang mit der von ihm unterstützten Königswahl Heinrichs II., des letzten Ottonen, diese zum Verzicht auf ihre Wormser Burg zu veranlassen. An ihrer Stelle – an der rheinseitigen Stadtmauer – errichtete der Bischof ein dem heiligen Paulus geweihtes Stift und ließ über eine Inschrift kundtun, dies sei geschehen OB LIBERTATEM CIVITATIS, also »zur Freiheit der Stadt« (Vita Burchardi 1841, S. 837). Darüber hinaus verstärkte und erweiterte er wohl die Stadtmauern; die Domgruppe mit dem Bischofspalast wurde mit einer separaten Mauer umgeben. Den Dom St. Peter ließ er komplett neu bauen, wobei die imposante Größe (100 Meter Länge) und die Doppelchoranlage auf das Mainzer Vorbild seines Lehrers Willigis verweisen. In die unmittelbare Nachbarschaft des Domes und an den höchsten Punkt der Stadt verlegte er das offenbar bis dahin vor der Stadt gelegene Stift St. Andreas und in der Nordwestecke der Stadt gründete er mit St. Martin ein weiteres Stift. Auch den Domkreuzgang und die Nebengebäude ließ er erneuern, und in St. Cyriakus bei Worms erbaute er eine neue Stiftskirche. An die Spitze des vor der Stadt gelegenen Nonnenmünsters stellte er seine Schwester Mathilde und unterstützte diese beim Neubau der Abteikirche. Darüber hinaus war er der Verfasser des Wormser Hofrechts sowie wichtiger kanonischer Schriften (Kat.Nr. 5, 150), mit denen er sich unter anderem gegen Eheschließungen unter zu nahen Verwandten richtete.

Köln, Metz und Trier

Köln, Metz und Trier waren die wohl ältesten (und zudem durchgehend besetzten) Bischofssitze auf dem Gebiet des späteren römisch-deutschen Reiches: Köln war um die Jahrtausendwende noch vor Metz eindeutig die bedeutendste Stadt des Reiches, Metz die flächenmäßig größte französischsprachige Stadt überhaupt. Alle drei verdankten ihren ebenfalls massiven Ausbau weniger dem Wirken eines einzigen baufreudigen Bischofs, sondern einer ganzen Reihe engagierter bischöflicher Stadtherren. In Trier und Metz hatte bereits die um 940 und somit früher als irgendwo sonst einsetzende Klosterreform groß angelegte Bauprojekte in Gang gesetzt. Die Erzbischöfe Dietrich (965–977) und Egbert (977–993) von Trier führten die teils darniederliegenden Klöster der Stadt (St. Maximin, St. Eucharius, St. Maria am Ufer und St. Martin) zu neuer Blüte. Zu jener Zeit wird die Moselmetropole erstmals »zweites Rom« (»Roma secunda«; Vita Deicoli 1684, S. 565) genannt und es entstanden äußerst hochwertige Buchmalereien und Goldschmiedearbeiten. Erzbischof Ludolf (994–1008) gilt als Erbauer der ersten steinernen Mauer um die Domimmunität (7 Hektar). Erzbischof Poppo (1016–1047) schließlich nahm den Westbau der Kathedrale St. Peter – neben St. Michael in Hildesheim einer der bedeutendsten heute noch erhaltenen Bauten der Jahrtausendwende – in Angriff (Abb. 5) und gründete in der Porta Nigra, dem römischen Nordtor, ein Stift zu Ehren des heiligen Simeon († 1035), eines aus Syrakus stammenden Einsiedlers, der in einer Zelle des Stadttors seine letzten Jahre verbracht hatte, dort 1035 bestattet und auf Bitten Poppos durch Papst Benedikt IX. (1032–1045/1047–1048) noch im selben Jahr heilig gesprochen wurde.

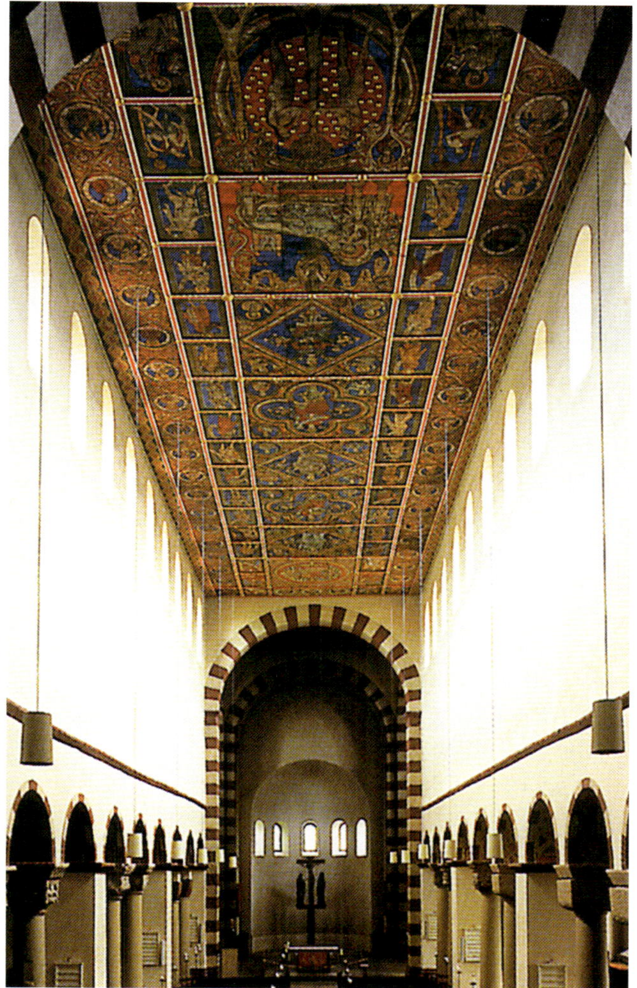

3 Klosterkirche St. Michael in Hildesheim

Metz hatte das Glück, von 929 bis 1047 von nur vier Bischöfen – Adalbero I. (929–964), Dietrich I. (965–984), Adalbero II. (984–1005) und Dietrich II. (1006–1047) – regiert zu werden, die ihre langen und im Wesentlichen konfliktfreien Amtszeiten für große Bauprojekte und zur Förderung der geistlichen Institutionen nutzten. An den Abteien St. Arnulf, St. Felix/Klemens und St. Symphorian sowie dem Frauenkloster St. Glodesindis entstanden neue Klosterkirchen, ebenso am Stephansdom: mit 92 Metern Länge wiederum eine der größten Kirchen ihrer Zeit und der Bedeutung der Stadt angemessen. Das Frauenkloster St. Pierre-aux-Nonnains wurde ausgebaut und mit St. Vinzenz ein neues Männer-, mit St. Marie-aux-Nonnains ein weiteres Frauenkloster gegründet. Metz besaß somit um die Jahrtausendwende drei Frauenklöster, was sonst nur in Köln und Regensburg der Fall war. Zudem mehrten die Bischöfe den Reliquienschatz der Stadt und vieles weist auf ein blühendes Wirtschaftsleben um die Jahrtausendwende hin. Dies war auch den Zeitgenossen bewusst: So bezeichnet Liudprand von Cremona Metz als »die mächtigste Stadt in Lothringen« (»potentissima in regno Lotharii«; Liudprand von Cremona 1998, S. 18), wobei mit Lothringen die Gebiete zwischen Maas und Rhein gemeint sind. Für den Kölner Chronisten Ruotger von St. Pantaleon wie auch für den Verfasser der *Vita Deicoli* war Metz eine »überaus reiche Stadt« (»opulentissima«; Vita Brunonis 1958, S. 25; Vita Deicoli 1684, S. 565) und letzterer fügte hinzu, dass sie sich durch »den goldenen Glanz ihrer Höhen« auszeichne.

In Köln setzte Erzbischof Brun (953–965), ein Bruder Kaiser Ottos I. (936–973), wichtige Akzente: Er scheint den dortigen Petersdom zu einer fünfschiffigen Basilika ausgebaut zu haben (Abb. 6), erwarb eine Fülle von Reliquien, darunter den Stab und die Ketten des heiligen Petrus aus Metz und Rom, womit er seine unmittelbare Apostelnachfolge dokumentieren wollte. Auch führte er die Domschule – Sigebert von Gembloux († 1112) nannte sie »sanctae Coloniensis ecclesiae gimnasium« (»Schule der heiligen Kölner Kirche«; Vita Deoderici 1841, S. 464) – zu hoher Blüte. Aus ihr gingen zahlreiche Reichsbischöfe hervor. In der Rheinvorstadt gründete er das Kloster beziehungsweise spätere Stift Groß St. Martin, südlich vor der Stadt das Kloster St. Pantaleon, beim Nordtor nahe des Domes das Stift St. Andreas und auf dem Hügel, auf dem sich einst der Tempel der kapitolinischen Trias (Jupiter, Juno, Minerva) befunden hatte, das Frauenkloster St. Maria im Kapitol. Darüber hinaus ergriff er wirtschaftsfördernde Maßnahmen: In der Rheinvorstadt wies er erwerbbare Grundstücke aus, und er vergrößerte durch Abriss von Häusern die Marktfläche, wodurch Köln den mit 500 Meter Länge größten Markt jener Zeit erhielt.

Ein weiterer, das Stadtbild durch seine Bauten prägender Erzbischof war Heribert (999–1021), ein Bruder Bischof Heinrichs von Würzburg. Er gründete insbesondere die später nach ihm benannte Abtei St. Maria in Deutz, die dem Dom gegenüber am rechten Rheinufer lag. Es war dies der größte Kuppelbau des Mittelalters überhaupt; die Vorbildwirkung des Aachener Marienstifts (so genannter Kaiserdom) konnten nicht übersehen werden – und in der Tat war Heribert ein enger Freund Ottos III. gewesen. Im Dombereich gehen offenbar die erzbischöfliche Palastkapelle und das Armenspital St. Lupus auf ihn zurück; am südlichen Stadttor errichtete er eine unter anderem dem heiligen Kreuz und dem Erzmärtyrer Stephanus geweihte Kapelle. Auch die Errichtung des Apostelstifts am Westtor, die mit der Anlage des weiträumigen Neumarkts einherging, hat man ihm zugeschrieben, jedoch dürfte der Stiftsbau auf seinen Nachfolger Pilgrim (1021–1036) zurückgehen. Die darauffolgenden Kölner Erzbischöfe traten bis in die 1070er Jahre hinein ebenfalls als baufreudige, die Urbanisierung dynamisch vorantreibende Stadtherren auf.

Die Stadt als Versammlungsort der Heiligen

Die Kirchenpatrone

Neben den durch ihre Gebeine vor Ort präsenten Heiligen wurden die Städte insbesondere über die Patrone ihrer Kirchen zu heiligen Stätten. Dabei richtete man sich bei der Patrozinienvergabe vorzugsweise am stadtrömischen Vorbild aus. Die dortigen so genannten Patriarchalkirchen stellten dem Erlöser (S. Croce in Gerusalemme) seine Mutter (S. Maria Maggiore), die Apostelfürsten (S. Pietro in Vaticano, S. Paolo fuori le mura) sowie Johannes den Täufer und Johannes den Evangelisten (S. Giovanni in Laterano) zur Seite. Zu diesen wichtigsten neutestamentlichen Heiligen kam noch der Märtyrer Laurentius (S. Lorenzo fuori le mura), dessen Verehrung sich im römisch-deutschen Reich vor allem nach 955 verbreitete, weil Kaiser Otto I. in jenem Jahr am Laurentiustag (10. August) den entscheidenden Sieg über die Ungarn errungen hatte. Dies wiederum leitete Ungarns Eintritt in das christliche Abendland ein.

Wohl am vollkommensten wurde Lüttich zur heiligen Stadt nach römischem Vorbild ausgebaut. Hier war dem heiligen Kreuz sowie Petrus, Paulus und Johannes jeweils ein Stift, dem heiligen Laurentius ein Kloster und der Gottesmutter die Taufkirche des Domes geweiht, wobei die meisten dieser Kirchen auf Notker und dessen Vorgänger Everaclus zurückgingen. Die Quellen stellen hier auch ganz dezidiert den Bezug zu Jerusalem und der Passion Christi her: So verweist Notkers Lebensbeschreibung darauf, dass in Lüttich das heilige Kreuz (gelegen am höchsten Punkt der Stadt) über die Gottesmutter, diese wiederum über den Apostel Johannes wache (Vita Notgeri 1905, S. 12) – das Johannesstift lag noch niedriger als die Domgruppe auf der flachen Maasinsel.

Auch in Konstanz waren – falls Konrad tatsächlich ein Hospital gegründet und dieses dem heiligen Kreuz geweiht hat – seit der Gründung des Klosters Petershausen 983 die Pat-

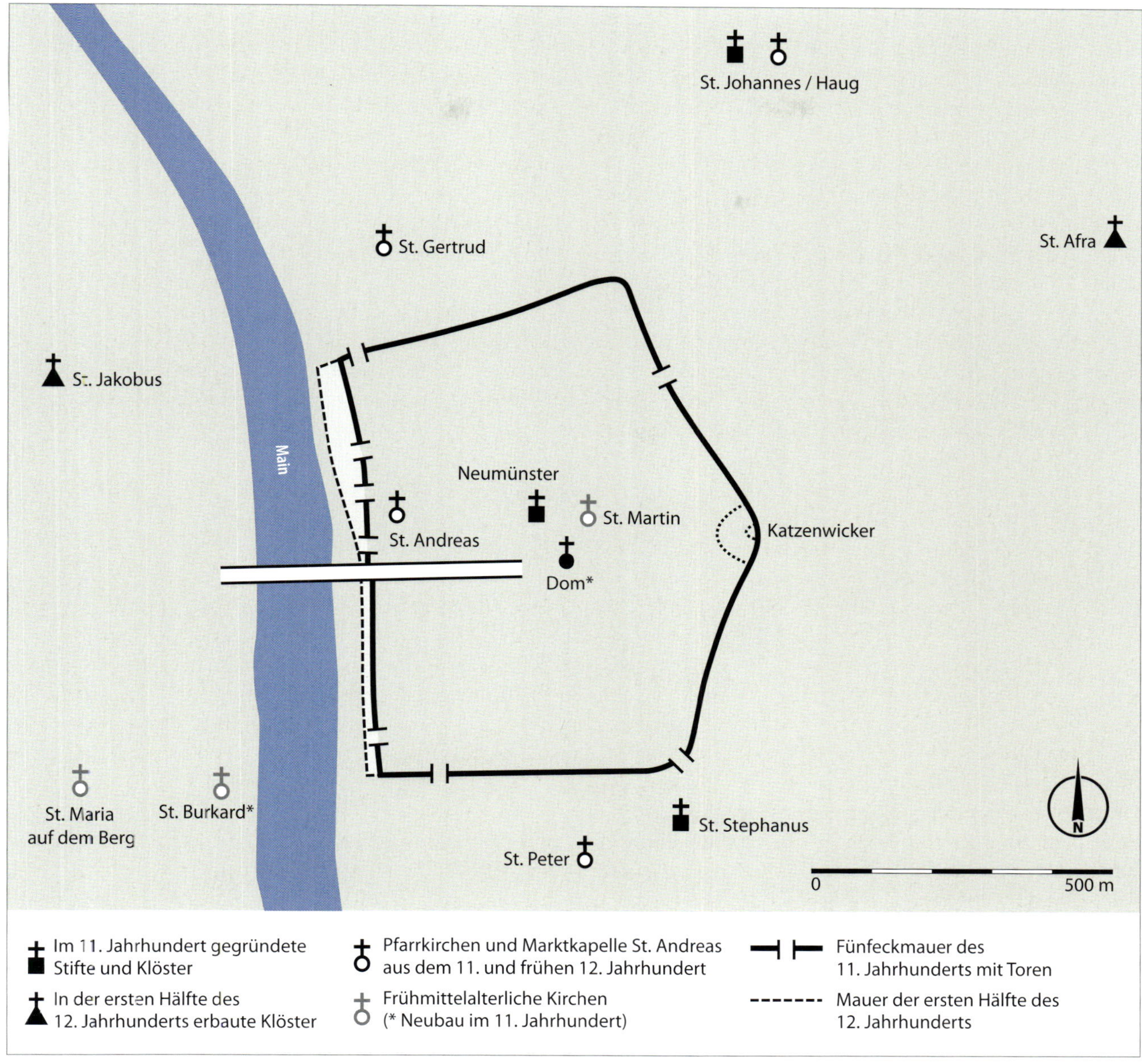

4 Würzburg während des 11. und in der ersten Hälfte des 12. Jahrhunderts

rone aller sechs Patriarchalkirchen vertreten, allerdings zum Teil an weniger bedeutenden Kirchen.

In Worms fungierte Petrus als Dompatron, Maria als Patronin des Nonnenmünsters, Johannes als Patron des Dombaptisteriums, Laurentius als Patron des Westchors des Domes und dem heiligen Kreuz war ein Domaltar geweiht. Mit der Gründung des Stiftes St. Paulus komplettierte Burchard die Reihe.

Auch der Kölner Dom war dem heiligen Petrus geweiht. Die beiden Apostelfürsten Petrus und Paulus waren Hauptpatrone des Apostelstifts, die Gottesmutter residierte im Frauenkloster auf dem Kapitol, dem heiligen Johannes war die erzbischöfliche Palastkapelle geweiht, dem heiligen Laurentius eine Pfarrkirche und dem heiligen Kreuz die 1009 erwähnte Kapelle am Südtor.

In Mainz, Trier und Verdun waren ebenfalls alle sechs Patrozinien vorhanden, allerdings ist in Mainz nicht immer klar, auf welche Zeit die entsprechenden Kirchen beziehungsweise Altäre zurückgehen. In Trier war der Apostel Johannes nur Mitpatron in St. Maximin und im Falle Verduns setzten sich die universellen Heiligen – wie gesagt – nicht dauerhaft durch.

Die älteste Kirche von Halberstadt war dem heiligen Petrus und einem heiligen Johannes geweiht, wobei hier – wie so oft – nicht klar ist, ob der Täufer oder der Evangelist oder beide gemeint waren. Anlässlich der Weihe des neuen Domes im Jahre 992 in Anwesenheit von elf Erzbischöfen und Bischöfen (»conbenedictores«), des jungen Kaisers und dessen Großmutter Adelheid († 999), der ebenfalls zum Kai-

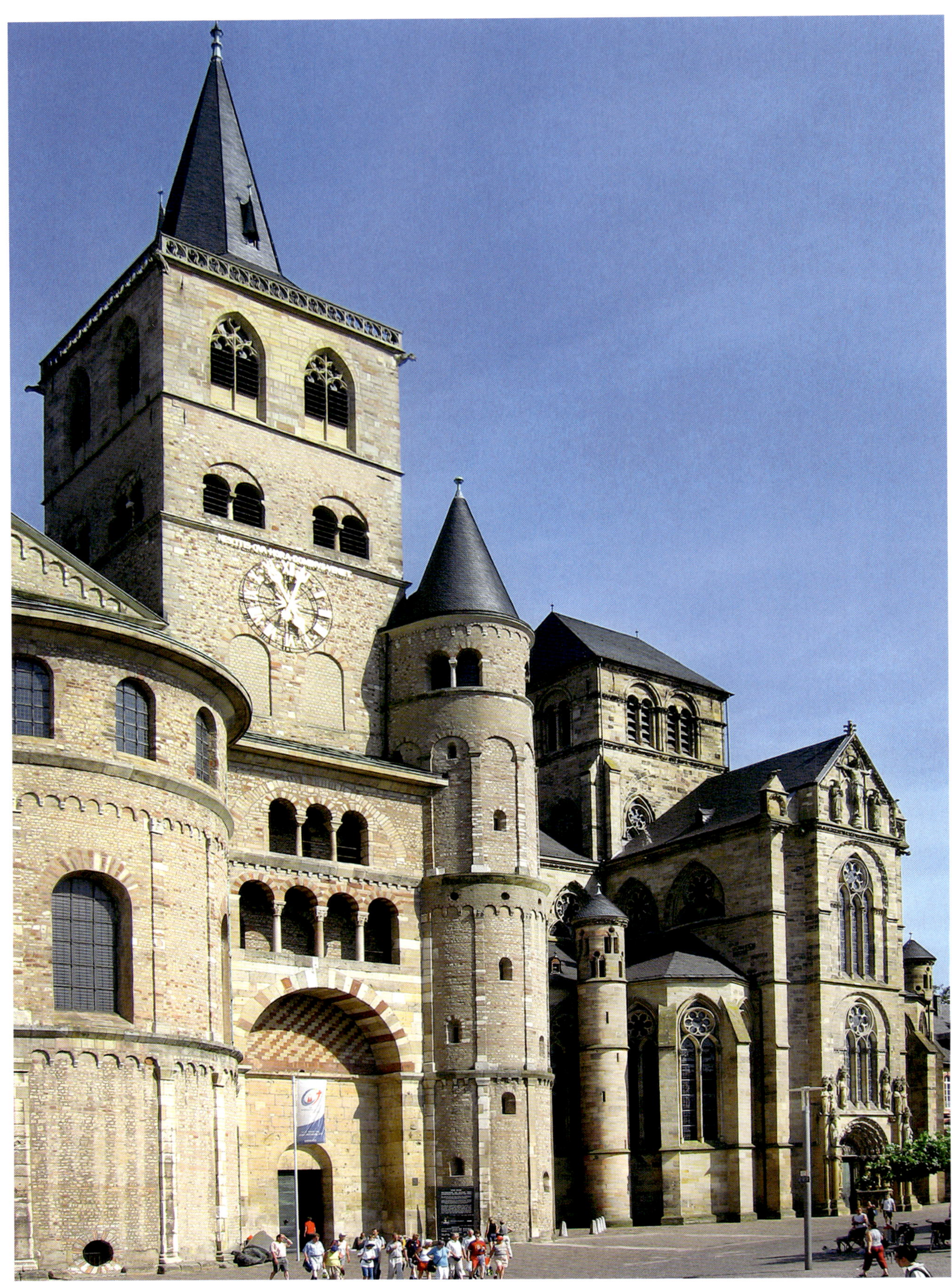

5 Der Trierer Dom von Westen

serhaus gehörenden Äbtissinnen Mathilde von Quedlinburg (966–999) und Hedwig von Gernrode (962–1014) sowie zahlreicher anderer Großer – das wohl glanzvollste Ereignis in der mittelalterlichen Geschichte der Stadt – begegnen ein Laurentius- und ein Heiligkreuzaltar, die der Gottesmutter geweihte Krypta und ein dort befindlicher Altar für Petrus und Paulus. Im weiteren Verlauf des 11. Jahrhunderts wurde Maria, Johannes und Paulus noch je eine Stiftskirche geweiht, wodurch auch Halberstadt dem Ideal einer heiligen Stadt sehr nah kam.
Interessant ist auch das Beispiel Münsters denn in dem seinerzeit noch unbedeutenden westfälischen Bischofssitz hätte es die Mittel des Bischofs bei weitem überstiegen, um den dem heiligen Paulus geweihten Dom herum eine ganze Reihe von Kirchen zu bauen und so die wichtigsten Heiligen zu versammeln. Stattdessen inszenierte der dem salischen Hof nahe stehende Bischof Hermann (1032–1042) im Jahre 1040 die Weihe des Damenstiftes Liebfrauen-Überwasser (Kat.Nr. 104), als handele es sich um die Weihe einer Kathedrale: König Heinrich III. (1039–1056) mit seiner Mutter Kaiserin Gisela († 1043) und seiner Frau Königin Agnes († 1077), vier Erzbischöfe und acht Bischöfe reisten zu diesem Anlass nach Münster. Letztere weihten unter anderem den Hauptaltar dem heiligen Kreuz, den südlichen Altar Johannes dem Täufer, den nördlichen dem Evangelisten und den westlichen Petrus und Paulus. Ein einziges Frauenkloster machte Münster mithin zur heiligen Stadt, die nun wenn schon nicht in ihrer Bausubstanz, so doch als Versammlungsort der Heiligen mit den alten Kathedralstädten im Westen mithalten konnte.
In Rom befand sich an St. Peter eine dem heiligen Andreas, dem älteren Bruder des Petrus und Erstberufenen aller Apostel, geweihte Kapelle, und auch diese Konstellation wirkte vorbildhaft und forderte zur *imitatio Romae* auf. Dass Köln seit der Zeit Erzbischof Bruns ein unmittelbar nördlich des Doms gelegenes Andreasstift besaß, inspirierte Egbert von Trier seinerseits an der Nordseite des Doms eine Andreaskapelle zu errichten. In Mainz war Petrus zwar nicht Dompatron, aber Patron einer Stiftskirche. In deren unmittelbarer Nähe wiederum gab es eine Andreaskapelle, von der allerdings nicht sicher ist, ob sie auf das 10. Jahrhundert zurückgeht. In Bamberg war die bischöfliche Palastkapelle dem heiligen Andreas geweiht; in Salzburg gab es einen Andreasaltar in der den Heiligen Petrus und Rupert geweihten Domkirche, und im Verlauf des 11. Jahrhunderts begegnet der heilige Andreas noch im unmittelbaren Kontext zahlreicher weiterer Peterskirchen.
Andere Patrozinien wählte man, weil man sich von ihnen besonderen Schutz erhoffte. Hier sind vor allem das heilige Kreuz, der Erzengel Michael und der Erzmärtyrer Stephanus zu nennen. Heiligkreuzkirchen befanden sich oft am höchsten Punkt der Stadt. Dies ist für die Zeit bis um 1036, dem Sterbejahr Meinwerks, außer für Lüttich auch für Metz, Augsburg, Eichstätt und Hildesheim bezeugt, wenig später auch bei der römischen Porta Alba hoch über Trier. In Köln, Cambrai und wiederum in Metz schützte das heilige Kreuz jeweils ein Stadttor, in Verdun einen Brückenkopf, in Trient den Bischofspalast. Auffallend häufig befanden sich zudem in den Domkirchen Heiligkreuzaltäre in der Vierung an zentraler Stelle.
Der Erzengel Michael breitete häufig von oben seine schützenden Flügel über die Stadt: Der normannische Mont St. Michel, der apulische Monte Sant'Angelo oder die römische Engelsburg stellen die wohl bekanntesten Beispiele dar. An den nordalpinen Bischofssitzen gilt dies für Kloster Michelsberg über Bamberg, das Kloster St. Michael in Hildesheim, das Priorat St. Michael über Toul oder eine entsprechende Kirche vor den Toren Straßburgs. In anderen Fällen begegnet der Erzengel in hoch gelegenen Gebäudeteilen, so in einer Kapelle über dem Metzer Domportal, im Obergeschoss der Porta Nigra in Trier, in den Westbauten des Mariendoms zu Freising, des Halberstädter Stephansdoms, der Abteikirche von St. Alban in Mainz und von St. Pantaleon in Köln.
Auch vom Erzmärtyrer Stephanus erhoffte man sich besondere Schutzwirkung, da den Angriff Attilas (434–453) auf Metz im Jahre 451 allein die ihm geweihte Kirche – also der Dom – überstanden haben soll. Stephanskirchen finden sich ziemlich gleichmäßig über das Reichsgebiet verteilt; als Dompatron begegnet Stephanus außer in Metz auch in Toul, Halberstadt und Passau. Bereits 799 hatte Papst Leo III. (795–816) einen Altar im Paderborner Dom dem Erzmärtyrer geweiht und mit dessen Reliquien versehen, damit die Domkirche unter dem Schutz eines so wirkmächtigen Märtyrers stehe und nicht noch einmal zerstört würde wie 778 und 794. In Halberstadt erbat Bischof Hildeward (968–996) um 990 Stephanusreliquien von Bischof Adalbero II. von Metz, damit diese fortan seinen Bischofssitz ebenso schützen sollten wie einst die Metzer Kirche beim Angriff Attilas.
Nimmt man speziell die Kathedralpatrozinien in den Blick, so fällt eine Paderborner Besonderheit auf: Nur hier war der Dom einem »importierten« Heiligen geweiht. Die übrigen Dompatrone – Vigilius in Trient, Kassian und Ingenius in Brixen, Rupert (neben Petrus) in Salzburg, Korbinian (neben Maria) in Freising, Willibald in Eichstätt, Kilian in Würzburg und Lambert in Lüttich – waren im Gegensatz zu Liborius jeweils frühe, vor Ort wirkende Bischöfe. Die Mehrzahl der Bischofskirchen jedoch hatte universelle Heilige als Patrone, darunter besonders häufig und vor allem im Süden und Westen die Gottesmutter, der dreizehn Domkirchen geweiht waren, und der Apostelfürst Petrus, der neunmal als Dompatron begegnet.

Reliquien

Grundsätzlich war mit der Weihe einer Kirche auf einen bestimmten Heiligen der Besitz entsprechender Reliquien verbunden (siehe den Beitrag von Popp). In der Praxis war dies jedoch nicht immer der Fall, wie etwa aus der Anfrage des Halberstädter Bischofs an seinen Metzer Amtskollegen 990 hervorgeht. Auch die beiden Lütticher Klöster St. Jakobus und St. Laurentius etwa erwarben erst 1056 die entsprechenden Reliquien in Santiago de Compostela und Rom, letztere übrigens durch Raub, eine damals nicht unübliche Form der Reliquienbeschaffung.

Einer der größten Reliquiensammler seiner Zeit war der Verduner Abt Richard von St. Vanne. Den ohnehin reichen Reliquienschatz seines Klosters mehrte er durch Grabungen, durch Kauf, durch Schenkungen, durch Erpressung und wohl ebenfalls durch Diebstahl. Sein Kloster war die bevorzugte Grablege der Bischöfe von Verdun, außerdem ließen sich die Verduner Grafendynastie und andere Adlige vorzugsweise dort bestatten. Um den Ruhm der Abtei zu mehren, ließ Richard Grabungen durchführen. Dabei sollen acht weitere Bischofsgräber gefunden worden sein, andere erfand man einfach hinzu und in Flandern ließ man dort bestattete Kinder der Grafenfamilie ausgraben und die Gebeine nach Verdun schaffen. Vor diesem Hintergrund musste es Richard besonders schmerzen, dass der erste Bischof von Verdun, der heilige Sanctinus, im fernen Meaux bestattet war. Dann fügte es sich jedoch so, dass dort 1032 eine Hungersnot herrschte und mit Schätzen beladene Verduner Kaufleute auf dem Rückweg von Spanien dort eintrafen. Diese handelten den das Grab bewachenden Priestern die Gebeine ab und schafften sie nach Verdun, wo Richard sie unter Hinzufügung einer »Echtheitsurkunde« in St. Vanne bestatten ließ. Auch andere Indizien (Beisetzung ohne feierliche Zeremonie, Betonung des hohen Kaufpreises, fehlende Wundererzählungen, mangelnde Ausstrahlung des Kultes) sprechen dafür, dass offenbar Zweifel bestanden, ob es sich wirklich um die Sanctinusgebeine handelte.

Reliquienfälschungen jedenfalls waren durchaus üblich. So hatte etwa Kaiser Otto I. Mitte des 10. Jahrhunderts von Bischof Fulbert von Cambrai (933–956) die Gebeine der heiligen Bischöfe Géry (584–623) und Autbertus (633–669) für das von ihm geförderte Magdeburg verlangt. Dieser konnte jedoch einer Überführung der in Cambrai hoch verehrten Heiligen nicht zustimmen und schickte stattdessen den Leichnam eines anderen Bischofs sowie eines unbekannten Priesters an die Elbe. In Magdeburg wiederum hielt man diese für echt und wähnte sich fortan im Besitz der beiden größten Cambraier Heiligen.

Überaus begehrt waren offenbar Partikel des heiligen Kreuzes, das der Legende nach die heilige Helena († um 330) bei ihrer Palästinawallfahrt aufgefunden hatte. Kaiser Heinrich II. schenkte solche Kreuzreliquien unter anderem den Domkirchen zu Lüttich und Basel. Auch St. Michael in Hildesheim glaubte solche zu besitzen, ebenso der Freisinger Dom, zu dessen Reliquienschatz außerdem Teile der Geißelsäule Christi und des Heiligen Rockes gehörten. Trier wiederum rühmte sich, von Helena sowohl den vollständigen Heiligen Rock als auch einen Kreuzesnagel erhalten zu haben. Außerdem verehrte man dort unter anderem Reliquien des Apostels Matthias, einen Zahn des heiligen Petrus und Sandalen des heiligen Andreas. Mit Köln stritten sich die Trierer jahrzehntelang um den Besitz des ursprünglich in Metz aufbewahrten Stabes des heiligen Petrus, dokumentierte dieser doch die unmittelbare Apostelnachfolge. 980 einigte man sich schließlich auf eine Teilung der Reliquie und überführte einen Teil von Köln nach Trier.

Die Gräber der Heiligen

In den Gräberfeldern vor den Toren der Römerstädte wurden zahlreiche spätantike und frühmittelalterliche Bischöfe bestattet, an deren Grabbauten sich oftmals geistliche Gemeinschaften niederließen, die sich dann zu Klöstern oder Stiften verfestigten. Bekannte Beispiele hierfür stellen St. Maximin, St. Eucharius und St. Paulin in Trier, St. Arnulf, St. Symphorian und St. Felix/Klemens in Metz, St. Vanne in Verdun, St. Gereon und St. Ursula in Köln, St. Afra in Augsburg und St. Emmeram in Metz dar. Im reliquienarmen Sachsen hingegen war man weitgehend auf »importierte« Heilige – wie Liborius in Paderborn – angewiesen. Seit dem 11. Jahrhundert ging man auch dazu über, die Heiligenleiber zu zerteilen und an mehrere Kirchen auszugeben, wovor man noch im 10. Jahrhundert zurückgeschreckt war.

Köln mit seinen 11.000 Jungfrauen oder auch Trier mit seinen rund zwei Dutzend und Metz mit knapp 20 dort bestatteten heiligen Bischöfen waren die wichtigsten Reliquienexportzentren. Einschließlich der nicht ganz gesicherten ruhten allein in St. Paulin und St. Eucharius in Trier sowie St. Felix/Klemens in Metz je sechs, in St. Maximin in Trier sowie St. Vanne in Verdun je fünf heilige Bischöfe. In und um St. Vinzenz auf der Metzer Moselinsel gab es acht Heiligengräber, die meisten waren »Importe« aus Italien, aber auch ein Metzer Bischof und eine der 11.000 Jungfrauen wurden hier verehrt.

Die Bischofsgesta von Cambrai berichten von einer besonders feierlichen Zurschaustellung der Heiligen des gesamten Bistums anlässlich der Weihe der neuen Kathedrale durch Bischof Gerhard I. (1012–1051) im Jahre 1030. Volk und Klerus seien dort mit den Heiligen in Einheit versammelt (Gesta episcoporum Cameracensium 1846, S. 483–484). Hier wird die gemeinschaftsstiftende Kraft der Heiligen deutlich zum Ausdruck gebracht. Gerhard ließ – bezeichnenderweise unter Mitwirkung seines Freundes Abt Richard von St. Vanne – die Heiligen in den Dom bringen und stellte dort unter dem »Vorsitz« des ersten Bischofs von Cambrai, Géry, die Bekenner und Jungfrauen »je nach ihrem« Rang auf. Diese Versammlung der Heiligen soll so viele Menschen nach Cambrai gezogen haben, dass sie gar nicht alle innerhalb der Mauern Platz fanden.

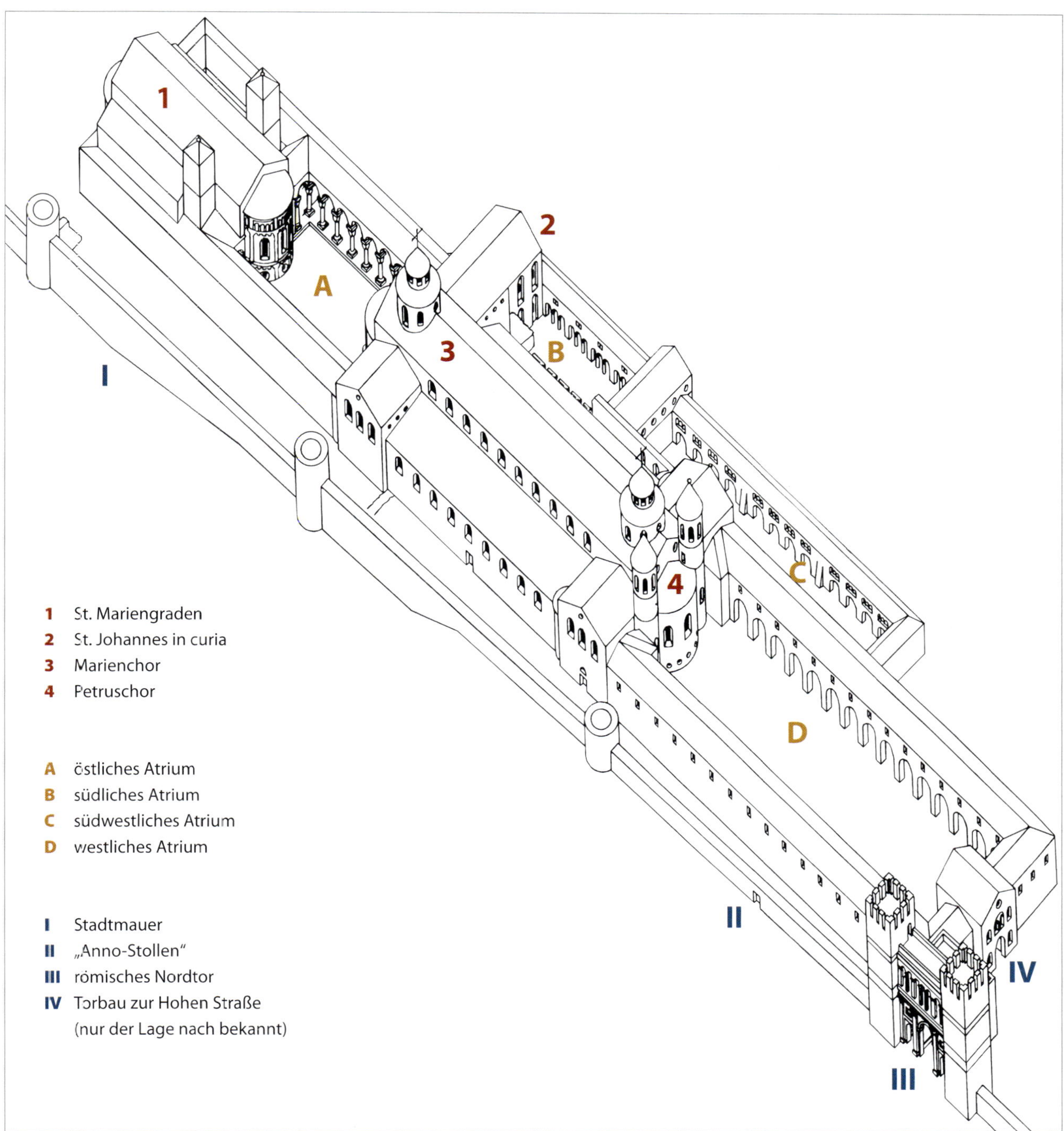

6 Der Alte Kölner Dom (zweite Hälfte 11. Jahrhundert)

Kloster oder Stift?

Dass St. Paulin in Trier in der Reihe der geistlichen Institutionen zu jenen Orten mit besonders vielen Heiligengräbern zählte, ist insofern bemerkenswert, als man die Sorge um die verehrten Heiligen nur selten Stiftskirchen anvertraute. Diese Rolle kam im Westen des Reiches meist Benediktinerabteien, östlich des Rheins fast ausschließlich den Kathedralen zu; Frauenklöster dagegen bargen überwiegend die Grabstätten weiblicher Heiliger. Hier bildet St. Maur mit den bis zu Beginn des 11. Jahrhunderts drei frühesten in Verdun bestatteten Bischöfen eine große Ausnahme; dies galt – wie erwähnt – auch auf wirtschaftlichem Gebiet, denn der Äbtissin standen die Markteinnahmen in Verdun und dessen Umland zu.

Vielen galt die mönchische Lebensweise im Vergleich zu derjenigen der Kanoniker als höherwertig oder zumindest den eigenen Vorstellungen von religiösem Gemeinschaftsle-

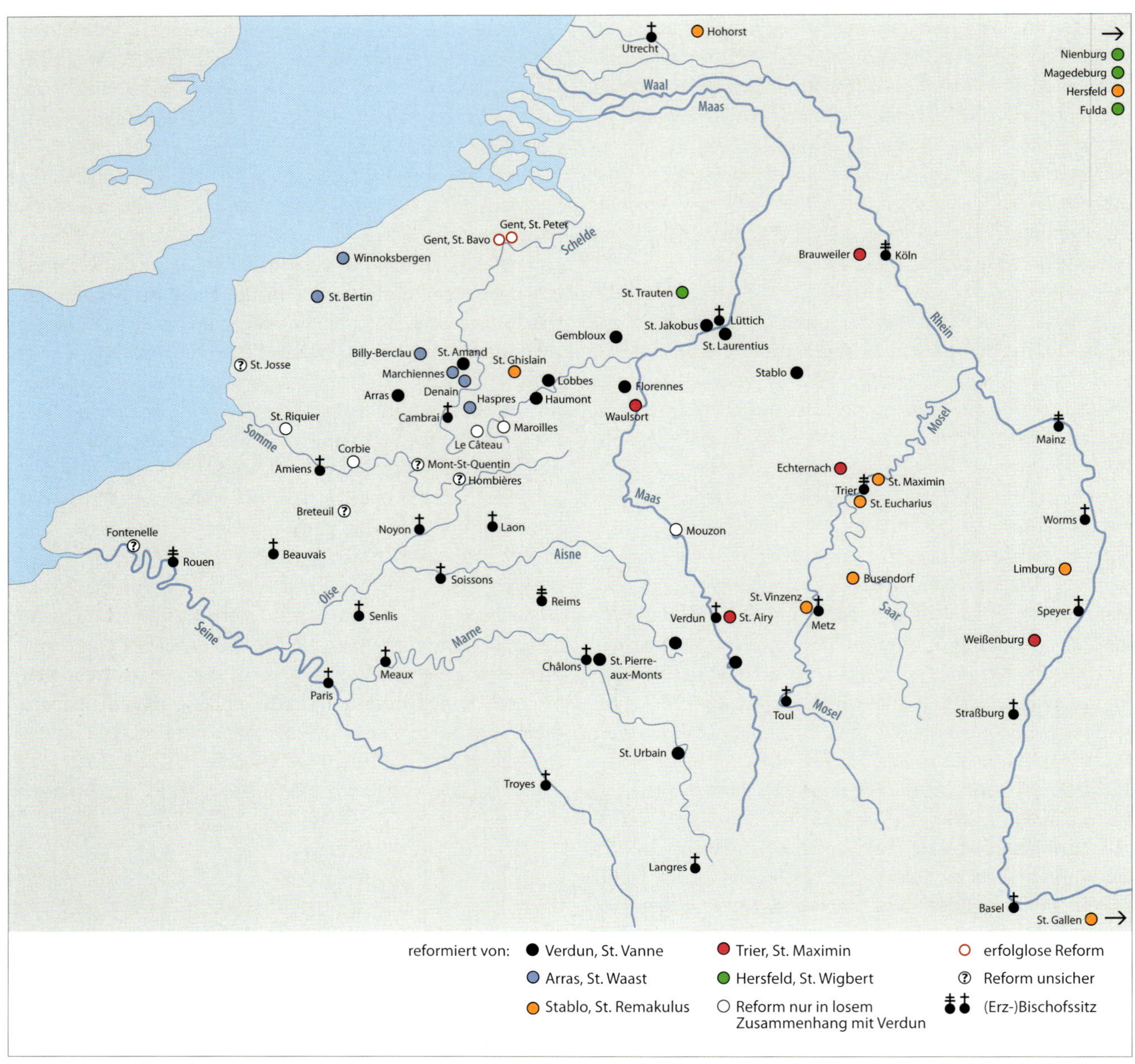

7 Ausbreitung der Klosterreformen im 10./11. Jahrhundert

ben näher. In Verdun etwa wanderten um die Mitte des 10. Jahrhunderts zahlreiche Kleriker ab, weil sie in einem Kloster zu leben wünschten, woraufhin der Bischof St. Vanne in ein Benediktinerkloster umwandelte, und in Lüttich empfand man es – wie erwähnt – zu Beginn des 11. Jahrhunderts als Mangel, dass die Stadt zwar sieben Kollegiatstifte, aber nicht ein Kloster besaß. Anders argumentierte jedoch Burchard von Worms, der in seiner Stadt mehrere Stifte gegründet beziehungsweise neu belebt hatte, aber nicht als Klostergründer hervorgetreten war. Ihm zufolge hatten Mönche, Kanoniker und Laien jeweils andere, aber gleichwertige Aufgaben wahrzunehmen, deshalb sollte auch kein Kanoniker in den Mönchsstand überwechseln: »Denn« – so Burchard – »wenn alle Mönche und Kanoniker sind, wo sind dann die Laien? Wer bedient dann die Mönche, wer dient den Kanonikern? Wenn aber alle Laien sind, wo bleiben da das Lob und der Dienst Gottes?« (Vita Burchardi 1841, S. 840). Insgesamt bleibt festzuhalten, dass es in der Trierer Kirchenprovinz an den Bischofssitzen mehr Klöster als Stifte gab. Im übrigen Reichsgebiet war dies in aller Regel umgekehrt, was man unter anderem mit der Wirkung der lothringischen Klosterreform an Maas und Mosel zu erklären versucht hat.

Prozessionen

Zu den Ereignissen im Kirchenjahr von hoher gemeinschaftsstiftender Kraft zählten die Prozessionen; dies gilt insbesondere für die Palmsonntagsprozession, anlässlich derer der Bischof in die Stadt einzog wie einst Christus in Jerusalem. Dadurch rückte die ganze Stadt und mit ihr die Bevölkerung in die Nähe der heiligsten Stadt der Christenheit. In der Regel weihte der Bischof die Palmzweige in einer Vorstadtabtei, wohin er mit dem Stadtklerus oder Teilen desselben gezogen war. Die bedeutsame Palmsonntagspredigt hielt er an einer Heiligkreuzkirche, einem Wegekreuz oder einem eigens zu diesem Zweck aufgestellten Holzkreuz; auf dem Stadttor empfingen – so etwa in Metz – singende Nonnen die Prozession, die dann feierlich in den Dom einzog.

Häufig folgten die Prozessionen repräsentativ ausgestalteten, gerade auf den Dom zuführenden Achsen, an denen sich die Kirchen und Klöster geradezu perlenschnurartig aufreihten. Dies fand etwa in Konstanz seinen Niederschlag darin, dass alle dort durch Bischof Konrad erbauten Kirchen ihre Fassaden der Hauptstraße zuwandten und man dabei bewusst in Kauf nahm, dass einige gewestet statt geostet waren. In Augsburg führte die Hauptachse vom Kloster St. Ulrich und Afra im Süden vorbei an mehreren Kirchen mitten über den Markt zum Dom, in Verdun von der Abtei St. Airy über mehrere Maasinseln hinweg zum Markt und hinauf zur Kathedrale, in Lüttich vom Kloster St. Laurentius auf dem Publemont hinab und an mehreren Stiften vorbei ebenfalls zum Dom mit dem Markt. Auch für Magdeburg, Metz, Trier, Würzburg und (etwas später) für Speyer lassen sich solche Pracht- und Prozessionsstraßen aufzeigen und bis heute im Stadtbild klar erkennen. Gleiches galt für Bamberg, als dort 1020 Papst Benedikt VIII. (1012–1024) Einzug hielt. Ein Kleriker aus Cambrai rühmte im 12. Jahrhundert seine Stadt, weil nirgends sonst der Prozessionsverlauf so sehr demjenigen in Jerusalem ähnelte wie hier.

Dabei macht der Verweis auf die Märkte bereits deutlich, dass diese Achsen selbstverständlich nicht nur der Repräsentation dienten. Vielmehr bilden sie oft bis heute die wichtigsten Verkaufsplätze in der Stadt. Hier hielten zudem der Bischof und der König ihren feierlichen Einzug. Reliquien, die man verschenkte oder andernorts als Schlachtenhelfer erbeten hatte, wurden auf diesen Wegen aus der Stadt hinaus geführt.

Die Rolle der Reformklöster

Die enge Verknüpfung von Liturgie und Wirtschaft fand auch in den Klosterreformen ihren Niederschlag, unter denen diejenigen von Gorze bei Metz und St. Maximin vor Trier seit den 940er Jahren, diejenigen von St. Vanne in Verdun bald nach der Jahrtausendwende Verbreitung fanden (Abb. 7). Gewiss regelten die Reformmaßnahmen den Chordienst, die Kleidung und die Speisevorschriften der Mönche, aber sie wirkten weit über die Klostermauern hinaus. Wichtige Voraussetzung war ein funktionierendes Skriptorium: Mit Hilfe eines Chartulars und eines Urbars konnte man auf alte Rechtstitel verweisen, um so verloren gegangene Einkünfte wieder in die Hand zu bekommen. Die Anlage eines Totenbuchs wiederum erlaubte die angemessene Pflege der *memoria* und belebte so die Spendentätigkeit der Gläubigen. Die Erträge wurden in den Bau einer prachtvollen Kirche und den Erwerb von Reliquien investiert, was die Einnahmesituation aufgrund der dadurch gesteigerten Attraktivität des Klosters nochmals besserte. Schließlich waren genügend Mittel vorhanden, um in die Infrastruktur (Priorate, Pfarrkirchen, Teichanlagen, Mühlen und ähnliches) zu investieren. Erinnert sei hier nochmals an die zahlreichen durch Abt Richard von St. Vanne erbauten Mühlen. Von daher ist es nicht übertrieben zu behaupten, dass sich dort, wo Klöster reformiert wurden, die Welt veränderte. So waren es nicht nur die baufreudigen bischöflichen Stadtherren, sondern häufig auch die neuem gegenüber aufgeschlossenen Äbte, welche zum Ausbau der Bischofssitze zu heiligen Städten und zu Wirtschaftszentren beitrugen.

Quellen

Aegidius 1888 · Annalista Saxo 1844 · Hugo von Verdun 1848 · DI 2 · Gesta episcoporum Cameracensium 1846 · Liudprand von Cremona 1998 · Thietmar von Merseburg 1957 · Vita Brunonis 1958 · Vita Burchardi 1841 · Vita Deicoli 1684 · Vita Deoderici 1841 · Vita Notgeri 1905.

Literatur

Bönnen 2005 · Dumont/Scherf/Schütz 1998 · Hartmann 2000 · Hirschmann 1996 · Hirschmann 1997 · Hirschmann 1998 · Hirschmann 2004 · Hirschmann 2009 · Kat. Hildesheim 1993 · Kupper 1981 · Maurer 1989 · Schich 2001 · Siebrecht 2006 · Wagner 2001 · Weilandt 1992.

Die Jerusalemer Grabeskirche und ihre mittelalterlichen Nachbauten

Winfried Weber

Der 25. Mai 1036 war ein besonderer Tag für Paderborn, denn Bischof Meinwerk (1009–1036) hatte seine bischöflichen Mitbrüder aus Köln, Mainz und Würzburg, den Klerus und das gesamte christliche Volk der Stadt zur Weihe einer Kirche eingeladen, deren Bau er östlich vor der Stadt hatte beginnen lassen. Die an diesem Tag ausgestellte Urkunde schildert die näheren Umstände: So sei der Bau auch mit Erlaubnis Kaiser Konrads II. (1024–1039), der möglicherweise an dem Festakt teilnahm, begonnen und zu Ehren der Jungfrau Maria und der Apostel Petrus und Andreas errichtet worden. Als Besonderheit wird eigens vermerkt, die neue Kirche sei »ähnlich der heiligen Kirche in Jerusalem« (»ad similitudinem sancte Iherosolimitane ecclesie«) ausgeführt worden. Durch persönliche Stiftungen habe Meinwerk die Kirche mit allem Notwendigen ausgestattet, Kleriker mit dem Gottesdienst beauftragt sowie für den Unterhalt des Kanonikerstiftes Sorge getragen. All dies habe er getan, um »das himmlische Jerusalem zu erlangen«. Und so habe er, nachdem das Grab und der davor aufgestellte Altar benediziert (»peractaque benedictione sepulchri ac altaris antepositi«) und die heilige Messe gefeiert worden war, die Urkunde eigenhändig unterzeichnet, versiegelt und »den Söhnen der Kirche« (»filiis ecclesie«) als Vermächtnis übergeben. Elf Tage später verstarb Meinwerk und wurde in der ebenfalls von ihm gestifteten Abdinghofkirche beigesetzt. Unter denjenigen, die in der Urkunde als Zeugen genannt werden, ist auch Wino, der Abt von Helmarshausen (um 1015–1036), der »die Maße der Kirche und des Grabes aus Jerusalem herbeigeholt« habe (»qui mensuras ecclesie et sepulchri de Iherusalem apportavit«; Mietke 1991, S. 113). Darauf bezog sich auch der Verfasser der im 12. Jahrhundert entstandenen *Vita Meinwerci* und führt aus, Meinwerk habe seinerzeit Wino zu sich gerufen und ihn nach Jerusalem gesandt. Wino habe aus Jerusalem nicht nur die Maße der Kirche, sondern auch Reliquien des Heiligen Grabes mitgebracht (»mensuras eiusdem ecclesie et sepulchri sancti reliquias«). Darauf habe Meinwerk die Kirche schnell bauen lassen, da er sich bereits dem Tode nahe fühlte (Vita Meinwerci 1921, cap. 216–217).

Die in der Urkunde und der Vita mitgeteilten Vorgänge sind bedeutungsvoll: Bischof Meinwerk wollte also ein Heiliges Grab in einer Kirche errichten, die jenes Heiligtum widerspiegelte, das zu den bedeutendsten der Christenheit zählte, nämlich die Grabeskirche in Jerusalem, die einst Kaiser Konstantin (306–337) hatte errichten lassen (Kat.Nr. 216). Wie wichtig muss für Bischof Meinwerk die genaue Kenntnis der Gegebenheiten in Jerusalem gewesen sein, dass er den Mönch Wino auf eine solch mühselige und äußerst gefahrvolle Reise ins Heilige Land schickte, wo es doch keineswegs sicher war, dass er wieder heil zurückkehrte! Was bewog ihn zu dieser Maßnahme? Was wollte Meinwerk damit zum Ausdruck bringen?

Wann Wino seine Reise unternahm, ist nicht mit Sicherheit zu bestimmen. Wahrscheinlich hat er 1033 den Reiseauftrag erhalten; demnach müsste die Reise zwischen 1033 und Anfang 1036 stattgefunden haben, ehe Meinwerk mit seinem Bau begann. In welchem Zustand aber hat sich damals in Jerusalem die Kirche mit dem Heiligen Grab befunden, was hat Wino dort als Baubestand gesehen und seinem Bischof berichtet? Was ließ Meinwerk schließlich bauen und worin bestand die »Ähnlichkeit« (»similitudo«) mit Jerusalem?

Nach der von Bischof Eusebius von Cäsarea (313–339) in Griechisch verfassten und im Stil einer Lobrede gehaltenen Lebensbeschreibung des Konstantin (Vita Constantini 2007) hatte der Kaiser zunächst an der Stelle in Jerusalem, wo man das Grab Christi lokalisierte, einen heidnischen Tempel abreißen lassen, der nach der Zerstörung Jerusalems 70 n.Chr. in der neuen römischen Stadt Aelia Capitolina am Cardo Maximus errichtet worden war. Man habe neben dem Bauschutt auch viel Erde weggeschafft und wider Erwarten »das allheilige Zeugnis der Wiederauferstehung des Heilandes« aufgefunden (»πανάγιον τής σωτερίου αναστάσεως μαρτύριον«; Vita Constantini 2007, lib. III, cap. 28). Nach Freilegung des im Felsen eingetieften Kammergrabes entstand an diesem Platz ab 325/326 bis zur feierlichen Einweihung im Jahre 335 eine komplizierte Kirchenanlage, für deren Realisierung Konstantin dem Jerusalemer Bischof Makarios (313/314–333) großzügige Unterstützung und umfangreiche staatliche Finanzmittel gewährte. Der von Osten nach Westen orientierte, etwa 120 Meter lange vierteilige Baukomplex, den Eusebius als »neues Jerusalem« bezeichnet, war vom Cardo Maximus aus zugänglich: Über einen trapezförmigen Hof gelangte man zunächst in eine fünfschiffige, der Feier der Eucharistie dienende Emporenbasilika, deren Mittelschiff in einer Apsis endete, in der nach Eusebius ein Weihgeschenk Konstantins in Form von zwölf Säulen mit bekrönenden silbernen Mischkrügen – die Apostel symbolisierend – stand. An die Basilika schloss sich nach Osten ein zweiter Hof an, an drei Seiten von Portiken eingerahmt. In seiner Südostecke lag ein etwa 5 Meter hoher Felsblock, der als Golgotafelsen und Standort des Kreuzes verehrt wurde. An der Ostseite des Hofes erhob sich ein kuppelbekrönter Zentralbau mit Umgang, zum Hof hin wohl mit einer tempelartigen Fassade geschmückt. Im Zentrum der Rotunde befand sich das Heilige Grab, das eigentliche Pilgerheiligtum, das auch heute noch, wenn auch stark verändert, an dieser Stelle steht.

Der in den Bau Eintretende sah in der Antike den sich über einem Stützenkranz erhebenden kreisrunden Tambour mit einer Fensterzone und einer Kuppel, in deren Mitte sich wohl eine kreisrunde Öffnung (*opaion*) befand, ähnlich dem Pantheon in Rom. Der Stützenkranz bestand aus vier, in den Hauptachsen angeordneten Pfeilerpaaren; zwischen den Pfeilerpaaren befanden sich viermal drei, über 7 Meter hohe Säulen. Zwischen Stützenkranz und Außenwand lag ein breiter, mit einem Pultdach gedeckter Umgang. Die Betrachtung des Grundrisses offenbart jedoch einige Ungereimtheiten: So ist zunächst hinter der Eingangsfassade ein quergelagerter rechteckiger Raum konzipiert, an den sich eine große Exedra (innen rund, außen polygonal) anschließt, in deren Mitte (nach Osten) sich eine Nische befindet; auch jeweils zu beiden Seiten (nach Norden und Süden) ist je eine Nische angeordnet, jedoch leicht exzentrisch. Der Stützenkranz übernimmt den geometrischen Mittelpunkt der Exedra, steht aber zur Fassade und zu den beiden seitlichen Nischen in Konflikt. Dies weist auf eine Bauänderung hin: Erst mit der Einfügung des Stützenkranzes scheint das Konzept einer, das Heilige Grab überhöhenden Rotunde realisiert und wohl erst unter Konstantin II. (337–340), einem der Söhne Konstantins, vollendet worden zu sein (Abb. 1).

Der spätantike Bau gliedert sich in zwei Hauptteile: die Basilika (*Martyrion*) zur Feier der Gottesdienste und das Heilige Grab als besonderem Verehrungsort, erst recht, nachdem die sich darüber erhebende, den kaiserlichen Grabmausoleen ähnliche Rotunde fertiggestellt war. Nach Eusebius wollte der Kaiser gerade diesen »glückseligsten Platz der Wiederauferstehung des Heilandes sichtbar und ehrwürdig« machen (Vita Constantini 2007, lib. III, cap. 25), denn er sei der »wunderbarste Platz der Welt« (Vita Constantini 2007, lib. III, cap. 32). Konstantin habe zuerst die »heilige Grotte« geschmückt, denn sie sei »ein Erinnerungsmal [...], das die ›tropaia‹ des großen Heilandes über den Tod umfasste« (Vita Constantini 2007, lib. III, cap. 33). So wie vom Sieg des Heilandes über den Tod die Rede ist, so wählte Eusebius auch mit der Bezeichnung »tropaion« einen Begriff, der für römische Ohren mit dem kaiserlichen Triumph verbunden war. Tropaia wurden dort aufgerichtet, wo der besiegte Feind sich umwendete und die Flucht ergriff. So war das »leere« Grab inmitten der mächtigen kuppelüberdeckten Anastasisrotunde das eindrucksvolle Zeugnis der Auferstehung Christi, seines Sieges über den Tod. Es war der wichtigste Teil der Jerusalemer Kirchenanlage, der »Kopf des Ganzen« (Vita Constantini 2007, lib. III, cap. 34), wie Eusebius schreibt.

Während bauhistorische Untersuchungen über den Grundriss der konstantinischen Bauanlage mittlerweile im Wesentlichen Klarheit schufen, so ist die Gestalt des Heiligen Grabes im 4. Jahrhundert noch in vielem unsicher. Es sind seine wechselvolle Geschichte, seine Zerstörungen und Wiederherstellungen, die manches verunklärt haben, zumal es bis heute noch nicht gelang, intensive archäologisch-bauhistorische Untersuchungen durchzuführen; immerhin wurde von 1989 bis 1992 eine fotogrammetrische Aufnahme vorgenommen, die einige Rückschlüsse erlaubt: Der heutige Bau des Heiligen Grabes ist der dritte vollständige Wiederaufbau, nachdem ein Großfeuer 1808 die Grabeskirche schwer schädigte; obwohl am Heiligen Grab nur äußere Schäden entstanden waren und das Innere weitgehend intakt geblieben war, wurde unter Leitung des Architekten Nikolaos Komnenos dennoch die Heiliggrabkapelle 1810 von den Grundmauern an wieder aufgebaut. Durch das Erdbeben von 1927 erneut beschädigt, mussten 1947 die heute noch sichtbaren Stahlträger zum Schutz angebracht werden. Baufälligkeit aber war auch schon 1555 der Grund, weshalb auf Initiative von Papst Julius III. (1550–1555) das Heilige Grab abgetragen und zum zweiten Mal »a primis fundamentis« (zitiert nach Biddle 1998, S. 120) rekonstruiert werden musste. Der erste komplette Wiederaufbau des Heiligen Grabes erfolgte ab 1012, nachdem 1009 auf Befehl des Kalifen al-Hakim (996–1021) Kirche und Heiliges Grab zerstört worden waren.

So scheinen die Voraussetzungen zur Rekonstruktion der ursprünglichen Baugestalt des Heiligen Grabes recht ungünstig. Doch kann die bauhistorische Forschung nach Befundbeobachtungen sowie der Auswertung von Text- und Bildquellen heute eine durchaus plausible Rekonstruktion vorlegen. Nach Eusebius hatten die Bauleute des 4. Jahrhunderts zunächst den Felsen mit der Grabkammer freigelegt. Die Existenz des Felsengrabes bezeugt im 6. Jahrhundert der so genannte Pilger von Piacenza: »Das Grab ist aus dem gewachsenen Felsen herausgehauen [...]. Der Stein, mit dem das Grab verschlossen war, befindet sich vor dem Eingang des Grabes; die Farbe des Felsens aber zeigt an, dass er aus dem Golgotafelsen herausgehauen ist.« (Pilgerfahrt ins Heilige Land 2002, S. 260). Doch es sind nicht nur die Beschreibungen der Pilger, die manche wertvolle Information geben, sondern auch bildliche Darstellungen, vor allem auf den massenhaft hergestellten und von den Pilgern mitgebrachten Ampullen, gefüllt mit Öl von den heiligen Stätten, von dem eine segensreiche Wirkung erhofft wurde (Kat.Nr. 219–221). Vorder- und Rückseiten der aus einer Blei-Zinn-Legierung hergestellten Ampullen zieren Bilder aus dem Leben Jesu, darunter auch die Szene der Frauen am Heiligen Grab, auf einigen Exemplaren deutlich als polygonales Gebäude zu erkennen: Säulen tragen das kegelförmige Dach, zwischen den Säulen sind Gitter angebracht; manchmal befindet sich über dem Eingang ein Giebel mit einer Muschelnische (Abb. 2). Eine ebenso eindrucksvolle Abbildung hat sich auf dem Reliquienkasten der Cappella S. Sanctorum in Rom aus dem späten 6. Jahrhundert erhalten; über dem Heiligen Grab ist sogar die Kuppel mit der Fensterzone der Rotunde dargestellt.

Besondere Bedeutung kommt der 1,24 Meter hohen Nachbildung des Heiligen Grabes in Narbonne zu (Abb. 3). Es wurde im Laufe des 5. Jahrhunderts wohl in der Gegend aus heimischem Marmor (Pyrenäenmarmor) gefertigt; sein ursprünglicher Standort ist unbekannt, denn man hatte das Objekt, zerbrochen und stark beschädigt, 1636 in der Stadtmauer von Narbonne entdeckt. In Übereinstimmung mit den bildlichen Darstellungen ist die außen polygonale Grabkammer erkennbar, mit fünf Säulen verziert, über denen sich über einem schmalen Architrav ein zeltförmiges Dach erhebt; im Innern der Kammer ist rechts vom schmalen Eingang die Grabbank ausgearbeitet. Der Grabeingang, heute durch einen Ausbruch beschädigt, liegt in einer muschelverzierten Nische, die zu einer Art Vorhalle gehört, die auf den bildlichen Darstellungen so nicht zu erkennen ist und vielleicht eine Zutat des Narbonner Bildhauers sein kann. Vier Säulen tragen über einem Architrav ein Satteldach, nach vorne wohl einst mit einem Giebel versehen; zwischen den Säulen haben sich seitlich Reste von Gitterwerk erhalten. Trotz dieser Unterschiede gilt es als sicher, dass eine recht getreue verkleinerte Nachbildung des Heiligen Grabes vorliegt. Am ehesten könnte sie als Reliquiar für eine besondere Reliquie gedient haben, über die zwar nichts mehr bekannt ist, für die man aber großen Wert darauf legte, einen Bezug zum Heiligen Grab in Jerusalem herzustellen.

So wird angenommen, dass die Bauarbeiter des 4. Jahrhunderts in Jerusalem nicht nur den Felsen freigelegt, sondern denselben so weit abgearbeitet haben, dass rings um die Grabkammer nur noch eine dünne Felswand übrig blieb, die nun die polygonal geformte Außenwand der freistehenden Grabkammer bildete. Rechts des in einer Muschelnische liegenden Grabeinganges befand sich im Innern die aus dem Felsen ausgehauene Grabbank. Das Äußere ließ Kaiser Konstantin mit einer Säulenstellung schmücken, mit Marmor verkleiden und mit einem kegelförmigen Dach

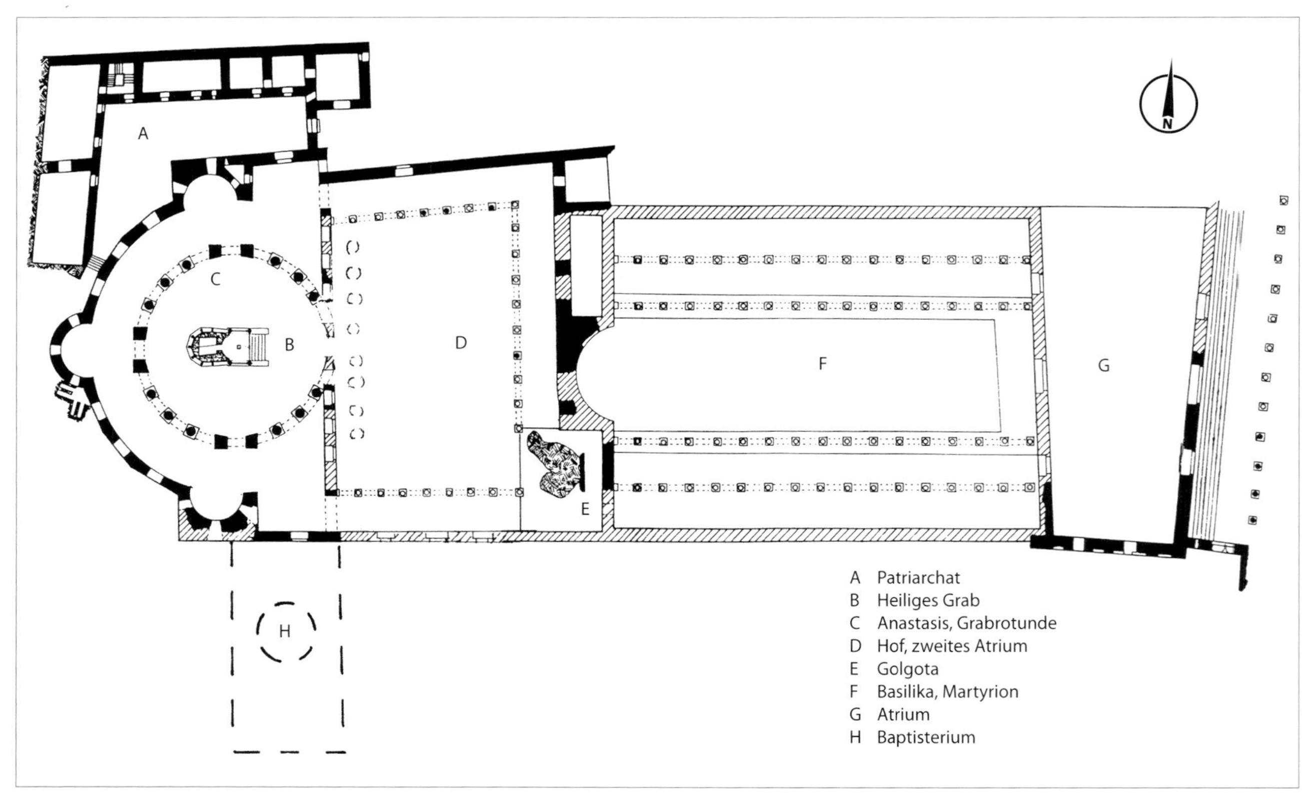

1 Jerusalem, Grundriss der konstantinischen Grabeskirche, 4. Jahrhundert

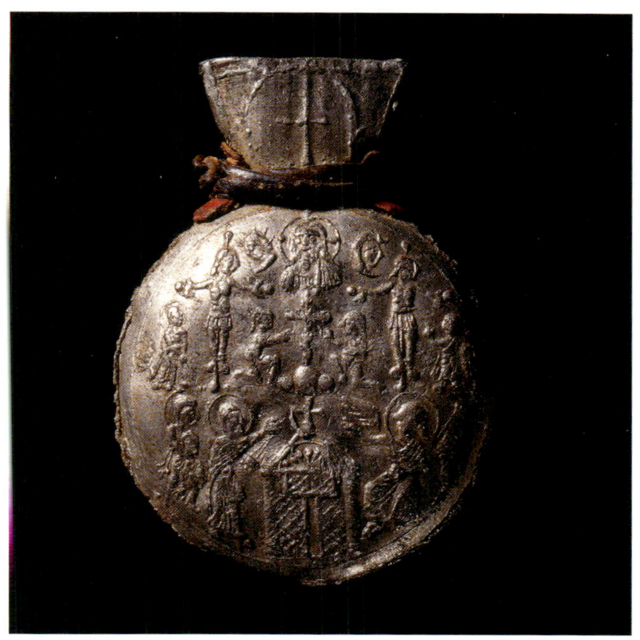

2 Pilgerampulle; Ende 6./Anfang 7. Jahrhundert. Stuttgart, Württembergisches Landesmuseum, 1980–205a

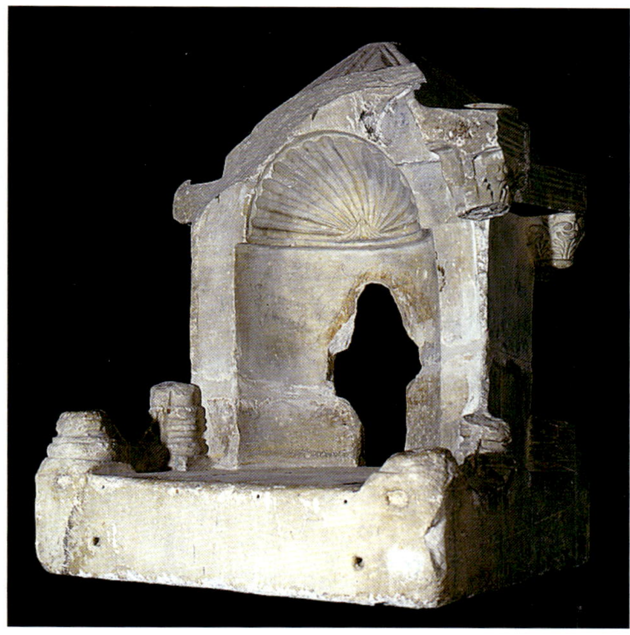

3 Narbonne, Nachbildung des Heiligen Grabes; 5. Jahrhundert. Narbonne, Musée Achéologique, 869.27.l

versehen. Der zum Kammergrab gehörende Vorraum wurde jedoch niedergelegt und stattdessen – falls die Narbonner Nachbildung die erste Fassung überliefert – eine nur ein Joch tiefe offene Vorhalle mit Giebeldach errichtet; zwischen den Säulen befand sich kostbares Gitterwerk. Das ganze Gebäude glich somit einem polygonalen Rundtempel mit Vorhalle, der hier für die kostbare Hülle des »leeren« Grabes als angemessen erachtet wurde.

Neben der Grabeskirche waren von Konstantin im Heiligen Land weitere Kirchenbauten errichtet worden, darunter in Jerusalem die Himmelfahrtskirche auf dem Ölberg und in Bethlehem die Geburtskirche, beides Bauten, welche die Kaisermutter Helena († um 330) veranlasst hatte, als sie zwischen 324/325 und 327/328 in kaiserlicher Mission die östlichen Provinzen besucht hatte. Eusebius erhebt diese Reise auf die Stufe einer Votiv-Pilgerfahrt – als Dank für Gottes Hilfe bei Konstantins Siegen und zugleich als Bitte um weiteren Segen für den Kaiser und seine Söhne. In überschwänglicher Weise wird Helena als Wohltäterin und Kirchenstifterin hervorgehoben, denn sie habe die heiligen Plätze, auf denen die Füße des Heilandes gestanden haben, auch für die »danach Kommenden« (Vita Constantini 2007, lib. III, cap. 42) als Andenken bewahrt. Mit der Pilgerfahrt der Helena werden die heiligen Stätten in Palästina zu herausragenden Pilgerzielen, vor allem das Heilige Grab, das fortan ungezählte Pilger aus unterschiedlichen Motiven anzog und auch heute noch anzieht. Die Pilger berichten den Daheimgebliebenen vom Erlebten, von der Suche nach den Orten der Bibel und insbesondere von den Stätten, an denen Jesus gewirkt hat.

Von besonderem Wert ist vor allem der Bericht des gallischen Bischofs Arculf, der Palästina um 680 besuchte. Nach seiner Rückkehr erzählte er im schottischen Kloster Iona dem Abt Adamnanus (679–704) seine Erlebnisse und hatte auf Wachstafeln zur Erläuterung des Beschriebenen Grundrisse der wichtigsten Bauten, darunter auch der Rotunde mit dem Heiligen Grab, skizziert, die schließlich Adamnanus als Zeichnungen seinem in drei Büchern vorgelegten und in mehreren Handschriften überlieferten protokollähnlichen Bericht über die Mitteilungen Arculfs beifügte. Über das Heilige Grab heißt es, es sei eine inmitten des Rotundengebäudes stehende »runde, aus einem Felsen gehauene Hütte [›tegurium‹], in der dreimal drei Menschen betend stehen können.« Es bliebe über dem Kopf eines »stehenden Menschen von nicht zu kleiner Statur bis zur Decke des Häuschens noch anderthalb Fuß Höhe übrig« (insgesamt etwa 2,15 Meter lichte Höhe). Die Außenseite des Heiligen Grabes sei »ganz mit auserlesenem Marmor bedeckt«; auf der Spitze sei »ein nicht kleines goldenes Kreuz« angebracht. Über das Innere heißt es: »Im nördlichen Teil der Hütte befindet sich das Grab des Herrn, innen aus dem Felsen gehauen. Aber der Fußboden der Hütte liegt niedriger als der des Grabesortes; [...] von ihrem Fußboden bis zum seitlichen Rande des Grabes sind es ungefähr drei Handbreit Höhe [etwa 60 Zentimeter hohe Grabbank]. So hat es mir Arculf, der das Grab des Herrn oft besuchte und genau vermessen hat, geschildert.« Die Länge der Grabbank habe Arculf »eigenhändig mit sieben Fuß ausgemessen. Das Grab ist [...] im ganzen ein einfaches, vom Kopf bis zu den Fußsohlen reichendes Bett nach der Größe eines Menschen, der auf dem Rücken liegt« (etwa 2 Meter lange Grabbank). Das Grab zeige

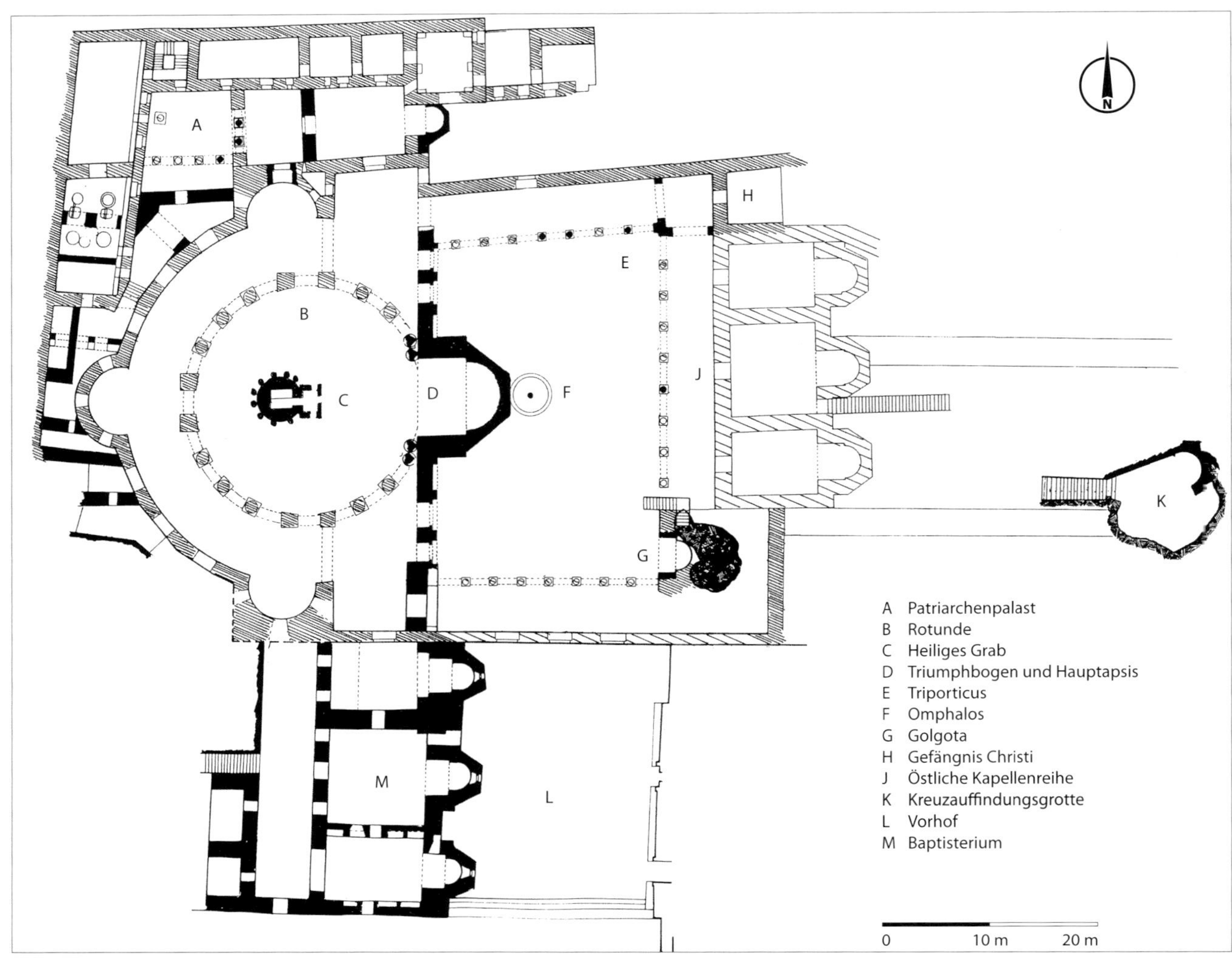

4 Jerusalem, Grundriss der Grabeskirche nach der Wiederherstellung um 1048

im Innern »bis heute überall Spuren der Eisenwerkzeuge, mit denen die Arbeiter oder Steinmetzen zu Werke gegangen« seien (Pilgerfahrt ins Heilige Land 2002, S. 320–323). Bemerkenswert ist, dass Arculf offenbar der konstantinischen Basilika kaum Beachtung schenkt, sie wird nur in einer am Bildrand vermerkten Notiz erwähnt: »Constantiniana basilica. hoc est martyrium.« Eindeutig steht die Anastasisrotunde mit dem Heiligen Grab im Zentrum seines Interesses und hier weniger die schmückende Ausstattung, sondern immer wieder die von ihm aufgenommenen Maße! Ist auch die Interpretation der Zeichnung des Arculf, so wie sie Abt Adamnanus überliefert, schwierig, doch dürfte der innere Kreis die Mauer des Heiligen Grabes darstellen, in dem – rechts vom Eingang – die Grabbank eingetragen ist. Der zweite Ring von außen ist aufgrund der drei rechteckigen Nischen mit Sicherheit als die Außenmauer der Anastasisrotunde zu identifizieren (Kat.Nr. 217).

Als Arculf Jerusalem besuchte, war die Stadt bereits 614 von den Persern erobert und – nach einer zwischenzeitlichen Rückeroberung durch Byzanz – 638 erneut von den muslimischen Arabern eingenommen worden. Das Heilige Grab hatte jedoch die Zerstörungen oder Beschädigungen der Rotunde im 7., aber auch die im 10. Jahrhundert weitgehend unbeschadet überstanden. Als 969 die fanatischen Fatimiden die Herrschaft in Ägypten und Palästina übernahmen, verschlechterten sich die Verhältnisse für die Christen und die christlichen Pilger immer mehr; dennoch riss der Pilgerstrom auch in dieser Zeit nicht ganz ab. Als dann im Jahre 1009 der fatimidische Kalif al-Hakim befahl, die Grabeskirche und vor allem das Heilige Grab komplett zu zerstören, muss dies als ein großes Unglück empfunden worden sein. Nach einem zeitgenössischen Bericht unternahm man »die größten Anstrengungen, das Heilige Grab zu entfernen und jede Spur von ihm verschwinden zu lassen« (Krüger 2000, S. 78). Ebenso wird berichtet, dass der Kalif, der mütterlicherseits aus einer christlichen Familie stammte, bald wieder die Feier der Gottesdienste erlaubte und nur drei Jahre später die Christen sogar verpflichtete, die Auferstehungskirche wieder aufzubauen und die heiligen Stätten wiederherzustellen. So war bereits 1012 eine

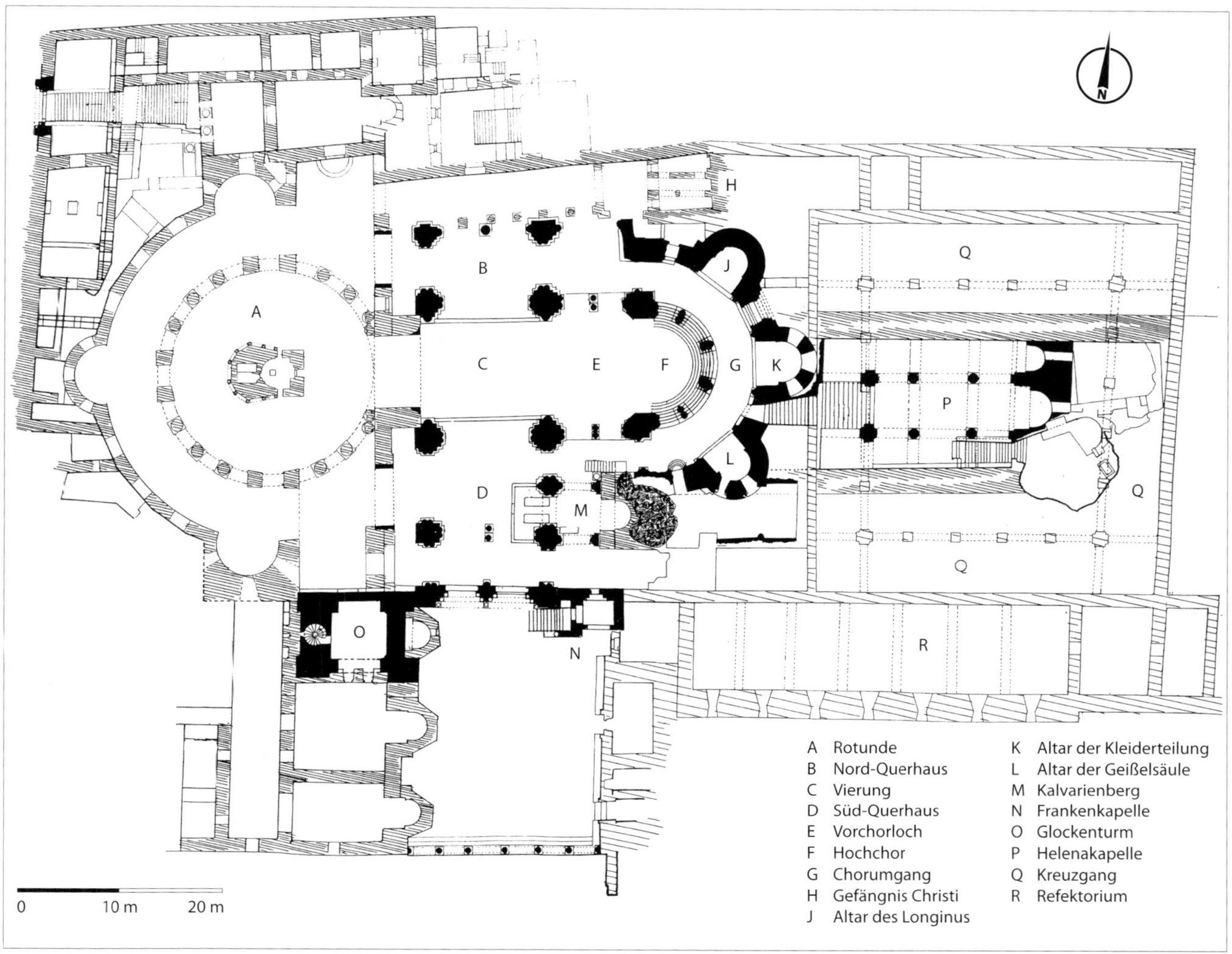

5 Jerusalem, Grundriss der kreuzfahrerzeitlichen Grabeskirche, 12. Jahrhundert

einheimische Bauhütte mit den Wiederherstellungsarbeiten des bis auf die unteren Steinschichten zerschlagenen Heiligen Grabes beschäftigt, denn dies war neben dem Golgotafelsen das besonders verehrte Heiligtum und Ziel der Pilger; seine Wiederherstellung war außerordentlich wichtig und wohl schon gegen 1023 beendet. Die zweite Baumaßnahme betraf die Wiederherstellung der Anastasisrotunde. Von ihr war zumindest die noch heute bis zu einer Höhe von etwa 11 Metern erhaltene römische Außenwand mit ihren drei Apsiden in großen Teilen vorhanden, während der Säulenkranz mit dem sich darüber erhebenden Tambour wohl völlig daniederlag. Der Wiederaufbau dieser Teile bedurfte größerer Anstrengungen und wurde schließlich mit Hilfe des byzantinischen Kaisers Konstantin IX. (1042–1055) bis spätestens 1048 vollendet (Abb. 4). Der Säulenkranz wurde mit den alten Säulen, so weit sie noch brauchbar waren, erneuert, jedoch nur bis zur halben Höhe, um über dem Umgang nunmehr ein Emporengeschoss einzurichten. Im Osten wurde anstelle der ehemaligen Fassade eine größere Apsis als Choranlage eingerichtet. Der östlich anschließende Hof mit dem Golgotafelsen blieb im Wesentlichen in alter Form erhalten, während die große konstantinische Basilika aufgegeben wurde. Diese Bauänderung bedeutete eine Konzentration auf die heiligen Stätten des Grabes und des Golgotafelsens. Nachdem die Kreuzfahrer Jerusalem 1099 erobert hatten, wurde die byzantinische Chorapsis niedergelegt und über dem Hof östlich der Rotunde ein neuer Bau in Form eines Umgangschores errichtet, wie man ihn von den großen romanischen Pilgerkirchen Frankreichs kannte. Die Baumaßnahme war mit der Weihe im Jahre 1146 abgeschlossen, verband beide Heiligtümer in einem Raumkonzept und schuf eine Pilgerkirche, die im Wesentlichen bis heute das Aussehen der Jerusalemer Grabeskirche bestimmt (Abb. 5).

Mönch Wino konnte also ab 1033 sicherlich das schon wieder aufgebaute Heilige Grab, aber auch die wohl schon in der Wiederherstellung begriffene Rotunde sehen und einen Eindruck von der räumlichen Konzeption gewinnen. Man hatte ab 1012 auf den von der Zerstörung von 1009 übrig gebliebenen Felsresten die Grabkammer wiederhergestellt und die oberen Wandteile sowie die Decke des Grabes in Mauerwerk rekonstruiert; die Grabbank an der Nordseite der Grabkammer war wohl noch weitgehend intakt. Sie wurde erst später mit Marmorplatten verkleidet, die zunächst an der Langseite noch drei runde Öffnungen besaß, damit die Felsenbank gesehen und befühlt werden konnte; heute ist auch die Langseite der Grabbank mit Marmor verblendet. An der Außenwand erneuerte man die antike Säulenarchitektur, wenn auch in veränderter Form. Stärker umgestaltet wurde die vor dem Grab gelegene offene Säulenvorhalle: An ihrer Stelle entstand nunmehr eine rechteckige, zunächst mit mehreren Eingängen versehene Kapelle, die so genannte Engelkapelle. In ihrer Mitte war ein Rest jenes Steins sichtbar, der einst das Grab verschlossen hatte und später als Altar diente. Der nur etwa 1,20 Meter hohe Zugang zur Grabkammer lag weiterhin an alter Stelle in einer Nische und bildete die Verbindung zwischen Grab und Engelkapelle. Außen war über der Decke der Grabkammer ein polygonaler Baldachin zum Schutze eines Rauchabzuges errichtet worden, denn die vielen in der Grabkammer aufgestellten Leuchter und Kerzen benötigten einen solchen. Da jedoch die Kuppel über der Rotunde zunächst noch nicht vorhanden war und auch die später errichtete eine Mittelöffnung aufwies, musste die Grabkammer vor Regenwasser geschützt werden.

So sahen also die Pilger das Heilige Grab, und so muss es auch der heilige Simeon von Trier († 1035) gesehen haben. Gemäß der von Abt Eberwin von Tholey († 1040) verfassten Simeonsvita war er als Pilger ins Heilige Land gekommen, um dort »als Armer dem armen Christus« nachzufolgen (Schmid 1998b, S. 24). Er blieb dort sieben Jahre (etwa von 1012–1018/1019) und war als Pilgerführer in Jerusalem tätig. Der Wunsch nach einem eremitischen Leben führte ihn später nach Bethlehem und schließlich als Mönch in das Katharinenkloster am Berg Sinai. Von dort wurde er um 1026 auf Reisen geschickt, um versprochene Spendengelder in Gallien einzusammeln. Anfang 1027 traf er in Antiochien auf eine 700 Personen große Pilgergruppe, unter ihnen die Äbte Eberwin von Tholey und Richard von St. Vanne in Verdun (1004–1046). Simeon schloss sich ihnen an, begleitete sie als Ortskundiger ins Heilige Land und folgte ihnen schließlich nach Lothringen. Da er mit dem Einsammeln seiner Spendengelder keinen Erfolg hatte, besuchte Simeon Abt Eberwin in Tholey und kam schließlich nach Trier, wo er Erzbischof Poppo (1016–1047) kennen lernte und mit ihm in den Jahren 1027 bis 1030 eine Pilgerfahrt ins Heilige Land unternahm. Zurückgekehrt nach Trier ließ sich Simeon als Einsiedler in der Porta Nigra einschließen und starb dort im Jahre 1035. Die Beispiele der lothringischen Pilgergruppe und die Reise des Erzbischofs Poppo zeigen, dass es im 11. Jahrhundert und dann verstärkt im Gefolge der Kreuzzüge zu Massenwallfahrten ins Heilige Land kam, um die Stätten des Lebens, Leidens und Sterbens Jesu, seiner Auferstehung und Himmelfahrt zu erleben. Die glücklich Zurückgekehrten haben nicht selten in ihrer Heimat Nachbauten des Heiligen Grabes errichten lassen, um den Daheimgebliebenen ebenfalls die Verehrung der heiligen Stätten zu ermöglichen und Christus nachzufolgen. Erzbischof Poppo brauchte in Trier kein Heiliges Grab zu errichten, sondern begann mit dem Wiederaufbau des im 9. Jahrhundert zerstörten Trierer Domes, der ja als Gründung Helenas galt. Dennoch wurde auch in Trier – wohl von derselben Bauhütte, die am Westbau des Domes tätig war – südöstlich vor der Stadt auf dem Heiligkreuzer Berg zu Ehren des heiligen Kreuzes eine neue Kirche errichtet. Über der Vierung des griechischen Kreuzes erhebt sich ein achteckiger, kuppelgewölbter Tambour mit Fensterzone und Zeltdach. Als Bauherr ist der seit etwa 1060 nachweisbare Dompropst Arnulf genannt, so dass damals südöstlich der Stadt auch in Trier ein Heiligtum entstand, das später zu einem regelrechten »Kalvarienberg« ausgestaltet wurde und im liturgischen Geschehen der Stadt eine Rolle spielte.

Wino hatte nach seiner Rückkehr aus dem Heiligen Land auftragsgemäß die Maße des Heiligen Grabes nach Paderborn gebracht, so dass Bischof Meinwerk seine neue Kirche ähnlich der in Jerusalem beginnen und 1036 weihen konnte. Die kurze Bauzeit von höchstens fünf Monaten seit der Rückkehr Winos lässt vermuten, dass nur ein gewisses Baustadium erreicht war, so dass Meinwerk das Heilige Grab mit einem Altar aufstellen konnte, so wie es die Urkunde von 1036 belegt; eine Fertigstellung ist wohl erst mit der unter Bischof Imad (1051–1076) bezeugten Hauptaltarweihe 1068 erfolgt. Archäologische Untersuchungen konnten die Gestalt des Ursprungsbaues im Wesentlichen klären: Über einem kreisrunden Fundament erhob sich ein achteckiger Zentralbau, ehemals wohl von einer Kuppel überwölbt. In den Himmelsrichtungen schlossen sich an vier Seiten rechteckige, platt geschlossene Kapellen an. Die westliche Kapelle erhielt, wohl erst unter Bischof Imad, als Eingang eine von zwei Rundtürmen flankierte Nischenfassade. Nach Brandzerstörungen wurde der Zentralbau aufgegeben und im 13. Jahrhundert durch einen Neubau ersetzt, der das heutige Erscheinungsbild der Busdorfkirche prägt (Kat.Nr. 215).

Bei dem Vergleich der Grundrisse des Meinwerkbaues und der Anastasisrotunde in Jerusalem ist schon immer aufgefallen, dass in wesentlichen Teilen keine Übereinstimmung besteht. Insofern ist zu prüfen, was unter den Worten »in similitudine« oder »ad formam«, »ad modum« oder »instar« – Begriffe die auch sonst zur Charakterisierung von Nachbauten verwendet werden – zu verstehen ist. 1942 hat sich Richard Krautheimer in einem grundlegenden Aufsatz mit dem Wesen mittelalterlicher Architekturkopien beschäftigt und dargelegt, dass der moderne Kopienbegriff dem mittelalterlichen Verständnis von Bauten, die ein Vorbild »in similitudine« widerspiegeln sollen, nicht zugrunde gelegt

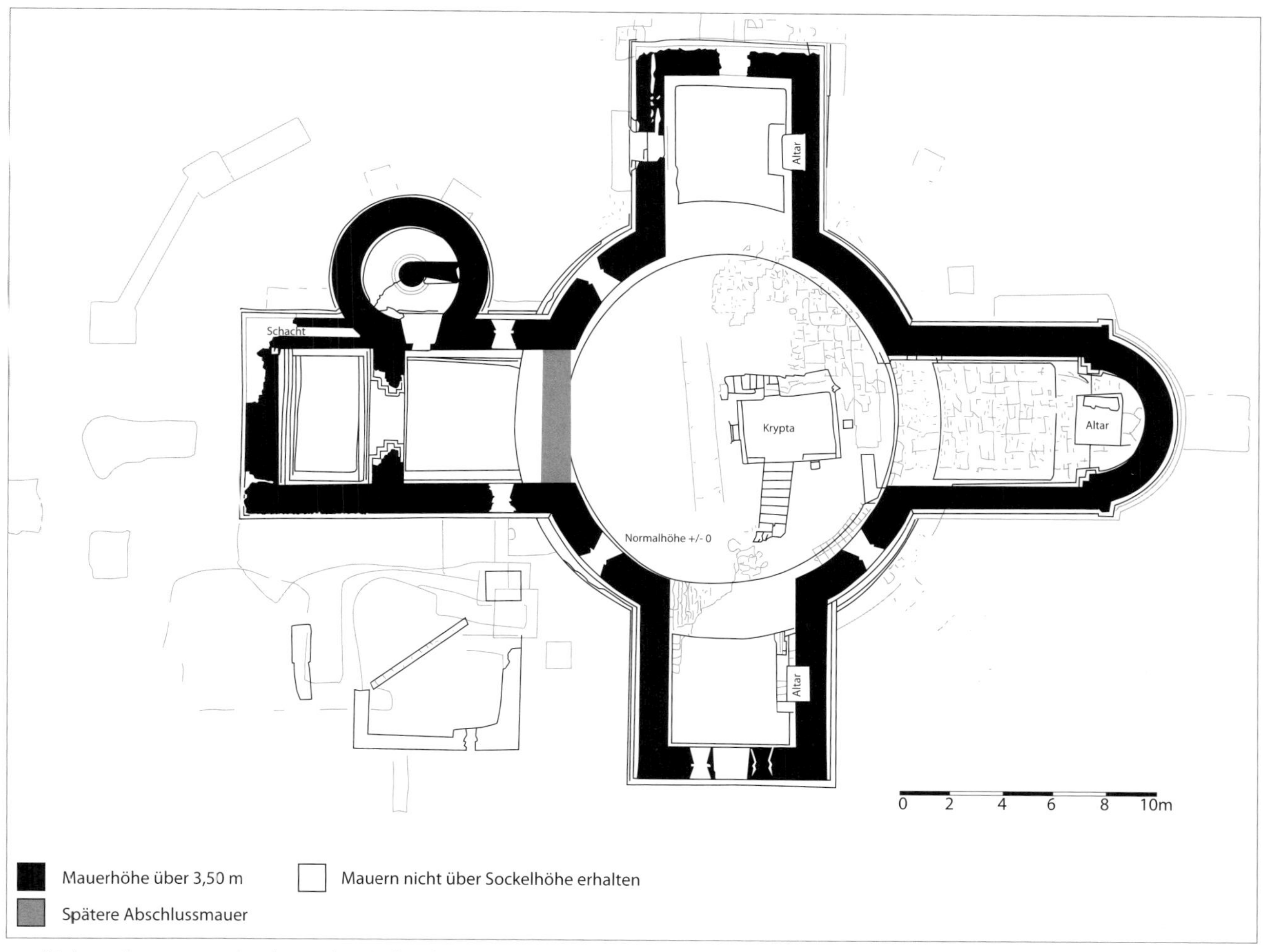

6 Helmarshausen, archäologischer Befund zur Kirche St. Johannes Baptist (Kat.Nr. 234)

werden darf. Vielmehr genügten charakteristische Merkmale, die ausreichten, um das Vorbild wiederzuerkennen. Für das Heilige Grab und die Anastasisrotunde konnten der zentrale Bautypus, die Disposition des Grabes inmitten eines Zentralbaues, die Grabkammer selbst mit der Grabbank und schließlich ein sich über dem Grab wölbender Bogen (Arkosol) archetypische Elemente sein, die als Bauzitate zur Wiedererkennung eingesetzt werden konnten. Barbara Dieterich wies darauf hin, dass zwischen den Nachbildungen der Anastasisrotunde mit dem Heiligen Grab und den kleinformatigen, nur das Heilige Grab darstellenden Nachbildungen unterschieden werden müsse, wie beispielsweise das 1077 erstmals erwähnte zylinderförmige Heilige Grab im Dom zu Aquileja. Wenn man sich bei den Nachbauten das Jerusalemer Heilige Grab zum Vorbild nahm, dann ist bei allen Unterschieden in der Gestalt der Grabkammern die Position der Grabbank rechts vom Eingang immer gleich geblieben, gewissermaßen als unverwechselbares Kennzeichen des heiligen Ortes; dies sollte auch bei den späteren Nachbildungen so bleiben (Dieterich 2004/2005).

Für Meinwerk war sicherlich die Jerusalemer Disposition – Heiliges Grab inmitten eines Zentralbaues – wichtig, um seiner Intention Ausdruck zu verleihen. Leider ist aber über die Existenz und das Aussehen des Heiligen Grabes mit dem davor aufgestellten und 1036 geweihten Altar keine Aussage möglich, denn bei einem Einbau einer Heizungsanlage 1910/1911 im Zentrum des Meinwerkbaues wurden alle Befunde zerstört.

Ein unmittelbarer Nachfolger des Meinwerkbaues ist die Kirche St. Johannes Baptist auf dem Krukenberg bei Helmarshausen. Ihr Bauherr, der Paderborner Bischof Heinrich von Werl (1084–1127), ließ sie errichten, nachdem er von dem Wunsch, »Jerusalem aufzusuchen und die geheiligten Orte der Geburt Jesu, seines Leidens, seiner Auferstehung und seiner Himmelfahrt unter Tränen und Gebeten zu erblicken«, Abstand genommen habe und seinen Beratern gefolgt sei, eine Kapelle zu Ehren eines Schutzheiligen erbauen zu lassen, den er am Tage des Jüngsten Gerichts als Fürsprecher anrufen könne (Mietke 1991, S. 181). So wählte Heinrich als »Reiseersatz« die Busdorfkirche als Vorbild. Die Johanneskirche bestand ebenso aus einem

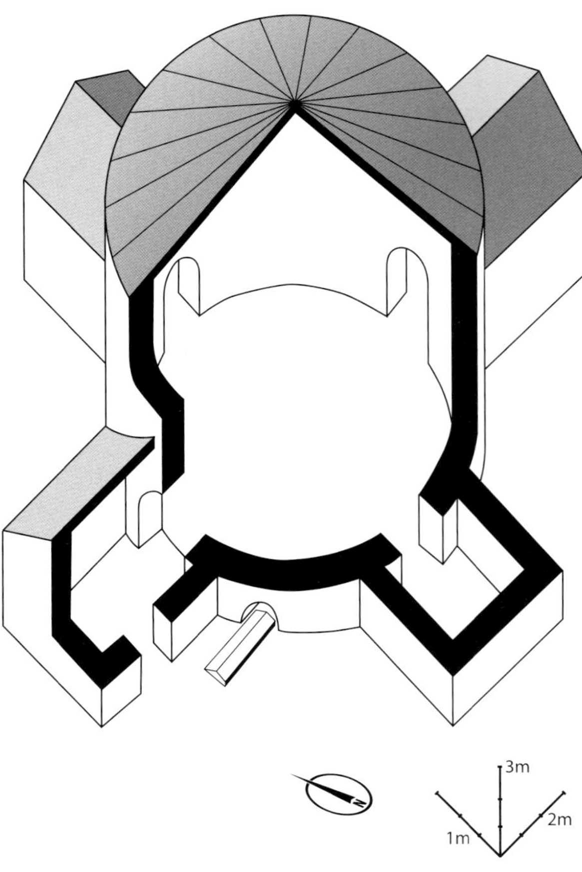

7 Mauritiuskapelle des Konrad von Konstanz, errichtet um 950 bis 955

zentralen Raum, der jedoch im Unterschied zur Busdorfkirche auf einem runden Fundament als Rundbau ausgeführt und mit einer Kuppel überdeckt wurde. Nach allen vier Himmelsrichtungen schlossen sich niedrigere, tonnengewölbte rechteckige Kreuzarme an. Im Zentrum wurde vor dem östlichen Kreuzarm ein kryptaähnlicher rechteckiger Raum angelegt, der über zwei Treppen zugänglich war und in dessen Nordwand sich ein Arkosolgrab befand. Statt des oberirdischen Heiligen Grabes wie in der Busdorfkirche war hier als Grab eine Krypta gewählt worden. Die Weihe datiert auf das Jahr 1126 und bezeichnet wohl auch die Fertigstellung des Baues (Abb. 6).

Zur Erklärung der Unterschiede im Aufbau des Zentralbaues der Busdorfkirche und der Johanneskirche wurde im Falle der oktogonalen Form in der Busdorfkirche darauf hingewiesen, dass Meinwerk vielleicht eine bewusste Reminiszenz an die Aachener Pfalzkapelle wählte, denn er war lange Zeit Mitglied der Hofkapelle Ottos III. (983–1002) und wollte vielleicht auch an die Karlstradition des Paderborner Bistums anknüpfen. Wenn dem so ist, wird deutlich, welche unterschiedlichen Intentionen der Bauherr mit seinem Bauprojekt verknüpfen und zum Ausdruck bringen konnte. Trotzdem wirft das gemeinsame Grundkonzept der Busdorfkirche und der Johanneskirche die Frage auf, ob und welches Vorbild für die »Bauhülle« des Heiligen Grabes gewählt worden ist, wenn es die Jerusalemer Anastasisrotunde nicht war. Kennzeichnend ist, dass die an den Zentralbau angegliederten vier Kapellen deutlich eine Kreuzform hervortreten lassen. Die Vermutung, dies sei doch auch in Jerusalem so gewesen, ist irrig, da die drei Apsiden in der Außenwand der Rotunde als Kreuzform nicht in Erscheinung treten. Als Vorbilder der Busdorfkirche und der Johanneskirche werden in der kunsthistorischen Diskussion andere Bauten genannt wie zum Beispiel das nur literarisch überlieferte Martyrion des Gregor von Nyssa (372–376) oder einige spätantik-frühmittelalterliche Baptisterien, vornehmlich in Oberitalien. Doch zeigt die genaue Prüfung auch hier nicht nur zeitliche, sondern auch strukturelle Unterschiede.

Ein früheres Beispiel mit demselben Grundriss ist indessen die Mauritiuskapelle an der Nordostecke des Konstanzer Münsters (Abb. 7). Bischof Konrad (934–975), der dreimal Jerusalem besucht hatte, ließ sie gemäß seiner Vita nach der zweiten Jerusalemreise, also wohl in den Jahren von 950 bis 955, errichten. Archäologische Untersuchungen zeigen als Ursprungsbau eine kreisförmige Rotunde mit vier Kreuzarmen. In einem in der Mitte des 11. Jahrhunderts verfassten Martyrologium heißt es, Konrad habe nach seiner Rückkehr ein Kloster zu Ehren des heiligen Mauritius errichtet und dort auch ein »angemessenes Grab Christi, wie es Gott gefiel, aufstellen und mit verschiedenen zahllosen Ornamenten verzieren lassen« (Mietke 1991, S. 195); in der Vita des Bischofs wird hervorgehoben, das Heilige Grab habe in der Mitte gestanden, sei ähnlich dem Jerusalemer Heiligen Grab ausgeführt (»in similitudinem illius Ierosolimitani factum«) und mit kostbaren Goldschmiedearbeiten (»mirabili aurificis opere per gyrum«) verziert gewesen (Mietke 1991, S. 195). Schließlich ließ sich Konrad unmittelbar neben der Rotunde, nahe beim Eingang, begraben. In der heute vom Kreuzgang aus zugänglichen Kapelle steht das um 1260 neu errichtete Heilige Grab, zusammen mit dem im 12. Jahrhundert entstandenen Eichstätter Heiligen Grab ist es ein großartiges Beispiel gotischer Nachbildungen. Sondagen unter den Fundamenten erbrachten Reste ottonischen Mauerwerks, die vielleicht zum ursprünglichen Einbau Konrads gehört haben. Nicht nur die weitgehenden Entsprechungen im Grund- und Aufriss, sondern auch der ausdrücklich angesprochene Bezug zu Jerusalem verbindet die Busdorfkirche in Paderborn und die Johanneskirche in Helmarshausen mit der Mauritiuskapelle in Konstanz.

Unter den Nachbauten der Grabeskirche romanischer Zeit darf wenigstens der großartige Baukomplex von S. Stefano in Bologna nicht unerwähnt bleiben. Einen Bezug zu Jerusalem nennt schon eine im Jahre 887 von Kaiser Karl III. (876–887) ausgestellte Urkunde: »Sanctum Stephanum, qui dicitur sancta Hierusalem.« (MGH DD K III, Nr. 171). Das heutige komplizierte Bauensemble kam durch zahlreiche Um- und Neubauten zustande, datiert aber im Wesentlichen in das 12. Jahrhundert. Zwischen zwei Kirchen ist S. Sepolcro, ein unregelmäßiges Oktogon mit Stützenkranz und Umgang, eingefügt. In seinem Zentrum befand sich ein Heiliges Grab, im 14. Jahrhundert durch den heutigen Heiliggrabeinbau ersetzt. Bemerkenswerterweise erstreckt sich nach Osten ein offenes, von Säulengängen flankiertes Atrium, das zur Golgota- und Kreuzkapelle überleitet. Diese Anordnung entspricht der Jerusalemer Situation nach dem 1048 vollendeten Wiederaufbau, ehe die Kreuzfahrerkirche errichtet wurde. Bologna ist ein seltener Nachbau, der nicht nur die Anastasisrotunde mit dem Heiligen Grab, sondern auch die umgebende Situation mit dem Golgotafelsen und den anschließenden Kapellen nachzuempfinden suchte.

Mit dem Fall Jerusalems 1189 und der Eroberung der letzten Kreuzfahrerbastion Akkon im Jahre 1291 versiegten zunächst die Pilgerfahrten und damit auch die architektonischen Nachbauten des Heiligen Grabes; stattdessen entstanden seit dem 13./14. Jahrhundert die figürlichen Heiligen Gräber, Grablegungsgruppen und Kalvarienberge, teilweise mit besonderen liturgischen Funktionen. Seit dem 15. Jahrhundert beginnt jedoch eine neue Welle der Pilgerfahrten, über die wieder auch ausführlich Bericht gegeben wird. Unter diesen Beschreibungen und Darstellungen des Heiligen Grabes, die dessen Zustand vor dem Neubau von 1555 dokumentieren, ist der Bericht über die in den Jahren 1483/1484 vom Mainzer Domherrn Bernhard von Breidenbach († 1497) unternommene Pilgerreise bedeutsam. In seiner Pilgergruppe befand sich auch der aus Utrecht stammende Maler Erhard Reuwich († um 1500). Er fertigte zahlreiche Karten, Städteansichten und Darstellungen von Gebäuden an, die als Holzschnitte dem 1486 erschienenen Pilgerbuch Breidenbachs beigegeben wurden, darunter auch eine Darstellung des Heiligen Grabes. Die Überschrift des Holzschnittes »forma et dispositio dominici sepulchri« (»Gestalt und Anordnung des Herrengrabes«) erweckt den Anschein, eine »wahre« Abbildung des Heiligen Grabes in Jerusalem zu bieten (Kat. Nr. 222). Und so entstanden neue architektonische Nachbauten des Heiligen Grabes, die bewusst als Nachbildungen des Jerusalemer Vorbildes verstanden und auch – mehr oder weniger getreu – umgesetzt wurden; Nachbauten der Anastasisrotunde finden sich nicht mehr, da sie in die Grabeskirche der Kreuzfahrer so integriert war, dass sie wohl nicht mehr als eigener Baukörper wahrgenommen wurde. Die Nachbauten des Heiligen Grabes wurden nun als Anbauten an Kirchen, als freistehende selbstständige Bauten an Wallfahrtswegen oder auf Friedhöfen errichtet. Ein prominentes Beispiel neben vielen anderen ist das zwischen 1481 und 1504 am Ende eines Wallfahrtsweges errichtete Heilige Grab von Görlitz (Weihe 1504). Es geht zurück auf die 1465 von dem Kaufmann Georg Emmerich († 1507) unternommene Pilgerreise nach Jerusalem. Alle diese Denkmäler riefen den Ort der Auferstehung in Erinnerung und gaben zugleich der Heilserwartung ihrer Stifter und Erbauer Ausdruck, so wie es auch Bischof Meinwerk wollte.

Quellen

Pilgerfahrt ins Heilige Land 2002 · MGH DD K III · Vita Constantini 2007 · Vita Meinwerci 1921.

Literatur

Arnulf 1998 · Biddle 1998 · Dalman 1922 · Dieterich 2004/2005 · Gnägi 2004/2005 · Heinen 2008 · Kötzsche 1995 · Krautheimer 1942/1988 · Krüger 2000 · Mietke 1991 · Rüdiger 2003 · Schmid 1998b · Stolzenburg 2007 · Timm 2006 · Weber 1982.

Großbaustelle Paderborn

Der Bischofssitz im frühen 11. Jahrhundert

Sveva Gai und Sven Spiong

Im ersten Drittel des 11. Jahrhunderts prägte Bischof Meinwerk (1009–1036) mit seiner intensiven Bautätigkeit deutlich und nachhaltig die Topographie der werdenden Stadt Paderborn, die zu jener Zeit eine Doppelfunktion als Bischofssitz und Aufenthaltsort für die deutschen Herrscher hatte. Wegen seiner vornehmen Herkunft, aber vor allem wegen seines Reichtums schien Meinwerk, bis dahin Kapellan im Dienste des Königs, besonders geeignet, das Paderborner Bistum mit Landgütern zu versehen und damit auch die finanzielle Basis für wirksame politische Handlungen zu sichern.

Paderborn bestand zum Zeitpunkt der Bischofsweihe Meinwerks im Jahr 1009 aus der von Karl dem Großen (768–814) begründeten Befestigung mit der Kaiserpfalz, dem Dom und dem Domkloster. Im Westen lag, getrennt durch Mauer und Graben, die Siedlung Paderbrunna. In den verschiedenen Höfen, die sich beiderseits zweier Fernwege, des Hellwegs, der heutigen Westernstraße, und der Königstraße befanden, konnten für die Zeit seit dem späten 8. Jahrhundert diverse handwerkliche Tätigkeiten nachgewiesen werden. Diese Siedlung versorgte die Menschen in der Domburg mit ihren vorwiegend handwerklichen, aber wahrscheinlich auch landwirtschaftlichen Produkten. Östlich der Domburg waren die Feldfluren der Siedlung Aspethera, die bisher zwar durch Einzelfunde und zwei kleinere Ausgrabungen auch für die Frühzeit lokalisiert werden kann, aber sonst noch kaum erforscht ist. Der späteren Entwicklung und den jüngeren Schriftquellen zufolge handelte es sich um eine ländliche Siedlung, die erst etwa zwischen 1130 und 1180 in der Stadt Paderborn aufging. Der Hellweg, Haupthandelsweg durch Westfalen, führte vom Westen durch Paderbrunna über ein unbesiedeltes Areal, begrenzt durch Steinbrüche im Süden und partiell auch im Norden, in die Domburg. Der Kamp war im 10. Jahrhundert noch nicht erschlossen. Er führte durch den südlichen Teil der Domburg. Der nördliche Bereich mit Dom, Domkloster und Kaiserpfalz lag etwas abseits des Weges.

Seit dem späten 10. Jahrhundert setzte unter Bischof Rethar (983–1009) nach etwa 150 Jahren wieder eine rege Bautätigkeit ein, die unter Meinwerk ihre Blüte erreichte. Da die Datierung der Siedlungstätigkeit mit Hilfe der Keramikfunde zwischen dem späten 10. und der ersten Hälfte des 11. Jahrhunderts nicht weiter differenziert werden kann, ist nur anhand der Bauabfolgen an den Steinbauten zwischen den Regierungszeiten von Rethar und Meinwerk zu unterscheiden.

Sehr detaillierte Hinweise über die Bautätigkeit Bischof Meinwerks besitzen wir durch die *Vita Meinwerci*, die erst 130 Jahre nach Meinwerks Tod verfasst wurde (siehe den Beitrag von Berndt). Der Vita liegen einerseits formelhafte Erzählmuster mit stereotypen architektonischen Beschreibungen zugrunde, andererseits werden dort detaillierte Aussagen über das Aussehen der Gebäude im Paderborner Dombezirk getroffen. Über diese schriftliche Quelle hinaus bieten die wichtigen Ausgrabungen der Nachkriegszeit aufschlussreiche Informationen über die Architektur jener Zeit. Dazu zählen neben gelegentlichen Sondierungen, die an verschiedenen markanten Stellen seit Anfang des 20. Jahrhunderts bis in die 1950er Jahre durchgeführt wurden, die archäologischen Untersuchungen Wilhelm Winkelmanns. Er legte von 1964 bis 1978 die Überreste der karolingischen und ottonischen Königspfalz nördlich des Doms frei (Winkelmann 1970/1990). Die Bauentwicklung des Domes konnte Uwe Lobbedey durch seine Ausgrabungen unter dem Dom auf eine neue Basis stellen (Lobbedey 1986a). Daran knüpft die Bearbeitung der Winkelmannschen Grabungsbefunde seit Ende der 1990er Jahre an (Gai/Mecke 2004). Seit 1993 wurden neue Grabungen in Angriff genommen: einerseits durch das Museum in der Kaiserpfalz, andererseits durch die 2003 eingerichtete Stadtarchäologie in Paderborn.

Die Domburgmauer

Die seit der Karolingerzeit existierende Befestigungsmauer, die ein annähernd quadratisches Areal von circa 250 mal 300 Metern Ausdehnung umschloss, ließ Bischof Meinwerk restaurieren beziehungsweise wieder errichten. Sicher ist zunächst, dass der nördliche Verlauf der karolingischen Domburgmauer – das haben die Ausgrabungen bewiesen – erhalten blieb. Die topographische Situation hätte auch keine andere Lösung zugelassen, da unmittelbar nördlich der Mauer der Bereich der Paderquellen beginnt. Die neu errichtete königliche Aula wurde nun weiter nach Norden verschoben und deren nördliche Außenwand bot sich gleichzeitig als neue Grenze der Domburg an. Der westliche Verlauf der Domburgbefestigung an der Grenze zum neu entstehenden Abdinghofkloster ist in einem Teilabschnitt heute noch auf einer Höhe von mindestens 4 Metern erhalten. Der weitere Verlauf nach Norden scheint hingegen eine spätere Veränderung der Immunitätsgrenze anzuzeigen.

Bei den Ausgrabungen im Kötterhagen und an der Krummen Grube konnten verschiedene Teilstücke der südlichen Domburgbefestigung freigelegt werden. Von der etwa 2,60 Meter dicken gemörtelten Kalksteinmauer erhielten sich zwischen jüngeren Kellern genügend Teilabschnitte, um den ehemaligen Verlauf metergenau zu bestimmen. Die Mauer wurde im Süden teilweise direkt auf der Felskante eines mächtigen, der Domburg vorgelagerten Steinbruchs gebaut. Dieser Steinbruch erstreckte sich vom Schildern bis mindestens zur Kasseler Straße und war bis zu 50 Meter breit und 14 Meter tief. Zusammen mit der mächtigen Domburgmauer handelt es sich um die beeindruckendste Befestigung jener Zeit in Norddeutschland. Der Steinbruch diente zur Gewinnung des Kalksteines, der als Baumaterial für die Steinarchitektur innerhalb der Domburg benötigt wurde. Meinwerk, der mit dem Kloster Abdinghof und dem Busdorfstift erstmals auch Steingebäude außerhalb der Domburg errichten ließ, verwendete die abgebrochenen Kalksteine auch für seine weiteren großen Bauwerke im Bereich der Domburg: Dom, Bischofspalast, Domstiftsgebäude, Domburgmauer und Königspfalz (Abb. 1).

Der Dom

Die intensive Bautätigkeit Bischof Meinwerks begann sofort nach seinem Amtsantritt mit dem Wiederaufbau des im Jahr 1000 abgebrannten Doms. Er ersetzte den von seinem Vorgänger Rethar begonnenen Bau innerhalb von nur sechs Jahren durch eine völlig neue Konstruktion. Das Konglomerat aus karolingischen und ottonischen Teilen, welches der Dom Bischof Rethars zeigte, wich zugunsten eines besser strukturierten und einheitlicheren Baus. Meinwerk griff auf die Fundamente des älteren karolingischen Langhauses zurück, indem er das noch erhaltene Westquerhaus entfernen und nach Osten verlegen ließ. Der Ostchor wurde etwas vergrößert. Im Westen ersetzte er den etwas plump hinzugefügten Westbau seines Vorgängers durch ein vollkommen ausgebildetes, so genanntes Westwerk, »das nunmehr die klassische Form ottonischer Westwerke hatte. Den Kern bildete ein quadratischer, mit einer Holzdecke überspannter Mittelraum, der als Eingangsraum diente. Darüber erhob sich ein Obergeschoß, das von hochliegenden Fenstern Licht erhielt. Ein Glockengeschoß überhöhte das Mittelquadrum turmartig.« (Lobbedey 1986a, S. 18). Zwei Seitenräume und zwei runde Treppentürme flankierten dieses Westwerk nördlich und südlich. Die axiale Eingangshalle, die den Zugang vom Westen in die Kirche auf den Altar hin ermöglichte, blieb somit erhalten. (Kat.Nr. 212)

Der Bischofspalast

Die Existenz der »domus episcopalis«, des bischöflichen Palastes, war schon vor den Ausgrabungen durch die in der *Vita Meinwerci* überlieferte Baunachricht bekannt (Vita Meinwerci 1921, cap. 187). Zwei charakteristische Ecksteine aus der Zeit Meinwerks zierten die Ostseite eines langgestreckten Gebäudes, das sich bis in den Bereich der Fürstenbergkurie erstreckte und nur zum Teil freigelegt werden konnte. In der Vita werden zwei Stockwerke genannt: Eine »domus superior aestivalis« als Obergeschoss und eine »domus hiemalis« als Untergeschoss, in dem Meinwerk zu speisen pflegte. Das »solarium« genannte Bauteil des Bischofspalastes dürfte am ehesten eine Galerie auf der Nordseite im Obergeschoss gewesen sein. Darüber hinaus gehörten zum Bischofspalast zwei Kapellen: Die eine (»in transitu«) wird über einem Gang mitten durch den Palast lokalisiert, die andere (»ante ecclesiam principalem«) wurde vermutlich an der Ecke zum Dom vor dem Paradiesportal erbaut (Vita Meinwerci 1921, cap. 219). Von beiden Kapellen sind im archäologischen Befund keine Spuren vorhanden.

Das Kellergeschoss des Meinwerkpalastes ist unter dem Erzbischöflichen Diözesanmuseum mit zwei kompletten Räumen noch teilweise erhalten (heute Schatzkammer). Die übrigen Räume liegen als Fundamente unter dem Museum beziehungsweise im westlich anschließenden Straßenbereich. Der gesamte Bau ist heute durch eine von Ost nach West verlaufende Längswand unterteilt. Von den erhaltenen Räumen ist der nördliche Raum mit einem Tonnengewölbe, der südliche mit einem Kreuzgewölbe versehen. Die unterschiedlichen Deckengestaltungen setzten sich ursprünglich im Westen fort. Über den erhaltenen Kellerräumen sind die in den Schriftquellen genannten zwei Geschosse zu rekonstruieren. Der Bischofspalast war somit deutlich höher als die Königspfalz.

Die Königspfalz und die Bartholomäuskapelle

An der Nordseite der Domburg lag die Königsaula, die Meinwerk angeblich nach der Fertigstellung des Domes im Jahre 1015 etwas weiter nördlich wieder aufbauen ließ (Kat.Nr. 107). Die zeitliche Einordnung wird durch die Tatsache bestätigt, dass seit dem Jahre 1015 die Königsaufenthalte immer häufi-

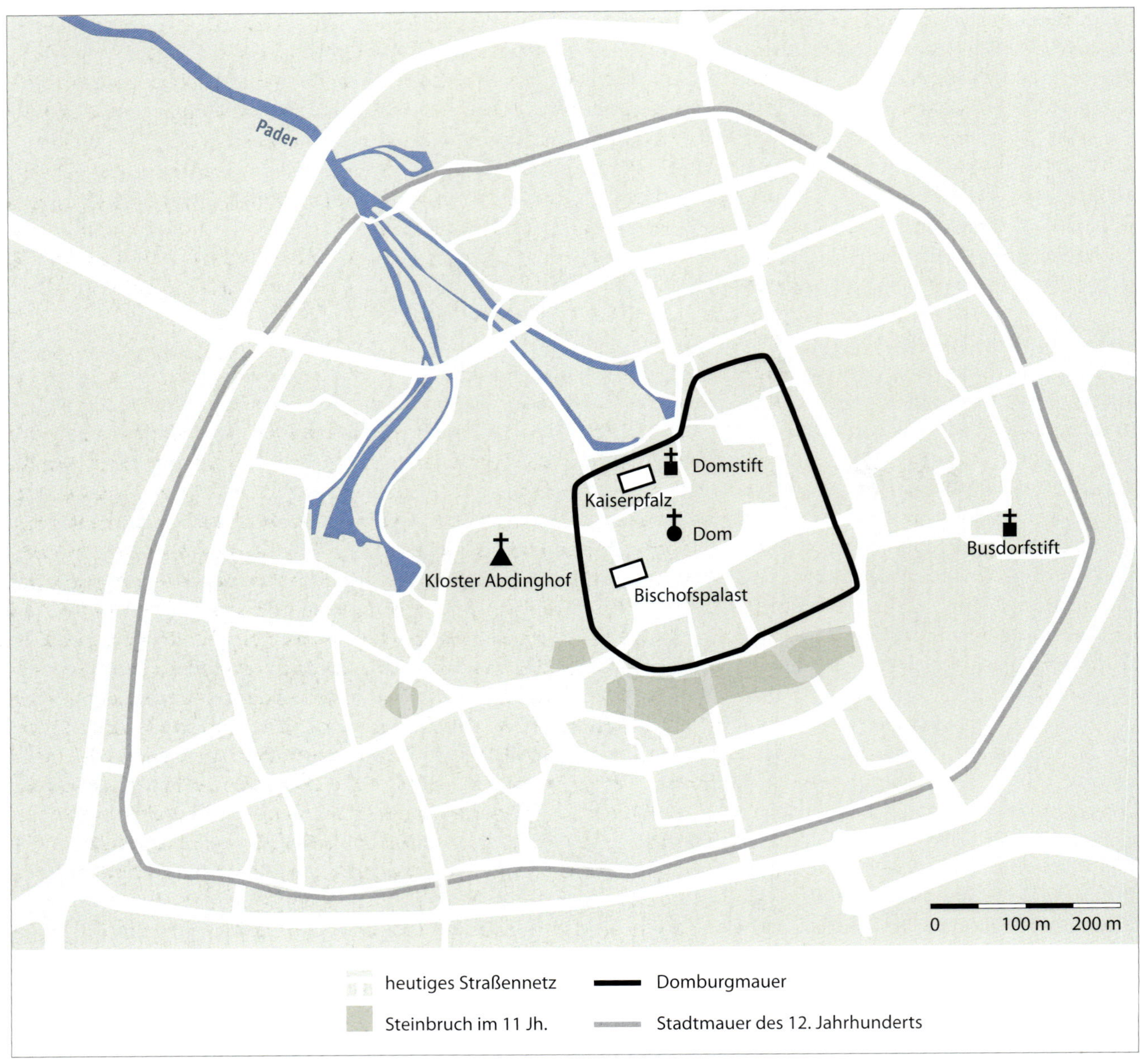

1 Paderborn im 11. Jahrhundert

ger, nahezu jährlich wurden. Die Aula mit der östlich gelegenen Ikenbergkapelle – der Privatkapelle des Königs und seiner Angehörigen – und dem sich nach Süden erstreckenden Wohntrakt war mit der als Pfalzkapelle genutzten Bartholomäuskapelle verbunden. Wie durch ein Wunder blieb die Bartholomäuskapelle von den Bombardements des Zweiten Weltkriegs verschont. Nach Aufgabe der Pfalz bis zum Grabungsbeginn überdauerte sie als architektonische Kostbarkeit fast unverändert und völlig isoliert die Jahrhunderte. Die Entdeckung der Pfalzgebäude ermöglichte ihre Einordnung in das ursprüngliche Baukonzept und unterstrich ihre öffentliche Funktion in Zusammenhang mit der Pfalzaula. Dieses Ensemble bildete den westlichen Abschluss des Innenhofes.

Meinwerk ließ die Bartholomäuskapelle wohl durch byzantinische Handwerker aus Süditalien errichten, die wahrscheinlich 1014 angeworben wurden, als Meinwerk Kaiser Heinrich II. (1002–1024) auf einer Reise nach Süditalien begleitete. Neben dem außergewöhnlichen Wandaufriss, der durch die tiefen und schlanken Bogennischen mit den hochsitzenden Fenstern eine anspruchsvolle architektonische Lösung bietet, gilt auch das Gewölbe mit den zugehörigen Säulen und Wandsäulen als einzigartige und unkonventionelle Leistung (Abb. 2). Dreischiffige, gewölbte Räume waren bisher nur in Hallenkrypten oder in den Untergeschossen von Westwerken bekannt. Neuartig ist die Form der Hängekuppeln, bei denen die kugelige Form der Wölbung über einer rechteckigen Basis sitzt. Ebenso ungewöhnlich sind die extrem schlanken Säulen, die sich mit ihrer Entasis (Schwellung des Säulenschafts) an antike Vorbilder anlehnen. Der architektonischen Besonderheit entsprach die herausgehobene liturgische Funktion. In der Bartholomäuskapelle wurden dem König zu Hochfesten vermutlich die Gewänder angelegt und die königlichen Insignien gereicht, um im Anschluss durch das große Westportal in den Dom einzuziehen. Dieses aufwendige Zeremoniell der Festkrönungen, auch als *Unter-der-Krone-gehen* bezeichnet, sollte die sakrale Legitimität des Königs sichtbar werden lassen.

Der Innenhof bildete also den Mittelpunkt der gesamten Anlage, den Ort der königlichen Zeremonien: Als repräsentative Rahmung boten sich die Pfalzaula mit ihrer Südseite und der Bischofspalast mit seiner Nordseite dar. Die Funktion Paderborns als Bischofsresidenz wird mit dem Bau des Bischofspalastes deutlich: Das Gebäude befand sich in erhöhter Position zur Königspfalz und war von größeren Dimensionen und aufwendiger Gestalt. Der Ausbau der Pfalz entsprach dem Wunsch Bischof Meinwerks nach häufigen Königsbesuchen, um seine Position in der Reichspolitik zu stärken.

Das Domkloster

Im nordöstlichen Bereich des Dombezirkes befand sich das Domkloster, bei dessen Um- und Ausbau auf bestehende, durch Bischof Rethar errichtete Bauteile zurückgegriffen werden konnte. Hier kamen bei Ausgrabungen im Jahre 1906 Überreste eines Kreuzgangs mit übereinanderliegenden Grundmauern zweier Kapellen zutage. Die jüngere obere Kapelle ist mit Sicherheit als Bau Bischof Meinwerks einzuordnen, der mit dieser Erneuerung die bestehenden Räume des Kreuzgangs nutzte. Im rechteckigen Hauptraum wurde ein Fußboden aus Kalkstein- und Schieferplatten freigelegt (Kat.Nr. 110), der die Zugehörigkeit der Kreuzgangkapelle zu den Bauten Bischof Meinwerks wahrscheinlich macht.

Für die Paderborner Domherren bestand seit dem 8. Jahrhundert eine Vita communis, eine klosterähnliche Lebensgemeinschaft. Sie lebten, arbeiteten und beteten gemeinsam im Domkloster. Diese Lebensform wurde im 11. Jahrhundert sukzessive aufgelöst, indem die Domherren begannen, in so genannten Domkurien getrennt voneinander zu wohnen. Hinweise darauf finden sich in den archäologischen Befunden, die sich auf Untersuchungen östlich des Domstifts stützen können. Dort konnten drei Steingebäude lokalisiert und in den Zeitraum vor 1133 datiert werden. Bei zwei Gebäuden handelt es sich um rechteckige Saalbauten in Ost-West-Ausrichtung, die mit hoher Wahrscheinlichkeit die frühen Kurien der Domherren sein dürften (Spiong 2008a). Das dritte Steingebäude weicht in seiner Konstruktion von diesen Saalbauten ab. Anhand von Keramikfunden ist es eher in die erste Hälfte des 11. Jahrhunderts zu datieren.

Das Raumkonzept in der Domburg

Nach dem Wiederaufbau unter Bischof Meinwerk umrahmten nun die weiter nördlich liegende Kaiserpfalz und der neue Bischofspalast einen größeren Platz, der sich ideal für repräsentative Zwecke der Kirche und des Königtums eignete (Abb. 3). Dieses Areal war durchgängig gepflastert. Mit der Domgrabung gelang der Nachweis, dass der Haupteingang des Meinwerkdomes ein großes Portal in der Westturmanlage war.

Die Abdinghofkirche

Neuere Ausgrabungen nördlich und westlich an der Abdinghofkirche (Spiong 2008b) zeigen, dass die heutige Kirche in ihren Ursprüngen bis in die zweite Hälfte des 11. Jahrhunderts zurückreicht (Kat.Nr. 112). Die Westmauer der Klosterkirche Bischof Meinwerks lag gut 1 Meter weiter westlich und wurde beim Neubau im fortgeschrittenen 11. Jahrhundert abgetragen. Im Westen lag eine Apsis mit zwei etwas davon abgerückten runden Treppentürmen. Die Existenz eines im Norden weit in den Hang hinunterreichenden, ausladenden Westquerhauses ist nach den neuen Forschungen sehr unwahrscheinlich. Unklar bleibt noch, ob eine 2 Meter dicke Mauer, die parallel zur heutigen Nordmauer verlief, die Nordmauer der meinwerkzeitlichen Klosterkirche war. Die Steine für die Klostergebäude wurden innerhalb der Abdinghofimmunität am Hang nördlich der Straße Schildern gebrochen. Hier lagen im 11. Jahrhundert kleinere Steinbrüche.

Das Busdorfstift

Das Chorherrenstift St. Petrus und Andreas, genannt Busdorfstift, wurde nach der *Vita Meinwerci* als östlicher Arm einer Paderborner Kirchenachse begonnen. Vorbild für die Stiftskirche war die Jerusalemer Grabeskirche. Abt Wino von Helmarshausen (um 1015–1036), ehemals Konventuale des Klosters Abdinghof, wurde 1033 ins Heilige Land geschickt mit der Aufgabe, Skizzen von der Heiliggrabrotunde anzufertigen, damit diese in Paderborn nachgebaut werden konnte. Meinwerk dürfte aber auch weitere existierende Nachahmungen dieses Baus gekannt haben wie zum Beispiel die Mauritiusrotunde in Konstanz, die 75 Jahre zuvor errichtet worden war. Als Meinwerk 1036 starb, war der Kirchenbau noch nicht abgeschlossen. Die wenige Tage vor seinem Tod erfolgte Weihe betraf vermutlich nur den Altar, nicht den kompletten Kirchenbau an sich (siehe den Beitrag von Weber).

1935 legte man die Fundamente des Gründungsbaus Bischof Meinwerks frei (Kat.Nr. 215). Dabei handelte es sich um Teile eines kreisförmigen Kernbaus von 13 Metern lichtem Durch-

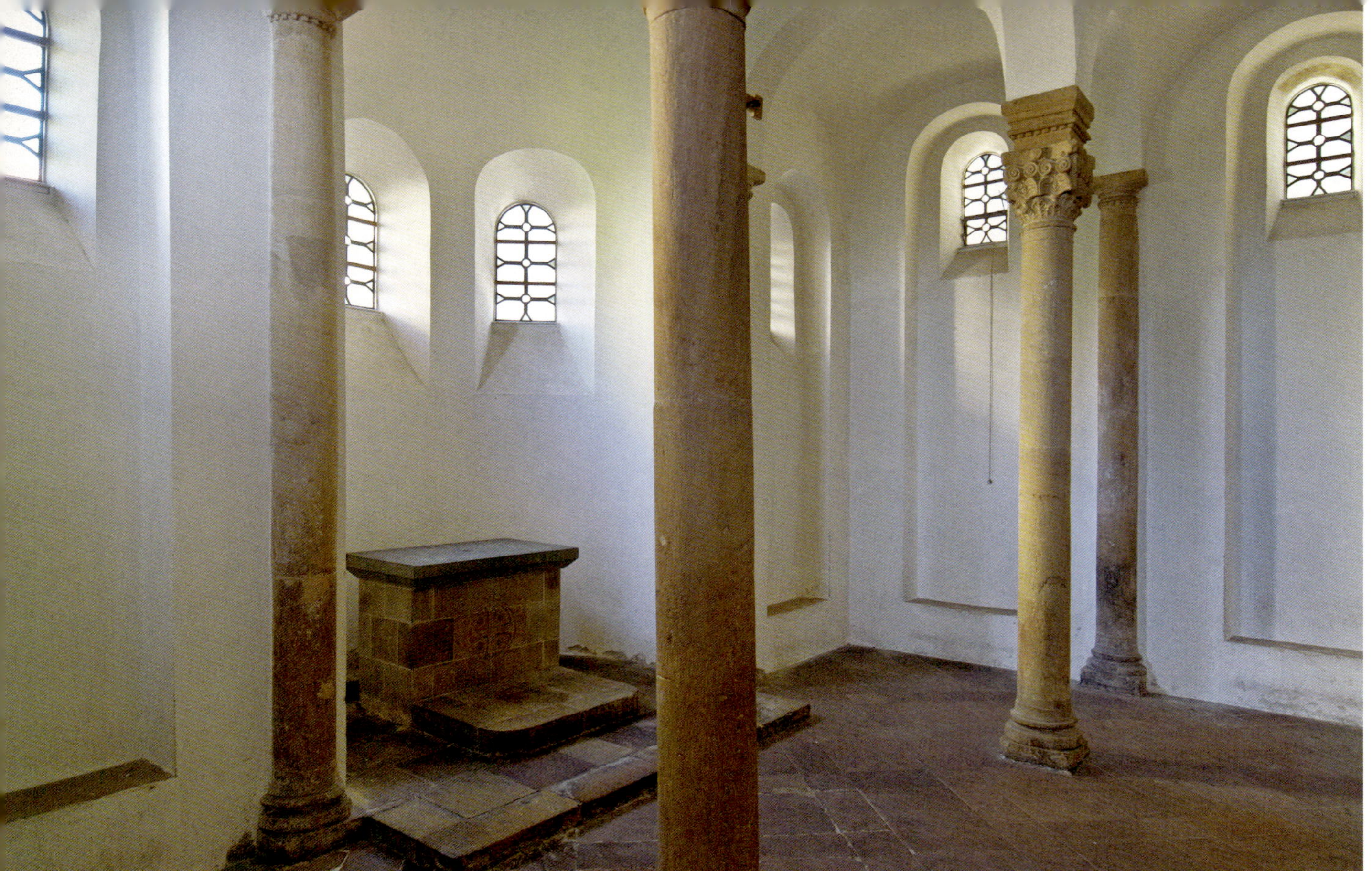

2 Paderborn, Innenansicht der Bartholomäuskapelle

messer, der nach den vier Himmelsrichtungen für Anbauten von quadratischem Grundriss unterbrochen war. Die vollständige Anfertigung dieser Nachahmung der Grabeskirche ist mit dem übernächsten Nachfolger Bischof Meinwerks in Verbindung zu bringen, mit Bischof Imad (1051–1076), der die unvollendet gebliebene Rotunde seines Onkels fertigstellte und 1068 weihte. Eine dendrochronologische Untersuchung bestätigt dies. Die Grundform wandelte Imad ab, indem er auf das runde Fundament ein Oktogon setzte. In dieser Form bestand die Kirche wahrscheinlich bis 1126, als die vergleichbare Rotunde mit denselben Proportionen auf dem Berg oberhalb des Klosters Helmarshausen, in der späteren Krukenburg, gebaut wurde (Kat.Nr. 234). Bauherr Bischof Heinrich II. von Werl (1084–1127) nahm damit deutlich Bezug auf Bischof Meinwerk und berief sich in den Auseinandersetzungen des Investiturstreits bewusst auf dessen Autorität.

Nördlich der Stiftskirche produzierten Handwerker für den Bedarf des Stiftes. Sie schmolzen Pech, bearbeiteten Metalle in mehreren Öfen und fertigten die Fenster für das Busdorfstift (Kat.Nr. 115a–b).

Die Siedlung westlich der Domburg

Inzwischen ist es möglich, die große Gewerbesiedlung westlich der Domburg in ihren Ausmaßen näher einzugrenzen: Sie erstreckte sich westlich der Warmen Pader und reichte im Süden nur knapp über die Westernstraße hinaus. Dieses Areal stimmt in etwa mit den Grenzen des 1231 nachgewiesenen Sprengels der Marktkirchenpfarre überein. Zwischen Königstraße und Warmer Pader konnten an verschiedenen Stellen für das 11. Jahrhundert eine deutliche Siedlungsverdichtung und eine rasche Bauabfolge nachgewiesen werden. Ein Bronzebarren und eine große Anzahl an Schmiedschlacke bezeugen hier tätige Metallhandwerker. Der Buntmetallbarren kann auch als Handelsprodukt mit dem Markt in Verbindung gebracht werden (Kat.Nr. 113). In einem eingetieften kleinen Gebäude konnten die Reste eines Webstuhls und Webgewichte ausgegraben werden (Kat.Nr. 114a).

Bei der Neubearbeitung einer Ausgrabung zwischen Marienstraße, Königstraße und Im Düstern ist für das 11. Jahrhundert ebenfalls eine deutliche Verdichtung der Bebauung festzustellen. Damals standen hier fünf Grubenhäuser. Ein Gebäude mit gemauerten Sockelmauern fällt deutlich aus dem Rahmen: Es ist das einzige Schwellbalken- beziehungsweise Fachwerkhaus Paderborns, das bisher für das 11. Jahrhundert außerhalb der Domburg nachgewiesen wurde. Die Bleifassungen für eine Fensterverglasung und Ziegelbodenplatten, Kupfererze und -schlacken, ein Schleifstein sowie das Bruchstück eines Gusstiegels zeigen, dass hier ein Handwerksbetrieb für die repräsentativen Großbauten Meinwerks oder dessen Nachfolger arbeitete (Kat.Nr. 111). Die Vermutung, dass sich im Westen der Siedlung bereits im 11. Jahrhundert

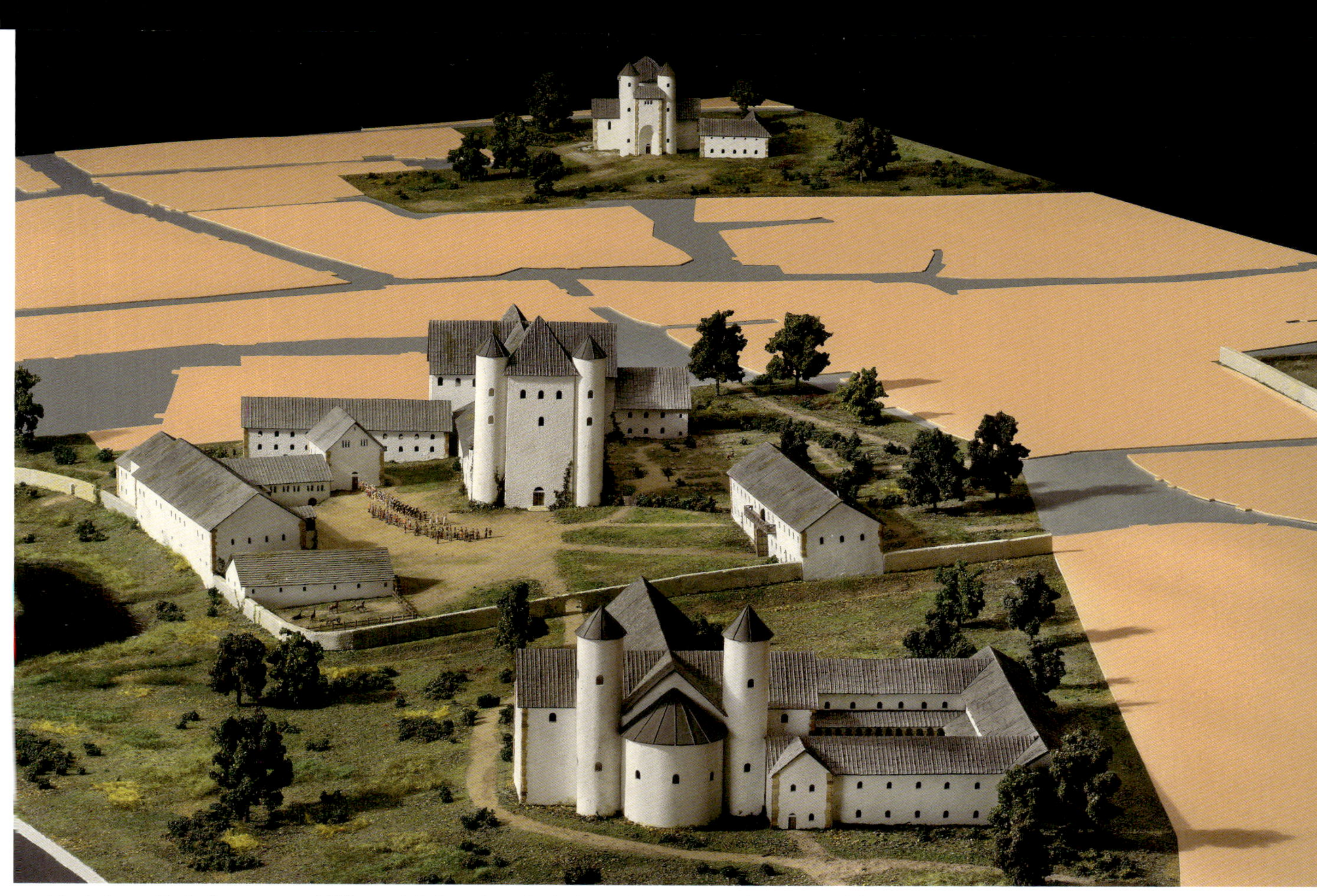

3 Modell von Paderborn, erste Hälfte 11. Jahrhundert. Paderborn, Museum in der Kaiserpfalz (Kat.Nr. 107)

ein Marktplatz anschloss, auf dem später das 1279 erstmals erwähnte Rathaus errichtet wurde, kann nicht durch archäologische Befunde gestützt werden.

Die polyzentrische Stadt des 11. Jahrhunderts

Das anhand neuer Ausgrabungsergebnisse aktualisierte Bild von Paderborn im 11. Jahrhundert zeigt deutlich voneinander getrennte Siedlungsbereiche mit unterschiedlichem Charakter. Die einzelnen Elemente dieser polyzentrischen Stadt waren miteinander in einem Netz aus Beziehungen verbunden, wobei das neu gegründete Kloster Abdinghof, das Busdorfstift und die Marktstraße separate Kristallisations- und Bezugspunkte für das sich ansiedelnde Gewerbe bildeten. Außerhalb der Domburg gab es keine Befestigungen, die größere Teilbereiche der späteren Altstadt durch Wall, Graben oder Mauer schützten. Paderborn hatte im 11. Jahrhundert kein fest umrissenes Stadtgebiet, sondern bestand vielmehr aus einem eng vernetzten Konglomerat mehrerer Zentren, deren Bedeutung weit in das Umland hineinreichte.

Quellen

Vita Meinwerci 1921 · Vita Meinwerci 2001.

Literatur

Balzer 1982 · Balzer 1999 · Bannasch 1972 · Brandt/Hengst 1986a · Fuchs 1936a · Fuchs 1936b · Gai/Mecke 2004 · Gai u.a. 2006 · Gai 2007 · Gai 2008 · Gai 2009 · Honselmann 1936a · Hoppe 1975 · Kosch 2006 · Lobbedey 1986a · Lobbedey 1986b · Mietke 1991 · Ortmann 1961 · Ortmann 1962 · Spiong 2008a · Spiong 2008b · Spiong 2008c · Spiong 2008d · Spiong 2008e · Spiong 2008f · Spiong/Wemhoff 2006 · Thümmler 1965 · Winkelmann 1970/1990.

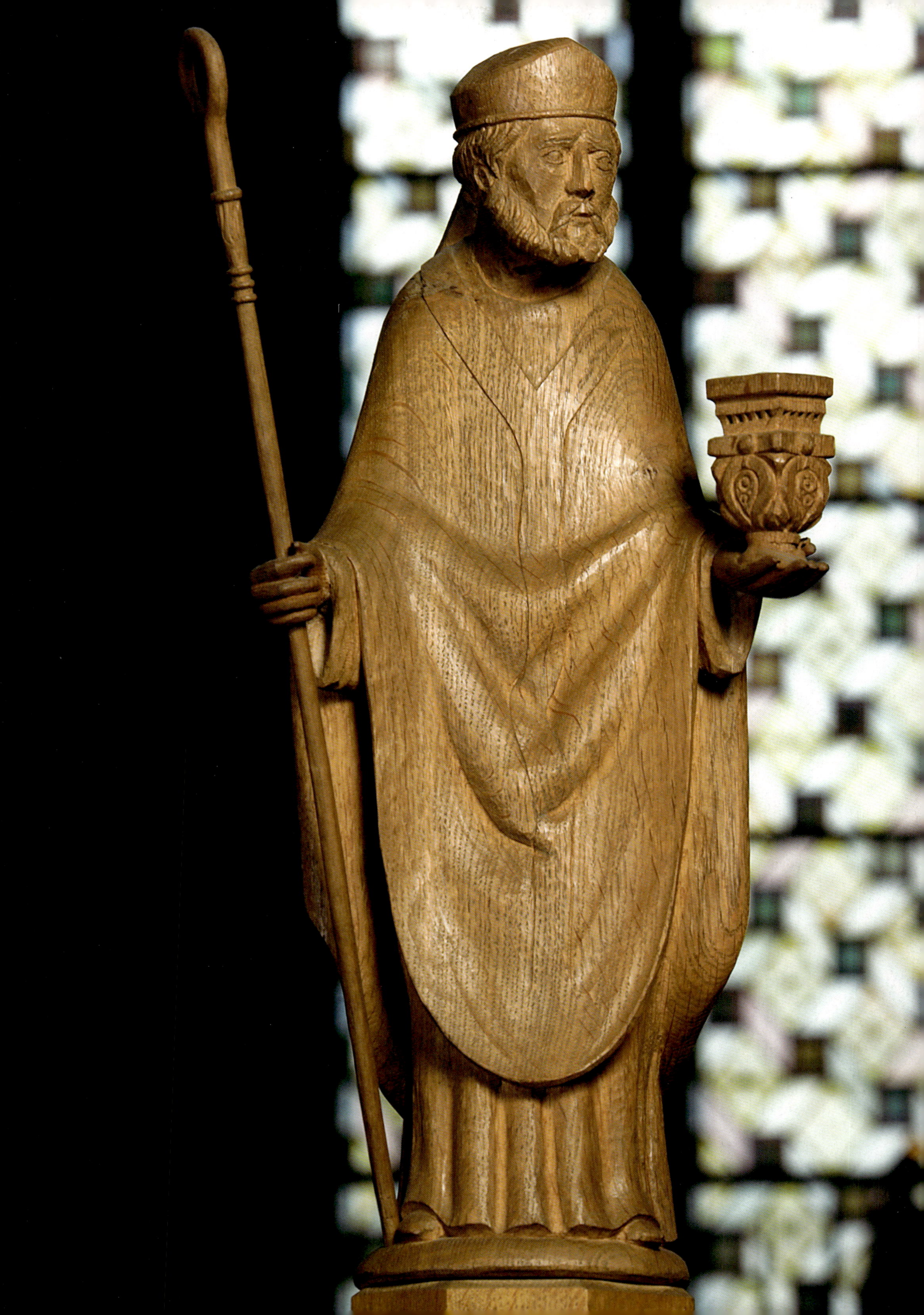

Vorbild und Verehrung

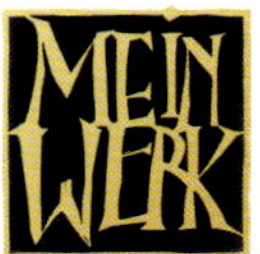

Das Leben Bischof Meinwerks

Anlass und Überlieferung der *Vita Meinwerci*

Guido M. Berndt

Jede Beschäftigung mit Bischof Meinwerk von Paderborn (1009–1036) hat ihren Ausgang von seiner Lebensbeschreibung, der am Anfang der zweiten Hälfte des 12. Jahrhunderts entstandenen, anonym überlieferten *Vita Meinwerci episcopi Patherbrunnensis*, zu nehmen. Sie ist, von einigen wenigen urkundlichen und noch weit weniger chronikalen Überlieferungen abgesehen, die einzige Quelle, an die wir Fragen zu Leben und Wirken des zehnten Paderborner Bischofs stellen können. Für den Historiker ist der Umstand, dass er kaum eine Parallelüberlieferung zu Rate ziehen kann, natürlich ein insgesamt wenig befriedigender Befund. Und hinzu kommt: Wie realitätsnah kann ein Bericht sein, der erst etwa 130 Jahre nach dem Tode seines Helden geschrieben wurde?

Jeder Versuch, sich aus geschichtswissenschaftlicher Perspektive Meinwerk biographisch anzunähern, hat diese zeitliche Diskrepanz zwischen Handlungs- und Aufzeichnungszeitraum zu berücksichtigen. Insbesondere eine sich in jener Umbruchszeit des Investiturstreits am Ende des 11. Jahrhunderts und zu Beginn des 12. Jahrhunderts verändernde Anschauung der geltenden Werte und Normen sowie der Erwartungen, die an einen geistlichen Oberhirten gestellt wurden, dürfte dafür ausschlaggebend sein, dass das in der Vita gezeichnete Bild, und demzufolge auch unser heutiger Blick auf Meinwerk, einigen Brechungen unterliegt. Abgesehen davon sind die Erwartungen, die man heute an eine Biographie stellt, natürlich ganz andere als jene, die vielleicht zur Abfassungszeit der *Vita Meinwerci* gegolten haben mögen. Diese in ihrer Form einzigartige Bischofsvita ist in lediglich drei mittelalterlichen Handschriften überliefert, hat also im Vergleich zu anderen Bischofsviten der ottonisch-salischen Zeit (so etwa der um 1000 verfassten ersten Vita Adalberts von Prag (983–997), die in 40 Handschriften erhalten ist) keine sonderlich weite Verbreitung gefunden. Im Bistum Paderborn hingegen war und ist die Erinnerung an seinen zehnten Bischof und die damit einhergehende Erinnerungskultur stark ausgeprägt. Ihren Anfang nahm die *memoria* Meinwerks bereits unter seinem Nachfolger Rotho (1036–1051). Dieser hatte am Grab seines Amtsvorgängers ein »ewiges Licht« entzünden lassen.

Nicht nur der Mensch Meinwerk, sondern auch die *Vita Meinwerci* hat ihre eigene Geschichte; beide sollen in diesem Beitrag nachgezeichnet werden. Beginnen wir mit einer Kurzbiographie des Protagonisten: Geboren wohl im Jahr 975, entstammte Meinwerk sowohl väterlicherseits als auch mütterlicherseits dem Adel und war, laut *Vita Meinwerci* sogar königlicher Herkunft (Abb. 1). Sein Vater war der sächsische Graf Imad († 983), seine Mutter die Hamaländer Gräfin Adela († vor 1028). Für ihn als Zweitgeborenen hatten seine Eltern eine geistliche Karriere vorgesehen und ihn bereits im Knabenalter an die Domschule Halberstadt gegeben. Seine Ausbildung wurde in Hildesheim fortgesetzt, wo er einer glaubwürdigen Überlieferung zufolge mit Heinrich II., dem späteren König und Kaiser (1002–1024), die Schulbank gedrückt haben soll. Bestens auf eine geistlich-kirchliche Laufbahn vorbereitet, wurde Meinwerk in den 990er Jahren von Otto III. (983–1002) in die Hofkapelle berufen und dort zum Kapellan und nur wenig später zu einem der sieben Aachener Kardinaldiakone des dortigen Pfalzstiftes befördert. Nach dem frühen und unerwarteten Tod Ottos im Jahre 1002 blieb Meinwerk zunächst im unmittelbaren königlichen Dienst. Immer vertrauter scheint das Verhältnis zwischen ihm und seinem vielleicht einstigen Schulkameraden geworden zu sein, so dass Meinwerk, als er das kanonische Alter von 30 Jahren überschritten hatte, von Heinrich für ein höheres Amt ausgewählt werden konnte. Mit dem Tod des Paderborner Oberhirten Rethar (983–1009) am 6. März 1009 ergab sich, nachdem Meinwerk bei den vorangegangenen Neubesetzungen der (Erz-)Bistümer Trier, Bamberg, Lüttich und Havelberg nicht berücksichtigt worden war, in diesem sächsischen Bistum die Gelegenheit, ein solches Vorhaben zu realisieren. Nur drei Tage nach Rethars Ableben wurde Meinwerk auf einer Versammlung, die zur Fastenzeit vermutlich in Goslar tagte, von König Heinrich II. zum Paderborner Bischof bestimmt und am 13. März vom zuständigen Metropoliten, dem Mainzer Erzbischof Willigis (975–1011), geweiht. Kurze Zeit später wurde der Erhebungsvorgang in Paderborn mit einem feierlichen Einzug in die Stadt und der Inthronisation auf dem Bischofssitz in der Kathedralkirche abgeschlossen. In den beinahe drei Jahrzehnten, die Meinwerk dem Paderborner Bistum vorstand, gelang es ihm, von Königen, Herzögen und Grafen, von Klerikern und Nonnen sowie von vielen anderen Menschen entscheidende Zuwendungen für seine Stadt und sein Bistum zu erlangen. Nicht zuletzt deshalb verfügte er über die Mittel, das Stadtbild durch ein umfangreiches Bauensemble von Grund auf neu zu gestalten (siehe den Beitrag von Gai/Spiong). Den Herrschaftswechsel von Kaiser Heinrich II. zu König Konrad II. (1024–1039) im Jahre 1024 hat Meinwerk, nach anfänglichen Schwierigkeiten, überstanden und dem Letztgenannten in der Folgezeit wichtige Dienste geleistet (siehe den Beitrag von Erkens). Was hier in nur ganz groben Strichen über den Paderborner Bischof zusammengetragen ist, lässt sich hauptsächlich aus der *Vita Meinwerci* ermitteln. Dieser Text ist es, der unser Wissen und Bild von Meinwerk maßgeblich prägt und sicherlich großen Anteil an seiner Bekanntheit bis auf den heutigen Tag hat.

Gegenbilder?

Zweifelsohne war Meinwerk eine bemerkenswerte Persönlichkeit der ottonisch-salischen Epoche. Und doch: Meinwerk war und ist kein Heiliger. Diese Aussage ist wohl im einfachen wie im übertragenen Wortsinn zutreffend. Er ist nicht in die Reihe der Heiligen der christlichen Kirche aufgenommen worden. Er hat auch – zumindest wenn man den Darstellungen der historischen Quellen folgt – nicht immer das Leben eines Heiligen geführt, selbst wenn sein Biograph an vielen Stellen darauf verweist, dass Meinwerk gerade wegen seines Lebenswandels als Vorbild für alle zu gelten habe. So heißt es etwa im Schlusskapitel der Vita: »Seht den lobenswerten Mann, den Tüchtigen, in allem nachahmenswert. In dem der Mönch findet, was er bewundert, Kleriker und Laien, was sie nachahmen, jede gläubige Seele schließlich, was sie verehren kann.« (Vita Meinwerci 2009, cap. 218). Seiner Vita lag jedenfalls keine Kanonisationsabsicht zugrunde. Das Verhalten des Bischofs ist, zumindest in den posthumen Schilderungen seiner Biographie, wohl am ehesten als ambivalent zu bezeichnen. Es finden sich gleich mehrere Schilderungen, die das »Idealbild« eines Bischofs, wie es sich aus anderen zeitgenössischen Viten ergibt, trüben. Dafür seien drei besonders eindrückliche Beispiele angeführt:

Als Bischof Meinwerk zwischen 1016 und 1018 auf Einladung des Grafen Dodiko († 1020) zum Fest des Apostels Andreas in Warburg auf dessen Burg zu Gast war, war dort auch der Wanderprediger Heimerad aus Schwaben († 1019) zugegen, ein beim Volke außerordentlich beliebter Mann. Allein schon durch die Schäbigkeit seiner Kleidung dürfte er einen gewissen Kontrapunkt zum Paderborner Kirchenfürsten dargestellt haben. Der Verfasser der *Vita Meinwerci* schildert nun die Spannungen dieser Begegnung. Sich an der Festtafel gegenübersitzend »fragte der Bischof aufgeregt, was denn ein Mann von solcher Klugheit – womit er freilich sich selbst meinte – in der Gegenwart und Gemeinschaft eines solchen Menschen zu bedeuten habe; er nannte ihn, sich mit vielen Beleidigungen gegen ihn ereifernd, einen Wahnsinnigen und Abtrünnigen. Während nun der heilige Heimerad um der Liebe Gottes willen dies alles geduldig und schweigend ertrug, erwiderte der Graf, er habe nicht gewusst, dass der Bischof irgendeinen Streit mit jenem gehabt habe«. Die Auseinandersetzung nimmt einen für alle Beteiligten unerfreulichen Verlauf. Meinwerk lässt in ihrer Folge nicht nur die abgenutzten liturgischen Bücher Heimerads verbrennen, sondern diesen auch verprügeln. Schließlich verlangt der Paderborner Bischof, dass der arme Priester am kommenden Tage in der Messe singen solle, um so seine »Heiligkeit« unter Beweis zu stellen. Diese Forderung unterstreicht der Bischof durch Androhung weiterer Prügel. Erst als Heimerad im Gottesdienst »so feierlich und wohlklingend [sang], dass alle, die dabei waren, sich wunderten und sagten, sie hätten noch nie aus irgend eines Menschen Munde einen lieblicheren Gesang gehört«, beruhigte sich Meinwerk, ließ von seinem aggressiven Verhalten ihm gegenüber ab und bot Heimerad schließlich gar die Freundschaft an (Vita Meinwerci 2009, cap. 13).

Die zweite Geschichte schildert, wie Bischof Meinwerk eines Tages im Zuge einer »Visitation« durch sein Bistum nach Nieheim (nördlich von Bad Driburg) reist: Dort »fand er einen Garten zugewachsen mit Brennnesseln, Senfkohl und anderem Unkraut, abgesehen von einer kleinen Fläche in der Mitte. Sogleich befahl er, der Frau des Gutsverwalters die aufwendigen Kleider wegzunehmen und sie so lange durch den ganzen Garten zu schleifen, bis das Unkraut, das schon in die Höhe geschossen war, dem Erdboden gleichgemacht wäre. Dann tröstete er die Frau, die sehr bestürzt war, mit seinen gewohnten aufmunternden Worten und heiterte sie mit üblicher Freigebigkeit auf.« (Vita Meinwerci 2009, cap. 145).

Die dritte Episode spielt sich anlässlich eines Besuches Heinrichs II. in Paderborn ab. Nachdem der Kaiser ein Messbuch durch Radierungen von einzelnen Buchstaben so verändert hatte, dass Meinwerk aus Unachtsamkeit für Maulesel und Mauleselinnen anstatt für die verstorbenen Eltern des Kaisers gebetet hatte, trägt sich in der Darstellung des Vitenverfassers folgende Szene zu, die durch die Verwendung von wörtlicher Rede als Stilmittel noch an Dramatik gewinnt: Nach der Messe verspottete der Kaiser den Bischof: »›Ich habe dich‹, sagte er, ›gebeten eine Messe für meinen Vater und meine Mutter, nicht aber für meine Maulesel und Mauleselinnen zu feiern.‹ Jener aber entgegnete ihm: ›Bei der Mutter des Herrn, du hast mich in gewohnter Weise erneut verspottet, und zwar nicht auf beliebige Weise, sondern im Dienst für unseren Gott. Dessen werde ich Rächer sein, prophezeit mein Richter, denn das ihm Angetane wird nicht ungestraft bleiben.‹ Nachdem er auf der Stelle die Kanoniker in den Kapitelsaal der Domkirche zusammengerufen hatte, ließ er den kaiserlichen Kapellan, der von der Sache gewusst

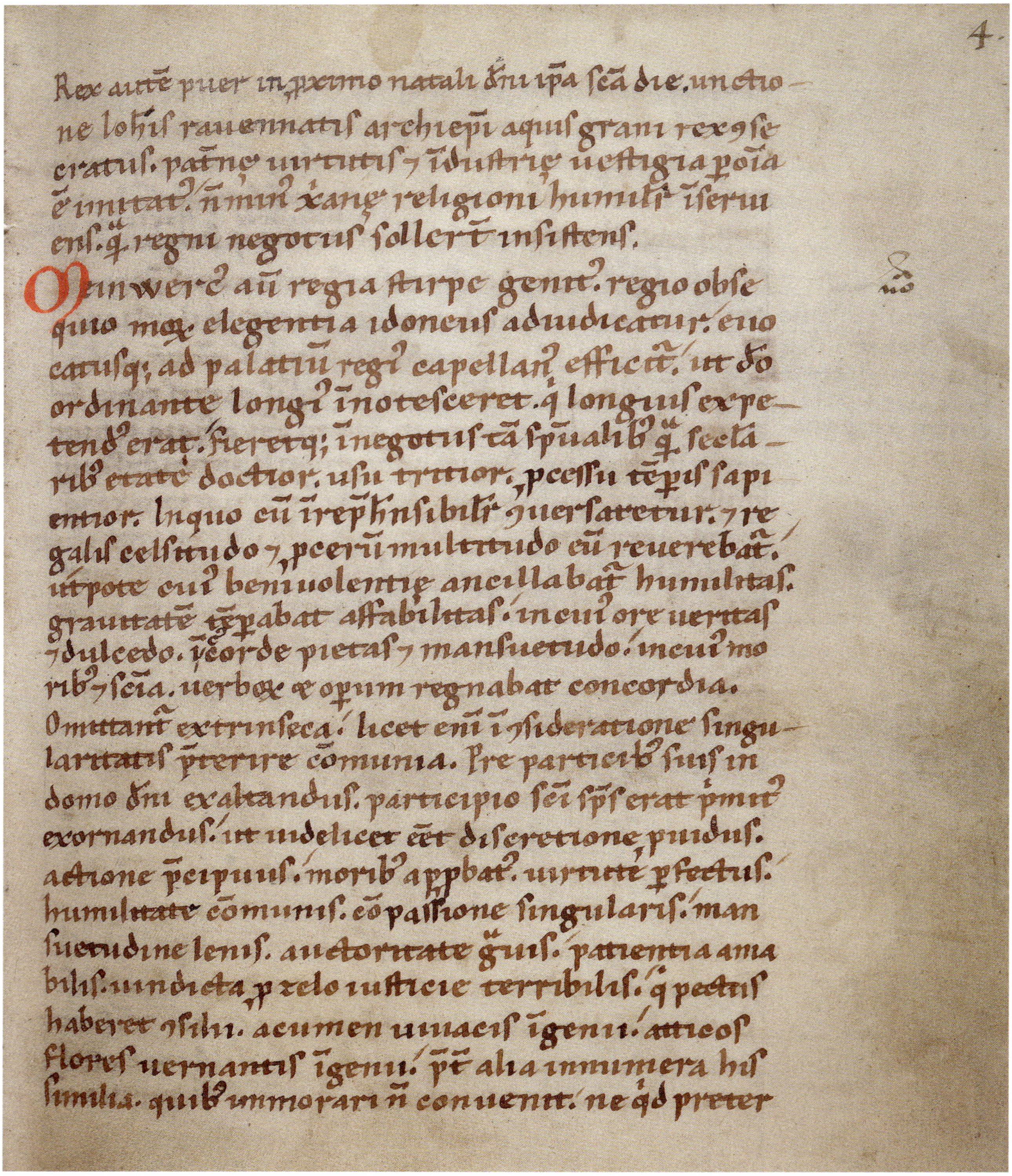

1 *Vita Meinwerci;* Paderborn, Kloster Abdinghof, zweite Hälfte 12. Jahrhundert. Kassel, Universitätsbibliothek Kassel, Landesbibliothek und Murhardsche Bibliothek der Stadt, Codex 4° Ms. hist. 12, fol. 4r (Kat.Nr. 124)

hatte, aufs härteste mit Schlägen züchtigen und schickte ihn nach der Züchtigung mit neuen Gewändern eingekleidet, zum Kaiser zurück, damit er berichte, was geschehen war.« (Vita Meinwerci 2009, cap. 183).

Sicher handelt es sich bei dieser letzten Episode um eine literarische Fiktion, eine Schreibstubenanekdote, welche zur Erheiterung der Leser erdacht worden ist. Heinrich II., getrieben von einer gesteigerten Endzeiterwartung, die sich in einer mitunter übermäßigen Frömmigkeit ausdrückte, hätte sich wohl nie an einem Messbuch zu schaffen gemacht. Erneut beschreibt der Verfasser der *Vita Meinwerci* den Bischof als jähzornigen, ja geradezu rachsüchtigen Mann, der sich dem Gebot der christlichen Nächstenliebe auf eklatante Art und Weise widersetzt, wenn er auch immer wieder einlenkt, indem er – wie im ersten Beispiel – dem Geschädigten die Freundschaft anbietet, im zweiten Beispiel der gedemütigten Frau etwas Gutes tut und Trost spendet und im dritten Beispiel den Geprügelten neu einkleiden lässt. Ebenso missachtete der Bischof das vierte der Zehn Gebote, indem er seine Mutter Adela mehr als einmal insbesondere wegen besitzrechtlicher Fragen attackierte (siehe den Beitrag von Balzer: *Vornehm*). Um diese zu diskreditieren, wurde gar ein Gerücht in die Welt gesetzt, demzufolge Adela ihren eigenen Sohn Dietrich († um 1018), also Meinwerks älteren Bruder, habe ermorden lassen. Dennoch hebt der Biograph hervor, Meinwerk habe »glücklich die Zehn Gebote erfüllt« (Vita Meinwerci 2009, cap. 1). Sein oftmals schroffes Verhalten anderen gegenüber habe Meinwerk häufig im Nachhinein bereut. Doch sah sich ein (anonymer) Abdinghofer Mönch noch im 15. Jahrhundert veranlasst, eine kurze Rechtfertigungsschrift über den Klostergründer zu schreiben. Wieso aber wird Meinwerk, der »verehrungswürdige Bischof«, wie die Vita nicht müde wird zu betonen, in dieser Art und Weise geschildert? Und das in einem Text, in dem explizit dazu aufgerufen wird, die »Verkündung seines Ruhmes und seiner Verdienste möge mit anderen und vor anderen die Kirche übernehmen und Liebe und Verehrung für denjenigen weiterpflegen, für dessen Ehre und Gedeihen sich jener eingesetzt hat. Dies also soll man wahrhaftig der Nachwelt berichten und die Gläubigen durch das Beispiel der Vorfahren anregen, so dass diejenigen, die den Gipfel der Tugend zu erreichen suchen, die Stufen des so überaus glücklichen Aufstieges erkennen können.« (Vita Meinwerci 2009, cap. 1). Um diese Frage zumindest ansatzweise beantworten zu können, ist es notwendig, sich mit den Umständen der Entstehung des Vitentextes zu befassen. Was kann man dabei als gesichert ansehen, was wahrscheinlich machen und was fällt in den Bereich der Spekulation? Wenden wir uns zunächst der Frage zu, von wem, wann und wo die *Vita Meinwerci* geschrieben worden ist.

Geschichte der *Vita Meinwerci*

Die *Vita Meinwerci* ist in vielerlei Hinsicht einzigartig, werden in diesem Werk doch die Grenzen des mittelalterlichen Vitengenres weit überschritten. Tatsächlich erweist sich der Text als eine geschickte Zusammensetzung aus verschiedenen Elementen: Er vereint Biographisches und Historiographisches, zeigt Charakterzüge eines Erbauungsbuches, dient zudem in gewisser Weise auch als ein Kopialbuch und Güterverzeichnis der Paderborner Kirche sowie als Gründungsbericht des Klosters St. Petrus und Paulus, genannt Abdinghof. Wollte man die Vita einer bestimmten Textgattung zuordnen, stieße man schnell an die Grenzen der Strapazierfähigkeit solcher Zuschreibungskategorien. Es handelt sich also im besten Sinne um ein *opus mixtum*. Überraschenderweise fehlen dem Text weitestgehend die sonst vitentypischen hagiographischen Elemente.

Nun zum Verfasser: die Frage, wer die *Vita Meinwerci* geschrieben hat, beschäftigte die Forschung über einen langen Zeitraum. Georg Joseph Bessen († 1820) vertrat als erster Autor einer modernen Paderborner Stadtgeschichte und ausgewiesener Kenner der historischen Überlieferung die Auffassung, dass das Werk aus der Feder des Abdinghofer Abtes Gumbert (1093–1114) stamme. In der Ausgabe von Georg Heinrich Pertz in den *Scriptores*-Bänden der *Monumenta Germaniae Historica* (1854) wurde diese Zuweisung und Datierung aber wegen fehlender Beweise verworfen. Johann Bernhard Greve, der sich umfassend mit der Geschichte des Benediktinerklosters Abdinghof beschäftigt hatte, kam am Ende des 19. Jahrhunderts zu folgender Einschätzung: »Die Veranlassung zur Abfassung der V. M. gab ohne Zweifel der Paderborner Bischof Bernhard I. [...]. Da unternahm es ein Mönch in Paderborn, das Leben und die Thaten Meinwerks zu schreiben«. Weiterhin bedauerte er den Umstand, dass »uns der Name dieses so fleißigen, unermüdlichen Biographen nicht aufbewahrt ist« (Greve 1894, S. 53). Während es sich Franz Tenckhoff, sicherlich seinerzeit der beste Kenner der Vita, noch versagte, allzu hypothetische Gedanken zur Verfasserfrage zu veröffentlichen, konnte sich Klemens Honselmann offenkundig nicht mit dem Umstand zufrieden geben, den Verfasser nicht namentlich bestimmen zu können. Er suchte und fand einen Weg, die *Vita Meinwerci* nicht nur aus der Anonymität irgendeines schreibenden Mönches des Klosters Abdinghof zu befreien, sondern er postulierte den Klostervorsteher, Abt Konrad I. (1142–1173), selbst als Verfasser. Ausgehend von den Untersuchungen Roger Wilmans, Johannes Bauermanns und seinen eigenen Studien identifizierte er den Schreiber der *Vita Meinwerci* aufgrund stilistischer Ähnlichkeiten zwischen den der Gründungsurkunde für das Benediktinerinnenkloster Willebadessen (ausgestellt 1149) und der *Vita Meinwerci* zugrunde liegenden Diktaten mit Abt Konrad, der nachweislich bis 1173 in Abdinghof wirkte. Diesen geistreichen Überlegungen ist die Forschung nahezu einhellig gefolgt. So pflichtete auch Hermann Bannasch bei, der darüber hinaus eine innere Übereinstimmung zwischen dem Abt und dem Verfasser, nämlich seine vorgebliche Freude an »Fälschungen aus Frömmigkeit« feststellen mochte. Es ist allerdings nicht möglich, einen der verschiedenen Schreiber der so genannten Abdinghofer Urkundenfälschungen paläographisch mit dem Verfasser der *Vita Meinwerci* gleichzusetzen. Man mag freilich ein gewisses Verständnis für all die gelehrten Bemühungen aufbringen, einen für die Paderborner Stadt- und Bistumsgeschichte so bedeutenden Text mit einem Verfassernamen zu versehen. Aus der Perspektive der modernen Forschung ist aber ein anonym überlieferter Text gegenüber einem Text, dessen Verfasser bekannt ist, keineswegs zweitrangig. Festzuhalten ist: Abt Konrad von Abdinghof als Autor der *Vita Meinwerci* zu identifizieren, bleibt eine letztlich bislang nicht belegbare Hypothese. Keine der drei Handschriften liefert einen Hinweis auf den Verfasser.

Sicherer ist hingegen die Bestimmung ihres Entstehungsortes. Die *Vita Meinwerci* ist mit einiger Wahrscheinlichkeit im Skriptorium des Klosters Abdinghof in Paderborn geschrieben worden. Nach Max Manitius war Abdinghof damals das »Lieblingskloster« des Paderborner Bischofs. Zudem befand sich die Grablege des Stifters von seinem Tode im Jahr 1036 bis 1376 in der Krypta der Klosterkirche, so dass eine besondere Verehrung des Gründers auch mittels einer Vita hier am ehesten zu erwarten ist. Zudem hatte der Bischof selbst eine Schreibschule in seiner benediktinischen Neugründung eingerichtet. Die Überlegung von Franz-Josef Schmale, dass die *Vita Meinwerci* »zumindest teilweise in Corvey geschrieben wurde, da es in Paderborn an den dazu notwendigen Büchern fehlte« (Annales Corbeienses maiores 1996, S. 23), ist hingegen durch nichts begründet. Hartmut Hoffmann hat jüngst die florierende Schreibstube des Klosters herausgestellt (Hoffmann 2006). Ausdrücklich hebt der Vitenverfasser hervor, dass in Abdinghof eine Klosterschule eingerichtet worden war, die zahlreichen Schülern, auch solchen, die der Paderborner Domschule zuzurechnen sind und zu deren berühmtesten neben dem späteren Paderborner Bischof Imad (1051–1076) auch Friedrich von Münster (1064–1084) sowie Altmann von Passau (1065–1091, in Paderborn wohl um 1025) gehörten, offenstand. Aus dem mit dieser Schule in engem Zusammenhang stehenden Skriptorium sind einige Handschriften bekannt. Die Tatsache, dass die drei bekannten Textzeugen der *Vita Meinwerci* nachweislich im Abdinghofkloster aufbewahrt wurden – dass sich keines der drei Manuskripte heute in Paderborn befindet, ist eine Folge neuzeitlicher Entwicklungen –, kann ein weiteres Argument dafür sein, auch den Entstehungsort ebendort zu vermuten.

Kommen wir auf dieser Basis nun zu einigen Überlegungen zum Entstehungsanlass der *Vita Meinwerci*: Offenkundig bestand um die Mitte des 12. Jahrhunderts ein gesteigertes Bedürfnis, die Erinnerung an den Klostergründer und Bischof Meinwerk festzuschreiben. Vorrangig zu diesem Zwecke dürfte das Abdinghofer Skriptorium aktiv geworden sei. Aber auf wessen Veranlassung? Vergegenwärtigt man sich, dass die *Vita Meinwerci* eben nicht nur eine Biographie des Bischofs ist, sondern in weiten Teilen als Traditionsbuch erscheint, so könnte darin ein Schlüssel zur Beantwortung liegen. Denn die nicht immer harmonisch in das Textkorpus eingefügten Traditionskapitel bezeugen Güterübertragungen an die »ecclesia Paderbornensis«, die Paderborner Kirche, nicht an das Benediktinerkloster St. Petrus und Paulus. In zahlreichen Übertragungsberichten wird die Mutter Gottes, Hauptpatronin des Doms noch vor Kilian und Liborius, als Empfängerin der Stiftungen genannt. Welches Interesse könnte ein Abdinghofer Geistlicher der Mitte des 12. Jahrhunderts an Dutzenden Güterübertragungen an die Domkirche gehabt haben? Warum hätte er sie in so hoher Zahl verzeichnen sollen? Ein späterer Benutzer des Kasseler Exemplars (Kat.Nr. 124) sah sich immerhin veranlasst, in einer Randnotiz darauf hinzuweisen, dass an der Stelle, an der der Verfasser mit der Aufzählung der Übertragungen beginnt, die »ermüdenden Kapitel« zu lesen seien, die man doch geflissentlich überblättern könne. Die Abschriften aus Trier (Kat.Nr. 125) und Brüssel (Kat.Nr. 126) verzichten im Übrigen gänzlich darauf.

Zu spekulieren wäre, ob es sich bei der *Vita Meinwerci* nicht um einen Text handeln könnte, der im Auftrage des Paderborner Bischofs entstand, wie es bereits Greve vermutet hatte. Die für die bischöfliche Territorialpolitik gerade in der Auseinandersetzung mit der Kölner Erzdiözese nicht unerheblichen Güterübertragungen, die bis dahin weitgehend als mehr oder weniger formlose Traditionsnotizen vorlagen, wären durch Einbettung in einen »heiligen Rahmen«, eben die Schilderung von Meinwerks Leben, sanktioniert worden. Das Abdinghofer Skriptorium hatte nicht zuletzt durch den Einsatz des Abtes Hamuko (1115–1142), der im Kloster Helmarshausen an der Diemel ausgebildet worden war und auf vielfältige Weise mit Paderborn in Verbindung stand, im 12. Jahrhundert einen Aufschwung genommen. Zumindest dürften seine Kapazitäten die des Domskriptoriums übertroffen haben, so dass der Bischof diese Auftragsarbeit dorthin vergab. Dabei mochte zusätzlich eine Rolle gespielt haben, dass im Kloster die *memoria* Meinwerks besonders lebendig gehalten wurde, befand sich doch zu diesem Zeitpunkt auch seine Grablege in der Krypta der Klosterkirche. Aufgrund der auf paläographischen Erwägungen basierenden Datierung der *Vita Meinwerci* etwa in das dritte Viertel des 12. Jahrhunderts kämen, wollte man dieser Argumentation folgen, nur zwei Bischöfe infrage, nämlich zum einen der bereits genannte Bernhard von Oesede und zum anderen sein Nachfolger Evergis (1160–1178). Beide betrieben eine Territorialpolitik, durch die das spätere Paderborner Hochstift schrittweise in ein geschlossenes Herrschaftsgebiet umgewandelt werden sollte. Vorstufen einer solchen Politik sind im Wirken Meinwerks bereits deutlich erkennbar. Unter Bischof Bernhard sind besonders starke Bemü-

2 *Vita Meinwerci*, hg. v. Christoph Brouwer; Mainz 1616. Paderborn, Erzbischöfliche Akademische Bibliothek, Th. 2649, Titelblatt (Kat.Nr. 127)

SIDERA

ILLVSTRIVM

ET SANCTORVM

VIRORVM

QVI GERMANIAM PRÆSERTIM MAGNAM OLIM

GESTIS REBVS

ornarunt:

A NOCTE SVA RELVCENTES VINDICAVIT

VETERVM MSS. BENEFICIO

CHRISTOPHORVS BROWERVS

Societatis IESV presbyter.

ECCLES. XLIV.

Laudemus viros gloriosos & parentes nostros in generatione sua.

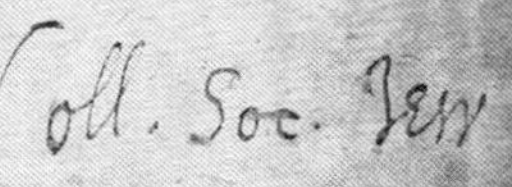

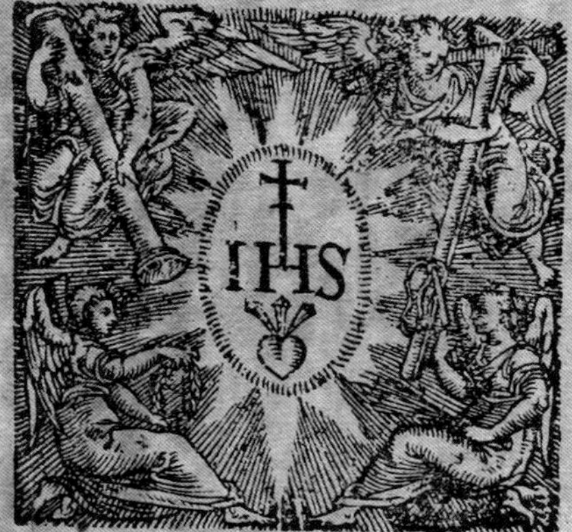

Cum Gratia & Priuilegio Sacr. Cæsar. Maiest.

MOGVNTIÆ,

Ex officina Typographica IOANNIS ALBINI.

M. DC. XVI.

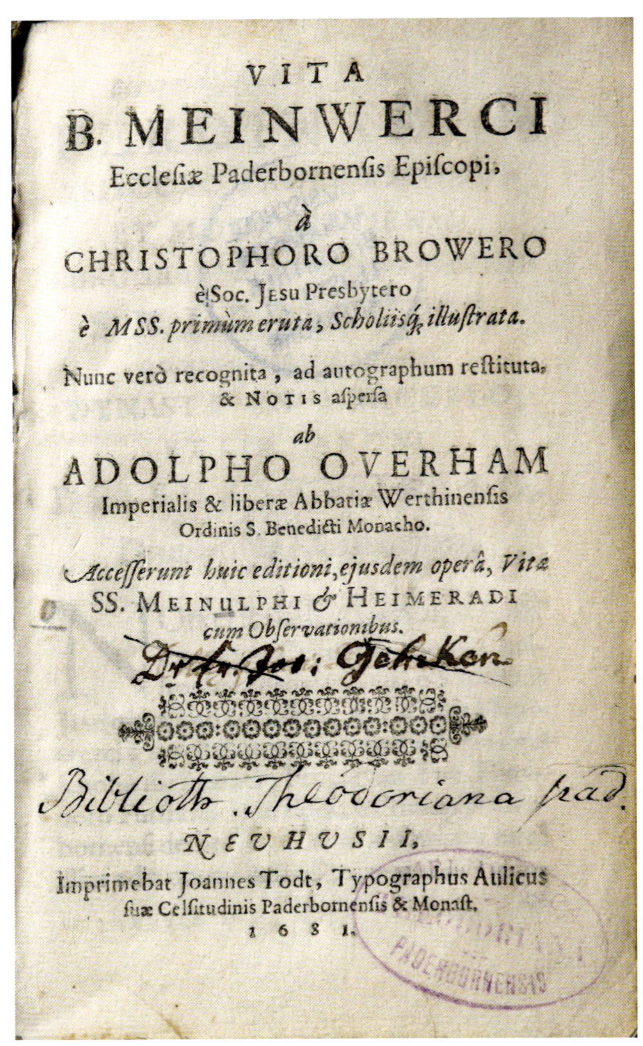

VITA
B. MEINWERCI
Ecclesiæ Paderbornensis Episcopi,
à
CHRISTOPHORO BROWERO
è Soc. Jesu Presbytero
è MSS. primùm eruta, Scholiisq; illustrata.
Nunc verò recognita, ad autographum restituta, & Notis aspersa
ab
ADOLPHO OVERHAM
Imperialis & liberæ Abbatiæ Werthinensis
Ordinis S. Benedicti Monacho.
Accesserunt huic editioni, ejusdem operâ, Vita SS. Meinulphi & Heimeradi
cum Observationibus.
NEUHUSII,
Imprimebat Joannes Todt, Typographus Aulicus
suæ Celsitudinis Paderbornensis & Monast.
1681.

3 *Vita Meinwerci;* hg. v. Adolph Overham; Neuhaus 1681. Paderborn, Erzbischöfliche Akademische Bibliothek, 35,200, Titelblatt (Kat.Nr. 128)

hungen festzustellen, das Bistum weiter auszubauen und durch die Gründung von neuen Klöstern zu durchdringen. So gründete er 1140 das Zisterzienserkloster Hardehausen, auf welches benediktinische Neugründungen in Gehrden und Willebadessen, Arolsen und Marienmünster folgten. Vielleicht sah Bernhard dabei im Handeln Meinwerks ein Vorbild für seine eigenen Bestrebungen um den Ausbau der Diözese zu einem geschlossenen Herrschaftsraum. Im Zuge der politischen Verwerfungen, die der rasante Aufstieg Heinrichs des Löwen (1142–1180 Herzog von Sachsen) mit sich brachte, scheint Bernhards Territorialpolitik gefährdet worden zu sein. Ähnlich wie bei seinem Amtsvorgänger Meinwerk zu Beginn des 11. Jahrhunderts war seine Positionierung durch das Bemühen um Kaisernähe gekennzeichnet, ja er kann als regelrechter Parteigänger des Kaisers Lothar von Süpplingenburg (1125–1137) gelten. Auch Gabriele Meier verweist auf den politischen Kontext der Entstehung der *Vita Meinwerci*. Sie deutete an, dass die Abfassung mit dem Aussterben der adligen Familie der Winzenburger zu Beginn der zweiten Hälfte des 12. Jahrhunderts zusammenhängen könnte (Meier 1987). Die Konfiskation des Erbes des ermordeten Grafen Hermann II. von Winzenburg († 1152), der seit 1123 Markgraf von Meißen und seit 1124/1129 Landgraf von Thüringen war, durch Heinrich den Löwen und dessen unverhohlene und auf Expansion zielende Territorialpolitik dürfte dem Paderborner Oberhirten nicht behagt haben. Die zu Beginn des 11. Jahrhunderts erworbenen Güter der Paderborner Kirche könnten bedroht gewesen sein, so dass das Recht auf den Zugriff auf diese erneut unter Beweis gestellt werden sollte. Es dürfte also kein Zufall sein, dass die *Vita Meinwerci* zu einem Zeitpunkt entstand, als diese Konflikte virulent wurden und den Machtbereich des Paderborner Bischofs einzuschränken drohten. Insbesondere im Süden der Paderborner Diözese bemühte sich Bernhard um eine Territorialpolitik, durch die die Grenzen und die darin liegenden Besitzungen gesichert werden sollten. Nach dem Sturz des Sachsenherzogs Heinrich verlagerte sich der Konflikt nach Westen. Dort erwuchs dem Paderborner Bischof mit Köln, das in den Besitz der westfälischen Herzogswürde gelangt war, ein neuer Gegner. Bernhards Nachfolger Evergis hatte in seinem langen Episkopat ebenfalls um die Stellung seines Bistums zu kämpfen. Gründe, in einer Bischofsvita umfassend über alte Besitzrechte der Paderborner Kirche zu berichten, gab es also reichlich. In diesem Sinne urteilt auch Gerd Althoff: »In den Abdinghofer Aktivitäten – bestehend aus der Herstellung von Siegelurkunden und der Abfassung der *Vita Meinwerci* – beobachten wir daher wohl eine nur in formaler Hinsicht ein wenig abweichende Variante der Bemühungen, sich durch die Verbindung von Traditionsbuch und Historiographie ein Instrument zur Verteidigung des Besitzes zu schaffen.« (Althoff 1988, S. 133). Tatsächlich kann so wahrscheinlich gemacht werden, dass die *Vita Meinwerci* vor allem tagespolitischen Bedürfnissen diente. Mit Hilfe der Vita konnte an die außergewöhnlich erfolgreiche Güterpolitik Meinwerks unter den Königen Heinrich II. und Konrad II. erinnert werden; vielleicht galt sie den Paderborner Bischöfen ab der Mitte des 12. Jahrhunderts sogar als Ansporn, es jenem gleichzutun.

Überlieferung der *Vita Meinwerci*

Die handschriftliche Überlieferung der *Vita Meinwerci* beruht auf lediglich drei mittelalterlichen Textzeugen, die heute in Kassel, Trier und Brüssel aufbewahrt werden. Keines der Manuskripte erlaubt eine exakte, auf das Jahr genau zu bestimmende Datierung. Während die Kasseler Handschrift wohl um 1160/1170 entstand, lässt sich für den Trierer Codex eine Entstehungszeit um 1300 und für das Brüsseler Exemplar um 1500 annehmen. Diese Datierungen basieren allein auf dem jeweiligen paläographischen Befund. Die *Vita Meinwerci* hat offenbar kaum überregionale Verbreitung gefunden. Nur in wenigen Werken finden sich Spuren ihrer Nutzung (siehe den Beitrag von Schmalor). So sind beispielsweise in der metrischen Version der *Vita Haimeradi* des Erinher, die auf der des Ekkebert von Hersfeld († um 1080) beruht, einige Passagen verarbeitet. Gobelinus Person († 1421), ein Paderborner Offizial und Kanoniker, der in Bielefeld wirkte, verfasste eine Schrift mit dem Titel *Cosmidromius* (*Weltenlauf*), für die er mehrere Kapitel der *Vita Meinwerci* verwendete. Und schließlich hat der jesuitische Historiker Nikolaus Schaten († 1676) umfangreiche Auszüge aus der *Vita Meinwerci* in seinem zweibändigen Werk der *Annales Paderbornenses* verwendet. Neben den genannten Werken, die in ganz unterschiedlicher Form aus der *Vita Meinwerci* schöpften, liegen verschiedene frühneuzeitliche Drucke vor. Bereits 1616 hatte der jesuitische Historiker Christoph Brouwer († 1617) die *Sidera illustrium et sanctorum virorum, qui Germaniam praesertim magnam olim gestis rebus ornarunt* (*Sterne berühmter und heiliger Männer, die Deutschland einst besonders durch ihre Taten geschmückt haben*) veranlasst (Abb. 2). Grundlage für den darin enthaltenen Text der *Vita Meinwerci* dürfte die Brüsseler Handschrift gewesen sein, da dieser Codex im Jahre 1612 vom Abt des Klosters Abdinghof an das Jesuitenkolleg zu Paderborn geschenkt worden war. Eine Abschrift der Brouwerschen Ausgabe besorgten im Jahre 1618 die Kölner Karthäuser für die dritte Ausgabe ihrer *Vitae Sanctorum*, jener unter Leitung von Laurentius Surius († 1578) angelegten Sammlung von Heiligenleben. Der am Hofe des Fürstbischofs Ferdinand von Fürstenberg (1661–1683) als Historiker tätige Werdener Benediktiner Adolph Overham († 1686), den Ferdinand übrigens zum Abt des Klosters Abdinghof wählen lassen wollte, was aber am Widerstand des Konvents scheitern sollte, hat 1681 eine vollständige Ausgabe vorgenommen und ausgiebig kommentiert (Abb. 3). Dem Band ist sowohl die mit der *Vita Meinwerci* im Kasseler Exemplar überlieferte *Vita Mainulfi* beigegeben als auch die *Vita Haimeradi*. Diese Ausgabe, welche die vorangegangenen an Qualität deutlich übertraf, ist für die bald darauf erfolgte Edition in den *Acta Sanctorum* allerdings nicht berücksichtigt worden (Kat.Nr. 129). Der Jesuit Daniel Papebroch († 1714) hatte vielmehr auf die ältere, unvollständigere Ausgabe Brouwers zurückgegriffen. Anders ging hingegen 1707 Gottfried Wilhelm Leibniz († 1716) für sein Werk *Scriptores rerum Brunsvicensium* vor, dem er die Version Overhams zugrunde legte. Leibniz sollte im Auftrag des Herzogs von Hannover die Geschichte des Herrschergeschlechtes der Welfen schreiben und hatte daher mit enormer Gründlichkeit nach verfügbaren Quellen gesucht. Zwei Editionen liegen schließlich seitens der *Monumenta Germaniae Historica* vor. 1854 besorgte Georg Heinrich Pertz die Ausgabe für die *Scriptores-in-Folio*-Reihe, bevor Franz Tenckhoff, damals Professor für Kirchengeschichte und Patrologie an der Philosophisch-Theologischen Akademie in Paderborn, im Jahr 1921 seine verdienstvolle Ausgabe für die *Scriptores Rerum Germanicarum in usum scholarum* vorlegte. Im Vergleich zur Pertzschen Ausgabe hatte er einige Kapitelumstellungen vorgenommen, nahezu alle Quellen der Vita herausgearbeitet sowie zahlreiche Namen und Orte identifiziert. Zum 1000-jährigen Jubiläum der Bischofseinsetzung Meinwerks liegt nun erstmals eine zweisprachige und mit einem umfangreichen historischen Kommentar versehene Edition der *Vita Meinwerci* vor (Vita Meinwerci 2009).

Quellen

Annales Corbeienses maiores 1996 · Vita Meinwerci 1616 · Vita Meinwerci 1618 · Vita Meinwerci 1681 · Vita Meinwerci 1695 · Vita Meinwerci 1707 · Vita Meinwerci 1854 · Vita Meinwerci 1921 · Vita Meinwerci 2009.

Literatur

Althoff 1988 · Bannasch 1972 · Bannasch 1977 · Bauermann 1928 · Bessen 1820 · Greve 1894 · Haarländer 2000 · Hoffmann 2006 · Honselmann 1950 · Honselmann 1964 · Keller 2005 · Manitius 1911–1931, Bd. 3 · Meier 1987 · Tenckhoff 1920 · Wilmans 1876.

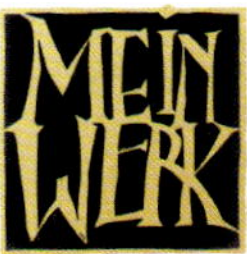

Seliger Bischof – heiliger Bischof

Die Meinwerkrezeption im Bistum Paderborn

Hermann-Josef Schmalor

Der zehnte Paderborner Bischof, Meinwerk (1009–1036), spielt nicht nur eine herausragende Rolle in der Reichspolitik seiner Zeit, sondern ebenso in der Geschichte des Bistums Paderborn. Hauptquelle für sein Leben stellt die *Vita Meinwerci* dar, die vielleicht von Konrad, dem Abt des von Meinwerk gegründeten Paderborner Abdinghofklosters (1142–1173), rund 130 Jahre nach dem Tod des Bischofs verfasst wurde (siehe den Beitrag von Berndt). Wenn hinter dem Verfasser der Vita Konrad vermutet werden darf, dürfte dessen Absicht vorwiegend apologetisch gewesen sein. Er wendet sich gegen die in Paderborn kursierenden mündlichen Traditionen oder, wie im Falle Heimerads († 1019), auch bereits schriftlich gefassten Überlieferungen, die nicht immer ein schmeichelhaftes Licht auf den Charakter des für Abdinghof so bedeutenden Mannes geworfen haben. Das wird vor allem neben vielen anderen anekdotenhaft geschilderten Vorfällen an der Behandlung eben dieses Einsiedlers Heimerad von Hasungen durch den etwas unbeherrschten Bischof deutlich. Konrad fängt mit seinem Werk die Meinwerkkritik ein, die aufgrund der politischen Ereignisse infolge des Gangs Heinrichs IV. (1056–1106) nach Canossa und des Investiturstreites entstanden sein dürfte. Wegen des überschwänglichen Lobes auf Meinwerk, die Herausstellung seines Adels, seiner Verbindungen, ja seiner Vertrautheit mit den Herrschenden, seiner Bautätigkeit und seines nicht immer mit ganz und gar ehrlichen Mitteln zustande gekommenen Erwerbs von Gütern ist eine apologetische Grundtendenz nicht zu verkennen, die jedoch nahezu panegyrisch verklärt wird.

Für die Abdinghofer Mönche war das Werk ihres Abtes Konrad über ihren Gründer Meinwerk also deshalb so wichtig, weil nun mit Meinwerk ein tatkräftiger, vor allem aber auch Gott und den Menschen wohlgefälliger Mann am Anfang ihrer Geschichte stand. Allerdings war die *Vita Meinwerci* nicht dazu geeignet, in Meinwerk einen neuen Heiligen zu kreieren. Hagiographische Züge trägt das Werk Konrads, eines, wie Hagen Keller formuliert, »Dokumentationsfanatikers«, nicht (Keller 2007, S. 193). Einen Schritt in diese Richtung machte erst gut 200 Jahre nach der Niederschrift der Vita der damalige Abt Konrad von Allenhusen (1362–1405). Unter ihm entwickelte sich das Kloster durchaus positiv. Er kümmerte sich um das Archiv, die Klosterkirche, die Reliquien, vermehrte den Klosterschatz um silberne Kreuze und eine größere Monstranz. Für Kranke und Pilger ließ er ein neues Hospital bauen. Für die Meinwerkrezeption der folgenden Jahrhunderte ist die Tatsache von großer Bedeutung, dass er, wie Bruno Fabritius (Abt von Abdinghof 1579–1582) in seinem *Catalogus chronographicus* von 1572 (Äbtekatalog, Archiv des Vereins für Geschichte und Altertumskunde Westfalens, Abt. Paderborn e.V., Cod. 1) mitteilt, am Markustag (25. April) des Jahres 1376 dessen Gebeine aus der Krypta erhob und sie in einem Hochgrab auf dem Chor der Abdinghofkirche beisetzen ließ (Abb. 1). Diese Erhebung der Gebeine war eigentlich ein besonderes Element von Heiligsprechungen, die jedoch in jener Zeit einer Mitwirkung des Papstes (für Heilige), für lokal begrenzte Kanonisationen zumindest des Bischofs (für Selige) bedurften. Beides geschah bei Meinwerk nicht, so dass sich seine Durchsetzung als Seliger beziehungsweise Heiliger in einem merkwürdig ambivalenten Rahmen abspielte.

Gobelinus Person

In der Rezeptionsgeschichte Meinwerks und seiner Vita im Paderborner Raum ist als Erster wohl der Kirchenreformer und Welthistoriker Gobelinus Person zu nennen. 1358 in Paderborn oder der näheren Umgebung geboren, starb er nach einem sehr bewegten Leben 1421 vermutlich in Böddeken. Das nachhaltigste Werk dieses vielseitigen Mannes als Kirchenreformer war die Ansiedlung von Augustiner-Chorherren in Böddeken; als Schriftsteller ist er bedeutend vor allem durch seine Weltchronik, die er *Cosmidromius* (*Weltenlauf*) nannte. In seiner Person zeigen sich wie in einem Brennpunkt sowohl die schwierigen Probleme der Weltkirche im großen abendländischen Schisma wie auch die Reformbedürftigkeit der Kirche vor Ort, in seiner Heimat Westfalen. Nachrichten aus seinem Leben stammen fast ausschließlich aus seiner eigenen Feder. Dennoch darf man davon ausgehen, dass seine im *Cosmidromius* immer wieder geäußerte Meinung über die Zustände der Kirche, sein Unmut über die unwürdige Pfründenjägerei und Geldgier an der Kurie insbesondere unter den Päpsten Bonifaz IX. (1389–1404) und Johannes XXIII. (1410–1415) sowie sein Klagen über die Fehlbesetzungen von Bischofsstühlen ihm sicher aus dem Herzen kamen. Die Entschiedenheit, mit der er für Reformen in der Kirche an Haupt und Gliedern eintrat, ist echt und redlich gemeint. Sein Wirken zeigt ihn als einen Mann, dem die Wiederherstellung von Ordnung und Recht oberstes Handlungsprinzip war. Dafür nahm er auch in Kauf, dass er mit vielen Menschen seiner Umgebung in Streit geriet und mehr und mehr isoliert wurde.

Die Zeit Meinwerks, insbesondere gespiegelt durch die *Vita Meinwerci*, muss Gobelinus Person wie ein goldenes Zeitalter vorgekommen sein. Besonders hebt er den Bau des Paderborner Domes hervor, wobei er gerade hier über die Darstellungen in der Meinwerkvita weit hinausgeht und die Ausführung des Baues mit dem Tempel des Salomon vergleicht, an dessen Bedeutung das »aedificium Paderburnensis ecclesiae« (»Gebäude der Paderborner Kirche«) durchaus heranreiche. Der Bischof baut die Kirche von Paderborn auf; dabei mag Person sicher auch an die Kirche als Gemeinde und nicht nur an den konkreten Kirchenbau gedacht haben. Dieser Gedanke von einer nahezu ideal organisierten und zielstrebig aufgebauten Welt- wie auch Ortskirche beherrschte das reformorientierte Denken Gobelinus Persons, der sich diese beschriebenen glücklichen Umstände der Meinwerkzeit sicher auch für seine, von ihm als dunkel empfundene Gegenwart gewünscht hätte. So ist es auch nicht verwunderlich, dass all jene Episoden um Meinwerk, die einen Schatten auf diese Bischofsgestalt hätten werfen können, wie etwa die Heimeradepisode, mit denen sich Abt Konrad noch rechtfertigend auseinandersetzen musste, bei Person nicht mehr erwähnt werden. Ein Anliegen scheint es ihm jedoch zu sein, das konsequente Vorgehen Meinwerks in der Auseinandersetzung mit dem Corveyer Konvent zumindest zu erwähnen. Die für Bischof und Kaiser damals erfolgreiche Intervention stellt für Person wohl einen idealen Modellfall für seine eigenen Reformbemühungen im Zusammenwirken mit dem damaligen Paderborner Elekten Wilhelm von Berg (1400–1414) dar. Er sah in Meinwerks Einschreiten in Corvey einen gelungenen Reformakt, den er sich selbst sicher auch im Falle des unsäglichen Abdinghofer Klosterstreites, in den Person maßgeblich verstrickt war, gewünscht hätte und in dem er mit seinem vielleicht doch übertriebenen Reformeifer, der von beiden Seiten her persönliche Attacken ausgelöst hatte, letztendlich schmerzlich gescheitert war. Das mag auch erklären, wie wenig er vom Benediktinerkloster Abdinghof spricht, einer der bedeutendsten Gründungen Meinwerks. Man hätte doch vielleicht erwarten können, dass er wenigstens Meinwerks Grab in der Abdinghofkirche erwähnt, war doch zu seinen Lebzeiten der Leichnam des Bischofs aus der Krypta in den Hochchor überführt worden. Denkbar wäre, wenn man den bei Person vorhandenen Charakterzug einer gewissen Unversöhnlichkeit in Rechnung stellt, dass er den von ihm so geschätzten Bischof nicht mit einem (nach seiner eigenen Darstellung im *Cosmidromius*) derart widerspenstigen und reformunwilligen Kloster in Verbindung bringen wollte. Auch zum Jahr 1376, als Abt Konrad von Allenhusen die Gebeine Meinwerks erhob, finden wir im *Cosmidromius* keine Erwähnung darüber. Person hörte am 1. Juni 1418 resignierend über den für ihn unbefriedigenden Verlauf der Kirchenreformen auf, an seiner Chronik weiterzuschreiben.

Die Meinwerktradition im Kloster Abdinghof

Im Kloster Abdinghof gab es im 15. Jahrhundert offensichtlich noch Bedarf, das Meinwerkbild gegenüber der *Vita Meinwerci* etwas zurechtzurücken. In einer Handschrift aus dem Augustiner-Chorherrenstift Böddeken, die sich heute in der Königlichen Bibliothek in Brüssel befindet (Kat.Nr. 126), ist eine metrische Paraphrase von gut 700 Versen der *Vita Heimeradi* des Ekkebert von Hersfeld († um 1080) enthalten. Der ansonsten unbekannte Verfasser nennt sich darin selbst Erinher. Er folgt in seiner Bearbeitung der Vorlage mit wenigen Auslassungen sehr genau. Jedoch fügt er darüber hinaus in das Gedicht einen Passus von rund 50 Versen ein, die eine Art apologetischen Exkurs über Meinwerk und seine auf Heimerad verübten Übergriffe darstellen. Der Verfasser Erinher lobt Meinwerk überschwänglich und will dem Leser nachdrücklich die aufrichtige Reue des Bischofs über diese Tat vor Augen stellen. Das ganze Versgedicht ist in die Zeit nach der Abfassung der *Vita Meinwerci* zu datieren, da diese eingefügte Stelle deren Kenntnis voraussetzt. Zeit und Ort der Abfassung sind nicht bekannt. Dass eine Abschrift des Textes in Böddeken existierte, ist nicht verwunderlich, gab es dort doch bereits vor der Mitte des 15. Jahrhunderts rege Bemühungen, Heiligenleben zu sammeln und diese dann in dem berühmten *Menologium*, das heute nur noch fragmentarisch erhalten ist, zusammenzufassen.

Für das Kloster Abdinghof waren nun gerade die von Erinher in die *Vita Heimeradi* eingefügten Verse über Meinwerk wichtig und bereits in einer aus Abdinghof stammenden Handschrift, die nur grob ins 15. Jahrhundert datiert werden kann, ist genau diese Stelle in einem Zusammenhang von rund 90 Versen enthalten. Dieser Codex befindet sich heute in der Dombibliothek Trier (Kat.Nr. 125) und stammt aus der Sammlung des Grafen Christoph von Kesselstatt († 1814), der um 1800 insbesondere im Paderborner Land Handschriften sammelte, unter anderem auch im Abdinghofkloster. Tenckhoff machte in einem Aufsatz von 1920 auf diese Verse aufmerksam und druckte sie ab, hatte aber keine Kenntnis über den Zusammenhang zwischen dem Verfasser Erinher und der *Vita Heimeradi*. Er nahm als Verfasser einen Mönch von Abdinghof an. Tenckhoff muss also dahingehend korrigiert werden, dass ein Abdinghofer Mönch diese Verse zwar nicht verfasst, wohl aber im 15. Jahrhundert abgeschrieben hat, vielleicht sogar aus dem von Paderborn ja nicht weit entfernten Böddeker Codex. Die Geschichte mit dem armen Einsiedler Heimerad saß also sehr tief, man konnte dieses Fehlverhalten Meinwerks nicht totschweigen, sondern versuchte es in ein besseres Licht zu rücken, indem man Meinwerks Reue besonders herausstellte.

Rund 150 Jahre später nimmt Jodocus Rose (Abt in Abdinghof 1582–1596), dem wir zahlreiche, in die Abdinghofer Handschriften und Bücher eingetragene Notizen zur Geschichte und Liturgie im Kloster verdanken, diese Verse wieder auf und trägt sie in ein Zweitexemplar des von seinem Vorgänger, Abt Bruno Fabritius, verfassten Katalogs der Abdinghofer Äbte (1572) ein (Archiv des Vereins für Geschichte und Altertumskunde Westfalens, Abt. Paderborn e.V., Cod. 2). Fabritius selbst bringt hier im Rahmen der Äbteliste natürlich auch eine kurze Lebensbeschreibung Meinwerks, die sich aber als nüchterne, auch in Wortwahl und Sprachduktus völlig emotionslose Datensammlung darstellt (Abb. 2). Bei Rose fehlen allerdings gleich zu Anfang des Erinhertextes drei Verse, in denen explizit von der »Schuld« Meinwerks gegenüber Heimerad die Rede ist. Diese drei Verse sind in der Trierer Handschrift aus Abdinghof noch vorhanden. Damit rückt die historische Situation völlig in den Hintergrund und es geht im Grunde lediglich noch um eine panegyrisch verklärende Darstellung des Gründerbischofs. Bemerkenswert ist weiterhin, dass Rose am Rand eines Verses auf die »Sanctitas Meinwerci« hinweist, obwohl im Text selbst wohl eher an die Heiligkeit des Heimerad gedacht ist. Dennoch scheint zumindest der nun resignierte Abt Jodocus Rose – auch im Unterschied zu seinem Vorgänger Fabritius – ein spürbares Interesse daran gehabt zu haben, den Gründer seines Klosters unter die Heiligen oder zumindest Seligen zählen zu dürfen.

Rose hat diese Verse jedoch mit großer Wahrscheinlichkeit nicht aus dem Abdinghofer Codex abgeschrieben, sondern der im Jahre 1616 erschienenen Edition der *Vita Meinwerci* entnommen, die von dem Jesuiten Christoph Brouwer († 1617) mit einigen Beigaben, unter anderem auch den Versen des Erinher, aber bereits unter Weglassung der oben angesprochenen drei Zeilen, herausgegeben worden ist. Dass bereits Brouwer von der »Schuld« Meinwerks nichts mehr wissen wollte, erklärt sich aus der Tatsache, dass er seine Edition der *Vita Meinwerci* dem Paderborner Fürstbischof Dietrich von Fürstenberg (1585–1618) widmete, dessen berühmter Vorgänger Meinwerk natürlich untadelig dargestellt werden sollte. Bei Brouwer findet sich erstmals explizit und durchgängig die Qualifikation Meinwerks als »Beatus«, die Seitentitel lauten gar: »De sancto Meinwerco«. Dies prägte umso gravierender das Meinwerkbild, als durch die Herausgabe der Vita im Druck das Leben Meinwerks zum ersten Mal einer breiteren Öffentlichkeit zur Verfügung stand. Die Geschichten, die von Meinwerks zweifelhaftem Verhalten erzählen, werden dadurch »entschärft«: Ein gleichsam »Seliger« kann nicht wirklich ernsthaft in dieser Form gesündigt haben. Zwei Jahre nach dieser »Standeserhebung« durch Brouwer erschien die *Vita Meinwerci* dann auch in einer erweiterten Neuauflage des Werkes von Laurentius Surius († 1578; die früheren Auflagen erschienen ohne die *Vita Meinwerci*), das den Titel trägt *Vitae sanctorum ex probatis authoribus et manuscriptis codicibus* (Köln 1618), also eine Sammlung mit Lebensbeschreibungen ausschließlich von Heiligen. Von den Herausgebern wurde der von Brouwer edierte Text verwendet. Damit war de facto unter Umgehung aller kirchenrechtlichen Vorschriften eine Art Kanonisationsprozess eingeleitet.

Fürstbischof Ferdinand von Fürstenberg

Auch die spätere Paderborner Geschichtsschreibung und Hagiographie, insbesondere im Kreis um den Fürstbischof Ferdinand von Fürstenberg (1661–1684), setzt für Meinwerk zumindest den Status eines Seligen voraus. Ferdinand selbst widmete sich mit großem Eifer bereits während seines Aufenthalts in Rom der westfälischen Geschichte. So ließ er sich von dem Paderborner Jesuiten Grothaus († 1669) Urkundenabschriften aus dem Domarchiv anfertigen und zusenden. Mit dem Leiter der Vatikanischen Bibliothek, Lukas Holste († 1661), einem Hamburger Konvertiten, war er freundschaftlich verbunden und erforschte mit ihm sächsische Quellen aus der Zeit Karls des Großen (768–814). Die Wahl zum Paderborner Fürstbischof 1661 beendete für Ferdinand die römische Zeit, die für die Vertiefung seines historischen Wissens von großer Bedeutung gewesen war. Hier nun in Paderborn, im Zentrum seiner historischen Interessen, nahm er den römischen Plan einer Geschichte der Paderborner Bischöfe wieder auf und ließ in seinem neuen Wirkungsbereich nach Quellen und Unterlagen suchen, die diesem Ziel dienten. Dazu versammelte er gelehrte Jesuitenpatres um sich, von denen sich besonders Johannes Grothaus und Nikolaus Schaten († 1676) hervorgetan haben. Noch heute zeugt eine Reihe von Manuskripten im Archiv des Paderborner Studienfonds von der Tätigkeit des Fürstbischofs auch auf diesem Gebiet.

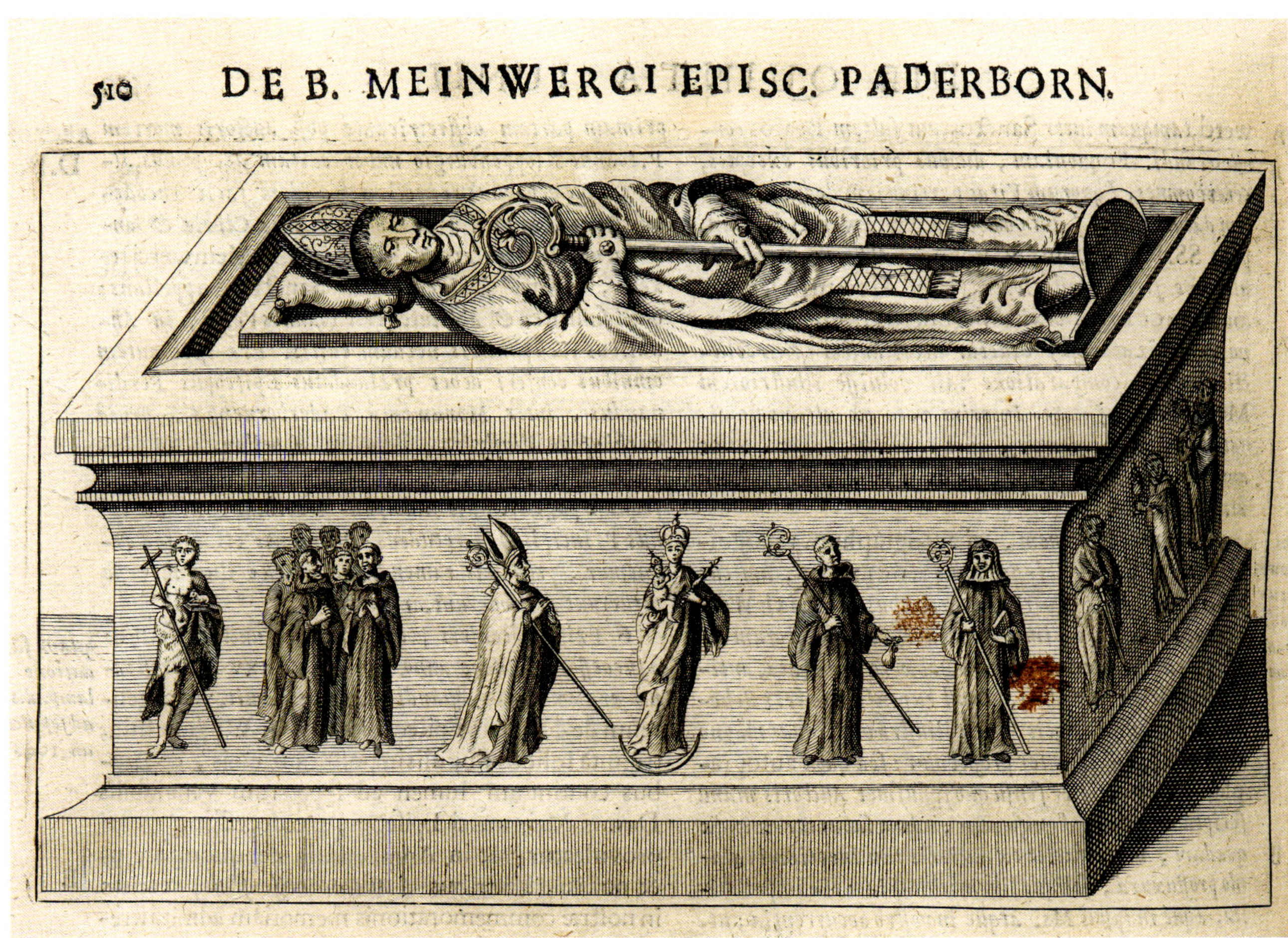

1 Hochgrab mit den Gebeinen Meinwerks, ehemals im Chor der Abdinghofkirche; Acta Sanctorum Juni, Band 1, Antwerpen 1695, S. 510. Paderborn, Erzbischöfliche Akademische Bibliothek, Th 924 a

Eines dieser Manuskripte (Pa 68) enthält auch umfangreiche Ausarbeitungen zur Geschichte Meinwerks und seiner Zeit. Ferdinand bediente sich als Leitfaden einer Paderborner Bischofsgeschichte des Hermann von Kerssenbroick († 1585), die 1578 in Lemgo gedruckt worden war. Kerssenbroick, bekannt durch seine Täufergeschichte der Stadt Münster, ging von dort wegen Streitereien mit dem Rat nach Paderborn und wurde hier auf Wunsch des Administrators Salentin von Isenburg (1574–1577) Leiter der Domschule, begab sich aber nach dessen Tod zunächst an die Stadtschule von Werl, 1582 als Rektor der Domschule nach Osnabrück. In seinem Bischofskatalog referiert Kerssenbroick in dem Abschnitt über Meinwerk, wohl auf der Basis der *Vita Meinwerci*, jedoch textlich unabhängig von ihr, die wichtigsten Lebensdaten und Verdienste wie den Neubau des Doms, die Gründung und Fundierung des Klosters Abdinghof und des Busdorfstiftes sowie einige Ereignisse wie etwa das Durchgreifen Meinwerks in Corvey und die Marienvision in Herford. Die Öffnung des Sarkophags mit der Entdeckung des unversehrten Messgewands verlegt er völlig falsch in das Jahr 1535. Seinem knappen Text, der sachlich und emotionslos verfasst ist, gibt er als Holzschnitt das Wappen Meinwerks mit den drei Lilien bei.

Dieser *Catalogus Episcoporum Paderbornensium* genügte den Ansprüchen Ferdinands von Fürstenberg offensichtlich nicht. Es war jedoch die erste und einzige im Druck verfügbare Liste der Paderborner Bischöfe. So ließ er zwischen die einzelnen Blätter des Druckes leere Blätter einbinden, auf denen er seine eigenen historischen Aufzeichnungen machte (Abb. 3). Die teilweise seitenlangen Ergänzungen, meist mit den entsprechenden Literaturangaben, stammen in der Regel von Ferdinands eigener Hand, lediglich längere Abschriften aus anderen Werken weisen eine andere Hand auf. Die Eintragungen Ferdinands sind fast ausschließlich der *Vita Meinwerci* in der 1616 von Christoph Brouwer herausgegebenen Fassung entnommen. An anderen Quellen scheinen ihm lediglich einige Nekrologien, wie der des Klosters Abdinghof, oder Urkunden zur Verfügung gestanden zu haben, die jedoch nur einen ganz geringen Raum einnehmen. Bemerkenswert ist bei diesen Aufzeichnungen die Auswahl der Zitate aus der *Vita Meinwerci*. Neben den unumgänglichen grundlegenden Lebensdaten bringt Ferdinand vor allem Texte, die sich auf den Erwerb und die Sicherung von Besitzungen beziehen, wobei viel Wert auf die Nennung der Ortsnamen gelegt wird. Er zitiert wörtlich komplett die umfangreiche Urkunde von 1014, die Papst Benedikt VIII. (1012–1024) während eines Besuchs Meinwerks in Rom hat ausstellen lassen und in der er Schutz für alle der Paderborner Kirche überlassenen oder noch zu überlassenden Güter gewährt hat. Wichtig scheinen für Ferdinand auch die Reliquien zu sein, die Meinwerk für seine bevorstehenden Kloster- und Kirchengründungen vom Papst erhielt. Auch diesen Abschnitt zitiert Ferdinand wörtlich. Einen gewissen Raum nehmen auch der Bau und die Weihe des Doms, die Gründung und wirtschaftliche Entwicklung der Klöster Abdinghof und Busdorf sowie der Bau der Alexiuskapelle ein. Dies geschieht zum einen wohl, weil diese Institutionen auch zu Ferdinands Zeiten noch eine hervorragende Rolle spielen, zum anderen aber auch, weil sich in diesen Zusammenhängen Meinwerk als ein Fürst unter den Großen des Reiches darstellen lässt, so etwa bei der Fürstenversammlung in Leitzkau: Hier erhielt Meinwerk vom Kaiser die Villa Nedere (Großeneder) für seine Klostergründung Abdinghof. Auf der von Bischof Bernward von Hildesheim (993–1022) einberufenen Synode in Goslar im Jahr 1019 (nach der *Vita Meinwerci* 1018), an der Meinwerk wohl gar nicht beteiligt war, die aber in der Vita in textlichem Zusammenhang mit einer Reise Meinwerks nach Nimwegen steht, soll nach Ferdinand Meinwerk doch anwesend gewesen sein. Vielleicht spiegelt sich hier Ferdinands Bild eines Bischofs und Fürsten wider, der in Meinwerk einen seiner großen und bedeutenden Vorgänger gesehen haben mag. Historisches Idealbild waren für Ferdinand die Verhältnisse im Mittelalter, als Fürstensöhne aus priesterlicher Gesinnung in den Dienst der Kirche traten und weltliche und kirchliche Herrscher in großem Einvernehmen miteinander lebten. Ernesti macht auf einen Briefentwurf aufmerksam, in dem Ferdinand als Idealbeispiel explizit das Verhältnis von Meinwerk und Heinrich II. (1002–1024) anführt (Ernesti 2004, S. 28).

Wenig Interesse brachte Ferdinand dagegen allen Dingen entgegen, die ein etwas negatives Licht auf Meinwerk werfen konnten. Die Heimeradepisode findet überhaupt keine Erwähnung, ebenso wenig das schwierige Verhältnis Meinwerks zu seiner Mutter Adela († vor 1028), was in der Vita durchaus im Zusammenhang mit der Übernahme des Erbes durch Meinwerk dargestellt wird. Ferdinands Auszug setzt erst mit der Übergabe der Güter an den Kaiser ein, der diese dann wiederum an den Bischof für die Paderborner Kirche weitergibt. Dabei ergeben sich in diesem Text bei dieser Zusammenstellung gewisse Unebenheiten, die ohne den vorhergehenden Zusammenhang unverständlich bleiben. Unerwähnt bleibt auch ganz zu Anfang die Unwilligkeit Meinwerks, das Bistum Paderborn zu übernehmen, weil es so armselig sei. Eine solche Charakterisierung passte einfach nicht in die Vorstellungen Ferdinands, der sichtlich stolz auf dieses Fürstbistum war.

Die Aufzeichnungen, die Ferdinand uns in dieser Handschrift hinterlassen hat, sollten sicherlich noch ergänzt und erweitert werden, denn es sind auf den folgenden freien Blättern noch einige weitere Stichpunkte vermerkt. Den vorhandenen Aufzeichnungen ist jedoch anzumerken, dass es Ferdinand wohl nicht nur um eine Geschichte der Bischöfe, also eine Personengeschichte ging, sondern dass er dabei vielleicht auch an Material für eine Art historischer Landesbeschreibung gedacht hatte, wie er sie in seinem Hauptwerk, den *Monumenta Paderbornensia*, die ab 1669 in verschiedenen Druckausgaben erschienen, geliefert hat. Bedeutende Orte stehen hier im Vordergrund, nicht so sehr Personen, so dass auch sein Vorgänger Meinwerk hier eher in den Hintergrund rückt und lediglich im Spiegel seiner Verdienste um die Paderborner Kirche erwähnt wird. Dennoch gebührt Ferdinand auch das Verdienst, den Werdener Benediktiner Adolph Overham († 1686) für eine Neuausgabe der *Vita Meinwerci* gewonnen zu haben, der auch die *Vita Heimeradi* und die Vita des heiligen Meinolf angehängt sind. Ferdinand finanzierte auch die ganze Publikation, die 1681 erschien. Overham fügte zudem *Notae* oder *Oberservationes* und Ergänzungen aus den unterschiedlichsten Quellen hinzu. Diese von Overham bearbeitete Fassung hat schließlich auch Leibniz († 1716) 1707 im ersten Band seiner *Scriptores rerum Brunsvicensium* wieder abgedruckt.

Nikolaus Schaten

Nicht unterschätzt werden darf auch Ferdinands Anteil an den *Annales Paderbornenses*, die letztendlich Nikolaus Schaten zusammengestellt hat. Er war einer der bedeutendsten Historiker im Kreise der Gelehrten um Ferdinand von Fürstenberg, der ihn nach Neuhaus rief, damit er an seiner Seite und in enger Zusammenarbeit mit ihm die teilweise schon vorhandenen Quellen und Forschungen zur Paderborner und westfälischen Geschichte weiter bearbeitete (Abb. 4). Vorher hatte Schaten bereits unter Franz Wilhelm von Wartenberg (Fürstbischof von Osnabrück 1627–1661) die Osnabrücker Kirchengeschichte bearbeitet, war dann in die Dienste des Fürstbischofs von Münster, Christoph Bernhard von Galen (1651–1678) getreten, wo er sich aber wegen dessen meist kriegerischer Aktivitäten nie wohl fühlte. Er sollte dort über die Heldentaten des Fürstbischofs schreiben, wozu er jedoch nur wenig Neigung verspürte. Die Berufung durch Ferdinand von Fürstenberg nach Neuhaus im Jahre 1668 musste für ihn wie eine Befreiung gewirkt haben. Er starb jedoch schon 1676 und erlebte den Druck seiner Werke nicht mehr. Auch Ferdinand war bereits verstorben, als die Annalen Schatens endlich in den Jahren 1693 und 1698 in zwei Bänden in Neuhaus bei Christoph Nagel erscheinen konnten.

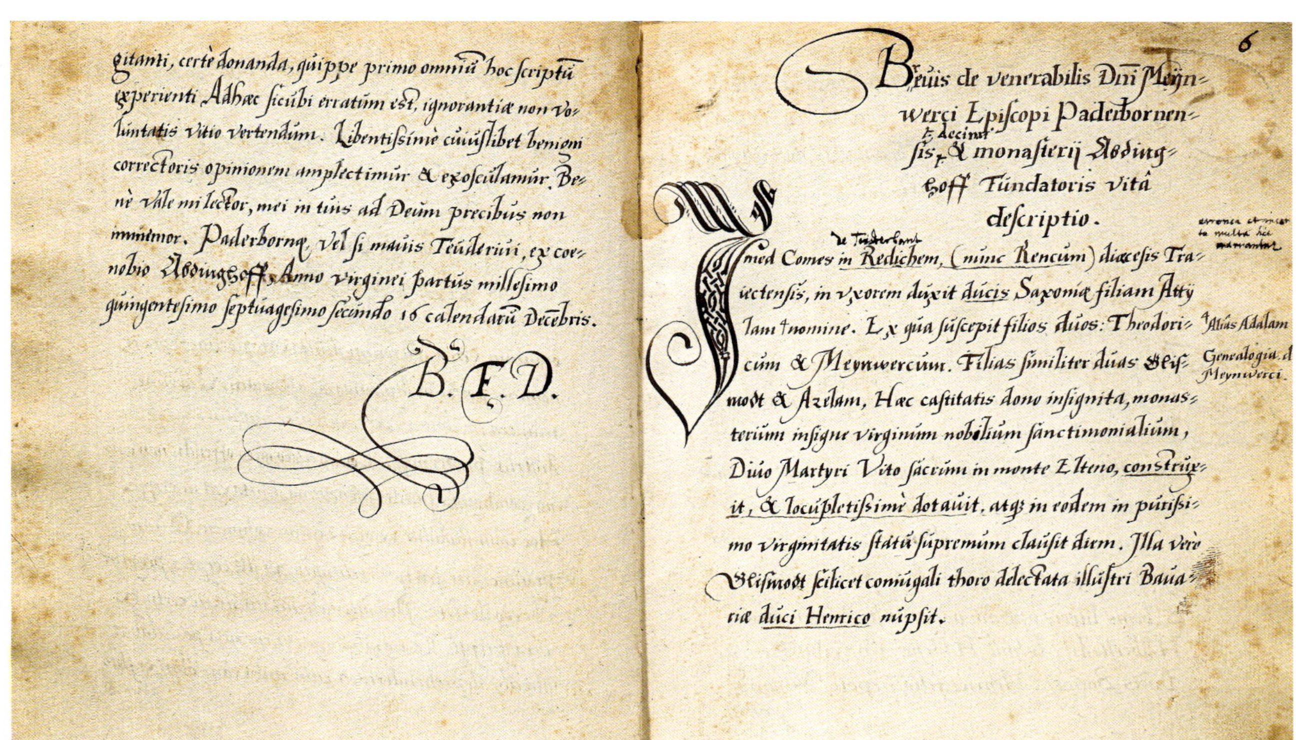

gitanti, certe donanda, quippe primo omnium hoc scriptum experienti. Ad haec sicubi erratum est, ignorantiae non voluntatis vitio vertendum. Libentissime cuiuslibet benigni correctoris opinionem amplectimur & exosculamur. Bene vale mi lector, mei in tuis ad Deum precibus non immemor. Paderbornae, vel si mavis Teuderurii, ex coenobio Abdinghoffs. Anno virginei partus millesimo quingentesimo septuagesimo secundo 16 calendarum Decembris.

B.F.D.

6

Brevis de venerabilis Dni Meinwerci Episcopi Paderbornensis, & monasterij Abdinghoff Fundatoris vita descriptio.

Imed Comes in Redichem, (nunc Rencum) diocesis Traiectensis, in uxorem duxit ducis Saxoniae filiam Athalam nomine. Ex qua suscepit filios duos: Theodoricum & Meynwercum. Filias similiter duas: Seifmodt & Azelam. Haec castitatis dono insignita, monasterium insigne virginum nobilium sanctimonialium, Divo Martyri Vito sacrum in monte Eltene, construxit, & locupletissime dotavit, atque in eodem in purissimo virginitatis statu supremum clausit diem. Illa vero Seifmodt scilicet coniugali thoro delectata illustri Bavariae duci Henrico nupsit.

Alias Adalam

Genealogia d. Meynwerci

2 Lebensbeschreibung Meinwerks im *Catalogus chronographicus (Abdinghofer Äbtekatalog)* von Bruno Frabritius Dalensis (B.F.D.): Faderborn 1572. Paderborn, Erzbischöfliche Akademische Bibliothek, Archiv des Vereins für Geschichte und Altertumskunde Westfalens, Abt. Paderborn e.V., Cod. 1, fol. 5v–6r

Schaten widmet der Regierungszeit Meinwerks in seinen Annalen breiten Raum. Auf über 75 Seiten bringt er die Ereignisse der Jahre 1009 bis 1036 chronologisch und mit den jeweiligen Quellenangaben. Die *Vita Meinwerci* steht ihm in der Ausgabe von Christoph Brouwer zur Verfügung, doch benutzt er, wie er zu Anfang eigens betont, auch andere Quellen, vor allem noch nicht publizierte Urkunden der beiden Kaiser Heinrich II. und Konrad II. (1024–1039). Diese stehen ihm in Abschriften zur Verfügung, die Ferdinand von Fürstenberg veranlasst hat. Zumindest eine dieser Sammlungen befindet sich noch heute im Archiv des Paderborner Studienfonds (Pa 77, 2). Schaten war durch und durch Geschichtsschreiber und als solcher fühlte er sich der Wahrheit und Vollständigkeit seiner Aufzeichnungen verpflichtet. Er beginnt mit einer zusammenfassenden Würdigung Meinwerks, nennt ihn »fulgentissimum Ecclesiae nostrae Episcopum« (»den glänzendsten Bischof unserer Kirche«) und zeigt auf, wie dieser in kurzer Zeit aus der verbrannten und verwüsteten Stadt mit der ebenso zerstörten Kathedrale einen Bischofssitz gemacht hat, der mit den übrigen sächsischen Bischofsstädten durchaus gleichrangig gewesen sei. Schaten schreibt über die engen Verbindungen Meinwerks zu den beiden Kaisern Heinrich II. und Konrad II. (1024–1039) und benennt auch gleich zu Anfang die bedeutendsten Stiftungen Meinwerks, Abdinghof und Busdorf.

Diese Quintessenz des Lebens und Wirkens Meinwerks entfaltet er im Folgenden anhand von Quellen in einer breiten Ausführlichkeit. Die *Vita Meinwerci* wird nicht in wörtlichen Auszügen wiedergegeben, sondern Schaten verarbeitet die grundlegenden Daten eigenständig. So findet sich die für Meinwerk eher unangenehme Heimeradgeschichte im Zusammenhang und durch verschiedene Quellen unterfüttert zum Todesjahr des Heimerad 1019. Auch die Taten, besser die Untaten von Meinwerks Mutter Adela, werden im Zusammenhang und recht ausführlich dargestellt. Zum letzten Jahr Meinwerks 1036 lobt Schaten den Bischof und zählt noch einmal all seine Verdienste auf. Besonders scheint es ihm dabei auch um die Wohltaten für die Armen zu gehen. Als Beispiel bringt Schaten die Geschichte mit der Witwe und dem Schwein, das sie aus Angst vor dem Verwalter mit dem Brot gefüttert habe, welches ihr Sohn erbettelt habe. Meinwerk, der diese Szene vom Bischofspalast aus beobachtet habe, sei selbst in ein Wehklagen über seine eigene Unzulänglichkeit ausgebrochen, die dazu geführt habe, dass Menschen in eine solche Not gerieten. Er ordnete an, die Witwe ihr ganzes Leben lang mit Speisen zu versorgen. Schaten schließt daran noch ein umfangreiches Meinwerklob an, das sicherlich auch vor dem Hintergrund zu verstehen ist, dass dieser Bischof für Schaten ein Seliger oder gar ein Heiliger war, was er zwar nicht in seinen Text selbst einbezieht, in den Marginalien taucht jedoch meist die Kombination »S. Meinwercus« auf.

Hagiographische Meinwerkrezeption – *Acta Sanctorum*

Die Aktivitäten Ferdinands von Fürstenberg in seiner römischen Zeit waren durch vielfältige historische Unternehmungen geprägt. So förderte er nicht unerheblich auch die Herausgabe des Riesenwerkes der *Acta Sanctorum*, einer Sammlung von Heiligenleben nach der Ordnung des Kirchenjahres durch die Jesuiten in Antwerpen, indem er den Februarband dem Papst vorstellte und diesen veranlasste, den Gründer und Motor dieses Werkes, Jean Bolland († 1665), mit dem Ferdinand ebenfalls seit seinen Studien in Köln brieflich in Kontakt stand, nach Rom einzuladen. Dieser konnte jedoch aufgrund seines hohen Alters nicht reisen und schickte die Patres Gottfried Henschen († 1682) und Daniel Papebroch († 1714), mit denen Ferdinand dann in der Vatikanischen Bibliothek arbeitete und denen er versprach, ihnen alle mögliche Unterstützung zukommen zu lassen, namentlich dann, wenn es sich um Fragen der westfälischen Geschichte handelte. Auch später unterstützte Ferdinand die Bearbeitung der *Acta Sanctorum*, indem er seinen Historiker Johannes Grothaus zur Mithilfe veranlasste. In den Paderborner Jesuitenannalen heißt es dazu: »Viel tat P. Grothaus für die Bollandisten, indem er mit unermüdlichem Eifer in Klöstern und Kirchen Urkunden aus den verborgensten Winkeln zusammensuchte und ihnen zur Verfügung stellte.« (Archiv des Paderborner Studienfonds, Pa 129). Aus Dankbarkeit widmete man Ferdinand den zweiten Aprilband. Im ersten Maiband wurde er als Förderer erwähnt. Im ersten Juniband (Antwerpen 1695) ist ein Kupferstichporträt des damals bereits verstorbenen Fürstbischofs zu dessen Andenken enthalten. Und in ebendiesem Band ist auch die Fassung Brouwers der *Vita Meinwerci* zum 5. Juni, Meinwerks Todestag, abgedruckt. Der Bearbeiter dieses Eintrags, Daniel Papebroch, beginnt seine Arbeit mit einer Widmung an Ferdinand von Fürstenberg, die so formuliert ist, als ob dieser noch lebte. Es folgt eine jeweils kurze Vorstellung der Ausgaben Brouwers und Overhams der *Vita Meinwerci*, Papebroch entscheidet sich für die Ausgabe von Brouwer, der ebenfalls Jesuit ist. Allerdings gibt es für Papebroch noch ein grundlegendes Problem, dem er sich ausführlich widmet, bevor er die Vita anschließt, nämlich wie es denn wohl tatsächlich um die Heiligkeit Meinwerks stehe und ob dieser Bischof, dessen Status als Heiliger oder wenigstens als Seliger nie offiziell bestätigt wurde, überhaupt in eine solche Sammlung, wie sie die *Acta Sanctorum* darstellen, aufgenommen werden dürfe. Er weiß, dass der Titel »Seliger« für Meinwerk in den älteren Zeiten nie verwendet worden ist, Brouwer sei der Erste gewesen, und zwar nicht, weil er am Anfang seiner Ausgabe »B. M.« geschrieben habe, was ja nicht »Beatus Meinwercus«, sondern »Beatae Memoriae« heiße, sondern weil er über verschiedene Seiten seines Werkes als Überschrift »De Sancto Meinwerco« habe drucken lassen. Als nächste Autorität führt er die dritte Ausgabe der Heiligenleben des Laurentius Surius auf, in der durchgängig vor dem Namen Meinwerk ein »B.« gesetzt sei, und diesem Vorbild sei auch Nikolaus Schaten gefolgt. Auch der Jesuit Theodor Rhay († 1671) habe in seinem Werk über berühmte Menschen aus Jülich-Kleve-Berg (*Animae illustres Juliae Cliviae Montium*, 1663) Meinwerk immer als Seligen, manchmal sogar als Heiligen bezeichnet. Die wichtigste Autorität für Papebroch ist jedoch Ferdinand von Fürstenberg, der in den *Monumenta Paderbornensia* seinen Vorgänger als Seligen bezeichnet habe. Als Letzten führt er noch Overham an, der von Ferdinand mit der Herausgabe der *Vita Meinwerci* beauftragt worden und der seinem Auftraggeber in dieser Frage gefolgt sei. Die Argumentation mit Autoritäten reicht Papebroch offensichtlich noch nicht aus. Er sucht nach älteren Zeugnissen der Verehrung und findet zum Ersten, dass Bischof Rotho (1036–1051), Meinwerks unmittelbarer Nachfolger, im Jahre 1048 urkundlich festgelegt hat, dass vor dem Grab seines Vorgängers ein ewiges Licht unterhalten werden solle, für das er 30 Schillinge aus dem bischöflichen Zehnten in Willegassen bestimmt habe. Zum Zweiten weist er auf die von Bruno Fabritius in seinem Abtskatalog von 1572 beschriebene Erhebung der Gebeine Meinwerks im Jahre 1376 hin.

Gleichsam als Höhepunkt dieser Ausführungen berichtet Papebroch von seiner Reise nach Paderborn, die er im Jahre 1680 unternommen habe, um Ferdinand von Fürstenberg die drei ersten Maibände der *Acta Sanctorum* zu überreichen, von denen der zweite Wilhelm, der dritte Franz Wilhelm von Fürstenberg, den Brüdern Ferdinands, gewidmet sind. Bei seinen Besichtigungen in Paderborn sah Papebroch das Hochgrab Meinwerks auf dem Chor der Abdinghofkirche (ein Kupferstich ist beigefügt), auf dem der Tote in würdiger Weise dargestellt sei, an den Grabwänden immer zwischen anderen Heiligen; außerdem gäbe es neben dem Hochaltar eine Holzstatue, die Meinwerk in bischöflichen Gewändern zeige. Weitere Beschreibungen aus Paderborn und Büren folgen. Schließlich stand für Papebroch doch endgültig fest, dass Meinwerk in der Tat zu den Seligen zu zählen sei und seine Vita also durchaus ein Recht habe, in den *Acta Sanctorum* zu erscheinen.

Die liturgische Akzeptanz im Rahmen der Meinwerkrezeption

Die Aufnahme in die *Acta Sanctorum* ist in etwa wie eine außerordentliche Form der Heilig- oder Seligsprechung zu werten. Von nun an brauchte man keine Gründe oder Rechtfertigungen mehr für die Heiligkeit Meinwerks zu suchen. In der Folgezeit tritt der zehnte Paderborner Bischof dann in den verschiedenen hagiographischen Publikationen auf

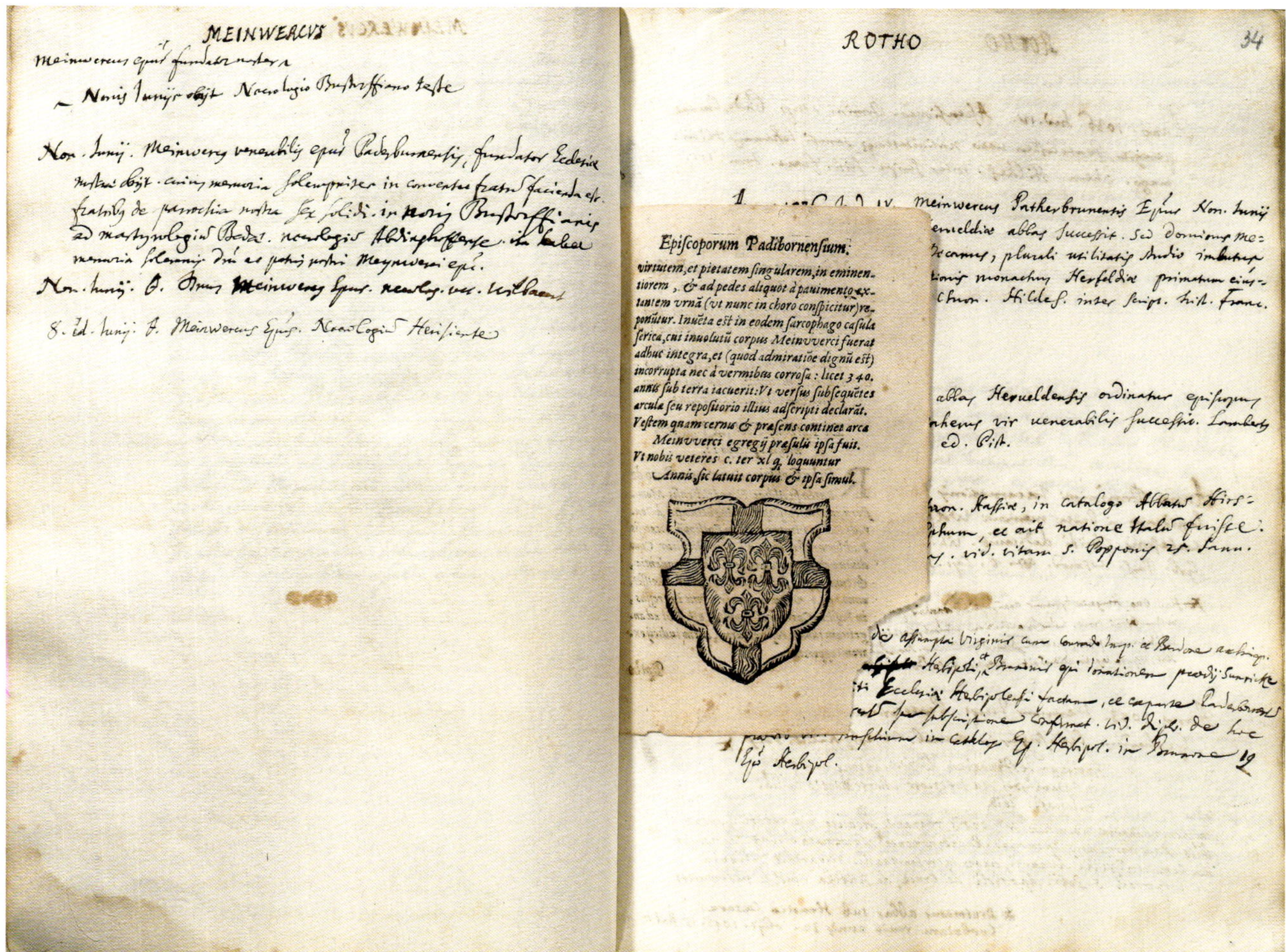
MEINWERCVS

ROTHO

34

Episcoporum Padibornensium.

virtutem, et pietatem singularem, in eminentiorem, & ad pedes aliquot à pauimento extantem vrnā (vt nunc in choro conspicitur) reponitur. Inuēta est in eodem sarcophago casula serica, cui inuolutū corpus Meinvverci fuerat adhuc integra, et (quod admiratiōe dignū est) incorrupta nec à vermibus corrosa: licet 340. annis sub terra iacuerit: Vt versus subsequētes arculæ seu repositorio illius adscripti declarāt.

Vestem quam cernis & præsens continet arca
Meinvverci egregij præsulis ipsa fuit.
Vt nobis veteres c. ter xl q. loquuntur
Annis, sic latuit corpus & ipsa simul.

3 Links: letzte Seite der Eintragungen Ferdinands von Fürstenberg zu Meinwerk, rechts: Wappen Meinwerks im *Catalogus Episcoporum Paderbornensium* von Hermann von Kerssenbroick, Lemgo 1578; hier: durchschossenes Exemplar mit den Eintragungen Ferdinands von Fürstenberg, um 1666. Paderborn, Erzbischöfliche Akademische Bibliothek, Archiv des Paderborner Studienfonds, Pa 68, fol. 33v–34r

(Johannes Kloppenburg, Michael Strunck). In den neueren Heiligensammlungen oder Namenstagskalendern erscheint Meinwerk regelmäßig mit mehr oder weniger umfangreichem Text. Allerdings ist Meinwerk, ähnlich wie seine beiden heiligen beziehungsweise seligen Vorgänger Hathumar (806–815) und Badurad (815–862), nicht eigentlich populär geworden. Vielleicht liegt das auch daran, dass die liturgische Rezeption sehr lange auf sich hat warten lassen.

Im Kloster Abdinghof kam es bis zur Säkularisation zu keiner liturgischen Verehrung im Sinne eines Festtages mit eigenem Messformular oder Offizium. Im Abdinghofer Küsterbuch von 1586 (Archiv des Vereins für Geschichte und Altertumskunde Westfalens, Abt. Paderborn e.V., Cod. 173) heißt es zum Samstag nach dem ersten Fastensonntag, dass am Grabe Meinwerks Kandelaber mit Kerzen aufzustellen seien, ebenso solle am Gründonnerstag während der Messe dort eine Kerze brennen. Im *Directorium generale Festorum totius Anni, quae in Monasterio nostro Abdinghoffensi intra paderbornam observantur* (*Vollständiges Verzeichnis der Feste des ganzen Jahres, die in unserem Kloster Abdinghof in Paderborn gehalten werden*) von 1749 (Archiv des Paderborner Studienfonds, Pa 70) taucht der Name Meinwerk überhaupt nicht auf.

Auch in der Eigenliturgie des Bistums Paderborn gab es keine besonderen liturgischen Formulare für einen Fest- oder Gedenktag Meinwerks. Erst seit den Ergänzungen zu den 1975 neugefassten Eigenfeiern der heiligen Messe für das Erzbistum Paderborn, die 1984 vom damaligen Erzbischof Johannes Joachim Degenhardt (1974–2002) approbiert und 1985 von der Römischen Kongregation für den Gottesdienst bestätigt wurden, gibt es neben der seligen Pauline von Mallinckrodt und dem heiligen Ulrich auch einen Gedenktag für die »Hll. Bischöfe Hathumar und Badurad und sel. Bischof Meinwerk«, der auf den 9. August gelegt wurde. Auch in die Eigenfeiern des Stundengebetes (Brevier) im Erzbistum Paderborn wurde 1984/1985 der

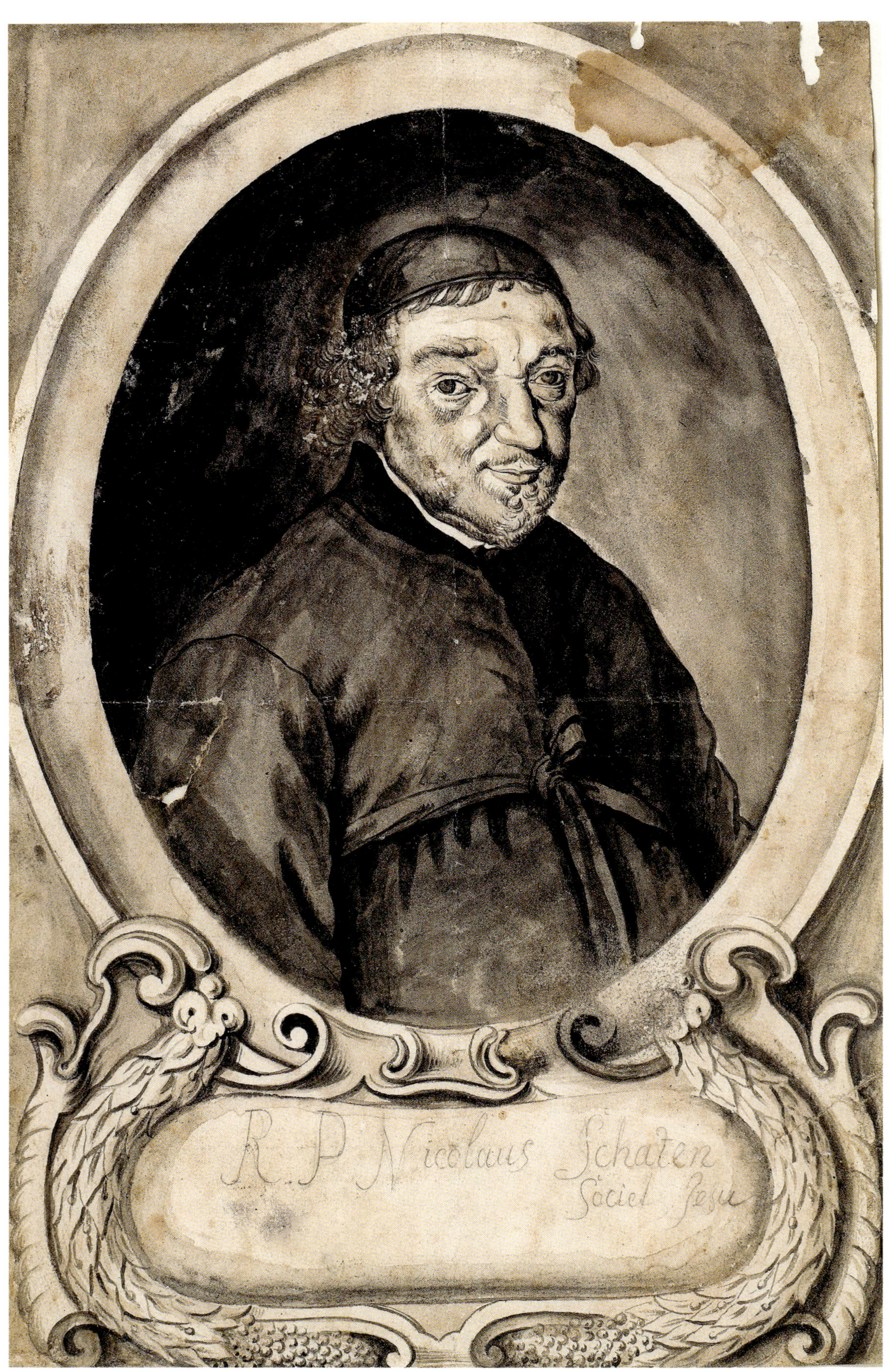
R. P. Nicolaus Schaten
Societ. Jesu

Gedenktag der heiligen beziehungsweise seligen Paderborner Bischöfe aufgenommen. Damit ist nun auch offiziell eine Entwicklung abgeschlossen, die erst seit dem Beginn des 17. Jahrhunderts einsetzte und noch fast 400 Jahre brauchen sollte, bis Meinwerk auch in der Liturgie der Kirche als Seliger akzeptiert wurde.

Archivalien der Erzbischöflichen Akademischen Bibliothek Paderborn

Archiv des Paderborner Studienfonds: Liber Capituli des Klosters Abdinghof (Martyrologium), Benedictus: Regula monachorum, Nekrolog des Klosters Abdinghof (Pa 65) · Hermann von Kerssenbroick: Catalogus Episcoporum Paderbornensium, Lemgo 1578 · Inserto Commentario illustrissimi principis, episcopi Ferdinandi a Fürstenberg manu propria exarato et Collegio Societatis Jesu ao. 1676 (1677 verbessert) donato, durchschossenes Druckexemplar (Pa 68) · Directorium generale festorum totius anni, quae in monasterio nostro Abdinghoffensi intra Paderbornam observantur. Conscriptum et congestum a F. Antonio Roerich, monasterii Abdingh. professo sacerdote, 1749 (Pa 70) · Diplomata data ecclesiae Paderb. / ab imperatoribus, pontif. max., episcopis / principibus, comitibus aliis, Urkundenabschriften mit Randbemerkungen Ferdinands von Fürstenberg und Nikolaus Schatens (Pa 77, 2) · Joannes Kloppenburg: Fasti sacri Westfalici, Neuhusii 1688 (Handschrift, Pa 94) · Historia annua huius Collegii Societatis Jesu in urbe Paderbornae et residentiae in Falkenhagen ab anno 1619 ad annum usque 1723 (Pa 129). *Archiv des Vereins für Geschichte und Altertumskunde Westfalens, Abt. Paderborn e.V.:* Catalogus chronographicus. Pietate, doctrina, virtute et generis nobilitate clarissimorum dominorum et venerabilium patrum abbatum ex familia Benedictinorum insignis monasterii, quod vulgo Abdinghoff appellatur et intra muros civitatis Paderbornensis ante quingentos et amplius annos est constructum. Eiusdem monasterii originem, una cum fundatoris vita laconice complectens summa industria descriptus per antedicti coenobii monachum B[runonem] F[abricium] D[alenum], anno post partum virgineum 1572 (Cod. 1) · Catalogus chronographicus, Abschrift von Cod. 1 mit zahlreichen Ergänzungen, zum größten Teil von der Hand des Jodocus Rose, angelegt um 1590 (Cod. 2) · Ignaz Philipp Rosenmeyer: Meinwerk, Bischof zu Paderborn, nach seinem Charakter und seiner Regierung dargestellt, 1824 (Handschrift, Cod. 30) · Anweisungen für den Küster zum Schmuck der Kirche des Klosters Abdinghof in Paderborn, 1586 (Handschrift, Cod. 173).

Weitere Quellen

Animae illustres 1663 · Annales Paderbornenses 1693–1698 · Catalogus episcoporum Padibornensium 1578 · Feier der heiligen Messe 1986 · Feier des Stundengebetes 1986 · Ferdinand von Fürstenberg 1669 · Gobelinus Person 1900 · Liber Ordinarius Paderborn 1971 · Vita Haimeradi 1852 · Vita Meinwerci 1616 · Vita Meinwerci 1618 · Vita Meinwerci 1681 · Vita Meinwerci 1695 · Vita Meinwerci 1707 · Vita Meinwerci 1921 · Vita Meinwerci 2001 · Westphalia sancta 1854–1855.

Literatur

Balzer 1984a · Brandt/Hengst 1984 · Brandt/Hengst 2002 · Ernesti 2004 · Greve 1894 · Honselmann 1964 · Keller 2007 · Lahrkamp 1977 · Jarnut 1999 · Kat. Paderborn 1995 · Schmalor 2000 · Schrader 1895 · Tenckhoff 1920 · Terstesse 2002 · Worstbrock 1980.

4 Nikolaus Schaten, Aquarell; 17. Jahrhundert. Paderborn, Erzbischöfliche Akademische Bibliothek, Archiv des Vereins für Geschichte und Altertumskunde Westfalens, Abt. Paderborn e.V., Acta 903

Das Grab des Bischofs

Meinwerks Grablege in der Klosterkirche Abdinghof

Bernd Päffgen

Bischof Meinwerks (1009–1036) rege Bautätigkeit am Paderborner Dom nach dem Brand im Jahr 1000 hätte es nahegelegt, den bischöflichen Bauherrn an prominenter Stelle in seiner Amtskirche zu bestatten. Auch in den übrigen (Erz-)Bistümern Hamburg-Bremen, Magdeburg, Minden, Osnabrück, Halberstadt, Hildesheim, Münster war vom 9. bis zum 11. Jahrhundert – soweit die Quellen entsprechende Aussagen überhaupt ermöglichen – der Dom Ort der Bischofsgrablege, im Unterschied etwa zu den rheinischen Diözesen. Bischof Meinwerk brach mit dieser zwei Jahrhunderte währenden sächsischen Tradition und ließ sich auf eigenen Wunsch in dem von ihm gestifteten Kloster St. Petrus und Paulus, genannt Abdinghof, bestatten, das mit Mönchen aus Cluny besetzt war, die im Ruf standen, eine intensive und persönlich ausgerichtete *memoria* zu pflegen.

Am Ende der *Vita Meinwerci* heißt es, dass Meinwerks Tod neun Tage nach der Weihe der Busdorfkirche (5. Juni 1036) im Paderborner Bischofspalast eintrat. Der sterbenskranke Bischof habe sich, dem Tode nahe, in die Bischofskapelle bringen lassen. Versehen mit der heiligen Kommunion in beiderlei Gestalt und mit zum Himmel erhobenen Augen und Händen habe er zur dritten Stunde unter Gebeten seine Seele in die Hände des Vaters gegeben (Vita Meinwerci 1921, cap. 219). Zuvor findet sich in der Vita noch der Hinweis, Meinwerk habe auf dem Boden der Domkrypta betend gelegen und die baldige Erlösung von seiner körperlichen Existenz erwartet (Vita Meinwerci 1921, cap. 187). Zur Bestattung sei der Leichnam in die Kirche St. Petrus und Paulus gebracht und dort, wie er es zu Lebzeiten bestimmt habe, beigesetzt worden.

Das Vorbild: die Bischofsgrablege Bernwards von Hildesheim

Da in der etwa 130 Jahre nach Meinwerks Tod verfassten *Vita Meinwerci* Einzelheiten zum Vollzug der Beisetzung und die genaue Lokalisierung des Grabes in der Klosterkirche fehlen, bleibt nach vergleichbaren Quellen zu fragen. Die wohl erstaunlichste Gesamtkonzeption einer Grablege für einen spätottonischen Reichsbischof hat sich in Hildesheim erhalten. Bernward von Hildesheim (993–1022) soll nach eigenem biographischen Bekunden bereits zu seiner Bischofsweihe im Jahre 993 den Vorsatz gefasst haben, ein Heiliger zu werden (Wulf 2008). Dabei sollte ihm die verdienstvolle Bau- und Stiftungstätigkeit helfen, zuallererst die Gründung der Klosterkirche St. Michael (Kat.Nr. 202). Eine am Westchor angebrachte und entgegen der älteren Forschung (Wirth 1959) als spätottonisch erkannte Inschrift mahnte die ganze *civitas* zum Gedenken an ihren Oberhirten: »Eilt herbei, unsere Mitbürger, betet zu Gott und gedenket eures Bischofs Bernwards.« (Wulf 2008, S. 12–13). Der selbstgewählte Bestattungsort war – der zeitgenössischen *Vita Bernwardi* seines Lehrers Thangmar († nach 1027) zufolge – die Westkrypta in St. Michael. Die Vita überliefert weiter, dass Bernward bereits zu Lebzeiten seine Grablege mit Bildern und Inschriften entwarf (Vita Bernwardi 1841, cap. 55). Nach der Grundsteinlegung im Jahre 1010 weihte Bernward 1015 die mit 66 Reliquien von Heiligen reich ausgestattete Krypta zu Ehren der Gottesmutter Maria, dem Erzengel Michael und allen himmlischen Heerscharen (Vita Bernwardi 1841, S. 778). In der Mittelachse der Hallenkrypta wurde der Sarkophag halb eingetieft eingelassen. Der Sarkophagdeckel ist figürlich mit den neun Engelschören verziert und gibt nach dem Totenoffizium beziehungsweise Hiob 19, 25–27 ein persönlich gehaltenes Glaubensbekenntnis wieder: »Ich weiß, dass mein Erlöser lebt und ich am Jüngsten Tage von der Erde auferstehen werde, dann werde ich wieder mit meiner Haut umkleidet, und in meinem Fleisch werde ich Gott, meinen Heiland, sehen; ihn werde ich selbst sehen, und meine Augen werden ihn gewahr werden und niemanden anders. Dies bewahre ich als Hoffnung in meiner Brust.« (Wulf 2008, S. 13–14). Mittels vier höherer Eckstützen wird der Sarkophag von einer Grabplatte bedeckt (Abb. 1). Diese zeigt ein Vortragekreuz und folgende Inschrift: »Ich, Bernward, war Teil der Menschheit, nun liege ich eingeschlossen in diesem schrecklichen Sarkophag, wertlos und – sieh nur – zu Staub geworden. Wehe mir, wenn ich mein so hohes Amt nicht gut ausgeübt habe! Ich hoffe, gnädiger Friede werde meiner Seele zuteil und Ihr singt Euer Amen!« (Wulf 2008, S. 14–16).

Für die rekonstruierende Beurteilung der Grablege Meinwerks ist Bernward von großer Bedeutung. Beide Reichsbischöfe gehörten der sächsischen Hochadelsfamilie der Immedinger an, kannten sich gut und tauschten sich in der Zeit zwischen 1009 und 1022 als Amtskollegen aus. Meinwerk dürfte wohl auch bei der Beisetzung seines etwa fünfzehn Jahre älteren Verwandten anwesend gewesen sein sowie danach Bernwards Grab mehrfach besucht haben.

Meinwerks Grab in der Abdinghofkirche

Trotz einer fehlenden Kanonisation wurde Bischof Meinwerk in seiner Diözese verehrt. Sein Grab war Ziel für die Bitten von Ortsansässigen und von Wallfahrern, die nach Paderborn kamen. Bedingt durch die Veränderung der Heiligenverehrung im Mittelalter und in der Neuzeit muss man verschiedene Zustände für Meinwerks Grab in der Abdinghofkirche rekonstruieren. Anzunehmen ist zunächst die Bestattung in einem in den Fußboden der Krypta eingelassenen Sarkophag. Die Gestalt der von Meinwerk am 2. Januar 1023 dem heiligen Stephanus geweihten Krypta dürfte eine andere gewesen sein als die der heutigen, erst in der zweiten Hälfte des 11. Jahrhunderts wohl unter Bischof Poppo (1076–1083) entstandenen dreischiffigen Hallenkrypta.

Der traditionell mit Meinwerk in Verbindung gebrachte Steinsarg ist heute im Chor der Busdorfkirche aufgestellt. Wäre er, wie andere Autoren meinen, der Sarkophag von Bischof Poppo, bleibt kaum erklärlich, warum er in der Krypta im leeren Zustand über Jahrhunderte erhalten blieb (Abb. 2). Für den verehrten Meinwerk sicherte dagegen ein dort aufgestellter Sarkophag den älteren Bestattungsort in der Krypta und konnte Besuchern gezeigt werden.

Der nicht dekorierte Steinsarg besitzt eine Innenlänge von 1,72 Metern und kann durchaus aus dem 11. Jahrhundert stammen. Auch der in drei Teilen erhaltene dachförmige Deckel dürfte zugehörig sein und aus dem Kryptafußboden herausgeragt haben. In Analogie zum Bernwardgrab könnte man sich über dem verschlossenen Sarkophag eine auf vier Stützen ruhende Grabplatte mit Vortragekreuzdarstellung vorstellen. Immerhin schenkte Meinwerk dem Kloster Abdinghof zwei silberne Vortragekreuze mit zugehörigem Stab (Vita Meinwerci 1921, cap. 211). Diese Grabplatte wurde 1256 bei der Erhebung des Sarkophags ersetzt und ging in der Folge wohl verloren. Bei der Vergrößerung der Krypta unter Bischof Poppo dürfte die Aufstellung des Meinwerkgrabs beibehalten worden sein und im Zuge der wachsenden Verehrung wurde ein Loch im Deckel des Sarkophags angelegt (Abb. 4). Der genaue Standort im Westteil der Krypta bleibt allerdings ungewiss.

Wohl 1256 erfolgte die Erhebung des Sarkophags auf den Kryptenboden, denn durch eine jüngere Inschrift ist überliefert, dass Meinwerk zu diesem Zeitpunkt 220 Jahre im Grab ruhte. Damals wurde der eingetiefte Sarkophag nach Entfernung des wahrscheinlich tischartigen Aufbaus als Hochgrab sichtbar gemacht. Zur Abdeckung fertigte man eine Platte mit figürlicher Darstellung des Bischofs an. Die spätromanisch-frühgotische Reliefdarstellung zeigt den Bischof liegend im Pontifikalornat, das mit Mitra bekleidete Haupt auf einem Kissen ruhend, auf der Körpermittelachse den Stab mit der rechten Hand haltend, während die Linke ihn mit drei Fingern fasst. Er trägt Handschuhe (Rückenmedaillon mit Lammdarstellung), Kasel, Manipel, Stola über fußlangem Gewand und Schuhe. Die Darstellung zeigt keinen Bischof des frühen 11. Jahrhunderts, der in frühsalischer Zeit sicher ohne Mitra beigesetzt worden war, sondern gibt das Bild eines zeitgenössischen Bischofs aus der Mitte des 13. Jahrhunderts wieder (Kat. Nr. 106). Möglicherweise wurde der im Sarkophag wohl infolge einer vorgenommenen Einbalsamierung relativ gut erhaltene Körper in dieser Zeit mit Pontifikalornat und Bischofsstab neu eingekleidet (Böhm 1993, S. 69).

1376 wurde das Meinwerkgrab durch eine von Abt Konrad II. von Allenhusen (1362–1405) geleitete Kommission erneut geöffnet, wohl in Erinnerung an den 400. Geburtstag beziehungsweise den 340. Todestag Meinwerks. Man fand darin den Leichnam mit einem Bischofsstab und einer gut erhaltenen Seidenkasel, die man entnahm. Letztere wurde bis 1650 im Kloster als Reliquie verehrt und ging später bis auf wenige Fragmente verloren (Kat.Nr. 171). Tradiert ist die lateinische Beschriftung des zur Kasel gehörigen Behältnisses. Sie lautet: »Der Mantel, den – wie du siehst – dieser Kasten enthält, war derjenige Meinwerks, des hervorragenden Bischofs. Wie die Alten berichten, haben hier 100 und 3 mal 40 Jahre sein Körper und sein Gewand zusammen gelegen.« (Böhm 1993, S. 69).

Während der Sarkophag wahrscheinlich in der Krypta verblieb, wurden die Gebeine des Bischofs in einen kleineren Bleikasten umgebettet, den man in einem gotischen Hochgrab im Chor der Klosterkirche beisetzte (Abb. 3). Es war aus Backsteinen aufgemauert und verputzt, außen mit Reliefflguren versehen und oben mit der figürlichen Deckplatte des Sarkophags aus der Krypta verschlossen. Der Codex 31 der Trierer Dombibliothek überliefert unter dem Titel *Epitaphium Meynwerci Patris Nostri* eine Abschrift der 1376 neu verfassten Grabinschrift: »Im Jahre 1036 wurde, wie feststeht, der Leib des herausragenden Bischofs Meinwerk hier tief unten beigesetzt. Nach 340 Jahren der Unberührtheit hat am Markustag Abt Konrad der besseren Verehrung wegen die Gebeine in den Chor erhoben, wahrhaft

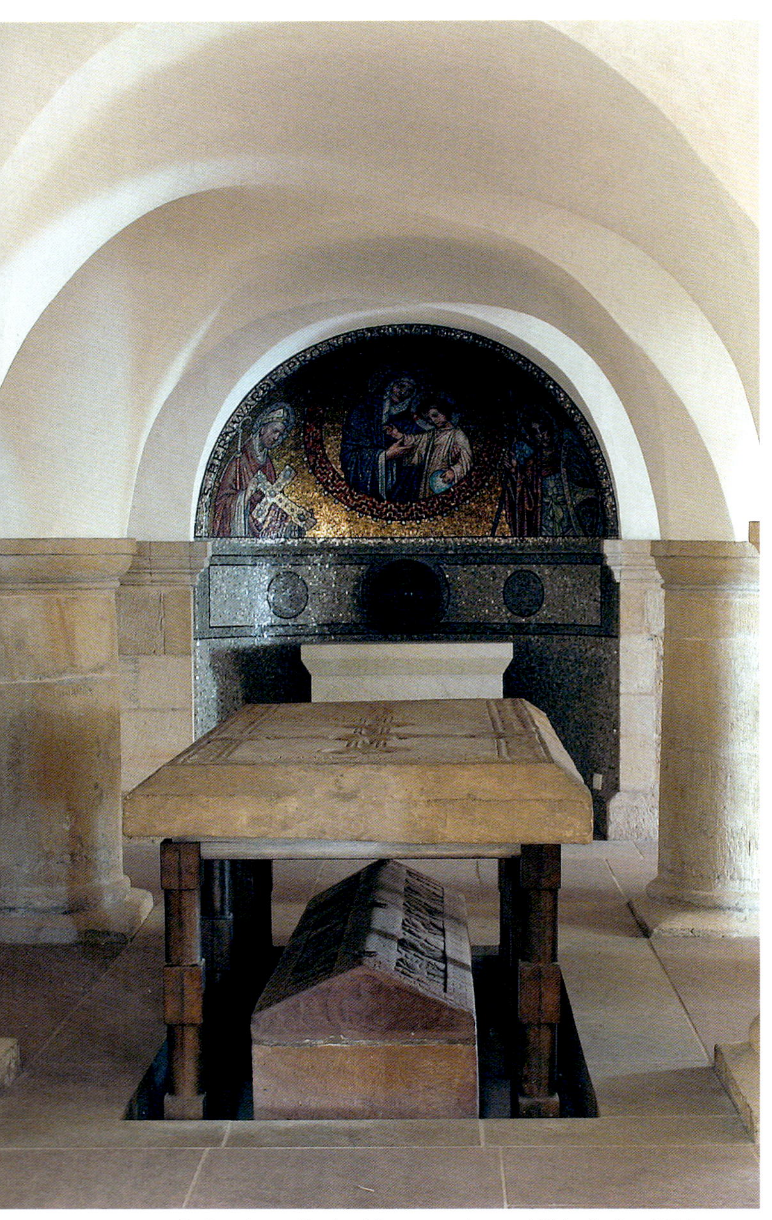

1 Grabanlage Bischof Bernwards von Hildesheim, Hildesheim, Klosterkirche St. Michael, um 1020

würdig den Himmelsthronen.« (Brandt/Hengst 1984, S. 76). Das gotische Hochgrab im Chor wurde 1803 abgebaut und zerstört. Die figürliche Deckplatte wurde zunächst in der Abdinghofkirche provisorisch aufgestellt. 1828 kam die Grabplatte in die Bartholomäuskapelle. 1912 wurde sie in das Erzbischöfliche Diözesanmuseum verbracht und später in der Busdorfkirche aufgestellt. Seit 1936 befindet sie sich, mit neuer Inschrift versehen, in der Bischofsgruft im Dom. Nachdem Meinwerks Amtsnachfolger, die Bischöfe Rotho (1036–1051) und Imad (1051–1076), wieder im Dom beigesetzt worden waren, ließ Bischof Poppo sich 1083 in der Krypta des Abdinghofklosters neben dem von ihm verehrten Meinwerk bestatten. Der wohl aus Franken gebürtige Kleriker war Dompropst in Bamberg, damit in Paderborn ortsfremd und gehörte auch nicht dem dortigen Domkapitel an, sondern wurde von Kaiser Heinrich IV. (1056–1106) als ein ihm zuverlässig erscheinender Geistlicher zum Bischof ernannt. Während des Investiturstreits näherte sich Poppo in seiner Haltung allerdings der päpstlichen Richtung an. Ausschlaggebend für die Beisetzung im Kloster Abdinghof war wohl die erneute Bautätigkeit durch Poppo und die damit verbundene Weihe des Jahres 1078. Bei der Erhebung Meinwerks in den Chor der Kirche wurden auch die Gebeine Poppos mit in das neu angelegte Hochgrab gelegt. 1803 wurden die Gebeine wieder voneinander getrennt und Poppo erhielt ein Wandnischengrab in der Busdorfkirche.

Vergleichbare Bischofsbestattungen

So wie Meinwerk und Poppo wurden auch andere Reichsbischöfe aus ottonisch-salischer Zeit in der Krypta einer Klosterkirche beigesetzt. Die wohl prominenteste dieser Grablegen des westfälischen Raums existierte in der Klosterkirche von Essen-Werden, der Familiengrablege der Liudgeriden, in der insgesamt sechs Bischöfe aus der Familie beigesetzt wurden. In der Krypta des Lütticher Stiftes St. Petrus soll Bischof Richarius (920–945) seine letzte Ruhe gefunden haben, und in der 980 angelegten Krypta der Klosterkirche von St. Pantaleon in Köln befand sich der römerzeitliche Sarkophag Erzbischof Bruns (953–965) im Mittelgang der nach dem Vorbild von Alt-St. Peter in Rom gestalteten Anlage.

Für Süddeutschland sind Beispiele aus Augsburg und Regensburg bekannt. An der Stiftskirche St. Afra in Augsburg entstand gegen Ende des 10. Jahrhunderts für den wohl umgebetteten Bischof Ulrich (923–973) ein unterirdischer Anbau als Außenkrypta, die Ulrichsgruft. In Regensburg wurde Bischof Wolfgang (972–994) in der Klosterkirche St. Emmeram zunächst in der Ostkrypta bestattet, bald darauf in das südliche Seitenschiff umgebettet und am 7. Oktober 1052 in die im Jahre 1049 von Papst Leo IX. (1049–1054) geweihte Westkrypta, die später so genannte Wolfgangkrypta, überführt. Auch hier ist die Stelle durch ein Grabdenkmal des 14. Jahrhunderts gekennzeichnet.

In der ersten Hälfte des 11. Jahrhunderts sind bischöfliche Bestattungen in der Krypta einer Kloster- oder Stiftskirche am Beispiel Lüttich gut zu fassen. Bischof Balderich II. (1008–1018) wurde in der von ihm 1016 gegründeten Abtei St. Jakobus beigesetzt. Anselm von Lüttich († 1056) berichtet von der Bestattung des Bauherrn in der Krypta, die er zuvor reich mit Reliquien ausgestattet und dem Apostel Andreas noch selbst geweiht hatte (Gierlich 1990, S. 335, 337–338). Da die Schlussweihe der Klosterkirche erst für 1030 überliefert ist, wird Balderich im zuerst fertiggestell-

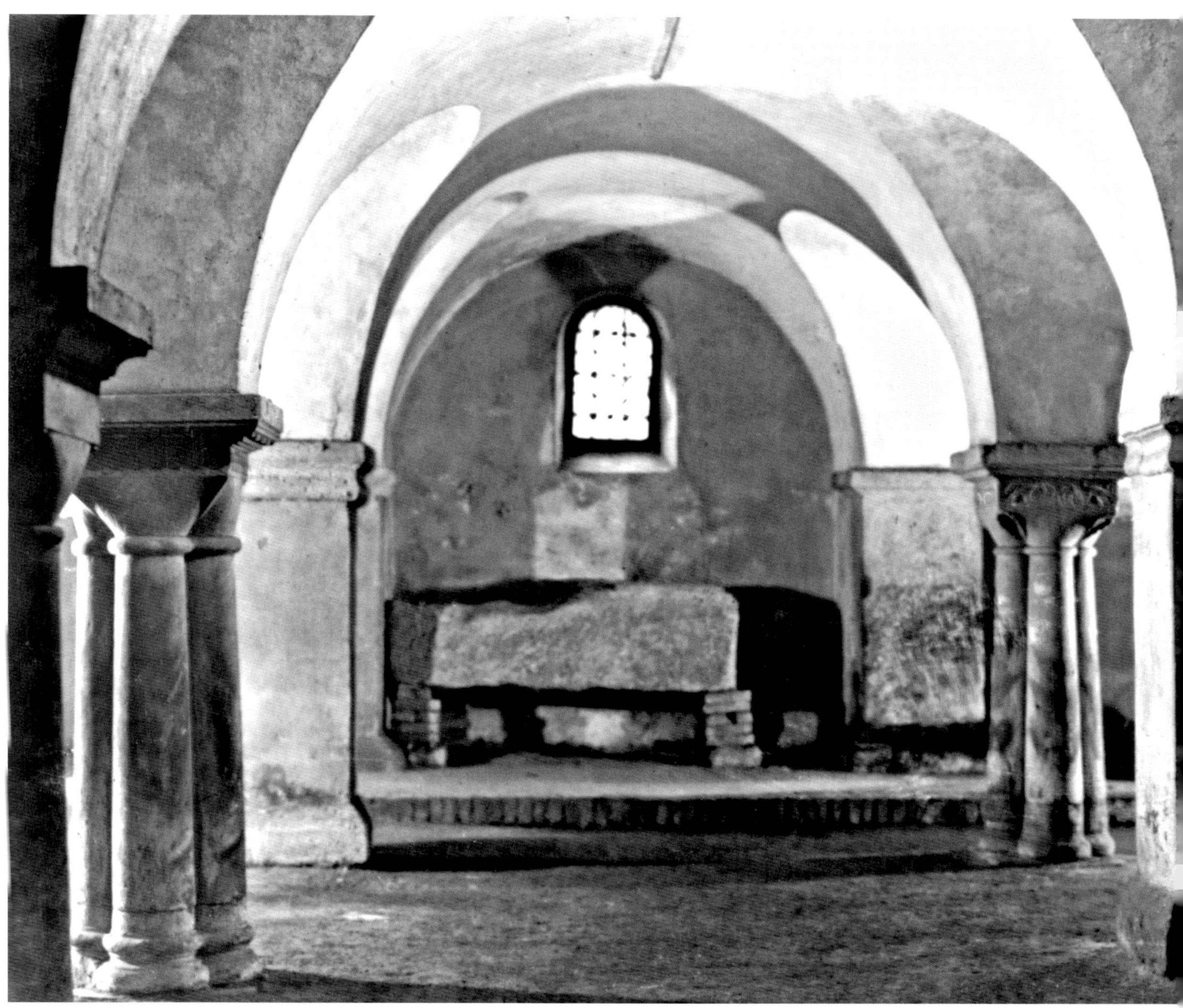

2 Meinwerksarkophag in der Krypta der Klosterkirche Abdinghof; Paderborn, um 1925 (Kat.Nr. 225)

ten Bauteil, nämlich der Krypta, beigesetzt worden sein. Balderichs Nachfolger, Wolbodo (1018–1021), wurde in der Abtei St. Laurentius bestattet. Das Grab lag in der Krypta der noch unvollendeten Kirche beim Marienaltar. Seinem Vorbild folgte Bischof Durandus (1021–1025).

Die Beispiele belegen, dass die Krypta einer Stifts- oder Klosterkirche durchaus ein möglicher Ort der bischöflichen Grablege im 10. und frühen 11. Jahrhundert war, besonders für herausragende Persönlichkeiten. Im Vergleich zu den Domgrablegen nimmt sich die Anzahl allerdings gering aus. Differenziert man das Ergebnis räumlich, fällt auf, dass in der ersten Hälfte des 11. Jahrhunderts allein Meinwerk von Paderborn, Bernward von Hildesheim und Sigebert von Minden (1022–1036) – der in seiner Gründung St. Martinus beigesetzt wurde – in den rechtsrheinischen Gebieten des Reichs eine Klosterkrypta zum Begräbnisort wählten.

Zwischen Kathedrale und Klostergründung als Grablege eines Bischofs bestand nachweislich schon im Reich der Karolinger ein starkes Konkurrenzverhältnis. Bekanntlich musste Karl der Große (768–814) entscheiden, ob Bischof Liudger (805–809) im Kloster Werden oder in Münster als Kathedralort beizusetzen sei. Ähnlich aufschlussreich ist die Auseinandersetzung, die sich in Köln um die Beisetzung des Bruders von Kaiser Otto I. (936–973), Erzbischof Brun, ergab, der verfügt hatte, in seinem 964 eingerichteten, der Gorzer Reform nahe stehenden Mönchskloster St. Pantaleon bei Köln beigesetzt zu werden, während der städtische Klerus den Dom als Grablege für passender hielt (Vita Brunonis 1951, cap. 48–49). In der

Klosterkirche Gorze ließ sich, durch Schenkungen und Bautätigkeit eng verbunden, Bischof Adalbero I. von Metz (929–964) bestatten. Und Bischof Notker von Lüttich (972–1008), ein Neffe Kaiser Ottos I., bestimmte testamentarisch seine Beisetzung in der von ihm gegründeten Stiftskirche St. Johannes (Gierlich 1990, S. 334–335).
Vorbildlich könnten auch die Entscheidungen einiger Erzbischöfe von Mainz, Köln und Trier auf Meinwerk gewirkt haben: Erzbischof Dietrich von Trier (965–977) wurde in seiner Stiftsgründung St. Gangolf an der Nordwestecke der Stadtmauer beigesetzt. Als Erzbischof Willigis von Mainz im Jahre 1011 starb, wurde nicht der kurz vorher abgebrannte Dom seine Grabeskirche, sondern seine Lieblingsgründung St. Stephanus. Im Turm der Stephanuskirche war ein jüngeres Epitaph für den Erzbischof angebracht, das ähnlich wie im Falle Meinwerks auf eine vollzogene Graböffnung, die Entnahme von Beigaben und die Erhebung der Gebeine Bezug nimmt (Regesta archiepiscoporum Maguntinensium 1877, Nr. 173). In der Stiftskirche St. Johannes ließ sich Erzbischof Erkanbald von Mainz (1011–1021) neben den Eingeweiden des heiligen Bonifatius beisetzen. Der Kölner Erzbischof Pilgrim (1021–1036), der in Fortführung der Pläne seines Vorgängers Heribert (999–1021) die Stiftskirche St. Aposteln fertigstellte, ließ sich dort bestatten.

Fazit

Erzbischöfe und Bischöfe, die sich im 10. bis 11. Jahrhundert nicht im Dom bestatten ließen, hoben sich meist schon durch ihre Stiftungen von den Amtskollegen ab. Die Gründung, persönliche Förderung und reiche Ausstattung der Stifte und Klöster ließ sie verehrungswürdig erscheinen,

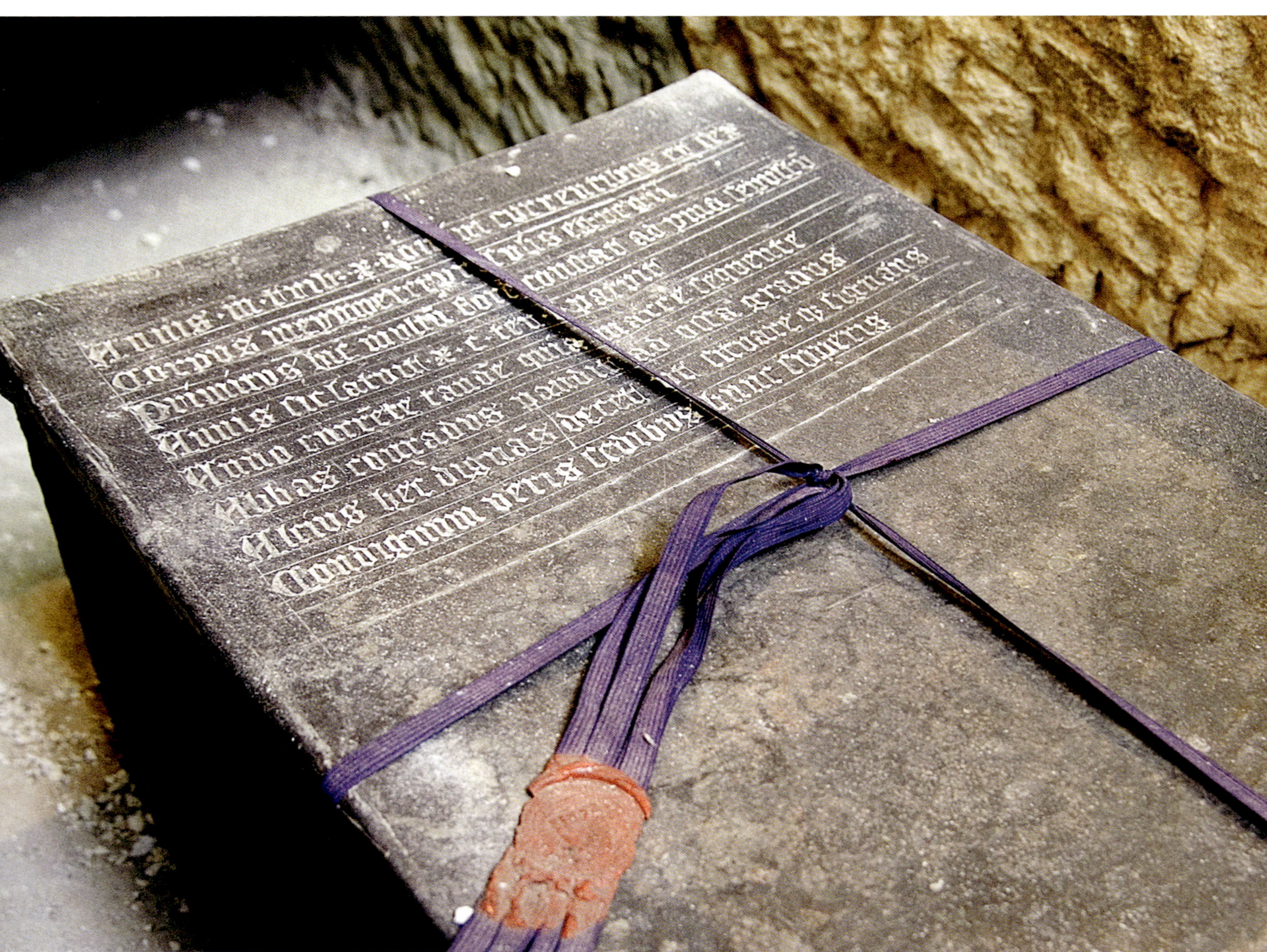

3 Bleikasten mit den Gebeinen Bischof Meinwerks; Paderborn, 1376

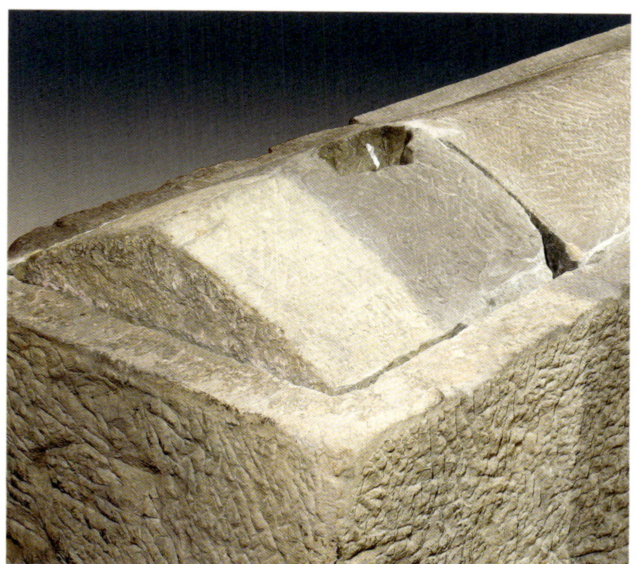

4 Der dachförmige Deckel des Sarkophags Bischof Meinwerks mit einer intentionellen Öffnung zur Kommunikation; Herkunft und Datierung unbekannt (Kat.Nr. 225)

zumal diese Neugründungen an städtebaulich exponierter Stelle lagen. Sie prägten maßgeblich das Bild der Domstädte und trugen zur kulturellen wie wirtschaftlichen Bereicherung bei. So wie in Paderborn, wo Meinwerk vermutlich mit seinen Gründungen Abdinghofkloster und Busdorfstift in der Bischofsstadt ein bauliches Gesamtkonzept anstrebte, das zum Ziel hatte, das heilige Kreuz symbolisch abzubilden, wollten auch andere Bischöfe die Sakraltopographie ihrer Städte bedeutungsvoll erweitern und ausbauen (siehe die Beiträge von Hirschmann und Odenthal). In Anlehnung an die zentralen Städte der Christenheit, Jerusalem und Rom, lag ihnen daran, heiligmäßige und damit vorbildlich wirkende Orte zu schaffen. Die Vorliebe für die eigene Gründung, der die Bischöfe durch ihr persönliches Engagement verpflichtet waren, schlug sich daher auch in der Wahl ihrer Grablegen nieder, zumal dort die individuelle *memoria* besser garantiert war.

Dem Vorbild Meinwerks und Poppos folgten in den nächsten drei Jahrhunderten Paderborner Bistumsgeschichte – abgesehen von Bischöfen, die in ein anderes Bistum wechselten, resignierten, lediglich in Paderborn providiert waren beziehungsweise zu Erzbischöfen promoviert wurden – Bernhard von Oesede (1127–1160), Sigfrid (1178–1188) und Günther von Schwalenberg (1307–1310). Auch sie ließen sich nicht im Dom bestatten, sondern in selbstgestifteten oder bevorzugten Klöstern: Bernhard und Sigfrid in Hardehausen, Günther vermutlich in Marienmünster. Abgesehen von diesen Bischöfen blieb, soweit die Überlieferung sichere Aussagen zulässt, der Dom die zentrale bischöfliche Grablege im Bistum Paderborn.

Quellen

Regesta archiepiscoporum Maguntinensium 1877 · Reliquienverzeichnis Paderborner Dom 1986 · Vita Bernwardi 1841 · Vita Brunonis 1951 · Vita Meinwerci 1921.

Literatur

Arens 1965/1966 · Balzer 1982 · Bannasch 1972 · Bauer/Hohmann 1968 · Bertram 1893 · Bertram 1896 · Bertram 1897 · Bertram 1899–1925 · Böhm 1993 · Brandt/Hengst 1984 · Braun 1907 · Ehrentraut 1951 · Ehrentraut 1952 · Fuchs 1916 · Fuchs 1936a · Fuchs 1965 · Gierlich 1990 · Goetting 1984 · Horch 2001 · Humann 1918 · Meier 1987 · Ortmann 1974 · Päffgen 2001/2002 · Schieffer 2001 · Schröder 1916 · Tack 1935 · Tenckhoff 1900 · Thümmler 1950 · Wirth 1959 · Wulf 2008.

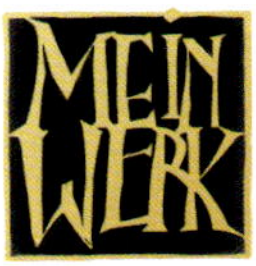

Von Angesicht zu Angesicht

Ikonographie und Darstellungsgeschichte des seligen Meinwerk

Christoph Stiegemann

Die Meinwerkrezeption in den Bildkünsten ist dem Umfang nach eher bescheiden, allerdings lassen sich Bildzeugnisse aus fast allen Jahrhunderten nachweisen, mehr als bei allen anderen Paderborner Bischöfen des Mittelalters. Schon daran lässt sich der besondere Rang Meinwerks für die Erinnerungskultur der Paderborner Kirche ablesen. Die Bildgeschichte im Zusammenhang zu betrachten, ist eine lohnende Aufgabe, beleuchtet sie doch die wechselnde Sichtweise auf die historische Person und verrät damit, welches Bild den Auftraggebern und Rezipienten in der jeweiligen Entstehungszeit vor Augen stand. Wie sich der Geist auch anstrengen mag, es sind notgedrungen immer Bilder und jede Zeit hat ihre eigenen, die unsere religiösen Vorstellungen vom Heiligen, von der historischen Persönlichkeit in ihren irdischen Lebensbezügen ebenso wie vom verklärten Heiligen bestimmen.

Die *Vita Meinwerci*, rund 130 Jahre nach dem Ableben Meinwerks verfasst, spielt im Mittelalter für die Ikonographie des Bischofs keine Rolle, obschon sie anekdotenreich seine unermüdlichen Anstrengungen im Königsdienst schildert, ihn als großen Bauherrn und frommen Stifter herausstellt und sein Bemühen um die geistlichen Belange in seiner Diözese würdigt. In der enormen Lebensleistung offenbart sich der eher nüchterne, pragmatisch ausgerichtete Charakter des Bischofs. Keines der geschilderten Ereignisse hat seinen Niederschlag in der Bildkunst gefunden, trotz der zahlreichen Beispiele in der Vita, die geeignet wären, in entsprechenden Bildzyklen szenisch umgesetzt zu werden. Auch gibt es keinerlei Hinweise, die Aufschluss über die Gestalt und das Aussehen des Bischofs geben.

Anders als seinem großen Bischofskollegen Bernward von Hildesheim (993–1022, Heiligsprechung um 1192) wurde Meinwerk im Mittelalter nie der Rang eines Heiligen zuteil. Darin liegt sicher ein wesentlicher Grund für die Tatsache, dass wir so wenige von den von ihm gestifteten oder getragenen Gegenständen noch besitzen, während die bernwardinischen Stiftungen im Bereich der Buch- und Schatzkunst in sehr viel größerem Umfang überkommen sind. Sie standen im Rang von Sekundärreliquien und wurden deshalb mit sehr viel größerer Sorgfalt gepflegt und pietätvoll behandelt. Meinwerk steht lediglich im Ruf der Heiligkeit und wird vor allem seit der Barockzeit als Seliger in lokaler Tradition verehrt. Auch die *Vita Meinwerci* trägt keine explizit hagiographischen Züge, sondern vermerkt eher die erfolgreichen irdischen Taten und Meinwerks Leistungen für die Kirche von Paderborn.

Umso auffälliger ist deshalb die älteste erhaltene Darstellung Meinwerks noch aus der Zeit vor dem Entstehen der *Vita Meinwerci*, die ihn bei der Feier des Messopfers zeigt. Sie findet sich auf der Deckplatte des berühmten Tragaltares des Paderborner Bischofs Heinrich II. von Werl (1084–1127), der ihn um 1120 dem Dom und seinen Patronen, der Gottesmutter und den Heiligen Liborius und Kilian, zum Geschenk machte (Kat.Nr. 230). Meinwerk erscheint auf der oberen Schmalseite zwischen Medaillons mit den Symbolen der Evangelisten Matthäus und Johannes, Engel und Adler. Er ist als jugendlicher Geistlicher im Profil nach rechts am Altar dargestellt. Im Gegensatz zu den Heiligen an Stirn- und Längsseiten sowie auf der Unterseite hat er keinen Nimbus. Meinwerk trägt eine bodenlange Albe, darüber Stola, Dalmatika und das weite, glockenförmig geschnittene Messgewand. In den erhobenen Händen hält er auf dem Manipel den Kelch mit Patene und Hostie. Vor ihm steht ein Altar auf profiliertem Sockel. Ein Altartuch mit geschmückten Säumen fällt in reichen Falten herab. Auf dem Altar steht ein Altarkreuz auf einem dreibeinigen Kreuzfuß. Bischof Meinwerk ist als Zelebrant folgende Beischrift beigegeben: »Bischof Meinwerk« und das Gebet des Priesters vor der Kelchkommunion: »Den Kelch des Heils will ich nehmen und anrufen den Namen des Herrn.« (Ps 116, 13).

Meinwerk erscheint hier zusammen mit dem Stifter Bischof Heinrich II. von Werl, der an der unteren Schmalseite mit dem Weihrauchfass in Händen den Altar inzensiert, auf dem bereits seine gottgefällige Stiftung, der Tragaltar mit Kelch und Patene, steht. Der Rückbezug auf Meinwerk ist Programm und geschieht mit Bedacht. Meinwerk wird als bedeutender Vorgänger und zweiter Begründer des Bistums aufgerufen, vor allem aber als herausragender Exponent der ottonisch-salischen Reichskirche und Diener dreier Kaiser in Stellung gebracht, der von Heinrich II. (1002–1024) vermutlich in Goslar 1009 in sein Amt eingesetzt wurde. Sein Bild dient somit der Legitimation der Stellung Heinrichs von Werl, der gleichfalls noch durch Kaiser Heinrich IV. (1056–1106) und ohne Beteiligung des Domkapitels investiert wurde. Dabei war und blieb er Parteigänger der salischen Herrscher. Mit Blick auf Bischof Heinrichs prekäre Stellung im Paderborner Bistum, der seinen Vorgänger Bischof Heinrich I. von Assel (1083–1090), einen Vertreter der kirchlichen Reformen im Geiste Papst Gregors VII. (1073–1085), 1085 nach Magdeburg vertrieb und, obschon vom Domkapitel nicht gewählt und mit zahllosen Absetzungssprüchen und Bannflüchen bedacht, über 40 Jahre im Amt blieb, erhält die Ikonographie des Tragaltares mit dem programmatischen Bezug zum großen Vorgänger beider Kontrahenten, nämlich Bischof Meinwerk, ganz neue Deutungsmöglichkeiten. Die Ikonographie spiegelt gewissermaßen die Umbrüche des Investiturstreites. Der Tragaltar wurde sicher nicht ohne Grund dem Dom gestiftet. Der Stifter konnte sicher sein, dass Domherren an diesem Portatile das Messopfer feierten und hoffen, dass auch er dabei kommemoriert würde.

Die ungewöhnliche Darstellung Bischof Meinwerks auf der Oberseite des Tragaltares findet ihre nächste und einzige Parallele in dem verlorenen, nur durch Beschreibungen überlieferten Heiliggrabkreuz aus dem Paderborner Abdinghofkloster. Meinwerk war dort auf dem oberen Kreuzbalken zu Füßen des Gotteslammes wiedergegeben, während auf dem unteren Kreuzbalken der Stifter mit dem Kreuz in Händen erscheint. Der Inschrift zufolge handelte es sich um einen Frater Thietmarus, der mit dem Kreuz jenes Gold zurückerstattete, das Bischof Meinwerk dem Kloster zur Anfertigung eines Kreuzes geschenkt hatte und das vom Konvent für andere Zwecke verwendet worden war.

In der Krypta der Kirche des Abdinghofklosters, die Meinwerk als seine Grabkirche (Weihe 1031) hatte errichten lassen, wurde er nach seinem Tod am 5. Juni 1036 – dem Bonifatiusfest, das damals auf den Samstag vor Pfingsten fiel – beigesetzt. Erst im 13. Jahrhundert – gegen 1270 – wurde für sein Grab die Platte mit dem Bild des Bischofs geschaffen (Kat.Nr. 106). Wie Nikolaus Schaten († 1676) in seinen Annalen mitteilt, wurde das Grab am Tag des heiligen Markus im Jahr 1376 von Abt Konrad von Allenhusen (1362–1405) in den Konventschor überführt. Die alte Grabstelle mit dem Steinsarkophag, die sich vermutlich vor dem Kryptenaltar, welcher dem heiligen Stephanus geweiht war, befand (Kosch 2006), blieb offen und war noch um 1700 öffentlich zugänglich. Eine Vorstellung von der gemauerten Tumba mit dem Grabbild im Konventschor vermittelt ein Stich in den *Acta Sanctorum* (siehe Abb. 1 im Beitrag von Schmalor). Nach der beigefügten Erklärung war das aus Backstein errichtete und verputzte Hochgrab Meinwerks 1598 renoviert und mit einem gemalten Figurenzyklus versehen worden. Auf der Vorderseite hob der selige Meinwerk ein Modell der zweitürmigen Abdinghofkirche zu Christus empor. An den Langseiten brachte er Dom und Busdorfkirche der Gottesmutter dar.

Einige Monate nach der Aufhebung des Klosters 1803 wurde die Tumba geöffnet. Dabei wurde eine Reliquie entnommen, wie ein interessanter Fund unter den Domreliquien belegt (Kat.Nr. 233), der Prälat Dr. Heribert Schmitz zu danken ist. Eine kleine längsovale Spanschachtel, in der sich die Reliquie befindet, ist auf dem Deckel mit Tinte beschriftet: »Reliquiae / authenticae de / B[eato] Meinwerco Epis[copo] / Fundatore M[ona]st[erii] / Abdinghofensis« (»Echte Reliquien vom seligen Bischof Meinwerk, Gründer des Klosters Abdinghof«). In den Deckel ist ein mit Tinte beschrifteter und gefalteter Zettel mit folgender lateinischer Authentik eingelegt: »Reliquiae de B. Meinwerco / nostro fundatore, quae 1803 / aliquot mensibus post nostram ex: / tinctionem ex sepulchro eius ex: / tractae in stanneo repositorio / erant positae, ex quibus ego Bene: / dictus Ferrari professus Abdinghof / fensis hanc particulam sum[p]si, et / in hac scatula reposui.« (»Reliquien vom seligen Meinwerk, unserem Gründer, die 1803 einige Monate nach unserer Aufhebung aus seinem Grab herausgenommen und in einem zinnernen Repositorium [Behältnis] bewahrt wurden, aus denen ich, Benediktus Ferrari, Profess[-mönch] von Abdinghof, dieses Stückchen herausgenommen und in diese Schachtel gelegt habe.«) Mit Pater Benediktus Ferrari († 1807), der bis zur Aufhebung Küchenmeister im Abdinghofkloster war, können wir somit einen Augenzeugen der Zerstörung der Grabtumba Meinwerks in der Abdinghofkirche namhaft machen. Die Reliquien, die bereits 1376 in den genannten zinnernen Kasten gebettet wurden, gelangten in die Busdorfkirche. Anfänglich blieb der Reliquienkasten in einem Sakristeischrank aufbewahrt. Erst nach dem Zweiten Weltkrieg wurde der steinerne Sarkophag, der bis dahin in der Krypta der Abdinghofkirche stand, in die Busdorfkirche überführt (Kat.Nr. 225). Ergänzt und mit einem Deckel versehen, nahm er nun die zinnerne Truhe von 1376 mit den Reliquien auf. Er hat heute seinen Platz an prominenter Stelle im Chorhaupt der Busdorfkirche. Wann die Spanschachtel mit der Meinwerkpartikel in den Dom kam, ist nicht überliefert.

Die Grabplatte mit dem Grabbild befindet sich seit 1936 im tonnengewölbten Vorraum der Bischofsgruft des Domes. An Kopf- und Fußende wurde die Platte um einige Zentimeter gekürzt. Die moderne Umschrift verweist auf die mehrfache Umbettung der Gebeine: ++ DE OSSIBUS · B(EATI) · MEINWERCI · EPISC(OPI) · PADERB(ORNENSIS) · MAGNI · ARTIUM · FAUTORIS + DEFUNCTI · A(NN)O · MXXXVI · SEPULTI · PRIMUM · IN · CRYPTA · DEINDE · IN CHORO · MONAST(ERII) · ABDINGH(OFENSIS) · TANDEM · IN ECCL(ESIAM) · BUSD(ORF) + HUC TRANSLATI A(NN)O

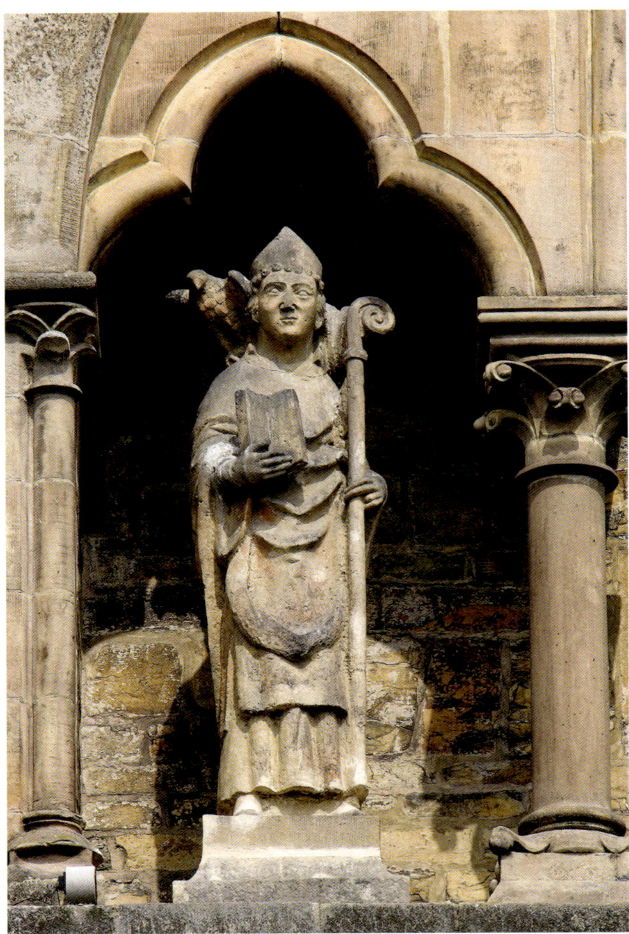

1 Bischof Meinwerk am Giebel des Ostquerhauses des Paderborner Doms; um 1260/1270

MCMXXXVI (»Gebeine des seligen Bischofs Meinwerk von Paderborn, des großen Förderers der Kunst; er starb 1036, wurde zuerst in der Krypta, dann auf dem Chor der Abdinghofkirche, endlich im Busdorf begraben und hierhin überführt im Jahre 1936.«). Die Grabplatte zeigt den Bischof im Pontifikalornat. Das Pedum hält er mittig vor dem frontal dargestellten Körper. Die Gewänder gliedert vielteiliges, teils durch feines Oberflächenrelief differenziertes Faltenwerk. Das große, plastisch artikulierte, von der Mitra bekrönte Haupt ruht auf einem flachen, an den Enden abgebundenen Kissen, die Füße stehen auf einem Erdhügel. Mit geöffneten Augen sieht der Verstorbene der Auferstehung entgegen.

Stilistisch setzt die Grabfigur die steinernen Apostel der Paradiesvorhalle voraus, geht aber im Formgefühl und im Bemühen, dem Grabbild das Starre zu nehmen und die Züge zu verlebendigen, deutlich über diese hinaus. Nach Stil und Komposition sehr ähnlich erscheint eine Bischofsstatue derselben Größe am Giebel des Ostquerhauses, die, will man sie mit der frühen Paderborner Bistumsgeschichte in Beziehung bringen, wohl am ehesten Meinwerk darstellt (Abb. 1). Darin den zweiten Bischof von Paderborn, Badurad (815–862), zu sehen, erscheint eher abwegig, wurde doch im 13. Jahrhundert kein anderer der frühen Paderborner Oberhirten in gleicher Weise verehrt und wäre damit an so prominenter Stelle darstellungswürdig gewesen. Die Figur trägt eine Taube auf der Schulter und präsentiert mit der Rechten ein geöffnetes Buch, während die Linke den Bischofsstab in der Art der Grabfigur mit zwei Fingern umfasst. Hier möchte man einen Werkstattzusammenhang annehmen, ebenso bei der zweiten Giebelfigur, die Bischof Simon I. zur Lippe darstellt, dessen Amtszeit von 1247 bis 1277 währte. Vor dessen Tod, wohl in der Zeit um 1270, dürften die Giebelfiguren und mithin auch die Grabfigur entstanden sein.

Jünger als die Grabfigur – und sicher nicht in unmittelbarem Zusammenhang mit ihr entstanden – ist der so genannte Bischofsstab Meinwerks, der bei der Umbettung in den Hochchor 1376 dem Grab entnommen und als derjenige des Gründerbischofs verehrt wurde. Der Stab gelangte nach Aufhebung des Abdinghofklosters mit in die Busdorfkirche. Er befindet sich heute in der Sammlung des Diözesanmuseums (Kat.Nr. 232). Der glatte Holzstab ist erneuert. Die achtseitige, elegant geformte Spirale der Krümme setzt über einem profilierten Knauf an und endet in einem Dreiblatt. Außen ist sie mit kleiner werdenden Krabben besetzt. Dem stilistischen Befund nach dürfte sie zu Anfang des 14. Jahrhunderts entstanden sein. Nicht auszuschließen ist, dass es sich um einen Abtsstab aus Abdinghof handelt, den man in den Sarkophag des verehrten Gründers mit einlegte

Sicher hatte das neue Hochgrab im Chor der Klosterkirche und die damit vollzogene Erhebung zur Ehre der Altäre wesentlichen Anteil an der Intensivierung der Verehrung des seligen Meinwerk im späten Mittelalter. Ihren sichtbaren Ausdruck fand sie am Grabdenkmal Bischof Rothos (1036–1051) im Paderborner Dom, das erst 400 Jahre nach dessen Tod gegen 1460 entstand. Die Tumba mit der Grabfigur Rothos stifteten Wilhelm von Büren-Büsinghem und seine Gemahlin Irmgard zur Lippe. Sie fand zuerst ihren Platz auf der steinernen Mensa des ehemaligen Sakramentaltares an der Südwand des Hochchores. Seit 1924 steht sie an der Ostwand des nördlichen Querhauses im Dom. Die Längswand der Tumba zieren sechs Wimpergarkaden mit den Halbfiguren der für Paderborn wichtigen Heiligen. Das ikonographische Programm der Grabtumba fasst somit die Anfänge der Paderborner Bistumsgeschichte in abbrevierter Form zusammen. Außen erscheinen Papst Leo III. (795–816) mit Buch und Tiara links und Karl der Große (768–814) mit Schwert und Sphaira rechts. Neben dem Papst sind von links nach rechts die drei Dompatrone dargestellt: der heilige Liborius mit Buch und Stab, die Gottesmutter und der heilige Kilian mit Märtyrerpalme und Stab. Neben diesem erscheint die Halbfigur des seligen Meinwerk mit Stab und dem Modell der von ihm gestifteten Abdinghofkirche. Damit wird er erstmals gleichberechtigt in den Kreis der Patrone und Gründungsheiligen der Paderborner Kirche einbezogen.

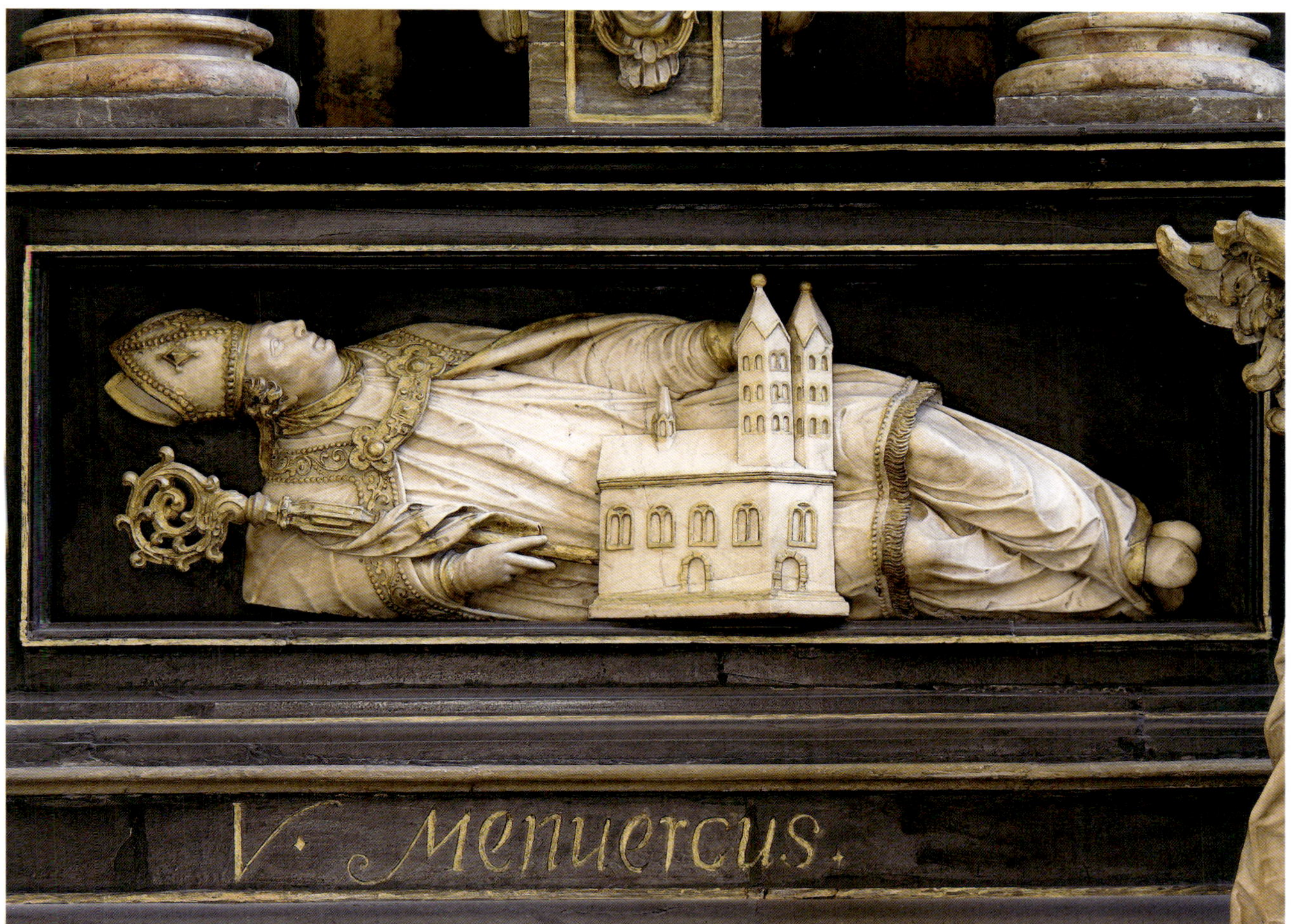

2 Liegefigur des seligen Meinwerk, Detail der Predella des Grabdenkmals Fürstbischof Dietrichs von Fürstenberg; Heinrich Gröninger, 1616–1622. Paderborn, Hoher Dom

Das Schriftband, das den Rundstab unterhalb der Figurennischen umzieht, nennt Karl den Großen »Gründer«, den heiligen Papst Leo »Konsekrator«, die Gottesmutter, den heiligen Kilian und den heiligen Liborius »Patrone dieser Kirche« und schließlich den seligen Meinwerk »Erneuerer«.

Das am Rothograbmal erstmals in knapper Form verwirklichte bistumsgeschichtlich geprägte Programm wurde nach der Zäsur der Reformationszeit am 1616 bis 1622 geschaffenen Grabdenkmal des Paderborner Fürstbischofs Dietrich von Fürstenberg (1585–1618) aufgegriffen und gesteigert. Der Kreis der in Säulennischen aufgestellten repräsentativen Heiligengestalten im zweigeschossigen Hauptbau des Monumentes wird durch zwei Liegefiguren bereichert, die in der Art von Grabfiguren in die seitlichen Relieffelder der Predella integriert sind. Links ist Bischof Meinwerk mit dem Modell der von ihm gegründeten Klosterkirche Abdinghof dargestellt (Abb. 2), rechts ruht der heilige Bekenner Meinolf († um 857), der 837 auf seinem väterlichen Erbgut Böddeken ein Kanonissenstift gründete. Darauf verweist das Chormodell der Klosterkirche, das er vor sich hält. Beide sind der knienden Grabfigur des Fürstbischofs am nächsten zugeordnet, der sich in den Mittelfeldern der Predella mit seinen Baustiftungen – der Residenz in Neuhaus, der Wewelsburg und der Academia Theodoriana – abbilden lässt. Damit stellt er sein Wirken in die Nachfolge dieser großen Stiftergestalten aus der Paderborner Bistumsgeschichte, die am Grabmal als hervorragende Vertreter der *vita activa* aufgerufen sind. Galt Bischof Meinwerk der Zeit als »renovator« und zweiter Begründer des Bistums, so tritt Dietrich von Fürstenberg am Grabmal gleichsam als »zweiter Meinwerk« auf, der den alten Glauben festigen und das Bistum zu neuer Blüte führen konnte. Schon die Widmung der *Vita Meinwerci*, welche Pater Christoph Brouwer SJ († 1617) im Jahr 1616 in Mainz erstmals im Druck herausgab, feierte Dietrich ganz in diesem Sinne als einen »Renatum alterum Meinwercum / et tamquam eius Ecclesiae Phoenicem«, als einen »wiedergeborenen zweiten Meinwerk / und gewissermaßen als einen Phönix dieser Kirche.« (Kat.Nr. 127).

In der Zeit nach dem Dreißigjährigen Krieg ist besonders das Engagement Fürstbischof Ferdinands von Fürstenberg (1661–1683) zur Intensivierung der Verehrung seines großen Vorgängers Meinwerk hervorzuheben. Seiner Initiative ist es zu

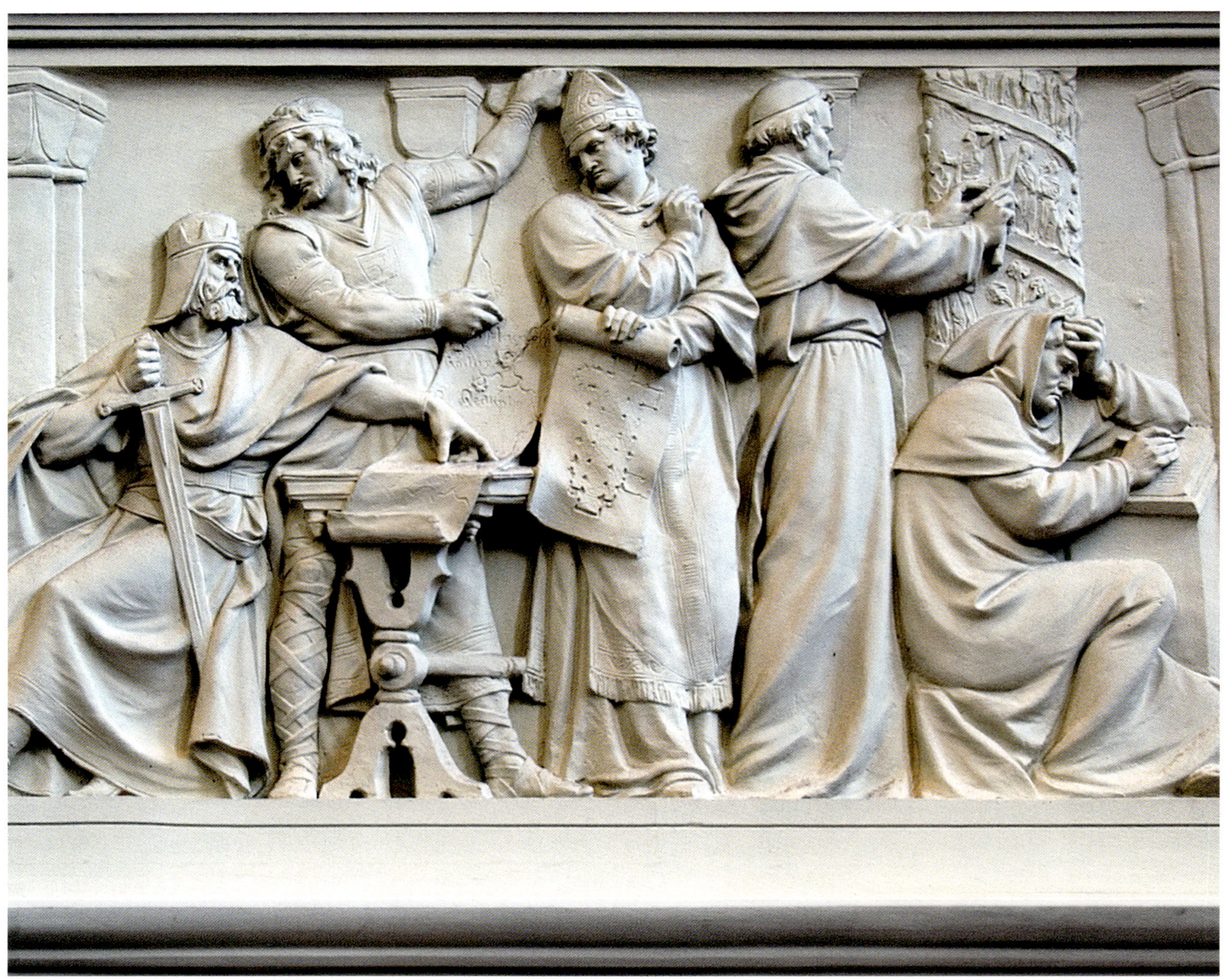

3 Bischof Meinwerk inmitten der Könige Otto I. und Heinrich I. (beide links), Bischof Bernwards von Hildesheim und Lamperts von Hersfeld (beide rechts); Otto Geyer, 1870–1876. Berlin, Staatliche Museen zu Berlin, Alte Nationalgalerie, Figurenfries im Treppenhaus

verdanken, dass Meinwerk Aufnahme in die *Acta Sanctorum* der Bollandisten in Antwerpen fand, was, wie Hermann-Josef Schmalor in seinem Beitrag zur Meinwerkrezeption in diesem Band herausstellt, einer außerordentlichen Form der Heilig- beziehungsweise Seligsprechung gleichkam. Als Illustration findet sich in den *Acta Sanctorum* der oben bereits kurz erwähnte Holzschnitt, der die Grabtumba Meinwerks im Konventschor der Abdinghofkirche zeigt. Die Tumba, die an der Längs- und Schmalseite gereihte Figuren zeigt, von denen links außen Johannes der Täufer neben einer Gruppe weiterer Personen, Meinwerk als Bischof vor der Gottesmutter sowie ein Abt und eine Äbtissin zu identifizieren sind, trägt die Grabplatte des 13. Jahrhunderts, die nach Haltung und Ausstattung recht genau wiedergegeben ist. Für den Autor des Beitrags in den *Acta Sanctorum* steht nach ausführlicher Diskussion fest, dass Meinwerk zu den Seligen zu zählen sei. Derart autorisiert und offiziell sanktioniert, konnte er im »Ranking« unter den Paderborner Heiligen eine deutliche Steigerung verbuchen. Entsprechend prominent tritt er nun neben den Bistumsheiligen im Kopfstück des Wappenkalenders des Fürstbistums Paderborn von 1691 auf, zu dem Johann Georg Rudolphi († 1693) die Vorzeichnung lieferte (Kat.Nr. 237). Sie hat sich in der graphischen Sammlung des Wallraf-Richartz-Museums Köln erhalten. Hier erscheinen zu Seiten der in der Mitte auf der Mondsichel thronenden Gottesmutter die beiden auf dem Kranzgesims des Segmentbogengiebels hingelagerten Dompatrone Kilian und Liborius nebst den Kaisern Heinrich II. und Karl dem Großen, die außen stehend dargestellt sind. Dahinter präsentiert auf der linken Seite der selige Meinwerk das Modell des Paderborner Domes, ihm gegenüber der heilige Meinolf die Klosterkirche von Böddeken. Ferdinand war auch ein großer Verehrer Meinolfs. Sein Ziel war es, den bodenständigen Heiligen neben Liborius aus dem französischen Le Mans gleichsam zum Mitpatron des Paderborner Bistums zu machen. Ihm stellt er Meinwerk als zweiten Gründer der Kirche von Paderborn gleichberechtigt zur Seite. Die Zuordnung Meinwerks zum heiligen Meinolf, die erstmals am Grabdenkmal Dietrichs von Fürstenberg zu belegen ist, bleibt bis ins 18. Jahrhundert verbindlich. Sie erscheint auch im Kopfstück des zweiten Wappenkalenders des Fürstbistums, der nach dem Entwurf des Paderborner Hofarchitekten Franz Christoph Nagel († 1764) 1747 in Kupfer gestochen wurde. Bei aller Verräumlichung und atmosphärischen Verdichtung der in bewegtes Hell-Dunkel übersetzten Komposition bleibt die überkommene Hierarchie der Heiligen im Paderborner Heiligenhimmel erhalten. In der zweiten Hälfte des 18. Jahrhunderts entstand das Memorialbild Bischof Meinwerks in der Sammlung des Diözesanmuseums, das ihn im Pontifikalornat mit dem Modell der Abdinghofkirche und seinem Wappen zeigt (Kat.Nr. 238). Das Wappen mit den drei Lilien ist bereits als Holzschnittillustration der Lebensbeschreibung Meinwerks in der Paderborner Bischofsgeschichte von Hermann von Kerssenbroick († 1585) beigegeben. Es erscheint auch auf dem Bucheinband, den Bischof Meinwerk auf einem zweiten, im Zweiten Weltkrieg verbrannten Gemälde hält, welches ihn als Gründer des Busdorfstiftes zeigt. Dem Stilbefund nach dürften beide Bilder vom selben Künstler geschaffen worden sein. Damit endet die Bildgeschichte Meinwerks in fürstbischöflicher Zeit. Nach dem Traditionsbruch durch Aufklärung und Säkularisation wandeln sich Ikonographie und Kontext der Darstellungen.

Ein interessantes Beispiel der politischen Instrumentalisierung ist die Aufnahme Meinwerks in den Fries der Deutschen im Treppenhaus der Alten Nationalgalerie zu Berlin, der zwischen 1870 und 1876 von dem Berliner Bildhauer Otto Geyer († 1914) geschaffen wurde. Hier erscheint der Reichsbischof und »Königsdiener« Meinwerk als Repräsentant der Gründungsjahre des Deutschen Reiches. Eine Säule mit romanischem Würfelkapitell bildet die Zäsur. Neben ihr sitzt König Heinrich I. (919–936), der in der Rechten das Schwert hält und mit der ausgestreckten Linken auf eine Karte der ostfränkischen Gebiete mit den wichtigen Stätten der ottonischen Machtentfaltung im Osten weist: Magdeburg, Goslar, Quedlinburg und Hildesheim. Hinter ihm steht Otto der Große, der die Karte entrollt und mit ausgestreckter Linker gen Osten weist. Neben diesem ist Bischof Meinwerk dargestellt, der vor dem Leib den Grundrissplan des Paderborner Domes hält, sowie neben ihm, im Profil nach rechts, der mit Modellierarbeiten an der nach ihm benannten Bronzesäule in Hildesheim beschäftigte Bischof Bernward von Hildesheim. Rechts beschließt der mit Schreibarbeiten befasste Chronist Lampert von Aschaffenburg (genannt von Hersfeld, † um 1085) die Epochengruppierung (Abb. 3). Die ideologische Vereinnahmung Meinwerks im deutsch-nationalen Geiste ist sicher auch vor dem Hintergrund des Kulturkampfes zu sehen, der exakt in die Entstehungsjahre des Frieses zwischen 1871 und 1878 fiel.

Erst in der Zeit des Historismus haben wir Belege, dass die *Vita Meinwerci* als historische Quelle bildwirksam wird. Das zeigt sich etwa im Fensterzyklus des 1907 errichteten neuromanischen Erweiterungsbaus der St. Michaelskirche zu Kirchborchen aus der zweiten Hälfte des 12. Jahrhunderts. Hier erscheint in einer Rundbogennische »St. Meinwercus« als jugendlicher Bischof kniend nach links. Er blickt zu Christus auf, der mit einer Palme in der Linken in den Wolken erscheint. Ihm präsentiert Meinwerk auf erhobenen Händen das Modell der romanischen St. Michaelskirche. Das bezieht sich auf Angaben der *Vita Meinwerci*, wonach 1015 Meinwerk den zur Marktkirche in Paderborn gehörenden Leuten von Südborchen gestattet haben soll, eine (hölzerne) Kirche auf Abdinghofer Grund zu bauen, die unter der Sendgerichtsbarkeit des Domes blieb (Vita Meinwerci 1921, cap. 157). 1042 weihte Bischof Rotho die vom Abdinghofer Abt Wolfgang errichtete St. Galluskirche, die wüst fiel und deren Rechte später an die St. Michaelskirche wechselten. Damit ist die Bildgeschichte Meinwerks bis ins 20. Jahrhundert fortgeführt. Den vorläufigen Abschluss bildet die Statuette des seligen Meinwerk, die Heinrich Gerhard Bücker († 2008) 1982 für den Heiligenzyklus auf dem neu geschaffenen Dorsale des Chorgestühls im Paderborner Dom schuf. Hier ist er in der Reihe der Heiligen auf der Südseite als vierte Statuette von Osten dargestellt. Meinwerk als Bischof mit Mitra und Stab trägt in der Hand ein Kapitell als Attribut, das ihn als Stifter und Bauherrn des Domes ausweist.

Überblickt man abschließend die Darstellungsgeschichte, so zeigt sich, dass sich bis ins 18. Jahrhundert keine verbindliche Ikonographie des seligen Meinwerk herausbilden konnte. Vielmehr wechseln die individuellen Attribute je nach Kontext und Bestimmung des Werkes. Ganz gleich, ob Meinwerk mit dem Dom, der Abdinghof- oder Busdorfkirche dargestellt wird, ob er den Grundriss des Domes, das Modell der St. Michaelskirche zu Kirchborchen oder ein Säulenkapitell trägt, immer ist es seine umfangreiche Bau- und Stiftungstätigkeit, die im Bewusstsein der Nachwelt lebendig blieb und die in seinen Darstellungen ihre Verherrlichung erfuhr.

Quellen

Vita Meinwerci 1921.

Literatur

Böhm 1993 · Börste/Ernesti 2004 · Brandt/Hengst 1984 · Brandt/Hengst 2002 · Heppe 1977 · Kat. Paderborn 2006 · Kindl 1986 · Kosch 2006 · Stiegemann 1986 · Stiegemann 1989 · Stiegemann 2008 · Stiegemann/Westermann-Angerhausen 2006 · Strohmann 1981 · Strohmann 1986 · Tack 1955 · Wullen 2002.

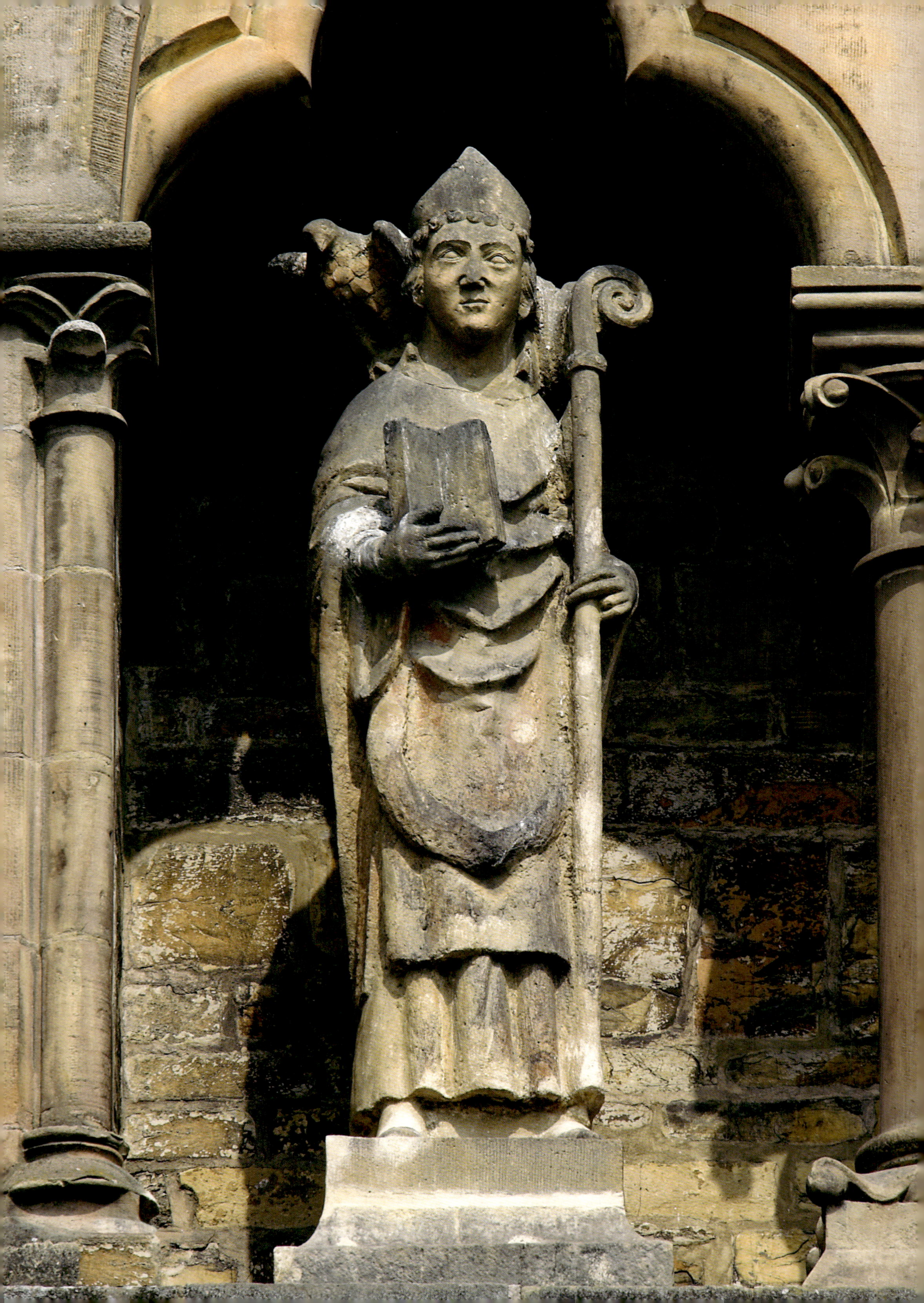

Museum in der Kaiserpfalz

- 1009: Meinwerk wird Bischof
- Meinwerk im Kirchenreich der Ottonen und Salier
- Meinwerk und die Kriege des Königs
- Meinwerk als Gastgeber
- Der Bischof baut
- MeinWerk: Paderborn
- Die *Vita Meinwerci*

Erzbischöfliches Diözesanmuseum

- Die Bischöfe – Kollegen des Königs. Die Synode zu Dortmund 1005
- Die Ausbildung der Bischöfe. Domschulen und Bildungskanon
- *Ordo missae* – der Bischof am Altar
- Heilige – Reliquien – Patrozinien
- Heilige Bücher für die Liturgie – Sigebert von Minden
- Der Bischofssitz als Heilige Stadt
- Tod und Jenseitsvorsorge
- Meinwerk im Bild – das Nachleben

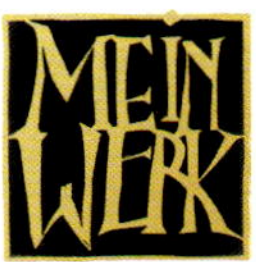

1009: Meinwerk wird Bischof

1 ***Vita sancti Audomari***
Anonym, St-Omer, 3. Viertel 11. Jahrhundert
Pergament – H. 33 cm, B. 23 cm
St-Omer, Bibliothèque de l'Agglomération, Ms. 698

Der hl. Audomarus († um 670) – im Französischen »Omer« – ist der erste sicher belegte Bischof von Thérouanne, der in der Reimser Kirchenprovinz gelegenen »civitas« der Morini (Frankreich, Pas-de-Calais, arrondissement St-Omer). Die Stadt wurde 1553 zerstört. Papst Paul IV. (1555–1559) hob 1559 die gleichnamige Diözese auf und wies sie den neuen Bistümern Boulogne, St-Omer und Ypern zu. Audomarus gehörte der vom hl. Columban († 615) gegründeten Klostergemeinschaft von Luxeuil an, die als bedeutendes Ausbildungszentrum des Episkopats im 7. Jahrhundert gilt. Auf Empfehlung Bischof Acharius' von Noyon-Tournai (621–639), eines ehemaligen Mitgliedes dieser burgundischen Gemeinschaft, wurde Audomarus von König Dagobert I. (629–639) zum Bischof von Thérouanne ernannt (Acharius veranlasste auch, dass der hl. Amandus vom König als Missionsbischof ins Tal der Schelde geschickt wurde.). Kurz vor 639 traf Audomarus in Thérouanne ein, wo die Bevölkerung vorwiegend noch heidnisch war. Sie wurde von ihm mit Hilfe von drei Missionaren (Mummolenus, Ebertramnus und Bertinus) bekehrt. Diese Missionare erhielten vom Bischof die Erlaubnis, in der »villa Sithiu« ein Kloster zu gründen, dessen Leitung Bertinus übernahm. Auf die dort entstandene Abtei St-Bertin geht die Stadt St-Omer zurück. Audomarus wurde in Sithiu in der von ihm errichteten Marienkirche begraben; daraufhin wurde die Stiftskirche in St-Omer umbenannt. Dort ist auch seine Vita entstanden.
Die Lebensbeschreibung des hl. Audomarus wurde erstmals Anfang des 9. Jahrhunderts verfasst und bis zum frühen 12. Jahrhundert mehrmals geändert bzw. ergänzt. Die dritte Fassung (*Vita tertia*), die in der Handschrift 698 der Stadtbibliothek von St-Omer vorliegt, wurde am Ende des 9. Jahrhunderts vom Autor der zweiten Lebensbeschreibung des hl. Bertinus (*Vita Bertini secunda*) geschrieben und im 3. Viertel des 11. Jahrhunderts in diese Handschrift kopiert und mit Miniaturen versehen, die das Leben und die Wunder des hl. Audomarus illustrieren. Sie ist stilistisch mit anderen Handschriften aus dem Lütticher Raum zu vergleichen und es wird angenommen, dass deren Schreiber bzw. Maler im salischen Reich ausgebildet wurde. Es ist nicht auszuschließen, dass diese Schreibwerkstatt dem Umkreis Judiths von Flandern († 1094), der Halbschwester des Grafen Balduin V. von Flandern († 1067), angehörte. Diese Handschrift wurde wahrscheinlich für die Kanonikergemeinschaft von St-Omer angefertigt. Sie war spätestens seit dem frühen 12. Jahrhundert in deren Besitz, wie aus einer in diesem Codex eingetragenen Beschreibung der Reliquien der hl. Austrebertha zu entnehmen ist. Im 13. Jahrhundert wurden zwei weitere Bischofsviten beigefügt (die Vita des Erkembodus, um 721/723–um 737/742 Bischof von Thérouanne, und die des Autbertus, Bischof von Cambrai [633–669]); der Codex enthält auch auf den beiden ersten Blättern den Text eines Briefes von Johannes, Bischof von Tusculum († 1119), an Bischof Richard von Albano († 1114) bezüglich der Gewalttat Kaiser Heinrichs V. (1106–1125) gegenüber Papst Paschalis II. (1099–1118) im Jahr 1111.
Der Autor der *Vita tertia* übernahm die Beschreibung der *Vita prima*. Den Gewohnheiten des 9. Jahrhunderts entsprechend – d.h. ohne dem Ablauf der Investitur eine besondere Aufmerksamkeit zu schenken – beschrieb er die Ernennung des Audomarus folgendermaßen: »Berufen von dem ehrwürdigen Fürst Dagobert und vom ganzen Volk der Franken empfing der sehr auf die Demut gesinnte [Audomarus] die bischöfliche Würde mit Hilfe des hl. Bischofs Acharius von Noyon, damit er das Volk der Stadt Thérouanne unterrichte und regiere« (cap. 4). Der Illuminator der Handschrift Nr. 698 von St-Omer konnte sich einen solchen Vorgang nicht anders als durch die Übergabe des Bischofsstabes vorstellen, die in seiner Zeit üblich war: Dadurch wurde der Bischof vom König formell in sein Amt eingeführt. Diese Darstellung zählt zu den frühesten Abbildungen dieses Vorgangs, der durch die schriftlichen Quellen seit der späten Karolingerzeit dokumentiert ist und seit der Ottonenzeit häufig beschrieben wird. Es werden hier

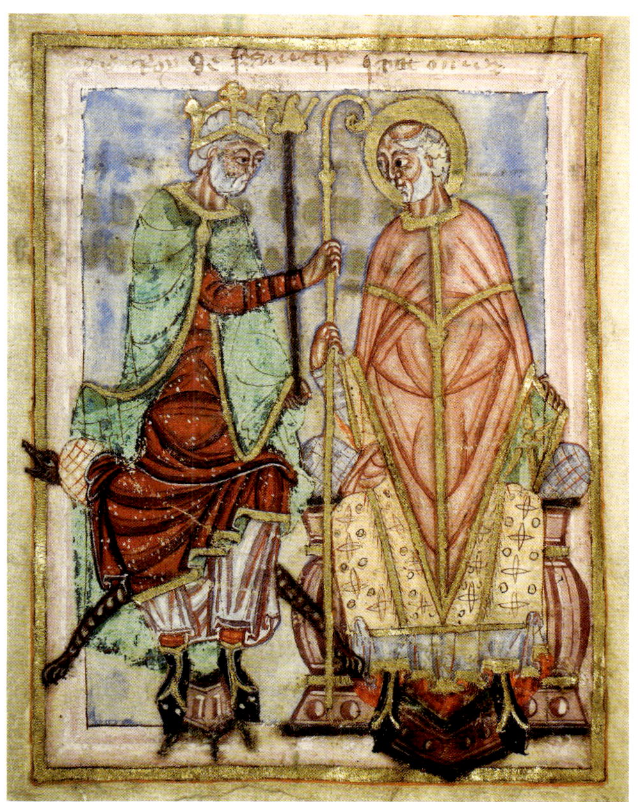

1 · fol. 7v

nur Dagobert und Audomarus abgebildet; beide sind mit den Insignien ihrer Macht bzw. ihres Amtes dargestellt: der Herrscher mit Krone und Königsstab und der einzusetzende, durch seinen Heiligenschein ausgezeichnete Bischof im liturgischen Ornat (hier nur das Messgewand – damals war die Mitra noch nicht üblich) und mit einem geschlossenen Buch (das Lehren des Glaubens ist eine bischöfliche Aufgabe). Sie halten beide den Bischofsstab mit der rechten Hand. In ungewöhnlicher Weise sitzen König und Bischof auf fast gleicher Höhe (Dagoberts Füße und sein Kopf sind ganz leicht höher gezeichnet), beide auf ihrem eigenen Thron: der König auf einem kurulischen Stuhl, der an den sog. »Thron Dagoberts« im Cabinet des Médailles der Bibliothèque nationale de France in Paris erinnert, und der Bischof auf seinem Bischofsstuhl. Sonst war es Usus, den zukünftigen Bischof – d.h. den vom Volk und vom Klerus »gewählten« Bischof – stehend vor dem sitzenden Herrscher darzustellen, um die Ungleichheit des Ranges und die Unterstellung des noch nicht geweihten Kandidaten, der sein Amt durch diese Geste empfängt, zum Ausdruck zu bringen. Als Vorbild für die hier gemalte Szene können zwei Darstellungstypen aus anderen Handschriften genannt werden: einerseits die Darstellung einer »disputatio«, eines Gespräches zwischen zwei sitzenden Personen (dies ist in karolingischen und ottonischen Miniaturen häufig zu sehen), andererseits eine in dieser Form seltenere bildliche Schilderung der Schlüsselübergabe an Petrus, wobei Audomarus die Stelle des Apostels und Dagobert die Stelle Christi einnehmen würde. Es ist unklar, ob diese einzigartige Darstellung eine besondere Bedeutung hat und ggf. welche. Die Inschrift lautet: »Hier [empfängt] Audomarus das Amt eines Bischofs von Thérouanne.«

Lit.: Boinet 1904 · Depreux 2006a · Depreux 2006b · Deremble 2000 · Mériaux 2006, S. 320–323, 363–364 · Svoboda 1983, S. 128–131.

Ph.D.

2 Sog. Stab des hl. Heribert

England, Mitte 11. Jahrhundert
Stab aus Holz mit Silberbeschlägen – H. 135 cm
Krümme aus Walrosszahn – abgegriffen,
kleinere Beschädigungen – H. 5,7 cm, B. 13,8 cm
Köln, Kath. Kirchengemeinde St. Heribert, Köln-Deutz

Auf der einen Seite der aus Walrosszahn geschnitzten Taukrümme ist Christus am Kreuz zwischen Maria und Johannes dargestellt. Seitlich erscheinen Sonne und Mond. Die Gegenseite zeigt den Weltenrichter, umrahmt von einer Mandorla, die zwei kniende und zwei schwebende Engel halten. Die Krümme mündet in zwei stilisierten Löwenköpfen, die aus Blattkränzen hervorragen. Eine silberne Metallmanschette verbindet Krümme und Stab. Auf ihr befinden sich zwei Illustrationen des Osterereignisses, die im frühen Mittelalter oft nebeneinander gezeigt wurden: die Frauen am leeren Grab des auferstandenen Christus und Christi Abstieg zur Unterwelt. Auf dem oberen Rand der Silbermanschette bezeichnen eingravierte Inschriften die Reliquien Mariens und des hl. Christophorus. Ähnlich reich verzierte Krücken aus Elfenbein oder Walrosszahn sind vor allem aus dem angelsächsischen Raum bekannt. Der Stab des hl. Heribert ist eines der wenigen erhaltenen Beispiele englischer Kunst, die im 11. Jahrhundert auf dem Kontinent zu finden sind. Grundsätzlich blieben Bischofsstäbe, zumal aus dem 11. Jahrhundert, äußerst selten erhalten.

Heribert, Erzbischof von Köln (999–1021), tritt als Weggefährte Meinwerks (1009–1036) an verschiedenen Stellen der *Vita Meinwerci* in Erscheinung. In cap. 139 der Lebensbeschreibung wird Heribert als Erbauer eines Klosters genannt, das er zu Ehren der hl. Maria in der Feste Deutz errichtete. Einem Abt dieses Klosters soll Heribert diesen Stab zum Geschenk gemacht haben. Allerdings neigt die jüngere Forschung zu einer Datierung um die Mitte des 11. Jahrhunderts.

Die enge Verflechtung zwischen dem Sakralkönigtum und einer mit weltlichen Herrschaftsrechten ausgestatteten Kirche ermöglichte es den Herrschern, entscheidenden Einfluss auf die Vergabe der Bistümer zu nehmen. Öffentlich

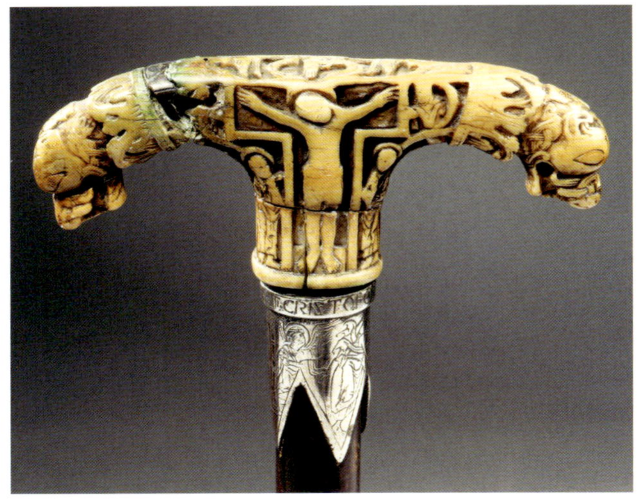

2

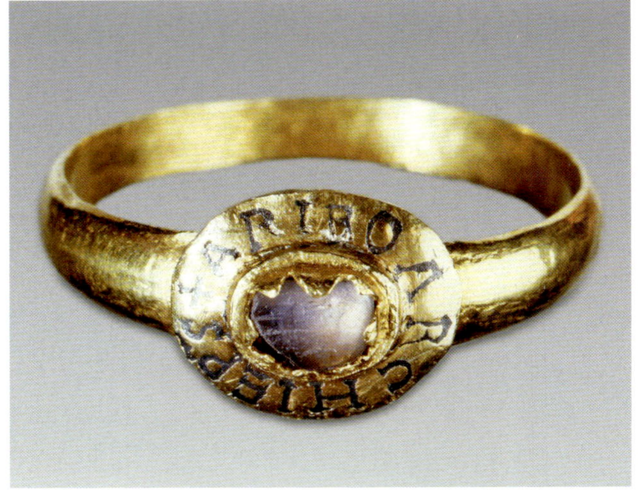

3

dargestellt wurde die herrscherliche Beteiligung an der Bischofspromotion vermutlich seit Otto I. (936–973), u.a. dadurch, dass der König dem Geistlichen den Bischofsstab überreichte. Im Gegenzug leistete der investierte Bischof Handgang und Treueid. Unter Heinrich III. (1039–1056) trat neben den Bischofsstab noch der Bischofsring. Als Hauptinsignien des Bischofsamtes sind Ring und Stab bereits seit der Schwelle von der Spätantike zum Frühmittelalter bekannt.

Papst Innozenz III. (1198–1216) führte noch während seiner Tätigkeit als Kardinal in einem Traktat, der auf den Vorlagen Isidors von Sevilla († 636) und Humberts von Silva Candida (1050–1061) beruht, aus, dass ein Bischofsstab scharf am unteren Ende, gerade in der Mitte und zurückgebogen an der Spitze auszusehen habe, damit der Bischof mit seiner Hilfe die Lässigen anstacheln, die Schwachen lenken und die Umherirrenden einsammeln könne (Vogtherr 2005). Dem typischen bischöflichen Krummstab steht der T-förmige Griff des Heribertstabs entgegen, so dass dieser, später als Sekundärreliquie verehrte Stab wohl nie als Bischofsstab in Gebrauch war. Die Form legt auch nicht zwingend nahe, dass es sich um einen Abtsstab gehandelt hat.

Q.: CCSL 113, S. 60 · Humbertus 1891 · Innozenz 1855. Lit.: Depreux 2006b · Kat. Hildesheim 1993, Bd. 2, S. 229–230, Nr. IV-58 (Rainer Kahsnitz) · Kat. Köln 1985, Bd. 2, S. 326–328, Nr. E93 (Martin Seidler) · Schütte 1998 · Vogtherr 2005.

A.P.

3 Ring des Mainzer Erzbischofs Aribo

Mainz, 1021–1031
Gold, Saphir, Niello – Dm. 2,8 cm
Mainz, Bischöfliches Dom- und Diözesanmuseum, Inv.Nr. S 00062

Der Ring entstammt Aribos Grab im Westchor des Mainzer Domes, das 1927/1928 im Zuge einer Domrenovierung aufgefunden wurde. Er besteht aus einer unverzierten, bandförmigen Schiene mit aufgelötetem Scheibenkopf, worauf ein mugeliger, sehr blasser Saphir in Zackenfassung sitzt. Die in den Rand des Ringes in Niello eingelegte Inschrift ARIBO ARCHIEP(ISCOPV)S (»Erzbischof Aribo«) belegt die Identität des Verstorbenen. Der Mainzer Erzbischof Aribo (1021–1031) entstammte einem der führenden bayerisch-österreichischen Geschlechter. Sein Vater war der gleichnamige Pfalzgraf von Bayern († 1001/1020); seine Mutter Adela († nach 1020) war die Schwester der Kaiserin Kunigunde († 1033). Sein Onkel, Kaiser Heinrich II. (1002–1024), erhob Aribo 1021 zum Erzbischof von Mainz, ein in ottonisch-frühsalischer Zeit übliches Verfahren, das der Krone die Kontrolle über die bischöflichen Stühle sicherte. So konnte eine zuverlässige Mitarbeit ausgewählter Personen von hoher Bildung in den Reichsgeschäften gewährleistet werden. Die Investitur (Einkleidung), d.h. die Einsetzung des Bischofs in sein Amt, wurde meist durch den Kaiser selbst vollzogen, indem er dem (Erz-)Bischof als Amtsinsignien Stab und Ring verlieh.

Mit Aribo bekam das Bistum Paderborn einen neuen Metropoliten, der 1024 maßgeblich die Wahl des Saliers Konrad II. (1024–1039) zum deutschen König förderte. Wahrscheinlich als Dank für diese Unterstützung belehnte Konrad Aribo mit den Rechten am sächsischen Hessengau, die sein Vorgänger Heinrich II. im Jahre 1021 an Bischof Meinwerk (1009–1036) übertragen hatte. Erst 1033, nach dem Tode Aribos, gelang es Meinwerk, diese Rechte endgültig für Paderborn zu gewinnen. Das Verhältnis zwischen den beiden Bischöfen scheint (deshalb?) nicht ungetrübt gewesen zu sein; nachweislich bezog Meinwerk in dem seit Jahrzehnten schwelenden Gandersheimer Streit mehrfach Stellung gegen seinen Metropoliten (Kat.Nr. 143). Sowohl Mainz als auch Hildesheim beanspruchten seit Jahrzehnten die Oberhoheit über das königsnahe Kanonissenstift Gandersheim. Auf der Synode zu Frankfurt (1027) versuchte Aribo, eine 1006/1007 zugunsten von Hildesheim ausgefallene Entscheidung Heinrichs II. in seinem Sinne zu korrigieren. Doch hier wie auf der Synode von Pöhlde (1028) verweigerte Meinwerk seinem Metropoliten nicht nur die Unterstützung, sondern verwarf zusammen mit weiteren Suffraganen Aribos Anspruch auf das Stift, das damit endgültig der Oberhoheit des Hildesheimer Bischofs unterstellt wurde.

Q.: DI 2, Nr. 6. Lit.: Braun 1948 · Gerlich 1999 · Hehl 2000b · Kat. Bamberg 2002, S. 344, Nr. 174 (Winfried Wilhelmy) · Kat. Speyer 1992, S. 335, Nr. 1 (Mechthild Schulze-Dörrlamm). W.W.

4 Liturgischer Kamm

Süditalien, um 1100
Elfenbein – H. 11,0 cm, B. 10,8 cm
Bamberg, Diözesanmuseum, Inv.Nr. 2721/20

Der Kamm ist auf beiden Seiten mit Zahnung versehen, wobei auf der einen Seite die Abstände der Zähne enger eingesägt wurden als auf der anderen. Den Mittelsteg der einen Seite zieren zwei Vögel an einer Tränke, während auf der anderen zwei Fabeltiere unter einem Baum zu sehen sind. Beide Darstellungen werden von einem Perlstab eingerahmt. Dieser Kamm sowie ein weiterer aus der 1. Hälfte des 14. Jahrhunderts, der ebenfalls im Diözesanmuseum Bamberg verwahrt wird, ist seit 1430/1431 im Domschatz verzeichnet.

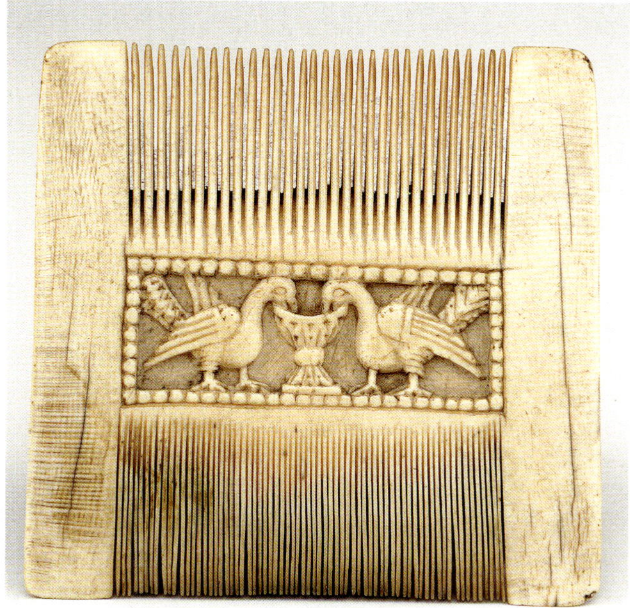

4

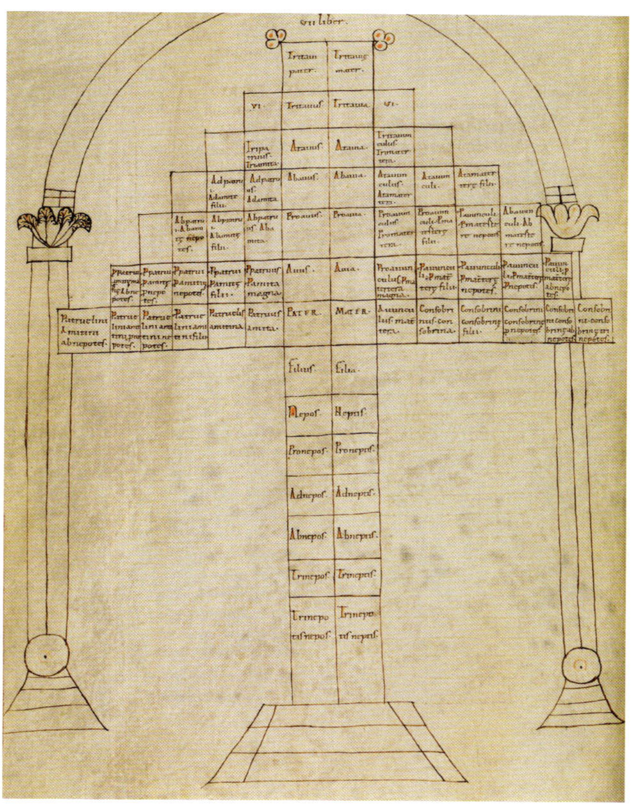

5 · fol. 144v

Bereits im 10. Jahrhundert sind Kämme bei liturgischen Handlungen nachweisbar, so z.B. bei der Weihe von Priestern und Bischöfen. Auch nach dem Anlegen der Messgewänder kämmte sich der Zelebrant symbolisch die Haare, um damit sichtbar zu machen, dass er seine Gedanken auf das heilige Geschehen hin ordnet. Im ausgehenden Mittelalter verlor sich dieser Brauch. Später wurden diese Kämme oft in Zusammenhang mit Heiligen gebracht und daher in den Reliquien- und Schatzkammern von Stiften und Klöstern aufbewahrt.

Lit.: Kat. Bamberg 2007, S. 415, Nr. 25–26 (Walter Milutzki) · Kat. Passau 2001, S. 102, S. 101–102, Nr. 2.55 (Hermann Reidel) · Swoboda 1963, S. 177–179. W.M.

5 *Decretum* des Burchard von Worms

Worms, um 1020
Pergament – Ledereinband des 17. Jahrhunderts – H. 33 cm, B. 26 cm, 312 Bl.
Bamberg, Staatsbibliothek, Msc.Can.6

Bischof Burchard von Worms (1000–1025) stellte wohl zwischen 1008 und 1012 eine bald als *Decretum* bezeichnete systematische Sammlung des Kirchenrechts zusammen, in der 1785 Exzerpte aus der Bibel, den Kirchenvätern, Synodalbeschlüssen (Kanones), Papstbriefen und Bußbüchern

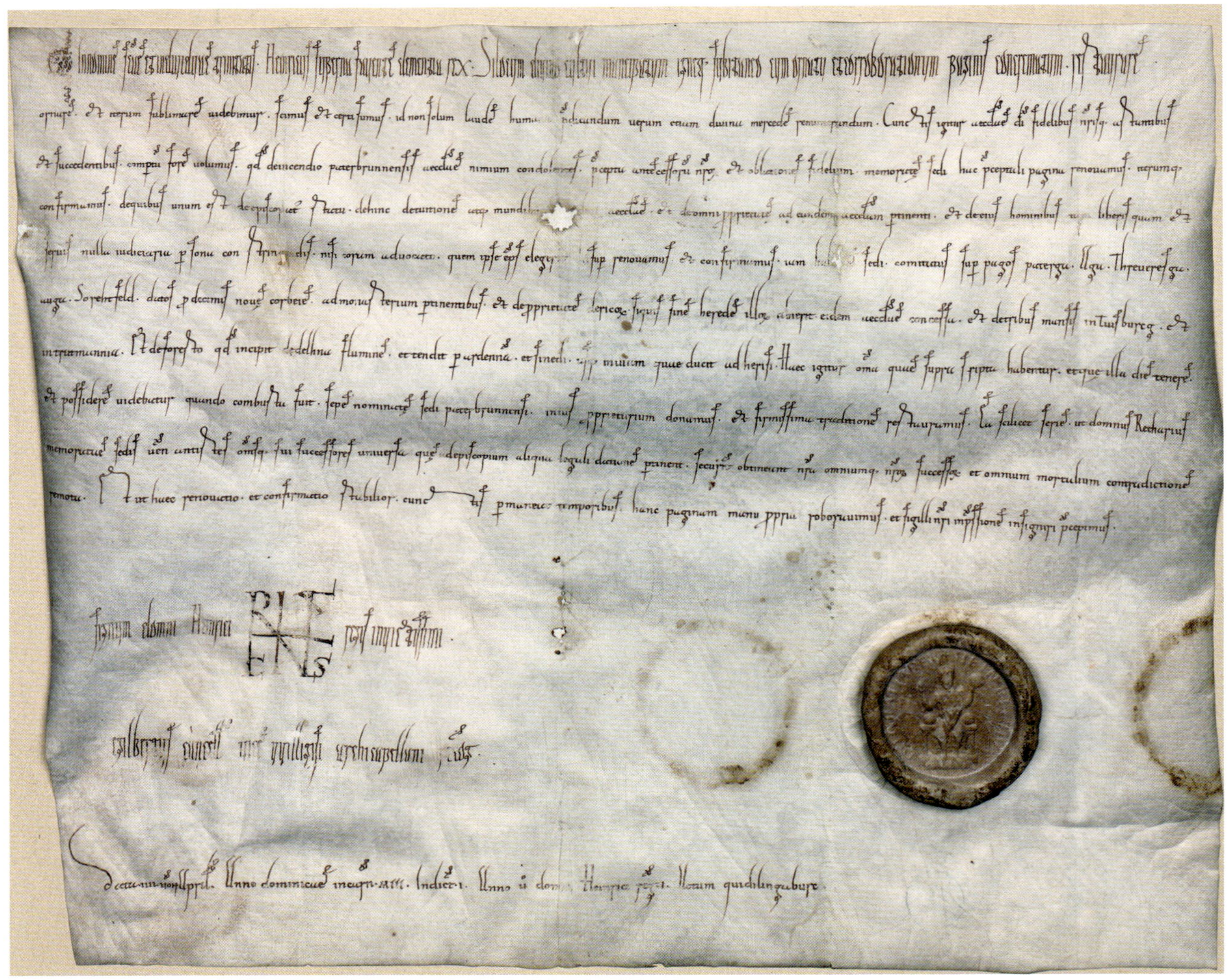

6

auf 20 Bücher verteilt sind. Das Werk war aus verschiedenen älteren Sammlungen geringeren Umfangs geschöpft und spiegelt in Auswahl und Anordnung der Texte das Rechtsempfinden des frühen 11. Jahrhunderts wider, als der Antagonismus von geistlicher und weltlicher Autorität noch nicht voll zum Bewusstsein gelangt war. Offensichtlich entsprach Burchards *Decretum* einem praktischen Bedürfnis, denn es wurde rasch in Abschriften verbreitet, von denen mehr als 80 noch heute erhalten sind.
Zu den ältesten, noch zu Burchards Lebzeiten in Worms hergestellten Exemplaren gehört der ausgestellte Codex. Er ist alsbald nach Bamberg gelangt, wo eine dortige Schreiberhand im 2. Viertel des 11. Jahrhunderts auf fol. 4–5 die Kanones der Synode von Seligenstadt (1023) nachgetragen hat. Da später einige Blätter abhanden kamen, ist der Text des *Decretum* nicht mehr ganz vollständig.

Q.: Burchard von Worms 1853. Lit.: Hoffmann 1995, S. 122, Abb. 186 · Hoffmann/Pokorny 1991, S. 16–18 · Leitschuh 1906, S. 862–863. R.S.

6 Urkunde König Heinrichs II. für Bischof Rethar von Paderborn

Quedlinburg, 2. April 1003
Pergament – Siegel – H. 52,5 cm, B. 66,0 cm
Münster, Landesarchiv NRW Abteilung Westfalen, Abt. Fürstbistum Paderborn – Urkunden 7 (KU 63)

Bischof Rethar von Paderborn (983–1009) hatte den im Juni 1002 zum König erhobenen Heinrich II. (1002–1024) gebeten, die bereits von seinem Vorgänger Kaiser Otto III. (983–1002) nach dem Stadtbrand des Jahres 1000 erneuerten Rechte und Besitzungen der Paderborner Kirche zu bestätigen. Das daraufhin bei einem königlichen Hoftag in Quedlinburg ausgestellte Diplom sicherte dem Bischof die Privilegien seiner Vorgänger, in der Vergangenheit getätigte Schenkungen, den gesamten Kirchenbesitz, Königsschutz und Immunität, die freie Vogtwahl, Zehntrechte des Klosters Corvey sowie Grafschaftsrechte in mehreren Gauen (dem Padergau, Aagau, Drewergau, Augau und Soratfeld) zu. Weiterhin erhielt Rethar das Anrecht auf die

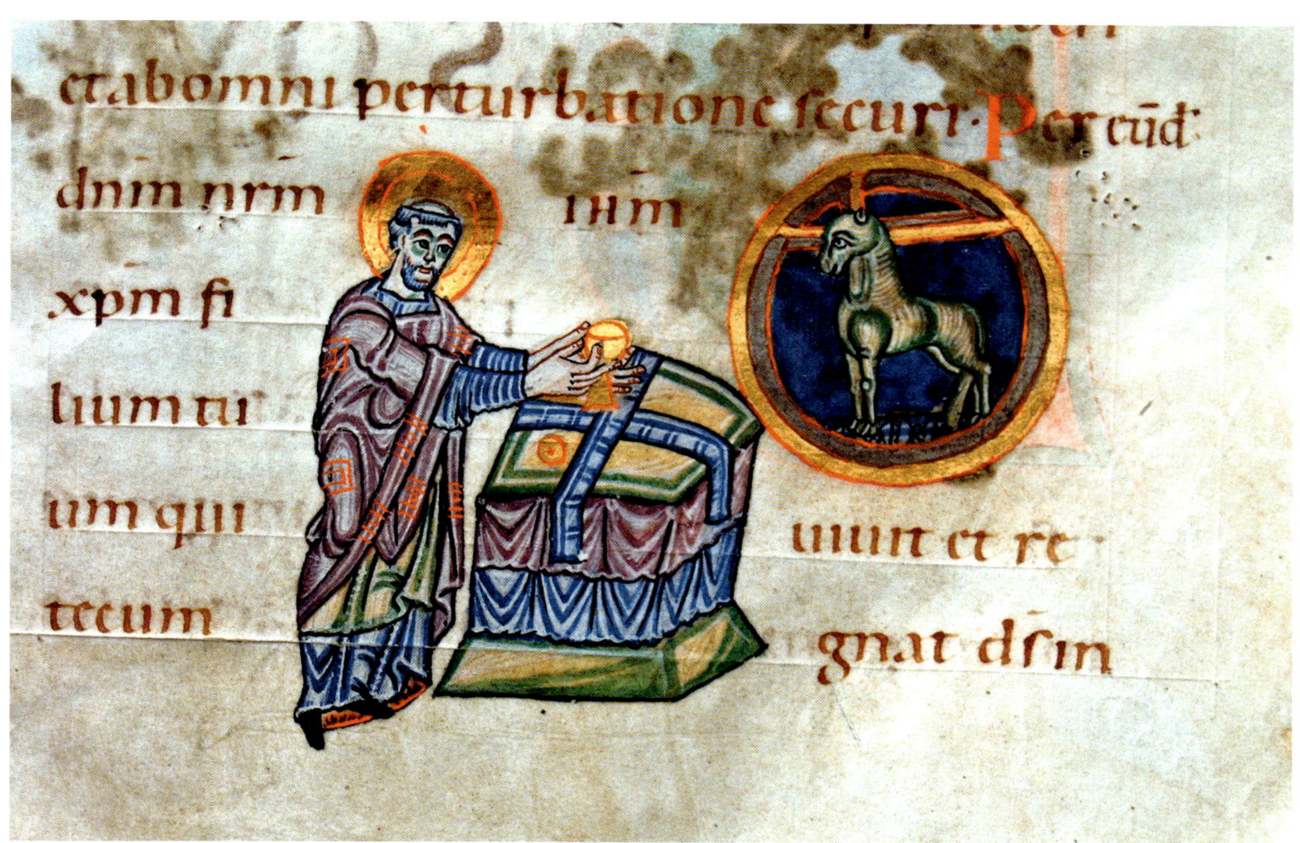

10 · fol. 15r

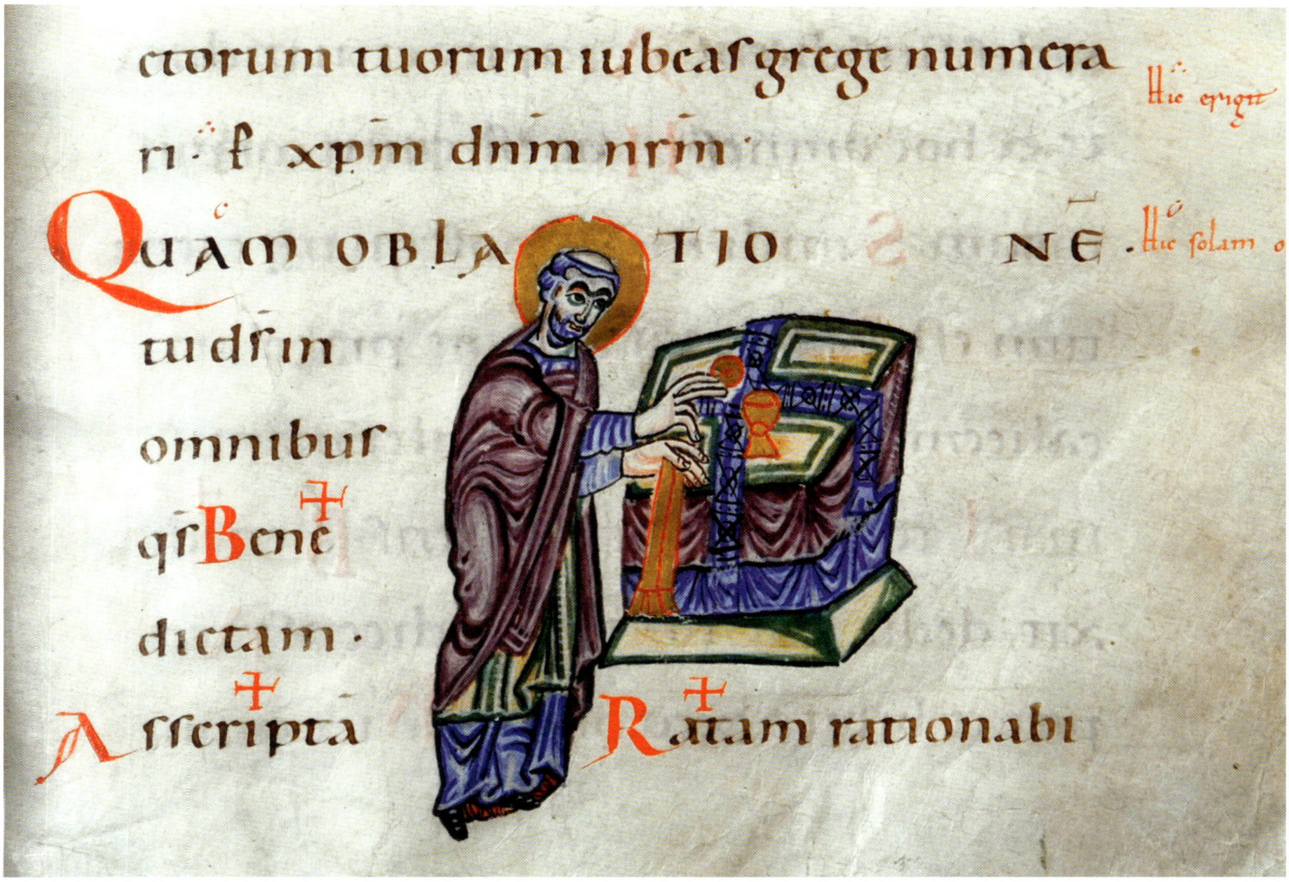

10 · fol. 12r

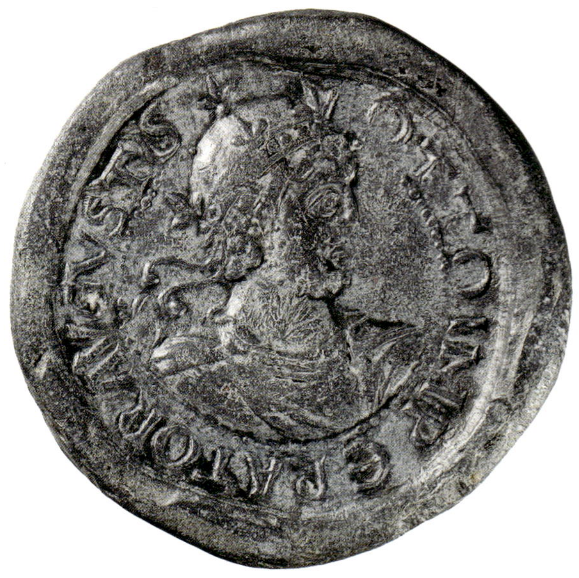

11 · Avers

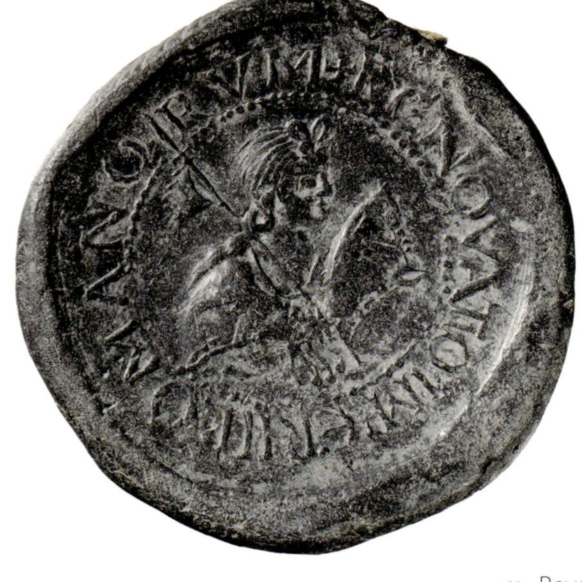

11 · Revers

konnte. Dies belegen zahlreiche Einträge und Ergänzungen. Im 18. Jahrhundert erfolgte unter dem rührigen Abt Martin II. Gerbert (1764–1793) eine erste Zuordnung, die auf Vergleichen mit Handschriften aus Solothurn und Heidelberg basierte. Nach dem Reichsdeputationshauptschluss und der damit verbundenen Säkularisierung des Klosters St. Blasien (1806) gelangte die Handschrift zunächst ins oberösterreichische Spital am Pyhrn und von dort 1809 nach St. Paul im Lavanttal. Erst im Zuge der Europaausstellung 2009 wurde der Buchdeckel mit karolingischem Elfenbeinrelief von der Handschrift getrennt. So wurde das Manuskript erstmals öffentlich in einer Ausstellung gezeigt, da bis dato die Präferenz auf dem Buchdeckel lag.

Das Sakramentar beinhaltet das *Sacramentarium Hadrianum*, ein Sakramentar der römischen Bischofsliturgie, das von Papst Hadrian (772–797) auf Ersuchen Karls des Großen (768–814) nach Aachen entsandt wurde. Ebenfalls enthalten sind Formulare aus dem *Supplement* Benedikts von Aniane (782–821), das zwischen 810 und 815 an den Text angefügt wurde. Dabei sind das *Proprium de sanctis* und das *Proprium de tempore* gemischt. Litanei und Kalender fehlen völlig. Die figurale Ausstattung konzentriert sich auf den Kanon. Das Bild der Kreuzigung leitet das *Te igitur* ein (fol. 10v). Christus, mit einem Leinentuch bekleidet, hängt mit waagerecht ausgestreckten Armen an einem Kreuz, das die Achsen des Rahmens bildet. Ornamente aus Blüten und Flechtknoten organisieren sich zum harmonisch wirkenden Hintergrund.

Die Anweisungen für Zelebranten sind neben dem eingefügten Text vor allem durch bildliche Darstellungen festgehalten. Die drei Miniaturen zeigen einen zelebrierenden Priester – offenbar einen Bischof, denn neben Kasel und Alba trägt der Zelebrant Tunica und Tunicella. Das erste Bild zeigt den Priester im Segensgestus, das zweite zeigt dieselbe Figur erneut, sich tief vor dem Altar verneigend, und das dritte illustriert das Geschehnis der Wandlung, bei der der Geistliche den Kelch in Händen hält, während die Patene auf dem Altar liegt. Auf der rechten Seite erscheint in einem Medaillon das Lamm Gottes als Zeichen für die unblutige Erneuerung des Opfers Christi. Sowohl der Kanon als auch die Hochfeste des Kirchenjahres werden durch Initialzierseiten hervorgehoben – dabei finden alternierend rechteckige Rahmen und Arkaden Verwendung. Neben singulären Buchstaben erscheinen auf den Zierseiten auch Ligaturen und Wortmonogramme.

Lit.: Kat. St. Paul 2009, Bd. 2, S. 171–172, Nr. 10.3 (Thomas Labusiak) · Labusiak 2009 · Sitar 2000, S. 155–156. G.S.

11 Kaiserbulle Ottos III.

3. Januar 999
Blei – Dm. 4,8 cm
München, Bayerisches Hauptstaatsarchiv, Hochstift Passau, Urkunde 23

Der dem Vorbild antiker Kaisergemmen folgende Avers (Vorderseite) zeigt eine Büste des jungen Herrschers im Profil mit leicht erhobenem Kopf und einem mit Edelsteingestecken verzierten Kronreif, wobei man im Nacken Bänder, die zu dem Diadem gehören, schwingen sieht. Die Krone ragt in das mit einem Perlenrand vom Siegelfeld abgegrenzte Umschriftenband hinein. Über der rechten Schulter erkennt man die Fibel, die den gerafften Mantel schließt. Die Umschrift OTTO IMPERATOR AVGVSTVS

(»Otto, erhabener Kaiser«) benennt den Siegelinhaber sowie seinen Titel. Der Revers (Rückseite) zeigt ebenfalls im Profil, allerdings bis zur Hüfte, eine Frauengestalt mit langem Zopf und einer Schleife über der Stirn, die einen Schild und eine Fahnenlanze trägt. Unklar ist, ob es sich um eine Roma oder eine allegorische Darstellung der kriegerischen Tugenden des Kaisers handeln soll, der, als er die Bulle erstmals benutzte, kurz vor dem Sieg über die Crescentier in Rom stand. Die Umschrift RENOVATIO IMPERII ROMANORVM (»Erneuerung des Reiches der Römer«) deutet auf dieses zeitliche Umfeld.

Nach seiner Kaiserkrönung in Rom am 21. Mai 996 veränderte Otto III. (983–1002) sein Siegelbild mehrfach in rascher Folge, indem er sich – anders als seine Vorgänger – auf seinen Wachssiegeln in Ganzfigur darstellen ließ. Zu dieser »Arbeit am Siegel« (Hagen Keller) zählen auch Ottos Bleibullen, mit denen er den byzantinischen Brauch aufgriff, der zuletzt unter den Karolingern (Ludwig II., Karl III.) nachzuweisen ist, aber auch für Otto I. (936–973) und Otto II. (973–983) vermutet wird. Die Päpste siegelten ebenfalls mit Bleibullen, was im konkreten Zusammenhang vermutlich entscheidend war. Gerade die erste Bleibulle ist ein Indiz für Bestrebungen Ottos, nach dem Sturz der Crescentier gemeinsam mit dem nun von ihm eingesetzten Papst das christliche Reich (»imperium«) der Römer regieren zu wollen.

Lit.: Görich 1993b, S. 200–202 · Keller 2000 · Posse 1909, Taf. 10, Nr. 2–7 · Schramm 1983, S. 199–200, Nr. 101. A.S.

12–13 Königssiegel Heinrichs II. u. Kaisersiegel Konrads II.

12 Siegel König Heinrichs II.

Zwischen 1003 u. 1014
Wachs – Dm. 8,5 cm
Bamberg, Staatsarchiv, Bamberger Urk. 65

13 Siegel Kaiser Konrads II.

Zwischen 1028 u. 1031
Wachs – Dm. 10,0 cm
Münster, Landesarchiv NRW, Abt. Westfalen, KU 85

In der Umschrift + HEINRICHVS D(E)I GRATIA REX (»Heinrich, durch Gottes Gnade König«) gibt sich der Herrscher namentlich zu erkennen. Das Siegelbild selbst enthält keinen Hinweis auf die Person des Dargestellten, sondern konzentriert sich darauf, sein Amt und seine Würde zum Ausdruck zu bringen. Es zeigt einen bärtigen Mann mit einem über der rechten Schulter zusammengehaltenen Mantel auf einem Thronsitz ohne Rückenlehne, aber mit Kissen für die Arme; seine Füße ruhen auf einem

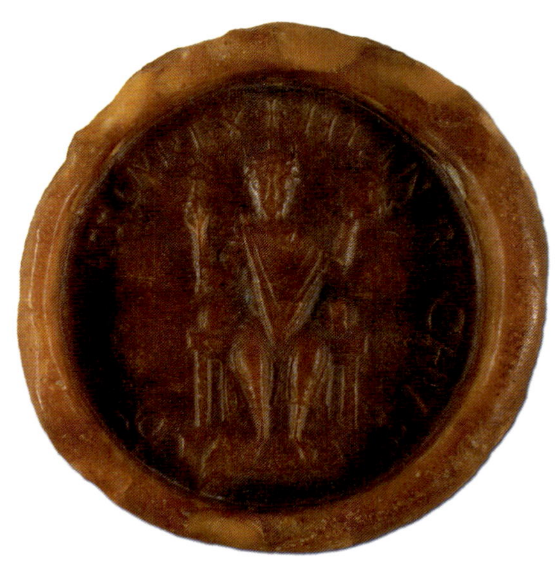

12

Schemel. Vor allem die mit Perlen geschmückte Krone, die der Mann trägt, kennzeichnet ihn als König. Ergänzt wird diese Insignie durch das kurze Zepter mit einem Blütenaufsatz in der rechten und den Globus in der linken Hand. Die Arme hält der Herrscher wie in Gebetshaltung nach oben und drückt so zugleich den Empfang seiner Königswürde in Gestalt der Insignien von Gott, gewissermaßen »von oben«, aus. Mit diesem Siegel griff Heinrich II. (1002–1024) seit 1003 auf den von Otto III. (983–1002) 998 kurzzeitig eingeführten Typus des Thronsiegels zurück, wohl auch um Kontinuität und Legitimation seiner Nachfolge deutlich zu machen.

Konrad II. (1024–1039) übernahm – wie bereits auf den Siegeln seiner Königszeit – den Typus des Thronsiegels in seinem Kaisersiegel. Im Unterschied zum Siegel Heinrichs II. ist der Globus, den Konrad in der rechten Hand hält, von einem Kreuz bekrönt; das kurze Zepter in seiner Linken wird von einem Vogel, vermutlich einem Adler, bekrönt. Die Umschrift dient erneut dazu, den Dargestellten genau zu benennen und seine Titel anzugeben: + CHVONRADVS D(E)I GR(ATI)A ROMANOR(VM) IMP(ERATOR) AVG(USTUS) (»Konrad, durch die Gnade Gottes erhabener Kaiser der Römer«).

Die Rezeption des Thronsiegels durch Heinrich II. und Konrad II. machte es zu dem Herrschersiegel schlechthin für Könige und Kaiser des hohen und späten Mittelalters, denn erst nach dem Tode Karls V. (1519–1556) 1558 wurde es endgültig durch ein Wappensiegel als Hauptsiegel des Herrschers ersetzt. Auch andere europäische Herrscher griffen diesen Siegeltyp auf, der aufgrund seiner Bedeutung und Funktion als Majestätssiegel bezeichnet wird, in Anlehnung an die in den Urkunden aufscheinende Bezeichnung »sigillum nostre maiestatis« (»Siegel unserer Hoheit«).

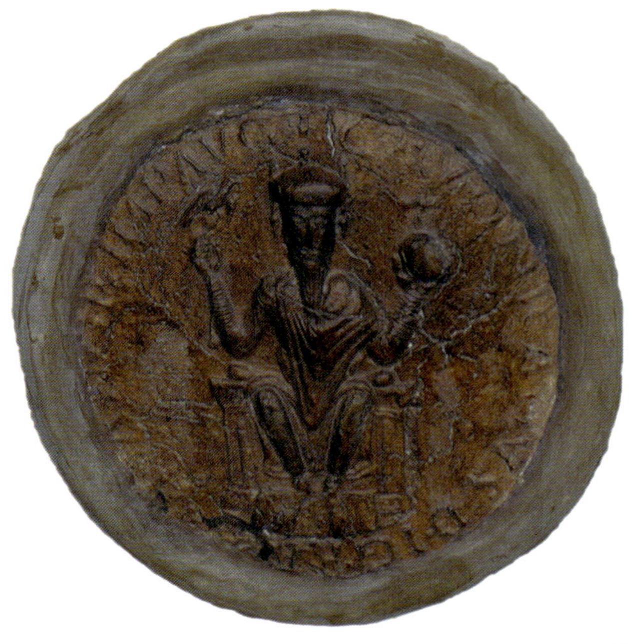

13

Als Herrschersiegel par excellence eignete sich das Thronbild, weil wenige Chiffren ausreichten, um die herrscherliche Funktion des Dargestellten deutlich zu machen. Die Throndarstellung, die den Betrachtern auch aus der Buchmalerei vertraut war, erinnert an den thronenden Christus und evoziert in besonderer Weise die Vorstellung des Königs respektive Kaisers als Stellvertreter Christi (»vicarius Christi«), der seine Stellung und Größe Gott verdankt, dafür aber weiter nach der Gnade Gottes streben muss. Die Analogie zu christlichen Kultbildern zeigt sich in der Frontalität der Throndarstellung, wodurch der Herrscher den Betrachter – in der Regel den Empfänger der Urkunde – direkt anblickt. Die so in der Anlage des Thronsiegels zum Ausdruck gebrachte Sakralisierung der Herrschaftsauffassung zeigt sich auch in den Insignien, insbesondere der Krone, die den Anteil des Königs respektive Kaisers an der Herrschaft Gottes versinnbildlicht. Zudem beruft sich die Dei-Gratia-Formel der Umschrift unmittelbar auf das Gottesgnadentum des Herrschers.

Die Funktion des Siegels ist zum einen eine rechtliche, indem die Person des Siegelführers ihre Verantwortung für den Rechtsinhalt der in ihrem Namen ausgestellten Urkunde visualisiert, zum anderen eine repräsentative, denn als bildlicher Bestandteil der Herrscherurkunden, auf denen die Thronsiegel angebracht sind, verdeutlichen sie Legitimation und Anspruch des Königtums. Den Bischöfen, von denen wir zahlreiche als Empfänger von Herrscherurkunden kennen, waren all diese Implikationen vertraut, wenn sie die Urkunden mit dem herrscherlichen Siegel in den Händen hielten.

Lit.: Keller 1998 · Posse 1909, Taf. 11, Nr. 2 · Posse 1913, Taf. 13, Nr. 2 · Schramm 1983, S. 210, 223. A.S.

Die Urkunde mit dem zuvor beschriebenen Siegel (Kat.Nr. 13), ausgestellt in Allstedt am 20. Januar 1031, zeigt den typischen graphischen Aufbau mit dem Chrismon (C) am Beginn der hervorgehobenen ersten Zeile und dem ebenso hervorgehobenen Eschatokoll mit Signumszeile und Monogramm sowie der Rekognitionszeile. Verfasst und geschrieben wurde sie vom Notar »C« unter dem Kanzler Udalrich. Da »C« sich »eines von ihm selbst durch Vorauffertigung des Eschatokolls (mit Ausnahme der Nachtragungen in der Datierungszeile) hergestellten Blanquets bediente, [...] mußte [er] bei der Niederschrift des Kontextes aus Mangel an Raum den Schluß der Corroborationsformel (›sigillo – iussimus‹) hinter der Signumszeile und dem Siegel, für das die Einschnitte vielleicht schon auf dem Blanquet gemacht waren«, schreiben.

Der in der Urkunde genannte Bernhard dürfte identisch mit dem 1030 verstorbenen Grafen Bernhard »von Padberg« gewesen sein, dessen Gut in Padberg mit den »um den Berg« liegenden zugehörigen Hufen Konrad II. (1024–1039) »nach Erbrecht« zugefallen war, weil Bernhard ein »spurius«, ein außerehelich Geborener war, »was sie in der Volkssprache ›wanburtich‹ nennen« (MGH DD K II, Nr. 152). Denn auch die Besitzungen in Alfen und Etteln, »im Padergau« gelegen, hatte der Herrscher nach Reichsrecht geerbt (»prediis nobis imperiali iure hereditatis«). Nach geltendem Kirchenrecht waren Bernhard und seine Schwester (die *Vita Meinwerci* spricht irrtümlich von »Ehefrau«) bereits beim Tod ihrer Eltern gar nicht erbberechtigt gewesen, so dass Konrad jetzt über ihren Besitz mit zwei Schenkungsurkunden verfügte.

Wenn dieser Bernhard auch noch, was mit guten Gründen vermutet wird, personengleich mit Bern, dem Neffen und Vogt der Äbtissin Hildegund von Geseke (1014–1024), der Mutter des Grafen Dodiko »von Warburg« († 1020), gewesen ist, hätte er zur Familie der Haholde gehört. Gleich zweimal wäre dann etwa gleichzeitig innerhalb einer Adelssippe ein Konkubinat nachweisbar, eine im strengen kirchlichen Sinne außereheliche Verbindung. Beide Male aber profitierte die Paderborner Kirche von dem Sündenbewusstsein der Betroffenen bzw. den Rechtsverhältnissen, auf die Bischof Meinwerk (1009–1036) im Falle der »Padberger« aus seiner intimen Kenntnis der Region heraus den Kaiser vielleicht erst aufmerksam gemacht hatte.

Q.: MGH DD K II, Nr. 158 · Vita Meinwerci 1921, cap. 205–206.
Lit.: Bannasch 1972, S. 62–63 · Irsigler 1976/1977, S. 200. M.B.

14–15 Grabbeigaben der Kaiserin Gisela

Grabkrone: Kupferblech – H. 5 cm, Dm. 24 cm
Bleitafel: H. 40 cm, B. 62 cm, D. 0,4 cm
Speyer, Domschatzkammer im Historischen Museum der Pfalz, Inv.Nr. D 5 (Grabkrone) u. D 11 (Bleitafel)

Im Sommer des Jahres 1900 unternahm die Bayerische Akademie der Wissenschaften Ausgrabungen im Speyerer Domchor, um die dortigen Herrschergräber zu untersuchen. Dabei fand man eine Reihe von Sarkophagen, die als salische »Kaiserreihe« in der Forschung bekannt wurde. In dem am 23. August 1900 geöffneten Sandsteinsarkophag zeigte sich bei der Öffnung ein mumienartig beschriebener, wohl einbalsamierter Körper von 1,72 m Länge. Die Identifizierung der Leiche als Kaiserin Gisela († 1043) ist durch eine aufgefundene Inschrifttafel und die beschriftete Grabkrone erwiesen. Die Tote war mit einem Leichenschleier aus Seide bedeckt. Sie trug kostbare Schuhe aus einem Mulham genannten Mischgewebe in Leinwandbindung aus Seide und Baumwolle, für das die Webereien von Merw in Turkmenistan berühmt waren. Von ihrer sonstigen Kleidung blieb bis auf geringe Reste von Wollstoff kaum etwas erhalten. Auf ihrem Kopf trug die Herrscherin im Grab eine aus starkem Kupferblech gefertigte Funeralkrone mit der Beschriftung + GISLE IMPERATRIX (»Gisela, Kaiserin«). Über der Stirn erhebt sich ein Kreuz, rückseitig und über den Schläfen befindet sich jeweils eine Lilie. Unter dem Schädel der Toten lag eine Bleitafel. Dabei handelt es sich um die größte bislang bekannte bleierne Grabauthentik des Mittelalters. Von den insgesamt vierzehn Zeilen sind die ersten drei und der Anfang der vierten Zeile in Capitalis graviert: ANNO DOM(INICAE) INCARN(ATIONIS) D CCCC XCVIIII III IDVS NOV(EMBRIS) FELICIT(ER) NATA GISELA IMPERATRIX / CVONRADI IMPERATORIS CONIVX MAT(ER) PIISSIMI REGIS HENRICI TERCII IN IMPERIO CVM / VIRO SVO XIIII ANNIS MENSIBVS VIIII DIEBVS XVII VIXIT IN VIDVITATE AVT III ANNIS. Ab der vierten Zeile ist die Inschrift – heute kaum sichtbar – nur noch vorgeritzt. Grauert (1901) las bei der Auffindung ohne Trennung im Befund und Ergänzung: »ANNIS MENSIbus VIII diebus X domino serviens ex huius vite laboribus anno dominicae incarnat MXLIII indictione XI kal. XV mart. felicius ad dominum migravit v.enim idus martias sepulta ab episcopo Sigebodone Spirensi in eadem civitate presente filio suo Henrico asstantibus et cooperantibus archiepiscopo Bartone Maguntio et suis suffraganeis Hazechone Wormacensi Wilhelmo Strazburgensi Eppone Constanciensi Burchardo Halberstadensi Ruodolfo Baderbrunnensi Dietmaro Cu[riensi] [Siu]deger Babenberg[ensi]. Gebehardo Aitetensi Design[atoribus?] [...] H[?] [...]n Hunfredo Magdeburgensi Herim[anno] [Colon.?] [...] [Gebehar]d Radesponensi Frider[ico Gebensi?] [...]fo ses vis.« (»Im Jahre der Fleischwerdung des Herrn 999, am 11. November, ist die Kaiserin Gisela glücklich geboren worden, die Gattin Kaiser Konrads, die Mutter des sehr frommen König Heinrichs III. Sie hat mit ihrem Mann herrschend vierzehn Jahre, neun Monate und 17 Tage gelebt, im Witwenstande aber drei Jahre, acht Monate und zehn Tage; dem Herrn dienend. Aus der Mühsal dieses Lebens ist sie im Jahre der Fleischwerdung des Herrn 1043, in der 11. Indiktion am 15. Februar selig zum Herrn eingegangen und am 11. März begraben worden vom Bischof Sigibodo von Speyer in dieser Stadt, in Gegenwart ihres Sohnes Heinrich, in Anwesenheit und unter Mitwirkung des Erzbischofs Bardo von Mainz und seiner Suffraganbischöfe Azecho von Worms, Wilhelm von Straßburg, Eberhard von Konstanz, Burchhard von Halberstadt, Rotho von Paderborn, Thietmar von Chur, Suidger von Bamberg, Gebhard von Eichstätt sowie der mit unterzeichnenden Bischöfe [...] [von Hildesheim?], Hunfried von Magdeburg, Herm[ann II. von Köln?], [Gebhar]d III. von Regensburg, Fried[rich von Genf?].«).

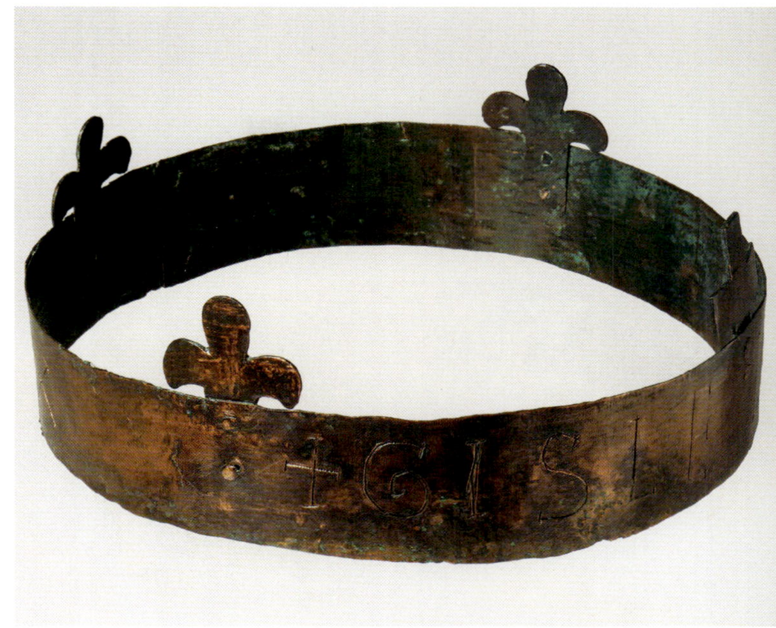

14

Die am 15. Februar 1043 in der Pfalz Goslar wohl an der Ruhr verstorbene Kaiserinwitwe hatte man nach Speyer überführt und dort am 11. März im Dom neben ihrem Gatten beigesetzt. Die interessante Grabauthentik gibt einen Bericht von der Beisetzung, die unter der Leitung des Speyerer Bischofs Sigibodo (1038–1051) in Verbindung mit dem Mainzer Metropoliten Bardo (1031–1051) bei Assistenz von anderen Mainzer Diözesanbischöfen (darunter auch Rotho, 1036–1051 Bischof von Paderborn) und weiterer Reichsbischöfe als »Staatsakt« feierlich vollzogen wurde.

Die historische Forschung hat die Stimmigkeit der Grabinschrift aufgrund der drei Ehen Giselas angezweifelt. Rieckenberg nimmt die Verschreibung der Jahreszahl 999 statt 990 an, da so die Indiktion richtig angegeben wäre. Gisela wuchs im sächsischen Werl als Tochter des Herzogs Hermann II. von Schwaben (997–1003) und der burgundischen Prinzessin Gerberga († 1019) auf. Vor ihrer Ende 1016 oder Anfang 1017 erfolgten Heirat mit dem Salier Konrad II. (1024–1039) führte Gisela bereits zwei, mit drei Kindern ge-

15

segnete Ehen mit Graf Bruno von Braunschweig († um 1013?) und Herzog Ernst I. von Schwaben († 1015). Sie wäre der Inschrift zufolge bei der Geburt von Heinrich III. 1017 zum vierten Male Mutter, aber erst 18 Jahre alt gewesen. Die in den 1960er Jahren vorgenommene Analyse des im Sarkophag vorhandenen Haares deutet darauf hin, dass sie vor der zwischen dem 40. und 55. Lebensjahr einsetzenden Menopause stand. Statistisch setzt diese nach heutigen Daten durchschnittlich im 50,5. Lebensjahr ein. Berücksichtigt man bei der Lebensweise am kaiserlichen Hof den regelmäßigen Weinkonsum zu Mahlzeiten und Festveranstaltungen, kann Gisela durchaus im Alter von 52 Jahren verstorben sein, da medizinisch erwiesen ist, dass regelmäßiger Alkoholgenuss das Einsetzen der Wechseljahre verzögert.

Lit.: Ehrentraut 1952, S. 194, Taf. 38 · Ennen 1999 · Grauert 1901, S. 573–576, 585 · Hlawitschka 1978 · Kat. Speyer 1992, S. 289–290, Nr. = Vitrine 1 (Mechthild Schulze-Dörrlamm) · Koch 1969 · Müller-Christensen/Kubach/Stein 1972 · Meier 1997 · Meier 2002 · Rieckenberg 1952 · Schramm 1954–1956, Bd. 2, S. 629 · Schramm/Mütherich 1962–1978, Bd. 2, S. 171.
B.P.

Das Münzwesen im spätottonisch-frühsalischen Reich

Im Zeitalter der späten Ottonen und frühen Salier hatte sich das Geldwesen im Reich stärker ausgebreitet als zuvor. Es galt das Realwertprinzip. Der Tauschwert der Münzen beruhte auf ihrem Silbergehalt. Einzige Wertstufe stellte der Pfennig (lateinisch »denarius«) dar – Schilling (12 Pfennige), Mark (12 Schillinge = 144 Pfennige) und Pfund (20 Schillinge = 240 Pfennige) bestanden nur rechnerisch. Der Wert von Silbermünzen wurde durch deren Durchschnittsgewicht bestimmt, d.h. die Gewichte der einzelnen Münzen unterlagen Schwankungen, die je nach Raum und Zeit verschieden ausfielen. Gerade im 10. und 11. Jahrhundert kam es in einigen Regionen – beispielsweise im Rheinland – zu ganz erheblichen Schwankungen um bis zu 50%. Teils aus dem Einschmelzen anderen Silbers einschließlich älterer oder fremder Münzen, teils aus dem Bergbau (z.B. im Harz) wurde das nötige Silber für die Münzprägung gewonnen.
Das Recht, Münzen schlagen zu lassen, gehörte zu den königlichen Regalien. Seit dem 9. Jahrhundert statteten die Könige nach und nach fast alle Bistümer und etliche größere Abteien mit Münzprivilegien aus. Diese Privilegien, die sich die Bischöfe von späteren Königen immer aufs Neue bestäti-

gen ließen, waren in der Regel mit der Einrichtung einer Zollstelle und eines Marktes verbunden. Neben den hohen geistlichen Würdenträgern hatten auch weltliche Große wie die Stammesherzöge Münzrechte inne. Nur für Franken gab es keine entsprechenden Münzen, da es unmittelbar dem König unterstand. Die jeweilige herzogliche Münzprägung erstreckte sich allerdings nicht auf alle Münzstätten ihres Gebietes. So ist beispielsweise im westfälischen Teil Sachsens keine herzogliche Münzprägung nachgewiesen. Aus welchen Gründen und auf welche Weise die wenigen Grafen, die Münzen prägen ließen, ihre Privilegien erhalten haben, kann in den meisten Fällen nicht erschlossen werden. Gräfliche Münzen sind in erster Linie in der Nordhälfte des Reichs – in Sachsen und Niederlothringen – aufzufinden.

Ein sehr großer Teil der Silbermünzen wanderte über den Fernhandel in die Länder rund um die Ostsee ab, wo die Silbermünzen nach Gewicht gehandelt wurden. In diesem Raum versteckten die Bewohner einen viel größeren Teil des gehorteten Vermögens im Boden, der später entdeckt wurde, als im ottonisch-salischen Reich. Dass der Hauptzweck der Münzprägung dennoch nicht im Export lag, sondern im Umlauf innerhalb des Reichs, geht u.a. aus bekannten Zinsleistungen höriger Bauern in Geldform und zahlreichen Einzelfunden aus später untergegangenen Siedlungen hervor. Die Menge der Einzelfunde aus dem späten 10. und frühen 11. Jahrhundert ist genauso groß wie diejenige des 12. Jahrhunderts und deutlich höher als die der Karolingerzeit.

Durch die Weitergabe des Münzrechts kam es schon vor der Jahrtausendwende zu Prägungen mit unterschiedlichem Gewicht und Silbergehalt. So wogen etwa um 1000 Pfennige aus Friesland 0,8 g, während die Kölner ein Gewicht von 1,4 g aufwiesen. Daher galten Münzen einer Prägestätte nicht für das gesamte Reich, sondern nur für bestimmte Währungsgebiete, innerhalb derer die Münzen einem regionalen Standard unterlagen. Viele kleinere Münzstätten passten das Aussehen ihrer Produkte durch Imitationen an die größeren an, damit sie leichter ausgegeben werden konnten. Die Schriftlichkeit auf Münzen hatte in manchen Teilen des Reichs untergeordnete Bedeutung, zumal der größte Teil der Bevölkerung weder imstande war zu lesen noch zu schreiben. Buchstaben konnten so zu einem Bildelement werden, dass sich verselbstständigte. Dies galt besonders im Herzogtum Sachsen, wo etwa der Name »Otto« auch noch nach dem Tode Kaiser Ottos III. 1002 – in Westfalen sogar bis ins 12. Jahrhundert hinein – unverändert weitergenutzt wurde.

Da Münzen in erster Linie ein Gebrauchsobjekt waren, schenkte man ihrer technischen Perfektion häufig wenig Aufmerksamkeit. Offensichtlich wurden sie von den Zeitgenossen auch mit – aus moderner Sicht – bestehenden Mängeln akzeptiert, sofern der Silbergehalt stimmte und die Prägung halbwegs erkennbar war. Die Herstellung der Münzplättchen beruhte auf materialsparenden Verfahren, um größere Restmengen zu vermeiden. Vom Oberrhein bis zur Nordsee war es üblich, durch Zerschneiden von Platten vierkantige Stücke herzustellen, die vor der Prägung durch Hammerschläge runder gemacht wurden. Folglich hatten die Stücke und Prägungen eine ungleichmäßige Dicke. Daher ist auf vielen Münzen der ottonisch-salischen Zeit das Münzbild nicht an allen Stellen erkennbar.

Die Kunst des Stempelschnitts war recht verschieden entwickelt. Generell ist zu beobachten, dass sich die Fertigkeiten seit der Jahrtausendwende langsam weiterentwickelt haben. Die differenziertesten Bilder entstanden im Westen (Rheinland und westliches Niederlothringen). Allerdings scheint der Kreis derer, die einen künstlerisch anspruchsvollen Prägestempel mit dem Bild einer Person herstellen konnten, nicht sehr groß gewesen zu sein. So entstanden etwa in Köln nebeneinander oder kurz nacheinander aufwendige und eher primitive Gravuren. Bei der Darstellung von Personen war keine Abbildung im Sinne eines Porträts angestrebt, sondern nur ein Topos. Brustbilder sind vor der Jahrtausendwende selten und überwiegend unbeholfen. Mit dem Beginn der Salierzeit mehren sich die Befunde. Dargestellt wurden zunächst Könige und Kaiser, später auch Bischöfe und Äbte. Diese zeigen im Regelfall Attribute ihres Amtes: Krone, Lanze, Schwert bzw. Krummstab. Darüber hinaus wurde der Personenstatus über die Kleidung kenntlich gemacht. Im 11. Jahrhundert kamen auch die Patrone einer bestimmten Institution zur Abbildung.

Seit karolingischer Zeit zeigte mindestens eine Seite der Münzen in der Mitte ein Kreuz, das normalerweise von einer Umschrift umgeben wurde. Oft füllten die Graveure die Kreuzwinkel mit Kugeln aus. Dieses »Design« war am Beginn des 11. Jahrhunderts noch weit verbreitet, wurde allerdings im weiteren Verlauf durch andere Gestaltungsmuster ersetzt – z.B. durch Architekturdarstellungen, die ebenfalls nur als Topos für eine Kirche oder eine Burg standen. Immerhin zeigen sie aber, welche Teile eines Gebäudeensembles man als wesentlich betrachtete. Deutlich hervorgehoben sind bei Kirchen die Portale und Türme, bei Burgen die vielfach gequaderten Mauern und Türme. Sowohl in den Umschriften als auch in den Bildern spielen christliche Symbole eine große Rolle. P.I.

16a Pfennig Heinrichs II. als König

Dortmund, 1002–1014
Silber – Dm. 1,60 cm, Gew. 1,48 g
Münster, LWL-Landesmuseum für Kunst und Kulturgeschichte – Westfälisches Landesmuseum, Inv.Nr. 15319 Mz

Dortmund, Sitz einer wegen seiner Lage am Hellweg bedeutenden Königspfalz, ist seit der Königszeit Ottos III. (983–996) durchgehend als Münzstätte nachweisbar, die

überwiegend eigenständige Münztypen prägte. Erste, mehr ratlose Versuche, den König bildlich darzustellen, gab es unter Otto III. als Kaiser (996–1002). Eher gelang dies unter dem Nachfolger Heinrich II. (1002–1024), als man den Herrscher in Seitenansicht abbildete. Individuelle Charakteristika fehlen. Die Darstellung ist auf das Wesentliche eines menschlichen Kopfes – nämlich Mund, Nase und Augen – reduziert. Die Augen, die Enden der Krone wie auch die das Gewand haltende Fibel auf der Schulter sind als einfache Ringel gebildet. Unter dem Kopf sind die angewinkelten Arme angedeutet. Umher läuft die Umschrift HEINRICVS REX. Die andere Seite weist das traditionelle Kreuz mit Punkten auf sowie umher den latinisierten Ortsnamen THROTMONIA. Nachprägungen zu diesem Typ entstanden im Namen eines sonst nicht fassbaren Radwerk.
P.I.

16b Pfennig Heinrichs II. als Kaiser

Straßburg, 1014–1024
Silber – Dm. 2,00 cm, Gew. 1,52 g
Münster, LWL-Landesmuseum für Kunst und Kulturgeschichte – Westfälisches Landesmuseum, Inv.Nr. 37181 Mz

Die Bischofsstadt Straßburg war die bedeutendste Münzstätte im südwestdeutschen alemannischen Raum. Nach der Erhebung Heinrichs II. (1002–1024) zum Kaiser 1014 wurde dort bei gleichzeitigem Wechsel in der Machart zu breiteren und dafür etwas dünneren Pfennigen ein neuer Typ eingeführt, der das kaiserliche Brustbild frontal, mit kurzem Bart und einer über der Stirn spitz zulaufenden Krone ohne lange Pendilien an den Seiten zeigt. Die Umschrift HEINRICVS IMP(ERATOR) A(U)G(USTUS) (»Heinrich, erhabener Kaiser«) ist von außen zu lesen. Die andere Seite weist im Unterschied zu den in der Königszeit Heinrichs (1002–1014) geprägten Münzen den gekreuzten lateinischen Stadtnamen ARGEN – TINA auf, der in eine stilisierte Kirchendarstellung eingesetzt und von Kirchtürmen flankiert wird. Während die Bischöfe auf den Münzen der Zeit Ottos III. (983–1002) fast regelmäßig auch genannt werden, hat es den Anschein, als ob dies in der Zeit Heinrichs II. nicht so war. Unerforscht ist auch, ob alle Münztypen mit dem Namen Straßburgs in einer Münzstätte oder in mehreren entstanden sind.
P.I.

16c Pfennig Heinrichs II. als König

Regensburg, 1009–1024
Silber – Dm. 2,10 cm, Gew. 1,58 g
Münster, LWL-Landesmuseum für Kunst und Kulturgeschichte – Westfälisches Landesmuseum, Inv.Nr. 37180 Mz

Die dominierende Münzstätte in Bayern wie auch in den östlichen Teilen Schwabens war Regensburg, die im 10. Jahrhundert auch die beginnende Münzprägung in Böhmen beeinflusst hatte. Wegen der südlichen Lage sind Pfennige aus Regensburg weniger in den Fernhandel mit den Skandinaviern gelangt, dafür umso mehr in denjenigen mit den slavischen Nachbarn. Diese Münzen unterscheiden sich von denen anderer deutscher Regionen zum einen dadurch, dass auf ihnen neben dem König auch Monetare genannt sind, und zum anderen darin, dass die Münzen fast ausnahmslos sehr gut ausgeprägt sind und ein relativ hohes Relief haben.
Die Münzprägung des 10. Jahrhunderts lag ganz in der Hand der bayerischen Stammesherzöge. Als Heinrich II. (1002–1024) 1002 König wurde, war er schon seit 995 Herzog von Bayern. 1009, nachdem Heinrich II. seinen Schwager Heinrich V. (Herzog seit 1004) abgesetzt und das Herzogsamt selbst wieder übernommen hatte, wurde in Regensburg erstmals ein Typ mit der Abbildung des Königs eingeführt und zwar als Brustbild in Seitenansicht. Das Bild zeigt den König mit einer Krone und drei Lilien, einem mittellangen Bart und einem auf der rechten Schulter zusammengehaltenen Gewand. In der Münzprägung einmalig, in der Kunst aber durchaus vorkommend, ist die Platzierung des Königsnamens und des REX im freien Felde. Auf der Rückseite wurden noch das Kreuz abgebildet sowie als Charakteristikum der Ausgaben ab 1009 zwei mal drei Kugeln, ein Dreieck und ein Ringel in den Winkeln. Die Umschrift trägt den Namen des Monetars (VECCHO) sowie etwas verstümmelt den Ortsnamen (RETS).
P.I.

16d Pfennig Konrads II. als Kaiser u. Erzbischof Pilgrims von Köln

Köln, 1027–1036
Silber – Dm. 2,00 cm, Gew. 1,49 g
Münster, LWL-Landesmuseum für Kunst und Kulturgeschichte – Westfälisches Landesmuseum, Inv.Nr. 11676 Mz

Ein Münzprivileg ist für die Kölner Erzbischöfe nicht erhalten. Dass sie aber schon in der Mitte des 10. Jahrhunderts am Münzrecht zumindest beteiligt waren, geht daraus hervor, dass zu dieser Zeit Erzbischof Brun (953–965) zusammen mit seinem Bruder Kaiser Otto I. (936–973) auf Münzen genannt wird. Da Brun ein Angehöriger des Königshauses war, stellen diese Münzen eine Besonderheit dar. Seine Nachfolger werden nicht auf Münzen genannt, was aber nicht bedeutet, dass sie keine Münzrechte gehabt hätten. Während im Südwesten des Reichs (Konstanz, Straßburg) Bischöfe in der Münzprägung schon im 10. Jahrhundert mehr oder weniger regelmäßig vorkommen, sah dies in der Nordhälfte des Reichs anders aus. Erst Erzbischof

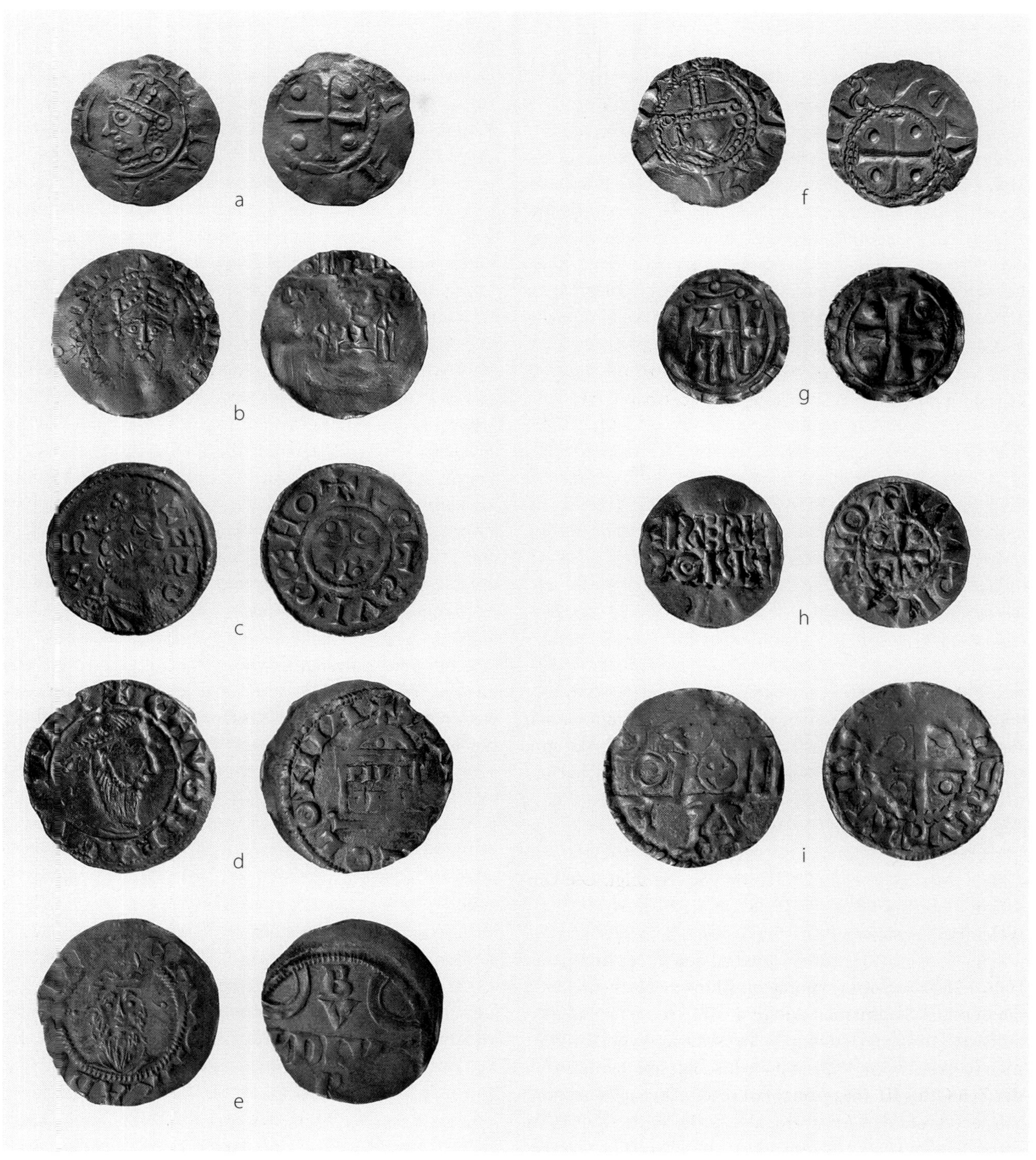

16a–i

Pilgrim (1021–1036) wird unter Konrad II. (1024–1039) als Kaiser (ab 1027) auf Kölner Münzen genannt und zwar zusammen mit dem Kaiser. In dieser Zeit änderte sich auch der Charakter der Kölner Münzen, die bis dahin nur Schrift aufwiesen. Konrad II. wurde in einem Bild dargestellt. Es handelt sich nicht um ein Porträt im heutigen Sinne, sondern eher um ein stilisiertes Herrscherbild. Der Kaiser wird in Seitenansicht mit langem Bart dargestellt, während die andere Seite eine schematische Kirchendarstellung aufweist, die auf Motive des Karolingers Ludwig den Frommen (813–840) zurückgreift. Die Kaiserdarstellung war eine Verbesserung des Münzstempelschnitts, doch gab es zu dieser Zeit in Köln nur wenige, die solche Stempel herstellen konnten, weshalb nach kurzer Zeit die nachgeschnittenen Prägestempel im Stil und im handwerklichen Können verfielen. P.I.

16e Pfennig Konrads II. als Kaiser

Duisburg, 1027–1039
Silber – Dm. 2,00 cm, Gew. 1,38 g
Münster, LWL-Landesmuseum für Kunst und Kulturgeschichte – Westfälisches Landesmuseum, Inv.Nr. 9173 Mz

Mit Konrad II. (1024–1039) tritt die am westlichen Ende des Hellwegs gelegene Königspfalz Duisburg erstmals als Münzstätte in Erscheinung. Nicht auszuschließen ist, dass dort vorher schon Nachprägungen der Kölner Leitwährung entstanden sind. Die neue Münzsorte entspricht zwar in der Machart und in ihrem Gewicht den Kölner Pfennigen, aber ist dem Bild nach selbstständig. Der Stempelschneider, der sein Handwerk tadellos beherrschte, schnitt ein en-face-Bild des Kaisers mit langem Bart ins Eisen. Die Schultern sind knapp angedeutet. Gleichartige, nur durch Details in der Kronengestaltung zu unterscheidende Münzbilder entstanden für Konrad II. in Mainz sowie in Friesland. Auch die Umschrift CHVONRADVS IMP(ERATOR) ist in sauberen Lettern ausgeführt. Die Rückseite ist nach Art der verbreiteten Kreuzscheibenfibeln durch vier eingesetzte breite Bögen zu einem Kreuz ausgeformt. In dieses ist der überkreuzte Ortsname + DIVS – BVRG eingesetzt. Die Lage am Rhein beförderte den Fernhandel der Pfalzsiedlung; dadurch sind relativ viele Duisburger Münzen des 11. Jahrhunderts nach Skandinavien und in den slavischen Raum abgeflossen. P.I.

16f Pfennig Konrads II. als Kaiser

Dortmund, 1027–1039
Silber – Dm. 1,90 cm, Gew. 1,17 g
Münster, LWL-Landesmuseum für Kunst und Kulturgeschichte – Westfälisches Landesmuseum, Inv.Nr. 15334 Mz

In der Regierungszeit Konrads II. (1024–1039) wurde auch in Dortmund recht umfangreich geprägt. Dabei blieben die eingeführten Münztypen Heinrichs II. (1002–1024) prinzipiell bestehen, wenngleich variiert und im Hinblick auf den Herrschernamen angepasst. In der nicht sehr langen Königszeit Konrads (bis 1027) wurde ein schematisierter Kopf im Profil benutzt, der keine Krone aufweist. Der Name des Prägeortes entfiel und stattdessen erschien der Name des Königs auf beiden Seiten. Die Zuordnung nach Dortmund ist aber sicher, da sich die Prägung vom Bild her in einer logischen Folge zu früheren Ausgaben mit Ortsangabe befindet. Nach der Kaiserkrönung wurde auf Vorbilder aus der Zeit Heinrichs II. mit Darstellung einer Krone zurückgegriffen. Um das Kreuz herum steht CONRADVS REX, jedoch in rückläufigen Buchstaben gegen den Uhrzeigersinn und um den Kopf herum IMRERATOR (statt IMPERATOR) als höherrangiger Herrschertitel. P.I.

16g Pfennig Gräfin Adelas

Raum Deventer, um 990–1000
Silber – Dm. 1,70 cm, Gew. 0,88 g
Münster, LWL-Landesmuseum für Kunst und Kulturgeschichte – Westfälisches Landesmuseum, Inv.Nr. 23750 Mz

Der Pfennig ist auf einer Seite bildlich von angelsächsischen Vorbildern inspiriert, die zwischen 985 und 991 geprägt wurden. Die Abbildung zeigt die aus dem Himmel kommende Hand Gottes zwischen den Buchstaben Alpha und Omega, die für Anfang und Ende – Schöpfung und Weltgericht stehen. Dieses Motiv war natürlich auch außerhalb der Münzprägung weit verbreitet. Darum steht OTTO REX. Bei einzelnen Exemplaren dieses Typs steht auch deutlich DAVENTE, so dass es möglich ist, dass mindestens ein Teil in Deventer geprägt wurde, wo sonst nur Münzen im königlichen Namen entstanden. Die andere Seite zeigt das traditionelle Kreuz mit Kugeln in den Winkeln und eine Umschrift mit ADAT COMETISSA (»Adela, Gräfin«). Das T von ADAT lässt sich vielleicht auch als Ligatur aus L und offenem A auflösen. Nach dem Fundvorkommen im Ostseeraum muss mit der Prägung des Typs bereits um 990 begonnen worden sein. Im Verlaufe der Prägung wurde das Münzbild stark vereinfacht und weniger sorgfältig ausgeführt. Später entstand auch noch ein anderer Typ im Namen der Gräfin, der Münzen von Deventer aus der Kaiserzeit Ottos III. (996–1002) imitiert.
Adela († vor 1028) ist die einzige Gräfin ihrer Zeit, die sich in der Münzprägung nachweisen lässt. P.I.

16h Pfennig Graf Wichmanns III.

Friesland, 994–1016
Silber – Dm. 1,80 cm, Gew. 0,81 g
Münster, LWL-Landesmuseum für Kunst und Kulturgeschichte – Westfälisches Landesmuseum, Inv.Nr. 11562 Mz

Die zwei Zeilen der Vorderseite sind mit hoher Wahrscheinlichkeit als Pseudoschrift zu verstehen, da der Münztyp ikonographisch auf Nachprägungen von Kölner Pfennigen Erzbischof Bruns (953–965), Bruder Kaiser Ottos I. (936–973), aus der Mitte des 10. Jahrhunderts zurückgeht. Diese weisen ein zweizeiliges BRVNO ARCHIEP(ISCOPU)S (»Brun, Erzbischof«) auf, das von den kopierenden Stempelschneidern wohl nicht mehr richtig gedeutet werden konnte. Etwa seit 994 taucht dieser Typ, bei dem das ursprüngliche OTTO IMP(ERATOR) AVG(USTUS) (»Otto, erhabener Kaiser«) um das Kreuz herum durch VVIGMAN COM(ES) (»Wichmann, Graf«) ersetzt ist, in den zahlreichen Funden rund um die Ostsee auf. Gleichzeitig gibt es zahlreiche Einzelfunde solcher Stücke im niederländischen Küstenbereich. Auch die Machart mit bestimmten Formen gebogener Striche, wie sie besonders auf der Vor-

derseite zu finden sind, sowie die dünnen, weniger als 1 g schweren Münzplättchen weisen auf Friesland als Entstehungslandschaft dieser Münzen hin.
Der Zeitpunkt des Vorkommens in den Schatzfunden lässt keinen Zweifel daran, dass es sich bei dem genannten Wichmann um den Billunger handelt, der 1016 ermordet und in Vreden bestattet wurde. Vreden kommt aber als Prägeort nicht in Betracht. Schriftliche Quellen, die Herrschaftsrechte wie die Wahrnehmung von Grafschaftsrechten in Friesland bezeugen, gibt es nicht. Allerdings existieren auch keine Texte, die Rechte dieser Art von anderen in Friesland bezeugen. Im weiteren Verlauf des 11. Jahrhunderts waren die ebenfalls aus Sachsen stammenden Brunonen Grafen in Friesland. Ungewöhnlich für die Zeit vor 1000 ist, dass ein Graf seinen Namen auf Münzen setzt. Nur Graf Heinrich II. von Stade († 1016) und ein Graf Siegfried, bei dem es sich um Siegfried I. von Northeim († 1004) handeln könnte, lassen sich als Vergleichsbeispiele nennen. P.I.

16i Paderborner Pfennig

Um 1020
Silber – Dm. 1,95 cm, Gew. 1,37 g
Münster, LWL–Landesmuseum für Kunst und Kulturgeschichte – Westfälisches Landesmuseum, Inv.Nr. 20533 Mz

Für Paderborn ist eine Münzrechtsverleihung nicht bekannt. Jedoch bestätigte 1028 Kaiser Konrad II. (1024–1039) Bischof Meinwerk (1009–1039) ein vorhandenes Münzrecht zusammen mit anderen Rechten, darunter Markt und Zoll. Nicht ohne Grund wird vermutet, dass die Bischöfe von Paderborn bereits im 10. Jahrhundert ein Münzprivileg erhalten haben. Die Frage, ab wann davon Gebrauch gemacht wurde, ist schwer zu beurteilen. In Westfalen waren die kölnischen Pfennige vorherrschend, die seit dem späten 10. Jahrhundert auch in Soest hergestellt wurden. An das Muster dieser Pfennige hat Paderborn seine Prägung angepasst. Bei einigen Prägestempeln ersetzte man die sowieso sinnentleerte, auf den längst verstorbenen Kaiser mit Namen »Otto« bezogene Umschrift durch den Ortsnamen PATERBRVNNVM. Als Paderborner Besonderheit kann gelten, dass die Schrift von außen zu lesen ist und sich nicht auf die Kreuzmitte hin orientiert. Nur elf dieser Exemplare sind überliefert. Sie stammen aus Schatzfunden rund um die Ostsee. Der älteste Pfennig wurde gegen 1035 verborgen, die meisten anderen kurz danach. Daher lässt sich die Entstehung dieses ältesten Paderborner Pfennigs in die Zeit Bischof Meinwerks legen. Dass auf der anderen Seite der Name der heiligen Stadt Köln steht, wird auf ökonomische Gründe zurückzuführen sein. Durch Stempelkoppelungen lässt sich nachweisen, dass Paderborn später Pfennige Soester Art ohne Nennung des Prägeorts hergestellt hat. P.I.

17 Alpert von Metz: *De diversitate temporum libri duo*

Metz, letztes Drittel 11. Jahrhundert
Pergament – H. 27 cm, B. 19 cm
Hannover, Gottfried Wilhelm Leibniz Bibliothek – Niedersächsische Landesbibliothek, Ms. XII,712a

Alpert († nach 1021/1025) war Mönch des Klosters St. Symphorian in Metz, bevor er später in den Utrechter Sprengel übersiedelte und sich vermutlich in einem Kloster bei Amersfoort niederließ. Zwischen 1021 und 1025 verfasste er das Werk *De diversitate temporum libri duo*, das er Bischof Burchard von Worms (1000–1025) widmete. Die Darstellung weist einen ausgeprägten lokalen Charakter auf und beschäftigt sich überwiegend mit der Geschichte Niederlothringens – insbesondere der Diözese Utrecht – in den Jahren 990–1021.
Ein Großteil der Erzählung dreht sich um Adela († vor 1028), Tochter des Grafen Wichmann von Hamaland († um 975), die Imad († vor 983), Vater Bischof Meinwerks von Paderborn (1009–1036), heiratete. Mit dieser Eheschließung weitete sich der Familienbesitz der Immedinger bis nach Niederlothringen hin aus. Nach dem Tod ihres Vaters machte Adela Rechtsansprüche auf das ihr nach altem sächsischen Recht zustehende Erbe geltend, zu dem auch das Stift Elten gehörte. Alpert beschreibt diesen Kampf um Besitz- und Herrschaftsrechte ebenso ausführlich wie die Ermordung des Billunger Grafen Wichmann III. von Vreden († 1016), den er Adela und ihrem zweiten Ehemann Balderich († 1021) unterstellt. Unterbrochen wird die Geschichte Adelas durch die Lebensbeschreibung des hl. Bischofs Ansfried von Utrecht (995–1010), die Alpert in sein Werk mit einfließen lässt.
Die hier gezeigte Handschrift ist das einzige erhaltene Exemplar des Werkes. Als Entstehungsort kann St.Vinzenz zu Metz angenommen werden, wo sich im 12. Jahrhundert eine *Historia Alperti* befand. Eigenhändige Notizen von Matthias Flacius Illyricus († 1575) auf dem Pergament lassen vermuten, dass die Handschrift sich vorübergehend in seinem Besitz befand. Um 1658 nahm Herzog August der Jüngere von Braunschweig-Lüneburg (1635–1666) Alperts Werk in den sog. Wolfenbütteler Bücherkatalog auf und ließ es einbinden. Die Lagen wurden später herausgetrennt und gelangten in den Besitz des Helmstedter Geschichtsprofessors Johann Georg von Eckhart († 1730), der die Handschrift als Grundlage für seine Quellenedition nutzte.

Q.: Alpert von Metz 1859 · Alpert von Metz 1980. Lit.: Balzer 1986a · Härtel/Ekowski 1982 · Manitius 1973–1976, Bd. 2 · Oediger 1954 · Werner 1980a. A.P.

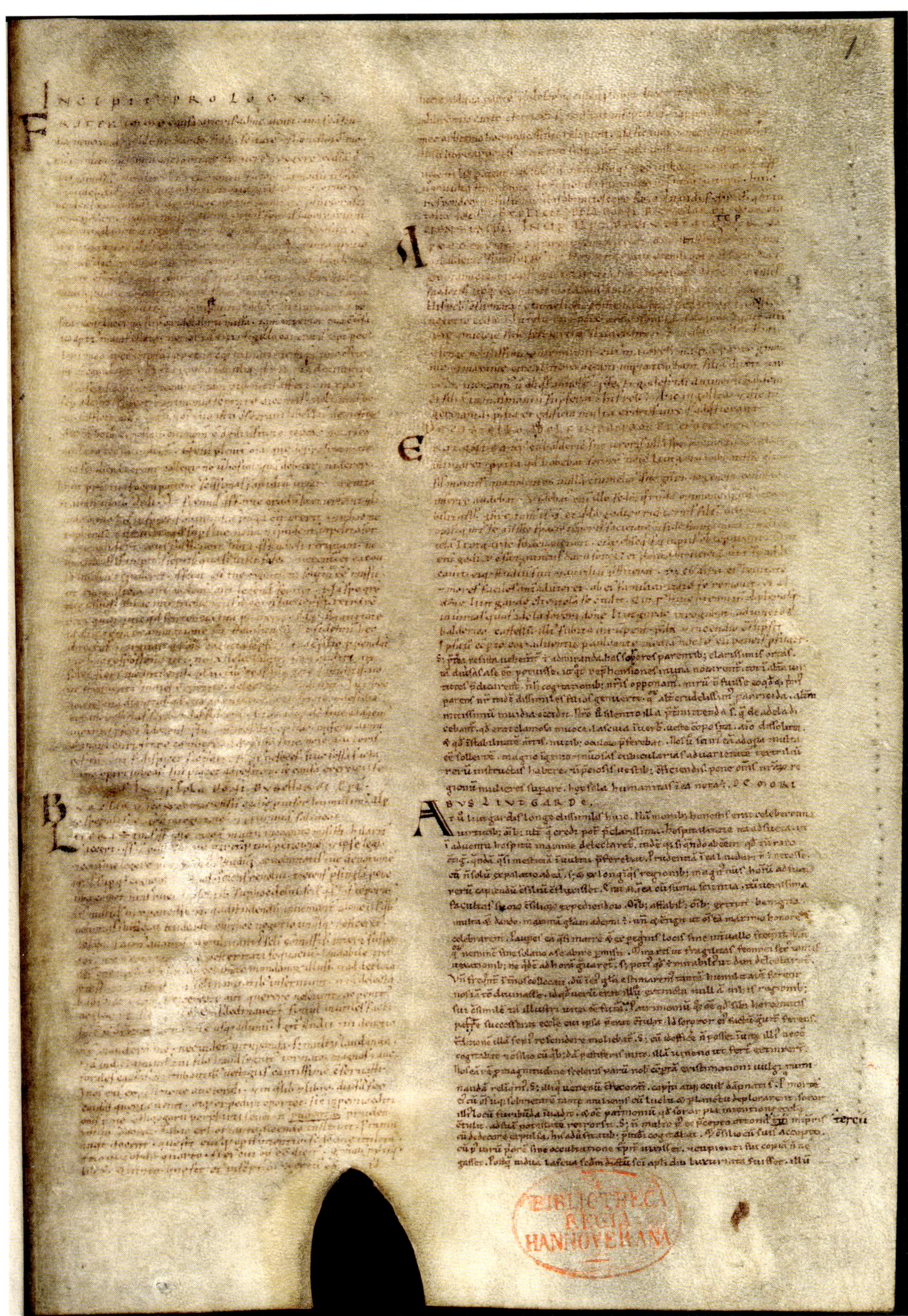

17

Das reichsfreie Damenstift Elten

Nördlich von Emmerich ragt der bis zu 60 m hohe Eltenberg auf. In den Jahren 1964–1965 führte das Rheinische Landesmuseum Bonn auf dem nach Süden steil abfallenden Plateau Ausgrabungen durch. Dabei legten Archäologen zahlreiche Befunde frei, die es erlauben, die Bauabfolge von der ersten Burganlage des ausgehenden 9. Jahrhunderts über die Umwandlung der Grafenburg in ein reichsfreies Damenstift am Ende des 10. Jahrhunderts bis hin zu Neu- und Umbauten seit dem Beginn des 12. Jahrhunderts zu rekonstruieren.

Als sich im 9. Jahrhundert die Normannen in Friesland und der Betuwe festsetzten, führten sie in regelmäßigen Abständen Überfälle auf das Niederrheingebiet durch und besetzten im Jahr 880 sogar die Königspfalz Nimwegen. Der ersten Burg auf dem Eltenberg, die Graf Eberhard Saxo († 898) im Zuge der Normannenabwehr errichten ließ, kam somit eine besondere strategische Bedeutung zu.

Nach dem gewaltsamen Tod Eberhard Saxos gelangte die Burg in Besitz seines Sohnes Meginhard († um 975). Obwohl die Normannenbedrohung am Anfang des 10. Jahrhunderts aufhörte, behielt die Burg ihre wichtige Stellung. Ihre Bedeutung für die Familie und das Niederrheingebiet unterstreicht ein Besuch Ottos I. (936–973), der am 18. Juli 944 auf Elten eine Urkunde ausstellte. Unter Wichmann († nach 973), der seit 952 als Graf von Hamaland bezeichnet wurde und der Großvater Bischof Meinwerks von Paderborn (1009–1036) war, finden die größten baulichen und funktionalen Veränderungen auf dem Eltenberg statt. Als sein männlicher Erbe wohl am 1. August 967 noch im Kindesalter starb, wandelte er die Burg in ein adliges Damenstift um. Dabei ersetzte Wichmann den bis dahin noch hölzernen Palast durch einen großen steinernen Saalbau. Auffällig ist die Platzkontinuität des repräsentativen Gebäudes, die sich bis zur ersten Anlage zurückverfolgen lässt. Eine Holzkirche vom Anfang des 10. Jahrhunderts wurde zugunsten einer dreischiffigen Basilika abgerissen, die 970 mit St. Salvator und Vitus über ein Doppelpatrozinium verfügte. Ab 973 taucht nur noch der hl. Vitus als Kirchenpatron in den Quellen auf. Der Neubau bezog ältere Bauteile mit ein: eine steinerne Kapelle und einen Rundbau – beide Teile waren schon in der Mitte des 10. Jahrhunderts im Süden an die ehemalige Holzkirche angebaut worden. Eine zweite Kapelle und ein Kreuzgang mit Wohnbauten erweiterten die neue Stiftskirche im Norden. Die ehemalige Holz-Erde-Umwallung wich einer massiven Steinmauer, die mit dem Westabschluss der Basilika korrespondierte.

Am 29. Juni 968 übertrug Kaiser Otto I. dem Damenstift Reichsgut, das Graf Wichmann von Hamaland zu Lehen hatte, und bestätigte am 3. August 970 die Schenkungen Wichmanns. Otto II. (973–983) setzte das Stift am 14. Dezember 973 unter den gleichen Schutz wie Quedlinburg, Essen bzw. Gandersheim und verlieh die freie Äbtissinnenwahl sowie eine völlige Immunität.

Als erste Äbtissin wird im Jahr 968 Liutgard († 996), eine Tochter Wichmanns, genannt. Nach dem Tod des Vaters entbrennt ein erbitterter Streit zwischen Liutgard und ihrer älteren Schwester Adela († vor 1028), der Mutter Meinwerks. Ausgangspunkt waren die Erbgüter, die Wichmann an Elten übertragen hatte, aber von Adela teilweise beansprucht wurden. Der dramatische Verlauf der Auseinandersetzungen wird bei Alpert von Metz in *De diversitate temporum libri duo* (Kat.Nr. 17) beschrieben. Seine Schilderungen fallen sehr einseitig und zuungunsten Adelas aus, die auf heimtückische Weise ihre Schwester Liutgard vergiftet haben soll. Es steht allerdings fest, dass Adela durchaus Anspruch auf Teile des Erbes hatte. Der Streit beider Parteien überdauerte die Regierung Ottos II.; erst unter Otto III. (983–1002) kommt es zu einer Schlichtung. Dies ist in einer Königsurkunde vom 18. Dezember 996, die auf einem Hoftag in Nimwegen ausgestellt wurde, festgehalten. Sie beinhaltete u.a. eine Güterliste und die Bestätigung des Königsschutzes von 973. Ein Vergleich der von Wichmann übertragenen Güter mit der Bestätigung von 996 zeigt, dass es zu einer Teilung des Erbes kam. Somit setzte Adela sich letztendlich durch. Dies geschah sicherlich auch mit der Unterstützung Balderichs, ihres zweiten Ehemanns, der zuvor noch Adelas Burg zusammen mit Godizo, einem Getreuen Liutgards, in Brand gesteckt hatte.

Im frühen 12. Jahrhundert war ein Kirchenneubau notwendig. Es entstand eine dreischiffige romanische Basilika, deren Weihe nach einer Inschrift am Giebel der Kirche am 3. Februar 1129 stattfand. Im Achtzigjährigen Krieg (1568–1648) brannten holländische Söldner 1585 die Gebäude auf dem Eltenberg nieder; ein Artilleriebeschuss am Ende des Zweiten Weltkriegs (1939–1945) führte zu erheblichen Schäden. Die Instandsetzungen begannen 1948 und wurden 1967 abgeschlossen. Die romanische Basilika des frühen 12. Jahrhunderts wurde »unter Beseitigung der baulichen Veränderungen des 17. Jahrhunderts wiedererrichtet und ist eines der bedeutendsten Bauwerke des frühen 12. Jahrhunderts im Niederrhein-Maasgebiet« (Spengler-Reffgen).

Lit.: Binding 1996 · Binding/Janssen/Jungklaaß 1970 · Fischer 2004 · Sprengler-Reffgen 2006, S. 308 · Jongbloed 2008 · Kos 2002 · Oediger 1954. R.M.

18 Marmorplättchen

Damenstift Elten, Stiftskirche IV, um 967
Marmor – max. 13,0 x 17,5 x 2,0–3,0 cm
Bonn, LVR–LandesMuseum, Rheinisches Landesmuseum für Archäologie, Kunst- und Kulturgeschichte, Fd.Nr. 106

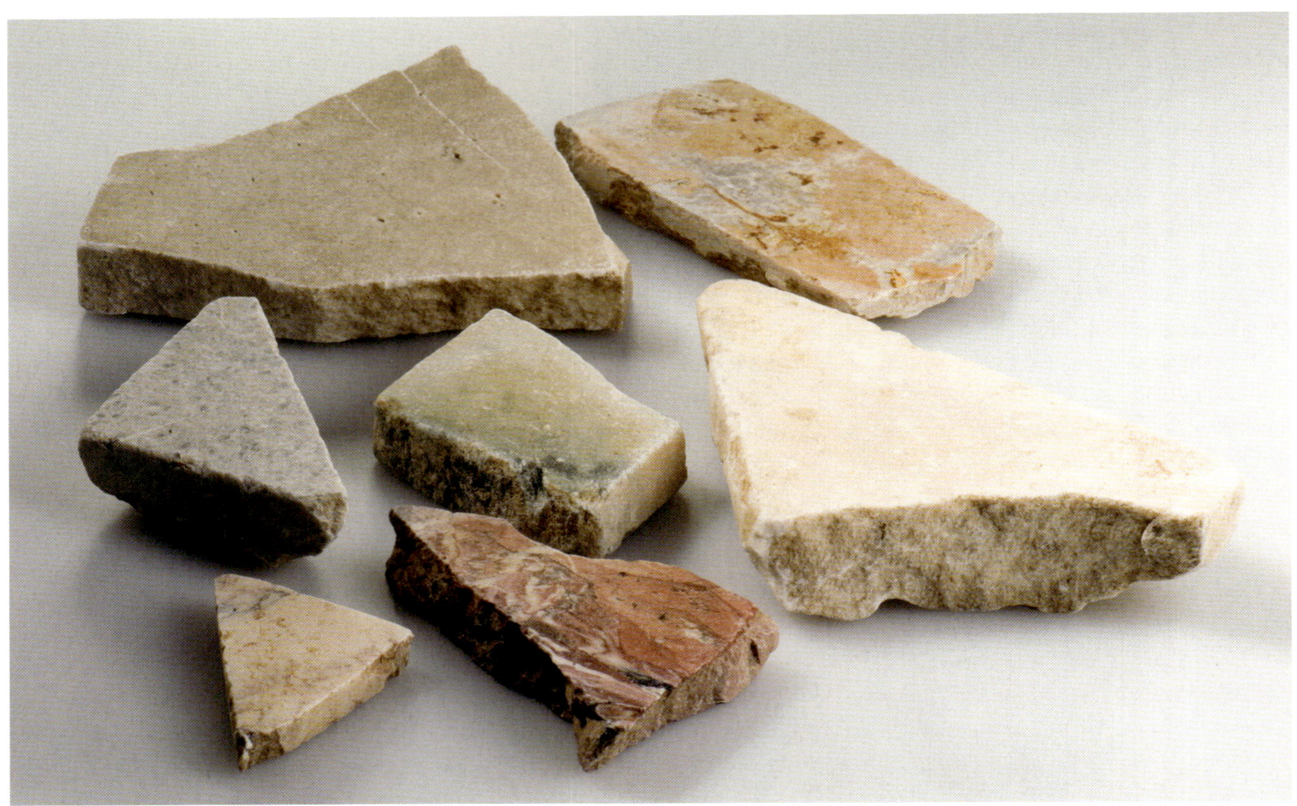

18

Die Bodenplättchen aus Marmor waren im Sanktuarium der Stiftskirche IV in einem Mörtelbett verlegt. Reste des Mörtels haften den Stücken teilweise noch an.

Lit.: Binding/Janssen/Jungklaaß 1970, S. 180. R.M.

19 Konsole

Damenstift Elten, Stiftskirche IV, um 967
Quarzstein (Fragment) – 11 x 9 x 9 cm
Bonn, LVR-LandesMuseum, Rheinisches Landesmuseum für Archäologie, Kunst- und Kulturgeschichte

19

Das Fragment einer Konsole ist mit einem Mittelband verziert und stammt aus der Stiftskirche IV.

Lit.: Binding/Janssen/Jungklaaß 1970, S. 180. R.M.

20 Bodenplatte

Damenstift Elten, Stiftskirche IV, um 967
Kalkstein (Fragment) – 23,0 x 20,7 x 4,2 cm
Bonn, LVR-LandesMuseum, Rheinisches Landesmuseum für Archäologie, Kunst- und Kulturgeschichte, Inv.Nr. FN 30

Nur eine der ursprünglich vier Seiten ist erhalten geblieben. Auf der geglätteten Oberseite verläuft eine flache Kehle, zu

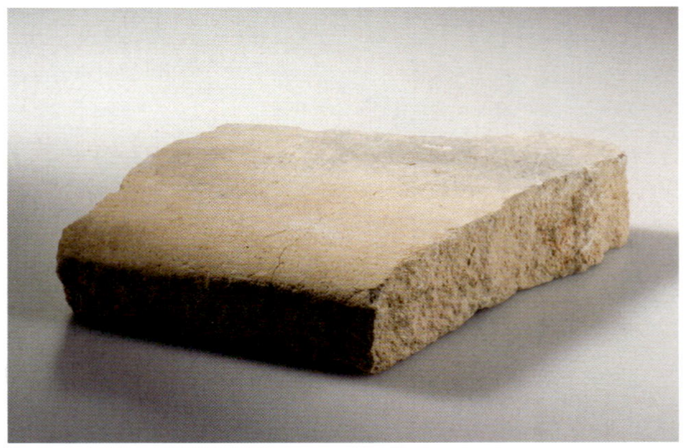

20

der auf beiden Seiten zusätzlich eine schmale Rille eingearbeitet worden ist. Die Unterseite weist deutliche Abnutzungsspuren auf. Dies ist als Hinweis auf eine Zweitverwendung der Platte zu deuten.

Lit.: Binding/Janssen/Jungklaaß 1970, S. 180. R.M.

21–24 Fundstücke aus der ehemaligen Damenstiftskirche Vreden

Herne, LWL-Museum für Archäologie – Westfälisches Landesmuseum

Die Fundstücke aus der zerstörten Vredener Damenstiftskirche wurden bei einer Ausgrabung von 1949–1951 geborgen. Nach einer jüngst erfolgten Auswertung dieser Altgrabung konnte der stratigraphische Bezug korrigiert werden. Demnach stammen die Funde aus dem späten 10. bzw. frühen 11. Jahrhundert. Sie wurden aus dem Brandschutt auf dem Fußboden der ottonischen Damenstiftskirche ergraben. Dieser Bau befand sich an der Stelle der heutigen St. Georgkirche und war etwa 980 entstanden. Ein Brand zerstörte diese Kirche bereits um 1020.

21 Fragmente von Beschlagplättchen

Bein – B. 1,8 cm, Dm. 0,2–0,4 cm
Inv.Nr. M3118 und weitere

Bei den beinernen Fragmenten handelt es sich, wie man aus Vergleichsfunden weiß, um Beschlagplättchen. Sie sind aus dünn gespaltenen Tierknochen hergestellt und mit Zirkelschlagornamentik und parallelen Linien verziert. Solche Beschläge wurden üblicherweise mit Nägeln an hölzernen

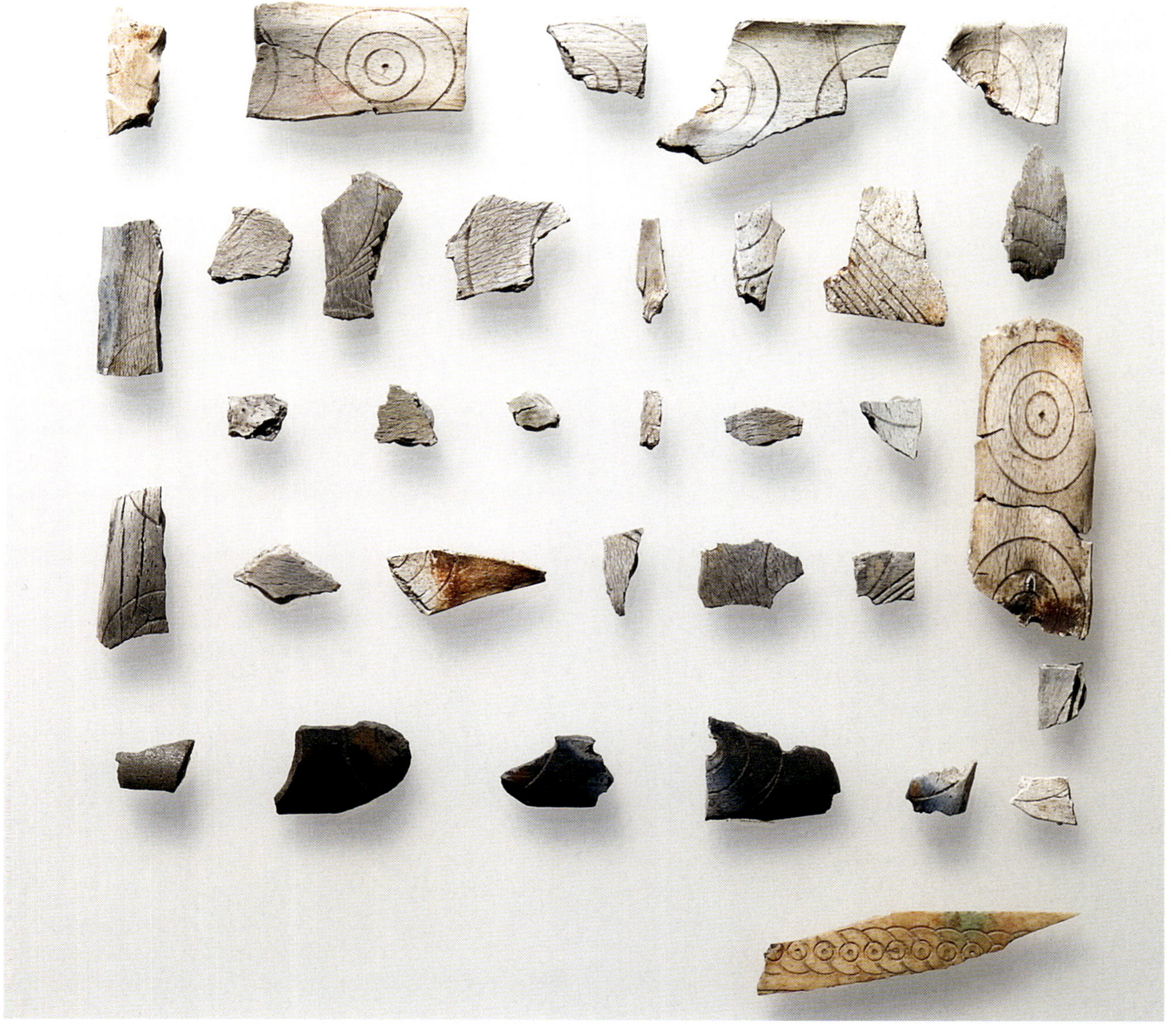

21

Untergründen befestigt. Die Einstechlöcher des Zirkels dienten zugleich als Nagellöcher. Häufig wurden mit Beschlägen dieser Art kostbare Behältnisse verziert. Sie fanden sowohl im profanen als auch im sakralen Bereich Verwendung. Eine solche, im Grunde recht einfache Ornamentik war vom frühen bis zum hohen Mittelalter weit verbreitet. Die Fundlage vor dem Sanktuarium der Damenstiftskirche macht es wahrscheinlich, dass die Beschläge an einem liturgisch bedeutsamen Objekt befestigt waren. Wie lange dieses Objekt in Gebrauch war, kann nicht ermittelt werden. Da es sich dabei um ein bewegliches Inventar handelte, könnte es sogar schon im Vorgängerbau der ottonischen Kirche verwendet worden sein.

22 Beschlagfragmente von liturgischem Gerät

Kupferblech – feuervergoldet, getrieben – D. 0,05 cm

Die feuervergoldeten Beschlagfragmente sind in Treibtechnik gearbeitet. Wie die zahlreichen Nagellöcher zeigen, waren die ausgesprochen dünn gehämmerten Kupferbleche mit kleinen Nägeln zur Verzierung und zum Schutz auf liturgischem Gerät befestigt. Die vorhandenen Fragmente sind sehr kleinteilig, so dass sie nur eine bruchstückhafte Vorstellung von ihrem ursprünglichen Zustand wiedergeben. Dennoch lassen erhaben gearbeitete Ränder, Stege und Wülste an eine bildliche Gestaltung, möglicherweise sogar mit ikonographischem Inhalt, denken, wie man aus Funden von anderen Orten erschließen kann – Beschlagfragmente vergleichbarer Art wurden an verschiedenen Orten in Mitteleuropa gefunden. Die feuervergoldeten Kupferbeschläge waren an beweglichem liturgischen Gerät angebracht, das über längere Zeit in Gebrauch gewesen sein kann.

23 Schmuckstein

Porphyr – Tafelschliff – L. 2,9 cm, B. 2,1 cm, D. 0,5 cm

Der kleine rechteckige, sorgsam geschliffene Porphyrstein mit angefasten Kanten ist von violetter Grundfarbe mit größeren türkisen und kleinen ocker- bis cremefarbenen Einschlüssen. Edelsteine und Halbedelsteine erfreuten sich im Mittelalter großer Beliebtheit und wurden häufig zum Schmuck von Buchdeckeln, Kreuzen, Kelchen und ande-

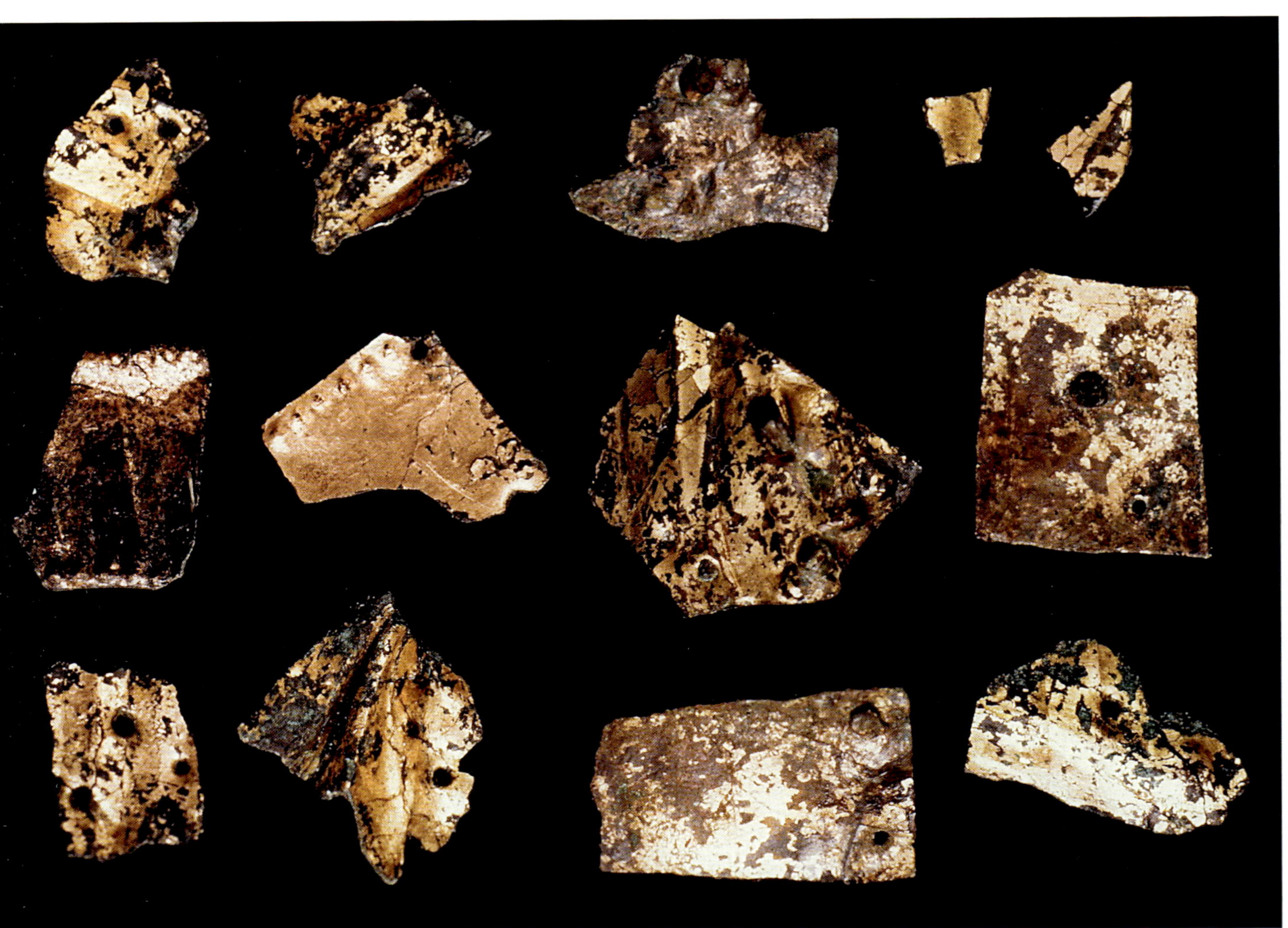

22

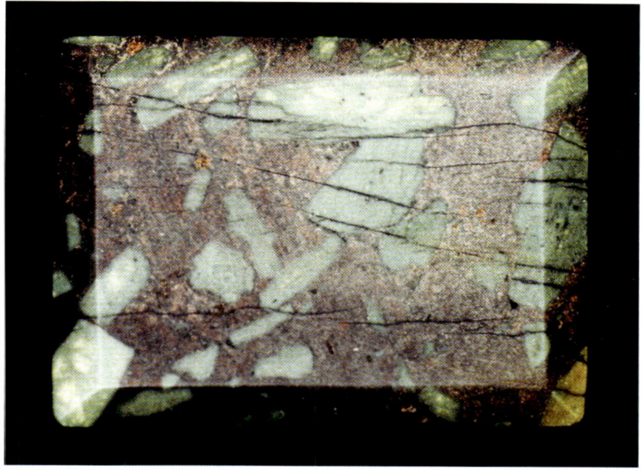

23

rem liturgischen Gerät verwendet. Besonders häufig wurde Porphyr verarbeitet, u.a. für Altarsteine von Tragaltären. Man wird daher annehmen dürfen, dass der hier vorliegende Schmuckstein in ähnlicher Funktion gedient hat. Dafür spricht auch sein Fundort. Wie lange das mit diesem Porphyrstein geschmückte Objekt benutzt wurde, ist nicht feststellbar, weil es sich um ein mobiles Objekt gehandelt haben muss. Man wird von einer umsichtigen ehrenvollen Behandlung ausgehen können, so dass das Objekt durchaus über längere Zeit verwendet worden sein kann, bis es durch das Feuer vernichtet wurde.

24 Zellenschmelzmedaillon

Buntmetall, Zellenschmelz – Dm. (Grundplatte) 2,3 cm, Dm. (Medaillon) 1,7 cm

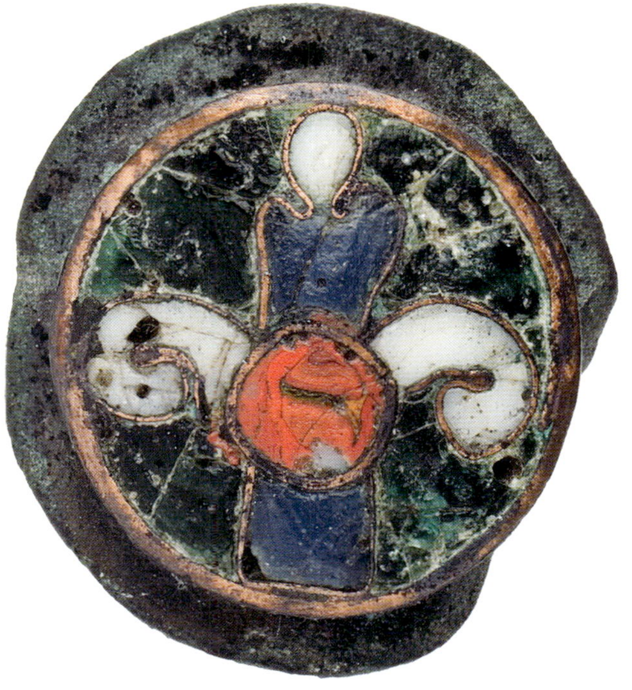

24

Das kleine runde Medaillon ist ein mehrfarbiges Einzelstück. Es wurde in opakem Vollschmelz auf einer etwas gebogenen Grundplatte gearbeitet. Darin ist vor einem grünen Hintergrund ein lilienförmiges Kreuz mit Blau und Weiß ausgeführt, dessen Zentrum mit einem roten Kreis akzentuiert ist. Das Medaillon ist an der rechten Seite etwas beschädigt.

Zellenschmelzmedaillons solcher Art wurden als Schmuck an Fingerringen und Kleidungsstücken getragen oder sie verzierten wertvolle Geräte, die zur Eucharistiefeier verwendet wurden wie etwa Kelche und Patenen. Außerdem konnten sie als Einsätze in metallenen Beschlägen an liturgischen Büchern, Reliquiaren, Kreuzen oder Tragaltären angebracht sein. Da auch das Zellenschmelzmedaillon an einem mobilen Objekt befestigt war, ist mit dem Brand um 1020 nur ein terminus ante quem gegeben.

Lit.: Kat. Berlin u.a. 2000–2002 · Kat. Köln 1985 · Kat. Magdeburg 2001 · Kat. Paderborn 1999 · Kat. Speyer 1992 · Weiß 2009 · Winkelmann 1984, S. 12–23. H.W.

25 Goldene Buckelfibel mit Trommelkranz

Rheinländische Werkstatt, ca. 2. Viertel 11. Jahrhundert
Fundort: Schleswig
Gold u. Steine aus farbigem Glasfluss – einige Steine u. Perlschnüre verloren – Dm. 3,2 cm, H. (mit Broschierung) 1,4 cm, D. (Draht im Unterbau) 0,06 cm, Gew. 10,8 g
Schleswig, Archäologisches Landesmuseum in der Stiftung Schleswig-Holsteinische Landesmuseen Schloß Gottorf, Fd.Nr. KS D 381. 106

Die Fibel ist aus einem durchbrochenen Mittelbuckel und einer breiten Randzone aus acht angelöteten Perldrahttrommeln zusammengesetzt. Beide tragen Glasflüsse unterschiedlicher Farbe, von denen heute einige fehlen. Der kegelstumpfförmige Buckel ist aus alternierenden Kreisen freitragender Goldkügelchen und aufgefädelter Perldrähte (heute verloren) aufgebaut und mit einem Stein aus hellblauer Paste gekrönt, der an einen gewölbten Saphir gemahnen soll und von vier dreifingrigen Krallen gehalten wird. Die vier grünen Hauptsteine des Trommelkranzes sind zu einem Kreuz gefügt und werden von Drahtschlingen gefasst, während die vier opakweißen Glasperlen (nur eine erhalten) von zylindrischen Blechstreifen gehalten werden. In vier kreuzförmig gestellten Ösen lief ursprünglich ein Perldraht (heute verloren) um.

In den Merkmalen der freitragenden Kügelchen, der dreifingrigen Krallen und der kreuzförmig gestellten Schlaufen schließt das Stück stilistisch eng an die Platten der Reichskrone wie auch das Reichskreuz Kaiser Konrads II. (um 1030) an. Die Proportionen – relativ kleiner Mittelbuckel und breite

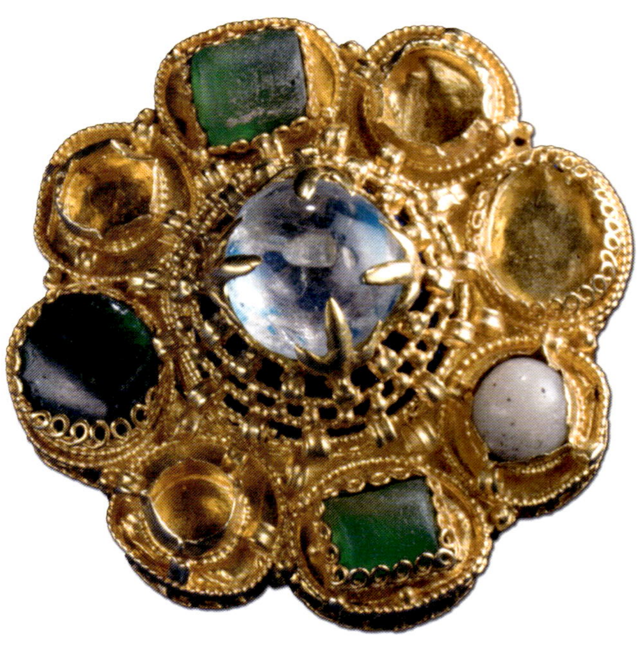

25

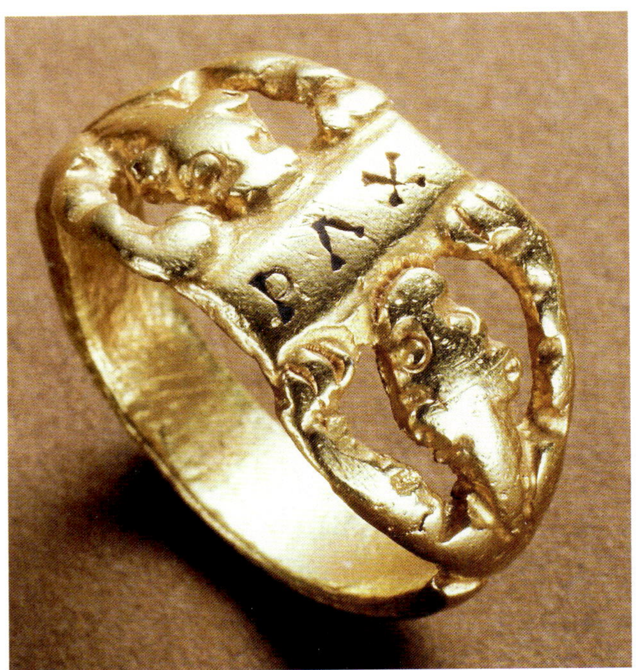

26

Randzone – sprechen für eine Datierung vor die Mitte des 11. Jahrhunderts, das Detail der kreuzförmig angeordneten Trägerschlaufen für die Kenntnis mediterraner Stileigenheiten, so dass das Stück vermutlich aus einer rheinischen Werkstatt stammt, die auch für das Kaiserhaus gearbeitet hat.
Die Fibel steht in Material und Konzeption in einer Reihe höchstrangigen Frauenschmucks, zu der sowohl der Schmuck der Kaiserin Agnes († 1077) aus Mainz als auch Einzelstücke von Fundorten etwa aus Minden (Kat.Nr. 96) und von einem Adelshof bei Hadersleben in Jütland zählen. Der Weg der Fibel aus der kaiserlichen Schatzkammer bald nach der Jahrtausendwende in ein Haus des 12./13. Jahrhunderts am Schleswiger Hafen ist in einer historisch plausiblen Ereigniskette über mehrere Stationen der Geschenkdiplomatie und Vererbung denkbar. Insofern repräsentiert das Stück deutsch-dänische Beziehungen des 11. Jahrhunderts auf höchster diplomatischer Ebene.

Lit.: Kat. Schleswig 2006–2007, S. 228, Nr. 9 (Christian Radtke) · Kat. Speyer 1992, S. 275, Nr. 3 (Mechthild Schulze-Dörrlamm) · Müller 2008 · Schulze-Dörrlamm 1991 · Sørensen 2005 · Westermann-Angerhausen 1977. C.R.

26 PAX-Ring

Karolingisch oder karolingisch-ottonisch,
9.–10. Jahrhundert
Gold, Niello – Dm. 2,4 cm
Pforzheim, Sammlung Schmuckmuseum (aus der Sammlung Heinz Battke), Inv.Nr. 1954/59

Der goldene, niellierte Fingerring, der über die Sammlung Heinz Battke in das Schmuckmuseum Pforzheim kam, wird in das 9. oder 10. Jahrhundert datiert. Ein eindeutiges Herstellungsgebiet lässt sich nicht festmachen. Battke macht die Unterscheidung zwischen karolingisch, wenn das Entstehungsgebiet westlich, und karolingisch-ottonisch, wenn es östlich wäre.
Der Ring besteht aus einem flachen, außen leicht gerundeten Reif, der an jeder Schulter im Vorderleib eines Raubtieres endet. Es könnte sich dabei um einen Löwen, einen Panther oder auch einen Drachen handeln. Die beiden Tiere halten mit ihren Klauen und Zähnen die flache rechteckige Inschriftenplatte, die den Ringkopf bildet. In die Platte ist – längs zum Finger – das Wort PAX eingraviert und mit Niello geschwärzt, wobei der Buchstabe A sich ohne Querstrich darstellt. Niello ist ein schon in der Antike bekanntes Verfahren, in Silber oder Gold gravierte Buchstaben oder Muster durch Schwärzung zu betonen. Dabei wird eine Mischung aus Silber, Kupfer, Blei, Borax und Schwefel in die Gravur eingelagert, durch Hitze zum Schmelzen gebracht und nach dem Erkalten poliert. Zu bemerken ist, dass Niello an germanischen Fingerringen fränkischer Kultur vor 800 nicht nachweisbar ist (Battke 1953, S. 49), wohl aber in anderen Schmuckformen wie z.B. an fränkischen Fibeln aus merowingischer Zeit. Der Verwendungszweck des Rings lässt sich nicht nachweisen, der relativ große Durchmesser jedoch auf einen männlichen Träger schließen, möglicherweise aus dem kirchlichen Umfeld. Später als die Entstehung des Rings datiert ist, waren Pacificale – kleine, auch Kusstafeln genannte Platten – u.a. mit der Inschrift PAX, mit denen römisch-katholische

Priester den vor der Kommunion üblichen liturgischen Friedenskuss an die Gläubigen weitergaben, beschriftet. Seit dem 13. Jahrhundert wurden Pacificale ausgewählten Gläubigen zum Kuss gereicht.
Tiermotive, in diesem Fall Raubtiere, tauchen im Schmuck früh auf. So besitzt das Schmuckmuseum Pforzheim eine Armspange aus dem 8./7. Jahrhundert v.Chr. aus Luristan in Westiran, die aus drei parallel verbundenen Bronzereifen besteht, deren Enden jeweils mit stilisierten Panthern oder Löwen verziert sind. Die Verwendung starker, furchteinflößender Raubtiere im Schmuck verweist auf den Glauben, dass die Eigenschaften der Tiere auf den jeweiligen Träger übertragbar sind.

Lit.: Battke 1953 · Kat. Speyer 1992, S. 277–278, Nr. 9 (Mechthild Schulze-Dörrlamm). C.H.

27 Goldener Fingerring

2. Hälfte 10. Jahrhundert
Fundort: Warder, Gemeinde Rohlstorf, Kreis Segeberg
Filigran- u. Granulationszier auf Goldblechummantelung über Eisenkern – anschwellender Kopf mit Kreuzkonfiguration aus fünf dicken Goldkügelchen (Dm. 0,23 cm) mit Perldrahtumrandung, flankiert von gebündelten Perldrahtranken – Dm. (außen) 2,30 cm, Dm. (innen) 1,60 cm, B. (Schwellung) 0,85 cm, Gew. 7,18 g
Schleswig, Archäologisches Landesmuseum in der Stiftung Schleswig-Holsteinische Landesmuseen Schloß Gottorf, Fd.Nr. Ward 2075

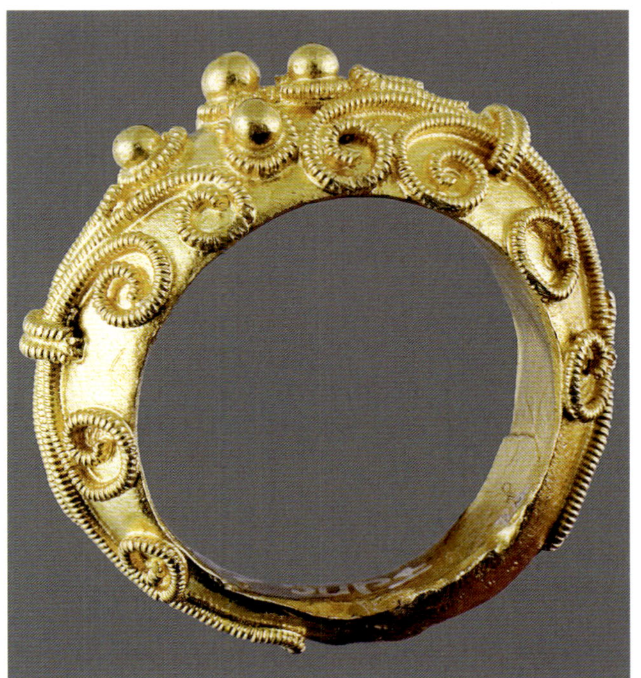

27

Der Ring ist eine feine ottonische Goldschmiedearbeit, eine Rarität im Slavenland. Deswegen überrascht es zunächst, ein derartiges Werk nicht wie üblich als hohl aufgebaute Blecharbeit, sondern als Ummantelung eines Eisenkerns vorzufinden. Dennoch ist es unwahrscheinlich, dass mit dem versteckten Eisenkern massives Gold vorgetäuscht werden sollte. Sicherlich handelt es sich um ein Phylakterion, ein Schutzamulett, das seine Heilskraft aus einer eingearbeiteten Reliquie oder anderweitig sakralisierten Substanz bezog.
Der Goldring wurde unter der mehrschichtigen Basispacklage des Fußbodens einer kleinen Saalkirche (9,20 x 3,50 m) gefunden und zwar im Zentrum der Chorrundung unterhalb des Platzes, der als Standort des Altars in Betracht kommt. Das ist seltsam. Deswegen mag es sich am ehesten um eine Opfergabe »ex voto« handeln. Die recht gut abgesicherte Keramikstratigraphie der Fundstelle verweist den Ring in die 2. Hälfte des 10. Jahrhunderts. Als Erbauungszeit kommt aus historischen Gründen die erste Zeit des Oldenburger Bistums nach 974, als Zerstörung spätestens das Jahr 1018 in Betracht.
Der Fundort, die slavische Inselburg von Warder, ist mit Nezenna identifiziert worden, einem Edelhof, der zur Ausstattung des Bischofs von Oldenburg gehörte. Nach dem verheerenden Liutizenaufstand von 983 gelang es Bischof Bernhard (1013–1023) nämlich trotz aller Bemühungen nicht, an seinem Bischofssitz in Oldenburg Fuß zu fassen. Er erhielt jedoch von Herzog Bernhard II. von Sachsen (1011–1059) seine Edelhöfe in Bosau und Nezenna zurück. Spätestens im Zusammenhang mit dem neuerlichen Liutizenangriff von 1018 war Bischof Bernhard jegliche Grundlage in seiner Diözese entzogen, weswegen er sich nach Hildesheim flüchtete und dort bei Bischof Bernward (993–1022) Schutz und Trost suchte. Er nahm 1022 an der Weihe der Klosterkirche St. Michael teil und wurde schließlich ebendort bestattet.

Q.: Helmold von Bosau 1963, lib. I, cap. 14, 18. Lit.: Kat. Hildesheim 1993, Bd. 2, S. 342–343, Nr. VI-16 (Ingo Gabriel) · Kat. Schleswig 2006–2007, S. 234, Nr. 105 (Ingo Gabriel) · Nielsen 1987 · Struve 1974, S. 41–44, Abb. 12–14 · Struve 1981, S. 84–88. I.G.

Die Niederungsburg bei Haus Meer (Büderich)

Bevor am Nordrand des heutigen Meerbuscher Ortsteils Büderich in der 2. Hälfte des 12. Jahrhunderts das Prämonstratenserinnenkloster St. Laurentius gegründet wurde, war das Gelände in einer links des Rheins gelegenen, verlandeten Flussschlinge von bis zu 300 m Breite bereits seit langer Zeit besiedelt. Die archäologischen Ausgrabungen, die in den Jahren 1962–1972 vom Rheinischen Landesmuseum

Bonn unternommen wurden, konnten Siedlungsspuren bis in die Römerzeit nachweisen. Eine intensive Siedlungsphase begann mit der Anlage einer in Holzbauweise errichteten Siedlung im 10. Jahrhundert, zu der am Anfang des 11. Jahrhunderts eine Burg – bestehend aus zwei Baugliedern, einer östlich gelegenen Hauptburg von etwa 15 x 15 m und einer etwa ebenso großen, daran anschließenden Vorburg, die wohl den notwendigen Raum für Wirtschaftsbetriebe bot – erbaut wurde. Zu diesem Zweck war der feuchte Baugrund zunächst durch mehrere Lagen aus Holz und Reisig stabilisiert worden. Die kleine Niederungsburg war von einem Wehrgraben umschlossen. Aus dem reichhaltigen Fundspektrum, in dem u.a. Waffen und Pferdegeschirrteile vorkommen, schließt Antje Kluge-Pinsker, dass es sich bei den Bewohnern dieser bescheidenen palisadenumwehrten Burganlage um Ministeriale, also ursprünglich unfreie Dienstleute, die sich durch den Einsatz für ihre Grundherren eine besondere rechtliche Stellung erarbeiteten, gehandelt haben könnte. Bemerkenswert ist der Fundplatz vor allem durch die hervorragende Erhaltung organischen Materials – eine Folge der Feuchtböden. So konnten zahlreiche Objekte aus Holz geborgen werden. Diese ließen sowohl Rückschlüsse auf die Bauweise der Gesamtanlage zu, wie etwa eine Wandplanke, die mit einem Rundbogen abschließt, oder noch in situ vorgefundene Nut- und Federplanken, als auch auf das in den drei Schwellbalkenhäusern der Burg benutzte Mobiliar wie Bett- oder Sesselpfosten der einstigen Bewohner (Kat.Nr. 28–30). Daneben fand sich hölzernes Essgeschirr (Kat.Nr. 51–53), welches einen Einblick in die Tischkultur vermittelt. Auch eiserne Objekte konnten in großer Zahl geborgen werden. Ein Set aus unterschiedlichen Werkzeugen belegt handwerkliche Tätigkeiten in der Anlage. Durch eine kleine Hafenanlage und die Lage am Rhein war eine verkehrstechnisch günstige Anbindung gewährleistet. Doch bereits im 12. Jahrhundert verlor die Dienstmannenburg Meer an Bedeutung und wurde spätestens im 13. Jahrhundert aufgegeben.

Lit.: Herrnbrodt 1967 · Janssen 1991 · Janssen/Janssen 1999 · Kluge-Pinsker 1991. G.M.B.

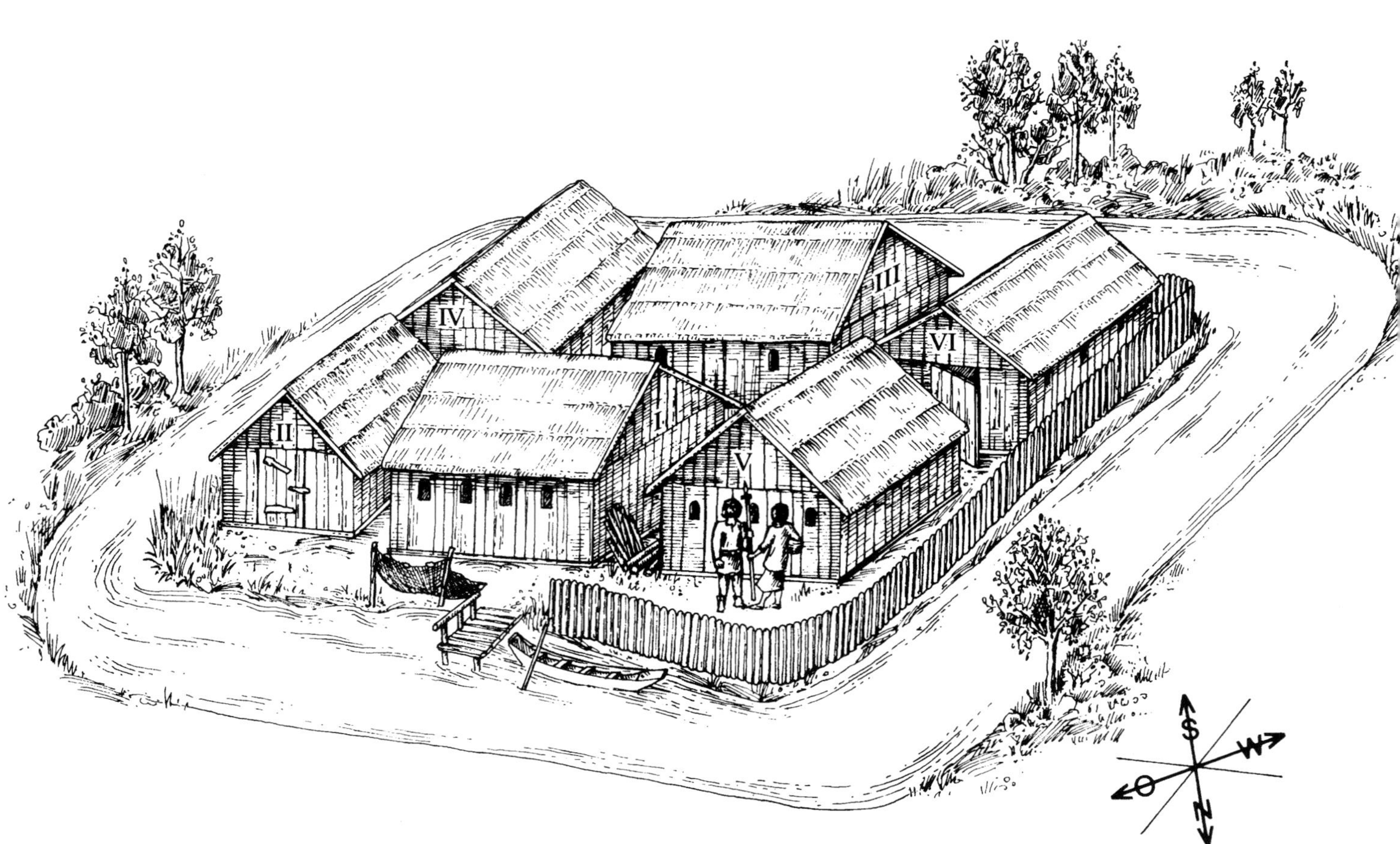

Rekonstruktion der Niederungsburg bei Haus Meer, 11. Jahrhundert

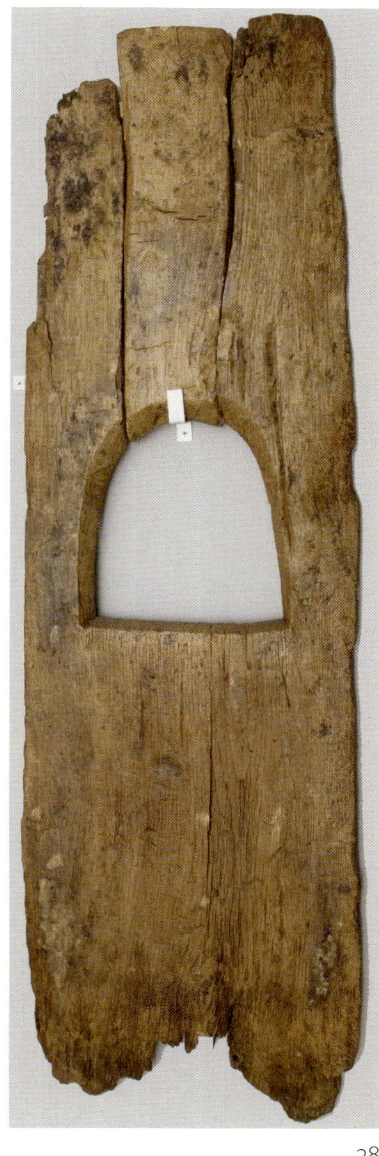

28

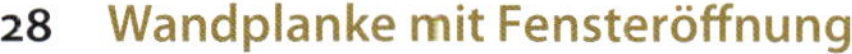

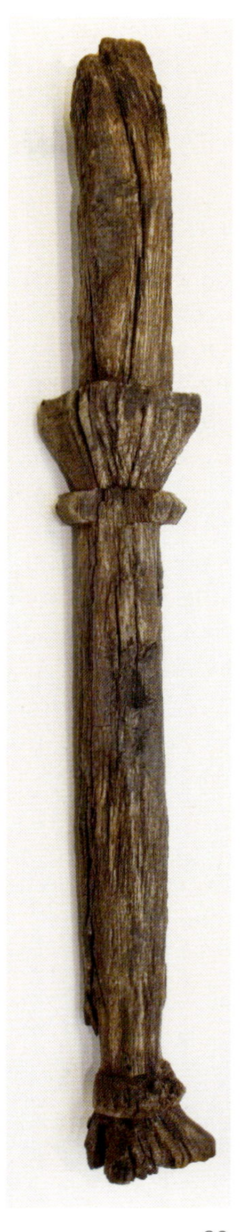

29

28 Wandplanke mit Fensteröffnung
Niederungsburg bei Haus Meer, 11. Jahrhundert
Fundort: Büderich, Stadt Meerbusch
Holz – H. 144 cm, B. 48 cm
Bonn, LVR-LandesMuseum, Rheinisches Landesmuseum für Archäologie, Kunst- und Kulturgeschichte, Inv.Nr. 63.903

Bei Ausgrabungen fanden Archäologen mehrere hölzerne Stabbauten aus dem 11. Jahrhundert. Die Wände bestanden aus Spaltbohlen, die über eine Nut in einen Schwellbalken eingelassen wurden. Untereinander waren die Bretter ebenfalls über Nut und Feder verbunden. In die vorliegende Wandplanke wurde eine Fensteröffnung in Form eines Rundbogens eingearbeitet.

Lit.: Janssen/Janssen 1999, Abb. 13, 15 · Kat. Speyer 1992, S. 34–38 (Antje Kluge-Pinsker). R.M.

29 Fenstersäule
Niederungsburg bei Haus Meer, 11. Jahrhundert
Fundort: Büderich, Stadt Meerbusch
Holz – H. 125 cm
Bonn, LVR-LandesMuseum, Rheinisches Landesmuseum für Archäologie, Kunst- und Kulturgeschichte, Inv.Nr. 64.236

Die profilierte Fenstersäule gehörte vermutlich zum selben Gebäude, dem auch die zuvor beschriebene Wandplanke (Kat.Nr. 28) zuzuordnen ist. Sie unterteilte eine größere Fensteröffnung.

Lit.: Janssen/Janssen 1999, Abb. 16 · Kat. Speyer 1992, S. 34–38 (Antje Kluge-Pinsker). R.M.

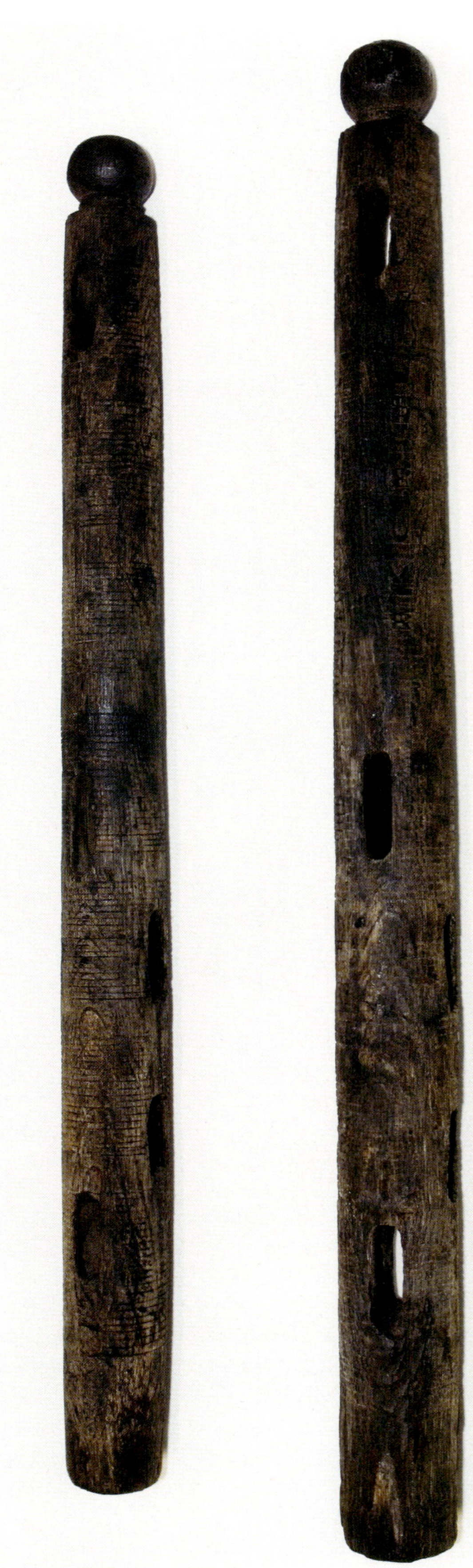

30

30 Zwei Pfosten eines Möbelstücks

Niederungsburg bei Haus Meer, 11. Jahrhundert
Fundort: Büderich, Stadt Meerbusch
Holz – gedrechselt u. rillenverziert – H. (beide) 104 cm
Bonn, LVR–LandesMuseum, Rheinisches Landesmuseum für Archäologie, Kunst- und Kulturgeschichte, Inv.Nr. 63.902 u. 63.918

Die beiden gedrechselten Pfosten gehörten zu einem Möbelstück. Ob es sich dabei um ein Bett oder um einen Stuhl handelte, kann nicht mehr eindeutig bestimmt werden. Beide Pfosten haben an einer Seite drei Zapflöcher und im rechten Winkel dazu noch einmal jeweils zwei. Vermutlich waren die Pfosten über die drei Zapflöcher miteinander verbunden.

Lit.: Janssen/Janssen 1999, Abb. 17 · Kat. Speyer 1992, S. 34–38 (Antje Kluge-Pinsker). R.M.

31 Altsächsische Allerheiligenpredigt, Essener Heberolle

Anonym, Essen, Damenstift, um 1000
Pergament – H. 28,0 cm, B. 19,5 cm
Düsseldorf, Universitäts- und Landesbibliothek, Ms. B 80

Die Handschrift enthält zwei altsächsische Texte: den ältesten Predigttext in niederdeutscher Sprache (fol. 152v–153r) und ein Abgabenverzeichnis des Damenstifts Essen (fol. 153v). Diese wurden dem Hauptteil der überwiegend lateinischsprachigen Handschrift (Evangelienhomilien Gregors des Großen [590–604], 2. Hälfte 10. Jahrhundert, fol. 1r–152v) angeschlossen. Weitere volkssprachige Einschübe in der Handschrift befinden sich mit etlichen Ortsnamen in einem lateinischen Heberegister (fol. 152v) und altsächsischen Glossen in den Homilien Gregors.
Die lateinische Vorlage der Allerheiligenpredigt wurde früher Beda Venerabilis († 735) zugeschrieben, inzwischen gilt sie als Pseudo-Beda, die vermutlich in der 1. Hälfte des 10. Jahrhunderts entstand. Die Predigt erzählt vom Ursprung des Allerheiligenfestes, das erst unter Ludwig dem Frommen (813–840) im Frankenreich eingeführt wurde. Hintergrund ist die Weihe des Pantheons der Jungfrau Maria und allen Heiligen 609/610 durch Papst Bonifaz IV. (608–615) und das dadurch entstehende alljährliche Fest (anfangs am Freitag nach Ostern, seit dem 8. Jahrhundert am 1. November). Der altsächsische Text übersetzt den lateinischen nicht vollständig, ist aber inhaltlich abgeschlossen und eine korrekte Übersetzung. Nur der Kaisername »Phocas« wurde als »Advocatus« missverstanden (nach Verio Santoro im Anschluss an die Schreibung »focato« der lateinischen Überlieferung). Über die Vorlage hinaus geht die Aussage, dass das Pantheon

Vui lesed tho scs bonifacius pauos an roma uuas.
that he bedi thena kiesur aduocatu̅. that
he imo an romo en hus gefi. that thia luidi
uuilon pantheon heton. wan thar uuor
thon alla afgoda inna begangana. So he
it imo tho iegiuan hadda. so wieda he it an
uses drohtines era. ende usero fruon sce
mariun. endi allero cristes martiro. te thiu
also thar er inna begangan vuarth thiu
menigi thero diuuilo. that thar nu innabegan
gan uuer tha thiu gehugd allero godes
heligono. He gibod tho that al that folk thes
dages also the kalend nouember anstendit
te kerikon quami. endi also that godlika
thianust thar al gedon vuas. so wither gewirf
manno gewilik fra endi blithi te hus. Endi
thanana so vuarth gewonohed that man hodigo
ahter allero thero waroldi beged thia gehugd
allero godes heligono. te thiu so vuat so vui an
allemo themo gera uergomeloson that wi it
al hodigo gefullon. endi that vui thur thero
heligono gethingi bekuman te themo ewigon

31 · fol. 153r

neben Maria und den Märtyrern auch Gottvater geweiht sei. Heberolle und Heberegister sind Güterverzeichnisse, die zur Festlegung und Erhebung von Abgaben angelegt wurden. Das Essener Exemplar verzeichnet die Abgaben von neun Höfen, wohl für das Brauamt des Damenstifts Essen, und ist wie die Predigt kein Fragment. Die Aufstellung macht eine Lokalisierung der Handschrift nach Essen sehr wahrscheinlich, obwohl beide altsächsischen Texte älter als die Handschrift sind. Die Heberolle stammt aus der 1. Hälfte des 10. Jahrhunderts.

Q.: Althochdeutsche Literatur 2007, S. 216–217, 369. Lit.: Bergmann/Stricker 2005, Bd. 1, S. 321–323 · Bischoff 1971/1981, S. 130 · Bodarwé 2004, S. 114–117, 135–136, 142–143, 197–199, 330–333, 385–386 · Hofstra 1999 · Sanders 1978 · Santoro 1992/1993 · Schmidt-Wiegand 1980. S.M.

32 Essener Sakramentar

Werden, Mitte 10. Jahrhundert
Pergament, Federzeichnungen in brauner Tinte – H. 32 cm, B. 25 cm, 308 Bl.
Moderner Einband aus Holz mit Lederbezug
Düsseldorf, Universitäts- und Landesbibliothek, Ms. D 3

Das Sakramentar enthält eines der ältesten Dedikationsbilder der mittelalterlichen Kunstgeschichte (Prochno 1929). Auf fol. 17v/18r zeigt eine Federzeichnung links einen Priester mit Tonsur und Messgewand, der ein mit Edelsteinen besetztes Buch zu zwei Figuren rechts hinüberreicht. Sie sind mit Kronen und Laiengewändern bekleidet und halten Palmzweige in den Händen. Aufgrund der Provenienz der Handschrift aus Essen gelten sie als Essener Patrone Cosmas und Damian. Ihre Reliquien gelangten bereits bei der Gründung des Damenstiftes Mitte des 9. Jahrhunderts nach Essen. Bis heute sind sie Kirchenpatrone des Doms und der Stadt.
Neben dem Dedikationsbild befinden sich im Sakramentar ein Kalendar (fol. 1–3), Präfationen (fol. 4–16) sowie Orationen und Lektionen des Kirchenjahres (fol. 19v–285v). Auf den Seiten 17v–122r ist in sog. *Deutscher Essener Neumenschrift* (Boewe-Koob 1997) ein Graduale am Rand von erster Hand hinzugefügt, auf fol. 122v–285v ein Antiphonale. Ursprünglich enthielten die Seiten 17v/18r nur die Federzeichnungen. Erst nach der Mitte des 10. Jahrhunderts schrieb eine Essener Hand die fehlenden Präfationen für die Sonntage nach Pfingsten um die Zeichnungen herum.
Hartmut Hoffmann konnte nachweisen, dass das Sakramentar durch die Hand eines Werdener Schreibers entstand und kurz darauf für den Gebrauch im Damenstift durch Essener Hände um ein Kalendar und Präfationen ergänzt wurde. Aufgrund des Vorbildcharakters einer Figur der Essener Handschrift B 113 im Stil des *Utrechtpsalters* (Düsseldorf, Universitäts- und Landesbibliothek, fol. 5v) für die rechte Märtyrerfigur des Dedikationsbildes vermutet Bodarwé die Fertigung der Handschrift durch den Werdener Schreiber im Essener Skriptorium.
Lange galt der Nachtrag des Todes Erzbischof Bruns von Köln 965 als alleiniger terminus ante quem. Doch kann auch die Änderung »rege nostro« in »imperatore nostro« in der *Benedictio cerei* (fol. 118v) als möglicher Hinweis auf eine Entstehung des Sakramentars um die Mitte des 10. Jahrhunderts angesehen werden – sofern sie sich auf die Kaiserkrönung Ottos I. (936–973) 962 bezieht. Mit der Säkularisierung gelangte die Handschrift 1802/1803 aus der Stiftsbibliothek in den Besitz der Königlichen Landesbibliothek Düsseldorf.

Lit.: Bodarwé 2004, S. 394–397 · Boewe-Koob 1997 · Hoffmann 1993b, S. 120, 122 · Kat. Essen/Bonn 2005, S. 181–182, Nr. 22 (Jan Gerchow) · Kat. Magdeburg 2001, Bd. 2, S. 142–143, Nr. III.23 (Rainer Kahsnitz) · Prochno 1929, S. 68. A.Pa.

33 Grabplatte

Um 1030/1040 (?)
Fundort: im Bauschutt unter dem Fußboden des Kapitelsaals des Stiftes St. Viktor in Xanten
Kalkstein – H. 82 cm, B. 44 cm, D. 5 cm
Xanten, LVR-Archäologischer Park/RömerMuseum Xanten, Inv.Nr. L x 2

Die Grabplatte dürfte den Bestattungsort eines vornehmen Laien angezeigt haben. Die Oberfläche erscheint abgelaufen. Unklar bleibt, ob die Platte ursprünglich im Fußboden der Stiftskirche verlegt war, bevor sie dem Bodenausgleich im Kapitelsaal diente. Alternativ kann auch daran gedacht werden, dass die Platte eine Bestattung im Kapitelsaal selbst kennzeichnete. Denn der Xantener Kapitelsaal an der Ostseite des Kreuzgangs wurde von 1530 bis 1535 neu errichtet, bewahrt aber noch Reste der Bausubstanz des romanischen Vorgängers in der Ostwand.
In der Mittelachse der Platte ist vertikal eine einzeilige Grabinschrift in Kapitalis zwischen einer dünnen Lineatur angebracht: IIX K(A)L(ENDAS) N(OVEMBRIS) OBIIT VOLCART LAICVS (»Am 8. November starb der Laie Volcart.«). In der Inschrift variiert bei BI, A und S die Buchstabengröße und stellt sie als sog. Inklusen in die Buchstaben O und C ein. Epigraphisch ähnliche Bauinschriften sind im Kölner Raum in der 2. Hälfte des 11. Jahrhunderts belegt. Die Inschrift bringt zum Ausdruck, dass vornehme Laien einen Bestattungsplatz in einer geistlichen Gemeinschaft für erstrebenswert hielten, um ihre *memoria* garantiert zu wissen. Einzig der angegebene Todes- oder Beisetzungstag sowie der Name des Toten war dabei von Belang.

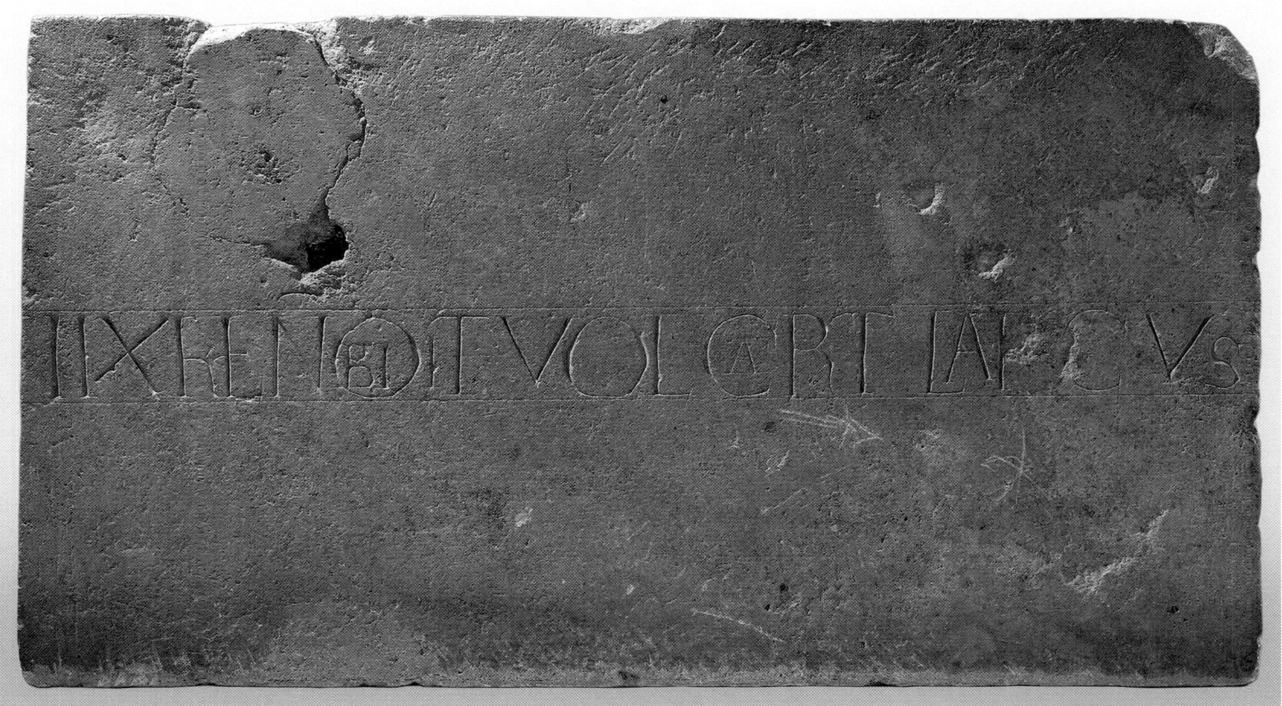

33

Die Stiftsherren waren zum Totengedenken für ihre adligen Wohltäter verpflichtet. Während die niederrheinischen Memoriensteine geistliche Amtsbezeichnungen wie »Episcopus«, »Abatissa«, »Presbyter«, »Diaconus« und »Subdiaconus« kennen, werden auf ihnen weltliche Titel zugunsten von »Laicus« oder »Laica« durchweg vermieden.
In dem 1044/1046 angelegten Xantener Totenbuch (Münster, Universitäts- und Landesbibliothek, Hs. 101) findet sich der Eintrag: XIII KAL NOV. O(BIIT) FOLCHARD, der sich trotz der Variante in der Namensschreibweise auf dieselbe Person beziehen dürfte. Die Differenz von fünf Tagen wäre so zu erklären, dass die Grabinschrift den Todestag, das Memorienbuch hingegen das Beisetzungsdatum tradiert. Eine Identifizierung innerhalb einer Adelsfamilie ist nicht möglich. Es wird sich um einen einflussreichen Mann am Niederrhein gehandelt haben, der dem Stift verbunden war.

Lit.: Binding 1971a, S. 57–58 · Binding 1974, S. 53, Abb. 18 · Finger 2008 · Funken 1983, S. 334 · Nisters-Weisbecker 1983, S. 278 · Oedinger 1958, S. 81. B.P.

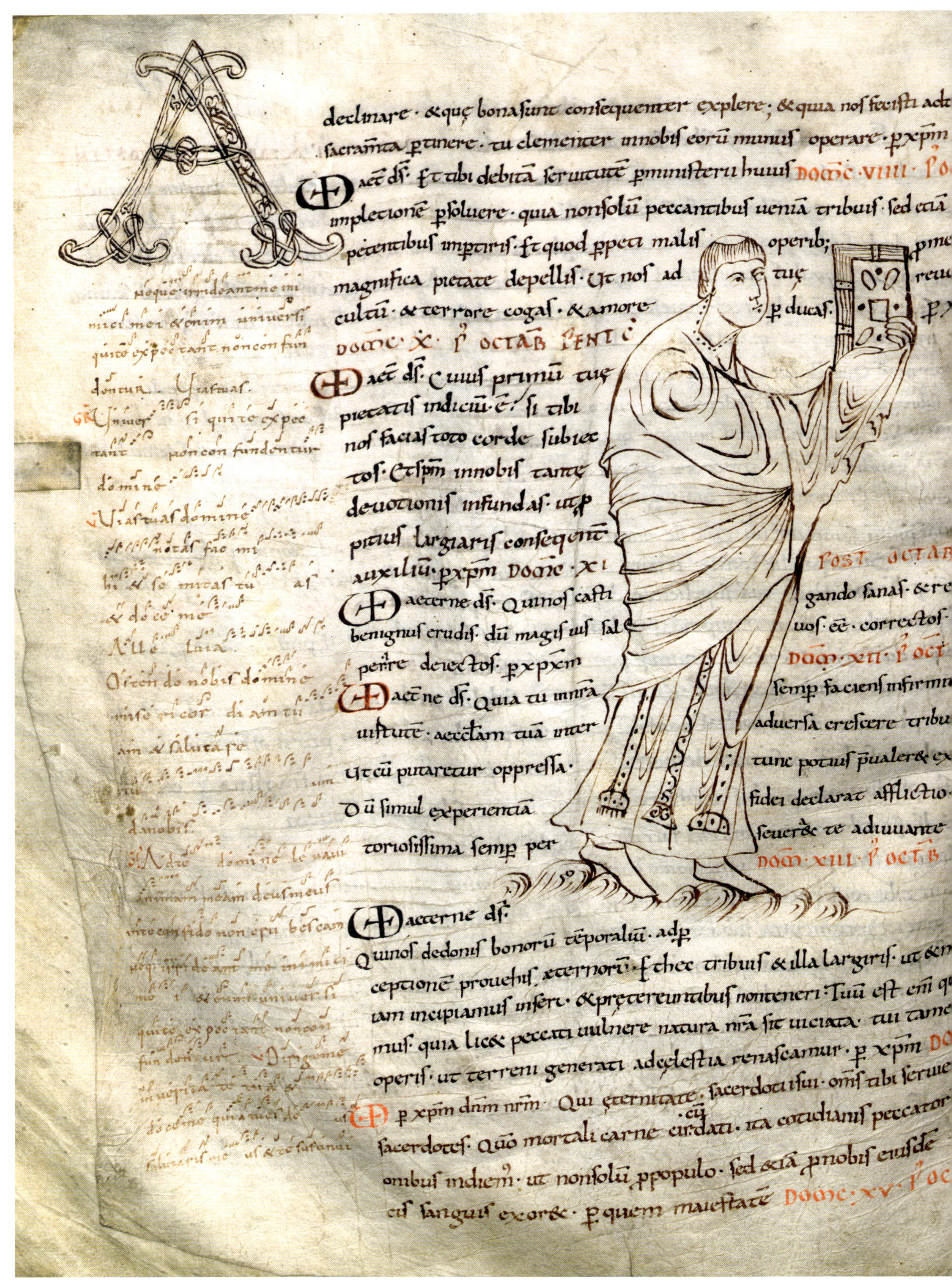

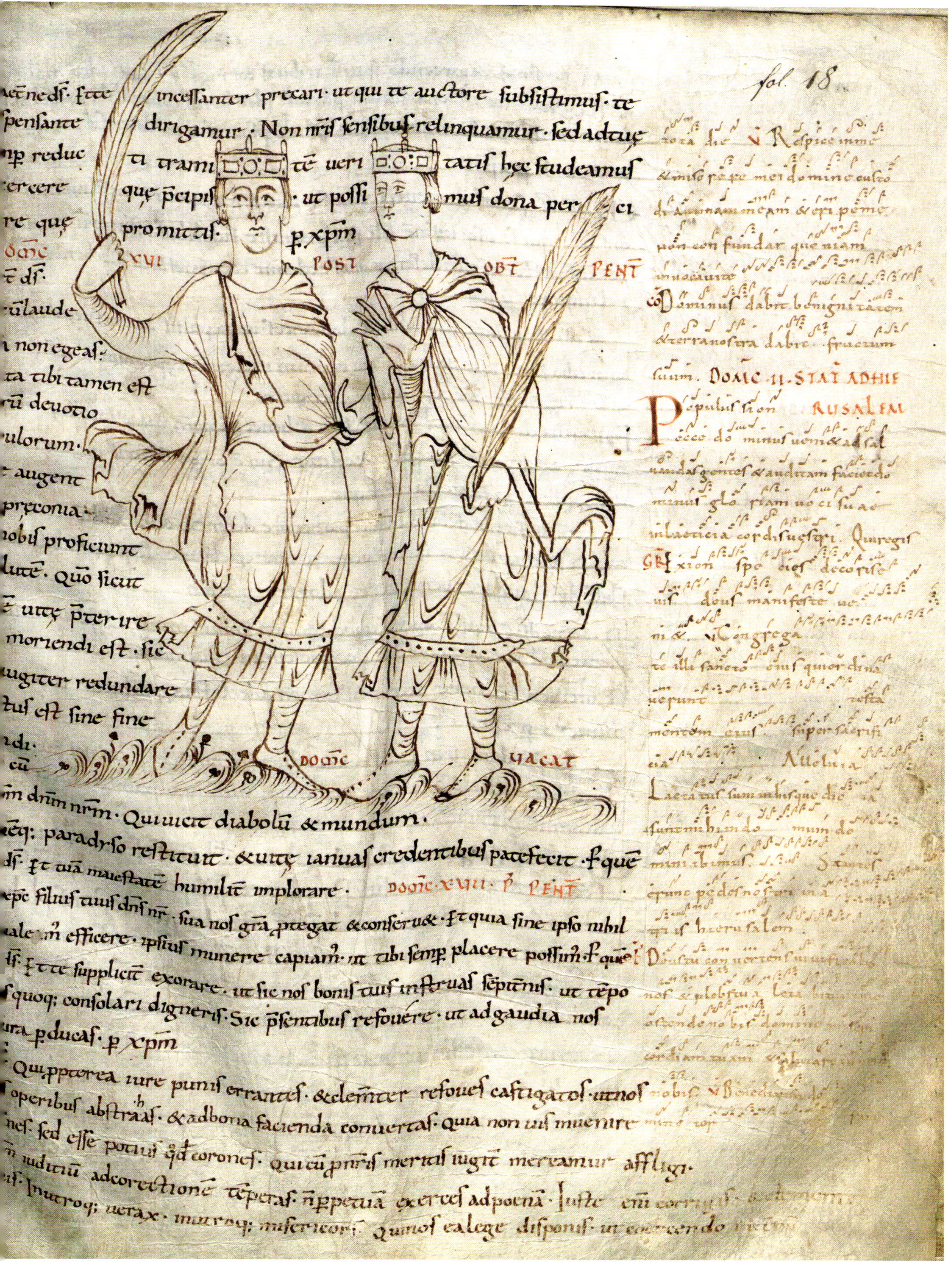

32 · fol. 17v–18r

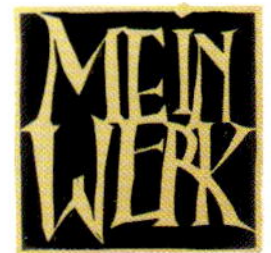

Meinwerk und die Kriege des Königs

34 *Indiculus loricatorum*

Königliche Kanzlei Kaiser Ottos II., vermutlich 981
Pergament – H. 28,7 cm, B. 20,0 cm, 129 Bl.
Bamberg, Staatsbibliothek, Msc.Patr.107

Der *Indiculus loricatorum*, auch als Panzerreiterverzeichnis bekannt, findet sich in einer Bamberger Sammelhandschrift des 10. Jahrhunderts. Es handelt sich um Aufzeichnungen der königlichen Kanzlei, die wohl 981 angelegt wurden, um den militärischen Nachschub für das in Italien weilende Heer Ottos II. (973–983) zu organisieren. Festgehalten werden, nach geographischen Gesichtspunkten gegliedert, die militärischen Kontingente, die von 19 Bischöfen, zwölf Äbten und 20 hochrangigen Adligen vor allem aus dem Süden, dem Westen und der Mitte des ostfränkisch-deutschen Reiches dem Kaiser geschickt oder persönlich zugeführt werden sollten.

Der *Indiculus loricatorum* gehört zu den wenigen zeitgenössischen Dokumenten, die einen Einblick in die Größe und Organisation des Heeres in spätottonisch-frühsalischer Zeit vermitteln. Die zahlenmäßige Fixierung der Kontingente, die die geistlichen und weltlichen Magnaten zu entbieten hatten, war eine Neuerung des 10. Jahrhunderts – bis dahin mussten die Großen all ihre Vasallen im Kriegsfall mobilisieren. Insofern spiegelt das Panzerreiterverzeichnis die gewachsene Bedeutung der Großen wider, die nunmehr die Organisation des königlichen Heeres übernahmen und zu dessen eigentlichen Trägern aufstiegen. Hinzu kam, dass die Zahlen nur Minimalanforderungen darstellten und Bischöfe, Herzöge oder Markgrafen, wenn sie mehr Reiter abstellten, auch Gegenleistungen vom König erwarten konnten. Dennoch war dieser Wandel nicht nur ein Zeichen für die Schwäche des Königtums. Denn immerhin haben die ottonischen Könige mit dieser Regelung eine bis ins 12. Jahrhundert hinein beachtete Berechnungsgrundlage für das königliche Aufgebot geschaffen und das Fundament für ein zahlenmäßig starkes Heer gelegt.

Allein das im Jahr 981 aufgebotene Ergänzungsheer erreichte die beträchtliche Sollstärke von 2090 Panzerreitern. Mit den bereits in Italien weilenden Verbänden, unter denen die im

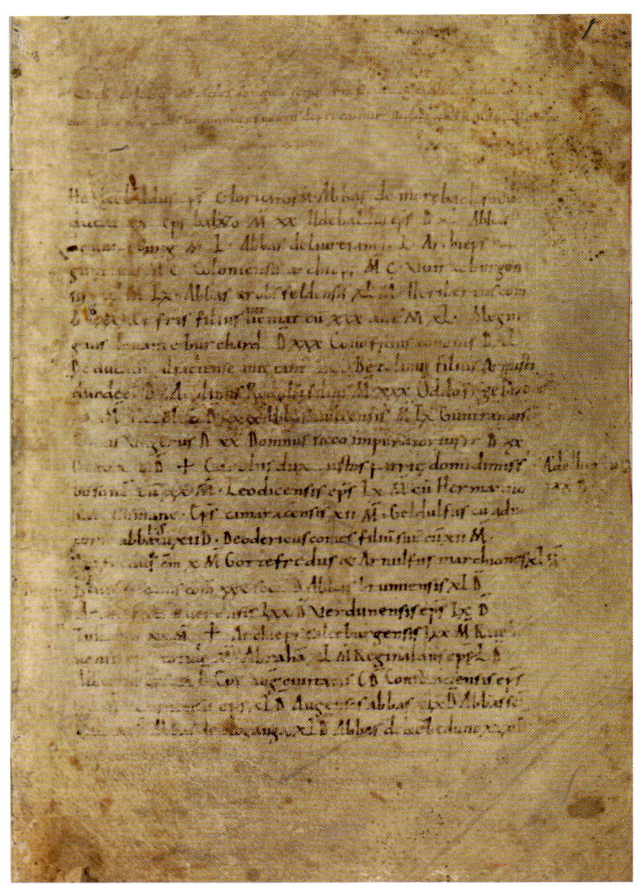

34 · fol. 1r

Indiculus nicht erwähnten sächsischen Kontingente zu finden gewesen sein dürften, wird der Kaiser dann über ein Heer von etwa 5000 Reitern verfügt haben, das damit zu den größten seiner Zeit zählte. Darüber hinaus offenbart das Panzerreiterverzeichnis, in welchem Maße die ottonischen und frühsalischen Herrscher bei der Mobilisierung ihres Heeres auf das Mitwirken der Reichsbischöfe und -äbte angewiesen waren. So mussten die kirchlichen Würdenträger 981 mit etwa 1500 Panzerreitern fast drei Viertel des gesamten Nachschubes aufbieten. Auch waren es allein die Erzbischöfe und Bischöfe, die die größten Kontingente von je-

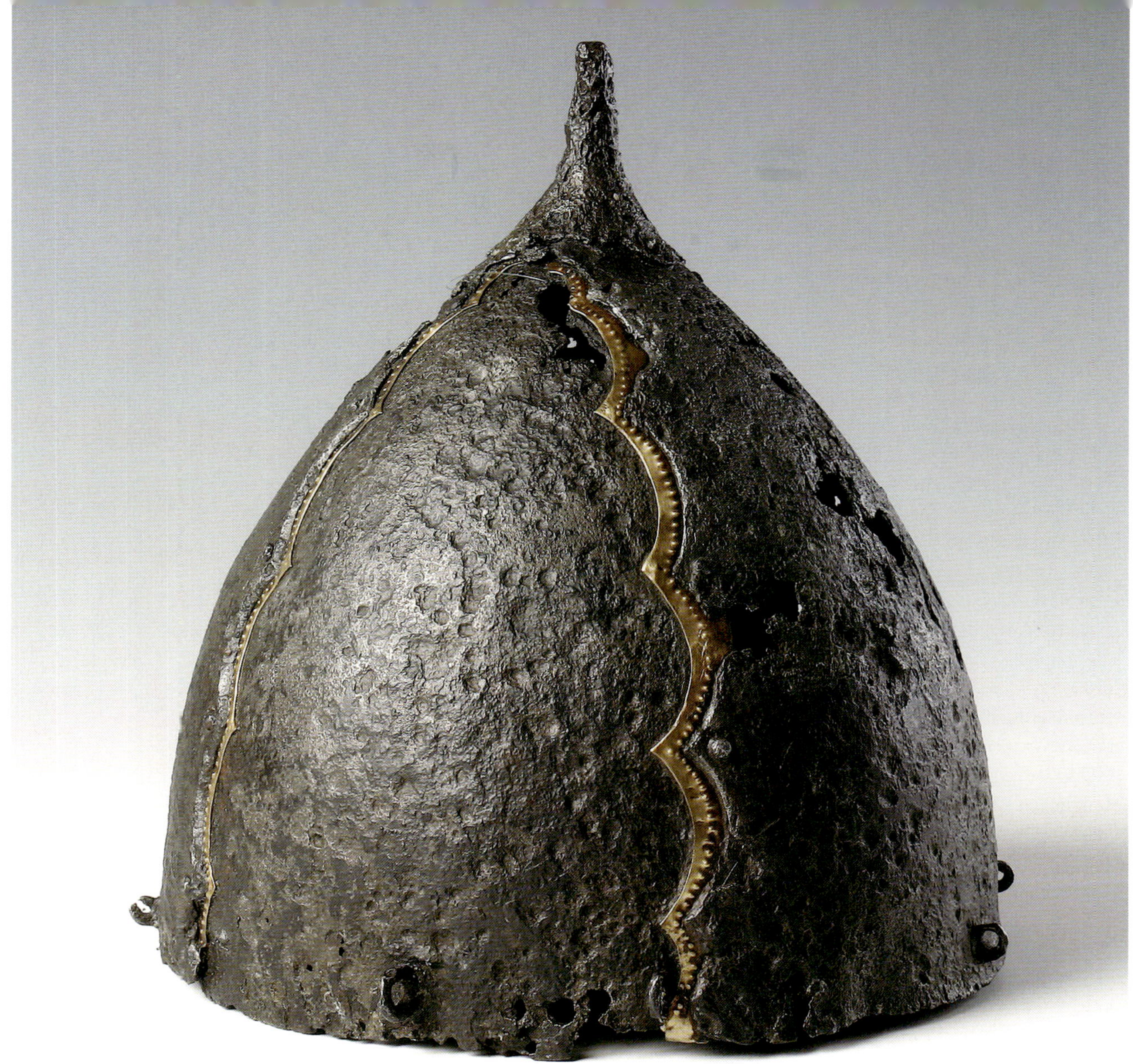

35

weils 100 Waffenträgern stellen mussten. Allerdings befanden sich die großen weltlichen Aufgebote wohl bereits in Italien. Bezieht man diese mit ein und schätzt deren Umfang aufgrund der Angaben im *Indiculus*, so waren die Reichskirchen um die Jahrtausendwende aufs Ganze gesehen verpflichtet, etwa 3000 Panzerreiter zu stellen und damit ungefähr halb so viele wie die weltlichen Magnaten. Aber auch das genügte, damit ein Reichsbischof oder -abt in den Augen des Königs immer auch ein wichtiger Kriegsherr war, ganz gleich ob er nun die geforderten Panzerreiter schickte, selbst anführte oder gar im Kampf befehligte.

Q.: Constitutiones et acta 1893, S. 633 · Geschichte in Quellen und Darstellung 1995. Lit.: Auer 1971, S. 372–382 · Hussong 1986, S. 266–267, 276–283 · Kat. Magdeburg 2001, Bd. 2, S. 395–396, Nr. VI.2 (Hartmut Hoffmann) · Kat. Magdeburg 2006, Bd. 1, S. 62–63, Nr. II.15 (Wolfgang Huschner) · Werner 1968. H.K.

35 Helm

Pécs, Ende 10. Jahrhundert
Eisen – aus vier Platten zusammengesetzt, mit Bronzebändern verziert, aufgenietete Spitze, kleine angesetzte Ösen am unteren Helmrand – H. 25 cm, Dm. 21 cm
Pécs, Janus Pannonius Múzeum, Inv.Nr. 2613

Die hohe Helmkalotte besteht aus vier Eisenplatten, die überlappend aneinandergesetzt vernietet sind. Diese Nahtstellen sind mit verzierten geschwungenen Bronzebändern versehen, welche wiederum auf dem Scheitelpunkt des Helms, verborgen unter einer aufgenieteten Spitze, zusammengeführt werden. Die untere Randform dieser Spitze ist nicht näher rekonstruierbar. Es ist aber vorstellbar, dass sie schmuckvoll, beispielsweise in einzeln angedeuteten (Blüten-)Blättern ausgeformt war. Am Helmrand befinden sich kleine angesetzte Ösen, die zum Anbringen eines Nackenschutzes gedient haben könnten.

Dieser Helmtypus ist vermutlich ein russischer Import und stellt ein Einzelstück unter den sonst zu dieser Zeit verbreiteten, aus einem Stück gearbeiteten Nasalhelmen dar (Kat. Nr. 36). Im Gegensatz zu letzteren konnte er durch Überlappung der Einzelsegmente bei der Herstellung an die Kopfgröße des Trägers angepasst werden. Bei einem auf diese Weise gearbeiteten Helm ist zudem eine gleichbleibende Materialdicke gewährleistet – anders als bei den getriebenen Exemplaren, die sich im oberen Bereich zwangsläufig durch das Treiben des Stahls verjüngen mussten und an diesen Stellen weniger Schutz vor Hieben gewährten.

Als Vergleichsstück zu dem Helm aus Pécs kann ein ursprünglich aus der Kiever Rus' stammendes Exemplar aus Gorzuchy (Polen) herangezogen werden. Es besteht ebenfalls aus vier kegelförmigen Eisenblechen mit vier aufgenieteten, vergoldeten Bronzeblechen. Auch hier sind die Nahtstellen mit Schmuckbändern verziert; ein weiteres rhombenförmiges Schmuckelement aus Bronzeblech ist auf eine der Helmplatten aufgebracht. Am unteren Rand des Helms verläuft eine Reihe gestanzter Lochungen und auf der innen liegenden eisernen Spitze befindet sich eine Hülle aus vergoldetem Bronzeblech, in welcher ursprünglich wohl ein Federbusch steckte. Dieser Helm wird in seiner prachtvollen Ausführung vermutlich weniger zu Kampfzwecken, sondern eher als Paradehelm zum Einsatz gekommen sein.

Lit.: Anke/Révész/Vida 2008, S. 105–106, Abb. 26 · Kat. Berlin u.a. 2000–2002, Bd. 3, S. 340–341, Nr. 15.05.06 (László Kovács), S. 392–393, Nr. 18.02.01–02 (Janusz Górecki/Irena Grabowska). E.M.

36 Nasalhelm

Augsburg, 11. Jahrhundert
Eisen – aus einem Stück getrieben, mit ausgeformtem Nasal, daran ein kleiner Haken, umlaufende Lochung am unteren Helmrand – H. (insgesamt) 27,5 cm, H. (ohne Nasal) 20,5 cm, Dm. 22,5 cm
Augsburg, Römisches Museum der Kunstsammlungen und Museen

Das Kriegshandwerk war eine der wesentlichen Aufgaben eines Adligen, der, selbst zumeist hoch zu Ross, von einem Heer aus Fußkriegern und Bogenschützen begleitet wurde. Neben den Angriffswaffen (Lanze und Schwert) waren Fuß- und Reiterkrieger zu ihrem Schutz mit Kettenhemd, Schild und Helm ausgestattet, wobei der Helm über einem Kopfschutz des Kettenpanzers oder der separat gearbeiteten Kettenhaube getragen wurde.

Dieser schmucklos gearbeitete kegelförmige Helmtyp wurde ohne erkennbare Veränderungen über einen nicht genau einzuschränkenden Zeitraum hinweg verwendet. Er findet

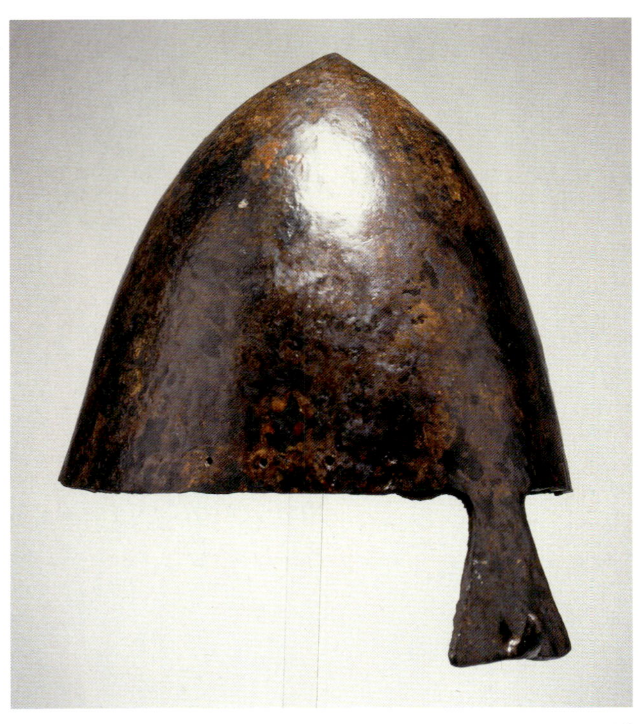

36

sich bereits auf Darstellungen des 11. Jahrhunderts (Teppich von Bayeux, nach 1066); und auch noch um 1196 ist er in der Bildhandschrift des Petrus von Eboli († vor 1220) zu Ehren Kaiser Heinrichs VI. (1190–1197) zu erkennen.

Die schwere Helmglocke ist aus einem Stück Eisen getrieben und mit einem auf der Stirnseite geformten Nasenschutz, dem Nasal, versehen. Im Gegensatz zu den Nasalen späterer Helme des 11./12. Jahrhunderts aus Olmütz, der Maas oder Ostrów Lednicki verbreitert sich dasjenige des Augsburger Helmes nach unten hin trapezförmig. Das Naseneisen hielt direkte Hiebe gegen das Gesicht ab, bot jedoch wenig Schutz vor seitlichen Hieben. Ein kleiner Eisenhaken ermöglichte daher das Einhaken eines Halsschutzes aus Ringpanzergefüge (Brünne). Auf dem Teppich von Bayeux ist eine solche sog. Halsberge noch nicht zu erkennen. Möglicherweise ist dies eine Entwicklung, die im 11. Jahrhundert begann und somit einen besseren Schutz des Gesichts darstellte. Parallel zum Helmrand verläuft eine Reihe gestanzter Lochungen, die sowohl zur Befestigung einer Randpolsterung oder eines Helmfutters als auch zum direkten Einhängen des Nackenschutzes gedient haben könnte. Allerdings sind bei keinem der genannten Helme Reste von Ringen eines Panzergefüges nachgewiesen. Für Deutschland ist der Augsburger Helm das einzige vollständig erhaltene Exemplar eines Nasalhelms. Um 1200 wird diese Helmform zugunsten des geschlossenen, längeren und mit Augenschlitzen versehenen Topfhelms aufgegeben.

Lit.: Bakker 2000, S. 103–104 · Kat. Paderborn 2006, Bd. 2, S. 171–173, 212–214 (Herbert Westphal)· Kat. Passau 2001, S. 113, Nr. 2.64 (Lothar Bakker) · Schlunk/Giersch 2003, S. 50. E.M.

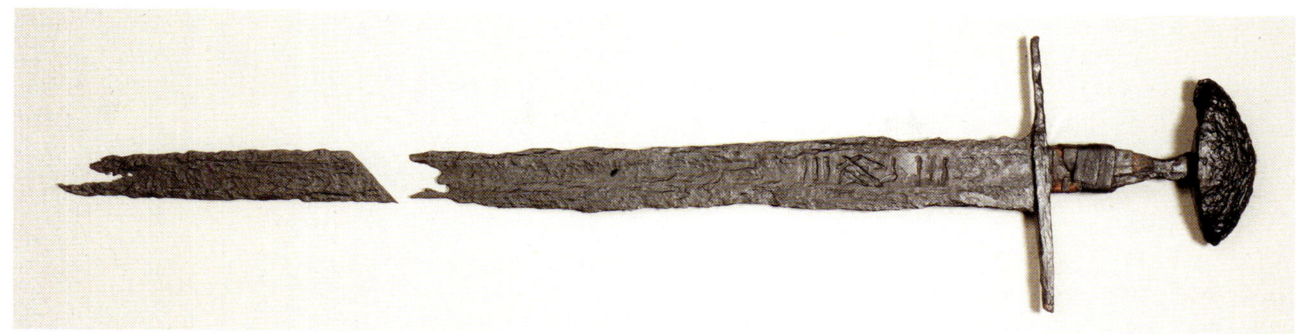

37

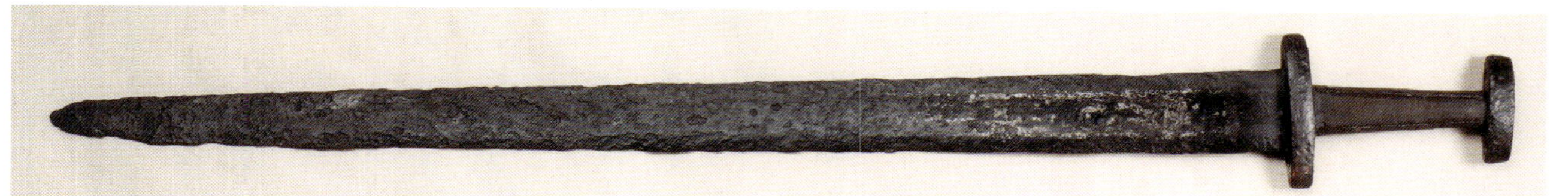

38

37 Schwert
11. Jahrhundert
Fundort: Ostrów Lednicki, Fundstelle 3b (östliche Brücke, Unterwassergrabung)
Eisen, Schwertgriff mit Holz u. Leder verkleidet – Schwerttyp X nach Nadolski – L. (gesamt) 70,5 cm, L. (Parierstange) 18,8 cm, B. (Klinge) max. 5,0 cm
Lednogóra, Muzeum Pierwszych Piastów na Lednicy, Inv.Nr. 33/84

Zu den wichtigsten Waffen der elitären Kriegerausrüstung in Polen gehörten im 11. Jahrhundert Schwerter wie das vorliegende zweischneidige Exemplar mit einfach gestalteter Parierstange. Auf der Klinge hat sich – wie in einem zweiten Fragment auch (Kat.Nr. 38) – die Signatur des Schmiedes erhalten. In einem schrägen Feld zwischen senkrechten Rillen steht der Name: ULFBERHT. Aufgrund der Proportionen und der besseren Ausgewogenheit im Vergleich zu anderen Schwertern zählen jene des Typs X zu den weitverbreitetsten in ganz Europa vor dem Jahr 1000. Der Silberanteil betrug zwischen 130 und 200 g.

Lit.: Górecki 2001, S. 44, Abb. 2/5, Tab. 13/3 · Górecki 2002, Abb. 81/5, Tab. 11/3 · Kirpicznikov 1998, Abb. 1 · Kola/Wilke 1991, S. 51, Abb. 7A. J.G. (aus dem Polnischen v. E.T.)

38 Schwert
10. Jahrhundert
Fundort: Giecz, Fundstelle 2 (Brücke/Damm)
Eisen, Kupfer, Damast – Schwerttyp H nach Petersen – L. (gesamt) 88,0 cm, L. (Parierstange mit Knauf) 14,9 cm, B. (Klinge) 4,7 cm
Lednogóra, Muzeum Pierwszych Piastów na Lednicy, Inv.Nr. GZ 13/36/90

Dieses eher für Skandinavien charakteristische Schwert ist sehr gut erhalten. Es besaß ursprünglich eine hölzerne Verkleidung des Griffes und einen halbkreisförmigen Knauf, der mit schmalen Bronzefäden verziert war. Die auf dem Griff lesbare Inschrift – CRAAD – könnte den Namen eines friesischen Schmiedes wiedergeben.
Das Fischgrätenmuster des Griffes entstand durch mehrfaches Schlagen und Erhitzen; dieses Verfahren verlieh den Schwertern eine hohe Elastizität.

Lit.: Kirpicznikov 1998, S. 24, Abb. 6 · Kat. Berlin u.a. 2000–2002, Bd. 3, S. 389, Nr. 18.01.11 (Teresa Krysztofiak) · Lehmann 1991. J.G. (aus dem Polnischen v. E.T.)

39 Schwert
11. Jahrhundert
Fundort: Ostrów Lednicki, Fundstelle 3a (westliche Brücke, Unterwassergrabung)
Eisen mit Kupfertauschierung – Schwerttyp M nach Petersen – L. (gesamt) 89,0 cm, L. (Parierstange) 9,6 cm, B. (Klinge) max. 5,2 cm
Lednogóra, Muzeum Pierwszych Piastów na Lednicy, K 54

Dieses zweischneidige Exemplar mit einer kurzen Parierstange und einem einfachen, im Querschnitt linsenartigen Knauf ist beidseitig mit Kreuzen verziert; ein Kreuz befindet sich zwischen den Buchstaben Alpha und Omega. Die Parierstange war ursprünglich mit einem Kupferdraht in-

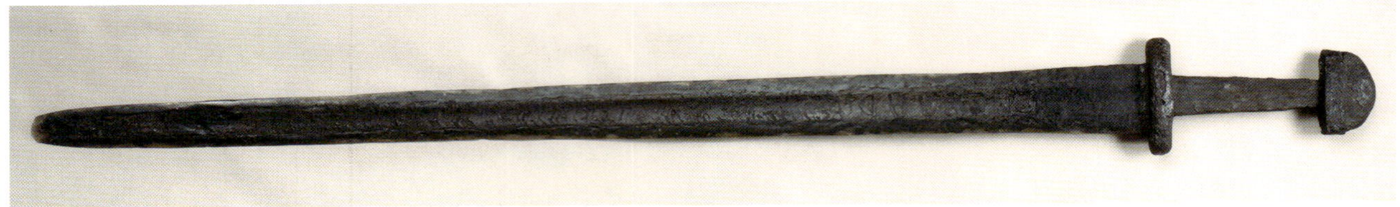

39 · Kopie

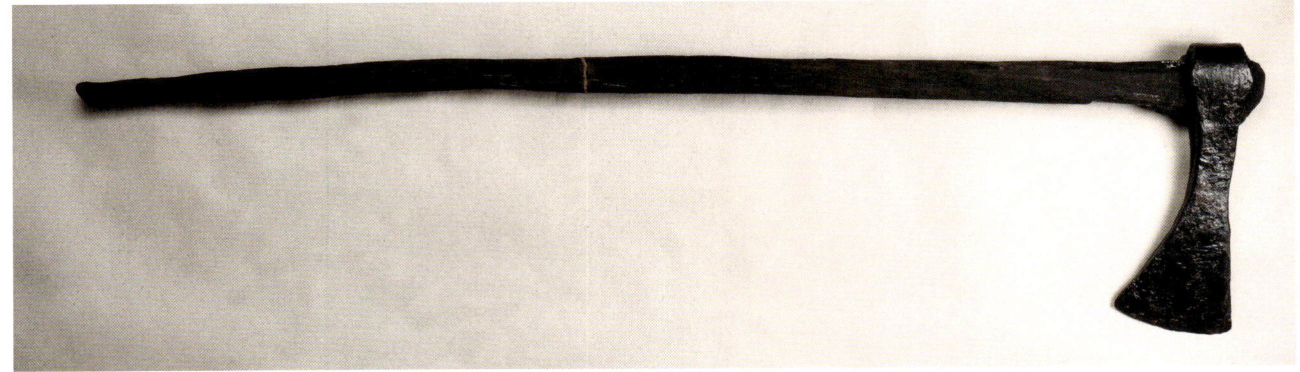

40

krustiert und der Griff mit Holzeinlegearbeiten versehen. Die Form dieses Schwertes ist in Europa von Island bis Russland verbreitet gewesen, besonders in Skandinavien. In Polen ist dieser Typ eher selten anzutreffen. Das abgebildete Schwert ging wahrscheinlich bei einem Kampf, der sich im Jahr 1038 auf der Lednicer Brücke zugetragen hat, verloren.

Lit.: Górecki 2001, S. 44, Abb. 2/7, Tab. 13/5 · Górecki 2002, S. 129, Abb. 81/7 · Kat. Berlin u.a. 2000–2002, Bd. 3, S. 385, Nr. 18.01.01 (Janusz Górecki) · Kirpicznikov 1998, Abb. 4.
J.G. (aus dem Polnischen v. E.T.)

40 Streitaxt
2. Hälfte 10.–12. Jahrhundert
Fundort: Ostrów Lednicki, Fundstelle 3b (östliche Brücke, Unterwassergrabung)
Eisen, mit hölzernem Schaft – Streitaxttyp IV, Gattung d nach Nadolski – L. (Schaft) ca. 72 cm, L. (Eisen) 16,6 cm, B. (Schneide) max. 7,4 cm
Lednogóra, Muzeum Pierwszych Piastów na Lednicy, Inv.Nr. 34/84

Diese in Polen häufig aufgefundene Form einer Streitaxt wurde zusammen mit dem Schaft und zehn weiteren Äxten des gleichen Typs bei der aus der Inselresidenz nach Gnesen (polnisch Gniezno) führenden Brücke gefunden. Das Exemplar besitzt eine nicht allzu große Klinge, einen flachen Beilrücken und einen schwach ausgebildeten Bart.

Lit.: Górecki 2001, S. 56, Abb. 6/6, Tab. 13/13 · Górecki 2002, S. 140, Abb. 84/6, Tab. 14/13 · Kat. Berlin u.a. 2000–2002, Bd. 3, S. 387–388, Nr. 18.01.07 (Janusz Górecki) · Kola/Wilke 1991, Abb. 8B.
J.G. (aus dem Polnischen v. E.T.)

41 Streitaxt
2. Hälfte 10.–12. Jahrhundert
Fundort: Ostrów Lednicki, Fundstelle 3b (östliche Brücke, Unterwassergrabung)
Eisen – Streitaxttyp E nach Petersen – L. (gesamt) 16,9 cm, B. (Schneide) 10,8 cm
Lednogóra, Muzeum Pierwszych Piastów na Lednicy, Inv.Nr. 50/92

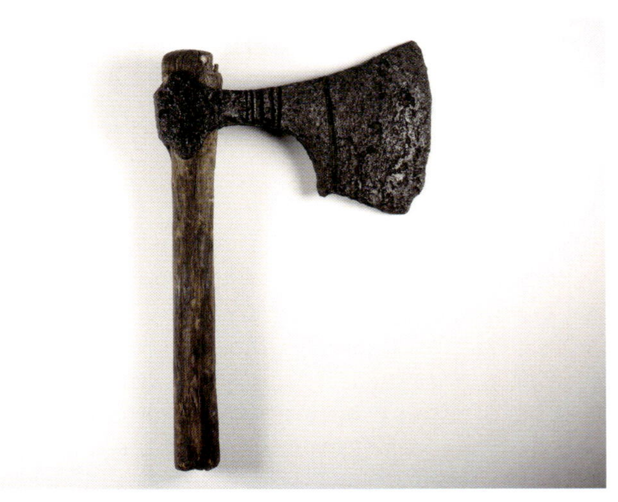

41

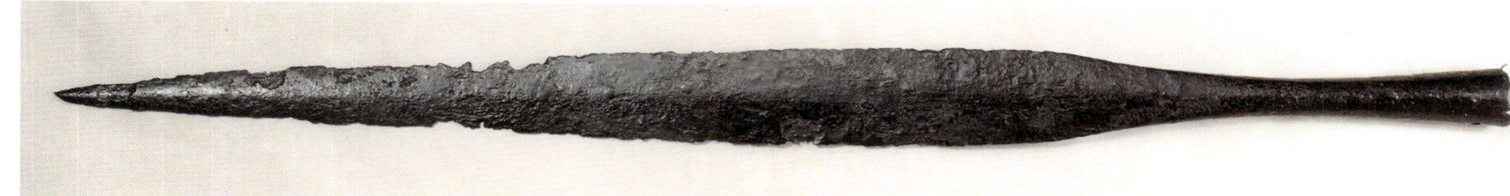

42

Das Charakteristikum dieser Streitaxt aus der Residenz der ersten Piasten in Ostrów Lednicki ist die breite Schneide mit unterschnittenem Kinn und großem Bart. Der Hals und die Schneide des Fundstückes sind mit Rillen verziert (ursprünglich vielleicht mit Inkrustationen aus Silber). Dieser Waffentyp war vermutlich eine Neuerung aus Skandinavien.

Lit.: Górecki 2001, S. 58, Abb. 9/3, Tab. 13.5/141 · Górecki 2002, S. 142, Abb. 37/3, Tab. 14/141 · Kat. Berlin u.a. 2000–2002, Bd. 3, S. 388, Nr. 18.01.09 (Janusz Górecki).
J.G. (aus dem Polnischen v. E.T.)

42 Lanzenspitze

2. Hälfte 10. bis 1. Hälfte 11. Jahrhundert
Fundort: Ostrów Lednicki, Fundstelle 3a (westliche Brücke, Unterwassergrabung)
Eisen – Blatt der Lanzenspitze ursprünglich mit vier silbertauschierten Rillen, Lanzenspitze Typ V nach Nadolski – L. (gesamt) 73 cm, L. (Tülle) 13 cm, Breite (Blatt) max. 5 cm
Lednogóra, Muzeum Pierwszych Piastów na Lednicy, Inv.Nr. 233/61

Dieser lanzettenförmige Typus einer Lanzenspitze ist selten in Polen gefunden worden; verbreitet war eine Ausrüstung mit kurzen Lanzenspitzen.

Lit.: Górecki 2001, S. 48, Abb. 3/1, Tab. 13.3/34 · Górecki 2002, S. 133, Abb. 32/1, Tab. 12/34 · Kat. Berlin u.a. 2000–2002, Bd. 3, S. 387, Nr. 18.01.05 (Janusz Górecki) · Nadolski 1966, S. 9, Abb. 15–16. J.G. (aus dem Polnischen v. E.T.)

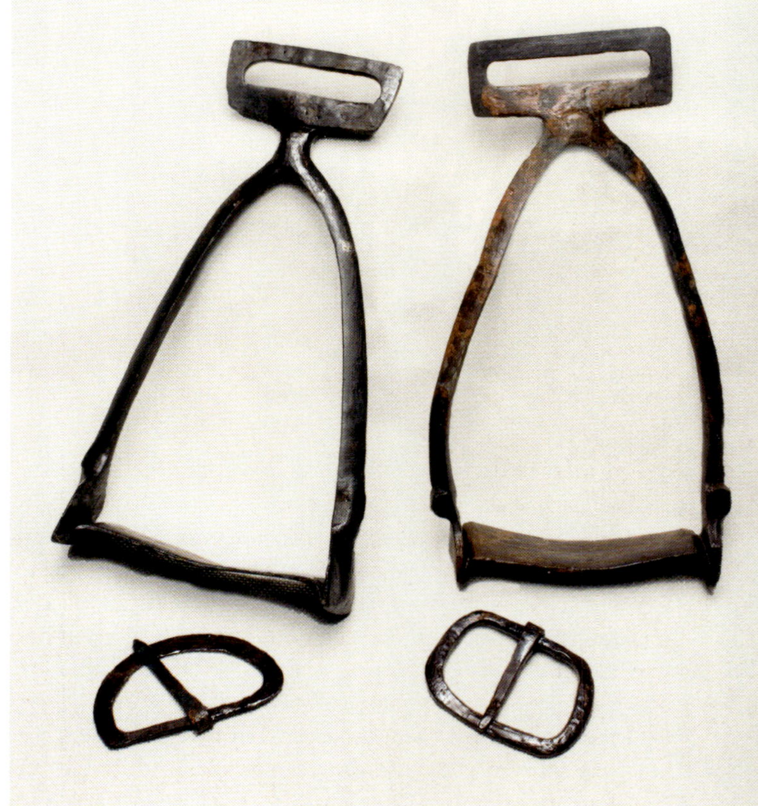

43

43 Steigbügelpaar mit Steigriemenschnallen

2. Hälfte 10. Jahrhundert (vor 983)
Fundort: Oldenburg (slavisch Starigard), Burgwall Starigard, Kreis Ostholstein
Eisen, geschmiedet u. verzinnt – Steigbügel: H. 22,5 cm, B. 12,5 cm, Schnallen: H. 7,8/7,0 cm, B. 4,5/5,0 cm
Schleswig, Archäologisches Landesmuseum in der Stiftung Schleswig-Holsteinische Landesmuseen Schloß Gottorf, Fd.Nr. Old 12.18.089; 12.18.090; Old 098

Dieses Paar Steigbügel mit großen Schnallen, gefunden unter dem Brandschutt eines Standardhauses, repräsentiert typisches Sattelzubehör der 2. Hälfte des 10. Jahrhunderts. Zaumzeugbeschläge, eine Trense und verkohlte Reste des Sattels mit reicher Schnitzornamentik lagen in der Nähe. Die Steigbügel gehören zur jüngeren Variante des Typs *Ladby* mit breitrechteckiger Tragöse, spitzbogigen Schenkeln mit wulstig verdickter Basis und leicht erhöhtem Trittsteg; der Typ ist in Mittel- und Nordeuropa häufig zu finden. Am Nordrand des ottonischen Reichsgebietes sind derartige Steigbügel in den Reitergräbern der fürstlichen Gefolgschaften vertreten, die seit dem 2. Drittel des 10. Jahrhunderts zugleich auch mit Sporen des neuen mitteleuropäischen Standardtyps ausgerüstet sind.

Lit.: Gabriel 1991a, S. 229–233 · Kat. Berlin u.a. 2000–2002, Bd. 3, S. 157–161, Nr. 07.01.12a–c (Ingo Gabriel) · Pedersen 1997 · Schulze-Dörrlamm 1988, S. 434. I.G.

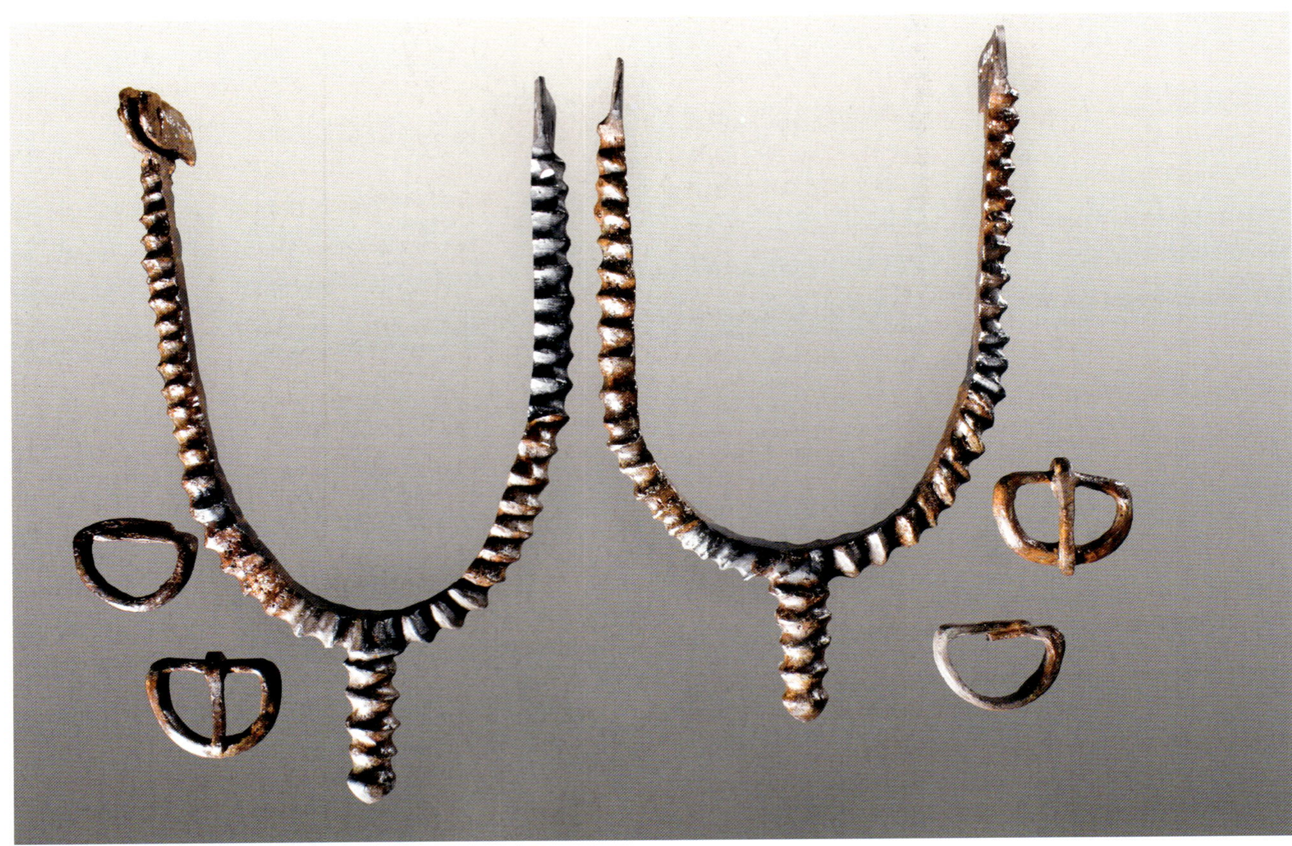

44

44 Sporenpaar mit Schnallen u. Riemenschiebern
1. Hälfte 10. Jahrhundert
Fundort: Oldenburg, Burgwall Starigard, Kreis Ostholstein
Sporen aus Eisen, einteilig geschmiedet, torsionsartig angelegte Rippung – H. 14,5 cm, L. (Dorn, mittellang) 3,2 cm, B. (Schnallen, D-förmig) 3,0 cm, B. (Riemenschieber, D-förmig) 2,6 cm
Schleswig, Archäologisches Landesmuseum in der Stiftung Schleswig-Holsteinische Landesmuseen Schloß Gottorf, Fd.Nr. Old 02.15.02/9

Grab 21, eines der vier ältesten Gräber, aus denen sich die erste Bestattungszeile vor der Kirchensüdwand aufbaut (siehe auch Kat.Nr. 50), führt einteilig geschmiedete Sporen mit kunstvoll gerippten Bügeln sowie gerade ausgeschmiedeten und ebenso gerippten, leicht verlängerten Dornstangen. Dieses Format bildete sich im Zuge der spätkarolingischen Sporenentwicklung während des letzten Drittels des 9. Jahrhunderts heraus, hat jedoch wegen des Tiefstands diplomatischer Beziehungen die nördlichen Gebiete anscheinend nicht mehr erreichen können. Der Oldenburger Beleg ist eine altertümlich wirkende Ausnahme, die zu Beginn des 2. Drittels des 10. Jahrhunderts zugleich mit dem Einsetzen der ottonischen Sporenrezeptionswelle erscheint. Das nur wenig jüngere Nachbargrab 5 führt denn auch schon modernere Sporen mit überlangen Dornstangen.

Lit.: Gabriel 1984, S. 126–127, Anm. 31–32, S. 135, Abb. 37 · Gabriel/Kempke 1991, S. 142–145, Abb. 25 · Kat. Berlin u.a. 2000–2002, Bd. 3, S. 157–161, Nr. 07.01.12a–c (Ingo Gabriel).
I.G.

45 Brief Bruns von Querfurt an König Heinrich II.
11. Jahrhundert
Pergament – H. 23,5 cm, B. 19,0 cm
Kassel, Gesamthochschul-, Landes- und Murhardsche Bibliothek, 4° Ms. Philol. I

»Wie vertragen sich der Götze Zuarasi [Gottheit der Liutizen] und der Anführer der Heiligen, euer und unser Mauritius?« (Wenskus 1956). Diese Frage stellt der sächsische Missionar Brun von Querfurt († 1009) in seinem Brief »an König Heinrich, den frommen Mann der Kirche«. (Weinfurter 2000). Das im Jahre 1008 entstandene, als Abschrift überlieferte Schriftstück gehört zu den außergewöhnlichsten Quellen jener Zeit. In scharfem Tonfall kritisiert Brun die neue Ausrichtung Heinrichs II. (1002–1024) in seiner Politik gegenüber dem polnischen christlichen König Bolesław I. Chrobry (992–1025). Während unter Otto III. (983–1002) das Zusammentreffen zwischen Kaiser und polnischem Herrscher in Gnesen (polnisch Gniezno) noch

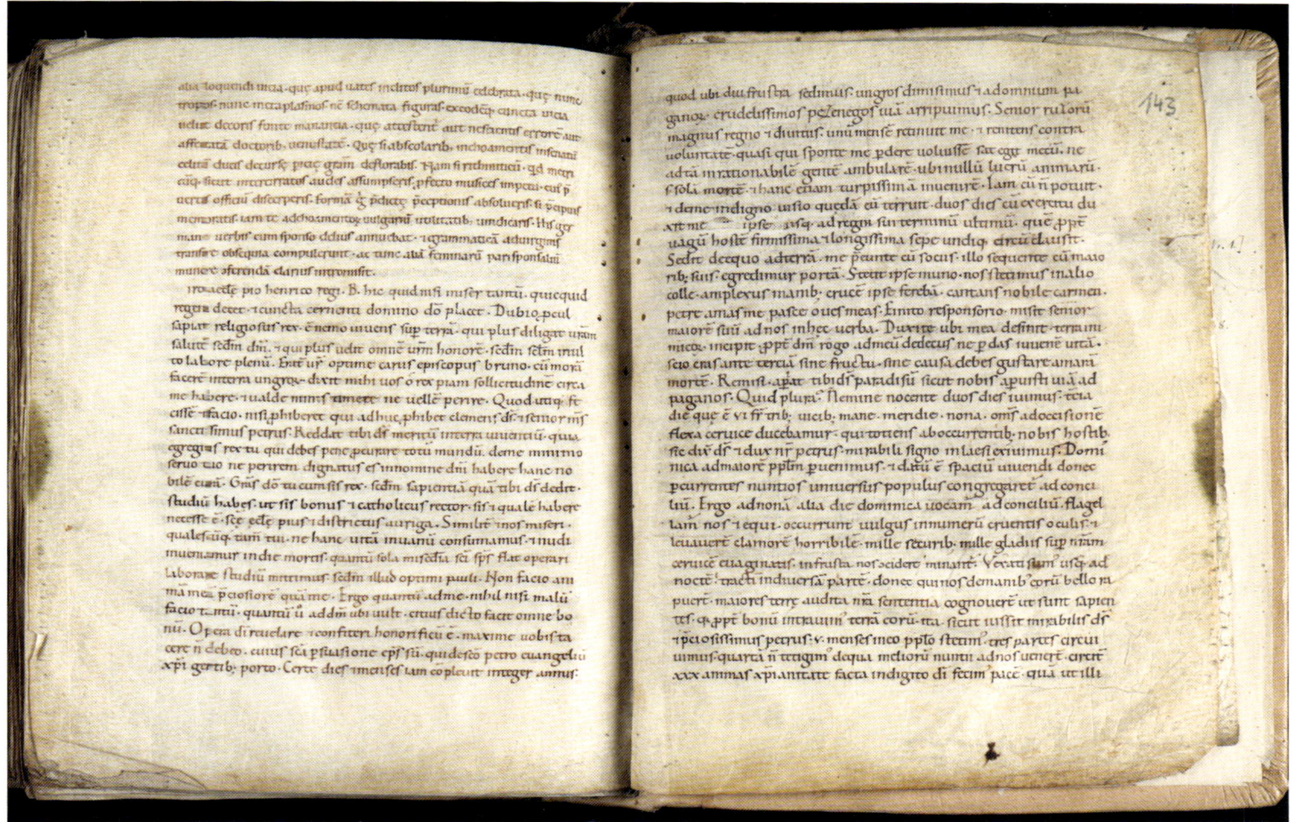

45 · fol. 142v–143r

prachtvoll inszeniert wurde, folgte unter Heinrich II. eine Phase der Auseinandersetzung. Im März 1003 empfing Heinrich Delegationen der Liutizen und Redarier in Quedlinburg und schloss mit ihnen ein in den Augen seiner Zeitgenossen Aufsehen erregendes Bündnis: Während die heidnischen Völker der Elbslaven sich bis zu diesem Zeitpunkt vom Reich und von polnischer Seite bedroht fühlten, kämpften sie nun als Bündnispartner eines christlichen Königs gegen Bolesław, den »Vorkämpfer des Christentums«. Die harsche Kritik Bruns steht zweifelsohne im Zusammenhang mit seiner eigenen Missionstätigkeit. In diese Richtung zielt auch seine Bemerkung, wonach Heinrich die weltliche Ehre höher stellen würde als die Heidenbekehrung. Beeindruckt durch das Martyrium Adalberts von Prag (983–997), beschloss Brun diesem nachzueifern und trat 998 in dessen römisches Kloster SS. Bonifacio ed Alessio ein. Spätestens zu diesem Zeitpunkt nahm er den Namen Bonifatius an. 1002 erhielt Brun den Missionsauftrag Papst Silvesters II. (999–1003), im Sommer des Jahres 1004 besuchte er den Hof Heinrichs II. und wurde dort von Erzbischof Tagino von Magdeburg (1004–1012) zum Missionserzbischof geweiht. Seine Tätigkeit führte ihn an zahlreiche Höfe, so auch zu Bolesław und Vladimir I. (980–1015) nach Kiev. Es ist anzunehmen, dass sich der sächsische Missionar auch Ende des Jahres 1008 am Hofe des polnischen Herrschers aufhielt und mit ihm den Inhalt seines berühmten Briefes diskutierte.

Q.: Epistola Brunonis 1973. Lit.: Görich 2000 · Kat. Berlin u.a. 2000–2002, Bd. 3, S. 421, Nr. 19.02.15 (Kerstin Schulmeyer) Lotter 1983 · Schulmeyer 2000 · Weinfurter 2000 · Wenskus 1956. A.P.

46 Zauberpuppe

2. Hälfte 10. Jahrhundert (um 980)
Fundort: Oldenburg, Burgwall Starigard, Kreis Ostholstein
Aus Töpferton als massive Plastik zurechtgeknetet – linker Arm u. rechtes Bein abgebrochen – H. 11,7 cm
Schleswig, Archäologisches Landesmuseum in der Stiftung Schleswig-Holsteinische Landesmuseen Schloß Gottorf, Fd.Nr. Old 21.05.031

Die handliche Tonfigur fand sich auf dem Fußboden eines beim Liutizenaufstand um 983 abgebrannten Standardhauses. Für die Funktionsdeutung ist aus dem Befundzusammenhang der Hinweis wichtig, dass an einer Außenwand des Hauses zwei neugeborene Kinder, mutmaßlich Zwillinge, und eine Frühgeburt unter Flechtwerkmatten bestattet lagen. Die Plastik ist aus feingemagertem Töpferton geformt. Sie ist freihändig grob zurechtgeknetet und nicht eigens geglättet, so dass an vielen Stellen der Oberfläche noch tiefe Fingerabdrücke sichtbar sind. Auf einfachste

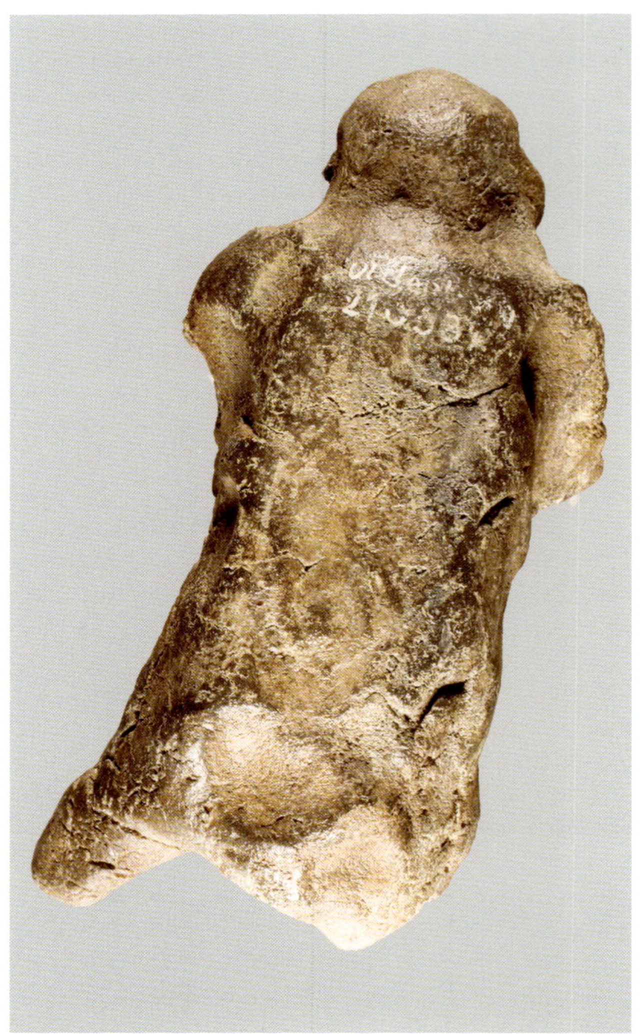

46

Weise sind Augen, Nase, Arme und Beine als Kennzeichen des menschlichen Körpers angedeutet. Die Schenkel weisen in gespreizter Haltung schräg nach vorne, so dass die Figur weder stehen noch sitzen kann. Der abgeplattete Rücken macht deutlich, dass die Figur liegend – als Wickelkind – konzipiert ist. Sicherlich war sie ursprünglich mit echten Textilien umhüllt.
Es muss schon ein außergewöhnlicher Anlass gewesen sein, der es rechtfertigte, durch Erschaffung eines Bildwerkes die ihm innewohnende Kraft nutzbar zu machen. Ein solcher Anlass könnte die Zwillingsgeburt gewesen sein, eine Angelegenheit, die als mysteriös empfunden worden sein dürfte. Oldenburger Befunde belegen aber ohnehin eine hohe Säuglingssterblichkeit, so dass reichlich Veranlassung bestand, vermeintlich schadenstiftende Mächte zu besänftigen, heilbringende Gottheiten und Schutzgeister zu stärken sowie auf dem Wege des Analogiezaubers gesunden Nachwuchs herbeizuwünschen. Hierzu war es üblich, Puppen in Gestalt von Wickelkindern zu verwenden. Derartige magisch-religiöse Praktiken sind zwar einerseits im heidnischen Brauchtum verwurzelt, erscheinen andererseits aber durchgängig in christlicher Umdeutung: Das Wickelkind in seiner Interpretation als Christkind wäre eine solche Analogieform, von der nach Motiven christlicher Volksfrömmigkeit ein mächtiger Heilungssegen ausging.

Lit.: Gabriel 1978 · Kat. Bremen u.a. 2002, S. 135–136, Nr. 22 (Ingo Gabriel) · Kat. Magdeburg 2001, Bd. 2, S. 98–99, Nr. II. 69 (Ingo Gabriel) · Pfister 1927a, Sp. 389 · Pfister 1927b, Sp. 1293, 1295 · Webinger 1935/1936, Sp. 390–396. I.G.

47 Miniatur-Brettidol

Ende 10. Jahrhundert
Fundort: Oldenburg, Burgwall Starigard, Kreis Ostholstein
Nadelholz, gespalten u. geschnitten – H. 5,1 cm
Schleswig, Archäologisches Landesmuseum in der Stiftung Schleswig-Holsteinische Landesmuseen Schloß Gottorf, Fd.Nr. Old 08.16.058

Die Rohform ist ein Kienspan, aus dessen ungegliedertem Körper durch Auskerbung ein rautenförmiger Kopf und eine abgeschrägte Schulter herausgeschnitten sind, wäh-

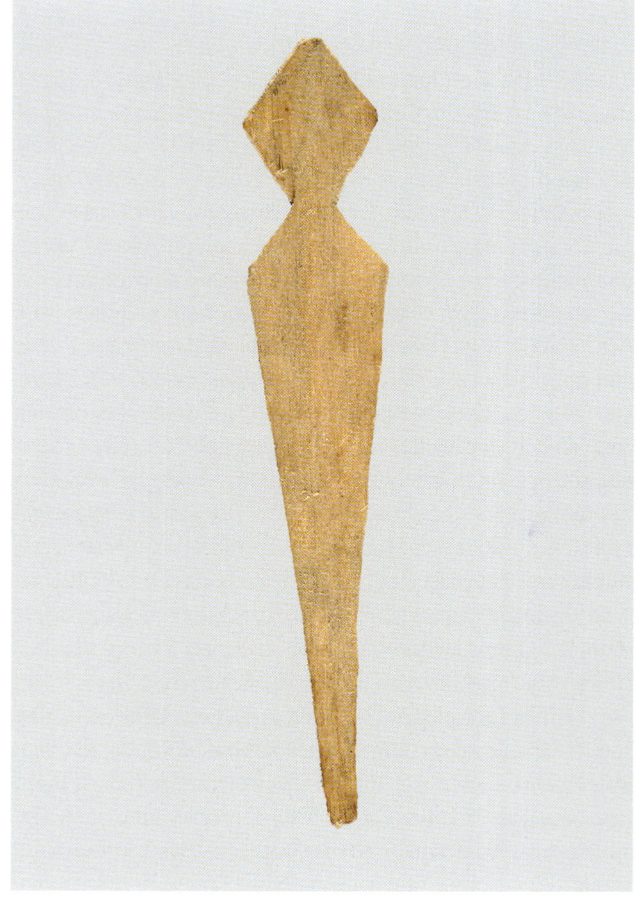

47

rend das untere Ende in einer Spitze ausläuft. Dieses *Kopfstäbchen* aus dem Innern eines Oldenburger Standardhauses ist einerseits kunstlos und von höchst einfacher Formgebung, andererseits von so charakteristischer Umrissgestalt, dass die ikonographische Zuweisung ohne Vorbehalte möglich ist. Es handelt sich um die Miniaturausgabe eines Brettidols *Groß Radener Art*, wobei mit Blick auf das Exemplar von Ralswiek und die Statuette von Schwedt deren Bildgehalt als bärtiger Mann mit Fürstenhelm zu bestimmen ist.

Derartige Kleinstfiguren sind verkürzte Ausgaben offizieller Kultbilder, vielleicht Votive, Amulette, »Taschengötter« privater Kultpraxis. Ihre religiöse Verbindlichkeit ist jedenfalls unabhängig von Format oder kunsthandwerklicher Qualität. Zeitgenössische Chronisten bezeugen das hinlänglich.

Lit.: Gabriel 1988b, S. 182, Abb. 31,4 · Gabriel 1991b, S. 287, Abb. 6,4 · Kat. Hildesheim 1993, Bd. 2, S. 331, Nr. VI-3 (Ingo Gabriel). I.G.

48 Knochenkamm

Ostseeraum (?), 11. Jahrhundert
Fundort: Drechslerhaus in der slavischen Königsresidenz Alt Lübeck
Knochen – beschädigt – H. 5,0 cm, B. 4,9 cm
Lübeck, Bereich Archäologie und Denkmalpflege, Abteilung Archäologie, Inv.Nr. AL 51

Der kleine Kamm ist aus einem einzigen Knochenstück gearbeitet und aufwendig verziert. Die obere Platte ist sowohl auf der Vorder- als auch auf der Rückseite mit Kreisaugen geschmückt und zwar jeweils mit drei großen doppelten, die je durch zwei kleine einfache voneinander getrennt werden. Auch auf der im Zinkenteil verbliebenen Platte sitzt noch ein kleines Kreisauge. Am Ende der oberen Platte wenden sich zwei Tierköpfe der Mitte zu, die Augen der Tiere sind ebenfalls durch Kreisaugen gebildet. Einkerbungen lassen ein langgestrecktes Maul mit spitzen Zähnen erkennen, so dass es sich eventuell um Drachenköpfe handelt. Inmitten dieser Tierköpfe stellt sich etwas dar, was als eine menschliche Person, aber auch als vogelartiges Gebilde gedeutet worden ist, wobei wegen der Beschädigung nach oben hin keine sichere Aussage mehr zu treffen ist. Die Zinken sind nur noch zu einem Viertel erhalten.

Die Tierköpfe lassen auf skandinavische Einflüsse schließen, die Punktkreise weisen eher auf die südwestliche Ostsee, so dass hier in Alt Lübeck das Zusammentreffen mehrerer Kulturen deutlich wird. Das Kammfragment wurde im sog. Drechslerhaus in der slavischen Königsresidenz Alt Lübeck gefunden. Wir kennen auch aus den folgenden Jahrhunderten, nun aber nicht mehr so aufwendig verziert und etwas schmaler, kleine Exemplare, die als Kämme für Bärte angesprochen werden. Ob der kleine Kamm aus Alt Lübeck ein Amulettanhänger war, auf dem der Himmelswagen mit zwei Pferden und dem Wagenlenker in der Mitte dargestellt ist, mag jeder Betrachter für sich entscheiden. Ähnlich gestaltete bronzene Amulettanhänger aus Russland hatten zumindest keine Zinken, sondern Schnüre, die klapperten. Man kennt aber auch dort kleine Knochenkämme mit verzierten Griffplatten in mehr oder weniger stilisiertem Tierstil. In Wollin (polnisch Wolin) fand sich ein ähnlicher Knochenkamm, mit Ringaugenverzierung und zwei Tierköpfen, in der Mitte allerdings nur mit einer Aufhängeöse.

Lit.: Hensel 1982, S. 286, Abb. 286 · Kat. Hildesheim 1993, Bd. 2, S. 335, Nr. VI-7 (Ingo Gabriel) · Neugebauer 1964/1965, S. 244 · Sedov 1982, S. 230–232. D.M.

49 Messerscheidenbeschlag mit kosmologischem Bildprogramm

Ende 10. bis Anfang 11. Jahrhundert
Fundort: Oldenburg, Burgwall Starigard, Kreis Ostholstein
Bronzeguss, graviert – H. 11,5 cm
Schleswig, Archäologisches Landesmuseum in der Stiftung Schleswig-Holsteinische Landesmuseen Schloß Gottorf, Fd.Nr. Old 12.13.337

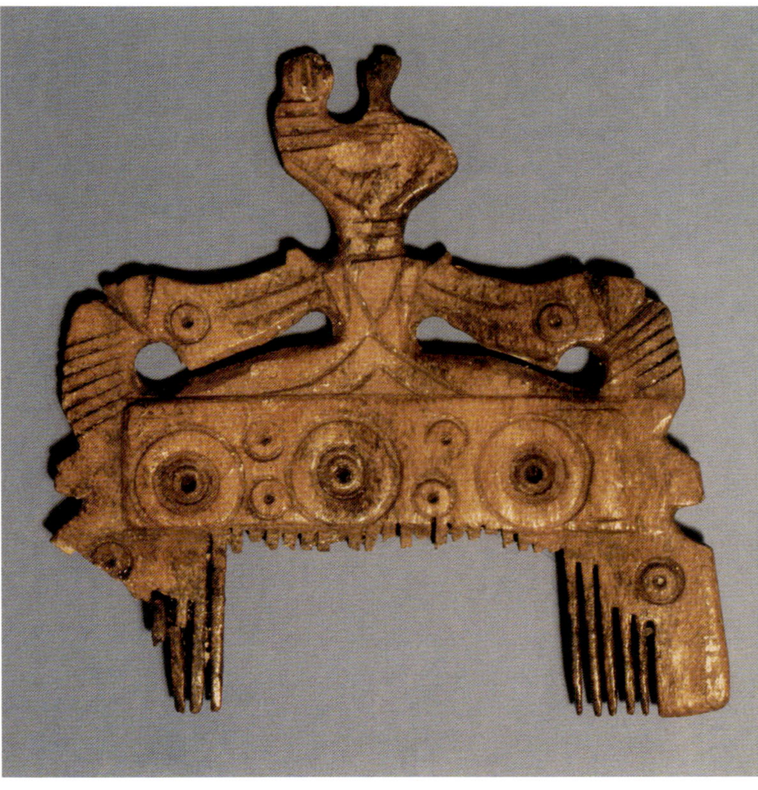

48

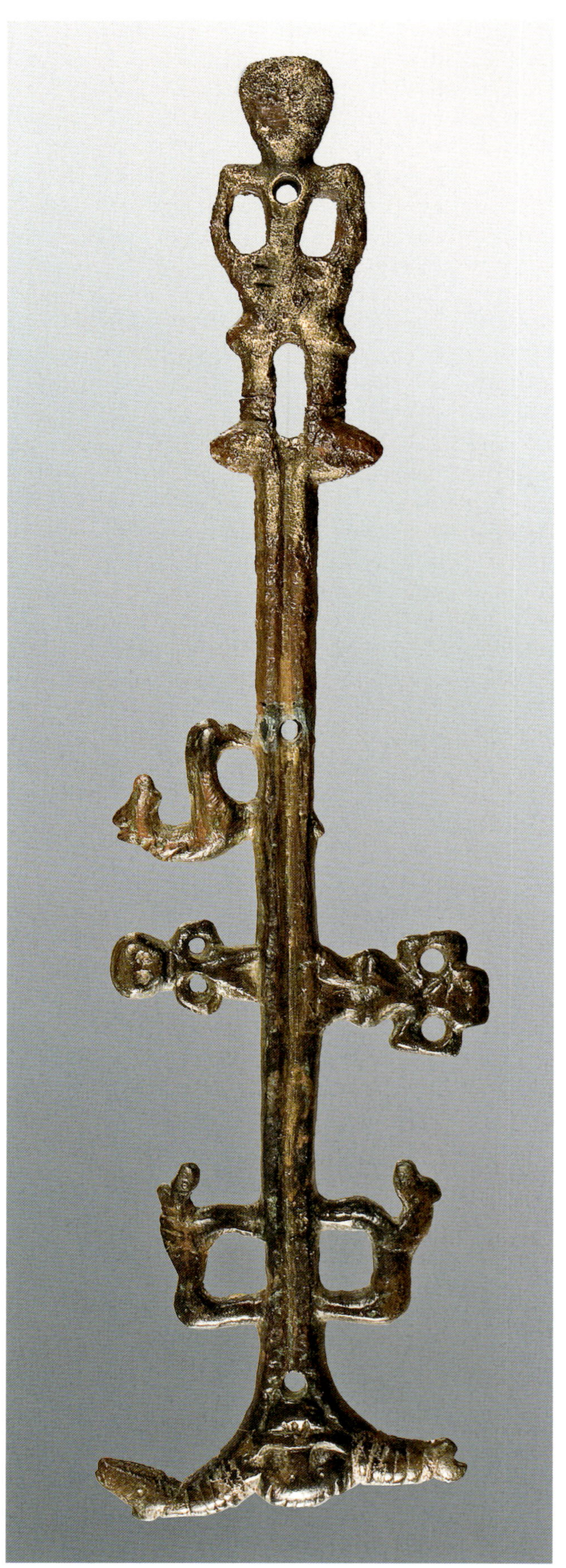

49

Der längliche Prunkbeschlag einer Messerscheide ist mit reichem Bildschmuck versehen: Göttergestalten, Tiere und Menschen sind an allen vier Seiten so angebracht, dass jede für sich genommen oben sein könnte. Es ist deswegen erforderlich, das Bildprogramm von seinem inneren Aufbau her deutend nachzuvollziehen. An der oberen Spitze des Beschlags steht eine zentrale Götterfigur im Kaftan mit Kinn- und Schnauzbart, aber barhäuptig, die Arme in die Hüften gestemmt. An beiden Seiten und zugleich auf verschiedenen Ebenen sieht man Menschen und Pferde. Durch Haltung und Blickrichtung vermitteln die Pferdchen zwischen Menschen und Gottheit. Ein Männchen im Kaftan erhebt anbetend die Hände, das andere ist anscheinend unbekleidet und hat als einzige Figur hohle Augen. Das göttliche Gegenüber an der unteren Spitze des Beschlags erweist sich als ein weiteres Erscheinungsbild der Gottheit. Ihr bärtiges Haupt zwischen auswärts gewendeten Pferdeköpfen ist seit der frühen Antike als Bildformel für den Wagenlenker, also für Helios/Sol und nachher für den kaiserlichen Triumphator gebräuchlich, so dass man hier dementsprechend den Himmels- und Sonnengott Svarog zu erkennen hat.

Aus Schwedt an der Oder und Brześć Kujawski an der Weichsel sind noch zwei weitere derartige Prunkbeschläge bekannt; der eine zeigt die zentrale Figur mit spitzem Fürstenhut, der andere eine Figur mit Halsring als herrscherlichem Heilszeichen. Die Kompositionsachse ist dort in beiden Fällen mit kleinen Sonnen als »leuchtende Spur des Himmelswagens« besetzt und die »himmlischen Rosse« sind mit geöffnetem Maul und mit Heiligenschein (Nimbus) dargestellt.

Das Bildprogramm des Oldenburger Beschlags zitiert demnach eine bildreiche Variante der Vorstellung vom geordneten Kosmos: Sonnengott Svarog in überragender Herrscherpose über den Welten der Lebenden und der Toten, zugleich im Himmelswagen vom Morgen zum Abend segenspendend den Kosmos durcheilend. Für die Bewertung religiöser Zusammenhänge haben der Beschlag und seine Parallelversionen hervorragende Bedeutung, weil sie als die einzigen reicher gestalteten Bildzeugnisse des westslavischen Siedlungsgebietes Belegstücke kosmologischer Mythentradition sind, deren mündliche Überlieferung beim Eintritt in die christliche Welt alsbald verschüttet worden ist.

Lit.: Gabriel 1988b, S. 184–194, Abb. 33,1 · Gabriel 1991b, S. 290–296, Abb. 8,1 · Gabriel 2002 · Hauck 1983 · Hauck 1987 · Kat. Berlin u.a. 2000–2002, Bd. 3, S. 139, Nr. 05.01.13 (Ingo Gabriel) · Kat. Bremen u.a. 2002, S. 134–135, Nr. 21 (Ingo Gabriel) · Kat. Hildesheim 1993, Bd. 2, S. 333–334, Nr. 05.01.13 (Ingo Gabriel). I.G.

Meinwerk als Gastgeber

Die königliche Gastung

Gemäß dem mittelalterlichen Prinzip des »do ut des«, des Gebens und Nehmens, übertrug der König den geistlichen und weltlichen Großen Schenkungen und verlieh ihnen Hoheitsrechte, die sie im Gegenzug zu einer Vielzahl von Leistungen verpflichteten. Im Rahmen des »servitium regis«, des Königsdienstes, traten neben die geistlichen Aufgaben eines Bischofs, z.B. Gebet und Fürbitte für König und Reich, die im weitesten Sinne als politisch-weltlich beschriebenen Dienste. Hierzu zählen u.a. die Hoffahrtspflicht, die Anwesenheit am Königshof, und damit verbunden die Beratung des Herrschers in geistlichen und politischen Angelegenheiten, sowie die Bereitstellung von Heereskontingenten in Kriegszeiten und der für Paderborn wichtige Aspekt der Gastung. Neunmal besuchte Heinrich II. (1002–1024) mit seinem Gefolge Paderborn, für seinen Nachfolger Konrad II. (1024–1039) sind immerhin acht Aufenthalte verzeichnet.

Befragt man die *Vita Meinwerci* nach den Herrscherbesuchen, so erhält man kaum konkrete Auskünfte. In cap. 181 der Lebensbeschreibung heißt es: »Der eingeladene Kaiser kündigte dem Bischof mit dem Befehl, das Nötige für sein Bad vorzubereiten, seine Ankunft an.« (Vita Meinwerci 2001). Nur wenige Quellen lassen vage Vermutungen zu, mit wie viel Aufwand es verbunden war, den König mit seinem Hof zu beherbergen. Etwas Licht in das Dunkel bringt der im 12. Jahrhundert schreibende Annalista Saxo, Abt Arnold von Berge (1119–1166), der einige Zahlen zum täglichen Bedarf des königlichen Hofes zur Zeit Ottos I. (936–973) nennt: »Es heißt, dass dieser Kaiser an einem einzelnen Tag folgendes an Nahrung verbrauchte: 1000 Schweine und Schafe, 10 Fuder Wein, 10 Fässer Bier, 1000 Malter Getreide, acht Ochsen. Weiterhin Hühner und Spanferkel, Fische, Eier, Gemüse und vieles mehr.« (Annalista Saxo 1844, S. 622). Eine Umrechnung der notwendigen Naturalien in einen ungefähren Geldwert bieten die um 1129/1130 geschriebenen Pöhlder Annalen an: Für die tägliche Versorgung des Hofes seien 30 Pfund Silber notwendig gewesen (Brühl 1968).

Während andere Bischöfe über die Belastungen des Königsdienstes klagten, ist dagegen in der *Vita Meinwerci* zu lesen, »dass Bischof Meinwerk mehr als seine übrigen Getreuen in beständiger Ergebenheit im Königsdienst geschwitzt hätte« (Vita Meinwerci 2001, cap. 188). Tatsächlich scheint es so, als ob der Paderborner Bischof es darauf angelegt habe, die Herrscher häufig an seiner Tafel begrüßen zu dürfen. Besonders zu den kirchlichen Festtagen weilte der königliche Hof in der Stadt. Die Anwesenheit des Herrscherpaares sowie der geistlichen und weltlichen Großen steigerte das Ansehen und die Bedeutung der Bischofsstadt und gab wiederum dem König die Möglichkeit, seine Herrschaft repräsentativ zu inszenieren und sich als König von Gottes Gnaden in der Öffentlichkeit zu zeigen. Die Königspfalzen dienten aber nicht ausschließlich der Unterbringung und Versorgung, sondern boten den Herrschern auf ihren Reisen durch das Reich die Möglichkeit, auswärtige Gesandte zu empfangen, Treue einzufordern, Recht zu sprechen und über Ämterbesetzungen zu verhandeln.

Q.: Annalista Saxo 1844 · Vita Meinwerci 1921 · Vita Meinwerci 2001. Lit.: Balzer 1986a · Brühl 1968 · Heimann 2002 · Huschner 2006b · Kroker 2008 · Schubert 1993. A.P.

50 Bronzeschale (Waschbecken)

2. Hälfte 10. Jahrhundert (vor 983)
Fundort: Oldenburg, Burgwall Starigard, Kreis Ostholstein
Schale aus Bronzeblech getrieben – Dm. 28,0 cm, H. 6,5 cm
Schleswig, Archäologisches Landesmuseum in der Stiftung Schleswig-Holsteinische Landesmuseen Schloß Gottorf, Fd.Nr. Old 08.20.046

Ein Waschbecken und eine Reiterlanze/Fahnenlanze sind die hervorragenden Ausstattungsstücke im Fürstengrab 75 innerhalb der zweiten Kirche von Starigard, die in die historisch bezeugte erste Bistumsphase von 972–983 datiert werden kann. Sie ist eine rechteckige Saalkirche, ein Holz-

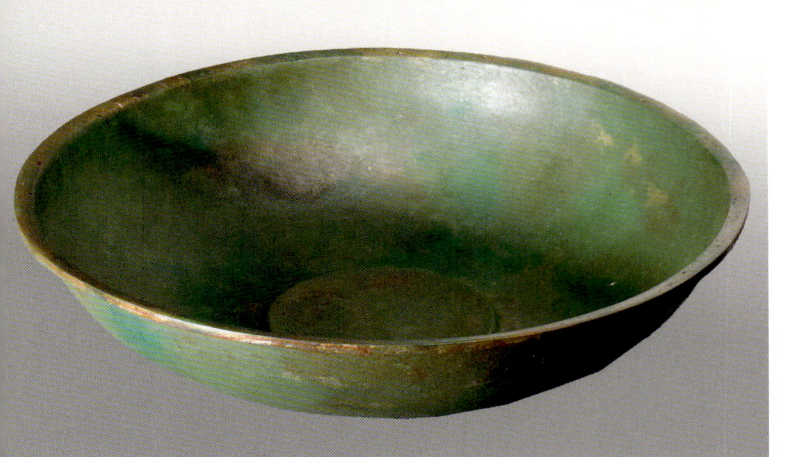

50 · Nachbildung

bauwerk von 16 x 6 m Größe, und liegt über der ersten Kirche, schließlich auch über den bedeutend größeren Fürstenhallen des 9. Jahrhunderts. Deswegen wird es sich kaum um die Kathedralkirche, sondern eher um eine fürstliche Eigenkirche (Hofkirche) gehandelt haben.
Die Umwidmung der Fürstenhalle zur Hofkirche bezeichnet scheinbar einen tiefgreifenden Bedeutungswandel. Doch im Sinne übereinstimmender Funktionen dienten beide der fürstlichen Repräsentation beim Vollzug des heiligen Amtes. Der Fürst stand traditionell als höchster Heilsträger an der Spitze des Volkes, leitete das Opfer des Landes und richtete die damit verbundene Festmahlzeit aus. In typologischer Deutung hatte sich lediglich die Liturgie geändert. Zentrum des Kultes wurde nun das Messopfer, und dem Fürsten stand dabei das geistliche »ministerium« zu.
Die Fürstengräber 74 und 75 fanden sich beide an bevorzugter Stelle, aber gleichrangig platziert. Die Verstorbenen lagen zentral in übergroßen Baumsärgen, die jeweils aus den Hälften derselben Eiche hergestellt wurden, und zwar auf jenem von der allgemeinen Belegung ausgesparten Platz, der dem Altar vorbehalten war. Das Anrecht auf diesen besonderen Platz stand in einer Eigenkirche dem Stifter und seinen engsten Angehörigen zu. Im Grab 74 deuten Schwert und Reliquienbeutel als Zeichen von Rang und Amt auf die gesellschaftliche Spitze, vielleicht auf Želibor, den Kleinkönig (»subregulus«) von Wagrien hin, dem der Sachsenherzog im Jahr 967 die Herrschaft entzog und an dessen Sohn weitergab. Im Nachbargrab 75 liegt ein naher Verwandter, eventuell sein jüngerer Bruder oder womöglich sogar der genannte Sohn. Lanze und Waschbecken sind aufgrund der Fundumstände sowie des historischen Gesamtzusammenhangs als Herrschaftszeichen zu werten. Sie könnten den Rang des Verstorbenen als Marschall und/oder Truchsess anzeigen. Jedenfalls sind sie neben anderen Funden Zeugnisse der Kulturfaszination slavischer Eliten, die sich am Vorbild ottonischer Hofkultur ausgerichtet haben.

Lit.: Gabriel 1988a, S. 62–69 · Gabriel 1988b, S. 145, 229–236 · Gabriel 2000b · Gabriel 2006 · Kat. Berlin u.a. 2000–2002, Bd. 3, S. 166–169, Nr. 07.03.01–02 (Ingo Gabriel) · Trotzig 1991, S. 132–133.
I.G.

51–53 Hölzernes Essgeschirr

Gegenstände aus Holz erhalten sich nur unter besonderen Bedingungen im Boden, so dass sie selten zum archäologischen Fundgut zählen. Daher kommt den Funden der Niederungsburg bei Haus Meer große Bedeutung zu. Sie belegen, dass zur mittelalterlichen Tafel auch Schüsseln, Teller und Trinkgefäße aus Holz gehörten.

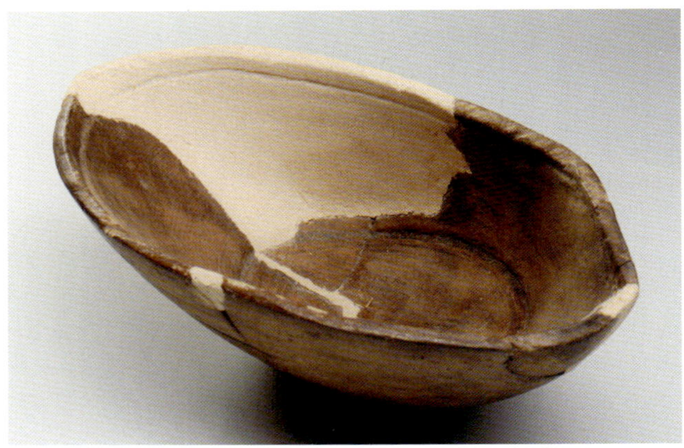

51

51 Schüssel

Niederungsburg bei Haus Meer, 11. Jahrhundert
Fundort: Büderich, Stadt Meerbusch
Holz – gedrechselt, stark verzogen, fehlende Teile ergänzt – H. 10,5 cm, Dm. 19,0 cm
Bonn, LVR-LandesMuseum, Rheinisches Landesmuseum für Archäologie, Kunst- und Kulturgeschichte, Inv.Nr. D 38

Lit.: Janssen/Janssen 1999, Taf. 4 u. 22.2 · Kat. Speyer 1992, S. 34–38 (Antje Kluge-Pinsker).

52a–b Zwei Teller

Niederungsburg bei Haus Meer, 11. Jahrhundert
Fundort: Büderich, Stadt Meerbusch
Holz – gedrechselt, verzogen, fehlende Teile ergänzt – Dm. ca. 25 cm (beide)
Bonn, LVR-LandesMuseum, Rheinisches Landesmuseum für Archäologie, Kunst- und Kulturgeschichte, Inv.Nr. 1100a–1100b

Lit.: Janssen/Janssen 1999, Taf. 13.1a–b · Kat. Speyer 1992, S. 34–38 (Antje Kluge-Pinsker).

53 Schneidebrett

Niederungsburg bei Haus Meer, 11. Jahrhundert
Büderich, Stadt Meerbusch
Holz – L. 47 cm
Bonn, LVR-LandesMuseum, Rheinisches Landesmuseum für Archäologie, Kunst- und Kulturgeschichte, Inv.Nr. 364

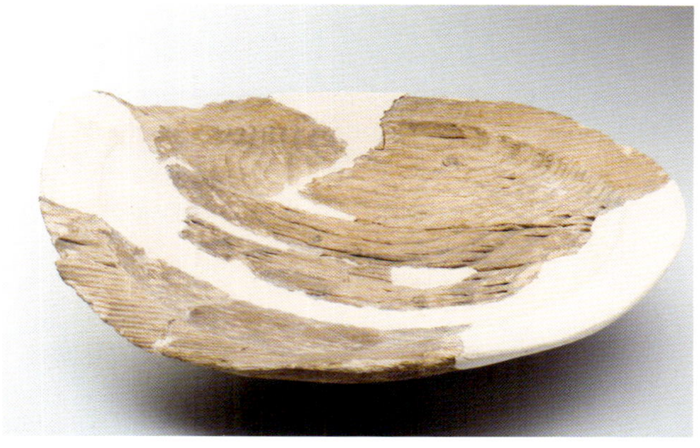

52a

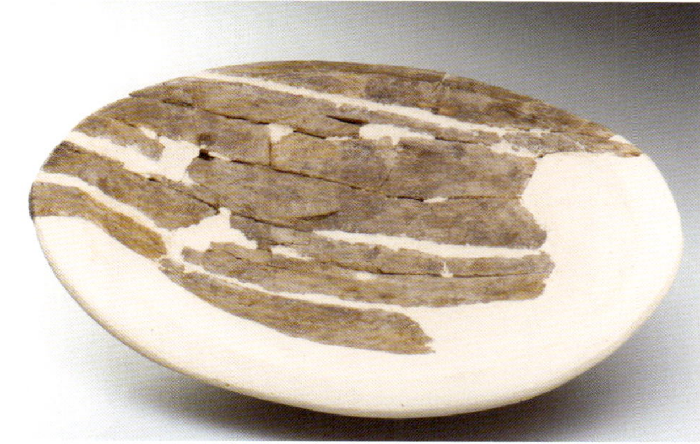

52b

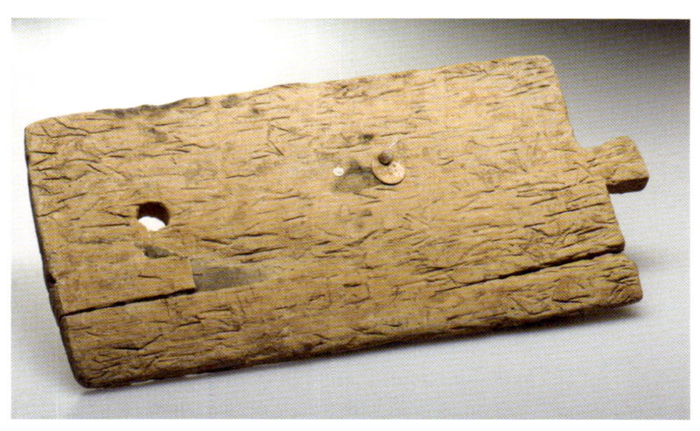

53

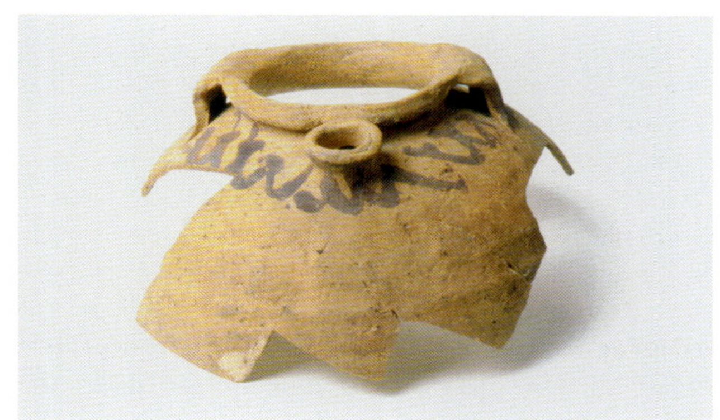

54

Das Schneidebrett hat einen Griff und ein Loch zum Aufhängen. Es diente als Unterlage zum Schneiden von Brot oder Fleisch. R.M.

Lit.: Janssen/Janssen 1999, Taf. 20.10 · Kat. Speyer 1992, S. 34–38 (Antje Kluge-Pinsker).

54 Pingsdorfer Tüllenkanne (Fragment mit Ausgusstülle)

Um 1000–12. Jahrhundert
Fundort: Bremen, 6/Altstadt, Marktplatzgrabung 1970, Suchgraben 1
Keramik – H. 8,5 cm, Dm. (Rand) 9,5 cm
Bremen, Landesarchäologie, 6/Altst.52/1

Die Grundform der auch als Amphore bezeichneten Tüllenkanne ist ein bauchiges, tropfenförmiges Gefäß mit meist zwei randständigen Bandhenkeln und einer Gießtülle. Ein Wellenfuß oder Standring, der dem Gefäß eine bessere Standfestigkeit auf ebenen Flächen verlieh, ist hier nicht erhalten. Die Schulter der Amphore ist girlandenartig mit dunkelroter Farbe bemalt. Das Gefäß diente als Transportgefäß, stach in Bremen aber auch unter der dunklen einheimischen, noch durchweg handgetöpferten Keramik heraus. Den Namen erhielt diese Keramik von dem Töpferzentrum Pingsdorf bei Brühl. D.B.

55 Holzlöffel

Ende 11. Jahrhundert bis kurz nach 1100
Fundort: Bremen, 214/Altstadt 2003, Grabung Hotel Überfluss, Bf. 11, Schicht 6 (aus verlandetem Tümpel unter Holzanbau)
Holz, vermutlich Ahorn – L. 13,6 cm
Bremen, Landesarchäologie, 214/Altst.Bf.11, S.6/1

Der fragmentarisch erhaltene Löffel mit leicht ovaler Laffe verfügt über einen durchbrochen gearbeiteten Griff, der mit einem Kerbschnittdekor verziert ist.

Lit.: Bischop 2005a, S. 69, Abb. 3, 5. D.B.

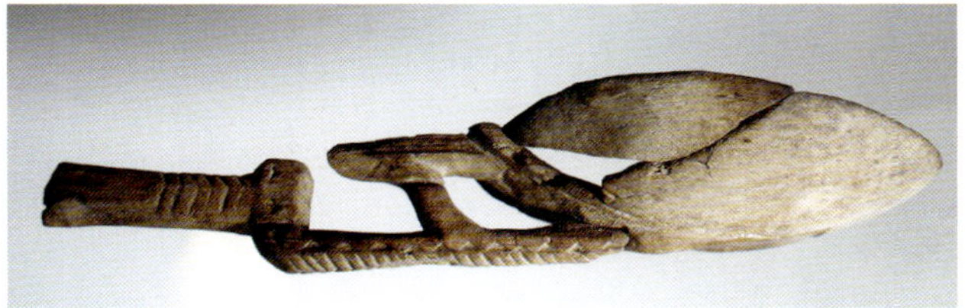

55

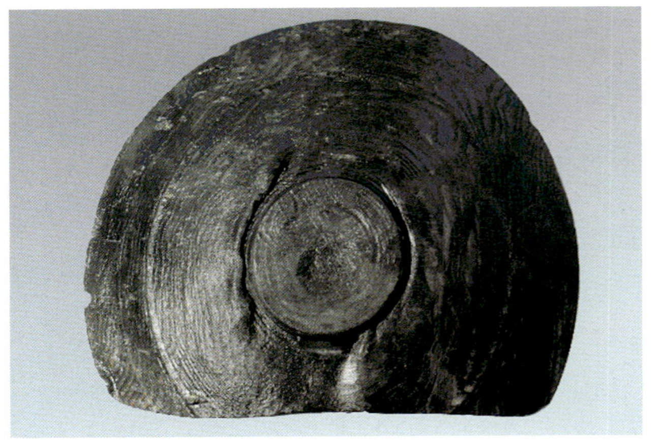

56

56 Holzschalenfragment

11./frühes 12. Jahrhundert
Fundort: Bremen, 231/Altstadt, 3redenplatz/»Casinoeck«
(aus schwarzer Balgeschicht)
Esche – H. ca. 5,0 cm, Dm. ca. 25,5 cm
Bremen, Landesarchäologie, 231/Altst.100/107/1

Auf der flachen Eschenholzschale sind deutliche Drechselspuren zu erkennen, ein größeres Randfragment fehlt. D.B.

57a Einreihiger Kamm (Fragment)

Ende 10./11. Jahrhundert
Fundort: Bremen, 231/Altstadt, Bredenplatz 2008, Profil 24
Knochen, Nieten aus Eisen – H. 3,0 cm, B. 13,0 cm, D. 0,6 cm
Bremen, Landesarchäologie, 231/Altst.Pr.24,1

Der Bügel des einreihigen Dreilagenkammes besitzt einen leicht gebogenen Rücken und eine gerade Basis. Mit ihm und acht eisernen Nieten sind insgesamt neun Knochenplättchen miteinander verbunden, die in einem letzten Arbeitsschritt ihre Zähnung erhielten. Die relativ fein gesägten Zähne des Kammes sind 1,7 cm lang. Die äußeren Plättchen ragen ein wenig über die Bügelenden hinaus. Auffällig ist das an diesen äußeren Plättchen angebrachte zahnartige Dekor. Der Bügel selbst wurde mit einer sparrenartig angebrachten Verzierung von Dreierstrichgruppen dekoriert.

Lit.: Ulbricht 1984. D.B.

57b Zweireihiger Kamm

11. Jahrhundert
Fundort: Bremen, 231/Altstadt, Bredenplatz 2008, Bf. 104/107
Knochen, Nieten aus Eisen – H. 6,8 cm, B. 11,8 cm, D. 1,0 cm
Bremen, Landesarchäologie, 231/Altst.Pr.104/107/1

Der Dreilagenkamm in annähernd rechteckiger Form besteht aus mehreren nebeneinander gesetzten Knochenplattensegmenten, die außen durch zwei längliche Griffplatten miteinander vernietet sind. Die insgesamt sechs Nieten bestehen aus Eisen. Nach dem Zusammensetzen und Vernieten wurde auf der einen Seite eine feine, auf der gegenüberliegenden eine recht grobe Zähnung eingesägt, wie die Sägespuren auf den Griffleisten zeigen. Die groben Zinken sind 2,8 cm, die feinen 2,5 cm lang. Ein Großteil der Zinken fehlt. Die bereits in einem früheren Arbeitsgang verzierten Griffleisten sind im Querschnitt trapezförmig und besitzen außen ein Dekor aus Schrägstrichbündeln, die durch jeweils drei eingesägte Senkrechtlinien voneinander getrennt sind. Die Nietköpfe beeinträchtigen das Dekor nicht; sie sind eher mit in die Verzierung integriert. Das Fragment eines sehr ähnlichen Kammes wurde 2002 in der Verfüllung eines Spitzgrabens der Bremer Domburg gefunden. Es lag über einem verkohlten Holzrest (Palisade?), der ein C-14-Datum um die Jahrtausendwende ergab (975–1020).

Lit.: Bischop 2005a, Abb. 12. D.B.

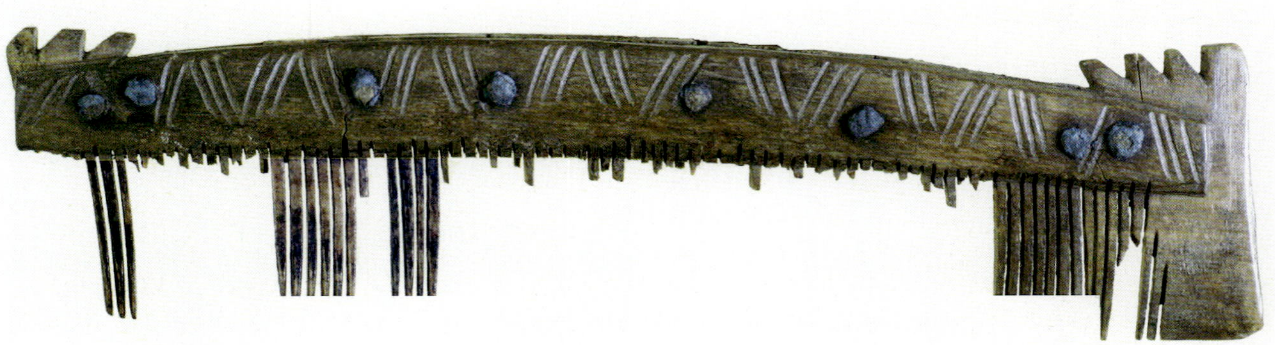

57a

58 Fragment eines einteiligen knöchernen Doppelkamms

11. Jahrhundert (?)
Fundort: Halberstadt, Martiniplan, Marktsiedlung
Knochen – B. 2,7 cm, L. 2,6 cm
Halberstadt, Städtisches Museum, Inv.Nr. IV: 701

Das Bruchstück des einteiligen Doppelkamms wurde 1996 südlich der Marktkirche St. Martini gefunden, in deren Umgebung sich die Anfänge der Marktsiedlung herausgebildet haben. Das kleine Fragment, von dem nur noch an der einen Seite die Kammzinken erhalten sind, weist auf beiden Seiten im Zierfeld ein erhaben gearbeitetes Vogelmotiv auf. Möglicherweise sind hier Kranich und Adler dargestellt. Für den Kranich sprechen die Proportionen, die zu erkennende Langbeinigkeit und die verlängerten Schirmfedern. Die Bestimmung des anderen Vogelmotivs fällt schwerer. Dargestellt ist ein Greifvogel, vermutlich ein Adler, mit nach oben gewendetem Schnabel. Wenn das Stück mit den Maßen von etwa 3 x 3 cm auch recht klein ist, so sind doch seine Schnitzereien bemerkenswert. Andere Kämme dieser Art wurden in gleichbleibender, schlichter Form vom 11. bis zum 14. Jahrhundert verwendet.

Lit.: Kat. Berlin u.a. 2000–2002, Bd. 3, S. 529, Nr. 27.01.02a (Anežka Merhautová). F.K.

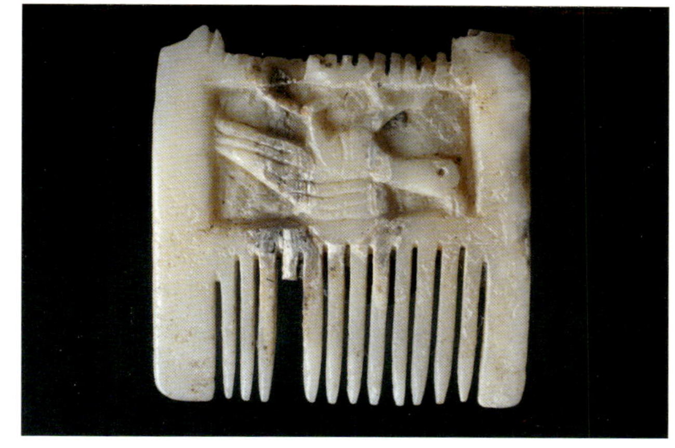

58.1

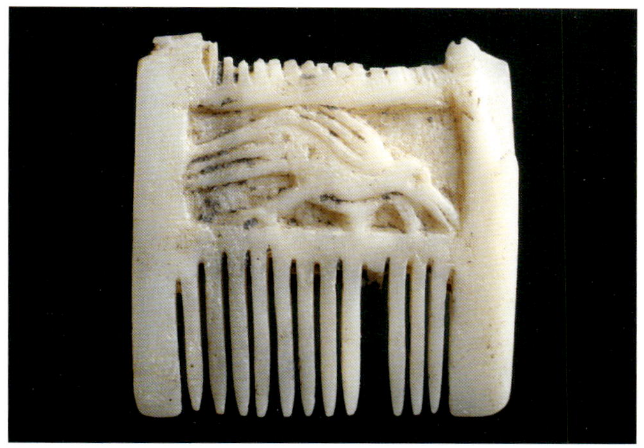

58.2

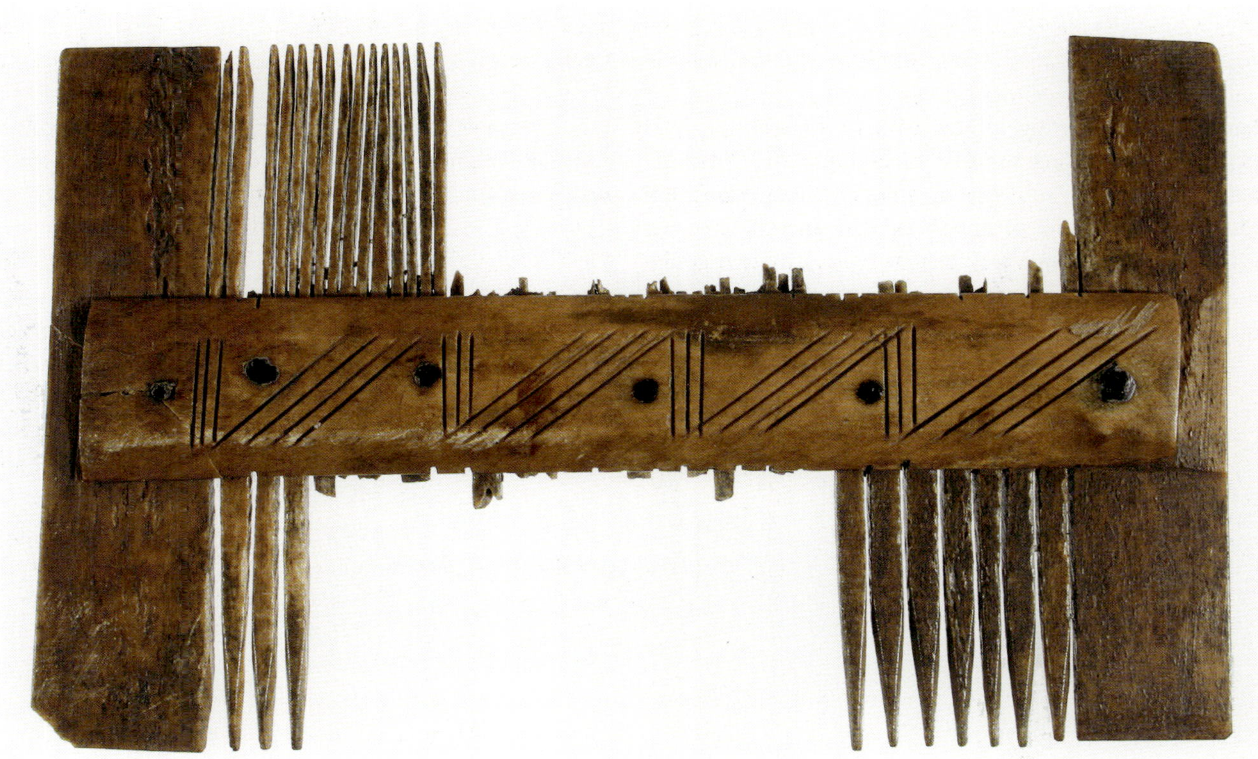

57b

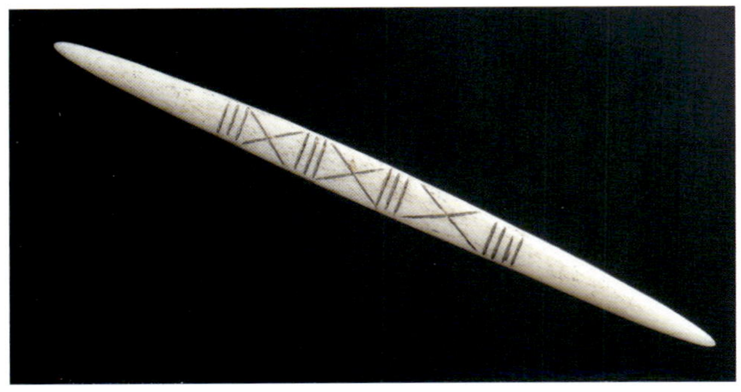

59

59 Griffel (?)

11. Jahrhundert
Fundort: Halberstadt, Martiniplan, Marktsiedlung
Geweih, im Querschnitt rechteckig – L. 11,9 cm, H. 0,8 cm, B. 0,6 cm
Halberstadt, Städtisches Museum, Inv.Nr. IV: 701

Der rechteckige Querschnitt des Objektes, der bei ähnlich aussehenden Spindeln eher rundlich gestaltet wäre, und die eingeritzten Strich- und Kreuzgruppen, die möglicherweise die Griffigkeit beim Schreiben verbesserten, lassen vermuten, dass es sich um einen Griffel handelt. Ältere Griffel sind meistens aus Bronze oder Eisen gefertigt worden. Etwa seit dem 12. Jahrhundert wurden auch weichere Materialien wie Blei, Silber, Knochen und Holz zur Herstellung verwendet. Mit einem Griffel wurde vor allem auf Wachs- oder Bleitafeln geschrieben bzw. geritzt. Die Schreibtechnik war bereits in der Antike bekannt und wurde im frühen Mittelalter insbesondere von schreibkundigen Geistlichen benutzt. Dem spitzen Ende des Griffels liegt meist ein spachtelförmiges gegenüber. Mit dieser flachen Seite konnten Korrekturen durch Glättung des Schriftträgers vorgenommen werden. Weiterhin dienten Griffel zur Ritzung und Punktierung von Hilfslinien in der Schreibvorbereitung und zu anderen Zwecken. Das an beiden Seiten spitz zulaufende, ohne spachtelförmiges Ende angefertigte Halberstädter Exemplar ist stark poliert und von weißgelber Farbe. Auf der einen Seite befinden sich zusammen sieben Strich- und Kreuzgruppen, auf der anderen dagegen nur drei.

Lit.: Laduer 1995. F.K.

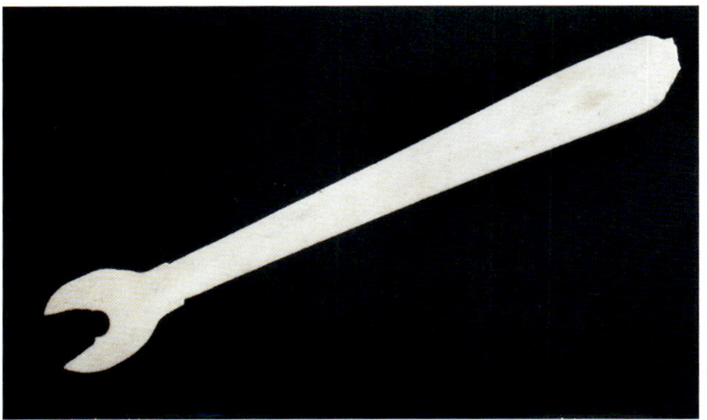

60

60 Teil einer Einlegearbeit

Spätes Mittelalter (?)
Fundort: Halberstadt, Lichtengraben, Marktsiedlung
Knochen – L. 7,8 cm, D. 0,05 cm
Halberstadt, Städtisches Museum, Inv.Nr. IV: 454

Das kleine, gabelförmig gestaltete, sehr flache zerbrechliche Objekt wurde 1983 gefunden und liegt nur als Fragment vor. Eine Bruchkante am oberen Ende deutet auf eine symmetrische Verlängerung hin. Auch die gabelförmige Öffnung, die ursprünglich kleiner war, ist leicht beschädigt. Das Fundstück fand wohl als Teil einer Einlegearbeit, vielleicht in einem Brettspiel, Verwendung.

Freundliche Mitteilung von Herrn Dr. Götz Alper, Landesamt für Denkmalpflege und Archäologie Sachsen-Anhalt F.K.

61 Oberteil eines Kugeltopfes

1. Hälfte 12. Jahrhundert
Fundort: Halberstadt, Martiniplan, Marktsiedlung
Keramik, graubraun gebrannt – H. 15,5 cm, Dm. (Mündung) 16,0 cm, D. (Wandung) 0,4 cm, D. (Hals) 0,6 cm
Halberstadt, Städtisches Museum, Inv.Nr. IV: 702/102

Das erhaltene Gefäßfragment zeugt von einer entwickelten Kugeltopfkeramik. Der exakt runde Gefäßrand wurde außen schräg abgestrichen, der Hals stark nach außen gelegt und dessen Umbruch zur Gefäßschulter scharf modelliert. Möglicherweise wurde das Oberteil abgedreht oder mit einem Formholz bearbeitet. Die dünne, außen stark verrußte Scherbe ist von graubrauner Färbung und fest gebrannt. Aus der Füllung eines dendrochronologisch datierten Halberstädter Eichenholzbrunnens mit dem Fälljahr 1101 liegen Vergleichsfunde vor, die es erlauben, das Gefäßoberteil in die 1. Hälfte des 12. Jahrhunderts zu datieren. Die sächsische Kugeltopfkeramik mit sog. Wackelböden setzte bereits im 9. Jahrhundert ein und verdrängte bis zum Anfang des 11. Jahrhunderts die bereits aus dem Frühmittelalter stammende Standbodenkeramik. Kugeltöpfe waren bis weit in das späte Mittelalter in Gebrauch und begegnen uns häufig in der blaugrauen Irdenware dieser Zeit.

Lit.: Grimm 1932 · Kat. Magdeburg 2001, Bd. 2, S. 29–32 Nr. II.12 (Heike Pöppelmann) · Siebrecht 1992. F.K.

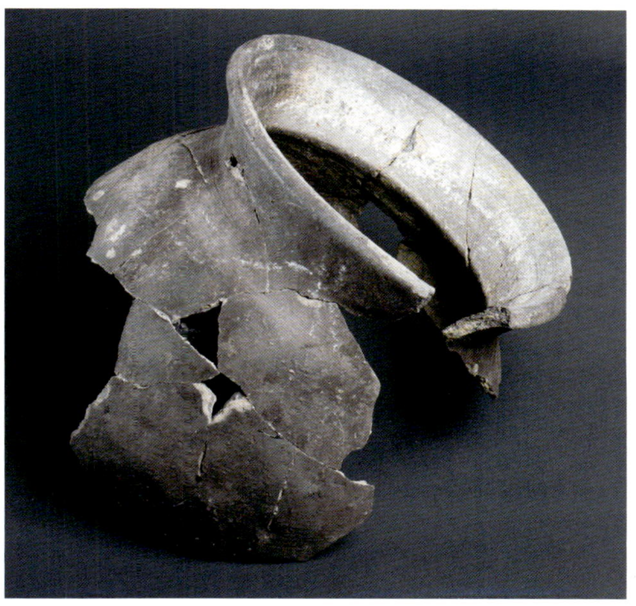

61

62 Zwei Könige, Dame u. Läufer eines Schachspiels
Deutschland, 11./12. Jahrhundert
Fundort: vermutlich auf dem Gelände der abgegangenen Burg von Katterbach bei Adelsdorf in Mittelfranken, vor 1876
Bein, geschnitzt, teilweise porös – H. 3,5–4,0 cm
Nürnberg, Germanisches Nationalmuseum, Inv.Nr. HG 2173, HG 2174, HG 2175, HG 2176

Die vier Schachfiguren gehören zu einem Spielsatz, von dem außerdem ein weiterer Läufer, vier Springer und vier Türme überkommen sind (siehe Abb. 62). Ihre geschlossenen kubischen Formen sind von Stereometrie, prallem plastischen Volumen und dem gänzlichen Fehlen ornamentalen Schmucks gekennzeichnet. So bestehen die Könige aus kurzen, dicken Zylindern, die oben zur Hälfte flach sowie mit einem kegelartigen Aufsatz bedacht sind und zur Hälfte eine niedrigere Abrundung in Kappenform aufweisen. Die Dame unterscheidet sich davon nur in der geringeren Höhe und durch das Fehlen der kleinen Erhebung auf der Deckfläche. Dagegen bestehen die Läufer aus einem sich nach oben verjüngenden Zylinder mit kuppelartigem Abschluss und zwei hörnerartigen Auswüchsen.
Das mit diesen Objekten zwischen zwei Parteien auf einem Brett ausgetragene Kampfspiel, das zu den ältesten noch heute gepflegten vergnüglichen Tätigkeiten des Zeitvertreibs gehört, gelangte im 10. Jahrhundert aus dem arabischen Raum nach Europa und verbreitete sich ausgehend von den romanischen, mit dem Orient in merkantiler, politischer und kultureller Beziehung stehenden Ländern über den ganzen Kontinent. Die meisten der frühen Figuren und Spielsätze fußen daher auf arabischen Vorbildern, die sich der islamischen Kultur entsprechend einer der Wirklichkeit verpflichteten Bildhaftigkeit entziehen. Zwar orientieren sie sich an natürlichen Motiven, doch sind sie von einem hohen Grad an Zeichenhaftigkeit gekennzeichnet. Dem König etwa liegt der auf dem Elefanten reitende Herr-

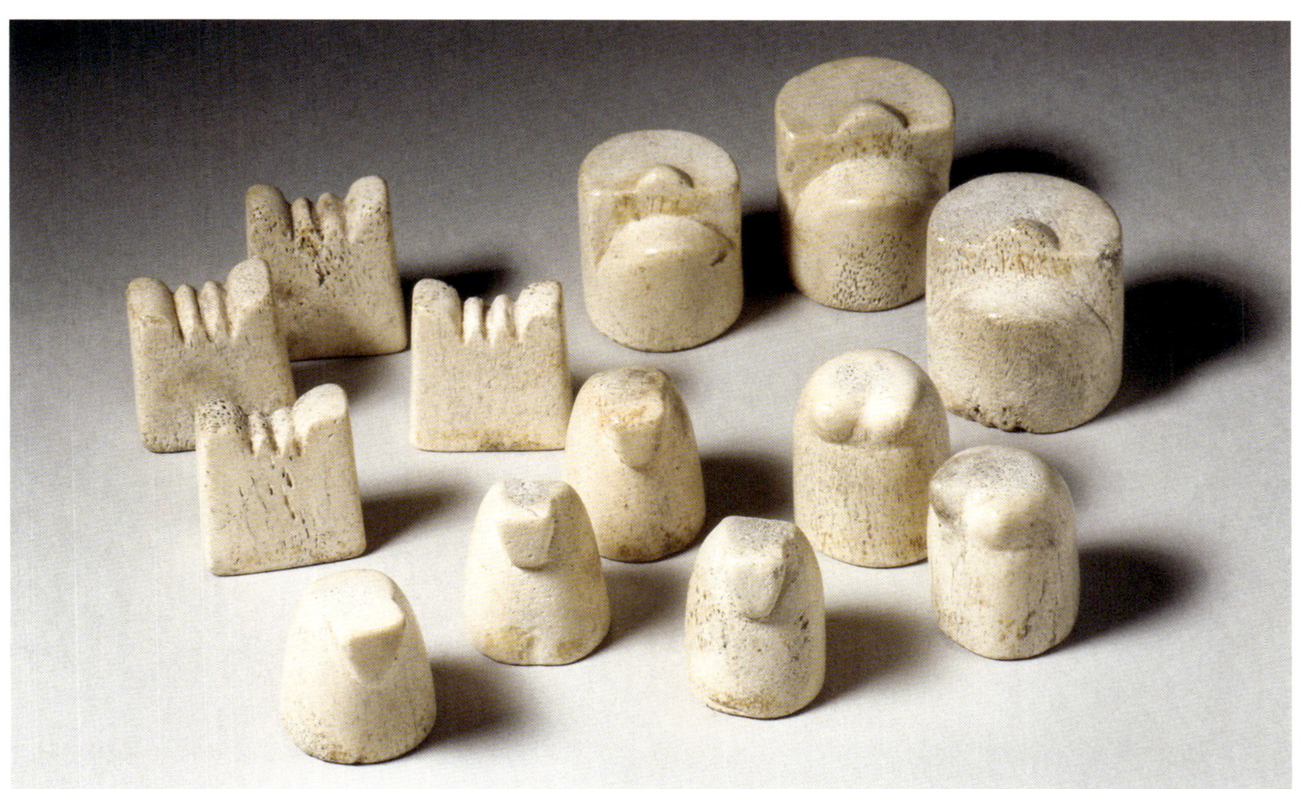

62

scher zugrunde: Die Abrundung an der Front des Zylinders meint die Stirn des Tieres, das kleine aufgipfelnde Kegelsegment den Reiter. Mit seinen beiden Auswüchsen lässt sich der Läufer dagegen motivisch auf den Streitelefanten zurückführen und spiegelt so mittels abstrahierter Grundformen ein wichtiges Element des orientalischen Heeres. Neben den heute im Germanischen Nationalmuseum aufbewahrten Figuren, die wahrscheinlich auf dem Gelände der 1132 erstmals erwähnten Burg von Katterbach ergraben wurden, bezeugen mehrere Funde vergleichbarer Stücke – so auf dem Grund der Burgruine Zell am Ebersberg im Steigerwald, auf Burg Baldenstein bei Gammertingen, auf Burg Scharfenstein bei Kiedrich, im Aachener Kollegiatstift St. Nikolaus sowie im Stadtkern von Sandomiersz in Polen – die Verbreitung arabisch inspirierter Spielsätze im deutschsprachigen Raum und darüber hinaus zwischen dem 11. und dem 13. Jahrhundert. Beispielhaft belegen sie die Pflege des intelligenten Spiels in den gesellschaftlichen Oberschichten des hohen Mittelalters, wiewohl es bereits damals auch in anderen Milieus verbreitet gewesen sein dürfte.

Lit.: Kat. München/Nürnberg 1988, S. 16–17, Nr. 2 (Ulrich Schneider) · Kat. Speyer 1992, S. 74, Nr. = Vitrine 10 (Antje Kluge-Pinsker) · Kluge-Pinsker 1991, S. 128 · Lata 2007, S. 81, 395 · Stratford 1997, S. 31 · Wichmann/Wichmann 1960, S. 282–283. F.M.K.

63a–e Fünf Brettspielsteine

a) Brettstein mit zweibeinigem Fabeltier

Nordfrankreich, 11. Jahrhundert
Bein, geschnitzt, innerhalb der Reliefffläche punziert, Steinmitte durchbohrt, geringe Absplitterungen – Dm. 4,7 cm
Nürnberg, Germanisches Nationalmuseum,
Inv.Nr. Pl.O. 2415

b) Brettstein mit Kamel

Deutschland, 11. Jahrhundert
Bein, geschnitzt, geringe Beschädigungen, einige Risse – Dm. 4,3 cm
Nürnberg, Germanisches Nationalmuseum,
Inv.Nr. Pl.O. 2792

c) Brettstein mit Hund

Deutschland, 12. Jahrhundert
Fundort: Oening bei Berching in der Oberpfalz, vor 1906
Bein, kleine Beschädigungen, gekitteter Bruch in Höhe des Tierrückens – Dm. 4,9 cm
Nürnberg, Germanisches Nationalmuseum,
Inv.Nr. HG 6899

d) Brettstein mit laufendem Krieger

Deutschland, 12. Jahrhundert
Fundort: Oening bei Berching in der Oberpfalz, vor 1906
Hirschhorn, geschnitzt – Dm. 4,6 cm
Nürnberg, Germanisches Nationalmuseum,
Inv.Nr. HG 6900

e) Doppelseitiger Brettspielstein mit Fischen bzw. Drachen

11./12. Jahrhundert
Bein, geschnitzt – Dm. 3,5 cm
Nürnberg, Germanisches Nationalmuseum, Inv.Nr. FG 1940

Die kleinen kreisrunden Brettsteine wurden zum Spielen von Tricktrack, einer Variante des Backgammon, benutzt, das aus mittelalterlichen Quellen als »tabula« bekannt und seit dem 11. Jahrhundert überliefert ist, gegebenenfalls auch zum Mühle- und zum Damespiel. Sie gehören zu den knapp 300 heute bekannten Stücken ihrer Art, deren Fundorte die Verbreitung der Brettspiele über ganz Europa nördlich der Alpen belegen. Grundsätzlich ist sämtlichen Exemplaren die kreisrunde Form gemein. Die Verzierung besteht generell aus einem erhabenen Relief im eingetieften Spiegel, das meist mit einem Randsteg versehen ist, der verschiedenartige Schmuckelemente tragen kann. Die Motivwelt umfasst Tiere und Ungeheuer, Kampfszenen, Tierkreiszeichen, aber auch Figuren und Szenen der antiken Mythologie, seltener alttestamentliche Gestalten und Heilige. Die Vorlagen werden in der Bauplastik und in der Buchmalerei, vornehmlich in Kalendern und Bestiarien, vermutet. Neben den mit den Exemplaren des Germanischen Nationalmuseums vertretenen Materialien Tierknochen und Hirschgeweih verwendete man Elfenbein, Walrosszahn, Holz und Speckstein. Ganze Spielsätze – beim Tricktrack operierte jeder der beiden beteiligten Spieler mit 15 Steinen – sind kaum überlie-

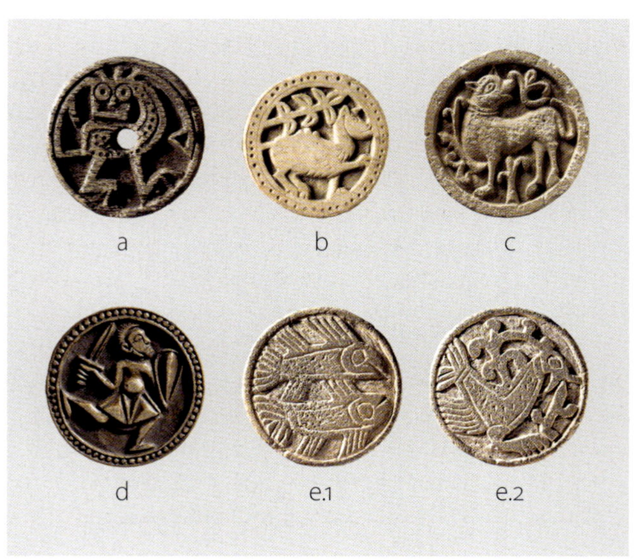

63a–e

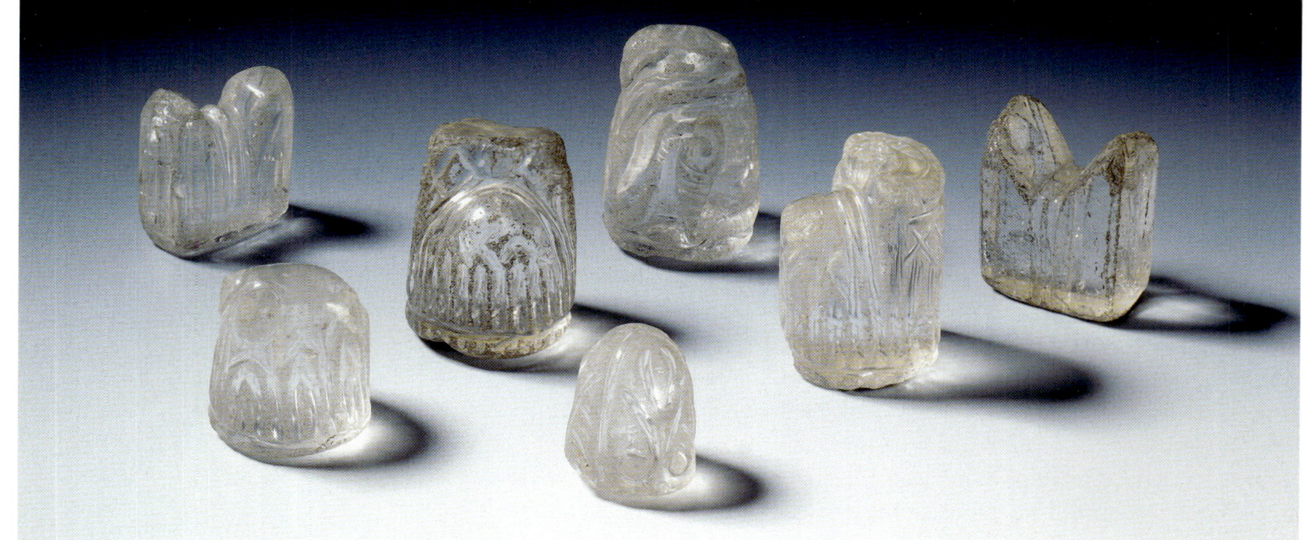

64

fert. Reste von Polychromie oder Einfärbungen weisen gelegentlich auf die Sitte hin, die Sätze der gegnerischen Parteien eindeutig voneinander unterscheidbar zu machen. Die bedauerlicherweise im 2. Viertel des 20. Jahrhunderts beseitigte »kaffeebraune Färbung« des Nürnberger Spielsteins mit dem Hund könnte eine diesem Zweck dienende ursprüngliche Monochromie gewesen sein.
Die Lokalisierung der Werkstätten, in denen die kleinformatigen Werke entstanden, ist nach wie vor bis auf wenige Ausnahmen problematisch bzw. unmöglich. Die *nordfranzösische Gruppe*, zu der unser Stein mit dem zweibeinigen Fabeltier gehört, verdankt ihre Verortung der vornehmlichen Verbreitung der verwandten Stücke in Nordwesteuropa. Kennzeichnend sind die außerordentlich lineare Auffassung der einfachen, flächig angelegten Motive sowie markante Kreisaugen der Geschöpfe. Die übrigen drei Nürnberger Exponate lassen sich nicht regional verankern, zumal die überlieferten Fundorte nicht zwingend auf die Entstehung schließen lassen. Die meisten Steine, deren Fundorte bekannt sind, stammen aus Burgen bzw. Burgruinen und Burgställen. So kommen die beiden zu verschiedenen Sätzen gehörigen Stücke mit Hund bzw. laufendem Krieger nach Angabe des Vorbesitzers »aus einem alten Mauerwerk« in Oening, womit wohl die abgegangene Burg in dem oberpfälzischen Flecken bei Berching gemeint ist. Eine Reihe bekannter Exemplare wurde zudem bei Grabungen in frühstädtischen Zentren entdeckt. Sie lassen darauf schließen, dass die mittels solcher Utensilien geübten Brettspiele, vor allem das Tricktrack, im hohen Mittelalter neben dem Schach besondere Wertschätzung genossen und zum gängigen Besitz wohlhabender Haushalte sowohl des Adels als auch der Stadtbewohner gehörten.

Lit.: Goldschmidt 1914–1926, Bd. 4, S. 57, Nr. 294 · Kat. Speyer 1992, S. 64, Nr. 12, 15a–b, 17 (Antje Kluge-Pinsker) · Kluge-Pinsker 1991, S. 66, 161, Nr. B 10 · Lata 2007, S. 81, Nr. 82–85 · Mann 1977, S. 193, Nr. 1, S. 210–211, Nr. 27, S. 213, Nr. 31, S. 340, Nr. 203 · Stafski 1965, S. 234–236, Nr. 208–211.

F.M.K.

64 Sieben Schachfiguren: Zwei Türme (Streitwagen), König, Springer (Pferd), Bauer, Königin, Läufer (Elefant)

Naher Osten u. Spanien, 10. u. 12. Jahrhundert
Bergkristall, geschnitten – H. 3,7–5,3 cm
Osnabrück, Domkapitel zu Osnabrück

»Es gibt dort endlich noch 25 oder 26 Schachsteine, die ihm gehört haben sollen; sie sind von Krystall und haben verschiedene Gestalt; theils rund, theils viereckig und teils spitz, sind sie ohne Aehnlichkeit mit den unserigen heut zu Tage«, berichtete der französische Abbé Claude Joly († 1700) nach einem Besuch in Osnabrück, der ihn 1646 auch in die Sakristei des Domes geführt hatte. Hier beeindruckten ihn insbesondere das mittelalterliche Schachspiel und weitere Stücke, die im Domkapitel als Geschenke Karls des Großen (768–814) für seine Bistumsgründung am Hasefluss galten. Freilich lag diese Legendenbildung noch nicht lange zurück, denn sie ist schriftlich erstmals im Inventar von 1613 überliefert und sollte wohl die katholische Position des Domkapitels in den konfessionellen Auseinandersetzungen mit den evangelischen Stadtbürgern stärken. Dabei könnte das Kapitel durchaus die allgemeine mittelalterliche Überlieferung im Kopf gehabt haben, die Kaiser Karls Leidenschaft für das königliche Spiel literarisch ausschmückt und tatsächlich erhaltene Schachfiguren mit einem Geschenk Sultan Hārūn ar-Rašīds (786–809) an den Frankenherrscher in Verbindung bringt.
Heute enthält der Domschatz noch vierzehn Spielsteine, die zu drei oder vier Figurensätzen gehören und teils im 10., teils im 12. Jahrhundert im ägyptisch-fatimidischen bzw. arabisch-spanischen Raum entstanden sind. Eine Vergleichsfigur – möglicherweise aus demselben Ursprungsbestand – befindet sich im Halberstädter Domschatz. Dies sind keine Einzelfälle, denn kostbare Spielfiguren aus Elfenbein oder Bergkristall gelangten auch in andere Kirchenschätze, insbesondere nachdem der Kalifenschatz in Kairo 1062 aufgelöst bzw. zerstört worden war. Der materielle wie kulturelle Wert der Spiele galt als so beträchtlich,

dass sie sich als Geschenke oder testamentarische Legate für Gotteshäuser eigneten. So vererbten die Grafen von Urgel in Nordspanien dem Kloster St. Gilles im 11. Jahrhundert kostbare Schachspiele aus Bergkristall. Das wohl Ende des 10. Jahrhunderts entstandene und im Kloster Einsiedeln überlieferte Gedicht *Versus de scacchis* preist den Wert des Spiels und beschreibt die Züge der einzelnen Figuren. Selbst Bischöfe spielten Schach, was freilich nicht unumstritten war. So warf Petrus Damiani, 1057–1067 Bischof von Ostia, 1061/1062 in einem Brief an Papst Alexander II. (1061–1073) und Archidiakon Hildebrand seinem Amtsbruder aus Florenz vor, während einer gemeinsamen Reise des Nachts Schach gespielt zu haben, was der Beschuldigte mit dem Argument konterte, Schach sei nicht unter den für Kirchenmänner verbotenen Würfelspielen zu fassen. Ein Mosaik in der Kirche von S. Savino in Piacenza aus dem 12. Jahrhundert stellt dem Gläubigen eine Schachlehrstunde gar als positiv besetzte, geistig herausfordernde Beschäftigung vor.
War Schach von Indien aus als Abbild kriegerischer Auseinandersetzungen mit entsprechenden Figurenmotiven entwickelt worden, so wurden die Figuren im nördlichen Europa zum Spiegel der mittelalterlichen Gesellschaft. In einem 1831 auf der Hebrideninsel Lewis entdeckten Fund von 93, aus Walrosszahn geschnittenen Spielfiguren des 12. Jahrhunderts werden die Läufer durch Bischöfe symbolisiert. Aus dem Domschatz von Reims ist eine wohl ursprünglich abstrakte Königs- oder Damefigur aus Elfenbein überliefert, in die im 11. Jahrhundert christliche Motive wie die Anbetung der Könige geschnitten wurden – verbunden mit einem Kirchenmodell. Diese Figur verlor damit ihre ursprüngliche Bedeutung zugunsten einer kultischen Verwendung ebenso wie ein Springer und zwei Bauern aus Bergkristall, die einen Reliquienschrein des 11. Jahrhunderts in der spanischen Kirche S. Millán de la Cogolla zieren. Kaiser Heinrich II. (1002–1024) hatte bereits in die von ihm gestiftete Kanzel des Aachener Domes zwei Schachfigurensätze aus Chalzedon und Achat einbauen lassen, die aus dem Brautschatz der byzantinischen Prinzessin Theophanu († 991), der Gemahlin Kaiser Ottos II. (973–983), stammen könnten.

Lit.: Borchers 1974, S. 32–34 · Kluge-Pinsker 1991, S. 10–40 · Queckenstedt 2005, S. 55–57. H.Que.

65 Tintenhorn

Rheinland, 9.–11. Jahrhundert
Elfenbein – H. 16,3 cm, B. 4,6 cm, T. 4,6 cm
Köln, Museum Schnütgen, Inv.Nr. B 95

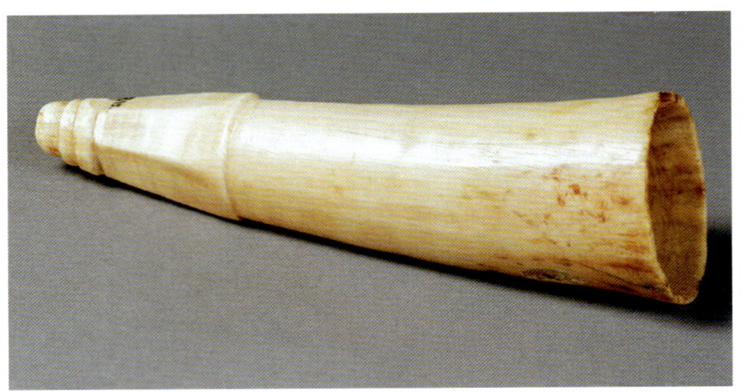

65

Tierhörner dienten im Mittelalter nicht nur zur Herstellung von Trinkgefäßen und Blasinstrumenten, sondern auch von Tintenhörnern (lateinisch cornua). Das abgebildete, vor rund 1000 Jahren aus Elfenbein geschnitzte Tintengefäß gehört zu den wenigen überlieferten Beispielen eines einst weit verbreiteten Gebrauchsgegenstandes. Die Außenseite des insgesamt schlicht gearbeiteten Gefäßes ist geglättet, die massive Spitze des Horns abgekantet und profiliert. Da eine spezifische, zeittypische Dekoration fehlt, ist eine präzise Datierung nicht möglich.
Viele Miniaturen mittelalterlicher Handschriften mit Darstellungen der schreibenden Evangelisten spiegeln die Praxis zeitgenössischer Schreibarbeit wider. Allerdings beherrschten diese nur wenige: vorwiegend Mönche und Kleriker. Mit dem Federmesser wurde zunächst der Federkiel zum Schreiben angespitzt und zugeschnitten, bevor er in das Tintenhorn getaucht wurde, das am oder neben dem Schreibpult befestigt war. Aufgrund seiner Trichterform ließ es sich auch gut in der Hand halten. In der Regel verfügte der Schreiber über zwei Tintenhörner, eines für dunkle und eines für rote Tinte. Den höchsten Bedarf an solchen Tintenhörnern und anderen Schreibutensilien hatten bis ins 12. Jahrhundert die Handschriften produzierenden Skriptorien der Klöster.
Verschlossen konnte das Tintenfass zusammen mit den übrigen Schreibutensilien auch auf Reisen mitgeführt werden, um unterwegs Dokumente ausfertigen zu können. Das Urkunden gehörte zu den wichtigen Aufgaben des Königs während seiner Aufenthalte in den Pfalzen. Dass die Tätigkeit des Schreibers in einer stets reisenden Hofkapelle nichts mit den idealen Arbeitsbedingungen in einer klösterlichen Schreibstube gemein hatte, geht aus den Schilderungen des kaiserlichen Kapellans Gottfried von Viterbo († um 1190) hervor, der zur Hofkapelle unter dem Staufer Friedrich I. (1152–1190) gehörte: »Nicht in der Einsamkeit oder im Kloster oder sonst an einem Ort der Stille habe ich dieses verfasst, sondern ständig in großer Unruhe und im Wirrwarr der Geschehnisse, im Krieg und unter kriegerischen Verhältnissen, im Lärm eines so großen Hofs, wo ich täglich zur Stelle sein musste, als Kaplan, bei Tag und Nacht, zur Messe und allen Stundengebeten, bei der Tafel, bei Verhandlungen, beim Ausfertigen von Briefen«.

Lit.: Kat. Köln 1985, Bd. 1, S. 284–285, S. 287, Nr. B71 (Reiner Dieckhoff) · Bumke 1986, S. 641. M.Be.

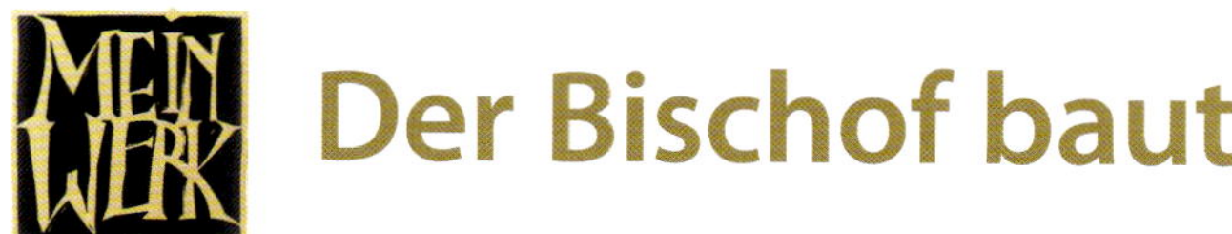

Der Bischof baut

66–68 Werkzeuge im Baubetrieb

Bischof Meinwerk von Paderborn (1009–1036) gilt nach Karl dem Großen (768–814) als zweiter Gründer Paderborns. Kurz nach seiner Weihe am 13. März 1009 hatte er mit einem umfangreichen Bauprogramm begonnen, das seine gesamte Amtszeit andauerte und der bei einem Brand im Jahr 1000 stark zerstörten Stadt zu neuer Blüte verhalf (siehe den Beitrag von Gai u. Spiong). Auf den Baustellen kamen Arbeiter aus verschiedenen Handwerken zusammen. Als beim Bau des Paderborner Doms ein Fremder erschien und Meinwerk ihn fragte, welches Handwerk er beherrsche, »gab er an, Maurer und Zimmermann zu sein. (...) ihm (wurde) vom Bischof befohlen, einen Nagel herzu-

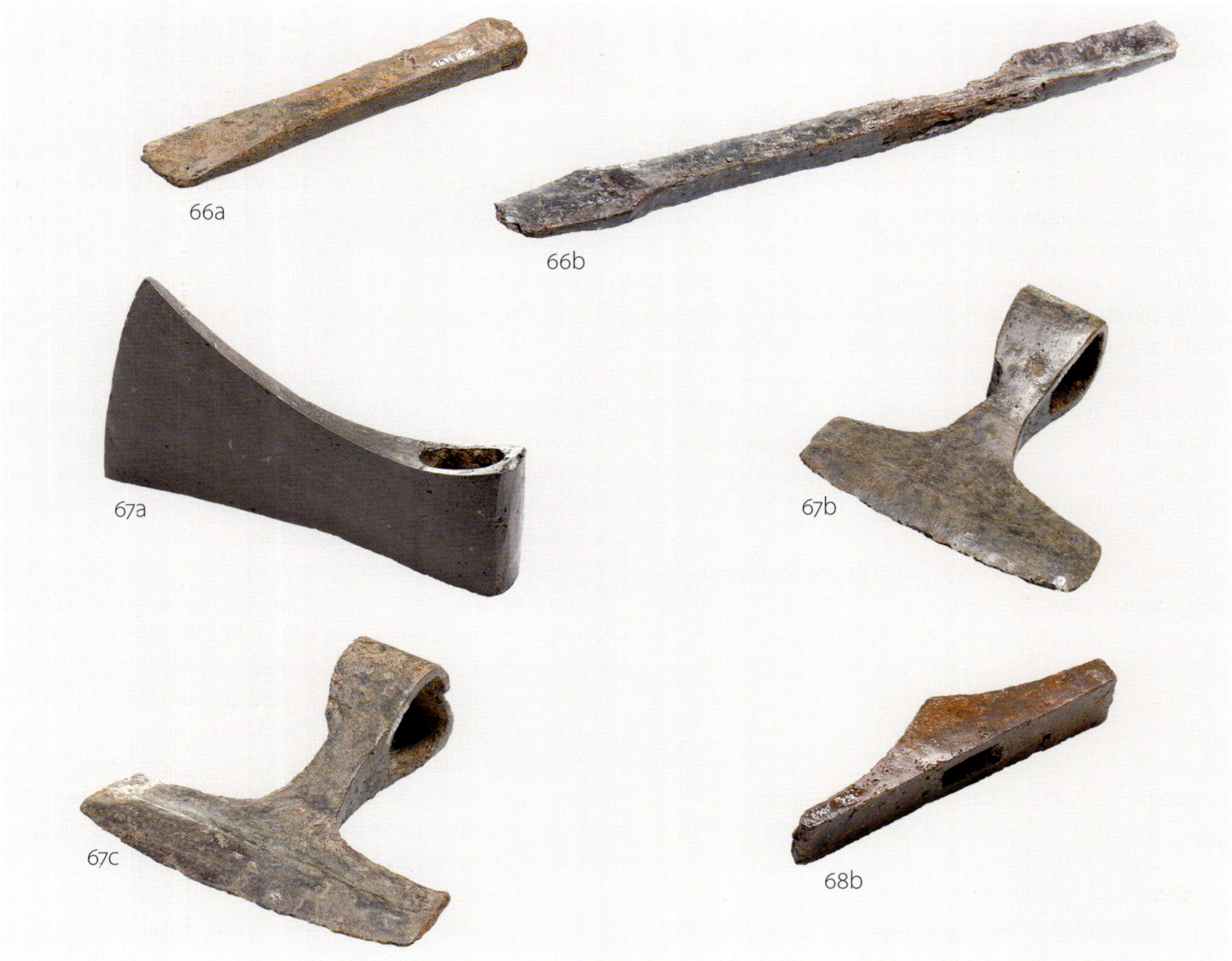

66a

66b

67a

67b

67c

68b

66–68

stellen, der zufällig für eine Holzverbindung gebraucht wurde. Als der mit großer Schnelligkeit und raschen Handgriffen angemessen und passend gefertigt war, wurde er den Arbeitenden als Helfer beigesellt, und, nachdem er durch sein Fachwissen als tüchtig anerkannt und durch jegliche Erfahrung ausgewiesen war, wurde ihm vom Bischof die Leitung des Baus übertragen. Als er wenig später starb, bereitete der Bischof seinem Fremden ein würdiges Begräbnis: Er ließ ihm in der Krypta vor der Mauer ein Grab errichten.« (Vita Meinwerci 2009, cap. 12). Neben Maurern und Zimmerleuten gab es Steinmetze, Bildhauer, Schmiede, Dachdecker und Mörtelmacher. Über ihre Werkzeuge berichten Bildquellen und archäologische Funde. So geben die Werkzeuge, die bei Ausgrabungen auf der Niederungsburg bei Haus Meer gefunden wurden, einen guten Überblick über die verschiedenen Arbeiten auf einer Baustelle. Holz wurde mit Äxten und Bohrlöffeln bearbeitet, Steine mit dem Meißel und Eisen mit Schmiedehämmern.

Q.: Vita Meinwerci 2009. Lit.: Binding 1993 · Binding 2001 · Jarnut 1999.

66a Meißel

Niederungsburg bei Haus Meer, 10.–12. Jahrhundert
Fundort: Büderich, Stadt Meerbusch
Eisen – L. 16,3 cm
Bonn, LVR-LandesMuseum, Rheinisches Landesmuseum für Archäologie, Kunst- und Kulturgeschichte, Inv.Nr. 1683

Lit.: Janssen/Janssen 1999, Taf. 43.52 · Kat. Speyer 1992, S. 34–38 (Antje Kluge-Pinsker).

66b Bohrlöffel

Niederungsburg bei Haus Meer, 10.–12. Jahrhundert
Fundort: Büderich, Stadt Meerbusch
Eisen – L. 27,7 cm
Bonn, LVR-LandesMuseum, Rheinisches Landesmuseum für Archäologie, Kunst- und Kulturgeschichte, Inv.Nr. 1717,01

Lit.: Janssen/Janssen 1999, Taf. 33.9 · Kat. Speyer 1992, S. 34–38 (Antje Kluge-Pinsker).

67a Axtklinge

Niederungsburg bei Haus Meer, 10.–12. Jahrhundert
Fundort: Büderich, Stadt Meerbusch
Eisen – L. 16,2 cm
Bonn, LVR-LandesMuseum, Rheinisches Landesmuseum für Archäologie, Kunst- und Kulturgeschichte, Inv.Nr. 2701

Lit.: Janssen/Janssen 1999, S. 71, Taf. 44 · Kat. Speyer 1992, S. 34–38 (Antje Kluge-Pinsker).

67b–c Zwei Breitaxtklingen

Niederungsburg bei Haus Meer, 10.–12. Jahrhundert
Fundort: Büderich, Stadt Meerbusch
Eisen – b) B. 12,2 cm, c) B. 15,0 cm
Bonn, LVR-LandesMuseum, Rheinisches Landesmuseum für Archäologie, Kunst- und Kulturgeschichte, Inv.Nr. 1863a–b

Lit.: Janssen/Janssen 1999, S. 71, Taf. 44 · Kat. Speyer 1992, S. 34–38 (Antje Kluge-Pinsker).

68a–b Zwei Schmiedehämmer

Niederungsburg bei Haus Meer, 10.–12. Jahrhundert
Fundort: Büderich, Stadt Meerbusch
Eisen – a) L. 14,0 cm, b) L. 7,4 cm
Bonn, LVR-LandesMuseum, Rheinisches Landesmuseum für Archäologie, Kunst- und Kulturgeschichte, Inv.Nr. 1063, 1416

Lit.: Kat. Speyer 1992, S. 34–38 (Antje Kluge-Pinsker). R.M.

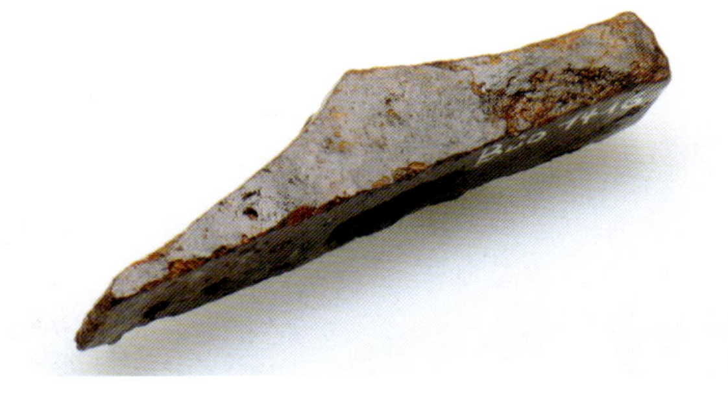

68a

Bremen

Zur Zeit der Bremer Bistumsgründung gegen Ende des 8. Jahrhunderts und noch bis zum 12./13. Jahrhundert war die Weser ein durch mehrere kleine Inseln geprägter, breiter Strom. Die Domburg wurde auf der höchsten und somit hochwassersicheren Stelle bei einer kleinen alten sächsischen Siedlung errichtet. Sie umfasste im 11. Jahrhundert nicht nur den Dom und die südlich gelegene Willhadikapelle, sondern auch den Bischofspalast, die Verwaltungs- und Wohngebäude samt Hospital, Bibliothek und Domschule des Klerus (Adam von Bremen 1993, lib. II, cap. 12). In den Jahren 1908, 1940 und 2002 wurde die ringförmig, durch eine zweiphasige Spitzgrabenanlage geschützte Anlage bei Grabungen mehrfach wiederentdeckt. Schriftlich überliefert sind Umwallungsmaßnahmen der Erzbischöfe Liawizo (988–1013) und Unwan (1013–1029), letzterer war Neffe Meinwerks von Paderborn (1009–1036). Wie in anderen norddeutschen Domburgen dürfte ein erstes Graben-Wall-System zum Schutz des neuen Bischofssitzes auch in

Bremen bald nach der Gründung erbaut worden sein; eine repräsentative steinerne Mauer um die Domimmunität herum ließen erst die Bischöfe Hermann (1032–1035) und Bezelin (1035–1043) errichten. Der ehemalige Verlauf des alten Willhadiviertels, also der Front der alten Ostbebauung des Marktes (heutiges Bürgerschaftsgebäude), scheint in etwa den Verlauf der alten Holz-Erde-Befestigung und der späteren steinernen Domimmunitätsmauer widerzuspiegeln. Vor der Ecke Bremische Bürgerschaft/Markt wurde 2002 ein Stück eines Spitzgrabens freigelegt. Eichenbohlenreste aus der Verfüllung des Grabens – möglicherweise ein verbrannter Palisadenrest – konnten durch die Radiokarbondatierung in die Jahre 975–1020 gesetzt werden (Bischop 2005b, S. 218). Weitere Funde aus der oberen Schicht, u.a. eine große Wandscherbe einer Pingsdorfer Amphore (Kat.Nr. 54) sowie ein verzierter Geweihkammrest, deuten auf eine Verfüllung in den ersten Jahrzehnten des letzten Jahrtausends hin. Wie weit sich die Grabenbefestigung nach Süden fortsetzte, bleibt bislang ungeklärt. Wahrscheinlich war ein Graben gar nicht notwendig, da hier die Balge, ein heute verlandeter, ursprünglich aber wohl über 40 m breiter Flussarm der Weser, unmittelbar vorbeifloss.

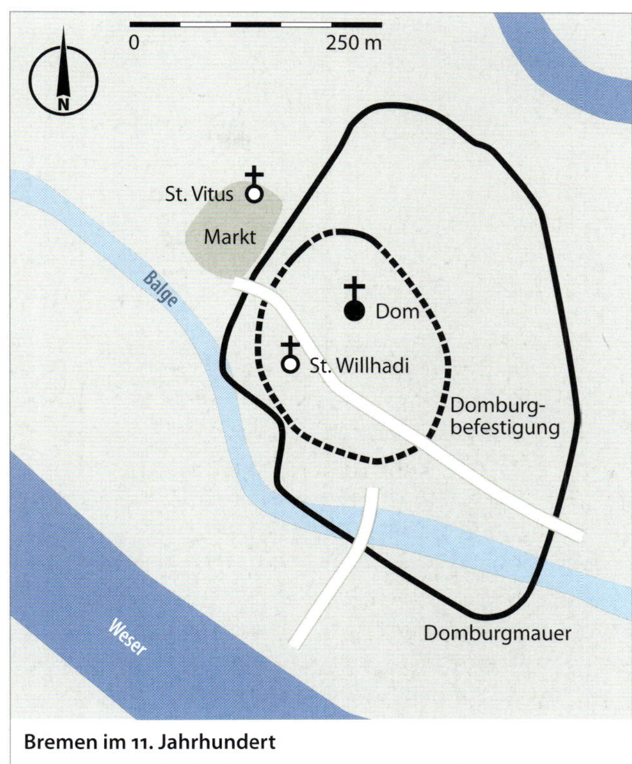

Bremen im 11. Jahrhundert

Aber nicht äußere Gefahren wurden dem Dom zum Verhängnis. Er fiel mitsamt der Dombibliothek am 11. September 1041 einer Brandstiftung zum Opfer. Ein Domherr, der sich in seiner Stellung zurückgesetzt fühlte, ließ seine Wut und Enttäuschung am ersten steinernen Dom aus. Gleich nach der Katastrophe hatte Bischof Bezelin begonnen, den Dom neu zu errichten. Bezelin gehörte zum königlichen Hofklerus und kannte die großen Bauvorhaben der salischen Kaiser und somit auch den altehrwürdigen Kölner Dom. So verwundert es nicht, dass Gestalt und Größe des Bremer Domes dem Kölner Vorbild folgten (Adam von Bremen 1993, lib. II, cap. 82). Wie dort sollte in Bremen jeweils ein Marienchor im Osten und ein dem hl. Petrus geweihter Chor im Westen der Kathedrale mit darunter befindlichen Krypten entstehen. Möglicherweise rekrutierte Bezelin seine Bauleute aus der Kölner Dombauhütte (Fiedner 1979, S. 169) und orientierte sich auch an der sieben Jahre zuvor eingeweihten Klosterkirche Limburg an der Haardt. Nach seinem Tod blieb dem ehrgeizigen Nachfolger, Erzbischof Adalbert (1043–1072), die prestigeträchtige Ehre, den Domneubau weiter zu führen und zu beenden. Adalbert wollte den Dom schöner denn je nach dem Vorbild des Domes von Benevent errichten. Für dieses Vorhaben – seine Basilika war schon ebenso lang wie der heute bestehende Dom – ließ er, um ausreichend Baumaterial zu gewinnen, die noch nicht ganz fertiggestellte Domimmunitätsmauer mit ihren Türmen und Toren wieder abbrechen. Lediglich ein Rest der Mauer und eines Turmes konnten als massives Fundament im späteren bischöflichen Palastes genutzt werden. Ein im Jahre 2002 vor der Ecke der Bürgerschaft zum Markt freigelegter Mauerabschnitt, bestehend aus großen Feldsteinen, Raseneisenerzbrocken und größeren Flintsteinen, gehörte wohl ebenfalls zu einem letzten Rest der von Adalbert abgerissenen Mauer. Der Westfassade des Domes, also der Schauseite zu frühstädtischer Siedlung und Hafen, widmete Adalbert besondere Aufmerksamkeit. Davon zeugen die 1066/1067 geweihte und mit reichem ornamentalen Schmuck versehene Westkrypta sowie Fragmente mit größeren Reliefdarstellungen, darunter ein bedeutender thronender Christus, einige Kapitelle und weitere architektonische Ornamente (Kat.Nr. 69).

Adalbert, der sich besonders in skandinavischen Missionen engagierte, versuchte das »sehr kleine Bremen« als ein zweites Rom zum religiösen und kulturellen Anziehungspunkt für die Völker des Nordens zu etablieren (Adam von Bremen 1993, lib. III, cap. 24).

Unter Adalberts Herrschaft florierte Bremen als Handelsort und Warenumschlagplatz. Handelskontakte mit Skandinavien, England und den nördlichen Niederlanden, aber auch mit dem Hinterland der Weser, mit Sachsen und Teilen Westfalens waren zu dieser Zeit intensiv.

Handelsplatz und »suburbium« erstreckten sich westlich der Domburg bis an das Balgeufer im Süden des heutigen Marktplatzes. Der Bereich zwischen Domburg und frühstädtischer Siedlung war mit gestampftem Lehm und teilweise einem Steinpflaster befestigt. Bei Grabungen auf dem Marktplatz 2002 und vorausgegangenen Bodenaufschlüssen fanden sich geringe Reste frühmittelalterlicher Pfosten-

bauten und Grubenhäuser: Wohn- und Arbeitsbauten, die dem »suburbium« bzw. »wik«, der kaufmännisch-gewerblich geprägten Siedlung vor der Westseite der Domburg, zuzuweisen sind. Archäologische Fundobjekte wie z.B. mehrere Webgewichte deuten auf eine Produktion für den alltäglichen Bedarf der Bewohner hin, die durch Importgüter wie rheinische Keramik, Basaltmahlsteine und stabförmige Wetzsteine ergänzt wurde. Einige Gehöfte lagen wohl locker verstreut zwischen der heutigen Obern- und der Langenstraße.
Von großer Bedeutung für Bremen waren die 888 von König Arnulf (887–899) erteilten Markt-, Münz- und Zollprivilegien für den Bremer Erzbischof, die 965 von Otto I. (936–973) erweitert wurden. Demnach sollten die Bremer Kaufleute dieselben Rechte und den gleichen Schutz genießen wie die Händler der königlichen Städte (UB Bremen 1, Nr. 7, 11).
Reiches Fundmaterial aus der Zeit zwischen dem 9. und 12. Jahrhundert, das auf ein stetiges Wachstum der Siedlung »Bremum« seit der Jahrtausendwende hindeutet, konnte besonders in den letzten Jahren aus dem alten Uferbereich geborgen werden. Ein vielleicht schon seit der römischen Kaiserzeit bestehender Ufermarkt erstreckte sich von der Balge im Süden des heutigen Marktplatzes bis zur Anfang des Jahrtausends neu errichteten Marktkirche St. Vitus (seit 1220 Kirche Unser Lieben Frau). Wie ein kleiner Suchschnitt von 1970 vermuten lässt, trennte ein mit Bohlen befestigter Uferweg die aus hölzernen Pfostengebäuden und Grubenhäusern bestehende Siedlung vom Balgehafen (Brandt 1992, S. 196). Am Nordufer der Balge, also im Bereich des heutigen Schüttings, sowie längs der heutigen Langenstraße befand sich der eigentliche Anlandeplatz der Handelsschiffe, die den Markt zunächst nur saisonal besuchten. Die Kaufleute hatten mit ihren langgestreckten schmalen Grundstücken einen guten Zugang zu den Landeplätzen. Zunächst war das Ufer mit einer Steinschotterschicht befestigt, dann durch Pfosten, die mit Flechtwerk verbunden wurden. In das Ufer eingeschlagene Reisigmatten dienten als Schutz vor Wellenschlag, Brandung und Eisgang. Im Laufe des Hochmittelalters wurde das Balgebett durch natürliche Anspülungen und das Entsorgen von Abfällen immer weiter eingeengt. Auf der sog. Martiniinsel zwischen Balge und dem heutigen Weserbett – im Bereich der heutigen Böttcherstraße (1374 noch als Hellingstrate urkundlich erwähnt) – wurden bis in die Zeit nach 1200 Schiffe gebaut. Erst später wurde die heutige Weser mit der Schlachte zum eigentlichen spätmittelalterlichen Handelshafen.

Q.: Adam von Bremen 1993 · UB Bremen 1. Lit.: Bischop 2000 · Bischop 2005a · Bischop 2005b · Bischop 2005c · Bischop 2006 · Bischop 2008a · Bischop/Jager 2004–2008 · Brandt 1992 · Ellmers 1999 · Erhardt 1910 · Fliedner 1979 · Küchelmann/Zidarov 2005 · Ortlam 1994 · Rech 2004 · Wilschewski 2007. D.B.

69a–e Baureste der frühromanischen Westfassade des Bremer Domes

Bei den umfangreichen Restaurierungsarbeiten, die seit 1888 die Gestalt des Bremer Domes entscheidend geprägt haben, traten einige frühromanische Architekturfragmente zutage. Sie waren offenbar nach Abbruch der Westfassade des Adalbertdomes im 13. Jahrhundert als Füllmaterial für die Mauer der von Erzbischof Gerhard II. (1219–1258) neu errichteten Doppelturmfassade verbaut worden. Mehrere Würfelkapitelle, Palmetten-Ringband-Kapitelle, Fragmente von Kämpfern und Archivolten sowie Säulenreste mit Flechtbanddekor zeugen vom ungewöhnlichen Schmuckreichtum der frühromanischen Westfassade, auf den Erzbischof Adalbert (1043–1072) wohl besondere Wertschätzung gelegt hatte.

Reste von Portaleinfassungen mit Schuppenfries

a) Schuppenfriesfragment

1047–1049 (?)
Grobkörniger Sandstein – H. 17,0 cm,
T. (mit Wandstück) 26,5 cm, Dm. 19,0 cm
Bremen, Stiftung Bremer Dom e.V./Dom-Museum,
Inv.Nr. 246

b) Fragment eines Rundstabes mit Schuppenfries

Grobkörniger Sandstein – H. 19 cm, B. 20 cm, T. 25 cm
Bremen, Stiftung Bremer Dom e.V. / Dom-Museum,
Inv.Nr. 271

Die beiden Schuppenfriesfragmente scheinen zu unterschiedlichen rundstabigen Portaleinfassungen der Westfassade des von Erzbischof Adalbert errichteten Domes gehört zu haben.

Lit.: Fliedner 1979, S. 50, Abb. 55a.

c–d) Frühromanische Würfelkapitelle

1047–1049 (?)
c) Sandstein – eine Schauseite weggebrochen –
H. 29,0 cm, B. (Vorderseite) 30,5 cm, Dm. (Wulst) 26,6 cm
Bremen, Stiftung Bremer Dom e.V. / Dom-Museum,
Inv.Nr. 297

d) Sandstein – alle vier Seiten des Kapitells skulptiert –
H. 30,0 cm, B. (Vorderseite) 29,0 cm, Dm. (Wulst) 26,6 cm
Bremen, Stiftung Bremer Dom e.V. / Dom-Museum,
Inv.Nr. 300

Die beiden vorgestellten Stücke sind würfelförmig mit unten abgerundeten Ecken und auf allen vier Seiten mit einer Schildverzierung skulptiert. Nach Fliedner (1979) dürften sie von der Westfassade des Adalbertdomes, die durch einen Laubengang (Loggia mit Fensteröffnungen)

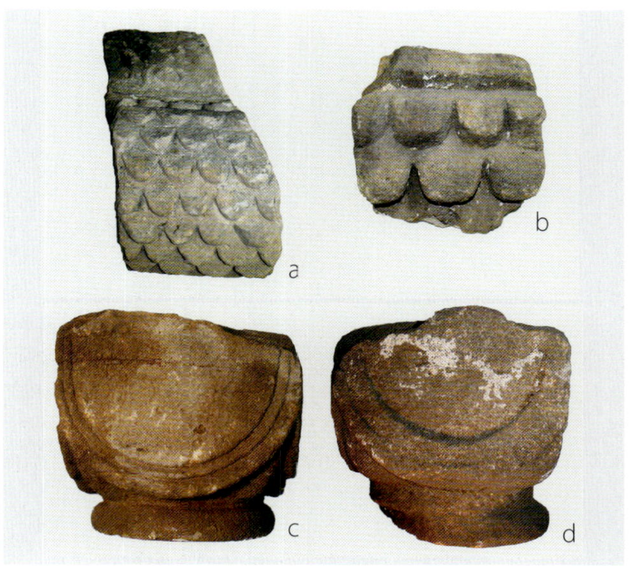

69a–d

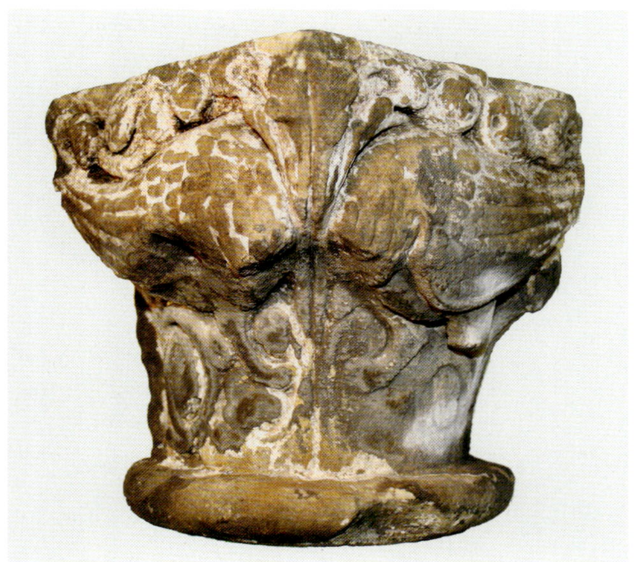

69e

gegliedert war, stammen. In die Fenster waren vermutlich Säulen mit diesen Würfelkapitellen eingesetzt. Zu den leicht unterschiedlich gearbeiteten Würfelkapitellen, bei denen die ebenen senkrechten Flächen mit leicht profilierten halbkreisförmigen Schilden versehen sind, gehören passende Basen mit Eckspornverzierung. Diesen Gang nutzte der Bischof, um sich den Gläubigen und Pilgern bei feierlichen Anlässen zu zeigen.

Lit.: Fliedner 1979, S. 42–46, Abb. 55b · Meyer 1997.

e) Romanisches Kapitellfragment

11.–12. Jahrhundert
Sandstein – H. 27,5 cm, B. 25,6 cm, Dm. (Säule) ca. 20,0 cm
Bremen, Stiftung Bremer Dom e.V. / Dom-Museum, Inv.Nr. 292

Im Rankenwerk des beschädigten Kapitells, das wohl von vornherein als Eckkapitell konzipiert war, schweben oder sitzen zwei Vögel (vielleicht Adler), deren Köpfe nach unten zueinander geneigt sind. Die ehemals stark plastisch gearbeiteten Köpfe fehlen heute ebenso wie die äußeren Füße der Vögel. Erhalten sind die tropfenförmigen Vogelkörper mit schuppenartiger Körperfederzeichnung. Die Schwanzfedern sind als Linien wiedergegeben. Zwischen den beiden Vögeln ragt ein akanthusartiges Blatt empor und bildet die obere Kapitellecke. Das Stück zeigt an einer Seite noch einen weißlichen Kalküberzug und rötliche Farbspuren. Die andere Seite ist durch die lange obertägige Lagerung stark versintert.
Fliedner wies das Kapitell der romanischen Willhadikapelle zu, die südlich des Domes von Bischof Willerich (805–838) ursprünglich als Grabkapelle seines Vorgängers Willehad (787–789) erbaut wurde. Viel ist von der für den Bau der Neuen Börse 1860/1861 abgerissenen und heute vollständig verschwundenen Kirche nicht bekannt. Sie ist nach 1013 durch einen Brand zerstört und bald darauf wiedererrichtet worden. Erzbischof Adalbert gründete 1050 das Willhadikapitel und übertrug ihm die Betreuung der kleinen einschiffigen Kapelle, die eine Länge von wohl nur 27 m aufwies und 7,4 m breit war. Für den Bau der Neuen Börse wurden auch ihre Fundamente entfernt. Beim Aufdecken der halbrunden romanischen Apsis fand sich offenbar das reich verzierte Kapitell, das bis heute im Dom erhalten blieb. 1860 wurden auch Bestattungen des zugehörigen Friedhofs entdeckt, der hauptsächlich den weltlichen Bewohnern des Domgebietes und seit dem späten 13. Jahrhundert auch den in Bremen verstorbenen Fremden, wie Pilgern und Fernhändlern, als letzte Ruhestätte diente.

Lit.: Stein 1962, S. 20 · Wilschewski 2007, S. 33–34. D.B.

70 Emailscheibenfibel

2. Hälfte 10./11. Jahrhundert
Fundort: Bremen, 231/Altstadt, Bredenplatz 2008, Detektorfund
Bronze, weißes Grubenemail – Dm. 2,4 cm, D. 0,6 cm
Bremen, Landesarchäologie, 231/Altst.Südf.1

Die mit einem weißen Kreuz verzierte Scheibenfibel ist eine Variante der Emailscheibenfibeln mit zentralem Krückenkreuz aus Grubenschmelz, die charakteristisch sind für das spätere 10. und das 11. Jahrhundert. Dieser Typ scheint besonders im Norden des Reiches verbreitet gewesen zu sein.

Lit.: Bischop 2009 · Spiong 2000, S. 212. D.B.

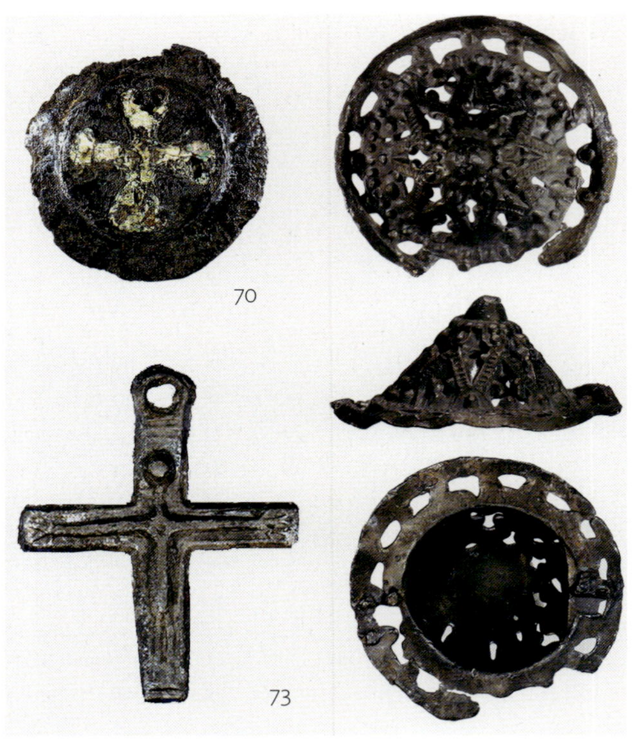

71

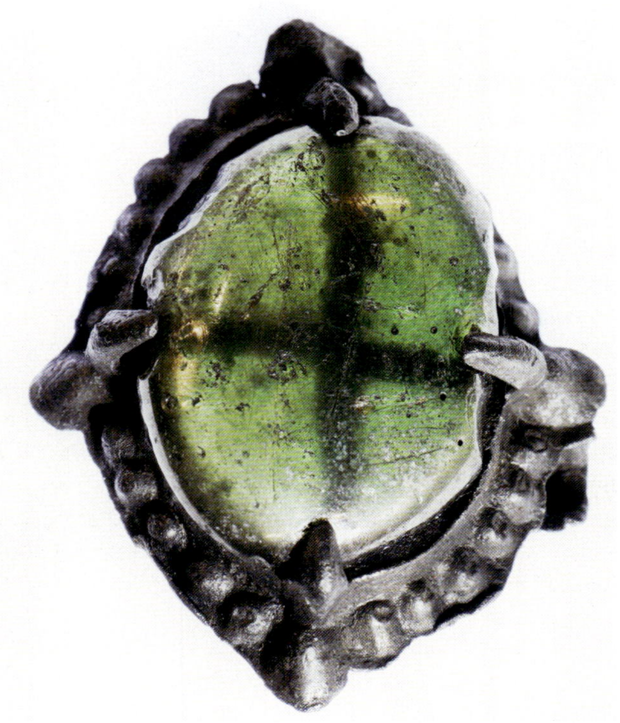

72

71 Kegelfibel
11. Jahrhundert
Fundort: Bremen, 231/Altstadt, Bredenplatz 2008, Bf. 106/107
Buntmetall – H. 1,5 cm, Dm. 3,8 cm
Bremen, Landesarchäologie, 231/Altst.Bf.106/107/1

Kegelförmige Fibel mit sternförmigem, durchbrochen gearbeitetem Ornament mit kugeliger Spitze. Die Fibel ist offensichtlich die einfache Ausfertigung zu den wertvollen Kegelfibeln wie sie z.B. aus dem Schatz der Kaiserin Agnes († 1077) bekannt sind. Der Guss des Stückes scheint nicht exakt gewesen zu sein. Ein Stück des äußeren Kranzes fehlt. Nadelhalter und -fuß sind abgeknickt bzw. fehlen.

Lit.: Bischop 2009 · Schulze-Dörrlamm 1991a. D.B

72 Kreuzverzierte Scheibenfibel
11. Jahrhundert bis bald nach 1200
Fundort: Bremen, 231/Altstadt, Bredenplatz, Bf. 10 aus Fläche 1, Detektorfund (Balgeufer)
Silber, mit grüner Glaseinlage – 3. 1,9 cm, D. 0,8 cm, Dm. 2,3 cm
Bremen, Landesarchäologie, 231/Altst.Bf.10/1

Die Nadel der ovalen Scheibenfibel fehlt, erhalten ist dagegen der Nadelhalter. Vier kleine Krallen fassen eine grüne Glaseinlage. Diese halbkugelige Einlage wird hinten durch einen kreuzförmigen Steg gehalten. Das Kreuz schimmert bei starkem Lichteinfall durch. Die umgebende Zarge ist mit kleinen Buckeln verziert. Edelsteine, die nur von je vier einzelnen Krappen gehalten werden, kommen häufig bei Schmuckstücken (sowohl bei Fingerringen als auch bei Fibeln) des späten 12. und 13. Jahrhunderts vor, doch scheint die Fundlage für das Stück noch auf das hohe Mittelalter zu deuten.

Lit.: Bischop 2008b, S. 42. D.B.

73 Pektoralkreuz
11.–12. Jahrhundert
Fundort: Bremen, 231/Altstadt, Bredenplatz.2008, Detektorfund (Balgebett, unter Bf. 95), Ostfläche
Zinn-Bleilegierung – H. 3,8 cm, Dm. 0,2 cm
Bremen, Landesarchäologie, 231/Altst.Bf.95/1

Bei dem sehr schmalen, stilisiert dargestellten Korpus auf dem schlichten Brustkreuz sind Hände und Füße nur schwach angedeutet. Über dem als Kugel dargestellten Kopf ist die Öse durch drei Strichlinien abgesetzt. Zu dem Kreuz mit Kruzifixus ist in der von Staecker (1999) publizierten Sammlung mittelalterlicher Kreuzanhänger kein exakt vergleichbares Stück vorhanden.

Lit.: Bischop 2009 · Staecker 1999. D.B.

74 Klappwaagenfragment

11. Jahrhundert
Fundort: Bremen, Domgrabung 1976, Bf. 795
Bronze – L. 8,6 cm, B. 1,2 cm
Bremen, Landesarchäologie, DomBf.795/1

Aufgrund eines fehlenden einheitlichen Münzsystems waren im frühen und auch noch im hohen Mittelalter Händler dazu gezwungen, sich ihr eigenes Währungssystem zu schaffen. So wurde Silber die einzige gängige Handelswährung im Rahmen der sog. Gewichtsgeldwirtschaft. Gerade gegen Ende des 10. und im beginnenden 11. Jahrhundert wird von neu entdeckten Silberminen in Sachsen berichtet (Steuer 2002). Die Kaufleute, vor allen Dingen die Fernhändler, nutzten nicht nur die wenigen verschiedenen Münzprägungen, sondern auch Silberbarren, Schmuckstücke und Hacksilber. In dieser Form tritt Silber auch in den Schatzfunden der Zeit um 1000 auf. Ein unerlässliches Utensil für das Handelsgeschäft war somit die Feinwaage. Leicht transportabel und damit für Fernhändler gut geeignet, waren zusammenklappbare Waagen mit zugehörigen Gewichten. Gerade am Ufermarkt gelandet, konnte der Kaufmann gleich unter freiem Himmel mit dem lukrativen Handelsgeschäft beginnen. Als Griff einer Klappwaage ist vermutlich ein Objekt zu deuten, das 1976 bei einer Grabung im Bremer Dom gefunden wurde. In die beiden Enden des stimmgabelähnlichen Objektes wurde der Waagebalken eingehängt. Die Griffbalken sind mit stilisierten Tierköpfen verziert. Sehr ähnliche Stücke liegen aus der Wikingersiedlung Haithabu vor. Ungewöhnlich ist der Dom als Fundort eines solchen Stückes. Ob profaner Handel generell im Dom des frühen 11. Jahrhunderts ausgeübt werden durfte, ist unklar, aber nicht unwahrscheinlich. Vielleicht gehörte eine Waage zum Inventar eines Feinschmiedes, der für den Erzbischof arbeitete.

Lit.: Bischop 2003 · Rech 2004, Abb. 40 · Steuer 1977 · Steuer 2002, S. 31–32. D.B.

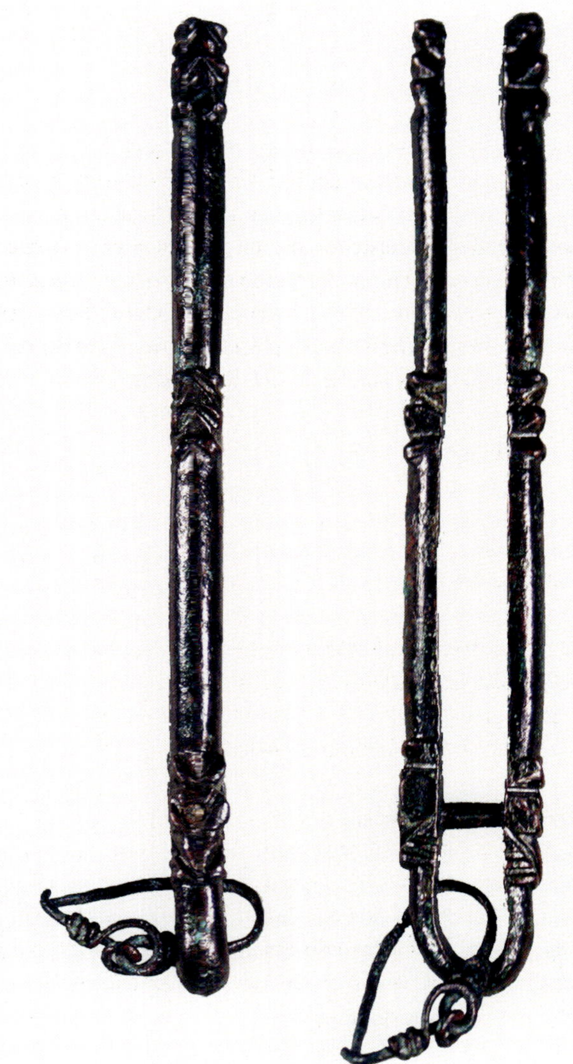
74

75 Münzgewicht

1050–um 1100
Fundort: Bremen, 231/Altstadt, Bredenplatz (Profil 21)
Bronze – H. 0,50 cm, Dm. 1,70 cm, Gew. 11,82 g
Bremen, Landesarchäologie, 231/Altst.Pr.21/1

Bei diesem Objekt handelt es sich um ein für diese Zeit in Deutschland wohl einzigartiges, scheibenförmiges Münzgewicht, das für friesische Münzen aus der Zeit zwischen 1050 und etwa 1100 galt (Dannenberg 1876–1905, Bd. 1, Typ 1851 oder 1852). Das Gewicht des frühen Stückes deutet darauf hin, dass es 2 Schillingen entsprach. Es mag einem Händler, der am nahen Ufermarkt allzu unvorsichtig seinem Geschäft nachging, verloren gegangen sein.

Lit.: Bischop 2009 · Dannenberg 1876–1905, Bd. 1. D.B.

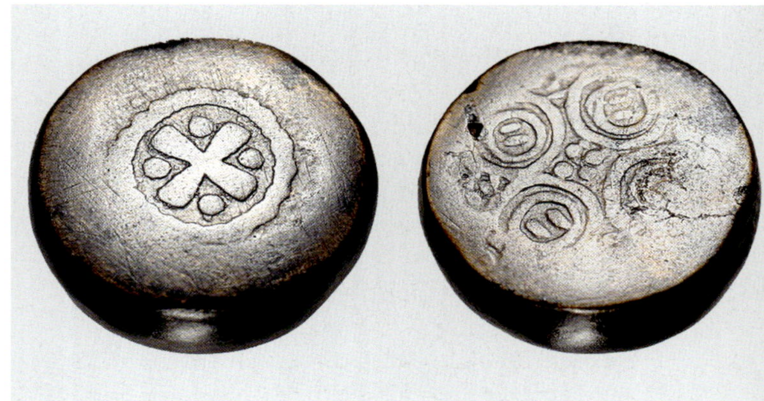
75

76 Schwertfragment
10.–11. Jahrhundert
Fundort: Bremen-Lesum, Baggerfund 1959 im Yachthafen der Lesum
Eisen – Großteil der Klinge fehlt – L. 17,6 cm
Bremen, Landesarchäologie, 12/Grohn

Wikingerschwerter sind als Flussfunde in Nordwesteuropa häufig überliefert. Vielfach werden sie im Zusammenhang mit den Raubzügen gesehen, die die Wikinger mit ihren Schiffen in zahlreiche Flussmündungen der Nordsee- und Atlantikküste unternahmen. Gegen Ende des 10. Jahrhunderts war der letzte große Angriff auf das Weser-Elbe-Gebiet. Ein Teil der Wikingerflotte des Königs Sven Gabelbart (986–1014) fuhr im Sommer des Jahres 994 in die Wesermündung Richtung Bremen. Das östliche Weserufer wurde bis Bremen-Lesum geplündert, doch konnten die Wikinger geschlagen werden. Wahrscheinlich hängt der Schwertfund in der Lesum mit diesem Ereignis zusammen.

Lit.: Brandt 1969, S. 93 · Rech 2004, Abb. 68. D.B.

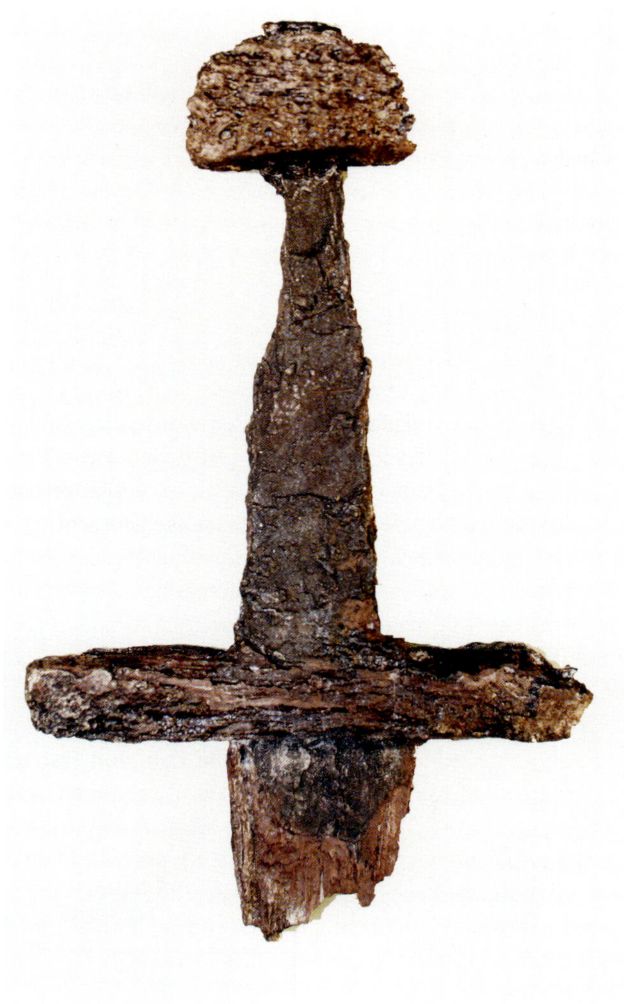

76 · Kopie

77a–b Schlittknochen

a) 11.–12. Jahrhundert
Fundort: Bremen, 231/Altstadt, Bredenplatz, Streufund Fläche 1
Rinderradius – vorn u. hinten gelocht (Dm. 0,5 cm) – H. 3,9 cm, B. 4,3 cm, L. 23,3 cm
Bremen, Landesarchäologie, 231/Altst.Strf.Fl.1

b) 11. Jahrhundert
Fundort: Bremen, 231/Altstadt, Bredenplatz, Planierfund neben Bf. 83
Pferdemetapodium – H. 2,5 cm, B. 4,6 cm, L. 25,5 cm
Bremen, Landesarchäologie, 231/Altst.Bf.83/1b

Die Überquerung der im 10./11. Jahrhundert noch sehr breiten Flüsse Weser und Balge stellte eine große Herausforderung dar – eine Weserbrücke ist erstmalig für das Jahr 1244 erwähnt. Im Winter waren die teils recht flachen Gewässer jedoch schnell zugefroren und ließen so ein relativ leichtes Überqueren über die Eisfläche zu. Zur schnelleren Fortbewegung auf dem Eis dienten Schlittknochen. Die an den Enden gelochten Knochen wurden mit Lederriemen am Schuh des Eisläufers befestigt. Mit Hilfe einer Stange mit eiserner Spitze und ein wenig Übung konnte man sich schnell und sicher über das Eis bewegen. Solange das Eis hielt, konnten mit Schlittknochen sicher auch große und schwere Waren über den zugefrorenen Fluss gezogen werden. Die nicht gelochten Kufen könnten dazu gedient haben.
Ob zum Zeitvertreib auf dem Eis gelaufen wurde, ist für Bremen nicht überliefert. Dass im Hochmittelalter – zumindest in London – auf dem Eis auch spielerische Wettkämpfe ausgefochten wurden, beschreibt William Fitz Stephen († um 1190) im Vorwort zu seinem Werk *Leben des Thomas Becket*. Er beschreibt das Fortbewegen mit den Schlittknochen und einen Wettkampf: »Andere, die mit den Wintersportarten vertrauter sind, befestigen sich Schienbeinknochen von Tieren an den Füßen. Indem sie sich diese eng um die Knöchel schnüren und mit Eisen beschlagene Stangen in der Hand, die sie von Zeit zu Zeit in das Eis stoßen, bewegen sie sich schnell wie ein Vogel in der Luft oder wie ein Bolzen, der von der Kriegsmaschine abgeschossen wird. Auf diese Weise rennen manchmal zwei in gegenseitigem Einverständnis aus einer großen Entfernung mit erhobenen Stöcken aufeinander zu. Dadurch fällt dann einer oder gar beide zu Boden, wobei häufig ihre Körper nicht von Verletzungen verschont bleiben, da sie durch den heftigen Stoß auch nach ihrem Fall noch ein tüchtiges Stück aneinander vorbei gleiten und, wo immer das Eis mit dem Gesicht in Kontakt kommt, die Haut heftig aufgeschürft wird. Fällt dabei einer auf seinen Arm oder Fuß, so ist dieser zwar häufig gebrochen; aber junge Leute, deren Alter

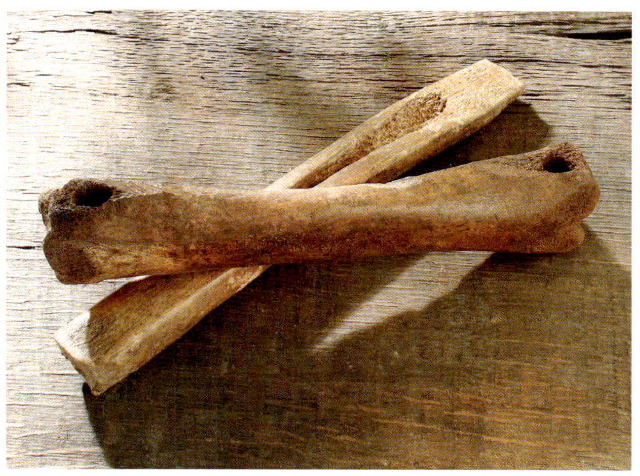

77a–b

nach Ehre dürstet und nach Ruhm verlangt, üben sich so in Scheingefechten, um sich in echten Schlachten noch mutiger zu zeigen.« (übersetzt nach MacGregor 1976).

Lit.: Bischop/Jager 2004–2008, S. 193 · Küchelmann/Zidarov 2005 · MacGregor 1976, S. 61–62 · MacGregor 1985, S. 142.

D.B.

Magdeburg

Wie das Bistum Paderborn, so hatte auch das Erzbistum Magdeburg seinen Sitz am Ort einer königlichen Pfalz. Zu Bischof Meinwerks Amtszeit (1009–1036) war die Sakraltopographie Magdeburgs noch maßgeblich vom Gestaltungswillen Kaiser Ottos I. (936–973) geprägt. Dieser Herrscher hatte Magdeburg besondere Aufmerksamkeit gewidmet: Einer der dort gelegenen Höfe seiner Familie fungierte seit seinem Regierungsantritt als königliche Pfalz, und er hat sie zeit seines Lebens als Aufenthaltsort bevorzugt. 937 stiftete Otto in Magdeburg ein dem hl. Mauritius geweihtes Kloster, das mit Mönchen aus der Abtei St. Maximin in Trier besetzt wurde. Die Gründungsurkunde legt fest, dass die dem Kloster übertragenen Besitzungen als Memorienstiftung u.a. für Ottos Seelenheil und das seiner damaligen Gattin Edgitha dienen sollten. Die im Jahr 946 verstorbene angelsächsische Königstochter wurde dementsprechend in der Klosterkirche beigesetzt. Nach seiner siegreichen Schlacht auf dem Lechfeld gegen die Ungarn im Jahr 955 gelobte Otto am Ort des Grabes von Edgitha, neben der er einmal bestattet werden wollte, den Bau einer weiteren Kirche. Mit seinem Vorhaben, den Kloster- und Pfalzstandort Magdeburg außerdem zum Sitz eines neuen Erzbistums zu machen, scheiterte Otto lange am Widerstand einflussreicher Kleriker. Im Jahr 968 konnte er aber auch diesen Plan in die Tat umsetzen. Nach seinem Tod 973 wurde der Kaiser wunschgemäß in Magdeburg begraben, in der Kathedrale des Erzbistums.

Brun von Querfurt († 1009), erster Missionar der Prussen und ehemaliger Schüler der Magdeburger Domschule, hat Magdeburg als »theutonum nova metropolis« bezeichnet. Unsere Vorstellungen von der damaligen Topographie des Ortes sowie der Lage und Gestalt der genannten Einrichtungen basieren mangels zeitgenössischer Beschreibungen und Abbildungen oder im Aufgehenden erhaltener Bausubstanz im Wesentlichen auf der Interpretation archäologischer Befunde. Intensive Forschungen an und zu diesen besonderen historischen Quellen in den vergangenen zehn Jahren haben zu einer völligen Neubewertung der Situation geführt. Im Zentrum der Rekonstruktion der Sakraltopographie Magdeburgs im 10. und 11. Jahrhundert stehen heute die Relikte eines monumentalen steinernen Kirchenbaus aus ottonischer Zeit auf dem Magdeburger Domplatz. Es handelt sich dabei um ein komplexes Gefüge aus steinernen Fundamentresten und Ausbruchgräben, an deren Stelle ursprünglich ebenfalls Fundamente verliefen. Die Strukturen erstreckten sich im südöstlichen Viertel des Domplatzes auf einer Fläche von rund 2000 m², etwa 60 m nördlich des gotischen Magdeburger Domes. Mit einer über 40 m breiten Westfront und einer dadurch zu erschließenden Länge von etwa 80 m war das Bauwerk von enormer Größe.

Die Strukturen sind schon 1965 im Zuge einer mehrjährigen archäologischen Untersuchung des Platzes entdeckt worden. Sie galten zunächst als Überreste des »Palastes Ottos des Großen«, also der »aula regia«, der ottonischen Pfalz. Die 1998 begonnene wissenschaftliche Auswertung der Grabungsdokumentation der 1960er Jahre hat allerdings schon bald gezeigt, dass es sich dabei um Fundamente eines Sakralbaus aus dem 10. Jahrhundert handeln dürfte, der – nach einer weitreichenden, aber unvollendet gebliebenen Umbaumaßnahme im 12. Jahrhundert – im 13. Jahrhundert vollständig abgerissen worden ist. Archäologische Nachuntersuchungen vor Ort haben diese These bestätigt und darüber hinaus Reste eines Vorgängerbaus der Großkirche des 10. Jahrhunderts zutage gebracht.

Außer Grundmauern waren bei den Grabungen der 1960er Jahre auch diverse Überreste der ehemaligen architektonischen Ausgestaltung des Kirchenbauwerkes vom Domplatz gefunden worden. Dazu gehören Bruchstücke von Säulen und Kapitellen aus Mamor, Sandstein und Kalkstein, kleine Marmormosaiksteinchen, Reste von mehrfarbig bemaltem Wandputz (Kat.Nr. 81) und eine große Zahl von Dachziegelfragmenten, die von verschiedenen Ziegeltypen stammen. Besonders bemerkenswert sind große Flachziegel mit einer auffallenden grünen Glasur (Kat.Nr. 80). Die Objekte zeigen, dass die Kirche wohl sehr aufwendig ausgeschmückt war, und es ist durchaus möglich, dass diese Bauteile schon zur ursprünglichen Ausstattung des Baus im 10./11. Jahrhundert gehört haben.

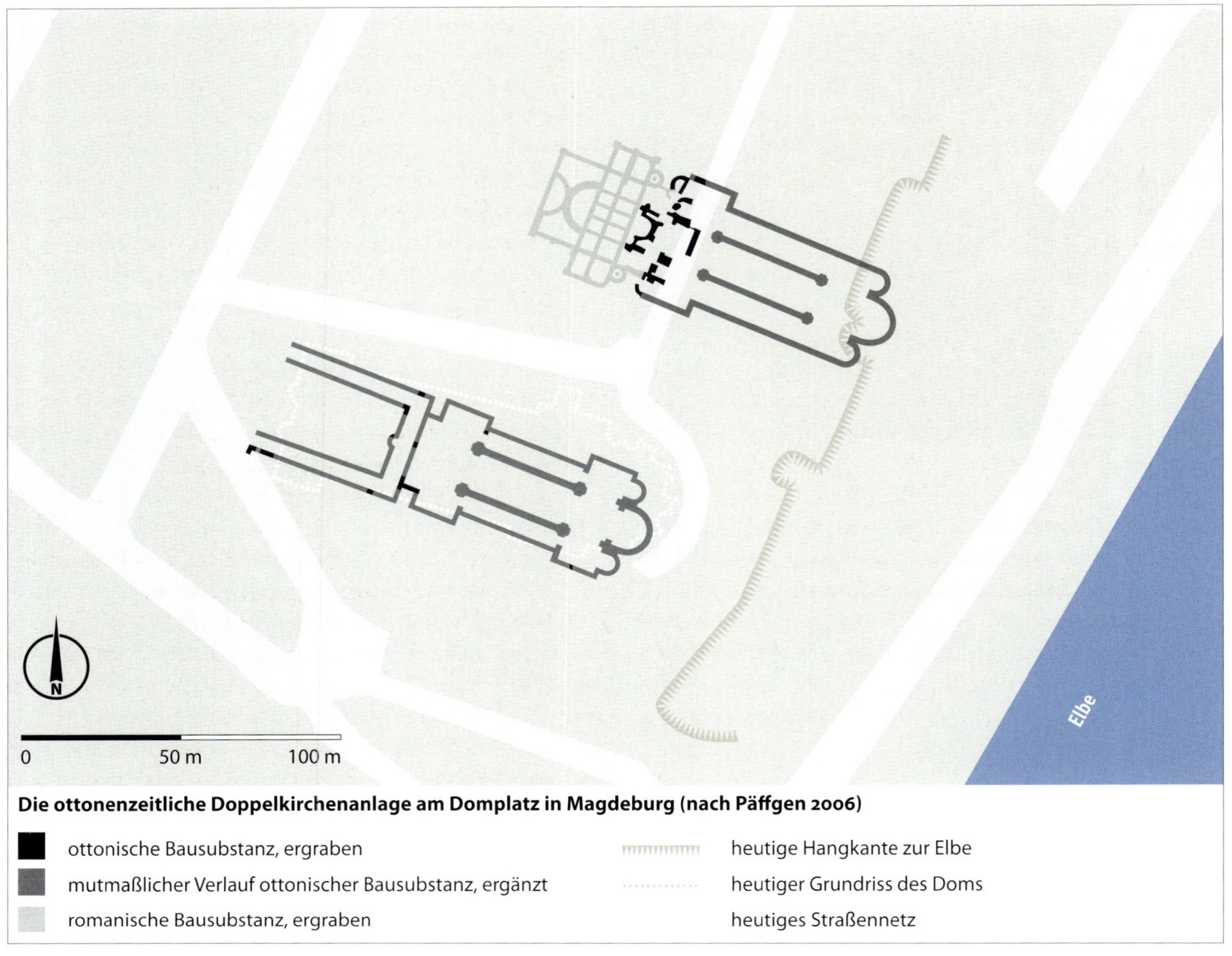

Die ottonenzeitliche Doppelkirchenanlage am Domplatz in Magdeburg (nach Päffgen 2006)

ottonische Bausubstanz, ergraben
mutmaßlicher Verlauf ottonischer Bausubstanz, ergänzt
romanische Bausubstanz, ergraben
heutige Hangkante zur Elbe
heutiger Grundriss des Doms
heutiges Straßennetz

Es ist derzeit noch nicht mit letzter Sicherheit geklärt, welcher ottonenzeitliche Kirchenbau einst auf dem Magdeburger Domplatz gestanden hat. Der unter Otto I. begonnene Dom war 1227 bei einem Stadtbrand ausgebrannt. Der damals amtierende Magdeburger Erzbischof Albrecht II. (1205–1232) hatte dies zum Anlass genommen, das Bauwerk vollständig niederlegen zu lassen und im Jahr 1209 einen Neubau im gotischen Stil zu beginnen, der seither das Stadtbild dominiert. Die Magdeburger Historiographie des 16. Jahrhunderts überliefert, dass sich der zerstörte Dom auf dem heutigen Domplatz befunden habe und Albrechts Neubau südlich davon am Platz der Kirche des Mauritiusklosters erfolgt sei. In der Geschichtsforschung des 19. und 20. Jahrhunderts wurde allerdings die Meinung vertreten, dass bereits der ottonische Dom die einem völligen Um- und Ausbau unterworfene Kirche des Mauritiusklosters gewesen sei. Sie sei ab 968 die Kathedrale des Magdeburger Erzbistums gewesen und habe in dieser Funktion schließlich im 13. Jahrhundert der gotischen Kathedrale weichen müssen. Die älteren Überlieferungen hatte man zu Beginn des 19. Jahrhunderts kurzerhand für unglaubwürdig erklärt. Bis in jüngste Zeit wurden sie in der Forschung gar nicht mehr zur Kenntnis genommen, denn im Jahr 1926 schien man auf einen handfesten Beweis für die These von der Standortkontinuität des Domes gestoßen zu sein: Bei Ausgrabungen südlich des Chors der gotischen Kathedrale sind Mauerzüge eines romanischen Vorgängerbaus entdeckt worden. Verschiedene Grabungen im Inneren des gotischen Domes erbrachten nach und nach weitere ältere Mauer- und Fundamentzüge. Als Überreste des Domes Ottos des Großen und der Klosterkirche St. Mauritius angesprochen, wurden aus ihrem Verlauf Grundrisse beider Bauwerke rekonstruiert.

Heute wissen wir, dass in Magdeburg bis zum Beginn des 13. Jahrhunderts im Bereich und im Umfeld des heutigen gotischen Domes zwei Kirchenbauten nebeneinander existiert haben: der 1926 direkt am Platz des heutigen, gotischen Domes entdeckte Vorgängerbau und 60 m nördlich davon der ehemals auf dem Domplatz gelegene Bau, dessen Reste in den 1960er Jahren gefunden wurden. Die Zweifel an der Glaubwürdigkeit der althergebrachten Lokalisierung des ersten Domes auf diesem Platz könnten folglich

unberechtigt sein: Es gab dort tatsächlich einen großen ottonenzeitlichen Kirchenbau. Dass diese Kirche der ottonische Dom ist, lässt sich zwar nicht zweifelsfrei beweisen, aber ihr archäologischer Nachweis stellt die bisherige Identifizierung des älteren Kirchenbaus unter dem gotischen Dom als ottonischer Dom grundsätzlich infrage.
Es ist damit mehr als wahrscheinlich, dass es sich bei der ottonenzeitlichen Kathedrale des Erzbistums Magdeburg nicht, wie bislang angenommen, um die ausgebaute und umfunktionierte Klosterkirche St. Mauritius gehandelt hat, sondern um einen völligen Neubau an der Seite der Klosterkirche, dass es also ein unmittelbares Nebeneinander von ottonischer Klosterkirche St. Mauritius und Bischofskirche gegeben hat, ganz so wie es die Historiographie des 16. Jahrhunderts berichtet.

Lit.: Brandl/Jäger 2005 · Hardt 2007 · Ludowici/Hardt 2004 · Hardt/Ludowici 2005 · Kuhn 2005 · Ludowici 2002 · Ludowici 2003 · Ludowici/Rogacki-Thiemann 2003 · Nickel 1973 · Päffgen 2006b. B.L.

78 Keramikgefäß

12. Jahrhundert
Fundort: Magdeburg, Domplatzgrabung 1959–1968
Irdenware – Gefäß überwiegend ergänzt – H. 13,0 cm, Dm. max. 10,2 cm
Magdeburg, Kulturhistorisches Museum, D N80,5/O29,2/54,3/1

Das Gefäß stammt aus dem Bereich einer Ofenanlage, die im 12./13. Jahrhundert innerhalb der Mauern des im 12. Jahrhundert umgebauten Sakralbaus vom Domplatz installiert wurde. B.L.

79 Standbodengefäß Magdeburger Ware

Spätes 10. Jahrhundert/11. Jahrhundert
Fundort: Magdeburg, Johanniskirchhof
Irdenware, rotbraun, Oberfläche glattwandig, Wellenbandverzierung im Hals u. Schulterbereich, nach unten durch horizontales Linienband abgeschlossen, Rand ausbiegend, Randabschluss spitz ausgezogen, nach außen verdickt, kantig abgestrichen u. gekehlt – H. 21,8 cm, Rand 18,2 cm, Dm. max. 21,0 cm, Boden 10,7 cm
Magdeburg, Kulturhistorisches Museum, Jkf23,00/L,00/54,00–121

Im Bereich des Johanniskirchhofs (Kat.Nr. 82), aus dem das Standbodengefäß stammt, fand der Ausgräber Ernst Nickel »ineinandergreifende, nicht näher bestimmbare grubenartige Vertiefungen aus der Zeit zwischen dem 10. und 12. Jahrhundert, darüber und dazwischen spätere Grabanlagen«. Möglicherweise handelt es sich um durch spätere Gräber gestörte Grubenhäuser, die das Siedlungsbild Magdeburgs bis zum 12. Jahrhundert bestimmten. Das Standbodengefäß ist ein typischer Vertreter der sog. Magdeburger Ware. Die überwiegend in der Elbstadt verbreitete Ware zeichnet sich durch eine vorherrschend braune Färbung mit rötlichem Einschlag aus. Die handgeformten Töpfe besitzen einen geraden Boden, einen hohen Bauchumbruch und eingezogenen Hals. Auf der langsam drehenden Töpferscheibe wurden Rand und Schulter nachgeformt, anschließend mit einem Mehrfachzinken das charakteristische, wellenförmig umlaufende Kammstrichmuster angebracht. Standbodengefäße mit glattwandiger Oberfläche und spitz gezogener, außen gekehlter Randlippe gehören zu einer jüngeren Formvariante, die wohl erst seit

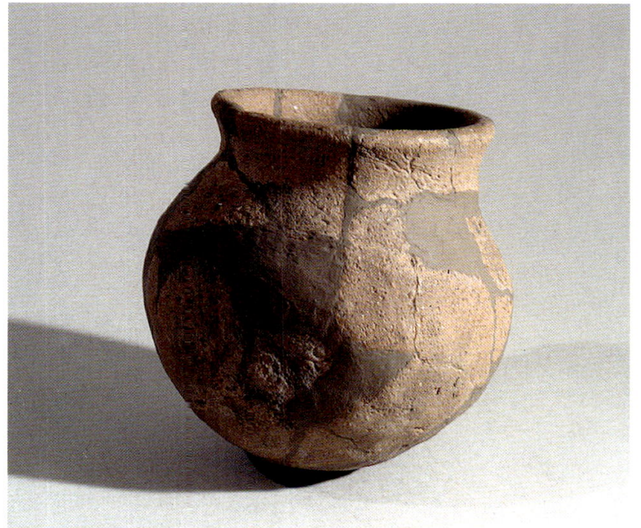

78

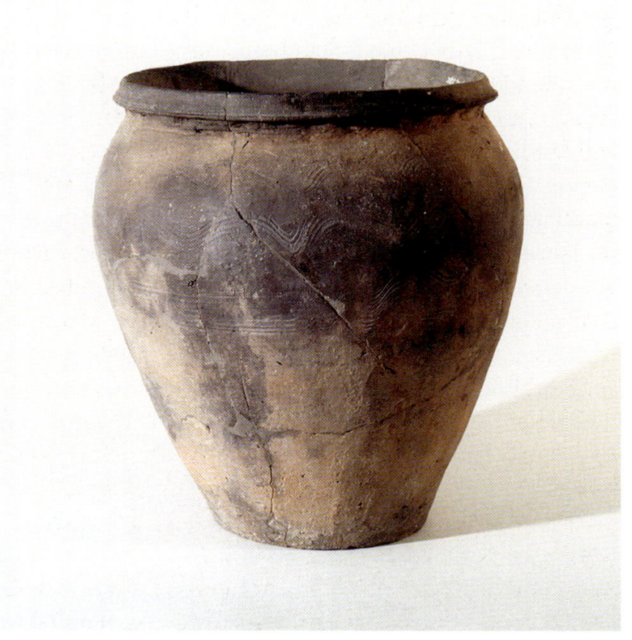

79

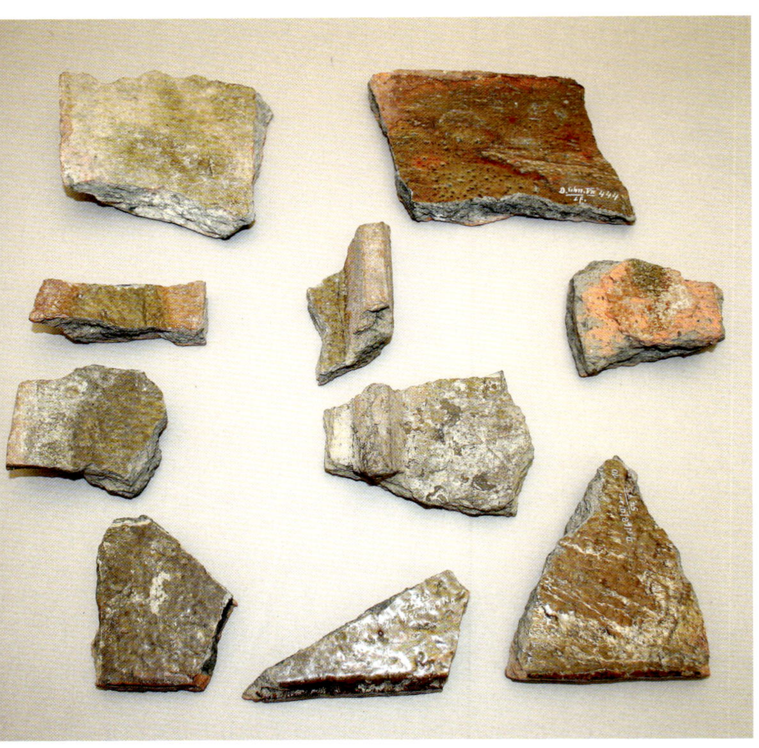

80

dem späten 10. Jahrhundert aufkommt. In der Brandschicht des Ständerbaus aus der 2. Hälfte des 10. Jahrhunderts fanden sich überwiegend Standbodengefäße mit gerundetem Randabschluss und nur vereinzelt Randscherben der Formvariante mit spitz ausgezogener, gekehlter Randlippe.

Lit.: Kat. Magdeburg 2001, Bd. 2, S. 324–325, Nr. V.2g (Heike Pöppelmann) · Nickel 1964, S. 50, 82–89, 106–115, Abb. 45m.

H.P.

80 Dachziegelfragmente

10./11. Jahrhundert
Fundort: Magdeburg, Domplatzgrabung 1959–1968
Magdeburg, Kulturhistorisches Museum, Schn II/Lf-114; D N82,50/03150/53,90-50; D Schn II/Lf-115; D N68/0/54,75-10; D Schn VII/Lf-444; D N79/039/Lf-38; D N91/032/54,21-21; D N68/0/35,6/54,75-12; D Schn IX N92,7/W15/54,60/Lf-27; D N80/0/20/54,15–169

Die Dachziegelbruchstücke mit grüner Glasur wurden aus verschiedenen Befundkomplexen der Magdeburger Domplatzgrabung geborgen. Vermutlich gehörten solche Ziegel zur Dacheindeckung des Sakralbaus vom Domplatz. Typologisch gesehen handelt es sich dabei um eine Kombination aus Brett- und Leistenziegeln des 10./11. Jahrhunderts. Im Magdeburger Stadtgebiet wurden an verschiedenen Stellen weitere Fragmente dieses Ziegeltyps entdeckt. Ein Befundkontext weist dabei den Typ bereits für die Zeit vor 1100 nach. Die Ziegel können derzeit als die ältesten glasierten Ziegel in Deutschland gelten. Sie sind bislang nur aus Magdeburg bekannt.

Lit.: Hesse 2005.

B.L.

81 Wandputzfragmente

10.–12. Jahrhundert
Fundort: Magdeburg, Domplatzgrabung 1959–1968
Magdeburg, Kulturhistorisches Museum, D N71/O32/54,50–5; D N72/O28/54,10–28; Fragmente ohne Inv.Nr.

Die Wandputzfragmente wurden aus Schuttschichten geborgen, die beim Abriss des Sakralbaus auf dem Magdeburger Domplatz im 13. Jahrhundert entstanden sind. Es dürfte sich dabei um Reste einer ehemals in diesem Bau angebrachten mehrfarbigen ornamentalen Wandmalerei handeln. Eine Rekonstruktion der Motive ist nicht möglich, eine stilistische Datierung entfällt damit. Machart und Farbspektrum zeigen jedoch deutliche Parallelen zu romanischer Wandmalerei.
B.L.

82 Schere

2. Hälfte 10. Jahrhundert
Fundort: Magdeburg, Johanniskirchhof
Eisen – korrodiert, fragmentiert – L. 12,5 cm
Magdeburg, Kulturhistorisches Museum, Jkf 91,00/H,00/53,95–9a

Nördlich der Johanniskirche fanden sich Reste eines rechteckigen Gebäudes mit Steinfundamenten. Es handelte sich um einen Ständerbau auf Schwellbalken, ein Bautypus, der bis ins hohe Mittelalter nur selten im frühstädtischen Umfeld auftritt. Mit einer rekonstruierbaren Länge zwischen 17,60 und 21 m und einer lichten Breite von 7,46 m stellte er einen Hallenbau von erheblichen Ausmaßen dar, der in seiner Größe durchaus mit repräsentativen Bauten anderer Pfalzen verglichen werden kann. Zu dieser Bauphase gehört eine Brandschicht mit verkohlten Getreidekörnern und Erbsen, Webgewichten, Spinnwirteln und der abgebildeten Schere, die Vorratshaltung und handwerkliche Tätigkeiten belegen. Die Keramikgefäße präsentieren das typische Spektrum frühmittelalterlicher Keramik des 9. und 10. Jahrhunderts: wellenverzierte Töpfe der sog. Magdeburger Keramik und slavische Ware mit Kammstrichverzierung. Die Gelenkschere stammt aus einer Brandschicht, die mit verkohlten Eichenbalken bedeckt war. Anhand dieser Holzbalken konnte als Fälldatum der verwendeten Stämme dendrochronologisch die Zeit um 963 (+/- 10 Jahre) ermittelt werden. Gelenksche-

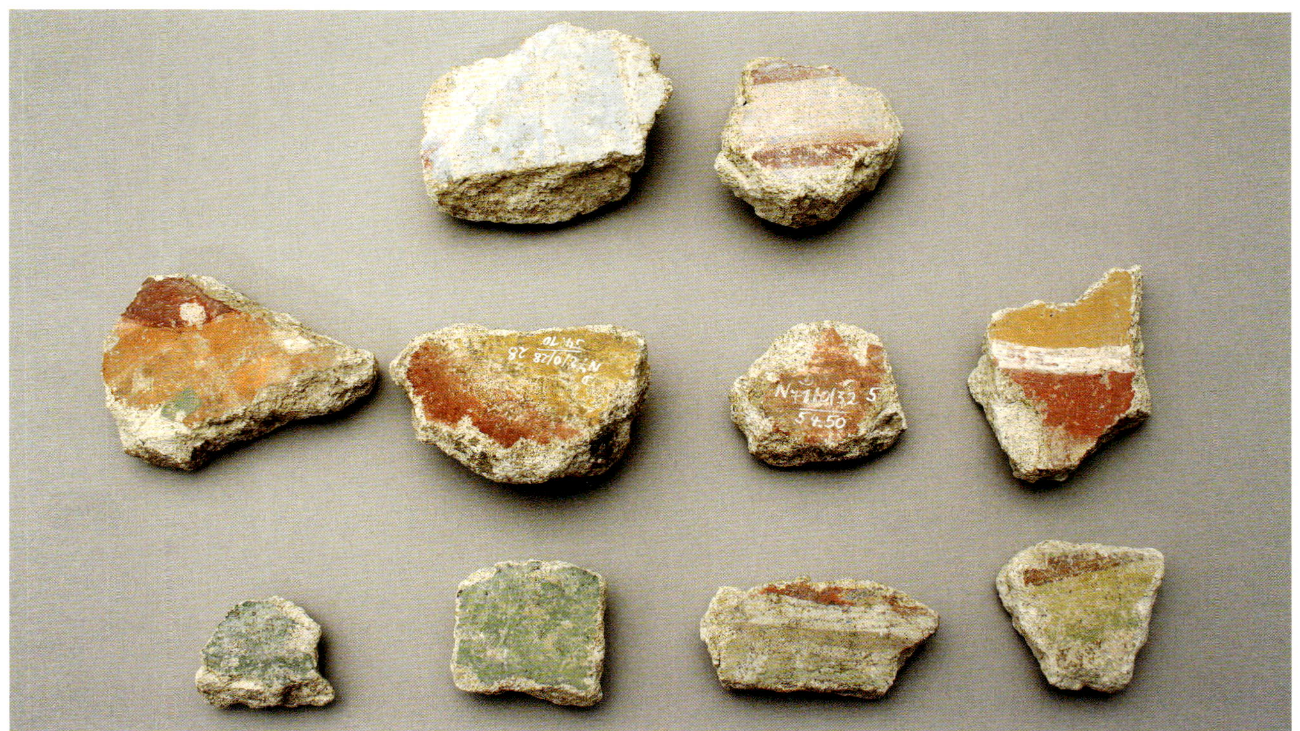

81

ren zum Schneiden weicher Materialien wie z.B. von Stoffen lösen Bügelscheren um 1000 ab. Das Magdeburger Stück gehört mit zu den frühesten Hinweisen.

Schon die Ersterwähnung im Jahre 805 steht in Zusammenhang mit der verkehrstechnisch und strategisch günstigen Lage Magdeburgs an der östlichen Peripherie des Karolingerreiches. Im *Diedenhofener Kapitular* Karls des Großen (768–814) wird den Händlern der Waffenhandel mit den östlich der Elbe sitzenden Slaven verboten. Kaufleute spielten auch in der Ansiedlungspolitik Ottos des Großen (936–973) zum Ausbau Magdeburgs eine eminent wichtige Rolle. Zoll und Markt begegnen 937 und 942 bereits als bestehend. Eine Volkskirche (»plebeiam ecclesiam«), für die auch der Begriff Marktkirche (»forensis ecclesia«) überliefert ist, übertrug Otto I. 941 dem Mauritiuskloster. Der Chronist Thietmar von Merseburg berichtet 1015 von einer »ecclesia mercatorum«, die als Warenstapel diente und nachts bewacht wurde. Die Kaufmannskirche wird in der Forschung mit den Vorgängerbauten unter der heutigen Kirche St. Johannis gleichgesetzt. Die Bauphasen I und II, die im östlichen Mittelschiff freigelegt wurden, datiert der Ausgräber Michael Krecher in das 10. bis in die 1. Hälfte des 12. Jahrhunderts. Der Fund eines Grabes unterhalb der Apsiden der Phasen I und II verweist aufgrund seiner C-14-Datierung zwischen 870 und 980 auf eine mögliche ältere Bauphase. Phase I oder II hängt möglicherweise mit der Wiedererrichtung der Kirche nach der anzunehmenden Zerstörung im Zuge des Slavenaufstandes von 983 zusammen.

Markgraf Gero († 965), der nach Ottos Krönung 936 in dessen Position als Verantwortlicher für die östlich der Elbe gelegenen slavischen Marken nachrückte, vermachte 966 testamentarisch seinen Magdeburger Hof mit der zugehörigen Eigenkirche St. Cyriakus dem Halberstädter Bischof Bernhard (926–968). 1562 wurde St. Stephanus/Cyriakus am Alten Markt abgebrochen. Den auf dem Johanniskirchhof entdeckten Ständerbau mit Steinfundament hat Ernst Nickel mit dem Hof des Markgrafen Gero in Verbindung gebracht.

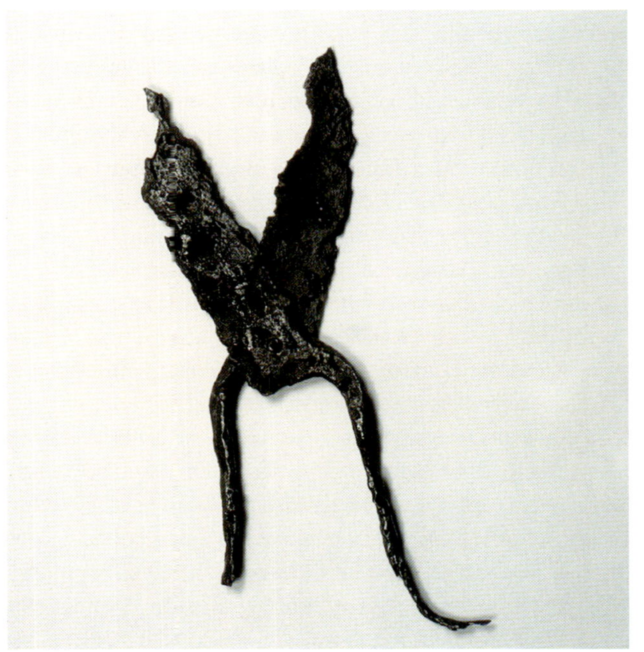

82

Im mittleren Teil des Alten Marktes konnte Nickel durch Bohrungen eine bis zu 7,80 m tiefe Grube ermitteln. Nach Gert Böttcher und Gerhard Gosch handelt es sich um die Reste eines Grabens. Entsprechende Befunde in der Umgebung lassen eine Befestigung rekonstruieren, die den Siedlungsbereich mit dem Hof des Markgrafen Gero und die Marktkirche nördlich und westlich der Johanniskirche umgab. Die befestigte Siedlung mit repräsentativem Hofgebäude und Kirchen könnte neben dem kaiserlichen Besitz auf dem Domplatz der zweite schriftlich belegte Hof Ottos des Großen gewesen sein, den Markgraf Gero als Stellvertreter des Herrschers in den Marken übernahm (Ehlers 2006). Nicht im Siedlungskern um die Johanniskirche einbezogen war die westlich gelegene Niederung, auf der sich später der Alte Markt erstreckte. Die wenigen Scherben finden sich stets in und zwischen den hoch- und spätmittelalterlichen Pflasterlagen, sind also umgelagert, so dass man die Senke anscheinend weitgehend mied und die benachbarten Höhenlagen bevorzugte.

Lit.: Ehlers 2006, S. 17–18 · Henning 2004, S. 4–5 · Kat. Magdeburg 2001, Bd. 2, S. 328, Nr. V.2m (Heike Pöppelmann) · Nickel 1964, S. 57, 134–135, Abb. 56s · Pöppelmann 2009. H.P.

83 Glöckchen

Mittelalter/Frühe Neuzeit
Fundort: Magdeburg, Domplatzgrabung 1959–1968
Bronze – deformiert u. ausgebrochen – H. 4,2 cm, Dm. max. 3,5 cm
Magdeburg, Kulturhistorisches Museum, D N91/54,4

Das Glöckchen wurde als Lesefund geborgen. Eine präzise Datierung ist nicht möglich. B.L.

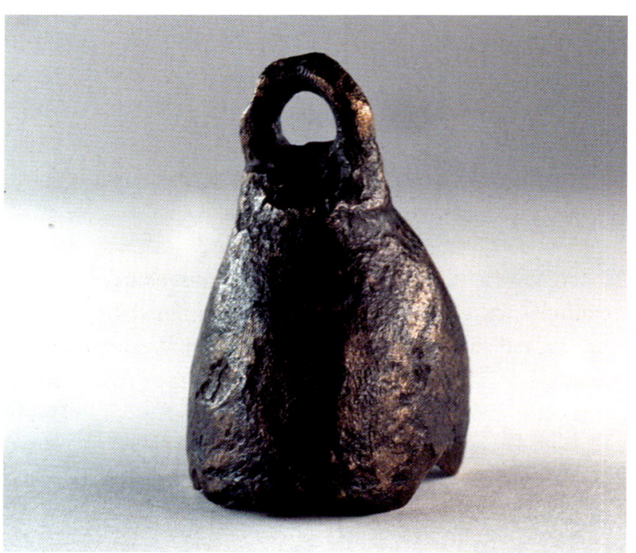

83

Halberstadt

Die Anfänge Halberstadts wurzeln im Domplatzgebiet und seiner Umgebung. Neue archäologische Ausgrabungen in der nordwestlichen Umgebung des Domes legten Funde frei, die in das ausgehende 8. Jahrhundert zu datieren sind. Seit Anfang des 9. Jahrhunderts befand sich hier ein von Osterwieck/Seligenstadt nach Halberstadt verlegtes Missionszentrum des Fränkischen Reichs in Ostsachsen. Die Erhebung Halberstadts zu einem Bistum erfolgte in der Zeit Ludwigs des Frommen (813–840). Bis in die 2. Hälfte des 10. Jahrhunderts entsprach die räumliche Ausdehnung des neu gegründeten Bistums etwa dem Gebiet des heutigen Bundeslandes Sachsen-Anhalt.
Vermutlich bestand schon um die Mitte des 8. Jahrhunderts eine Siedlung »Halberstadt« an einem Flussübergang über die Holtemme. Der Übergang gehörte wohl zu einem in die Helmstedter Umgebung führenden fränkischen Heeresweg. Aus bisher unbekannten Gründen scheint die Siedlung eine gewisse Bedeutung erlangt zu haben, die um 800 dazu führte, Halberstadt gegenüber Osterwieck als Missionszentrum zu bevorzugen. Mit dieser Wahl nahm die Entwicklung der Stadt ihren eigentlichen Anfang. Im Verlauf des 9. und 10. Jahrhunderts wurden auf einer 600 m langen und 150 m breiten, noch heute gut erkennbaren Geländeterrasse oberhalb der Holtemme zum Schutz des Bischofssitzes nacheinander ablösend drei größer werdende Befestigungen aus Gräben und Wällen errichtet. Nachgewiesene Reste einer Holz-Erde-Mauer gehören wohl dem 10. Jahrhundert an. Im 12. Jahrhundert, vielleicht aber auch schon im 11. Jahrhundert erhielt die Burg eine steinerne Mauer. Für das 12. Jahrhundert liegen darüber hinaus Befunde eines vierten Befestigungsgrabens in Form eines Sohlgrabens vor.
Im östlichen Teil der Burg befand sich zu Beginn des 9. Jahrhunderts eine kleinere Missionskirche, die zur Bischofskathedrale erhoben wurde. Nach einer ersten Erweiterung bis 827 folgten 859 ein neuer karolingischer und 992 der ottonische Dom. Bereits 1060 und 1179 ließen ein Stadtbrand und gewaltsame Zerstörungen Reparaturen notwendig werden – um 1239 begann der Umbau zum gotischen Dom, der mit Unterbrechungen bis zu seiner Weihe im Jahr 1491 andauerte. Im westlichen Bereich der Burg entstand zu Beginn des 11. Jahrhunderts das neu gegründete Liebfrauenstift und etwas später nördlich davon auch ein neuer Bischofshof. In dieser Zeit sollen im Domburggebiet 24 Kurien für die Domherren errichtet worden sein. Nördlich des Doms wurde eine Kirche erbaut, die den Heiligen Johannes und Paulus geweiht war. Der Zugang in die Burg erfolgte von Süden, über das spätere Düstere Tor.
Im Jahr 989 verlieh Otto III. (983–1002) dem Halberstädter Bischof Hildeward (968–996) die Rechte über Markt, Münze und Zoll (Kat.Nr. 85). Ausgrabungen südlich der

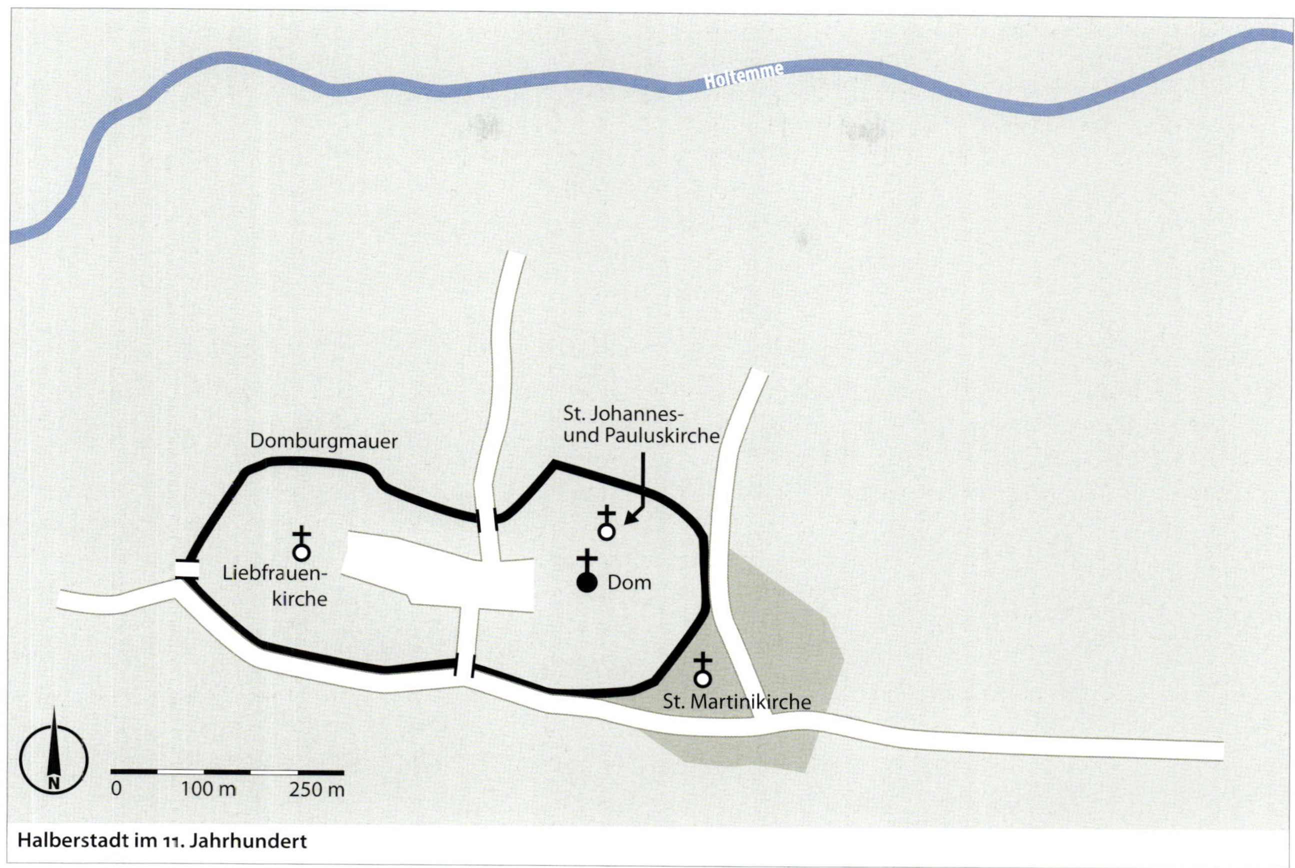

Halberstadt im 11. Jahrhundert

Marktkirche St. Martini in den Jahren 1996/1997 geben Hinweise darauf, dass eine Marktsiedlung bereits vor der Privilegierung bestanden hatte. Schriftliche Quellen berichten hingegen erst für das frühe 11. Jahrhundert von Halberstädter Kaufleuten (Kat.Nr. 84). Die anfängliche Markt- oder Martinisiedlung umschloss vermutlich ein 6 ha großes Gebiet entlang der Schmiedestraße, des Hohen Weges, der Gödden- und Schuhstraße sowie der beiden Märkte. Zwei 1996/1997 aufgedeckte Spitzgräben am südwestlichen Fischmarkt und im Übergangsbereich von der Schmiedestraße zum Westendorf könnten die südliche und westliche Grenze dieser Siedlung darstellen. Spätestens mit der Marktrechtsverleihung wird von einer Stadtpfarre auszugehen sein; die dem hl. Martinus geweihte Pfarrkirche findet allerdings erst Mitte des 13. Jahrhunderts Erwähnung.

Während des 11. Jahrhunderts brachten die Bischöfe Brantog (1023–1036) und Burchard II. (1059–1088) erste Erweiterungen der bestehenden Siedlung auf den Weg. Es kam zunächst unter Brantog im Westen die Johannes- und danach unter Burchard im Osten die Paulssiedlung hinzu. Möglicherweise waren diese Vorgänge, wie es neuere archäologische Befunde nahe legen, auch mit einer Vergrößerung der Marktsiedlung nach Süden verbunden. Durch die Paulssiedlung und den wirtschaftlichen Aufstieg der nahen Metropolstadt Magdeburg gewann der Breite Weg als Teil eines neu entstehenden, ostwestlich verlaufenden Handelsweges gegenüber der älteren Nordsüdverbindung an der Kühlinger Straße und am Hohen Weg an Bedeutung. Dennoch findet sich erst für das Jahr 1108 ein Beleg, in dem Halberstadt »civitas« genannt wird; 1184 löste Halberstadt sich aus dem Landrecht und übernahm das Goslarer Stadtrecht.

Herzog Heinrich der Löwe (1142–1180) zerstörte 1179 im staufisch-welfischen Konflikt die Stadt mit Domburg, deren Ausdehnung wohl schon der Größe der spätmittelalterlichen Stadt entsprach. Während der folgenden Wiedererrichtung von Domburg und Stadt, vor allem seit der Amtszeit Bischof Konrads (1201–1208) und über fast das gesamte 13. Jahrhundert hinweg wurde die Befestigung Halberstadts mit Mauern und Wällen unter Einbeziehung der spätestens seit dem Ende des 12. Jahrhunderts vorhandenen Moritzsiedlung sowie der Vogtei schrittweise ausgebaut. Nach archäologischen Aufschlüssen befestigte man dabei Teilabschnitte, z.B. in der Gleimstraße und im Westendorf, gesondert mit Wällen und Gräben, die später durch Mauern ersetzt wurden. Insgesamt waren etwa 3500 m Stadtbefestigung mit sieben Toren zu errichten, die ein Stadtgebiet einschließlich der Domburg von rund 70 ha schützten. Eine Darstellung Halberstadts aus dem letzten Viertel des 16. Jahrhunderts von Braun/Hogenberg, Köln 1581, zeigt ein

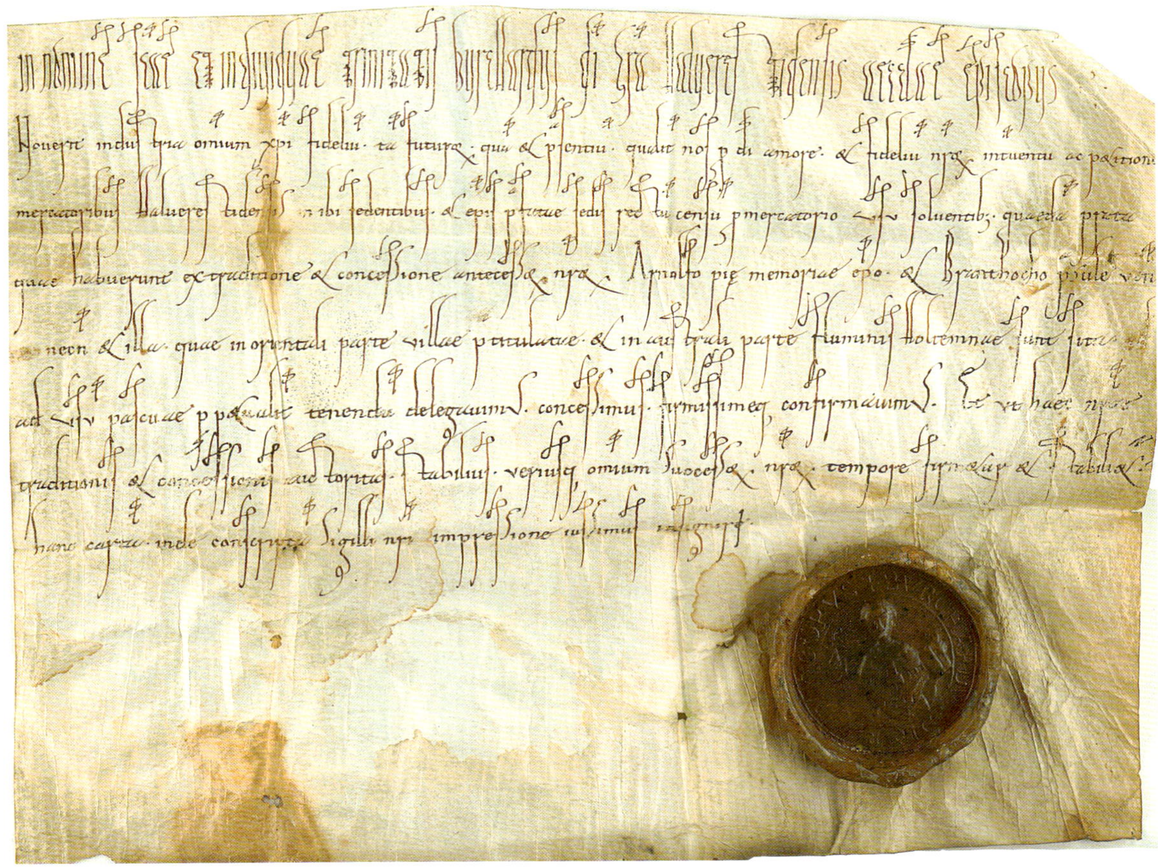

84

sehr eindrucksvolles Bild der ummauerten mittelalterlichen Stadt und lässt vermuten, dass die Befestigungen im 14./15. Jahrhundert weiter ausgebaut wurden; im 17. Jahrhundert kam es zu umfangreichen Erneuerungen – die Mauern wurden mit zeitgemäßen Bastionen verstärkt.

Lit.: Siebrecht 1992 · Siebrecht 2002a. F.K.

84 Urkunde Bischof Burchards I. von Halberstadt für die Halberstädter Kaufleute

Ohne Ort u. Datum, um 1040
Pergament – H. 25,0 cm, B. 33,0 cm,
Dm. (Siegel, sehr unregelmäßig) max. 7,1 cm
Magdeburg, Landeshauptarchiv Sachsen-Anhalt,
Rep. U 8 N Nr. 1

Aus Liebe zu Gott und weil seine Getreuen und die Halberstädter Kaufleute selbst ihn darum gebeten haben – letztere zahlen den Bischöfen den gebührenden Zins für die Ausübung des Handels, hat Bischof Burchard (1036–1059) ihnen einige Wiesen, die ihnen schon seine Amtsvorgänger Arnulf (996–1023) und Brantog (1023–1036) zugesprochen hatten, zu dauerndem Besitz übertragen, außerdem auch Wiesen im östlichen Teil Halberstadts und südlich der Holtemme. Dieses Flüsschen läuft von Südwesten aus dem Holz, also dem Harz kommend, auf Halberstadt zu und gabelte sich kurz vor Erreichen des Stadtgebiets in zwei Arme (der südliche ist heute vertrocknet). Die in den letzten Jahren mit viel Erfolg betriebene archäologische Erforschung des frühen Halberstadt ergänzt sich auf günstige Weise mit dem Inhalt der vorliegenden Schriftquelle. Die Bischofsburg und der größte Teil der Stadt lagen im Süden des Flüsschens, doch dehnte sich die Besiedlung auch nordwärts zwischen die beiden Arme aus. Wenn die Besitzungen der Kaufleute südlich der Gewässer blieben, so heißt das, dass sie sehr nahe an der Bischofsburg lagen. Bischöflicher und frühstädtischer Besitz wurden (noch) nicht als Gefahr füreinander empfunden, es kann im vorliegenden Fall von einer relativ harmonischen Symbiose ausgegangen werden.

Im Gegensatz zu diesen erfreulich genauen topographischen Angaben sind fast alle Eckdaten dieser Urkunde unsicher: Ohnehin undatiert ist sie zwar von einem Bischof Burchard ausgestellt, der aber keine Ordinalzahl trägt, und da Burchard I. und Burchard II. (1059–1088) direkt aufeinander folgten, kommt für die Ausstellungszeit zunächst einmal die gesamte Zeitspanne von 1036 bis 1088 in Betracht. Der Herausgeber des Halberstädter Urkundenbuchs hat sich schon

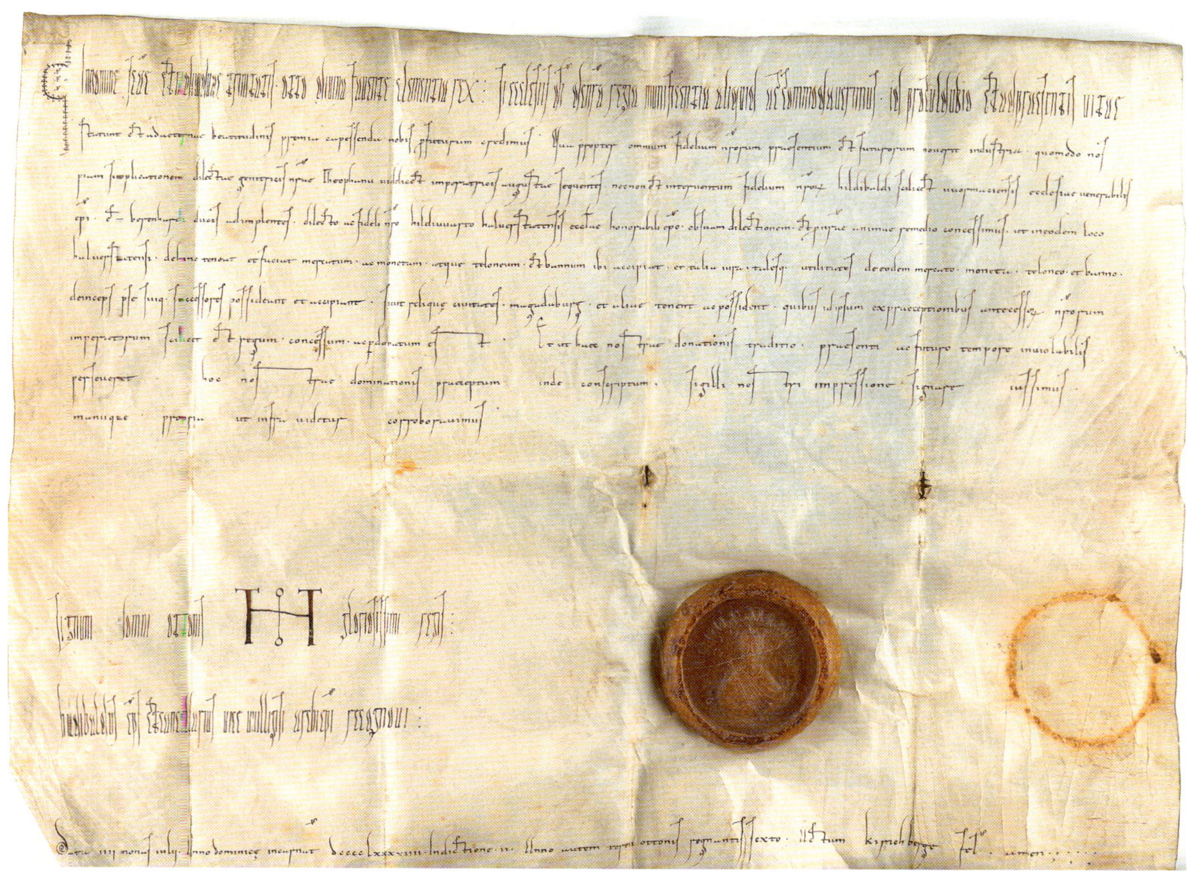

85

1878 für Burchard I. entschieden: erstens, weil Merkmale der Handschrift besser in dessen Zeit passen und zweitens, weil die Berufung auf die Vorgänger Arnulf und Brantog eine Ausstellung durch deren nächsten Nachfolger wahrscheinlicher macht als erst durch ihren übernächsten. Da die Urkunde im Wesentlichen einen bestätigenden Charakter hat, ist außerdem eine Ausstellung in der Anfangsphase der Amtszeit wahrscheinlich, so dass man mit ca. 1040 eine plausible Hypothesenbildung wagen dürfte.

Burchard I. war der in Nabburg geborene Sohn (Mark-)Graf Heinrichs von Schweinfurt (980–1017), und der Gerberga, Gräfin von Kitzinggau († nach 1036); er entstammte damit einem der mächtigsten Adelsgeschlechter des nordbayerischen Raumes. Sein Brustbildsiegel ist das erste in Halberstadt, auf dem ein Bischof den besonderen Schulter- und Brustschmuck eines Superhumerale als Rationale trägt: einen Schulterkragen mit rechts, links und in der Mitte herabhängenden und am Ende mit Zierstücken versehenen Schmuckbändern.

Das Äußere der Urkunde dürfte bei manchem Betrachter zwiespältige Gefühle wecken: Gegenüber dem geradezu perfekt erhaltenen Siegel ist das Pergament durch Wasserränder o.Ä. auffällig verunstaltet. Selbstverständlich werden vor einer Ausstellung aufliegender Schmutz und Gefahrenquellen beseitigt, doch heißt archivische Restaurierung nicht Verschönerung: Auch Gebrauchsspuren und sogar Beschädigungen können eine Aussage von Quellenwert haben, die nicht zugunsten eines fragwürdigen ästhetischen Effekts beseitigt werden dürfen.

Q.: UB Halberstadt 1, S. 1. Lit.: Arnrich 2002 · Beumann 1990, S. 67 · Brinkhus 1992 · Schmid 1995 · Siebrecht 2002b.

W.K.

85 Urkunde König Ottos III. für Bischof Hildeward von Halberstadt

Kirchberg, 4. Juli 989
Pergament – H. 44,0 cm, B. 59,0 cm,
Dm. (Siegel, unregelmäßig) max. 9,3 cm
Magdeburg, Landeshauptarchiv Sachsen-Anhalt,
Rep. U 5, II Nr. 4

Otto III. (983–1002) verleiht Bischof Hildeward (968–996) das Recht, am Ort Halberstadt Marktbetrieb einzurichten, Münzen zu prägen, Zoll zu erheben und den Gerichtsbann auszuüben. Hildeward und seine Nachfolger dürfen Nutzungsrechte daraus ziehen, wie sie andere Orte, z.B. Magdeburg, besitzen. Der Ausstellort liegt bei Jena östlich der

Saale, wo Otto auch im Jahre 1000 auf dem Weg nach Gnesen (polnisch Gniezno) Station machen sollte. Konkurrierend wird allerdings auch Kirchberg bei Sondershausen vertreten.

Die Urkunde trägt alle Merkmale eines feierlichen mittelalterlichen Herrscherdiploms: Sie beginnt mit der Anrufung der Dreifaltigkeit und endet mit einer Segensformel. Der Inhalt wird formelhaft mit einer grundsätzlichen Erklärung, einer *Arenga*, begründet, dass nämlich der König durch Freigebigkeit gegenüber der Kirche den Lohn ewiger Glückseligkeit erwartet. Als Fürsprecher für den Gunstempfänger treten in diesem Fall die Mutter des Königs, Kaiserin Theophanu († 991), der Wormser Bischof Hildibald (979–998) und der Sachsenherzog Bernhard (973–1011) auf. Das prächtige Siegel, das charakteristische Monogramm, die Beglaubigung durch die königliche Kanzlei und die Datumszeile vervollständigen die Urkunde.

Wegen der starken Zerstörung Halberstadts durch Heinrich den Löwen (1142–1180) 1179 sind topographische Zuordnungen älterer Angaben erschwert. Die Suche nach einem Marktplatz ist aber wohl ohnehin irrelevant, da der mit dieser Urkunde eingerichtete Markt weniger ein lokales als vielmehr ein grundsätzliches, im gesamten Siedlungsgebiet flexibel handhabbares Recht meint. Zoll ist wohl im Sinne einer Gegenleistung für den am Marktort gewährten Schutz zu verstehen.

Da Otto erst neun Jahre alt war, liegt es zunächst nahe, in der für ihn die Regentschaft ausübenden Mutter auch die Initiatorin des Urkundeninhalts zu sehen. Wollte sie Halberstadt gegen das von ihrer Schwiegermutter Adelheid († 999) bevorzugte Quedlinburg aufwerten? Nicht unterschätzt werden darf aber auch die Rolle des Wormser Bischofs Hildibald, der anstelle des Mainzer Erzbischofs Willigis (975–1011) beglaubigt. Er war einer der wichtigsten Hofnotare und meistgenannten Fürsprecher in Urkunden Ottos III. Der größere kirchenpolitische Zusammenhang ist der, dass das Bistum Halberstadt 21 Jahre zuvor durch die Errichtung des Erzbistums Magdeburg erheblich verkleinert worden war und daher ein fortwährender Kompensationsdruck herrschte. Dem unmittelbaren Anlass dieser Urkunde auf die Spur zu kommen, ist aber auch deswegen nicht leicht, weil im Gegensatz zu dem sich anschließenden Ingelheimaufenthalt Ottos die Phase vor dem 4. Juli 989 nur sehr spärlich dokumentiert ist.

Q.: MGH DD O III, Nr. 55 · Regesta Imperii II/3, Nr. 1014.
Lit.: Huschner 2003, S. 180, Anm. 761, S. 244, S. 994 · Pätzold 2002, S. 33–35 · Siebrecht 2002b, S. 83 · Wittek 2002.

W.K.

86

86 Glasring u. Fragment eines Glasrings

12./13. Jahrhundert
Fundort: Halberstadt, Lichtengraben, Marktsiedlung
Glas – Dm. 1,8/2,0 cm, D. 0,4 cm
Halberstadt, Städtisches Museum, IV: 454c

Gläserne Ringe sind in Siedlungsbefunden des 12./13. Jahrhunderts keine Seltenheit. Die Formgebung des noch vollständigen Rings spricht nicht für einen Fingerring. Sehr wahrscheinlich ist es, dass derartige Ringe als Verzierungen auf der Bekleidung oder auch auf Hauben und Borten Verwendung fanden.

Lit.: Kat. Berlin u.a. 2000–2002, Bd. 2, S. 270–271, Nr. 10.06.02-9a–b (Petr Charvák). Freundliche Mitteilung von Herrn Dr. Götz Alper, Landesamt für Denkmalpflege und Archäologie Sachsen-Anhalt.

F.K.

87 Beschlagfragmente

Fundort: Halberstadt, Lichtengraben, Marktsiedlung
Kupfer – L. 2,0–6,4 cm, D. max. 0,2 cm
Halberstadt, Städtisches Museum, IV: 454

Die unvollständigen, zum Teil verbogenen Kupferbeschläge sind bis zu 6,4 cm lang und bestehen aus schmalen kurzen Bändern mit kleinen schalenförmigen Ausformungen. An zwei Fragmenten sind noch Befestigungsösen vorhanden. Ein Exemplar weist einen winzigen Vergoldungsrest auf. Funde dieser Art fanden möglicherweise als Zierbeschläge z.B. auf Kästen und Büchern oder als Aufsätze auf Taschen und Gürteln Verwendung.

Lit.: Krabath 2001.

F.K.

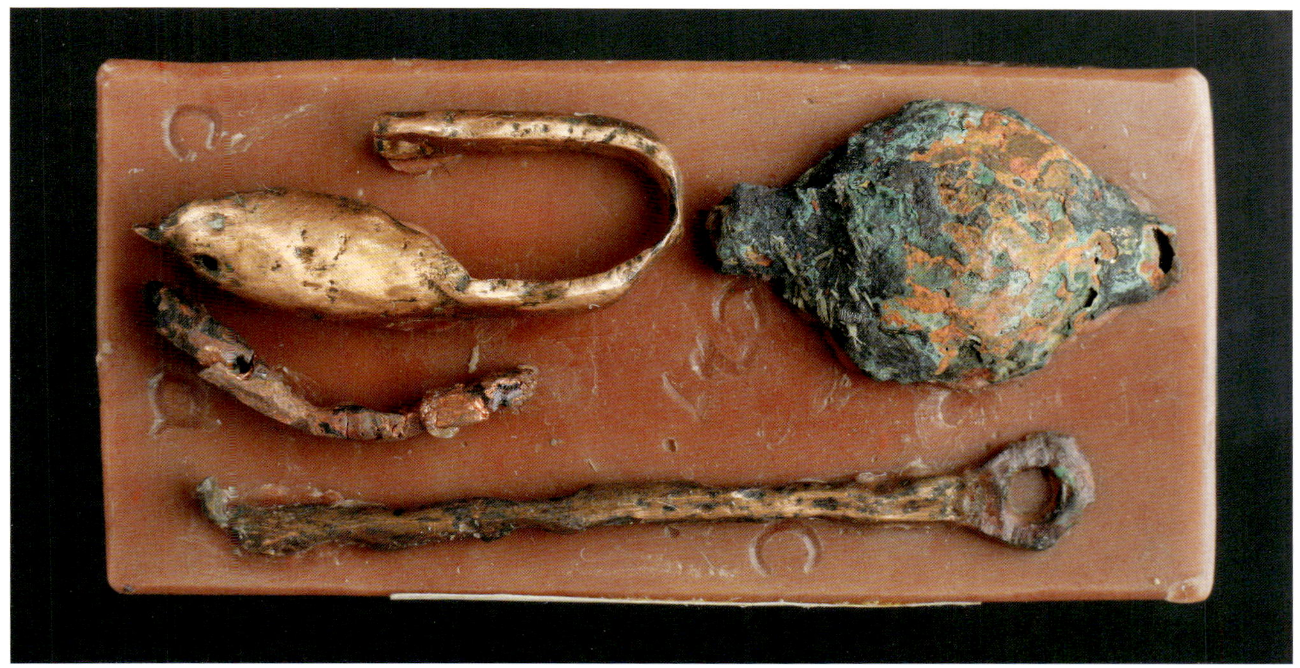

87

88 Schnalle

12.–14. Jahrhundert
Fundort: Halberstadt, Lichtengraben, Marktsiedlung
Bronze – Dm. (außen) 3,1 cm, Dm. (innen) 1,8 cm, D. 0,2 cm
Halberstadt, Städtisches Museum, IV: 454/c1

Bei dem stark angegriffenen Stück handelt es sich um eine Schnalle, die der Form der Ave-Maria-Schnallen entspricht. Die auf solchen Schnallen vorkommenden Inschriften sind auf dem vorliegenden Exemplar zu vermuten, aber aufgrund der fortgeschrittenen Oxydation nicht nachzuweisen. Die kleine Durchlochung an der einen Seite diente der Halterung des Dorns. Zu den Trägern der Schnallen gehörten Angehörige der Geistlichkeit, des Adels und des städtischen Bürgertums; die Fundstelle in der Halberstädter Marktsiedlung unterstreicht dies. Schnallen dieser Art wurden am geschlitzten Halsausschnitt des Obergewandes getragen und hielten dieses zusammen. Der Halberstädter Fund dürfte im Ostseeraum entstanden sein. Das kann wohl als Hinweis auf Handelsbeziehungen zwischen Halberstadt und diesem Wirtschaftsraum gedeutet werden.

Lit.: Heindel 1986. F.K.

89 Otto-Adelheid-Pfennig

Münztyp geprägt seit 985 in den Münzstätten des Harzraumes
Fundort: Halberstadt, Hoher Weg
Silber – Dm. 2,0 cm, Gew. 0,69 g
Avers: ODDO in den Winkeln, Umschrift: + DI – GRA + REX
Revers: Kirchengebäude (sog. Holzkirche), Umschrift: ATEAHLHT
Halberstadt, Städtisches Museum, 11/2056

Der Otto-Adelheid-Pfennig wurde 1977 bei der Neuanlage des Hohen Weges, der ältesten Halberstädter Wegführung,

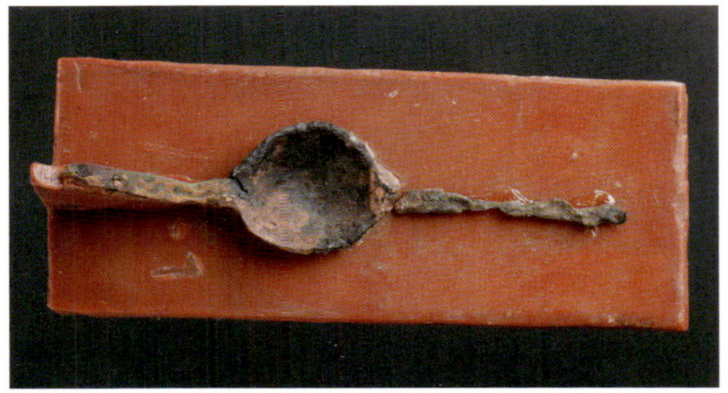

88

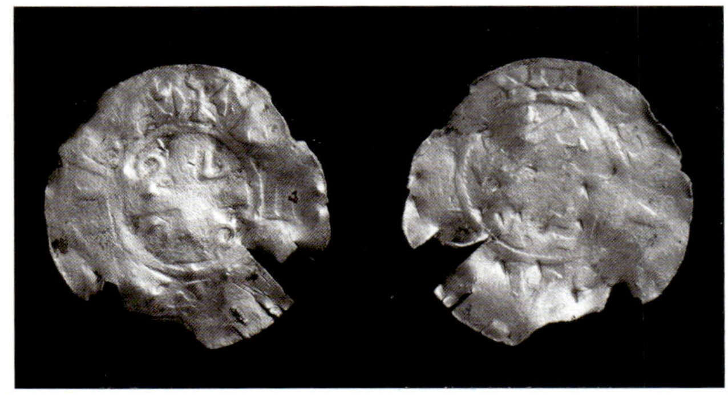

89

die nordsüdlich durch die Marktsiedlung verlief und wohl bis in das 8. Jahrhundert zurückreicht, entdeckt. Die Prägestätte dieser Münze ist entsprechend der Einheitlichkeit des Typs nicht zu benennen; sie wird wohl im Harzraum anzusiedeln sein. Nach dem Slavenaufstand von 983 und dem damit verbundenen vorübergehenden Erliegen der Magdeburger Münzstätten entstand in den Münzstätten um Goslar dieser neue Münztyp. Die zahlreichen Münzen dieser Art, auch in den nordischen Schatzfunden, sprechen für die weite Verbreitung der Otto-Adelheid-Pfennige.

Lit.: Dannenberg 1876–1905, Bd. 1, Nr. 1167 · Kat. Magdeburg 2001 · Kluge 1991. F.K.

90 Gabel einer Klappwaage

11. Jahrhundert (?)
Fundort: Halberstadt, Westendorf
Bronze – L. (gesamt) 11,9 cm, L. (Bügel) 9,4 cm, L. (Griffstück) 2,5 cm
Halberstadt, Städtisches Museum, IV: 696

Die schmucklose Klappwaagengabel wurde 1996 im Westendorf, im äußeren westlichen Bereich der Marktsiedlung St. Martini bei Ausgrabungen gefunden. Die an den Schultern rund zulaufende Gabel weist am oberen Ende eine kurze zungenförmige, nach außen leicht gespreizte Ösenplatte auf. Die pilzförmige, unten durchlochte, freibewegliche Handhabe wird durch einen kleinen Ring über die Ösenplatte mit der Gabel verbunden. Der viereckige, pilzförmige Kopf der Handhabe ist auf dieser aufgenietet worden. Zur Wertermittlung von zerstückeltem Silber war es erforderlich, dessen Gewicht mit einer Waage festzustellen. Dafür waren Feinwaagen und kleine genormte Vergleichsgewichte mit Wertangaben im Gebrauch, die nach dem Balanceprinzip funktionierten. Waagen dieser Art sind etwa seit dem ausgehenden 9. Jahrhundert im archäologischen Fundgut anzutreffen.

Lit.: Kat. Magdeburg 2001, Bd. 2, S. 59–60, Nr. II.30–31 (Ingo Gabriel). F.K.

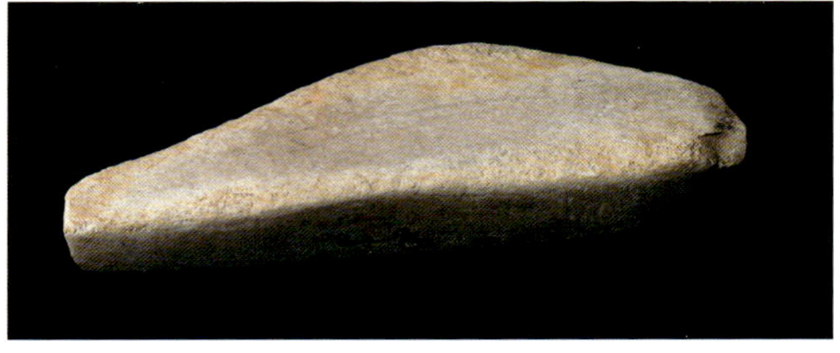

91

91 Wetzstein

11. Jahrhundert (?)
Fundort: Halberstadt, Hoher Weg
Kalkstein – Schleifflächen an zwei Seiten – L. 12,5 cm, B. max. 4,5 cm, D. 2,3 cm
Halberstadt, Städtisches Museum, IV: 683/23

Bei den Grabungen östlich des Hohen Weges 1994 sind neben zahlreichen Abfallgruben auch mehrere Grubenhäuser aufgedeckt worden, aus denen der Wetzstein stammt. Die Hausbefunde gehören wohl der entstehenden Marktsiedlung an. Der hellbraune, sandhaltige Kalkstein weist auf der oberen und an der geraden Seite jeweils eine ganz bedeckende Wetzfläche auf. Wetzsteine dienten dem Schleifen, Glätten und Spitzen von Messern, Nadeln u.a.m. Sie gehörten sowohl zu den persönlichen Utensilien als auch zu jedem Haushalt. F.K.

92 Spinnwirtel

11. Jahrhundert (?)
Fundort: Halberstadt, Martiniplan
Kalkstein – Dm. 2,9 cm, D. 1,3 cm, Dm. (Loch) 0,8 cm
Halberstadt, Städtisches Museum, IV: 701/82

Spindeln, die aus einem Spindelstab und einem Wirtelgewicht bestehen, treten uns im archäologischen Fundgut seit der Jungsteinzeit entgegen. Sie verdrehen mittels ihres ständig mit der Hand an dem Spindelstab zugeführten Schwungs die als Rocken vorbereitete Faser zu einem end-

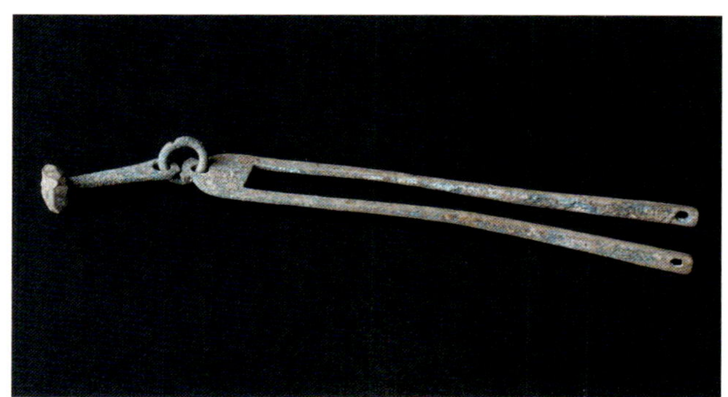

90

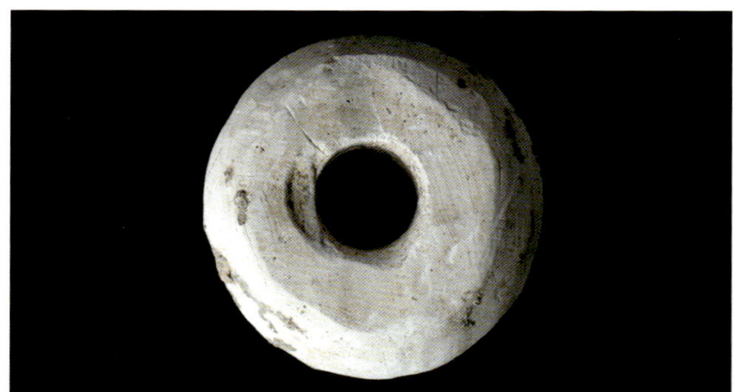

92

losen Faden. Der Wirtel dient hierbei als Schwungmasse. Häufig verwendete Ausgangsmaterialien waren Flachs, Nessel oder Wolle. Die Spinnerei war Jahrtausende eine Tätigkeit der Frauen und Kinder. Seit dem 13. Jahrhundert verdrängte das aufkommende Spinnrad die Handspindel.
F.K.

93 Zwei Webgewichte

11. Jahrhundert (?)
Fundort: Halberstadt, Martiniplan
a) Ton, handgeformt, graubraun gebrannt – H. 8,0 cm, Dm. (gesamt) 11,5 cm, Dm. (Loch) 1,3 cm
b) Ton, handgeformt, rot gebrannt – H. 6,8 cm, Dm. (gesamt) 11,0 cm, Dm. (Loch) 1,8 cm
Halberstadt, Städtisches Museum, 1253

Die 1996 gefundenen Webgewichte weisen auf Tuchweberei innerhalb der Halberstädter Marktsiedlung hin. Webgewichte sind Bestandteile eines Gewichtswebstuhls, den es bereits im Altertum gegeben hat. Sie dienten dem Straffen der senkrecht hängenden Kettfäden des Webstuhles. Ein Gewichtswebstuhl besteht aus nur acht schnell zusammensetzbaren Bestandteilen. Das sind zwei Ständer, die den drehbaren Warenbaum in je einer oben vorhandenen Gabel aufnehmen, dann folgen, etwa in der Mitte des Stuhls über Ständerbreite und auf zwei Gabeln sitzend, der Litzenstab und im unteren Viertel der Trennstab. Ganz unten befinden sich die an den senkrechten Kettfäden hängenden Webgewichte. Hinzu kommt zum Durch- und Zusammenschieben der waagerechten Schussfäden noch das Webschwert. Webgewichte finden sich häufig in Grubenhäusern, denn das feuchte Raumklima in diesem Haustyp begünstigt das Weben mit dem spröden Flachs. Gewichtswebstühle waren bis etwa zum 10. Jahrhundert in Gebrauch, danach setzten sich in der Weberei allmählich der Webstuhl mit Waren- und Kettbaum und dann der Trittwebstuhl durch.

Lit.: Elsner 2004 · Kat. Magdeburg 2001, Bd. 2, S. 326, Nr. V.21 (Heike Pöppelmann). F.K.

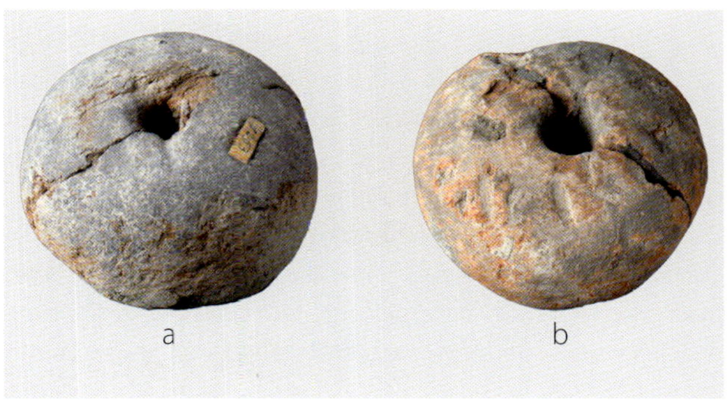

93a–b

Minden

Über die Anfänge des an der Weser gelegenen, um 800 durch Karl den Großen (768–814) gegründeten Bistums Minden schweigen die Quellen weitestgehend. Die karolingische Urkirche wurde auf der unteren, hochwassergefährdeten Terrasse nahe am Fluss errichtet. Anhand archäologischer Befunde konnte sie als einschiffige Saalkirche mit Rechteckchor rekonstruiert werden, die typische Form sächsischer Missionskirchen. In einer zweiten Bauphase erfolgte um die Mitte des 10. Jahrhunderts unter Beibehaltung der Bestandteile des karolingischen Vorgängerbaus die Erweiterung zu einer Kirche mit dreischiffigem Langhaus und Querhaus im Osten, polygonalem Chor und einer zumindest im Ansatz erkennbaren Krypta sowie einem Westwerk. Die Weihe im Jahr 952 ist zugleich auch der erste fassbare Beweis für die Verehrung des hl. Gorgonius in Minden, der Zeitpunkt der Überführung der Gebeine lässt sich aber nicht sicher ausmachen.
Erster Bischof von Minden wurde um 789/794 der aus Fulda stammende Mönch Erkanbald. Erst 961 wurde dem Bistum unter Bischof Landward (952–969) das Recht der freien Bischofswahl sowie die Immunität zugesprochen. Kaiser Otto II. (973–983) verlieh dem nachfolgenden Bischof Milo (969–996) zudem 977 das Markt- und Münzrecht. Der wohl aus dem Kölner Domkapitel kommende Milo von Minden festigte nicht nur die Beziehungen zwischen seinem Bistum und dem lothringischen Reformkloster Gorze, sondern zeigte auch Interesse an der Buchkunst. Das bereits von Milo gegründete Damenstift auf dem Wittekindsberg ließ dessen Nachfolger Ramwald (996/997–1002) um die Jahrtausendwende in die bereits bestehende Mindener Marienkirche verlegen. Die Ansiedlung des Konventes auf dem Hochufer der Weser und in einiger Entfernung zu seiner Domkirche gab dem Bischof die Möglichkeit, die am Fuß des Berges verlaufende Handelsstraße unter seine Kontrolle zu bringen. Ein wichtiger Schritt hin zur Entwicklung des Marktes und zur Überwachung der sich an der Weserfurt kreuzenden Straßen war getan. Dieses weiter fördernd, gründete Bischof Sigebert (1022–1036) das ebenfalls auf dem Hochufer gelegene Kanonikerstift St. Martini. Er wird in den Quellen fassbar, als Konrad II. (1024–1039) 1024 das Weihnachtsfest in Minden feierte. Sigebert von Minden sollte sein Bistum zu neuer Blüte führen; mit seinem Episkopat ging ein kultureller Aufschwung einher. Zeugnis davon geben in eindrucksvoller Weise acht bis heute erhaltene, nachweislich von ihm gestiftete Handschriften sowie ein Elfenbeinrelief (Kat.Nr. 190–197). Wahrscheinlich erfolgte 1042 durch Bischof Bruno (1036–1055) die Gründung des auf der Weserinsel gelegenen Benediktinerklosters St. Mauritius; bestätigt wurde diese am 23. Januar 1043 durch Kaiser Heinrich III. (1039–1056; WUB 1, Nr. 1032). Gleichzeitig ist zu erfahren, dass Bischof Bruno

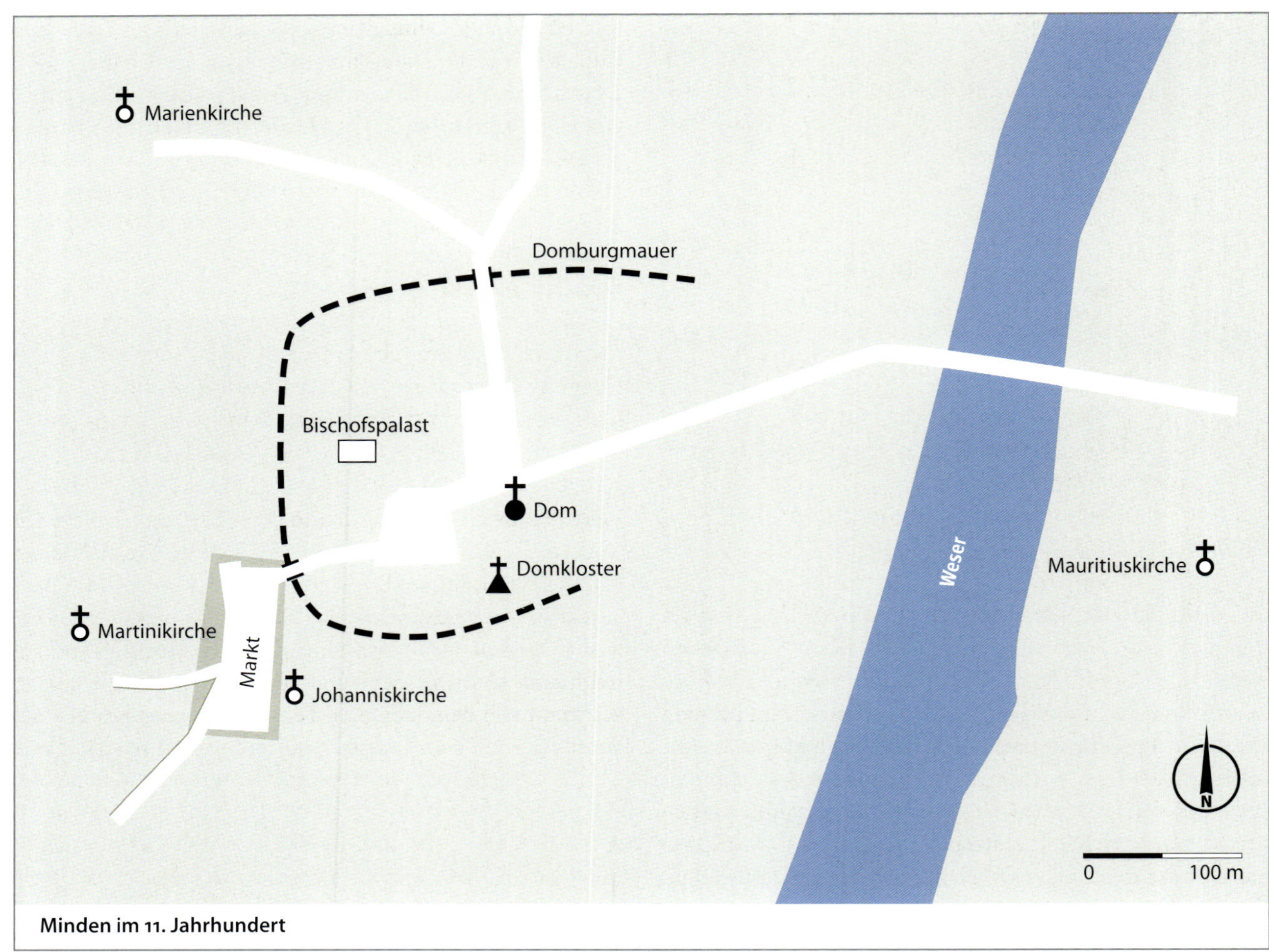

Minden im 11. Jahrhundert

die nach dem Tod seines Bruders aufgeteilten Familiengüter dazu nutzte, die Mindener Kirche und auch die Klostergründungen seiner Vorgänger auszustatten (WUB 1, Nr. 1065).

Q.: WUB 1. Lit.: Brandt/Hengst 1990 · Isenberg 1991 · BKW Stadt Minden 1998–2000, Bd. 1 · Treude 1999. S.H.

94 Plattenmosaikfußboden

11. Jahrhundert
Schwarzbrauner Schiefer, hellgelber Solnhofer Schiefer, beigefarbener Marmor, Rekonstruktion unter Verwendung von Originalstücken im Eichenholzrahmen – 63 x 75 cm
Minden, Kath. Dompropsteigemeinde St. Gorgonius und Petrus Ap.

Bei Grabungen im nördlichen Querhausarm des Mindener Doms sind 1954 große Teile des Schmuckfußbodens aufgedeckt worden. Es konnte eine Rosette freigelegt werden, die einen Gesamtdurchmesser von 270 cm einnimmt. (Abb. der Fundsituation u. eine Rekonstruktionsskizze in BKW Stadt Minden 1998–2000, S. 344–346, Abb. 17, 19). Für das Dombaumuseum fügte Hans Gelderblom einen Teil der Rosette mit den Originalfundstücken des Kreises mit Sternmotiv in einem Holzrahmen zusammen. Der ca. 30 cm unterhalb des damaligen Bodenniveaus aufgefundene Mosaikfußboden war auf Lehm gelegt. Schiefer fand als Material selten Verwendung, wenn doch, dann in Gegenden, in denen man auf keinen römischen Marmorvorrat zurückgreifen konnte. Auch der Plattenfußboden im Paderborner Dom aus der Zeit Bischof Meinwerks (1009–1036; Kat.Nr. 110) wurde aus heimischem Material hergestellt. Am Mindener Fußboden waren starke Brandspuren deutlich erkennbar, die auf den Brand des Querhauses um 1210 zurückgehen werden. Übliche Anzeichen der Abnutzung waren hingegen nicht ablesbar. Daher wird angenommen, dass der Fußboden aufgegeben worden ist.

Das Muster der Rosette besteht aus einem kräftigen, dunklen äußeren Ring, in den zehn, durch kleine dunkle Dreieckpaare voneinander getrennte, verschiedenartig gemusterte Kreise gelegt sind, und einem mittleren sowie einem inneren Ring. Zwischen dem inneren, ohne Binnenorna-

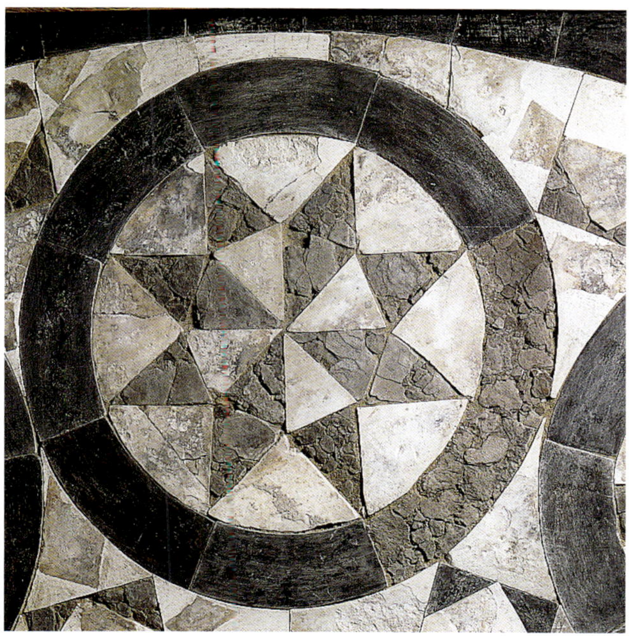

94 · Detail

mentik versehenen Kreis, und dem mittleren sind dunkle rautenförmige Platten aneinandergestellt. Das in der Rahmung präsentierte, rekonstruierte Fragment des Schmuckfußbodens zeigt einen der äußeren Kreise mit einem Sternmotiv. Der durch die spitzen Dreiecke grazil wirkende Stern ist dem aus acht Segmenten gebildeten Kreis eingeschrieben. Eine deutliche Kontrastierung wurde durch den Wechsel von dunklen, schwarz-bräunlichen Platten an den Zacken und hellen Dreiecken im Inneren erzielt. Für die sich seitlich anschließenden Kreisringe konnten sechs Musterungen nachgezeichnet werden: ein dunkles Kreuz auf weißem Grund, ein dunkles Quadrat mit hellem Innenquadrat und schließlich vier helle Kreissegmente auf dunklem Grund. Die in ihrer Ornamentik recht kompliziert zusammengesetzte Rosette ist auch in ihrer kunsthandwerklichen Ausführung eine außergewöhnlich sorgfältige Arbeit, sind doch die Steine äußert genau zugeschnitten und eingepasst.

Das Ornamentschema mit seinem Kreissystem findet sich nach den Untersuchungen von Kier (1970) bereits in byzantinischen Kirchen, wo allerdings zehn statt wie in Minden acht Kreise angeordnet sind. Auch Lobbedey (1986a) zieht für den Schmuckfußboden des Paderborner Domes byzantinische Vorbilder in Betracht. Von wandernden Bauhandwerkern hätte die Opus-sectile-Kunst um die Jahrtausendwende eine Wiederbelebung erfahren haben können. Als weiteres Vergleichsbeispiel wird – neben Susteren (Benediktinerkirche), Siegen (Martinikirche), Bochum-Stiepel (Pfarrkirche) – die um 1060–1071 datierte Rosette im Halberstädter Dom angeführt (Kier 1970, S. 97–98, Abb. 41). Isenberg (1992) schließt sogar für den Mindener Fußboden eine Entstehung bereits im 9. Jahrhundert nicht aus.

Lit.: BKW Stadt Minden 1998–2000, Teilbd. 2, S. 901–902 (Roland Pieper) · Gelderblom 1962, S. 59–60 · Isenberg 1992, S. 105, Anm. 18 · Kat. Paderborn 2002, S. 141, Nr. IX.3 (Anja Stäbler) · Kier 1970, S. 127 · Leo/Gelderblom 1961, S. 88 · Lobbedey 1986a, Bd. 1, S. 180–181. U.H.

95 Fensterrahmen

2. Hälfte 11. Jahrhundert, lt. dendrochronologischer Untersuchung (von 1972): 1068 +/- 6 Jahre
Eichenholz – H. 124 cm, B. 158 cm, lichte B. 98 cm
Minden, Kath. Dompropsteigemeinde St. Gorgonius und Petrus Ap.

Bei einem Mauerdurchbruch für den Einbau von Schwellwerk und Gebläse der Orgel wurden 1958 im Westwerk des Mindener Domes Teile von zwei Fensterrahmen im Obergeschoss der Westwand der sog. Kaiserloge geborgen. Beide aus Eichenbrettern zusammengesetzten Fensterrahmenfragmente sind mit dem Beil gestoßen und nicht gesägt. Während von dem kleineren Fenster (um 934) nur ein Bogenstück erhalten ist, besteht der gut 100 Jahre später ent-

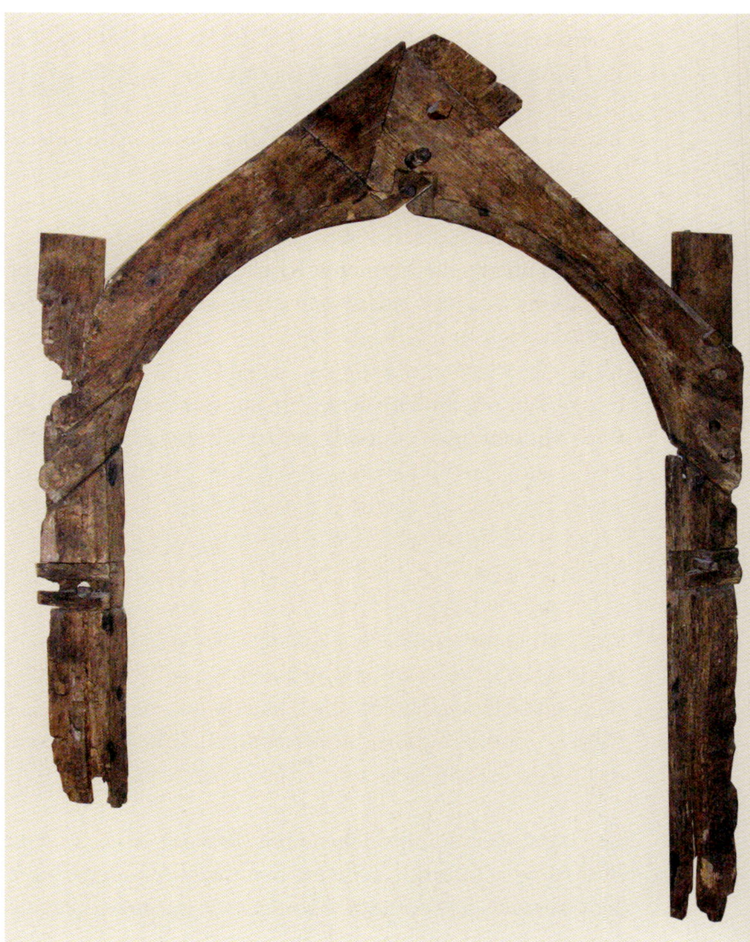

95

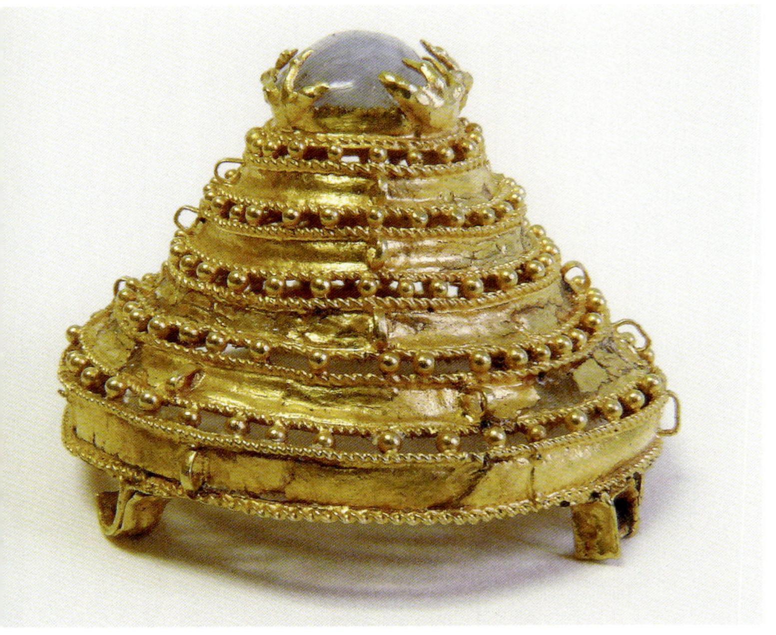

96

standende Rahmen aus zwei seitlichen, in unterschiedlicher Länge erhaltenen Rahmenteilen und zwei giebelartig zusammengefügten Bogenteilen. Diese sind geblattet und mit Holznägeln verdübelt. Die Gesamthöhe des Fensters wird bei etwas über 230 cm gelegen haben. Erkennbar sind Ansatzstellen für eine mittige, senkrecht verlaufende Strebe und zwei waagerecht eingesetzte Latten. Ein Falz auf der Innenseite (2,8 cm) und vorgefundene Eisenreste lassen auf eine Verglasung schließen. Angeblattete Sprossen ragen oben aus den Seitenlatten und der Giebelmitte (Zeichnung in BKW Stadt Minden 1998–2000, S. 156, Abb. 74).
Der gleiche Fundzusammenhang beider Fensterrahmen innerhalb eines Wandbereiches belegt eine Umbauphase im Westwerk für die 2. Hälfte des 11. Jahrhunderts. Dieser nicht näher zu bestimmende Umbau hängt vielleicht mit der Errichtung des Paradieserdgeschosses zusammen.
Fest ins Mauerwerk eingelassene Holzrahmen waren im Früh- und Hochmittelalter in Westfalen bis zum Aufkommen der gotischen Maßwerkfenster üblich. Sie sind relativ selten erhalten geblieben, allenfalls dann, wenn sie – wie in Minden – lange Zeit durch eine Vermauerung geschützt blieben. Weitere hölzerne Fensterrahmen aus vergleichbarer Zeit sind in Soest, St. Patrokli, und in der von Bischof Meinwerk (1009–1036) 1036 geweihten Busdorfkirche in Paderborn entdeckt worden. Im Obergeschoss des Sakristeianbaus, dem sog. Archiv, wurde 1956 ein Eichenholzfenster entdeckt, das dendrochronologisch auf das Jahr 1026 datiert wird.

Lit.: BKW Stadt Minden 1998–2000, Teilbd. 2, S. 156–157 (Roland Pieper) · Claussen 1977, S. 514–515, 517–518 · Gelderblom 1962, S. 60 · Isenberg 1992 · Leo/Gelderblom 1961, S. 90.

U.H.

96 Kegelfibel

1. Hälfte 11. Jahrhundert
Fundort: Minden, Ausgrabung Bäckerstraße
Gold, mit mugeligem Saphir, Filigrandraht u. fünf aufgefädelten Perlenschnüren – Dm. 3,1 cm
Minden, Mindener Museum für Geschichte, Landes- und Volkskunde, Inv.Nr. Mi/Ma 143

Die goldene Fibel wurde 1974 bei Ausgrabungen in einem ehemaligen Entwässerungsgraben, der in der 2. Hälfte des 12. Jahrhunderts angelegt und wenig später wieder verfüllt worden ist, gefunden. Obwohl sie in einem jüngeren Befund lag, gehört sie zu einer Gruppe prunkvoll ausgeführter Kegelfibeln, die in die 1. Hälfte des 11. Jahrhunderts datiert werden können. Wie sie 100 Jahre später in den Graben gelangte, bleibt unklar.
Die Mindener Kegelfibel baut sich aus nach oben verjüngenden Kreisen auf, die abwechselnd aus filigranverzierten Goldblechstreifen und kleinen freitragenden Goldkugeln bestehen. Den oberen Abschluss bildet ein mugeliger Saphir, der in vier freistehenden dreifingrigen Goldkrallen eingefasst ist. Kleine goldene Ösen im Bereich der Goldblechstreifen dienten einst als Halterung für aufgefädelte Perlenschnüre, die sich nicht erhalten haben. Die Fibel selbst besaß keine Bodenplatte. Daher sind Nadelrast und Nadelhalter an den untersten Goldblechstreifen angelötet. Stilistisch steht die Fibel Arbeiten aus Byzanz oder dem byzantinischen Italien nahe, denn die Perlenränder, die dreifingrigen Einfassungen für den Saphir und die freitragenden Goldkugeln waren bei den dort ansässigen Goldschmieden ein typisches gestalterisches Mittel. Einen weiteren Hinweis gibt eine stilistisch ähnliche Fibel, die aus der Themse bei Dowgate Hill in London geborgen werden konnte. Auf deren zentraler Einlage ist eine Glückwunschformel in griechischer Schrift eingelassen. Aufgrund der Qualität der Mindener Fibel, die zwar den Vergleichsstücken aus dem Mainzer Schatz der Kaiserin Agnes († 1077) nachsteht, aber dennoch sehr hoch ist, lässt darauf schließen, dass sie sich im Besitz eines hohen Adligen der ottonisch-salischen Zeit befand.

Lit. Isenberg/Peine 1998 · Kat. Speyer 1992, S. 273–275, Nr. 2 (Mechthild Schulze-Dörrlamm) · Spiong 2000 · Westermann-Angerhausen 1987.

R.M.

97 Grabkelch mit Patene

2. Hälfte 11. Jahrhundert
Silber, getrieben, geschmiedet, graviert
Kelch: H. 5,1 cm, Dm. (Fuß) 3,0 cm, Dm. (Kuppa) 3,6 cm
Patene: Dm. 5,5 cm
Minden, Kath. Dompropsteigemeinde St. Gorgonius und Petrus Ap.

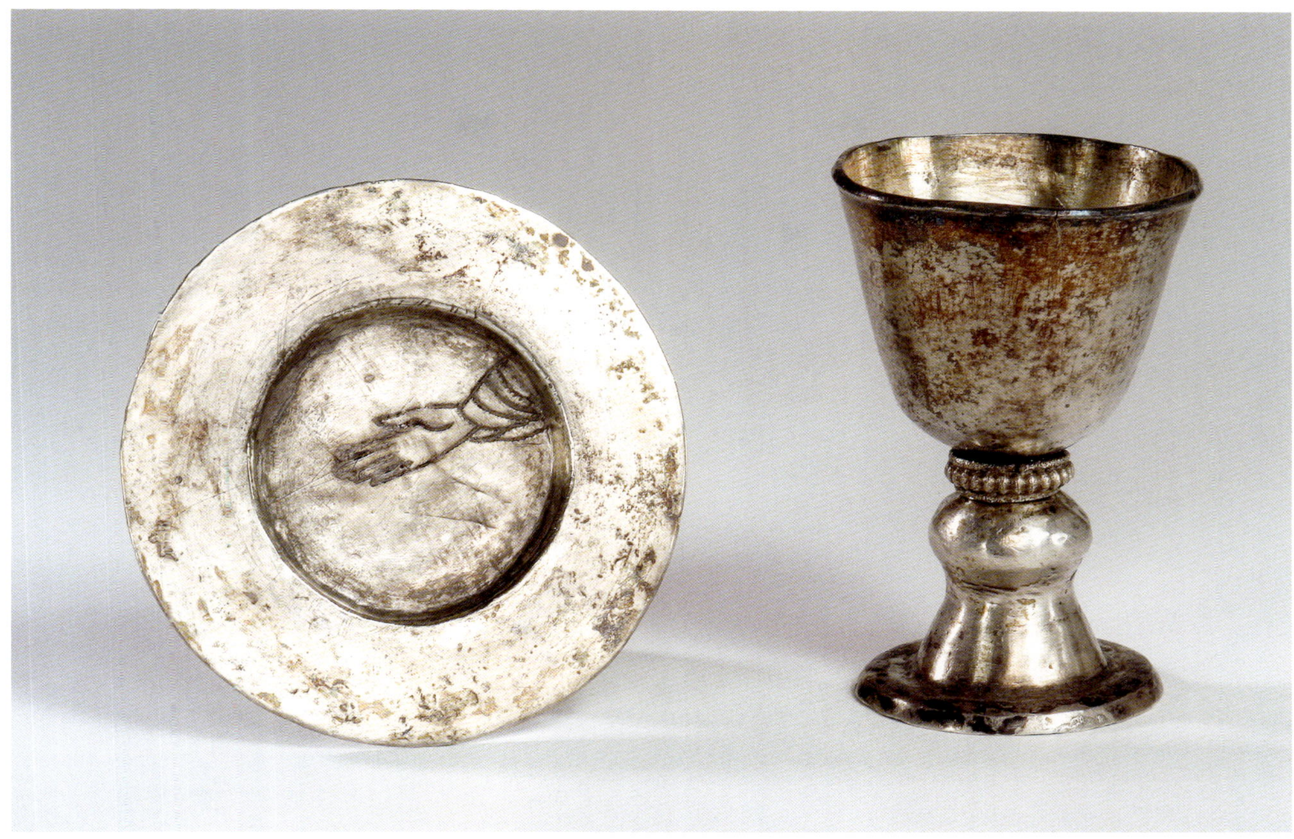

97

Bei Grabungen im Mindener Dom, die im Zuge des Wiederaufbaus vor 1950 durchgeführt worden sind, wurden an der Ostseite der Vierung, vor den Stufen zum Hochchor, vier Bestattungen aufgedeckt (BKW Stadt Minden 1998–2000, S. 102–103 mit Abb.). Die ältere Literatur weist diejenige Grablege, in welcher der Kelch und die Patene am Kopfende geborgen wurden, Bischof Thietmar (1185–1206) zu, häufiger wird in ihr auch die Ruhestätte Bischof Eilberts (1055/1056–1080) vermutet. Er stellte bis 1072 den romanischen Erweiterungsbau fertig, nachdem der Dom bei einem Brand zehn Jahre zuvor in Mitleidenschaft gezogen worden war. Als Zeichen der priesterlichen Würde legte man den im Inneren des Domes bestatteten Bischöfen eucharistische Gefäße und Messgewänder in ihre Gräber. Goldfäden, die ebenfalls in der freiliegenden Bestattung in Kopfnähe des letztlich nicht zu identifizierenden Mindener Bischofs neben Kelch und Patene aufgefunden worden sind, machen zudem die Beigabe eines liturgischen Gewandes, etwa einer Stola oder einer kleinen Kasel, wahrscheinlich. Die sehr reduzierte Größe des Kelches kann auf die Bedeutung als reines Zeichen hinweisen. Ob die aus kostbarem Silber bzw. Gold gearbeiteten kleineren Miniaturkelche, zu denen der Mindener auch zu zählen ist, als sog. Reisekelche (»calix viaticus«) vormals auch liturgisch genutzt worden sind, lässt sich nicht beweisen.

Über einer runden, flachen Standplatte mit abgeschrägter Kante geht der konisch aufsteigende Fuß ansatzlos in einen wulstartigen Nodus über. Darauf aufgesetzt ist ein Perldrahtring, der oben und unten von Vierkantdrähten eingefasst wird. Die Größe der spitz zulaufenden Kuppa, deren Lippe eine dickere Kante ausbildet, überragt den Ständer des Miniaturkelches deutlich. Stilistisch ergeben sich am ehesten Parallelen zu den Hildesheimer Grabkelchen (Elbern 1963, S. 60, 62, Abb. 58). Im Vergleich mit den anderen als Grabbeigaben bekannten Kelchen greift das Mindener Exemplar deutlich auf ältere Stufen der Formentwicklung zurück; so ist das deutliche Übergewicht der Kuppa hauptsächlich an karolingischen Kelchen zu verzeichnen. Die zugehörige Patene zeigt einen breiten flachen Rand und einen eingetieften Spiegel, in dessen Mitte die »dextera Dei« eingraviert ist. Diese »rechte Hand Gottes« lugt aus dem Ärmelansatz des Gewandes hervor (vgl. Kelch mit Patene des Bremer Erzbischofs Liemar (1072–1101), in: Kat. Paderborn 2006, Bd. 2, Nr. 83). Die Rückseite des Hostientellers ist mit einem gestrichelten Strahlenkranz ausgestaltet.

Lit.: BKW Stadt Minden 1998–2000, Teilbd. 2, S. 901–902 (Anna Beatriz Chadour-Sampson) · Elbern 1963, S. 49, 72 · Gelderblom 1962, S. 58–59 · Jakobi 2005, S. 62–63 · Kat. Corvey 1966, Bd. 2, S. 568, Nr. 247 (Karl H. Usener) · Kat. Berlin u.a. 2000–2002, Bd. 3, S. 442–443 (Miriam Wissen), Nr. 21.02.05 a, b · Kat. Paderborn 2006 · Leo/Gelderblom 1961, S. 18.

U.H.

Münster

Schriftquellen zur Geschichte Münsters vor dem 12. Jahrhundert sind kaum vorhanden. Das hängt vor allem mit dem Brand der Domburg im Jahr 1121 während der Belagerung durch Herzog Lothar von Süpplingenburg (1106–1137) zusammen, der offenbar auch das Archiv des Bistums vernichtete. Außerdem lag die Stadt abseits der Routen der mittelalterlichen Herrscher und konnte sich, anders als Paderborn oder Minden, nicht im Glanz der Könige sonnen. Der archäologische Befund des Immunitätsbezirks zeigt unabhängig davon eine rege Bau- und Stiftungstätigkeit der Münsteraner Bischöfe.

Nach der Gründung des Domklosters durch den hl. Liudger (805–809) war die Siedlung ständig gewachsen und um die Jahrtausendwende das mit fast 8 ha relativ große Areal der Domburg vollständig ausgefüllt. Im Norden erstreckte sich die Bischofskirche, die erst in der 2. Hälfte des 11. Jahrhunderts neu errichtet wurde. Ein weiterer Sakralbau stand seit der Karolingerzeit ebenfalls nördlich des Doms. Ende des 11. Jahrhunderts wurde hier ein eigenes Kapitel am »Alten Dom« eingerichtet. Um die Jahrtausendwende gab es größere Umgestaltungen im Bereich des Domklosters nordöstlich der Kathedrale, die mit der Trennung von Bischof und Kapitel in Verbindung gebracht werden können. Spätestens seit dieser Zeit dürfte ein vom Kloster getrennter

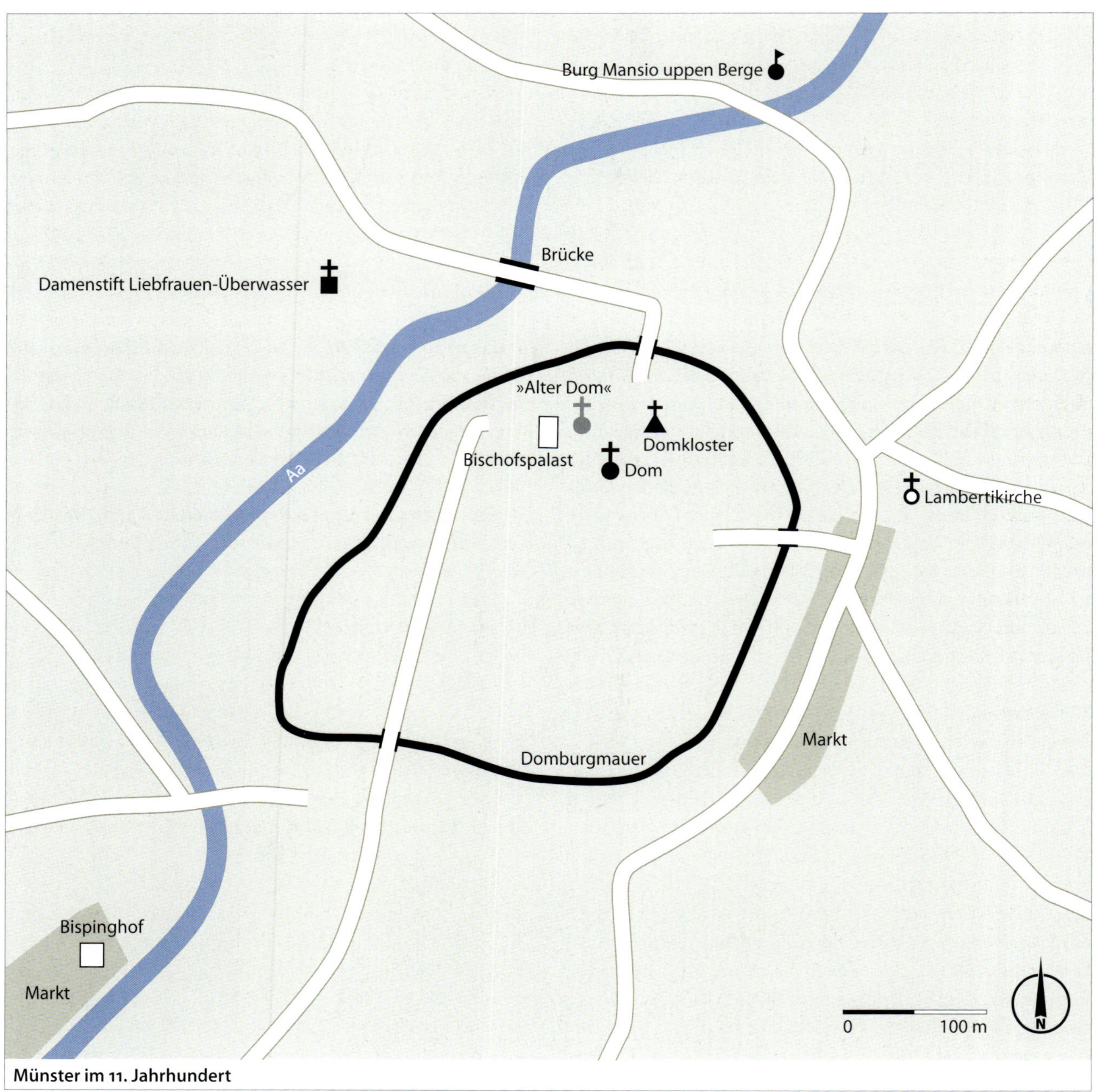

Münster im 11. Jahrhundert

Bischofspalast im Nordwesten des Doms bestanden haben. Ob das bischöfliche Haus tatsächlich schon in Verbindung mit einer von Bischof Wolfhelm (vor 882–898/899) Ende des 9. Jahrhunderts errichteten Clemenskapelle steht, erscheint fraglich. Südlich der Kathedrale erstreckte sich ein größerer Friedhof, der seit der Missionszeit genutzt wurde. An den Rändern der Domburg entwickelte sich die profane Siedlung. Zahlreiche Grubenhäuser und Pfostenbauten des 9. und 10. Jahrhunderts, die eine größere handwerklich-»städtische« Siedlung wahrscheinlich machen, konnten nachgewiesen werden. Im frühen 11. Jahrhundert entstanden erste Gebäude mit Steinfundamenten, die im späteren 11. Jahrhundert deutlich vergrößert wurden. Lage und Ausrichtung der Häuser sprechen dafür, dass es sich bei ihnen um Nachfolger der Pfostengebäude und nicht um frühe Kurien der Domherren handelte. Gleichzeitig wurde die Palisadenwand der Befestigung durch eine 1,60–2,20 m breite massive Steinmauer ersetzt. Sie stand auf dem älteren Wall und vor dem 10–20 m breiten Sohlegraben, der die Domburg seit dem frühen 10. Jahrhundert schützte. Ähnlich wie in Paderborn, Minden, Bremen und Hildesheim scheint auch in Münster der Bau einer Steinmauer ein Prestigeprojekt gewesen zu sein.
Östlich der Domburg hatte sich ein langgezogener Markt herausgebildet, der spätere Prinzipalmarkt, an dessen Nordende die Kaufleute, vielleicht um 1040, eine neue Kirche errichteten, die dem hl. Lambertus geweiht war. Das Münzrecht für Münster ist durch Münzfunde aus der Zeit Ottos III. (983–1002) belegt. Westlich der Domburg stiftete Bischof Hermann I. (1032–1042) in Anlehnung an die Familie der Billunger in der 1. Hälfte des 11. Jahrhunderts am anderen Ufer der Aa das Damenstift Liebfrauen-Überwasser, das zu seiner Grablege werden sollte (Kat.Nr. 104–105). Es wurde Weihnachten 1040 in Anwesenheit Kaiser Heinrichs III. (1039–1056) von vier Erzbischöfen und sieben Bischöfen geweiht. Die späteren Nachfolger, die Bischöfe Friedrich (1064–1084/1085) und Erpho (1085–1097), gründeten etwa 2 km außerhalb der Stadt ein weiteres Kloster, das Stift St. Mauritius, und fanden hier ihre letzte Ruhestätte.

Lit.: Balzer 1993 · E. Balzer 2006a · BKW Stadt Münster 1933 · Kroker 2006 · Kroker 2007 · Pesch 2005. M.K.

98a Kämpferfragment

Spätes 11. Jahrhundert
Fundort: Münster, Dom
Sandstein – H. 31 cm, B. 77 cm, T. 44 cm
Münster, Stadtmuseum Münster, Förderverein Stadtmuseum Münster e.V., Inv.Nr. SK-0025-1

Das verzierte Kämpferfragment einer Wandvorlage wurde um 1945 aus den Trümmern des im Zweiten Weltkrieg stark zerstörten romanischen Doms in Münster geborgen. Es handelt sich um eines der wenigen Fragmente hochmittelalterlicher Bauskulptur, die sich in Münster erhalten haben. Das Gesamtprofil aus zwei gestuften Platten ist im oberen Bereich nur an einer schmalen Stelle vollständig erhalten, den unteren Teil ziert ein Zahnschnitt. Darüber befindet sich ein steiles Karniesprofil unter einer Platte mit einem Perlstab, das nur noch in geringen Resten zu erkennen ist. An der rechten Seite findet sich eine Eintiefung, in der in einem ovalen Umriss ein bärtiger Kopf in einem Strahlennimbus erscheint. Oben und an der linken unteren Seite sind Teile einer palmettenartigen Zwickelfüllung sichtbar. Die Ecke mit dem Kopf trat ehemals aus dem Wandverband hervor. Der Kopf wurde bisher u.a. als jener des hl. Paulus gedeutet, jedoch lässt der starke Abstraktionsgrad eine eindeutige Zuweisung, etwa zu Christus oder einem bestimmten Heiligen, nicht zu.
Im eingebauten Zustand befand sich der Kämpfer über einer etwa 26 cm vorspringenden Bogenvorlage und war Teil einer Großarchitektur. Er war in größerer Höhe eingebaut und nur grob ausgearbeitet. Verschiedene jüngere Bearbeitungsspuren belegen, dass der Stein später noch ein- oder zweimal in anderem Zusammenhang verbaut wurde. Der einfach gestaltete Kopf weist nur wenige charakteristische Stilelemente für eine nähere zeitliche Einordnung auf. Die steile Führung des Kämpferprofils ist charakteristisch für das 11. Jahrhundert, durch Vergleiche mit Kämpfern aus Kirchen in Bamberg und Paderborn ist eine Datierung in das späte 11. Jahrhundert denkbar. Das Fragment könnte daher aus dem zweiten Dombau stammen, der 1090 von Bischof Erpho (1085–1097) geweiht wurde.

Lit.: Holze-Thier/Werner 2005 · Lobbedey/Scholz/Vestring-Buchholz 1993, S. 24–31 · Meyer 1997 · Thier 2005. B.T.

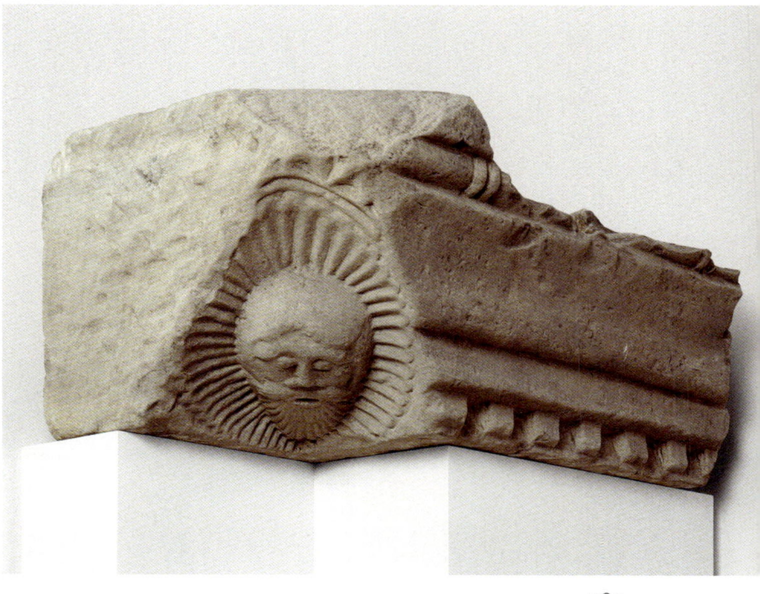

98a

98b Ecksäulenkapitell eines Steingebäudes

2. Hälfte 11. Jahrhundert
Fundort: Münster, »Alter Dom«
Sandstein – H. 46 cm, B. 33 cm, T. 26 cm
Münster, Domkammer der Kathedralkirche St. Paulus, Inv.Nr. DK III,2

Das Kapitell einer Ecksäule wurde 1875 sekundär verbaut zusammen mit zwei ähnlichen Exemplaren beim Abbruch des zwischen 1377 und 1395 errichteten »Alten Doms« gefunden. Diese kleine Kirche befand sich an der Nordwestecke des zeitgleich entstandenen gotischen Kreuzgangs nördlich des romanischen Doms. Der ältere »Alte Dom« des Domstiftes, ein Bauwerk des frühen 9. Jahrhunderts, musste 1377 dem Neubau dieses Kreuzgangs weichen. Zwei weitere, zur gleichen Gruppe gehörende Kapitelle konnten nach 1945 aus den Trümmern des zerstörten Doms geborgen werden.

Das Blockkapitell ist mit zwei Blattkränzen verziert, deren Blätter aus Rippen gebildet werden. Sie stoßen gegen eine Vertiefung, die von einer halbkreisartigen, nach oben gebogenen Ranke eingerahmt wird, deren Abschlüsse in kleinen gerollten Voluten enden. Die Zwickel zwischen den Hüllkelchen der Blätter sind mit Blattmotiven verziert, die an falsch verstandene Akanthusblätter der Antike erinnern. Der Durchmesser der zugehörigen Ecksäule betrug ursprünglich etwa 36 cm. Die Kelchblattform ist Verzierungen bei korinthischen Kapitellen vergleichbar, die sich beispielsweise in den Domkirchen in Essen und Hildesheim sowie in den Krypten der Kirchen in Vreden und Quedlinburg befinden. Sie lassen sich in die Mitte bis in die 2. Hälfte des 11. Jahrhunderts datieren. Die zu rekonstruierenden Ecksäulen dürften wie jene in der Westvorhalle von St. Severin in Quedlinburg oder im Ostchor des Doms zu Mainz gestaltet gewesen sein.

Ursprünglich stammt dieses Kapitell, wie vermutlich auch die anderen Stücke, entweder aus einer romanischen Umbauphase des 1377 abgebrochenen karolingischen »Alten Doms« oder aus dem in der Nähe befindlichen, 1085 erstmals erwähnten und 1364 als ruinös beschriebenen Bischofspalast.

Lit.: Holze-Thier/Werner 2005 · Lobbedey/Scholz/Vestring-Buchholz 1993, S. 24–31, Nr. B · Meyer 1997 · Thier 2005.

C.H.T.

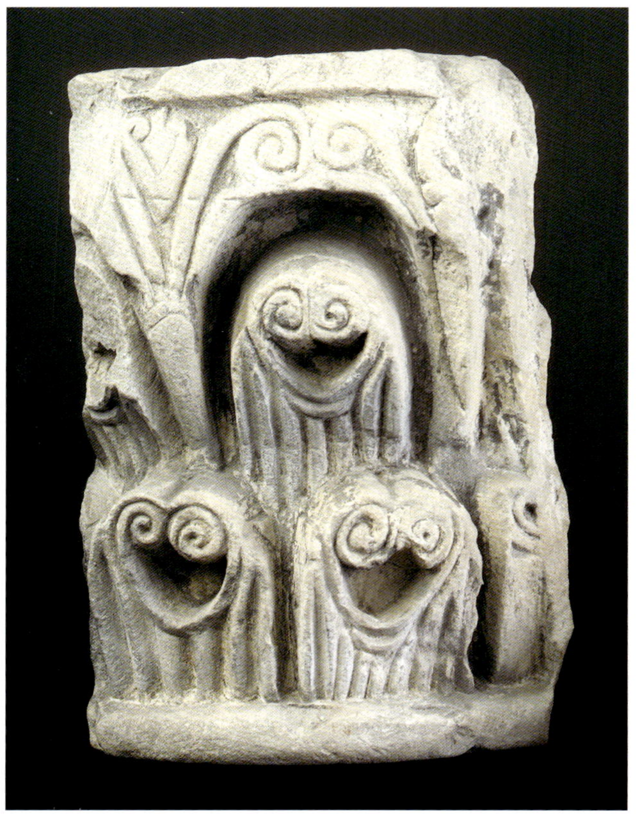

98b

99 Kreuzemailscheibenfibel

Fortgeschrittenes 10./frühes 11. Jahrhundert
Fundort: Münster, Damenstift Liebfrauen-Überwasser
Gold, mit opakem Zellenemail u. Filigrandrahtverzierung, Fibel im Mittelteil plateauartig erhöht u. am Rand flach abgesetzt, verziert mit einem Kreuz mit getreppten Außenlinien, Nadelhalter u. -rast aus aufgelötetem Goldblech, Nadel aus Kupferdraht, zwei Einlagen aus blauem Email fehlen – Dm. (Fibel) 1,20 cm, H. 0,03 cm, L. (Nadel) 1,10 cm, D. 0,01 cm
Münster, Bistum Münster, Bischöfliches Generalvikariat, 2003:6,610

Die goldene Scheibenfibel ist eine Einzelanfertigung von besonderer Qualität. Sie wurde wohl von einer adligen Stiftsdame getragen. In der Grundform und in der Gestaltung steht sie einer gegossenen Bronzefibel aus Bamberg nahe, die ein dreiarmiges Kreuz mit Zellenemail zeigt. Enger verwandt ist sie mit der Kreuzdarstellung auf einer lunulaförmigen Emailplaque aus Hildesheim, die einer lothringischen Werkstatt zugeschrieben wird.

Die Fibel kam im Ostflügel der Klausur des Damenstifts zutage. Sie fand sich in einer sehr fundreichen Kulturschicht des späten Mittelalters und der Frühen Neuzeit, in der auffällig viele Reste der Textilverarbeitung geborgen wurden. Die Befunde bezeugen einen nördlich des »Kapitelsaales« gelegenen großzügigen Handarbeitsraum von etwa 42 m^2, der in der Mitte des 15. Jahrhunderts angelegt und bis in das 17. Jahrhundert in Nutzung blieb.

Das Stift Liebfrauen-Überwasser war bis in das späte Mittelalter adligen Frauen vorbehalten. Es war die erste bedeutende Stiftung einer kirchlichen Einrichtung in der Nähe

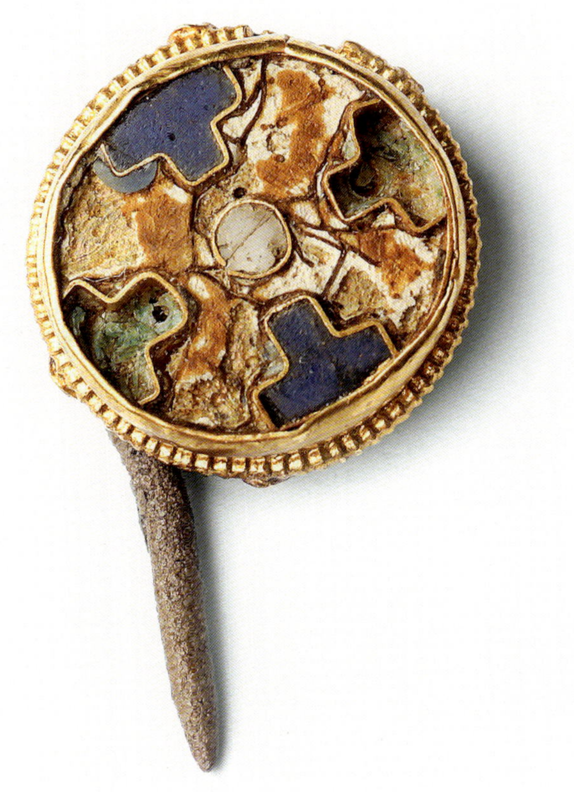

99

der Domburg von Münster seit der Gründung des Bistums. Von Bischof Hermann I. (1032–1042) gegründet und in Anwesenheit König Heinrich III. (1039–1056) 1040 geweiht (Kat.Nr. 104), bildete es den Ausgangspunkt für die Entwicklung des »suburbiums« und der späteren Vorstadt Überwasser, die ihre Selbstständigkeit erst im 16. Jahrhundert verlor.

Lit.: Kat. Hildesheim 1993, Bd. 2, S. 370, Nr. VI-43 (Martina Pippal) · Kat. Münster 2005, S. 227 (Aurelia Dickers) · Kat. Paderborn 2006, Bd. 2, S. 143, Nr. 135 (Aurelia Dickers) · Spiong 2000, S. 64–65, 212 Taf. 7.4. A.D.

100 Buchschließe

2. Hälfte 11./1. Hälfte 12. Jahrhundert
Fundort: Münster, Domplatz 10
Silber – restauriert – langer Schenkel: H. 0,1 cm, B. max. 1,4 cm, L. 3,0 cm, kurzer Schenkel: H. 0,5 cm, B. max. 1,4 cm, L. max. 2,15 cm
Münster, Stadt Münster/Stadtarchäologie, Fd.Nr. 293

Bei der abgebildeten Buchschließe handelt es sich um ein dreilappiges Scharnier. Der kurze Schenkel war ehemals durch zwei Pflocknieten am Buchdeckel befestigt, der längere Schenkel überspannte den Buchblock und konnte an einem Gegenstück befestigt werden. Auf beiden Schenkeln befinden sich an den Enden rosettenförmige Ausbildungen; zwischen den Scharnierlappen des kurzen Schenkels sind organische Reste überliefert. Der längere Schenkel ist beidseitig gleichweit rechtwinklig eingezogen. Aus dem entstehenden Fortsatz wurde die runde Öse zur Aufnahme der Scharnierachse gezogen.
Buchschließen sind lederne oder metallene Konstruktionselemente des mittelalterlichen und frühneuzeitlichen Bucheinbands. Sie verbinden den vorderen mit dem hinteren Deckel eines Buchblocks. Dadurch wird der so gepresste bzw. auf Spannung gehaltene Buchblock aus Pergament vor Staub und Licht geschützt. Auf den Deckeln sind Lederriemen oder textile Bänder befestigt, an deren Enden sich ein metallener Schließmechanismus, die Buchschließe, befindet. Die Seltenheit von Buchschließen in archäologischen Befunden aus der Zeit vom frühen bis zum beginnenden späten Mittelalter macht jede Buchschließe zu einem Unikat. Umso kostbarer ist das vorliegende Stück aus Silber. Geborgen wurde es aus der Verfüllung eines hochmittelalterlichen Grubenhauses, das innerhalb der Domimmunität stand.

Lit.: Krabath 2001, S. 100–111. A.B.

101a Scheibenfibel

2. Hälfte 10./1. Hälfte 11. Jahrhundert
Fundort: Münster, Domplatz 10
Buntmetall, gegossen, Grubenemail, restauriert – Dm. 3,0 cm, D. 0,35 cm
Münster, Stadt Münster/Stadtarchäologie, Fd.Nr. 335

Die Fibel ist im Mittelteil plateauartig erhöht und mit einer Vierbeinerdarstellung versehen – einem rechtsschauenden Vierfüßler mit kreisförmiger Umrandung und einem umlaufenden feingekerbten Rand. Die Vertiefungen zwischen den Füßen sind mit rotem Email, die Vertiefungen unterhalb des Schwanzes und des Kopfes waren vermutlich mit einer Goldblechauflage ausgefüllt. Während die Nadelhalter noch vorhanden sind, fehlen Nadel und Rast. Fibeln waren ein funktional notwendiges Zubehör der Tracht. Sie finden sich auf historischen Abbildungen, die vornehmlich Mitglieder der sozialen Oberschicht darstellen, deren Umhang oder Mantel mit einem Schmuckstück verschlossen wird. Das vorliegende Stück wurde aus der Verfüllung eines hochmittelalterlichen Grubenhauses, das innerhalb der Domimmunität stand, geborgen.

Lit.: Bergmann 2006/2008, S. 112–113 · Krabath 2001, S. 116–117 · Spiong 2000, S. 63–64, Taf. 7. A.B.

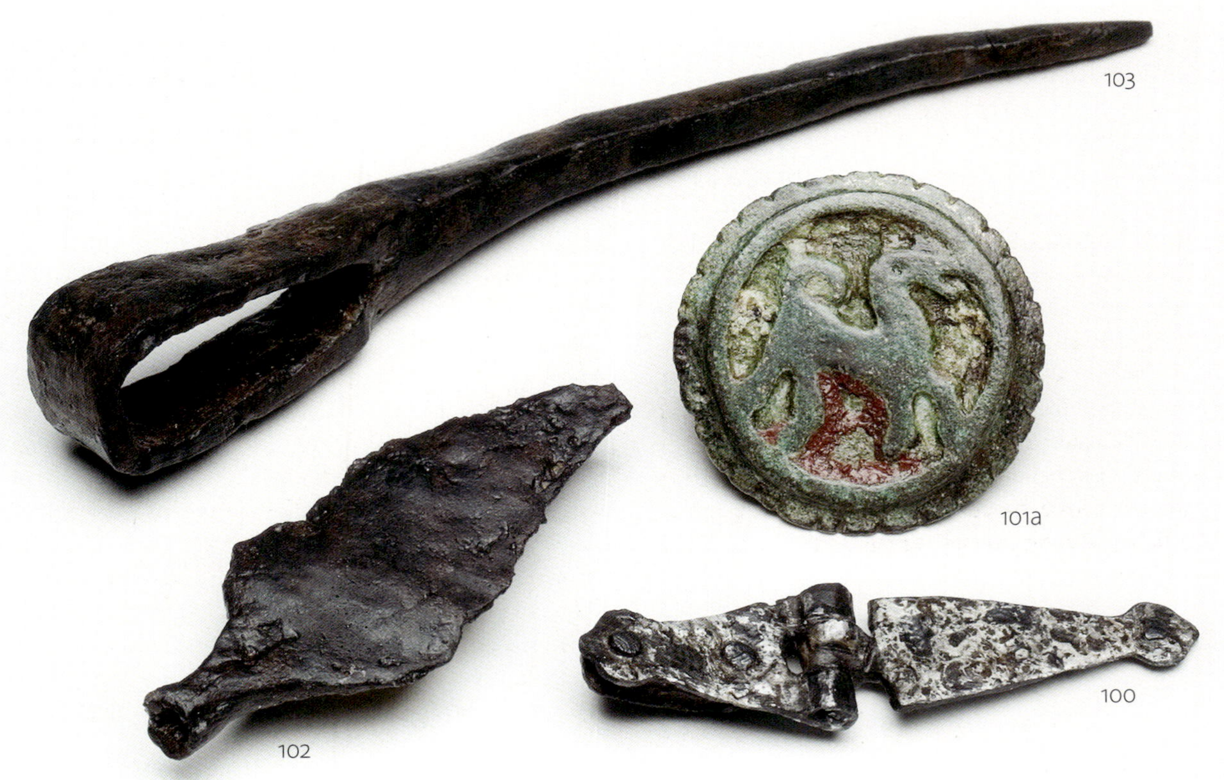

100–103

101b Scheibenfibel
2. Hälfte 9./1. Hälfte 10. Jahrhundert
Fundort: Münster, Domplatz 10
Buntmetall, gegossen, Grubenemail, restauriert – Dm. 3,25 cm, D. 0,30 cm
Münster, Stadt Münster/Stadtarchäologie, Fd.Nr. 294

Die runde, am Rand flach abgesetzte Fibel ist im Mittelteil plateauartig erhöht und in der Mitte mit dem stilisierten Körper eines Heiligen mit Nimbus verziert. Am Rand befinden sich unregelmäßige Gruben mit goldenen und roten Emailresten. Die Nadel auf der Rückseite ist noch vorhanden, die Rast fehlt hingegen.
Das Aufkommen von Heiligenfibeln ging einher mit der Translation zahlreicher Reliquien. Berichte über Wunderheilungen führten zum Aufblühen der Heiligenverehrung. Pilgerscharen wanderten zu den Gräbern der Heiligen, im Bistum Münster insbesondere zum Grab Bischof Liudgers (805–809) in Werden a.d. Ruhr. Erworben als Pilgerandenken stellte das Tragen einer solchen Fibel den Träger unter den Schutz eines Heiligen.
Das vorliegende Stück wurde aus der Verfüllung eines hochmittelalterlichen Grubenhauses, das innerhalb der Domimmunität stand, geborgen.

Lit.: Bergmann 2006/2008, S. 112–113 · Krabath 2001, S. 116–117 · Spiong 2000, S. 54–55, Taf. 3, 8–11. A.B.

102 Pfeilspitze
10.–12. Jahrhundert
Fundort: Münster, Domplatz 10
Eisen – restauriert – L. 4,8 cm, B. max. 1,9 cm, D. max. 0,4 cm
Münster, Stadt Münster/Stadtarchäologie, Inv.Nr. 2008

Bei dem Fund handelt es sich um eine breite, lanzettförmige Spitze mit Tüllenschäftung; die Tülle ist abgebrochen, das Blatt hatte auf beiden Seiten einen Mittelgrad. Das geringe Gewicht und die Größe sprechen für eine Verwendung als Pfeilspitze. Schon vor Tausenden von Jahren wurde der Pfeilbogen als Jagdwaffe und auch als hervorragende Fernwaffe im Krieg genutzt. Erst ab dem 15. Jahrhundert setzten sich nach und nach Feuerwaffen durch. Das vorliegende Stück stammt aus der Verfüllung eines hochmittelalterlichen Grubenhauses, das innerhalb der Domimmunität stand. Die dazugehörige Holzschäftung, Köcher aus Leder oder Holz und der hölzerne Bogen sind im Boden vergangen, so dass die eiserne Pfeilspitze wie bei den anderen Funden auch der einzige Nachweis für die Verwendung von Pfeil und Bogen ist.

Lit.: Felgenhauer-Schmiedt 1993, S. 212. A.B.

103 Spitzhacke

2. Hälfte 11./1. Hälfte 12. Jahrhundert
Fundort: Münster, Domplatz 10
Eisen – restauriert – L. 10,0 cm, B. 0,4–0,9 cm, Schaftloch: L. 2,3 cm, B. 0,7 cm
Münster, Stadt Münster/Stadtarchäologie, Fd.Nr. 283

Die massive, durch Ausstrecken eines Stabeisens gebildete Spitzhacke besitzt ein ovalförmiges Schaftloch, das durch Umbiegen des breit ausgehämmerten Stabes geformt wurde; die Spitze ist gekrümmt und durch Benutzung gestaucht. Einseitige Spitzhacken werden üblicherweise für Erdarbeiten eingesetzt. Aufgrund der geringen Größe des vorliegenden Stückes könnte die Spitzhacke vermutlich auch im metallverarbeitenden Handwerk benutzt worden sein. Geborgen wurde sie aus der Verfüllung eines hochmittelalterlichen Grubenhauses, das innerhalb der Domimmunität stand.

Kat. Münster 1993, S. 192, Nr. 41, Abb. 67 (Rudolf Bergmann).
A.B.

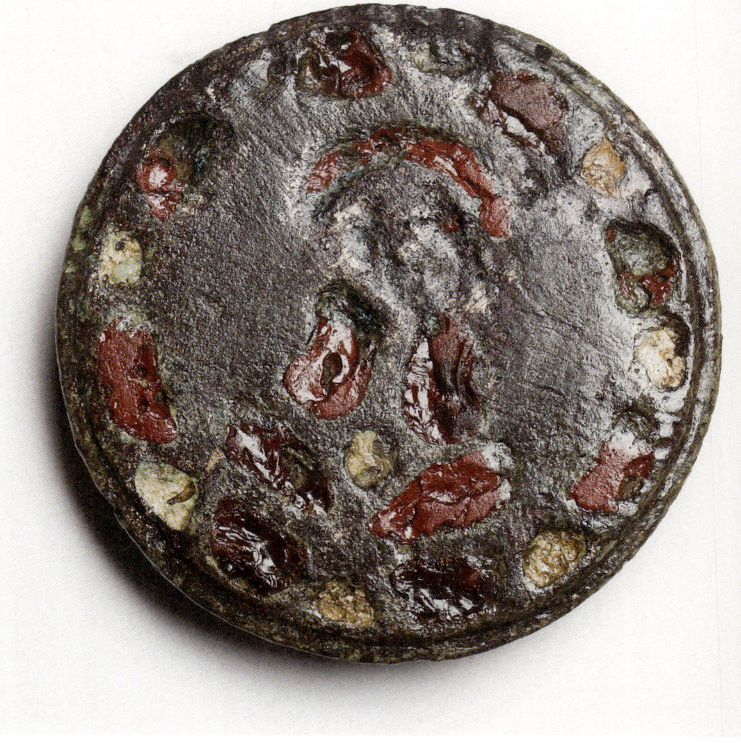

101b

104 Urkunde König Heinrichs III. für das Damenstift Liebfrauen-Überwasser in Münster

»Mimigartevvrte« (Münster), 29. Dezember 1040
Pergament – Siegel verloren, durchgezogene goldgelbe Befestigungsschnur erhalten – H. 50,0 cm, B. 57,8 cm
Münster, Landesarchiv NRW Abteilung Westfalen, Studienfonds Münster, Stift Überwasser Urk. 1 (KU 95)

Die Urkunde ist vom Schreiber »A« unter dem Kanzler Eberhard in diplomatischer Minuskel geschrieben und weist die typischen Merkmale einer Königsurkunde auf: Ins Auge springen die in Auszeichnungsschrift (Gitterschrift) angelegte erste Zeile sowie die Signums- und die Rekognitionszeile. Sie sind zusätzlich hervorgehoben durch die symbolische Anrufung Christi mit dem reich verzierten Chrismon (C) am Anfang und dem kunstvollen Monogramm des Herrschers in der Signumszeile. Die abschließende Datierungszeile ist so geschrieben, dass sie – an den Rändern bündig – den Schriftblock rahmt; der Ausstellungsort tritt durch die Großbuchstaben hervor.

Der König schenkt am Tag der Kirchweihe des neu gegründeten Damenstiftes, bei der er anwesend ist, wegen der »sehr getreuen und häufigen Dienste« des Gründers, Bischof Hermanns I. von Münster (1032–1042), den Hof Herve in Tengern (französisch Tignée) bei Lüttich. Gedacht war die Schenkung, wie es heißt, als Gegengabe für die Gebete der Stiftsdamen für das Seelenheil seines Vaters, Kaiser Konrads II. (1024–1039), und Heinrichs erster Gemahlin, Königin Gunhilds († 1038), sowie für das Wohlergehen des Schenkers selbst und das seiner Mutter, Kaiserin Giselas († 1043). Der Besitz gehörte zum Lüttichgau und der Grafschaft Dietbalds von Valkenburg. Sonstige zeitnahe Besitzübertragungen aus dem Umfeld von Herve lassen eine Verwandtengruppe erkennen, die sich auf Oda († nach 952), die Schwester König Heinrichs I. (919–936), und Gerhard von Metz zurückführen lässt. Der Bischof und der König waren mit dieser Gruppe versippt. Heinrich III. (1039–1056) machte daher nicht nur ein königliches Gründungsgeschenk, er unterstützte zugleich die Stiftung eines Verwandten.

Der Weihnachtsaufenthalt König Heinrichs in Münster zeichnete sich durch eine Serie wichtiger Entscheidungen und ritueller Akte aus, von denen hier die Begnadigung des böhmischen Herzogssohnes, Verhandlungen über einen neuen Böhmenfeldzug und über die Sicherung der Dänengrenze sowie die Weihe Bischof Suitgers von Bamberg (1040–1047) – seit 1046 Papst Clemens II. – am Tag vor der Kirchweihe hervorgehoben seien. Für die Kirchweihe selbst, bei der je drei Bischöfe bzw. Erzbischöfe einen der vier Altäre weihten, wurde bewusst der 29. Dezember, der Festtag des maßgebenden Königs David, gewählt. Heinrich III. ist höchstwahrscheinlich *Unter-der-Krone* gegangen, geleitet von den zwölf Bischöfen, und stellte sich so in besonderer Weise als »vicarius Christi«, als Stellvertreter Christi, dar.

Bischof Hermann hat Liebfrauen-Überwasser (d.h. vom Dom aus gesehen auf der anderen Seite der Aa) an der Stelle einer – wie neuere Ausgrabungen nahe legen – älteren Ma-

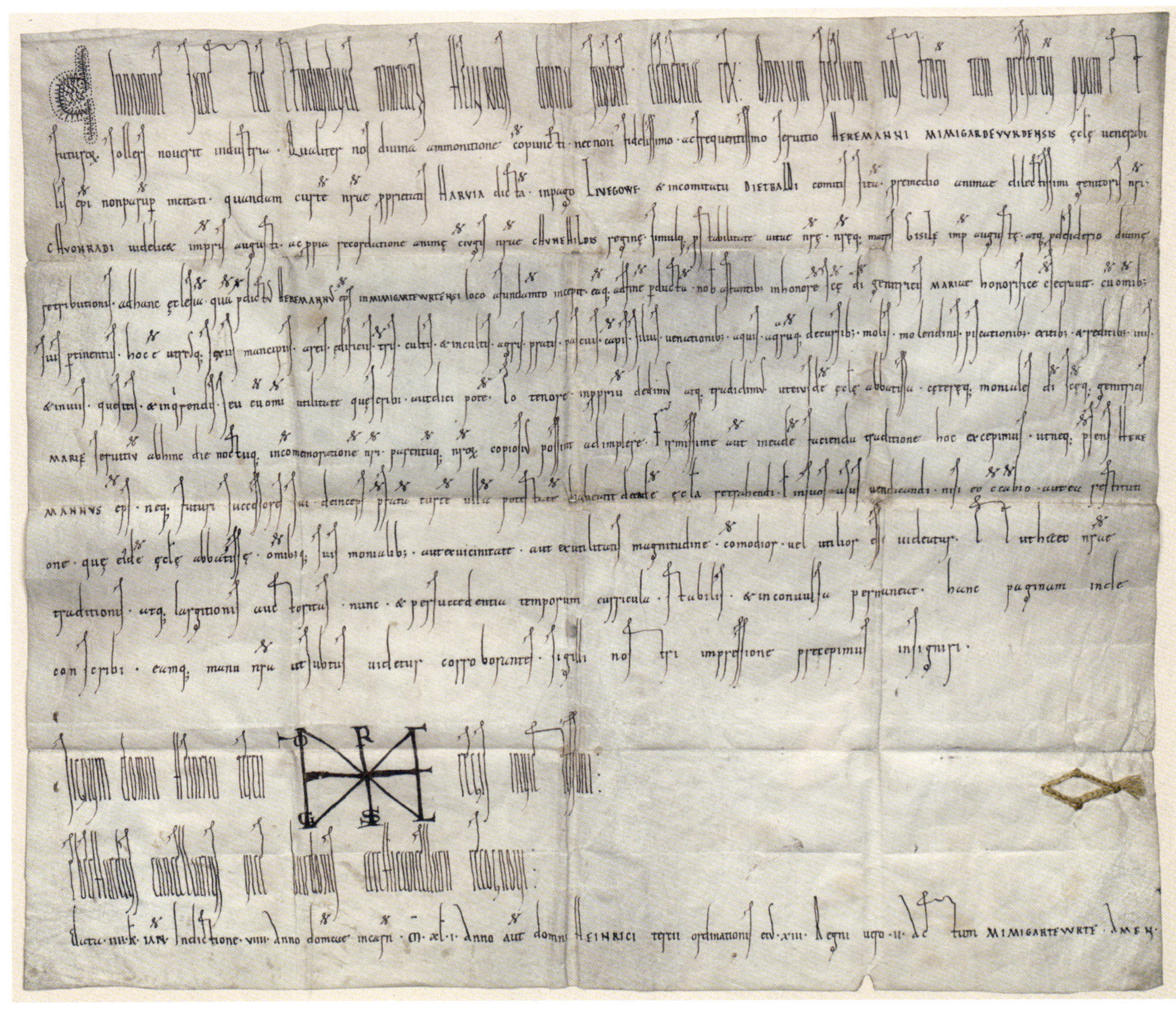

104

rienkirche errichtet, die vermutlich aus der Missionszeit stammte. Erste Äbtissin wurde seine Schwester Bertheide, der weitere Frauen aus der Familie folgten. Für den Bischofssitz Münster bedeutete diese Familienstiftung den Beginn der Gestaltung einer »sakralen Landschaft«, denn vermutlich hatte Hermann auch das von seinen Nachfolgern ausgebaute Klerikerstift St. Mauritius schon geplant.

Q.: MGH DD H III, Nr. 68. Lit.: Balzer 2006a · Balzer 2005 · Kat. Paderborn 2006, Bd. 2, S. 139–140, Nr. 131 (Edeltraud Balzer). E.B.

105 Grabstein Bischof Hermanns I. von Münster

Westfalen, Mitte 12. Jahrhundert
Baumberger Sandstein – H. 132 cm, B. 68 cm, T. 19 cm
Münster, Kath. Kirchengemeinde Liebfrauen-Überwasser

Die aus Baumberger Sandstein gefertigte, in ihrer Oberfläche bereits stark angegriffene Grabplatte wurde für Bischof Hermann I. von Münster (1032–1042) geschaffen, den Gründer und Stifter des adligen Damenstiftes Liebfrauen-Überwasser, dessen Schwester Bertheide dem Stift als erste Äbtissin vorstand. Die Grabplatte, die über lange Zeit (bis 1969) in einem Strebepfeiler am Außenbau der heutigen Kirche eingelassen war, konnte noch 1822 im Chor der Überwasserkirche nachgewiesen werden, wo der Bischof »unter dem hohen Altare daselbst beygesetzt« war. Eine lateinische Inschrift wies dort auf den Stifter hin: »Ecclesiam toto Hermannus exhibe voto Laude pia dignus memorabilis est Hermannus« (BKW Stadt Münster 1, S. 26; in der Bischofschronik heißt es allerdings »celebre« und »celebi« statt »exhibe«).
Die leicht trapezförmige Grabplatte, die von einer umlaufenden Palmettenranke eingefasst wird, zeigt den Bischof, stark plastisch hervortretend, in einem weiten, unstrukturierten Raum, der im oberen Bereich durch abgetreppte, konsolartig

vorspringende Wandstücke verengt wird. Der in streng frontaler Haltung wiedergegebene Bischof ist in pontifikaler Gewandung mit Bischofsstab, Buch und Mitra dargestellt. Über einer langen, bis zu den Füßen herabreichenden Albe trägt der Bischof eine Dalmatik und eine weite, von den Armen hochgeraffte Kasel; zudem werden unterhalb der Dalmatik die beiden Enden einer langen, schmalen Stola sichtbar. Weitgehend zerstört ist jedoch das Gesicht des Bischofs, das durch Umwelteinflüsse bereits stark verwittert ist. Wie präzise und detailliert die Figur einst ausgearbeitet war, lassen jedoch die Haare und die Mitra an der rechten Seite des Kopfes erkennen, an der sich zudem ältere, stark farbige Fassungsreste (vornehmlich rot) bis zum heutigen Tage bewahrt haben.
Die Grabplatte, die zu den ältesten Bischofsgrabmälern in Deutschland zu rechnen ist, dürfte – wie an verschiedenen Vergleichswerken erkennbar wird – wohl erst in deutlichem zeitlichen Abstand zum Tod Bischof Hermanns geschaffen worden sein. Der nach oben hin sich verbreiternde, trapezförmige Umriss der Platte, die kraftvolle Plastizität der Bischofsfigur und der betont lineare Gewandstil weisen auf eine Entstehung im 12. Jahrhundert hin. In der Gesamtauffassung nahe verwandt ist die (allerdings aus Bronze gefertigte) Grabplatte des Erzbischofs Friedrich von Wettin (1142–1152) im Magdeburger Dom, deren Figur in ihren breiten Proportionen sowie in einzelnen Details (wie etwa der zeittypischen Form der Mitra) besonders vergleichbar erscheint. Die Grabplatte Bischof Hermanns dürfte als bewusster Rückgriff und Hinweis auf den Gründungsbischof des Überwasserstiftes geschaffen worden sein – möglicherweise zum 100-jährigen Gedächtnis seines Todes im Jahr 1142.

Lit.: BKW Stadt Münster 1941, S. 26, Abb. 1737 · Nordhoff 1868 · Poeschke 1993, S. 175–176, Abb. 143. R.K.

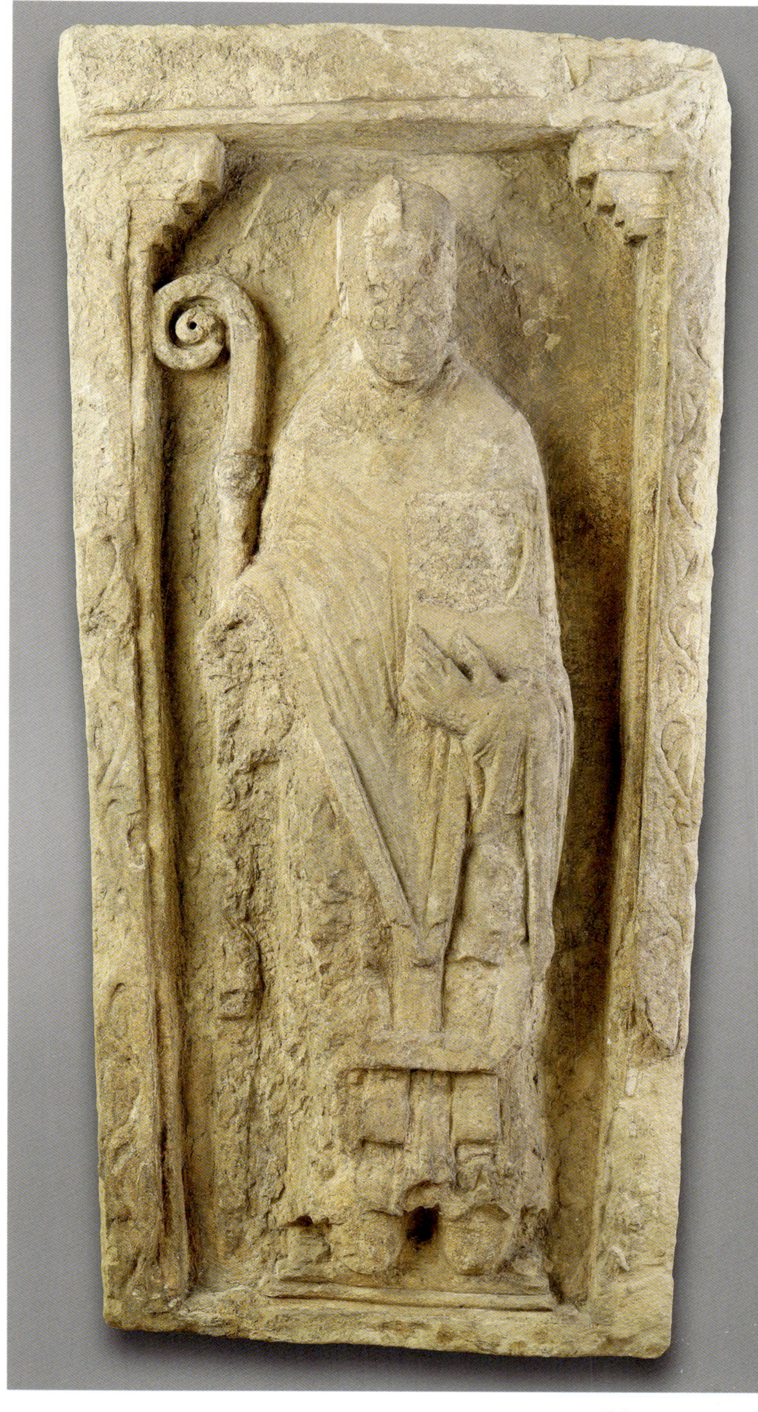

105

106 Grabplatte Bischof Meinwerks von Paderborn

Mitte 13. Jahrhundert
Sandstein – partiell Farbreste vorhanden –
L. 190 cm, B. 67 cm, D. 18 cm
Umschrift der Grabplatte von 1936 – am Fußende beginnend – gegen den Uhrzeigersinn gelesen: ++ DE OSSIBUS · B(EATI) · MEINWERCI · EPISC(OPI) · PADERB(ORNSIS) · MAGNI · ARTIUM · FAUTOR'S + DEFUNCTI · A(NN)O · MXXXVI · SEPULTI · PRIMUM · IN · CRYPTA · DEINDE · IN CHORO · MONAST(ERI) · ABDINGH(OFENSIS) · TANDEM · IN ECCL(ESSIAM) · BUSD(ORF) + HUC TRANSLATI · A(NN)O · MCMXXXVI (»Gebeine des seligen Bischofs Meinwerk von Paderborn, des großen Förderers der Kunst; er starb 1036, wurde zuerst in der Krypta, dann auf dem Chor der Abdinghofkirche, endlich im Busdorf begraben und hierhin überführt im Jahre 1936«)
Paderborn, Bischofsgruft im Hohen Dom

In der Krypta der Klosterkirche St. Petrus und Paulus (Abdinghof) in Paderborn (Kat.Nr. 112) wurde Bischof Meinwerk, der Stifter des Klosters, 1036 bestattet. Seine Grablege wird westlich vor dem Stephanusaltar zu lokalisieren sein. Der schlichte, geriefelte Kalksteinsarkophag, der sich bis 1958 freistehend in der Krypta befand, steht heute in der Paderborner Busdorfkirche (Kat.Nr. 225). Mitte des 13. Jahrhunderts hatte der Meinwerksarkophag als neue Abdeckung eine skulptierte Sandsteinplatte erhalten. Die schrift-

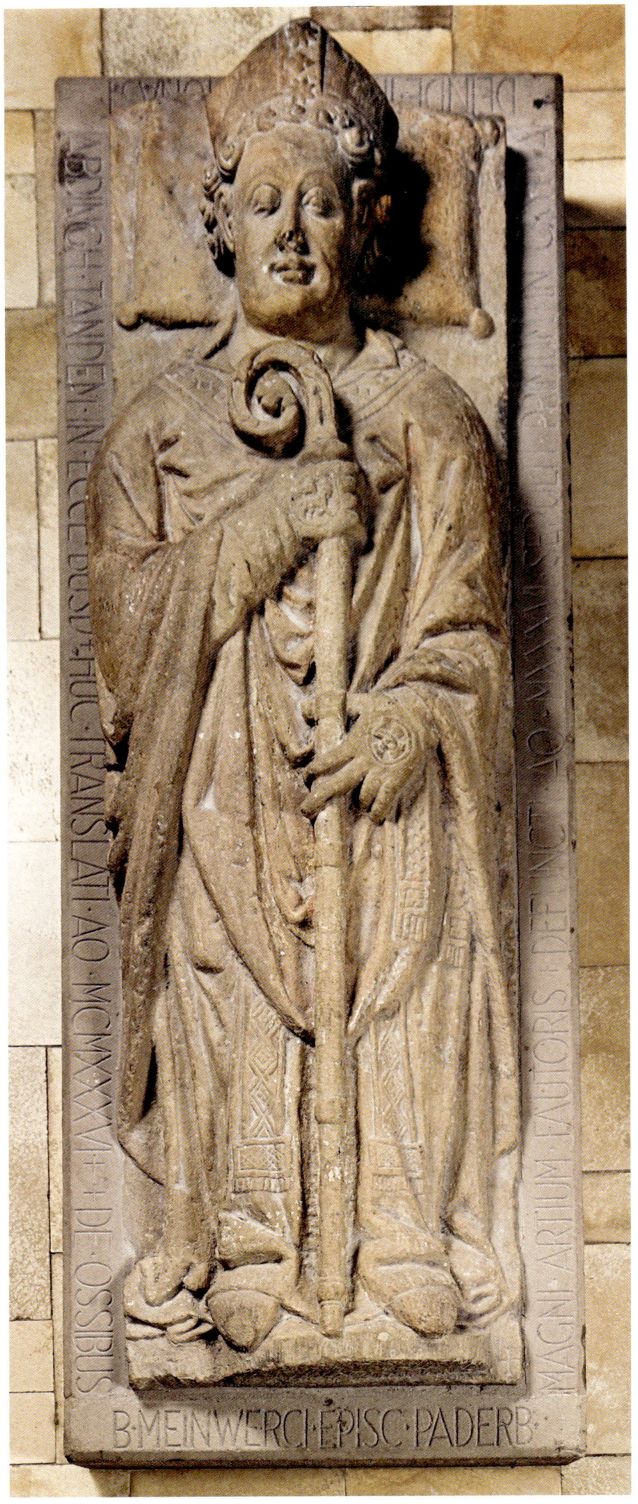

106

lichen Quellen berichten nichts über eine dabei erfolgte Veränderung, also über eine Öffnung oder Erneuerung der Grablege. Im Jahr 1376 errichtete man anlässlich der Erhebung der Gebeine unter Abt Konrad II. von Allenhusen (1362–1405) ein neues, aus Ziegelsteinen gemauertes Hochgrab auf dem Hochchor (Mönchschor) der Klosterkirche. Verwahrt in einer Bleikiste, wurden die Gebeine Meinwerks und seines Nachfolgers Poppo (1076–1083) dorthin transferiert. Ein Stich von 1695 zeigt das bemalte Hochgrab mit der Deckplatte. Auf der Schmalseite ist Meinwerk mit dem Modell der Abdinghofkirche dargestellt und auf den Längsseiten mit Dom bzw. Busdorfkirche (siehe Abb. 1 im Beitrag von Schmalor). Nach der Aufhebung des Klosters 1803 wurde die Bleikiste mit den Gebeinen Meinwerks in das Busdorfstift verbracht. Die Grabplatte stand hingegen in der Bartholomäuskapelle und später im Diözesanmuseum in Paderborn. Im Jahr 1936, zur 900-Jahrfeier des Todestages Meinwerks, fanden ein Teil der Gebeine und die Grabplatte ihren neuen Platz in der Bischofsgruft des Paderborner Domes. Der übrige Teil der sterblichen Überreste verblieb in der Bleikiste in der Busdorfkirche, verwahrt in der Sakristei.

Die frontal ausgerichtete und in sich ruhende Steinfigur ist halbplastisch ausgearbeitet; in den Händen hält Meinwerk den Bischofsstab. Die verhaltene Gestik reduziert sich auf das Umfassen des Pedums, das Meinwerk gerade vor sich hält. Der mit Mitra versehene Kopf ruht auf einem flachen Kissen, die gestiefelten Füße liegen auf einer Erhebung auf. Durch das Kissen ist die Grabfigur als Liegefigur charakterisiert. Die Proportionen sind verkürzt. Meinwerk trägt sein Messornat: Die schwere Kasel legt sich großzügig in gleichmäßigen flachen Schüsselfalten um seinen Körper, die Albe darunter fällt in geraden Falten bis auf die Füße hinab. Die Gewänder weisen punzenartige Verzierungen auf. Meinwerk trägt die Stola und das Manipel. Der im Gegensatz zum Körper stärker herausmodellierte Kopf zeigt – betont durch Labialfalten, Lider und Augenbrauen – einen geradezu heiteren Gesichtsausdruck. Das porträthafte Aussehen wird als Altersdarstellung interpretiert. Auf seinen Pontifikalhandschuhen sind links das Lamm Gottes mit Kreuzfahne und rechts die segnende Hand Gottes zu erkennen. Auf der Grabplatte finden sich noch Reste der Farbfassung: auf der Kasel rote, schwarze und goldene, auf der Albe weiße Farbreste. Das Kissen weist Goldreste auf.

Durch Vergleiche mit ähnlich gearbeiteten Bauplastiken am Paradiesportal und am Jungfrauenfries des Paderborner Doms wird die Grabplatte in die Mitte des 13. Jahrhunderts datiert.

Lit.: Böhm 1993 · Kosch 2006 · Tack 1936. C.S.D.

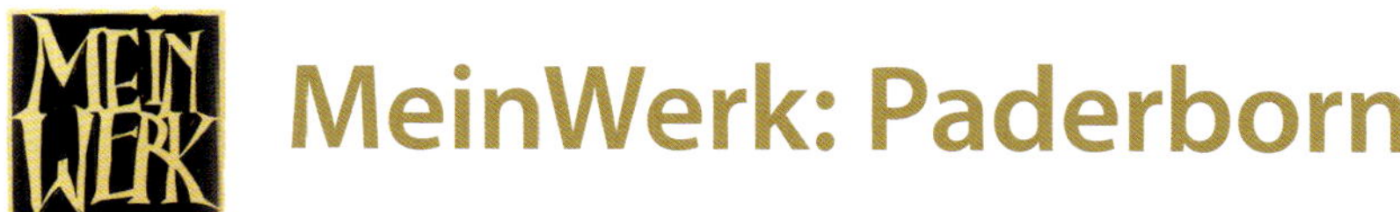

MeinWerk: Paderborn

107 Modell von Paderborn
Rekonstruierter Zustand: 1. Hälfte 11. Jahrhundert
Entwurf: Matthias Wemhoff, Martin Kroker, Ausführung: ARW Modellbau, Burg Dürboslar/Aldenhoven 2006
Kunststoff – Grundplatte 460 x 200 cm, M. 1:200
Paderborn, Museum in der Kaiserpfalz

Unmittelbar nach seiner Einsetzung im Frühjahr des Jahres 1009 begann Bischof Meinwerk (1009–1036) mit einem umfangreichen Bauprogramm, das nicht nur die Schäden der Brandkatastrophe des Jahres 1000 vergessen ließ, sondern Paderborn zu einem Abbild des Himmlischen Jerusalems machen sollte. Den Neubau des Doms begann er am dritten Tag nach seiner Ankunft. Mit außerordentlichem Aufwand und einzigartiger Freigiebigkeit zog er den Neubau schnell und mit freudigem Eifer in die Höhe (Vita Meinwerci 1921, cap. 12.). Am 15. September 1015 konnte der Neubau geweiht werden. Die umfangreichen Grabungen Uwe Lobbedeys von 1978–1983 im Bereich des heutigen Doms erlauben eine detaillierte Rekonstruktion des Baus (Kat.Nr. 212), der mit einem hochwertigen Fußboden (Kat. Nr. 110) und einer Bleibedachung ausgestattet war (Kat.Nr.

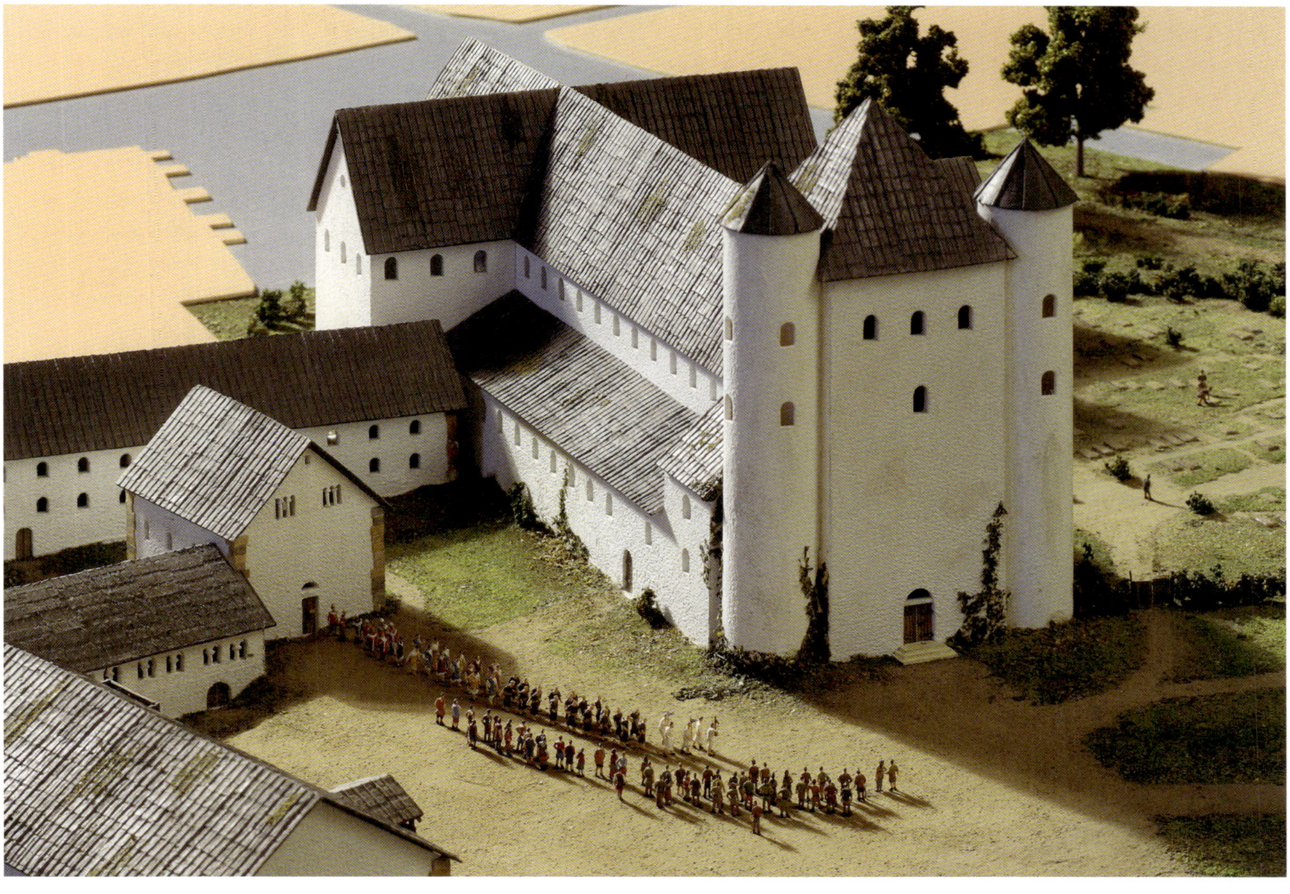

107

108d). Der Bau wurde jedoch bereits im Jahr 1058 durch einen weiteren Brand zerstört. Gleichzeitig wird der Bischof sich, obwohl die Vita hierzu schweigt, an den Bau der neuen Pfalz gemacht haben, in deren monumentaler Königshalle er zwischen 1013 und seinem Tod im Jahr 1036 nicht weniger als 16-mal den König empfangen konnte. Die Grabungen Wilhelm Winkelmanns nach 1964 haben weite Teile des Gebäudes bis in das aufgehende Mauerwerk sichtbar gemacht. Die im 2. Jahrzehnt des 11. Jahrhunderts fertiggestellte Bartholomäuskapelle zwischen Pfalz und Dom diente als repräsentativer Ausgangspunkt aufwendiger liturgischer Prozessionen. Erbaut haben sollen sie griechische Handwerker (Vita Meinwerci 1921, cap. 155), die Meinwerk auf einem seiner Italienzüge hätte anwerben können. Neben der Pfalz für den Herrscher errichtete Meinwerk einen Palast für den Bischof. Westlich des Doms ließ er ein langgestrecktes Gebäude errichten, das mit einer Galerie oder einem Balkon (»lobio«) zur Königspfalz ausgerichtet war und den Dom-Pfalz-Bereich nach Süden zur Siedlung abschirmte (Vita Meinwerci 1921, cap. 159). Er erneuerte die Steinmauer um die Paderborner Domburg, wie es auch Bernward (993–1022) in Hildesheim getan hatte.
Mit der Gründung des Abdinghofklosters, geweiht 1031 (Vita Meinwerci 1921, cap. 28, 210), schuf Meinwerk sich gleichzeitig seine Grabstätte. Mönche, vielleicht aus dem südfranzösischen Kloster Cluny herbeigeholt, sollten hier für sein Seelenheil beten. Meinwerk ließ seine Klosterkirche nach römischem Vorbild als Basilika errichten. Die jüngeren Ausgrabungen (2005–2007) westlich und nördlich der Kirche brachten neue Erkenntnisse, die noch nicht endgültig ausgewertet sind. Offener denn je erscheint die Frage nach dem Eingang der Laien in die Kirche. Die vorgeschlagene Lösung von Norden ist durch die nun festgestellte Ausdehnung der ersten Klosterkirche und die steile Hanglage infrage gestellt (Kat.Nr. 112). Einen Abschluss der sakralen Bautätigkeit bildete die Gründung des Kanonikerstifts Busdorf im Osten der Stadt. Um seine Stadt zu einem wahren Abbild des Himmlischen Jerusalems zu machen (UB Busdorf, Nr. 1), schickte er den Abt Wino von Helmarshausen (um 1015–1036) ins Heilige Land um die Maße der Grabeskirche aufzunehmen. Nach seiner Rückkehr 1033 wurde mit der Nachbildung der Grabeskirche, einem der frühesten Zentralbauten nördlich der Alpen, begonnen. Die Fertigstellung dürfte der Bischof nicht mehr erlebt haben (Kat.Nr. 215).
Das immense Bauprogramm hinterließ Spuren im Stadtbild. Im Westen entstand eine Handwerkersiedlung außerhalb der Domburg, im Süden der Stadt konnte die Stadtarchäologie einen großen Steinbruch nachweisen, der gleichzeitig als Befestigungsgraben für die Domburg diente.

Q.: UB Busdorf · Vita Meinwerci 1921. Lit.: Balzer 1999 · Becher 1999 · Gai u.a. 2006 · Gai 2007 · Kroker 2009 · Lobbedey 1986a · Mietke 1991. M.K.

Die Königspfalz Bischof Meinwerks von Paderborn

Zu den wichtigen Baumaßnahmen, die Bischof Meinwerk in seiner Amtszeit (1009–1036) veranlasste, zählt die Wiedererrichtung der Königspfalz an der Nordseite der Domburg. Die durch den Brand des Jahres 1000 zerstörte und bis zur Krönung Kunigundes (1002), der Gemahlin Kaiser Heinrichs II. (1002–1024), nur notdürftig wieder hergestellte Pfalz Karls des Großen (768–814) wurde durch einen völligen Neubau ersetzt. Königsaufenthalte, die seit dem Jahre 1015 nahezu jährlich nachzuweisen sind, unterstützen die Vermutung, dass mit der Errichtung spätestens nach Fertigstellung des Domes (1015) begonnen wurde. Dieser Pfalzbau des frühen 11. Jahrhunderts ist in seiner ursprünglichen Ausdehnung mit dem heutigen Museum in der Kaiserpfalz nachgebildet worden. Einiges an Bausubstanz blieb dank der in Spätmittelalter und Früher Neuzeit erfolgten Überbauung des Areals erhalten. Nach den Zerstörungen des Zweiten Weltkrieges konnten die älteren Mauern freigelegt werden, u.a. auch der östliche Torbogen, der in einem späteren Haus verbaut war. An der Südseite erreichten die Mauern eine Höhe von 7 m.
Die Neugestaltung des Areals sah vor, den Palast am nordöstlichen Rand der Domburg zu errichten, um im Süden einen repräsentativen Platz zwischen Pfalz, Dom und Bischofspalast zu gewinnen, d.h. die Schauseite der Pfalz öffnete sich auf der Südseite hin zum Dom, während die Nordwand zugleich die Burgbefestigung darstellte. Auf der Schauseite befanden sich ein westlicher und östlicher Portalvorbau; beide waren auf ähnliche Weise mit zwei absteigenden, zwischen Nord-Süd-Mauerzügen gesetzten Treppen, die in das Untergeschoss der Aula führten, gestaltet. Ein monumentaler Rundbogen über dem Portal bildete den Austritt zum Balkon des ersten Obergeschosses. Dieser Balkon zeigte zusammen mit dem sorgfältig gestalteten Rundbogen eine aufwendige Bauart, die ihn als Altan für die öffentlichen Auftritte des Königs deutlich werden ließ. In der Mitte der Aula, zwischen den zwei Portalen, wurde zu einem späteren Zeitpunkt ein dritter Portalvorbau errichtet, der wie die zwei älteren eine Treppenanlage besaß, die zu dem 1 m tiefer liegenden Untergeschoss der Aula führte. Deutliche Unterschiede in der Abnutzung der äußeren Portale weisen darauf hin, dass das westliche zur alltäglichen Nutzung vorgesehen, das östliche hingegen dem König vorbehalten war. Zu einem späteren Zeitpunkt wurde an der Schauseite eine Treppe hinzugefügt, die von außen den Eintritt zum Obergeschoss ermöglichte. Vom oberen Portal ist nur noch der westliche untere Gewändequader aus rotem Sandstein in situ erhalten. In der südlichen Wand, auf dem Niveau des Untergeschosses, befanden sich sechs Fenster, die zur Belichtung der unteren, kellerartigen Etage angelegt wurden – fünf der Fenster sind vollständig erhalten. In den drei östlichen blieben auch die originalen monolithischen Sandsteinfenster noch sichtbar. Im Oberge-

schoss, im westlichen Teil der Südwand, kam bei der Freilegung der Pfalzreste ein einziges, aus rotem Sandstein gemauertes Fragment zutage, das vermutlich zur Sohlbank eines der oberen Fenster gehörte.
Die Aula wurde im Inneren durch neun, in regelmäßigen Abständen stehende Mittelpfeiler gegliedert. Im Inneren der Südmauer wurden noch Balkenkammern freigelegt. Zusammen mit den Pfeilern boten sie die technisch notwendige Unterstützung für die Balkendecke. Mittig, im westlichen Drittel der Aula, konnte ein annähernd quadratischer Fundamentrost aus neun erhaltenen Pfeilern freigelegt werden. Er bildete vermutlich die Substruktion für einen offenen Kamin in der oberen Etage, mit dem – von vier Seiten bedienbar – die Aula geheizt werden konnte. Im Osten befand sich eine kleine zweigeschossige Kapelle mit unbekanntem Patrozinium, die sog. Ikenbergkapelle. Das obere Geschoss könnte dem König und seiner Familie als Privatkapelle gedient haben. Das Untergeschoss dürfte hingegen profan genutzt worden sein, wie die quadratischen, kellerartigen Fenster in der Nord- und Südmauer sowie in der Apsis, die im Sakralbau dieser Zeit eher ungewöhnlich sind, annehmen lassen. Im rechten Winkel zur Aula befanden sich vermutlich die privaten Gemächer des Königs. Ein Zwischenraum verband sie und die im Osten liegende Ikenbergkapelle mit der Aula. Durch den Wohntrakt bzw. durch die westliche Galerie vor den Innenräumen trat der König wohl in die Aula. Die Galerie führte von der höher gelegenen Bartholomäuskapelle, die als Pfalzkapelle diente, weiter ins Obergeschoss der Aula.

Lit.: Balzer/Wemhoff 1997 · Gai 2007 · Gai 2008 · Gai 2009 · Gai/Mecke o.J. · Gai u.a. 2006 · Mecke/Wemhoff 2002. S.Ga.

108a–d Paderborn, Grabungsfunde vom Areal der Königspfalz

Fundort: Paderborn, Schuttschicht des Domburgbrandes im Jahr 1000

a) Vierzehn Flachglasfragmente

Glas – Bruchstückgrößen von 2,1 x 2,4 x 0,3 cm bis 3,5 x 7,0 x 0,6 cm
Paderborn, Museum in der Kaiserpfalz, Inv. Nr. P 65/133c

Bei den Flachglasfragmenten handelt es sich um Reste der Fenster, die in der Pfalzanlage aus der Zeit Bischof Rethars (983–1009) verbaut waren. Sie sind durch die starke Hitze beim Brand nicht nur verformt, sondern auch farblich und in ihren Materialeigenschaften verändert. Das Fensterglas war in der Glashütte bereits in die benötigten Formen gegossen worden, wie die teilweise noch erhaltenen originalen Kanten belegen.

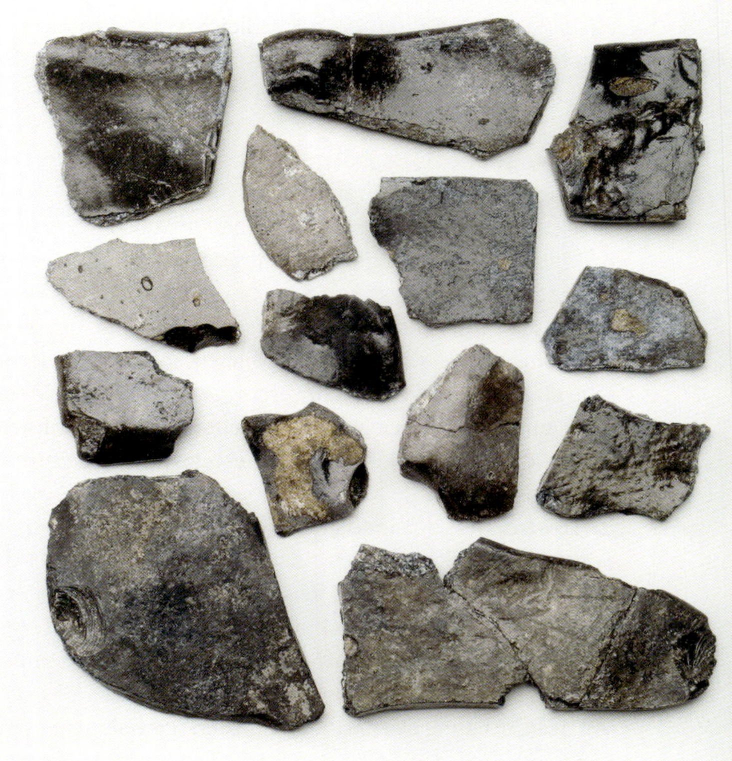

108a

Glasscheiben in Fenstern wurden bis zur 1. Hälfte des 12. Jahrhunderts nur in Pfalzen, Kirchen, Klöstern und Stiften verwendet. Sie belegen bereits für das 10. Jahrhundert eine gehobene bauliche Ausstattung der Pfalzbauten in Paderborn als Bischof Rethar, der die karolingische Königspfalz verändern und durch neue Bauten stärker an die kirchlichen Bereiche anbinden ließ. Es ist anzunehmen, dass auch Bischof Meinwerk (1009–1036) diese aufwendigen und qualitätvollen Architekturelemente in seinem Bauprogramm verwendete.

Lit.: Kat. Paderborn 2002, S. 11–15, 111, Abb. II.3.

b) Zwei Bleirutenfragmente (o. Abb.)

Blei – L. max. 23 cm
Paderborn, Museum in der Kaiserpfalz

Die zwei Bleirutenfragmente sind durch die Hitzeeinwirkung stark verformt und zusammengebogen. Die im Profil u-förmigen Bleistreifen dienten der Einfassung von Fensterscheiben. Um mehrere kleinere Glasstücke eines Fensters zusammenfügen zu können, wurden die Ruten bei Bedarf mit ihren Rückseiten aneinandergelötet. Die beiden Fragmente stehen im Zusammenhang mit den vorstehenden Flachglasfragmenten.

Lit. Kat. Paderborn 2002, S. 111, Abb. II.3.

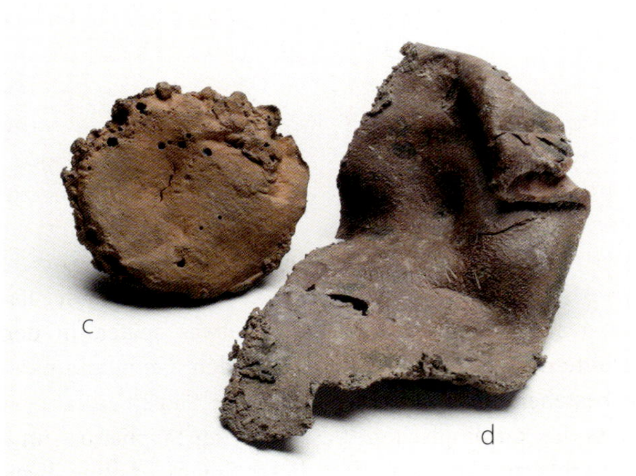

108c–d

c) Gusskuchen (Rohmaterial zur Weiterverarbeitung)
Buntmetall – Dm. max. 9,0 cm
Paderborn, Museum in der Kaiserpfalz, Inv. Nr. 64/25 c

Bei dem Gusskuchen aus Buntmetall handelt es sich um in eine flache runde Form gegossenes Rohmaterial, das wahrscheinlich für eine spätere Weiterverarbeitung vorgesehen war. Für das Ende des 10. Jahrhunderts ist somit die Anwesenheit von Handwerkern in der Domburg belegt. Der Gusskuchen ist durch die starke Hitze des Brandes sekundär verformt.

Lit.: Spiong 2008f, S. 57.

d) Bleiplatte
Blei mit Kupferanteil – L. 21,0 cm, B. 11,0 cm, D. 0,4 cm
Paderborn, Museum in der Kaiserpfalz

Die aus Blei gegossene Platte wurde zusammen mit weiteren unterschiedlich großen Bleifladen geborgen. Sie gehörte zur Dachdeckung des Domes und ist durch die starke Hitze deformiert. E.M.

109a Kapitell

Paderborn, 11. Jahrhundert
Fundort: Paderborn, Abbruchschutt der Königspfalz
Sandstein – H. (gesamt) 16,5 cm, H. (Schaftring) 2,8 cm, H. (Kapitellplatte) 1,4 cm, L. (Seiten) 15,5 cm, Dm. (unten) 12,0 cm
Paderborn, Museum in der Kaiserpfalz

Unter den Schuttresten, die die noch erhaltene Mauersubstanz der Meinwerkpfalz nördlich des Domes überlagerten, kamen sehr wenige Fragmente der steinernen Bauplastik zutage. Es ist deshalb schwierig, eine genaue Vorstellung von der architektonischen Gestaltung des Palastes und seines Steindekors zu gewinnen. Aus dem Bereich der Pfalzengrabung, ohne allerdings eine nähere stratigraphische Herkunft aufzuweisen, stammt das abgebildete kelchförmige Kapitell mit quadratischer Deckplatte. Ein Schaftring trennte es von der unteren kleinen Säule, die nicht mehr erhalten ist. Jede der vier Seiten ziert das gleiche Muster. Es handelt sich um lanzettförmige, zweiflügelige Blättermotive, die aus dem Schaftring aufwachsen und deren Rippen nach oben zu den Spaten hin zulaufen. Zwischen den zwei Blättern am Übergang zur Deckplatte befindet sich eine runde Erhebung (Knospe); an jeder Ecke rollen sich die Blätter zu je einer Volute mit zwei Windungen ein. Das Stück lässt eine flüchtige Herstellungstechnik erkennen, die als Produkt einer ungeübten oder grob arbeitenden Handwerkerhand gedeutet werden kann.
Dieses Kapitell lässt sich allgemein in die sog. Kelchblattgruppe einordnen, die die Bauplastik der vor- und frühromanischen Zeit charakterisiert. Kapitelle dieser Art finden sich u.a. in der Saalhofkapelle in Frankfurt a.M., in St. Cyriacus in Gernrode, in der Liebfrauenkirche in Halberstadt, im Kloster St. Vitus in Drübeck sowie im Dom zu Speyer. Während jene Stücke meist durch die Bearbeitung der vegetabilen Motive, die bei allen bekannten Beispielen immer wieder in verschiedenen Formen und mit unterschiedlichem Aufwand zur Abstraktion führt, voll ausgebildet erscheinen, weist dieses grob ausgeführte Kapitell keine direkte Ähnlichkeit zu ihnen auf. Durch seine indirekte morphologische Verwandtschaft mit älteren Kapitellen aus Corvey und Obermarsberg lässt sich dieses Fragment ohne weiteres in die sächsisch-westfälische Tradition einbinden

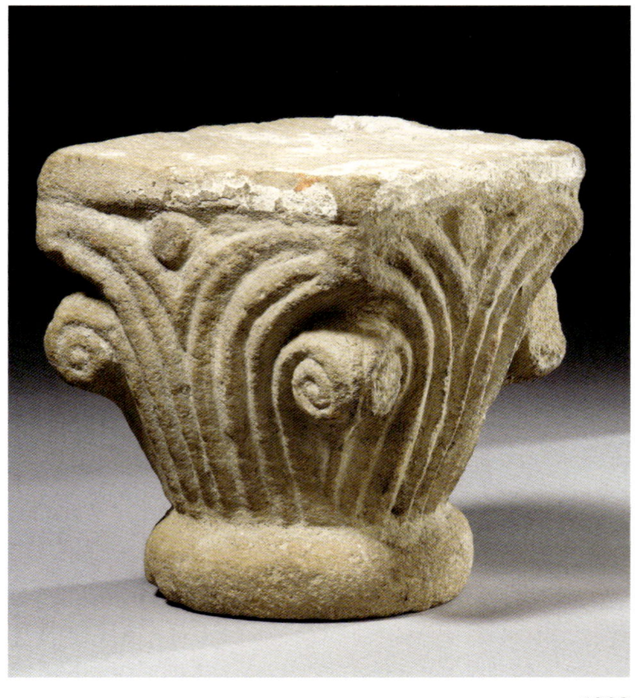

109a

(Mietke 1991, S. 53). Die geringe Dimension des Kapitells und die schmale zugehörige Säule lassen annehmen, dass sie zusammen mit weiteren Säulen dieser Art ein Arkadenfenster, entweder in der Palastaula oder auch im Bereich des Domklosters, schmückten.

Lit.: Binding 1971b · Binding 1972, S. 26 · Fath 1970 · Hochkirchen 1990 · Hochkirchen 1995 · Kemper 2003 · Leopold/Schubert 1984 · Licht 1935 · Meyer 1961, S. 18 · Meyer 1997 · Mietke 1991 · Schmidt 1981 · Seebach 1968 · Voigtländer 1980 · Winkelmann 1970/1990, S. 103, Taf. 62,3. S.Ga.

109b Säulenbasis

Paderborn, 1. Hälfte 11. Jahrhundert
Fundort: Paderborn, Abbruchschutt der Königspfalz
Gelber Sandstein – H. (gesamt) 37,0 cm, H. (Plinthe) 11,0 cm, H. (untere Wulst) 5,0 cm, H. (obere Wulst) 3,8 cm, L. (Seiten der quadratischen Basis) 37,0 cm, Dm. (Schaft) 23,0 cm
Paderborn, Museum in der Kaiserpfalz

Die Basis mit einem Teil des Säulenschaftes findet in den sehr ähnlich gestalteten Säulen der Bartholomäuskapelle einen direkten Vergleich und lässt deshalb die gleiche Entstehungszeit am Beginn des 11. Jahrhunderts, womöglich sogar eine Herstellung in derselben Werkstatt oder Bauhütte vermuten. Sie kam in den Abbruchschichten der Königspfalz zutage und ist – auch ohne sicheren stratigraphischen Zusammenhang – in Verbindung mit den Bauten Bischof Meinwerks (1009–1036) zu setzen. Aufgrund der insgesamt kleineren Dimension der Säulenbasis kann man annehmen, dass sie in einem etwas kleineren Raum des Palastes oder im Klosterbereich Verwendung fand. Zahlreiche Vergleiche bietet die Bauplastik des 11. und 12. Jahrhunderts an, z.B. die Säulen in der Domkrypta zu Speyer oder die in der Krypta der Hersfelder Stiftskirche. Formal sehr nah sind auch die Bündelsäulen der Krypta der Paderborner Abdinghofkirche, die allerdings andere Proportionen im Verhältnis zwischen dem kräftigeren Wulst und der flacher gezogenen Kehle zeigen und etwas später, in der 2. Hälfte des 11. Jahrhunderts, entstanden. Gemeinsamkeiten bestehen auch mit den viel älteren Säulen im Erdgeschoss des karolingischen Westwerks der Stephanus- und Vituskirche zu Corvey, so dass dieses Fragment ohne Zweifel in die sächsisch-westfälische Tradition eingeordnet werden kann. Schwierig bleibt, nur anhand von direkt vergleichbaren Objekten einen Ansatzpunkt für eine genaue Datierung zu finden: In diesem Fall hilft die Nähe zu den Säulen der Bartholomäuskapelle, die sowohl durch die historische Überlieferung als auch durch ihren baulichen Zusammenhang mit der Pfalz den Höhepunkt der Bautätigkeit Bischof Meinwerks nach 1015 darstellt.

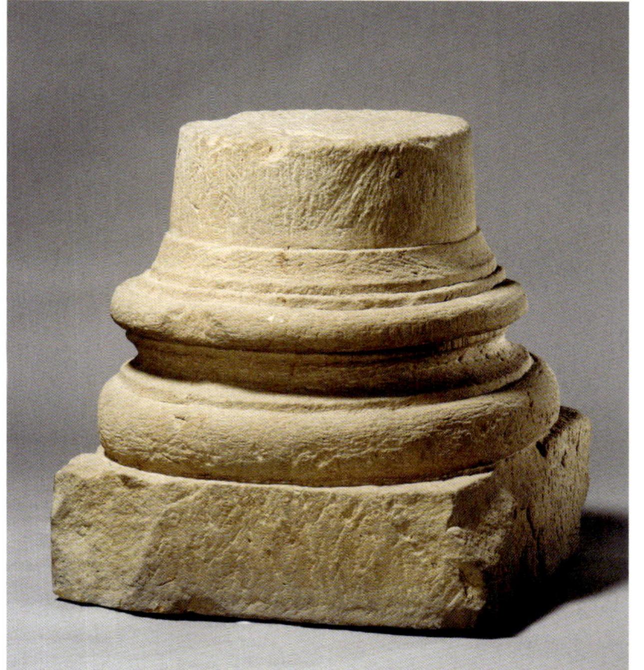

109b

Lit.: Winkelmann 1970/1990, Taf. 27, Abb. 48 (weitere Lit. unter Kat.Nr. 109a). S.Ga.

110 Plattenmosaikfußboden

Paderborn, 1009–1015
Fundort: Paderborn, Hoher Dom
Kalkstein (Turon), Tonschiefer, Backstein – L. 158,0 cm, B. 117,5 cm
Paderborn, Museum in der Kaiserpfalz

Die Ausgrabungen im Dom haben zahlreiche Fragmente eines mosaikartigen Plattenfußbodens geliefert, der im Westbau, im Mittelschiff und im Querhaus des Meinwerkbaus belegt ist. Die hier abgebildeten vier Platten bestehen aus quadratischen, rechteckigen, drei- und achteckigen Plättchen aus schwarzem Tonschiefer und aus hellgrauem Kalkstein. Auch ein kleines rechteckiges Plättchen aus Backstein ist eingesetzt, vermutlich handelt es sich hierbei um eine Reparatur. Die Oberfläche der Steine ist glatt geschliffen, die Seitenfläche abgeschrägt, die Unterseite hingegen grob zugehauen. Die einzelnen Plättchen bildeten, zusammengesetzt zu größeren Platten, verschiedene Muster. Sie zeigen Brandspuren, die vermutlich durch die verheerenden Zerstörungen des Brandes des Jahres 1058 verursacht wurden. Dabei sind die einzelnen Plättchen geborsten und gesplittert, die Kalksteinplatten zum Teil rot verfärbt; vom Dach floss Blei in die Fugen zwischen den einzelnen Platten.

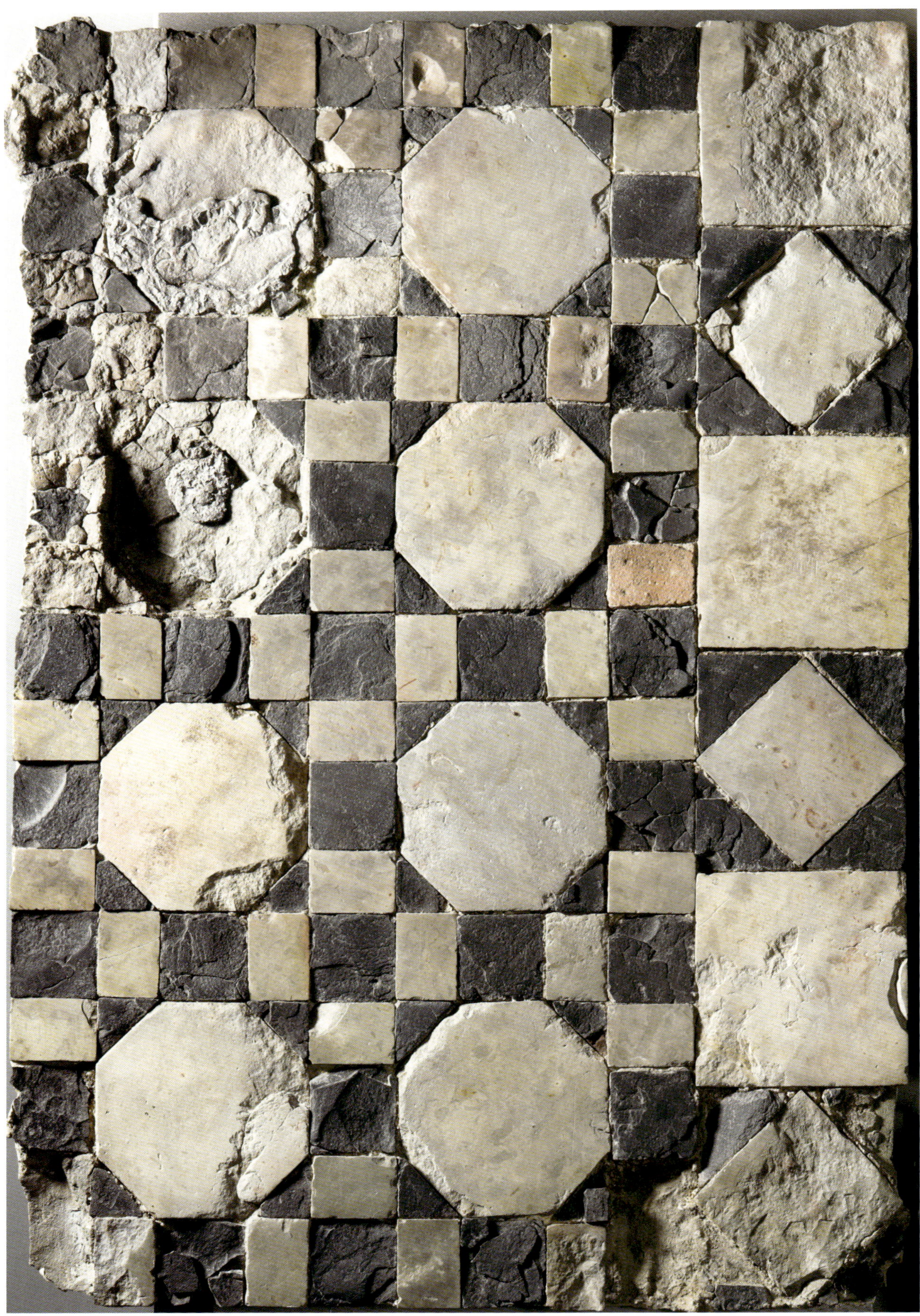

110

Bei den Pfalzgrabungen kamen ebenfalls zahlreiche Schiefer- und Kalksteinplättchen zutage, die wohl ebenfalls zur Ausstattung des Domfußbodens gehörten; ein ähnlich gestalteter Fußboden befand sich in der jüngeren der beiden Kapellen unter dem heutigen Küsterhaus. Sie ist dem an der Nordseite des Domes liegenden Domkloster zuzuordnen und wurde gleichfalls unter Bischof Meinwerk (1009–1036) errichtet. Weitere Vergleichsbeispiele von ähnlich gestalteten Fußböden sind zahlreich, z.B. das Fragment einer Rosette im Mindener Dom (Kat.Nr. 94) oder im Wormser Dom (Kier 1970, S. 139–140), der unter Bischof Burchard (1000–1025) zwischen 1018 und 1022 errichtet wurde. Zur gleichen Zeit entstand unter Erzbischof Tagino (1004–1012) in der Magdeburger Domkrypta ein weiterer Mosaikfußboden (Kier 1970, S. 123–124; Schubert 1984, S. 14), für den ebenfalls heimisches Steinmaterial verwendet wurde. Dies gibt Anlass zu der Vermutung, dass um 1000 die Opus-sectile-Verarbeitung durch wandernde Handwerkergruppen zu neuer Blüte kam.

Lit. BKW Stadt Minden, 1998–2000, Bd. 1, S. 476–477 · Kat. Paderborn 1999, Bd. 1, S. 107–110, Nr. II.68 (Hiltrud Kier) · Kat. Paderborn 2002, S. 141, Nr. IX.3 (Anja Stäbler) · Kier 1970 · Leopold 1983 · Lobbedey 1986a, Bd. 1, S. 180–182, Bd. 3, S. 226–228 · Schubert 1982 · Schubert 1984 · Thümmler 1953, S. 274–303.

S.Ga.

111a–c Paderborn, Zeugnisse einer Werkstatt westlich der Domburg

Um 1000
Fundort: Paderborn, Klosterkirche St. Petrus u. Paulus, genannt Abdinghof

Auf dem Gelände des späteren Abdinghofklosters kamen viele kleine Fragmente einer Kirchenausstattung zutage, die auf eine Werkstatt schließen lassen, in der mehrere Gewerke ausgeführt wurden. Die Werkstatt liegt auf einer mit Lehm angefüllten Terrasse, die sich stratigraphisch deutlich unterhalb der ersten Klosterkirche befindet. Die in der Schicht gefundene Keramik datiert in den Zeitraum vom späten 10. bis in die 1. Hälfte des 11. Jahrhunderts. Von den schriftlich überlieferten Baumaßnahmen, die dieser Bauhütte zugeordnet werden können, kommen nur die Baumaßnahmen Bischof Rethars (983–1009) infrage. Er ließ nach einer Pause von fast 150 Jahren erstmals wieder größere Umbauten am Dom vornehmen. Noch im Jahr 1000 ließ er den von Bischof Badurad (815–862) errichteten Westchor abreißen. Wahrscheinlich ließ er in dieser Werkstatt die Teile der prunkvollen Kirchenausstattung mit Porphyrplatten, Mosaikfußboden und Glasfenstern für einen geplanten, nicht mehr vollendeten Neubau aufarbeiten. Verschiedene Schlacken geben Zeugnis von den vielfältigen pyrotechnischen Gewerken an diesem Platz.

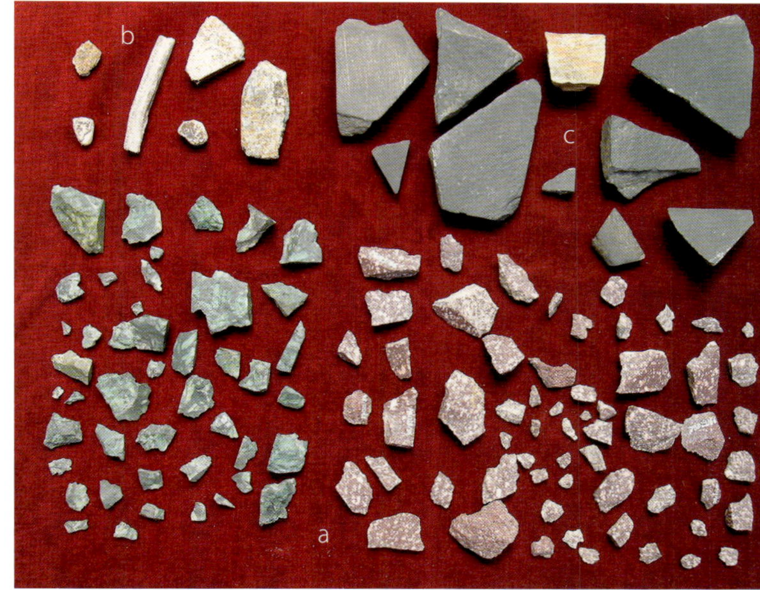

111a–c

a) Fragmente von Porphyrplatten

Roter u. grüner Porphyr – Fragmente von ursprünglich etwa 2,5 cm starken Platten
Paderborn, Museum in der Kaiserpfalz, Inv.Nr. M 6581/6582

Die kleinen Fragmente stammen von fertigen, beidseitig geschliffenen Platten. Sie stellen Abfallstücke dar, die beim Überarbeiten oder Zurechtschlagen für eine Wiederverwendung anfallen. Da die Platten von beiden Seiten bearbeitet sind, wurden sie ursprünglich nicht als Boden- oder Wandfliesen verwendet. Wahrscheinlicher wäre eine Verwendung als Grab- oder Altarplatten. Porphyr war im Mittelalter sehr kostbar. Dies würde für eine ursprüngliche Verwendung in der Westkrypta des Domes sprechen, in der sich die Reliquien des hl. Liborius befanden.

b) Bleifassung u. Fensterglas

Bleifassung – L. 5,5 cm
Fünf Glasfragmente – max. 4,3 x 1,8 cm
Paderborn, Museum in der Kaiserpfalz, Inv.Nr. M 6578, M 6583

Verglaste Fenster mit Bleifassungen gab es vor der Errichtung der Abdinghof- und der Busdorfkirche nur innerhalb der Domburg. Außer im Dom gab es Glasfenster damals wahrscheinlich in der Kaiserpfalz und im Domkloster.

c) Teile eines Mosaikfußbodens

Sechs Schiefersteine – 3,8 x 3,5 x 3,3 cm bis 6,6 x 5,8 x 3,35 cm; ein Kalkstein – 2,65 x 2,25 cm
Paderborn, Museum in der Kaiserpfalz, Inv.Nr. M 6579, M 6580

Die Oberseiten der Platten sind jeweils geschliffen, die Rückseiten sind konisch zugeschlagen. Kalkmörtelreste auf den Rückseiten zeigen, dass die Platten ursprünglich zu einem in Kalkmörtel verlegten Mosaikfußboden gehörten. Die geborgenen Mosaiksteine sollten wahrscheinlich wieder neu verlegt werden. Die dunklen Schiefersteine ergeben bei der Verlegung mit den hellen Kalksteinen einen auffälligen Kontrast. Wahrscheinlich waren nur Teile des Domes derart aufwendig ausgestattet.

Lit.: Spiong 2008b, S. 194–195. S.Sp.

112 Paderborn, Klosterkirche St. Petrus u. Paulus, genannt Abdinghof

Modell u. Grundriss (2008)
Entwurf: Claudia S. Dobrinski, Ausführung: Olga Heilmann

Im Jahre 1014 gründete Bischof Meinwerk (1009–1036) das sich westlich des Domes befindliche Benediktinerkloster St. Petrus und Paulus und bestimmte die Krypta der Klosterkirche zu seiner Grablege. Der abgebildete Rekonstruktionsversuch gibt eine dreischiffige Basilika von 32 m Breite und 68 m Länge mit einer Doppelchoranlage wieder. Der Ostteil der Kirche schließt mit einer halbrunden Apsis und einer Umgangskrypta ab, der Westteil ist aus mehreren Raumkompartimenten zusammengesetzt: einem Querhaus mit großer, halbrunder Apsis und Vorchor sowie aus zwei flankierenden runden Treppentürmen.
Durch die Ausgrabungen der Stadtarchäologie Paderborn in den Jahren 2005–2008 können die bisher kritisch betrachteten, zum Teil auch als überholt geltenden Ergebnisse der Ausgrabungen von 1948–1963, die Bernhard Ortmann durchgeführt hat, revidiert, ergänzt oder schlüssiger zusammengesetzt werden. Unter Ortmann erfolgte die Ausgrabung der Krypta, deren Laufhorizont etwa 2,50 m unter dem der heutigen Krypta liegt. Die östliche Mauerschale des Umganges ist im Grabungsbefund deutlich abzulesen. Der westliche Abschluss wird dagegen durch spätere Umbauten und Grabstätten gestört und ist deshalb als gerades Wandstück zu rekonstruieren. Die Abgänge zur Krypta sind analog zum späteren Bau doppelläufig wiedergegeben, entsprechend dürften die Eingänge zu positionieren sein. Die Grablege Bischof Meinwerks, ein Steinsarkophag, wird sich in der Mittelachse der Krypta befunden haben, bezogen auf den St. Stephanus geweihten Altar. Bei den neuen Ausgrabungen wurden Kalkbruchsteinmauern auf dem westlichen Kirchenvorplatz und auf der Kirchennordseite in einer Breite von etwa 2 m freigelegt. Spiegelbildlich zu dem Grabungsbefund Ortmanns konnte die große Westapsis nun auch im nördlichen Apsisrund in 3 m Tiefe ausgegraben werden. Es fand sich außerdem der Apsisanschluss an die Westmauer des Kirchenbaus, die man abgearbeitet hatte, um für den nachfolgenden Kirchenbau (Ende 11. Jahrhundert) Platz zu schaffen. Ungewöhnlich ist die Position der ca. 6,50 m breiten Treppentürme: Sie sind nicht, wie Ortmann sie rekonstruierte, in die Apsisecken eingestellt, sondern deutlich abgerückt.
Bei der auf ca. 31 m freigelegten, stellenweise mehr als 3 m tief fundamentierten Mauer parallel zum Nordseitenschiff könnte es sich um die ursprüngliche Außenwand des nördlichen Seitenschiffes handeln. Einige Mauerstücke der Altgrabung dürften hiermit in Verbindung zu bringen sein (hellgrau): ein westliches Nordmauerstück, dessen Verlauf sich in einer massiven Kanalstörung verliert, und zwei Mauerteile, die im Klausurbereich (südlich sich an die Kirche anschließend?) freigelegt wurden. Die Anschlüsse an die Kirchenostmauer und -westmauer sind bislang durch keine Ausgrabung belegt. Die von Ortmann ergrabene, von Nord nach Süd verlaufende Mauer (hellgrau) kann als Westquerhausmauer interpretiert werden. Da sich u.a. ein Teilstück des westlichsten Pfeilers innerhalb dieses Westbaus fand, ließe sich eine Emporenstellung, vielleicht sogar ein ottonisches Westwerk, rekonstruieren, dessen Geschosse über die großzügigen Treppentürme zugänglich waren. Demnach wäre die Pfeilerabfolge bis zum sechsten Pfeiler von Westen aus als gesichert anzusehen, die weiteren fünf Pfeiler sind den Maßen und Abständen gemäß ergänzt. Ein ausladendes Westquerhaus, wie Ortmann es rekonstruierte, wäre eventuell durch weitere Ausgrabungen, die die entsprechenden Mauerfolgen zutage fördern müssten, nachweisbar.

Lit.: Dobrinski 2008 · Gai u.a. 2006, S. 254 · Kosch 2006 · Lobbedey 1999 · Ortmann 1957 · Spiong 2008b. C.S.D.

113 Buntmetallbarren

11. Jahrhundert
Fundort: Paderborn, Ausgrabung »Synagoge«
Buntmetall – L. 5,80 cm, B. 1,25 cm, D. 0,70 cm
Paderborn, Museum in der Kaiserpfalz, Fd.Nr. 158

Der Buntmetallbarren stammt von den Ausgrabungen auf dem Gelände zwischen Kuhgasse und Am Damm westlich

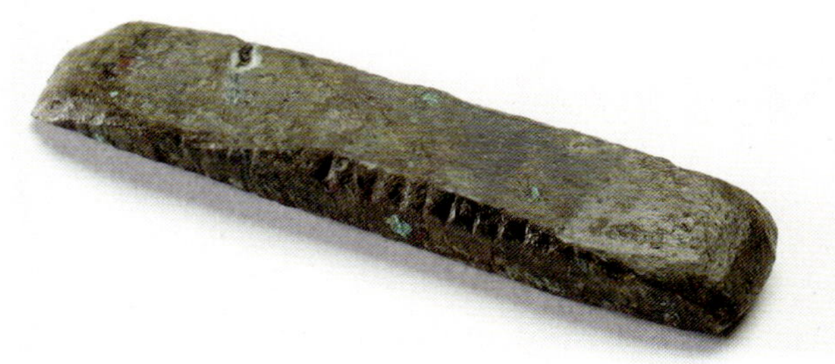

113

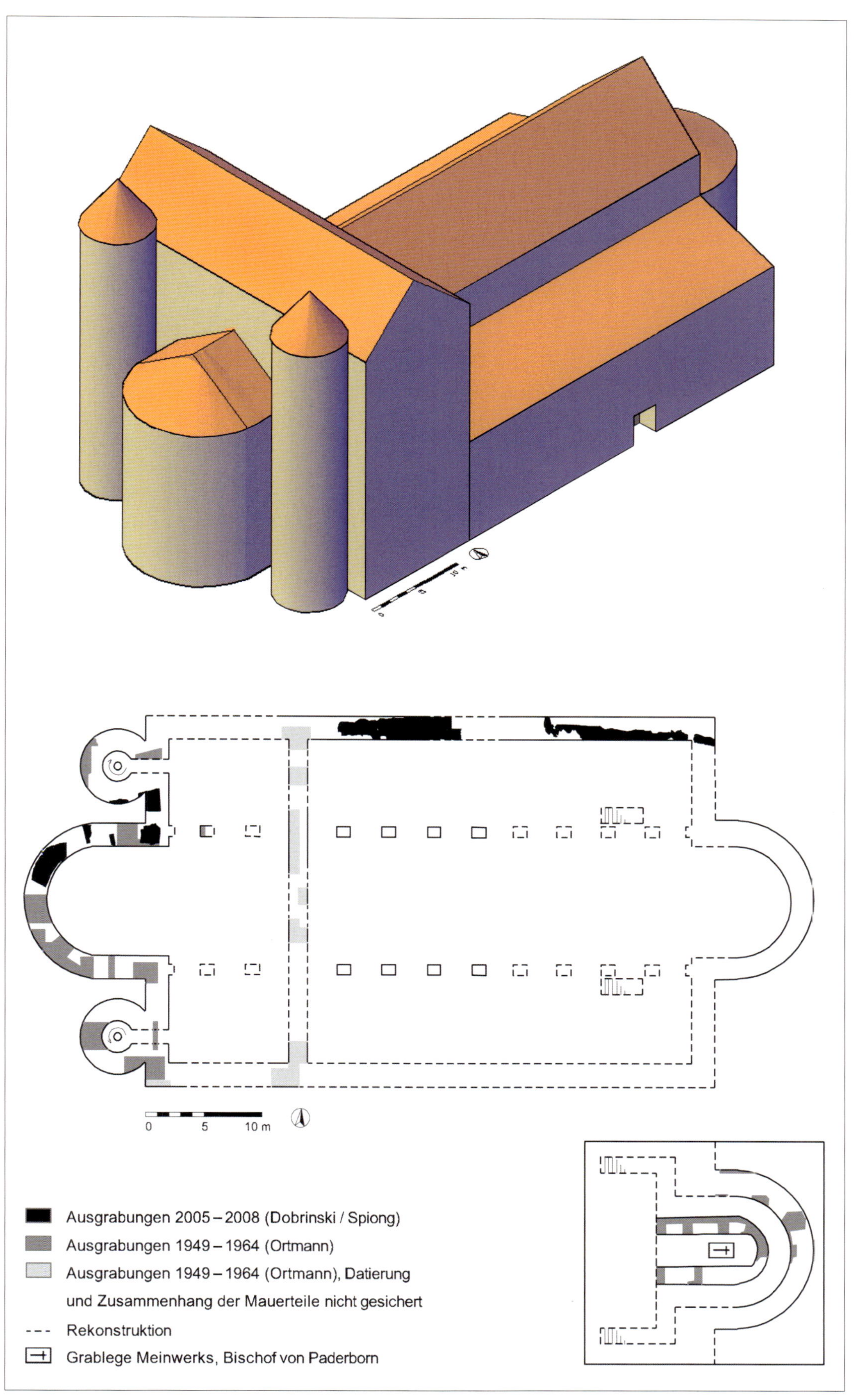
0
5
10 m
Ausgrabungen 2005 – 2008 (Dobrinski / Spiong)
Ausgrabungen 1949 – 1964 (Ortmann)
Ausgrabungen 1949 – 1964 (Ortmann), Datierung
und Zusammenhang der Mauerteile nicht gesichert
Rekonstruktion
Grablege Meinwerks, Bischof von Paderborn

112

der Warmen Pader. Während ein Ende halbrund ausgearbeitet ist, verjüngt sich das andere leicht keilförmig. Wahrscheinlich arbeiteten die Handwerker das benötigte Material in schrägen Spänen ab. Auffällig sind mehrere Kerben auf beiden Langseiten des Barrens. Möglicherweise handelt es sich dabei um eine Skalierung bzw. Maßeinheit oder um Spuren einer Beprobung. Der Buntmetallbarren ist ein weiterer Beleg für das differenzierte Handwerk, das unter Bischof Meinwerk (1009–1036) in Paderborn bestand.

Lit.: Berndt/Moser 2003. R.M.

114a–b Paderborn, Grabungsfunde Königstraße 72

10./11. Jahrhundert

Bei Ausgrabungen in den Jahren 2003 und 2006 legten Archäologen zahlreiche Funde und Befunde frei, die für das frühe 11. Jahrhundert eine dichte Bebauung auf dem Gelände westlich der Warmen Pader belegen. Sie spiegeln den wirtschaftlichen Aufschwung des Bischofssitzes wider, der schon unter Bischof Rethar (983–1009) einsetzte und den Bischof Meinwerk (1009–1036) vor allem durch ein ausgeprägtes Bauprogramm weiter förderte. In dieser Zeit änderte sich die Siedlungsstruktur an der Königstraße. Ein Graben, der spätestens seit dem 10. Jahrhundert zwei größere Grundstücke voneinander teilte, wurde aufgegeben. Stattdessen errichteten die Bewohner eine Gebäudegruppe aus zwei Nebengebäuden und einem Keller, der zu einem Schwellbalkenhaus gehörte. In einem der Nebengebäude, das ungefähr zeitgleich zum Keller entstand, fanden sich Webgewichte und Standspuren eines Webstuhls. Im ausgehenden 11. oder frühen 12. Jahrhundert verlagerten die Bewohner ihre Gebäude dichter an die Königstraße und gaben den Keller sowie die Nebengebäude auf.

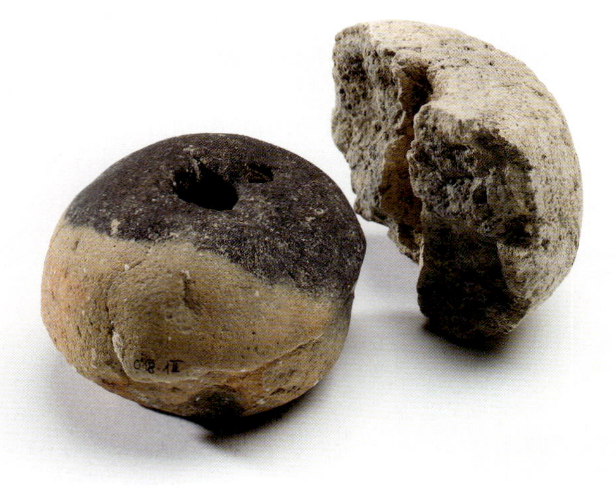

114a

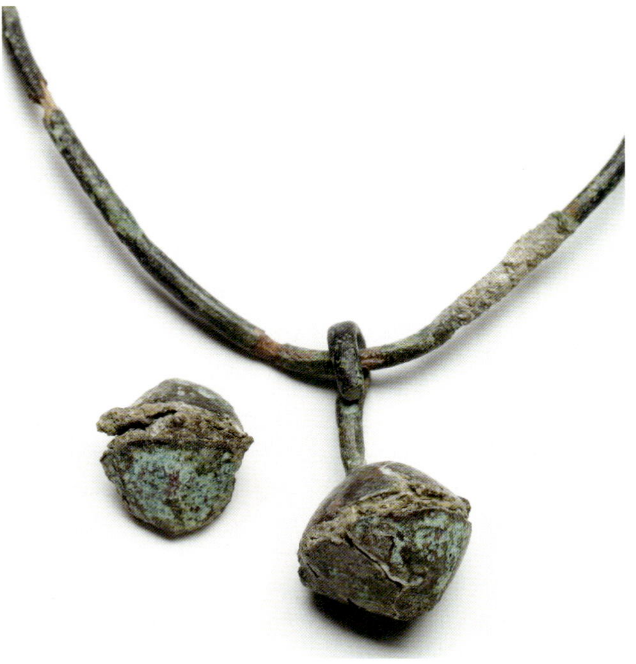

114b

a) Zwei Webgewichte

Ton, gebrannt, handgeformt u. mit zentraler Lochung, aa) komplett, ab) fragmentarisch – aa) H. 6,8 cm, Dm. 10,4 cm, Dm. (Loch) 1,7 cm, ab) H. 8,7 cm, Dm. (insgesamt) 11,1 cm, Dm. (Loch) 1,9 cm
Paderborn, Museum in der Kaiserpfalz,
Inv.Nr. aa) PB 018/1–II, ab) PB 018/3–II

Die Webgewichte befanden sich in einem eingetieften Nebengebäude. Sie spannten die herunterhängenden Kettfäden eines Webstuhls, so dass der querverlaufende Schussfaden durch das geöffnete Fach geführt werden konnte. Ob die Weber für den Bischof arbeiteten, bleibt offen. Vielleicht stellten sie allein Kleidung für den Eigenverbrauch her.

b) Bommelohrring

Buntmetall – fragmentarisch, von ursprünglich drei doppelkonischen Blechbommeln zwei erhalten, einer mit Öse am Ring befestigt, ein Ende des Ohrrings zeigt erhaltenen Haken – Dm. 4,6 cm
Paderborn, Museum in der Kaiserpfalz, Inv.Nr. PB 018/25

Der Ohrring stammt aus einem Keller und datiert in die 2. Hälfte des 10. bis in die 1. Hälfte des 11. Jahrhunderts. Die weite Verbreitung ähnlicher Stücke im gesamten Reich weist auf eine dezentrale und standardisierte Produktion sowie auf eine große Beliebtheit der Ohrringe hin.

Lit.: Kat. Paderborn 2006, Bd. 2, S. 226, Nr. 327 (Sven Spiong) · Siemers 2006 · Zimmermann 1982. R.M.

115a–b **Paderborn, Grabungsfunde »Kolpinghaus«**
11. Jahrhundert

Nördlich des Dombezirks bestand seit karolingischer Zeit die ländliche Siedlung Aspethera. Unter Bischof Meinwerk (1009–1036) entstand auf den Ackerfluren des Dorfes das Busdorfstift, das sich als Steinbau in exponierter Lage deutlich von den umliegenden eingeschossigen Wohnbauten abhob (Kat.Nr. 215). Nördlich des Stifts siedelten sich Handwerker an, die das vorher rein agrarisch geprägte Areal neu strukturierten. Die bei den Ausgrabungen auf dem Gelände des neuen Kolpingforums gefundenen Schmiedeschlacken sowie geschmolzenes Pech und Tonscherben zeugen von diesen Vorgängen, die auch in anderen Bereichen der Stadt archäologisch erfasst werden konnten.

a) Geschmolzenes Pech
Pech – auf der Oberseite deutliche Fließspuren – größtes Stück: L. 6,9 cm, B. 4,9 cm, D 3,1 cm
Paderborn, Museum in der Kaiserpfalz, Inv.Nr. PB 020/186

Eine Pechgrube mit starken Brandspuren, einem sehr hohen Anteil an Holzkohle, einer deutlichen Standspur eines Schmelztopfes und Resten geschmolzenen Pechs belegt, dass Handwerker bereits im 11. Jahrhundert vor Ort Pech schmolzen. Damit konnten Dächer und Fenster abgedichtet werden – wahrscheinlich auch die der unter Meinwerk entstandenen Sakral- und Profanbauten.

b) Kugeltopf
Keramik, handgeformt mit abgedrehtem Rand, weniger dichte Magerung aus Quarz- u. Schieferpartikeln (bis zu 0,3 cm) – H. 26,0 cm, Dm. (Rand) 21,0 cm, Dm. (Bauch) 30,0 cm
Paderborn, Museum in der Kaiserpfalz, Inv.Nr. M 5399

Der Kugeltopf ist eine der geläufigsten Gefäßformen des Mittelalters. Er taucht erstmals im späten 8. Jahrhundert auf und hält sich bis zur Mitte des 15. Jahrhunderts. Er diente als Kochgefäß und zur Aufbewahrung von Lebensmitteln. Eine Datierung ergibt sich aus technischen (Brennatmosphäre, handgeformt bzw. drehscheibengefertigt etc.) und typologischen (Randformen, Verzierungen etc.) Merkmalen. Bei dem vorliegenden, überwiegend reduziert gebrannten Gefäß ist eine Einordnung in das 11. Jahrhundert nur über den rechtwinklig abknickenden Rand möglich. Der Ansatz eines Deckelfalzes am Rand zeigt, dass der Kugeltopf aus der lokalen Keramikherstellung mit einem Deckel verschlossen werden konnte.

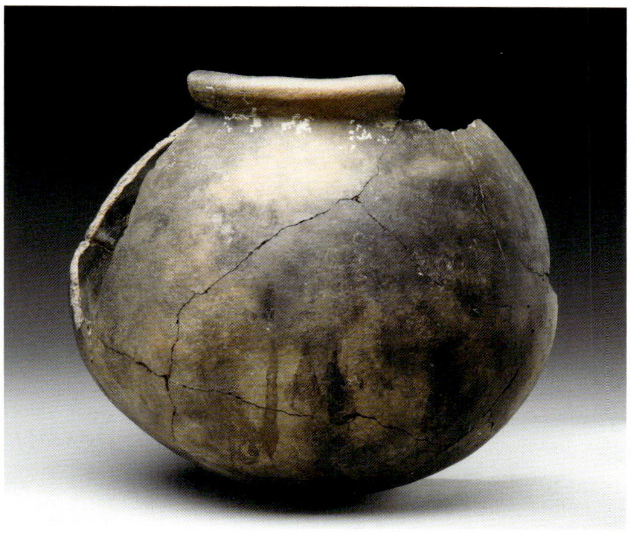
115b

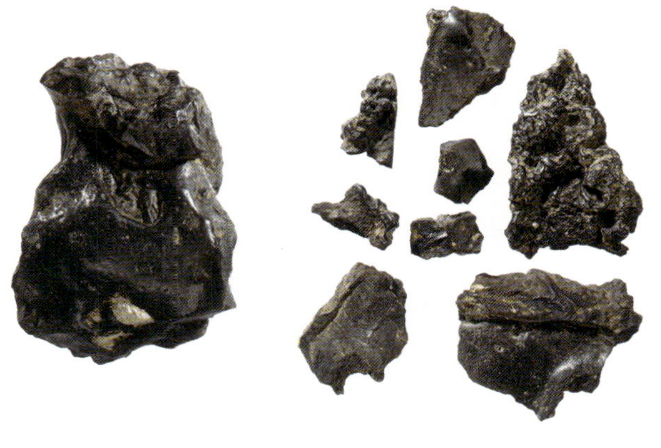
115a

Lit.: Kat. Paderborn 2006, Bd. 2, S. 224–225, Nr. 325–326 (Sven Spiong) · Spiong 2008d. R.M.

116a–f **Paderborn, Funde einer Bauhütte**
11. Jahrhundert
Fundort: Paderborn, Im Düstern
Paderborn, Museum in der Kaiserpfalz

Der Archäologe Anton Doms entdeckte 1978 bei einer Ausgrabung im Vorfeld eines Bauvorhabens zwischen Königstraße, Im Düstern und Marienstraße zehn Grubenhäuser, eine Vielzahl von Gruben und einige Gräber des 17. Jahrhunderts. Der größte Teil der nachgewiesenen Siedlungsspuren stammt aus dem 11. Jahrhundert: Allein fünf Grubenhäuser gehören dieser Zeit an. Da das untersuchte Areal im 12. Jahrhundert zum Hinterhof für die entstehende Bebauung an den umliegenden Straßen wurde, bestanden gute Erhaltungsbedingungen für diese Baubefunde. Der kleine Siedlungsausschnitt bietet somit einen guten Einblick in die der Domburg westlich vorgelagerten Siedlung. Er zeigt die Entwicklung von einer lockeren Streulage einzelner Höfe, die

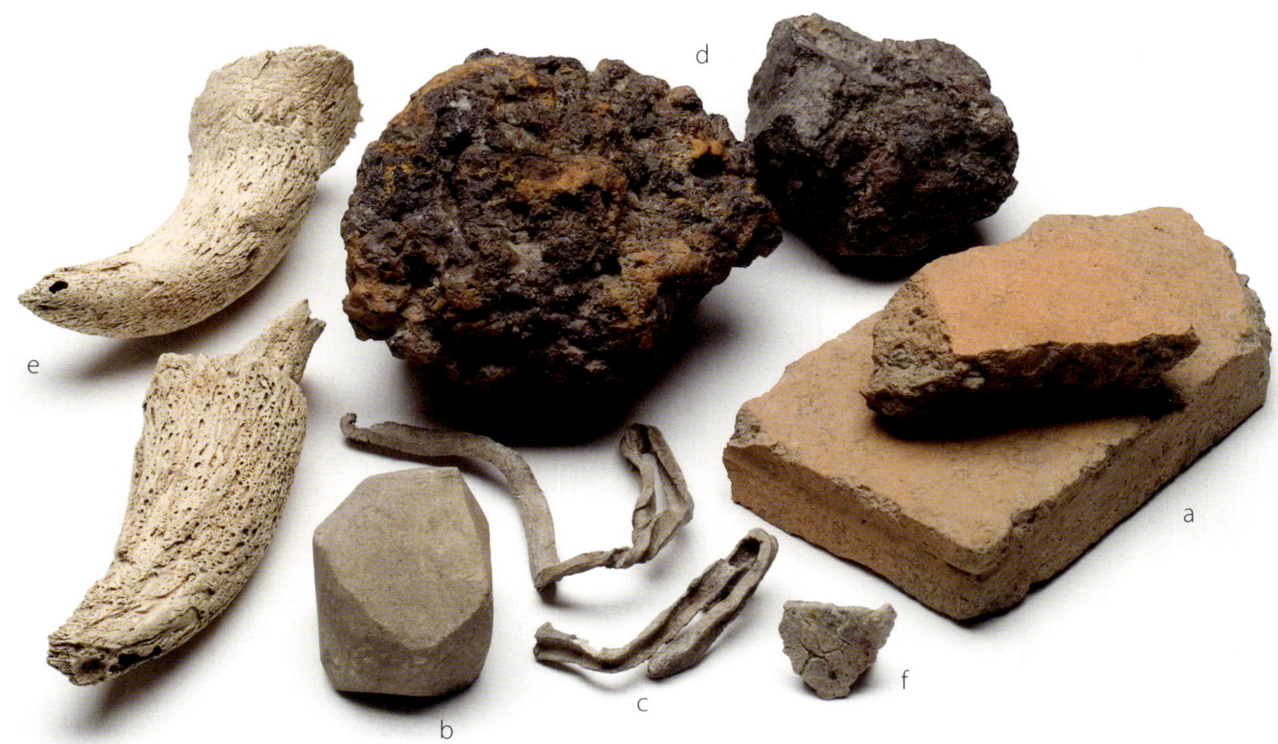

116a–f

sich im 9. und 10. Jahrhundert durch je ein Grubenhaus auf dem Areal abzeichnen, zu einem im 11. Jahrhundert dicht besiedelten Handwerkerquartier. Unter den fünf Grubenhäusern dieses Jahrhunderts fällt eins aus dem üblichen Rahmen. Die hier lebenden Handwerker errichteten mit größerem Aufwand das älteste bisher in Paderborn nachgewiesene Schwellbalkenhaus. Dazu kleideten sie die Wände des eingetieften Gebäudes mit einschalig gesetzten, gut 50 cm dicken Mauern aus. Auch die Größe des Hauses mit mindestens 6 x 3 m Innenmaß unterschied sich deutlich von den anderen Grubenhäusern derselben Zeit. Bemerkenswert sind die Funde aus der Verfüllung des Hauses. Sie zeigen, dass die hier tätigen Handwerker bei der Erbauung aufwendiger Steinarchitektur mitwirkten.

a) Zwei Ziegelplattenfragmente
Ziegel, rot mit grober Steinrußmagerung – L. 15,0 cm, B. 8,3 cm, D. 2,4 cm bzw. L. 8,0 cm, B. 4,8 cm, D. 2,4 cm

Die Fragmente stammen von rechteckigen, in Form gepressten Ziegelplatten. Es handelt sich entweder um frühe Dachziegel oder um Bodenfliesen. Da die Ziegelplatten von den bekannten meinwerkzeitlichen Mosaikböden aus Kalkstein und Schiefer abweichen, scheint eine Deutung als Dachziegel wahrscheinlicher. Die Ziegelfragmente stammen möglicherweise aus dem Schutt der Brandkatastrophe des Jahres 1000 oder 1058.

b) Wetzstein
Sandstein, mit Schlifffacetten – L. 5,6 cm, B. 4,1 cm, D. 3,9 cm

Den Wetzstein benutzten die Handwerker, um Messer und andere Eisenwerkzeuge zu schärfen.

c) Bleifassungen
H. 10,0 cm, B. 6,5 cm, D. 0,3–0,4 cm bzw. 5,7 cm, B. 3,1 cm, D. 0,3–0,4 cm

Die Bleifassungen stammen von Glasfenstern, die im 11. Jahrhundert nur im sakralen Bereich oder in den Bauten der Domburg eingebaut wurden. Die Handwerker arbeiteten wahrscheinlich direkt im Auftrag Bischof Meinwerks (1009–1036) oder seiner Nachfolger beim Bau des Abdinghofklosters oder bei den Neubauten im Pfalz-Dom-Areal mit.

d) Schlacken
Von den vielen Schlacken sind zwei Exemplare bestimmten Metallbearbeitungsvorgängen zuzuweisen:
Eisenhaltige Schmiedeschlacke, mit konvexer Unterseite, konkaver Oberseite, an einer Seite abgeflacht (Ansatz der Esse) – L. 11,5 cm, B. 10,7 cm, D. 6,6 cm
Sehr dichte kupferhaltige Schlacke – L. 8,5 cm, B. 6,2 cm, D. 5,4 cm

e) Hornzapfen
Knochen – L. 13.9 cm bzw. 11,9 cm, Dm. (am Zapfenansatz) je 3,9 cm

Die Hornzapfen sind Abfallprodukte eines Hornschnitzers, der hier eventuell Kämme oder Trinkhörner herstellte. Sie zeigen, wie vielfältig die Arbeiten der hier ansässigen Handwerker waren.

f) Fragment eines Gusstiegels
Keramik, grau mit teilweise verglaster Wandung, innen rötliche Färbung – H. 2,3 cm, B. 2,6 cm, D. (Wand) 0,3–0,7 cm

Das Fragment eines Gusstiegels mit dreieckiger Mündung dokumentiert, dass die Handwerker in dieser Werkstatt auch Gegenstände aus Bunt- oder Edelmetall gossen. Es stellt zugleich einen frühen Beleg für diesen Gusstiegeltyp dar.

Lit.: Kat. Paderborn 2006, Bd. 2, S. 224, Nr. 321 (Sven Spiong). S.Sp.

117a–b Fibeln der Wüstung Dedinghausen bei Bad Lippspringe

Unmittelbar östlich von Bad Lippspringe lag einst die Siedlung Dedinghausen. Sie wurde in der Gründungsurkunde des Paderborner Busdorfstiftes im Jahre 1036 erstmals erwähnt (UB Busdorf, Nr. 1) und fiel im 14. Jahrhundert wüst. Die Bewohner dieser ländlichen Siedlung verschlossen ihre Kleidung mit einfachen bronzenen Fibeln, die in Serien gegossen wurden. Im 11. Jahrhundert war die Form und Verzierung dieser Fibeln sehr vielfältig.

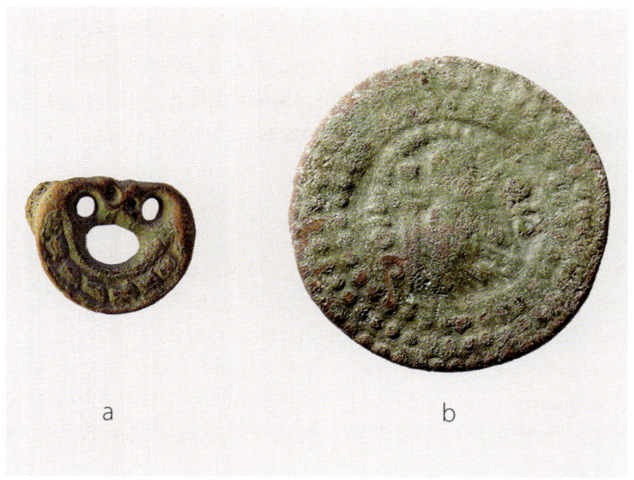
a b

117a–b

a) Brezelfibel
10./11. Jahrhundert
Buntmetall, plastisch gegossen – B. 1,1 cm, D. 0,1 cm
Bad Lippspringe, Sammlung Jens Lütkemeyer, Inv.Nr. De 88

Die Fibel hat auf der Rückseite Reste der mitgegossenen Nadelhalterung. Der obere Teil könnte zwei sich gegenüberliegende Tierköpfe darstellen. Zwei gute Vergleichsstücke stammen aus der Siedlung Balhorn, westlich von Paderborn. Der Typ war im gesamten Reichsgebiet weit verbreitet.

b) Münzscheibenfibel
1. Hälfte 11. Jahrhundert
Buntmetall, gegossen, mit Resten der eisernen Nadel – Dm. 4,17 cm, D. 0,67 cm (ohne Nadelrast 0,14 cm)
Bad Lippspringe, Sammlung Jens Lütkemeyer, Inv.Nr. De 26

Die Schauseite der Fibel imitiert das Bild einer byzantinischen Münze. Dargestellt ist ein Herrscher im Brustbild mit einem stilisierten Doppelkreuz in der rechten Hand. Das Münzbild wird von drei bis vier Perlkreisen eingefasst. Die imitierte Münzumschrift ist nicht lesbar und teilweise nur noch als erhabene Punkte wiedergegeben. Dedinghausen lag am Hellweg, dem größten Handelsweg durch Westfalen. Die Kaufleute, die sich auf dem Hellweg bewegten, brachten auch byzantinische Münzen mit. So erklärt sich die Verwendung eines imitierten byzantinischen Münzbildes als Zierfeld einer Gewandschließe in einer ländlichen Siedlung. S.Sp.

118a Fibel mit zentraler Einlage

950–1050
Fundort: Paderborn, Schildern 1–7
Buntmetall, gegossen – Dm. 1,8 cm
Paderborn, Museum in der Kaiserpfalz, Inv.Nr. M 5080

Die Bronzefibel mit mitgegossener Fassung für eine zentrale, nicht mehr vorhandene Einlage und einem umlaufenden Leiterband gehört zu den einfachen Bronzefibeln der Zeit um 1000. Die Fibel lag sekundär verlagert in Schichten einer Werkstatt der 1. Hälfte des 12. Jahrhunderts. Mögliche ältere Siedlungs- oder Werkstattspuren konnten an dieser Stelle nicht mehr untersucht werden. Das Areal gehörte zum Kloster Abdinghof. Eventuell gehörte die Fibel einem Handwerker des Klosters.

Lit.: Steinbring 2006, S. 45. S.Sp.

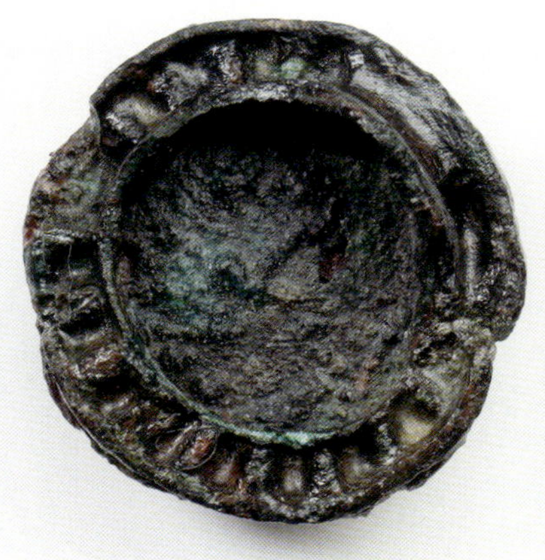

118a

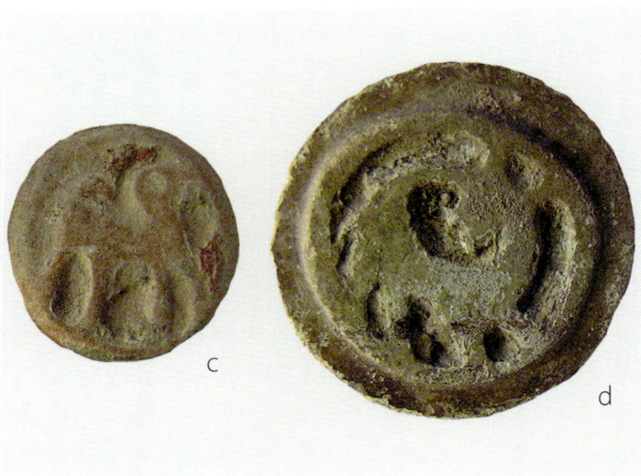

118c–d

118b–e Fibeln der Wüstung Wietheim bei Bad Lippspringe

Südöstlich von Bad Lippspringe befand sich nach Aussage der Lesefunde mindestens seit dem späten 8. Jahrhundert die Siedlung Wietheim. Ihre Größe mit wenigstens acht Höfen spiegelt sich im umfangreichen Fundmaterial wider. Die Fibeln des 11. Jahrhunderts weisen eine große Formenvielfalt auf. Typisch für die Gewandschließen der ländlichen Siedlung sind die in einfacher Serienproduktion gegossenen Bronzefibeln, die teilweise mit Grubenemail verziert wurden.

b) Quadratische Adlerfibel

1. Hälfte 11. Jahrhundert
Buntmetall, plastisch gegossen, ursprünglich mit Grubenemail – H. 2,0 cm, B. 2,05 cm, D. (mit Nadelhalterung) 0,75 cm
Bad Lippspringe, Sammlung Jens Lütkemeyer, Inv.Nr. Wi 501

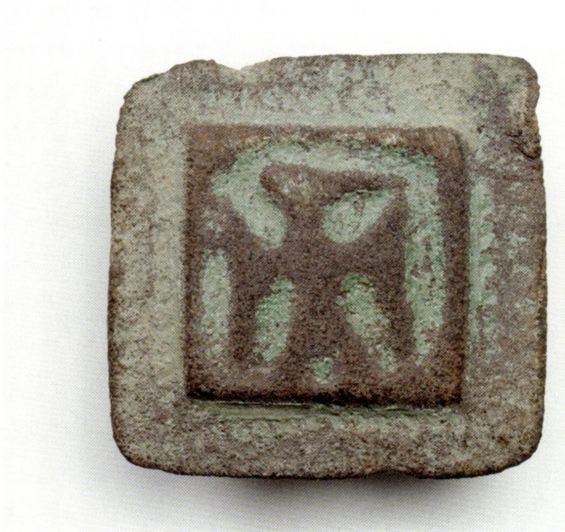

118b

Die Quadratfibel hat einen abgesetzten Rand mit zwei umlaufenden Zickzackbändern. Das erhabene Mittelteil zeigt einen nach rechts blickenden stilisierten Adler. Adler finden sich im 11. Jahrhundert auf Fibeln ganz unterschiedlicher Qualität. Die prunkvollsten Adlerfibeln wurden in Mainz gefunden und können eventuell der Kaiserin Agnes († 1077) zugewiesen werden. Das einfache Exemplar aus Wietheim zeigt, dass die meisten Motive – allerdings in sehr unterschiedlicher künstlerischer und materieller Qualität – bei allen Gesellschaftsschichten beliebt waren.

Lit.: Spiong 2000, S. 67, 134–135.

c) Tierfibel

950–1050
Buntmetall, plastisch gegossen, Reste roten Grubenemails – Dm. 2,4 cm
Bad Lippspringe, Sammlung Jens Lütkemeyer, Inv.Nr. Wi 192

Die Schauseite der Fibel ziert ein nach vorne blickender Vierfüßler mit erhobenem Schwanz. Das Tier ist erhaben gegossen. In den Zwischenfeldern finden sich Reste roten Emails. Die einfache Darstellung hat ihr Vorbild in den sog. Agnus-Dei-Fibeln, die Jesus als Lamm mit einem Kreuz auf dem Rücken zeigen. Solche Fibeln waren im gesamten Reich bis in den Südostalpenraum verbreitet.

Lit.: Spiong 2000, S. 68–69.

d) Tierfibel

950–1050
Buntmetall, plastisch gegossen, Reste von Grubenemail in den Zwischenfeldern – Dm. 3,3 cm
Bad Lippspringe, Sammlung Jens Lütkemeyer, Inv.Nr. Wi 194

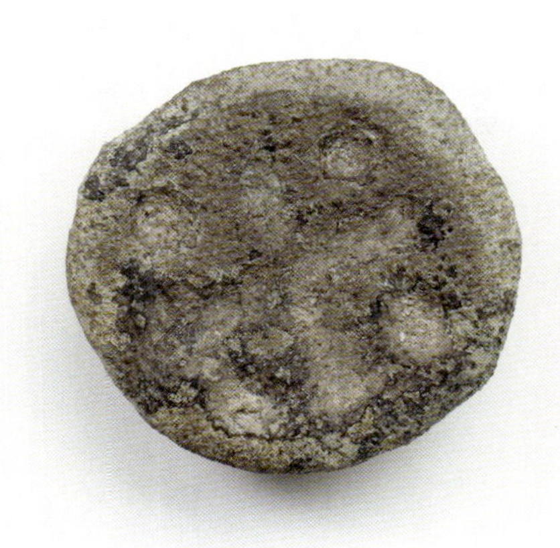

118e

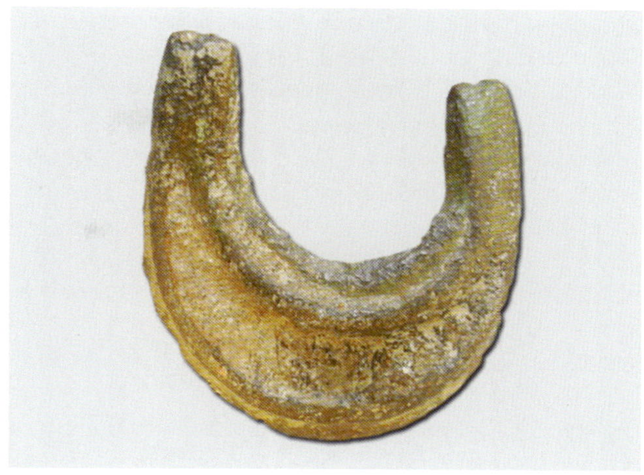

119

Das erhöhte Mittelfeld zeigt einen zurückblickenden Vierfüßler mit erhobenem Schwanz, der bis zum Kopf reicht. Es handelt sich um eine weit verbreitete Variante der Agnus-Dei-Fibeln. Der flache, vom Mittelfeld abgesetzte Rand ist typisch für Fibeln dieser Zeit.

Lit.: Spiong 2000, S. 68–69.

e) Kreuzemailscheibenfibel
11. Jahrhundert
Buntmetall, plastisch gegossen, Reste weißen Grubenemails – Dm. 1,53 cm, D. (mit Nadelhalterung) 0,32 cm
Bad Lippspringe, Sammlung Jens Lütkemeyer,
Inv.Nr. Wi 242

Späte Kreuzemailscheibenfibeln des 11. Jahrhunderts besitzen einen abgesetzten Rand und ein erhabenes Mittelteil. Die Variante mit vertieftem Kreuz ohne ein abgesetztes Zentrum und runde Emailfelder in den Zwickeln ist sehr häufig. Solche Fibeln sind Ausdruck der Frömmigkeit der damaligen Menschen.

Lit.: Spiong 2000, S. 76. S.Sp.

119 Halbmondohrring

10./11. Jahrhundert
Fundort: Bad Lippspringe, Wüstung Wietheim
Bronze, gegossen, Oberfläche konkav, Unterseite flach – H. max. 2,70 cm, B. 2,45 cm
Bad Lippspringe, Sammlung Jens Lütkemeyer,
Inv.Nr. Wi 188

Mondsichelförmige Ohrringe tauchen immer häufiger in siedlungsarchäologischen Kontexten auf. Die weite räumliche Verteilung zeugt von einer großen Beliebtheit und einer standardisierten Produktion im 10. und 11. Jahrhundert. Ihre Vorbilder finden sie in byzantinischen Schmuckstücken. R.M.

120a–c Pektoralkreuze

10./11. Jahrhundert

Pektoralkreuze mit stark stilisierter Darstellung Jesu am Kreuz sind Ausdruck der Frömmigkeit in den Dörfern des 10. und 11. Jahrhunderts (Kat.Nr. 73). Die Ähnlichkeit der Kreuze zeugt von einer standardisierten überregionalen Produktion. Der auf die Brust herabhängende Kopf Jesu hat sein Vorbild in einer neuen Art des Christusbildes, das erstmals für das Kölner Gerokreuz (um 970) verwendet worden ist. Die in Serie produzierten Pektoralkreuze zeigen somit eine weit verbreitete Aufnahme dieser Motivvariante.

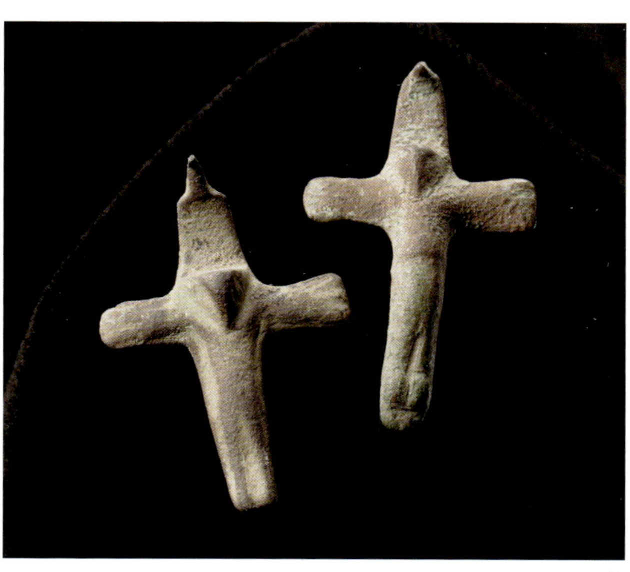

120a–b

a) Fundort: Bad Lippspringe, Wüstung Dedinghausen

Bronze, gegossen – L. 3,1 cm, B. 2,2 cm
Bad Lippspringe, Sammlung Jens Lütkemeyer, Inv.Nr. De 27

Während die Beine und der Oberkörper deutlich herausgearbeitet sind, zeichnen sich die Arme und Hände nur grob ab. Eine Öse ist noch fragmentarisch erhalten.

b) Fundort: Bad Lippspringe, Wüstung Dedinghausen

Bronze, gegossen – L. 3,5 cm, B. 2,05 cm
Bad Lippspringe, Sammlung Jens Lütkemeyer, Inv.Nr. Wi 47

Der konvexe Oberkörper, die Beine und der Kopf sind gut zu erkennen. Arme und Hände heben sich nicht vom Kreuz ab.

c) Fundort: Bad Westernkotten, Wüstung Aspen

Bronze, gegossen, Öse abgebrochen – H. 2,5 cm, B. 2,2 cm
Bergkamen, Andreas Ernst

Jesus, der ein kurzes Gewand trägt, hebt sich deutlich, aber stark stilisiert vom Kreuz ab. Vor allem Kopf, Arme und Beine sind erkennbar herausgearbeitet. Reste einer Öse, mit der das Kreuz um den Hals getragen werden konnte, sind erhalten.

Lit.: Kat. Berlin u.a. 2000–2002, Bd. 3, S. 188, Nr. 07.06.16-17 (Ingo Gabriel) · Kat. Hildesheim 1993, Bd. 2, S. 340–341, Nr. VI-12-14 (Ingo Gabriel) · Kat. Magdeburg 2001, Bd. 2, S. 21–22, Nr. II.8 (Edgar Ring) · Spiong 2002. R.M.

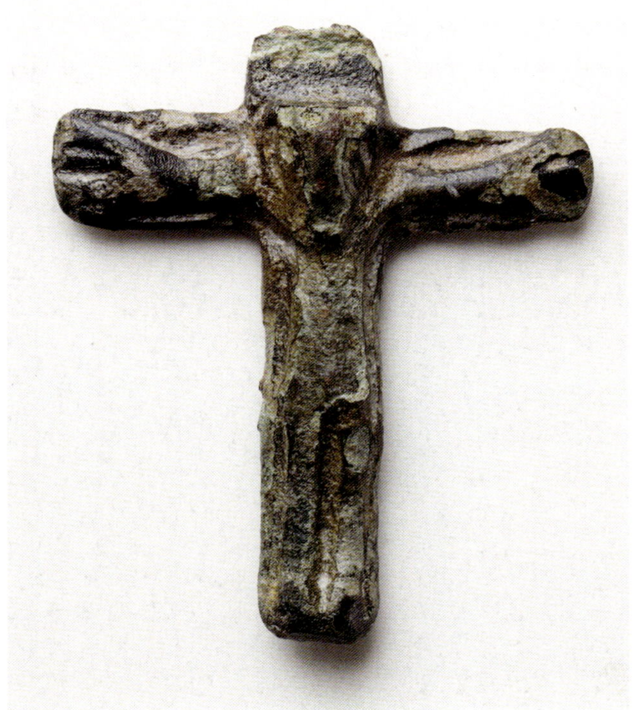

120C

121 Kaiser Heinrich II. schenkt der Paderborner Kirche das Gut »Steini« (Steinen, nördlich Hemmerde, Stadt Unna)

»Paderbrunnon« (Paderborn), 14. Januar 1023
Pergament, durchgedrücktes Siegel erhalten – H. 57,5 cm, B. 47,0 cm
Münster, Landesarchiv NRW Abteilung Westfalen, KU 65

Die Urkunde gehört in den Kontext des Weihnachtsaufenthaltes des kaiserlichen Hofes 1022/1023 in Paderborn mit der Weihe der Abdinghofkrypta am 2. Januar 1023 und wurde mit zwei weiteren Stücken am selben Tag ausgefertigt: Eines ist die diktatgleiche Schenkung von Honsel an den Dom, das andere die Bestätigungsurkunde Heinrichs II. (1002–1024) für Kloster Abdinghof. Es ist offen, ob es sich bei Steinen um altes Reichsgut am Hellweg oder eine jüngere Erwerbung handelte.
Nicht aufgrund ihrer Form oder des geschenkten Gutes ist diese Urkunde außergewöhnlich, sondern wegen der Formulierungen über die Intervention der Kaiserin und zum Königsdienst Meinwerks (1009–1036). Es heißt, der Kaiser habe sich nicht zuletzt deshalb zur Schenkung veranlasst gesehen, »weil er die Fürsprache seiner geliebten Gemahlin, der Kaiserin Kunigunde, sah, die ihn häufig mahnte und ihm unablässig in Erinnerung rief, dass der ehrwürdige Paderborner Bischof Meinwerk mehr als unsere übrigen Getreuen in unserem Dienst in nie versiegender Ergebenheit schwitzte« (»qualiter nos inspicientes interventum dilectissimi coniugis nostrae Cvnigvndae imperatricis augustae assidue monentis atque incessabiliter nobis in memoriam reducentis, quod Meinuuercus Paderbrunnensis aecclesiae episcopus plus caeteris fidelibus nostris in servitute nostra iugi devocione sudavit«).
Da diese Wendungen außerhalb der gebräuchlichen Formeln der Urkundensprache stehen, werden sie zu den *Eigendiktaten* Heinrichs gerechnet, gehen sie »auf das Konto des Herrn Gemahls«; denn »das kann sich kein Notar ausgedacht haben« (Hoffmann 1988, S. 413). Die durch die leichten Übertreibungen humorvoll wirkenden Formulierungen unterstreichen das besondere Vertrauensverhältnis zwischen Herrscherpaar und Bischof, vor allem aber Meinwerks Nähe zur Kaiserin, die auch sonst zu beobachten ist. Dazu fügt sich das ungewöhnliche Bild des »im Schweiße seines Angesichtes« Königsdienst leistenden Kirchenfürsten, mit dem er explizit positiv von seinesgleichen unterschieden wird.

Q.: MGH DD H II, Nr. 484 (vgl. auch Nr. 485). Lit.: Bannasch 1972, S. 19, 233 · Hoffmann 1988. M.B.

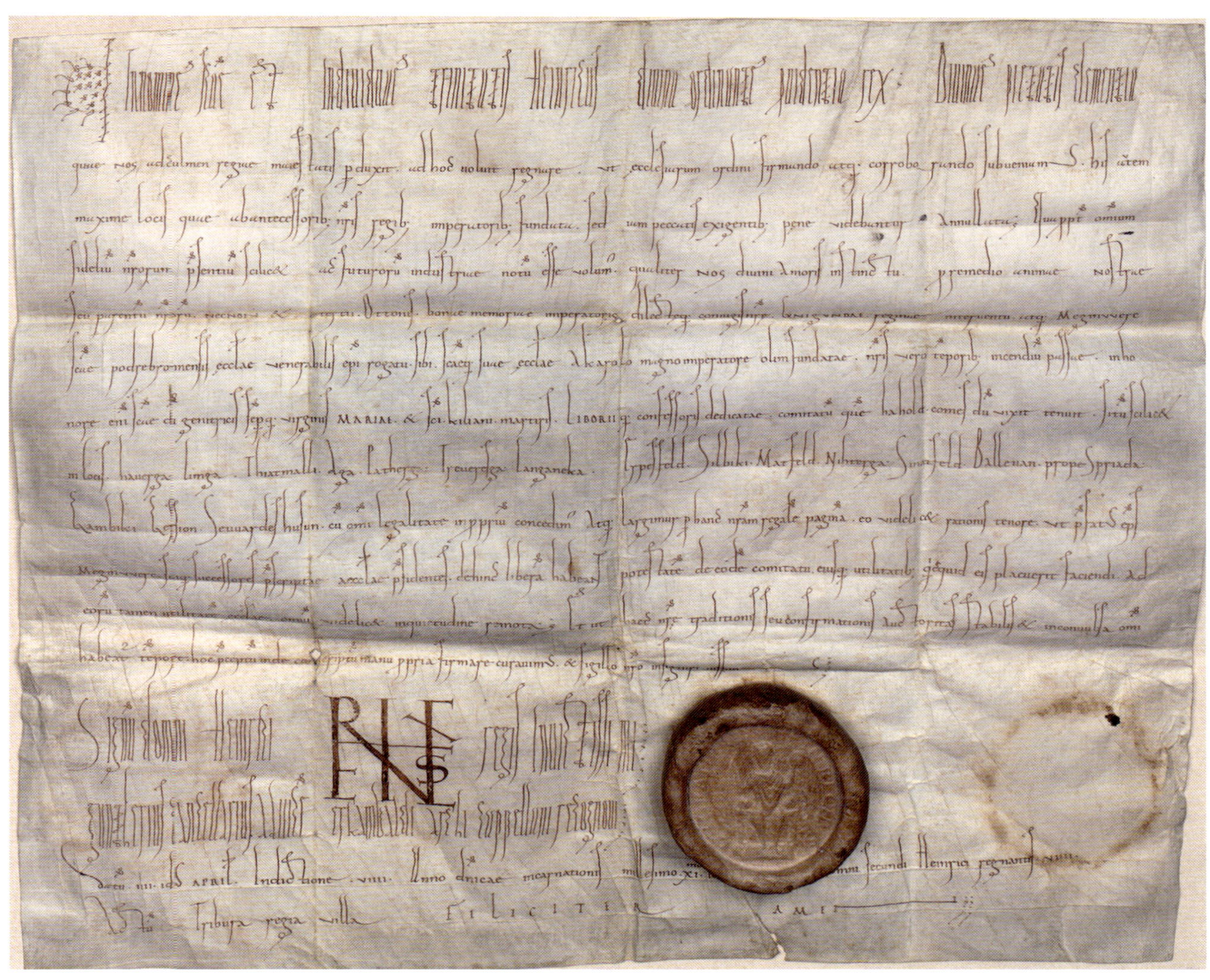

121

122 Prekarievertrag zwischen Bischof Meinwerk von Paderborn u. Graf Dodiko (von Warburg)

Ohne Ort u. Datum, um 1018/1019 (vor 29. August 1020 – Todestag Graf Dodikos)

Pergament – geschrieben in Buchschrift von einer Hand, die auch sonst in den Jahren 1015–1020 begegnet, die Namen der Zeugen von derselben Hand, aber nachgetragen – H. 50 cm, B. 30 cm

Kleines rundes Siegel mit Brustbild der Gottesmutter im Halbprofil – vermutlich Siegel der Bischofskirche – Umschrift, in der Mitte oben beginnend: + SCA DI GENETRIX MARIA

Münster, Landesarchiv NRW Abteilung Westfalen, Fürstentum Paderborn, Urk. 49 (PRU 3)

Der Text beginnt mit der Anrufung von Gott Vater, Sohn und Heiligem Geist und berichtet dann in objektiver Fassung, dass Graf Dodiko eingedenk seiner Sünden zur Heilung und zum Gedächtnis seiner Seele mit Zustimmung seiner Mutter Hildegund als seiner ersten Erbin und seines Bruders Sigebodo seinen Besitz an die Domkirche geschenkt hat, und zwar in Warburg, Ehringen, Rhöda, Wormeln, Germete und Eilhausen sowie den späteren Wüstungen Rainlefessen, Oberrhöda, Alt-Rhoden, Rotwardessen und Silihem. Eingeschlossen sind die Hörigen und acht Mühlen, ausgenommen werden elf namentlich genannte Ministeriale und die Frauen, die zu seinem Genizäum (s.u.) gehören. Aus der Schenkung sollen an Priester, Diakon und Subdiakon, die täglich im Dom für Dodiko die »öffentliche Messe« (zu dessen Lebzeiten) lesen, die Reichnisse gegeben werden, die einem der Domherren zustehen. Falls aber der Bischof oder der Dompropst diese Messe zelebrieren, werden die Aufwendungen an zwölf Arme verteilt. Nach dem Tod des Grafen jedoch sollen die für das Jahrgedächtnis eines Paderborner Bischofs üblichen Leistungen an Messfeiern, Psalmengebeten, Kerzenopfern, Almosen und die Speisung von 100 Armen auch für ihn erbracht werden.

Nachdem dieser Vertrag vor dem Marienaltar, dem Hauptaltar des Domes, vollzogen war, gab Bischof Meinwerk (1009–1036) durch seinen Vogt Amelung dem Dodiko in einem Pre-

karievertrag Besitz der Paderborner Kirche in Daseburg, Lütgeneder, Großeneder, Zwergen, Westuffeln, Rösebeck, Hohenwepel sowie den späteren Wüstungen Dalpenhusen und Silihem, und alles, was der Graf vorher übertragen hatte, diesem auf Lebenszeit zum Nießbrauch. Nach Dodikos Tod fielen alle Besitzungen der Kirche anheim. Ausgenommen von der bischöflichen Gegengabe sind drei namentlich genannte Ministeriale und zwei Familien, die in Hohenwepel wohnen und zu Herstelle gehören. Zum Besitz Dodikos in Warburg gehörte die Burg, deren Andreaskirche und Saalbau (mit Söller) die Erzählungen der *Vita Meinwerci* voraussetzen (Vita Meinwerci 1921 cap. 13, 49). Ob das Genizäum, ein Arbeitshaus, in dem die genannten Frauen Textilien – vermutlich auch für den Handel – herstellten, in der Burg oder auf dem unterhalb gelegenen Hof stand, ist nicht bekannt. Den Schluss des Textes bildet eine Liste von 59 Zeugen.
Deutet die Urkunde die tiefe Erschütterung des Grafen und die Sorge um sein Seelenheil nur an, kennt der Autor von Meinwerks Lebensbeschreibung die Ursache für Dodikos Maßnahmen, mit denen letztlich sein gesamter Besitz an die Paderborner Kirche gelangte: Dodiko hatte einen einzigen Sohn von einer ehemaligen Stiftsdame, mit der er im Konkubinat zusammenlebte (»pelles« = Kebsfrau). Dieser starb vor den Augen des Vaters beim Sturz vom Pferd. Danach hat der unglückliche Vater offensichtlich nur noch Vorsorge für sein Seelenheil treffen wollen! Für den Ausbau des späteren Hochstifts ist der Vertrag mit Dodiko höchst bedeutsam, weil er den Besitz der Paderborner Kirche im Raum Warburg um die Adelsherrschaft erweiterte (1021 erhielt Meinwerk von Heinrich II. auch noch die Grafschaft Dodikos) und die Grundlage für die Entwicklung der zweitwichtigsten Stadt des Bistums legte. Denn im 11./12. Jahrhundert entstand östlich der Burg eine Marktsiedlung, zu der vor 1195 die Anlage der Altstadt trat und im 1. Drittel des 13. Jahrhunderts im Norden die Neustadt. Die beiden Höfe des bischöflichen Tafelgutes und Dodikos Besitz stellten den Grund und Boden für diese Entwicklungen und Gründungen zur Verfügung.

Q.: Dubbi 2006 (Abb. u. Übersetzung) · Vita Meinwerci 1921. Lit.: Balzer 1986a · Balzer 2007 · Honselmann 1939 · Irsigler 1976/1977. M.B.

122

In nomine patris et filii et spiritus sancti. Dodico comes peccaminum suorum atque humane fragilitatis memor ac divina ammonicione conpunctus pro remedio et commemoratione
anime sue ad altare et ad servicium sancte dei genitricis marie et sancti kiliani martiris et sancti liborii confessoris cum consensu matris sue videlicet hildigunde heredis sue
primitus fratrisque sui Sigobodonis assensu et astipulacione suum predium tradidit in proprium in his locis quorum nomina hic subsequuntur: Vuarberhgi. Ramlefessun Ersigun Radi Radi
insuper Vuurmlahun Rohthe Gaimetti Roduuardeshusun. Illandehusun Silihem cum agris cultis et incultis silvis aquis aquarumve decursibus pratis pascuis necnon cum utriusque
sexus mancipiis et cum omnibus ad hec loca pertinentibus appendiciis videlicet octo molendinis ceterisque que adhuc nominari queunt vel nequeunt et tamen inesse sunt et fieri
possunt utilitatibus. exceptis ministerialibus eius hominibus... Eilbehrt Randuuihg Acilin Gela Doda Hoikalsi Aimza Tamma Hibuke Hizule ceterisque mulieribus iam ad
genicium etiam sumptis non ulterius assummendis. Ea racione atque paccione interposita ut dum deo iubente monasterium paterbrunnense manseret incolume pro eodem dodicone sacerdoti atque diacono
et subdiacono cottidie publicam missam celebrantibus stipendialis refocilacio que convenit uni eiusdem ecclesie fratri constipendiali daretur. Si autem ab episcopo vel preposito
publica missa celebraretur eadem ei stipendialis refocilacio pro anime eius remedio inter duodecim egenos divideretur. Cum vero idem comes dodico divina sic disponente
providencia huius vite terminum transiret in omni genera te commemoracione quam precius de monasterii episcopo agere consuetudo est pro eodem comite dodicone
celebrari debere. Videlicet in missarum et psalmorum celebracionibus luminorumque incendiis eulogiarumque donacionibus ceterorumque pauperum refocilacionibus et in omnibus que in epi
eidem loci annuali deposicionis die convenit facere. Hac tradicione et paccione peracta ante altare sancte dei genitricis marie dominus episcopus Meinuuercus cum suo advocato Amulungo
pro eodem predio in precariam eidem dodiconi prestitit quicquid in Desburg. Astnederi Vuestnederi ...anhusun Duttun Vflahun Rasbiki Silihem Vuepplithi ad ecclesiam paterbrunnensem
proprietatis pertinebat ut eandem tradicionem quam idem comes dodico ad altare sancte marie tradidit ut utrumque dum ipse viveret tradicionis atque precarie usu fructus uteretur. Illo autem
morte obeunte in integrum precaria et tradicio ad supradictam paterbrunnensem ecclesiam restitueretur. similiter exceptis tribus ministerialibus viris Tiazone Bennone Mamzone
ac duabus familiis in Vuepplithi habitantibus et ad hec castelli pertinentibus quas ei in precariam non concessit. Hec autem tradicio tali tenore atque interdictione facta est ut si usdem
episcopus vel aliquis eius successor de precaria vel paccione eodem dodicone vivente infringere voluerit. isdem dodico supradictum predium recipiendi licenciam habeat.
Huius rei testes sunt. Sibodo Immed Sibehrt Thiatmar Bernhard Amulung Bernhard Erp Adalbrat Volcpold Kono Roduuard Haika Hager Vuored
Helmuuric. Alfric Lambert Rathert Vuiking Adalbart Imma Asman Folcmar Hiddi Becelin Vual Vuidier Uffa Imnald Thiadmar Hriman Frithuric
Rainhald Hriman Reidald Hilduuard Asdag Acca Bacca Unaca Lica Afic Redig Imuca Lambald Duda Tamma Thiadmar Isger Harderid
Mainuuerc Hriman Oua Hamaca Heiluuard Frithuric Godesscalc Uulverd Uualdhard.

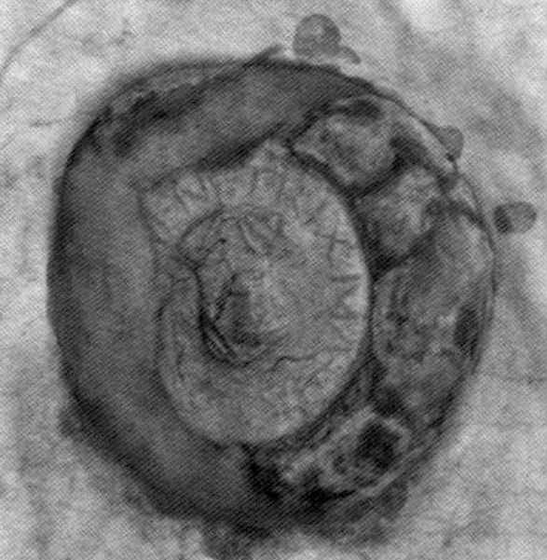

Die *Vita Meinwerci*

123 Traditionsnotizen

Paderborn, 1. Hälfte 11. Jahrhundert
Pergament auf Seidenträger – Nr. 17) H. 11,5 cm, B. 21,0 cm, Nr. 21) H. 15,5 cm, B. 11,5 cm, Nr. 23) H. 30,5 cm, B. 22,5 cm, Nr. 26) H. 11,5 cm, B. 17,0 cm, Nr. 27) H. 12,5 cm, B. 25,5 cm, Nr. 31) H. 13,0 cm, B. 21,5 cm, Nr. 37) H. 25,0 cm, B. 9,5 cm
Münster, Landesarchiv NRW Abteilung Westfalen, Fürstentum Paderborn, Urk. Nr. 17, 21, 23, 26, 27, 31, 37

Der Verfasser der *Vita Meinwerci* (siehe den Beitrag von Berndt) hat seinen Text aus vielen unterschiedlichen Quellen, die er wohl hauptsächlich im Archiv und in der Bibliothek von Domkirche und Abdinghofkloster einsehen konnte, kompiliert. Als Vorlagen für die Passagen unterschiedlichen Umfangs dienten neben der Bibel und einigen antiken Klassikern verschiedene historiographische und hagiographische Werke. Darüber hinaus verwendete er Urkundentexte, die zusammengenommen immerhin etwa zwei Fünftel des Gesamtumfangs der Vita ausmachen. Dazu gehören neben herausragenden kaiserlichen und königlichen sowie einigen päpstlichen Diplomen auch eine ganze Reihe sog. Traditionsnotizen (»notitiae«).
Traditionsnotizen – die meisten sind lediglich aus Traditionsbüchern, nur sehr wenige überhaupt in ihrer ursprünglichen Gestalt überliefert – wurden in der Regel auf Pergamentresten, die beim Zuschneiden von Pergamentseiten in Skriptorien anfielen, verzeichnet und dienten vornehmlich der Dokumentation von Gütergeschäften. Allerdings hatten sie aufgrund des Fehlens einer Besiegelung keinen rechtlich verbindlichen Status; das Rechtsgeschäft selbst kam durch symbolische Formalakte mündlich zustande. Wichtig war aber, die Namen der Zeugen einer Besitzübertragung aufzuzeichnen. Daher finden sich in vielen der aus der Meinwerkzeit erhaltenen Paderborner Dokumente lange Listen mit den Namen der Personen, die bei der Rechtshandlung anwesend waren. Es lassen sich verschiedene Schreiberhände differenzieren, die Honselmann (1939) zu Gruppen zusammengefasst hat. Die Schreiber

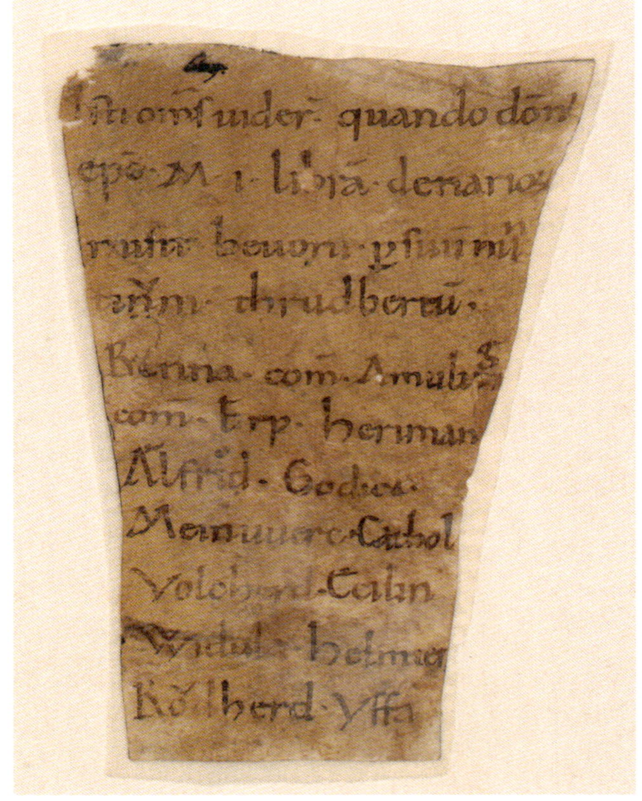

123 · Nr. 21

123 · Nr. 26

selbst bleiben anonym. Dem Überlieferungszufall ist es zu verdanken, dass ein Teil dieser Urkunden im Original, insgesamt immerhin 27 Pergamentstücke, erhalten geblieben ist und die historische Forschung damit in die Lage versetzt, den Entstehungsprozess der *Vita Meinwerci* zumindest in Ausschnitten genauer nachvollziehen zu können. Die Traditionsnotizen, von denen hier eine Auswahl vorgestellt wird, werden heute, nach einer wechselvollen Überlieferungsgeschichte, im Landesarchiv Münster verwahrt.
Aufgrund der Einbeziehung des reichen Urkundenmaterials erinnert die *Vita Meinwerci* über weite Strecken an ein Traditionsbuch oder eine Chartularchronik, die Auskunft über Güterschenkungen an die Paderborner Kirche gibt, ein Charakter, der für eine bischöfliche Lebensbeschreibung recht ungewöhnlich ist. Im Kontext der Weihebeschreibung der neu errichteten Kathedralkirche zum Jahr 1015 unterrichtet der Verfasser seine Leser und Hörer über die besondere Spendenbereitschaft Bischof Meinwerks selbst, aber auch zahlreicher weiterer Personen. An dieser Stelle der Vita sind en bloc 100 Traditionsnotizen, zumeist in leicht gekürzter Fassung, in den Text inseriert. Sie sind nicht in chronologischer Abfolge wiedergegeben, sondern nach dem gesellschaftlichen Stand der einzelnen Übertragenden, die jeweils zu Gruppen zusammengefasst sind, geordnet. An erster Stelle stehen dabei die Übertragungen von Personen, die dem Adelsstand (»nobiles«) angehörten. Darauf folgen die Traditionen von Personen aus dem geistlichen Stand, Kanoniker, Priester und Nonnen, dann die Schenkungen von Laien. Weiterhin werden Übertragungen durch Ritter (»milites«) aufgezählt und durch Personen, die explizit als Freie charakterisiert werden. Schließlich folgen noch Güterübertragungen, die aus Armut getätigt werden (mussten) sowie solche durch Frauen weltlichen Standes – auch adlige Damen (»matronae«, »domnae«) finden sich in einer Tradentengruppe.

Q.: WUB 1, S. 65–71. Lit.: Honselmann 1939 · Johanek 1977 · Kat. Paderborn 1986a, S. 71, Nr. 24 (Manfred Balzer) · Lagers 2004 · Reuter 1995b · Tenckhoff 1919. G.M.B.

124 *Vita Meinwerci*

Paderborn, Kloster St. Petrus u. Paulus, genannt Abdinghof, 2. Hälfte 12. Jahrhundert
Pergament – brauner Kalbsledereinband – H. 17,8 cm, B. 14,4 cm, Schriftraum: 14,0 x 10,0 cm, 94 Bl. (ältere fehlerhafte Foliierung korrigiert), Textverluste durch fehlende Bl.
Kassel, Universitätsbibliothek Kassel, Landesbibliothek und Murhardsche Bibliothek der Stadt Kassel, 4° Ms. hist. 12

Der zu Beginn des 16. Jahrhunderts zusammengestellte schlichte Codex enthält zwei für die mittelalterliche Geschichte Westfalens äußerst bedeutende Texte. Auf die aus der 2. Hälfte des 12. Jahrhunderts stammende *Vita Meinwerci episcopi Paderbornensis* (fol. 1r–72v) folgt die schon im 11. Jahrhundert geschriebene und dem ersten Heiligen des Paderborner Landes gewidmete *Vita Meinulfi* (fol. 73v–92v) Sigewards. Die Lebensbeschreibung Meinolfs stammt aus Fulda, die Biographie Bischof Meinwerks entstand im

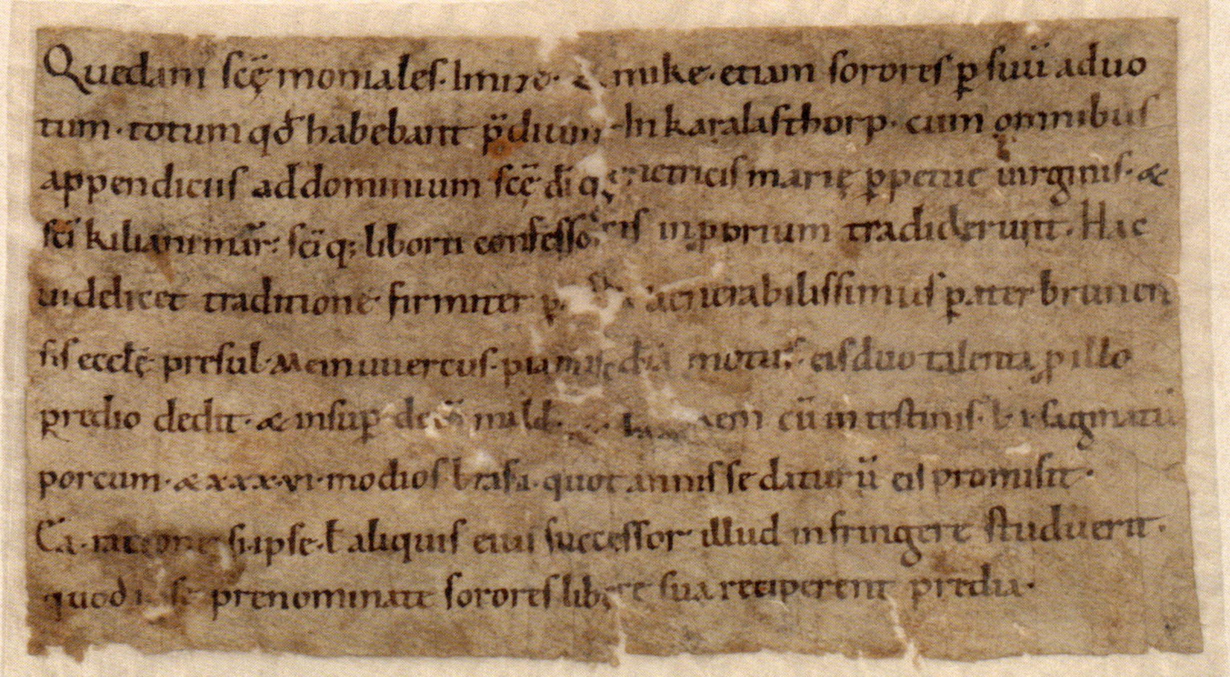
Quedam scē moniales ... etiam sorores p suū aduo
tum. totum qd habebant pdium In karalafthorp. cum omnibus
appendiciis ad dominium scē di genetricis marię ppetue uirginis. &
sci kiliani mr. scīq; liborii confessoris in proprium tradiderunt. Hac
uidelicet traditione firmiter ... uenerabilissimus pater brunen
sis eccle presul Meinuuercus ... eis duo talenta p illo
predio dedit. & insup ... cū in testimonis ...
porcum. & xxxvi modios brasi. quot annis se daturū eis promisit.
... si ipse t aliquis eius successor illud infringere studuerit.
quod ... prenominate sorores libere sua reciperent predia.

123 · Nr. 17

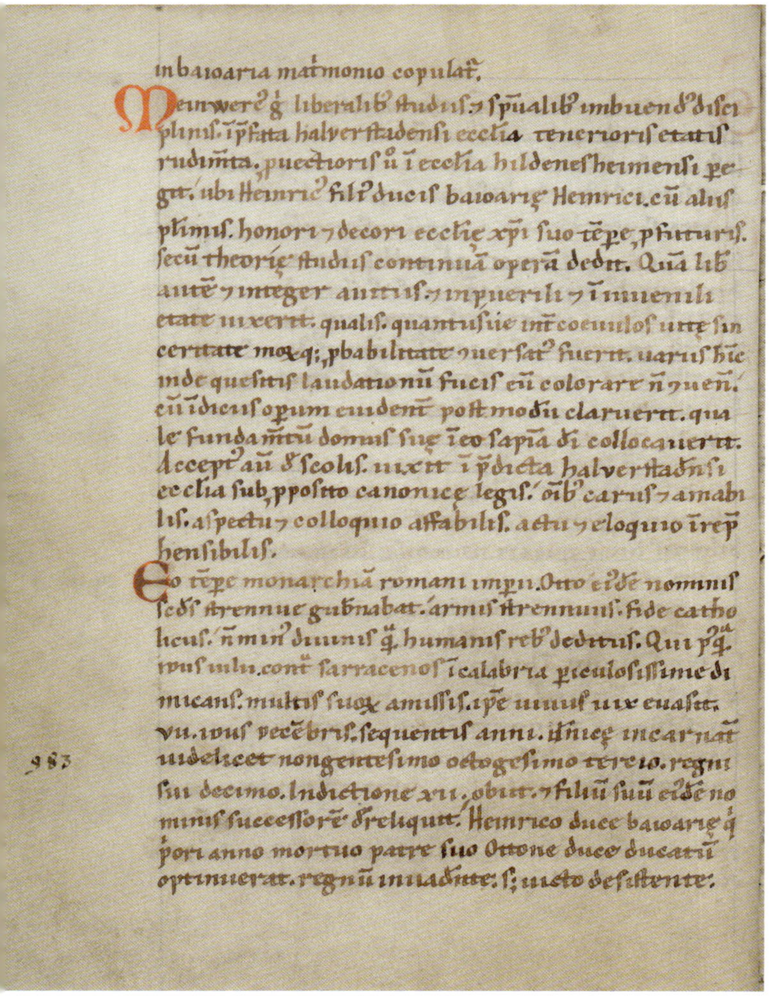

124 · fol. 3v

Skriptorium des Benediktinerklosters Abdinghof. Dieses Kloster ist von Meinwerk (1009–1036) gegründet, im Jahr 1031 geweiht und von ihm selbst zu seiner Begräbnisstätte bestimmt worden. Dort, wo die Erinnerung an den Gründer besonders lebendig geblieben war, hat etwa 130 Jahre nach Meinwerks Tod ein anonymer Verfasser auf zahlreiche unterschiedliche schriftliche Quellenvorlagen, von der Bibel bis hin zu kurzen Traditionsnotizen (Kat.Nr. 123), zurückgreifen können, die den einzigartigen Charakter des Werks prägen. Diesen Befund hat Gerd Althoff treffend zusammengefasst: »Die Vita Meinwerci ist in einem Ausmaß auf der Grundlage und mit Hilfe urkundlicher Überlieferung geschrieben wie kein zweites vergleichbares mittelalterliches Geschichtswerk.« (Althoff 1988, S. 131). Offenbar hat die *Vita Meinwerci* über den Paderborner Raum hinaus kaum Verbreitung gefunden; es sind lediglich zwei Abschriften (Kat.Nr. 125–126) überliefert. Dieses älteste Exemplar der Vita gelangte im Jahr 1773 in die Kasseler Bibliothek. Abt Felix Tüllmann (1764–1780) hatte sie dem Bibliothekar Rudolf Erich Raspe († 1794) selbst ausgehändigt. Letzterer war mehrfach ins Paderborner Land gereist, um Schriften mit Relevanz für die hessische Geschichte zu kopieren oder zu erwerben. Allerdings: »Über die Gründe, welche Abt Felix bewogen haben, dem hessischen Landgrafen dieses exorbitante Geschenk zu machen, kann man nur spekulieren.« (Vogel 2000, S. XXXV–XXXVI; Kat.Nr. 228). Das hier abgebildete Blatt (fol. 3v) enthält das fünfte Kapitel, in dem Meinwerks Werdegang mit den Stationen Halberstadt und Hildesheim geschildert wird. Dort, so erzählt der Verfasser, habe Meinwerk gemeinsam mit dem späteren König Heinrich II. (1002–1024) studiert. Seine Ausbildung, die er dort erhielt, aber auch sein stets untadeliger Lebenswandel waren wichtige Grundsteine für die im Jahr 1009 erfolgte Bischofspromotion.

Q.: Vita Meinwerci 2009 (ebda. die älteren Editionen). Lit.: Althoff 1988 · Kat. Hildesheim 1993, Bd. 2, S. 242–243, Nr. IV-65 (Enno Bünz) · Kat. Paderborn 1986a, S. 73, Nr. 27 (Manfred Balzer) · Kat. Paderborn 2002, S. 119–120, Nr. V.3 (Simone Buckreus) · Kat. Paderborn 2006, Bd. 2, S. 103–104, Nr. 88 (Manfred Balzer) · Vogel 2000 . G.M.B.

125 *Vita Meinwerci*

Paderborn, Kloster St. Petrus u. Paulus, genannt Abdinghof, um 1300

Pergament – hellbrauner Kalbsledereinband auf Holz – H. 21,3 cm, B. 15,2 cm, Schriftraum: H. 15,5 cm, B. 10,6 cm, 71 Bl. (moderne Foliierung)

Trier, Bistumsarchiv, Abteilung 95, Cod. 37

Diese Handschrift aus dem Benediktinerkloster Abdinghof in Paderborn wurde, nachdem sie über 300 Jahre in der Klosterbibliothek verwahrt wurde, eine Zeit lang in der Bibliothek des Paderborner Domdechanten Graf Christoph von Kesselstadt († 1814) aufbewahrt und gelangte von dort im Jahr 1806 in die Trierer Dombibliothek. Seit 1936 befindet sie sich im Trierer Bistumsarchiv. Sie stellt nach dem Kasseler Exemplar (Kat.Nr. 124) die zweitälteste überlieferte Ausgabe der *Vita Meinwerci* dar. Der Auftraggeber verzichtete in der Ausführung auf den umfangreichen Katalog der Traditionsnotizen, daher hat die Handschrift einen insgesamt deutlich geringeren Umfang als der älteste Textzeuge. Geschrieben wurde sie von einer einzigen Hand, wobei später zahlreiche Interlinear- und Marginalglossen hinzugefügt wurden. Die Initialen der nachträglich mit Kapitelüberschriften versehenen Abschnitte, die geringfügig vom Kasseler Exemplar abweichen, sind in roter, blauroter und schwarzer Tinte ausgeführt; sie reichen über zwei bis sechs Zeilen. Bei den letzten Kapiteln sind diese allerdings nicht mehr ausgeführt worden. Die Handschrift weist zudem zahlreiche Korrekturen auf, die wohl im 17. Jahrhundert vorgenommen wurden, sowie einige spätere Be-

Quantam curam et sollicitudinem circa fratres sui novi monasterii habuerit

Quodam tempore officinas monasterii sui novi more solito circuiens, fratribus ad capitolium consedentibus coquinam intravit, et servis fortuitu vacantibus in vermes inventum frustum panis in ollas igni appositas trusit. Nullius autem pinguedinis vel admixtionis speciem preter aquam et cibum animadvertens simplicem, tempore loquendi conventum intravit, et causatus filiorum suorum et fratrum aridum cibum, quem in coquina viderat et fecisset, retulit. Ille autem ob virtutum custodiam servandam asserente parsimoniam, respondit venerabilis episcopus, ut si ipse religiosius esse vel videri vellet, circa vitam propriam severius, quam subditorum benignius existeret, ewangelicis et apostolicis documentis propositis, quoniam laborans agricola mercede operis sui dignus esset. Et data auctoritate, quam dominus ecclesie claves beato Petro apostolo tradidit, et ecclesia tantam habens potestatem generali synodo monachis, quoniam olei copiam non haberent, non carnium quadrupedum esum, sed carnibus cognatum adipem indulserit, ad notatas villicis porcos dari mandavit, de quorum sagimine et pinguedine cibum fratrum parari ordinavit. Sciret quomodo diligentibus deum omnia in bonum cooperantur, et regnum dei et iusticiam est rigore clau

125 · fol. 36r

Postquam mediator dei et hominum carnem sumere et crucem subire pro salute omnium dignatus est, discipuli ab ipso electi et dilecti post eius gloriosam ascensionem spiritus sancti visitatione et consolatione confortati et omni sciencia veritatis sunt imbuti secundum ipsius promissionem, ut per eos salvarentur ante mundi consummationem qui salvandi per gratiam preordinati erant ante mundi constitutionem. Quorum predicationis instancia conversa sunt ad deum innumerabilia multorum hominum milia, agnitaque fide christiane religionis respuerunt cultum antique superstitionis. In cuius unitate fidei cum diversarum terrarum et linguarum alacriter et salubriter convenirent populi, convenit quoque magna clementis salvatoris clementia, sedulaque magni Karoli multimodi instancia laboris gens Saxonica, quam ad credendum eo compulit difficilius, quo genus hominum natura animi erat ferocius. Subiecta autem iugo fidei facta est sacerdotibus tributaria, que tributa aliorum exegerat temeraria, cepitque sua pro Christi amore cum christianis tribuere, que raptu aliorum solebat vivere.

Destruuntur hinc fana idolorum et exstruuntur oratoria sanctorum, designantur prochiarum termini, constituuntur episcopalium sedium in locis congruis tituli, in quibus rudis adhuc in fide populus ne ad perfidiam pristinam relaberetur salutaribus monitis imbueretur, et servientium deo multitudo numero et merito cotidie augeretur.

Inter omnia vero loca principalibus ecclesiis constituendis destinata speciali quadam dignitate Paderburnensis sedes preminebat, que semper maiorum titulis signata virorum pre ceteris terris undique se circumiacentibus frequenti et varia nemorum diversitate, agrorum ubertate cum omni frugum fertilitate saluberrimorum fontium in unum locum inibi latitudine et amenitate incomparabili confluentium aliorumque innumerorum per quasque vicinias id locorum concurrentium numerositate excellebat. Cuius iocunda amenitate placidaque aeris temperie rex delectatus pro publicis disponendis negociis inibi sepius est moratus. Positisque regali magnificentia principalis ecclesie fundamentis, magno erga deum sue dilectionis indicio talem locum iure belli acquisitum magis ecclesiastico quam proprio deputavit servicio.

Cum autem noviter facte conversionis messis multa, novelle vero plantationis operarii essent pauci, locum eundem tuitioni presulum Wirciburgensis ecclesie commisit. Sub quorum regimine status ipsius nec profecit, nec longa vie intercapedine publicaque variorum negociorum necessitudine proficere potuit. Unde rex cum suis habito et inito consilio eundem locum proprii pastoris vigilantia tuendum et gubernandum adiudicavit. Preposuitque ei anno, salvator mundi postquam de virgine nasci dignatus est, septingentesimo nonagesimo quinto prefate Wirczeburgensis ecclesie canonicum eius rudis in fide adhuc populi excultorum Hathumarum. Cuius pontificatus anno quarto dominice vero incarnationis septingentesimo nonagesimo nono beati Petri apostoli vicarius Leo eiusdem nominis tercius iniusta civium suorum oppressus odia in Paderburna regem Karolum adiit. Susceptusque ut par erat cum ingenti honore et gloria, religiosum ac salutare christianitatis dilatande studium nobiliter inchoatum apostolica auctoritate firmavit, atque in cripta ibidem

Anno 795 Ecclesia paderbornensis accepit Hathumarum canonicum herbipolensem primum pastorem

Leo tercius venit ad Karolum in paderborn

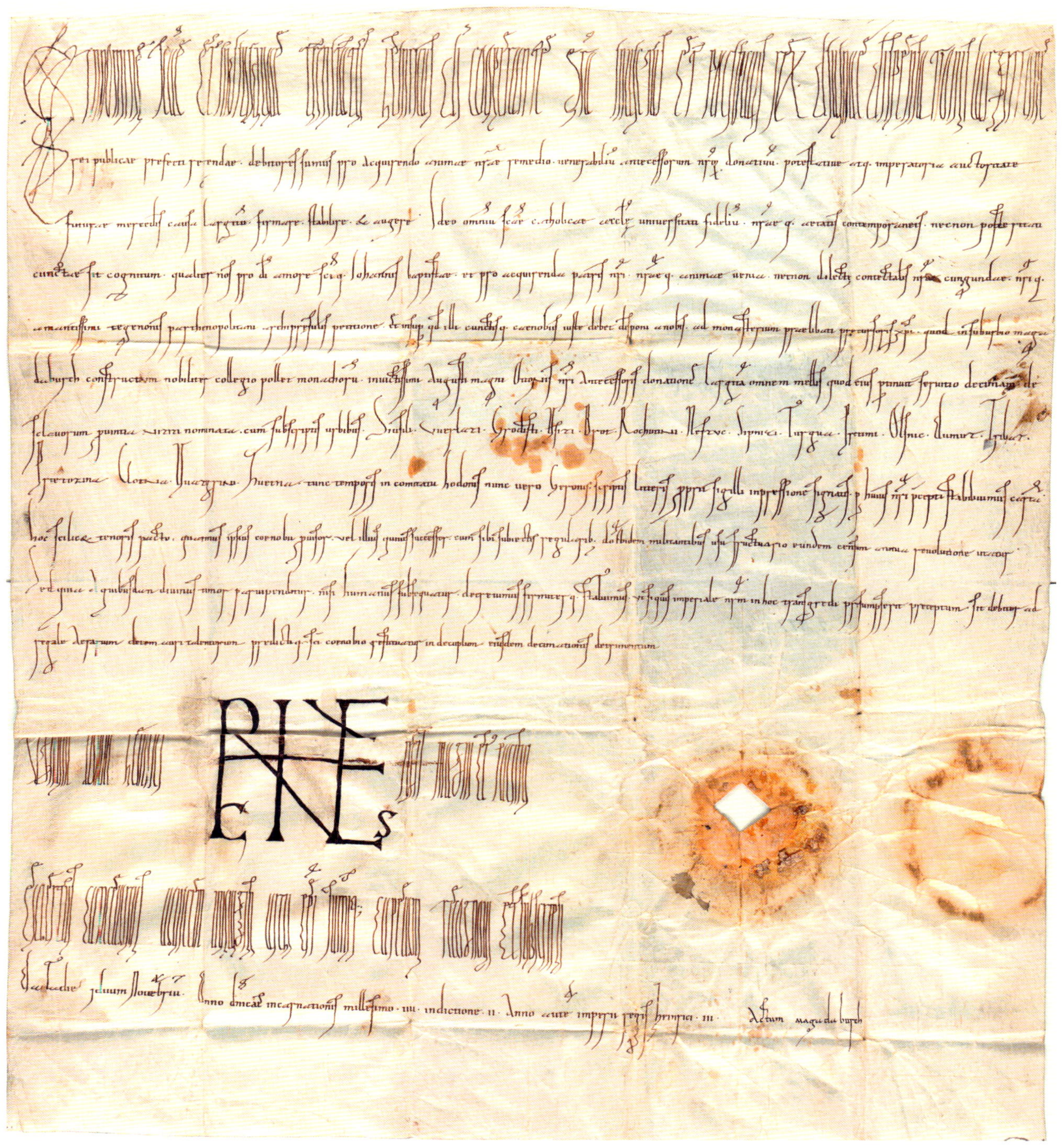

131

müssen, um sich eine Meile südlich an der Klinkemündung niederzulassen. Das neue Domizil wurde später unter der Bezeichnung Kloster Berge bekannt. Der Tag des Auszugs aus dem Mauritiuskloster, der 9. August, wurde noch bis 1098 jährlich mit einer Trauerprozession begangen; die Herrscher sahen sich immer wieder zu kompensierenden Wohltaten verpflichtet. Diese durften aber wiederum das Einvernehmen mit den Magdeburger Erzbischöfen nicht stören; den aktuellen, zu Beginn desselben Jahres eingeführten Amtsinhaber Tagino (1004–1012) versieht Heinrich mit dem Attribut des »amantissimi« (geliebtesten) – er unterstreicht damit die enge Verbindung, die seit ihrer gemeinsamen Erziehung im Regensburger Kloster St. Emmeram bestand. Tagino stammte ebenfalls aus einem bayerischen Adelsgeschlecht. Anlässlich des Todes seines Vorgängers Gisilher (981–1004) war die Gleichgewichtung zwischen Dom und Kloster Berge symbolisch besonders deutlich unterstrichen worden: Gisilher war eine Nacht im Kloster St.

Johannes Baptist, eine Nacht im Dom aufgebahrt worden. Die Objekte der Bestätigung sind Ortschaften oder kleine Festungen entlang der Elbe und östlich der Mulde. Bereits vor über 1000 Jahren besaß das im Urkundentext genannte »Werlazi« den Charakter eines Subzentrums, wahrscheinlich war es Mittelpunkt eines Burgwardes; die Stadt Wörlitz hat sich im Jahre 2004 der vorliegenden Urkunde als Grundlage ihrer 1000-Jahrfeier bedient. Die anderen Orte, die die Reichsherrschaft in dem noch überwiegend von Slaven bewohnten Gau Nizizi sichern sollten, heißen heute Sieglitz, Graditz, Eutzsch, Pratau, Rackith, Süptitz, Torgau, Prettin, Elsnig, Dommitzsch, Trebitz, Pretzsch, Klöden und Zwethau. »Neszuc« und »Uuazgrini« sind nicht sicher identifizierbar. Heinrich bemühte sich durch diese Verleihung also auch um Stabilisierung der Verhältnisse an der Elbgrenze kurz nach dem Waffenstillstand mit Polen. Dieser und die Einnahme von Bautzen rechtfertigen Heinrichs Selbstbezeichnung als »invictus et pacificius rex« (»unbesiegter und friedbringender König«) – für den Moment. Im Nachhinein erscheinen diese Attribute angesichts der fast jährlichen und auch für Heinrichs Truppen sehr verlustreichen Übergriffe auf das Reich Bolesławs I. Chrobry (992–1025) zynisch oder zumindest voreilig. Sogar im Gau Nizizi muss die deutsche Herrschaft im Laufe des 11. Jahrhunderts wieder zusammengebrochen sein.

Q.: Magdeburger Bischofschronik 2006 · MGH DD H II, Nr. 88 · Regesta Imperii II/4, Nr. 1586 · Rohleder 2004 (Übersetzung der Urkunde) · UB Kloster Berge, S. V/7 . Lit.: Jablonowski 2004, S. 13. W.K.

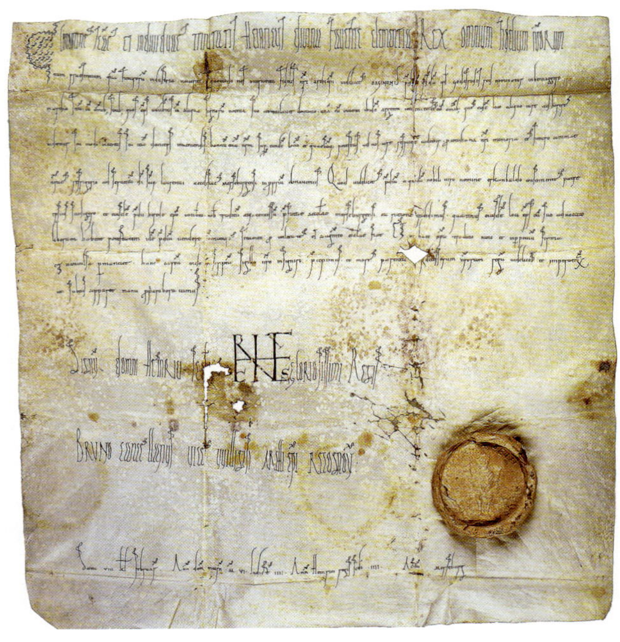

132

132 Urkunde König Heinrichs II. für die Merseburger Domkirche

Merseburg, 25. Januar 1006
Pergament, Wachssiegel – H. 53,0 cm, B. 51,5 cm
Merseburg, Domstiftsarchiv, Urkunde Nr. 7

Das 968 gegründete Bistum Merseburg hatte bereits 1006, dem Jahr der Ausstellung der vorliegenden Urkunde, eine bewegte Geschichte hinter sich. 981 war das Bistum zugunsten der Nachbarbistümer Halberstadt, Zeitz, Magdeburg und Meißen wieder aufgelöst worden. Die Erörterung der Gründe für die Auflösung sind vielfältig; im Vordergrund standen jedoch die Bestrebungen des damaligen Bischofs Gisilher (971–981), der die Magdeburger Erzbischofswürde (981–1004) erlangen wollte, sowie rechtliche Gründe, wonach das nur gering ausgestattete Bistum Merseburg kaum lebensfähig war. Schon 997 wurde auf der Synode von Pavia über die Wiederherstellung Merseburgs verhandelt. Die Wiederbegründung kam schließlich 1004, maßgeblich auf Betreiben König Heinrichs II. (1002–1024), zustande. Der einstige Kapellan Heinrichs II., Wigbert, wurde am 6. Februar 1004 zum Merseburger Bischof erhoben. Erhebliche Schwierigkeiten bereiteten die Wiederherstellung des Merseburger Sprengels sowie die Restituierung des Besitzes der Bischofskirche, da dafür die bereits genannten Bistümer entschädigt werden mussten. Tatsächlich konnten sowohl das Bistum als auch der Besitz Merseburgs nie wieder vollständig hergestellt werden, obgleich Bischof Thietmar (1009–1018) heftig für diese Rechte stritt. Dennoch schuf Heinrich II. mit seinen Schenkungen und Rückübertragungen die Grundlage für die spätere Ausdehnung des Merseburger Hochstiftsgebietes. In die Reihe der Schenkungen gehört auch die vorliegende Urkunde, mit der der Merseburger Kirche das Gut Gottfriedsroda (Wüstung östlich von Roßla an der Helme bei Bennungen) samt der Nutzung des dort aufgefundenen Silbers übertragen wurde. In der Urkunde wird festgelegt, dass das weitab von Merseburg gelegene Gut verkauft werden kann. Wann es dazu kam, ist ungewiss.

Bei dem in der Urkunde genannten Personal tritt insbesondere der Intervenient Tagino hervor. Der Magdeburger Erzbischof (1004–1012) war maßgeblich an der Wiedererrichtung des Bistums Merseburg beteiligt. König Heinrich, dem er seit der gemeinsamen Ausbildung im Kloster St. Emmeram sehr verbunden war, setzte ihn 1004 gegen den Willen des Magdeburger Domkapitels als Erzbischof von Magdeburg durch. Fortan trat Tagino als wichtiger Akteur in der Kirchenpolitik König Heinrichs auf. Als Intervenient für Merseburg begegnet er nur in der vorliegenden Urkunde. Neben ihm werden die Edlen Erkanbald und dessen Vater Swideger genannt, die das Schenkungsgut König Heinrich II. aufgelassen hatten. Die Urkunde verdient im Hinblick auf die Organisation der königlichen Kanzlei höchste Beachtung. Der Schreiber kann nämlich mit dem Kapellan Taginos, Erich, dem nachmaligen Bischof von Havelberg (1008–nach 1028) gleichgesetzt werden. Dieser ist der einzige Schreiber König Heinrichs, der sich in einer Urkunde (MGH DD H II, Nr. 242) selbst nennt. Insbesondere in sächsischen Angelegenheiten wurde Erich für die Ausfertigung von Urkunden herangezogen. Dies dauerte auch fort, als er das Havelberger Bischofsamt angetreten hatte. Die letzte, Erich zuzuweisende Urkunde stammt aus dem Jahr 1019 (MGH DD H II, Nr. 416). Diese Präsenz eines hochrangigen Schreibers in der Kanzlei ist ein wichtiges Indiz für die seit kurzer Zeit neu angestoßene Diskussion zur personellen Ausgestaltung der Kanzlei der Ottonen.

Q.: MGH DD H II, Nr. 106. Lit.: Bresslau 1900–1903, S. XX, XXII · Huschner 2006a · Kat. Merseburg 2004, Bd. 1, S. 41, Nr. I.5 (Dorothea Schmitt) · Schlesinger 1983, Bd. 1. M.C.

133 Evangelistar des Bischofs Ansfriedus von Utrecht, sog. *Ansfriduscodex*

St. Gallen, 950–1000, vorderer u. hinterer Buchdeckel 1000–1200 (mit späteren Ergänzungen)
Pergament, Eichenholz ummantelt mit rotem Samt, Silber, vergoldetes Silber, Edelsteine, Gemmen – H. 33,5 cm, B. 26,0 cm
Utrecht, Museum Catharijneconvent, ABM h2

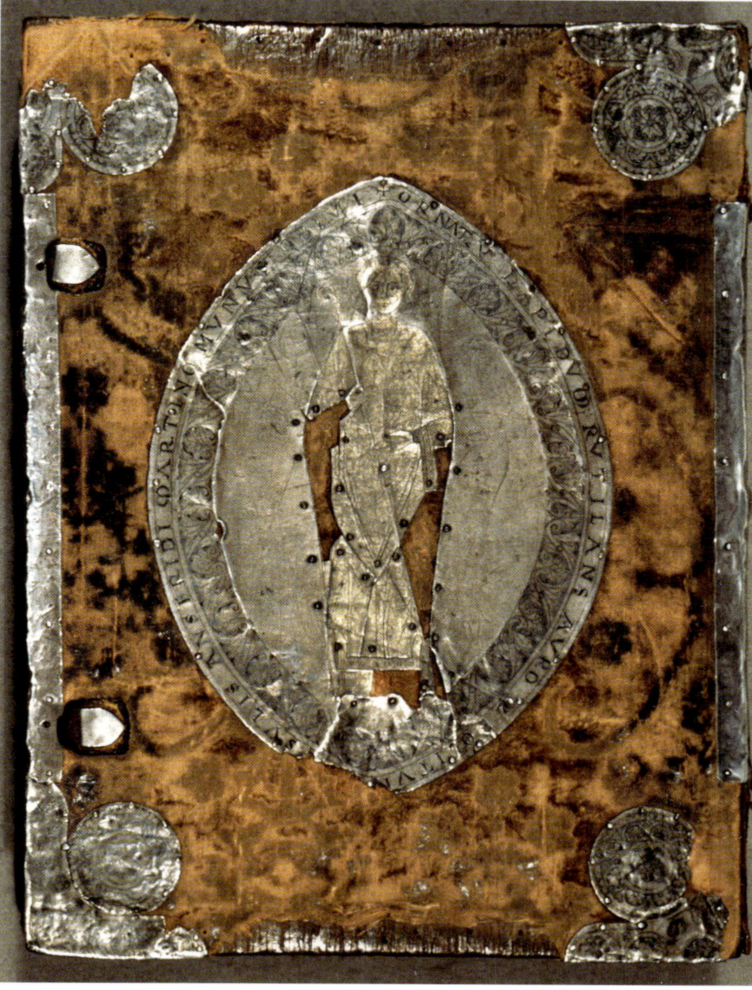

133 · hinterer Buchdeckel

Auf dem Dachboden des Pfarrhauses der Deventer Lebuïnuskirche wurde 1860 das Evangelistar des Utrechter Bischofs Ansfridus (995–1010) wiederentdeckt, nachdem es lange Zeit als Gewicht für eine Druckerpresse Verwendung gefunden hatte. Nach einem Kircheninventar befand die Handschrift sich spätestens seit 1566 im Besitz der Deventer Kirche.

Der heutige, reich geschmückte Bucheinband ist zwar das Ergebnis einer um 1500 ausgeführten Restaurierung, er geht aber auf eine Zusammenstellung älterer Elemente zurück. Mittig auf der Vorderseite wurde ein silberfiligranes Kreuz mit achtkantigem Mittelstück und breit auslaufenden Armen angebracht. Bei den Halbedelsteinen handelt es um Achat, Amethyst, Bergkristall und Quarz. Rund um dieses Kreuz wurden zehn silberemaillierte Medaillons aus dem 14. und 15. Jahrhundert befestigt, davon zeigen vier die Symbole der Evangelisten Lukas, Johannes, Matthäus und Markus. Damit sollte auf den Inhalt des Buches verwiesen werden. Im Laufe des Kirchenjahres wurden aus dem Evangelistar während der Messe Passagen der vier Evangelien vorgelesen. Auch sind zwei mit Rauchfässern schwenkende Engel erkennbar, zwei hochschnellende Hirsche und der segnende, auf dem Thron sitzende Christus mit Maria – eine Darstellung der Marienkrönung. Schließlich wurden noch mehrere Alsengemmen mit kleinen eingravierten Figuren aus dem 6. und 7. Jahrhundert angebracht. Der silberne Beschlag auf der Rückseite war Teil eines älteren Einbandes etwa aus dem Jahr 1000. In der Mitte ist das Porträt des Stifters selbst, ausgeführt als silberne Plakette, abgebildet mit der umlaufenden Inschrift: »Geschmückt mit funkelnden Edelsteinen und prächtigem Gold bin ich [der Codex] ein Geschenk des Ansfridus an Martinus.« Mit anderen Worten: der Bischof stiftete den Codex der Utrechter Martinuskirche oder der Domkirche.

Beim Aufschlagen des Codexes ziehen vornehmlich die großen verzierten, mit Blattgold und Silber dekorierten Initialen Aufmerksamkeit auf sich, mit denen bedeutende Teile des Textes eingeleitet werden. Die Dekorationen entstanden wohl im Kloster St. Gallen, mit dem die mittelalterliche Utrechter Domkirche engen Kontakt pflegte. Die Mönche von St. Gallen waren weit bekannt für ihre Buchmalereien. Deswegen überrascht es nicht, dass der *Ansfriduscodex* Jahrhunderte lang im Utrechter Domschatz aufbewahrt, auf Prozessionen mitgeführt und an hohen kirch-

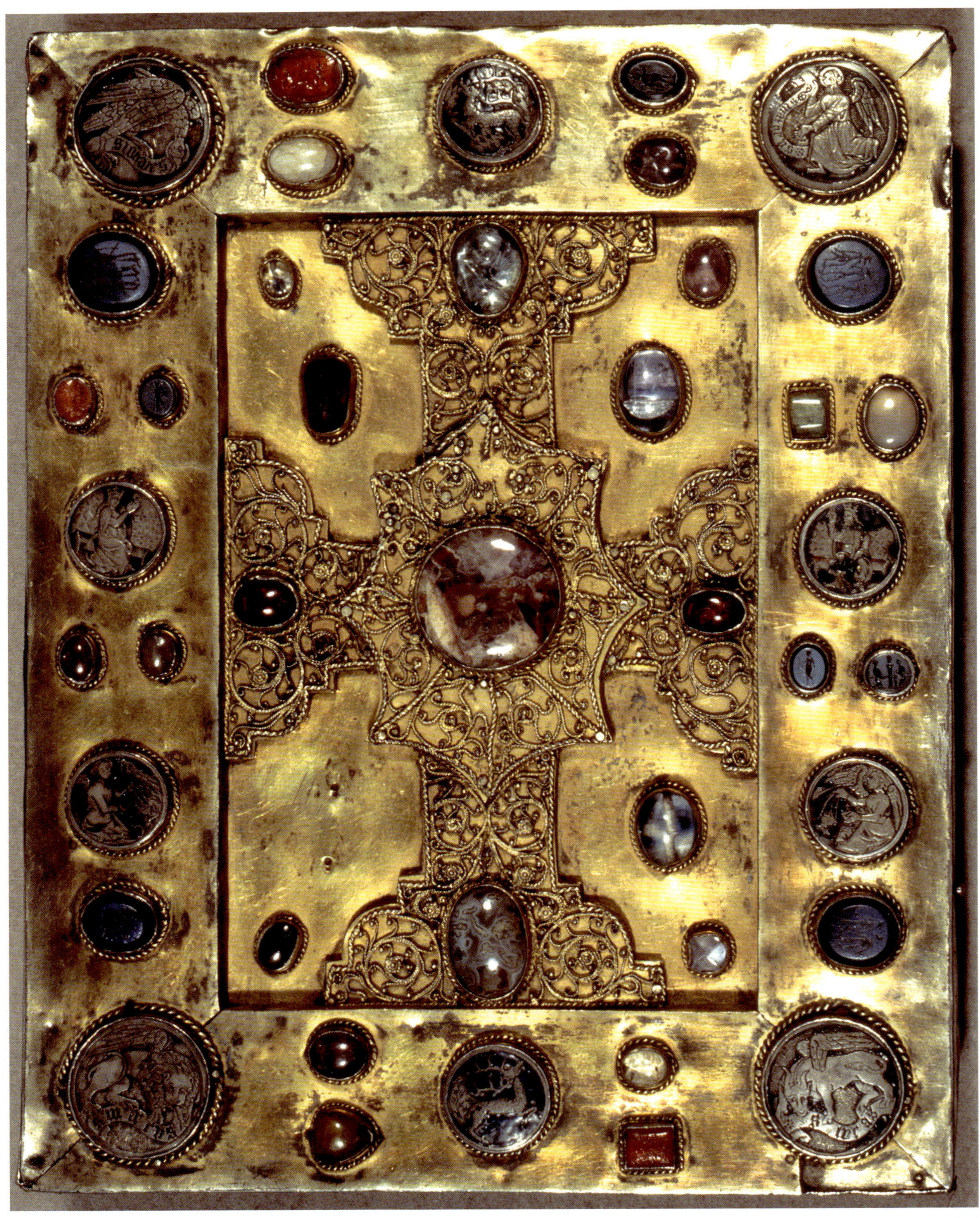

133 · vorderer Buchdeckel

lichen Festtagen auf dem Altar gezeigt wurde. In Utrecht angefertigte Handschriften weisen auffallende Ähnlichkeiten mit der Schrift und den Illustrationen des *Ansfriduscodexes* auf, der aufgrund seiner Herkunft und kunstvollen Ausführung lange vorbildhaft wirkte.

M.L. (aus dem Holländischen v. T.A.P.)

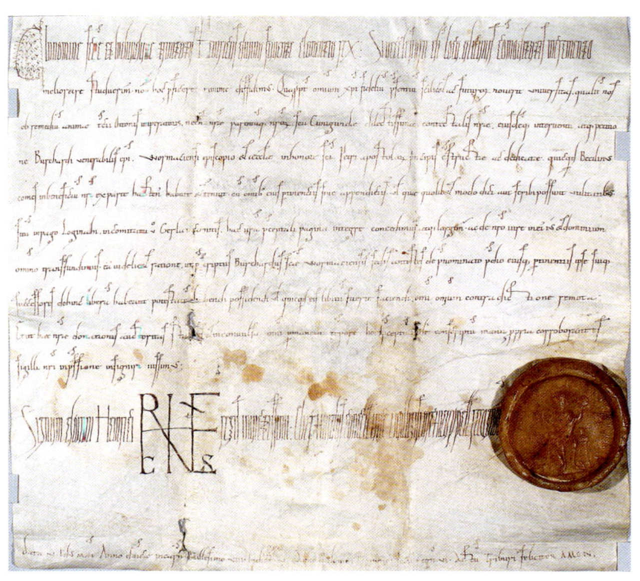

134

134 Urkunde König Heinrichs II. für die Wormser Kirche

Trebur, 11. Mai 1008
Pergament, unten aufgedrücktes, naturfarbenes, rundes Wachssiegel – H. 39,0 cm, B. 42,0 cm, Dm. (Siegel) 7,2 cm
Darmstadt, Hessisches Staatsarchiv, A 2 Nr. 255/6

Dieses königliche Diplom, ausgefertigt von einem oberdeutschen, vermutlich in den Diensten des amtierenden Mainzer Erzbischofs Willigis (975–1011) stehenden Geistlichen, der ab Oktober 1004 als Kanzleinotar Heinrichs II. (1002–1024) nachweisbar ist, enthält eine Schenkung zugunsten der bischöflichen Kirche zu Worms – damals unter Leitung Bischof Burchards (1000–1025), eines ehemaligen Mainzer Domherrn und engen Vertrauten Willigis'. Unterfertigt wurde die Urkunde in Vertretung des Erzkapellans (und des Erzbischofs) Willigis vom Hofkanzler Eberhard aus dem Geschlecht der Grafen von Abenberg, der auf Betreiben des Königs seit 1007 zugleich als erster Bischof des neu gegründeten Bistums Bamberg amtierte. Ausgestellt wurde das Diplom zum Seelenheil des verstorbenen Kaisers Otto III. (983–1002) wie auch Heinrichs Eltern (Herzog Heinrich II. und Herzogin Gisela von Bayern), auf Intervention seiner Gemahlin Kunigunde († 1033) und auf Antrag des Bischofs Burchard. Seiner Kirche wurden die Besitzungen des Grafen Becelin im Lahngau, und zwar im Bereich des Grafen Gerlach, übertragen. Damit wurde die Machtstellung des Bistums Worms im Reich erweitert und die »Reichskirche« weiter gestärkt.
Geschrieben wurde das lateinische Diplom in der am römisch-deutschen Königshof üblichen Kanzleischrift. Die erste Zeile enthält als Auszeichnungsschrift eine verzierte Initiale sowie verlängerte Buchstabenformen (inhaltlich: *Invocatio*, *Intitulatio* und Beginn der *Narratio*), der übrige Rest ist minuskelartig gehalten, durch verlängerte Schäfte nach oben und unten verziert. Die Signumszeile im unteren Drittel der Urkunde (»Signum domni Heinrici [M.] regis invictissimi«) enthält auch den Rekognitionsvermerk des Hofkanzlers Eberhard (»Eberhardus cancellarius vice Willigisi archicappellani recognovit«) und wurde damit von der königlichen Kanzlei authorisiert. Die Datierungszeile mit Angabe des Tages (5. Idus im Mai), des Jahres, der Indiktion, der Regierungsjahre Heinrichs II. und des Ausstellungsorts (Königspfalz Trebur in der Nähe von Groß-Gerau) befindet sich am unteren Ende der Urkunde. Das Siegel mit der Umschrift HEINRICUS DEI GRATIA REX zeigt eine zeittypische Darstellung des thronenden Königs, der in der Rechten das Zepter, in der Linken den Reichsapfel mit Kreuz hält (Abb. in Posse 1909–1913, Bd. 1, Taf. II.2).

Q.: MGH DD H II, Nr. 176. Lit.: Kat. Bamberg 2002 · Posse 1909–1913, Bd. 1 · Weinfurter 2002. F.B.

135 Urkunde König Ottos III. für Erzbischof Adaldag von Hamburg-Bremen

Wildeshausen, 16. März 988
Pergament – Wachssiegel – H. 63,4 cm, B. 61,0 cm
Stade, NLA – StA Stade –, Rep. 1 (Erzstift Bremen) Nr. 11

Die Urkunde ist eine von drei Verfügungen, die Otto III. (983–1002) im März 988 in Wildeshausen zugunsten des Bremer Erzbischofs Adaldag (937–988) ausstellte. Er bestätigt auf Bitten seiner Mutter Theophanu († 991) Erzbischof Adaldag und dem Erzbistum Hamburg-Bremen den bereits von seinem Vater und seinem Großvater (MGH DD O I,

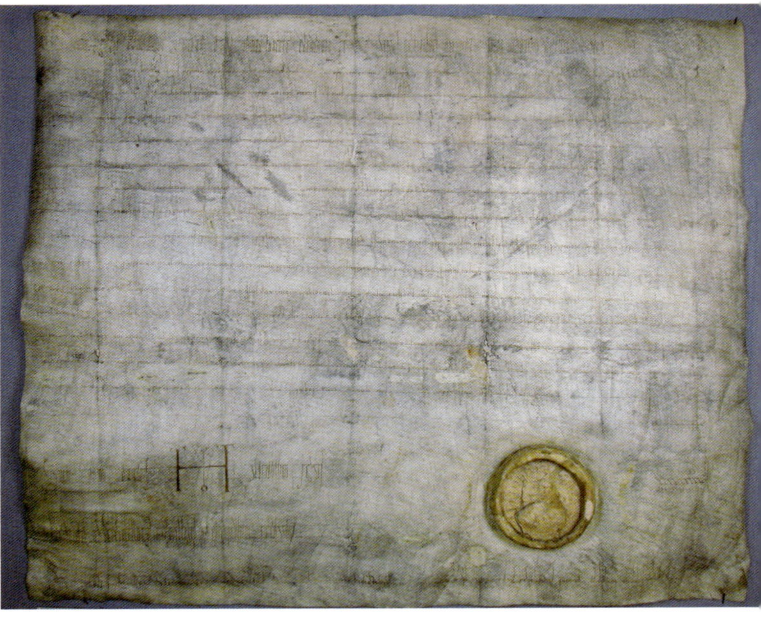

135

Nr. 11, 307 u. MGH DD O II, Nr. 16, 61) verliehenen Königsschutz für die dem Erzbistum gehörenden Klöster Bremen, Bücken, Ramelsloh, Bassum, Heeslingen und Reepsholt. Zudem bestätigt er Markt, Bann, Zoll sowie Münzrecht in Bremen und gewährt die Immunität sowie das Wahlrecht der Geistlichkeit für den Fall einer Sedisvakanz. Neben den rechtlich relevanten Bestimmungen ist wirtschaftlich gesehen die Bestätigung des Marktrechtes, abgesichert durch den Bann, mit den daraus und dem Zoll- und dem Münzrecht zu erzielenden Einkünften von Belang. Damit sollten zugleich Mission und Handel in und nach Skandinavien weiter abgesichert und gefördert werden, die durch die als heidnische Reaktion bezeichneten Bestrebungen des neuen dänischen Königs Sven Gabelbart (986–1014) gefährdet schienen. Die Petition von Ottos Mutter Theophanu in dieser Urkunde ist ein Hinweis auf ihre Führung der Regierungsgeschäfte für ihren achtjährigen Sohn, obwohl die Urkunde das Bild einer selbstständigen und uneingeschränkten Herrschaft des Kindkönigs vermitteln soll. Für diese politische Konstruktion war die Kaiserin auf den Konsens der politischen Führungsschicht des Reiches, der Erzbischöfe, Bischöfe, Herzöge und bedeutenderen Grafen angewiesen, die sie entsprechend privilegierte. Zu diesen zählte auch der hochbetagte Erzbischof Adaldag von Bremen, dem es kurz vor seinem Tod im April 988, nach einem ein halbes Jahrhundert andauernden Episkopat mit den drei Wildeshausener Privilegien gelang, die Stellung seines Erzbistums weiter zu sichern und auszubauen. Sein fortwährender Dienst für die ottonischen Herrscher wurde immer wieder mit königlichen Privilegien, besonders von Otto I. (936–973), honoriert.

Q.: MGH DD H I · MGH DD K I · MGH DD O I · MGH DD O II · MGH DD O III, Nr. 40. Lit.: Eickhoff 1996, S. 350–357 · Elmshäuser 2000, S. 206–207 · Glaeske 1962, S. 5–25 · Offergeld 2001, S. 693–694. A.S.

136 Urkunde König Heinrichs II. für seinen Kapellan Dietrich

Frohse, vor 3. April 1006
Pergament, Siegel – H. 41,0 cm, B. 58,0 cm, Dm. (Siegel, unregelmäßig) max. 9,8 cm
Magdeburg, Landeshauptarchiv Sachsen-Anhalt, Rep. U 1, Ia Nr. 18

Der König, dessen prächtiges Siegel gut erhalten ist und das die Urkunde aufgrund der Kürze des Textes dominiert, schenkt seinem Kapellan Dietrich († 1022) Besitzungen zu Groß-Rodensleben im Nordthüringgau, Altenweddingen und Börnecke im Harzgau (das »Bardaga« des Textes soll nämlich eigentlich »Hardaga« heißen) sowie Dorfmark (bei

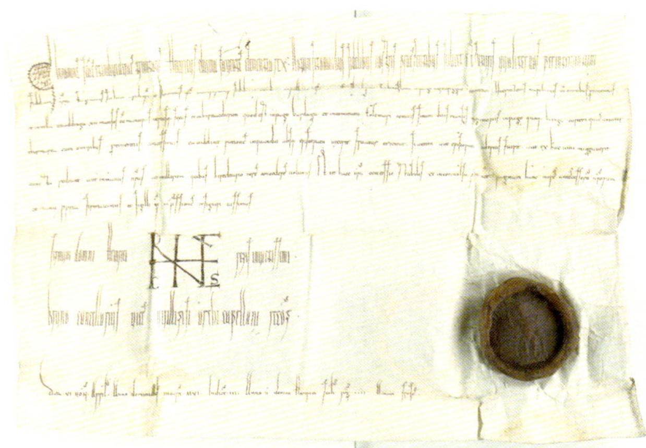

136

Fallingbostel). Die Schenkung gilt so lange, bis Dietrich stirbt oder bis er ein Bistum erlangt. Die Besitzungen (außer dem zwischen König und Magdeburg umstrittenen Rodensleben) lagen im durch den 983 ausgebrochenen Slavenaufstand zerstörten Kreis Arneburg in der Nordmark. Als Sohn des Grafen Brun von Arneburg († 978) bot Dietrich sich als Empfänger einer solchen Güterumverteilung an. Die Hauptmasse ging jedoch an die erzbischöfliche Kirche von Magdeburg selbst, und zwar gleich im Anschluss an König Heinrichs nächste Reisestation Mühlhausen am 7. April. Die Wohltat für Dietrich war eher eine Entschädigung wegen nicht realisierter, wesentlich weitergehender Ansprüche. Die als Möglichkeit angedeutete Bischofswürde erlangte Dietrich tatsächlich sechs Jahre später. Zunächst wurde er zum Erzbischof von Magdeburg gewählt; doch war Heinrich mit dieser Wahl nicht einverstanden, er übertrug Dietrich stattdessen das Bistum Münster (1012/1014).
Der Ausstellort der vorliegenden Urkunde, Frohse, war ein Königshof im heutigen Stadtgebiet von Schönebeck südlich von Magdeburg (das bedeutende Kloster Frose bei Aschersleben und das nördlich an Magdeburg angelehnte, dann in der Stadt aufgegangene Dorf Frose wurden von der bisherigen Forschung nicht in Erwägung gezogen). Bischof Bernhard II. von Verden (994–1014) – vor seiner Bischofserhebung Kanoniker in Hildesheim – intervenierte gemeinsam mit Erzbischof Tagino von Magdeburg (1004–1012); es ist die einzige Urkunde, die Bernhard als Intervenienten überliefert. Wenig typisch ist auch, dass Heinrich sich mit dieser Schenkung im Herzen der liudolfingisch-billungischen Hausmacht bemerkbar macht. Zwar zählt Heinrich in der gängigen »Schulbucheinteilung« zu den Ottonen, doch die Verwandtschaft mit Otto II. (973–983) und Otto III. (983–1002) bedeutet keineswegs Identität der politischen Beheimatung. Heinrichs Jugend war durch den schweren Konflikt zwischen seinem Vater und Otto II. überschattet; er war in erster Linie Herzog von Bayern, sein Königsitinerar zeigt vor allem in den ersten Jahren deutlich donauländische Schwerpunkte mit gelegentlichen Aufenthalten in den

alten karolingischen Zentren des Westens. Die Krönung Kunigundes († 1033) in Paderborn 1002, die Wiedererrichtung des Bistums Merseburg 1004 und die Synode in Dortmund 1005 zeigen allerdings bereits Heinrichs wachsendes Interesse am sächsischen Gebiet.

Die Datierung dieser Urkunde ist nur annähernd möglich, da die Datumszeile eine ganz unübliche Angabe aufweist: »VI Nonas Aprilis« wäre rein rechnerisch der 31. März, doch hätte man diesen mit »II Kalendas Aprilis« ausgedrückt. Es sind sicherlich mehrere Fehlerquellen und daher mehrere Annäherungen an das wirkliche Datum möglich; der entscheidende Gesichtspunkt ist, dass bis zum 7. April die 180 km zwischen Frohse und Mühlhausen mussten überbrückt werden können. Bei einer maximalen Reisegeschwindigkeit von 30 km am Tag sollte daher allerspätestens der 2. April angenommen werden.

Q.: MGH DD H II, Nr. 110 · Regesta Imperii II/4. Lit.: Althoff 1984, S. 291 · Appelt 1969 · Claude 1972, S. 263–265 · Kat. Merseburg 2004, Bd. 1, S. 34 (Helge Wittmann) · Kohl 1999, S. 77–78 · Schwineköper 1987, S. 420. W.K.

137 *Vita translationes et miracula sancti Landoaldi sociorumque eius*

Faltblatt: Lüttich, 19. Juni 980
Pergament – H. 63,0/64,5 cm, B. ca. 49,5 cm
Siegel: 972–980
Wachs, vermischt mit anderem Material – Dm. (innen) 4,9 cm, (außen) ca. 7,5 cm, H. ca. 1,6 cm
Gent, Rijksarchief, St.-Baafs/Bisdom Gent (Toegang O/20) nr. 2731 (O.14bis)

Historischer Kontext

Die Abtei St. Bavo in Gent hatte sich 976 von Kaiser Otto II. (973–983) ihre Besitzungen bestätigen lassen; in diesem Zusammenhang war ihr auch die Domäne Wintershoven im Haspengau (heute Belgien, Provinz Limburg, Gemeinde Kortessem) mit der zugehörigen Kirche restituiert worden. Die Mönche erfuhren, dass dort ein Heiliger namens Landoald samt seinen sechs Gefährten verehrt wurde und überführten im März 980 die Reliquien Landoalds und vier seiner Begleiter nach Gent (Diözese Tournai), während die Leiber der übrigen zwei Heiligen in der Kirche von Wintershoven (Diözese Lüttich) blieben. Während der Translation und anschließend in St. Bavo ereigneten sich bei den Reliquien verschiedene Wunder, die offenbar genau aufgezeichnet wurden. Bald entstand in der Abtei das Bedürfnis, beglaubigte Nachrichten über Landoald und seine Gefährten einzuholen, und so entsandte Abt Womar von St. Bavo (965–980) zu diesem Zweck am 6. Juni 980 eine Delegation seiner Mönche an Bischof Notker von Lüttich (972–1008; Kat.Nr. 199) als den für Wintershoven zuständigen Ortsordinarius. Wahrscheinlich war die Reise gut vorbereitet und mit Notker abgestimmt worden, denn die Frage der Wintershovener Heiligen wurde auf einer wohl in Lüttich abgehaltenen Diözesansynode (Maquet 2008) behandelt; dort wurden vor dem Bischof in dieser Sache wenigstens zwei Zeugen angehört und zwar hauptsächlich der Priester der dortigen Kirche, Sarabert, ferner eine vornehme Frau aus diesem Ort, Sigiburgis, auf deren Drängen die letzten Elevationen in Wintershoven erfolgt waren und die selbst eine wunderbare Heilung erfahren hatte. Den schriftlich niedergelegten Ergebnissen der Anhörung wurde auf Bitten der Mönche von St. Bavo die Mirakelsammlung angefügt, die von den während und nach der Reliquientranslation geschehenen Wundern berichtete; ein vorangestellter Begleitbrief Notkers an Abt Womar und seinen Konvent vom 19. Juni 980 vervollständigte das umfangreiche Schriftstück, das man besiegelte, um seinen Inhalt auf besonders nachdrückliche Weise zu beglaubigen.

Die Überführung der Reliquien von Wintershoven nach St. Bavo und die bei Notger erwirkte Bestätigung, dass sie von tatsächlichen Heiligen stammen, ist vor dem Hintergrund der Konkurrenz zu sehen, in der die beiden Genter Abteien St. Peter auf dem Blandinienberg und St. Bavo am Zusammenfluss von Schelde und Leie standen und die ihr Verhältnis gerade in der Zeit von der Mitte des 10. bis zum Ende des 11. Jahrhunderts sehr deutlich bestimmte.

Text

Mit der Handschrift des Reichsarchivs in Gent liegt das von Notker für St. Bavo 980 ausgestellte Schriftstück im Original vor. Die Tatsache, dass der Text in seiner ursprünglichen Reinschrift überliefert ist, stellt für den Bereich der hagiographischen Literatur jener Zeit (und übrigens auch für sonstige literarische Texte) eine seltene Ausnahme dar, gewöhnlich stehen nur Abschriften zur Verfügung. Die Entstehung des Textes lässt sich zeitlich sehr genau eingrenzen: Er muss nach dem 6. Juni 980 (Aufbruch der Genter Delegation nach Lüttich) und vor dem 19. Juni desselben Jahres (Datum des Begleitbriefs) verfasst worden sein. Der ursprüngliche Text (BHL, Nr. 4706c) geriet aber schon bald in Vergessenheit, denn er wurde von einer überarbeiteten Fassung (BHL, Nr. 4700–4703, 4705–4706) verdrängt, die etwa in der Mitte des 11. Jahrhunderts entstanden sein soll (Diplomata Belgica 1950, Nr. 138, S. 234, zu B). Auch für die gedruckten Editionen wurde jahrhundertelang allein die zweite Redaktion berücksichtigt; erst 1950 erschien eine Ausgabe der Erstfassung auf der Grundlage des in Gent liegenden Originals (Diplomata Belgica 1950), die allerdings in der (deutschsprachigen) einschlägigen Literatur nicht immer beachtet wird (z.B. Brunhölzl 1992, S. 595; Wynands 1997). Der größere Erfolg der überarbeiteten, zweiten Redaktion beruht teilweise sicher auch darauf, dass deren

Überlieferungsträger leichter zugänglich waren: Der Text dieser Fassung war für die Aufnahme in Bücher bestimmt, während das urkundenähnliche Faltblatt mit der Originalfassung im Archiv der Abtei St. Bavo verwahrt wurde.

Das Werk hat keinen Titel und bietet auch nirgends eine Passage, aus der ein solcher ohne weiteres zu gewinnen wäre. Aufgrund des Inhalts und mit Rücksicht auf die einschlägigen hagiographischen Konventionen kann der Text (im Anschluss an den Index scriptorum novus 1973) wie folgt überschrieben werden: *Vita, translationes et miracula sancti Landoaldi sociorumque eius* (*Leben, Translationen und Wunder des hl. Landoald und seiner Gefährten*; in den Editionen und in der Literatur werden unzulängliche Titel verwendet wie *Vita sancti Landoaldi* oder *Translatio sancti Landoaldi*).

Der Text besteht aus drei größeren Einheiten, nämlich aus einem Vorwort in Gestalt eines Begleitbriefes und aus der eigentlichen Darstellung, die sich ihrerseits aus zwei Teilen zusammensetzt. (1) Vorwort: Unter Benutzung des Begleitbriefs zur *Vita Remacli* (Kurth 1905, Bd. 1, S. 338–339), die er zwischen 972 und 980 für die Abtei Stablo-Malmedy verfasst hatte (Bayer o.J.), wendet Notker sich an den Abt und die Mönche von St. Bavo; in gewählter, teils preziöser Ausdrucksweise, wie sie bei Prologen und ähnlichen Texten literarische Konvention ist, entfaltet er übliche Exordialtopik, macht aber auch genaue Angaben zum folgenden Text. Als hauptsächliche Quelle (für den ersten Teil der anschließenden Mitteilungen) nennt er die Aussagen des Priesters Sarabert, als Vorlage (für den zweiten Teil) nennt er die Mirakelsammlung, die ihm die Delegation aus St. Bavo überbracht hat; zudem verweist er darauf, dass zwecks zeitlicher Einordnung des Geschehens Exzerpte aus seinem »Bischofsbuch« (»ex episcopali nostro decerpta«, gemeint sind die *Gesta episcoporum Tungrensium, Traiectensium et Leodiensium*; zu deren Verfasserschaft demnächst Bayer o.J.) vorangestellt werden. Feierlich beschließt er diesen Teil mit einer aufwendigen Datierung, die das Jahresdatum gleich vierfach angibt, nämlich nach Inkarnationsjahr, Indiktion, Regierungsjahren Ottos II. und den eigenen Pontifikatsjahren. (2) Angaben über den hl. Landoald und seine Gefährten: Einleitend wird die Ausbreitung des christlichen Glaubens und die Entwicklung des kirchlichen Lebens im Fränkischen Reich seit König Chlothar II. (584–629) skizziert, und zwar weitgehend, wie angekündigt, mit Hilfe von Passagen aus den *Gesta episcoporum*. Nur sehr wenig weiß der Verfasser über das »Leben« der Wintershovener Heiligen mitzuteilen: Bischof Amandus von Maastricht (um 649, † nach 675; der Sitz der Diözese wird später nach Lüttich verlegt) erbittet von Papst Martin I. (649–653) Unterstützung, der ihm daraufhin den Erzpriester Landoald schickt, zusammen mit dem Diakon Amantius und weiteren Gefährten, darunter zwei Frauen; nach Amandus' Fortgang verwaltet Landoald das Bistum; er nimmt den hl. Lambert, den späteren Bischof († um 700) und (aus Sicht des Autors) »unseren besonderen Patron«, als Knaben zur Erziehung an, und dessen Vater übereignet ihm die Domäne Wintershoven, damit er dort wohnen und eine Kirche bauen kann; Landoald und seine Gefährten sterben (der »Martyrer« Adrianus wird von Räubern ermordet), sie werden in der Kirche von Wintershoven bestattet. Etwas eingehender ist von den verschiedenen Elevationen und späteren Wundern die Rede: Bischof Florebert (nach 727–736/738) erhebt die Leiber der Heiligen ein erstes Mal, doch aus Furcht vor den Normannen werden sie wieder beigesetzt. Unter Bischof Everaclus (959–971), dem Vorgänger Notkers, werden zunächst die Leiber Landoalds und dreier seiner Gefährten erhoben, sodann, im folgenden Jahr, die Leiber Landradas und der beiden übrigen Gefährten; Wunder geschehen. (3) Genter Mirakel: Auf eine kurze Einleitung folgt die bloße Erwähnung dreier offenbar allgemein bekannter Wunder, die sich während der Translation von Wintershoven nach Gent zugetragen haben und deren genauere Kenntnis vorausgesetzt wird; daran schließt sich eine Serie von Erzählberichten über Wunder an, die sich in St. Bavo seit der Ankunft der Reliquien am 25. März 980 ereignet haben. Den Abschluss bildet der Bericht über eine dem Autor wohl mündlich zur Kenntnis gebrachte Heilung, die an dem Tag geschah, als die Delegation von Gent nach Lüttich aufbrach (6. Juni 980), und die dem Autor Gelegenheit gibt, den hl. Landoald beziehungsvoll mit dem hl. Lambert von Lüttich in Verbindung zu bringen.

An einer Stelle ist der Text durch einen Eingriff (Sp. 5, oberhalb der Marginalie »XI«, Passus »Fert [...] martii«) der 1. Hälfte des 11. Jahrhunderts (so Diplomata Belgica 1950, Nr. 138, S. 240, Anm. a, in Verbindung mit Werner 1980, 113 Anm. 9) verändert worden; der Passus steht auf Rasur (außer den letzten drei Wörtern), das ursprünglich Geschriebene ist nicht mehr zu lesen. Die Interpolation betrifft das Wirken der hl. Landrada in Münsterbilsen als Erzieherin der hl. Amalberga und lässt eine weitere Entwicklungsstufe des Sagenstoffs erkennen (Werner 1980, S. 112–116).

Der Gesamttext weist metatextuelle Teile verschiedenen Umfangs und verschiedener Funktion auf. Der größte Metatext ist das Vorwort, das u.a. über den Schreibanlass berichtet und die wichtigsten Prätexte nennt: Die *Gesta episcoporum Leodiensium*, die Aussagen des Priesters Sarabert (die wohl auf der Diözesansynode protokolliert und anschließend redigiert worden waren) und die Genter Mirakelsammlung; diese Prätexte dürften weitgehend wörtlich in die Landoald-Schrift inseriert worden sein. Die Glaubwürdigkeitsatteste für die beiden Zeugen Sarabert und Sigiburgis sind jeweils an passender Stelle in den Objekttext eingefügt und sollen dessen Mitteilungen bekräftigen; die Überleitung zu den Genter Mirakeln hat vor allem erzähltechnische Bedeutung.

Was die Zeit vor der Translation nach Gent im Jahr 980 betrifft, dürfte sich der historische Gehalt der Erzählungen über Landoald und seine Gefährten im Wesentlichen darauf beschränken, dass mit der Kirche von Wintershoven seit alters der Kult eines Heiligen namens Landoald verbunden war, dessen Reliquien zusamt denen von sechs »Gefährten« mit Zustim-

mung Bischof Everaclus', des Amtsvorgängers Notkers, erhoben worden sind. Werner sieht in folgender Deutung eine »verlockende Hypothese«: Landoald habe in der Mitte des 7. Jahrhunderts zum Umfeld des Bischofs Amandus gehört; auf seiner Domäne Wintershoven habe er eine Kirche zu Ehren des hl. Petrus errichtet, in der er bestattet wurde; die Domäne samt Kirche habe Landoald dem von Amandus gegründeten Kloster St. Peter (dem späteren St. Bavo) in Gent übertragen (Werner 1980, S. 71–72). Unabhängig davon ist der Text über *Vita, translationes et miracula sancti Landoaldi sociorumque eius* eine aufschlussreiche Quelle für sehr unterschiedliche historische Fragestellungen, soweit sie sich auf Gegebenheiten des 10. Jahrhunderts richten (Regionalgeschichte, Rechtswesen, kirchliche Organisation, gesellschaftliche Strukturen, Kultur, Hagiographie, Religiosität, Mentalität, Alltagsleben).
Trotz dem Begleitschreiben Notkers gilt der Text (in der jüngeren Fassung) spätestens seit der Ausgabe der Bollandisten (1668) als Werk Herigers († 1007), des späteren Abtes von Laubach (Lobbes), der dem Bischof als vertrauter Mitarbeiter nahe stand. Bis zum Beginn des 20. Jahrunderts wurden Notker auch die übrigen infrage kommenden Schriften (*Gesta episcoporum Tungrensium, Traiectensium et Leodiensium, Vita Remacli, Vita Hadelini*) abgesprochen, um sie Heriger zuzuweisen (abschließend Kurth 1905, Bd. 1, S. 332–342); dieser soll sie auf Notkers Veranlassung unter dessen Namen verfasst haben. Neuerdings ist jedoch gegen diese Forschungsmeinung Widerspruch erhoben worden (Brunhölzl 1992, S. 287–292; vgl. allerdings ebd. S. 595). Für die Frage nach der Verfasserschaft der hier behandelten Landoald-Schrift ist eine Mitteilung des *Adventus S. Landoaldi* von höchster Bedeutung. Dieser Text berichtet von der Translation der Wintershovener Heiligen nach Gent und wurde von einem unbekannten Mönch der Abtei St. Bavo im Jahr 982 oder wenig später geschrieben; zur Entstehung der Landoald-Schrift teilt er mit (Ex adventu et elevatione S. Landoaldi 1888, S. 610): Auf Befehl Notkers seien die auf einer »Synode« vorgebrachten Wundergeschichten gesammelt und von Heriger aufgezeichnet worden; durch die Autorität des Bischofs seien sie zudem bekräftigt worden und, obendrein mit seinem Siegel versehen, seien sie dem Abt und den Brüdern in Gent getreulich geschickt worden. Vermutlich hatte man die auf der Diözesansynode gemachten Aussagen protokolliert; Heriger hat sie jedenfalls anschließend redigiert (so dürfte die zitierte Passage zu verstehen sein). Diesen Text dürfte Notker für die Abfassung der Landoald-Schrift herangezogen haben, ebenso wie die Genter Mirakel-Sammlung; mit der »Autorität des Bischofs«, durch welche die Wundererzählungen »bekräftigt« wurden, dürfte vor allem der Begleitbrief gemeint sein. Demnach darf durchaus Notker selbst als der eigentliche Autor der Landoald-Schrift gelten, auch wenn das Werk weitgehend, und bis in den Wortlaut hinein, von seinen Prätexten bestimmt ist, also eine Kompilation darstellt (Bayer o.J.). Im Übrigen ist das Problem der Autorschaft bei einem amtlichen Schriftstück natürlich anders zu betrachten als bei einem im engeren Sinne literarischen Text.

Faltblatt mit Siegel

Ganz ungewöhnlich ist die Form des Textträgers, wenn man davon ausgeht, dass Notkers Landoald-Schrift ein hagiographisches Werk ist: Es handelt sich um ein großes Einzelblatt, das zusammengefaltet wird und zudem mit einem Siegel versehen ist; in den materialen Gegebenheiten entspricht das Stück mithin einer Urkunde. Es ist in diesem Zusammenhang auf eine aufschlussreiche Wortwahl des Verfassers hinzuweisen: An zwei Stellen nennt Notker bei metatextuellen Aussagen seinen Text metonymisch mit einem Wort, das eigentlich dessen Träger bezeichnet; es heißt dort »sceda«, was zunächst »Blatt« bedeutet, dann aber eben auch »Urkunde« (neben »charta« u. anderem). Diese äußerlichen Merkmale, die dem Schriftstück den Anschein einer Urkunde verleihen, sollten selbstverständlich dazu beitragen, den Text mit besonderer Autorität auszustatten.
Das hochrechteckige Blatt ist in sechs Kolumnen beschriftet. In der ersten Kolumne steht ausschließlich der Begleitbrief des Verfassers, sie bleibt zu einem Drittel leer. Auf der Rückseite setzt sich der Text fort, füllt dort aber nur etwa vier Fünftel der ersten Kolumne (wahrscheinlich hatte man ursprünglich vorgesehen, den ganzen Text auf der Vorderseite unterzubringen; vgl. unten). Eine Faltfläche der Rückseite weist Dorsualnotizen des 17.–18. Jahrhunderts auf (Diplomata Belgica 1950, Nr. 138, S. 234, zu A).
Die Schrift ist im Wesentlichen mit brauner Tinte ausgeführt. Schwarze Tinte wurde für die zwei Initialmajuskeln jeweils in der ersten Zeile der beiden ersten Kolumnen verwendet, also für den Beginn des Widmungsbriefes (N-) und für den Beginn des Haupttextes (F-). Ebenfalls in schwarzer Tinte ist die Zählung der Wunder geschrieben; dem Text in Form von Marginalnotizen zugeordnet, zählt sie unabhängig von inhaltlichen Strukturen alle 34 vorkommenden Mirakel durch, wobei die erste Zähleinheit in Wörtern ausgeschrieben ist, die übrigen aber mit römischen Zahlzeichen notiert sind: »Primv(m) / mira/cvlv(m) ·«, »· II ·«, »· III ·« (dritte Kolumne) usf. Das in Schwarz Geschriebene soll von einer zur Haupthand gleichzeitigen Hand stammen (Diplomata Belgica 1950, Nr. 138, S. 234, zu A), doch scheint es eher nach der Interpolation (in Sp. 5) eingetragen worden zu sein (siehe das graphische Verhältnis zwischen dem Schluss der Interpolation und der Zahl »XXII ·«). Die Marginalzählung der Wundergeschichten lässt einmal mehr das besondere Interesse erkennen, das man gerade dieser Thematik entgegenbrachte.
Der Siegelkörper besteht aus hellbraunem Wachs, dem anderes Material beigemischt ist, seine Oberfläche scheint weitgehend mit einer Art Lasur überzogen zu sein; in dem hohen Rand, rechts unten, zeigt sich ein rötlicher Einschluss. Der

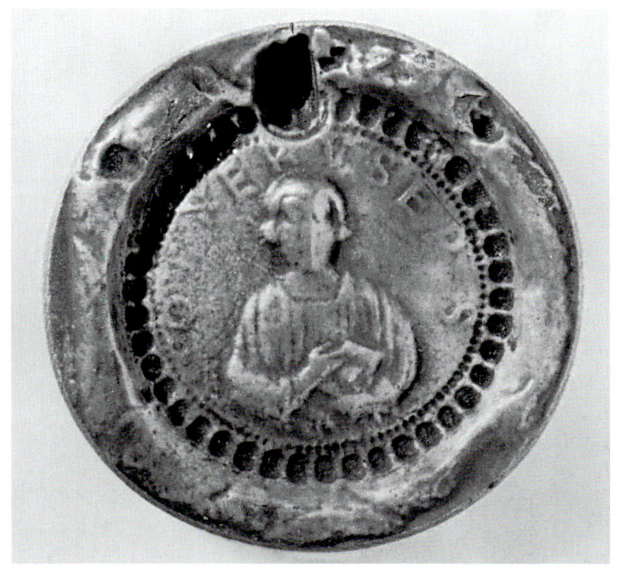

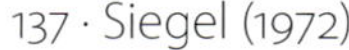
137 · Siegel (1972)

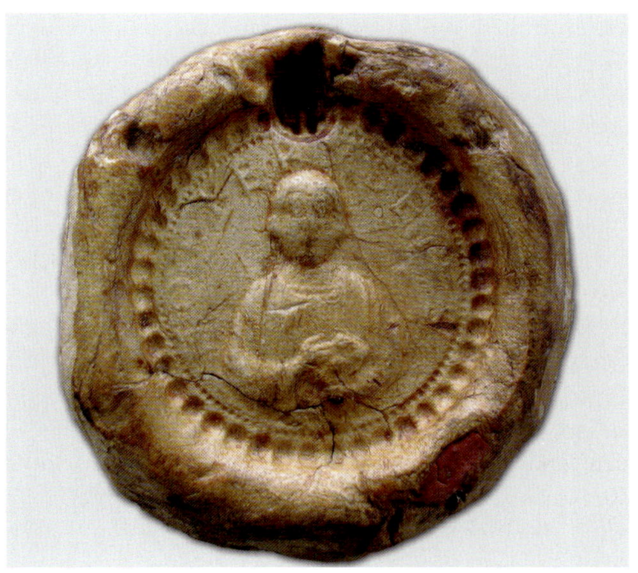

137 · Siegel (2009)

Befestigung nach handelt es sich um ein durchgedrücktes Siegel. Einigen Schaden erlitt es, als es zur Herstellung einer Matrize im Zusammenhang mit den Vorbereitungen zur Tausendjahrfeier des Fürstbistums Lüttich 1980 abgeformt wurde (Deckers 1982); zur Kärung von Einzelheiten sind deshalb auch ältere Fotografien (Abb. 137 · Siegel [1972]) und die Beschreibung von Kurth (Kurth 1905, Bd. 1, S. 329–330) heranzuziehen. Der kreisrunde Abdruck zeigt einen äußeren Rand aus eng beieinander stehenden, rundovalen Eintiefungen und parallel dazu nach innen einen Kreis aus einer feinen, ebenfalls eingetieften Perllinie; diese doppelte Umrahmung rührt nicht von der Siegelplatte, sondern von deren Fassung. Die große ovale, innen geriefelte Eintiefung, die oben über die ganze Randzone reicht, ist der Abdruck eines Halterings (durch den wohl eine Kette gezogen war). Die Umschrift steht ohne Abgrenzung zum Bildfeld zuseiten und oberhalb des Siegelbildes; sie lautet (Transkription nach heutigem Befund; in eckige Klammern eingeschlossene Buchstaben sind kaum noch lesbar): [NOTK]ER//[V]S E(PISCO)[P](V)S. Das Bild zeigt den Siegelführer in frontaler Halbfigur. Er trägt das Haar halblang und ist allem Anschein nach bartlos; die Kleidung lässt sich nicht näher bestimmen, es könnte ein Gewand mit weiten Ärmeln sein, jedenfalls gibt es keine Anzeichen für eine Kasel; vor der Brust hält er mit beiden Händen ein geschlossenes Buch.

Wie der eingetiefte Abdruck der Rahmung erweist, war die Siegelplatte gefasst; da diese Fassung wohl nur aus Metall hergestellt sein konnte, dürfte die eigentliche Platte aus einem anderen Material bestanden haben, wahrscheinlich aus einem Bergkristall oder sonst einem Edelstein. Derartige glyptische Siegel haben eine weit zurückreichende Tradition; in karolingischer Zeit wurden sie noch häufig verwendet, danach jedoch immer weniger. Gleichwohl muss es noch bis in die 2. Hälfte des 10. Jahrhunderts vereinzelt Steinschneider gegeben haben, die solche Arbeiten auszuführen vermochten; dies beweist das glyptisch hergestellte Siegel König Ottos II., das zwischen 961 und 963 angefertigt worden ist (Kat. Hildesheim1993, Nr. II-3 [Rainer Kahsnitz]). Ob mit der Wahl des Materials und, davon abhängig, der Technik von Notkers Siegel etwas Bestimmtes zum Ausdruck gebracht werden sollte, entzieht sich unserer Kenntnis. Was die Größe betrifft, sei darauf hingewiesen, dass Notkers Siegel einen geringfügig größeren Durchmesser hat (4,9 cm) als das genannte Steinsiegel König Ottos II. (4,8 cm) und auch als das Metallsiegel desselben Herrschers, das er als sein erstes Kaisersiegel benutzte (ca. 4,5 cm; Kat. Hildesheim 1993, Nr. II-4 [Rainer Kahsnitz]); die späteren Herrschersiegel sind allerdings deutlich größer. Die wenigen echten Bischofssiegel aus ottonischer Zeit haben ungefähr den gleichen Durchmesser wie das Siegel Notkers (Diederich o.J.). Der Darstellungstyp des Brustbilds ist von den Herrschersiegeln übernommen.

Bei der Beschriftung des Blattes hatte man den Platz unten rechts auf der Vorderseite für das Siegel freigehalten; vermutlich hatte man zunächst angenommen, dass diese Seite ausreichend Schriftraum für den gesamten Text biete. Das Siegel hätte nach dieser Planung das Schriftstück gleichsam beschlossen; in der ausgefertigten Form nehmen Inhalt und Disposition des Textes keinerlei Bezug zum Siegel. Diese formlose Verwendung des Siegels, das hier als absolutes Beglaubigungsmittel eingesetzt wird, hängt sicher auch damit zusammen, dass die bischöfliche Siegelurkunde zu jener Zeit gerade in Gebrauch kam. Die Ausstellung besiegelter Urkunden durch andere als herrscherliche Personen setzt erst im 10. Jahrhundert ein und zwar bei den Bischöfen im Umkreis des Königs; die erste Verwendung eines Typars (statt eines Siegelrings) durch einen Bischof lässt sich zu 941 in Köln nachweisen und breitet sich von dort in den rheinischen und einigen anderen Bistümern aus (Bautier 1995, S. 226–232; Diederich o.J.). Notker ist der erste Bischof von Lüttich, der ein Urkundensiegel führt; für die Zeit vor ihm lassen sich insgesamt überhaupt nur acht Bischöfe nennen, die nachweislich Siegelurkunden ausgestellt haben (Diederich o.J.).

Q.: Adventus Landoaldi 1888 · Diplomata Belgica 1950, Nr. 138 · Vita Landoaldi sociorumque eius 1668 · Vita Landoaldi 1880 · Translatio Landoaldi 1888. Lit. zur Landoald-Schrift: Balau 1903, S. 118-146 · Bayer o.J. · Brunhölzl 1992, S. 287-296, 595 · Holder-Egger 1886 · Blatt 1973, S. 125 · Kupper 1996 · Kurth 1905, Bd. 1, S. 332–342 · Manitius 1911–1931, Bd. 2, S. 219–228 · Maquet 2008, S. 106, 150–151, 574 · van der Essen 1907, S. 357–368 · Vleeschouwers 1990–1991, Bd. 2, S. 12, Nr. 11 · Wattenbach/Holtzmann/Schmale 1967, S. 140–144 · Werner 1980b, S. 67–72, 112–117, 120–121, 213 Anm. 80, 222, 253 Anm. 85 · Wynands 1997. Zum Siegel: Bautier 1995 · Deckers 1982, S. 15, Nr. I.a.1 · Diederich o.J. · Kat. Hildesheim 1993 · Kat. Köln u.a. 1972, Bd. 1, S. 50, Nr. II 13 (Jacques Stiennon) · Kupper 2000 · Kurth 1905, Bd. 1, S. 329–330 · Poncelet 1938, S. 158, Nr. 1. C.B.

138 Urkunde Erzbischof Heriberts von Köln für das Damenstift Geseke (?)

Ohne Ort, 3. Februar 1014
Pergament, Wachssiegel – H. 58,5 cm, B. 36,0 cm, Dm. (Siegel) 4,6 cm
Münster, Landesarchiv NRW Abteilung Westfalen, Stift Geseke - Urkunde 5 (PRU 49)

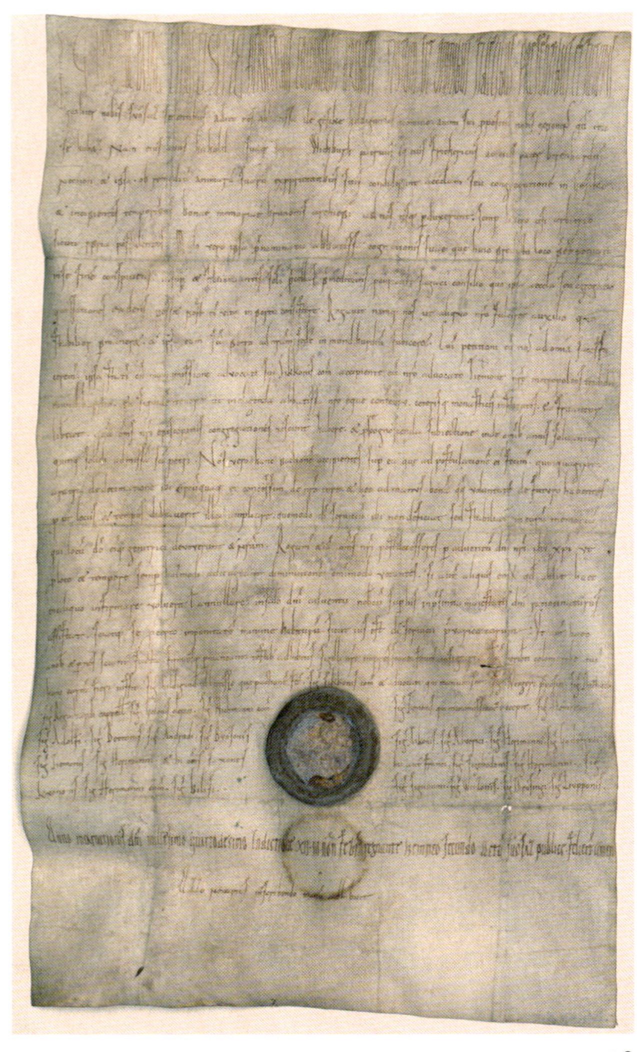

138

Die Urkunde spiegelt die Konkurrenz des Kölner Erzbischofs und des Paderborner Bischofs in den Übergangsräumen ihrer Diözesen wider: Konkret geht es um den Einfluss auf das Stift Geseke im heutigen Kreis Soest. Seine Lage am Hellweg machte es für beide Bischöfe strategisch interessant. 1011 bewog Bischof Meinwerk (1009–1036) König Heinrich II. (1002–1024), ihm die Grafschaft der Haholde zu übertragen, wodurch der Raum Geseke in seinen Einflussbereich kam. 1014 gelang es Erzbischof Heribert von Köln (999–1021) aber, die aus der Familie der Haholde stammende Äbtissin Hildegund (1014–1024) dazu zu bewegen, das Stift seinem Schutz (»mundiburdium«) zu unterstellen, womit er sich und dem Erzstift weiteren Einfluss in diesem Raum sicherte. Hildegund hoffte wohl, durch den Schutz des Erzbischofs zu verhindern, dass ihr Stift zu deutlich in den Einflussbereich des Paderborner Bischofs geriet.
Erzbischof Heribert bestätigt, dass die Äbtissin Hildegund die von ihr und ihrer Familie 946 gegründete Kommunität an das Erzbistum Köln übertragen habe. Dazu habe sie die Vogtei ihrem Vogt Sikko entzogen und sie dem Vogt des Erzstiftes Thiemo übertragen. Die Wahl der Äbtissin solle künftig nach den gleichen Regeln erfolgen, die sonst für Damenstifte im Erzstift üblich waren. Um diese Vereinbarung zum Ausdruck zu bringen, soll der Konvent dem Erzstift einen Rekognitionszins von 5 »solidi« pro Jahr zahlen. Als Gegenleistung versprach der Erzbischof eine Zehntbeteiligung an 50 umliegenden Tagwerken (»aratra«). Die Urkunde gilt in der vorliegenden Fassung als Fälschung (Nachzeichnung) der Zeit um 1100, beruht aber auf einem Original. Fälschungszweck war die Zehntschenkung.
Das Siegel zeigt den Erzbischof im Brustbild mit zum Segen erhobener rechter Hand und einem Buch in der Linken sowie der (in der Mitte unten beginnenden) Umschrift + HERIBERTUS SERV(VS SANCTI PETRI) und gilt ebenfalls als Fälschung. Der Typus ist allerdings seit den Siegeln Erzbischof Bruns (953–965) im 11. Jahrhundert für die Kölner Erzbischöfe bezeugt. Das Problem von Fälschungen ist typisch für die von der Herrscherurkunde beeinflussten Bischofsurkunden des frühen 11. Jahrhunderts, weil es viele Empfängerausfertigungen gibt, die nur noch vom (Erz-) Bischof besiegelt wurden. Aufgrund der noch verhältnismäßig geringen Anzahl von Urkunden (von Heribert haben wir neun Originale, von denen acht als gefälscht gel-

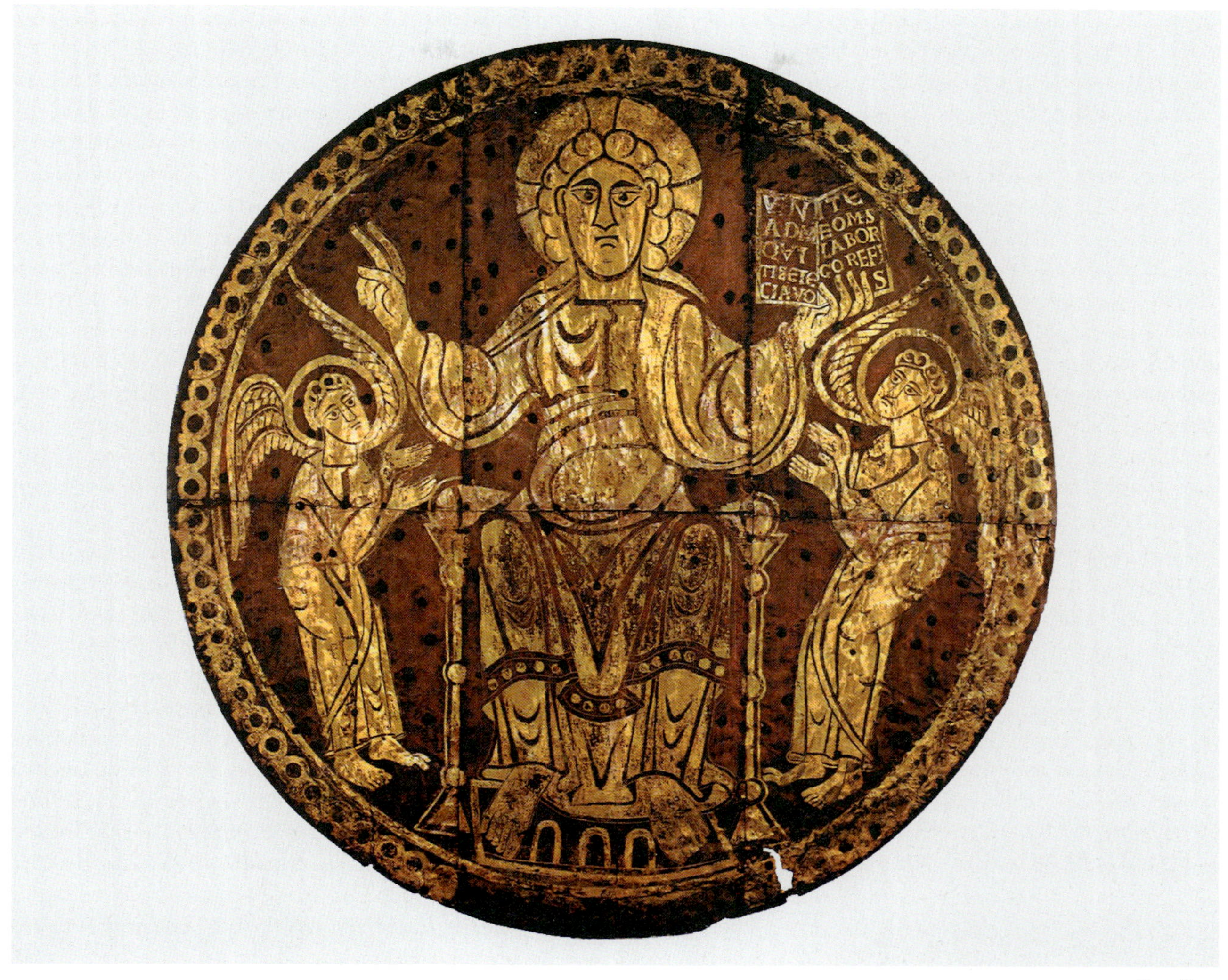

139 · Duplikat

ten) ist ihre Bewertung als echt oder gefälscht methodisch oft schwierig.

Q.: REK 1, Nr. 630. Lit.: Diederich 1991, S. 96–97 · Groten 1995 · Löer 2007 · Oppermann 1922, S. 416. A.S.

139 Maiestas Domini, sog. Konstanzer Goldscheibe

Um 940

Sechs teilvergoldete, tremolierstichverzierte, vernietete Kupferbleche, ursprünglich auf Kiefernholz, seit einer Restaurierung auf Eichenholz genagelt, alte Flickstelle beim linken Engel – Dm. 194,5–195,0 cm, D. (Blech) 0,12 cm, D. (gesamt) 11,0 cm

Konstanz, Landesbetrieb Vermögen und Bau Baden-Württemberg, Amt Konstanz

Das in der überlieferten mittelalterlichen Goldschmiedekunst einzigartige Original der Scheibe bildet den frontal thronenden Christus zwischen zwei adorierenden Engeln ab. Die Rechte Christi ist zum Segensgestus erhoben, in seiner Linken hält er dem Betrachter ein aufgeschlagenes Buch entgegen, das die Inschrift VENITE / AD ME OM(NE) S / QVI LABOR(A) / TIS ET EGO REFI / CIA(M) VOS (»Kommt alle zu mir, die ihr euch plagt, und ich werde euch erquicken.« Mt 11, 28) trägt. Der mit Pallium und Tunika bekleidete Christus sitzt auf einer Thronbank, deren Wangen aus mit Kugeln und abschließenden Dreiecken versehenen Stäben gebildet sind; Christi Füße ruhen auf einem Schemel, den drei Rundbögen gliedern. Ein durch reduzierte Palmettenformen geschmückter Clipeus (Medaillon) umgibt die Gruppe. Figuren und Rahmenornament sind zum einen durch Feuervergoldung, zum anderen durch eine Kontur in Tremolierstich gebildet.

Die Christusscheibe war – dies belegen bildliche Darstellungen des 16. Jahrhunderts, u.a. eine Federzeichnung von 1523 – umgeben von drei weiteren, deutlich kleineren Scheiben von je 94 bzw. 90 cm Durchmesser in den Ostgiebel des Konstanzer Münsters eingelassen. Das Ensemble war

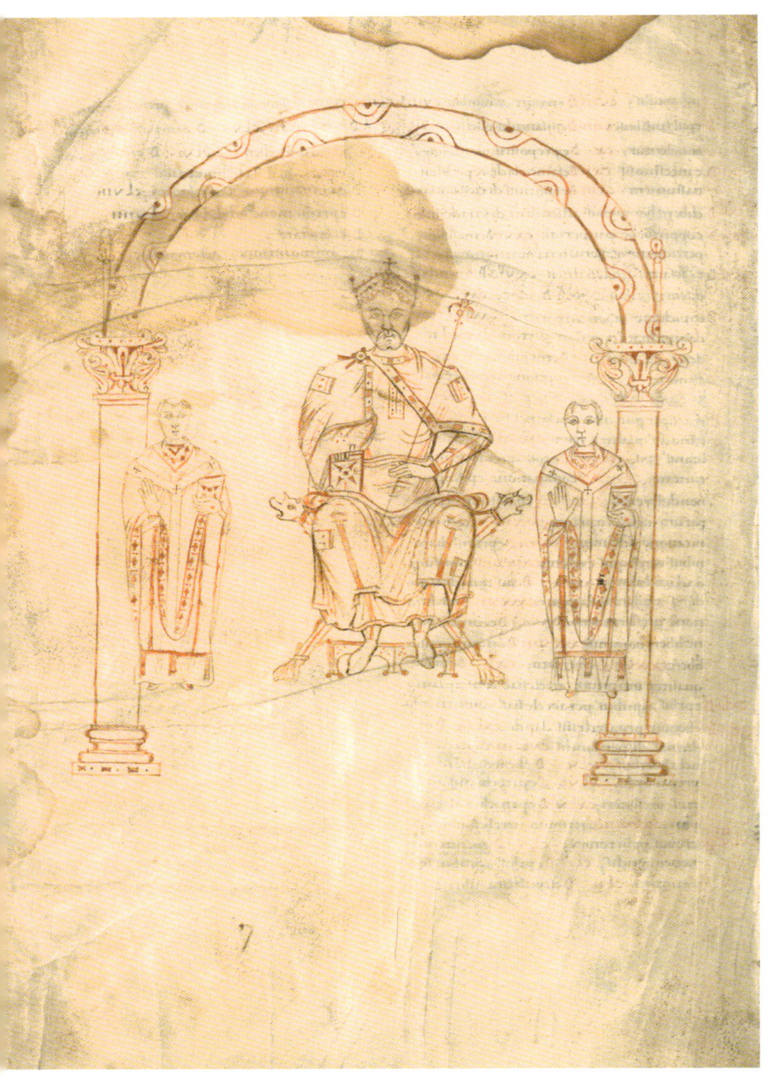

140 · fol. 2v

so für die vom Hafen Ankommenden weithin sichtbar. Zwei der kleineren Scheiben, die in das 13. Jahrhundert datieren, bilden – zur Rechten und zur Linken der Christusscheibe am Giebel angeordnet – die Konstanzer Bistumspatrone Konrad und Pelagius ab. Oberhalb der Christusscheibe schließlich war der dritte Diskus mit der Darstellung der Heilig-Geist-Taube eingelassen. Die Originalscheiben wurden 1923 zu einer umfassenden Restaurierung abgenommen (anlässlich derer auch die Holzplatten ersetzt wurden) und ein Jahr später im Innern über dem Südportal des Münsters neu montiert. 1975 schließlich wurden sie in die Krypta der Kirche verbracht; ein Jahr zuvor war in die Außenseite des Ostgiebels das hier gezeigte Duplikat eingelassen worden.

Die zeitliche Fixierung der Konstanzer Christusscheibe ist schwierig, hat sich doch kein vergleichbares Objekt gleicher Größe erhalten. In der Forschung existieren folglich unterschiedliche Datierungsansätze. Zumeist herrscht jedoch Einigkeit darüber, dass die Scheibe vor dem Neubau des Ostchores des Konstanzer Münsters entstand. Ulrich Kuder hat zuletzt in seiner umfassenden Abhandlung das Stück aufgrund von Vergleichen mit der Reichenauer und St. Galler Buchmalerei in die 1. Hälfte des 10. Jahrhunderts datiert. Danach dürfte die Christusscheibe in der Regierungszeit des hl. Konrad, Bischof von Konstanz (934–975), entstanden sein. Kuder vermutet, dass die Scheibe ursprünglich den Deckenabschluss der sog. Mauritiusrotunde bildete, ein Bau, der Teil der Nachbildung des Heiligen Grabes zu Jerusalem war, das Bischof Konrad 940 in unmittelbarer Nähe des Münsterchores im Bereich des dortigen Friedhofs errichten ließ. Drei Schriftquellen – das *Martyrologium* Hermanns von Reichenau († 1054), die *Vita Sancti Conradi* von Udalscalc von Maisach (entstanden um 1122) und die anonyme *Vita Sancti Cuonradi altera* (zwischen 1147 und 1150 entstanden) – berichten, dass Konrad den Bau mit wunderbarem Goldschmiedewerk ausstattete.

Das zentrale Motiv des »thronenden, kreuznimbierten Christus mit Buch und Segensgestus, von Engeln begleitet«, ist bereits aus dem frühen Mittelalter bekannt. Ein schönes, der Konstanzer Komposition bis in die Flügelhaltung der Engel gleichendes Beispiel findet sich etwa im *Gundohinusevangeliar* (Autun, Bibiothèque Municipale, Ms. 3) aus der Mitte des 8. Jahrhunderts. Hier sind die Engel durch Beischrift als Cherubine bezeichnet. Die bildliche Aussage der Konstanzer Scheibe nimmt Kuder zufolge Bezug auf den ursprünglichen Funktionszusammenhang: Der thronende Christus ist im Heilig-Grab-Kontext als der Christus der Parusie zu verstehen. Die Worte seines Buches richteten sich an die Lebenden und die Toten gleichermaßen, die vereint sind in der Hoffnung, dereinst auf der Seite der Seligen zu stehen.

Lit.: Kat. Augsburg 1973, S. 147, Nr. 128 (Hannelore Müller) · Kat. Bregenz/Feldkirch 2008, S. 118 (Thomas Rainer) · Kuder 1997 · Kuder 1999.

C.Ru.

140 *Collectio legum*, Kapitulariensammlung des Abtes Ansegis von Fontenelle

Fulda, 10. Jahrhundert (?)
Pergament – H. 38,5 cm, B. 30,3 cm, 379 Bl.
Gotha, Forschungsbibliothek, Memb. I 84

Die Kapitulariensammlung des Abtes Ansegis (823–833) zeigt in der Federzeichnung (fol. 2v, nach der *Capitulatio* zu lib. I.) deutlich die enge Verzahnung zwischen geistlicher und weltlicher Macht. Das Herrscherbild in der Art desjenigen im Evangeliar Ottos III. (983–1002) war dem Zeichner offensichtlich bekannt, doch fehlen in seiner Zeichnung die weltlichen Würdenträger. Geblieben sind allein zwei Bischöfe als Berater des Königs. Unter einem von zwei korinthischen Säulen getragenen Baldachin sitzt ein

gekrönter König bzw. Kaiser auf einem mit Löwenköpfen geschmückten Faltthron; in der linken Hand hält er ein Lilienzepter, in seiner Rechten ein Buch. Die beiden, das Pallium tragenden Geistlichen zeigen dem Betrachter die Innenflächen ihrer rechten Hände, in der linken halten auch sie jeweils ein Buch.
Kapitularien sind in Kapitel gegliederte weltliche und kirchliche Rechtstexte, die von den karolingischen Herrschern erlassen wurden. Abt Ansegis von Fontenelle (St-Wandrille) hat alle ihm bekannten Kapitularien gesammelt und in insgesamt vier Büchern und drei Appendices zusammengefasst. Hartmut Hoffmann vermutet als Entstehungszeit der Handschrift die Jahrtausendwende (Hoffmann 1986). Die Handschrift gehörte 1479 dem Besitzvermerk zufolge (fol. 1r) der Mainzer Dombibliothek.

Q.: Kapitulariensammlung 1996. Lit.: Hoffmann 1986 · Schramm 1983, Nr. 164 · Wollasch 1980. S.H.

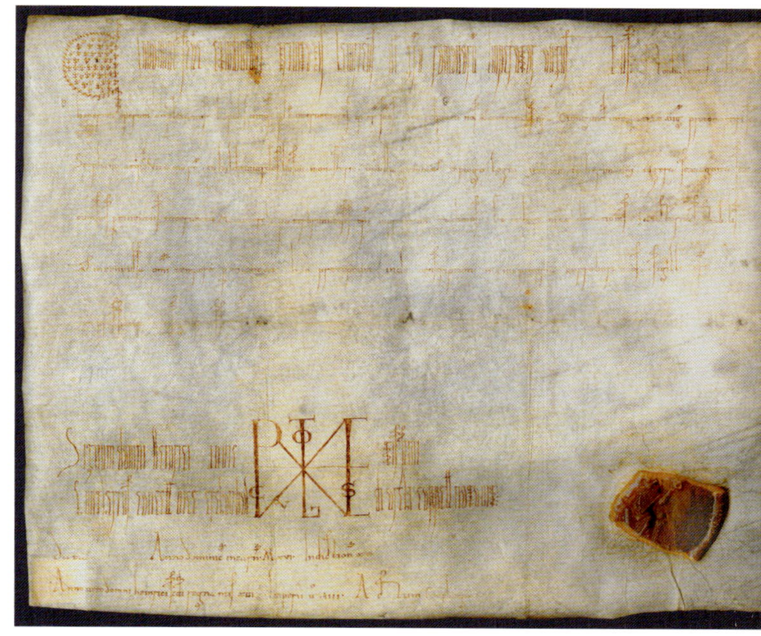

141

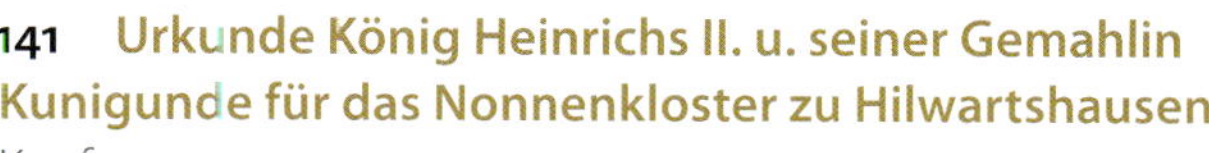

141 Urkunde König Heinrichs II. u. seiner Gemahlin Kunigunde für das Nonnenkloster zu Hilwartshausen

Kaufungen, 1017
Pergament – Schrift teilweise verblasst, Reste von durchgedrücktem Siegel bruchstückhaft erhalten – H. 33,3 cm, B. 42,5 cm
Hannover, Niedersächsisches Landesarchiv, Hauptstaatsarchiv Hannover, Cal. Or. 100 Hilwartshausen Nr. 9

Während eines Aufenthaltes in Kaufungen 1017 ließ Heinrich II. (1002–1024) durch den Notar »GC« eine Urkunde für das Nonnenkloster Hilwartshausen ausfertigen. Auf Intervention Bischof Meinwerks (1009–1036) übertrug der Kaiser dem Kloster 66 »iugera« in dem Ort Gimte (nördlich von Hannoversch Münden). Die hier verwendete Maßeinheit ist sehr selten und bezieht sich auf den Begriff »iugerum« (Joch). Die daraus abgeleitete Maßeinheit meint das Stück Land, das ein Ochsengespann an einem Tag umpflügen kann. In Gimte besaß das Kloster bereits durch Schenkungen Ottos I. (936–973; MGH DD O I, Nr. 395) sowie Ottos II. (973–983; MGH DD O II, Nr. 20) sechs Hufen Land.
Kaiser Otto I. hatte 960 die Gründung des reichsunmittelbaren Kanonissenstifts an einem Weserübergang nördlich des Zusammenflusses von Werra und Fulda gebilligt. Obwohl in der Erzdiözese Mainz gelegen, gelang es Bischof Bernward von Hildesheim (993–1022), bei Kaiser Otto III. (983–1002) eigenkirchliche Ansprüche geltend zu machen und Hilwartshausen in den Besitz seiner Kirche einzugliedern. Die gewaltsamen Bemühungen des Mainzer Erzbischofs Willigis (975–1011) das Kloster wieder in seinen Besitz zu bringen, waren vergeblich. Erst nach der Beilegung des Gandersheimer Streites (Kat.Nr. 143) stellte Heinrich II. die ursprüngliche Reichsunmittelbarkeit des Kanonissenstiftes wieder her.

Q.: MGH DD H II, Nr. 363 · MGH DD O I · MGH DD O II · Regesta Imperii II/4, Nr. 1899 · UB Hilwartshausen. T.B./S.H.

142 Urkunde Heinrichs II. für die Paderborner Kirche

Leitzkau, 1. Juli 1017
Pergament, Wachssiegel – H. 47 cm, B. 57 cm
Marburg, Hessisches Staatsarchiv, Urk. 29, 1017 Juli 11

In dieser Urkunde bestätigt Kaiser Heinrich II. (1002–1024) die Schenkung der Abtei Helmarshausen mit allem Zubehör an die Kirche von Paderborn. Die Liste derer, die zugunsten Bischof Meinwerks (1009–1036) als Intervenienten genannt werden, ist lang: An erster Stelle wird die Kaiserin als »amatissime coniugis nostrae Cunigunde« genannt, es folgen die Erzbischöfe Erkanbald von Mainz (1011–1021), Poppo von Trier (1016–1047), Gero von Magdeburg (1012–1023) und Unwan von Hamburg-Bremen (1013–1029), dann die Bischöfe Arnulf von Halberstadt (996–1023), Eberhard von Bamberg (1007–1040), Dietrich II. von Metz (1006–1047), Heinrich von Würzburg (995/996–1018), Dietrich von Münster (1012/1014–1022), Heinrich von Parma (1015–1027), Dietrich II. von Minden (1002/1003–1022), Thietmar von Merseburg (1009–1018), Erich von Havelberg (1008–nach 1028). Auf die geistlichen folgen die weltlichen Herrschaftsträger, namentlich Herzog Bernhard II. von Sachsen

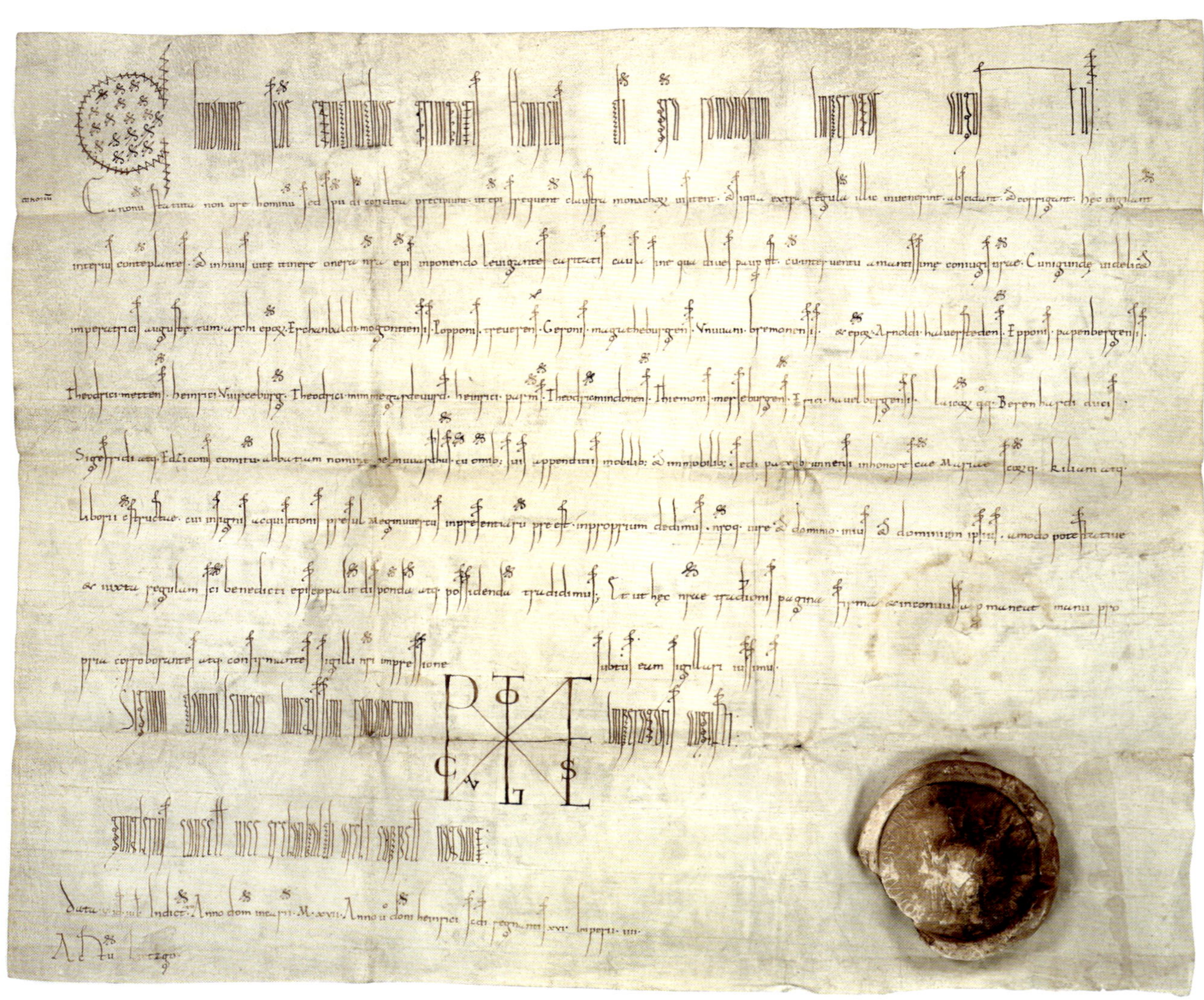

142

(1011–1059) und die Grafen Siegfried und Edzico. Die am äußersten Rand der Paderborner Diözese gelegene Abtei Helmarshausen wurde wohl von Graf Ekkehard und seiner Gemahlin Mathilde gestiftet, der Ort findet in einer Urkunde Ottos I. (936–973) von 944 erstmals Erwähnung (MGH DD O I, Nr. 57). Zu Beginn seines Polenfeldzuges 1017 reiste Heinrich II. mit Kunigunde († 1033) von Paderborn aus – so berichtet der Chronist Thietmar von Merseburg – nach Magdeburg, um dann mit seinem Heer über die Elbe nach Leitzkau zu ziehen. Bei dem Siegel, das am linken Rand beschädigt ist, handelt es sich um das Kaisersiegel, welches Heinrich II. nach seiner Kaiserkrönung 1014 bis zu seinem Tod verwandt hat. Es trägt die Umschrift: HEINRICHVS D(E)I GR(ATI)A ROMANORV(M) IMP(ERATOR) AVG(VSTVS).

Q.: MGH DD H II, Nr. 371 · MGH DD O I, Nr. 57 · Regesta Imperii 4/1, Nr. 1908 · Thietmar von Merseburg 1935, lib. VII, cap. 57. Lit.: Freise 2006 · Schramm 1983. S.H.

143 König Heinrich II. erneuert seine Urkunde von 1007 über die Beilegung des Gandersheimer Streites zwischen Erzbischof Willigis von Mainz und Bischof Bernward von Hildesheim

Werla, Februar/März 1013
Pergament, Siegel verloren – H. 53 cm, B. 54 cm
Hannover, Niedersächsisches Landesarchiv, Hauptstaatsarchiv Hannover, Cal. Or. 31 Nr. 372

Diese Urkunde Heinrichs II. (1002–1024) markiert den vorläufigen Schlusspunkt im sog. Gandersheimer Streit und bezeugt dessen Schlichtung zwischen Erzbischof Willigis von Mainz (975–1011) und Bischof Bernward von Hildesheim (993–1022). Der Gandersheimer Streit meint einen insgesamt 51 Jahre andauernden Konflikt zwischen den Bischöfen von Hildesheim und den Erzbischöfen von Mainz um die bischöflichen Rechte am Kanonissenstift Gandersheim. Dem seit 987 immer wieder aufbrechenden Konflikt suchte Heinrich II. 1006/1007 ein Ende zu setzen und ent-

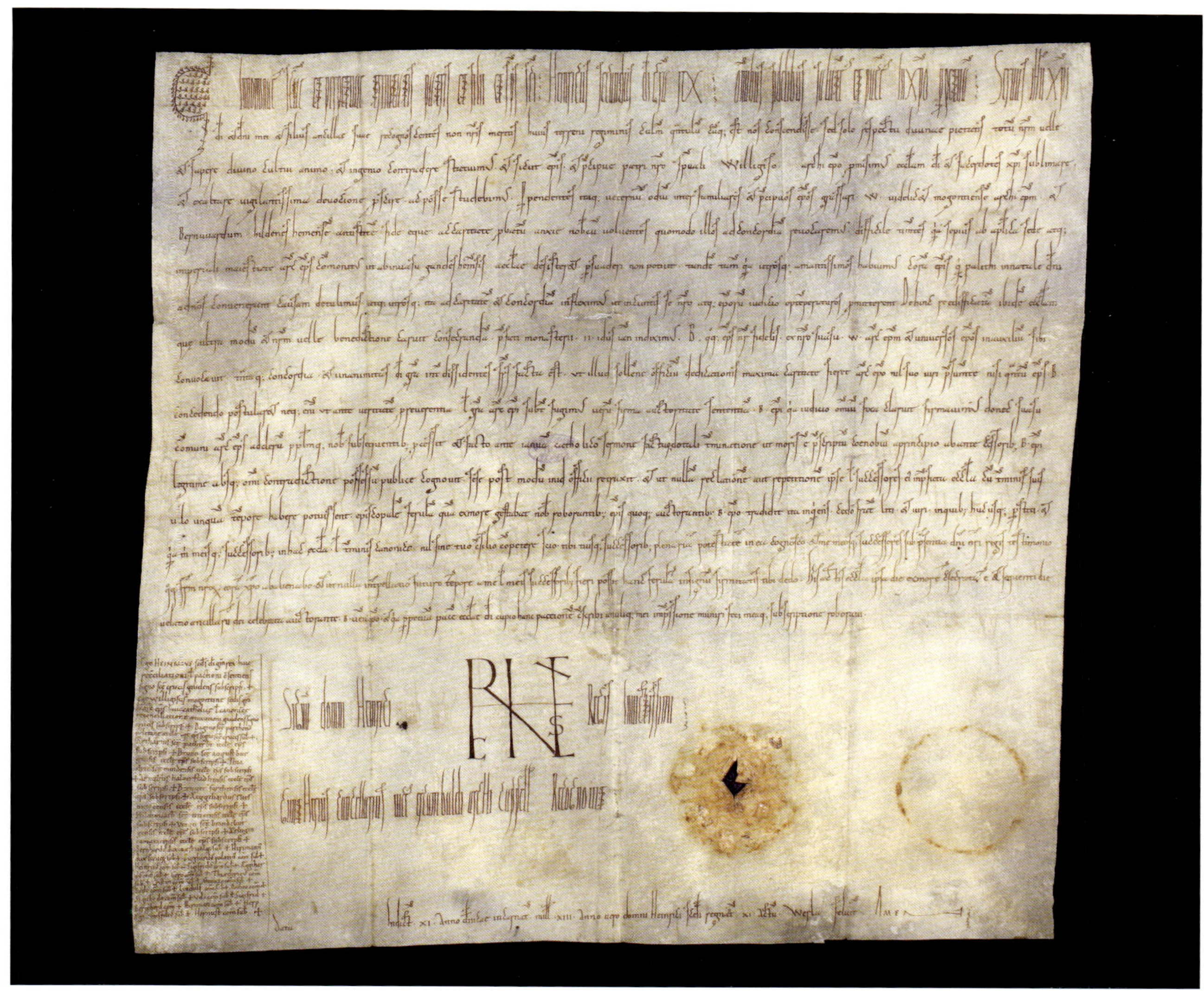

143

schied zugunsten der Hildesheimer Kirche. Der Streit brach unter Godehard von Hildesheim (1022–1038) und Aribo von Mainz (1021–1031) erneut auf und konnte erst 1030 unter Konrad II. (1024–1039) entschieden werden; die Jurisdiktion über das Stift erlangte das Suffraganbistum Hildesheim.

Das Original der Urkunde wurde im Jahr 1007 ausgefertigt. Da dieses Diplom für die Hildesheimer Kirche von besonderem Wert war, hat man vermutet, dass Bischof Bernward eine Kopie anfertigen ließ. Aufgrund dieser Abschrift, deren Existenz sich allerdings nicht beweisen lässt, soll zumindest der Inhalt bekannt geblieben sein, nachdem das Original beim Hildesheimer Dombrand 1013 vernichtet worden war. Möglicherweise fertigte der am bischöflichen Hof in Hildesheim tätige Notar »GB« auf Grundlage dieser Abschrift eine neue Urkunde an, die von Heinrich mit einem Vollziehungsstrich im Monogramm beglaubigt und von der königlichen Kanzlei gesiegelt wurde. Der Vollziehungsstrich ist durch die hellere Tinte gut zu erkennen, das Siegel ging verloren. Denkbar ist auch, dass diese Neuausfertigung nicht auf einer Abschrift basiert, sondern auf einem Synodalprotokoll. Lange hielten sich in der Forschung Zweifel ob der Echtheit des Diploms, die durch intensive Handschriftenstudien und Textvergleiche größtenteils ausgeräumt werden konnten. Vor allem die am linken Rand des Pergamentes gelisteten Zeugen werfen Fragen auf, denn einige der dort genannten Bischöfe waren 1013 bereits verstorben – so auch Bischof Rethar von Paderborn (983–1009). Im Gegensatz zur Mehrzahl der Hildesheimer Bischofs- und Kaiserurkunden überstand diese Neuausfertigung den Brand des Staatsarchivs Hannover 1943.

Q.: MGH DD H II, Nr. 255. Lit.: Dick/Ruhmann 2002, S. 32–33 · Erkens 1998b, S. 60–63 · Kat. Bamberg 2002, S. 251–253, Nr. 101 (Caspar Ehlers) · Kat. Hildesheim 1993, Bd. 2, S. 491–494, Nr. VII–29 (Hans J. Schuffels). T.B./S.H.

Die Ausbildung der Bischöfe Domschulen und Bildungskanon

Septem artes liberales – die sieben freien Künste

Einen grundlegenden Bestandteil geistlicher Bildung, wie sie in den Dom- und Klosterschulen des 9.–11. Jahrhunderts zu erwerben war, stellten die sieben freien Künste dar – wenn auch oft nur nominell. Notker III. von St. Gallen († 1022) kommentiert dies etwas süffisant und für das monastische Bildungswesen seiner Zeit sicherlich zutreffend: »éin dero septem liberalium artium . dáz chît tero síben bûohlísto . dîe únmánige gelírnet hábent . únde áber mánige genémmen chúnnen« (»eine der sieben freien Künste, d.h. der sieben Buchkünste, die wenige erlernt haben, aber trotzdem viele aufzählen können«; Notker der Deutsche 1986, S. 54, Z. 22–24). Nach solchem bloßen Aufzählen klingt auch das Lob der Paderborner Domschule in der *Vita Meinwerci* ein wenig: »Quando ibi musici fuerunt et dialectici, enituerunt rethorici clarique grammatici; quando magistri artium exercebant trivium, quibus omne studium erat circa quadruvium; ubi mathematici claruerunt et astronomici, habebantur phisici atque geometrici.« (»Denn es gab dort Lehrer für Musik und Dialektik, derweil auch bedeutende Lehrer der Rhetorik und Grammatik; Magister der freien Künste übten dort das Trivium, während andere sich dem Quadrivium widmeten; dort glänzten Mathematiker und Astronomen, wurden Naturwissenschaftler und Geometrielehrer beschäftigt.«; Vita Meinwerci 2009, cap. 157). Auch wenn Merkverse dafür sorgten, dass man die Siebenzahl der Studienfächer im Sinn behielt, erschöpfte sich das tatsächliche Lehrprogramm vieler Schulen bis zum 11. Jahrhundert in den zwei »trivialen« *artes* der Grammatik und der Rhetorik. Der Grammatik war im Mittelalter eine besondere Bedeutung zugewachsen, weil sie die elementare Kenntnis der lateinischen Sprache der sakralen Texte und der Theologie zu vermitteln hatte. Auch die Rhetorik als Vermittlerin anspruchsvoller Diktion war für die Interpretation von Texten wie für das eigene Schreiben und Dichten grundlegend.

Ursprünglich war das Bildungsprogramm der *artes* jedoch nicht für die praktischen Bedürfnisse der Unterweisung des klerikalen Nachwuchses zugeschnitten. Die freien Künste waren ein in der Antike entwickelter elementarer Fächerkanon der höheren Allgemeinbildung. Schon im 1. vorchristlichen Jahrhundert hatte dieser sich auf die sieben Disziplinen Grammatik, Dialektik, Rhetorik (die drei sprachlichen Fächer des Triviums), Geometrie, Arithmetik, Astronomie und Musik (die vier mathematisch-naturwissenschaftlichen Fächer des Quadriviums) gefestigt.

Es war ein heidnischer Afrikaner aus der Spätantike, auf dessen Gesamtprogramm der *artes* das christliche Mittelalter anfangs bevorzugt zurückgriff. Der Karthager Martianus Capella hatte die Enzyklopädie der sieben einzelnen Handbücher in eine romanhafte, allegorische Rahmenerzählung eingekleidet, die im Mittelalter stilprägend wurde. Die zwei einleitenden Bücher erzählen von der Hochzeit des Mercurius und der Philologia (*De nuptiis Philologiae et Mercurii*). Jupiters Sohn Merkur hat sich die sterbliche Jungfrau Philologia als zukünftige Frau ausgesucht. Bei der Vermählung im Himmel werden der Braut sieben Damen als Mitgift vermacht, die ihr Wissen anschließend in der Form der weitaus trockeneren Bücher über die sieben einzelnen Disziplinen, der eigentlichen *artes*-Lehrbücher, ausbreiten. Für diese Lehrbücher schwand nach dem 10. Jahrhundert zunehmend das Interesse, weil man im *artes*-Unterricht immer stärker auf fachspezifische Darstellungen setzte. Dagegen wurde die neuplatonisch inspirierte Rahmenallegorie bis zum 13. Jahrhundert viel gelesen und nachgeahmt.

Q.: Notker der Deutsche 1986 · Vita Meinwerci 2009. Lit.: Glauch 2000, S. 15–25 · Grebe 1999. S.G.

144 Martianus Capella: *De nuptiis Philologiae et Mercurii*

2. Hälfte 9. Jahrhundert (?)
Pergament – H. 23,2 cm, B. 19,0 cm, 98 Bl.
Trier, Bibliothek des Bischöflichen Priesterseminars, Hs. 100

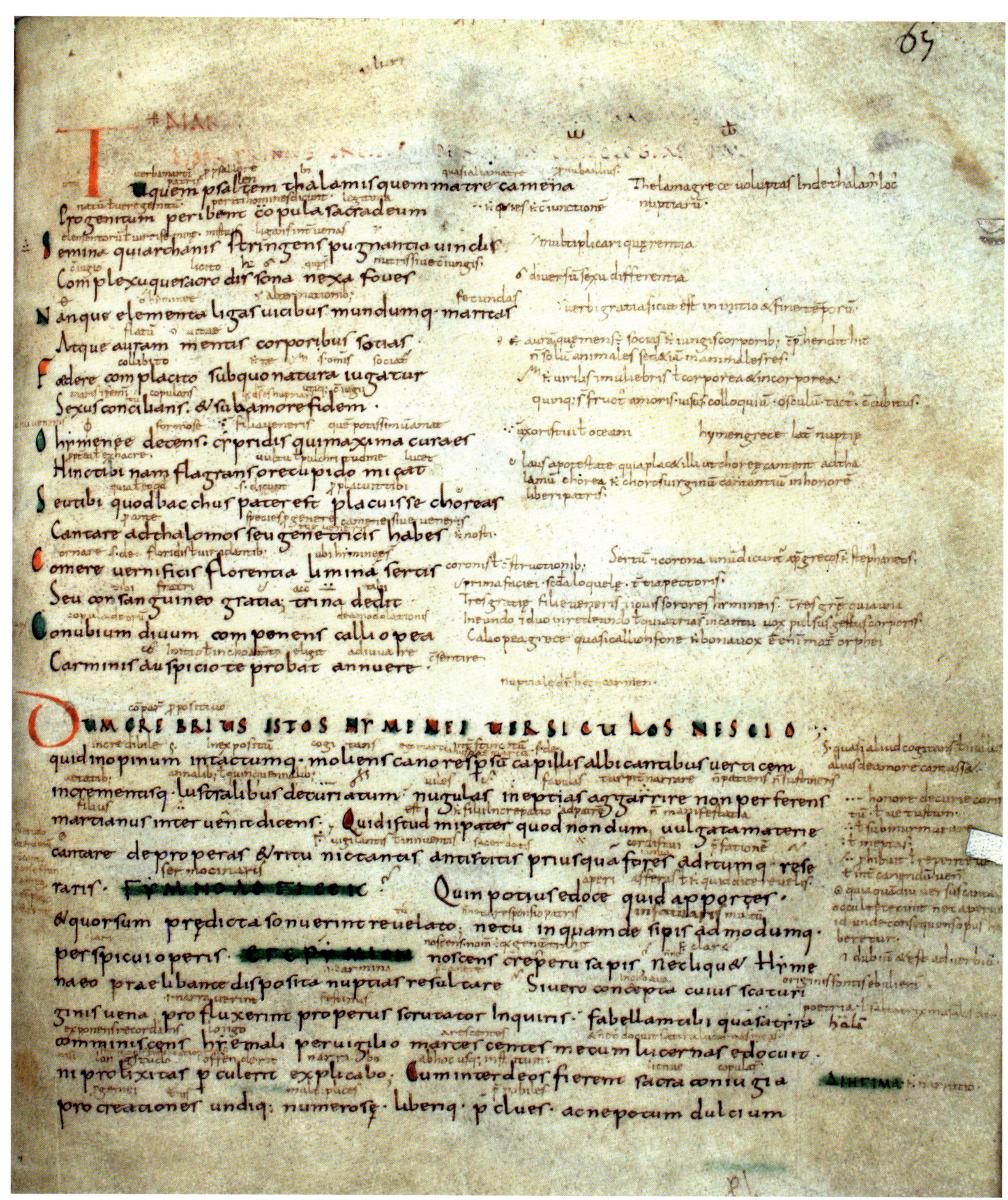

144 · fol. 67r

Das letzte Drittel (fol. 66r–99v) der Trierer Sammelhandschrift nimmt eine Martianusabschrift ein, die wohl in die 2. Hälfte des 9. Jahrhunderts zu datieren ist. Sie umfasst außer der einleitenden Allegorie (lib. I–II) nur das dritte, der Grammatik gewidmete Buch. Auf der freigebliebenen Seite vor dem Beginn des Textes hat eine wenig jüngere Hand einen Einleitungstext (»accessus ad auctorem«) nachgetragen, der in knappster Form über den Autor und den Werkinhalt orientiert. Solche hinführenden Paratexte wurden seit dem 9. Jahrhundert als Teil des kommentierenden

Rahmenwerks, das die antiken Texte im Grammatikunterricht der Kloster- und Domschulen aufschloss, üblich.

Wie in den meisten der spätkarolingischen Martianushandschriften ist auch hier der Text von mehreren Schichten mit Korrekturen und Erläuterungen begleitet. In diesen interlinearen und marginalen Glossen werden Wörter, Namen und Fachbegriffe erläutert, wird die für Martianus typische manierierte poetische Diktion in verständlicheres Latein »zurückübersetzt« und werden Hinweise auf die allfällige allegorische Textdeutung gegeben. Charakteristisch für die frühmittelalterlichen Glossaturen zu Lektüretexten ist ihre enorme Variabilität: Obwohl die Einzelglossen eher selten ad hoc bei der Lektüre ergänzt, sondern meist aus älteren glossierten Handschriften übernommen wurden, weisen keine zwei *auctores*-Handschriften ein identisches Glossenkorpus auf. Im Trierer Codex geht ein Teil der Glossen auf den ältesten Martianuskommentar zurück, der in Nordfrankreich gegen 820/840 entstanden war und sonst vorwiegend in Handschriften französischer Herkunft überliefert ist.

Die Herkunft der Martianusabschrift ist nicht geklärt. Jüngere Bestandteile der im 10. Jahrhundert aus verschiedenen alten Teilen angelegten Sammelhandschrift könnten durchaus aus Trier selbst stammen (Hoffmann 1986, S. 507). Der Band enthält außerdem noch diverse Lehrschriften zur Grammatik und Rhetorik, daneben aber auch die artistische Preisdichtung Hucbalds von St-Amand († 930) auf die Glatzköpfigen (*Ecloga de calvis*), die nur aus Wörtern besteht, die mit dem Buchstaben »c« anlauten, und die *Mythologiae* des Fulgentius. Der Codex könnte insgesamt als Handbuch für die schulische Einübung poetischer lateinischer Diktion und die Lektüre der kanonischen antiken Dichter (»poetarum enarratio«) im Rahmen der *ars grammatica* gedient haben. Er befand sich bis 1809 im Besitz der Benediktinerabtei St. Matthias in Trier.

Lit.: Glauch 2000, S. 83–86 · Hoffmann 1986, S. 507 · Leonardi 1959/1960, Nr. 189 · McDonough 1974 · Préaux 1978, S. 125.

S.G.

145 Martianus Capella: *De nuptiis Philologiae et Mercurii*

Westdeutschland (?), 2. Viertel 9. Jahrhundert
Pergament – Brand- u. Wasserschäden an den Blatträndern – H. 31,5 cm, B. 20,5–21,5 cm, 111 Bl.
Karlsruhe, Badische Landesbibliothek,
Cod. Aug. perg. 73

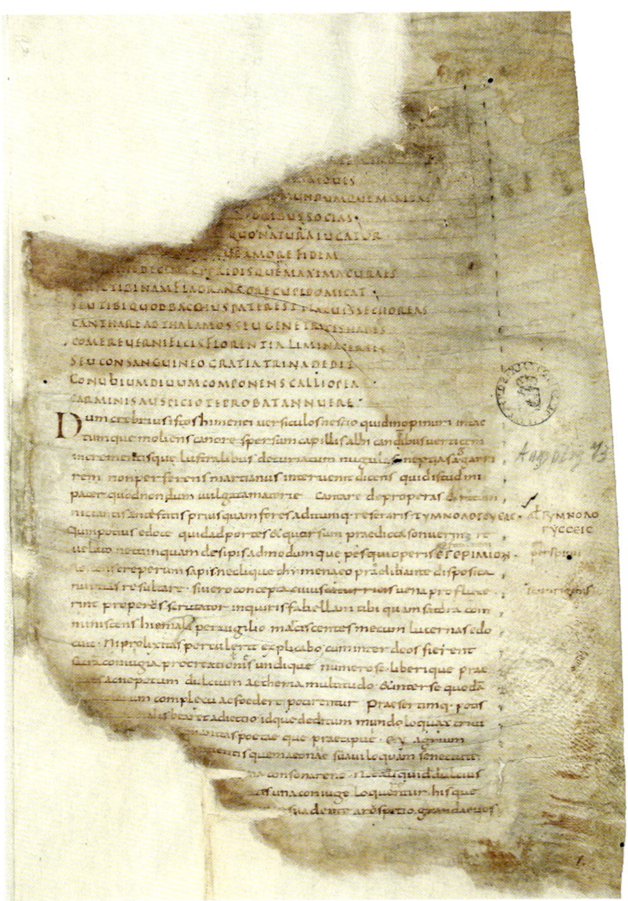

145 · fol. 1r

In der berühmten Bibliothek des Reichenauer Inselklosters bewahrte man bis zur Säkularisierung den wohl ältesten vollständig erhaltenen Textzeugen der *Hochzeit* auf. Die Abschrift besticht durch ihre sorgfältige Ausführung in großem Format. Bemerkenswert ist auch die ungewöhnliche optische Differenzierung zwischen den Prosapartien (in karolingischer Minuskel) und Verspartien (in Capitalis rustica), aus denen das Prosimetrum der *Hochzeit* besteht.

Die möglicherweise in Westdeutschland im 2. Viertel des 9. Jahrhunderts entstandene Abschrift (Bischoff 1998–2004, Bd. 1) ist auch textgeschichtlich höchst bedeutend, weil sich in ihr die erste Phase der mittelalterlichen Martianusaneignung spiegelt. Während seit der Mitte des 9. Jahrhunderts das Verständnis des Textes in Glossen und Kommentaren erarbeitet wurde (Kat.Nr. 144), stand zuvor noch die grundsätzliche Etablierung des Wortlauts selbst im Vordergrund. Im Reichenauer Codex schlägt sich diese Arbeit am Text ganz greifbar nieder: An zahlreichen Stellen hat der Schreiber sich selbst korrigiert; ein zweiter Korrektor hat bald nach der Niederschrift Verbesserungen aus einer anderen Textfassung nachgetragen. Korrigiert wurden beispielsweise Irrtümer in der Wortsegmentierung. Sie sind Indiz dafür, dass die Reichenauer Abschrift auf eine Vorlage in »scriptio continua« zurückgeht, deren Textgestalt »monstrously corrupt« (Shanzer 1986, S. 65) gewesen sein muss. Weitere Korrekturen von Händen des 11. und 13. Jahrhunderts (Bischoff 1998–2004, Bd. 1) belegen, dass die Handschrift im hohen Mittelalter noch benutzt wurde.

Am Ende des ersten Buches (fol. 9v) ist im Reichenauer Codex – wie auch in einigen weiteren Martianusabschriften – eine Notiz erhalten geblieben, aus der hervorgeht, dass schon im 6. Jahrhundert der Text in keinem befriedigenden Zustand war: Der römische Rhetor Securus Melior Felix gibt in dieser Notiz am 3. März 534 zu Protokoll, er habe »aus sehr fehlerhaften Exemplaren« (»ex mendosissimis exemplaribus«) des Textes eine korrigierte Fassung hergestellt. Die gesamte mittelalterliche Überlieferung stammt offenbar von einem Exemplar dieser emendierten Version ab.
Auf den letzten drei Blättern des Bandes (fol. 109r–111v) stehen von derselben Schreiberhand Fabeln des Avian.

Lit.: Bischoff 1998–2004, Bd. 1, S. 337 · Leonardi 1959/1960, Nr. 73 · Préaux 1978, S. 78, 81 · Shanzer 1986, S. 66–67. S.G.

146 · pag. 2

146 Notker Teutonicus, Martianus Capella: *De nuptiis Philologiae et Mercurii* (lib. I–II)

St. Gallen, 2. Viertel 11. Jahrhundert
Pergament, pag. 1–2, 7–10, 15–80, 133–134, 139–140 Palimpsest (über Priscians *Institutiones grammaticae*), karolingische Minuskel, Titel in Rustica, Anfangsbuchstaben in Majuskeln mit Minium; im 15. Jahrhundert zwei Kommentare zu den Evangelien aus dem 12. bzw. 13. Jahrhundert beigebunden (pag. 171–410) – H. 23,5 cm, B. 16,5 cm, 410 S.
St. Gallen, Stiftsbibliothek, Cod. 872

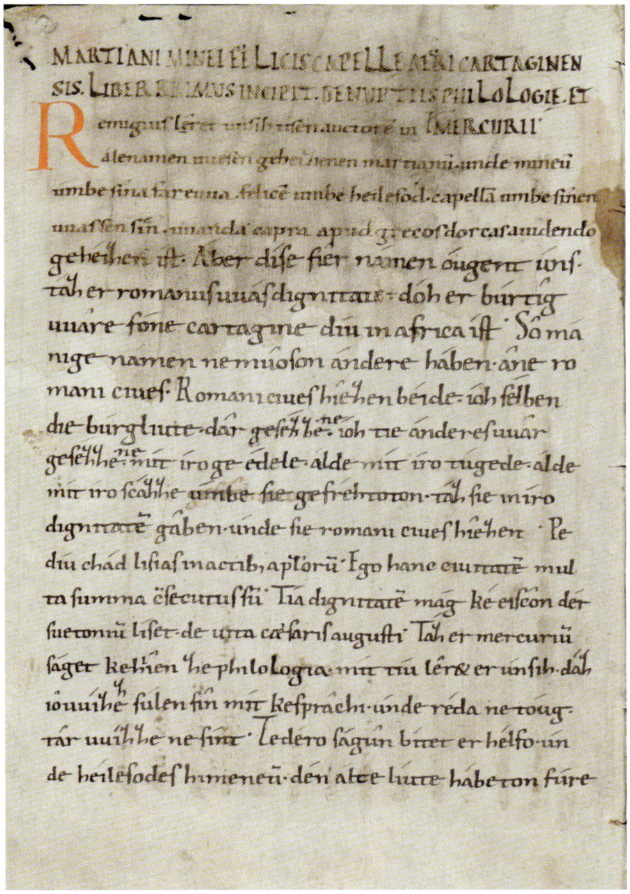

Es handelt sich um die einzige erhaltene Abschrift der Übersetzung und Kommentierung (pag. 2–170) des berühmten spätantiken Lehrbuchs durch den St. Galler Mönch Notker der Deutsche († 1022). Sie zählt zu den großen Denkmälern der althochdeutschen Sprache. Notker beschränkt sich in seiner Übertragung auf die ersten beiden Bücher des Martianus, die in die sieben freien Künste einführen; die Künste selbst werden in den Büchern III–IX behandelt (Kat.Nr. 144–145). Im ersten Buch beschließt der Rat der Götter, die erdgeborene Philologia, die gelehrteste aller Jungfrauen, in den Himmel aufzunehmen und sie mit Mercurius, dem Götterboten zu verehelichen. Im zweiten Buch wird sie von den neun Musen mit Schönheit ausgestattet, Athanasia (die Unsterblichkeit) berührt sie und Apotheosis (die Vergöttlichung) reicht ihr den Trank. Der Aufstieg zum Himmel (Fixsternhimmel) – zu den Dichtern, Philosophen und zum höchsten Gott – kann beginnen.
Das in der Ausstellung gezeigte Kapitel (pag. 22–23) handelt von den sieben Planeten, deren Bahnen Martianus wegen ihrer fließenden Bewegung »Ströme« nennt. Sie müsse man überqueren, um zum Gott zu kommen, nach dem sie suchen: »Der Strom, der den weitesten und längsten Kreis ziehe, der sei in seinem Dahinrinnen flau und nebelig und kalt in seiner trägen Fahrt. Das ist die Bahn des Saturns [er hat eine scheinbare Umlaufzeit um die Erde von 30 Jahren].« In diese Himmelsreise baute schon im 5. Jahrhundert Martianus Capella sein astronomisches Wissen ein, das von den Griechen in die römische Antike (Cicero: *Somnium Scipionis* = *De re publica*, lib. VI) überliefert worden war. Notker nennt aber mit den Worten »Remigius lêret unsih« am Anfang seines Werkes auch seinen mittelalterlichen Gewährsmann, nämlich Remigius von Auxerre († um 908), dessen Martianuskommentar ihm um 1010–1015 vorlag, als er sein Werk begann und dem lateinischen Text des Martianus so manches sprachschöpferisch hinzufügte.
In der Darstellung des Kommentars hielt sich Notker Teutonicus und mit ihm die beiden Schreiber (A = pag. 2–84,6 u. 85,1–93,2. B = pag. 84, 6–22 u. 93,2–170 [Notker der Deutsche 1979, S. XIX–XX]) an jene Art der Textkommentierung, die beispielsweise in den Psalmenkommentaren Vers für Vers fortlaufend schreibt und gleich kommentiert. Notker selbst muss diese Methode auch in seiner deutschen Psalmenübersetzung angewandt haben. Sein »Original« ist zwar nicht mehr erhalten, doch bürgt die in Einsiedeln im 2. Viertel des 12. Jahrhunderts entstandene Prachthandschrift Cod. 21 der Stiftsbibliothek St. Gallen dafür. Auch Notkers deutsche Bearbeitung *Vom Trost der Philosophie* des Boethius († um 525), Cod. 825 der Stiftsbibliothek St. Gallen,

spricht für diese Art der Darstellung, die zu den Handschriften mit Randkommentaren wie der von Remigius kommentierte Martianus in Bern (Burgerbibliothek, B 56; Notker der Deutsche 1979, Abb. vor S. 5) und dessen in den Seitenspalten stehender Kommentar einen optischen Kontrast bildet. Die gegenüber A etwas gepflegter schreibende Hand B scheint auch im Boethius Cod. Sang. 825 (St. Gallen, um 1020–1030. Schmuki/Ochsenbein/Dora 1998, Nr. 58) geschrieben zu haben.

Lit.: SMAH 1, S. 121, Taf. XLII · Hattemer 1844–1849, Bd. 3, S. 257–372 · Notker der Deutsche 1979, S. VII–XXX, 2–170 (Cod. Sang. 872) · Ochsenbein/Schmuki 1992, S. 83–85 · Scherrer 1875, Nr. 872 · Schmuki/Ochsenbein/Dora 1998.

A.v.E.

147 Walter von Speyer: *Vita sancti Christophori; Libellus Scolasticus*

Werkentstehung: Speyer, 984
Erhaltene Handschrift: Speyer, Ende 10. Jahrhundert
Pergament – H. 15,7 cm, B. 14,0 cm, 92 Bl., hier Bl. 1–70
München, Bayerische Staatsbibliothek, Clm 14798

Walter schuf seine Christophorusvita in zwei Fassungen (Hexameter u. Prosa), also als *Opus geminum*, eine aus der Hagiographie bekannte Form.
Die metrische Fassung (Bl. 2r–44v, *Passio s. Christophori*) gliedert sich in sechs Bücher. Das erste, der *Libellus de studio poetae, qui et scolasticus*, schildert allerdings nicht das Leben des Heiligen, sondern Walters Ausbildungsgang und seinen Aufenthalt an der Speyerer Domschule. Ein *Prologus in Scolasticum* sowie eine *Prefacio ad invitandum lectorem idonea* leiten diese Versfassung ein. Daran schließt sich ein Brief Walters an die Quedlinburger Nonne Hazecha an. Die Prosafassung erzählt den gleichen Inhalt wie lib. II–VI der Versfassung (*Vita et Passio Sancti Christophori Martyris*, Bl. 48v–70r) in 29 Kapiteln, eingeleitet durch einen an Bischof Balderich von Speyer (970–986) gerichteten prosaischen *Prologus de vita Sancti Chistophori*. Auf einem dem Konvolut vorgehefteten Doppelblatt ist ein Brief Walters an seine Salzburger *collegae* wiedergegeben, laut Hoffmann (Hoffmann 2004, S. 271) von der Hand des Autors.
Walters *Christophorusvita* entstand im Auftrag des Speyerer Bischofs Balderich. Bei der Münchner Handschrift handelt es sich um ein Geschenkexemplar für drei Salzburger Kleriker, die um eine Abschrift des Werks gebeten hatten. Sie wurde wohl unter den Augen des Autors angefertigt, der wahrscheinlich auch einer der vier Schreiber war, und ist das einzige vollständig erhaltene Exemplar des Werks.
Der *Liber scolasticus* ist für die Bildungsgeschichte um die Jahrtausendwende von hohem Quellenwert. Allerdings

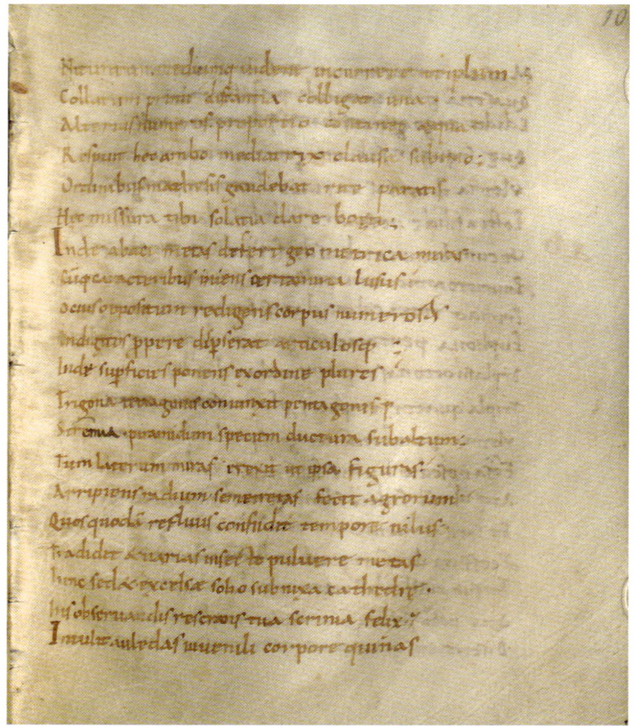

147 · fol. 10r

schmälern der gespreizte, schwülstige Stil und die gezielte Verwendung möglichst seltener Ausdrücke als Ausweis der eigenen Gelehrsamkeit die Verständlichkeit. Vermutlich ist der Verfasser der Vita mit dem gleichnamigen Speyerer Bischof (1004–1027) identisch.

Q.: Libellus Scolasticus 1962 · Vita Christophori 1937. Lit.: Hoffmann 2004, S. 266–272, Abb. 176a–b · Klopsch 1999, Sp. 660–664 · Strecker 1931.

E.K.

148 Bücherkatalog u. Ausleihverzeichnis der Kölner Dombibliothek

Köln, 1. Viertel 11. Jahrhundert
Pergament – H. 30,8 cm, B. 22,5 cm
Erfurt, Universitätsbibliothek, Dep. Erf. CA 2° 64

»Hi sunt libri prestiti de armario santi Petri« – »Dies sind die aus der Bibliothek von St. Peter verliehenen Bücher«. Mit diesen Worten beginnt das Verzeichnis der Kölner Dombibliothek, das im ersten Teil Entleiher und ausgeliehene Werke und im zweiten Teil vermutlich Neuanschaffungen der Dombibliothek verzeichnet. In seiner Edition vermerkt Ernst Dümmler: »voran gehen theologische schriften, namentlich einiges von Beda, ein horologium und cyklen von 860 bis 887 ohne historische nachrichten, die schrift des Hrabanus *De clericorum institutione* nebst der vorrede an den erzbischof Haistulf. die in unserem kataloge erwähnten geistlichen stiftungen weisen alle auf Cöln« (Cölner Bücherkatalog 1876). Insgesamt werden sechs Entleiher mit den von ihnen entliehenen Werken aufgelistet. Als erster Entleiher wird ein »Abbas Elias« genannt, vermutlich Abt Helias Scottus von St. Pantaleon und Groß St. Martin († 1042), der einen – so der Eintrag weiter – gerade erst geschriebenen Augustinuskommentar zum Johannesevangelium entlieh. Evezo, Schulmeister von St. Kunibert, wird als zweiter Entleiher genannt; er lieh sich aus der Dombibliothek einen Teil des Hieronymuskommentares zu Isaias aus, die nicht mit Namen genannte Äbtissin von St. Ursula einen Terenz mit Servius. Die nachfolgende Nennung Bischof Adalbolds von Utrecht (1010–1026) ist vor allem für die Datierung des Verzeichnisses von großer Bedeutung. Bischof Adalbold entlieh einen Psalmenkommentar von hervorragender Qualität, um ihn dem Schreiber Wanizo am Kollegiatstift St. Gereon offensichtlich zur Abschrift zur Verfügung zu stellen. Nachfolgend wird ein Bruder Alvorus genannt, der sich den Ezechielkommentar Gregors des Großen (590–604) lieh, sowie abschließend Reginhardus als Entleiher des Paulustraktates Haimos von Auxerres († um 855).

Der zweite Teil des Verzeichnisses beginnt mit der Radierung einer halben Textzeile, so dass der Zweck der nachfolgenden Auflistung letztlich offen bleiben muss. Den Überlegungen Irmgard Jeffrés nach könnte es sich um eine Liste von Neuerwerbungen handeln, da die genannten Werke erst seit dem Ende des 10. Jahrhunderts an den Domschulen für den Unterricht herangezogen wurden (Jeffré 1991). Die Auflistung beginnt mit Kommentaren der Heiligen Augustinus und Hieronymus, es folgen vier Homiliare, drei Passionale und zwei Vollbibeln und daran anschließend aus dem Lektürekanon der Domschule drei Bücher des Vergil und eines des Servius, zwei Bücher des Lukian sowie ein Buch des Horaz. Fortgesetzt wird die Liste mit der Nennung des für die Etablierung des Fächerkanons der sieben freien Künste so wichtigen Werkes *De nuptiis Philologiae et Mercurii* des Martianus Capella (Kat.Nr. 144–146). Verzeichnet sind ebenfalls drei Bände des Priscian und ein Band des Donat sowie das Werk *Smaracdus de generibus metrorum*, das nur in diesem Verzeichnis Erwähnung findet. Es folgt eine Auflistung philosophischer und theologischer Werke, genannt werden u.a. die dem hl. Augustinus zugeschriebenen Werke *Isagogas* und *Kategorias* sowie Boethius u.a.m. (vgl. ausführlich Jeffré 1991, S. 168–170). Die genannten Bücher lassen sich dem Trivium zuordnen, ein spezielles Werk für das Quadrivium findet sich nicht darunter.

Die aus der Kölner Dombibliothek stammende Handschrift befand sich zu Beginn des 15. Jahrhunderts im Besitz von Amplonius Ratinck de Berka († 1435), der seine Bibliothek 1412 dem von ihm in Erfurt gestifteten Collegium Amplonianum vermachte.

148 · fol. 117v

Q.: Cölner Bücherkatalog 1876. Lit.: Gottlieb 1890 · Jeffré 1991 · Plotzek 1998. S.H.

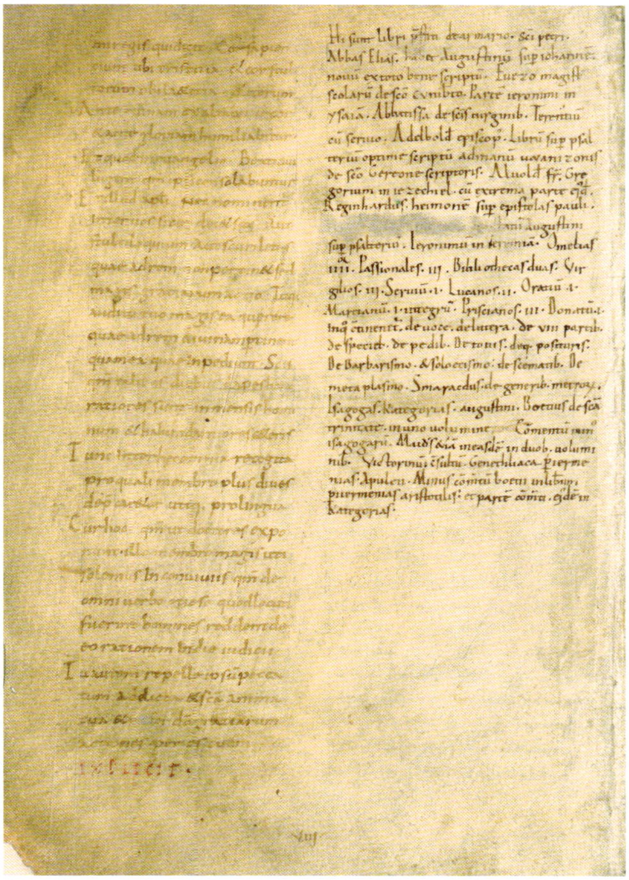

149 Schulbuchverzeichnis aus der Mindener Dombibliothek, um 1060

Sammelhandschrift: Teil I (Bl. 1–88), 14. Jahrhundert,
Teil II (Bl. 89–174), Mitte/2. Hälfte 11. Jahrhundert,
Teil III (Bl. 175–188), 14./15. Jahrhundert
Pergament u. Papier – H. 29,3 cm, B. 22,2 cm
Vatikanstadt, Biblioteca Apostolica Vaticana,
Cod. Vat. Pal. lat. 828

Der Codex, der in der Mitte des 11. Jahrhunderts Teil der Mindener Dombibliothek war und möglicherweise dort geschrieben wurde (Pelster 1941, S. 541), besteht aus zwei ursprünglich selbstständigen Teilen, dessen älterer als Haupttext die *Historiae adversum Paganos* des Orosius (Bl. 89–171; Mortensen 1999/2000, S. 150) sowie einige kleinere Texte überliefert: vier dem Sulpicius Severus zugeschriebene Briefe (Bl. 171r–172r; Augello 1983), das Schulbuchverzeichnis (Bl. 172r), ein Verzeichnis über die Konsekration von Mindener Altären (Bl. 173r) und eine Vita des hl. Alexius in Versform (Bl. 173v–174v; Forstner 1968, S. 42).

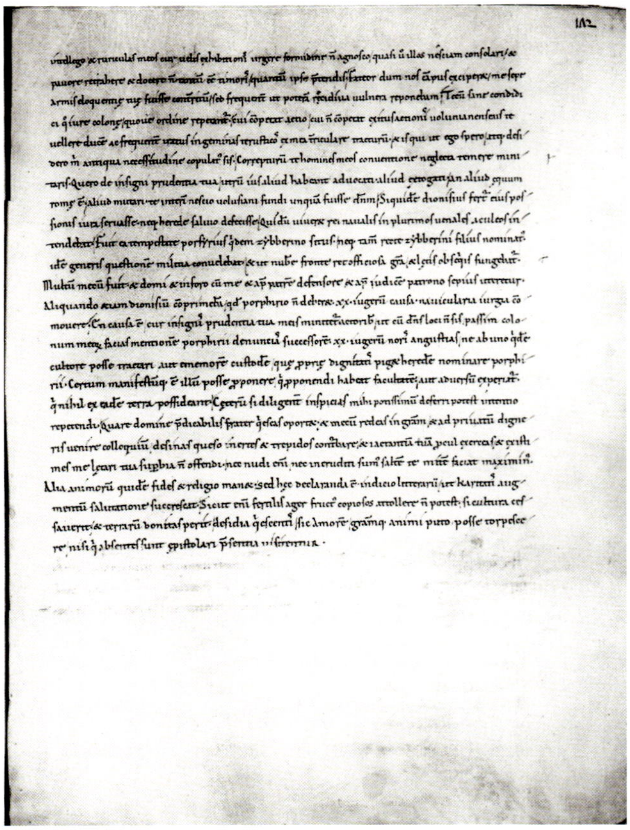

149 · fol. 172 r

Das Schulbuchverzeichnis bildet wie die übrigen Texte gegenüber dem Haupttext von Teil II der Handschrift einen Nachtrag »nicht viel späteren Datums« (Pelster 1941, S. 538). Es beginnt mit den Worten: »Hi sunt libri, quos Bernardus proprio sumptu conscribi fecit.« (»Das sind die Bücher, die Bernhard auf eigene Kosten schreiben ließ.«). Der genannte Bernhard, der Stifter der Bücher, lässt sich nicht mit Sicherheit identifizieren; belegbar ist aber ein Domdechant dieses Namens zur Zeit Bischof Sigeberts (1022–1036; Pelster 1941, S. 541). Es folgt eine Liste, in der insgesamt 56 Texte und Autoren genannt werden, die in 34 Büchern vorliegen (»XXXIIII libri, LVI partes«). Inhaltlich umfasst dieses Verzeichnis vor allem solche Texte, die den sieben freien Künsten zuzurechnen sind und die für die Unterrichtspraxis an Kloster- oder, wie im vorliegenden Fall, an Domschulen eine zentrale Rolle spielten. Der Schwerpunkt des Verzeichnisses liegt auf Schriften des Triviums, insbesondere der Dialektik bzw. Logik, wobei die Schriften des Boethius eine herausragende Position einnehmen. An lateinischen Klassikern sind neben anderen Sallust und Cicero, Ovid, Vergil und Terenz aufgeführt. Nur am Ende sind auch einige für die liturgische Praxis einschlägige Texte (Missale, Legendar, Psalter) erwähnt.

Lit.: Augello 1983 · Forstner 1968 · Mortensen 1999/2000 · Pelster 1941. N.K.

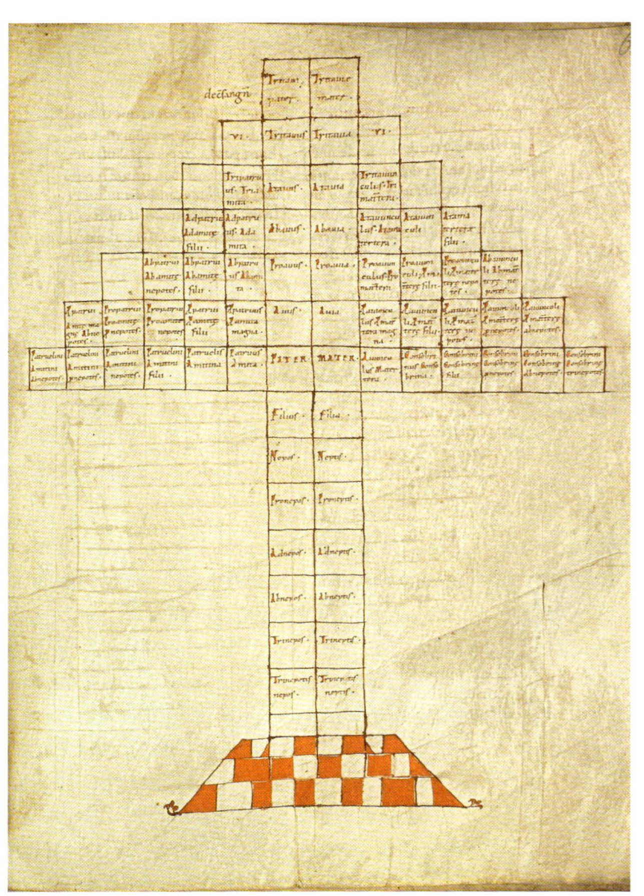

150 · fol. 68r

150 Burchard von Worms: *Decretum*

Worms, um 1020

Pergament, karolingische Minuskel, zweispaltig, rubriziert, am Rand Textnachweise in kleiner Minuskelschrift, Federzeichnung in Tinte u. Minium (fol. 68r), Handschrift am Anfang u. Ende unvollständig – H. 35 cm, B. 28 cm, 204 Bl.
Köln, Erzbischöfliche Diözesan- und Dombibliothek, Cod. 119

Die von Bischof Burchard von Worms (1000–1025) zusammengestellte Kirchenrechtssammlung enthält neu geordnet die gesamte kirchenrechtliche Überlieferung einschließlich der insularen und kontinentalen Bußbücher. Wie im 12. Jahrhundert Gratian von Bologna († um 1150) hatte Burchard schon in den Jahren 1008 bis 1012 eine *Summa* des Kirchenrechts geschaffen, deren Stoff er in 20 Bücher gliederte: die kirchlichen Ämter (lib. I–III), Taufe und Eucharistie (lib. IV–V), Recht auf Leben, Eherecht (lib. VI–VII), geistliche und weltliche Gesellschaftsordnung, Bekämpfung von Lastern (lib. VIII–XVII), Bußwesen (lib. XVIII–XIX) und der *Liber speculationum* (lib. XX). Letzterer dringt zur Seele des Menschen, zum freien Willen, zu Gott, den Engeln, dem Antichristen und dem Jüngsten Gericht vor. Am Rand stehen die Textnachweise aus den Konzilsakten, päpstlichen Dekreten usw.

Zu lib. VII *De consanguinitate* (*Über die Verwandtschaftsgrade*) findet sich auf fol. 68r der »Arbor consanguinitatis« (»Baum der Blutsverwandtschaft«), in dessen Mitte der Stammvater und die Mutter stehen. Über den Sohn, Neffen und Großneffen sowie die Tochter, Nichte, Großnichte führt der Stamm des Baumes mit sieben Generationen in die Zukunft. In seiner Krone sind ebenso sieben Generationen, die über Großvater und Großmutter aufsteigen und sich verzweigen. Der realistische Hintergrund der Tafel ist das Eherecht mit dem Eheverbot bei Blutsverwandtschaft und Verschwägerung bis zum siebten Grad, das mit dem ersten Laterankonzil 1123 allgemeines Recht wurde (Schadt 1982, S. 189–218).

Cod. 119 der Kölner Dombibliothek entstammt, wie Hoffmann (Hoffmann/Pokorny 1991) feststellte, einem leistungsfähigen, noch unter Burchard tätigen Wormser Skriptorium, in dem u.a. auch die *Decretum*-Handschriften aus Vatikanstadt, Biblioteca Apostolica Vaticana, Pal. lat. 585, Frankfurt am Main, Stadt- und Universitätsbibliothek, Barth. 50, und Bamberg, Staatsbibliothek, Msc.Can.6 (Kat.Nr. 5) geschrieben wurden. Als einziger Initialschmuck fällt in Cod. 119, fol. 125r, die in Minium gezeichnete Initiale »E[piscopi in protegendis populis]« zu lib. XV (*De laicis*) auf, die an karolingische Beispiele erinnert.

Q.: Coloniensis Codices manuscripti 1874, Nr. 119. Lit.: Hoffmann/Pokorny 1991, S. 20–21, 63–64, 173–244 · Kat. Köln 1998, S. 256–258, Nr. 52 (Anton von Euw) · Mayr-Harting 2007, S. 137–139 · Schadt 1982, S. 189–218. A.v.E.

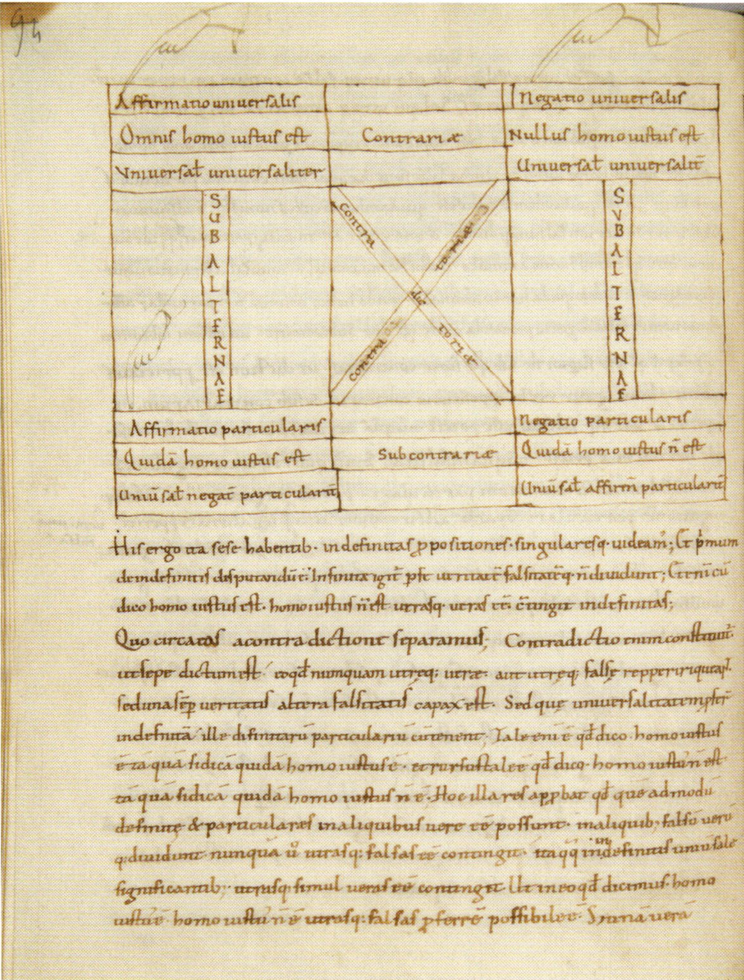

151 · pag. 94

151 Anicius Manlius Severinus Boethius: *Peri hermeneias* (*Zur Urteilslehre*)

Köln (?), Ende 10. Jahrhundert
Pergament, karolingische Minuskel- u. griechische Majuskelschrift, pag. 94 halbseitiges Diagramm in Tinte –
H. 27,2 cm. B. 20,5 cm, 120 Bl.
Einsiedeln, Stiftsbibliothek, Cod. 301(469)

Die Handschrift enthält die von Boethius († um 525) ins Lateinische übertragene *Urteilslehre* (Hermeneutik) des griechischen Philosophen Aristoteles († 322 v. Chr.), die als Denkform der Logik im mittelalterlichen Lehrplan der sieben freien Künste zur Dialektik gehörte. So finden sich auch in diesem Codex (pag. 18, 47 usw.) griechische Zitate. Im Text erfahren die »formulae«, von denen auch Martianus Capella (*De nuptiis Philologiae et Mercurii*, Kat.Nr. 144–146) im Zusammenhang mit dem Auftritt der Dialectica spricht, bis auf das hier abgebildete Diagramm auf pag. 94 im zweiten Buch (PL 64, Sp. 471 B–471 D) keine besonderen Auszeichnungen. Mit seinen Verbindungslinien erfasst dieses Diagramm die »Affirmatio universalis« und die »Negatio universalis« (ganzheitliche Zustimmung oder Verneinung). Als Beispiel dient das Gegensatzpaar »Omnis homo iustus est« (»Jeder Mensch ist gerecht«) und »Nullus homo iustus est« (»Kein Mensch ist gerecht«). Die »maniculae« (Hände mit langem Zeigefinger) sind Hinweise des Einsiedler Stiftsbibliothekars Heinrich von Ligerz († um 1360).

Hartmut Hoffmann hat – soweit wie möglich – die vielen Schreiberhände geschieden und sie in den Codices 111 und 114 der Kölner Dombibliothek sowie im Codex 114 (sic!) der Österreichischen Nationalbibliothek wiedergefunden. Mit dem Wiener Codex 114 ergibt sich eine besondere Beziehung zu Köln. Kurz nach 990 sehen wir nämlich dort im Kloster des hl. Pantaleon Froumund von Tegernsee († 1006/1012) mit Abschriften der Werke des Boethius beschäftigt. Zeugnis von seiner Zusammenarbeit mit Kölner Schreibern gibt der Wiener Codex 114 (Glossen zu Priscian u.a.). Die in Froumunds persönlicher Briefsammlung (München, Bayerische Staatsbibliothek, Clm 19412) dokumentierten verschiedenen Lebensstationen (Tegernsee, Feuchtwangen, Köln, Tegernsee) sind typisch für Gelehrte jener Zeit, die die Bibliotheken ihrer Mutterklöster durch Studienreisen ergänzten. Wie die Fäden zwischen Köln und Einsiedeln gesponnen waren, ist noch nicht geklärt. Einsiedeln besitzt in Codex 315(605) die *Isagoge des Porphyrius* in der Übersetzung des Boethius, eine Handschrift, in der Hoffmann (Hoffmann 2004, S. 118) Kölner und Einsiedler Hände nacheinander schreibend entdeckte.

Die Handschrift ist am Anfang (»Expositionis laborum [...]«) und am Schluss (»[...] in omnibus de contingenti et de possi[bili]«) unvollständig. Es fehlt das Ende von lib. V und lib. VI. Pag. 1–2 und 241–242 sind quer gelegte, beschnittene Doppelblätter aus einer größeren Handschrift mit liturgischen Texten, nach Hoffmann auch geschrieben von Kölner Händen am Ende des 10. Jahrhunderts.

Q.: Aristoteles Latinus 1965, S. 5–41 · PL 64. Lit.: Hoffmann 2004, S. 53, 115 · Lohr 1994, S. 176–177 · Meier 1899, S. 275 · Sporbeck 1991 · Unterkircher 1986. A.v.E.

152 Sammelhandschrift mit Werken Platons, seines Kommentators Calcidius, des Proclus u. Aristoteles

11., 14.–15. Jahrhundert
Pergament – karolingische Minuskel in Tl. II, dort auch Diagramme in Federzeichnung mit Tinte –
H. 31,7 cm, B. 23,7 cm, 187 Bl.
Leiden, Universiteitsbibliotheek, Ms. BPL 64

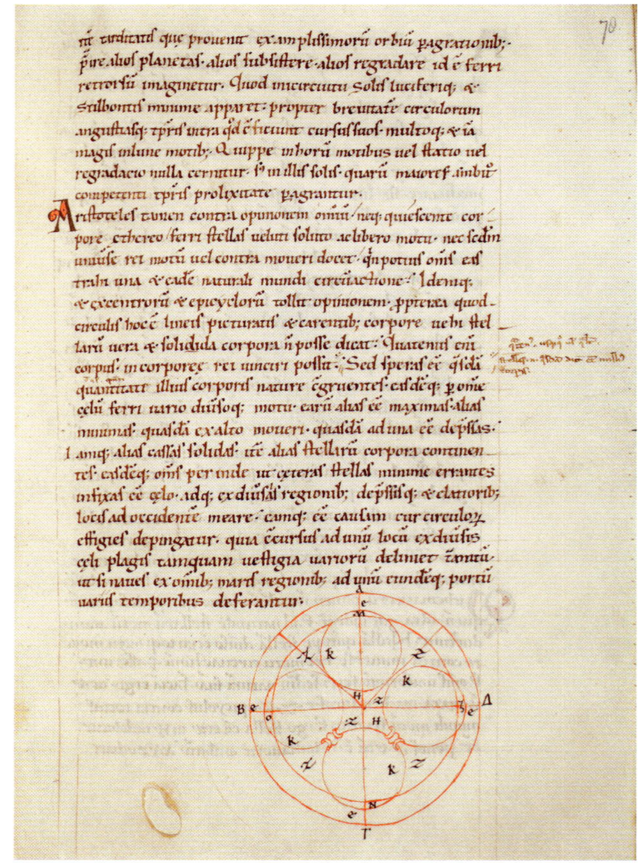

152 · fol. 78r

Der hier zu betrachtende Plato-Calcidius-Teil (Calcidius: *In Platonis Timaeum*) gehört seit dem späteren 9., vor allem aber seit dem 11. Jahrhundert zu den Quadriviumsfächern im Schulprogramm. Er entstand im 11. Jahrhundert und liegt in der Mitte der Sammelhandschrift mit folgenden Teilen: I. Platon: *Phaidon* und *Menon* (fol. 25r–36v; beide lateinisch, 14. Jahrhundert) – II. Platon: *Timaios* (fol. 37r–55v, teilweise lateinisch), Kommentar des Calcidius dazu (fol. 56r–137r, 11. Jahrhundert, ed. Plato 1962, S. 5–346; fol. 125r–137r spätere Ergänzung), Proclus: Kommentarfragment zum *Timaios* (fol. 137v–138v) – III. Aristoteles: *De caelo*, lib. II–V (fol. 139r–164r), Aristoteles: *De generatione et corruptione* (fol. 164v–187r, beide lateinisch, 15. Jahrhundert).

Der Plato-Calcidius-Teil enthält den Brief und die Widmung des Calcidius (tätig um 400 in Mailand) an Osius (ed. Plato 1962, S. 5–6), wahrscheinlich wie Calcidius selbst ein Neuplatoniker. Es folgt dann die lateinische Übersetzung von Teil I des von Platon zwischen 350 und 340 v. Chr. verfassten Dialoges *Timaios*, der von der Entstehung der Welt, ihrer Zusammensetzung und Funktion handelt (*Timaios* 17A–39E, ed. Plato 1962, S. 57–164). In seinem Kommentar dazu erläutert Calcidius die Vier-Elementenlehre des Empedokles († 423 v. Chr.) sowie die Kugelform des Universums (*Timaios* 31B–32B, ed. Plato 1962, S. 61–69). Der Kommentar zur »Genitura mundi« (»Entstehung der Welt«) enthält mehrere Diagramme, u.a. auch das von der Weltseele mit der geraden Zahlenreihe 2, 4, 8 und der ungeraden 1, 3, 9, 27. Sie bilden die in Zahlenverhältnissen ausgedrückte Harmonie, die der Opifex (Schöpfergott) der Welt einverleibte und die sich in den Harmonien der Musik (Quarte, Quinte, Oktave) spiegelt. Der erste Teil des Kommentars enthält alsdann die astronomischen Theorien der Griechen und Römer zum Sternenhimmel (*Timaios* 39E–53C, ed. Plato 1962, S. 121–163). Auch der Himmel hat Kugelform, seine äußerste Schale ist der Fixsternhimmel mit dem Zodiakalkreis (Gürtel der zwölf Tierkreiszeichen, durch die die Sonne während der zwölf Monate des Jahres ihre Bahn vollzieht), nach innen folgen kreisförmig die Bahnen der Planeten um ihren unbeweglichen (!) Mittelpunkt, die Erde. In diesen Kapiteln finden sich mehrere Diagramme auf fol. 75v, 76v, 77v, 78r, 79r, 85v, 86r, 87v. Im zweiten Teil des Kommentars behandelt Calcidius den Menschen, seinen Körper und seine Seele (*Timaios* 39E–53C, ed. Plato 1962, S. 164–346).

Die hier zu sehende Abbildung von fol. 78r zeigt ein Epizykeldiagramm zum Lauf der Sonne und verbildlicht folgenden Text: »Und weil wir glauben, dass durch die exzentrischen Kreise [Exzentertheorie vom Lauf der Sonne und Planeten] die Bewegung der Sonne unfachgemäß und falsch demonstriert ist, wollen wir sie nun nach der Meinung derer, die glauben, sie werde auf Epizykeln getragen und vollende so jährlich ihren Lauf, anhand einer Leitfigur für Epizykel lehren. Epizykel nennt man einen Kreis [›globus‹], der durch einen anderen Kreis [›circulus‹] getragen wird.« (ed. Plato 1962, S. 131).

Der Mensch ist sich hier als Beobachter der Sonnenbahn, die unterhalb des Zodiakalkreises verläuft und so das Jahr vollendet, im Mittelpunkt der beiden äußeren Kreise zu denken, von denen der äußerste den Zodiakus und der innere die Sonnenbahn andeuten. Er sieht aber, dass die Sonne keine absolut kreisförmige, sondern eine ungleichförmige (wellenartige) Kreisbewegung macht. Dieses Phänomen löst er mit der Epizykeltheorie, nach der die Sonnenbahn (innerer großer Kreis) die Sonnenbewegung auf Epizykeln (auf Kreisen) mitnimmt. »So vollendet auch der Epizykel jährlich seinen Lauf, und die Sonne hat auf der Sonnenbahn ihren größten Abstand von H zu E[e], d.h. von der Erde [als Mittelpunkt] zum obersten, äußersten Ende des Sommersonnenwenden-Epizykels, ihren kleinsten dagegen in der Tat am untersten, äußersten Ende [des Wintersonnenwenden-Epizykels].« (ed. Plato 1962, S. 134).

Wie im ebenso im 11. Jahrhundert entstandenen Cod. 191 der Kölner Dombibliothek sind auch hier die vier Epizykel aus dem Kreismittelpunkt gerückt; dagegen gibt es korrigierte Fassungen, beispielsweise Ms. Add. 15293, fol. 23r, der British Library in London (Eastwood/Graßhoff 2004, S. 83, Fig. IV.6).

Q.: Plato 1962. Lit.: Eastwood/Graßhoff 2004, S. 73–97, Fig. IV. 1, 3, 4, 5, 7, 8, 9, 10 · Euw 2005, S. 21–64 · Molhuysen 1912, S. 32. A.v.E.

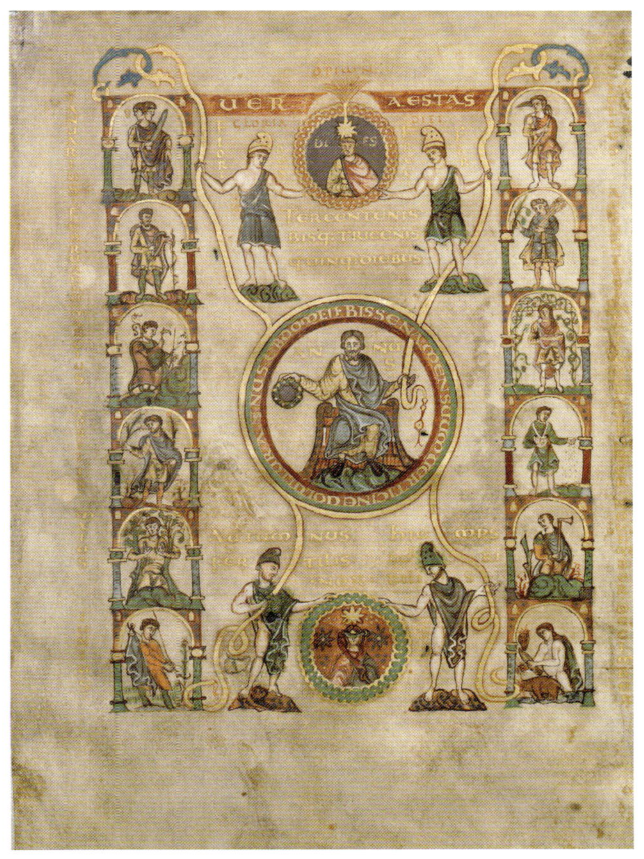

153 · Bl. 1

153 Kalenderblatt (Einzelblatt aus einem Sakramentar)

Fulda, 2. Hälfte 10. Jahrhundert
Pergament, zwei Einzelbl., hier Bl. 1 – H. 28,2 cm, B. 20,4 cm
Berlin, Staatsbibliothek zu Berlin – Preußischer Kulturbesitz, Ms. theol. lat. fol. 192, Fragment

Das Kalenderblatt (Bl. 1), das einem Kalendar mit den unbeweglichen kirchlichen Festen vorangestellt war, belegt – in Form von Allegorien, den antiken Vorbildern folgend – die Verbindung von weltlich-agrarischem mit geistlich-liturgischem Jahreszyklus in einer Handschrift: In der Mitte des Bildes thront »Annus«, die Personifikation des Jahres. Um ihn herum gruppieren sich, verbunden durch Goldranken, die vier Jahreszeiten: »Ver Floridus« (»blühender Frühling«), »Aestas Frugifer« (»früchtetragender Sommer«), »Autumnus Fertilis« (»fruchtbarer Herbst«) und »Hiemps Horribilis« (»schrecklicher Winter«). Frühling und Sommer (oben) halten das Brustbild der Personifikation des Tages (»Dies«), Herbst und Winter (unten) das der Nacht (»Nox«). Am linken (Januar – Juni) und rechten Rand (Juli – Dezember) sind in Arkaden die zwölf Monate dargestellt, die durch exemplarische menschliche Tätigkeiten für die einzelnen Monate stehen.

Für die agrarisch geprägte Gesellschaft des Mittelalters ist die regelmäßige Wiederkehr der Jahreszeiten ein ebenso grundlegender Lebensrhythmus wie der Zyklus des Kirchenjahres, der durch die christliche Liturgie vorgegeben ist.

Das Kalenderblatt ist eines von zwei erhaltenen Blättern eines im 3. oder 4. Viertel des 10. Jahrhunderts in Fulda angefertigten Sakramentars. Beide Blätter wurden als Spiegel in einer aus der Mindener Dombibliothek stammenden Handschrift der paulinischen Briefe (mit lateinischen Glossen) gefunden, aus der sie 1975 abgelöst wurden. Das zweite erhaltene Blatt zeigt die Päpste Gregor I. (590–604) und Gelasius I. (492–496), dargestellt als Autoren mit Schriftrollen in den Händen.

Lit.: Fingernagel 1991, S. 66–69 · Kat. Berlin u.a. 2002–2004, Bd. 3, S. 13, Nr. 02.01.04 u. 02.01.06 (Kerstin Schulmeyer) · Kat. Köln 1991, S. 86–88, Nr. 19 (Anton von Euw). N.K.

154 Sammelhandschrift mit Sternenuhr des Pacificus von Verona

St. Gallen, vorwiegend 10. u. 12. Jahrhundert
Pergament, karolingische Minuskel, teilweise neumiert, Federzeichnung in Purpur, Minium u. Grün(pag. 43) – H. 24,5 cm, B. 17,5 cm, 194 S.
St. Gallen, Stiftsbibliothek, Cod. 18

Die Handschrift enthält verschiedene Texte, in denen die seltene Zeichnung eines Mönches mit dem Sehrohr anschei-

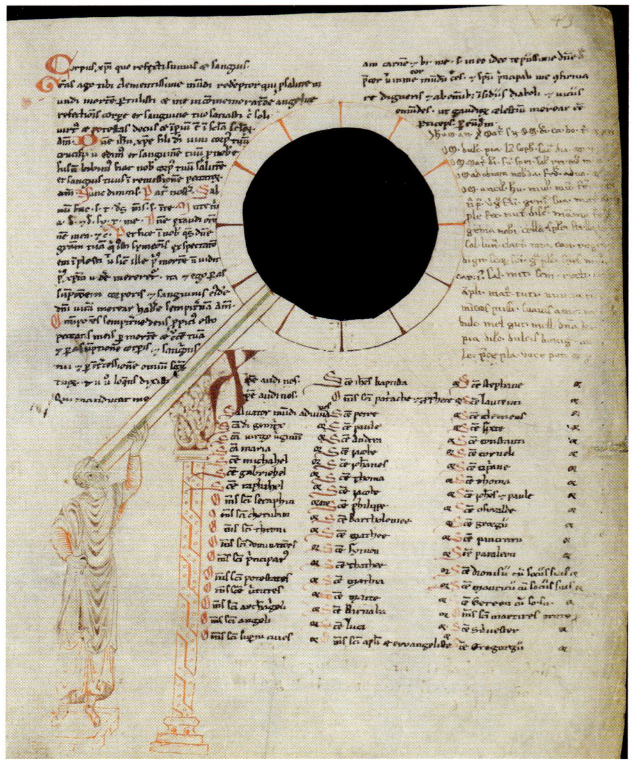

154 · pag. 43

nend wie ein Fremdkörper eingebettet ist. Auf den ursprünglich leeren Seiten 3–4 steht auf pag. 4 ein großes und kleines griechisches Alphabet. Es folgen die Teile I: *Cantica* des *Commune sanctorum* (pag. 5–20, St. Gallen, Mitte 12. Jahrhundert), II: ein Libellus mit Antiphonen und Psalmen für die Prozessionen, neumiert und für die St. Galler Tradition von besonderer Bedeutung (pag. 21–40, St. Gallen, Mitte 10. Jahrhundert), III: reskribierte Blätter, ehemals wohl mit astronomisch-komputistischem Text, jetzt mit Gebeten und Litaneien (pag. 41–46 [= Bifol. + 1 Einzelblatt], St. Gallen, 13./14. Jahrhundert), pag. 43 im Original erhaltene Federzeichnung, IV: *Psalterium glossatum* (Psalter mit Kommentar; pag. 47–194, St. Gallen, spätes 10. Jahrhundert), dazwischen ein reskribiertes Doppelblatt aus einem griechisch-lateinischen Evangeliar (pag. 143–146), aus dem auch pag. 1–2 in Cod. 45 sowie fol. 5, 74, 93 und 135 der in St. Gallen im 3. Viertel des 9. Jahrhunderts entstandenen Bibel (Zürich, Zentralbibliothek, Ms. C 57; Euw 2008a, Nr. 95) stammen.

Der ursprüngliche Text der reskribierten Seiten 41–46 ist bis heute nicht bekannt, scheint aber, wie die auf pag. 43 stehengebliebene Zeichnung schließen lässt, astronomisch-komputistischen Inhaltes gewesen zu sein. Vielleicht war darin die Erklärung der Sternenuhr des karolingischen Gelehrten und Archidiakons Pacificus von Verona († 844) enthalten. Joachim Wiesenbach erklärte damit und mit entsprechenden Zeichnungen aus anderen Handschriften (z.B. Vatikanstadt, Biblioteca Apostolica Vaticana, Lat. 644, fol. 76r) den *Mönch mit dem Sehrohr*.

Der in Tunika und anianische Kukulle gekleidete, tonsurierte Mönch schaut mit dem linken Auge durch ein auf die Säule und ihr Kapitell montiertes Sehrohr (»fistula«). Es ist ungefähr auf den Kreismittelpunkt einer jetzt ausgeschnittenen Scheibe gerichtet, deren äußeres Kreisband oben mit sechs Strichen in Minium und unten mit sechs Strichen in Purpur geteilt wird. Durch die 360° des ganzen Kreises ergibt das oben 180° = zwölf Tagstunden (15° pro Stunde) und unten 180° = zwölf Nachtstunden, in denen sich der Sternenhimmel scheinbar um seine Achse dreht. Die herausgeschnittene Scheibe enthielt vielleicht eine Skala mit 24 Stunden, dem anzupeilenden Polar- oder Polstern und dem in seiner Nähe stehenden helleren Stern, nämlich Alpha im Schwanz des Kleinen Bären, der sich kreisförmig um den Pol bewegte und von Pacificus »Computatrix« (»Stern zur Zeitberechnung«) genannt wurde. Dieser Stern hätte dann wie ein Uhrzeiger, nur in Gegenrichtung, die Nachtstunden angezeigt. Die vom Mönch angepeilte Mitte war der damalige Nordpol des nächtlichen Sternenhimmels, nämlich der Stern 32 Camelopardalis Hevelii, ein Stern im Kopf des (neueren) Sternbildes Giraffe, den auch die Wikinger als »leidar stiornu« mit bloßem Auge sahen und ihn als Leitstern der Seefahrt benutzten. Das rechte Auge des Mönches auf unserer Zeichnung war demnach auf den Stand von »Polaris computatrix« gerichtet. Über diesen Zeitmesser konnte bei gutem Wetter der Ruf zu den nächtlichen Horen des Stundengebetes erfolgen.

Im 13. Jahrhundert wurde die stehengelassene Zeichnung inhaltlich umfunktioniert. Ein Messoffizium und die unten stehende Litanei sollen dem Mönch einen Einblick in den Himmel mit seinen Aposteln, Märtyrern und Heiligen gewähren. Die Zeichnung gehört stilistisch zu den Bildern im zweibändigen *Antiphonarium officii* des St. Galler Mönches und Reklusen Hartker († 1011; St. Gallen, Stiftsbibliothek, Cod. 390–391; Euw 2008a, Nr. 143), die in derselben Technik ausgeführt sind.

Q.: MGH Poetae 4.2–3. Lit.: Berschin 2005, S. 180, 185 · Euw 2008a, Nr. 144 · Rankin 1995, S. 386–389 · Scherer 1875, S. 6–7 · Wiesenbach 1993, S. 229–250 · Wiesenbach 1994. A.v.E.

155 Sammelhandschrift mit *Aratus Latinus*

St. Gallen, 1. u. 2. Hälfte 9. Jahrhundert
Pergament, karolingische Minuskel, Federzeichnungen in brauner Tinte – H. 32 cm, B. 25 cm, 180 S.
St. Gallen, Stiftsbibliothek, Cod. 902

Es handelt sich um fünf teilweise schon in der Karolingerzeit zusammengebundene Teile: I. *Grammatik* des Dositheus mit griechisch-lateinischen Beispielen von Deklination und Konjugation (pag. 8–68, St. Gallen, Anfang 10. Jahrhundert, Berschin 2005), II. *Aratus Latinus* mit Illustrationen des Planisphäriums (pag. 76), eines Himmelsglobus (pag. 81), der

Sternbilder (pag. 82–97), der Planeten und des Milchkreises (pag. 97–99), des Zodiakus mit Sol und Luna (pag. 100) sowie mit Luna auf der Ochsenbiga und Sol auf der Pferdequadriga (pag. 102–103, pag. 69–104, St. Gallen, um 850), III. Hrabanus Maurus: *Liber de computo* (pag. 106–152, St. Gallen, um 825–850), IV. *Computus Graecorum* (pag. 153–175, St. Gallen, um 820–830), V. *Cycli decemnovennales* (19-jährige Mondzyklen von 810–911, pag. 176–179, St. Gallen, 9./10. Jahrhundert). Die Teile II, III und IV sind mit dem im ältesten, um 850 angelegten und um 880 erweiterten St. Galler Bibliothekskatalog (Cod. 728, pag. 18) genannten *Liber astrologiae et compotus Rabani et alius compotus* zu identifizieren.

Der in Teil II enthaltene *Aratus Latinus* gehört zur großen lateinischen Familie der Beschreibung des Sternenhimmels in Versform durch den Griechen Aratos von Soloi († 245 v. Chr.), später unter dem Begriff *Aratea* geläufig. Nach Text- und Bildredaktion zählt er zusammen mit dem *Aratus Latinus* in Cod. 250 der Stiftsbibliothek St. Gallen zur Gruppe der »Recensio interpolata« des *Aratus revisus*, deren früheste, um 805 datierbare Handschrift in Cod. 83[II] der Kölner Dombibliothek vorliegt. Ihr Text ist in Prosa abgefasst (ed. Commentariorum 1898, S. 102–126). Die Vorlage für St. Gallen scheint, wie Ms. nouv. acq. lat. 1614 und Ms. lat. 12957 der Bibliothèque nationale de France in Paris vermuten lassen, aus Tours oder Corbie gekommen zu sein.

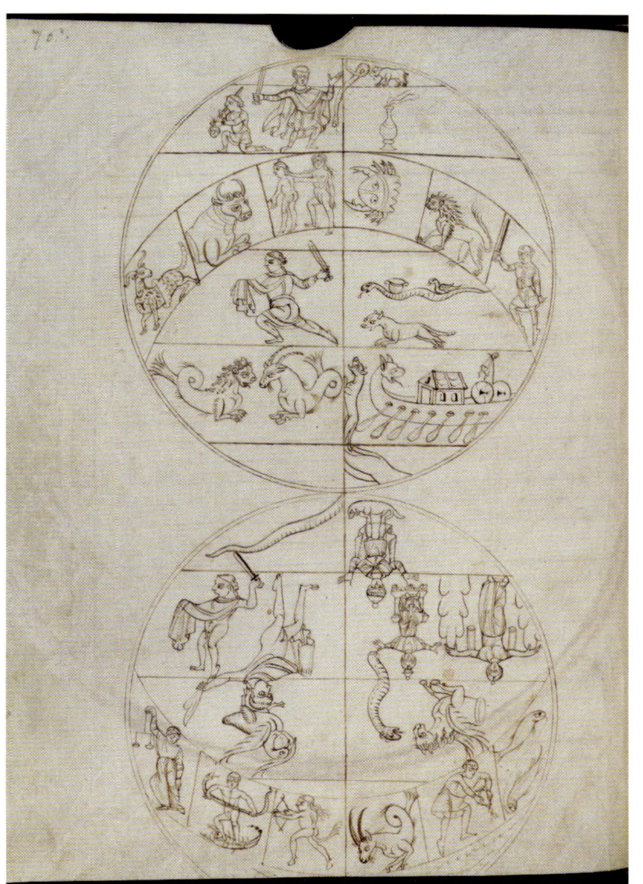

155 · pag. 76

Cod. 902 enthält auf pag. 76 zwei Planisphärien (in die Fläche projizierte nördliche und südliche Hälften eines Himmelsglobus) mit Nord-Südachse, fünf Zonen (Breitengürtel) und schräg laufendem Zodiakalgürtel (Tierkreis mit zwölf Tierkreiszeichen = zwölf Monate des Jahres). Am Nordpol des oberen Planisphäriums ist noch die Schlange (»serpens«) und die Kleine Bärin (»ursa minor«) zu sehen. Diese Planisphärien gehen auf einen aus vorchristlicher Zeit stammenden griechischen Himmelsglobus zurück. Er ist genau so zu sehen auf fol. 2v und fol. 4v im *Tetrabiblos* des Claudius Ptolemaios († um 170; Vatikanstadt, Biblioteca Apostolica Vaticana, Cod. gr. 1291), entstanden in Konstantinopel unter Kaiser Theophilos (829–842). Pag. 81 in Cod. 902 zeigt alsdann wie auch die oben genannten Handschriften des *Aratus revisus* in Paris einen im Gestell drehbaren Himmelsglobus. Der dort schräg laufende Zodiakalkreis mit den Zeichen von Widder, Stier, Zwillinge (Krebs fehlt) und dem wie ein Hund aussehenden Löwen zeigen, dass hier ein zweites Modell im Spiel war, was durch das schöne Bild auf pag. 100 mit Sol und Luna im Zentrum des Zodiakus bestätigt wird. Die 41 beschriebenen und mit Zeichnungen illustrierten Sternbilder vom Großen Bären (»arcturus maior«, pag. 82) bis Gegenhund (»anticanis«, pag. 97) sind besonders eindrucksvolle Zeugen St. Galler Federzeichnungen aus der Frühzeit der Jahre um 850. Die Illustratoren des *Aratus Latinus* in Cod. 250, tätig um 980–990, haben sie elegant kopiert (Euw 2008a, Nr. 120).

Q.: Commentariorum 1898, S. 102–126, 145–161, 180–271. Lit.: Berschin 2005, S. 180, 182, 184, 187–188, 192 · Euw 2005, S. 23, 37 · Euw 2008a, S. 178, 181–184, 224, Nr. 119, Abb. 541–549 · Merton 1923, S. 56–57 · O'Connor 1980, S. 64–65 · Scherer 1875, S. 316–318 · Thiele 1898, S. 160–161. A.v.E.

156 Astrolab

Ahmad ibn Muhammad al-Naqqash, Saragossa, 1079/1080
Messing – H. 18,0 cm, D. 0,5 cm, Dm. 11,5 cm
Nürnberg, Germanisches Nationalmuseum, Inv.Nr. WI 353

Aus dem 10. Jahrhundert ist nur ein einziges Astrolab aus dem muslimischen Spanien erhalten, aus dem 11. Jahrhundert sind es etwa zwölf Astrolabien und in späteren Jahrhunderten etwa doppelt so viele. Das abgebildete Astrolab wurde nach der Inschrift auf der Rückseite von Ahmad ibn Muhammad al-Naqqash (»dem Graveur«) aus Saragossa angefertigt. Trotz des Herstellernamens weist das Astrolab fehlerhafte Gravuren auf. Es ist das einzige bekannte Stück aus seiner Hand.

In der Mitte dieses Astrolabs befindet sich die Alhidade, ein drehbarer Arm, der an beiden Enden ein Lochvisier trägt. Man hängt das Astrolabium senkrecht auf, visiert durch die beiden Löcher ein Gestirn an und kann so an der Skalenscheibe unmittelbar die Winkelhöhe des Gestirns ablesen.

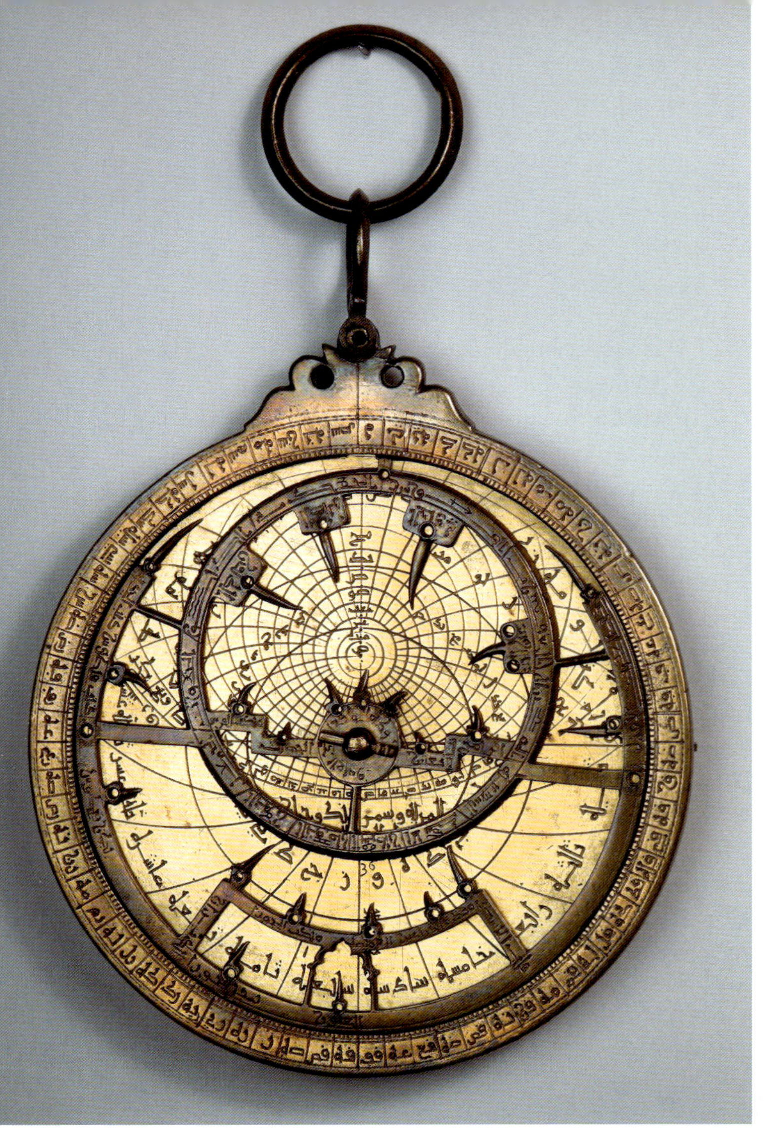

156

Die Form des Astrolabthrons, zwei Ringe zum Aufhängen, und der Rete, eine Zeigerscheibe mit ihrem auf beiden Seiten parallel versetzten Äquinoktialsteg, sind typisch andalusisch. Der untere kreisförmige Äquatorialsteg ist ungewöhnlich kurz und zeigt unterhalb der Mitte ein gebetsnischenförmiges Gebilde. Die Sternzeiger sind einfach ausgeführt und haben an ihrer Basis jeweils ein oder zwei Löcher, in denen einst kleine silberne Pflöcke steckten. Insgesamt weist das Instrument für 24 Sterne 23 Zeiger auf. Die Namen der Sterne entsprechen den im Kreis des westlichen Islams üblichen Nennungen. Auf der Grundplatte (Mater) und fünf Einsatzscheiben sind Höhenlinien eingraviert für jeweils sechs Grad und Azimutlinien für jeweils neun Grad. Eine solche Einteilung ist nur auf zwei weiteren andalusischen Astrolabien dieser Zeit nachgewiesen. Die meisten dieser Scheiben besitzen keine Markierungen für die Gebetszeiten zur Abend- und Morgendämmerung bzw. zu den verschiedenen Tageszeiten. Lediglich die Scheibe für 37°30' enthält fischgrätenartige Kurven für die zu Beginn und in der Mitte des Nachmittags zu verrichtenden Gebete. Folgende Breiten und Orte werden darauf genannt: 21°30' – Mekka, Taif, Yamama, (Land der) Beja (Ostsudan), 25° – Medina, 31° – Alexandria, Damiette, Shapur, 33° – Bagdad, Damaskus, Fez, Askalon, 34° – Menorca (!), Aleppo (!), Antakia (!), 35° – Ceuta, Sizilien, Mosul, Rusafa, 36°30' – Almería, Samarkand, Harran, Ra's al-'Ayn, 37°30' – Sevilla, Granada, al-Anbar (!), 38°30' – Córdoba, Jaén, Dschurdschan, Balkh, 39°30' – Valencia, Badajoz, Mallorca, 41°30' – Saragossa, Huesca, Calatayud.

Auf der Rückseite des Astrolabs befinden sich Höhenskalen und zwei weitere Skalen zur Bestimmung der Sonnenposition aus dem julianischen Kalender, nach dem sich die andalusischen Astrolabienbauer richteten. Mit der unten links angebrachten quadratischen Schattenbox sollten die Schattenlängen für einen bestimmten Sonnenstand gemessen werden. Da die Box am vorliegenden Astrolab wenig sachgerecht ausgeführt wurde, sind Messungen kaum möglich.

Nicht alle Teile des Astrolabs wurden zur selben Zeit gefertigt. So sind die Markierungen für die Gebetszeiten auf der Scheibe für 31° sehr grob ausgeführt und können nicht ursprünglich sein. Von einer vermutlich italienischen Hand finden sich die Werte für die Breiten auf den Scheiben, Symbole für die Tierkreiszeichen auf der Rete sowie auf der Rückseite außerdem Abkürzungen für die lateinischen Monatsnamen. Das »LV« für Juli lässt einen italienischen Ursprung vermuten, was durch die Tatsache bekräftigt wird, dass das Instrument um 1890 auf einem Flohmarkt in Rom erworben wurde.

Lit.: Kat. Granada/New York 1992, S. 376– 377, Nr. 120 · Kat. Nürnberg 1983, S. 5, 29–31, Nr. 1 · Kat. Nürnberg 1992–1993, Bd. 2, S. 568–570, Nr. 1.70 (David A. King) · King 1991 · King 1992 · Mayer 1956, S. 37, Taf. III · Price 1955 · Solla/Price/Gibbs/Henderson 1973, Nr. 1099. T.S.

157 Anicius Manlius Severinus Boethius: *De institutione geometrica* (lib. II), *De musica* (lib. V)

Lothringen (?), 1. u. 2. Drittel 10. Jahrhundert
Pergament, karolingische Minuskel, Interlinear- u. Randglossen (pag. 24–25 griechischer Text mit lateinischer Interlinearübersetzung), ein- u. zweispaltig, mit Diagrammen in Tinte u. Minium – H. 34,5 cm, B. 27,0 cm, 146 S.
Einsiedeln, Stiftsbibliothek, Cod. 298(119)

Die Handschrift gehört im mittelalterlichen Lehrplan der sieben freien Künste zum Quadrivium, ihr Inhalt ist folgender: I. *Geometrica*, lib. I (pag. 1–6), pag. 1: *(G)eometrica est disciplina magnitudinis immobilis formarumque disscriptio* (mit geometrischen Figuren); *Geometrica*, lib. II, pag. 6: *Incipit liber Anicii Manlii Sev. Boetii geometricorum secundus. Quomodo inventa est geometria* (pag. 6–10, ed. PL 63, Sp. 1352–1364), pag. 11: leer. II. Boethius: *Exzerpt aus Euklids Geometrie* (pag. 12–18), pag. 12: *Principium mensurae punctum* (ed. PL 63, Sp. 1307–1329 B). III. *Incipit altercatio duorum geometricorum. De figuris, numeris et mensuris. Mensura est quidquid pondere* (pag. 18–22), pag. 22 nach dem Explicit ein Diagramm (Boethius 1970, S. XI–XII). IV. Boethius: *De musica*, lib. V (pag. 23–145, ed. PL 63, Sp. 1167–1300); lib. I (pag. 23–49), pag. 23: *Omnium quidem perceptio sensuum* (pag. 23–37 Interlinear- u. Randglossen), *De additione chordarum earumque nominibus* (pag. 37–40), pag. 41: ganzseitige Zeichnung des Monochordes, Ergänzung von Schreibern aus Teil I–III (pag. 71–83 = *Ternio*; nach Hoffmann 2004: Hand B, J, K, L), Randkommentare in schöner spitzer Minuskel, pag. 143 unten: »scribe puer scribe qui nomen habes Herimanne« (»schreibe Schüler schreibe, der du den Namen Hermann hast«; nach Bischoff 1966 wohl 10. Jahrhundert).

Das auf pag. 41 abgebildete Monochord ist eine schematische Darstellung der Doppeloktav, in deren äußerem Bogen BISDIAPASON (zweimal über acht Töne hinweg) zu lesen ist. Entsprechend enthalten die beiden inneren Bogen ein DIAPASON (eine Oktav). Es folgen nach innen zwei Quarten (DIATESSARON) und zwei Quinten (DIAPENTE) sowie die kleinen Bogen mit den Tönen [TON(VS)] und Halbtönen [SEM(ITONVS)]

Die Handschrift gehört zu den Schulhandschriften des 934 gegründeten Klosters Einsiedeln (Schweiz) und könnte vom hl. Wolfgang (972–994 Bischof von Regensburg), der nach seiner Erziehung auf der Reichenau und in Würzburg Domschullehrer in Trier wurde und dann von 965–971/972 die Klosterschule in Einsiedeln leitete, von Trier nach Einsiedeln mitgebracht worden sein. Matthias Tischler vermutet, dass die Teile I–III in Trier geschrieben wurden (Tischler 1996, S. 134), Hartmut Hoffmann zieht mit der Einordnung »französisch oder linksrheinisch« (etwa 2. Drittel 10. Jahrhundert) den Kreis größer (Hoffmann 2004, S. 114). Teil IV (*De musica*) gehört nach ihm einer französischen oder lothringischen Schule an, deren Schrift früher, nämlich in das 1. Drittel des 10. Jahrhunderts zu datieren sei, der *Ternio* auf pag. 71–83 sei von Schreibern der Teile I–III ergänzt worden. Daraus kann gefolgert werden, dass in der früheren 2. Hälfte des 10. Jahrhunderts alle Teile (in Trier?) bereits zusammen waren. Die wohl von einem Einsiedler Schreiber auf pag. 68 geschriebene Ergänzung scheint dafür zu sprechen, dass das Buch gegen Ende des 10. Jahrhunderts in Einsiedeln lag. In diese Zeit gehört auch der Schreiberspruch Hermanns auf pag. 143.

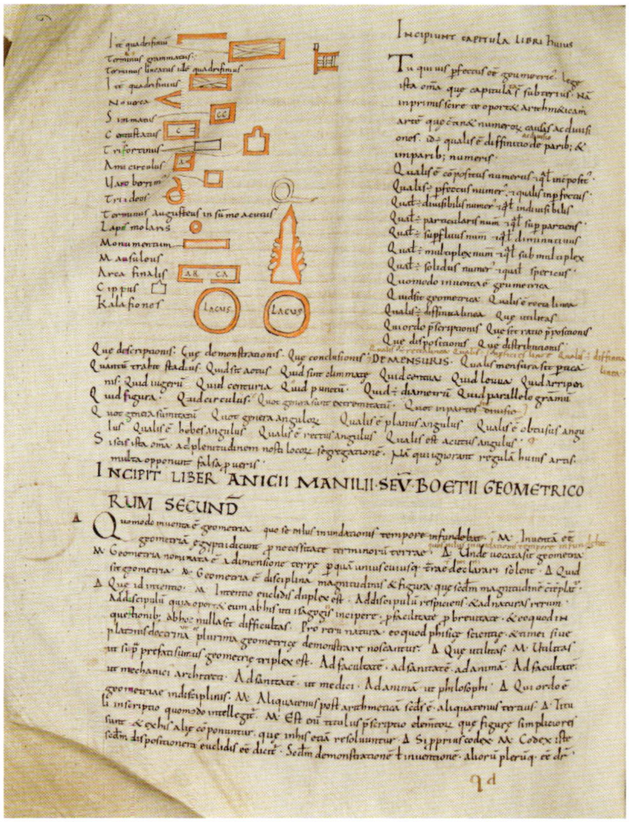

Q.: Boethius 1970. Lit.: Bischoff 1966, S. 79, 82, 85, 87 · Folkerts 1982, S. 97 · Hoffmann 2004, S. 113–114 · Kat. Einsiedeln 2003, S. 21–22, Nr. 1 (Odo Lang) · Meier 1899, S. 272 · Tischler 1996, S. 134. A.v.E.

157 · pag. 6

158 Notker III. von St. Gallen (der Deutsche): *De musica* (cap. 5)

Kloster Tegernsee, 10. Jahrhundert, deutschsprachiger Text ergänzt (2. Viertel 11. Jahrhundert)
Pergament – H. 29,0 cm, B. 25,5 cm, 87 Bl.
Wolfenbüttel, Herzog August Bibliothek,
Cod. Guelf. 72 Gud. Lat. 2°

Diese Wolfenbütteler Handschrift stammt ursprünglich aus dem Kloster Tegernsee, wo sie wohl noch im 10. Jahrhundert angefertigt wurde. Unter Abt Reginbald (1012–1014) kam sie bereits kurze Zeit nach ihrer Entstehung nach St. Ulrich und Afra in Augsburg (Hoffmann 2004, S. 38–39). Sie enthält eine Reihe von Schriften, die sich auf die quadriviale Disziplin der Musik beziehen, neben anderen Boethius' Schrift *De institutione musica* (Bl. 1r–50r) und drei Odo von Cluny (927–942) zugeschriebene Werke (Bl. 52r–87r). In Augsburg wurde der einzige deutschsprachige Text in diese Handschrift nachgetragen, ein Exzerpt mit dem fünften Kapitel aus dem musiktheoretischen und -praktischen Traktat *De musica* Notkers III. von St. Gallen († 1022).

Der hier anonym überlieferte Textauszug trägt in der vollständigeren St. Galler Handschrift (St. Gallen, Stiftsbibliothek, Cod. 242) die Überschrift *De Mensura Fistularum Organicarum* (*Vom Maß der Orgelpfeifen*; Notker der Deutsche 1996, S. 341) und ist – abgesehen von lateinischen

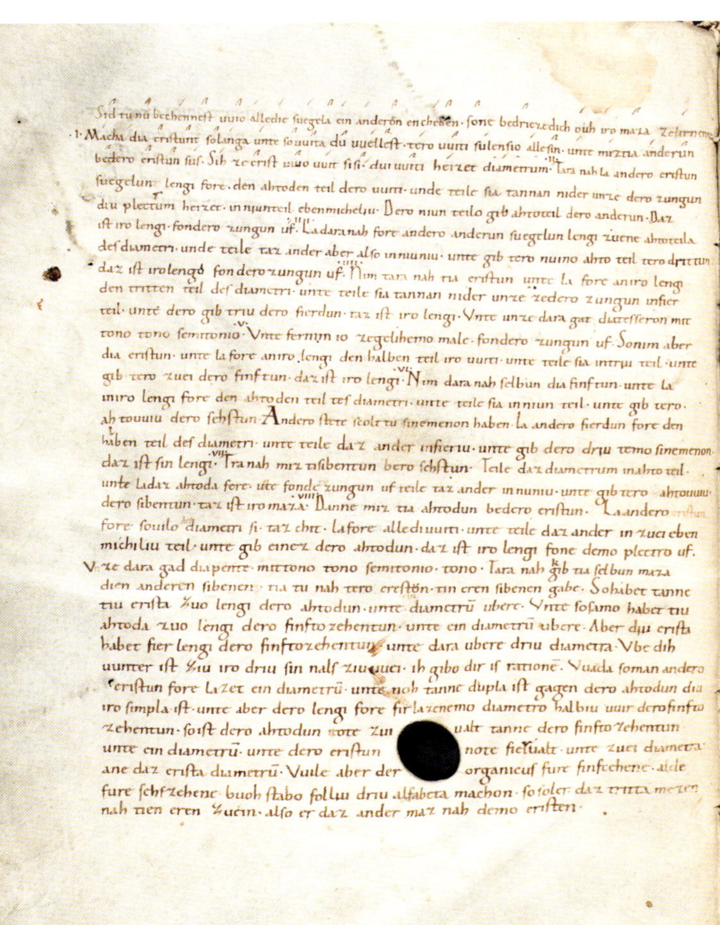

158 · fol. 50v

Fachtermini wie z.B. »diametrum« (ahd. »uuîtî«, Z. 3) oder »plectrum« (ahd. »zúngûn«, Z. 5) – die einzige rein althochdeutsche Schrift Notkers, für dessen Schriften ansonsten eine lateinisch-althochdeutsche Mischsprache typisch ist. Inhaltlich geht es in diesem Auszug um die korrekten Proportionen beim Bau von Orgelpfeifen (Traub 1995).
Bei den augenfälligen Zeichen über den Buchstaben, die sich hier nur in den ersten drei Zeilen der Abschrift finden, handelt es sich um die für Notker typischen Akzente. Auf Bl. 51r folgt die anonyme Beschreibung des Monochords (»Super unum concavum lignum […]«), eines musikinstrumentenähnlichen, vor allem im Unterricht verwendeten Hilfsmittels zur Bestimmung von Intervallen und Proportionen.

Q.: Althochdeutsche Literatur 2007, S. 256–257, 384–385 · Notker der Deutsche 1996, S. CXXI, 329–346 · Notker der Deutsche 2003, S. 173–194 · Notker Labeo 1995. Lit.: Hoffmann 2004, S. 38–39 · Sonderegger 1987 · Traub 1995. N.K.

159 Sammelhandschrift mit astronomisch-astrologischen Texten, Annalen der Benediktinerabtei Brauweiler

Brauweiler (bei Köln), 2. Hälfte 11. Jahrhundert
Pergament, karolingische Minuskel, Federzeichnungen – H. 31,2 cm, B. 25,0 cm, 71 Bl.
Vatikanstadt, Biblioteca Apostolica Vaticana, Cod. Urb. lat. 290

Das Werk gehört zu den Schulbüchern mit Stoff aus den Fächern des Quadriviums. Schon Jones (1939) hat es mit einer Handschriftengruppe um Ms. Phill. 1833 der Staatsbibliothek zu Berlin – Preußischer Kulturbesitz (Fleury, 10./11. Jahrhundert) in Zusammenhang gebracht, dessen Inhalt vorwiegend in den Werken des Beda Venerabilis († 735) und Abbo von Fleury († 1004) gründet.
Der Inhalt kann gekürzt angedeutet werden. Abbo: *Computusregeln* (fol. 1v; PL 90, Sp. 729–730), *Ratio sperae Pitagorae, Petosiris, Apulei* (fol. 2v–3v; Juste 2004, S. 95–128), *De ponderibus et mensuris* (*Merkverse zu den Maßen und Gewichten*, fol. 3v–6v), Tafeln der *Cycli decemnovennales* mit *Annales Brunwilarenses* (fol. 7r–10r; Annales Brunwilarenses 1859, S. 724–728), Hermann von Reichenau (?): *Computus* (Incipit *Si quis autem fortassis curiosiorem in tabulis diligentiorem*, fol. 12v–29r), Beda: *De temporum ratione*, cap. 1 (Hand für Fingerzahlen, fol. 29v–32r), *Merkverse zu den*

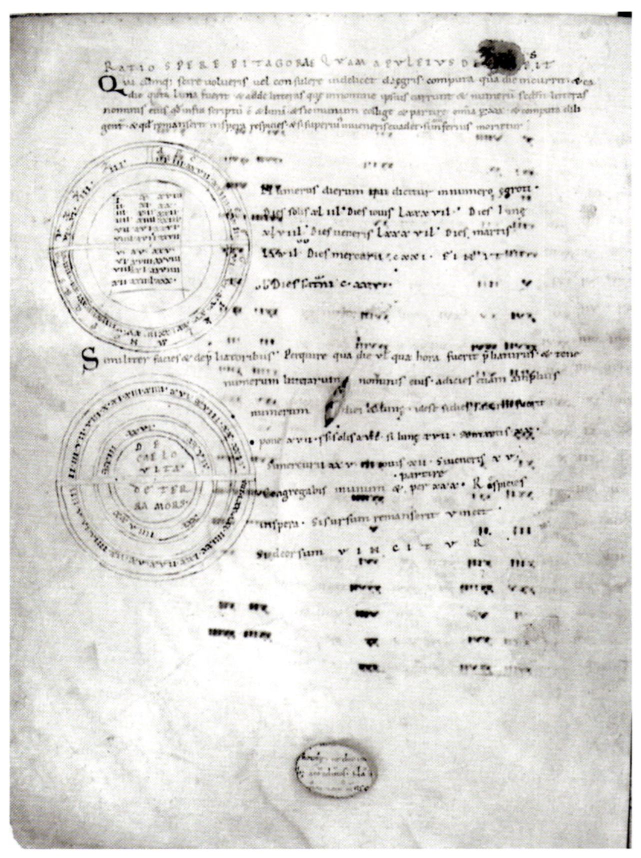

159 · fol. 2v

Monaten, Tierkreiszeichen, Tagesnamen (fol. 32r–51r), Helperich von Auxerre (oder Abbo): *Computus* (fol. 51v–62v; PL 137, Sp. 19–48), *Astronomische Exzerpte* (fol. 62v–63v), *Cycli decemnovennales* mit *Annales Brunwilarenses* (fol. 64v–71v).

Auffallend sind die astrologisch-divinatorischen fol. 2v–3v mit den entsprechenden Diagrammen. Sie sind kreisförmig und haben eine quer verlaufende Mittelzone, die, bildlich gesehen, vom Lebenden nicht unterschritten werden darf. Die Zahlen oben und unten stehen zumeist im Zusammenhang mit der Errechnung des Mondalters. Wenn ein krank Gewordener wissen will, ob er gesundet oder stirbt, muss er das Mondalter bei der Erkrankung kennen und seinen Geburtsnamen mit dessen Zahlenwerten hinzuaddieren, dann durch 30 teilen und schließlich den Rest in der »Sphaera« suchen. Wenn er oben liegt, ist alles günstig, unten lauert der Tod. Schon die homerischen Helden und römischen Gladiatoren konnten aus solchen Diagrammen ihr Schicksal erlesen.

Dass die Handschrift in der 1024 von Pfalzgraf Ezzo († 1034) und seiner Gemahlin Mathilde († 1027; Schwester Kaiser Ottos III., 983–1002) gegründeten Benediktinerabtei Brauweiler entstand, geht aus den *Brauweiler Annalen* hervor, die um 1000 mit der Ordination des Kölner Erzbischofs Heribert (999–1021) einsetzen und bis zu den Äbten Geldofridus (1148–1177) und dessen Nachfolger Theodericus (1177–1187) geführt werden.

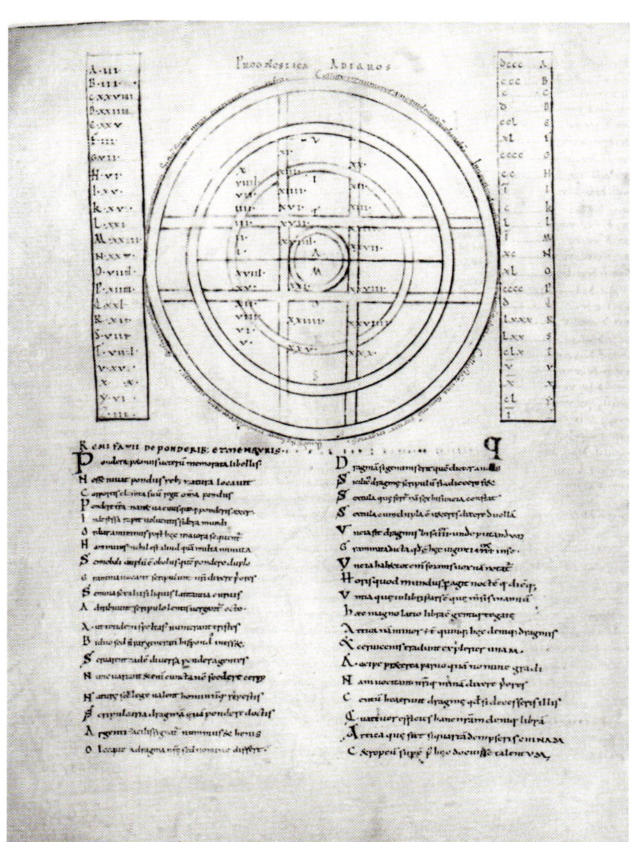

159 · fol. 3v

Q.: Annales Brunwilarenses 1859. Lit.: Jones 1939, S. 13, 50, 54, 60, 68, 90 · Juste 2004 · Obrist 2004b · Stornajolo 1902, S. 261–262, Nr. 290.

A.v.E.

160 *(Ältere) Wormser Briefsammlung*

Worms, um 1045–1055
Pergament – Palimpsest eines Sakramentars aus dem 9./10. Jahrhundert – 49 Bl.
Vatikanstadt, Biblioteca Apostolica Vaticana, Cod. Vat. Pal. lat. 930

Die Handschrift entstand um die Mitte des 11. Jahrhunderts in Worms, befand sich aber bereits im Jahr 1056 in Lorsch (Worstbrock 1999, Sp. 1422). Dort wurde ihr ursprünglich aus 59 Briefen und einem *Dictamen* bestehender Inhalt (Bl. 1–45v) um einige Nachträge erweitert. Einerseits handelt es sich um »echte« Briefe, so z.B. bei der Korrespondenz des Wormser Bischofs Azecho (1025–1044) und der Domschullehrer Ebbo und Wolzo sowie des Diakons Immo, die mehrfach als Absender und Empfänger genannt sind. Andererseits befinden sich wohl auch reine Übungsstücke darunter, die aus dem Unterricht der Domschule hervorgegangen sind. Ein konkretes Ordnungsprinzip nach Zeit, Inhalt oder Personen lässt sich für die Sammlung, sieht man von einigen wenigen Briefpaaren nach dem Muster Absender – Adressat ab, nicht benennen. Die Sammlung verweist nach ihrem Inhalt auf die Wormser Domschule und könnte in ihrer Anlage auf den »magister scholae«, Wolzo, zurückzuführen sein.

Der Brief auf Bl. 7v–8r (Wormser Briefsammlung 1949, Nr. 15) ist von den Schülern Ebos (»grex Ebonis«), dem Nachfolger des fast gleichnamigen Ebbos als Domschullehrer, an vier Anonymi (»W.W.N.W.«) gerichtet. Es geht darin um einen übungshalber (»exercitii causa«) ausgetragenen Streit der Wormser Schule mit der Würzburger, der sich Anfang der 1030er Jahre abgespielt hat und auch in anderen Briefen der Sammlung und einem Gedicht (München, Bayerische Staatsbibliothek, Clm 19412; Wormser Briefsammlung 1949, S. 119–127) reflektiert wird. Die Wormser Schüler berichten hier über den Streit und bitten um die Abschrift des ihnen bislang unbekannten Gedichts der Würzburger Schüler. In dem daran anschließenden Brief (Wormser Briefsammlung 1949, Nr. 16) wendet sich ein Anonymus (»R.«), hinter dem sich wahrscheinlich der Propst eines dem Bischof unterstehenden Stiftes verbirgt, an Azecho. Das vorangehende Schreiben (Wormser Briefsammlung 1949, Nr. 14) ist ein Schreiben Azechos an Erzbischof Poppo von Trier (1016–1047), der sich für seine Abwesenheit bei der Ankunft Poppos in Worms entschuldigt.

Q.: Wormser Briefsammlung 1949. Lit.: Worstbrock 1999.

N.K.

160 · fol. 7v–8r

161 Hermann der Lahme: *Rithmomachie*

Süddeutscher Raum, 2. Hälfte 11. Jahrhundert
Pergament – H. 16,6 cm, B. 12,2 cm, 160 Bl.,
hier die ursprüngliche Einheit Bl. 1–75
München, Bayerische Staatsbibliothek, Clm 14836

Der Reichenauer Mönch Hermann der Lahme († 1054) beschäftigte sich in seinen Werken vor allem mit den Gegenständen des Quadriviums. Seine Schüler priesen an ihm besonders die seltene Mischung aus höchster Gelehrsamkeit und Liebenswürdigkeit zu einer Zeit, in der Streitfragen gerne polemisch und selbstverherrlichend ausgetragen wurden.

Hermanns kurzer Traktat über das Zahlenkampfspiel (Incipit »De conflictu rythmimachiae«) ist in einer Sammelhandschrift überliefert (fol. 3v–4v), die noch weitere Werke Hermanns des Lahmen sowie Azechos von Worms (1025–1044) und Gerberts von Aurillac († 1003) enthält.

Das Zahlenkampfspiel, ein um 1030 von Azecho von Würzburg erdachtes arithmetisches Übungsspiel, wird auf zwei Spielbrettern mit je 24 Steinen ausgetragen, wobei beide Spieler Zahlenverhältnisse immer neu untersuchen müssen. Eine der Hauptregeln lautet: Wenn ein Stein ein Feld betritt, darf er einen gegnerischen Stein wegnehmen, wenn

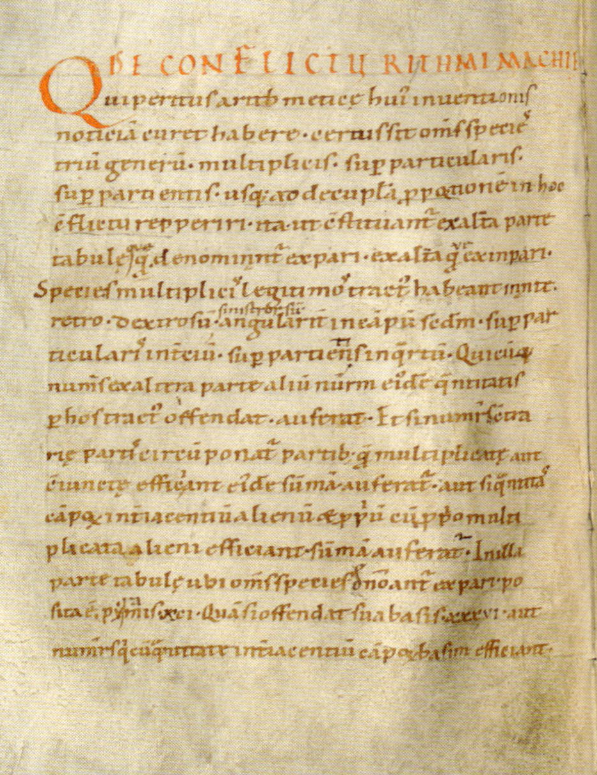

161 · fol. 3v

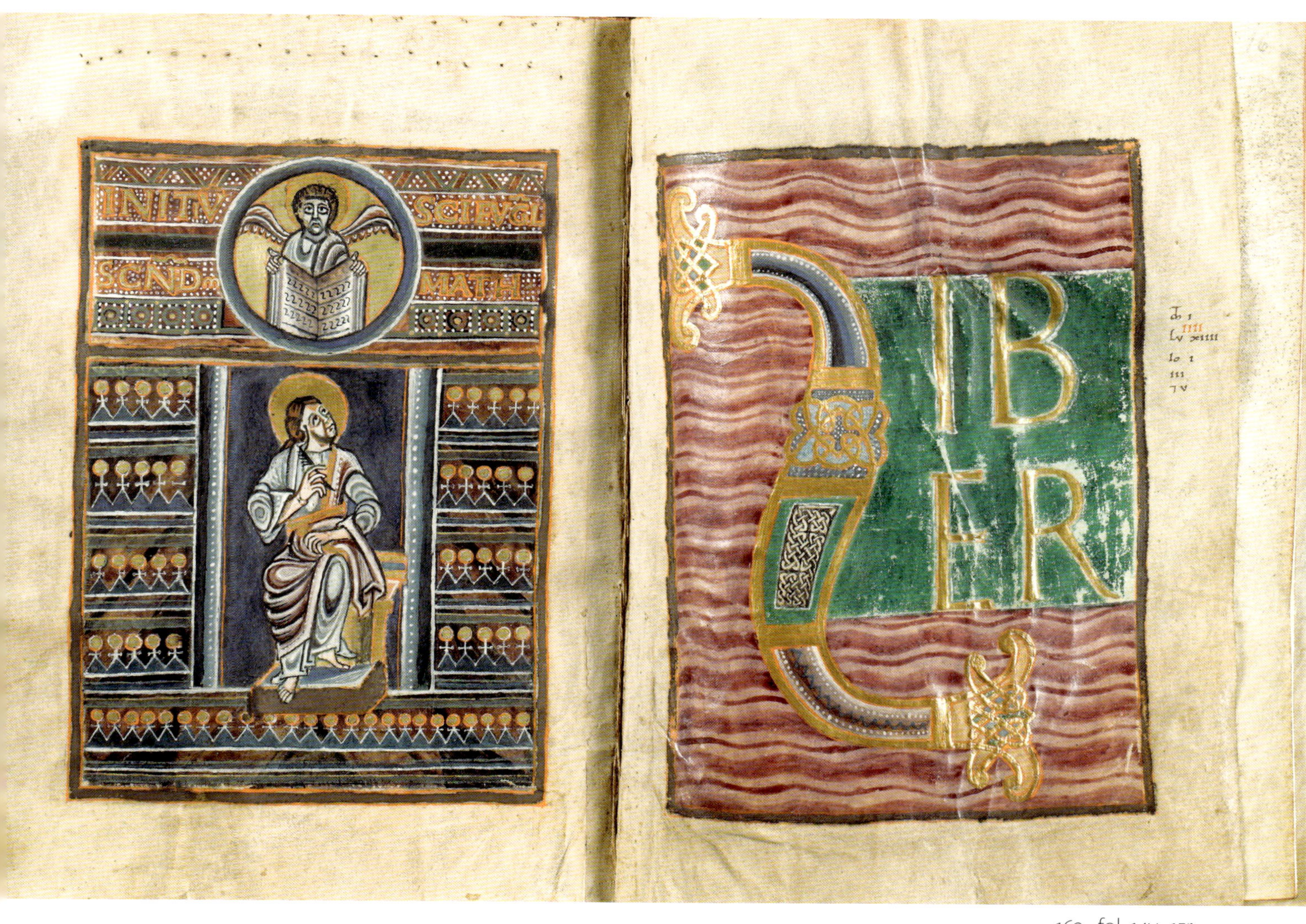

162 · fol. 14v–15r

die Zahl der dazwischenliegenden Felder, multipliziert mit dem Zahlenwert des eigenen Steins, den Wert des gegnerischen Steins genau erreicht. Hermann prüfte, erläuterte und verbesserte die von Azecho nur knapp beschriebenen Spielregeln. Seine Stellungnahme ist in neun Handschriften erhalten und stellt eher ein formloses Konzept als ein ausformuliertes Gutachten dar.

Lit.: Berschin/Hellmann 2004 · Borst 1986 · Curtze 1895 · Folkerts 1992 · Oesch 1961 · Schmale 1981 · Wappler 1892.

E.K.

162 Evangeliarfragment aus Corvey

Kloster Corvey, letztes Viertel 10. Jahrhundert
Pergament, mit vier Miniaturen, Pergamenteinband aus späterer Zeit – H. 21,8 cm, B. 16,8 cm, 82 Bl.
Auf der Rückseite des letzten, vorgebundenen Papierblattes der Eintrag »Ss. Stephani et Viti in Corbeja 1666«, alte Signatur »8« in dorso, auf fol. 2 oben der Eintrag: »Rothild laicus Bernhard laicus«
Paderborn, Erzbischöfliches Diözesanmuseum und Domschatzkammer, Inv.Nr. HS 7

Der Codex enthält außer den Vorreden »Novum Opus« (fol. 2r), »Plures fuisse« (fol. 4v) und »Sciendum etiam« (fol. 7v) den Text des Matthäusevangeliums bis cap. 25 und den Beginn des Markusevangeliums. Von der Ausstattung hat sich die Initiumseite mit der ganzseitigen Miniatur des Evangelisten Matthäus (fol. 14v) und die Initialseite (»Liber generationis Jesu Christi [...]«) zu Matthäus (fol. 15r) erhalten. Ferner ist als fol. 1 vorgeheftet die Initialseite (»Quoniam quidem multi conati sunt [...]«) zum Lukasevangelium mit leerer Rückseite und als letztes Blatt, auf einem Falz eingeklebt, die Initialseite (»Initium evangelii Jesu Christi [...]«) zum Markusevangelium.
Die Handschrift gehört lt. Eintrag seit 1666 zum Bestand der Corveyer Bibliothek. Sie wurde mit Nr. 51 des Bibliothekskataloges von 1793 identifiziert. Die berühmte mittelalterliche

Klosterbibliothek in Corvey war im Dreißigjährigen Krieg durch den großen Klosterbrand von 1635 zerstört worden. Nach dem Eintrag wurde das wenn auch nur in Teilen erhaltene Evangeliar bereits 1666 der neuen, im Aufbau befindlichen Barockbibliothek zugeführt. Vielleicht handelt es sich um eines der wenigen, fragmentarisch erhaltenen Zeugnisse der mittelalterlichen Bestände. Nach der Säkularisation gelangte die Handschrift in den Besitz der Dechaneibibliothek St. Nikolai zu Höxter und kam 1924 als Leihgabe in die Sammlung des Paderborner Diözesanmuseums.

Nach Ausstattung und Schrift lässt sich die Handschrift zweifelsfrei dem Corveyer Skriptorium zuweisen. Motivparallelen finden sich etwa in den Initialseiten des aus Quedlinburg stammenden Evangeliars der Pierpont Morgan Library in New York von 960/970 (Ms 775). Stilistisch lassen sich der Matthäusabbildung dieser Handschrift Autorenbilder aus Corveyer Handschriften des letzten Viertels des 10. Jahrhunderts an die Seite stellen, die in gleicher Weise das Bildfeld ornamentalisieren und ganz ähnliche Charakteristika im Figuren- und Gewandstil zeigen. Hier seien lediglich zwei Einzelblätter angeführt: die Berufung des Evangelisten Matthäus (Helsinki, Suomen Kansallismuseo, NM 53131) und der Evangelist Lukas (Leipzig, Universitätsbibliothek, Ms. Rep. I. 57a.).

Schon bald nach seiner Gründung 822 hatte sich Corvey zum führenden Zentrum im geistigen Leben Sachsens entwickelt, eine Stellung, die es auch in ottonischer Zeit bewahren konnte. Die Anfänge der Buchmalerei in Corvey sind aufs Engste mit der Gründungsgeschichte des Klosters verknüpft. Schrift- und Buchkunst zählten zu den überragenden Kulturleistungen, die mit den westfränkischen Mönchen Einzug im Weserraum hielten. Die Mönche, die aus dem Mutterkloster Corbie kamen, haben für den Gottesdienst und für die schon früh eingerichtete Klosterschule Bücher aus dem westlichen Frankenreich mitgebracht. Nach diesen Vorbildern nahm man in Corvey bald selbst die Schreibtätigkeit auf. Kurz nach 900 muss man begonnen haben, Handschriften mit Buchschmuck zu versehen. Höchste Aufgabe der Kunst war die Ausstattung des Altars zur Feier des Gottesdienstes, wobei die liturgischen Bücher einen zentralen Stellenwert besaßen. Auf ihre Ausstattung wurde allergrößte Sorgfalt und höchste künstlerische Anstrengung verwandt. Die meisten der in Corvey entstandenen liturgischen Bücher wurden im Auftrag von anderen kirchlichen Gemeinschaften geschaffen. Dabei hat man in Corvey vorzugsweise im Auftrag des ottonischen Hauses gearbeitet, was an der Vielzahl der aus ottonischen Klöstern stammenden Handschriften ersichtlich wird. Bald nach 1000 hat in Corvey die Herstellung anspruchsvoller illuminierter Handschriften ihr vorläufiges Ende gefunden. Nachdem der Stern der Corveyer Buchkunst verblasst war, ging 100 Jahre später jener des Benediktinerklosters Helmarshausen auf. In den Anfängen griff man auch hier noch auf die älteren Corveyer Vorbilder zurück, bevor unter maasländischem Einfluss neue Wege eingeschlagen wurden.

Lit.: Bauer 1977, Bd. 2 · BKW Kreis Höxter 1914, S. 125 · Boeckler 1930, Nr. 44 · Kahsnitz 2001 · Kat. Corvey 1966, Bd. 2, S. 485–486, Nr. 174 (Karl H. Usener) · Kat. Essen 1956, S. 281, Nr. 541 · Kat. Magdeburg 2001, Bd. 2, S. 174–198, Nr. IV.6–IV.15 (Wolfgang Huschner/Reiner Kahsnitz/Gerhard Karpp/Michael Peter) · Kat. Münster 1951–1952, Nr. 245 · Kat. Münster 1982–1983, S. 564, Nr. 5.

C.S.

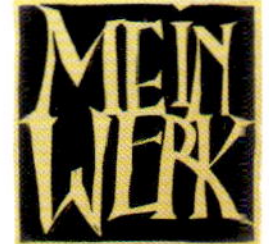

Ordo missae – der Bischof am Altar

163 Henkelkelch mit Patene Erzbischof Gervasius' von Reims
11. Jahrhundert
Silber, vergoldet, ziseliert – H. (Kelch) 9,0 cm, Dm. (Kuppa) 5,7 cm, Dm. (Patene) 8,5 cm
Reims, Palais du Tau, Centre des monuments nationaux, Inv.Nr. TAU2005000021, TAU2005000022

Dieser Henkelkelch ist der einzige seiner Art, der als Grabkelch Verwendung fand. Der trichterförmige Fuß verleiht dem Kelch einen guten Stand; der im Verhältnis kräftig ausgearbeitete Nodus wird oben wie unten von einem Perlring gefasst. Zu beiden Seiten der Kuppa sind s-förmig gearbeitete Henkel angebracht, die die gesamte Höhe der Kuppa einnehmen. Die Patene zeigt im Mittelfeld die nimbierte Hand Gottes (Kat.Nr. 97, 164), auf dem Patenenrand steht die Umschrift + PERPETVIS XPI DAPIBVS PASCANTVR ALV(M)NI (»Die Jünger weiden sich am ewigen Opfer Christi«).
In der Symbolik des Mittelalters galt der Altar wegen seiner engen Verbindung zur Eucharistie als Repräsentant Christi und wurde kostbar ausgestattet. Kelch und Patene sind die vornehmsten Gefäße zur Feier der heiligen Messe.
Gervasius von Reims (Bischof von Le Mans 1035/1036–1055, Erzbischof von Reims 1055–1067) entstammte einer burgherrlichen Familie aus dem Département Sarthe im Nordwesten Frankreichs. Als Erzbischof von Reims konnte er 1059 Philipp I. († 1108) zum französischem Mitkönig krönen und fungierte als Vermittler zwischen dem König und den römischen Päpsten.

Lit.: Bur 1995 · Elbern 1963 · Kaiser 1989 · Kat. Berlin u.a. 2000–2002, Bd. 3, S. 30, Nr. 02.03.03–02.03.04 (Irmgard Siede). S.H.

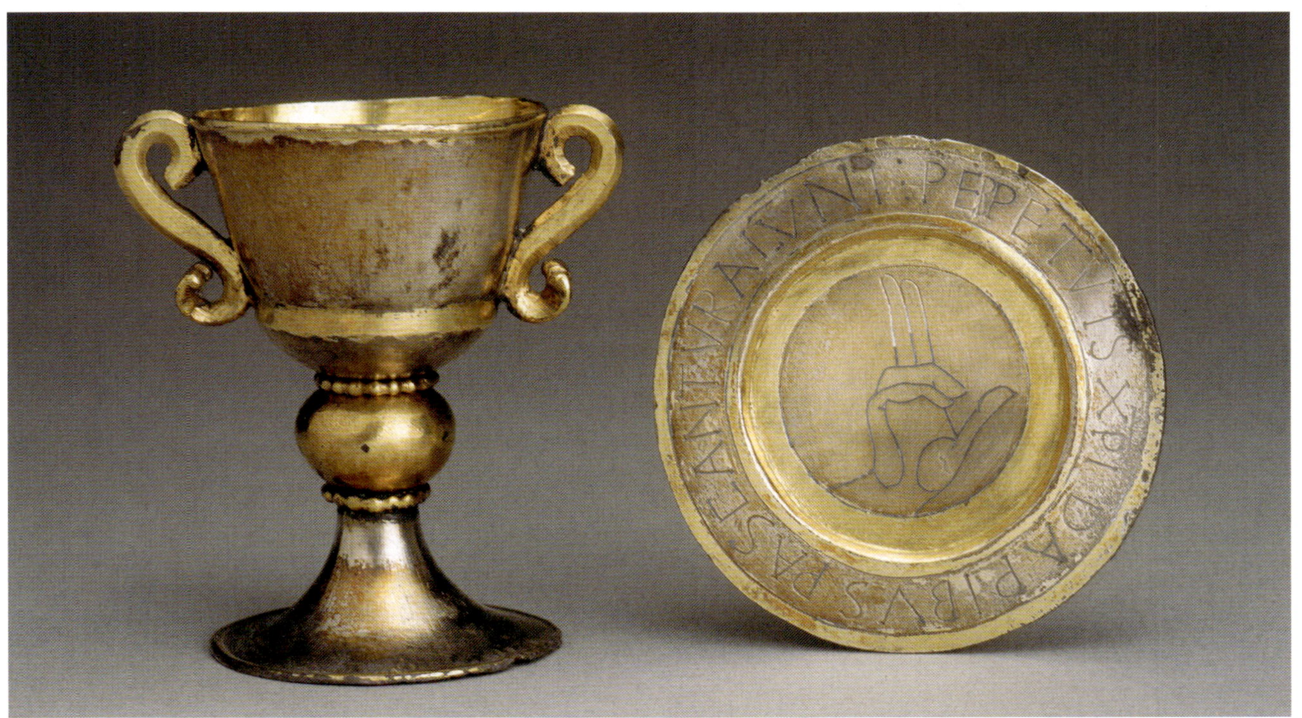

163

164 Grabkelch mit Patene

Zeitz, Domklausur, spätes 10./frühes 11. Jahrhundert
Silber – H. (Kelch) 4 cm, Dm. (Patene) 4 cm
Halle (Saale), Landesamt für Denkmalpflege und Archäologie, Landesmuseum für Vorgeschichte – Sachsen-Anhalt, Inv.Nr. 68:141a, b

Kaiser Otto I. (936–973) gründete 968 das Bistum Zeitz, dessen erster Bischof Hugo I. (968–979) wurde. Über ihn wie auch seine Amtsnachfolger ist wenig bekannt. Das Bistum Zeitz existierte nur 50 Jahre: Papst Johannes XIX. (1024–1032) genehmigte 1028 die Verlegung des Bischofssitzes von Zeitz nach Naumburg; Bischof Hildeward (1003–1030) leitete zwei Jahre darauf die Verlegung ein.

Vor dem Portal des Südquerhauses des Zeitzer Domes fanden sich in einem Männergrab dieser kleine schlichte Silberkelch und die mit der Hand Gottes verzierte, ebenso kleine Patene (Kat.Nr. 97). Der Abendmahlskelch stellt zusammen mit der Patene das vornehmste Gerät zur Feier der heiligen Kommunion dar. Nach Schulze-Dörlamm lagen Kelch und Patene auf den gefalteten Händen des Verstorbenen, der mit großer Wahrscheinlichkeit als einer der drei Bischöfe von Zeitz angesprochen werden kann.

Lit.: Bünz 1998 · Elbern 1963 · Kat. Speyer 1992, S. 336 (Mechthild Schulze-Dörlamm). S.H.

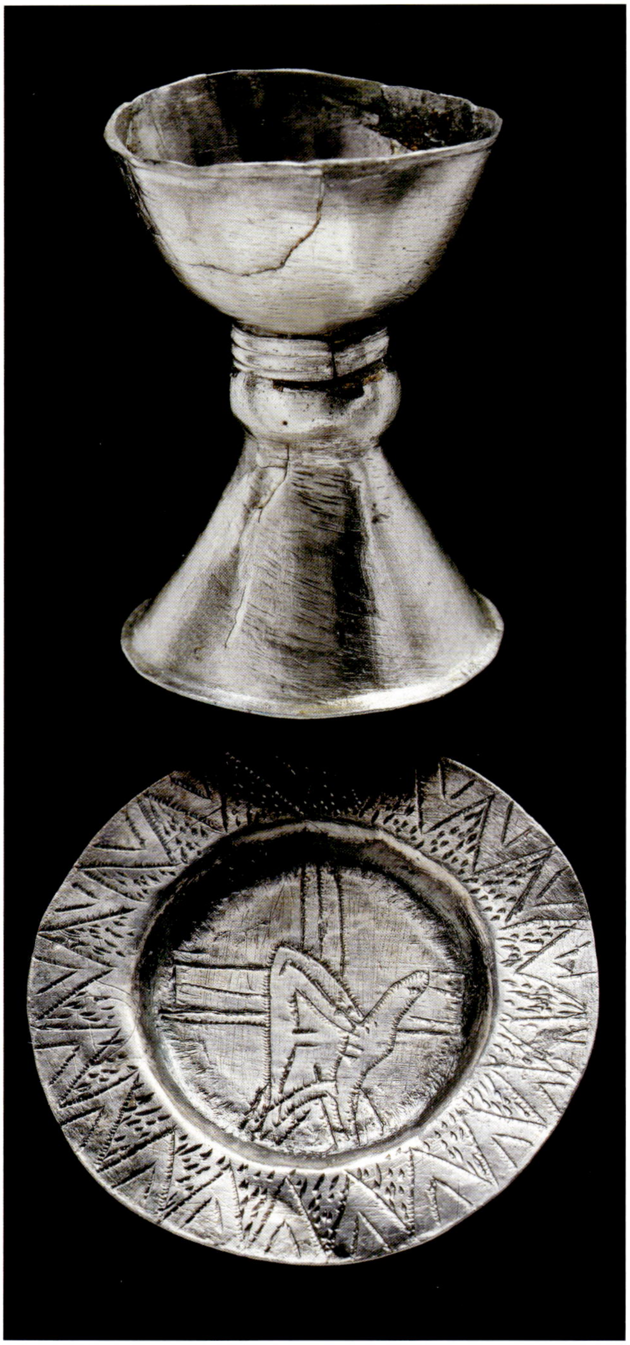

164

165 Sog. Silbernes Bernwardkreuz

Hildesheim, zwischen 1007 u. 1022
Silber, gegossen, ziseliert, graviert u. teilweise vergoldet, (spätgotischer) Kreuzfuß: Silber, getrieben, Restaurierung 1825 – H. (mit Fuß) 31 cm, H. (Kreuz) 21 cm, B. (Kreuzarme) 14 cm
Hildesheim, Dom-Museum, Inv.Nr. DS 6

Vor einem schlichten Silberkreuz mit bekrönendem Titulusfeld und vergoldeten Randstegen erscheint der Gekreuzigte mit tief nach rechts herabgesunkenem Haupt. Obgleich damit Christus als der am Kreuz Gestorbene dargestellt ist, steht er doch – als Ausdruck seiner heilbringenden Überwindung des Todes – in gespannter Ponderation auf dem Suppedaneum. Über dem linken Spielbein biegt seine Hüfte leicht aus, das vergoldete Lendentuch ist diagonal dorthin gezogen und betont so den weit geschwungenen Bogen, den die linke Seite des Kruzifixus beschreibt. Der fein modellierte Körper und die expressive Kraft der Darstellung verleihen dem Werk eine beeindruckende Monumentalität und machen es zu einem der bedeutendsten Zeugnisse ottonischer Kunst. Zugleich ist es »wohl das älteste erhaltene Beispiel eines kleinformatigen Kreuzes mit selbstständig gegossenem Kruzifixus« (Bloch 1992).

Gefertigt wurde das sog. Silberne Bernwardkreuz für einen Gebrauch als Reliquiar, wie das Reliquienverzeichnis an seiner Rückseite bezeugt. Von den auf den Kreuzarmen eingravierten Inschriften stammen allerdings nur die in den mittleren Leisten und die am senkrechten Kreuzbalken in horizontaler Orientierung der Buchstaben erscheinenden aus der Entstehungszeit des Werkes: DE LIGNO S(ANCTE) CRVCIS [unten], S(ANCTI) LAVRENTII M(ARTYRIS) [oben], S(ANCTI S)TEPHANI P(RO)T(O) M(ARTYRIS) [links] und S(ANCTI) DIONISII M(ARTYRIS) [rechts]. Als Sepulchrum für die Reliquien

165

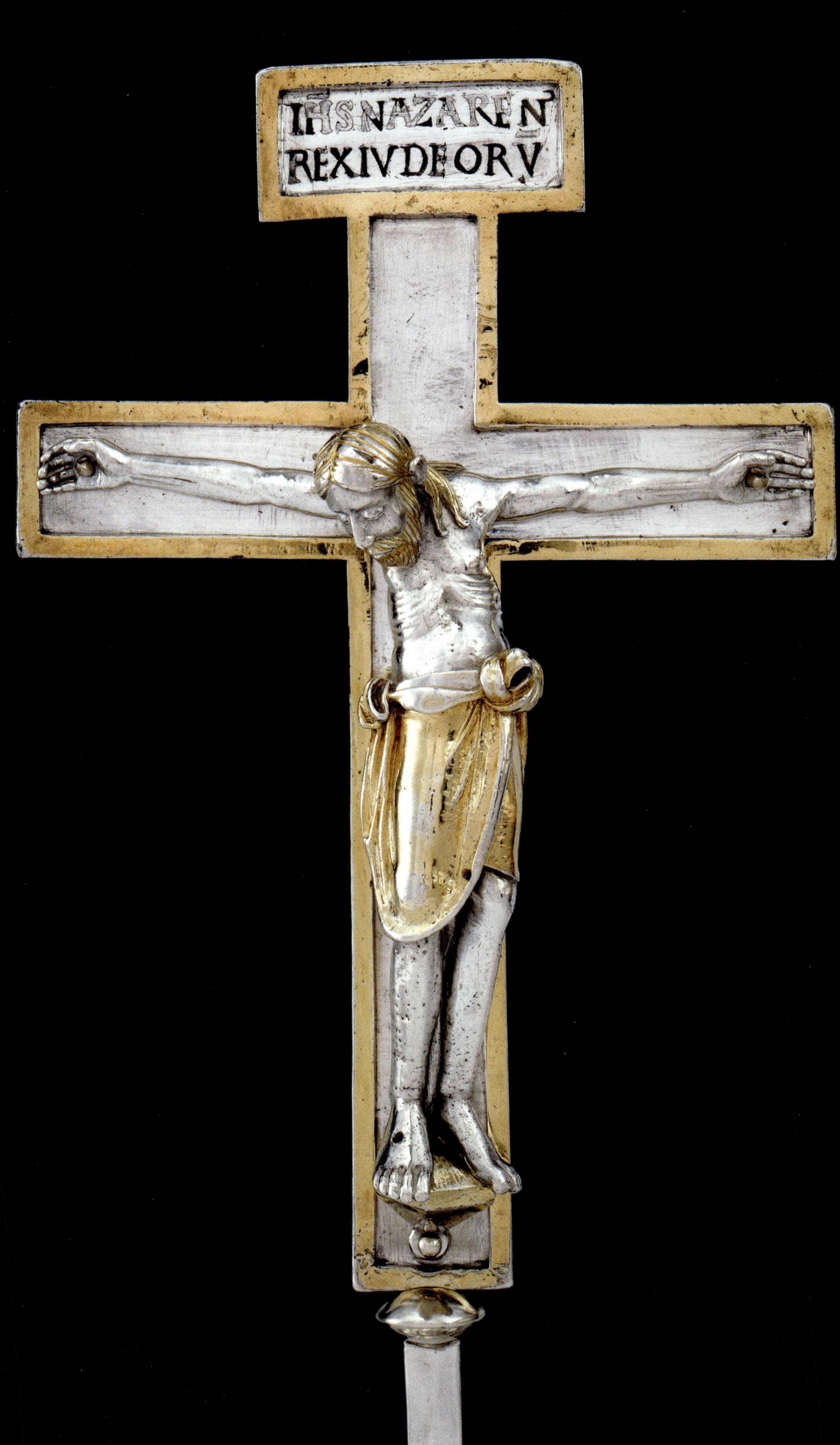
IHS NAZAREN
REX IUDEORU

dient die Höhlung des Korpus an der Vorderseite. Dies ist wohl auch ein Grund für die Herstellung aus Silber, einem für gegossene Kruzifixe im hohen Mittelalter ganz ungewöhnlich edlen Material. Aus der Erwähnung einer Reliquie des hl. Dionysius ergibt sich für das Werk ein relativ sicherer terminus post quem. Die *Vita Bernwardi* berichtet, dass Bischof Bernward von Hildesheim (993–1022) anlässlich einer Wallfahrt nach Paris und Tours 1006/1007 in St-Denis eine Reliquie dieses Heiligen vom französischen König Robert II. (996–1031) als Geschenk erhielt. Da sich das später als Altarkreuz verwendete Silberne Bernwardkreuz bis zur Säkularisation im Kirchenschatz von St. Michael in Hildesheim befand, ist es denkbar, dass Bernward es schon ursprünglich für diese 1010 von ihm begründete Kirche fertigen ließ, vielleicht anlässlich der Weihe des Marienaltars in der Krypta von St. Michael im Jahre 1015.
Neben dem Reliquienverzeichnis findet sich an der Rückseite des Kreuzes eine Stiftungsnachricht: BERNVVARDVS PRESVL FECIT HOC (»Bischof Bernward hat dies gemacht«). Vor allem der Ort dieser Inschrift ist bemerkenswert und aussagekräftig. Sie erscheint nicht wie üblich demutsvoll am Fuß des Kreuzes, sondern an der Rückseite des Titulus! Wie bei keinem anderen zeitgenössischen Stifter sakraler Kunst können wir bei Bischof Bernward neben den Motiven frommer Demut und politischen Kalküls einen offenkundigen Stolz auf seine persönliche Kunstsinnigkeit fassen.

Q.: DI 58, Tl. 2, S. 202–205, Nr. 14 (Christine Wulf). Lit.: Bloch 1992, S. 240, 242, Nr. VI A 1 · Kat. Hildesheim 1993, Bd. 2, S. 578–581, Nr. VIII-31 (Michael Brandt) · Wesenberg 1955, S. 29–35, 166–169 · Wulf 2008, S. 7. L.L.

166 Bernwardleuchter

Hildesheim, vor 1022
Silber, gegossen, punziert, teilweise vergoldet u. nielliert, Eisenseele – H. 42 cm u. 41 cm
Hildesheim, Dom-Museum, Inv.Nr. DS L 9

Die beiden Altarleuchter zeigen einen identischen Grundaufbau und ein einheitliches Dekorsystem: Über dreiseitigen, mit je drei Drachenbezwingern besetzten Sockeln auf Klauenfüßen erheben sich schlanke, durch drei Knäufe gegliederte und vegetabil umrankte Schäfte, die mit Tieren und kletternden Männlein bevölkert sind. Drei über dem oberen Nodus rückwärts aufgerichtete Raubkatzen beißen in den Rand der Tropfschalen. Sockel, Schaftstücke, Knäufe und Schalen sind jeweils einzeln gegossen und über einer Eisenseele montiert. In ihrer bildlichen Aussage und in der Qualität der künstlerischen Ausformung unterscheiden sich die beiden Leuchter jedoch deutlich. Die Drachenreiter und die Kletternden des einen Leuchters blicken hoffnungsvoll nach oben auf kreuzförmig gebildete Palmetten am Nodus und in Richtung des Kerzenlichtes als Sinnbild Christi. Am unteren Teil des Schaftes nährt sich ein Löwenpaar von den Trauben im Rankenwerk. Am zweiten Leuchter wenden sich Mensch und Tier dagegen ostentativ von den Heilssymbolen ab, einer der Kletternden macht sich gar mit einer Axt im Astwerk des als Baum des Lebens aufgefassten Stammes zu schaffen.
Die Souveränität in der Modellierung der Figuren sowie deren erstaunliche Beweglichkeit und expressive Körperlichkeit heben den Leuchter mit den Heilsuchenden künstlerisch spürbar über sein Pendant hinaus und verweisen auf Vorbilder vom Rang der Elfenbeinreliefs des unter Erzbischof Egbert (977–993) in Trier tätigen sog. *Deutschen Schnitzers*. Ob jedoch, wie Michael Brandt annimmt, aus dem offenkundigen Qualitätsunterschied zwischen den Leuchtern zwingend auf zwei verschiedene ausführende Hände geschlossen werden muss, bleibt fraglich.
Beide Leuchter zeigen an der Tropfschale und am Fuß die gleichlautende Inschrift + BERNVVARDVS PRESVL CANDELABRVM HOC // + PVERUM SVVM PRIMO HVIVS ARTIS FLORE NON AURO NON ARGENTO ET TAMEN VT CERNIS CONFLARE IVBEBAT (»Bischof Bernward befahl seinem Knecht, diesen Leuchter in der ersten Blüte dieser Kunst nicht aus Gold oder Silber, und doch so, wie du ihn siehst, zu gießen«). Dieser Text hat in der Forschung zu sehr unterschiedlichen Interpretationen vor allem in der rätselhaften Materialfrage geführt. Eine Tatsache vermittelt er jedoch in aller Klarheit: Bernward von Hildesheim (993–1022) war Auftraggeber der Leuchter, nicht deren ausführender Künstler. Angesichts ambivalent lesbarer Inschriften an anderen bernwardinischen Werken sowie einer Nachricht in der *Vita Bernwardi* über die eigenhändige künstlerische Tätigkeit des Bischofs ist dies eine wichtige Aussage zur tatsächlichen Rolle Bernwards als Stifter. Aus kunsthistorischer Sicht ist besonders die für das 11. Jahrhundert ganz ungewöhnliche Selbstreflexion über den künstlerischen Rang des eigenen Werkes als Zeugnis »der ersten Blüte dieser Kunst« von höchstem Interesse, zumal die wenigen auf uns gekommenen Beispiele diese zeitgenössische Einschätzung nachdrücklich bestätigen.
Bis zur Säkularisation befanden sich die Leuchter im Kirchenschatz von St. Michael in Hildesheim, wo die angeblich 1194 im Grab Bischof Bernwards entdeckten Werke gleichsam als Reliquien des Kirchengründers galten.

Q.: DI 58, Tl. 2, S. 183–185, Nr. 5 (Christine Wulf). Lit.: Caillet 1995 · Kat. Hildesheim 1993, Bd. 2, S. 581–584, Nr. VIII-31 (Michael Brandt) · Peroni 1981, S. 572–574 · Wesenberg 1955, S. 21–28, 165–166 · Wulf 2008, S. 8–9. L.L.

166

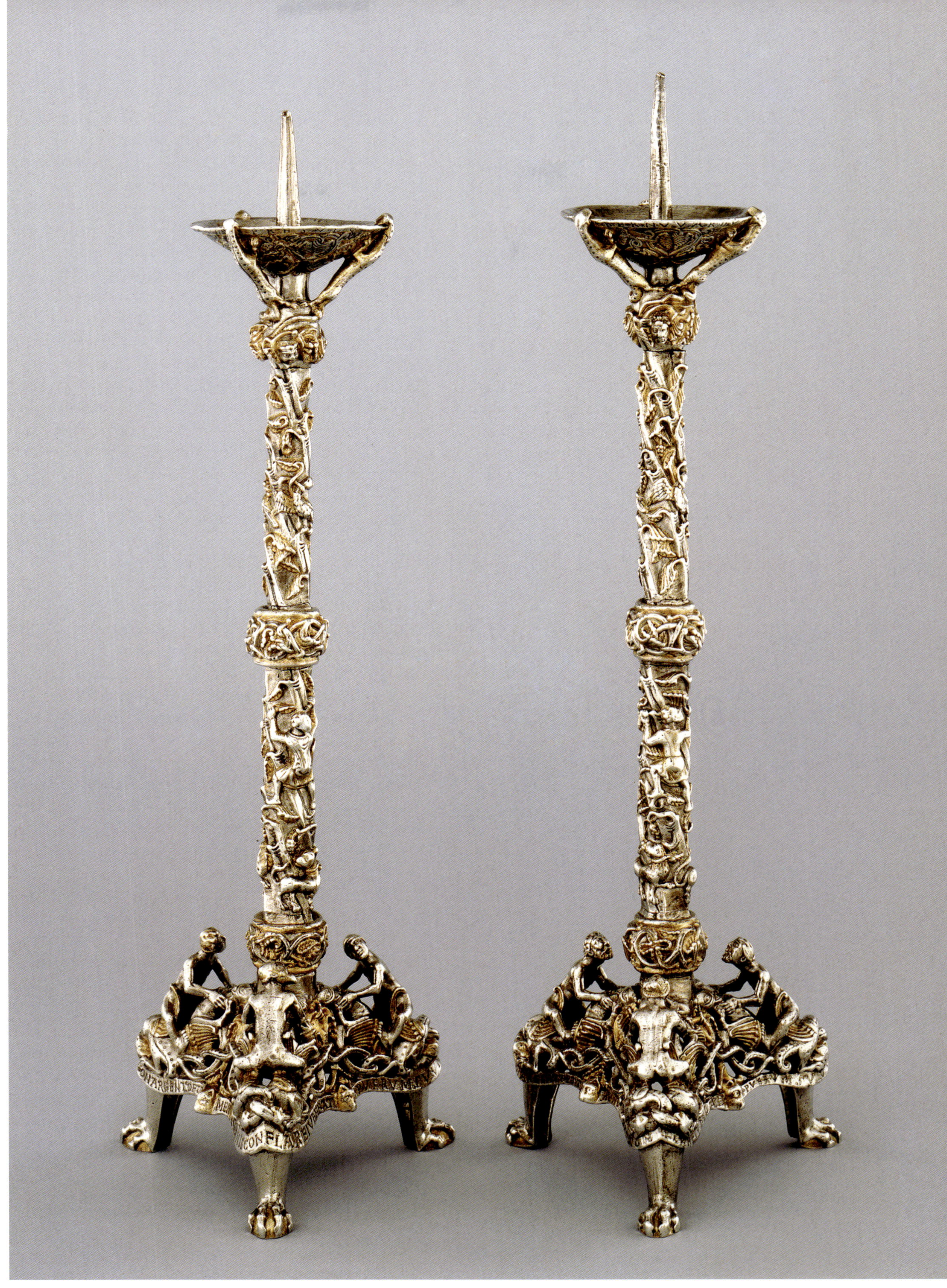

167 Leuchterfuß

Ottonisch, spätes 10. oder frühes 11. Jahrhundert
Kupferlegierung, gegossen u. teilvergoldet, Silbereinlagen, graviert u. nielliert, Eisendorn – H. (gesamt) 24 cm, H. (Dorn) 13 cm
Paderborn, Erzbischöfliches Diözesanmuseum und Domschatzkammer, Inv.Nr. BG 254

Zu den wichtigsten Neuzugängen der letzten Jahre in der Sammlung des Paderborner Diözesanmuseums gehört der ottonische Leuchterfuß aus der kath. Pfarrei St. Gertrud in Schmallenberg-Oberkirchen. Er entstammt noch dem 10. oder frühen 11. Jahrhundert und zählt damit zu den ältesten erhaltenen Exemplaren seiner Art. Der dreiseitige Leuchterfuß – im Wachsausschmelzverfahren gegossen – ruht auf drei facettierten Beinen mit stark aufgebogenen klauenartigen Füßen. Der untere Abschluss ist bogenförmig geschwungen. Auf jedem der drei Sockelfirste hocken vollplastisch gegossene Löwen, die den Kopf mit heraushängender Zunge zum Rücken drehen.

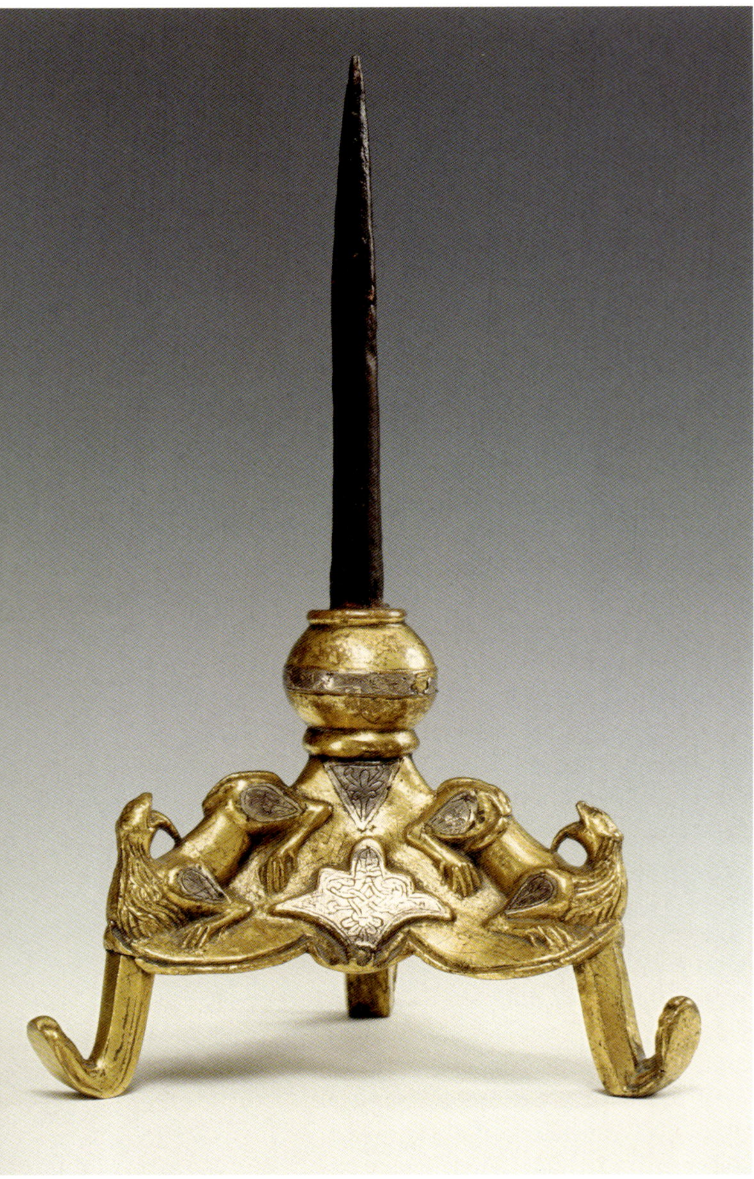

167

Die überaus aufwendige Gestaltung des Leuchters verweist auf den hohen Stellenwert der Lichtsymbolik im Christentum, für das die Ineinssetzung Gottes mit dem Licht von essentieller Bedeutung ist. Das bezeugt bereits die neuplatonisch geprägte Lehrmeinung der Kirchenväter: Gott sei das wahre Licht, schrieb Augustinus, und das nicht nur im übertragenen figurativen Sinne, sondern wortwörtlich. Diese Überzeugung findet ihre Begründung in der Heiligen Schrift, heißt es doch bei Joh 8, 12: »Ich bin das Licht der Welt; wer mir nachfolgt, der wird nicht wandeln in der Finsternis, sondern wird das Licht des Lebens haben.« Hier ruhen die Wurzeln für die grundsätzliche Überzeugung von der engen Beziehung zwischen dem Licht und Gott, die sich durch die Jahrhunderte erhalten hat. Lichter, gleich ob von Natur oder von Menschenhand erzeugt, sind Bilder der intelligiblen Lichter und vor allem des »wahren Lichts« selbst. In diesem Sinne ist das Licht der Kerzen als Sinnbild für Gott elementarer Bestandteil der Liturgie. Die Funktion der Altarleuchter in der Messliturgie beruht auf dem Gebot, dass keine Messfeier ohne Kerzenlicht zelebriert werden darf. Dabei wurden vor dem 11. Jahrhundert Kerzenleuchter in der Regel nicht auf dem Altar, sondern von den Akolythen nach der Einzugsprozession hinter und neben ihm aufgestellt. Zwei Standleuchter hinter dem Altar zuseiten eines zelebrierenden Bischofs zeigt etwa die frühe Frankfurter Elfenbeintafel mit der Darstellung des »Sanctus« der heiligen Messe aus dem 9. Jahrhundert (Meister der Wiener Gregorplatte; Lothringen, um 875. Frankfurt am Main, Stadt- und Universitätsbibliothek, Ms. Barth 181 [Leihgabe im Liebighaus, Museum alter Plastik]).
Erst seit dem 11. Jahrhundert wurde es üblich, neben Kelch, Patene und Buch nun auch ein Kreuz und Leuchter auf den Altar zu stellen. Es wird angenommen, dass die das Kreuz flankierende, paarweise Aufstellung allgemein zum Altarschmuck zählte. Die weitaus größte Zahl der überlieferten Exemplare besteht jedoch aus Einzelstücken. Nur einen Schaftleuchter zeigt die Altardarstellung auf der Unterseite eines Hildesheimer Tragaltares aus dem letzten Viertel des 12. Jahrhunderts, der aus dem Hochaltar des Hildesheimer Domes geborgen wurde. Vermutlich war das sogar der Normalfall. Altarleuchter haben sich in großer Zahl und Formenvielfalt in Bronzeguss aus dem 12. und frühen 13. Jahrhundert erhalten. Beim Material handelt es sich um Kupferlegierungen mit Zink, seltener mit Zinn. In der *Schedula diversarum artium* des Theophilus Presbyter (um 1100) wird das Material als »auricalcum« bezeichnet und seine Herstellung beschrieben.
Stilistisch wie technisch ist der Leuchter von Egon Wamers mit südenglischen Metallarbeiten des sog. Winchesterstils

aus dem 10. und frühen 11. Jahrhundert in Verbindung gebracht worden, insbesondere wurde auf die Verbindung von gegossenen Tieren und Akanthusornament hingewiesen. Diesem Schmuck liegen sicher gemeinsame karolingische Formvorbilder zugrunde. Darüber hinaus sind auch unmittelbare Kontakte zwischen angelsächsischen Werkstätten und ottonischen möglich. Die engsten stilistischen Verbindungen bestehen jedoch zu ottonischen Handschriften und Metallarbeiten auf dem Kontinent. Eine direkte Abhängigkeit von angelsächsischen Vorbildern scheidet damit aus. Morphologisch wie technisch lässt der Leuchterfuß sich, wie Leslie Webster zuletzt überzeugend dargelegt hat, unmittelbar den Sockeln des berühmten Leuchterpaares aus dem Benediktinerstift Kremsmünster, geschaffen im späten 10. Jahrhundert, und anderen ottonischen Leuchtern anschließen. Für all diese ist ein kontinentaler Ursprung anzunehmen. Als Hochrelief, im Wachsausschmelzverfahren gegossene Tiere kommen so nur im ottonischen Reich, nicht jedoch in England vor. Stilistisch zeigen sich die Tiere des Oberkirchener Leuchters mit den zurückgewandten Köpfen jenen der Leuchter aus Kremsmünster durchaus verwandt. Ähnliche Figurenbildungen finden sich in der Reichenauer Buchmalerei des 10. Jahrhunderts (z.B. *Egbertpsalter* in Cividale, Museo Archeologico Nationale, Cod. 136, fol. 21r, 67r, 135v, 136; *Egbertcodex* in Trier, Stadtbibliothek, Cod. 24, fol. 2r; Evangeliar Ottos III. in München, Bayerische Staatsbibliothek, Clm 4453, fol. 140r).

Lit.: Falke/Meyer 1935, S. 3, 97, Nr. 3, Abb. 7 · Kat. Hildesheim 1993, Bd. 2, S. 309–310, Nr. V-42 (Egon Wamers) · Kat. Magdeburg 2001, Bd. 2, S. 444–445, Nr. VI.31 (Leslie Webster). C.S.

Weihrauch und Liturgie

Fast überall auf der Welt gehören viele Arten von Räucherwerk zur feierlichen Überhöhung von Kulthandlungen. Ungreifbar und flüchtig sind Duft, der die Erinnerung stimuliert, und Rauch, der nach oben steigt, dennoch sichtbar und spürbar. Duft und Rauch stellen uralte Zeichen für die Verbindung der Menschen zum Überirdischen dar. Als »echter« Weihrauch (thus) gilt von den antiken Hochkulturen bis heute das getrocknete Harz der *boswellia sacra*, das einen besonders feinen weißen Rauch erzeugt und dessen Duft reinigende und beruhigende Kräfte zugeschrieben werden. Der strauchartige Weihrauchbaum ist nur in recht trockenen Klimazonen Südarabiens, Nordostafrikas und Vorderindiens heimisch. Der Harzfluss wird im Frühsommer durch Ritzen der Rinde in Gang gesetzt, und die bis zum Herbst am Stamm getrockneten Körner waren ein äußerst kostbares, schon bei den Ägyptern begehrtes Handelsgut, das auf langen Karawanenrouten bis zu den Märkten und Häfen des Mittelmeerraumes gebracht wurde. Weihrauch gilt traditionell als ein Bild für die zur Gottheit aufsteigenden Gebete der Gläubigen und als Zeichen der Ehrfurcht vor Göttern und Herrschern. Im antiken Rom wurde auch vor den Standbildern der Kaiser, die als Götter galten, Weihrauch verbrannt.

Die frühen Christen, denen das Gebet als höchster Gottesdienst galt, das keiner äußeren Zeichen bedurfte, lehnten das Weihrauchopfer für den Kaiser als Götzendienst ab. Weil dies ein strafbarer staatsfeindlicher Akt war, wurden die Christen vor allem im 2. und 3. Jahrhundert massenhaft verfolgt. Auch nachdem Kaiser Konstantin der Große (306–337) zu Beginn des 4. Jahrhunderts das Christentum zur Staatsreligion gemacht hatte, blieb die Idee von Weihrauch im Gottesdienst noch lange verpönt und angstbesetzt. Dennoch war das Wortbild des »wie Weihrauch aufsteigenden Gebets« geläufig, denn es wird sowohl in jüdischen wie in frühchristlichen Gebetstexten und ebenso in den Schriften des A.T. und N.T. häufig verwendet. Zudem gehören Feuer und Weihrauch in den Bilderkreis der Schilderungen vom Weltende und Gottesgericht, etwa in der geheimen Offenbarung des Evangelisten Johannes. So hat Weihrauch auch einen Bezug zur Offenbarung oder Erscheinung Gottes, zur Epiphanie.

Als nach der »konstantinischen Wende« die frühchristlichen Bischöfe in den Rang von hohen Staatsbeamten erhoben wurden, gelangte der Weihrauch über einen Umweg in den christlichen Gottesdienst. Den Bischöfen stand nun nämlich ein Ehrenzeichen zu, das früher dem römischen Kaiser allein vorbehalten war, das Vorantragen von Lichtern und Weihrauch. Seitdem betonte Weihrauch bei jedem feierlichen Einzug eines Bischofs nicht nur dessen Vorrang und Würde, sondern bestimmte auch die Atmosphäre der Gotteshäuser, die vom Weihrauchduft erfüllt wurden. Im Verlauf des frühen Mittelalters wurde der Weihrauch vor allem im Frankenreich zunehmend häufiger zur Hervorhebung besonderer Augenblicke während der Messfeier eingesetzt. Zunächst ist es der Altar, ein Sinnbild Christi, der am Anfang der Messe beräuchert wird, später beräuchern die »thuriferarii«, die einen besonderen Weihegrad innerhalb des liturgischen Dienstes haben, die Zelebranten im Gottesdienst und anschließend auch die Gemeinde. Weihrauch begleitet die Lesung des Evangeliums, und aus einer Messordnung des 10. Jahrhunderts erfahren wir, dass die Weihrauchfässer nach der Lesung aus dem Altarbereich heraus »zu den Nasen der Menschen« getragen werden sollten. Die Gläubigen fächelten sich dabei den Rauch mit geöffnetem Mund zu, ein Zeichen, dass sie sich das Wort Gottes gleichsam einverleiben wollen. Über den Opfergaben Brot und Wein auf dem Altar wird vor der Wandlung das Rauchfass in Kreuzform und im Kreis geschwungen. Selbst

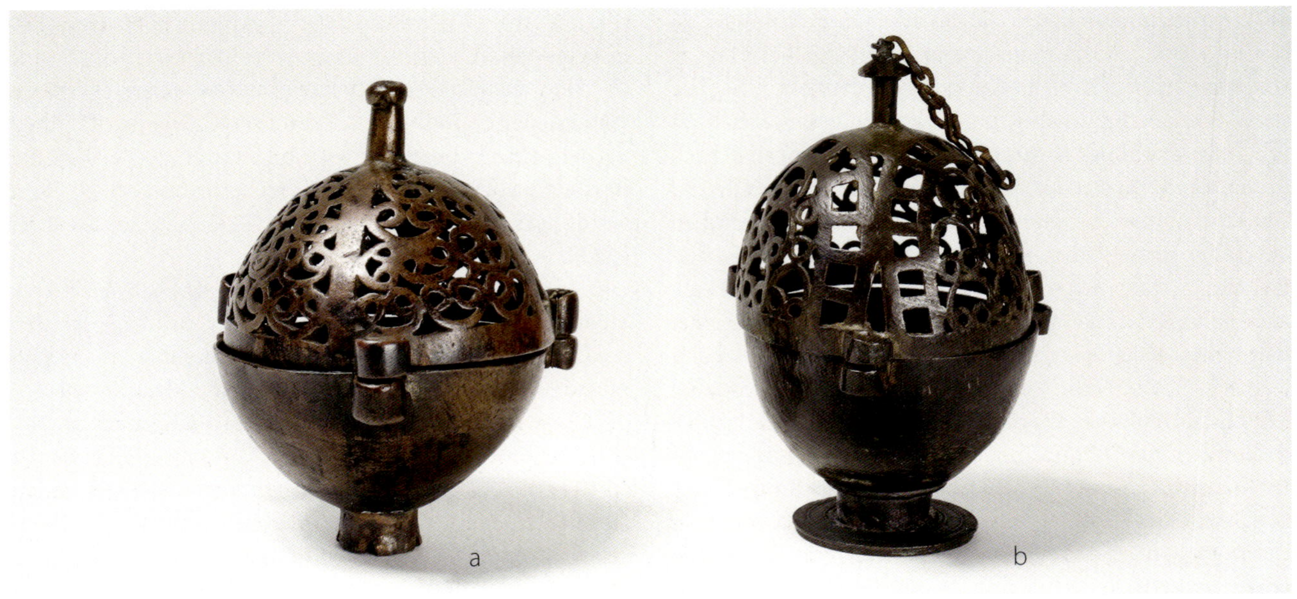

168a–b

da, wo den Gläubigen kein direkter Blick auf die liturgischen Handlungen möglich war, etwa jenseits von Lettnern oder Chorschranken, sorgten der aufwölkende Rauch und der Duft für eine ebenso direkte sinnliche Teilhabe am Gottesdienst wie das Hören und Beten.
Die seit der Karolingerzeit gebräuchliche Kugelform der Weihrauchfässer hängt mit ihrer Funktion zusammen. Früher waren sie meist offene Schalen, die nur in der Nähe des Altares standen oder hingen; schon Kaiser Konstantin hat solche beträchtlich großen Weihrauchfässer aus purem Gold in römischen Kirchen gestiftet. Seit der karolingischen Liturgiereform wurden Rauchfässer beim Einzug in die Kirche und mehrmals während der Messe jedoch viel häufiger herumgetragen und ausgiebig von Menschen geschwenkt, die weit fallende, stoffreiche Gewänder trugen. Um ohne Feuergefahr möglichst viel Rauch und Duft freizusetzen, benötigten die Rauchfässer also einen kleinteilig durchbrochenen, aber gut schließenden Deckel über dem Becken, damit die Weihrauchkörner ohne Funkenflug auf den glühenden Kohlen verdampfen konnten. Da während des Gottesdienstes öfter Weihrauch nachgelegt wird, muss man den Deckel an einer getrennten Kette hochziehen können, während das Gefäß insgesamt an drei oder vier Ketten hängend getragen wird. Die Ketten sind am Becken befestigt und werden durch Ösen am Deckel geführt, damit dieser sicher schließt. Bronze als Material für Weihrauchfässer bietet sich an, weil sie korrosionsbeständig und feuerfest ist; Rauchfässer aus kostbareren Metallen haben sich wegen des Materialwertes nur sehr selten erhalten. In vielen kirchlichen Schatzverzeichnissen werden nach den Textilien und Altargeräten auch Weihrauchfässer und eigene, oft äußerst kostbare Behälter für den Weihrauch aufgezählt, und fast jede größere Kirche besaß nicht nur ein einziges Rauchfass, denn oft wurden ihrer zwei oder mehr gebraucht. Ein um 1003 geschriebenes Schatzverzeichnis des Paderborner Abdinghofklosters zur Zeit des Abtes Gumpert (1093–1114, Kat.Nr. 228) nennt beispielsweise drei kupferne Rauchfässer, von denen eines vergoldet war.

Lit.: Braun 1932, S. 603–645 · Jungmann 1958, Bd. 1, S. 409–413, 578–579, Bd. 2, S. 88–95 · Pfeifer 1997 · Suntrup 1987.

H.W.A.

168a–b Zwei Weihrauchfässer

Italien, 1. Hälfte 12. Jahrhundert
Bronze, gegossen, a) für drei Trageketten, Ketten u. Kettenhalter nicht erhalten, Becken leicht verbeult, dünnwandiger, gleichmäßiger Guss, glatte Oberfläche, der Stift auf dem Deckel hat einen flachen, durchbohrten Knauf für die Zugkette – H. 12,8 cm, Dm. 9,6 cm, b) für drei Trageketten, Ketten u. Kettenhalter bis auf Reste der Zugkette nicht erhalten, kleiner zylindrischer Fuß mit breiter Standplatte später ergänzt, Gussqualität wie a), rauhe Oberfläche, Gusshaut offenbar mit grobem Kratzwerkzeug entfernt, der Stift auf dem Deckel wird von einer stilisierten Vogelgestalt bekrönt, der rückwärts gewandte Kopf ist im Augenbereich für Zugkette durchbohrt – H. 14, 2 cm, Dm. 8,4 cm
Köln, Museum Schnütgen, Inv.Nr. H 49, H 88

Die beiden Rauchfässer gehören dem gleichen Typ an, sind aber leicht unterschiedlich in der Form. H 49 ist eine leicht gedrückte Kugel, während H 88 eiförmig gestreckt erscheint. Beide Rauchfässer zählen zu einer weit verbreite-

ten Gruppe von einfachen Gefäßen, die handwerklich sehr routiniert, aber ohne großen gestalterischen Aufwand im Guss nach der verlorenen Form hergestellt wurden. Beide sind für drei Trageketten vorgesehen, die unten in den durchbohrten Beckenösen befestigt und durch die Deckelösen nach oben geführt wurden. Das Grundmuster für die Rauchöffnungen im Deckel ist bei diesen beiden Gefäßen wie auch bei acht weiteren, die sich erhalten haben, das gleiche: Über dem Tonkern ist ein Gerüst aus breiten Bändern zwischen Spitze und Rand aus breiten Wachsstreifen ausgespannt, so dass annähernd dreieckige Felder entstehen. Sie sind mit einem Gittermuster gefüllt, das aus dünnen aneinander stoßenden Brezelformen gebildet wird. Die einzelnen Brezelformen bestehen aus gleichmäßig gerollten, nachträglich auf dem Kern geglätteten Wachsfäden. Während die Begrenzung der vier Felder bei H 49 keine Rücksicht auf die Position der drei Ösen nimmt, ist die dreigeteilte Deckelfläche bei H 88 sorgfältiger zwischen den Ösen und der Spitze aufgeteilt. Bei H 49 verlaufen die breiten Bänder zwischen Spitze und Rand gerade und bleiben geschlossen. Bei H 88 sind die Feldbegrenzungen als Halbkreise angelegt und mit regelmäßigen Rechtecken durchbrochen, was einen größeren Arbeitsaufwand erforderte. Dagegen zeigt sich bei H 49, dass es nicht nur bei der Aufteilung der Deckelfläche, sondern auch bei der Herstellung des Tonmantels an der letzten Sorgfalt gefehlt hat, denn zwischen die Brezelformen ist teilweise flüssige Bronze eingelaufen.
Nach einem bekannten Grundmuster wurden diese beiden Rauchfässer also wahrscheinlich im gleichen Produktionsgebiet, aber in verschiedenen Werkstätten mit unterschiedlichen Gewohnheiten hergestellt. Solche feinen, dünnwandigen Güsse setzen (bei erkennbar unterschiedlicher Werkstattdisziplin) ein beachtliches technisches Niveau voraus und lassen auf serielle Produktion für einen überregionalen Handel schließen. Kleine Merkmale wie die Stielknäufe auf dem Deckel mit gelegentlich darauf sitzenden Vögeln oder die winzigen dreieckigen Einschnitte im Standring von H 49, die in der Wachsform angebracht wurden, um die Standfestigkeit des Gefäßes zu verbessern, finden sich sehr ähnlich an einer ganz anders gestalteten, aufwendigeren Gruppe von Rauchfässern. Sie sind sicher nach Oberitalien zu lokalisieren, und auch sie sind während des ganzen 12. Jahrhunderts in größerer Anzahl diesseits und jenseits der Alpen gehandelt worden. Die Unterschiede und die Vergleichbarkeiten der beiden Rauchfässer mit dem Brezelmuster weisen darauf hin, dass solche zweckmäßigen und unauffälligen liturgischen Gebrauchsgeräte innerhalb einer gewissen Variationsbreite einem gängigen Standard zu entsprechen hatten.

Lit.: Braun 1932, Taf. 128, Nr. 507 · Witte 1913, Taf. 43, Nr. 5.

H.W.A.

169 Tragaltar aus der Sammlung Spitzer

Bamberg oder Fulda (?), vor 1024/1025
Holzkern, grüner Porphyr, Silber, punziert, graviert, teilvergoldet – mit Ausnahme der linken oberen Ecke wurden die übrigen durch Bleche verstärkt, Silbertafel mehrfach an den Gravurlinien durchbrochen, Teile der Silberbeschläge abgebrochen – H. 1,8 cm, B. 25,8 cm, T. 23,0 cm, Altarstein: L. 15,0 cm, B. 8,0 cm
Paris, Musée National du Moyen Âge – thermes et hôtel de Cluny, Cl. 13072

Das Musée National de Moyen Âge gelangte 1893 im Rahmen einer Auktion in den Besitz des Tragaltares. Er gehörte bis dahin zur Sammlung des Pariser Kunsthändlers Frédéric Spitzer und war zuvor im Besitz des britischen Diplomaten Lord Londesborough († 1860) gewesen.
Der rechteckige Holzkern des Altares wird an Ober- und Unterseite von je einer teilvergoldeten, gravurverzierten Silberplatte bedeckt. An der Oberseite des Altares spart diese den in die Holztafel eingelassenen Altarstein aus, der aus antikem grünen Porphyr gefertigt ist. Die Ränder des Altares sind mit Silberblechstreifen verkleidet, die eine gravierte Wellenranke ziert. An der vorderen Seitenkante befindet sich die Inschrift: HIC C(ON)DVNTVR · RELIQVIAE S(AN)C(T)I IOHANNES · PAPT(ISTAE) · ET CIRIACI PANCRACII · KILIANI MART(YRVM) (»Hier sind die Reliquien des hl. Johannes des Täufers und der Märtyrer Cyriakus, Pankratius [und] Kilian enthalten«). Die Oberseite des Tragaltares ist in mehrere Bildfelder unterteilt. Das obere Feld zeigt eine *traditio legis et clavis* mit thronendem Christus im zentralen Clipeus (Medaillon) auf dem Sphärenbogen, die von zwei heiligen Bischöfen – durch gravierte Inschriften als Blasius und Nikolaus bezeichnet – gerahmt wird. Zur Linken und zur Rechten des Altarsteines finden sich die ebenfalls durch gravierte Inschriften benannten Melchisedech mit Kelch und Patene sowie Aaron mit dem Weihrauchfass. Der untere Bildfries der Oberseite des Altars zeigt die Opferung Isaaks, gerahmt durch stilisierte Baumzeichnungen. Abgebildet sind der sich im Buschwerk verfangene Widder und der durch eine Inschrift gekennzeichnete Abraham, das Schwert zur Opferung des vor ihm knienden Isaak erhoben sowie ein kastenförmiger Altar, aus dem hoch lodernde Flammen schlagen. Die über dieser Szene aus einer Wolke ragende Hand Gottes verweist auf das göttliche Eingreifen und die Schonung Isaaks. Alle Figuren stehen auf erdschollenartigen Elementen. Je ein Palmettenfries unterteilt die Bildfelder der Oberseite. Die Verzierung der Unterseite wird beherrscht von einer Darstellung des Lamm Gottes in einem zentralen Medaillon mit der Umschrift AGNUS DOMINI. Das Kreisfeld umgibt ein Rankenteppich, in den weitere kleinere beschriftete Medaillons, die die vier Kardinaltugenden zeigen, eingebettet sind. Ein Palmettenfries rahmt die Komposi-

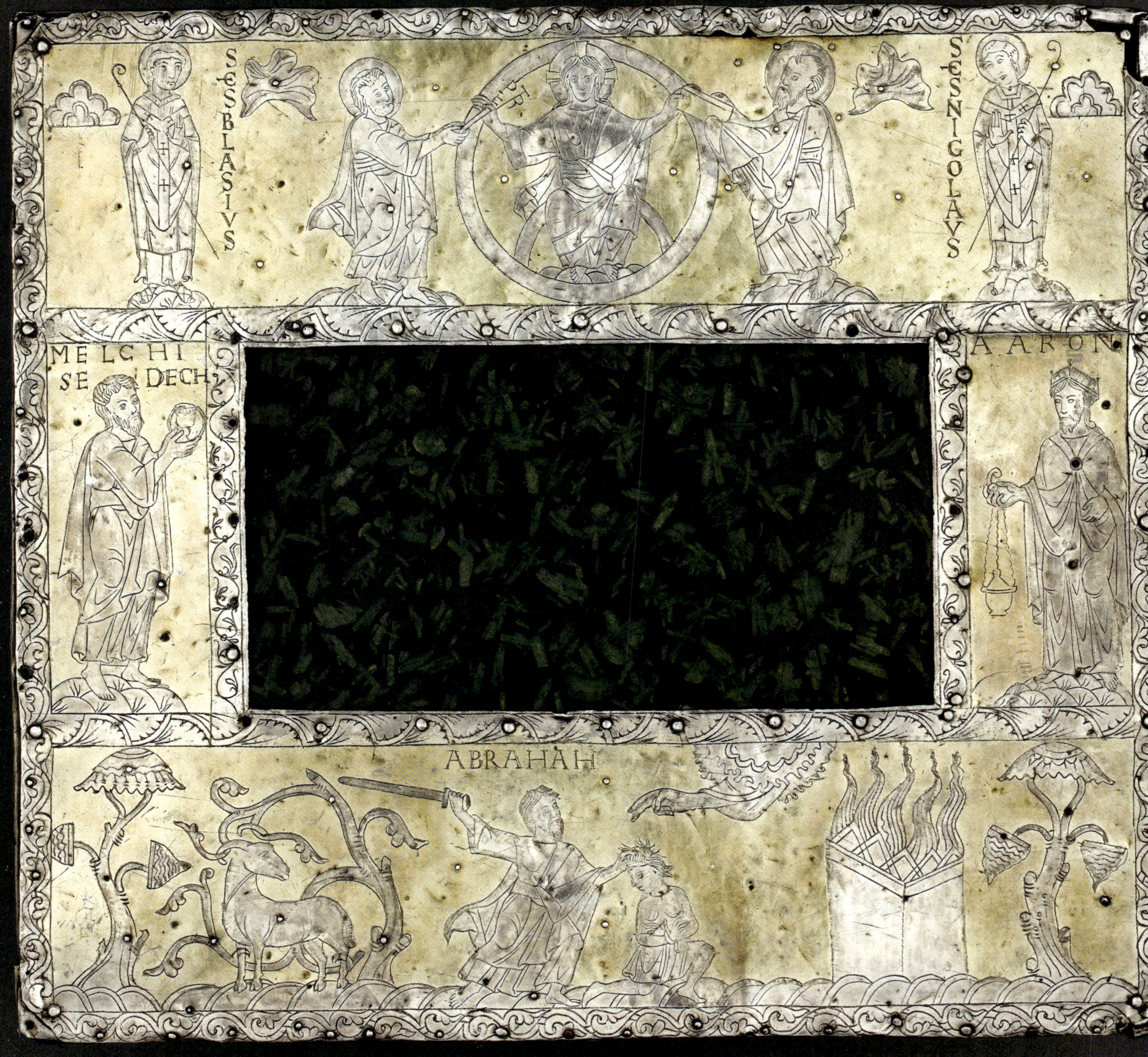

169 · Oberseite

tion. Die Inschrift der vorderen Seitenkante des Altares verweist auf die Reliquien Johannes' des Täufers, des Cyriacus, des Pankratius und des Kilian, die im Sepulchrum des Tragaltares eingeschlossen waren. Alle Inschriften des Altares sind als in die Silberplatte gravierte Majuskeln ausgeführt. Das Bildprogramm der Oberseite verweist auf seine Funktion im Messopfer, wird doch der Altarstein gerahmt durch die drei beschriebenen präfigurativen Darstellungen des eucharistischen Opfers aus dem A.T.

Sowohl die im Sepulchrum des Altares bewahrten Reliquien als auch die auf der Oberseite des Altares dargestellten Heiligen verweisen auf Bamberg: Zu nennen sind Blasius und Nikolaus als Hauptpatrone der Seitenaltäre im Ostchor des Bamberger Doms, der ebenfalls Reliquien von Cyriacus, Pankratius und Kilian besaß. Die *traditio legis et clavis* schließlich verweist auf die Patrone des Domes, auf Petrus und Paulus. Große Ähnlichkeiten weist die Rückseite des Tragalters aus der Sammlung Spitzer mit dem sog. Watterbacher Tragaltar, dessen zentrales Medaillon allerdings Christus als Mensch zeigt, auf und mit dem Rückendeckel des Perikopenbuches aus dem Bamberger Dom. Das Bildprogramm seiner Vorderseite kehrt auf der Rückseite des Münchener Kreuzreliquiars – einer der wichtigsten erhaltenen Stiftungen Heinrichs II. (1002–1024) – wieder. Gude Suckale-Redlefsen zufolge entstammt der Tragaltar gemeinsam mit dem Watterbacher Tragaltar und dem

Münchener Kreuzreliquiar aus einer Goldschmiedewerkstatt, die für den Kaiser und seine Gefolgsleute tätig war und am ehesten in Bamberg selbst anzusiedeln ist. Der Tragaltar gehörte wohl ursprünglich zur Ausstattung des Bamberger Domes.

Lit.: Budde 1998 · Caillet 1985 · Kat. Bamberg 2002, S. 333–334, Nr. 167 (Gude Suckale-Redlefsen) · Kat. Berlin u.a. 2000–2002, Bd. 3, S. 439–440, Nr. 21.01.11 u. Nr. 21.02.01 (beide Irmgard Siede) · Suckale-Redlefsen 1995 · Suckale-Redlefsen 2002. C.Ru.

Der Bischof am Altar

Der Bischof am Altar – Bischof Meinwerk (1009–1036) am Altar: dieses Bild, von der Oberseite des Tragaltares aus dem Paderborner Dom (Kat.Nr. 230), steht stellvertretend für die ganze Ausstellung. Es zeigt den Bischof als Priester bei der Feier der heiligen Messe, der vornehmsten und wichtigsten Amtshandlung, entsprechend ist er gekleidet. Diese liturgische Gewandung ist viel mehr als nur Arbeits- oder Standeskleidung. Ihr wohnt eine eigenständige Würde inne und ihre Sakralität liegt in der Heiligkeit der Anlässe und Vorgänge begründet, zu denen sie getragen wird (Kavanagh 1975, S. 14–15). Die einzelnen liturgischen Gewänder wurden bereits seit frühchristlicher Zeit sukzessive dem Gebrauch im christlichen Gottesdienst angepasst, ihren Ursprung haben sie alle in profanen Kleidungsstücken aus dem spätantiken Mittelmeerraum. Die Gewänder haben den Charakter von Insignien, zeichnen also die verschiedenen Weihestufen der Geistlichen aus. Sie tragen durch ihre Schönheit und ihren Symbolgehalt aber auch zur Würde der Riten bei, zu denen sie getragen werden (Braun 1907, Stolleis 2001).

Das Bild Meinwerks am Altar ist erst etwa 100 Jahre nach seinem Tod entstanden. Die Kleidung eines Bischofs hat sich zwischen dem 11. und 12. Jahrhundert allerdings nicht grundsätzlich verändert. Am Tragaltar eindeutig zu erkennen und seit karolingischer Zeit kanonisch sind die drei übereinander getragenen Gewänder Albe, Dalmatik und Kasel, dazu die zwischen Albe und Dalmatik liegende Stola, deren Enden auf Knöchelhöhe sichtbar werden, und der Manipel am linken Arm. Diese fünf Kleidungsstücke sind auf fast allen frühmittelalterlichen Darstellungen des Bischofs im Messornat wiedergegeben und erkennbar, so auch auf den meisten ottonisch-frühsalischen Bischofsdarstellungen. Nicht selten kommt dabei ein bemerkenswerter Detailrealismus zum Tragen oder es werden inhaltliche oder künstlerische Schwerpunkte gesetzt.

Bernward von Hildesheim (993–1022) beispielsweise trägt auf dem Widmungsbild des sog. *Kostbaren Evangeliars* (Kat. Nr. 203) eine grün gemusterte Kasel mit Goldbesätzen, die um den Halsausschnitt, senkrecht über Vorder- und Rückenteil sowie in Form eines Gabelkreuzes schräg über die Schultern verlaufen. Im Nacken sitzt eine Kapuze, wie sie frühmittelalterliche Kaseln haben konnten, oder ein Schmuckstück, jedenfalls mit Edelsteinbesatz, analog dem Buch, das Bernward in Händen hält (Wilckens 1994). Die weiße Dalmatik hat weite Ärmel und goldene Besätze an allen Säumen, dazu zwei goldene Clavi, vertikale Streifen, die sich über die ganze Höhe des Vorderteils ziehen und – wie die Ärmelbesätze – von roten Fransenbüscheln begleitet werden. Zwischen der Dalmatik und der weißen Albe werden drei goldene Bänder sichtbar: die Enden der Stola und des Cingulums, mit dem die Albe gegürtet wird. Golden sind auch die Schuhe. Nicht dargestellt ist der Manipel, an den Handgelenken zeigt sich nur der schmale Ärmel der Albe. Die ornamentale Kostbarkeit der Gewanddarstellung wird in der umlaufenden Stifterinschrift explizit aufgenommen, wenn es heißt: ORNATUS TANTI VESTITU PONTIFICALI (»geschmückt mit so reichen bischöflichen Gewändern«).

Auch von Sigebert von Minden (1022–1036) sind Darstellungen in bischöflicher Tracht erhalten, sie zeigen ihn allerdings nicht am Altar, sondern haben den Charakter von Repräsentationsbildern (Kat.Nr. 196–197). Zu blauer Albe, goldener Stola, goldenem Cingulum, weißer Dalmatik mit goldenem Saum und roten Clavi sowie blauer Kasel mit Goldbesatz entlang der vorderen Mitte und um den Halsausschnitt gesellt sich sowohl auf der Miniatur des thronenden Bischofs als auch auf dem Elfenbein das goldene Rationale, ein auszeichnender Schulterschmuck, der von vielen, aber nicht allen Bischöfen getragen wurde, ohne dass er den Charakter einer Insignie gehabt hätte. Auf dem Elfenbein trägt Sigebert je einen Manipel an jedem Handgelenk – auf der Miniatur gar keinen –, und auf beiden Bildern sind die pantoffelartigen, weit ausgeschnittenen oder mit großen Ausschnitten versehenen Schuhe sorgfältig wiedergegeben.

Weniger detailliert was Farbe, Form oder Machart anbelangt – dafür in Bezug auf Anzahl und Art der Gewänder vollständiger – sind die liturgischen Texte oder Abhandlungen, die sich mit der bischöflichen Gewandung befassen. Vorgestellt werden soll hier nur einer davon, enthalten im *Ordo missae* Sigeberts von Minden (Kat.Nr. 195), zu dem ursprünglich auch das genannte Elfenbein und die Miniatur gehörten. Zu den im Codex notierten Gebeten im weiteren Zusammenhang mit der Messe zählen auch jene, die zur Einkleidung des Bischofs, beim Anlegen jedes Gewandstücks, gesprochen wurden (Pierce 1996). Sie haben allegorisch-moralischen oder Bußcharakter und unterstützen den Zelebranten bei der geistigen Vorbereitung auf die Messfeier, indem sie immer wieder seine äußere Verwandlung mit der inneren Läuterung gleichsetzen. Der Reihe nach werden zunächst die liturgischen Untergewänder angezogen: der Amikt (ein weißleinenes Schultertuch), die Albe und das Cingulum. Es folgt das Praecinctorium, ein spezifisch bischöfliches Gewandstück in der Form eines Stoffstreifens, das am Gürtel befestigt wird und unter den Obergewändern nicht mehr sichtbar wird. Als nächstes Gewand wird die priesterliche Insignie, die Stola, angelegt. Sie ist lang und bandförmig, liegt um den Hals und ihre beiden Enden fallen bis fast zu den Füßen herunter. Entsprechend den drei höheren Weihegraden Subdiakon, Diakon und Priester bekleidet sich der Bischof anschließend mit drei Obergewändern: der Tunika, einem Gewand mit schmalen Ärmeln, der Dalmatik und der Kasel. Dann folgen der Manipel, ursprünglich ein Handtuch, im 11. Jahrhundert nur noch ein Stoffstreifen, oft reich verziert und über dem linken Handgelenk oder in der linken Hand getragen, und schließlich die dem Bischof vorbehaltenen Handschuhe, der darüber getragene bischöfliche Ring und das Rationale. Nicht erwähnt werden ungewöhnlicherweise die liturgischen Schuhe und Strümpfe, die im frühen 11. Jahrhundert selbstverständlicher Bestandteil der bischöflichen Gewandung waren und die in der Regel zuerst, noch vor den Untergewändern, angelegt wurden. Die Mitra hingegen, die in späterer Zeit den Bischof geradezu symbolisiert, gehört zur Zeit Sigeberts noch nicht zu den Pontifikalien und somit fehlt sie auch in der Reihe der Ankleidungsgebete. Ihre erste urkundliche Nennung datiert ins Jahr 1049, und noch bis um 1120 war der Gebrauch der Mitra an ein päpstliches Privileg geknüpft (Blöcher 2006).

Wichtigste Quelle für die Kenntnis der liturgischen Gewandung des Mittelalters, für ihre Machart, Form und die verwendeten Materialien sind natürlich die erhaltenen Originale selbst. Allerdings bilden auch sie immer einen bestimmten Ausschnitt der Wirklichkeit ab, stehen z.B. in einem sehr spezifischen Kontext oder haben diesen, seit sie nicht mehr im Gebrauch sind, ganz verloren. Einen unmittelbaren Blick auf die Gewänder und ihre Tragweise erlauben Grabfunde, auch wenn bei ihrer Interpretation allfällige Unterschiede zwischen der tatsächlich im liturgischen Gebrauch stehenden Gewandung und der Bekleidung eines Toten berücksichtigt werden müssen. Das besterhaltene Ensemble liturgischer Gewänder aus der 1. Hälfte des 11. Jahrhunderts stammt aus dem Grab des Papstes Clemens II. (1046–1047) in Bamberg (Müller-Christensen 1960). Strümpfe und Schuhe, Albe, Cingulum, Stola, Dalmatik, Kasel und Manipel sind sicher nachzuweisen, zudem zeichneten eine Kopfbedeckung – wohl das päpstliche Regnum, der Vorläufer der Tiara – und das erzbischöfliche Pallium den Kirchenfürsten aus. Als Hülle um den Leichnam diente ein offensichtlich bereits abgetragener Chormantel. Gerade auch ausgehend von diesem letzteren Gewand stellt sich die Frage, ob der Verstorbene spezifisch päpstlich eingekleidet wurde, ob man dazu Gewänder aus Bamberger Besitz verwendete oder solche aus Rom, und inwieweit sich – abgesehen vom Regnum – die Gewandung des Papstes in jener Zeit überhaupt von derjenigen eines Bischofs unterschied. Immerhin lässt die zeitliche Einordnung der verschiedenen Seidengewebe den Schluss zu, dass Clemens nicht mit erheblich älteren Gewändern angetan bestattet wurde, was in anderen Fällen sehr wohl vorkommen konnte.

Auch in Kirchenschätzen sind liturgische Gewänder der ottonischen und frühsalischen Zeit – zumeist die eindrucksvollen Kaseln (Kat.Nr. 170) – erstaunlich zahlreich vorhanden. Weil sie in der Regel nicht aus einem Grabkontext stammen, vermitteln sie ein anschauliches Bild der farbenprächtigen Seidengewebe und luxuriösen Goldstickereien jener Zeit. Die Gründe für ihre Erhaltung sind vielfältig; sicher gehört der Umgang der Kirche mit liturgischen Paramenten dazu, die, einmal geweiht, nicht mehr zweckentfremdet werden sollten. Vor allem aber werden die Kaseln Bischöfen zugeschrieben, die zu den führenden Persönlichkeiten des Reiches gehört hatten und die nach ihrem Tod als Heilige verehrt wurden. Auch Meinwerk zählt zu ihnen; seine Kasel allerdings ist bis auf geringe Reste (Kat.Nr. 171) im Verlauf der Jahrhunderte verloren gegangen.

Lit.: Blöcher 2006 · Braun 1907 · Kavanagh 1975 · Müller-Christensen 1960 · Pierce 1996 · Stolleis 2001 · Wilckens 1994.
R.Sch.

170 Kasel des hl. Bernhard von Clairvaux

Seidengewebe: östlicher Mittelmeerraum (Byzanz?), 11. Jahrhundert
Goldgelbes Seidengewebe (Protolampas, Kette: 1:2, Z-Drehung, gelb, 26–28 Haupt- u. 13–14 Bindekettfäden/cm, Grund- u. Lancierschuss: ohne erkennbare Drehung, goldgelb, 17 Passées/cm), Vorder- u. Rückenstab sowie Halsausschnittumrandung aus sechs verschiedenen Goldborten – H. 137,0 cm, Saumumfang 458,5 cm
Pulheim-Brauweiler, Kath. Kirchengemeinde St. Nikolaus

Mehr als 20 hochmittelalterliche Kaseln haben sich in europäischen Kirchenschätzen erhalten. Fast immer sind sie mit dem Namen eines Heiligen, zumindest eines lokal verehrten Kirchenfürsten verbunden, aber nicht immer kann diese Überlieferung wissenschaftlich erhärtet werden. Es ist dementsprechend nicht einfach, die Gewänder exakt zu datieren, zumal die Seidengewebe, aus denen sie geschneidert sind, über Jahrzehnte fast unverändert hergestellt worden sind. Form, Dekoration und Herstellungsweise der Kasel bleiben bis ins ausgehende 12. Jahrhundert im Wesentlichen ebenfalls gleich.

Das aus dem Besitz der Benediktinerabtei St. Nikolaus in Brauweiler stammende prachtvolle goldgelbe Messgewand

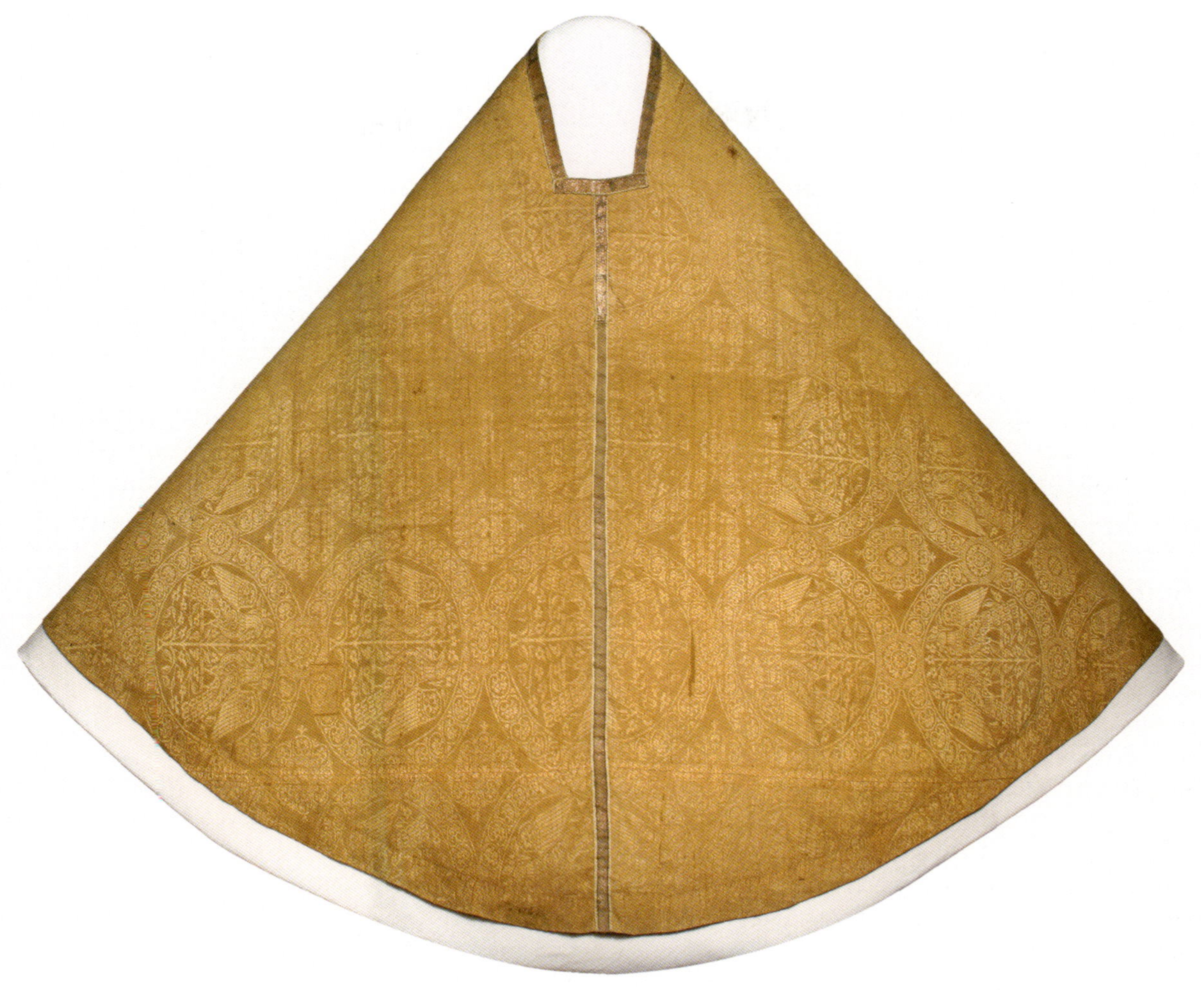

170

ist diesbezüglich keine Ausnahme. Im Januar 1147 soll Bernhard von Clairvaux (1115–1153) es getragen haben, als er auf seiner Reise durch das Rheinland den zweiten Kreuzzug predigte und in Brauweiler eine Messe las. Die unmittelbare Wirkung seiner Aufrufe war so stark, dass es ohne Weiteres denkbar ist, dass Erinnerungsstücke daran verwahrt wurden. Die exakt gleiche Überlieferung verbindet sich allerdings noch mit einem zweiten Messgewand, das 1821 von einem ehemaligen Konventualen aus Brauweiler nach Xanten überführt worden ist (Schorta 2001, Nr. 214). Die Bernhardtradition wird wohl nie belegt oder widerlegt werden können; das Gewand und der Seidenstoff, aus dem es gearbeitet ist, sprechen ihr aber jedenfalls nicht entgegen.

Das Gewebe trägt ein Muster aus großen Kreismedaillons, in denen je zwei Raubvögel auf den Ästen eines dicht verzweigten Baumes sitzen. Die Medaillonrahmen sind belegt von Kreisringen mit einbeschriebenen Blüten, ebensolche Kreisringe rahmen in den Zwickelrosetten einen Punktbandkreis mit vierteiliger Herzblüte. Auch die Verbindungsscheiben sind punktbandgerahmt, sie enthalten je eine achtteilige Rosette. Wie so viele andere Muster hochmittelalterlicher Seidengewebe ist auch dieses hier sowohl in verschiedenen technischen Ausführungen als auch in mehreren zeichnerischen Abwandlungen überliefert. Es gehörte offenbar zu den beliebtesten Dessins seiner Zeit. An der Bernhardkasel ist das Gewebe Ton in Ton gehalten, das Muster steht glänzend vor matt-körnigem Grund, und es handelt sich um die aufwendigste und detaillierteste erhaltene Variante dieses Dessins. Genau gleich gezeichnet, aber in wie eingeritzt wirkender Webart gearbeitet (vgl. dazu auch Kat.Nr. 171), ist z.B. das Muster am Innenbesatz eines Messgewandes in Augsburg, dessen Oberstoff in die 1. Hälfte des 11. Jahrhunderts datiert werden kann. In Paderborn wurde 1924 im Bleikasten mit den Gebeinen von Meinwerks Nachfolger Rotho (1036–1051) ein Seidenfragment geborgen, das eine zeichnerisch etwas vereinfachte Variante des Musters zeigt, webtechnisch aber der Kasel aus Brauweiler entspricht. Das im Vergleich zum hervorragend erhaltenen Messgewand sehr unscheinbare Fragment ist dank seiner Provenienz das Schlüsselstück zur Datierung auch der übrigen Gewebe mit diesem Vogelmuster.

Wie die Meinwerkkasel (Kat.Nr. 171) war auch die Kasel aus Brauweiler innen mit kontrastfarbigen Saumbesätzen versehen, die nur sichtbar waren, wenn das Gewand getragen und über den Armen gerafft wurde. Nachdem der Aachener Kanonikus Franz Bock († 1899) etwa um 1860 eine Restaurierung des Gewandes veranlasst hatte, sind sie abgetrennt und bald danach mit den Bockschen Sammlungen in verschiedene Museen verteilt worden. Im gleichen Zug wurde auch ein ca. 10 cm breiter Streifen des Oberstoffes entnommen; Abschnitte davon befinden sich heute in London, Lyon und Wien. Ein solches Vorgehen, so befremdlich es heute sein mag, zeugt paradoxerweise durchaus von der Wertschätzung, die man dem »berühmten Messgewand« und seiner »schönen Musterung« bereits in der Frühzeit der Erforschung der historischen Textilien entgegengebracht hat.

Lit.: Bock 1859–1871, Bd. 2, S. 245–247 · Kat. Köln 1985, Bd. 1, S. 448 u. 451–452, Nr. C28 (Leonie von Wilckens) · Schorta 2001, S. 125–129, Nr. 63–64, S. 206–209. R.Sch.

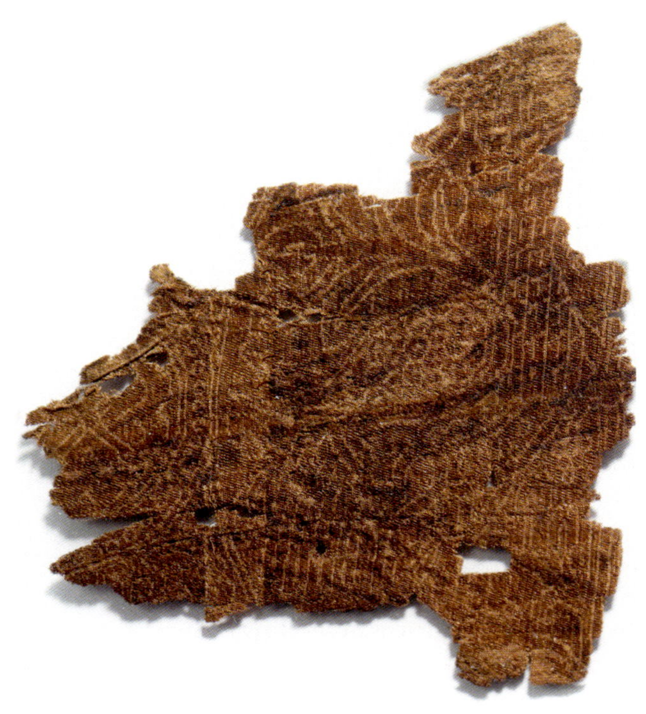

171

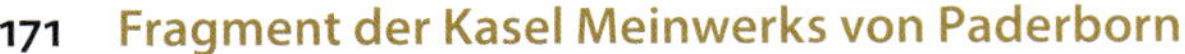

171 Fragment der Kasel Meinwerks von Paderborn

Seidengewebe: Mittelmeerraum (Byzanz?),
1. Drittel 11. Jahrhundert
Ehemals rohweißes Seidengewebe (Protolampas, Kette: 1:1, Z-Drehung, verbräunt, 22 Haupt- u. 22 Bindekettfäden/cm, Grund- u. Lancierschuss: ohne erkennbare Drehung, verbräunt, 20–21 Passées/cm) – unregelmäßig geformtes Fragment mit Spuren eines 1,2–1,3 cm breiten Besatzes, stark verbräunt – H. 12,0 cm, B. 12,4 cm
Paderborn, Erzbischöfliches Diözesanmuseum und Domschatzkammer, Inv.Nr. T. 64, T 35

Bischof Meinwerk (1009–1036) wurde seinem Wunsch gemäß in der Krypta der von ihm selbst gestifteten Abdinghofkirche in Paderborn bestattet. Obwohl es nie zu einer formellen Kanonisation des Bischofs gekommen ist, wurden seine Gebeine am 25. März 1376 unter Abt Konrad von Allenhusen (1362–1405) erhoben und in den Chor der Abteikirche überführt. Der spätere Abt und Geschichtsschreiber des Klosters, Bruno Fabritius (1579–1582), weiß 1572 zu berichten, dass die Grabkasel Meinwerks, worin er 340 Jahre gelegen habe, weder durch Zeit noch Fäulnis völlig zerstört worden sei. »Denn sie ist noch heute in unserem Kloster, das einst das seine war, zu sehen; ja, der Vorsteher dieses Klosters feiert damit jedes Jahr am Todestag Meinwerks die heilige Messe.« Das Gewand selbst ist nach Fabritius »aus weißem Damast gefertigt und denen, die wir heute gebrauchen völlig unähnlich [...] denn es ist vorne und hinten und an beiden Seiten geschlossen und ganz, unten weit, rund und offen, es reicht bis zu den Füßen hinab, und hat oben eine Öffnung, durch welche der Kopf hindurchgesteckt werden kann; und Fransen, vorne und hinten mit goldenen, allerdings fast vergangenen Schriftzeichen durchwirkt.«

1680 besuchte der Jesuit Daniel Papebroch († 1714) auf einer seiner Forschungsreisen die Abdinghofkirche. Er teilt mit, dass die Kasel nicht mehr zur Messfeier »missbraucht« werde, sondern dass man sie jeweils über dem Altar aufhänge, so dass sie gut sichtbar sei, nicht aber berührt »oder unbemerkt etwas davon abgerissen werden könne«. Die Reliquien Bischof Meinwerks wurden bei der Aufhebung des Abdinghofklosters 1803 in die Paderborner Busdorfkirche in Sicherheit gebracht. Auch die Meinwerkkasel gelangte dorthin und schließlich in das Erzbischöfliche Diözesanmuseum, wo sie im handschriftlichen Museumsinventar von 1929 ausführlich beschrieben wird: »Leinenfutterstoff der Kasel des hl. Meinwerk. Aus verschiedenen Teilen zusammengestückt, mit zahlreichen Nähten zur Aufheftung des Grundstoffes. Seidenflockenreste in Hellgelb, die Rückseite mit Seidenresten in dunkelblau in einer doppelten Heftnaht, die in ca. 7 cm Abstand den Außenrand entlang läuft. Aufgeheftete Fäden in dunkelrot und Stoffrest in golddurchwirktem Rot als Reste eines gabelförmigen Besatzes [...]. Die Halsgegend mit Pergament versteift, dort auch Reste blaugelb gestreiften Leinens. Größe: Glockenkasel mit weitem vorderem Halsausschnitt. 157 x 210 cm.«
Schon in der 2. Hälfte des 19. Jahrhunderts interessierten sich Altertumsforscher für die Meinwerkkasel und mehrere Abschnitte der Seidenstoffreste fanden den Weg in die neu entstehenden kunstgewerblichen Sammlungen und Museen (Dresden, Düsseldorf, Lyon, Nürnberg, Wien). Zusammen mit dem Paderborner Fragment sind sie das Einzige, was vom Gewand heute noch erhalten geblieben ist – das Futter mit den vielen Naht- und Stoffresten ist ver-

schollen. Das dunkelblaue Seidengewebe weist ein wie eingeritzt wirkendes, aber durch eine spezifische Webart entstandenes Muster auf, bei dem sich elegante Blattranken und geometrische Elemente zu einem Rautengitter formieren. Schnitt und Abnützungsspuren der Fragmente sowie die alte Inventarbeschreibung lassen annehmen, dass es sich bei dem dunkelblauen Gewebe um den inneren Saumbesatz der Glockenkasel gehandelt hat. Dieser bestand aus einem ursprünglich etwa 10 cm breiten Streifen, dessen eine Längsseite heute zerstört und ausgebrochen ist, so wie es für die Stoßkante eines Gewandes charakteristisch ist. Nur der einstige Umbug, der lange Zeit von Licht und Abrieb geschützt war, hat sich besser erhalten.
Wie der helle, vielleicht einst weiße Oberstoff der Meinwerkkasel ausgesehen hat, ist nicht mehr zweifelsfrei zu erschließen. Wahrscheinlich aber trug er ein Muster mit großen Medaillons, in denen sich zwei Vögel gegenüberstehen. Ein Fragment einer solchen Seide (siehe Abb.) wurde jedenfalls am 22. Januar 1924 im Bleikasten mit den Gebeinen Meinwerks gefunden und seither immer mit dem Oberstoff der Kasel gleichgesetzt.
Für beide Seidenstoffe gibt es unmittelbare Parallelen in anderen Geweben der 1. Hälfte des 11. Jahrhunderts, so dass angenommen werden darf, dass es sich bei der Meinwerkkasel tatsächlich um ein Gewand aus dessen Lebenszeit handelte. Die Vermutung, das Gewand sei 1376 aus dem Grab genommen, seither als Reliquie verehrt und zumindest zeitweilig am Todestag Meinwerks zur Messfeier getragen worden, kann allerdings weder bewiesen noch ausgeschlossen werden. Verschiedentlich wird ein erhaltenes Gewand in der jüngeren Überlieferung nachträglich – sozusagen zur Beglaubigung – ins Grab »gelegt«.

Q.: Vita Meinwerci 1695, S. 508–510. Lit.: Franke 1936 · FS Busdorfstift 1936, S. 97–98 (Alois Fuchs) · Kat. Paderborn 1986a, S. 62, Nr. 1 (Manfred Balzer) · Schorta 2001, S. 89–91, 122, 283–287. R.Sch.

172 Stola

Deutschland, Ende 10./Anfang 11. Jahrhundert
Naturfarbenes Seidenband (Brettchengewebe, gemustert in Einlege- u. Soumaktechnik, Randborten rot, Musterschüsse in Rosa, Weinrot, Blau, Hellblau, Blaugrün u. Weiß sowie Goldlahn um Seidenseele) – L. 298 cm, B. 5 cm
Trier, Bischöfliches Dom- und Diözesanmuseum, Leihgabe der Kath. Kirchengemeinde St. Maria Himmelfahrt Neumagen, Inv.Nr. T 250 dep.

Die liturgische Stola ist ein langschmaler Streifen, der vom Priester um den Nacken getragen wird und dessen Enden vorne bis fast zu den Füßen herunterhängen. Als Amtsin-

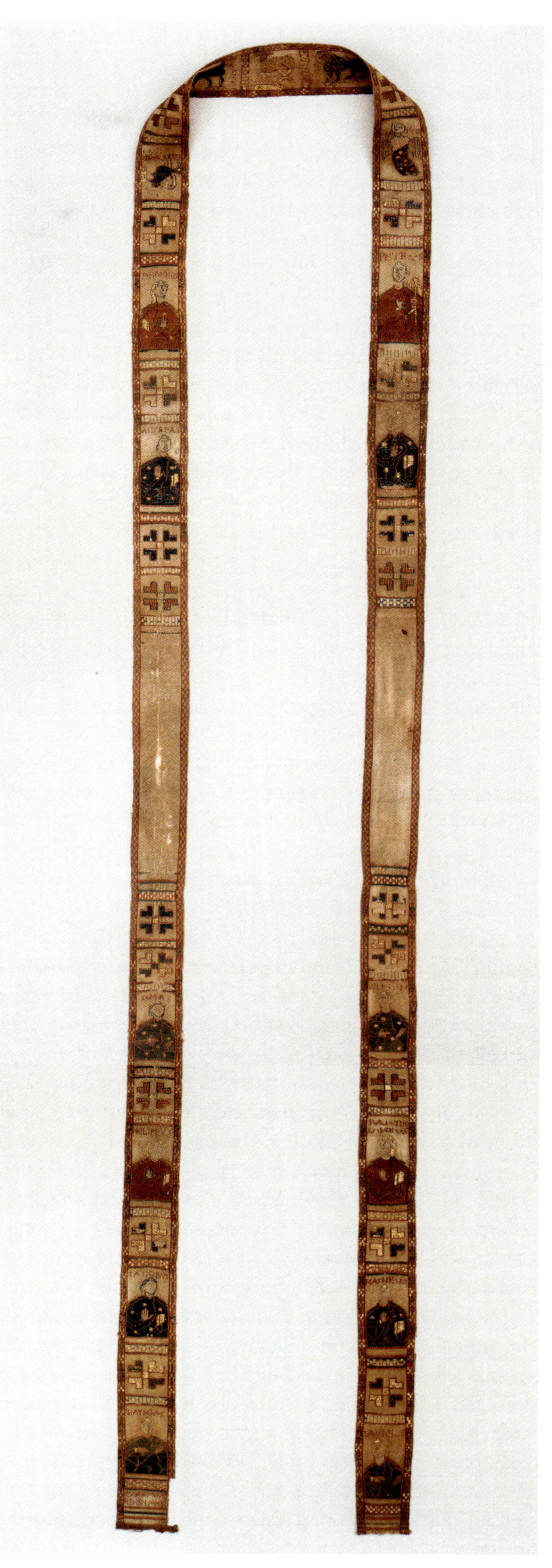

172

signie ist sie das Symbol des Priesteramts, der Priester nimmt mit ihr das Joch Christi (Mt 11, 29) an. Verschiedene erhaltene Beispiele belegen, dass die Stola im 11. Jahrhundert in der Regel ein gewebtes Band war, nur wenige Zentimeter breit, oft kostbar verziert und an den Enden mit einem Querriegel und Fransen versehen. Hergestellt wurden solche schmalen Bänder nicht selten in Brettchenweberei. Dabei besteht der »Webstuhl« im Wesentlichen aus kleinen Brettchen oder Plättchen, die in jeder Ecke ein Loch aufweisen, durch welches je ein Kettfaden läuft. Nach jedem Schusseintrag werden die Brettchen – wie Räder – um eine Vierteldrehung weitergedreht, so dass sich die Kettfäden eines Brettchens zu stabilen Schnüren verzwirnen. Dank unterschiedlicher Farbe der einzelnen Kettfäden oder durch Wechseln der Drehrichtung der Brettchen entstehen Muster, die zusätzlich mit Musterschüssen bereichert werden können.

Der Dekor der Trierer Stola wird hauptsächlich durch solche Musterschüsse gebildet. Die Längskanten begleitet ein rot-goldener Randstreifen, das Mittelfeld wird durch gewürfelte Querbänder in rechteckige Felder geteilt, die abwechselnd Figuren oder eckig stilisierte vierblättrige Blüten enthalten. Im Zentrum des Ornatstückes, im Nacken, steht das Lamm Gottes, es folgen zu beiden Seiten die vier Evangelistensymbole, dann die Apostel Petrus und Paulus, Johannes und Andreas. Nach einem längeren, Ton in Ton gemusterten Abschnitt, der die große Inschrift IN NOMINE / I(OMI)NI (sic) trägt, folgen die übrigen acht Apostel. Alle tragen sie Namensbeischriften, ebenso die Evangelistensymbole und das Lamm. Die Ausrichtung der Figuren – das Lamm und die Symboltiere quer zum Band, die Apostel in Längsrichtung – und die Körperhaltung der Apostel nehmen Rücksicht auf die Tragweise des Ornatstückes, und auch die Farbe ihrer Gewänder korrespondiert mit dem jeweiligen Gegenüber auf der anderen Hälfte des Bandes. Die abschließenden Fransen fehlen, am vom Betrachter her gesehen rechten unteren Ende der Stola ist aber immerhin noch die quer aufgesetzte Borte erhalten. Darüber steht die Inschrift PIVS PASTOR SE(M)P(ER) / MEMENTO MEI (»Frommer Hirte, sei immer meiner eingedenk«).

Wann und woher die Stola in die im ausgehenden 18. Jahrhundert neu gebaute Pfarrkirche St. Maria zu Neumagen-Dhron (Rheinland-Pfalz) gelangte, ist bisher nicht bekannt. Die vorgeschlagene Verbindung zu St. Matthias vor Trier hat sich jedenfalls als nicht haltbar erwiesen (DI 70, S. 138). Der singuläre Charakter der Stola, deren durchdachtes Konzept und sorgfältige Ausführung eigenartig kontrastiert mit der teilweise ungelenken, was die Evangelistensymbole betrifft geradezu witzig-unbeholfenen Darstellungsweise, macht ihre zeitliche Einordnung schwierig. Jeweils isolierte Vergleiche gibt es nur für die Soumaktechnik und für die Ton in Ton gehaltenen Inschriftenpartien. Ein Cingulum aus einem ins 12. Jahrhundert zu datierenden Klerikergrab im Südquerarm der Krypta des Speyrer Domes zeigt auf seiner ganzen Länge eine solche Inschrift und bietet somit einen groben terminus ante quem.

Q.: DI 70, S. 136–139, Abb. 45–46. Lit.: Kat. Hildesheim 1993, Bd. 2, S. 187–188, Nr. IV-32 (Regula Schorta) · Kat. Magdeburg 2006, Bd. 1, S. 103, 105, Nr. II.47 (Bernd Päffgen) · Wilckens 1988. R.Sch.

173 Liturgischer Kamm

Köln oder Lüttich (?), um 1000
Elfenbein – H. 20,5 cm, B. 13,7 cm, D. 0,6 cm
Osnabrück, Domkapitel zu Osnabrück, Inv.Nr. DS 67

Der Gebrauch von Kämmen in der christlichen Liturgie lässt sich aufgrund schriftlicher Überlieferung seit dem 9. Jahrhundert belegen. Das Kämmen des Hauptes, welches nach dem Anlegen der liturgischen Kleidung vorgenommen wurde, war neben dem Richten der Haare vor allem sinnfälliger Ausdruck einer symbolischen Reinigung des Geistes (Kat.Nr. 4)

Der hochrechteckige Doppelkamm ist beidseitig mit halbkreisförmigen Bildfeldern verziert. Auf der im Flachrelief gearbeiteten Vorderseite thront streng frontal der Hauptpatron des Osnabrücker Doms. Eine Inschrift rechts und links seines Hauptes kennzeichnet ihn als S(AN)C(TU)S PETRUS. Der Apostel trägt in seinen Händen die Himmelsschlüssel in Form aufragender Stäbe. Buchstaben seiner Namensbezeichnung bilden die Schlüsselbärte; links steht auf einem Kreuzesstab ein S, rechts lässt sich der Krückenstab als eine Zusammenziehung der Buchstaben P, T und R lesen. Vergleichsbeispiele für derartige Schlüsselgestaltungen finden sich auf Elfenbeintafeln und in der Buchmalerei aus der 2. Hälfte des 10. Jahrhunderts. Flankiert wird der Patron von zwei herbeieilenden Bischöfen. Ehrfurchtsvoll empfängt jeder von ihnen aus der Hand des Apostelfürsten ein Buch. In Anlehnung an das von der Spätantike bis ins frühe Mittelalter gebräuchliche Motiv der *traditio legis* reicht Petrus, der erste Bischof Roms, das göttliche Wort wie auch seinen göttlichen Auftrag an seine Nachfolger weiter. Die Thematisierung Petri auf dem Kamm legt nahe, dass der liturgische Gegenstand für den Osnabrücker Dom geschaffen worden ist. Das Bildprogramm führt das Selbstverständnis vor Augen, in der Nachfolge des Stellvertreters Christi auf Erden zu stehen. Damit formuliert es standespolitisch den Anspruch einer Macht- und Vorrangstellung seiner Benutzer.

Das in Ritztechnik gearbeitete Ornament auf der Rückseite des Kammes gehört in den Symbolbereich der Lebensranke. Ein Rankenband schlingt sich ohne Anfang und Ende und damit ewig zu drei Kreisen. Den mittleren Kreis schmückt

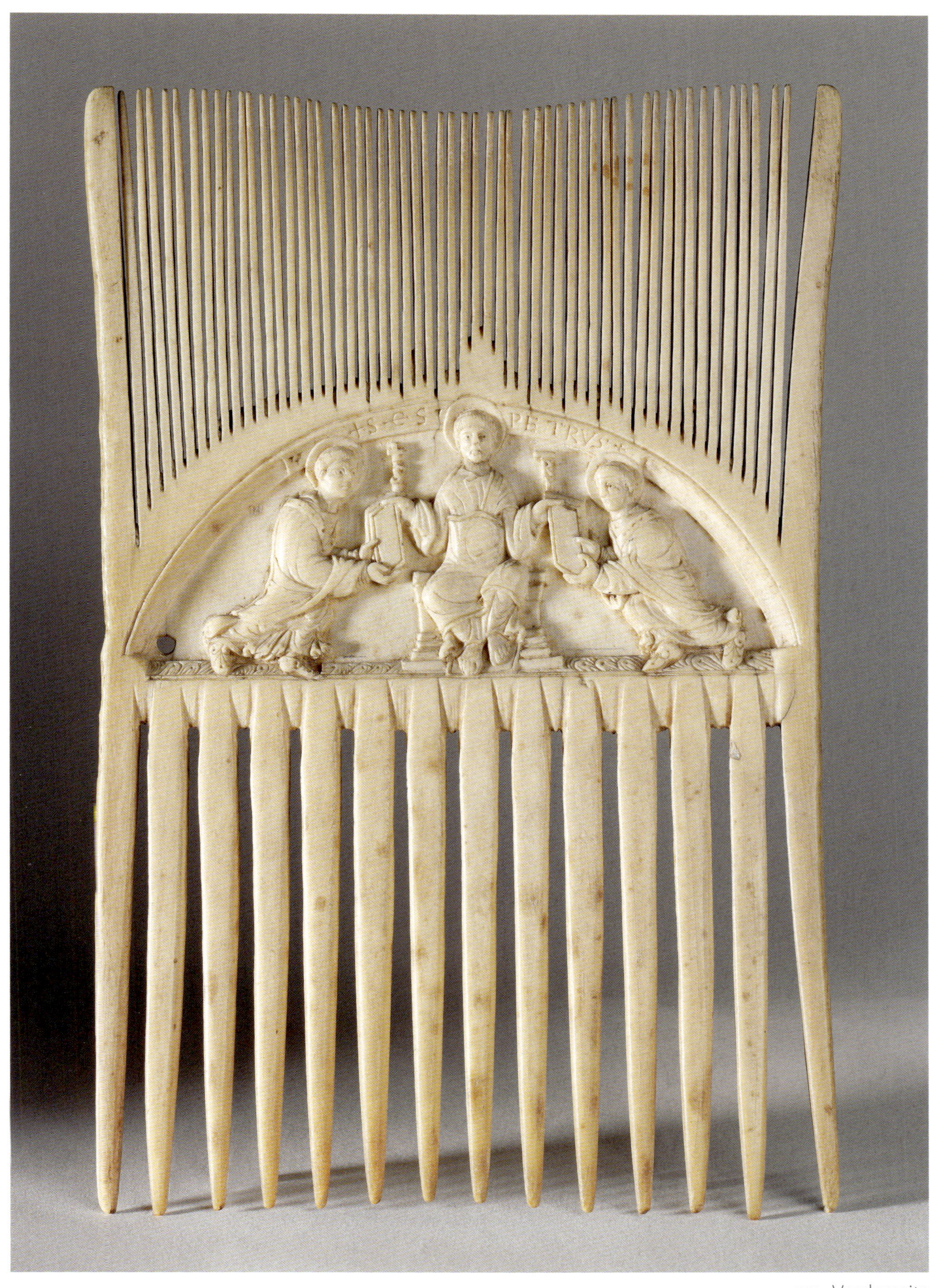

173 · Vorderseite

ein zwischen Sonnen- und Blütenform changierendes Motiv, die beiden äußeren Kreise sind mit vierpassähnlichen, die Zwickel mit einfachen und dreipassähnlichen Blättern gefüllt. Bei der für das 17. Jahrhundert bezeugten Verehrung des Kammes als einer Stiftung Karls des Großen (768–814) handelt es sich um eine nachträgliche Legendenbildung.

Lit.: Kat. Paderborn 2006, Bd. 2, S. 98–99, Nr. 81 · Schnackenburg 2002 · Swoboda 1963, S. 84–87, Nr. 21. F.D.

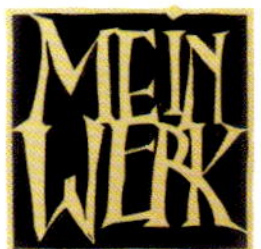

Heilige – Reliquien – Patrozinien

174 Reliquienbehältnis mit Cedula

Paderborn, 1017
Bleiplatten, gerollt u. gebogen – B. (Bleiplatte der Rolle) 8,7 cm, L. (ausgerollt) ca. 13,0 cm, Dm. (Deckel) 5,5–5,7 cm bzw. 5,0–5,9 cm, Cedula, Tinte auf Pergament – Dm. 4,0–4,9 cm
Paderborn, Erzbischöfliches Diözesanmuseum und Domschatzkammer, Inv.Nr. HS 14

Das Reliquienbehältnis besteht aus einem röhrenförmig zusammengerollten Streifen Blei, dessen kurze Seiten zum besseren Halt dünner ausgetrieben wurden. Die beiden runden Deckel weisen schmale umgebogene Ränder auf, die sich lose, aber passgenau auf die beiden Öffnungen der Rolle stülpen lassen. Die ursprünglich vollrunde Form zeigt leichte Deformation durch Stauchung: Offensichtlich lag das Behältnis über lange Zeit auf einer Seite.
Mit dem Altar als Stätte des Messopfers wird seit dem 6. Jahrhundert vermehrt der Brauch verbunden, in seinem Inneren Reliquien von Heiligen beizusetzen. Diese wurden im Zusammenhang von Altarweihen im Stipes (Altarunterbau) oder der Mensa (Altarplatte) verschlossen. Die eingelassenen Behälter waren von unterschiedlicher Größe und Form, häufig aus Blei, Glas oder anderen dauerhaften Materialien gefertigt. Aus der Zeit um 1000 sind auch im Damenstift Essen mehrere runde Döschen erhalten, die allerdings alle nur aus Unterteil und Deckel bestehen. Sie nennen teilweise auf der gravierten Dosenwandung ihren Inhalt (Kat.Nr. 175–179).
Als Bischof Meinwerk (1009–1036) 1017 den Altar der Bartholomäuskapelle weihte, legte auch er in das dortige Sepulchrum wertvolle Reliquien. Das Bleibehältnis mit den Reliquien wurde im Zuge der nach dem Zweiten Weltkrieg notwendig gewordenen Restaurierungsarbeiten in der Paderborner Bartholomäuskapelle beim Abbruch des Altares im dortigen Altarsepulchrum gefunden. Im Innern der Dose befand sich neben den kostbaren Partikeln eine Cedula aus hauchdünnem Pergament, die in ihrer Form der Rundung des Gefäßes angepasst ist. Die siebenzeilige Aufzählung auf der Cedula verweist auf den verschollenen Inhalt: »de sepulchro d[omi]ni / de ligno d[omi]ni / de uestimento sce mariae / Sci ianuarii Sci cyriaci / Sci albani Sci desiderii / Sci liudgarii Sci siueri / Dens Sci Laurencii«. Über die Reliquien selbst bzw. über eventuelle Umhüllungen derselben mit kostbaren Stoffstückchen, wie es üblich war, ist nichts bekannt. Bei den auf der Cedula genannten Reliquien handelt es sich um Partikel von Herrenreliquien (vom Grab und vom Kreuz Christi), vom Kleid Mariens, von Reliquien frühchristlicher Märtyrer (Bischof Januarius von Benevent, Diakon Cyriacus, Albanus von Mainz, Laurentius) und der Bischöfe Desiderius von Vienne (? 595–603), Severus von Ravenna (342–344) und Liudger von Münster (805–809). Einige der Genannten lassen sich auch im anderen Zusammenhang mit Bischof Meinwerk und seinen Stiftungen verbinden. Der Hauptaltar des von Meinwerk neu errichteten Domes war der Gottesmutter geweiht. Daneben gab es u.a. einen Kreuzaltar am Ostende des Langhauses. Reliquien des römischen Märtyrers Laurentius werden für das 11. Jahrhundert im Hochaltar und Liboriusaltar erwähnt (Kunigunde wurde am Laurentiustag, dem

174

10. August, 1002 im Paderborner Dom zur Königin gekrönt.). Reliquien vom Heiligen Grab, vom hl. Liudger und vom hl. Laurentius sind für das 12. Jahrhundert in dem von Meinwerk gegründeten Kloster Abdinghof nachweisbar.

Lit.: Braun 1924 · Busen 1963 · Fuchs 1958 · Hengst 1986b, S. 225–226 · Ilisch/Kösters 1992. U.P.

175 Reliquienbehältnis

Essen, Damenstift, 1054
Blei, rechteckig, mit Deckel – Kästchen: H. 5,5 cm, B. 9,2 cm, L. 16,0 cm, Deckel: H. 1,4 cm, B. 9,4 cm, L. 16,6 cm
Essen, Domschatzkammer, Inv.Nr. 224 (E/r1)

Auf dem Deckel des Bleikastens ist außen in Majuskelbuchstaben die Inschrift ANNO AB INCARNAT(IONE) D(OMI)NI · MIL(LESIMO) · L · IIII · INDICT(IONE) · VI eingeritzt. Vermutlich wurde im Jahr 1054 eine große Zahl von Reliquien, die zu unterschiedlichen Gelegenheiten nach Essen gekommen waren, zusammengefasst und im Hauptaltar der Stiftskirche rekondiert. Anlass war der Abschluss der Umbauten am Chor, die Äbtissin Theophanu (1039–1058) in Auftrag gegeben hatte, und die anschließende Konsekration des Altares.
Die Reliquien, die in das Kästchen gebettet wurden, sind auf der Innenseite des Deckels genannt. Es handelt sich um hochrangige Herrenreliquien von der Wiege, vom Kleid und vom Kreuz Christi sowie einen Partikel des Simeon, der den Herrn nach der Kreuzabnahme in den Armen hielt, des Weiteren Haare und ein Stück vom Kleid der Jungfrau und Gottesmutter Maria, Reliquien Johannes' des Täufers, des Patriarchen Jakob und des Evangelisten Markus, ein Stück vom Stab des hl. Petrus sowie vom Kreuzesholz der Apostelfürsten Petrus und Paulus, Reliquien der Apostel Andreas und Bartholomäus, Haare der Maria Magdalena, ein Stück vom Zahn und vom Kleid des Apostels Andreas, Reliquien des Erzmärtyrers Stephanus, Reliquien der Stiftspatrone Cosmas und Damian, des hl. Dionysius, des hl. Christophorus, der Heiligen Chrysantus und Daria, Venantius und Hermes, der Heiligen Theodor, Mauritius, Landelin, Saturninus, Alexander, Tiburtius und Valerian, der Märtyrer Justus, Caesarius, Sergius und Bacchus sowie der Jungfrau Regina, ein Stück von einer Gabe, die der hl. Bischof Gregor von Auxerre (515–530) gesegnet hatte, je einen Zahn der Heiligen Vitus und Vincentius, Reliquien der ägyptischen Märtyrer Menas, Gereon und Victor sowie Partikel der 40 Märtyrer, die im Bad verbrannten und in Alexandria bestattet wurden. Von den mittelalterlichen Reliquien sind einige in Stoff gehüllt, von anderen nur noch die blanken Knochen erhalten. Übrig blieb außerdem ein Seidentuch (15 x 14 cm) mit Spuren eines mittelalterlichen Wachssiegels (Dm. 3,5 cm).
Wie aus einer beiliegenden Konsekrations- und Ablassurkunde hervorgeht (Essen, Domschatzkammer, Inv.Nr. E/r1a), wurde das Reliquiar zu einem unbestimmten Zeitpunkt nach der Säkularisation des Stifts im Jahr 1806 aus dem Hauptaltar der Münsterkirche entfernt und geöffnet. Am 19. Juli 1887 fand es seinen neuen Platz im Altar Johan-

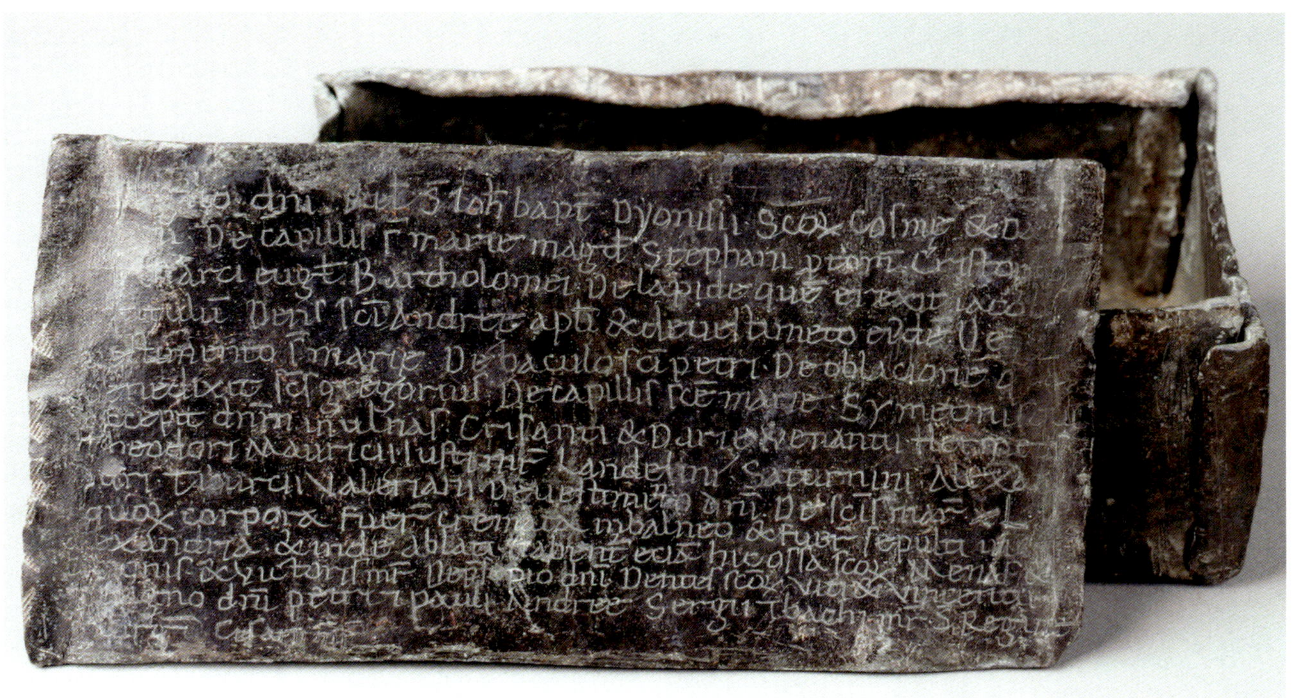

175

nes' des Täufers und der hl. Jungfrau Ursula in der Pfarrkirche St. Johannis. Der Konsekrator, Bischof Georg Kopp von Fulda (1881–1887), schlug anlässlich der Rekondierung einige der mittelalterlichen Reliquien in Pergament ein und versiegelte sie mit rotem Lack.

Lit.: Röckelein 2007, S. 119–121, 139–141. H.R.

176 Reliquienbehältnis

Essen, Damenstift, 11. Jahrhundert (nach 1049)
Blei, runde Dose mit Deckel – Korpus: H. 4,8 cm, Dm. 6,2 cm, Deckel: H. 0,7 cm, Dm. 6,6 cm
Essen, Domschatzkammer, Inv.Nr. 225 (E/r2)

Von den Reliquien in dem tiegelförmigen Bleireliquiar haben sich nur wenige Stoffe erhalten. Im Inneren des Deckels sind von einer Hand des 11. Jahrhunderts die Reliquien der Heiligen Florinus, Cunibert, Liudger, Gallus, Amandus, Othelric (Ulrich), Remigius, Trudo und des Kirchenvaters Hieronymus als vormaliger Inhalt genannt. Auf dem Verschlussdeckel und am Boden des Gefäßes sind Spuren einer Verschnürung mit Pergament zu erkennen.
Die Heiligen lassen sich in Gruppen zusammenfassen. Die Partikel des Priesters Florinus von Remüs aus dem Engadin, des irischen Mönches Gallus, eines Gefährten des Columban, der sich als Eremit am Bodensee niederließ, an der Stelle, an der später das Kloster St. Gallen errichtet wurde, sowie des Augsburger Bischofs Ulrich (923–973) kamen unter der Essener Äbtissin Mathilde II. (971/973–1011) vor 986 nach Essen. Die Heiligengebeine erhielt Mathilde vermutlich als Geschenk und durch die Vermittlung ihrer nächsten Verwandten, ihrer Mutter Ida († 986), Witwe Herzog Liudolfs von Schwaben († 957), und ihres Bruders Herzog Otto von Schwaben und Bayern (973–982), die im bayerisch-alemannischen Raum und am Mittelrhein umfangreiche Herrschaftsrechte ausübten. Kunibert, Bischof von Köln († um 663), und Liudger, der erste Bischof von Münster (805–809), repräsentieren zwei Missionare der Friesen und Sachsen. Remigius, Bischof von Reims (459–533) und Zelebrant der Taufe König Chlodwigs I. († um 533), der Priester Trudo, Gründer des Klosters St-Trond in Belgien († 695), und Amandus, Bischof von Maastricht (um 649) und Gründer des Klosters Elno (St-Amand), symbolisieren die Missionstätigkeit in Gallien während der Merowingerzeit. Da das Fest des hl. Remigius in Essen nicht an dessen Todes- bzw. Geburtstag, den 13. Januar, begangen wurde, sondern am 1. Oktober, dem Tag der Elevation des Heiligen und seiner Überführung aus der Grabeskirche in die Kathedrale von Reims im Jahr 1049, wurden die Reliquien des Remigius möglicherweise bei diesem Anlass dismembriert und nach Essen abgegeben. Damit wäre die Anlage des Reliquiars nicht vor 1049 anzusetzen und fiele wie das Reliquiar im Hauptaltar (Kat.Nr. 175) in den Abbatiat der Äbtissin Theophanu (1039–1058).
Das Reliquiar war – wie die auf der Außenseite des Deckels eingeritzte Inschrift aus der Neuzeit nahelegt – im Altar des hl. Florinus im Schiff der Essener Stiftskirche deponiert. Der Altar wurde 1755 abgerissen.

Lit.: Röckelein 2003 · Röckelein 2007, S. 141–142. H.R.

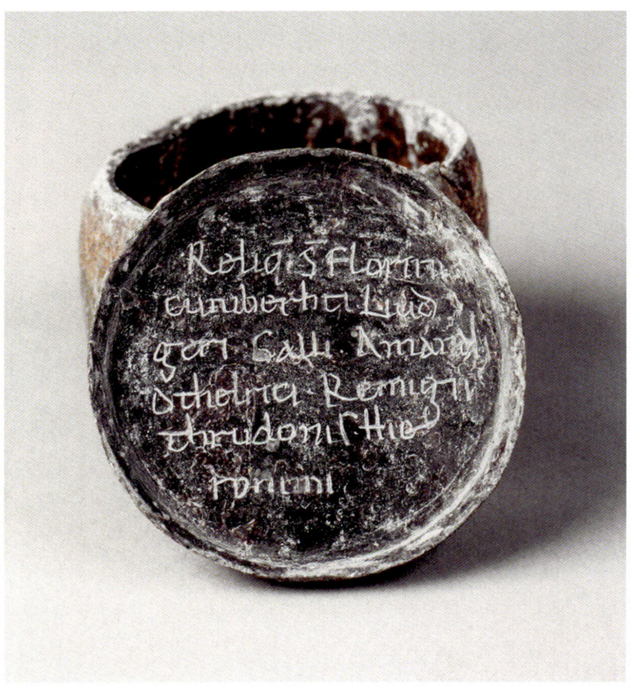

176

177 Reliquienbehältnis

Essen, Damenstift, 11. Jahrhundert
Blei, runde Dose mit Deckel – Dose: H. 2,2 cm, Dm. 8,2 cm, Deckel: H. 0,6 cm, Dm. 8,6 cm
Essen, Domschatzkammer, Inv.Nr. 226 (E/r3)

In dem Bleibehältnis befinden sich in Stoff gehüllte Reliquien. Auf dem Verschlussdeckel und am Boden des Gefäßes sind Spuren einer Verschnürung mit Pergament zu sehen.
Auf der Innenseite des Deckels wurden von einer Hand des 11. Jahrhunderts die inliegenden Reliquien verzeichnet. Demnach enthält der Tiegel Partikel des Erzmärtyrers Stephanus, der römischen Märtyrer Laurentius (Diakon), Hippolyt (Gegenpapst? Offizier?), Cyriacus (Diakon), Pancratius, Tiburtius und Vincentius sowie der Päpste Stephanus (254–257) und Sixtus II. (257–258). Das Reliquiar war – wie die Inschrift auf der Außenseite des Deckels vermuten lässt – im Altar des hl. Stephanus rekondiert, der sich im Osten

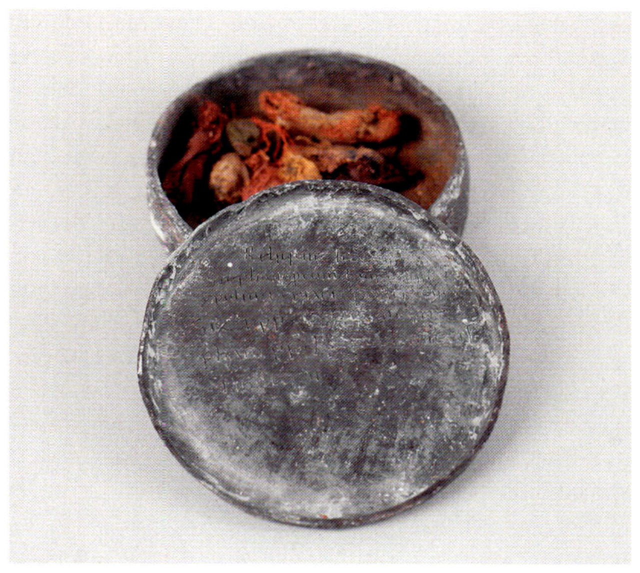

177

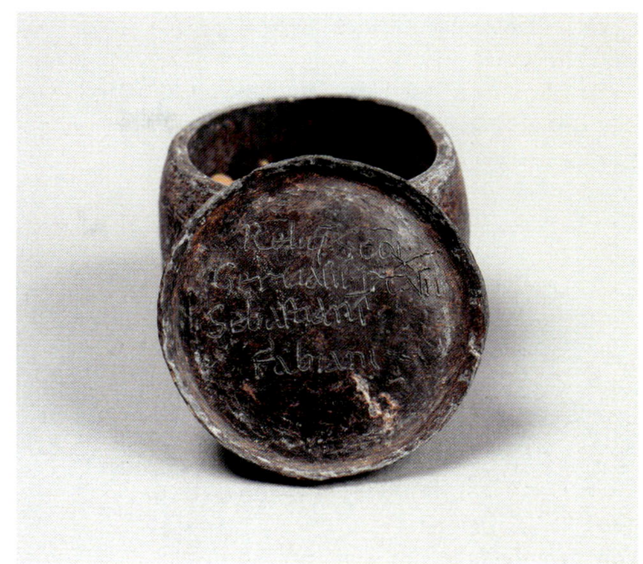

178

des südlichen Seitenschiffs befand, oder in einem der Altäre, die 1051 anlässlich der Weihe der unter Äbtissin Theophanu (1039–1059) erbauten Krypta angelegt wurden. Laut einer Inschriftentafel befanden sich im Jakobusaltar in der nördlichen Nische der Krypta u.a. Reliquien der Heiligen Pancratius und Cyriacus.

Lit.: Röckelein 2007, S. 116, 142–143. H.R.

178 Reliquienbehältnis

Essen, Damenstift, 11. Jahrhundert
Blei, runde Dose mit Deckel – Dose: H. 4,0 cm, Dm. 5,0 cm, Deckel: H. 0,6 cm, Dm. 5,3 cm
Essen, Domschatzkammer, Inv.Nr. 227 (E/r4)

In dem Bleitiegel befinden sich in Stoff gehüllte Reliquien und Reste eines Pergamentstreifens (vom ursprünglichen Verschluss?). Auf dem Verschlussdeckel und am Boden des Gefäßes sind Spuren einer Verschnürung mit Pergament zu erkennen. Auf dem Korpus wurde in der Neuzeit außen der Buchstabe »D« eingeritzt. Die Bedeutung dieser Buchstabenmarkierung, die sich auch auf anderen Essener Bleidöschen befindet, ist bislang nicht geklärt. Auf der Innenseite des Deckels hat eine Hand des 11. Jahrhunderts die Namen der Mailänder Heiligen Gervasius und Protasius, des gebürtigen Mailänders und in Rom getöteten Sebastian sowie des römischen Papstes Fabian (236–250) eingeritzt. Nach einer der Inschriftentafeln von 1051 befanden sich im Crispinusaltar in der südlichen Nische der Krypta Reliquien des hl. Sebastian.

Lit.: Röckelein 2007, S. 143. H.R.

179 Reliquienbehältnis

Essen, Damenstift, 11. Jahrhundert
Blei, runde Dose mit Deckel – Dose: H. 2,8 cm, Dm. 5,0 cm, Deckel: H. 1,0 cm, Dm. 5,4 cm
Essen, Domschatzkammer, Inv.Nr. 228 (E/r5)

In dem Bleidöschen befinden sich in Stoff gehüllte Reliquien, teilweise mit Brandspuren. Auf dem Verschlussdeckel und am Boden des Gefäßes sind Spuren einer Verschnürung mit Pergament zu erkennen. Auf die Innenseite des Deckels hat eine Hand des 11. Jahrhunderts eingetragen, dass die inliegenden Reliquien im »alten Altar« aufgefunden worden seien. Auf der Außenfläche der Dose ist die Inschrift MARTI|NVS eingeritzt. Daraus ist zu schließen, dass das Reliquiar im Altar des hl. Martinus im Chorhaupt nördlich des Hauptaltars deponiert war. 1371 wurde dieser Altar mit einer großzügigen Güterschenkung zur Versorgung des Vikars dotiert.

Lit.: Röckelein 2007, S. 117–118, 143–144. H.R.

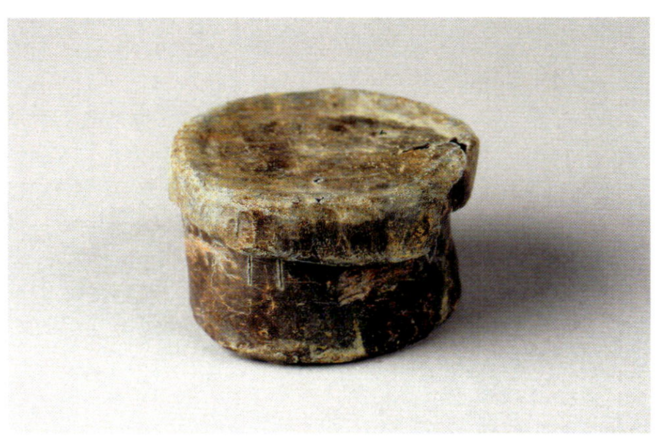

179

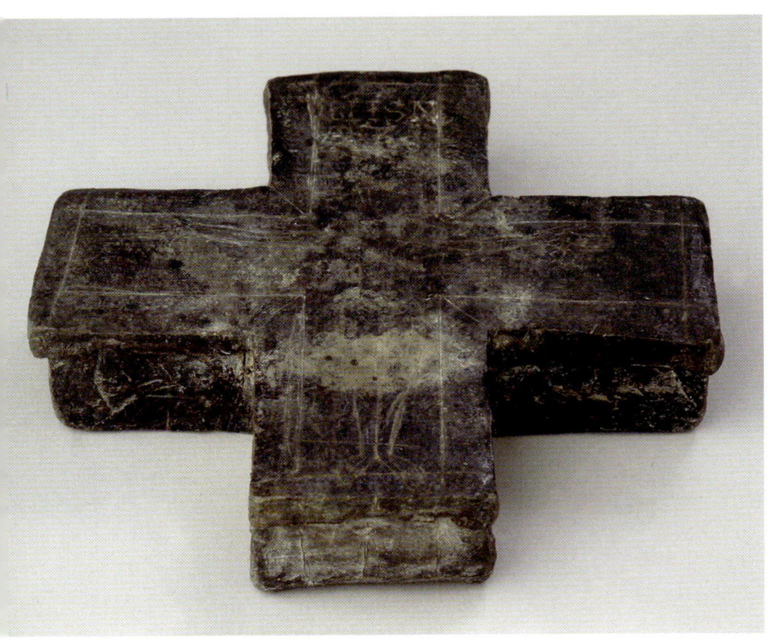

180

den Vatikanischen Museen in Rom verwiesen sei, das wohl bereits im 9. Jahrhundert entstanden sein dürfte (Inv.Nr. 60985). In der feinen Gravur eng verwandt erscheint jedoch die Darstellung des Gekreuzigten auf der Rückseite der Arche des hl. Willibrord (Emmerich, St. Martini, um 1040/1070), die zu den Hauptwerken niederrheinländischer Kunst zu rechnen ist. Vergleichbar erscheinen zudem zwei Reliquienkreuze in Münster (Reliquienkreuz im Dom u. Erphokreuz in St. Mauriz, beide um 1090), deren Christusdarstellungen in der Gesamtkomposition sowie in der Detailzeichnung direkte Übereinstimmungen aufweisen. Das kreuzförmige Reliquienkästchen in Emmerich, das wahrscheinlich im Zusammenhang mit dem Bau der St. Martinikirche um 1040/1050 steht, dürfte in dieser Zeit entstanden sein.

Lit.: Kat. Emmerich 1977, Nr. 4 · Lemmens 1983, Nr. E 2 · Reliquienfund 1954. R.K.

180 Reliquienbehältnis in Kreuzform

Niederrhein, um 1040/1050
Blei – H. 15,4 cm, B. 15,7 cm, T. 3,1 cm
Emmerich, Kath. Kirchengemeinde St. Christophorus

Das Reliquienkästchen wurde 1954 im Altarfundament des Ostchores der ehemaligen Stiftskirche St. Martini in Emmerich, deren älteste Teile um 1040 errichtet wurden, unterhalb des romanischen Fußbodens aufgefunden. Der aus Blei gefertigte, kreuzförmige Reliquienbehälter, der mit einem übergreifenden Deckel versehen ist, ist in fünf quadratische Fächer unterteilt, in denen sich unbeschriftete Reliquien sowie Reliquienhüllen und Gewebe befinden.

Besonders bemerkenswert erscheint jedoch der Schmuck des Deckels, auf dem, die Kreuzarme nachzeichnend, ein breites, gleichschenkliges Kreuz mit Christusdarstellung eingraviert ist. Der Gekreuzigte ist mit weit ausgebreiteten Armen dargestellt, die Beine sind parallel nebeneinandergestellt; das bartlose Haupt, das von einem Kreuznimbus eingefasst wird, ist kaum merklich zur Seite geneigt. Den schmalen, beinahe schmächtigen Körper kleidet ein symmetrisch angelegtes Lendentuch, das bis zu den Knien herabreicht. Hinzuweisen ist darüber hinaus auf die weit geöffneten Augen und die zum Betrachter gewandten Handflächen des Gekreuzigten, aus deren Wundmalen das Blut herausströmt. Oberhalb des Gekreuzigten sind zudem die Buchstaben IHSN und XPS eingraviert.

Reliquienbehälter aus Blei lassen sich bei mittelalterlichen Altären, eingelassen in das Sepulchrum, häufig nachweisen. Ungewöhnlich erscheint jedoch die eher seltene Kreuzform des Bleikästchens, wobei hier auf ein in seinem Aufbau und in seinen Proportionen vergleichbares Reliquienkreuz in

181 Elfenbeinpyxis mit Kreuzigung Christi u. ungläubigem Thomas

Rheinland (?), 10./11. Jahrhundert
Elfenbein, geschnitzt, starke Abriebspuren, im Querschnitt queroval – H. 5,6 cm, B. 5,0 cm, T. 3,8 cm
Köln, Domschatzkammer, Inv.Nr. L 82

Die vor 1895 von Alexander Schnütgen in Buschhoven entdeckte und für den Kölner Dom erworbene Pyxis ist aus dem oberen, ursprünglich massiven Teil eines Stoßzahnes geschnitzt. Dessen ovale, sich verjüngende Form ist noch gut erkennbar. Die Maße der mit vier Eisennägeln befestigten Bodenplatte stimmen mit denen der Oberkante überein. Sie wurde offensichtlich vor der Aushöhlung des Elfenbeins von dessen Ende abgeschnitten. Die Eisennägel sind stark korrodiert und Ursache von Spannrissen, Abplatzungen und Verfärbungen am unteren Rand und Boden. In der Mitte der Langseiten ist ein Stück des oberen Randes abgearbeitet. An den hier angebrachten Bohrlöchern waren wohl Verschluss und Scharnier eines verlorenen Deckels befestigt. Weitere Bohrungen an den Schmalseiten dienten eventuell zur Befestigung einer Aufhängung. Ob die Pyxis als Gefäß für Hostien oder Reliquien genutzt wurde, ist nicht mit Sicherheit zu bestimmen. Für eine Hostienpyxis ist sie allerdings äußerst klein.

Das die Pyxis umziehende Relief wird oben und unten durch einen Fries spitziger Blätter begrenzt. Bäume mit pilzähnlichen Kronen an den Schmalseiten trennen es in zwei unterschiedlich große Bildfelder. Im Zentrum des größeren ist die Kreuzigung Christi dargestellt; das schmalere zeigt die Erscheinung des Auferstandenen vor dem ungläubigen Thomas. In der Mitte der Vorderseite ist Christus am Kreuz

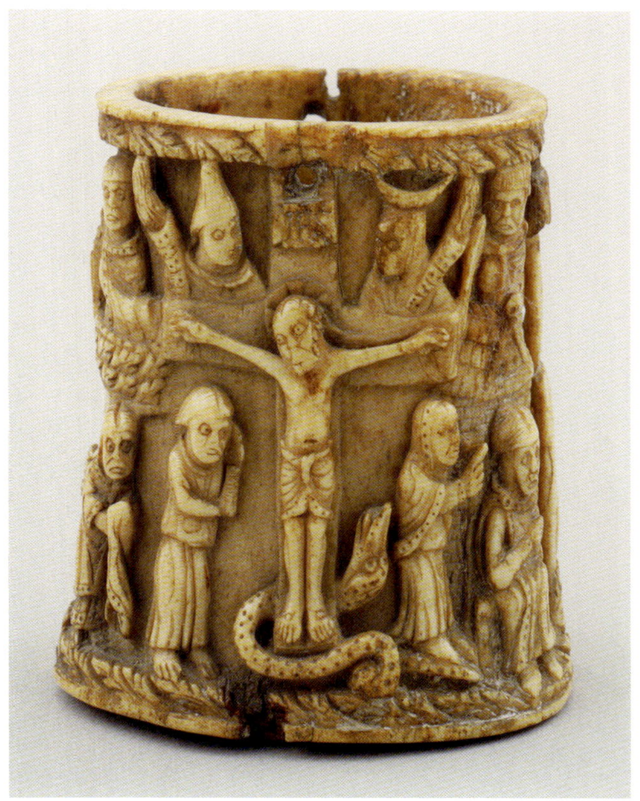

181

zu sehen, um dessen Stamm sich die Schlange als Symbol des durch den Sühnetod Christi überwundenen Sündenfalls windet. Über dem zur Seite geneigten Haupt des Gekreuzigten ist die Schrifttafel mit den Anfangsbuchstaben des Namens Jesu (IHS) angebracht. Über dem Kreuzbalken erscheinen die Gestirne Sonne und Mond sowie zwei Engel. Unter dem Kreuz stehen zur Rechten der trauernde Johannes und eine Figur mit langem, offenem Haar, Maria (?). Ihre Hände sind von einem Tuch verhüllt. Die weibliche Gestalt zur Linken wendet sich vom Kreuz ab und einer vor einer Architektur thronenden Sitzfigur zu. Es bleibt unklar, ob es sich um eine der Frauen am Grab oder um Ecclesia handelt, welche die vor der Mauerkrone Jerusalems thronende Synagoge zur Umkehr aufruft. Auf der Rückseite findet sich die stilisierte Darstellung einer mit sechs Türmen bewehrten Stadt. In deren Mitte steht, von zwei Jüngern flankiert, der Auferstandene. Dem Jünger zu seiner Rechten, Thomas, präsentiert er durch den erhobenen Arm die Seitenwunde.

Die Pyxis zeigt in vielen motivischen wie stilistischen Details eine starke Beeinflussung durch die Metzer Elfenbeinschnitzerei des 10. Jahrhunderts. Die Ausführung ist eher grob.

Lit.: Becks/Lauer 2000, S. 41 · Clemen 1938, S. 335 · Creutz 1908, Sp. 207 · Goldschmidt 1914–1926, Bd. 1, S. 58 · Schnütgen 1911, Sp. 320 · Schulten 1980, S. 14. M.D.

182 Hülle für die Reliquien des hl. Abrunculus

Seidengewebe: östlicher Mittelmeerraum oder Spanien, 11./12. Jahrhundert
Rotes Seidengewebe (einfarbig gemusterter Samit in Köper 1/2 S, Kette: 1:1, Z-Drehung, beige, 21–22 Haupt- u. 21–22 Bindekettfäden/cm, Schuss I u. II: ohne erkennbare Drehung, rot, 62–65 Passées/cm); beutelartiger, aus drei Fragmenten desselben Seidengewebes grob zusammengenähter Sack – Reliquienbündel: H. 39,0 cm, B. 14,0 cm, T. 9,0 cm, Seidengewebe: H. 35,0 cm, B. 44,5 cm
Paderborn, Hoher Dom

Der flüchtig und unsorgfältig zusammengenähte Beutel besteht aus drei Teilen desselben Seidengewebes. Jedes von ihnen hat an einer Vertikal- oder Horizontalkante einen inneren Besatz aus einem maximal 3,5 cm breiten blauen Leinenstreifen. Die drei Teile stammen also alle vom gleichen Gegenstand, ihre Zusammenfügung zu einem Beutel ist allerdings sekundär. Darin enthalten sind heute mehrere Röhrenknochen und Bruchstücke davon, die angenähte hochmittelalterliche Pergamentauthentik identifiziert sie als DE OSSIBUS ABRUNCULI EP(ISCOP)I (»von den Gebeinen des Bischofs Abrunculus«).

Reliquien sind nie ohne Umhüllung oder Einfassung verwahrt worden und auch in einem Schrein oder einem anderen Reliquiar liegen sie in der Regel in einer zusätzlichen Hülle. Oft besteht diese aus Stoff: vom einfachen Leinen – das immer auch die Konnotation »Grabtuch« mit sich trägt – bis zum eigens hergestellten und passend geschmückten Seidenbeutel – der durch seine Kostbarkeit einen adäquaten Rahmen für die verehrte Reliquie bildet. Auch Zweitverwendungen sind häufig, z.B. Abschnitte von liturgischen Gewändern, die bei deren Umarbeitung angefallen sind. Man scheint sich bisweilen sogar bewusst deutlich älterer Gewebe bedient zu haben, die vielleicht im Fundus einer Kirche vorhanden waren und die den Gebeinen eine gewisse Authentizität zu vermitteln vermochten. Von welchem Gegenstand die drei roten Gewebeabschnitte des Abrunculusbeutels stammen, kann allerdings nicht mehr festgestellt werden, und auch der Zeitpunkt der Herstellung des Beutels ist unbekannt.

Das Seidengewebe zeigt ein Muster aus großen Medaillons, in denen Vogelpaare in den Zweigen eines Baumes stehen. Es entspricht in allen wesentlichen Teilen dem Muster der Bernhardkasel aus Brauweiler (Kat.Nr. 170), doch zeigt eine Reihe von kleinen Unterschieden, dass es sich um eine etwas vereinfachende Wiederholung handelt. Die Webtechnik ist ebenfalls verschieden. Hier entsteht das Muster nicht durch den Kontrast von körnigem Grund und glattem Dekor, sondern es erscheint durch eingewebte Furchen wie eingeritzt in die glänzende Fläche des Stoffes.

Details der Webtechnik können Aufschlüsse geben über die Herstellungsregion der Gewebe. Während für die meis-

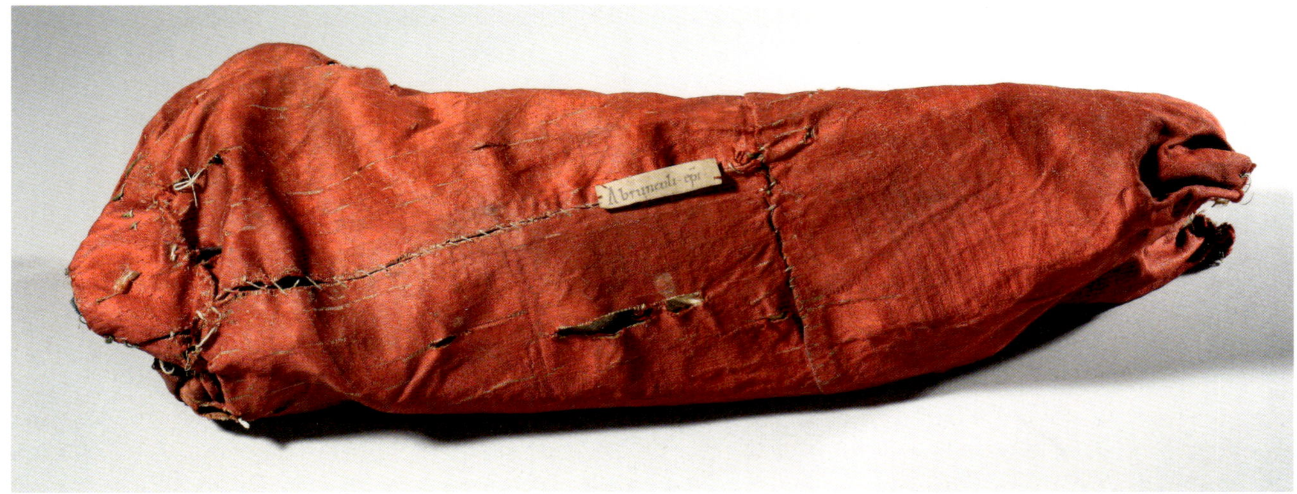

182

ten Gewebe der 1. Hälfte des 11. Jahrhunderts eine Entstehung im byzantinisch beherrschten östlichen Mittelmeerraum angenommen werden muss, tritt gegen Ende des Jahrhunderts auch Spanien vermehrt in Erscheinung. Im Fall der Abrunculusseide lässt das Kettverhältnis, das sich sicher von demjenigen byzantinischer Seiden unterscheidet, beide Möglichkeiten zu.

Abrunculus war Bischof von Trier, aber außer seinem Namen ist nichts von ihm überliefert. In den Bischofslisten wird er vor Nicetius geführt, der sein Amt 525/526 angetreten hat. Schon im ausgehenden 10. Jahrhundert wurde Abrunculus zu den als Heilige verehrten Trierer Bischöfen gezählt, und belegt ist auch, dass seine Gebeine vor 1049 aus St. Symphorian nach St. Paulin vor Trier überführt und dort beigesetzt wurden, zusammen mit denen der Trierer Bischöfe Modoaldus (nach 614–646/647) und Bonosius (359–373). Als Abt Thietmar von Helmarshausen (um 1080–1115/1120) im Jahre 1107 in Trier einen heiligen Leib für sein Kloster erbat, ließ man ihn zwischen den drei Bischöfen wählen. Er entschied sich für Modoaldus, erhielt aber zusätzlich den Unterkiefer des hl. Abrunculus und einen Arm des hl. Bonosius. Am 12. Mai 1107 wurden die neuerworbenen Reliquien feierlich auf dem Hochaltar der Helmarshausener Klosterkirche niedergelegt. Was nach der Auflösung des Klosters 1538 mit den Reliquien genau geschah und ob die Paderborner Abrunculusreliquien etwas mit ihnen zu tun haben können – um einen Unterkiefer handelt es sich bei den heute im Beutel verwahrten Knochenresten sicher nicht – muss hier allerdings offen bleiben. 1691 befand sich der rotseidene Beutel mit den Abrunculusreliquien jedenfalls im Paderborner Dom, wie aus einem Reliquienverzeichnis hervorgeht (Paderborn, Erzbistumsarchiv, Metropolitankapitel, Aktenband I, Bl. 203).

Lit.: Heyen 1972, S. 279, 291–294 · Kat. Paderborn 1994, S. 94, Nr. 39 (Ulrike Hauser) · Schorta 2001, S. 130, 289. R.Sch.

183 Relieffragment mit der Verkündigung an Maria

Rheinland (Essen?), 3. Viertel 10. Jahrhundert
Kupfer, getrieben, vergoldet – H. 14,6 cm, B. 9,5 cm, D. ca. 0,5 cm
Essen, Domschatzkammer, Inv.Nr. 11

Das getriebene Relief ist vertikal durchtrennt, so dass nur der rechte Teil des Bildfeldes mit der rechten Hälfte einer sitzenden Figur erhalten ist. Das Blech ist verbogen, die Oberfläche verkratzt, die Vergoldung an vielen Stellen abgegriffen. Die fragmentierte Figur wurde lange als Evangelistenbild gedeutet. Wie Hermann Schnitzler 1965 nachwies, handelt es sich jedoch um den Rest einer Verkündigung an Maria. Der linke Teil des Bildfeldes mit dem Verkündigungsengel ist verloren. Das Format betrug ursprünglich wohl das Zwei- oder Dreifache der jetzigen Breite.

Maria sitzt frontal auf einem kastenförmigen, mit Arkaden verzierten Thron, dessen Sitzplatte seitlich mit Edelsteinen geschmückt ist; darauf liegt ein verziertes Kissen. Sie trägt ein faltenreiches Gewand, anscheinend eine Palla, und einen Schleier. Die parallel zueinander in engen Kreisformen geführten Falten schmiegen sich an den Körper an. Marias Kopf mit dem großen Nimbus ist deutlich nach links gewandt, mit ihrer linken Hand weist sie auf ein Buch, das aufgeschlagen auf dem Pult neben ihr liegt.

Michael Peter ordnete Ikonographie und Stil der Darstellung in die Zeit nach der Mitte des 10. Jahrhunderts ein. Die Figur steht in der Tradition karolingischer Vorbilder aus Reims und der Hofschule Karls des Großen (768–814), ohne dass ein Entstehungsort auszumachen wäre.

Wie sein Material entspricht auch die Höhe des Fragments einer ebenfalls im Essener Domschatz erhaltenen Inschriftenplatte (15,0 x 53,5 cm). Der getriebenen Inschrift + ISTAM CRUCEM (I)DA ABBATISSA FIERI IVSSIT zufolge gehörte sie einst zu einem Kreuz, das eine Äbtissin Ida anfertigen ließ. Von Ida, Äbtissin des Mitte des 9. Jahrhunderts in Essen gegründeten Damenstiftes, ist aus einer Quelle des 17. Jahrhunderts bekannt, dass sie im Jahr 971 starb. Als Todesjahr ihrer Vorgängerin Agana wird 965 angenommen. Das Idakreuz stand im Mittelalter auf einer antiken Säule hinter dem Kreuzaltar inmitten der Essener Stiftskirche.

Als es 1413 für eine Reparatur heruntergenommen und untersucht wurde, fand man in der Figur des Gekreuzigten Herrenreliquien. Im 15. Jahrhundert wurde das ottonische Kreuz durch ein großes gotisches Kreuz ersetzt, das – vielfach überarbeitet und modernisiert – mitsamt den Reliquien und deren textilen Umhüllungen noch heute existiert. Nicht nur über Material und Format, sondern auch über ein ornamentales Element lässt sich eine Verbindung zwischen Inschrift und Verkündigungsfragment herstellen. Ein beschnittenes Lilienornament rechts der Inschrift hat seine enge Parallele in der Ausgestaltung des Lesepultsockels der Verkündigung. Die Zugehörigkeit des Reliefs zum Idakreuz – 1993 bereits von Fillitz angeregt – und damit eine Entstehung zur Regierungszeit Idas, also um 965/970, ginge mit der von Peter vorgenommenen stilistischen Einordnung nach der Mitte des 10. Jahrhunderts einher. Das Idakreuz könnte an den Balkenenden oder im Sockelbereich Szenen aus dem Leben Christi gezeigt haben, vielleicht neben der Verkündigung an Maria noch Geburt, Auferstehung und Himmelfahrt Christi.

Lit.: Falk 2009, S. 58 · Humann 1904, S. 170 · Kat. Essen 2008–2009, S. 58, Nr. 3 (Brigitta Falk) · Kat. Hildesheim 1993, Bd. 2, S. 392–393, Nr. VI–57 (Hermann Fillitz) · Kat. Magdeburg 2001, Bd. 2, S. 146–148, Nr. III.25 (Michael Peter) · Schnitzler 1967, S. 115. B.F.

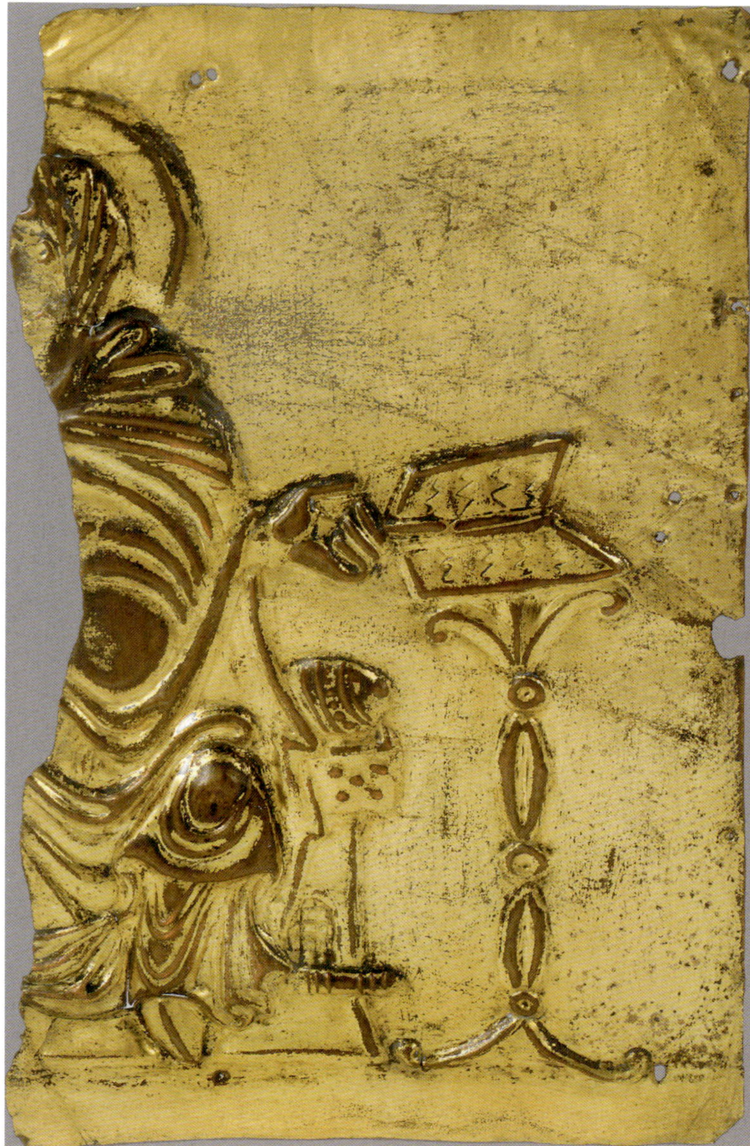

183

184 Relieffragment mit der Himmelfahrt Christi

Essen (?), Ende 10. Jahrhundert
Messing, getrieben, versilbert – H. 22,7 cm, B. 11,6 cm, D. ca. 0,5 cm
Essen, Domschatzkammer, Inv.Nr. 10

Der größere Teil der ursprünglich wohl rechteckigen Tafel ist verloren. Der linke untere Bereich der Platte fehlt, an der Ober- und Unterseite sowie an der rechten Seite befinden sich kleinere Ausbrüche. Trotz der Fehlstellen ist die Szene als Himmelfahrt Christi zu erkennen. Unten rechts stehen dicht aneinander gedrängt einige Jünger. Darüber schwebt ein größerer Engel mit in die Höhe gestellten, außerordentlich langen und schmalen Flügeln, sein Gewand bewegt sich dramatisch im Wind. Mit einer starken Drehung des Oberkörpers blickt er auf die Gruppe hinab und weist zugleich mit seiner rechten Hand nach oben. Dabei reicht seine Hand in die Mandorla hinein, die den zum Himmel fahrenden Christus umgibt. Von ihm haben sich nur der Kopf mit Oberkörper und der nach oben gestreckte rechte Arm erhalten. Rechts oberhalb der Mandorla schaut ein bartloses Haupt mit Kreuznimbus aus einem Strahlenkranz herab.

Der Stil der Figuren ist schwierig zu beurteilen – zu groß sind die Verluste, zu stark die Verdrückungen in der Treibarbeit. Schnitzler, Rensing und Peter verweisen auf Vergleichsstücke in der Buchmalerei vor allem des sächsischen Raumes, die sich an der Hofschule Karls des Kahlen (843–877) orientieren, und hier genauer auf die Corveyer Malerei um 1000. Für die schwungvoll hochgestellten, übergroßen Flügel des Engels konnte bisher keine Parallele gefunden werden. Bei einer Reinigung der Tafel im Jahre 2008 stellte sich heraus, dass das Material nicht Kupfer ist, wie bis dahin angenommen, sondern dass eine geschmiedete

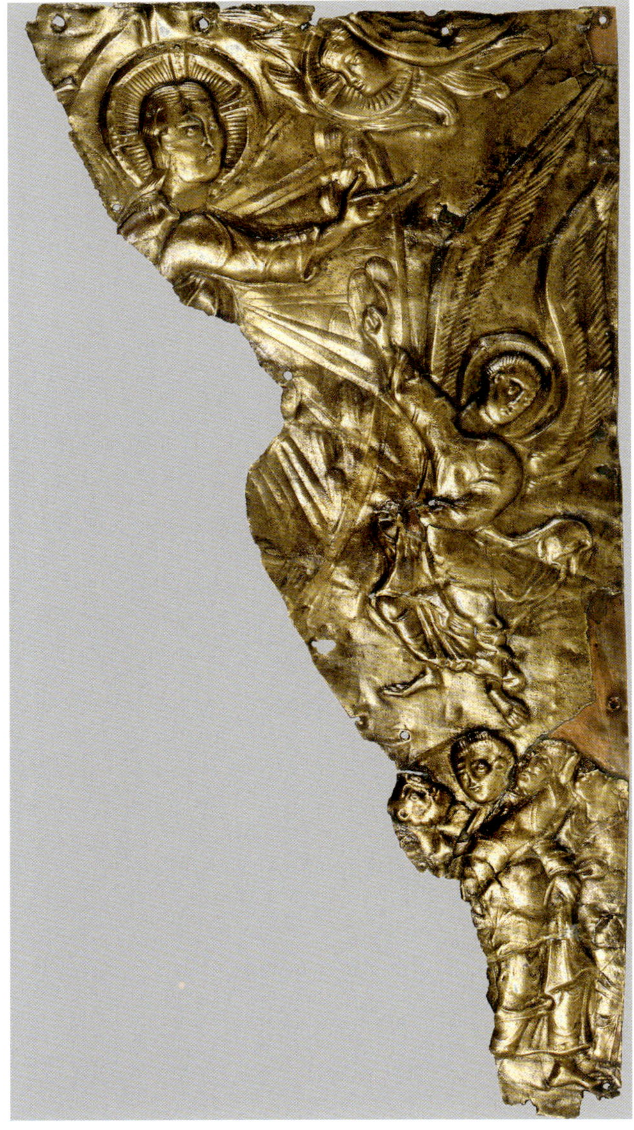

184

Messingplatte getrieben und versilbert wurde. Das ist ungewöhnlich für eine Treibarbeit, die auch stilistisch völlig aus dem Kontext anderer Essener Goldschmiedearbeiten fällt. Möglicherweise ist das Fragment der letzte Überrest des Essener Marsusschreins. Die »Goldene Kiste« entstand gegen Ende des 10. Jahrhunderts im Essener Damenstift und war damit einer der ältesten rhein-maasländischen Reliquienschreine. Er wurde bei der Sicherstellung des Stiftsschatzes vor den französischen Revolutionstruppen im Jahre 1794 demontiert, die Metallteile wurden 1797 eingeschmolzen.

Lit.: Falk 2009, S. 73 · Humann 1904, S. 70–71, Taf. 20, Fig. 2 · Kat. Essen 1956, S. 265, Nr. 496 (Victor H. Elbern) · Kat. Essen 2008–2009 · Kat. Magdeburg 2001, Bd. 2, S. 148–149, Nr. III.26 (Michael Peter) · Küppers/Mikat 1966, S. 28–29 · Rensing 1962, S. 44–58. B.F.

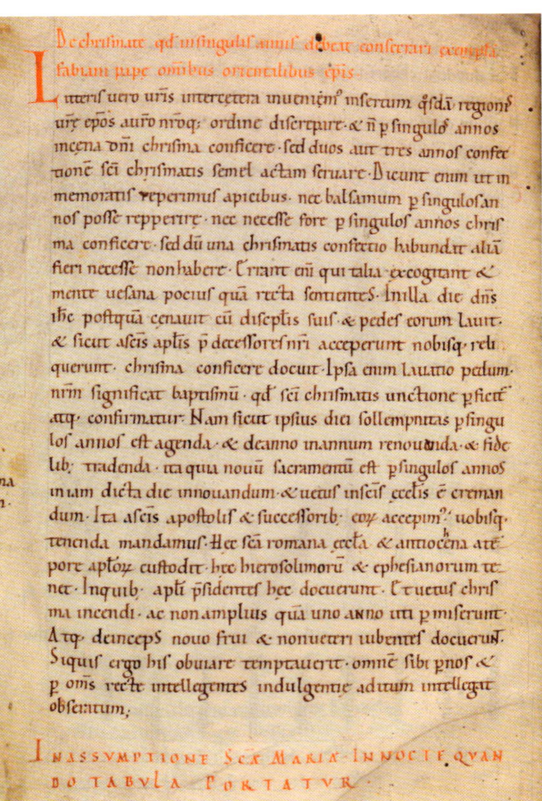

185 · fol. 2v

185 Pontifikale-Benediktionale

Hildesheim, 3. Viertel 11. Jahrhundert (vor 1067)
Pergament, Schweinsledereinband mit der Jahreszahl 1619 – H. 31 cm, B. 22 cm
Bamberg, Staatsbibliothek, Msc.Lit.54

In der liturgischen Handschrift befinden sich zum einen die in Vorschriften zusammengestellten liturgischen Amtshandlungen für den Bischof (Pontifikale) und zum anderen die von ihm im Gottesdienst verwendeten Segnungen (Benediktionale). Um den Ablauf des Gottesdienstes besser zu strukturieren und um eine Vielzahl von Büchern zu vermeiden, vereint dieser Buchtypus somit während der Messe vorgetragene Texte und Angaben zu rituellen Handlungsweisen. Das Pontifikale, abgeleitet von »pontifex« (Bischof), gewann seit dem 10. Jahrhundert zunehmend an Bedeutung, da sich die Liturgie vermehrt auf den Dienst der vorstehenden Person, also des Bischofs oder des Priesters, konzentrierte.
Wie aus der Jahreszahl auf dem Einband hervorgeht, befand sich die Handschrift bereits 1619 in der Bamberger Dombibliothek. Die Wappen des Einbandes verweisen auf das Bamberger Domkapitel, den Dompropst Johann Christoph Neustetter († 1638) und den Domdechanten Johann Georg Fuchs von Dornheim (später Fürstbischof von Bamberg 1623–1633). Die Schreiberhand konnte einem Hildesheimer Schreiber zugewiesen werden. Sie begegnet in zwei weiteren Handschriften der Bamberger Staatsbibliothek (Msc.Patr.158,

Msc.Lit.133, Hoffmann 1995) und zeigt paläographische Gemeinsamkeiten mit Fragmenten aus der Universitätsbibliothek Düsseldorf (K 8: 058, K 18: Z 7/2), aus der Universitätsbibliothek Münster (Fragment IV 4) sowie aus dem Propsteiarchiv Essen-Werden (Nr. 28, 893). Berechnungen des Inkarnationsjahres von 1067 auf fol. 151r ermöglichen es, die Handschrift in die Zeit kurz vor diesem Zeitpunkt, d.h. in das frühe 3. Viertel des 11. Jahrhunderts, zu datieren. Ein Gedicht in serpentinischen Distichen, das auf fol. 152v–154r wiedergegeben und am 15. August 1000 in Rom anlässlich des Himmelfahrtsfestes Mariens und der Prozession mit der Christusikone in der Nacht vor Mariä Himmelfahrt vom Lateran nach S. Maria Maggiore verfasst wurde, verweist auf eine inhaltliche Verbindung des Geschehens mit der Herrschaft Kaiser Ottos III. (983–1002). Das Gedicht wird eingeleitet durch die Anrufung Mariens: »Heilige Maria, die du die Höhen des Himmels erklommen hast, sei gnädig zu deinem Volk«. Es behandelt die Trauer Roms über den Verlust der eigenen Schönheit und schließt ab mit der Aufforderung: »Zögere nicht, Gnade für Otto III. walten zu lassen, der dir alles, was er besitzt, hingebungsvoll darbietet; lass alle Menschen über seine Herrschaft jubilieren« (MGH Poetae 5, S. 466–468, Z. 1–2; Übersetzung nach Mayr-Harting 1991).

Q.: MGH Poetae 5.1–2, S. 466–468. Lit.: Hoffmann 1993a, S. 184 · Hoffmann 1995, S. 146–147 · Kat. Hildesheim 1993, Bd. 2, S. 136–138, Nr. III–16 (Hartmut Hoffmann) · Kat. Magdeburg 2006, Bd. 1, S. 66, Nr. II.18 (Steffen Patzold) · Mayr-Harting 1991, S. 154 · Suckale-Redlefsen 2004, Bd. 1, S. 150–151, Bd. 2, Abb. 482.

S.W.

186 Mindener Petrischrein

Nordwestdeutschland, 1. oder 2. Viertel 11. Jahrhundert (unter Verwendung älterer Teile)

Eichenholzkern (erneuert), Gold, getrieben, gepunzt, Silber, geschmiedet, graviert, Senkzellenschmelz, Steinbesatz, Perlen – Restaurierung 1994/1996 – H. 22,8 cm, B. 21,8 cm, T. 9,6 cm

Minden, Kath. Dompropsteigemeinde St. Gorgonius und Petrus Ap., Inv.Nr. DS 65

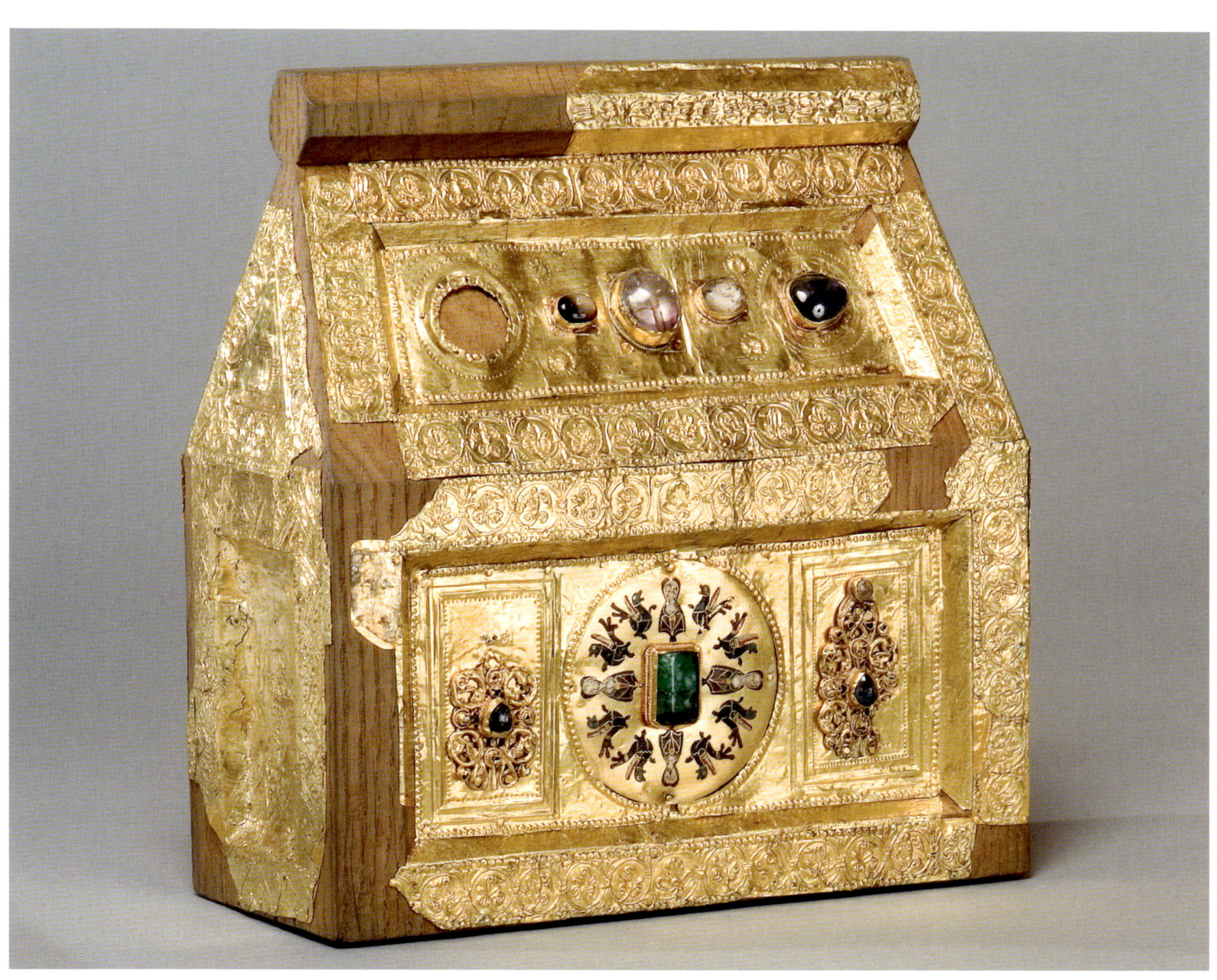

186 · Vorderseite

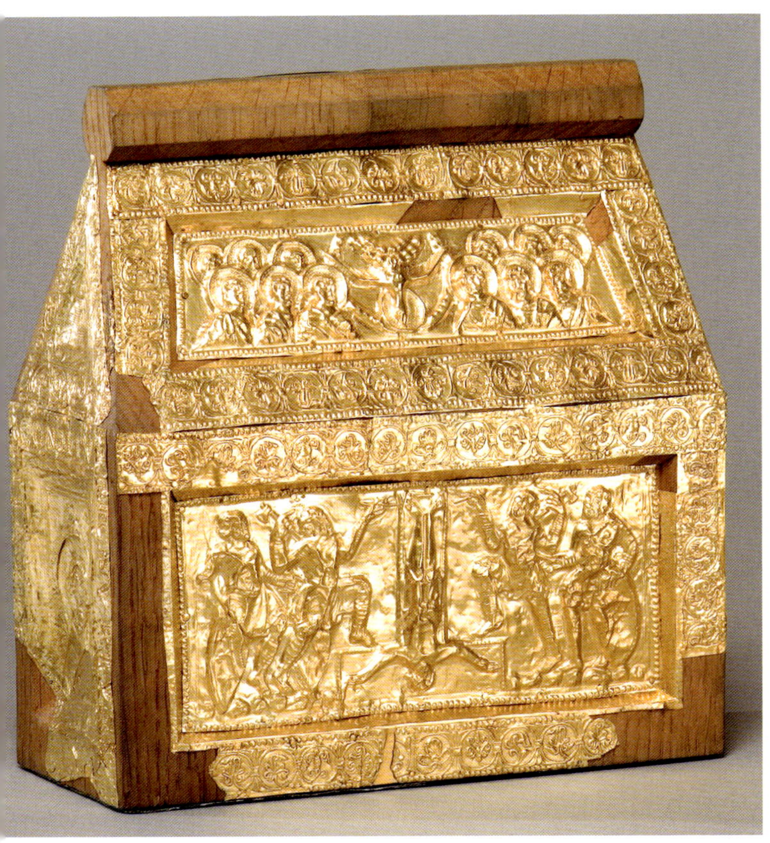

186 · Rückseite

Der Mindener Petrischrein erscheint in seiner architektonischen Grundform eines Kubus unter einem Walmdach als frühes Beispiel der hausförmigen Reliquiare des hohen Mittelalters. Seine Proportionen sowie sein sechskantiger Dachfirst – heute nach kriegsbedingter Beschädigung 1945 eine Rekonstruktion – erinnern noch deutlich an die traditionelle Gestalt bursenförmiger Reliquiare, die seit dem 8. Jahrhundert verbreitet waren und bei denen derartige Firstleisten gleichsam als Abbild der oberen Verschlussbügel realer Beuteltaschen dienten.

Entlang aller Kanten des Reliquienschreins zieren Beschläge mit einem byzantinisierenden Palmettenfries die Rahmung der leicht vertieft liegenden Wand- und Dachflächen. Im Wandfeld einer der Langseiten erscheint die in Goldblech getriebene Darstellung der Kreuzigung Petri. Der Apostelfürst wird kopfüber von zwei Soldaten ans Kreuz geschlagen, zwei weitere Bewaffnete flankieren die Szene. Darüber, am Dach, befindet sich die gleichfalls in Goldblech getriebene Darstellung der Ausgießung des Heiligen Geistes. In der Mitte ist in einer Gloriole die Taube des Heiligen Geistes dargestellt, seitlich erscheinen die Mitglieder des Apostelkollegiums in zwei gestaffelten Reihen. Die Schmalseiten des Unterbaus zeigen in heute stark zerdrückter Treibarbeit jeweils das Brustbild eines Heiligen. Hier befindet sich am Rahmen einer Seite die Inschrift CONDITVR HIC SVBTVS PETRI LE(CTISSI)MA VIRT(US) (»Hier ist die vortreffliche Heilkraft des Petrus verwahrt«). In die silberne Bodenplatte des Reliquiars ist ein Reliquienverzeichnis graviert, welches bezeugt, dass hier neben der Reliquie des hl. Petrus einst noch weitere Heiltümer geborgen waren: vom Grab und vom Blut Christi, vom Mantel der Maria sowie von verschiedenen Heiligen.

Zur Verzierung der anderen Langseite, die ursprünglich wohl als Vorderseite angesehen wurde, benutzte man, für Goldschmiedewerke dieser Zeit nicht ungewöhnlich, ältere Arbeiten in Zweitverwendung. In die Mitte der Wandfläche wurde ein rundes Goldblech mit Senkzellenschmelz eingelassen. Die Emails zeigen vier radial um einen Smaragd angeordnete weibliche Halbfiguren, zwischen denen jeweils ein antithetisches Vogelpaar erscheint. Die Datierung dieser Schmelzarbeit ist in der Forschung umstritten, technologische Gründe scheinen für eine Entstehung in der 2. Hälfte des 10. Jahrhunderts zu sprechen. Noch älter könnten die beiden, ebenfalls sekundär verwendeten Treibarbeiten mit Blattranken und Fabelwesen zuseiten der Senkschmelzscheibe sein, die mit Schmuckplatten an einem wohl vor 937 entstandenen Buchdeckel aus Sitten im Londoner Victoria and Albert Museum verwandt sind.

Späterer Überlieferung zufolge soll der Petrischrein durch Bischof Rudolf von Schleswig (1043–1085) anlässlich der Mindener Domweihe des Jahres 1071 gestiftet worden sein. Stilkritische Vergleiche der figürlichen Treibarbeiten, etwa mit jenen des zwischen 1039 und 1058 entstandenen Buchdeckels vom Theophanuevangeliar im Essener Domschatz, lassen indessen eine Entstehung bereits im 2.Viertel des 11. Jahrhunderts möglich erscheinen, eine Datierung, der auch die Ornamentik und der epigraphische Befund nicht entgegenstehen.

Q.: DI 46, Nr. 6 (Sabine Wehking). Lit.: BKW Stadt Minden 1998–2000, Bd. 2, S. 996–1004, Nr. 75 · Kat. Corvey 1966, Bd. 2, S. 565–566, Nr. 244 (Karl H. Usener) · Kat. Hildesheim 1993, Bd. 2, S. 435–437, Nr. VI–89 (Hermann Fillitz) · Kat. Paderborn 1999, Bd. 2, S. 530–532, Nr. VIII.13 (Michael Wolfson) · Kessemeier/Luckhardt 1982, S. 51, Nr. 2 · Schulze-Dörrlamm 1991b, S. 80–81.

L.L.

Heilige Bücher für die Liturgie – Sigebert von Minden

187 Modell des Domes St. Gorgonius u. Petrus Ap. zu Minden
Rekonstruierter Zustand: 1. Hälfte 11. Jahrhundert
Entwurf: Uwe Lobbedey, Otfried Ellger, Christoph Stiegemann u. Simone Heimann,
Ausführung: Wolfgang Hannemann, Modellbau für Architektur u. Industrie, Oldenburg 2009
Kunststoff – Grundplatte: 137,0 x 66,5 cm, H. (gesamt) 60,5 cm, M. 1:66
Paderborn, Erzbischöfliches Diözesanmuseum und Domschatzkammer

Ein vollständiges Bild des Mindener Dombaus in der Zeit Bischof Sigeberts (1022–1036) zu zeichnen, erlaubt der Forschungsstand leider nicht. Abgesehen von dem in Teilen bis heute erhaltenen Westbau der frühottonischen Zeit kennen wir aus archäologischen Befunden die Grundlinien eines mit dem Westwerk entstandenen dreischiffigen Langhauses und eines älteren Querhauses, die zu Sigeberts Zeiten – vielleicht im Aufgehenden umgestaltet – fortbestanden haben dürften. Für den Chor fehlt bisher die letzte Sicherheit über den Bauzustand des früheren 11. Jahrhunderts: Ausgrabungen der Jahre 2003/2004 in einem Anbau nördlich des Chores haben zwar ältere Annahmen über einen seit der späten Karolingerzeit bestehenden Ostabschluss erhärtet und ergänzt, dieser Abschluss wurde aber später umgestaltet. Dabei ist weder sicher, ob diese Umgestaltung vor, in oder nach den Zeiten Sigeberts geschah, noch wie sie sich in Einzelheiten dargestellt hat.
In seinen Grundzügen unverändert hat das durch ein Holzfenster (930 +/- 6 Jahre) und eine Weihenachricht von 952 datierbare Westwerk in den Zeiten Sigeberts bestanden. Zwei seitliche Türme auf quadratischem Grundriss fassen bis heute eine von einem Tonnengewölbe überdeckte offene Vorhalle ein, von der man durch das im Kern erhaltene Mittelportal den Zentralraum des Westwerks erreichte. Dieser enthielt im Untergeschoss eine durch Wand- und Bodenbefunde rekonstruierbare Durchgangshalle nach dem Vorbild des 873–885 entstandenen Westwerks von Corvey. Stützen unterteilten die Halle in ein breiteres Mittel- und zwei schmalere Seitenschiffe; der ganze Raum war mit sich durchkreuzenden Längs- und Quertonnen überwölbt. Die bis zu den Gewölbescheiteln etwa 7 m hohe Halle füllte den knapp der Mittelschiffsbreite des östlich anschließenden basilikalen Langhauses entsprechenden quadratischen Mittelraum des Westwerks aus. Sie wurde im Norden und Süden begleitet von langgezogenen, gut seitenschiffsbreiten Nebenräumen, die von Tonnengewölben gleicher Scheitelhöhe überdeckt und möglicherweise durch aus der Mittelhalle durchlaufende Quertonnen dieser als Außenschiffe zugeordnet waren. Im Obergeschoss erhob sich über der mittleren Durchgangshalle der hohe Innenraum des zentralen Westwerkturmes. In der Höhe seines auf den Gewölben der Halle ruhenden Fußbodens wurde er im Norden, Westen und Süden von langgestreckten Nebenräumen begleitet, die sich wohl nach Corveyer Vorbild mit einer Folge von jeweils drei Arkaden zum Mittelraum öffneten. Nach Türspuren in den seitlichen Türmen lag im Westen – aber auch wohl nur dort – über dem unteren Nebenraum ein zwischen die Türme gespanntes Emporengeschoss. Auch dieses Geschoss war vermutlich durch Öffnungen mit dem Mittelraum verbunden. Von Westen her belichtet wurden ein unterer Nebenraum und die Empore durch jeweils drei, zumindest auf Emporenhöhe relativ kleine Fenster. Jeweils drei Fenster haben wohl auch die seitlichen Nebenräume gehabt, deren Arkaden zum Mittelraum des Westwerks durchaus höher als die des westlichen unter der Empore gewesen sein könnten; eine entsprechende Arkadenfolge öffnete wohl auch den Mittelraum zum Langhausmittelschiff. Der westliche Raumriegel zwischen den Türmen wurde vermutlich durch einen Giebel abgeschlossen, der sich vor dem höher aufragenden Zentralturm erhob. Dieser dürfte zumindest oberhalb der Pultdächer der seitlichen Nebenräume zur Belichtung des Mittelraums durchfenstert gewesen sein und könnte darüber oberhalb der Mittelraumdecke noch ein Glockengeschoss aufgenommen haben. Über seine Höhe wissen wir ebenso wenig wie über die der flankierenden Treppen-

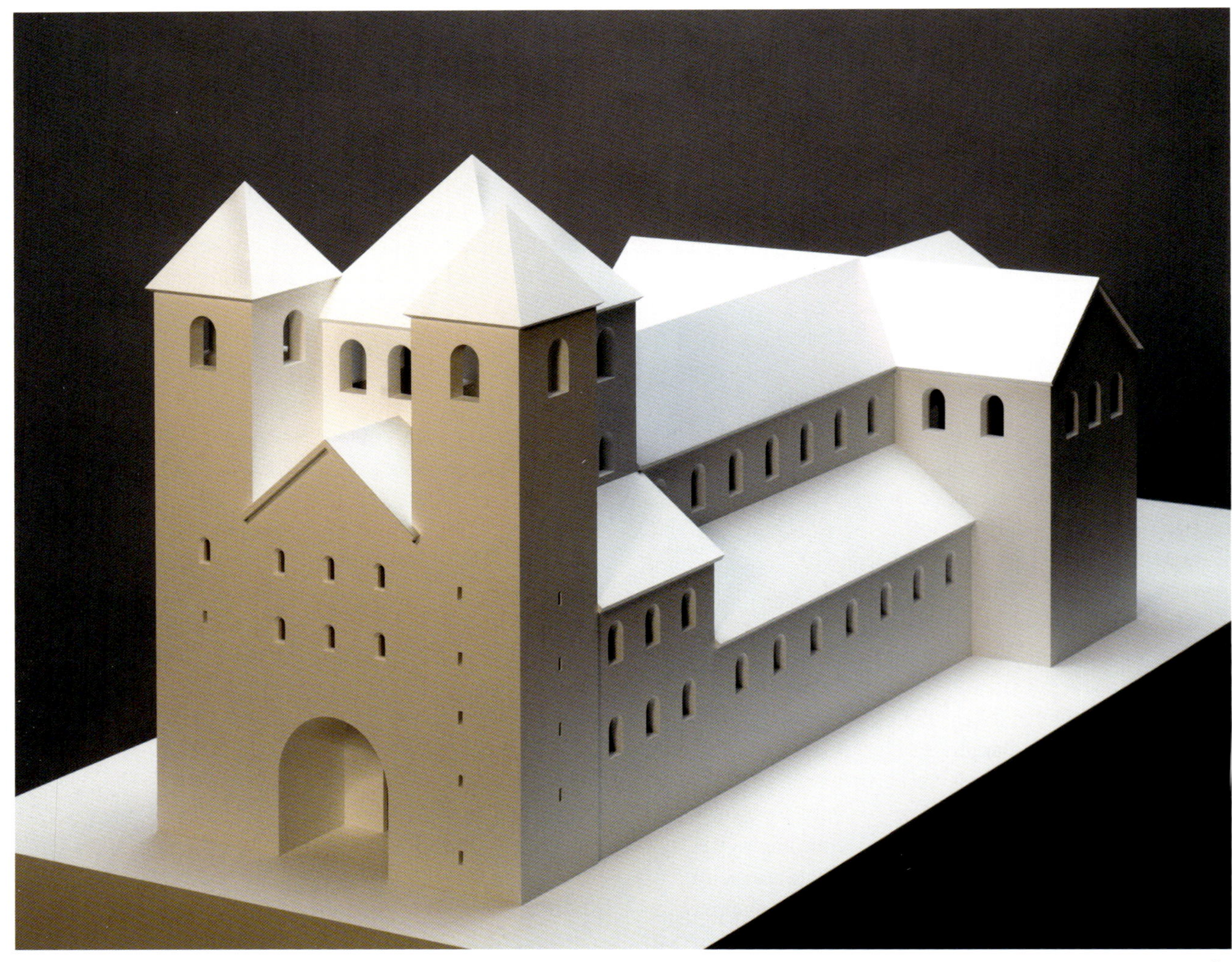

187

türme. Im nördlichen dieser beiden Türme reichte die gemauerte Treppenspindel nur bis auf das Hauptgeschoss des Westwerks. Darüber enthielt er Räume, von denen ein Zugang zum nördlich gelegenen Bischofspalast möglich war.

In einer Bauphase mit dem Westwerk ist das in Verband mit ihm fundamentierte Langhaus entstanden. Vermutlich handelte es sich um eine Pfeilerbasilika, deren Langhausarkaden mit etwa 7 m eine dem Westwerkuntergeschoss entsprechende Höhe hatten.

An die frühottonische Basilika schloss sich ein älteres Querhaus an, das zuvor mit einem gleich großen, aber schwächer fundamentierten dreischiffigen Langhaus verbunden war. Dieser Großbau ersetzte im 9. Jahrhundert die aus dem ausgehenden 8. Jahrhundert stammende Saalkirche der Missionszeit. Das nach den Befunden im Lichten 10 x 30 m große Querhaus ist vermutlich in der von Nord nach Süd durchlaufenden »römischen« Form zu rekonstruieren. Der meist in das 11. Jahrhundert datierte, brandzerstörte Schmuckfußboden (Kat.Nr. 94) fand sich im Nordarm dieses Querhauses; es dürfte daher in seinen Grundlinien mindestens bis zum Dombrand von 1062 bestanden haben.

Zur karolingischen Domkirche gehört nach heutigem Wissensstand auch die bisher älteste, unter dem heutigen Chor erfasste Bauphase: ein dreiseitig gebrochener Chorschluss, der im Scheitel eine tiefliegende, nachträglich zugesetzte Öffnung aufwies. Nach der Aufdeckung 1951/1952 wurde dieser Chor zunächst zusammen mit dem älteren Querhaus der Domerneuerung von 1062–1072 zugewiesen. Von ihrem Nachweis der karolingischen Zeitstellung des Querhauses im archäologischen Befund von 1986 ausgehend, formulierte Gabriele Isenberg die These, der Polygonchor sei mit einiger Wahrscheinlichkeit auch dem 9. Jahrhundert zuzurechnen und zeitentsprechend vermutlich von einer Außenkrypta umgeben gewesen. Die Öffnung im Chorscheitel wäre dann als Zugang von dieser Krypta zu einem Confessiostollen unter dem Chor zu deuten. 2003/2004 wurden dann im Nordanbau am Chor Spuren eines 1,90 m breiten, eingetieften Ganges gefunden, der vor der Chornordwand verlief und im Grabungsbefund keiner jüngeren Phase als dem dort an der nordöstlichen Außenecke erfassten Polygonchor zugewiesen werden kann. Die 60 cm breite Außenmauer des Ganges wurde in einem inte-

ressanten Bereich erfasst: Dort, wo sie bei einem konzentrischen Verlauf um das Polygon hätte umknicken müssen, verlief sie geradeaus weiter nach Osten. Dieses Merkmal spricht nicht gegen eine Deutung als Außenkrypta, sondern verweist auf ihren Typ: Er findet sich wieder an den karolingischen Außenkrypten der Abteikirche von Corvey und den Domen von Halberstadt und Hildesheim, wo die chorbegleitenden Gänge im Norden und Süden über den die Apsis umlaufenden Gang hinaus nach Osten vorstoßen und in Kapellen enden. Diese Seitenkapellen flankieren wiederum eine größere, in Halberstadt und Corvey kreuzförmige Kapelle im Chorscheitel. Die drei genannten Parallelfälle wurden im 3. Viertel des 9. Jahrhunderts fertiggestellt. Ob die Mindener Außenkrypta wie diejenigen von Halberstadt und Hildesheim doppelgeschossig war, muss dahingestellt bleiben. Die recht schmale Außenmauer spricht eher dagegen, aber unmöglich ist eine solche Lösung nicht. Mehr als die hypothetische Veranschaulichung eines möglichen Zustands kann eine Chorrekonstruktion zur Zeit nicht bieten. Dies gilt auch für die Lage der Querhausapsiden, deren Existenz nach zahlreichen Parallelbeispielen wahrscheinlich ist.
In der bisher nicht publizierten Grabung von 2003/2004 zeigte sich als zweite Bauphase eine Veränderung des Chores: Der Polygonchor wurde abgebrochen; in der Verlängerung seiner im Fundamentbereich weitergenutzten Längswand entstand die Nordwand eines weiter nach Osten reichenden Chores, dessen Abschluss bisher unbekannt ist. Der eingetiefte Gang der aufgegebenen Außenkrypta wurde mit Schutt eines brandzerstörten Kirchenbaus verfüllt. Etwa 3,40 m nördlich vor der verlängerten Chornordwand fand sich ein paralleles, 80 cm breites Mauerfundament, das von einem nach der Gangverfüllung erreichten, allenfalls eine Stufe unter dem karolingischen Querhausfußboden gelegenen höheren Bodenniveau nördlich des neuen Chores eingetieft war und mit diesem zusammen existiert haben müsste.
Chorwand und Parallelmauer erlauben mehrere Deutungen. Zum einen könnte ein nördlicher Nebenchor erfasst worden sein; allerdings erscheint das Fundament für eine solche Konstruktion etwas schwach. Zum anderen wäre dort die Außenwand eines chorbegleitenden Ganges denkbar, durch die man eine erneuerte Außenkrypta am Ende des verlängerten Chores erreichte. Aus dem 11. Jahrhundert gibt es niederländische Beispiele für langgestreckte Nebenchöre und maasländische Parallelen zu chorbegleitenden Gängen. Aber noch eine dritte Variante kommt in Betracht: Die Parallelwand muss nicht in baulicher Verbindung mit dem Chor gestanden haben, sondern könnte auch die Südwand eines nördlich gelegenen Bauwerks gewesen sein. Am 1068 geweihten Paderborner Dom Bischof Imads (1051–1076) gab es eine vergleichbare Situation zwischen dem Domchor und einer nördlich gelegenen Kapelle. Die Grabung von 2003/2004 ergab für Minden Hinweise auf eine ganze Reihe von Nebenbauten im Winkel von Chor und Nordquerhaus, deren ältester der Parallelwand vorausging und nicht direkt an den Chor angebaut war.
Exakt datierbar ist die zweite Gestaltungsphase des Chores bisher nicht. Ihr ging ein Brand voraus, der den Untergang des karolingischen Polygonchores besiegelte. Dies könnte der bezeugte Brand des Domes von 1062 gewesen sein, der die 1072 abgeschlossenen Baumaßnahmen Bischof Eilberts (1055/1056–1080) veranlasste. Da aber nach den Untersuchungen von 2003/2004 die Parallelmauer mit einiger Wahrscheinlichkeit älter ist als der Neubau des ebenfalls brandbetroffenen Querhauses und dieser nach heutigem Wissenstand auch Eilbert zugeordnet werden könnte, bleibt eine frühere Datierung möglich.

Lit.: BKW Stadt Minden 1998–2000, Bd. 1, S. 58–65, 93–118, 127–198, 476–477 · Isenberg 1991 · Isenberg 1992 · Jacobsen/Lobbedey/Winterfeld 2001, S. 271–274 · Jacobsen/Schaefer/Sennhauser 1991, S. 282–283 · Krüger 2006, S. 135–136 · Kubach/Verbeek 1989, S. 92–94, 107, 127–131 · Lobbedey 1986a, Bd. 1, S. 180–181, 183 · Thümmler 1953, S. 282–284. O.E./U.L.

188 Urkunde Kaiser Konrads II. für den Frauenkonvent in Kemnade

Merseburg, 8. Februar 1025
Pergament, H. 39,8 cm, B. 52,5 cm
Münster, Landesarchiv NRW Abteilung Westfalen, Fürstabtei Corvei – Urkunden 39 (KU 81)

Kaiser Konrad II. (1024–1039) nimmt den Frauenkonvent St. Maria in Kemnade in seinen Schutz und bestätigt ihm die Freiheiten, die Immunität und das Wahlrecht. Er wiederholt damit die Verfügungen Heinrichs II. (1002–1024) von 1004 (Kat.Nr. 130) und 1017 (MGH DD H II, Nr. 362). Konrad fertigt die Verfügung auf Bitten seiner Frau Gisela († 1043) und auf Intervention Bischof Sigeberts von Minden (1022–1036) aus, der als der für die Gemeinschaft zuständige Diözesanbischof in Erscheinung tritt.
Beide Diplome Konrads II. sind typische Vertreter der ottonisch-salischen Herrscherurkunde. Sie beginnen mit verlängerten Buchstaben (*litterae elongatae*), die zur Hervorhebung der ersten Zeile, also als Auszeichnungsschrift, dienen. Ihnen vorgeschaltet ist das Chrismon in Gestalt eines verzierten »C«, das in graphischer Gestalt den Namen Christi anrufen soll. Damit wird die Verfügung unter den Schutz Gottes gestellt und ihre religiöse Dimension deutlich gemacht, was durch die folgende Anrufung Gottes (*Invocatio*) mit den Worten »In nomine sanctae et individuae trinitatis« (»Im Namen der heiligen und unteilbaren Dreifaltigkeit«) verstärkt wird. Dann folgen Name und Titel des Herrschers:

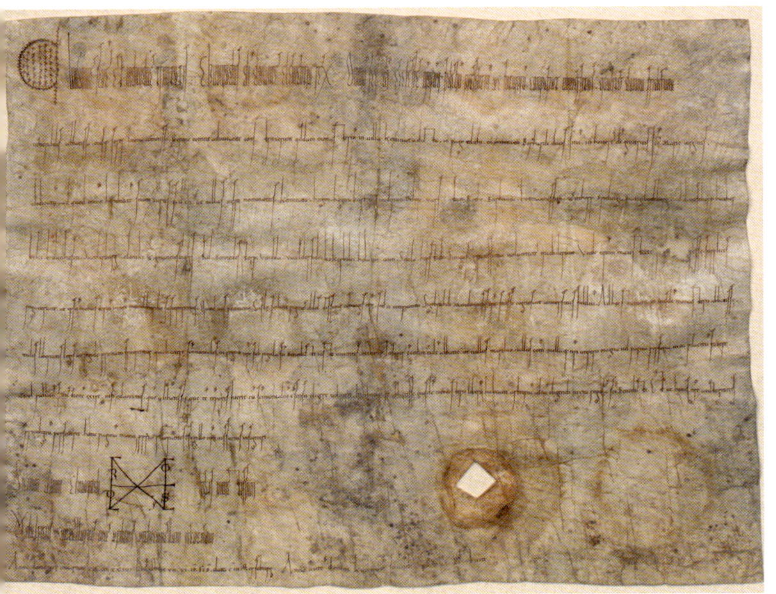

188

»Chuonradus dei donante clementia rex« (»Konrad durch das Geschenk der Gnade Gottes König«) bzw. »Chuonradus clementia divina favente Romanorum imperator augustus« (»Konrad durch die göttlich Gnade begünstigt erhabener Kaiser der Römer«). All dies findet sich noch in der graphisch hervorgehobenen ersten Zeile. Nach weiteren Vorreden folgt die eigentliche Verfügung in der üblichen Urkundenschrift, die man als diplomatische Minuskel bezeichnet. Darunter befindet sich deutlich abgesetzt das Eschatokoll, der *Beglaubigungsblock*. Dessen erste beiden Zeilen sind wieder in *litterae elongatae* geschrieben. Die erste, die Signumzeile, beinhaltet die Anerkennung durch den Herrscher, die durch das Monogramm als graphischer Umsetzung von Herrschernamen und -titel (Signum = Zeichen) auch zeichenhaft verdeutlicht wird. Die zweite, die Rekognitionszeile, beinhaltet die Anerkennung (Rekognition) der Urkunde durch die Kanzlei. Auf der rechten Seite befand sich das Herrschersiegel als weiteres bildhaftes Beglaubigungsmittel, was man heute nur noch an dem Kreuzschnitt, durch den das Wachs durchgedrückt wurde, sowie kreisförmige Fettreste des Abdrucks erkennen kann. Diese immer wiederkehrenden Elemente verleihen der Urkunde den Charakter eines Bildes, dessen genaue Eigenschaften sie auf den ersten Blick als Herrscherurkunde erkennbar machen; sie haben einen hohen Wiedererkennungseffekt. Dies macht sie zu einem Instrument der Herrschaftsrepräsentation neben ihrer Funktion als Rechtsdokument.

Q.: MGH DD K II, Nr. 19. Lit.: Kölzer 1998 · Ortmanns 1972, S. 39. A.S.

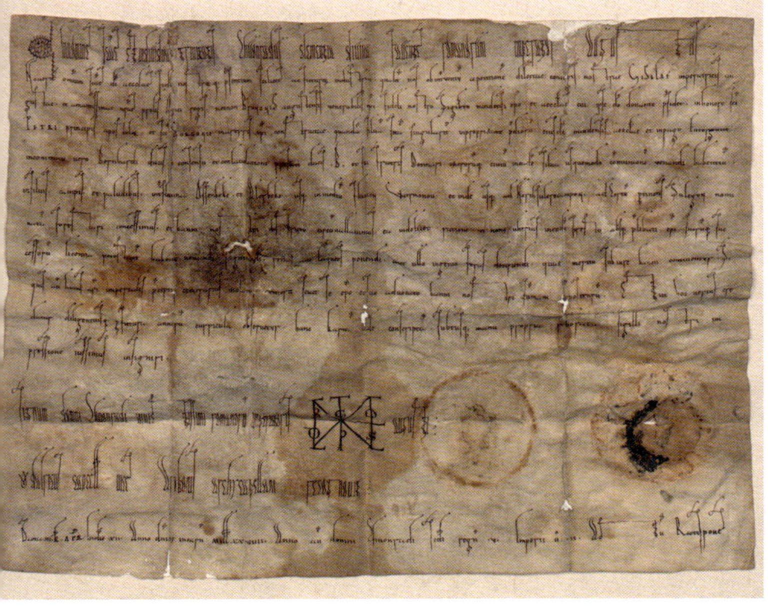

189

189 Urkunde Kaiser Konrads II. für das Bistum Minden

Regensburg, 30. März 1029
Pergament, Siegel verloren – H. 39,4 cm, B. 52,5 cm
Münster, Landesarchiv NRW Abteilung Westfalen, Fürstentum und Domkapitel Minden – Urkunden 1 (KU 83)

Die Urkunde zeigt Sigebert von Minden (1022–1036) als Empfänger einer königlichen Gunst, denn Kaiser Konrad II. (1024–1039) verleiht dem Bischof und seiner Kirche den Wildbann über einen auf den Eigengütern des Bistums Minden gelegenen Forst im Entergau, der in der Grafschaft des billungischen Herzogs Bernhard II. (1011–1059) lag. Dieser stimmte gemeinsam mit seinem Bruder Dietmar der Verfügung zu.

Der Bischof und seine Nachfolger erhielten somit das Recht, in dem genau umgrenzten Gebiet, für das sowohl von einem Waldgebiet als auch von Feldern und Sümpfen die Rede ist, jagen zu dürfen. Nicht der Wald selbst wird geschenkt, sondern lediglich der Bann, der andere als den Bischof von der Berechtigung zur Jagd ausschließt. Aufgrund der Bedeutung der Jagd und des Tierfanges im frühen und hohen Mittelalter wurde dem Bischof hier eine bedeutende Vergünstigung zuteil. Die Jagd diente dem Nahrungserwerb, ebenso der Beschaffung von Bekleidung, Horn usw., vor allem aber auch der adeligen Selbstdarstellung. Dass Sigebert selbst an der Jagd teilnahm, ist aufgrund paralleler Zeugnisse über die Jagdtätigkeit von Bischöfen durchaus zu vermuten. Die ihm übertragene Kontrolle der Jagd in dem genannten Waldgebiet verschaffte ihm einen politischen Vorteil gegenüber anderen Geistlichen oder adeligen Grundherren, denen er den Zugang zur Jagd gewähren, aber auch verweigern konnte. Die Bedeutung der Verfügung geht daraus hervor, dass sich sowohl Kaiserin Gisela

(† 1043) als auch des Kaisers Sohn, König Heinrich III. (1039–1056), und Bischof Bruno von Augsburg (1006–1029), also ein Mitbruder Sigeberts, für diesen einsetzten. Die Übertragung des Wildbannes ist ein Zeugnis für das enge Vertrauensverhältnis zwischen Sigebert und dem Kaiser. Während Konrads gesamter Herrschaftszeit hatte Sigebert sich als treuer Parteigänger erwiesen und den König auf dessen Umritt in Minden begrüßt. In den folgenden Jahren ist Sigebert immer wieder am königlichen Hof bezeugt.

Q.: MGH DD K II, Nr. 137. Lit.: Dasler 2001, S. 249–250 · Ortmanns 1972, S. 39–42. A.S.

Der Messbücherornat Bischof Sigeberts von Minden

In der Kunst-, Literatur- und Musikgeschichte des Mittelalters ist der Bücherornat Bischof Sigeberts von Minden (1022–1036) ein Unikum; es hat sich kein zweiter inhaltlich und künstlerisch so homogener Satz von liturgischen Handschriften erhalten. Umso spannender wird die Frage nach der Persönlichkeit dieses Bischofs, nach seiner Schulbildung, seinen Beziehungen zu geistigen Zentren und zum Herrscherhaus des ottonisch-salischen Reiches. Nach den Nekrologien und Chroniken ist er am 10. Oktober 1036 gestorben, sein Name mit der Bemerkung »qui dedit plenaria, calices et alia multa« (»der liturgische Handschriften, Kelche und anderes mehr stiftete«) versehen. Gemeint sind mit den »plenaria« neun (bzw. zehn) Handschriften zum liturgischen Gebrauch in der heiligen Messe, die der Mindener Domherr und Chronist Heinrich Tribbe († 1464) in der jüngeren Mindener Bischofschronik um 1460 eingehend beschrieb. Er zählt folgende Positionen auf, bei denen er auch den Bild- und Einbandschmuck der Bücher berücksichtigt (Mindener Geschichtsquellen 1917–1932, Bd. 2, S. 131–134; Milde 1993, S. 9–19):

1. »Horum primus hymnos per anni circulum continet.« (»Deren erstes [Plenarium] die Hymnen für das Kirchenjahr enthält.«), Staatsbibliothek zu Berlin – Preußischer Kulturbesitz (Kat.Nr. 192).
2. »Secundum plenarium continet omnium evangelistarum scripta.« (»Das zweite Plenarium enthält die Schriften aller [vier] Evangelisten.«), weiter zum Einband: »Hic liber imagine crucifixi et quatuor evangelistarum de puro auro lapidibusque pretiosis est adornatus.« (»Dieses Buch ist mit dem Bild des Gekreuzigten und der vier Evangelisten aus reinem Gold und mit Edelsteinen geschmückt.«), Handschrift und Einband nicht identifiziert.
3. »Tertium continet orationes singulares et praeparatoria ad missam.« (»Das dritte enthält die einzelnen Gebete und Vorbereitungen zur Messe.«), Wolfenbüttel, Herzog August Bibliothek (Kat.Nr. 195), und Staatsbibliothek zu Berlin – Preußischer Kulturbesitz (Kat.Nr. 196–197).
4. »Quartum continet gradualia officia.« (»Das vierte enthält die Gradualgesänge.«), Staatsbibliothek zu Berlin – Preußischer Kulturbesitz (Kat.Nr. 191).
5. »Quintum continet tropos et sequentias et multa alia singularia.« (»Das fünfte enthält die Tropen und Sequenzen und im Einzelnen viel anderes.«), Tropar-Sequentiar, heute in der Biblioteka Jagiellońska Kraków (Ms. Berol. Theol. Lat. Qu. 11), Einband zerstört, einst Bilder in Elfenbeinschnitzerei mit den St. Galler Dichtern Marcellus, Yso, Othar und Notker Balbulus.
6. »Sextum est liber sacramentorum et collectarum.« (»Das sechste ist das Buch der Messgebete.«), Staatsbibliothek zu Berlin – Preußischer Kulturbesitz (Kat.Nr. 194).
7. und 8. »Septimum et octavum eiusdem formae et valoris ex auro et lapidibus pretiosis tabulisque eburneis composita, quorum epistolas unum, reliqua evangelia per anni circulum continens.« (»Das siebente und achte ist von gleichem Format und Wert, geschmückt mit Gold, Edelgestein und Elfenbeintafeln; das eine enthält die Episteln, das andere die Evangelienlesungen zum Jahreskreis.«), Epistolar, heute in der Biblioteka Jagiellońska Kraków (Ms. Berol. Theol. Lat. Qu. 1) und Staatsbibliothek zu Berlin – Preußischer Kulturbesitz (Kat.Nr. 193).
9. »Nonum vero plenarium tenet omnium evangelistarum scripta. Et hic liber super omnes libros praedictos pretiosus, lapidibus pretiosis auroque fulvo et tabula eburnea artificiose et subtiliter adornatus.« (»Das neunte Plenarium wahrlich enthält die Schriften aller [vier] Evangelisten. Und dieses Buch steht in der Kostbarkeit über allen genannten Büchern, geschmückt mit Edelgestein und glänzendem Gold sowie einer künstlerisch feinen Elfenbeintafel.«), Evangeliar, nicht identifiziert, offenbar mit Nr. 2 das zweite Vierevangelienbuch.

(10.) Ein von Tribbe nicht beschriebenes zweites Graduale, das nachweislich für Sigebert hergestellt wurde, hat sich in Wolfenbüttel, Herzog August Bibliothek (Kat.Nr. 190) erhalten.

Die Berliner Codices kamen 1683 in die Bibliothek des Kurfürsten Friedrich Wilhelm von Brandenburg (1640–1688) nach Berlin und mit ihr in die Preußische Staatsbibliothek; Ms. Berol. Theol. Lat. Qu. 1 und Ms. Theol. Lat. Qu. 11 wurden gegen Ende des Zweiten Weltkrieges nach Schlesien ausgelagert und befinden sich heute in der Biblioteka Jagiellońska Kraków (Euw 2008a, Nr. 149, 152). Die Wolfenbütteler Handschriften gelangten wahrscheinlich aus dem Nachlass des Matthias Flacius Illyricus († 1575) nach Wolfenbüttel und von dort in die Bibliothek der Universität Helmstedt, nach deren Aufhebung 1809/1810 dann wieder zurück in die Herzog August Bibliothek Wolfenbüttel.

So steht nach Abzug der beiden Evangeliare (Vierevangelienbücher) heute noch ein in Schrift und Ausstattung einheitlicher liturgischer Ornat von sieben bzw. acht Bänden vor unseren Augen. Wie die Paläographen und Bibliothekare Anton Chroust (Monumenta palaeographica 1917), Hartmut Hoffmann (1986) und Wolfgang Milde (1993) ihrerseits, habe ich 2008 darzulegen versucht, dass auch deren Initial-, Bild- und Einbandschmuck in St. Gallen entstanden sein muss. Schließlich bleibt die Frage, welche Beziehungen es denn waren, die Bischof Sigebert zu dieser Buchbestellung in St. Gallen veranlassten.

Wir wissen über Sigebert von Minden recht wenig. Im letzten Viertel des 10. Jahrhunderts geboren, stammte er aus sächsischem Adel und besuchte anscheinend zur Zeit Bischof Milos (969–996) die Mindener Domschule. Er wurde als erster Mindener Domherr Bischof und war mit Konrad II. (1024–1039) verbunden. Dieser feierte 1024 und 1033 Weihnachten in Minden, bei seiner Kaiserkrönung am 23./24. September 1027 in Frankfurt war Sigebert anwesend. Sigebert gilt als Gründer des Mindener St. Martinsstiftes (vor 1029), in dem er begraben wurde.

Anlass zu besonderen Überlegungen gab der Schluss im Tropar-Sequentiar, dessen liturgische Daten die Entstehung zwischen 1024 und 1027 eingrenzen. Denn auf fol. 224r–225r und auf fol. 225r–226r finden sich von anderer Hand als der Haupttext geschrieben das Gedicht *Aurea spes patriae* (MGH Poetae 6.1, S. 184–185) und die Kreuzsequenz Hermanns des Lahmen von Reichenau († 1054) *Grates, honos, Ierarchia* (Berschin/Hellmann 2004, S. 80–81). Beim Gedicht *Aurea spes patriae* handelt es sich inhaltlich um den Empfang eines zum Bischof erwählten alten Schülers anlässlich seines Besuches im Kloster. Es nimmt keinen Bezug auf die Person Sigeberts, ist aber nach Einschätzung in der Literaturgeschichte ein typisches Werk der St. Galler Dichter um Ratpert († um 911) und könnte ursprünglich auf Abt-Bischof Salomo III. (890–920) von St. Gallen und Konstanz, Schüler des Notker Balbulus († 912), passen, zu dessen Empfang nach Ekkehart IV. († um 1060; *Casus sancti Galli*, cap. 14) *Susceptacula* (*Lobgedichte*) entstanden waren. Im Hymnarteil der Wolfenbütteler Handschrift (fol. 279v, Kat.Nr. 190) findet sich Ratperts Gedicht *Aurea lux terrae* (MGH Poetae 4.2–3, S. 324), dessen Anfang fast identisch mit *Aurea spes patriae* ist. Auch hier führen die inneren Zusammenhänge nach St. Gallen.

Schwieriger mag die Beurteilung der Kreuzsequenz Hermanns von Reichenau sein. Wann hat der 1013 Geborene sie gedichtet, um 1033 als 20-jähriger? Hartmut Hoffmann (Hoffmann 1986, S. 375) und Walter Berschin (Berschin 1991/1992, S. 338, Anm. 61) sprechen von gleichzeitigen Nachträgen. Wir müssen die Frage offen lassen. Die Beziehungen Sigeberts zu St. Gallen sind literatur- und kunstgeschichtlich durch den Bücherornat belegt, vielleicht gelingt es der Forschung, sie auch historisch nachzuweisen.

Hinsichtlich der bischöflichen Messliturgie verdient der *Ordo missae* (Kat.Nr. 195) besondere Aufmerksamkeit, enthielt er doch ursprünglich das Titelbild und auf dem Einband das Elfenbeinrelief mit Sigebert, Priestern und Diakonen. Das Buch befand sich um die Mitte des 16. Jahrhunderts im Besitz des lutherischen Theologen Illyricus, der seinen Text 1557 in Straßburg als *Missa latina, quae olim ante Romanam circa 700 annum in usu fuit* (*Die lateinische Messe, wie sie einst vor der römischen um das Jahr 700 in Gebrauch war*) im Druck herausgab. Es erhielt später den Titel *Missa Illyrica*. Auf fol. 1v–14r beginnt es mit den Vorbereitungshandlungen und -gebeten zur Messe (*Praeparatio ad missam*). Die Rubriken (rot geschriebene Regieanweisungen) geben die Reihenfolge beim Anlegen der pontifikalen Kleider vor, wobei jede Handlung ein entsprechendes Gebet begleitet (fol. 6v–11v): 1. Händewaschung, 2. Ablegen der täglichen Kleider, 3. Anziehen des Ephots oder Amiktes (Humerale, Schultertuch), 4. der Albe (weißes, fußlanges Untergewand), 5. des Cingulums (Gürtel), 6. des Praecinctoriums (zweiter Gürtel), 7. der Stola (über die Schulter gelegtes, mit dem Cingulum gegürtetes, besticktes Leinenband), 8. des Subtiles (fein gewebtes Untergewand), 9. der Dalmatica (langes weißes, teilweise besticktes Untergewand), 10. der Casula (Kasel, ärmelloses Obergewand), 11. der Mappula (ein oder zwei über die Unterarme zu stülpende Manipel), 12. der Manicae (Handschuhe, »ad induendas manus«), 13. des Anulus (Fingerring), 14. des Rationales (vom Papst verliehener, alttestamentlicher priesterlicher Brust- und Rückenschmuck), 15. er Infula (Mitra, Kopfbedeckung). Auf die *Praeparatio ad missam* folgt auf fol. 12r–101r der gesamte Messritus, der mit der Beräucherung und dem Küssen des Evangelienbuches, gefolgt vom Einzug des Bischofs in die Kirche, beginnt und mit der Kommunion der Priester, Diakone, Subdiakone und des übrigen Klerus endet. Wenn der Bischof in das *Sacrarium* (Sakristei) zurückgekehrt ist, singt er mit allen den *Hymnus trium puerorum* (*Lobgesang der drei Jünglinge im Feuerofen*; Dan 3, 51–90). Während der Fastenzeit und zu anderen Gelegenheiten vollzieht er die Verehrung des heiligen Kreuzes, indem er einzeln die Füße und Hände des Gekreuzigten küsst und dabei Gebete spricht (fol. 109v–111v).

Insgesamt gesehen ist der liturgische Bücherornat Bischof Sigeberts von unschätzbarem Wert. In allen seinen Einzelhandschriften erlebt die mit Dichtung und Malerei vereinte, auf die hohe Person des Bischofs ausgerichtete Messliturgie eine einmalige Verschriftlichung und Verbildlichung. Der Ornat entstand im Kloster St. Gallen, das in der Karolingerzeit an seiner Spitze öfters Äbte sah, die gleichzeitig Bischöfe von Konstanz waren. Im 9. und früheren 10. Jahrhundert wirkten dort nachweislich mehrere großartige Kalligraphen. Im späteren 10. und 11. Jahrhundert sind es jeweils nur noch zwei oder drei Schriftkünstler, die auch die Bilder in den Büchern malten. Ähnlich wie die Elfenbeinschnitzkunst zu den glorreichen Zeiten eines Tuotilo († um 913) scheinen St. Galler Schnitzer und Goldschmiede auch die einst kostbaren Einbände des Sigebertornates besorgt zu haben.

Für die Zusammenhänge mit dem Kloster St. Gallen, seinen Dichtern und Musikern ist das in die Jahre 1024–1027 datierbare Tropar-Sequentiar eine besonders faszinierende Handschrift. Sie enthält im ersten Teil (fol. 1v–142v) die Tropen, Ordinariumsgesänge, » laudes regiae« (Herrscherakklamationen) und Litaneien, im zweiten Teil schließlich die Sequenzen (fol. 143v–226r), deren Dichter der St. Galler Mönch Notker Balbulus ist. Zum Beginn der Sequenzen steht eine Doppelseite mit der Widmung und dem Autorenbild des nimbierten Notker (fol. 143v–144r). Die Widmung lautet: »Hunc codicem ex studio Sigeberti presulis almo / Conscriptum Christo laus ut cantetur in isto. / Aspiciat quis quis, rogo verbis valde benignis / Fili celsi throni, dicat miserere patranti.« (»Dieses Buch ist durch hohe Veranlassung des Bischofs Sigebert zusammengeschrieben für Christus, dessen Lob daraus gesungen werden soll. Wer immer es sieht, den bitte ich, er möge mit sehr wohlwollenden Worten sagen: Sohn des himmlischen Herrschers, erbarme dich des Schreibers.«; MGH Poetae 6.1, S. 183). Die Inschrift auf der Arkade des Notkerbildes sagt: »Sanxerat iste puer hec orbi carmina Notker.« (»Dein Diener Notker weihte diese Lieder dem Erdkreis.«).

Q.: Ekkehard IV. 1980 · Mindener Geschichtsquellen 1917–1932, S. 123–128. Lit. zur Paläographie u. Kunstgeschichte: Monumenta palaeographica 1917, Liefg. XXI, Taf. 10, Liefg. XXII, Taf. 1–2 · Euw 2008, S. 240–251, 513–528, Nr. 149–156, Abb. 763–803, 918–921 · Hoffmann 1986a, S. 374–376, 384, 388, 397–398 · Milde 1993, S. 7–25 · Vöge 1893. Zu Bischof Sigebert: Freise 1983, S. 57–100 · Necrologien 1998, S. 3, Anm. 12, S. 24, Anm. 165, S. 43, 122, 167, 190–192, passim 279–280. Zur Dichtung um Ratpert von St. Gallen: Stotz 1972, S. 11–14, 21. Zur Kreuzsequenz Hermanns des Lahmen: Berschin/Hellmann 2004, S. 80–81 (Textedition). Zur liturgischen Gewandung des Bischofs: Braun 1898 · Braun 1907 · Euw 1985. A.v.E.

190 Graduale-Hymnar für Bischof Sigebert von Minden

St. Gallen, um 1027–1032
Pergament, karolingische Minuskel, St. Galler Neumen, zu den Sonn- u. Festtagen Initialen in Gold u. Deckfarbenmalerei – H. 19,5 cm, B. 14,0 cm, 282 Bl.
Einband: alter Holzdeckel, im Rücken Leder (1958)
Wolfenbüttel, Herzog August Bibliothek, Cod. Guelf. 1008 Helmst.

Die Handschrift enthält auf fol. 1v–242v das Graduale und auf fol. 243v–281v das Hymnar (Antiphonen, Versus, Hymnen zu besonderen Anlässen). Sie wird durch die in den *Laudes regiae* (Empfangsgesänge für den König, fol. 256v–258v) angerufenen Namen Kaiser Konrads II. (1024–1039), der Kaiserin Kunigunde (Gemahlin Heinrichs II., † 1033), der Königin Gisela (Gemahlin Konrads II., † 1043), Erzbischof Pilgrims von Köln (1021–1036) und Bischof Sigeberts von Minden (1022–1036) in die Jahre 1027–1032 datierbar. Das Graduale-Hymnar gelangte wahrscheinlich mit der Sammlung des Matthias Flacius Illyricus († 1575) nach Wolfenbüttel und wurde dort 1610 vom Kirchenmusiker Michael Praetorius († 1621) benutzt, 1618 dann der Universität Helmstedt übergeben und kam 1809/1810 nach Wolfenbüttel zurück (Milde 1993, S. 19). Nach Ms. Berol. Theol. Lat. Qu. 11 (Kraków, Biblioteka Jagiellońska) wird es sich entstehungsgeschichtlich um die zweite Handschrift der Sigebertgruppe (Kat.Nr. 190–197) handeln. Die große Initiale »A[d te levavi]« auf fol. 2r am Anfang des Graduales folgt noch dem im St. Galler *Hartkerantiphonar* (St. Gallen, Stiftsbibliothek, Cod. 390–391, um 990–1000; Euw 2008a, Nr. 143, Abb. 717, 724) repräsentierten Kompositionsstil, der die Buchstaben des ersten Wortes in dessen Anfangsbuchstaben hineinbaut. So findet der Leser hier in der Initiale »A[d te levavi]« die Buchstaben »[A]dTE« verflochten mit den Ranken. Das ist schon bei der Initiale »R[esurrexi]« auf fol. 132v zum Introitus des Osterfestes nicht mehr der Fall. Die Binnenräume der Initiale werden alleine mit den vom Knoten des Initialstammes ausgehenden Ranken gefüllt.

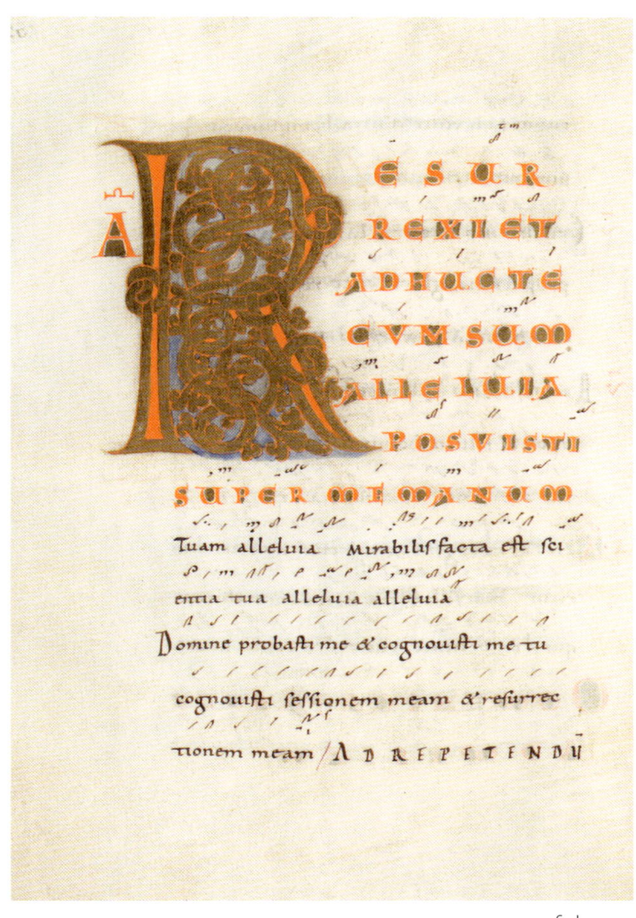
190 · fol. 132v

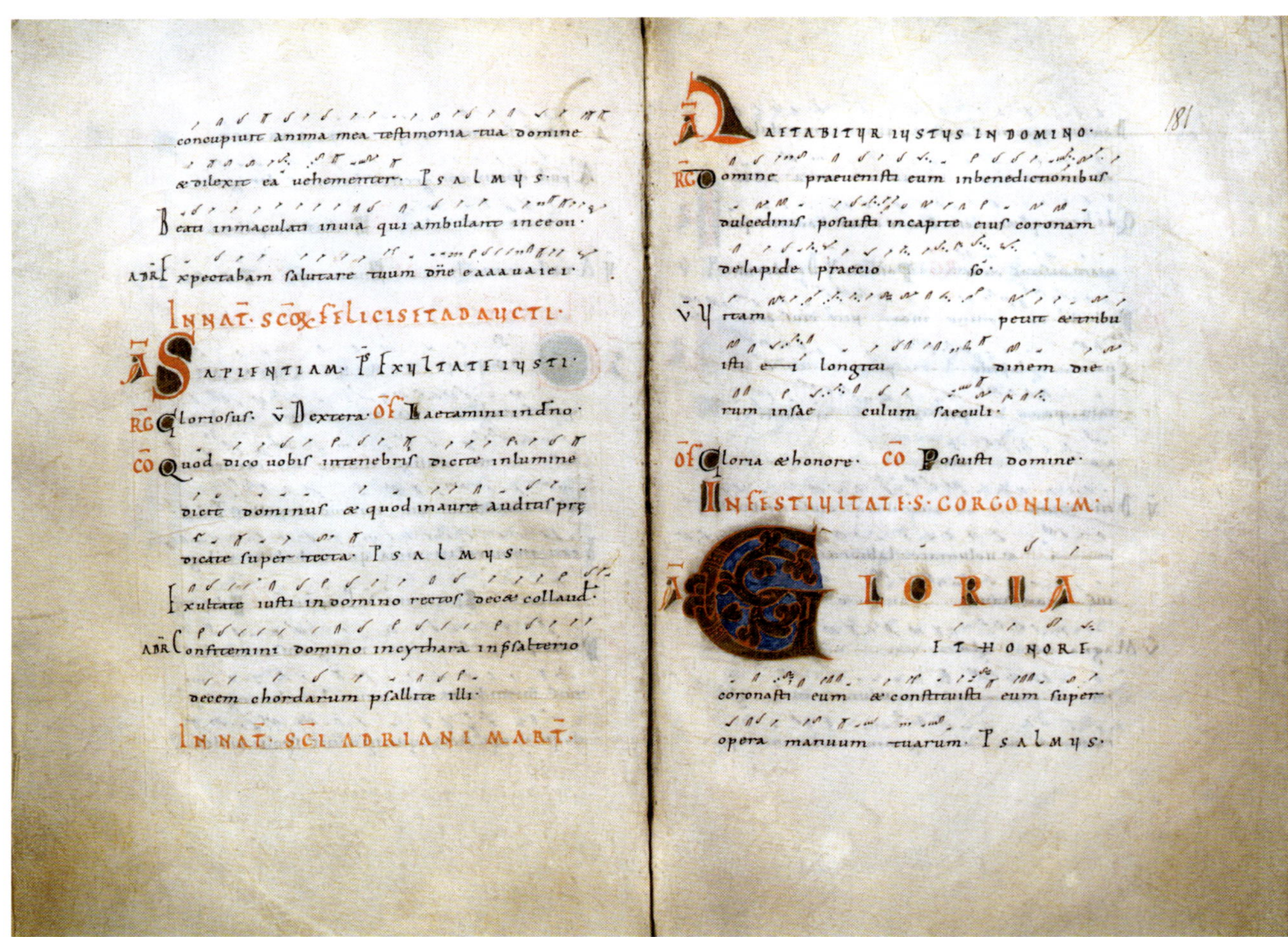

191 · fol. 180v–191r

Vom Text her gesehen besonderes Interesse verdienen die Hymnen der Karwoche mit lateinischen und griechischen Texten (*Populе meus*, fol. 116v–117r) sowie die Hymnen der römischen Dichter Venantius Fortunatus (*Crux fidelis*, fol. 118v) und Prudentius (*Invento rutuli dux*, fol. 121r). Im *Proprium de sanctis* weisen die Feste der Heiligen Magnus (fol. 194v), Gorgonius (*Depositio*, fol. 199r), Felix und Regula (fol. 196r), Gallus (mit Vigil, fol. 200v–201r), Otmar (mit Vigil, fol. 203r–203v) und Columban (fol. 204v) auf das St. Galler Kalendar hin. Entsprechend sind auch diese Namen in den Litaneien des Hymnars (fol. 262v–270r) golden schattiert. Der Name Gorgonius wird GURGONI (9. September) und wie GALLE und OTMARE in Rustica hervorgehoben. Hier finden sich auch die Hymnen der spätkarolingischen St. Galler Dichter Hartmann (*Sacrata libri dogmata*, fol. 259r; *Humili prece*, fol. 271v; *Salve proles regnum*, fol. 277v), Ratpert (*O benedicte pater*, fol. 274v; *Sancte Otmare*, fol. 275r; *Aurea lux terrae*, fol. 279v), Waldram (*Votis supplicibus*, fol. 274v) und Notker Balbulus (*Ave beate germinis*, fol. 378r). Dass dieses Buch auch zum Sigebertornat gehört, erweisen die Anrufungen der *Laudes regiae* mit dem Schluss: »Exaudi Christe Sigeberto huius ecclesiae episcopo salus et vita perpetua!« (»Erhöre Christus, Sigebert, dem Bischof dieser Kirche Heil und das ewige Leben!«).

Lit.: Euw 2008a, S. 243–246, 263, Nr. 153 · Heinemann 1888, S. 7–9 · Hoffmann 1986, S. 398 · Kat. Wolfenbüttel 2004–2005, S. 437–438, Nr. 85 (Andreas Haug) · Milde 1993, S. 19 · Schlager 1989 · Vöge 1893, S. 207–208. A.v.E.

191 Graduale für Bischof Sigebert von Minden

St. Gallen, um 1022–1036
Pergament, karolingische Minuskel, St. Galler Neumen, ungerahmte Titel- u. Initialzierseite, Initialen in Gold u. Deckfarbenmalerei zu den Hochfesten des Kirchenjahres u. zu bevorzugten Heiligenfesten – H. 19,5 cm, B. 13,0 cm, 234 Bl.
Einband: weißes Wildleder über Pappe (18. Jahrhundert)
Berlin, Staatsbibliothek zu Berlin – Preußischer Kulturbesitz, Ms. theol. lat. qu. 15

Der Titel des Buches lautet auf fol. 1r: *In nomine Domini nostri Iesu Christi incipit liber diurnalis antiphonarii per circulum anni* (*Im Namen unseres Herrn Jesu Christi beginnt das Tagesbuch des Antiphonars,* [das] *durch den Jahreskreis* [führt]). Es handelt sich jeweils um die Messgesänge des *Introitus* (Einzugsgesang), des Graduales (Stufengesang vor dem Ambo, von dem aus das Evangelium verkündet wird), des *Alleluias* bzw. des *Tractus* (in einem Zug durchgesungen), des *Offertoriums* (Gabenbereitung des Priesters) und der *Communio* (zum Empfang der Kommunion) im Messantiphonar (*Antiphonarium missae* = Graduale). Das Graduale beginnt mit den Gesängen zum ersten Sonntag im Advent, hier auf fol. 2r mit dem *Introitus* und der Initiale »A[d te levavi animam meam Deus]« (»Zu dir, Gott, erhebe ich meine Seele«; Ps 24, 1–3). Wie das Evangelistar (Kat.Nr. 193) hat auch das Graduale getrennte Proprien. Im *Proprium de tempore* finden sich zur Karfreitagsliturgie auf fol. 143r–149v die Litaneien mit den hervorgehobenen Heiligen Gorgonius (seit 947 neben Petrus Patron des Mindener Domes), Gallus und Otmar. Besonders eindrucksvoll ist auf fol. 146r–149v die *Letania heroico metro compilata – Die im heroischen Versmaß gedichtete Litanei* in lateinischer und griechischer Sprache. Auch sie steht ganz in der alten literarischen Tradition St. Gallens.

Im *Proprium de sanctis* (fol. 162r–188v) wird das Fest des hl. Gorgonius (fol. 181r) mit der Initiale »G[loria et honore]« hervorgehoben. Dieser *Introitus* findet sich auch zum Fest des hl. Gorgonius im Graduale des Abtes Gregor von Einsiedeln (964–996), Cod. 121(1151) der Stiftsbibliothek Einsiedeln. Da es zwischen den Festen Mariae Geburt (8. September) und Protus und Iacinctus (11. September) steht, fällt es nach alter kalendarischer Tradition auf den 9. September. Zu diesem Tag findet es sich schon in den Ergänzungen des *Sacramentarium Gregorianum* (Le sacramentaire grégorien 1979–1992, Bd 1, S. 701), aber auch in den Handschriften Sigeberts. In Minden wird das Fest des hl. Gorgonius, wahrscheinlich mit Bezug auf die Translatio seiner Reliquien von Gorze nach Minden 947, am 11./12. März gefeiert. Zu diesem Tag stehen in den Mindener Handschriften keine entsprechenden Einträge. Auch das mag ein Beweis dafür sein, dass ihre Textvorlagen in St. Gallen waren.

Nach St. Gallen weisen ebenso die Initialen der Handschrift, beispielsweise das baumstrunkförmige »I[n nomine]« auf fol. 1v der Titelseite. Die Form ist in den Gregorhomilien Cod. 204 der Stiftsbibliothek St. Gallen vorgebildet und lässt sich über Cod. Guelf. 1008 Helmst. in Wolfenbüttel (Kat.Nr. 190) zu den noch in St. Gallen aufbewahrten liturgischen Handschriften aus der Mitte des 11. Jahrhunderts weiterverfolgen (Euw 2008a, Abb. 757, 776, 822, 833, 887).

Lit.: Le sacramentaire grégorien 1979–1992, Bd. 1 · Euw 2008a, Nr. 151 · Fingernagel 1991, Nr. 69 · Hoffmann 1986, S. 375–376 · Milde 1993, S. 13–14 · Rose 1903, S. 682–684. A.v.E.

192 Hymnar für Bischof Sigebert von Minden

St. Gallen, um 1022–1036
Pergament, karolingische Minuskel, zu den Anfängen der Festtagshymnen Initialen in Gold, Minium u. Blau, Titel- u. Initialzierseite ebenso – H. 17,5 cm, B. 13,0 cm, 102 Bl.
Einband: braunes Leder (Berlin, 19. Jahrhundert), vorne eingelassen ein Elfenbeintäfelchen vom alten Einband
Berlin, Staatsbibliothek zu Berlin – Preußischer Kulturbesitz, Ms. theol. lat. oct. 1

Die Handschrift enthält, wie die Titelseite fol. 3v ankündigt, die im Jahreskreis an verschiedenen Festen zu singenden Hymnen. Nach dem Prolog (fol. 1v–3r) war König David der Erste, der solche Hymnen, nämlich die Psalmen, gedichtet und gesungen hat. Der Schreiber des Buches war auch als Hand A im Graduale Ms. theol. lat. qu. 15 (Kat.Nr. 191) beteiligt (Hoffmann 1986). Entsprechend sind die Initialen wohl von demselben Illuminator und fügen sich nahtlos in die St. Galler Tradition, die auch durch die Festtagshymnen für Gallus (*Vita sanctorum spes salusque*, fol. 74r) und Otmar (*Rector eterni metuendae saeculi*, fol. 79r) bestätigt wird. Die schönen Titel- und Initialzierseiten (fol. 3v–4r) sind gute Beispiele für das künstlerische Feingefühl des Illuminators: Die goldene Initiale »I[n nomine Domini]« auf fol. 3v umrandet er blau, der Text ist in Capitalis quadrata mit Minium

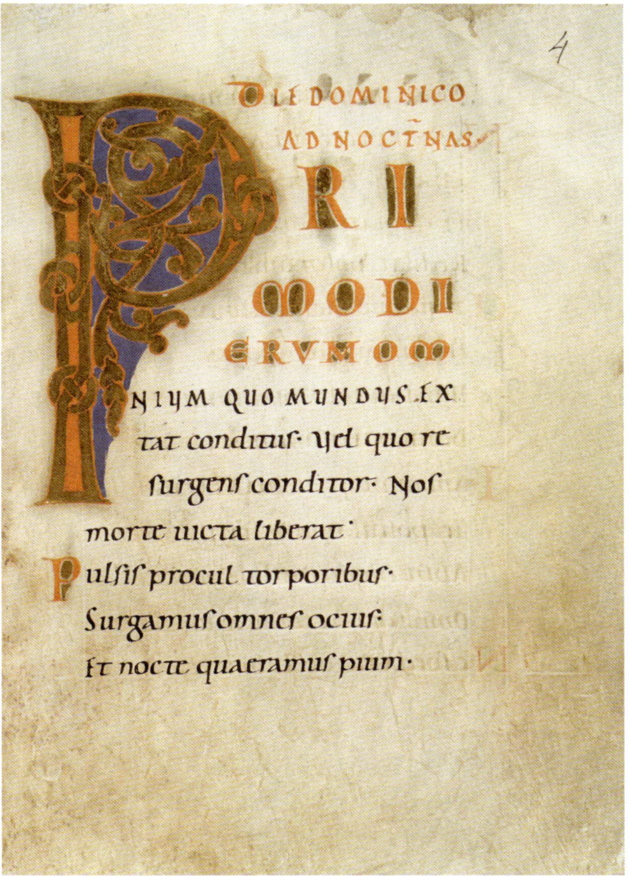

192 · fol. 4r

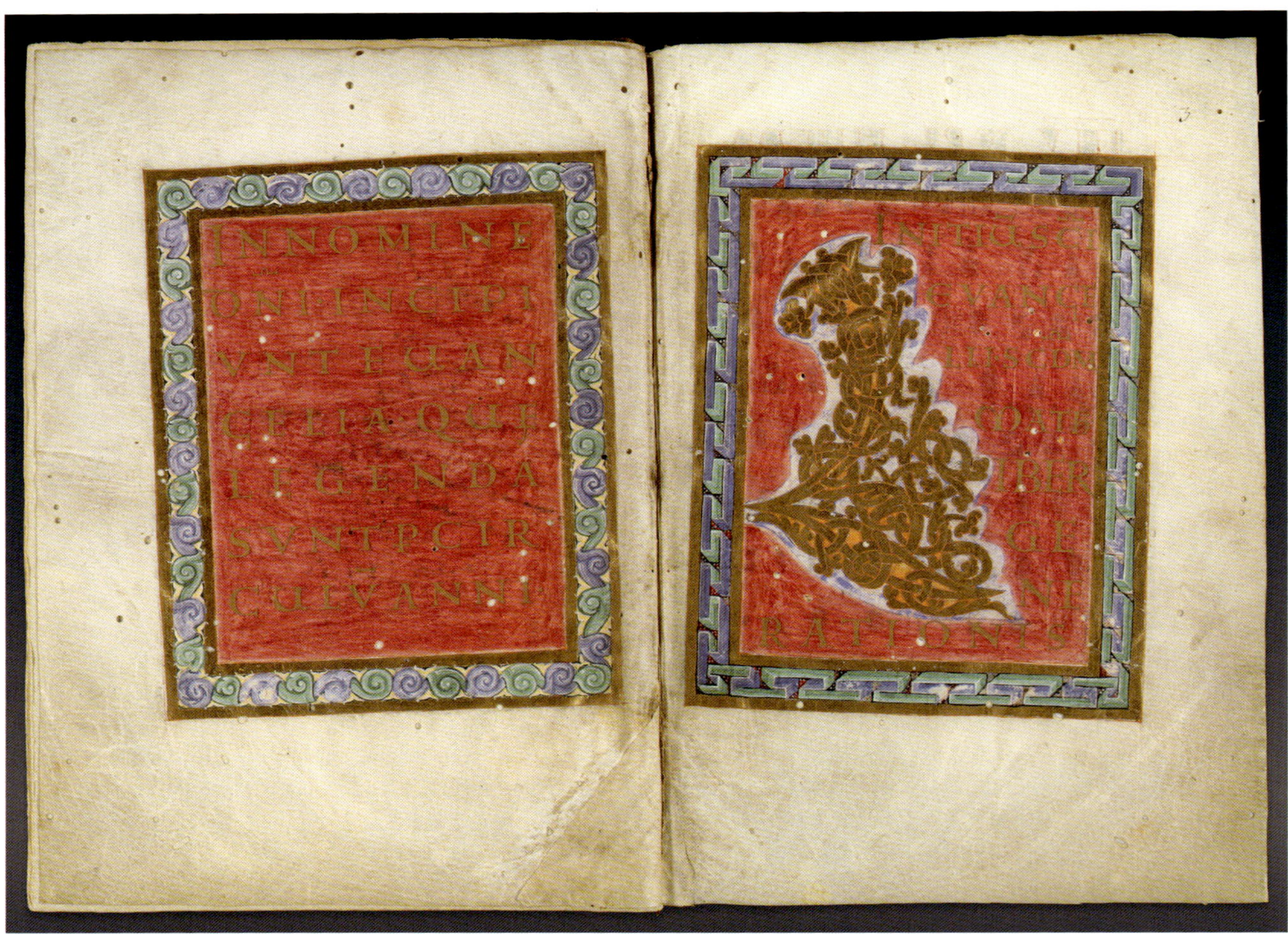

193 · fol. 2v–3r

geschrieben und golden schattiert bis zur letzten Zeile mit dem Wort »canendi«, das kleiner wird und ein unziales »d« enthält; die Überschrift der Seite gegenüber *Dei Dominico ad nocturnas* (*laudes*) ist in Capitalis rustica mit Minium geschrieben, der goldene Buchstabenkörper der Initiale »P[rimo dierum omnium]« mit Minium gefüllt und blau schattiert. Das »P[rimo dierum]« als Text wird nach dem alten insularen Prinzip des *Diminuendo* (in der Größe abnehmend) gestaltet, es folgt dann als kleinste Schriftstufe die karolingische Minuskel. Das *Diminuendo* enthält demnach die vier Schriften, nämlich die römische Capitalis, Uncialis und Rustica sowie die karolingische Minuskel.

Auch diese Handschrift hatte nach dem Zeugnis des Mindener Domherrn Heinrich Tribbe († 1464) einen mit Autorenbildern geschmückten Einband (Mindener Geschichtsquellen 1917–1932, Bd. 1, S. 131): »Horum primus hymnos per anni circulum continet, sex imaginibus ordinatus, Ambrosii et Hilarii episcoporum de ebore, reliquos vero quatuor [argenteos], videlicet Sedulii et Aratoris, Romanae ecclesiae subdiaconi, qui duos libros metricos de historia actum apostolorum eleganter composuit, Prudentii et Iuvenci in quatuor cornibus libri suis inscriptionibus ordinavit. Isti enim primo hymnos composuisse inveniuntur.« (»Deren erstes [Plenarium] die Hymnen des Jahreskreises enthält. Es ist insgesamt mit sechs Bildern geschmückt, [nämlich] der Bischöfe Ambrosius und Hilarius aus Elfenbein, die übrigen vier [silbernen] nämlich des Sedulius und Arator, [letzterer] Subdiakon der römischen Kirche und Dichter von zwei eleganten metrischen Büchern zur Apostelgeschichte, sowie des Prudentius und Juvencus ordnete [der Künstler] in den vier Ecken des Buches mit ihren Inschriften an; letztere gelten in erster Linie als Erfinder der [christlichen] Hymnendichtung.«).

Von den beiden Bischofsgestalten des Vorderdeckels erhielt sich offenbar der der Mitte nach rechts zugewandte hl. Ambrosius. Er ist im bischöflichen Ornat stehend mit ausgerolltem Rotulus in der Linken und Stilus in der Rechten dargestellt. Die ursprünglichen St. Galler Einbände waren Meisterstücke des dort vom 9.–11. Jahrhundert nachweisbaren literaturgeschichtlichen und künstlerischen Bewusstseins. Vergleichbare Einbände sind sonst nicht überliefert.

Lit.: Euw 2008a, S. 243, 245, 250, 263, Nr. 154, Abb. 788–789, 919 · Fingernagel 1991, Nr. 70 · Goldschmidt 1914–1926, Bd. 2, Nr. 147 · Hoffmann 1986, S. 374 · Mindener Geschichtsquellen 1917–1932 · Milde 1993, S. 11 · Rose 1903, Nr. 692 · Vöge 1893, S. 205–207.

A.v.E.

193 **Evangelistar für Bischof Sigebert von Minden**
St. Gallen, um 1022–1036
Pergament, karolingische Minuskel, Titel-, Initial- u. Schriftzierseiten sowie Initialen in Gold u. Deckfarbenmalerei – H. 24 cm, B. 18 cm, 263 Bl.
Im Vorderdeckel des braunen Ledereinbandes aus dem 19. Jahrhundert eingelassen der Mittelteil eines byzantinischen Elfenbeintriptychons aus der Romanosgruppe (10. Jahrhundert), anscheinend vom ursprünglichen Einband
Berlin, Staatsbibliothek zu Berlin – Preußischer Kulturbesitz, Ms. theol. lat. qu. 3

Die Handschrift enthält die während des Kirchenjahres im Wortgottesdienst zu lesenden Evangelienperikopen (Ausschnitte); das entsprechende Epistolar Ms. Berol. Theol. Lat. Qu. 1 der Staatsbibliothek zu Berlin befindet sich heute in der Biblioteka Jagiellońska, Kraków. Das Evangelistar beginnt auf fol. 2v–4v mit der Titelseite und dem Anfang des Matthäusevangeliums mit der Initialzierseite »L[iber generationis]« (Mt 1, 1). Diese zur Vigil von Weihnachten zu lesende, den Buchbeginn bildende Perikope ist typisch für die St. Galler Tradition, die schon in dem berühmten, um 895 entstandenen *Evangelium longum* (St. Gallen, Stiftsbibliothek, Cod. 53; Euw 2008a, Nr. 108) nachweisbar ist und damit das Kirchenjahr nicht mit dem Advent, sondern (im alten Stil) mit Weihnachten beginnen lässt. Mit fol. 2v und 3r stehen sich eindrucksvoll die Titel- und Initialzierseiten gegenüber. Ihre Gold vortäuschende, in gelber Capitalis quadrata auf Purpurgrund leuchtende Schrift erhält durch die Rahmung mit Akanthus und Mäander eine klassische Bildqualität. Sie wird rechts durch die Initiale »L[IBER]« akzentuiert. Der Text lautet (fol. 2v–4v): »In nomine Domini incipiunt evangelia quae legenda sunt per circulum anni.« – »Initium evangelii secundum Matheum. Liber generationis« (»Im Namen des Herrn beginnen die Evangelien[-lesungen], die während des Kirchenjahres zu lesen sind.« – »Anfang des Evangeliums nach Matthäus. Das Buch der Generationen [Jesu Christi]«; Mt 1, 1–4). Auf die Perikopen des *Proprium de tempore* (fol. 3r–198v) folgen die des *Proprium de sanctis* (fol. 199r–248v) u.a. mit den Festen der Heiligen Gorgonius, Gallus und Otmar. Nach Milde ist der Name »Gorgonii« (fol. 220v) »hineinkorrigiert«, was eine Mindener Korrektur zu sein scheint.
Der Initialstil der Handschrift hat die engsten Parallelen in den *XL Homilien* Gregors des Großen (590–604) zu den Evangelien, Cod. 204 der Stiftsbibliothek St. Gallen (St. Gallen, 1. Viertel 11. Jahrhundert; Euw 2008a, Nr. 148). Dort finden sich auch die wellig blau umrandeten Initialen, die in der Berliner Handschrift beispielsweise am »I[n principio]« (fol. 7v) oder »C[um natus]« (fol. 11r) auffallen. Nach Hoffmann wurde das Evangelistar von einem St. Galler Schreiber geschrieben, der auch im *Ordo missae* (Kat.Nr. 195) und im Tropar-Sequentiar (Kraków, Biblioteka Jagiellońska, Ms. Berol. Theol. Lat. Qu. 11) nachweisbar ist.

Lit.: Monumenta palaeographica, Liefg. XXII, Taf. 2 · Cutler 1998 · Euw 2008a, S. 243, 245–246, 251, 263, Nr. 150 · Fingernagel 1991, Nr. 67 · Goldschmidt/Weitzmann 1930–1934, Tl. 2, Nr. 155 · Hoffmann 1986, S. 374–375 · Milde 1993, S. 18–19. A.v.E.

194 **Sakramentar für Bischof Sigebert von Minden**
St. Gallen, um 1022–1036
Pergament, karolingische Minuskel, Initialen in Gold u. Deckfarbenmalerei, ebenso die ganzseitigen Bilder zum *Canon missae* u. den Hochfesten des Kirchenjahres – H. 30 cm, B. 22 cm, 326 Bl.
Einband: Holz, braunes Leder (19. Jahrhundert), im Vorderdeckel eingelassen ein Elfenbeindiptychon mit den vier Kirchenvätern, vom ursprünglichen Einband
Berlin, Staatsbibliothek zu Berlin – Preußischer Kulturbesitz, Ms. theol. lat. fol. 2

Das Sakramentar enthält auf fol. 1v–179r das *Proprium de tempore*, auf fol. 180v–229v das *Proprium de sanctis*, auf fol. 230r–239v das *Commune sanctorum*, auf fol. 240v–244v die Kirchweihe, auf fol. 245r–254r die Wochentagsvotivmessen und auf fol. 254v–335r die Votiv- und Totenmessen.
Zu sehen sind auf fol. 8v–9r die ganzseitigen Miniaturen des Lamm Gottes auf dem Thron (Offb 5, 6–8) und Bischof Sigeberts (1022–1036) bei der Messfeier. Das Lamm Gottes ist umgeben von den Symbolen der Evangelisten Matthäus (Engel), Markus (Löwe), Lukas (Stier) und Johannes (Adler) mitten in den Mauern des Himmlischen Jerusalems, dessen vier Haupttore die Symbolbilder darstellen (Offb 21, 10–27). An den Vorderbeinen des Lammes mit den sieben Hörnern lehnt offen das Buch des Lebens, der Blutstrahl aus der linken Flanke zeigt, dass es »geschlachtet« ist (Offb 5, 6). Im Rahmen des Bildes steht die Inschrift: »Ecce triumphator mortis vitae reparator. / Agnus mirifici pandit signacula libri.« (»Siehe der Sieger über den Tod, der Erneuerer des Lebens. Das Lamm öffnet die Siegel des wunderbaren Buches.«) Auf fol. 9r steht in der Bildmitte vor der Vierung einer Basilika mit Querschiffen purpurn ummantelt der Altar, darauf liegt die goldene Patene. Ecclesia mit der Kreuzfahne in der Linken, begleitet von einer Dienerin, hat den Kelch vom Altar genommen und reicht ihn Bischof Sigebert auf der anderen Seite. Er führt ihn zum Mund. Der assistierende Diakon nimmt den Vorgang akklamierend wahr. Die Inschrift des Bildrahmens lautet: »Hauri perpetuae Sigeberte charismata vitae. / His tua clementer reficit te gratia mater.« (»Trinke, Sigebert, die Gnadengaben des ewigen Lebens. Durch sie erquickt dich deine Mutter [Kirche] mit der Gnade.«). Bilder und Verse sind tiefsinnige

künstlerische Werke, in denen der biblische Stoff, erweitert mit allegorischen Figuren wie Ecclesia, mit der Wirklichkeit des historischen Augenblicks, nämlich der Kommunion der Messfeier, eine Symbiose eingeht.

Das Kreuzigungsbild auf fol. 3v zum »Te igitur« des *Canon missae* steht klar in der Nachfolge des Kreuzigungsbildes in dem in St. Gallen um 1000 entstandenen Evangelistar Cod. Barb. lat. 711 der Biblioteca Apostolica Vaticana (Euw 2008a, Nr. 147, Abb. 744, 794). Im *Proprium de tempore* finden sich ganzseitige Bilder der Geburt Christi und der Verkündigung an die Hirten (fol. 12r), der Himmelfahrt Christi (fol. 148v) und des Pfingstwunders (fol. 158v). Darin werden künstlerische Einflüsse seitens der Reichenauer und Regensburger Buchmalerei erkennbar. Trotzdem bewahrt das St. Galler Skriptorium, wie die Zierseiten zur Präfation (fol. 2r–2v) und die Initialen zu den *Collectae* (Versammlungsgebete) der einzelnen Messen mit ihren wellig-blauen Umrandungen zeigen, die alten Eigenheiten.

Das auf dem Vorderdeckel wiederverwendete Elfenbeindiptychon mit den Kirchenvätern Gregor und Hieronymus, Ambrosius und Augustinus vom alten Einband hat Heinrich Tribbe († 1464) eingehend beschrieben (Mindener Geschichtsquellen 1917–1932, Bd. 1, S. 133): »Hic liber valde est pulcher, quatuor doctorum imaginibus de ebore excisis et quatuor aliis imaginibus argenteis, videlicet: disciplina, sapientia, scientia et intellectus in forma reginarum adornatus.« (»Dieses Buch ist sehr schön, mit den in Elfenbein geschnitzten Bildern der vier Kirchenlehrer und vier weiteren silbernen Bilder, nämlich der Disziplin, der Weisheit, der Wissenschaft und des erkennenden Geistes in der Gestalt von Königinnen geschmückt.«). Auch hier waren demnach die historischen Kirchenväter mit entsprechenden allegorischen Figuren zu einer Gesamtkomposition zusammengebracht.

Lit.: Monumenta palaeographica 1917, Liefg. 21, Taf. 10 · Euw 2008, S. 243, 246, 248, 250, 263, 271, Nr. 156 · Fingernagel 1991, Nr. 131 · Goldschmidt 1914–1926, Bd. 2, Nr. 146 · Hoffmann 1986, S. 374 · Meyer 1967 · Milde 1993, S. 15–17 · Rose 1903, Nr. 690 · Vöge 1893, S. 200–201. A.v.E.

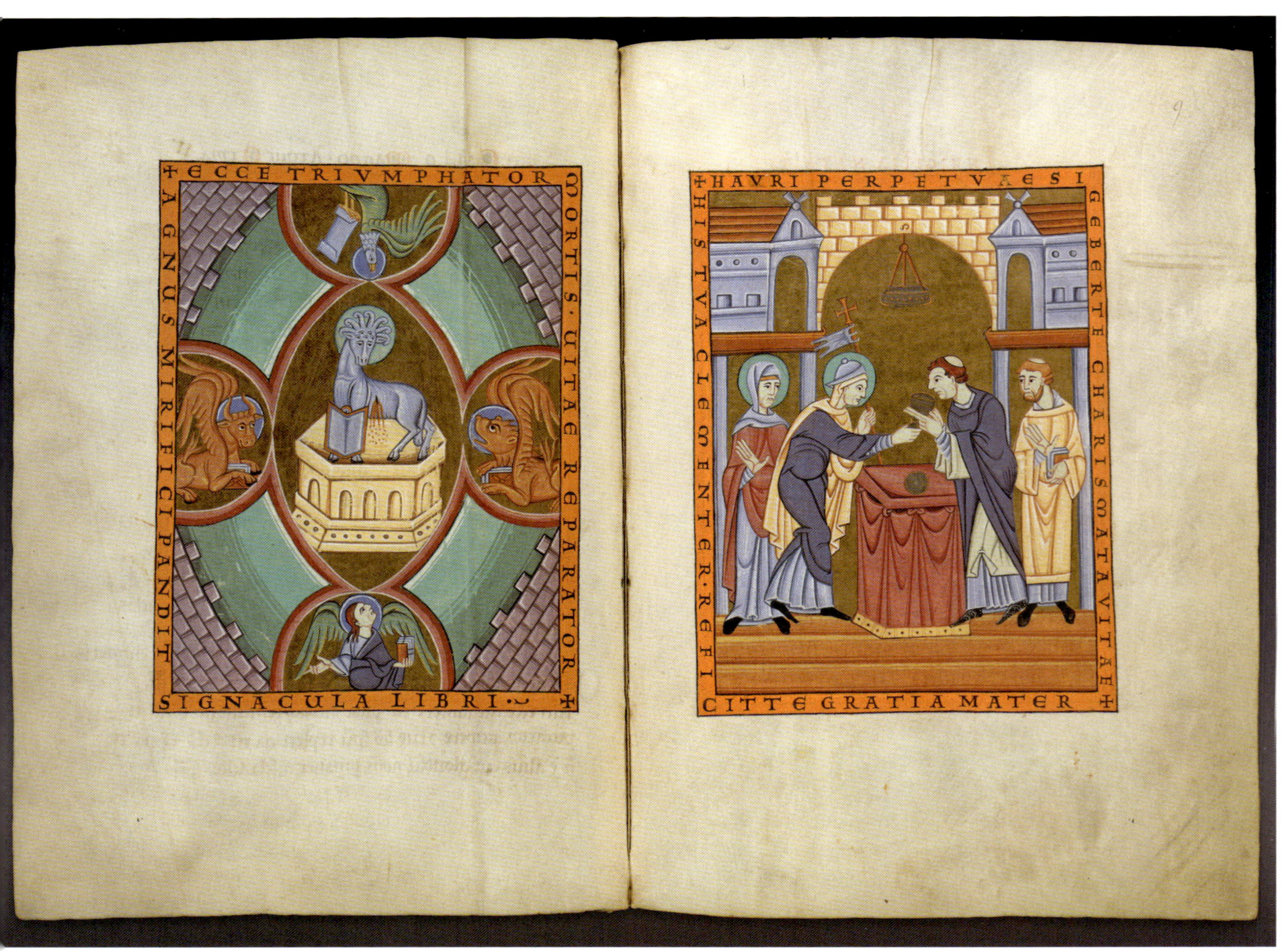

194 · fol. 8v–9r

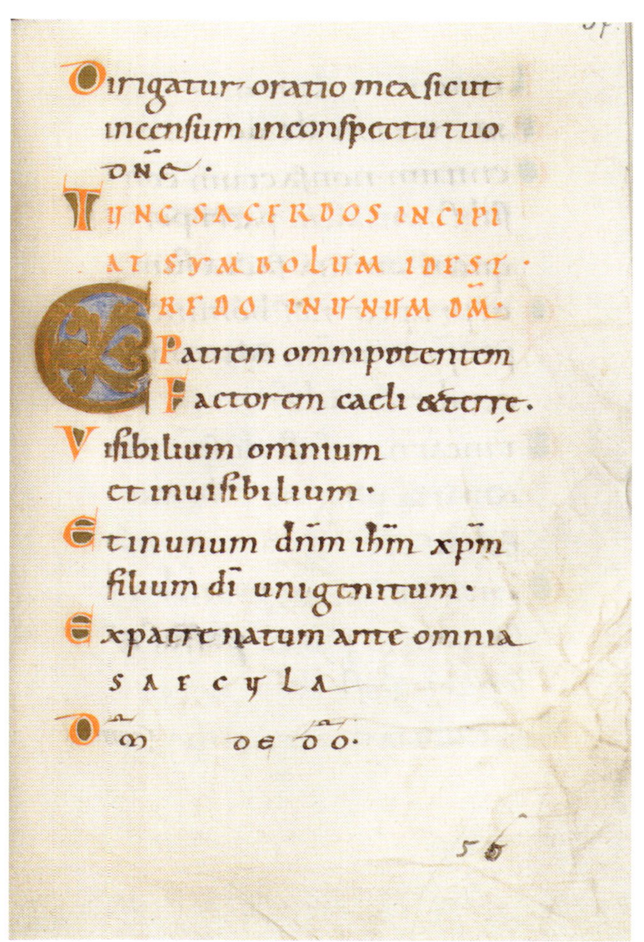

195 · fol. 57r

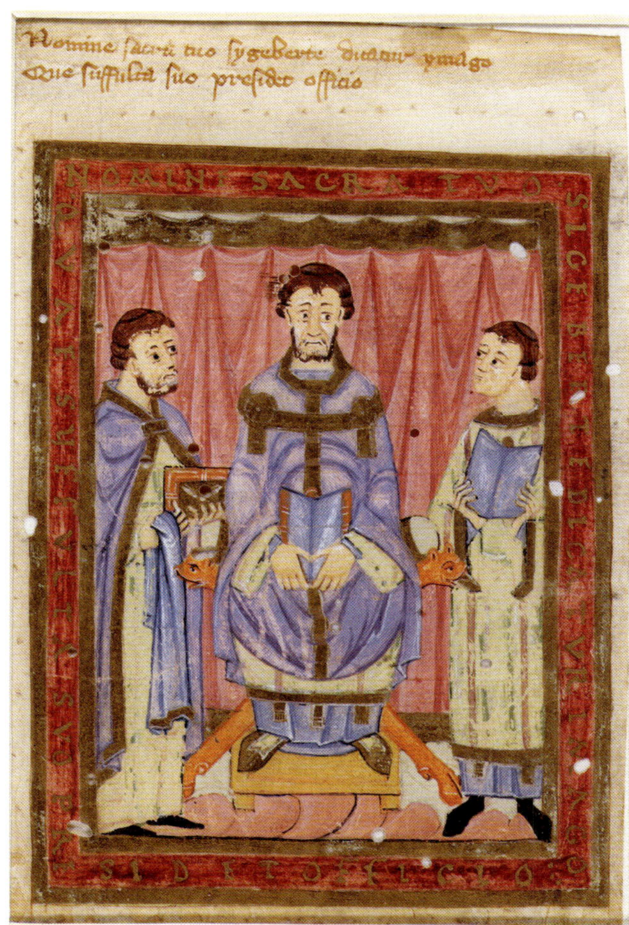

196

195 ***Ordo missae*** **für Bischof Sigebert von Minden**
St. Gallen, um 1022–1036
Pergament, karolingische Minuskel, Titelseite u. Initialen in Gold u. Deckfarbenmalerei – H. 16,2 cm, B. 11,8 cm, 121 Bl.
Einband: braunes Leder (18./19. Jahrhundert)
Wolfenbüttel, Herzog August Bibliothek,
Cod. Guelf. 1151 Helmst.

Fol. 1r–v wurde entfernt und wird heute als Ms. theol. lat. qu. 3, Fragment, in der Staatsbibliothek zu Berlin aufbewahrt (Kat.Nr. 196), ebenso die Elfenbeintafel mit der Darstellung Bischof Sigeberts von Minden (1022–1036), die sich auf dem Einband von Ms. germ. qu. 42 befand (Kat.Nr. 197). Der übrige Teil der inhaltlich kostbaren Handschrift ist erhalten: Auf fol. 1r–6v befinden sich Titelseite und Beginn der *Praeparatio ad Missam* (*Vorbereitung zur Messe*) mit den sieben Bußpsalmen; es folgen auf fol. 6v–14r der Ankleideritus, auf fol. 14r–101r der Messritus mit Gloria (fol. 32v), Credo (fol. 57r) usw., auf fol. 101v–121v verschiedene Gebete, darunter auf fol. 101v–111v die *Orationes ad crucem* (*Kreuzverehrung*). Außer fol. 100r–105v stammt die Schrift von der Hand, die auch das Evangelistar (Kat.Nr. 193) und das Tropar-Sequentiar (Kraków, Biblioteka Jagiellońska, Ms. Berol. Theol. Lat. Qu. 11) Sigeberts schrieb (Hoffmann 1986).

Die Handschrift kam offenbar vor 1557 in Besitz des Flacius Illyricus († 1575) und 1597 mit seiner Sammlung nach Wolfenbüttel, 1618 in die Universitätsbibliothek Helmstedt und nach deren Aufhebung 1815 wieder zurück nach Wolfenbüttel. Zur Edition des Illyricus unter dem Titel *Missa latina, quae olim ante Romanam circa 700 annum in usu fuit* (bei Mylius, Straßburg 1557) äußerte sich Joseph Braun 1905. Er definierte den Inhalt der Handschrift und bezeichnete sie als *Ordo missae*. Zugleich wies er auf die Verwandtschaft des Textes mit dem Ordo im Sakramentar Ratbolds von Corbie (Corbie, um 972–986; Paris, Bibliothèque Nationale de France, Lat. 12052) hin. Problematisch erscheint uns die Bemerkung Brauns (S. 149): »Denn das Fehlen der Mitra in der sonst so vollständigen praeparatio der Missa ist ein Beweis, daß diese noch vor dem letzten Viertel des 11. Jahrhunderts entstanden ist.« Auf fol. 11v der Handschrift ist zu lesen: »Postquam infulatus fuerit, dicat hanc orationem.« (»Nachdem ihm die Infula (Mitra) aufgesetzt wurde, möge er dieses Gebet sprechen.«) und »Rogo te altissime sabaoth pater […]« (»Ich bitte Dich, höchster Vater Sabaoth […]«). Es kann sich also nur um die Mitra handeln, die schon im

2. Viertel des 11. Jahrhunderts in Gebrauch gewesen sein muss. Bei der Einkleidung wurde sie zuletzt aufgesetzt.

Lit.: Braun 1905 · Euw 2008a, S. 244–248, Nr. 155 · Fingernagel 1991, Nr. 68 · Hoffmann 1986, S. 398 · Kat. Wolfenbüttel 2004–2005, S. 410–413, Nr. 81 (Patricia Carmassi) · Milde 1993, S. 12–13 · Pierce 1988, S. 32–37, 42–45, 82–459, 468–482 · Vöge 1893, S. 201–203. A.v.E.

196 Einzelblatt mit der Miniatur Bischof Sigeberts von Minden

St. Gallen, um 1022–1036
Pergament, Deckfarbenmalerei mit Gold –
H. 12 cm, B. 9 cm
Berlin, Staatsbibliothek zu Berlin – Preußischer Kulturbesitz, Ms. theol. lat. qu. 3, Fragment

Das Blatt wurde von Heinrich Tribbe († 1464) unter Nr. 3 (siehe die voranstehende Einleitung zum Messbücherornat Sigeberts von Minden) beschrieben. Es war ursprünglich fol. 1 im Wolfenbütteler *Ordo missae* (Kat.Nr. 195), »in dem das Bildnis des besagten Bischofs innerhalb des Buches schön und kunstvoll gemalt, und außerhalb in Elfenbein geschnitzt ist« (Kat.Nr. 197). Das Blatt wurde offenbar schon im späteren 16. Jahrhundert vom Ordo gelöst, kam aber 1683 mit den anderen Mindener Handschriften nach Berlin und wurde dem Evangelistar (Kat.Nr. 193) vorgesetzt. Im Rahmen des Bildes steht in goldener Halbunziale die Inschrift: »Nomine sacra tuo Sigeberte dicatur imago. / Quae suffulta suo presidet officio.« (»Dieses heilige Bild bekommt durch deinen Namen, Sigebert, die Würde. Gestützt auf seine Aufgabe, steht es am Anfang [des Buches].«). Oben am Pergamentrand liest man die lateinische Inschrift transkribiert in gotischer Minuskel des 14. Jahrhunderts.
Vor purpurnem Vorhang thront Sigebert (1022–1036) auf dem mit Löwenpranken und Löwenköpfen verzierten *Faldistorium* (Faltstuhl), das mit einem Kissen belegt ist. Seine mit den Pontifikalschuhen bekleideten Füße ruhen auf dem *Suppedaneum* (Fußschemel). Bekleidet ist er mit dem bischöflichen Messornat: der fußlangen Albe, über der unten die beiden Enden der Stola und das Praecinctorium (Mitte) golden hervorkommen, darüber liegt die etwas kürzere Dalmatica, verziert mit zwei goldenen Clavi, darüber die Glockenkasel mit goldener Halsborte und Mittelstab, darüber das Rationale. Sigeberts Haupt ist unbedeckt, in seinem Schoß hält er geöffnet das Sakramentar, aus dem er die Messgebete lesen wird. Zur Rechten des Bischofs steht der Diakon, gekleidet in die Albe und das Pluviale. Er trägt das außen mit Gold und Edelsteinen verzierte Evangelienbuch, aus dem er das Evangelium verkünden wird. Zur Linken, ebenso dem Bischof zugewandt, steht der Subdiakon, gekleidet in Albe und Dalmatica. In den Händen hält er, schon geöffnet, das Epistolar, aus dem er gleich die Epistel lesen wird. Das Bild ist gleichsam eine Momentaufnahme aus dem *Ordo missae*. Seine Farbgebung, in der Purpur und Blau dominieren, und der Vorhang mit den Dreiecksfalten sind typische St. Galler Gewohnheiten, die dort bis um die Mitte des 11. Jahrhunderts als Stilmittel im Gebrauch bleiben (vgl. das Marienbild im Tropar-Graduale-Sequentiar, Cod. 376, pag. 319, der Stiftsbibliothek St. Gallen; Euw 2008a, Nr. 159, Abb. 828).

Lit.: siehe Kat.Nr. 193. A.v.E.

197 Elfenbeinrelief mit Bischof Sigebert von Minden

St. Gallen, um 1022–1036
Elfenbein – H. 17 cm, B. 7 cm
Berlin, Staatsbibliothek zu Berlin – Preußischer Kulturbesitz, Ms. germ. qu. 42, Einband

Die Elfenbeintafel schmückte ursprünglich den Einband des *Ordo missae* (Kat.Nr. 195). Um 1460 beschrieb sie Heinrich Tribbe († 1464) in der jüngeren Mindener Chronik mit den Worten: »in quo dicti episcopi effigies intra librum pulchre et artificiose est depicta exteriusque de ebore sculpta« (»in dem das Bild des besagten Bischofs innen im Buch schön und kunstreich gemalt und außerhalb [auf dem Einband] in Elfenbein geschnitzt ist.«). Wann diese Tafel vom Ordo demontiert wurde, ist näher nicht zu bestimmen; seit dem früheren 19. Jahrhundert befand sie sich auf dem Einband des Gebetbuches der Maria von Geldern (Geldern, um 1415; Berlin, Staatsbibliothek zu Berlin – Preußischer Kulturbesitz, Ms. germ. qu. 42).
Die an der rechten Seite beschädigte Tafel ist mit einem Perlstabrahmen umrandet. Sie zeigt in der Mitte stehend, groß und frontal Bischof Sigebert (1022–1036) in pontifikaler Gewandung. Zwei in Tunika und Dalmatik gekleidete Ministranten breiten zu seinen Füßen ein Tuch aus; der zur Rechten hält den Bischofsstab, der zur Linken den Saum der Albe des Bischofs. Dieser wird wohl gleich über das Tuch zum (nicht zu sehenden) Altar schreiten, um dort den sakramentalen Teil der Messe zu vollziehen. Noch steht er im Tal einer »Woge«, auf deren Höhen sich ihm, kleiner an Gestalt, links ein Priester in Albe, Stola und Kasel zuwendet. Er hält in den mit der Kasel verhüllten Händen das geöffnete Evangelienbuch, auf das der Bischof segnend die Hand legt. In der Funktion des Diakons entsendet er den Priester zum Verkünden des Evangeliums. Die Linke des Bischofs ruht auf dem Arm des in Albe, Praecinctorium und Kasel gekleideten zweiten Priesters auf dem linken Scheitel der »Woge«. In der mit der Kasel ebenso verhüllten Linken hält dieser in der Funktion als

Subdiakon das geschlossene Epistelbuch. Über beide Hände des Bischofs sind die in der *Praeparatio ad missam* genannten Manipel gelegt. In den Himmelssegmenten erscheinen oben links das Lamm Gottes mit dem Buch, dessen sieben Siegel es öffnen wird (Offb 5, 6–14), und oben rechts die Taube des Heiligen Geistes. Schwierigkeiten macht die Deutung der »Woge«, die man vielleicht räumlich sehen sollte. Ihre Höhen wären dann hinten im Raum, ihr Tal vorne; der Bischof schritte gleichsam über die Stufen zum Altar. Wie die Miniatur mit Bischof Sigebert (Kat. Nr. 196) ist auch die Elfenbeintafel eine Momentaufnahme, ein Bild, das verschiedene Augenblicke der bischöflichen Messfeier zusammenzieht. Damit steht es in der künstlerischen Nachfolge spätantiker Consulardiptychen, die das Prinzip der »umgekehrten Perspektive«, in der die Hauptpersonen groß und die im Raum stehenden Nebenpersonen kleiner dargestellt sind, verbildlichen. Die Proportionen der Figuren und ihre Kopftypen passen exakt zur Sigebertminiatur. Sie entsprechen auch dem Diptychon mit der Darstellung der vier Kirchenväter auf dem Vorderdeckel des Sigebertsakramentars (Kat.Nr. 194). Damit ist ihre St. Galler Entstehung gesichert. Ein von Tilmann Buddensieg (Buddensieg 1969) veröffentlichtes Elfenbeinrelief mit der Kreuzigung, Maria und Johannes, Ecclesia und Synagoge, Sol und Luna (20 x 9 cm) mit den gleichen Breitenmaßen wie die Sigeberttafel gehört zu dieser Gruppe von St. Galler Arbeiten aus der Zeit um 1025–1035. Vielleicht stammt sie von jenem verschollenen Evangeliar Sigeberts, das Heinrich Tribbe als Nr. 9 beschrieb (siehe die voranstehende Einleitung zum Messbücherornat Sigeberts von Minden).

Lit.: Buddensieg 1969 · Euw 2008a, S. 245, 250, Nr. 155 · Goldschmidt 1914–1926, Bd. 2, Nr. 145 · Kat. Corvey 1966, Bd. 2, S. 522, Nr. 209 (Ruth Meyer) · Kat. Köln u.a. 1972, S. 183, Nr. C 9 (Anton von Euw) · Milde 1993, S. 13. A.v.E.

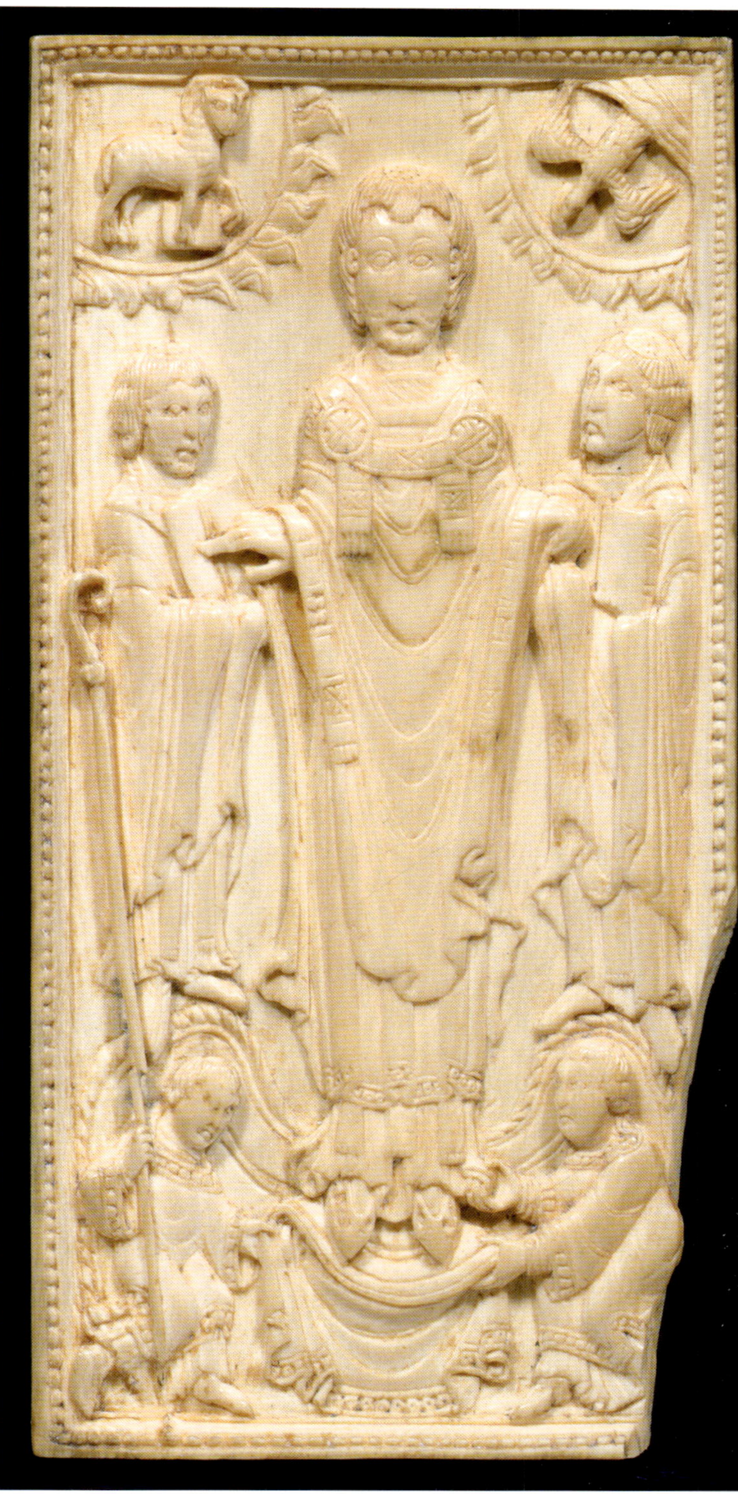

197

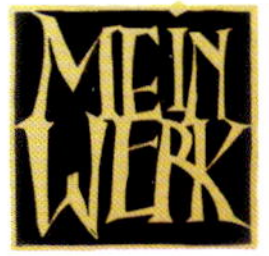

Der Bischofssitz als Heilige Stadt

Notker von Lüttich

198 Modell des Domes St. Lambert zu Lüttich

Rekonstruierter Zustand: Ende 10. Jahrhundert
Pascal Mornac, 2004
Kunststoff, Holz – H. 26 cm, B. 21 cm, L. 45 cm, M. 1:200
Lüttich, Archéoforum

Bischof Notker von Lüttich (972–1008) beabsichtigte, Lüttich zu einer der führenden Städte des Reiches auszubauen. Dem im ausgehenden 10. Jahrhundert errichteten Dom kam in diesem Plan eine zentrale Bedeutung zu. Der alte karolingische Bau des 8. Jahrhunderts wurde zugunsten des Neubaus unter Beibehaltung des Doppelchores aufgegeben. Für die ottonische Zeit sind die Dimensionen dieses Baus mit einer Länge von 90 m außergewöhnlich. Seine Fundamente waren derart breit und stabil, dass sie unverändert und ohne Erweiterung der Maßverhältnisse für den Bau der gotischen Kathedrale im 12. Jahrhundert übernommen werden konnten. Da keinerlei Darstellung des Kirchenbaus überliefert ist, wurde der Notkerdom aufgrund archäologischer Befunde rekonstruiert. Durch Grabungen auf dem St. Lambertplatz konnte zwar der Grundriss geklärt werden, Aussagen über die Höhe des Gebäudes lassen sich jedoch auf dieser Grundlage nicht treffen. Für die Rekonstruktion des Notkerdoms wurden ähnliche Gebäude aus dem 10./11. Jahrhundert wie z.B. St. Michael in Hildesheim (Kat.Nr. 202) zum Vergleich herangezogen.

S.Mo. (aus dem Französischen v. N.F.M.)

198

199 *Notker-Evangeliar*

Handschrift: Rhein-Maas-Gebiet (?), Mitte 9. Jahrhundert (?)
Pergament – H. 28,0 cm, B. 21,8 cm, Vorsatz, 142 Bl.
Einband (gesamt): Lüttich, Nicolas Engelbert, 1585–1634 (unter Wiederverwendung älterer Teile)
Buchdeckel: Elfenbein, Grubenschmelz, vergoldetes Kupferblech, Kupferplatte, Messing, Edelstein oder Glas, Holz, Leder – H. 30,0 cm, B. 24,0 cm
Elfenbeintafel: Lüttich (?), um 1000 oder früher (Inschrift um 1000)
Emailtafeln: Maasland, um 1150–1170
Aufgewölbte Zierelemente aus vergoldetem Kupfer: um 1400
Die kostbare Ausstattung des Vorderdeckels ist teilweise stark abgerieben, besonders im unteren Bereich; zudem zeigen sich auf der Elfenbeintafel kleinere Ausbrüche (Nase Christi, Kopf des Adlers), auf den Schmelzplatten fehlt an einigen Stellen die Emailfüllung, die Vergoldung ist stark beeinträchtigt.
Lüttich, Grand Curtius, Inv.Nr. MAAD 12.1

199–I Die Handschrift und die Elfenbeintafel des Buchdeckels

Bischof Notker von Lüttich (972–1008)

Notker entstammte einer wohl adligen Familie in Schwaben. Er war Propst der Abtei St. Gallen und Mitglied der Hofkapelle; unter Otto I. (936–973) wurde er 972 Bischof von Lüttich. Am Hof und überhaupt unter den politischen Akteuren des Reiches verfügte er über größeren Einfluss, besonders während der Regierungszeit Ottos III. (983–1002); im Dienst der Herrscher zog er viermal nach Italien. Die Rechte und Güter seines Bistums sicherte und vermehrte er entschlossen, als erstem Bischof im Reich wurden ihm Grafschaften übertragen. Die Stadt seines Sitzes, Lüttich, gestaltete er durch umfassende bauliche und urbanistische Maßnahmen weitgehend neu (siehe den Beitrag von Hirschmann): Notker vollendete den Bau und die Ausstattung der Stifte St. Martin und St. Paul, er gründete die Stifte St. Johann Evangelist und Hl. Kreuz, unterstützte die Gründung des Stiftes St. Dionysius; er errichtete einen Neubau der Kathedrale St. Lambert (Kat.Nr. 198), ebenso der Bischofspfalz und der alten Pfarrkirche St. Marien; er nahm eine Stadterweiterung vor (Maasinsel) und errichtete für den Bereich der neuen Vorstadt die Pfarre St. Adalbert, deren Kirche samt allen Rechten er seiner Lieblingsgründung, dem Stift St. Johann, übereignete; die eigentliche, alte Stadt sicherte er militärisch durch den Bau einer Mauer; aus fortifikatorischen Gründen und zu Zwecken verschiedener Nutzung baute er einen Nebenarm der Maas aus. Besonders förderte er auch die Schulen; Literatur (Geschichtsschreibung, Hagiographie; Kat.Nr. 137) und Wissenschaft (Quadrivium, besonders Mathematik) brachte er zu hoher Blüte. Wenige Kilometer vor Lüttich lag die gewaltige Höhenburg Kievermont (Chèvremont) , die für die Bischofsstadt und ihr Umland eine Bedrohung darstellte; wohl unter Beteiligung Notkers wurde sie 987 vom königlichen Heer erobert und für immer völlig zerstört.

Am äußersten östlichen Rand der Diözese Lüttich lag Aachen mit der Königspfalz und dem Marienstift, dessen Kirche das Grab Karls des Großen (768–814) barg. In Verehrung für diesen seinen Vorgänger ergriff Otto III. seit den letzten Jahren des 10. Jahrhunderts verschiedene Maßnahmen, um den Ort zu vergrößern und sein Ansehen zu mehren. Ähnlich wie Notker in Lüttich gründete Otto zu diesem Zweck in Aachen mehrere neue Kirchen; auf seine Initiative zeichnete Papst Gregor V. (996–999) die alte Marienkirche dadurch aus, dass er auf Dauer vierzehn ihrer Kanoniker zu Kardinälen erhob. Der zuständige Ortsbischof, also Notker, der dem jungen Herrscher auch sonst sehr verbunden war, wird ihn bei all dem beraten und unterstützt haben. Einer der ersten Aachener Kardinäle war übrigens Meinwerk, der spätere Bischof von Paderborn (1009–1036).

Nach 36 Amtsjahren verstarb Bischof Notker am 10. April 1008 und wurde gemäß seinem Wunsch in der von ihm gestifteten Kirche St. Johann bestattet, die er nach dem Vorbild der Marienkirche in Aachen als Zentralbau hatte errichten lassen.

Zur Geschichte der Handschrift und ihres Einbandes

In den Quellen erscheint der Codex zum ersten Mal 1715. In diesem Jahr überließ das Kapitel von St. Johann das Evangeliar samt dem Prachteinband als Gegenleistung für nicht näher bezeichnete »Wohltaten« dem bedeutenden Lütticher Sammler Guillaume de Crassier († 1751). Dieser ging davon aus, dass Bischof Notker die Handschrift der Kirche St. Johann gestiftet habe, an der sie, so de Crassier, »bis dieses Jahr« (1715) in Gebrauch gewesen sei (bei Capitaine 1854, S. 57). Über verschiedene spätere Besitzer gelangte die Handschrift, immer noch versehen mit ihrem kostbaren Einband, 1842 durch Schenkung in das Eigentum der Stadt Lüttich.

Am Ende des 16. oder im 1. Drittel des 17. Jahrhunderts ist der Codex in einer Lütticher Werkstatt neu gebunden worden. Bei dieser Gelegenheit wurde der Buchblock zum letzten Mal beschnitten. Die alte Prachtausstattung des Vorderdeckels hat man beibehalten; ob die beiden Holzdeckel damals erneuert wurden, bleibt zu untersuchen. Der Buchbinder, von dem auch andere Arbeiten bekannt sind, wird in der Literatur bisher unter dem Notnamen »Meister von 1608–1637« geführt; jüngst konnte er namentlich identifiziert werden: Es handelt sich um Nicolas Engelbert, der seit 1585 in Lüttich nachweisbar ist und ebendort 1634 starb (Gason o.J.).

Die Handschrift

Im Unterschied zum kostbaren vorderen Buchdeckel hat die Handschrift selbst bisher nur wenig wissenschaftliche Aufmerksamkeit gefunden. Es handelt sich um ein Evangeliar; neben den vier Evangelien enthält es die üblichen Begleittexte, nämlich die einschlägigen Briefe, die Kanontafeln (ohne architektonische Rahmung; irrig zwischen dem *Breviarium* und dem Text des Matthäusevangeliums eingeordnet), die *Argumenta* und *Breviaria* und das *Capitulare evangeliorum*. Der Text der Evangelien kann überlieferungsgeschichtlich dem nordostfranzösisch-belgischen Raum zugewiesen werden (Fischer 1988).

Die Handschrift wurde nur in geringem Umfang mit Buchschmuck ausgestattet. Zu nennen sind lediglich die vier Seiten mit den Anfängen der Evangelien, die mit einer Zierinitiale, Zierinitialgruppe oder Zierinitialligatur geschmückt sind; die Buchstabenkörper der Initialen sind jeweils aus einem Randband gebildet und mit Flechtwerkmotiven gefüllt. Die bei allen Evangelien vorgesehene Fortführung des Textbeginns in Auszeichnungsschrift ist in zwei Fällen unterblieben (weil zum einen diese insgesamt nur acht Wörter und zum anderen die Rahmungen der Kanontafeln fehlen, wird die Handschrift gelegentlich als »unvollendet« bezeichnet). Die Anfänge im Einzelnen: Matthäus (fol. 14r): Incipit in Unziale; Initialligatur LI, an den Endstellen Flechtbandornamente oder ähnliche Schmuckmotive; Fortführung des Initiums zunächst in Capitalis quadrata, dann in kleinerer Capitalis rustica. Markus (fol. 47r): Kein Incipit; Initialgruppe INI, an den Endstellen Flechtbandornamente; Fortführung des Initiums in Capitalis quadrata von

abnehmender Größe. Lukas (fol. 71r): Kein Incipit; Initiale Q mit Cauda in Gestalt eines Löwen (der den Buchstaben gleichsam trägt), Binnenfeld ausgefüllt von vegetabilem Ornament; Fortführung des Initiums fehlt. Johannes (fol. 106r): Kein Incipit; Initialgruppe IN, an den Endstellen Flechtbandornamente; Fortführung des Initiums fehlt.
In der älteren Literatur wurde die Handschrift aufgrund kunsthistorischer Überlegungen gewöhnlich in die 1. Hälfte des 10. Jahrhunderts datiert; von Bedeutung war dabei die eindrucksvolle Ähnlichkeit der Löweninitale Q des Lukasevangeliums mit einer entsprechenden Initiale in einem Psalter (London, British Library, Ms. Cotton Galba A. XVIII) aus dem Besitz König Aethelstans von England († 939); ein weiteres initiales Q dieser Art findet sich in einem Psalmenkommentar von Cassiodor (London, British Library, Ms. Add. 16.962) aus Stablo (Boutemy 1956) . Lokalisiert wurde das Evangeliar sei es sehr allgemein: »ein ottonisches oder maasländisches Scriptorium, das unter dem Einfluss der Reimser Buchmalerei stand, ohne die Möglichkeit einer Verbindung mit Trier auszuschließen« (Philippe 1956, S. 77), sei es genauer nach Stablo (Boutemy 1956) oder Reims (Euw 1973a). Aus paläographischer Sicht wurde vor einigen Jahren eine Datierung in die Zeit »2. Viertel (bis Mitte)« des 9. Jahrhunderts vorgeschlagen (Bischoff 1998–2004, Bd. 2; die Datierung beruht allerdings auf Angaben, die Bischoff nicht mehr für die Drucklegung des postum erschienenen Katalogs revidiert hat). Einer ersten Sondierung nach dürfte der kunsthistorische Befund dieser Einordnung nicht widersprechen; vorbehaltlich des Ergebnisses eingehenderer Untersuchungen soll hier vorgeschlagen werden, den Buchschmuck des *Notker-Evangeliars* dem Umkreis der Hofschule Kaiser Lothars I. (840–855) zuzuweisen (die Handschriften der eigentlichen Hofschule werden in den Zeitraum 842–855 datiert; Koehler/Mütherich 1930–1999, Bd. 4).

Die Elfenbeintafel des Buchdeckels

Umgeben von kunstvoll arrangierten Metallarbeiten, nimmt eine hochrechteckige Elfenbeintafel die Mitte des Buchdeckels ein. Die Tafel hat einen vergleichsweise schlichten, jedoch beschrifteten Rahmen; das von diesem umschlossene Bildfeld ist in zwei unterschiedlich große Zonen geteilt: Die obere, etwa zwei Drittel des Feldes einnehmende Zone zeigt die Maiestas Domini, die untere, kleinere Zone zeigt einen knienden Mann zwischen einem Sitz (links) und einem Gebäude (rechts). In den vier Ecken des Bildfeldes befindet sich jeweils ein auffälliges, hell grau-violettes Kügelchen aus Edelstein oder Glas mit einer kleinen metallenen Kappe; es handelt sich um die Köpfe von Schrauben (19. Jahrhundert ?), welche durch ins Elfenbein gebohrte Löcher geführt sind und die Tafel auf der darunter liegenden Kupferplatte oder auf dem Holzkern des Buchdeckels festhalten.

Rahmen und Inschrift

Der Rahmen besteht, was ungewöhnlich ist, aus einer Profilleiste; ihr ist über allen vier Ecken das gleiche vegetabilische Schmuckmotiv appliziert. Auf dem äußeren, glatten Rand des Rahmens steht eine Inschrift; sie beginnt links unten, ist umlaufend angebracht und wird auf den Ecken jeweils von dem genannten Blattornament unterbrochen (unten mit // bezeichnet). Eine derartige Beschriftung des Rahmens kommt bei Elfenbeintafeln äußerst selten vor, doch weist auf den ersten Blick nichts darauf hin, dass die Inschrift erst später hinzugefügt worden wäre. Als Schriftart wird eine reine Capitalis verwendet, von Abkürzungen oder Buchstabenverbindungen hat der Schnitzer abgesehen. Worttrennung erfolgt nur in wenigen Fällen, und zwar lediglich durch etwas größere Spatien (annähernd liegt also Scriptura continua vor); ein Punkt auf halber Zeilenhöhe markiert jeweils das Versende. Die Schriftzeichen sind eingetieft. Der Text ist metrisch verfasst und besteht aus einem Hexameterpaar mit leoninischem Reim: EN EGO NOTKERVS PECCATI PON // DERE PRESSVS · // AD TE FLECTO GENV QVI TERRES // OMNIA NVTV · // (»Siehe, ich, Notker, niedergedrückt von der Last der Sünde, beuge das Knie zu dir, der du mit einem Wink alles erzittern machst.«; Könsgen/Schaller/Klein 1977–2005, Hauptbd., Nr. 4413; ed. MGH Poetae 5.1–2, S. 493, Nr. 5; das Verspaar ist auch in zahlreichen einschlägigen kunsthistorischen Publikationen abgedruckt).
Auf der rechten Rahmenleiste, etwas unterhalb der Mitte, sind zwischen GENV und QVI in der oberen Zeilenhälfte drei kurze Striche sichtbar, die, als zusammengehörige Teile eines Ganzen betrachtet, ungefähr wie das römische Zahlzeichen »VI« aussehen. Es wurde erwogen, diese Striche als Lesezeichen zu verstehen, nämlich entweder als Längezeichen mit Bezug auf das voranstehende »-V« oder als Markierung der Zäsur (Philippe 1956, S. 43; Philippe 1985, 83), doch gehen diese Überlegungen sicher in die Irre; gewöhnlich bleiben die merkwürdigen Striche allerdings unerwähnt (wohl aus Ratlosigkeit). Ähnliche strichartige Eintiefungen finden sich noch an zwei weiteren Stellen des Rahmens: Auf der oberen Leiste, fast genau in der Mitte, steht ein kurzer, senkrechter Strich, und auf der rechten Leiste, unten über der Eckzier, sind zwei in spitzem Winkel verbundene Striche eingetieft. Alle drei Strichgebilde stehen nahe dem äußeren Rand der Leiste, keines hat einen (erkennbaren) semantischen Bezug zur Inschrift.
Die Aussage der Inschrift ist offenbar der unten knienden Figur in den Mund gelegt: Sie wird damit als »Notker« identifiziert, der sich, seiner Sündhaftigkeit bewusst, demütig an den allmächtigen Herrn wendet, sich ihm anheim gibt in der unausgesprochenen, doch offenkundigen Hoffnung auf dessen Erbarmen und Gnade. Der Text lässt sich im Hinblick auf die Kommunikationssituation als Gebet bestimmen, im Hinblick auf seine Bedeutung für die Bildkonstitution als »bild-

1914–1926, Bd. 2, Nr. 50) sowie die figurenreichen Schnitzereien der Kreuzigung in Brüssel (Goldschmidt 1914–1926, Bd. 2, Nr. 55), der Szenen aus dem Leben Jesu in Metz (Fragment; Goldschmidt 1914–1926, Bd. 2, Nr. 54), der Drei Totenerweckungen in Lüttich (Goldschmidt 1914–1926, Bd. 2, Nr. 56) und der beiden zusammengehörigen Reliefs zum Leben Jesu ehemals in Berlin (beide verschollen; Goldschmidt 1914–1926, Bd. 2, Nr. 52–53). Vor den Anfang der Serie setzt man die Notker-Tafel, die aufgrund ihrer Inschrift in die Amtszeit Bischof Notkers datiert und nach Lüttich, dessen Amtssitz, lokalisiert wird; an das Ende der Serie setzt man im allgemeinen die figurenreiche Kreuzigung in Brüssel, deren Gegenstück in Essen (das mit ihr nach Ikonographie, Disposition und Motivik weitgehend übereinstimmt, nicht aber stilistisch) wohl in der Amtszeit der Essener Äbtissin Theophanu (1039–1058) entstanden ist (Goldschmidt 1914–1926, Bd. 2, Nr. 58; Kat. Paderborn 2006, Bd. 2, S. 380–382, Nr. 477 [Theo Jülich]). Mit unterschiedlichen Gründen vertreten einige Autoren eine andere oder eine modifizierte Meinung über die Datierung oder Lokalisierung der Notker-Tafel: Lejeune (1953) hält sie für eine Fälschung aus der Zeit um 1100; Nordenfalk (1950) erwägt einen stilistischen Zusammenhang mit der Buchmalerei des Meisters des *Registrum Gregorii*; Colman/Lhoist-Colman (1984) glauben, sie sei zwar nicht von jenem, aber doch in Trier unter Erzbischof Egbert (977–993) hergestellt und erst im 17. Jahrhundert in Lüttich zwecks einer Täuschung mit der Inschrift versehen worden; Kahsnitz (1993) weist sie in das Jahrzehnt 990–1000, nimmt aber für die besonders plastisch gearbeiteten Partien, besonders für die Beine Christi, eine Überarbeitung in der Zeit um 1170–1180 an (das heißt, als die Emails auf dem Buchdeckel angebracht wurden); Lasko (1994) argumentiert vorsichtig für eine Datierung in den Anfang des 12. Jahrhunderts; Fillitz (2006) setzt die Notker-Tafel an den Schluss der stilistischen Entwicklung der ganzen Gruppe und datiert sie in das letzte Viertel des 11. Jahrhunderts (die Bezeichnungsweise bei Goldschmidt misskennend, zählt Fillitz allein die figurenreichen Elfenbeine zur »kleinfigurige Gruppe« und stellt dieser die Maiestasbilder und die Kreuzigung in Tongern als »großfigurige« Elfenbeine gegenüber, was auch terminologisch verwirrt).

Wenn die Notker-Tafel im Hinblick auf ihre Maiestasdarstellung dem Stück in Oxford erstaunlich nahe kommt, so ist allerdings mit Bestimmtheit festzustellen, dass sich diese Ähnlichkeit auf Ikonographie, Disposition und Motivik beschränkt; stilistisch sind die beiden Maiestasbilder nicht näher verwandt. Dem Stil nach steht die Notker-Tafel isoliert da (was gerade bei Elfenbeinarbeiten nichts ungewöhnliches hat), doch lässt sich erkennen, dass sie stark von karolingischen Traditionen geprägt ist (Nilgen 1967; Kat. Köln u.a. 1972, Bd. 1, S. 221, Nr. F 9 [Anton von Euw]; Euw 1973b).

Ergebnisse und Folgerungen

Das Reliefbild und die Inschrift sind nicht notwendigerweise zugleich entstanden. Die Inschrift kann aufgrund des paläo-

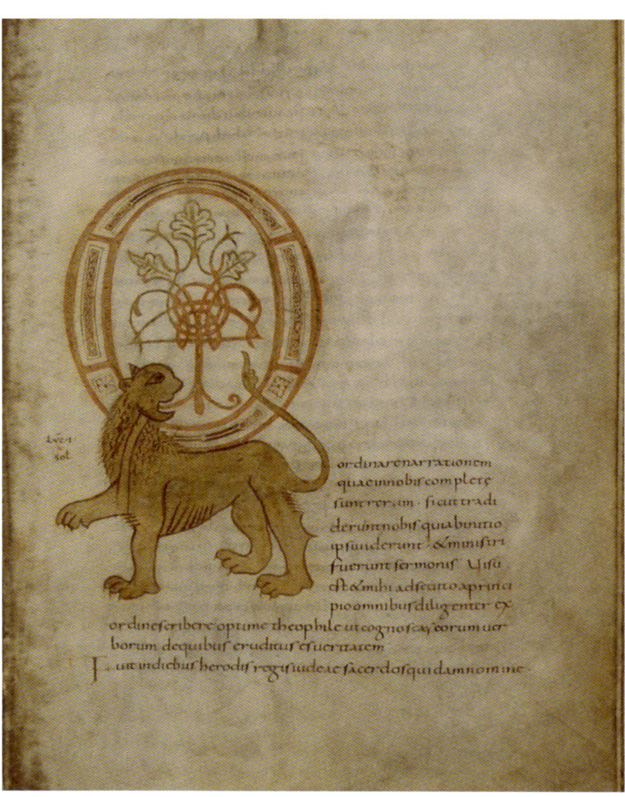

199 · fol. 71r

199 · fol. 106r

graphischen Befundes in die Zeit um 1000 datiert werden; sie wurde damals entweder im Zusammenhang mit der Herstellung der Tafel insgesamt ausgeführt oder aber auf dem Rahmen eines älteren Reliefbildes nachträglich angebracht (was Masai 1958 vermutet). Sollte Letzteres zutreffen, ließe sich auch besser verstehen, dass bei dieser Inschrift eine bildergänzende Rede funktionale und formale Eigenschaften eines Titulus annimmt (nämlich zum einen die Bezeichnung ikonographischer Elemente und zum anderen die Abfassung in Versen sowie die Disposition auf dem Rahmen): Die Verbindung von Merkmalen unterschiedlicher epigraphischer Textsorten wäre wohl auf die Heterogenität von Bild und Text zurückzuführen.

Mit der Anbringung der Inschrift wurde der semantische Gehalt des Bildes in bestimmtem Umfang festgelegt: Die kniende Figur stellt einen Mann namens Notker dar; mit Rücksicht auf die Provenienz des Stücks wird es sich um Bischof Notker von Lüttich handeln. Der ikonographische Befund erfordert aber keineswegs zwingend, die Darstellung als Dedikationsbild zu deuten. Zurückzuweisen ist jedenfalls die verbreitete Auffassung, es werde die Schenkung des Evangeliars an die Kirche St. Johann gezeigt, denn entsprechend den ikonographischen Konventionen (Prochno 1929) wäre der angebliche Empfänger des Geschenks, also der Evangelist Johannes als Patron der begabten Kirche, in passender Weise abzubilden oder anzusprechen gewesen; dies hätte auch dann gegolten, wenn die seltene Bildformel der Niederlegung des Geschenks auf einem Altar gewählt worden wäre, wie gerade das Beispiel der (zweiteiligen!) Stiftungsszene im sog. *Kostbaren Evangeliar* in Hildesheim (Kat.Nr. 203) vor Augen führt, das gerne mit Bezug auf die Notker-Tafel zitiert wird (seit Collon-Gevaert 1967). Es soll hier vorgeschlagen werden, die Darstellung als Devotionsbild zu verstehen; die Ikonographie lässt eine solche Deutung zu und die Inschrift geht eigentlich geradezu davon aus. Der Vorstellung Notkers vom Sinn des Bildes könnte eine bisher noch nicht mit der Tafel in Verbindung gebrachte Stelle aus Isaias zugrunde liegen (Vulgata Is. 66, 1–2): »haec dicit Dominus / caelum sedis mea et terra scabillum pedum meorum / quae ista domus quam aedificabitis mihi et quis iste locus quietis meae / omnia haec manus mea fecit et facta sunt universa ista dicit Dominus / ad quem autem respiciam nisi ad pauperculum et contritum spiritu et trementem sermones meos« (»Dies spricht der Herr: ›Der Himmel ist mein Sitz und die Erde ist der Schemel meiner Füße. Was ist das für ein Haus dort, das ihr mir bauen wollt, und was ist das für ein Ort meiner Ruhe? Alles dies hat meine Hand gemacht, und geschaffen ward all das‹, spricht der Herr. ›Auf wen aber soll ich Acht haben, wenn nicht auf den Armen und den, der zerknirschten Herzens ist, und den, der zittert bei meinen Worten?‹«) Der erste Teil dieser Passage ist vor allem mit Bezug auf die Ikonographie der Notker-Tafel zu lesen, der zweite Teil mit Bezug auf die Inschrift; die Exegese kann jedoch an dieser Stelle nicht weitergeführt werden.

Wenn es sich um eine ältere Tafel handeln sollte, die Notker nur mit der Inschrift hätte versehen lassen, so eigneten der Ikonographie zwei Interpretationsebenen, nämlich erstens gemäß dem ursprünglichen Befund und zweitens gemäß der durch die Beschriftung eingetretenen Veränderung, die notwendig eine Umdeutung mit sich gebracht hätte. Die Möglichkeit dieser doppelten Perspektive ist auch zu beachten, wenn es um die Bewertung zweier ikonographischer Details geht, welche beide die Figur des Knienden betreffen: der vieldiskutierte Nimbus (vorausgesetzt, es lässt sich erweisen, dass er zum ursprünglichen Bestand gehört) und der Bart (auf dem Bild seines zweifellos authentischen Siegels ist Notker anscheinend bartlos dargestellt; Kat.Nr. 137).

Forschungsprojekt

Es ist geplant, das Evangeliar samt dem Prachteinband und einige damit verbundene Probleme umfassend zu untersuchen. An der Universität Lüttich hat sich deshalb eine Arbeitsgruppe gebildet, die das multidisziplinäre Forschungsprojekt vorbereitet und die Mitwirkung von Fachwissenschaftlern aus verschiedenen Ländern koordiniert (Université de Liège, Département des sciences historiques, Service Histoire du moyen-âge; Leitung der Koordinationsgruppe: Prof. Dr. Jean-Louis Kupper; Mitglieder: Clemens M. M. Bayer, Pierre-Marie Gason, Dr. Alexis Wilkin).

Q.: Aegidius 1880 · MGH Poetae 1, S. 617 · MGH Poetae 5.1–2, S. 493 · Smaragdus 1974 · Vulgata 2007. Lit.: Bayer 1996 · Bayer 2005 · Bischoff 1998–2004, Bd. 2, S. 133, Nr. 2530 · Boutemy 1956 · Capitaine 1854, S. 353–357, 362–363, 366 · Collon-Gevaert 1967 · Colman/Lhoist-Colman 1984, S. 151–159 · Delville 2008 · Euw 1973a, S. 344 · Euw 1973b, S. 379 · Fillitz 2006, S. 422–425 · Fischer 1988, S. 27* Gaborit-Chopin 1978, S. 87, 194 in Nr. 78 · Gason o.J. · Goldschmidt 1914–1926, Bd. 2 · Kat. Hildesheim 1993, Bd. 2, S. 215–216, Nr. IV-51 (Rainer Kahsnitz) · Kat. Köln u.a. 1972, Bd. 1, S. 221, Nr. F 9 (Anton von Euw) · Kat. Paderborn 2006, Bd. 2, S. 27–29, Nr. 15 (Ursula Nilgen) · Kat. Paderborn 2006, Bd. 2, S. 380–382, Nr. 477 (Theo Jülich) · Koehler/Mütherich 1930–1999, Bd. 4, S. 9–70, Taf. 1–27 · Kurth 1905, Bd. 1, S. 154, 327–331, 346, 353–354 · Lasko 1994, S. 171–74 · Laurent 1912, S. 67–75 · Lejeune 1953, S. 51, 58–59, 71–73 · Lejeune 1955 · Masai 1958 · Nilgen 1967, S. 179–196 · Nordenfalk 1950, S. 73–76 · Philippe 1956 · Philippe 1985, S. 80–83 · Prochno 1929 · Könsgen/ Schaller/Klein 1977–2005 · Stiennon 1981 · Stiennon 1982 · Stiennon 2000 · Swarzenski 1967, S. 50, Nr. 70, Pl. 70 Fig.163 · Timmers 1971, S. 107–108.

C.B.

199–II Die Metallarbeiten des Buchdeckels

Der Einband des Evangeliars stellt sich heute als eine bunte Zusammensetzung von Elementen unterschiedlichster Art und Epochen dar, wobei die meisten Elemente nichts von ihrer eigenen Qualität einbüßen. Damit stellt der Einband keine Besonderheit dar. Er erlebte das gleiche Schicksal wie viele andere mittelalterlichen Einbände wie z.B. die Evangeliare der Pariser Bibliothèque de l'Arsenal (Cod. Lat. 1184), der John Ryands University Library in Manchester (Latin Ms. 11) und der Bibliothèque royale de Belgique in Brüssel (Ms. 14970).

Der Vorderdeckel des Bucheinbandes besteht – neben der geschnitzten Elfenbeintafel – aus acht vergoldeten, emaillierten Kupferplatten. Vier davon schließen unmittelbar an das Elfenbein an. Sie unterscheiden sich durch ihre Maße und tragen die allegorischen Darstellungen der vier Kardinaltugenden, darunter drei mit Flügeln und Nimbus, die mit einer Inschrift gekennzeichnet sind. Auf der linken Seite handelt es sich um FORT/ITVDO (Mut), die einem Löwen das Maul aufreißt, und auf der rechten Seite um I/V/STI/TIA (Gerechtigkeit) mit ausgestrecktem Arm und einer zweischaligen Waage in der Hand. Unten ist TEMPE/RANTIA (Mäßigung) dargestellt, die die Gewässer aus zwei Schalen ineinander fließen lässt. Über der Elfenbeintafel, flügel- und namenlos abgebildet, dürfte »prudentia« (Weisheit) den Kanon der Kardinaltugenden vervollständigen. Eine breite weiße Borte umläuft – stellenweise überschneidend – die Darstellungen. Einige Ränder werden durch einen feinen Perldraht betont.

Die vier Ecken des Einbandes sind mit Platten belegt, die der gleiche Perldraht gänzlich umrandet, und auf denen sich männliche Gestalten vor einem farbigen, emaillierten Hintergrund abheben. F/ISO/N (oben links), GE/ON (oben rechts), TI/GRIS (unten links), EVFRA/TES (unten rechts) verkörpern die vier Paradiesflüsse.

Zwischen den acht Emails sind dekorative bikonvexe aufgewölbte und gravierte Elemente aus vergoldetem Kupfer eingefügt. Sie sind sich zwar ähnlich, jedoch je nach Platzierung unterschiedlich in ihrer Größe. Die kleineren Elemente zeigen ein Ornament aus zwei üppigen Ranken mit gezacktem Blattwerk, die sich wendelförmig vor einem fein eingekerbten Hintergrund entfalten. Die größeren Einlagen entsprechen dem gleichen Kompositionsprinzip: Allerdings entfaltet sich das Blattwerk von einer zentralen Rosette mit sechs Blütenblättern aus. Die aufgewölbten Elemente sind mit blattförmigen Klammern aus vergoldetem und gegossenem Kupfer auf dem Einband befestigt.

Bis heute hat die Befestigung der Emails wenig Beachtung gefunden, obwohl sich der Einband durch außergewöhnliche Eigenheiten auszeichnet. So ist keine der Platten durch Nägel aus Kupfer oder vergoldetem Messing, die in der maasländischen Goldschmiedekunst für gewöhnlich Verwendung fanden, befestigt. Hier sind nur unscheinbare Stifte aus Kupfer mit abgerundetem Kopf zu finden, die an den spitzen, stark verjüngt auslaufenden Ecken der Emailplatten angebracht und an der darunter liegenden Kupfertafel befestigt wurden. Mit Sicherheit kann man davon ausgehen, dass einige dieser Stifte an der Stelle der ehemaligen Befestigungslöcher angebracht wurden, andere aber lagen in der Rille eines emaillierten dekorativen Stabs, was den Beweis erbringt, dass diese Befestigungen später gefertigt wurden. Damit dürfte auch die Kupferplatte, auf der die Emails angebracht sind und die in den 1950er Jahren bei der Zerlegung des Objekts entdeckt wurde, zu erklären sein. Zur gleichen Zeit erneuerte man die spitz auslaufenden Ecken einiger Platten originalgetreu, da sie für brüchig oder lückenhaft gehalten wurden. Bei diesen Umgestaltungen wurden die Emails stellenweise und insbesondere die Allegorie der Weisheit über der Elfenbeintafel beschädigt. Die Unterschiede der Abnutzungsspuren auf den vergoldeten Einlagen und den emaillierten Platten – so befinden sich die oberen Ecken in einem besseren Zustand als die anderen – mögen in der Art und Weise ihre Begründung finden, wie das Evangeliar während der liturgischen Feier angefasst wurde.

Die Ränder des Einbandes sind mit einem Messingsaum eingefasst, dessen innere Kante mit Zacken verziert ist. Zwei rosettenförmige Buchschließen sind auf der Vorderseite des Einbandes mit Schrauben fixiert und besitzen auf der Rückseite einen dicken Buckel.

Die Herkunft der Emails wird seit langem auf Grundlage des Stils, der Farbgebung und der Ikonographie den maasländischen Werkstätten zugeschrieben. Die Gestaltung der Tugenden einerseits und die der Paradiesflüsse andererseits weist Unterschiede auf. So sind die Inschriften auf den Emails mit den Flussallegorien eingraviert, die Inschriften der Kardinaltugenden hingegen nielliert. Die Borten, die die einzelnen Platten umlaufen, sind unregelmäßig in der farblichen Gestaltung – insgesamt wurde aber sowohl hier wie dort eine eher homogene, typisch maasländische Farbpalette verwendet, in der das Blau in verschiedenen Abstufungen dominiert und dem Rot eine verhältnismäßig wichtige, wenn auch ungewöhnliche Bedeutung eingeräumt wird. Das Gelb, das zwar als zweitrangiges Farbelement für die Eckfiguren Anwendung findet, betont kontrastierend die Nimben der Tugenden. Der Einsatz des roten Emails grenzt zudem die allegorischen Flussdarstellungen voneinander ab. Bei den oberen beiden Abbildungen wurden maßgeblich die Gefäße rot akzentuiert, bei den unteren betont Rot den Hintergrund. Prinzipiell greifen die Figuren auf den umlaufenden emaillierten Rand über. Dies erscheint bei allen Platten als kompositorisch gelungen, nur die Umsetzung bei der allegorischen Darstellung der Mäßigung wirkt ungeschickt. Daher, und weil der Konservierungszustand eher mittelmäßig einzuschätzen ist, kamen einige Wissenschaftler zu der Annahme, dass die Einsetzung dieser Platte zu einem späteren Zeitpunkt stattgefunden hat. Das dürfte eine gegenstandslose Behauptung sein, denn die Platte hätte sich dann in einem besseren Zustand als die anderen befinden müssen.

Trotz Unterschieden in der Ausführung ist das ikonographische Programm der zwei Gruppen relativ homogen. Die Zusammenführung der Personifizierungen der Flüsse mit den allegorischen Darstellungen der Tugenden bildet keine Ausnahme im Korpus der maasländischen Emailarbeiten. Auf dem Tympanon des Retabels aus St. Remaclus in Stablo sind die Figuren der »fortitudo«, »iustitia«, »temperantia« und »prudentia« in gleicher Weise positioniert. Auch hier wird »prudentia« flügellos dargestellt. Wie in anderen Darstellungen auch, z.B. auf dem Retabel von Stablo, sollte sie vielleicht zunächst von einer Schlange begleitet werden. Das lässt sich leider aufgrund der fehlenden Spuren nicht bestätigen. Seit Augustinus, Ambrosius und Hrabanus Maurus werden die vier Paradiesflüsse mit den Evangelisten und – wie auf dem vorliegenden Einband auch – mit den Kardinaltugenden in Verbindung gebracht: Christus, Sinnbild der göttlichen Weisheit, sei Quelle des Lebens, der Weisheit und Ursprung der Tugenden. Die Flüsse stellten dabei die Evangelisten als Grundlage der christlichen Lehre dar, die sich in alle Himmelsrichtungen ergießen. Die maasländische Kunst hat sich vielfach davon inspirieren lassen: nicht nur das Retabel von Stablo, sondern auch die in *opus interrasile* gearbeiteten Paradiesflüsse (um 1150–1160) im Pariser Musée national du Moyen Âge – thermes et hôtel de Cluny und das *Sibyllenevangeliar* im Hessischen Landesmuseum in Darmstadt. Allerdings unterscheiden sich die Paradiesflüsse von Lüttich und Paris von ihren Pendants auf dem Retabel von Stablo: Dort werden Tigris und Euphrat durch weibliche Figuren personifiziert und nicht durch männliche. Und nur der Lütticher Einband folgt in der Disposition der Paradiesflüsse dem Buch Genesis, auf den beiden anderen Einbänden sind Geon und Fison vertauscht worden.

Auf dem *Notker-Evangeliar* sind alle Eckfiguren der Einbandmitte zugewandt, ähnlich wie die vergleichbaren Flussallegorien auf dem Einband des Musée national du Moyen Âge. Sie wenden sich dem Zentralstück des Einbandes zu: dort der Maiestas Domini der Vision Notkers, hier dem Lamm Gottes. In stilistischer Hinsicht fällt auf, dass die Personifikationen der Paradiesflüsse von einer lebendigen Bewegtheit ergriffen sind. Während ihre zotteligen Haarschöpfe im Einklang mit ihrer ungestümen Gestik stehen, schmiegt sich ihre Gesamthaltung geschmeidig der annähernd dreieckigen Form der Bildfläche an. Und dabei wiederholt sich kein Element. Jede Figur trägt die farblich variierende Amphore so, dass sie deren Inhalt auf ihre eigene Art ausgießt. Die gleichen Gefäßformen sind auf der Pariser Tafel zu sehen: Auf dem farblich betonten Hintergrund setzen sich pflanzliche Elemente wie Sträucher und Blattwerke ab, die den durch die Flüsse bewässerten Garten Eden evozieren. Unter diesen Blattwerken fallen einige auf, die an das Motiv des scharf gezackten Blattes, wie es in Werken der Gruppe um den Gregoriustragaltar von Siegburg (um 1180) vorkommt, erinnern. Typisch für die maasländischen Werkstätten ist die Hervorhebung anatomischer Details durch eine doppelte Strichführung, wie sie in den Medaillons des Retabels von Stablo, in der durchbrochenen Tafel des Musée de Cluny, in der quadratischen Tafel mit der Taufe Christi des New Yorker Metropolitan Museums, im Fragment des Psalmenbuches des Berliner Kupferstichkabinetts und im Sakramentar der Kölner Dombibliothek zwischen 1150 und 1165 begegnet.

Der Gestaltung der vier Platten mit den Flussallegorien findet sich in der 2. Hälfte des 12. Jahrhunderts auf zahlreichen Werken des Rhein-Mosel-Gebietes wieder: auf dem Tragaltar von Stablo (Brüssel, Musées royaux d'Art et d'Histoire), dem Antependium aus St. Ursula in Köln (Köln, Museum Schnütgen) und der Tafel mit den Evangelisten (Florenz, Museo Nazionale del Bargello). Solche Elemente treten als vier Winkel eines Vierpasses in Erscheinung, dessen Pässe bald gleiche, bald unterschiedliche Durchmesser besitzen können. Ausgehend von den vier Platten, die die Ecken des vorliegenden Einbandes belegen, lässt sich ein Vierpass rekonstruieren, der sich in diese Typologie einordnen ließe. Es wird angenommen, dass die vier Eckplatten zunächst Teil einer Vierpasskomposition waren, die vermutlich in ihrer Mitte eine Maiestas Domini darbot – ähnlich wie auf dem Einband des Evangeliars im Kölner Museum Schnütgen, das ein Metallrelief mit einer Maiestas Domini gezeigt hat. Später scheint man darauf zugunsten des Notker-Elfenbeins verzichtet und die vier Eckplatten unter Beibehaltung der gleichen Disposition der neuen Komposition entsprechend modifiziert zu haben. Das würde den Seitenabstand erklären, der heute zwischen den Eckplatten zu sehen ist. Zu den Allegorien der Paradiesflüsse gesellten sich bei dieser Umgestaltung die der Kardinaltugenden, deren Trägerplatten eine im maasländischen Bestand atypische, aber durch die Abmessungen des Elfenbeins bestimmte Form aufweisen. Denkbar ist auch, dass die aus der neuen Komposition resultierenden bikonvexen Bereiche, die heute von den acht vergoldeten aufgewölbten Elementen belegt sind, damals mit von Cabochons besetzten Filigranplatten oder mit Braunfirnissplatten hervorgehoben waren. Auf Grundlage von zu wenig spezifischen und nicht genügend begründeten Vergleichen sind diese Elemente ins 17. Jahrhundert datiert worden. Besonderheiten des gravierten Blattwerkes erlauben es aber, die Arbeiten in die Zeit um 1400 zu datieren. Sie wurden möglicherweise anstelle von verlorenen oder beschädigten Originalen eingesetzt. Die verschiedenen Messingverstärkungen, die am Ledereinband aus dem Anfang des 17. Jahrhunderts angebracht wurden, und die Kupferplatte unter den Emails waren offenkundig dazu bestimmt, den Einband zu konsolidieren; sie scheinen nicht vor die Mitte des 19. Jahrhunderts zurückzugehen. Eine Lütticher Lithographie von P. Hahn, die der Vorlage offenbar recht genau entspricht und 1852 veröffentlicht wurde, bezeugt dies im Hinblick auf die Schließen. Aufschlussreich ist ein Vergleich mit einem anderen Stich von 1875, die einen leicht veränderten Zustand zeigt.

A.L. (aus dem Französischen v. N.F.M.)

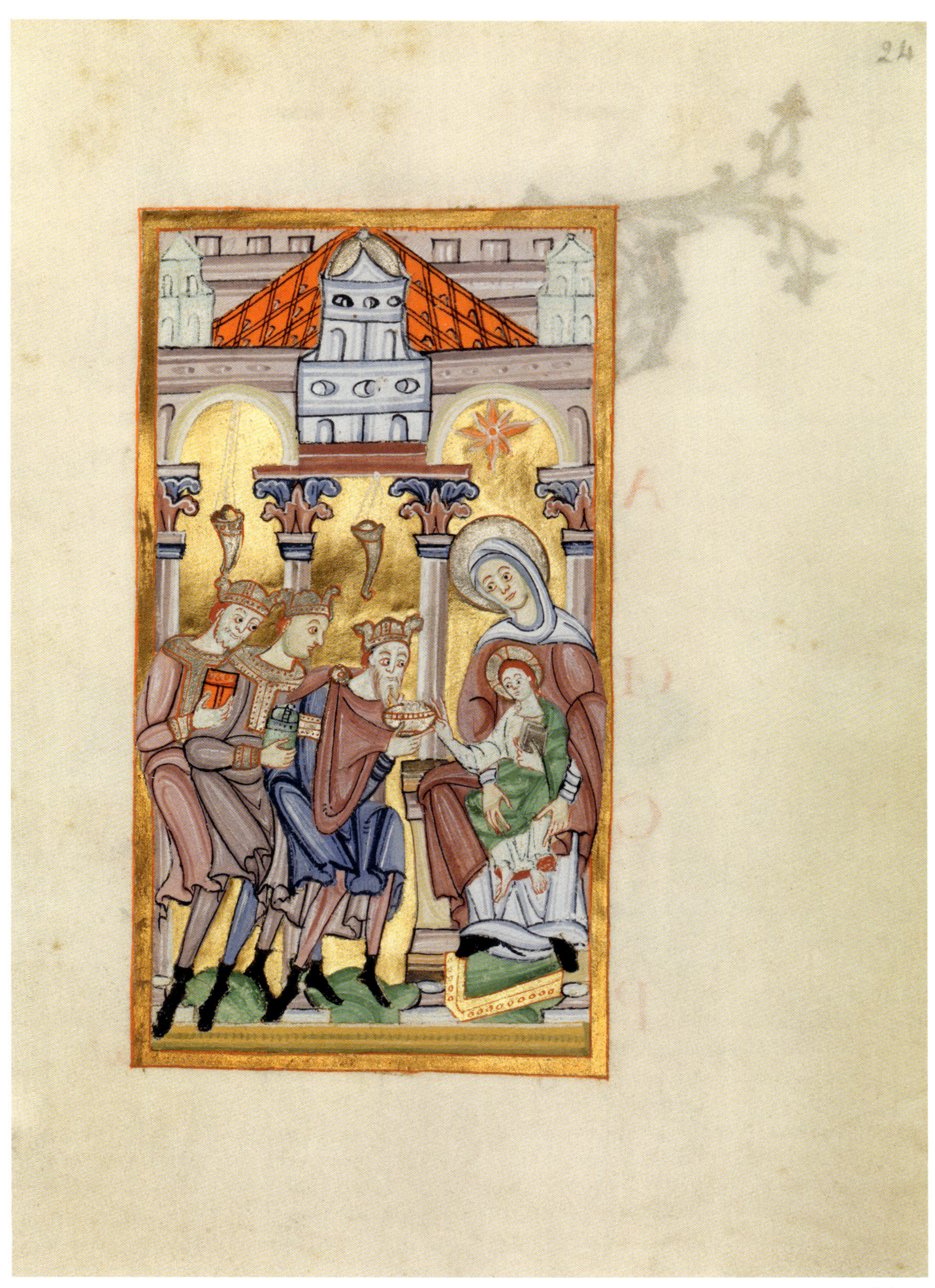

200 · fol. 24r

200 **Sog. *Lütticher Sakramentar***
Lüttich, Mitte 11. Jahrhundert (?)
Pergament – Einband von 1611 – H. 21,0 cm, B. 15,5 cm, 187 Bl.
Bamberg, Staatsbibliothek, Msc.Lit.3

Das sog. *Lütticher Sakramentar* beinhaltet als Messbuch für den lateinischen Ritus der Kirche einen Kalender mit Ostertafel (fol. 3v–10v), Gebete zum Anlegen der liturgischen Gewänder (fol. 11v–12v), Präfation, Kanon und Temporale (fol. 16r–84v), Sanktorale (fol. 84v–137r) und abschließend *Com-*

mune sanctorum, Votivmessen, Benediktionen und Lektionen (fol. 137r–187v). Die Gebete wurden während der Erteilung von Sakramenten und Weihen gesprochen. Heute aufbewahrt in der Staatsbibliothek Bamberg, befand sich die Handschrift vormals im Besitz der Bamberger Dombibliothek, deren Einband aus dem Jahr 1611 sie heute noch schützt. Neben zahlreichen, unterschiedlich ausgeführten Goldinitialen, die die Textabschnitte im Kanon, im Temporale sowie in den anschließenden Texten einleiten. Drei Vorzeichnungen zu Beginn der Handschrift (fol. 1r Himmelfahrt Christi, fol. 1v Initialzierstreifen, fol. 2v Die drei Frauen am Grabe) gliedern insgesamt neun Miniaturen (fol. 13v Autorenbild – hl. Gregor, fol. 15v Kanonbild, fol. 19r Agnus Dei, fol. 21r Geburt Christi, fol. 24r Anbetung der Könige, fol. 42v Fußwaschung und Abendmahl, fol. 61v Die drei Frauen am Grabe, fol. 62r »Noli me tangere«, fol. 68v Himmelfahrt Christi) und drei Initialzierseiten den Text. Die qualitätvollen Miniaturen und Initialzierseiten stammen von einem bedeutenden Miniator, der im Skriptoriumsverbund eng mit einer weiteren, schwächeren Hand zusammenarbeitete. Zum Teil gerahmt von prunkvollen, vegetabilen Ornamentfriesen dominieren teils überlängte Figuren in tänzelnder Schrittstellung. Ihre Größe variiert der Bedeutung entsprechend. Nicht selten überschneiden Figuren und andere Bildbestandteile die Rahmen großzügig.

Geschrieben wurde die Handschrift vermutlich von drei verschiedenen Händen in Lüttich (Hoffmann 1995). Ebenso dorthin, genauer in das sog. »Lambertuskloster« (Dom), lokalisierte die kunsthistorische Forschung (Haseloff 1905, Boeckler 1930, Schott 1931) die Ausstattung der Handschrift mit den Illuminationen. Neben dem Bamberger Sakramentar wurden der maasländischen bzw. Lütticher Handschriftengruppe weitere Codices zugeordnet (Brüssel, Bibliothèque royale de Belgique, Ms. 1813, 10791, 18383, II 175; Evangeliar der Judith von Flandern, Fulda, Landesbibliothek, Aa 21; Sakramentar des Abtes Manassés, Paris, Bibliothèque nationale de France, Ms. lat. 819; Sakramentar, München, Bayerische Staatsbibliothek, Clm 23261; Zusammenstellung bei Suckale-Redlefsen 2004, S. 167). Stilistische Ausprägungen lassen vermuten, dass das Bamberger Sakramentar als früheste Handschrift der Gruppe um oder vor 1050 nach eben derselben Vorlage entstanden ist wie das Sakramentar des Abtes Manassés in Paris (Suckale-Redlefsen 2004).

Zwar wurde das Sakramentar vermutlich in Lüttich geschrieben und illuminiert, es lassen sich jedoch historische und kunsthistorische Hinweise finden, die auf Verbindungen nach Trier und dem dort benachbarten Echternach schließen lassen. So sind im Kalender neben Lütticher Lokalpatronen zahlreiche Trierer Heilige verzeichnet; das weist auf Trier als Bestimmungsort der Handschrift hin. Enge Parallelen im Bildschmuck zur Bamberger und zur Pariser Handschrift zeigt das *Echternacher Sakramentar* (Darmstadt, Hessische Landes- und Hochschulbibliothek, Cod. 1946), das auf fol. 17r nahezu identisch das Lamm Gottes wiedergibt und von dem der Lütticher Typus vermutlich abgeleitet wurde. Als vermittelnde Person zwischen Lüttich und Trier schlägt Franz J. Ronig Poppo von Stablo (978–1048) vor, der im Trierer Raum seit 1022/1023 Abt der Reichsabtei St. Maximin und seit 1028 Abt der Abtei des hl. Willibrord in Echternach war. Gleichzeitig war sein Einfluss im maasländischen Raum bedeutend, da er hier als Abt der Abtei Stablo-Malmédy vorstand; ferner wurde er im Lütticher Raum liturgisch verehrt (Ronig 2004).

Lit.: Boeckler 1930, S. 59 · Haseloff 1905, S. 746 · Hoffmann 1995, S. 143 · Kahsnitz 1979, S. 85, 199, 246–247 · Nilgen 1967, S. 208 · Opsomer 2007 · Ronig 1969 · Ronig 2004 · Schott 1931 · Lejeune/Stiennon 1962, S. 122 · Suckale-Redlefsen 2004, Bd. 1, S. 163–168, Nr. 105, Bd. 2, Abb. 80–89, 513–524 · Usener 1950 · Winterer 2009, S. 347, Anm. 1709. S.W.

201 Aegidius von Orval: *Gesta pontificum Tungrensium, Traiectensium et Leodiensium*

Handschrift (Autograph), Mitte 13. Jahrhundert
Pergament – mit Notizen von Maurice de Neufmoustier –
H. 23,0 cm, B. 14,8 cm, 247 Bl.
Luxemburg, Grand Séminaire, TRE MS 001

Die *Gesta pontificum Tungrensium, Traiectensium et Leodiensium* des Aegidius von Orval († 1251) gehört zu den bekanntesten und meistgelesenen Werken der Lütticher Geschichtsschreibung. Der Grund ist nicht darin zu sehen, dass der Autor einen weiten Blickwinkel oder eine außergewöhnliche Geistesschärfe aufweist, sondern dass er in seiner Arbeit eine beeindruckende Fülle von Quellen nutzte, die er teilweise wörtlich wiedergibt. Die Gesta wirkten in der Lütticher Geschichtsschreibung anhaltend nach. Sie wurden mehrfach zusammengefasst oder weitergeführt und im Jahre 1612 von Generalvikar Jean Chapeauville († 1617) neu herausgegeben.

Spärlich sind die uns bekannten Daten zur Biographie des Autors. Er gehörte der Zisterzienserabtei von Orval an, in der er bis 1241 die Funktion des Priors innehatte. Befreundet war er mit dem Mönch Maurice de Neufmoustier, der dessen Werk mit selbstgeprägten Details bereicherte. Aegidius von Orval hatte die Idee, die Arbeiten der beiden großen Lütticher Chronisten Heriger von Lobbes (990–1007) und Anselm von Lüttich († 1056) wieder aufzunehmen.

Der eigentliche Teil seiner Arbeit umfasst den Zeitraum von der Erhebung Dietwins zum Bischof von Lüttich (1048–1075) bis zum Pontifikat Heinrichs von Geldern (1247–1274). Aegidius ergänzte seine Schrift fortwährend und legte sie seinem Freund Maurice zur Durchsicht vor. Dieses Verfah-

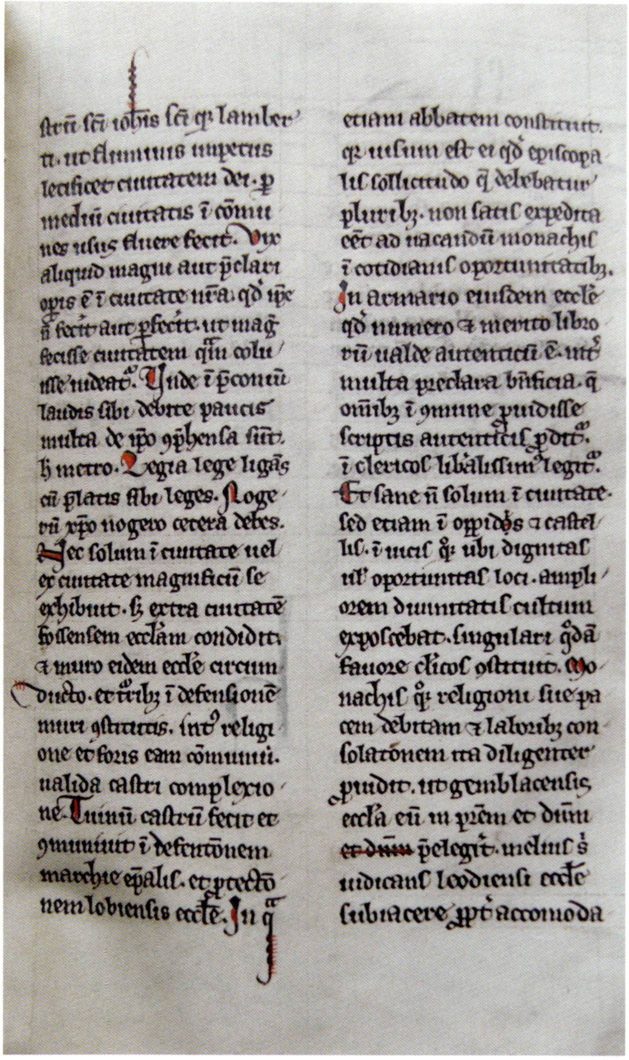

201 · fol. 169r

ren wirkte sich nachteilig auf die Kohärenz des Textes aus; auffallend ist die fehlende Erzählperspektive. Aegidius reiht Zitate aneinander, auch ohne Rücksicht auf eventuelle Widersprüche. Der belgische Historiker Godefroid Kurth arbeitete heraus, dass Aegidius so weit ging, die Zitate unter Beibehaltung der ersten Person zu übernehmen. Einerseits verwirrt diese Texttreue den Leser; andererseits wird sie kostbar, wenn man darin eine als verloren geltende Quelle ausfindig machen kann, die somit als getreue Kopie zum Vorschein kommt. So gelang es Kurth, aus den Schriften des Aegidius die Vita Bischof Notkers von Lüttich (972–1008) zu rekonstruieren.

Q.: Aegidius 1880, S. 874–957 · Rep. font. 2, S. 132 · Rep. font. 7, S. 531. Lit.: Balau 1903 · Brassinne 1900 · Dimier 1984.

A.W. (aus dem Französischen v. N.F.M)

Bernward von Hildesheim

Das künstlerische Schaffen unter Bischof Bernward von Hildesheim

Der um 960 aus hohem sächsischen Adel geborene Bernward von Hildesheim wird wie kein anderer Bischof seiner Zeit durch die noch erhaltenen, in seinem Auftrag entstandenen Kunstwerke von einer Aura umgeben, die ihn selbst in die Sphäre eines Künstlers erhebt. Der Wirklichkeit wird nahe kommen, dass er als gebildeter Höfling, kaiserlicher Notar, Diakon, Priester und Bischof (993–1022) ein Auge für die Kultur hatte und in den Künsten – den *artes liberales* und den *artes technicae* – bewandert war. Sein Onkel Folkmar, in den 960er Jahren Mitglied des Hildesheimer Domkapitels, 975/976 Kanzler Ottos II. (973–983), dann Bischof von Utrecht (976–990), sowie sein Hildesheimer Domschullehrer und Biograph, Thangmar († um 1027), mögen ihm Vorbilder gewesen sein. Er selbst wurde Erzieher Ottos III. (983–1002). Die Reisen als Notarius mit Otto II. nach Italien über Rom bis Neapel und als Bischof im Auftrag Heinrichs II. (1002–1024) nach Paris, St-Denis und zum Grab des hl. Martin in Tours (1007) haben Eindrücke hinterlassen, die sich in den von ihm bestellten Kunstwerken gleichsam spiegeln. Wie sollte man sich sonst die Entstehung der bronzenen, für die Kirche des von Bernward 1010 gegründeten Klosters St. Michael (Kat.Nr. 202) geschaffenen Bernwardsäule (heute im Dom) erklären, wenn nicht verbunden mit dem Eindruck, den römische Triumphaldenkmäler wie die Trajanssäule bei ihm hinterließen. Die monumentalen Bronzetüren für das Westwerk des Hildesheimer Domes von 1015 (siehe Abb. 3 im Beitrag von Schieffer) sprechen von der alten römischen Tradition, die zu den Aachener Domtüren Karls des Großen (768–814) und zur Mainzer Domtür Erzbischof Willigis' (975–1011) hinführt, der Bernward am 15. Januar 993 zum Bischof weihte. Auch aus den kleineren Silbergüssen wie den Bernwardleuchtern (Kat.Nr. 166), der Abtkrümme Erkanbalds (Kat.Nr. 211) oder dem Bernwardkreuz (Kat.Nr. 165) im Hildesheimer Dom-Museum spricht die Kunst von Menschen, die mit der zu formenden Materie umgehen wollten wie die Römer. Aber das Faszinierende an diesen Werken ist, seien es die Domtüren mit ihren gegenläufigen Bildern des A.T. und N.T. oder die Krümme des Abtes Erkanbald von Fulda (996–1011) mit ihren Figurengruppen zu Paradies und Sündenfall, dass sie aus einer manchmal fast spielerisch simplen Theologie heraus belebt werden.

Ähnliche Eindrücke hinterlassen teilweise auch die Bilder der von Bernward in Auftrag gegebenen Handschriften. Das Dedikationsbild in der *Bernwardbibel* (fol. 1r, Kat.Nr. 206), in dem der nimbierte, in Albe und Kasel gekleidete Priester Bernward der hinter dem Altar stehenden Jungfrau Maria das Buch, nämlich die soeben geschriebene Bibel, darbietet, reduziert die handelnden Personen auf eine Dreiviertel- und eine Halbfigur. Bernward ist »nur« ein Priester, der sein Werk auf den der Maria geweihten Altar legen will; in diesem Augenblick erscheint die Patronin und belohnt ihn mit dem Heiligenschein. Bernward ist der Auftraggeber und Finanzier des Werkes, an dem sicher zwei Schreiber und zwei Illuminatoren gearbeitet haben. Als Textvorlage muss ihnen, wie die Ordnung der biblischen Bücher eindeutig ergibt, eine touronische Bibel des 9. Jahrhunderts vorgelegen haben, ein sog. Pandekt (A.T. und N.T. in einem großformatigen Band), dessen Redaktion auf Alkuin († 804) zurückgeht, den Karl der Große 796 zum Abt von St-Martin in Tours bestellte. Bernward wird in Besitz eines solchen Pandekten gewesen sein, von denen es im alten Karolingerreich an jedem berühmten Ort ein Exemplar gab. Als Beispiel kann hier das Paderborner Fragment (Kat.Nr. 205) dienen. Der Textvergleich damit bestätigt die Abkunft der *Bernwardbibel* aus einer touronischen Vorlage.

Eine komplizierte Frage ist, ob jene touronische Bibel ein mehrzoniges Genesisbild mit der Geschichte Adams und Evas enthielt, das die Künstler der Hildesheimer Bronzetür angeregt hätte. Der Kunstgeschichte ist dafür bis jetzt kein schlüssiger Beweis gelungen. Die Erkanbaldkrümme aber zeigt, dass die bernwardinische Kunst vielschichtig ist. Illustrierte Werke wie das *De rerum naturis* des Fuldaer Abtes (822–842) und Mainzer Erzbischofs (847–856) Hrabanus Maurus, Schüler Alkuins, haben in Hildesheim ihre Wirkung hinterlassen, ohne dass wir im Bereich der Handschriften noch Spuren davon fänden. Die *Bernwardbibel* wurde vielleicht erst nach dem Tod Bernwards fertiggestellt. Die vielen Textauslassungen von Schreiber A und die entsprechenden sorgfältigen Nachträge des Korrektors an den Rändern sind ein recht seltenes Phänomen, ebenso das Komprimieren des Textes der Bibel ab fol. 180r von 47 auf 55 Zeilen. Offenbar haben die wenigen damit Beauftragten die gewaltige Arbeit unterschätzt, die im 9. Jahrhundert in Tours unter strenger Regie von etwa einem Dutzend Händen erledigt wurde.

Schreiber B der Bibel hat eine Schrift, die dem 1015 datierten *Kostbaren Evangeliar* Bernwards (Kat.Nr. 203) nahe steht. Wie die dort in orangefarbiger und schwarzer Capitalis gestalteten Titel zu den Vorreden und die Incipitseiten zeigen, war der Schreiber des *Kostbaren Evangeliars* ein professioneller Kalligraph und wahrscheinlich auch der Zeichner der Bilder dieses Buches. Denn der in Minium angelegte geflügelte Matthäus (fol. 15r) hat insofern Parallelen in den anderen Bildern mit Engeln, als diese alle kleine, wie Nimben um die Köpfe gefächerte Flügelchen besitzen. Auch der Gewandfaltenstil in den gemalten Bildern des Evangeliars gleicht manchmal dem des gezeichneten Evangelisten, dessen Vorlagenbereich in der karolingisch-westfränkischen Buchkunst zu suchen ist. So wird man folgern dürfen, der Zeichner des Evangelisten Matthäus (fol. 15r) habe auf Wunsch des Auftraggebers Bernward das Bildprogramm selbst geändert und es zu einem der reichsten seiner Zeit ausgestaltet. Mit der Kolorierung und Vergoldung seiner Miniaturen hat er einen optischen Effekt erzielt, der der plastischen Modellierung der Figuren an der Bernwardsäule nahe kommt.

Die Einmaligkeit des Bildprogramms im *Kostbaren Evangeliar* hält die Wissenschaft heute noch in Atem. Die Miniaturen mit den Berufungen der Evangelisten Matthäus (fol. 18v) und Markus als Schüler des Petrus (fol. 75v) führen wieder zur westfränkischen Buchkunst des 9. Jahrhunderts zurück, wie sie in dem über Corvey nach Prag gelangten Evangeliar Cim. 2 der Kapitelsbibliothek des Prager Domes zu sehen ist. Corveyer Evangeliare aus dem 10. Jahrhundert mit entsprechenden Miniaturen in Helsinki (Nationalmuseum, Inv.Nr. 53131) und Leipzig (Universitätsbibliothek, Rep. I. qu. 57a) bestätigen das. Ein Illustrationsprinzip, bei dem wie im *Bernwardevangeliar* die Anfänge der vier Evangelien – bei Matthäus die Geburt und der Stammbaum Jesu Christi (fol. 18r), bei Markus die Predigt des Täufers (fol. 75r), bei Lukas die Verkündigung an Zacharias (fol. 111r) und bei Johannes der Hymnus auf das Wort (fol. 174r) – betont werden, können wir über das Evangeliar von St. Maria Lyskirchen (Köln), ein Werk der ottonischen Kölner Malerschule, bis in die karolingische Frühzeit des Schreibers und Malers Godescalc († 866/870) zurückverfolgen. Entscheidende Impulse zum Gesamtplan der Illustration des *Bernwardevangeliars* kamen gewiss auch aus den Vorreden der Evangeliare, besonders aus dem Prolog *Plures fuisse*, den der hl. Hieronymus († 419/420) zum Kommentar des Matthäusevangeliums verfasst hatte. Selbst das bewundernswerte Gedankenbild zum Beginn des Johannesevangeliums (fol. 174r) kann letztlich daraus erklärt werden. Denn dort steht, dass Johannes von den Bischöfen der Provinz Asien und von den Abgesandten vieler Gemeinden gedrängt worden sei, gegen die Irrlehrer über die Menschwerdung der göttlichen Natur des Erlösers zu schreiben. Nach einer Zeit des Fastens sei es dann geschehen (CCSL 77, Bd. 3, S. 52–55): »quo expleto revelatione saturatus in illud proemium caelo veniens eructavit: ›In principio erat Verbum et Verbum erat apud Deum et Deus erat Verbum, hoc erat in principio apud Deum.‹« (»Und nachdem das geschehen war, wurde er von einer Offenbarung erfüllt und es brach, vom Himmel her kommend, aus ihm jenes Einleitungsgedicht hervor: ›Im Anfang war das Wort und das Wort war bei Gott, und Gott war das Wort, das war im Anfang bei Gott.‹«). Wie ähnlich und wie verschieden die Künstler damals aus diesen Gedanken Bilder schufen, zeigen das in Regensburg entstandene *Utaevangeliar* und das *Kostbare Evangeliar* eindrucksvoll.

Die größte Spanne des Episkopates Bernwards fällt in die Regierungszeit Heinrichs II., der 1007 den Dom und das Bistum Bamberg gründete. In jenem Jahr war Bernward im

Auftrag des Königs unterwegs in Frankreich. Die Beziehungen zum neuen König, für den in Regensburg, Pfalz der ostfränkischen Könige seit Ludwig dem Deutschen (817–876), kostbare Handschriften entstanden, hatten in Hildesheim besondere künstlerische Auswirkungen. Denn zwei der hier gezeigten Handschriften, das Sakramentar DS 19 und das Evangeliar DS 33 in Hildesheim (Kat.Nr. 207–208), enthalten Subskriptionen, die den Diakon Guntbald als ihren Schreiber ausweisen. Nach allen Schlussfolgerungen, die sich aus Paläographie und Kunstgeschichte ergeben, muss dieser Schreiber Guntbald aus der Benediktinerabtei St. Emmeram in Regensburg nach Hildesheim gekommen sein und dort im Domskriptorium die führende Rolle übernommen haben. Schon in Regensburg hat er um das Jahr 1000 einen Band der *Enarrationes in psalmos* des hl. Augustinus († 430), nämlich Clm 14176 der Bayerischen Staatsbibliothek in München, gelesen (Klemm 2004, Nr. 8), dort auf fol. 1r die Initiale »V[oce mea]« ergänzt und dazugeschrieben: »Guntpoldus fecit hanc litteram.« (»Diesen Buchstaben hat Guntbald gemacht.«).

Auch wenn Guntbalds Schriftzüge in den späteren Hildesheimer Büchern nicht die wünschenswerten gleichen Züge wie im Regensburger Augustinus aufweisen, dürfte an der Identität der Person nicht zu zweifeln sein. Bernwardhandschriften enthalten ausreichend Indizien, dass zwischen Regensburg und Hildesheim ein fruchtbarer künstlerischer Austausch stattfand. Guntbalds Schrift ist noch in zwei Hildesheimer Handschriften zu erkennen, nämlich im Evangelistar Hs. 29770 des Germanischen Nationalmuseums in Nürnberg, das er wohl auch illuminiert hat, und im sog. Psalter Bischof Bernwards, Cod. Guelf. 113 Noviss. 4° der Herzog August Bibliothek in Wolfenbüttel, dessen Initialen sich in der Struktur von denen des Evangelistars unterscheiden und kaum von Guntbalds Hand sein werden (dagegen Hoffmann/Schuffels 1986, S. 287). Guntbald und seine zwei (?) Illuminatoren wurden in den Jahren 1010–1020 im Hildesheimer Domskriptorium führend. Ihr Stil setzt sich offensichtlich in der *Bernwardbibel* fort, und Anton Chroust ist zu verstehen, wenn er sagt: »Vielleicht liegt in der Bibel die Arbeit der Schüler Guntpalds vor.« Damit setzt er deren Entstehung nach dem *Guntbaldevangeliar* von 1011, dem Sakramentar von 1014 und dem *Kostbaren Evangeliar* von 1015 an. Tatsächlich spiegelt sich die Schrift von Schreiber A der Bibel gleichsam in Guntbalds Werken wider, jene von Schreiber B dagegen im *Kostbaren Evangeliar*. So mag die Bibel eher in den letzten Lebensjahren Bernwards entstanden und als Geschenk zur Weihe der Michaelskirche am 29. September 1022 gedacht gewesen sein.

Q.: Brandt 1993 · Vita Bernwardi 1841 · Vita Bernwardi 1973. Lit. zu Bernward von Hildesheim: Schuffels 1993. Zu den Bernwardhandschriften im Hildesheimer Dommuseum: Bauer 1977 · Kat. Hildesheim 1993, Bd. 1, S. 191–200, Bd. 2, 550–553, 559–562, 570, 572–578, Nr. VIII-19, VIII-25 bis VIII-30 (Michael Brandt/Ulrich Kuder) · Stähli 1984 · Tschan 1942–1952. Zu den touronischen Bibeln u. zur *Bernwardbibel*: Fischer 1985 · Nordenfalk 1971. Zu Guntbald: Bauer 1988 · Exner 2008, S. 63, 82–84 · Hoffmann/Schuffels 1986, S. 285–289, 297–298 · Swarzenski, 1901 S. 84–85. Zum Bildprogramm des *Kostbaren Evangeliars* u. des Regensburger *Utacodexes*: Bloch/Schnitzler 1967–1970, Bd. 2 · Brandt 1993.

A.v.E

202 Modell der Abteikirche St. Michael zu Hildesheim

Rekonstruierter Zustand: 1. Viertel 11. Jahrhundert
Entwurf: Michael Brandt, Uwe Lobbedey, Christoph Stiegemann u. Simone Heimann,
Ausführung: Wolfgang Hannemann, Modellbau für Architektur u. Industrie, Oldenburg 2009
Kunststoff – Grundplatte: ca. 131,5 x 74,0 cm,
H. (gesamt) 63,0 cm, M. 1:66
Paderborn, Erzbischöfliches Diözesanmuseum und Domschatzkammer

Bald nach seinem Regierungsantritt 993 plante Bischof Bernward von Hildesheim die Gründung eines Benediktinerklosters nördlich der Domburg. Ein Grundstein mit der Jahreszahl 1010, der bei der Wiederherstellung des südwestlichen Kreuzarmes 1908 gefunden wurde, datiert den Baubeginn der dem Erzengel Michael geweihten Klosterkirche. Am Michaelstag (29. September) 1015 wurde die Krypta geweiht, 1022, wiederum am Michaelstag, erfolgte eine Gesamtweihe, wohl angesichts des nahenden Todes von Bernward und bevor der Bau fertiggestellt war. Bernwards Nachfolger Godehard (1022–1038) versetzte den Mönchskonvent 1029 an einen anderen Ort, holte ihn aber wieder zurück und weihte 1033 die Kirche, die allerdings in einigen Teilen immer noch nicht vollendet war. 1542 wurde der größere Teil der Kirche dem evangelischen Gottesdienst übergeben. Die Krypta, die Ursulakapelle über dem südlichen Kryptenumgang, die durch den Westchor zu erreichen war, und der nordwestliche Querhausarm verblieben dem katholisch gebliebenen Mönchskonvent bis zu dessen Aufhebung 1803. Im Zweiten Weltkrieg erlitt die Kirche schwerste Zerstörungen. Beim Wiederaufbau bemühte man sich, das ursprüngliche Erscheinungsbild weitgehend wiederherzustellen.

Der zwischen 1010 und 1033 errichtete Bau ist in den wesentlichen Elementen auf uns gekommen. Er besteht aus einem basilikalen Langhaus mit breiten Seitenschiffen, die sich mit je zwei Bögen und einer Mittelsäule zu den beiden Querhäusern im Osten und Westen öffnen. Den Stirnseiten der Querhausarme sind achteckige Treppentürme vorgelagert, die im Äußeren das dem Bau zugrunde liegende Regelmaß betonen. Die Mittelschiffsflucht setzt sich im Osten in einem kurzen Chorjoch mit Apsis fort, flankiert von den doppelgeschossigen Nebenapsiden des Querhauses. Der Westchor besteht aus einem quadratischen Chorjoch mit Apsis. Darunter liegt eine dreischiffige Hallenkrypta, die sich rings zu einem Umgang öffnet. Dessen Tonnengewölbe reicht merklich höher als die Gratgewölbe der Hallenkrypta und besitzt ein Obergeschoss in Gestalt eines sog. Drempels, d.h. an der Außenwand ist es nur 1 m hoch und steigt unter dem offenen Dachstuhl nach innen hin an. Da mithin von außen keine Belichtung dieses Raumes möglich war, müssen Öffnungen zum Chor bestanden haben. Bemerkenswert ist der – gegen manche Zweifel der Forschung – offensichtlich ursprüngliche, säulengerahmte Eingang im Scheitel des Umgangs.

Der Bau wird im Inneren bestimmt durch die harmonischen Proportionen des Mittelschiffs mit dem hochgelegenen Band der Obergadenfenster. Für den optischen Eindruck ist das Verhältnis der Höhe zur Breite wie 2:1 (rechnerisch ist das Verhältnis allerdings ca. 1,85:1). In gleichermaßen harmonischer Weise ist die Durchdringung der Längsräume von Mittelschiff und Chorjochen und der gleichbreiten Querhausarme mit weiten Bogenöffnungen als »ausgeschiedene« Vierungen gestaltet. Einzig der Bogen zum Ostchor ist in der hier realisierten Rekonstruktionsvariante niedriger. Die Michaeliskirche gilt als der früheste Bau mit einer regelmäßigen ausgeschiedenen Vierung, die in dieser Form für die nachfolgende Romanik maßgeblich geworden ist. Den Stirnseiten der vier Querarme ist jeweils eine dreigeschossige Arkadenwand vorgesetzt, hinter der zwei Emporen übereinanderliegen.

An architektonischen Gliederungselementen fällt außen, am südlichen Seitenschiff, die nach der gotischen Umgestaltung nur in Resten erhaltene Blendgliederung auf. Den westlichen Chorumgang gliedern Strebepfeiler. An den Querhausecken gibt es ganz flache, kaum wahrnehmbare Lisenen, die nicht bis zur Traufhöhe hochlaufen, wie es sicher einmal geplant war, sondern in unterschiedlichen Höhen enden. Im Inneren sind außer den genannten Querhausarkaden die Nischen des Kryptenumgangs mit ihrem halbrunden Grundriss noch erhalten. Ihnen entsprachen ebensolche Nischen im Westchorjoch und weitere in den Rückwänden der Querhausemporen. Die Seitenschiffswände waren innen von einer Folge von kräftig eingetieften, die Fenster umfangenden Bogennischen gegliedert. Zu den Besonderheiten von St. Michael ist das unregelmäßige Quaderwerk eines Teils der Außenwände mit dem Wechsel von hochkant gestellten Platten und flachen Bindern zu zählen. Aus welchen Gründen andere Teile, z.B. der Obergaden des Mittelschiffs, in Bruchstein errichtet wurden, ist noch nicht hinreichend geklärt. Zum Ruhm der Michaelskirche tragen auch die Würfelkapitelle bei, die, nach älteren Vorstufen, hier zum ersten Mal in voll entwickelter Form auftreten.

Nachträgliche Umbauten und Rekonstruktion

In späteren Jahrhunderten ist, großteils bedingt durch statische Probleme, das ursprüngliche Konzept stark verändert worden. Im 19. Jahrhundert hat man sich um eine Teilwiederherstellung bemüht, und nach schweren Schäden im Zweiten Weltkrieg erfolgte eine Rekonstruktion im Sinne des Gründungsbaues. Dabei dienten ein Holzmodell aus dem 17. Jahrhundert und zwei Zeichnungen (vor 1650 und nach 1662) als Anhaltspunkte für die nicht mehr vorhandenen Teile des Baus.

In der Abfolge von Westen nach Osten seien die wichtigsten Veränderungen genannt: Die Westapsis wurde um 1220 neu gestaltet. Nach einer 1747 erfolgten Aufstockung wurde sie nach dem Zweiten Weltkrieg in der spätromanischen Form wiederhergestellt. Eine Teilerneuerung der Seitenwände des Westchorjochs sowie die Einwölbung von Chor und Querhaus erfolgten um 1230/1240. Die seitlich des Chorquadrats liegenden Teile des Umgangsobergeschosses wurden im 12. Jahrhundert durch Verbreiterung und Erhöhung in die noch bestehende Form gebracht. Der Boden der Westvierung wurde im späten 12. Jahrhundert durch eine Erweiterung der Hallenkrypta erhöht. Nach dem Einsturz des westlichen Vierungsturms und dem Abbruch des Südarms vom Westquerhaus 1662 verschwand auch die Vierungskrypta, nur die nördliche Schrankenwand ist bis heute erhalten geblieben. 1908 wurde der Südarm des Westquerhauses wieder aufgebaut. Da auch der östliche Vierungsturm Bernwards nach seinem Einsturz 1650 durch einen vollständigen Turmneubau ersetzt worden war, konnte die Rekonstruktion der Vierungstürme in der Nachkriegszeit nur auf das Modell und die Zeichnungen gestützt werden. Unklar bleibt mangels Befunden nicht nur die ursprüngliche Höhe, sondern vor allem auch die Frage, ob die Türme innen in voller Höhe bis unter das Dach geöffnet waren oder eine Zwischendecke zwischen den Oculi und den darüber liegenden Rundbogenöffnungen, mithin eine Art Glockengeschoss besaßen oder aber geschlossen waren, d.h. über eine Decke in gleicher Höhe wie das Mittelschiff und die Querhausarme verfügten.

Die Mittelschiffssäulen wurden bis auf zwei spätromanisch erneuert. Die Maßnahme wird mit einer durch den Konvent vorgenommenen Wiederherstellung der Kirche und deren Neuweihe im Jahre 1186 in Verbindung gebracht.

Die Nordseitenschiffswand wurde 1855/1857 niedergelegt und schlicht erneuert. Eine Zeichnung von 1738 zeigt die Innenseite mit der gleichen Gliederung wie an der Südseitenschiffswand. Ostchor und Nebenapsiden fielen 1650 dem Abbruch zum Opfer. Ihre Fundamente wurden 1946/1947 ergraben. Die Rekonstruktion der Ostteile stößt wegen Widersprüchen in den überlieferten Darstellungen auf Schwierigkeiten. Ansätze von Durchgängen in den beiden unteren Querhausemporen belegen die Doppelgeschossigkeit der Seitenapsiden. Für das Äußere zeigen die Zeichnungen des

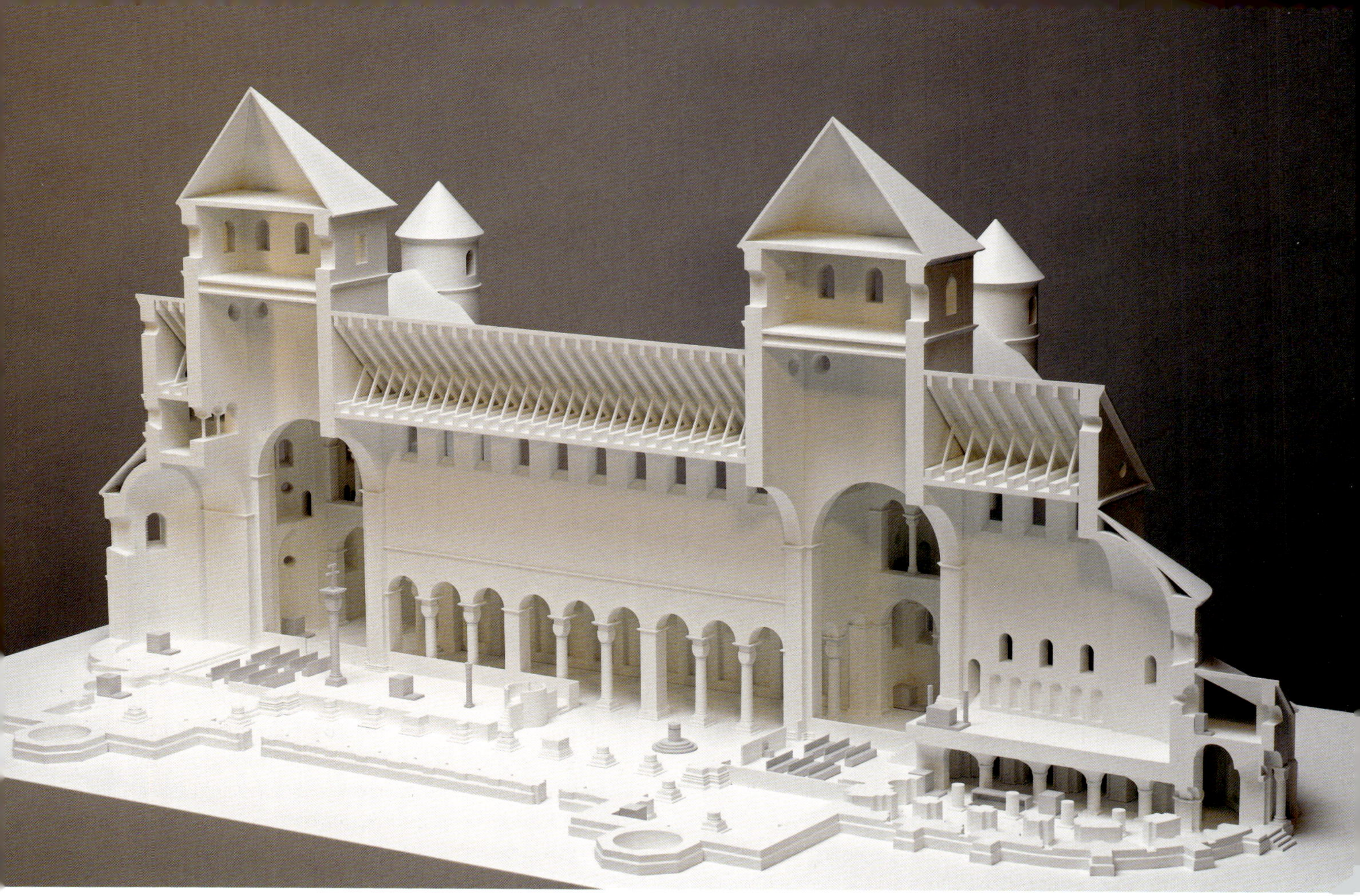

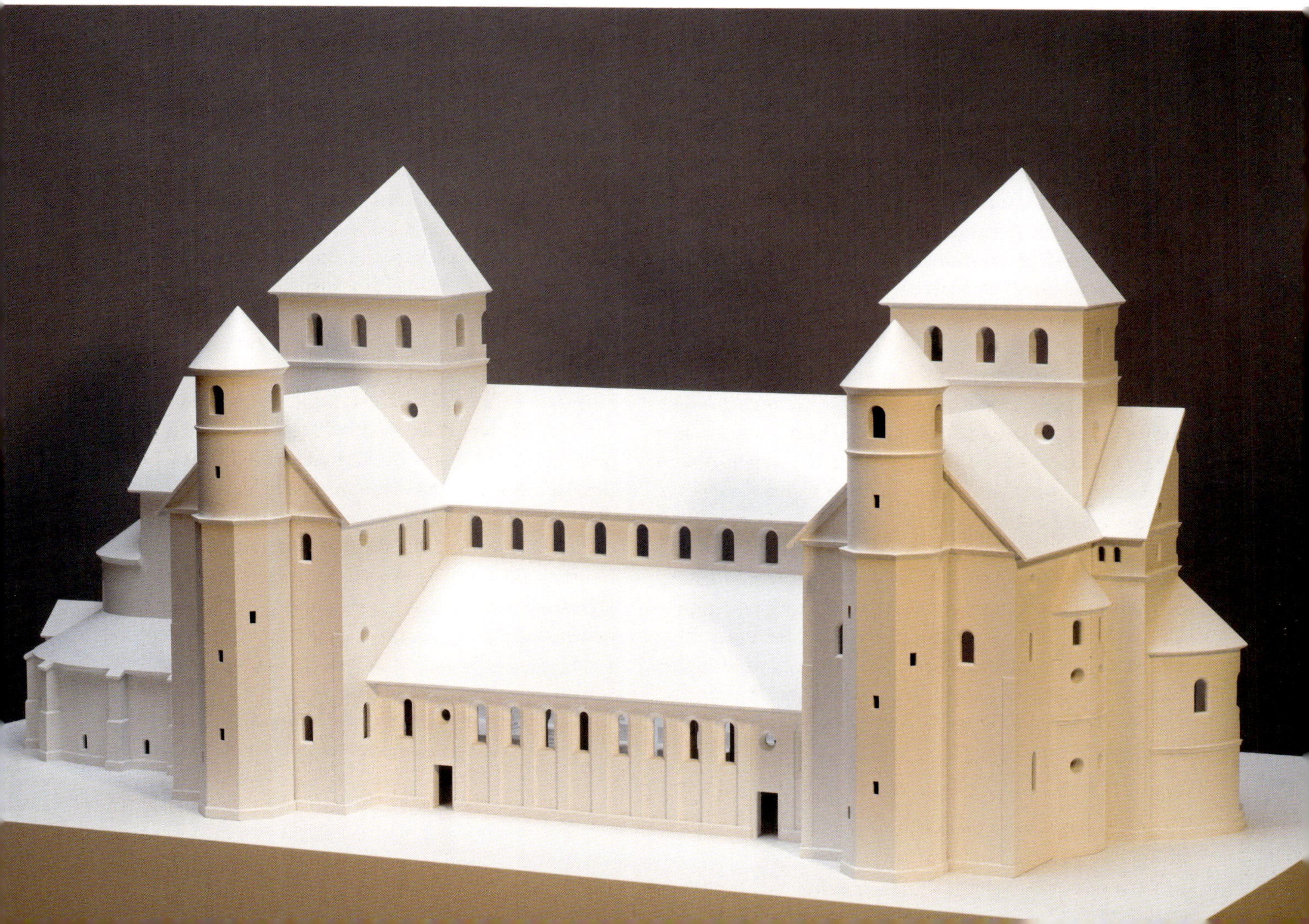

17. Jahrhunderts ein Horizontalgesims an der Mittelapsis und eine zweigeschossige Gliederung von Lisenen und Gesimsen an den Nebenapsiden. Letztere könnten Fenster ganz oder teilweise in Form von Oculi gehabt haben. Der kurze Vorchor wurde nach dem Krieg in Mittelschiffshöhe rekonstruiert. Hartwig Beseler hat als Alternative einen niedrigeren tonnengewölbten Vorchor und einen darüber befindlichen Raum in Erwägung gezogen, der durch hochgelegene Fenster auf den Zeichnungen nachgewiesen werden kann.

Liturgische Einrichtung

Dass der Westchor der doppelchörigen Kirche der Hauptchor ist, belegt nicht nur die architektonische Ausformung, sondern auch die Tatsache, dass hier der Altar des Hauptpatrons, des hl. Michael, stand. Er befand sich vermutlich über der confessioartigen Öffnung der Krypta mit dem Marienaltar. Diese Situation muss Bernwards Zeitgenossen an St. Peter in Rom erinnert haben. Der Psallierchor war mit großer Wahrscheinlichkeit in der Vierung angeordnet, während sich die Mönche zur Messe im hochgelegenen Teil des Westchores versammelt haben dürften, mit Blick nach Osten. In der Hauptapsis des gegenüberliegenden Ostchores befand sich der Altar Johannes des Täufers. Weitere Altäre sind in den seitlichen Apsiden im Ostquerhaus und an den östlichen Stirnwänden des Westquerhauses bezeugt. Auch an den Ostseiten der unteren Querhausemporen sind Altarplätze zu erschließen. Ihre Patrozinien sind nicht überliefert, könnten aber mit der Engelverehrung in Verbindung gestanden haben. Westlich des Marienaltars befand sich der Allerheiligenaltar. Im oberen Umgang des Westchores gibt es einen Altarplatz, der in seiner jetzigen Gestalt dem 13. Jahrhundert angehört, aber wohl einen im Gründungsbau eingerichteten Vorgänger besaß. Auf der Achse des Mittelschiffs wird im Westen die Taufe gelegen haben, im Osten, lokalisiert durch die Lage mehrerer vor ihm angelegter und durch Grabung nachgewiesener Abtsgräber, der Kreuzaltar. Westlich vor den genannten Gräbern dürfte die Marmorsäule gestanden haben, die vermutlich als Osterleuchter diente und mit einem wohl westlich vorgelagerten Ambo in Zusammenhang gebracht werden kann. Unter dem westlichen Bogen der Ostvierung stand auf dem zugehörigen Spannfundament die jetzt im Dom aufgerichtete Bronzesäule, die mit einem Kreuz bekrönt war. In Analogie zum St. Galler Klosterplan ist denkbar, dass dieser Bereich des Mittelschiffs ebenso wie der westliche Psalierchor und der in spätmittelalterlichen Quellen bezeugte Johannischor der Ostvierung durch eine Schranke abgeteilt war.

Lit.: Beseler/Roggenkamp 1954 · Binding 1998 · Binding 2008 · Brandt 2002 · Cramer/Jacobsen/Winterfeld 1993 · Cramer/Winterfeld 1995 · Jacobsen/Lobbedey/Winterfeld 2001 · Kosch/Stracke 1995. M.Br./U.L.

203 *Kostbares Evangeliar*

Hildesheim, um 1015
Pergament, karolingische Minuskel, eine Federzeichnung in Minium, Bild-, Initial- u. Textzierseiten in Gold u. Deckfarbenmalerei (keine Kanontafeln) – H. 28 cm, B. 20 cm, 234 Bl.
Zeitgenössischer, um 1193 erneuerter Einband
Hildesheim, Dom-Museum, Inv.Nr. DS 18

203–I Die Handschrift

Auf fol. 231v steht die von Bischof Bernward (993–1022) eigenhändig geschriebene, in Hexametern gedichtete Widmung der Handschrift an das von ihm gegründete Kloster St. Michael: »Hunc ego Bernwardus codicem conscribere feci. / Atque meas ut cernis opes super addere iubens / Dilecto Domini dederam sancto Michaheli. / Sit anathema Dei quisquis sibi dempserit illum.« (»Dieses Buch habe ich, Bernward, schreiben lassen. Und, wie du siehst, auch befohlen, meine Schätze [dem Einband] hinzuzufügen. Ich schenkte es dem vom Herrn geliebten hl. Michael. Wer immer es ihm wegnimmt, sei vor Gott verflucht.«). Auf fol. 232r folgt die Abschrift der Kanonisationsbulle Papst Coelestins III. (1191–1198) für Bischof Bernward vom 8. Januar 1193.

Das berühmte Evangeliar erfuhr offenbar während seiner Entstehung eine künstlerische Planänderung. Begonnen war es mit den Evangelienprologen *Plures fuisse*, *Novum opus* sowie *Sciendum etiam* (fol. 3v–9v), es folgten das *Argumentum* (Vorrede) zu Matthäus und sein Kapitelverzeichnis (fol. 10v–14v), eine ganzseitige Federzeichnung in Minium mit dem Bild des geflügelten Evangelisten Matthäus (fol. 15r) und schließlich das *Incipit evangelium secundum Matheum* (fol. 15v). Das Evangelistenbild des Matthäus mit Turm und Tintenhorn zu seiner Rechten sowie Turm als Buchpult zu seiner Linken und mit den kleinen, den Nimbus wie Flaumfedern umgebenden Flügeln dürfte einem karolingisch-westfränkischen Vorbild entstammen. Das Konzept wurde jedoch zugunsten einer viel prachtvolleren Illustration aller vier Evangelienanfänge fallen gelassen. Jeder Evangelienbeginn erhielt nun eine Folge von zwei (Mt, Mk) bzw. drei (Lk, Joh) zweizonigen Bildseiten mit für den jeweiligen Evangelisten typischen Illustrationen und an deren Schluss ein Evangelistenbild, in dem das Symbol jeweils die obere Bildhälfte einnimmt, während der Evangelist unten mit der Niederschrift seines Evangelienberichtes beschäftigt ist. Danach beginnt jeweils der Text mit den entsprechenden Initialzierseiten des »L[iber generationis]« (fol. 19v–20r), »I[nitium]« (fol. 77r), »Q[uoniam quidem]« (fol. 119r) und »I[n principio]« (fol. 179r). Die Evangelistenbilder erhalten in ihrer Symbolzone noch eine Aussageerweiterung: Das Matthäussymbol (fol. 19r) befindet sich in einem Ziborium zwischen zwei Lebensbäumen (Geburt, Wachstum), das Markussymbol (fol. 76r) unter

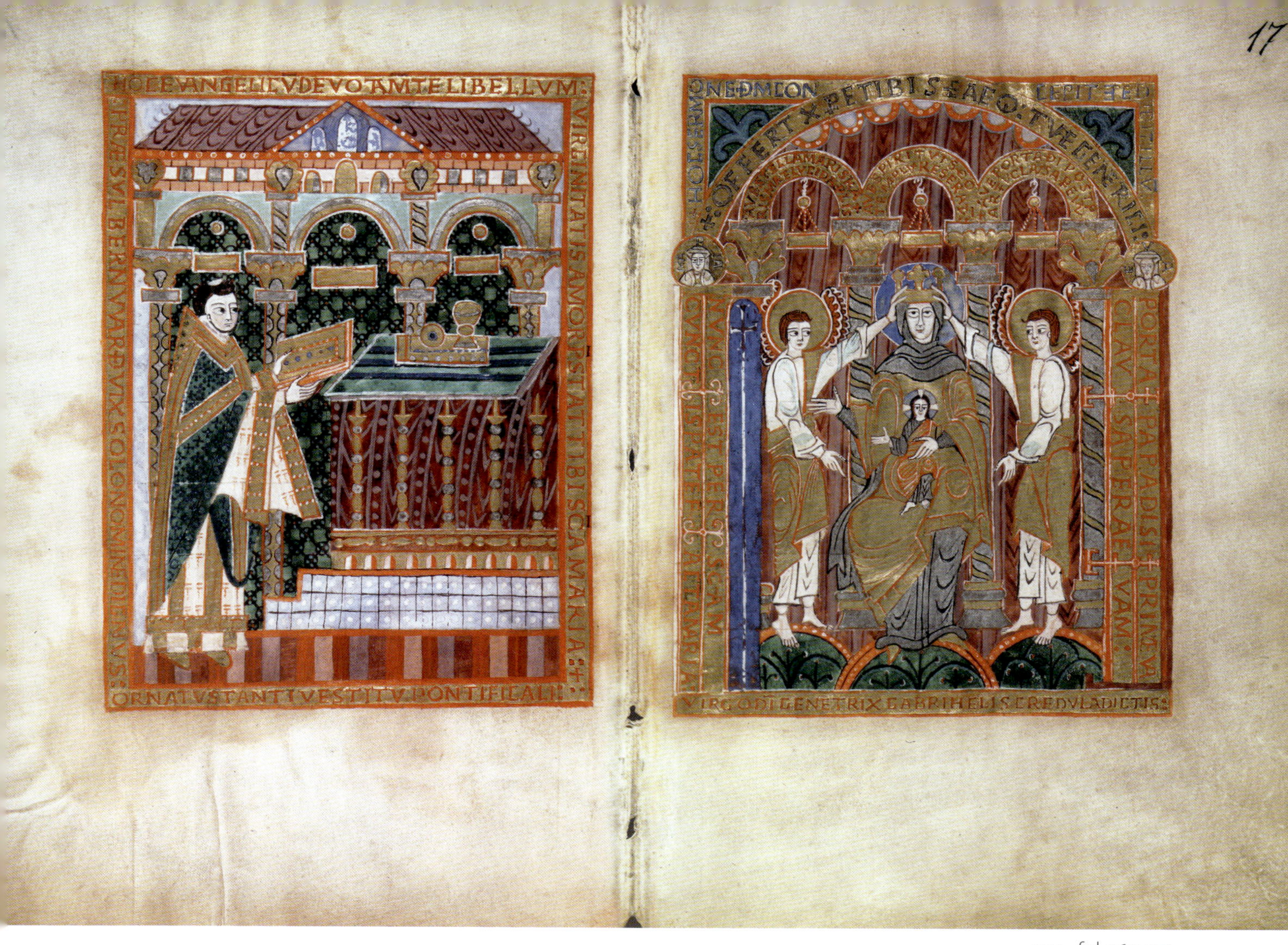

203 · fol. 16v–17r

einer Kuppel mit zwei Türmen und drei Bäumen (Grab und Auferstehung), das Lukassymbol (fol. 118v) am Fuß des Kreuzes (Tod und Erlösung der Welt, angedeutet durch den Kreis und die vier Elemente) und das Johannessymbol (fol. 178v) am Fuß des Ölberges, von dem aus Christus entrückt wird (Himmelfahrt). So komplementiert die den Evangelistensymbolen inneliegende Symbolik (Inkarnation, Auferstehung, Opfertod, Himmelfahrt) die für die einzelnen Evangelisten typischen Bildseiten mit Themen aus den vier Evangelien. Diese Gedankenwelt haben die Künstler immer wieder aus den Evangelienprologen und den Evangelienargumenten geschöpft, vor allem aus dem Prolog *Plures fuisse*, den der hl. Hieronymus im Jahr 398 als Kommentar zum Matthäusevangelium verfasst hatte.

Der Bildfolge vor dem Matthäusevangelium und dessen Anfang mit dem Stammbaum Jesu Christi ist als fol. 16r–17v ein Doppelblatt vorgesetzt, dessen Innenseiten links Bischof Bernward in priesterlicher Handlung vor dem Altar und rechts die Verherrlichung Marias als Gottesmutter und Königin des Himmels zeigen. Bernward (fol. 16v), gekleidet mit dem Messgewand, bringt sein Evangelienbuch zum Altar, um es dort neben dem Tragaltar, dem Kelch und der Patene niederzulegen. Auf dem Bildrahmen ist folgende Inschrift zu lesen, die auf dem Überfangbogen über den vier Säulen des Bildes gegenüber (fol. 17r) weiterläuft: »Hoc evangelicum devota mente libellum, / Virginitatis amor praestat tibi sancta Maria / Praesul Bernwardus vix solo nomine dignus. / Ornatus tanti vestitu pontificali / Offert Christe tibi sanctaeque tuae genitrici.« (»Dieses Evangelienbuch macht dir, hl. Maria, die Liebe zur Jungfräulichkeit frommen Sinnes zum Geschenk. Bischof Bernward, kaum würdig allein durch den Namen, bekleidet (dennoch) mit ganzem bischöflichen Ornat, bringt es dir, Christus, und deiner heiligen Gottesgebärerin dar.«).

Im Marienbild (fol. 17r), in dem zwei Engel die Krönung vollziehen, thronen die Gottesmutter und ihr Sohn vor einer Arkadenfolge mit großem Überfangbogen. Hinter den Säulen hebt ein Purpurvorhang das Bild in die kaiserliche Sphäre. Zur Linken Marias ist außen geschlossen und verriegelt eine Tür, darüber das Rundbild der Eva. Zu ihrer Rechten dagegen erscheint in der offenen Tür ein Prozessionskreuz und darüber das Rundbild der Maria. Die Inschriften im Bildrahmen von fol. 17r unten und oben lauten: »Virgo Dei genitrix Gabrihelis credula dictis / Hoc sermone Deum concepit et dedit illum.« (»Im Glauben an die Botschaft Gabriels hat die Jungfrau und Gottesgebärerin

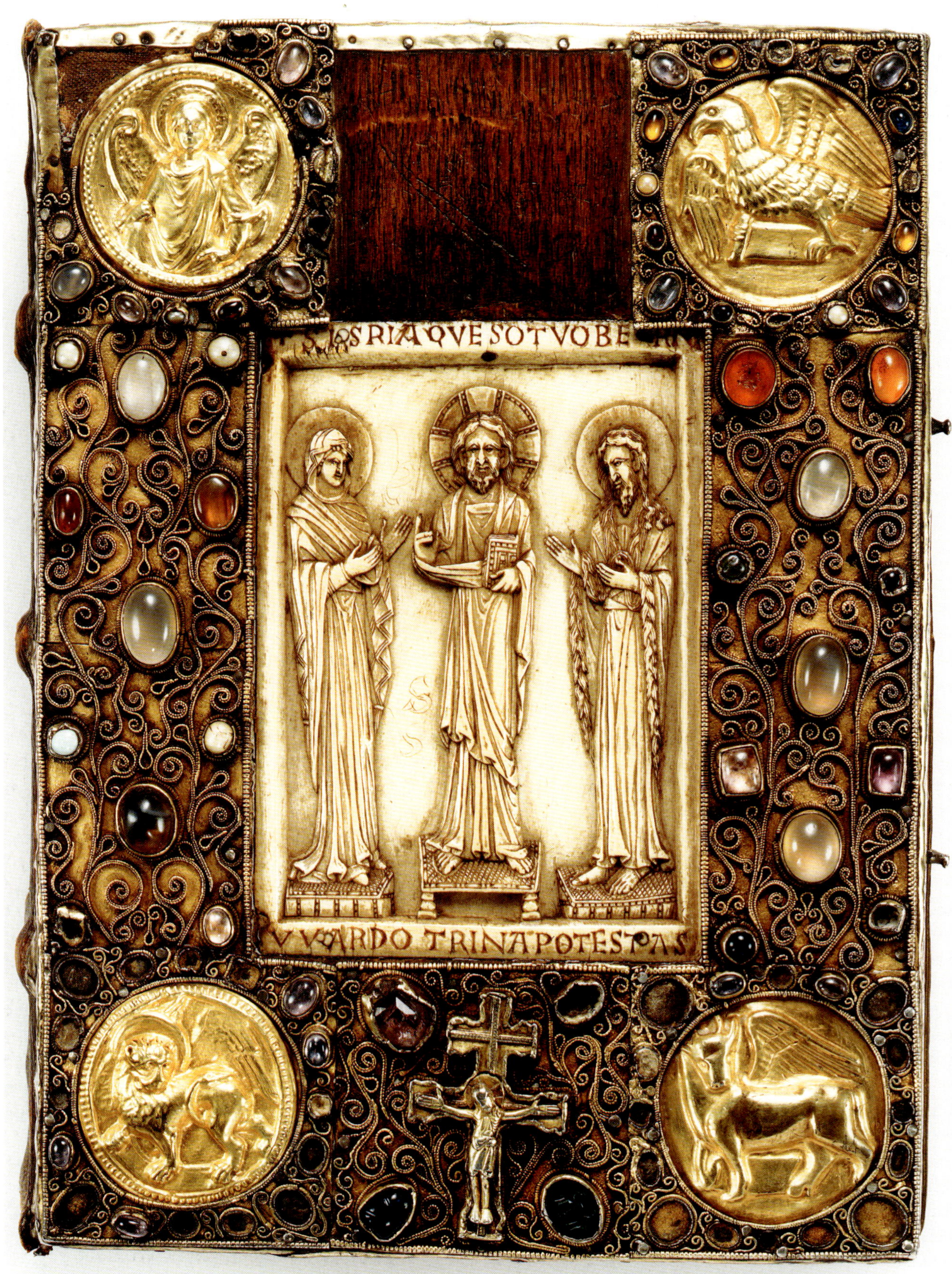
RIA QVE SOT VOBE
VVARDO TRINA POTESTAS

durch dieses Wort Gott empfangen und ihn geboren.«). Auf den beiden Türen ist zu lesen: »Porta paradisi Primeva clausa per aevam / Nunc est per sanctam cunctis patefacta Mariam.« (»Das Tor des Paradieses, verschlossen durch die erste Eva für immer, steht nun durch die hl. Maria allen offen.«). Auf den drei Bögen über den Säulen steht: »Ave stella maris karismate lucida prolis /Ave spiritui sancto templum reseratum / Ave porta Dei post partum clausa per aevum.« (»Sei gegrüßt Meeresstern, leuchtend durch die Liebe des Sohnes. Sei gegrüßt du Tempel, entriegelt für den Heiligen Geist. Sei gegrüßt Pforte Gottes, nach der Geburt für alle Zeit verschlossen.«).

Das Doppelbild, in dem die Themen der Dedikation und Devotion gleichsam verschmelzen, und die Bilder vor den vier Evangelien machen das *Kostbare Evangeliar* Bernwards zu einem Bilderbuch eigener Art. Seine Quellen fließen aus der karolingisch-westfränkischen Kunst, wie etwa das in Nordfrankreich (Arras, St-Vaast) im späteren 9. Jahrhundert entstandene, über Corvey nach Prag gelangte Evangeliar Cim. 2 der Bibliothek des Prager Domkapitels erkennen lässt. Der Hildesheimer Maler des *Bernwardevangeliars* hat offensichtlich mehrere solcher Quellen benutzt und sie zu einem neuen Ganzen komponiert. Mit seinem rustikalen Aussehen strahlt das Werk gegenüber anderen Hildesheimer Miniaturen beispielsweise in den Guntbaldhandschriften (Kat.Nr. 207–208) etwas Urtümliches aus. Chroust meinte, dass der Text des Evangeliars von einer Hand geschrieben sei. Vielleicht ist sie am ehesten mit Hand B der *Bernwardbibel* (Kat.Nr. 206) zu vergleichen. Die Art der Malerei aber hat ihren Ausgangspunkt in dem um 1000 in Hildesheim entstandenen sog. *Heziloevangeliar* (Hildesheim, Dommuseum, Inv.Nr. DS 34), dessen westfränkische Vorbilder zuletzt Rainer Kahsnitz (Kahsnitz 1993, S. 34–37) im Zusammenhang mit den Evangelistenbildern des *Kostbaren Evangeliars* eingehend erläuterte.

Lit.: Bauer 1977, Bd. 1, S. 164–165, Bd. 2, S. 195–210, Nr. XXIII · Beissel 1891 · Brandt 1993 · Monumenta palaeographia 1917, Serie II/3, Liefg. XIX, Taf. 7 · Kat. Hildesheim 1993, Bd. 2, S. 570–578, Nr. VIII-30 (Ulrich Kuder) · Stähli 1984, S. 17–20.

A.v.E.

203–II Die Elfenbeintafel des Einbandes

Das Elfenbein des *Kostbaren Evangeliars*, das Bischof Bernward dem Kloster St. Michael anlässlich der Weihe des Kryptaaltares der Kirche am 29. September 1015 schenkte, scheint seitdem unverändert geblieben zu sein. Als in Byzanz entstandene Arbeit des späten 10. Jahrhunderts bildete die Tafel ursprünglich – dies legen Spuren von je zwei schmalen Befestigungsvorrichtungen für seitliche Panelen an den oberen und unteren Ecken des Stückes nahe – den Mittelteil eines Devotionstriptychons. In seiner heutigen Funktion ist es ein Beispiel für die weit verbreitete Sekundärnutzung byzantinischer Elfenbeintafeln zum Schmuck ottonischer Bucheinbände.

Die Elfenbeinschnitzerei zeigt Christus, flankiert von Maria und Johannes dem Täufer. Letztere wenden sich Christus mit fürbittender Geste zu, eine Komposition, die in der byzantinistischen Forschung als *Deësis* (Maria und Johannes treten beim richtenden Christus als Fürsprecher für die zu richtenden Seelen auf) bezeichnet wird. An der oberen und unteren Schmalseite des Stückes verläuft eine lateinische Inschrift »sis pia qu[a]eso tuo Bernwardo Trina Potestas.« (»Ich bitte dich, dreifache Macht, sei deinem Bernward gnädig.«).

Die Zweitverwendung von Elfenbeinschnitzereien zum Schmuck von Bucheinbänden, was in der byzantinischen Kultur, der sie entstammten, nur Befremden ausgelöst hätte, sollte im Westen gerade ihren fremdländischen Charakter betonen. Die Tafeln sollten demgemäß als fremdländische Arbeiten verstanden werden, die von ihren ottonischen Besitzern aufgenommen und modifiziert wurden. Im Falle des *Bernwardevangeliars* veränderte nicht nur die Separierung der Tafel von ihren Seitenpanelen die Anmutung für den Nutzer grundlegend, sondern auch ihre Einbringung in einen juwelengeschmückten Rahmen. Darüber hinaus legen Spuren von Vergoldung auf den Nimben der Figuren und der Kleidung Mariens sowie Reste roter Farbe in den Vertiefungen der Inschrift nahe, dass Teile des Elfenbeins eine farbige Fassung erhielten, nachdem das Stück in den Besitz des Bischofs gelangt war.

Der Prozess der Adaption byzantinischer Kunst durch ottonische Stifter lässt weniger eine detaillierte, als vielmehr eine generelle Vertrautheit mit griechischer Kunst erkennen. Dabei ging es weniger um eine passive oder imitierende Rezeption von Byzanz, als vielmehr um die geistige Konstruktion eines durch westliche Gewohnheiten vermittelten Griechentums. Diese Theorie wird durch mehrere, am Elfenbein des *Kostbaren Evangeliars* sichtbare Aspekte gestützt: Zwar ist die Inschrift, die das Elfenbein trägt, in lateinischer Sprache verfasst, sie zeigt jedoch Ansätze einer – westlich verstandenen – Imitation byzantinischer Schriftpraxis. Die Verwendung von »sis pia« und »Trina Potestas« spielt auf griechische Tituli an, die in der Regel in den Darstellungen der *Deësis* begegnen. Das sich auf Christus beziehende Epitheton »hypergatho«, das »gnädig« meint, ist mit »sis pia« übersetzt. Es ist in der byzantinischen Kunst Darstellungen von Christus beigegeben. Ein Beispiel findet sich etwa im Dekorationsprogramm des Klosters St. Maria Pammakaristos aus dem frühen 14. Jahrhundert. Darüber hinaus erkannten mittelalterliche westliche Autoren, dass der Titel »Trina Potestas« die Übersetzung eines griechischen Begriffes war. Bereits im 9. Jahrhundert vermerkt Hinkmar von Reims (845–882), dass die Bezeichnung »Trina potestas« vom Griechischen

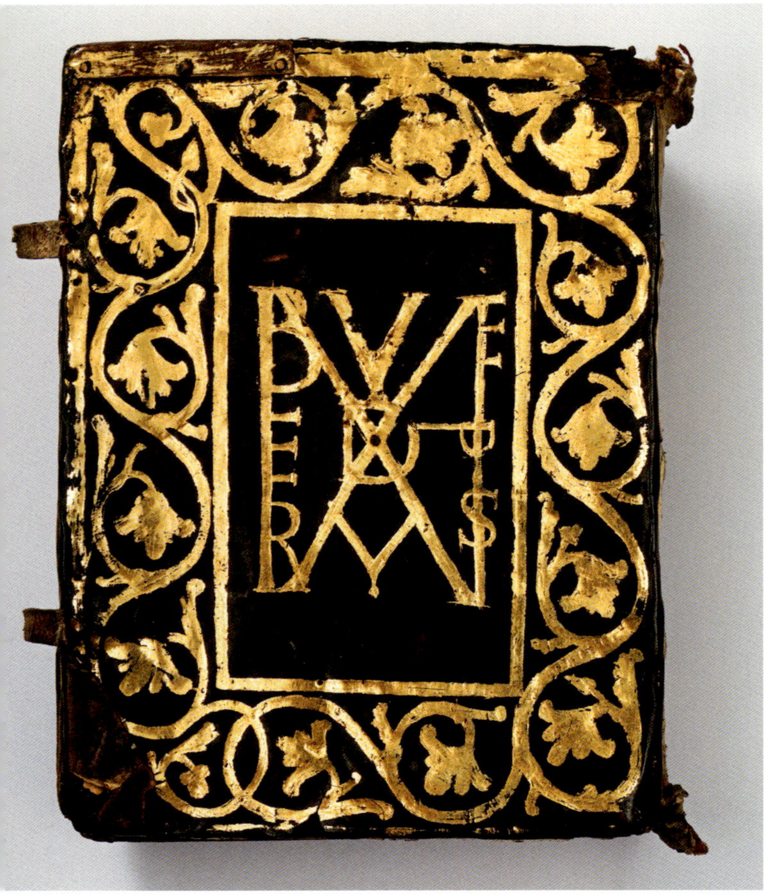

204 · hinterer Buchdeckel

»Τρισάγιον« bzw. »Trisagion« abzuleiten ist und die Heiligste Dreifaltigkeit meint. Forscher haben allerdings darauf hingewiesen, dass sich die Inschrift in dem hier behandelten Falle eher auf die drei abgebildeten Personen Christus, Maria und Johannes den Täufer beziehen könnte.
Zwei weitere Details vom *Kostbaren Evangeliar* stützen die Argumentation: Das Niello der Einbandrückseite zitiert den byzantinischen Darstellungstyp der *Hodegetria*, allerdings transformiert durch die Hinzufügung ikonographischer, einem westlichen Publikum vertrauterer Details, wie z.B. Sterne, Palmzweig und auch die Position, die das Kind auf Marias rechtem Arm einnimmt. Das Manuskript selbst zeigt auf fol. 175r den Einzug Christi nach Jerusalem. Die Stadt ist mit zwölf Toren versehen, die mit griechischen Buchstaben bezeichnet sind, wobei jeder Buchstabe die Initiale eines Namens der zwölf Apostel wiedergibt. Bei einem von ihnen jedoch, dem »)–(«, handelt es sich um eine Version des Großbuchstaben »M«, der sich nur in gräzisierten Worten in westlichen Manuskripten findet.

Lit.: Berschin 1980, S. 41–43 · Brandt 1993, S. 56–61 · Goldschmidt/Weizmann 1930–1934, Bd. 2, Nr. 151a–b · Steenbock 1965, S. 158–160 · Zeitler 2003.

J.P.K. (aus dem Englischen v. C.Ru.)

204 *Kleines Bernwardevangeliar*

Nordfrankreich, wohl letztes Viertel 9. Jahrhundert
Pergament, karolingische Minuskel, Kanontafeln in Gelb, Minium u. Grün, Incipitseiten in Capitalis mit Tinte u. Minium, Initialzierseiten in Gold, Silber u. Deckfarbenmalerei, am unteren Rand der Initialzierseiten jeweils quer zum Text Bilder der Evangelisten mit ihren Symbolen in verblasster Federzeichnung – H. 22 cm, B. 17 cm, 187 Bl.
Hildesheim, Dom-Museum, Inv.Nr. DS 13

204–I Die Handschrift

Wie die Rückseite des Einbandes mit dem Monogramm zeigt, wurde das Evangeliar von Bischof Bernward (993–1022) neu gebunden und wohl seiner Gründung St. Michael, wo es sich im 17. Jahrhundert befand (Stähli 1984, S.2), geschenkt. Entsprechende Indizien finden sich auch in den Nachträgen des *Capitulare Evangeliorum* (Beissel 1894, Bauer 1977, Stähli 1984, S. 3), die im früheren 11. Jahrhundert am Rand angebracht wurden und mit entsprechenden Ergänzungen im *Capitulare* der Evangelienhandschriften in der Herzog August Bibliothek Wolfenbüttel, Cod. Guelf. 426 Helmst. (Bauer 1977), und im Dom-Museum Hildesheim, Inv.Nr. DS 34 und DS 68 (Stähli 1984, S. 3), übereinstimmen.
Die Handschrift enthält eine zwölfseitige Kanonfolge (fol. 6v–12r) sowie Initialzierseiten zu den Evangelienanfängen (fol. 13r, 59r, 91v, 144r). Sie haben überlieferungsgeschichtlich möglicherweise verschiedene Wurzeln. Die Kanontafeln erinnern an die Tradition der spätkarolingischen franco-sächsischen Schule (St-Amand), die Initialzierseiten – etwa das »IN[PRINCIPIO]« (fol. 144r) – eher an alte, stark insular beeinflusste Werke der frühen Karolingerzeit. Einmalig sind die am unteren Rand quer zum Text gezeichneten Evangelistenbilder. Tilmann Buddensieg verglich sie zu Recht mit den Evangelistenbildern in den Evangeliaren Ms. 7 der Bibliothèque municipale, Reims, und Ms. 728 der Pierpont Morgan Library, New York – beides typische Werke des Skriptoriums von Reims aus der Zeit Erzbischof Hinkmars (845–882; Koehler/Mütherich 1930–1999, Bd. 6). Sie sind wohl eher als marginale Ergänzungen im Ursprungsland der Handschrift, nämlich in Nordfrankreich, entstanden als in Niedersachsen (Buddensieg 1967, S. 105; Bauer 1977, Bd. 1, S. 337).

Lit.: Bauer 1977, Bd. 1, S. IV–V, Nr. 2, Bd. 2, S. 145–159, 276–277, Anm. 261 · Beissel 1894, S. 51–62 · Bischoff 1998–2004, Bd. 2, S. 13 · Buddensieg 1967, S. 104, Anm. 67–69 · Elbern 1969, S. 103, Abb. 10 · Elbern/Reuther 1969, S. 24–25 · Kat. Hildesheim 1993, Bd. 2, S. 550–553, Nr. VIII–19 (Ulrich Kuder u. Martina Pippal) · Koehler/Mütherich 1930–1999, Bd. 6, S. 83–99, Taf. 132–152 · Stähli 1984, S. XV–XVI, XXII, 1–3, Nr. 13, Abb. S. 4–15.

A.v.E.

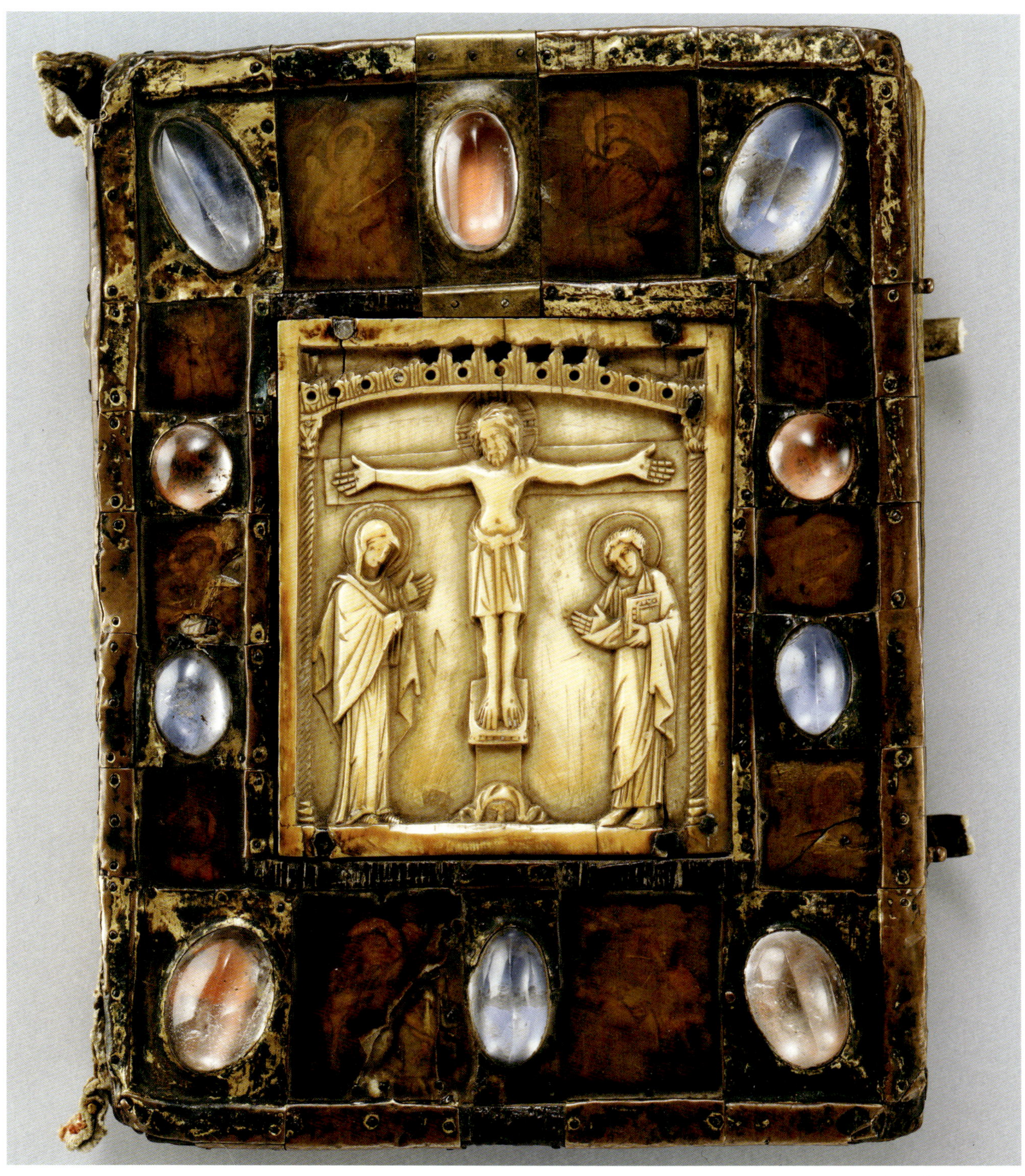

204 · vorderer Buchdeckel

204–II Die Elfenbeintafel des Einbandes

Dass dieses karolingische Evangeliar sich im Besitz Bischof Bernwards von Hildesheim befand, deuten sowohl sein Rückeneinband – den noch heute Bernwards Monogramm ziert – als auch die Tatsache an, dass die Perikopen des Codexes der Nutzung des Evangeliars im Hildesheimer Kloster St. Michael angepasst wurden. Wie beim *Kostbaren Evangeliar* erfuhr auch der vordere Bucheinband des *Kleinen Bernwardevangeliars* nach 1150 eine Restaurierung; das hervorragende byzantinische Elfenbein war wohl schon Teil des bernwardinischen Einbandes. Es zeigt eine Kreuzigung unter einem wunderschön detailliert ausgebildeten Baldachin, der wohl zu allererst mithilfe eines Bohrers gefertigt wurde. Der Gekreuzigte wird von Maria und Johannes dem Evangelisten – beide mit fürbittenden Gesten dem Kreuz zugewandt – flankiert. Die lediglich an bestimmten Stellen stark verschliffene Oberfläche des Stückes impliziert, dass es gezielt und wiederholt in hoher Verehrung berührt oder geküsst wurde (vgl. die noch relativ klar umrissene Figur des Evangelisten mit den Darstellungen Marias und Jesu Christi).

In der älteren Forschung zur byzantinischen Elfenbeinschnitzkunst wird davon ausgegangen, dass in den 960er Jahren fünf stilistische Gruppen existierten, von denen jede implizit einer anderen Werkstatt zuzuordnen wären. Dieser Auffassung zufolge würde das abgebildete Elfenbein der Nikephorosgruppe angehören und in das 3. Viertel des 10. Jahrhunderts datieren. Ausgehend von den technologischen und stilistischen Variationen, die die Werke zeigen, haben neuere Studien hingegen eine weniger stark ausdifferenzierte Produktion wahrscheinlich gemacht, bestehend aus Meistern, die in Werkstattgemeinschaft mit einem Assistenten oder einem Familienmitglied gearbeitet haben. In der Tat erfordern die kleinformatigen, tragbaren Elfenbeinobjekte eine geringere Arbeitsteilung als z.B. die Fertigung monumentaler Skulpturen. Auch gibt es keinen Hinweis auf bestimmte Standards oder die Notwendigkeit ihrer Überwachung durch die Herrscher, wie dies für andere kostbare byzantinische Produkte (beispielsweise Seide) vonnöten war. Bedauerlicherweise vermag die schwache Quellenbasis weder dem einen noch dem anderen wissenschaftlichen Ansatz ausreichendes Gewicht zu verleihen.

Das Interesse Bernwards an byzantinischer Elfenbeinkunst, das beide mit ihm verbundenen Bucheinbände belegen (Kat. Nr. 203–204), mag er während des Aufenthaltes am königlichen Hof für sich entdeckt haben, an dem er als Tutor Ottos III. (983–1002) wirkte. Nicht nur die Elfenbeine, sondern auch das Material und der Stil der Rückendeckel beider Manuskripte haben ihre nächsten Parallelen in Werken, die für den ottonischen Hof, insbesondere für den von Ottos Nachfolger Heinrich II. (1002–1022) produziert wurden. Dass Bernward seine Aufenthalte am Hof für sein beachtliches Kunstinteresse zu nutzen wusste, betont bereits der Biograph Thangmar: »Als einmal dem König überseeische, aus Irland [ex Scotticis] stammende Vasen als ganz besondere Rarität zum Geschenk gemacht wurden, versäumte er [Bernward] nicht, das, was er an ihnen ungewöhnlich und besonders wertvoll fand, für sich auszuwerten.«

Q.: Vita Bernwardi 1973, cap. 6. Lit.: Cutler 1998 · Goldschmidt/Weitzmann 1930–1934, S. 218–220, Nr. 106 · Kat. Hildesheim 1993, Bd. 2, S. 550–553, Nr. VIII-19 (Ulrich Kuder/Martina Pippal) · Stähli 1984, S. 1–15.

J.P.K. (aus dem Englischen v. C.Ru.)

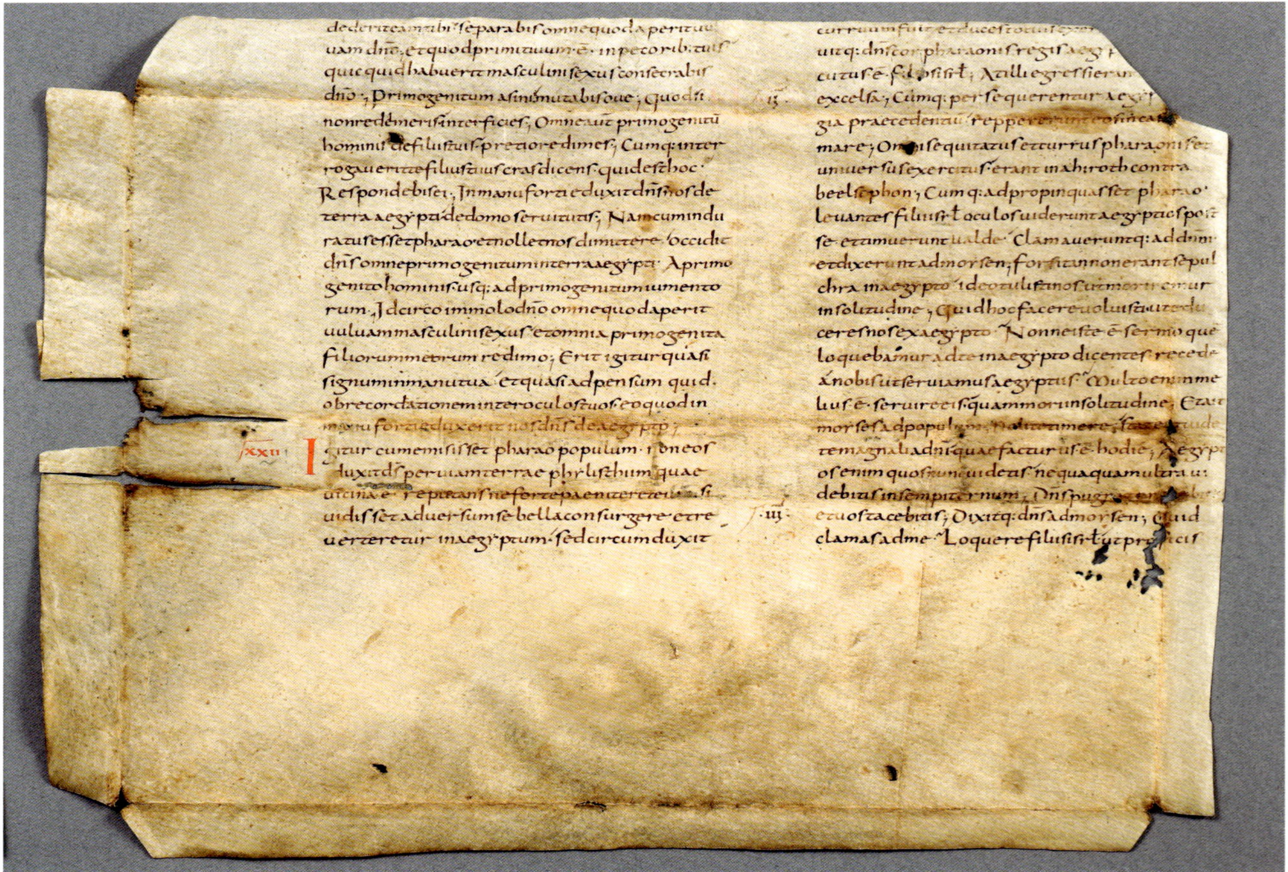

205

205 Exodusfragment einer touronischen Bibel

Tours, wohl 2. Viertel 9. Jahrhundert
Pergament, karolingische Minuskel, zweispaltig, Miniummajuskeln als Anfänge der (alten) Kapitel am Rand, in Minium auch die Kapitelzahlen – H. 26 cm, B. 37 cm, halbes Bl.
Paderborn, Erzbischöfliche Akademische Bibliothek, Fragment 1

Der Inhalt des Fragmentes bringt die im Buch Exodus aufgezählten alttestamentlichen Vorschriften für das Fest der ungesäuerten Brote und das Paschafest, den Aufbruch Israels zum Auszug aus Ägypten, das Weihen aller Erstgeburten an Jahwe und die Verfolgung der Ägypter bis zu ihrem Untergang im Roten Meer: fol. recto a) Ex 12, 19–28 »de coetu Israhel tam de avenis« bis »praeceperat Dominus Moysi et Aaron«, b) Ex 12, 39–50 »Panes azymos neque enim poterant fermentari« bis »et colono qui peregrinatur apud vos. Fecerunt«; fol. verso a) Ex 13, 11–18 »dederit eam tibi separabis omne quod aperit vul [vam]« bis »[re]vertetur in Aegyptum, sed circumduxit«, b) Ex 14, 7–15 »currum et duces totius exercitus« bis »Loquere filiis Israhel ut proficis [cantur]«.
Es handelt sich um die untere Hälfte eines Blattes aus einem im Skriptorium von St-Martin in Tours (an der Loire) geschriebenen Bibelpandekten aus der Zeit des Abtes Fridugisus (807–834) oder Adalhard (834–843). Das volle Format der zerstörten Handschrift maß ca. 50 x 37 cm. Offenbar ist es das einzige Relikt eines solchen Pandekten, der um das Jahr 1000 in Paderborn oder Hildesheim gelegen haben könnte. Vielleicht war jene zu rekonstruierende Bibel wie die Bibel von Moutier-Grandval (London, British Library, Add. 10546) mit ganzseitigen Bildern bestückt, beispielsweise mit einem in mehrere Zonen gegliederten Genesisbild, das Darstellungen von Adam und Eva sowie dem Brudermord Kains an Abel (Gen 1, 25–4, 16) enthielt. Ein solches Genesisbild – so dachte Carl Nordenfalk – hätte den Künstlern der Hildesheimer Domtür unmittelbar als Inspirationsquelle dienen können.
Von anderen touronischen Bibelfragmenten aus dieser Zeit in Braunschweig (Stadtarchiv, Musterrolle 1611) und Wolfenbüttel (Herzog August Bibliothek, Nov. 404. 8.2[1]; Niedersächsisches Staatsarchiv, 12 Sammlung, Nr. 1–4, 8) nahmen Bernhard Bischoff und Bonifatius Fischer an, sie stammten aus einem Pandekten, der einst in Gandersheim gelegen haben könnte. Der touronische Pandekt und die *Bernwardbibel* (Kat.Nr. 206) haben jedenfalls die auf Alkuin († 804) zurückgehende Ordnung der biblischen Bücher als gemeinsames Merkmal.

Lit.: Bischoff 1998–2004, Bd. 1, S. 144, Nr. 677 · Fischer 1985, S. 255, 397. A.v.E.

206 *Bernwardbibel*

Hildesheim, 1. Viertel 11. Jahrhundert
Pergament, karolingische Minuskel (Ergänzungen aus dem 12. Jahrhundert), zweispaltig, alte Kapitelzahlen in Minium, Initialen in Gold, Silber u. Deckfarbenmalerei (teilweise unvollendet), ebenso das Dedikationsbild (fol. 1r) – H. 45,5 cm, B. 34,5 cm, 486 Bl.
Hildesheim, Dom-Museum, Inv.Nr. DS 61

Die biblischen Bücher sind wie folgt geordnet: A.T. – Bücher Mose 1–5, Josua, Richter, Ruth, Königsbücher, große und kleine Propheten, Job, Psalmen, Bücher Salomons, Chronik 1–2, Esra, Ester, Tobias, Judith, Makkabäer 1–2, N.T. – zwei Vorreden, vierseitige Kanonfolge, Evangelien, Apostelgeschichte, katholische Briefe, Paulusbriefe, Apokalypse. In beiden Testamenten erklären jeweils vorausgehend entsprechende Prologe und Argumente die einzelnen Bücher, Kapitelverzeichnisse künden den Inhalt an. Eine Konkordanz aller Teile in dieser Folge ergibt eine vollständige Übereinstimmung mit der von Bonifatius Fischer 1986 (S. 271–275) dargestellten Textordnung eines touronischen Pandekten, der *Alkuinbibel.*
Anton Chroust unterschied »in der Hauptsache« zwei Schreiberhände und bildete fol. 179v ab, wo in Zeile 31 Hand A von Hand B abgelöst wird. Tatsächlich tritt dort ein entscheidender Wechsel ein, denn es beginnen die großen Propheten; der folgende Teil der Bibel (fol. 180r–486v) ist im Schriftraum anders gestaltet, dieser wechselt von 38 x 25 cm mit 47 Zeilen zu 37/38 x 24 cm mit 55 Zeilen. Die Schrift von Schreiber B ist daher auch kleiner und kompakter als die von Schreiber A; dieser hat jedoch, wie etwa fol. 437r (Apostelgeschichte) zeigt, auch im zweiten Teil in ebenso kompakterer Schrift mitgeschrieben. Im Text von Schreiber A finden sich ungewöhnlich viele Korrekturen an den Rändern, geschrieben von gleichzeitiger Hand. Sie beruhen auf Textauslassungen und verraten eine Unkonzentriertheit des Schreibers; kleinere Korrekturen sind interlinear ausgeführt. Die Schrift von B hat Ähnlichkeit mit der Schrift des Hauptschreibers einer kirchenrechtlichen Sammlung aus Hildesheim in Wolfenbüttel (Herzog August Bibliothek, Cod. Guelf. 454 Helmst.), die Thangmar († nach 1019), Scholaster an der Hildesheimer Domschule, später Dekan am Dom und Biograph Bernwards, benutzt und annotiert hat. Hans Jakob Schuffels (Kat. Hildesheim 1993, Bd. 2, S. 486–489, Nr. VII-27 [Rudolf Pokorny/Hans J. Schuffels]) sieht ihren Schreiber gegen Ende des 10. Jahrhunderts im Hildesheimer Domskriptorium tätig und weist auf die Ähnlichkeit seiner Schrift mit der im *Kostbaren Evangeliar* (Kat.Nr. 203) hin. Hand A steht meines Erachtens der Schrift Guntbalds im Evangeliar DS 33 (Kat.Nr. 208) näher; vielleicht sind beide Schreiber, wie Chroust meint, Schüler Guntbalds.
An der Ausstattung mit Initialen scheinen auch mindestens zwei Illuminatoren mitgewirkt zu haben, wobei das schöne

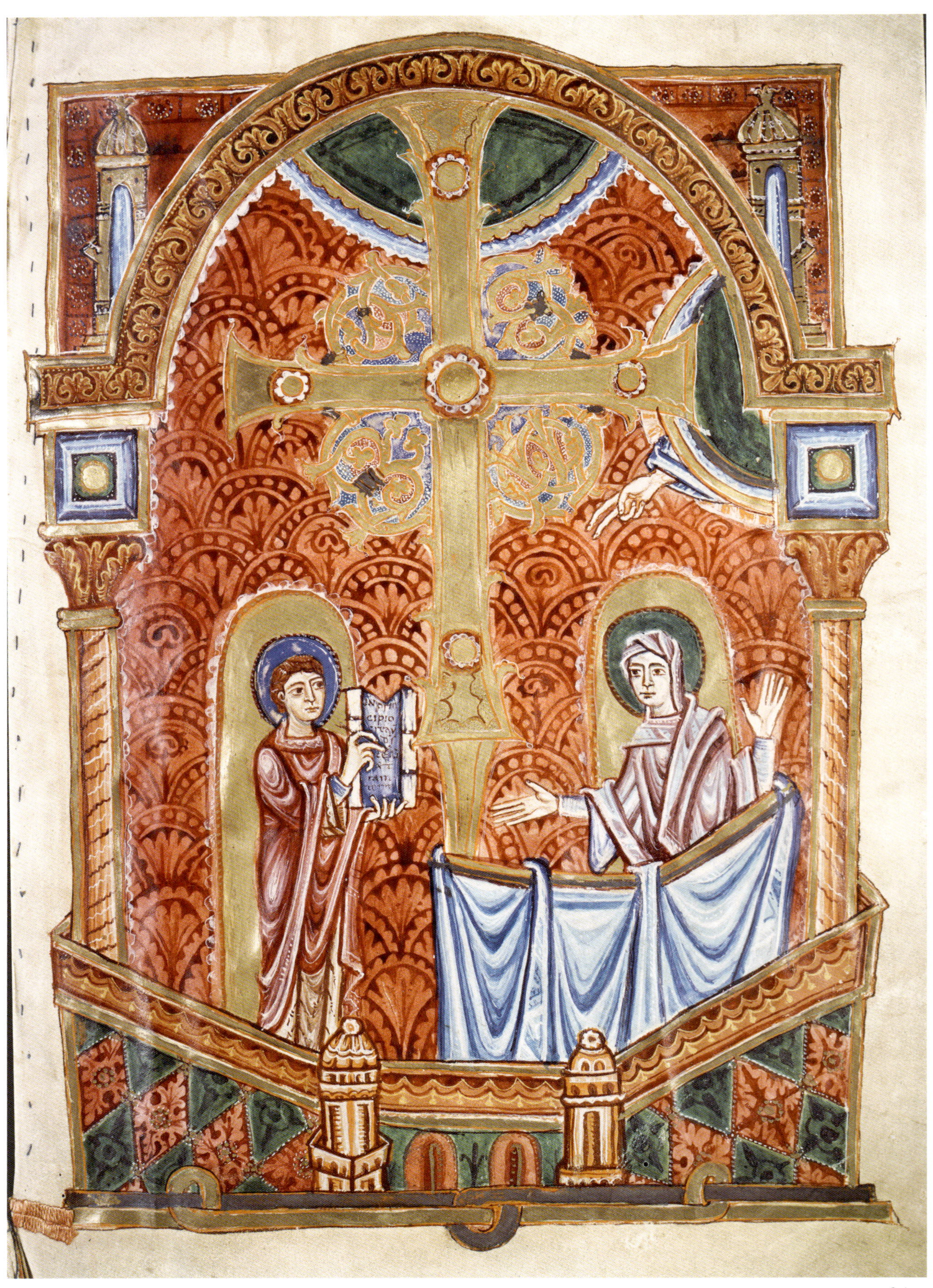

206 · fol. 1r

unziale »d[esiderii mei]« (fol. 4v) mit dem Adler im Purpurfeld wahrscheinlich noch vom Maler des Dedikationsbildes stammt. Es ist möglicherweise auch der Maler der Initial- und Bildseiten in Präfation und *Canon missae* des Hildesheimer Sakramentars DS 19 (Kat.Nr. 207). Künstlerisch problematischer sind dagegen Initialen wie das »I[n principio creavit Deus]« (fol. 5r) zum Buch Genesis mit Goldranken und silberner Umrandung des Purpurfeldes, in denen das richtige Verhältnis zwischen Buchstabenkörper und Beiwerk ins Schwanken gerät. Die touronischen Bibeln in St. Gallen (Stiftsbibliothek, Cod. 75) oder aus Moutier-Grandval (London, British Library, Add. 10546) hatten sich dort ganz auf eine relativ kleine Initiale ohne Rahmung und Umrankung der kapitalen Buchstaben des PRINCIPIO beschränkt. Eine trockenere Art von Initialen mit Goldbänderung des Buchstabenkörpers und der Ranken bieten dann Initialen wie das »H[EC SUNT NOMINA]« (fol. 30v) zum Buch Exodus mit der etwas unbeholfenen Monogrammierung des HEC, blau schattiert und weiß gepunktet. Diese Schattierung und Punktierung behalten alsdann die meisten Initialen bei, doch schwankt ihre Einheit im Künstlerischen; manche blieben unvollendet. Bücher wie Esra und das zweite Makkabäerbuch haben nur Miniummajuskeln als Anfangsbuchstaben. Erst im Evangelienteil setzen die Initialen wieder ein.

Unmittelbare Einflüsse von touronischen Initialen auf die Illuminatoren der *Bernwardbibel* kann ich auch nicht sehen. Der im Buch Ruth (fol. 130r) erkennbare Stil ist wahrscheinlich eine Variante zu Guntbalds Initialen in den Vorreden seines Evangeliars DS 33. Auftretende Diskrepanzen zwischen Textraum und Initiale werden auf Seiten wie fol. 133v mit dem »F[uit vir unus]« zum ersten Buch Samuel deutlich. Die Durchflechtung von Buchstaben einer Wortfolge nach der Initiale wie beispielsweise am »I[n principio creavit]« (fol. 5r) sind nicht unmittelbar durch westfränkische Werke wie den *Codex Aureus* Karls des Kahlen (840–877) aus St. Emmeram oder die Bibel von S. Paolo in Rom (Reims, um 870) beeinflusst, sondern eher adaptierte Corveyer und Regensburger Gewohnheiten. Auch die Kanontafeln (fol. 395r–396v) sind zwar wie diejenigen der touronischen Bibeln auf vier Seiten reduziert, doch lässt ihr einfaches, auf Umrisse in Miniumzeichnung reduziertes Gerüst keine Schlüsse auf eine bestimmte Vorlage zu; weder Kanontafeln der frühen touronischen Bibeln wie Cod. g 1 der Biblioteca Capitolare in Monza (Fischer 1985, S. 258) noch aus der Zeit Alkuins haben an den Säulen üppigen Rankenschmuck sowie Vögel und Pflanzen aller Art als Akrotere.

Das Dedikationsbild – es gibt dazu viele Deutungen – zeigt links Bischof Bernward mit der Bibel, in der der Anfang des Buches Genesis zu lesen ist. Er wendet sich dem Altar zu, in dem ein großes goldenes Kreuz steckt. Auf der anderen Seite des Altars erscheint Maria als Mitpatronin des Domes und seiner Gründung St. Michael. Sie ist mit offenen Armen bereit, das Werk entgegenzunehmen. Den Himmelssegmenten angepasst, ist ihr Heiligenschein grün, der Bernwards dagegen blau wie die offenen Buchseiten, in die er mit der Feder, die noch in seiner Rechten ist, soeben das »In principio creavit Deus coelum et terram« (»Im Anfang schuf Gott Himmel und Erde«) schrieb. Im Vordergrund sind wohl Chorschranken angedeutet. Möglicherweise wurden von diesem Maler auch die Initial- und Bildseiten zu Präfation und *Canon missae* im Hildesheimer Sakramentar DS 19 (Kat.Nr. 207) gemalt.

Schwieriger ist es, aus dem noch erhaltenen Bestand der *Bernwardbibel* die Existenz eines Genesisbildes der als Vorlage infrage kommenden touronischen Bibel nachzuweisen, das vielleicht auch die entsprechenden Bilder der Bronzetür des Hildesheimer Domes beeinflusst hätte. Heute ist fol. 1r mit dem Dedikationsbild ein Einzelblatt (Rückseite leer), das einst gewiss zur ersten Lage zählte. Es folgt ein Doppelblatt (fol. 1r–3v) mit Erläuterungen zu 19 syrischen und einem assyrischen König sowie zu zehn Propheten (Abias bis Isaias) und mit dem Prolog *(F)rater Ambrosius*. Dieses Doppelblatt wurde erst im 12. Jahrhundert beschrieben. Der Prolog *(F)rater Ambrosius* aber eröffnete, auch wenn er in einigen Exemplaren (St. Gallen, Monza) fehlt, grundsätzlich die touronischen Pandekten. Der Hildesheimer Schreiber des 12. Jahrhunderts wird demnach einst nicht Vorhandenes ergänzt haben. Zu diesen Ergänzungen des 12. Jahrhunderts gehört auch die Kapitelreihe zum Buch Genesis (I–XVIII), die er in das einst leere erste Blatt der ersten vollständig erhaltenen Lage (fol. 4r–11v) eintrug, auf dessen Rückseite (fol. 4v) im Original des 11. Jahrhunderts der zweite Prolog »d[esiderii mei]« beginnt. Die Seite davor (fol. 4r) muss daher im Original leer gewesen sein. Könnte auf dieser einst leeren Seite ein mehrzoniges Genesisbild geplant gewesen sein, das in der touronischen Vorlage der *Bernwardbibel* zu sehen war? In der unter Abt Adalhard (834–843) um 835 in Tours entstandenen Bibel aus Moutier-Grandval ist der Anfang tatsächlich folgender: *(F)rater Ambrosius* (fol. 1v), Genesisbild (fol. 5v), *Desiderii mei* (fol. 6r), *In principio creavit* (fol. 7r). Aus diesem Zusammenhang heraus ergibt sich die Möglichkeit, dass auf fol. 4r der *Bernwardbibel* ursprünglich auch ein Genesisbild geplant war, das jedoch nicht ausgeführt wurde. So wird man sich überlegen, ob die einst aus zwei Doppelblättern bestehende erste Lage nicht dem Schreiber A und dem Illuminator des Dedikationsbildes vorbehalten blieb. Das Dedikationsbild hätte der Maler dann ausgeführt, nicht aber die Titelseite, den Prolog *(F)rater Ambrosius*, die *Capitulatio* und das Genesisbild.

Lit.: Bauer 1977, Bd. 1, S. 335, 340, Anhang I, Nr. 4, S. V · Boeckler 1930, S. 52 · Monumenta palaeographica 1917, Serie II/3, Liefg. XX, Taf. 1 · Kat. Hildesheim 1993, Bd. 2, S. 568–570, Nr. VIII–29 (Ulrich Kuder) · Nordenfalk 1971, S. 154–155, 157 passim · Stähli 1984, S. 148–150, Abb. S. 151–166 · Swarzenski 1901, S. 24–25.

A.v.E.

207 Sakramentar Bischof Bernwards von Hildesheim
Hildesheim, 1014
Pergamen, karolingische Minuskel, Initialen, Initial- u. Textzierseiten in Gold, Silber u. Deckfarbenmalerei, gemusterte Purpurgründe – H. 30,5 cm, B. 20,0 cm, 245 Bl.
Einband: Holz mit neuem Lederüberzug
Hildesheim, Dom-Museum, Inv.Nr. DS 19

Ähnlich wie das *Kostbare Evangeliar* und das *Guntbald-evangeliar* (Kat.Nr. 203, 208) enthält auch das Sakramentar Subskriptionen, die auf Bernward (993–1022) als Stifter und Guntbald als Schreiber hinweisen. Auf fol. 2av ist zu lesen: »Contulit hunc librum divinis usibus aptum / Praesul Bernwardus virtutum stemmate fultus / Ecclesiae ad gazas Michahelis in ordine summi. / Quo quicumque legat devoto pectore dicat: / ›Praemia pro studii meritis huic Christe repende.‹« (»Dieses Buch für den Gebrauch im Gottesdienst gab Bischof Bernward, leuchtend im Kranz der Tugenden, auf Befehl des Allerhöchsten in die Schatzkammer der Michaelskirche. Wer immer daraus liest, sage demütigen Herzens: ›Den Preis für Fleiß und Verdienst wiege ihm, Christus, auf!‹«). Auf fol. 243v steht (nach Hoffmann/Schuffels 1986, S. 286, von Guntbald eigenhändig geschrieben): »Anno dominicae incarnationis Mxiiii sub Bernwardo / pontifice Guntpoldus diaconus huius libri scriptor claruit.« (»Im Jahr 1014 der Fleischwerdung des Herrn glänzte unter Bischof Bernward Guntbald als Schreiber dieses Buches.«).

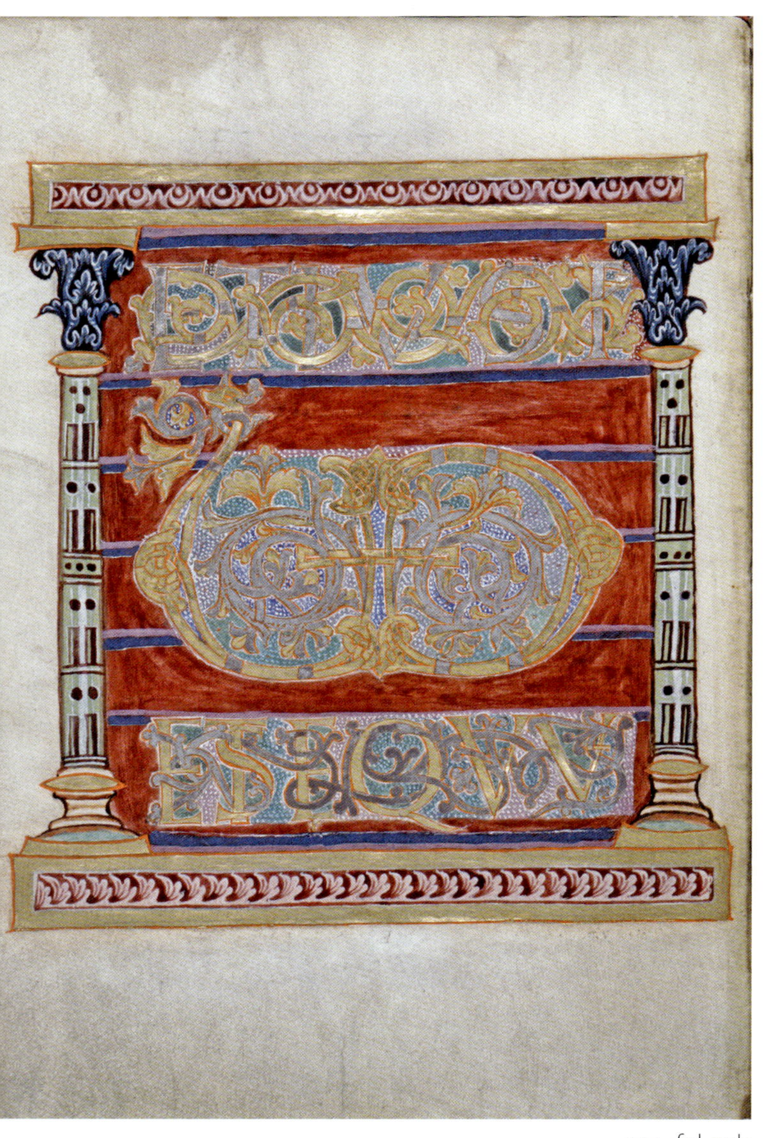
207 · fol. 2vb

Die Handschrift enthält kein Kalendar, jedoch auf fol. 234v, von verschiedenen Händen geschrieben, einen Katalog der ersten Hildesheimer Bischöfe von Guntharius (815–834?) bis Udo (1079–1114). Sie beginnt mit den purpurgrundig gemusterten Zierseiten von Präfation und *Canon missae* (fol. 2bv–8v), in dessen Gebetsabschnitten die Anrufungen des hl. Emmeram auf Regensburg und der hl. Cantianer auf die Herkunft des Schreibers und die Bestimmung des Buches für den Dom zu Hildesheim hinweisen. *Proprium de tempore* (fol. 9r–22r, 36v–107r) und *Proprium de sanctis* (fol. 22r–36r, 107r–175v) folgen in Testblöcken; nach dem *Commune sanctorum* (fol. 175v–181v) stehen die Sonntage nach Pfingsten und die Adventssonntage (fol. 181v–199v); den Schluss bilden die Votiv- und Totenmessen (fol. 200r–243v). Im *Proprium de sanctis* ist u.a. auf fol. 115v das Fest der Heiligen Cantius, Cantianus und Cantianilla mit einer Initiale ausgezeichnet. Zusammen mit den Marienfesten (fol. 28r, 34v, 141r, 149r), den Festen von Cosmas und Damian (fol. 154v) sowie Iustus, Artemisius und Honesta (fol. 159v) sind es im Dom zu Hildesheim gefeierte Heiligenfeste (Bauer 1977).

Eindrucksvoll sind die Zierseiten zur Präfation mit der Ligatur »U[ERE]D[IGNUM]« (fol. 2vb), über und unter der die Zeilen »[DIGNUM] ET IVSTVM EST« und »EST EQVVM [ET SALUTARE]« jeweils von Ranken durchzogen sind und das Ganze von Säulen mit durchlaufender Basis und Architrav gerahmt wird, eine Gewohnheit, die vor allem in Fuldaer Sakramentaren (Göttingen, Niedersächsische Staats- und Universitätsbibliothek, 2° Cod. Ms. theol. 231 Cim, um 975) auffällt. Dieses Kompositionsprinzip (Textzeile oben, Ligatur Mitte, Textzeile unten) wiederholt der Maler konsequent auf der Seite »TE IGITVR« (fol. 3v) zum Beginn des *Canon missae*, wobei er die Initialligatur TE wieder in die Mitte rückt und sie mit den Figuren des Gekreuzigten, Marias und Johannes' bestückt (Schuffels 1986, S. 287, will in der TE-Ligatur eine Ergänzung Guntbalds zur bereits gemalten Figurengruppe sehen).

Die Initialzierseiten der *Collectae* zu den hohen Kirchenfesten zeigen zumeist durchliniierte und gemusterte Hintergründe (fol. 13r, 85r, 87r, 100r), die Schattierungen ihrer unzialen oder kapitalen Initialen sind entweder weiß gepunktet oder gestrichelt. Auch hier kommen verschiedene künstlerische Anregungen zusammen. Das »d[eus]« auf fol. 100r zu Pfingsten erinnert an klassische Werke vom Meister des *Registrum Gregorii* und an das um 1000 entstandene Mainzer Sakramentar. Initialen wie das mit Blütenblättern besetzte »C[oncede]« (fol. 141r) oder die kleineren, stark vegetabil ausschlagenden Initialen wie das »d[eus]« (fol. 49v) oder »O[mnipotens]« (fol. 66r) scheinen Hildesheimer Entwicklungen zu sein. Doch ist auch für sie das bald nach 1002 in Regensburg geschaffene Sakramentar Kaiser Heinrichs II. (1002–1024; Clm 4456 der Bayerischen Staatsbibliothek, München; Klemm 2004, Nr .9) als Inspirationsquelle heranzuziehen, aus der unser Illuminator gleichsam immer wieder zu schöpfen scheint.

Das Verhältnis des Schreibers, nämlich Guntbalds, zu den Illustrationen der Handschrift zu definieren, fällt schwer. Vielleicht hat er Präfation und *Canon missae* ausgestattet und seinen Mitarbeitern die Initialzierseiten und Initialen überlassen. Die Konstruktionen der Mittelknoten von Buchstaben wie das »d[eus]« (fol. 85r, 100r) im Sakramentar und das »Q[uoniam quidem]« (fol. 133r) im *Guntbaldevangeliar* könnten darauf hinweisen, dass in beiden Handschriften neben Guntbald ein Illuminator tätig war, der die meiste Arbeit erledigte.

Lit.: Bauer 1977, Bd. 1, S. 89–91, S. 192–197, 251–252, 340, Bd. 2, S. 191–292, Anm. 315–319, S. 224–235 · Beissel 1891/1894, S. 6, 59, 66 · Monumenta palaeographica 1917, Serie II/3, Liefg. XIX, Taf. 10 · Exner 2008, S. 63, 67–69, 82–84 · Hoffmann 1986, S. 285–289 · Kat. Hildesheim 1993, Bd. 2, S. 559–562, Nr. VIII–25 (Ulrich Kuder) · Klemm 2004 · Schuffels 1986 · Stähli 1984, S. XVIII, 51–55, Abb. S. 56–69 · Swarzenski 1901/1969, S. 84. A.v.E.

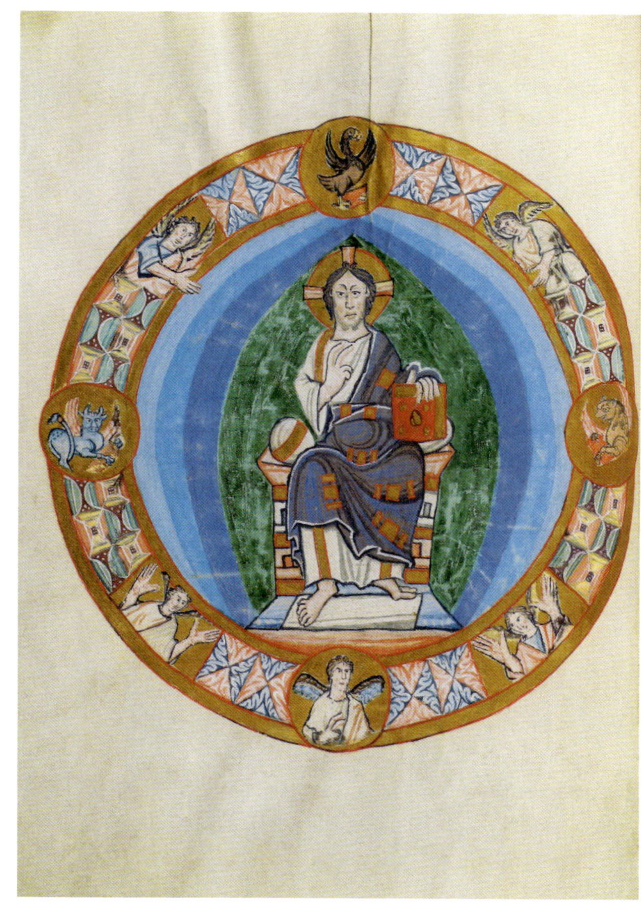

208 · fol. 21v

208 *Guntbaldevangeliar*

Hildesheim, 1011

Pergament, karolingische Minuskel, Kanontafeln, Initialen, Initial- u. Textzierseiten sowie Evangelistenbilder u. Maiestas Domini in Gold, Silber u. Deckfarbenmalerei, verworfene Vorzeichnungen von Evangelistenbildern – H. 29,2 cm, B. 23,2 cm, 272 Bl.

Einband: Holz, weißes Schweinsleder mit Rollen u. Stempeln, 17. Jahrhundert

Hildesheim, Dom-Museum, Inv.Nr. DS 33

Nach dem *Capitulare evangeliorum* (fol. 256r–269r) ist auf fol. 269v die eigenhändige Subskription des Schreibers Guntbald zu lesen: »Anno heroicae nativitatis millesimo undecimo indictione VIIII Domino secundo HEINRICO sceptris regni praefulgente, BERNWARDO quoque venerabili HILDESHEMENSI ecclesiae iure pontificali praesidente, GVNTBALDVS indignus et peccator diaconus hunc librum quattuor evangeliorum iubente praenominato pontifice Dei pietate consumavit.« (»Im Jahr 1011 der Geburt des Herrn, in der 9. Indiktion, als Herr Heinrich II. glanzvoll das Zepter des Reiches hielt und Bernward der Kirche von Hildesheim als legitimer Bischof vorstand, hat Guntbald, der unwürdige und sündige Diakon dieses Vierevangelienbuch, auf Geheiß des oben genannten Bischofs in Gottesfurcht vollendet.«). Auf dem ursprünglich leeren fol. 270r steht derselbe Vierzeiler wie im *Kostbaren Evangeliar* (Kat.Nr. 203), der verbürgt, dass Bernward von Hildesheim (993–1022) die Handschrift dem Kloster St. Michael gestiftet habe; der dort erwähnte ursprüngliche Einband wurde im Dreißigjährigen Krieg zerstört.

Wie Matthias Exner in seiner Monographie (2008, S. 64–73, 76–81) darlegte, ist der Initial- und Bildschmuck der Handschrift nicht homogen. Besonderes Gewicht erhalten die Darstellungen der Maiestas Domini (fol. 21v) und der vier Evangelisten (fol. 20v, 87v, 132v, 204v), die wahrscheinlich auf eine Mainzer Kopie des 9. Jahrhunderts nach dem Lorscher Evangeliar (Alba Iulia, Biblioteca Batthyáneum, Ms. R.II 1; Vatikanstadt, Biblioteca Apostolica Vaticana, Pal. lat. 50) aus der Aachener Hofschule Karls des Großen (768–814) zurückgehen. In ihrer malerischen und motivischen Verwässerung passen sie recht gut zu den Initialzierseiten (fol. 22r, 88r, 133r, 205r). Die darauf folgenden Textzierseiten (fol. 22v–23r, 88v–89r, 133v–134r, 205v–206r), von denen

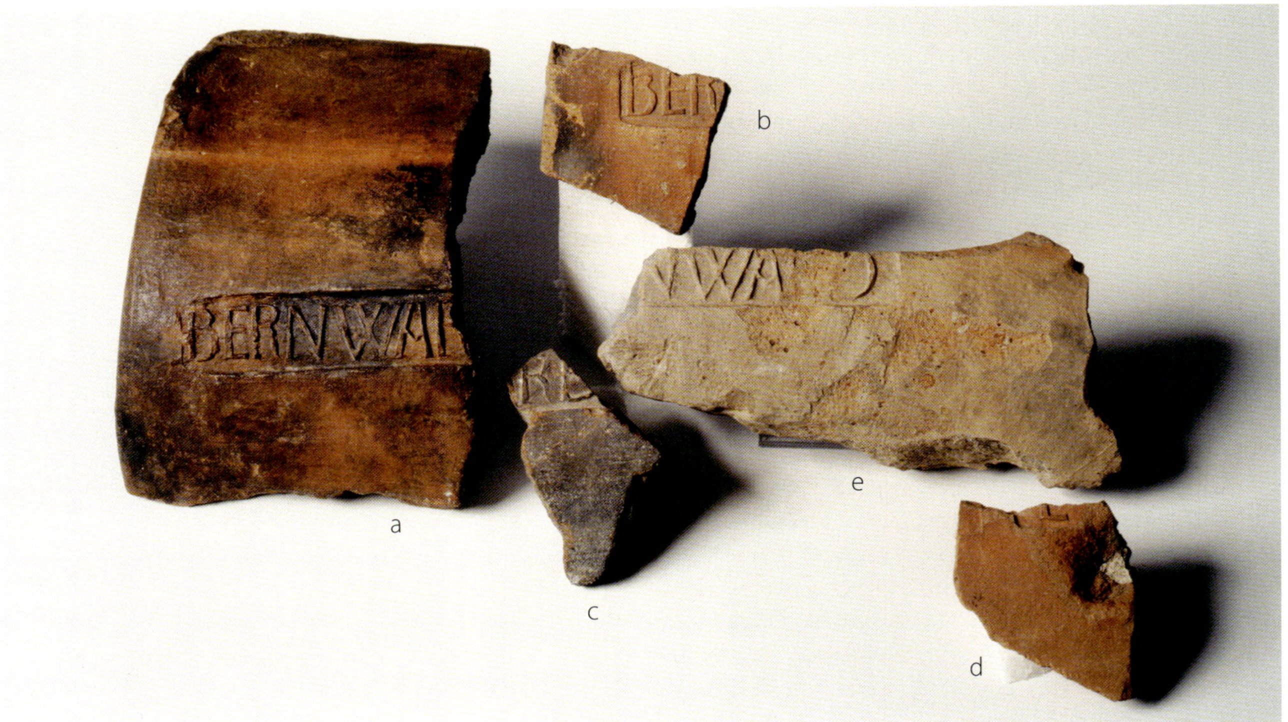

209a–e

jeweils die erste fünfzeilig in goldener Capitalis auf hellen Schriftbalken steht und Zeile für Zeile von einer Ranke durchflochten wird, während der Text der gegenüberliegenden Seite in silberner Capitalis auf Purpurgrund geschrieben ist, stehen in der Tradition der für Heinrich II. (1002–1024) in der Regensburger Reichsabtei St. Emmeram geschriebenen und illuminierten liturgischen Handschriften wie dem Sakramentar Heinrichs II. (München, Bayerische Staatsbibliothek, Clm 4456).
Die Herkunft Guntbalds, des Hildesheimer Diakons und Schreibers, wird seit Beissel (Beissel 1891/1894, S. 66) und Swarzenski (Swarzenski 1901/1969, S. 84–85) aus Regensburg angenommen. Diese regensburgischen Textzierseiten haben jeweils auch einen an frühottonische Corveyer Handschriften erinnernden gemusterten Purpurgrund, der ähnlich bei den Initialen »d[esiderii mei]« (fol. 4v) und »I[n principio]« (fol. 5r) der *Bernwardbibel* (Kat.Nr. 206) auffiel. Zusammen mit den Kanontafeln (fol. 8v–15v), die offensichtlich nicht der Vorlage einer Aachener Hofschulhandschrift wie dem Lorscher Evangeliar, sondern einer franko-sächsischen Vorlage wie Cim. 2 in Prag (Bibliothek des Domkapitels) entnommen sind, könnte dieser Maler die Maiestas Domini, Evangelistenbilder sowie Initial- und Textzierseiten der Handschrift DS 33 gemalt haben.
Davon setzen sich die unmittelbar zur Schrift Guntbalds gehörigen Seiten der Vorrede *Plures fuisse* (fol. 3r) und der Anfang des *Capitulare* (fol. 256r) mit ihren Initialen ab und erweisen den Schreiber Guntbald als professionellen Schreiberilluminator, an dessen Seite offenbar ein Maler die Kanontafeln, Bilder und Zierseiten malte. Der Vergleich seiner Evangelistenbilder und der Maiestas Domini mit den Bildern des in Fulda um 1000 entstandenen Sakramentars Msc.Lit.1 der Staatsbibliothek Bamberg gab vor allem Hermann Schnitzler Anlass, in den Malern der Hildesheimer und Bamberger Handschriften eine Person zu sehen und sie mit Abt-Erzbischof Erkanbald von Fulda (996–1011) und Mainz (1011–1021), einem Verwandten Bischof Bernwards, in Verbindung zu bringen. Für ihn wurde die berühmte silberne Bischofskrümme des Hildesheimer Dom-Museums geschaffen (Kat.Nr. 211).

Lit.: Bauer 1977, Bd. 1, S. 27, 128 passim, 263–264, Bd. 2, S. 211–223 · Beissel 1891/1894, S. 13–14, 66 · Monumenta palaeographica 1917, Serie II/3, Liefg. XIX, Taf. 9 · Exner 2008, S. 82–84 · Hoffmann 1986, S. 285–289 · Kat. Hildesheim 1993, Bd. 2, S. 562–564, Nr. VIII–26 (Ulrich Kuder) · Schnitzler 1965, S. 11, 14, 17 · Swarzenski 1901/1969, S. 84–85 · Stähli 1984, S. 75–77, Abb. S. 78–98 · Wesenberg 1955, S. 112, 154–156. A.v.E.

209a–e Ziegelfragmente Bischof Bernwards von Hildesheim

Hildesheim, um 1000

Ton – a) H. 12,5 x 21,0 x 2,4–3,0 cm, b) 7,1 x 7,5 x 1,9 cm, c) 5,2 x 9,2 x 1,9 cm, d) 6,5 x 7,3 x 2,0–2,2 cm, e) 20,0 x 9,7 x 3,0 cm

Hildesheim, Dom-Museum, Inv.Nr. a) D 1988–1, b) 1986–10, c) 1988–10, d) 1992–20, e) 1993–9

Bei verschiedenen archäologischen Grabungen in der Hildesheimer Domburg sind in den vergangenen Jahrzehnten mindestens dreizehn Ziegelfragmente gefunden worden, die auf Bischof Bernward (993–1022) verweisen. Sie fanden sich in einer Brandschicht, die mit dem verheerenden Brand des Jahres 1046 in Verbindung gebracht wird. Es handelt sich um qualitativ hochwertige Ziegel, die sowohl als Mönch als auch als Nonne verlegt werden konnten. Die erwähnten Fragmente weisen den Stempelaufdruck BERNWARD auf. Ziegelstempel gehen auf römische Traditionen zurück, aber bereits in der Spätantike sind sie nur noch aus wenigen Beispielen bekannt. So ließen die Bischöfe Crispinus I. und Crispinus II. von Pavia und Bischof Arbogast von Straßburg im 5./6. Jahrhundert Ziegel mit ihrem Namenszug herstellen. Dachziegel ohne Beschriftung kommen zwar in der Karolingerzeit vor, etwa an der Aachener Pfalzkapelle, am Kloster Lorsch und am karolingischen Hildesheimer Dom, sie sind jedoch keineswegs eine häufig verwendete Dachabdeckung. Für den künstlerisch besonders interessierten Bischof und für sein umfangreiches Bauprogramm, das Bischof Meinwerk von Paderborn (1009–1036) durchaus als Vorbild gedient haben wird, haben Form und Aussehen der Bedachung eine große Rolle gespielt. Insofern ist es verständlich, dass der Verfasser der Lebensbeschreibung Bernwards sich mit den Ziegelkünsten des Bischofs beschäftigt hat. Bernward habe »nach eigener Erfindung, ohne dass es ihm jemand vorgemacht hätte, Ziegelsteine zu einem Dach zusammengefügt«. Die Ziegel sind in einem Holzrahmen gefertigt, danach getrocknet und schließlich im Ofen bei ca. 1000 °C gebrannt worden. Vor dem Trocknen wurde der Stempel eingedrückt.

Q.: Vita Bernwardi 1973, cap. 6. Lit.: Binding 2006 · Kat. Hildesheim 1993, Bd. 2, S. 462–464, Nr. VII-13 (Karl-B. Kruse). M.K.

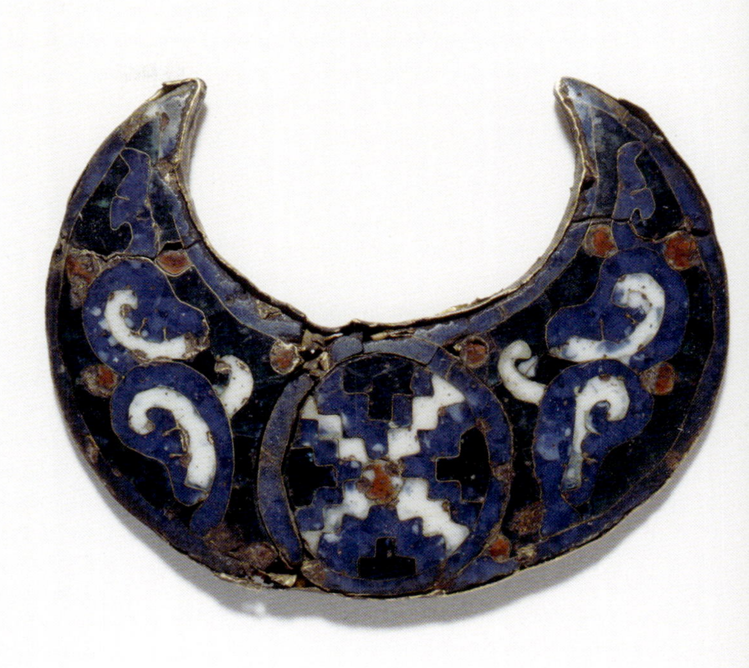
210

210 Lunulaförmiges Goldemail

Lothringen (?), Mainz (?), Ende 10./Mitte 11. Jahrhundert (?)
Goldblech, Cloisonnéemail – L. 3,5 cm, Dm. max. 1,4 cm
Hildesheim, Dom-Museum, Inv.Nr. DS 116

Das Stück besitzt die Form einer breiten Mondsichel mit stark eingezogenen Spitzen und ist in Goldzellenschmelz ausgeführt, wobei die entlang der Ränder aufgekantete Mondform die Goldblechfassung bildet, während das Binnenmuster, durch Goldblechstege gegliedert, aus verschiedenfarbiger Glaspaste (Email) besteht. Diese Technik erlebte ihre Blüte nördlich der Alpen im 10. und 11. Jahrhundert. Neben transluzidem, grünen Email für den Grund kann man opake blaue und weiße Glasflüsse sowie helles Rot erkennen. Die transluziden Emails lassen den Goldgrund durchscheinen. Obgleich das Stück stark beschädigt ist, kann man erahnen, dass der Wechsel der opaken weißen Motive mit jenem von undurchsichtigem Blau und Rot und durchscheinendem grünen Grund eine besondere Leuchtkraft hervorgerufen haben muss.

Die Dekoration des an seiner Vorderseite leicht gewölbten Stückes ist symmetrisch aufgebaut. In der Mitte der Komposition findet sich ein Medaillon, dessen Außenrand ein einfaches blaues Band bildet und in welches ein getrepptes, blau-weiß-farbenes Diagonalkreuz eingeschrieben ist. Das Medaillon wird links und rechts gerahmt durch gegenständige, sich dreifach verzweigende Ranken bzw. Halbpalmetten, Motive byzantinischen Ursprungs, die ebenfalls aus blauen und weißen Flächen gebildet werden. Rote punktförmige Verzierungen bereichern die symmetrische Anordnung und geben ihr zusätzlich Struktur: beginnend mit einem einzelnen kleinen roten Kreisornament, welches das Zentrum des Diagonalkreuzes und damit des gesamten Stückes bildet, über die Betonung der vier Diagonalenden des getreppten Kreuzes bis hin zur Akzentuierung der äußeren rechten und linken Rankenenden.

In der Forschung herrscht Einigkeit darüber, dass das Stück ursprünglich zu einem Ohrgehänge gehörte, wie sie als prominente Vertreter im Hort der Kaiserinnen in Mainz in vier Stücken vertreten sind. Besonders das Mainzer Halbmondohrring-Paar mit Emaileinlagen, welches in Form und Technik zeitgenössischen byzantinischen Arbeiten gleicht, dürfte eine mögliche Variante der ursprünglichen Montage der Hildesheimer Lunula präsentieren. Das Palmettenmotiv der Lunula ist in Form und Farbgebung identisch mit denjenigen auf drei der vier Medaillons des Juwelenkragens aus dem Mainzer Kaiserinnenhort. Allerdings verzweigen sich die Palmetten auf der Lunula, während sie auf dem Juwelenkragen – was vermutlich der Formgebung der Medaillons geschuldet ist – sich brezelförmig ineinander schlingen. Das Hildesheimer Goldemail war wohl Teil eines fürstlichen Ohrgehänges. Pippal zufolge zeigt das Hildesheimer Stück sowohl technische als auch motivische Ähnlichkeiten zu Arbeiten, die der Trierer Egbertwerkstatt zugeschrieben werden, weshalb sie an eine Entstehung um die Jahrtausendwende in Lothringen denkt. Eine spätere Entstehung der Lunula kann jedoch nicht ganz ausgeschlossen werden; Schulze-Dörrlamm datiert sie in das mittlere Drittel des 11. Jahrhunderts und vermutet eine Entstehung im Mittelmeerraum. Die Rankengebilde finden sich in ähnlicher Form auch auf dem Einband aus Sion (Emails um 1000), dem Annokreuz (Mitte bis 2. Hälfte 11. Jahrhundert) und auf dem Buchdeckel aus Helmarshausen (Anfang 12. Jahrhundert), hier wiederum brezelförmig angeordnet.

Die Hildesheimer Emaillunula ist nicht in ihrer ursprünglichen Funktion als Schmuckstück, sondern als Besatz des Hildesheimer Godehardschreins (um 1140) überliefert, von dem sie 1971/1972 anlässlich einer Restaurierung abgenommen wurde. Bis in diese Zeit schmückte sie den Schrein im Zwickel rechts der die Figur des hl. Matthias rahmenden Arkade. Seit wann die Lunula den Schrein zierte, ist nicht bekannt. Die Wiederverwendung des Emails als Spolie zeigt immerhin, dass es für ebenso wertvoll gehalten wurde wie Gemmen oder Edelsteine.

Lit.: Eckenfels-Kunst 2006 · Eckenfels-Kunst 2008, Nr. 22, Abb. S. 390 · Kat. Hildesheim 1993, Bd. 2, S. 370, Nr. VI–43 (Martina Pippal) · Kat. New York 1997, S. 503–504 (Charles T. Little) · Kat. Speyer 1992, S. 277, Nr. 7 (Mechthild Schulze-Dörrlamm) · Schramm 1954–1956, Bd. 2 · Schramm/Mütherich 1962–1978, Bd. 1 · Schulze-Dörrlamm 1991a · Steenbock 1983. C.Ru.

211 Krümme des Abtes Erkanbald von Fulda

Hildesheim, zwischen 997 u. 1011
Silber, gegossen, ziseliert u. vergoldet – H. 11,3 cm
Hildesheim, Dom-Museum, Inv.Nr. DS 7

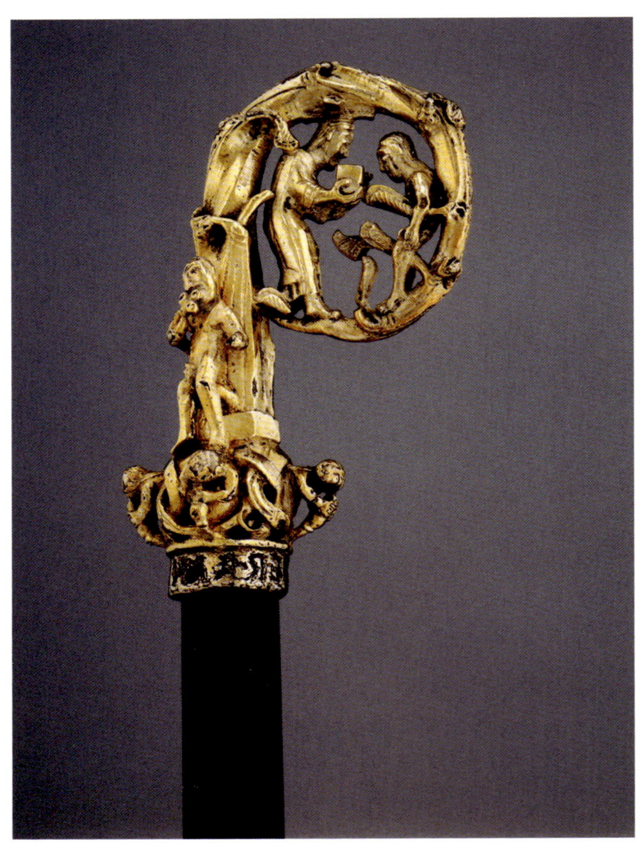
211

Oberhalb des Schaftringes mit der nur noch teilweise lesbaren Inschrift + ERK(A)NBALD(US AB)B(AS) sind am Knauf der silbervergoldeten Krümme vier kleine Figuren dargestellt, die Wasserkrüge entleeren. Sie stellen Personifikationen der Paradiesflüsse dar. Über dem kunstvoll aus durchbrochen gearbeitetem Rankenwerk gebildeten Nodus erwächst der Baum der Erkenntnis, an dessen Stamm gelehnt Adam und Eva von den verbotenen Früchten essen. Die zum Rund gebogene schlanke Krone des Baumes bildet die charakteristische Gestalt der Kurvatur. In dieser vegetabilen Volute erscheint Gott, der auf Adam zutritt, um ihn – nach traditioneller Lesart der Szene – nach dem Sündenfall zu sich zu rufen und zu richten. Michael Brandt hat jedoch jüngst mit überzeugenden Argumenten darauf hingewiesen, dass hier die Erschaffung und Beseelung Adams dargestellt ist.

Die durch Rudolf Wesenberg vorgeschlagene Identifizierung des inschriftlich genannten Erkanbald mit dem seit 997 amtierenden gleichnamigen Abt des Klosters Fulda ist in der Forschung allgemein als wohlbegründet akzeptiert worden. Im Jahre 1011 wurde Erkanbald († 1021) als Nachfolger des Willigis (975–1011) Erzbischof von Mainz. Seine Bischofsweihe nahm Bernward von Hildesheim (993–1022) vor, mit dem Erkanbald auch verwandtschaftlich verbunden gewesen sein soll. Es wird angenommen, dass Erkanbald bei jener Gelegenheit seinen Abtsstab an Bernward übergab, um auf diese Weise den Verzicht des Erzbistums auf das zwischen den Diözesen Mainz und Hildesheim lange Zeit umstrittene Gandersheim erneut zu bekräftigen (Kat.Nr. 143). Damit wäre erklärbar, dass die Krümme des Fuldaer Abtes in den Hildesheimer Dom gelangte, wo sie 1788 im Grab Bischof Heinrichs III. (1352–1362) aufgefunden wurde.

Die künstlerische Verwandtschaft der Kurvatur mit den vor 1022 entstandenen Bernwardleuchtern (Kat.Nr. 166) ist unverkennbar. Den in Silber gegossenen Figuren und Ranken ist eine ausgeprägte Beweglichkeit eigen, die vor allem in den Darstellungen des Adam zu einer ausdrucksstarken Gebärdensprache führt, wie sie auch für die Figuren an den um 1015 vollendeten Bronzetüren des Hildesheimer Domes charakteristisch ist. Wenngleich die Modellierung der Oberflächen der Erkanbaldkrümme deutlich härter und weniger weich fließend erscheint als bei diesen etwas jüngeren Werken, so ist ihre Zugehörigkeit zur Gruppe der bernwardinischen Metallgüsse bereits früh erkannt und nie ernsthaft in Zweifel gezogen worden. Als Produkt der Hildesheimer Werkstatt könnte die Krümme einst als Geschenk Bernwards an Erkanbald nach Fulda gelangt sein, was ihrer möglichen Rückgabe anlässlich der Bischofsweihe Erkanbalds durch Bernward einen besonderen Symbolwert beilegen würde.

Q.: DI 58, Tl. 2, S. 187–188, Nr. 7 (Christine Wulf). Lit.: Brandt 2005 · Echinger 1988 · Kat. Hildesheim 1993, Bd. 2, S. 494–496, Nr. VII–30 (Michael Brandt) · Schüßler 1988 · Wesenberg 1955, S. 17–21, 165–166, Kat.Nr. 2 · Wesenberg 1957. L.L.

Meinwerk von Paderborn

212 Modell des Domes St. Maria, Kilian u. Liborius zu Paderborn

Rekonstruierter Zustand: 1. Viertel 11. Jahrhundert
Entwurf: Uwe Lobbedey, Christoph Stiegemann u. Simone Heimann
Ausführung: Wolfgang Hannemann, Modellbau für Architektur u. Industrie, Oldenburg 2009
Kunststoff – Grundplatte: 138,1 x 86,2 cm, H. (gesamt) 63,0 cm, M. 1:100
Paderborn, Erzbischöfliches Diözesanmuseum und Domschatzkammer

Gleich nach seinem Regierungsantritt, d.h. noch im März 1009, begann Bischof Meinwerk mit dem Neubau des Domes. Nach sechseinhalbjähriger Bauzeit weihte er ihn am 15. September 1015. 1058 fiel der Dom einem Brand zum Opfer. Meinwerks zweiter Nachfolger Imad (1051–1076) baute ihn größer wieder auf, wobei er nur wenige Mauerteile von Meinwerks Westbau übernahm. Bei den Grabungen von 1978–1980 und 1983 konnten Fundamente und im Westen auch Ansätze des aufgehenden Mauerwerks des Meinwerkdomes erfasst werden, so dass der Grundriss in den wesentlichen Punkten gesichert ist.
Das dreischiffige Langhaus folgte im Grundriss dem karolingischen Dom, wobei dessen Seitenschiffsfundamente weitgehend wieder verwendet und die Mittelschiffsfundamente nur punktuell verstärkt wurden. Abstand und Gestalt der Mittelschiffsstützen sind unbekannt, einige Argumente sprechen für den sog. sächsischen Stützenwechsel von zwei Säulen und einem Pfeiler. Das gegenüber den Vorgängerbauten neu eingefügte Querhaus im Osten hat etwa Mittelschiffsbreite und entspricht in seiner Nord-Süd-Ausdehnung drei Quadraten. Eine kleine Nebenapsis ist am Nordarm nachgewiesen. Nach Süden wurde in der Breite des Querhauses eine zweigeschossige Kapelle angebaut. Zumindest das Untergeschoss war durch quadratische Stützen in vier Schiffe und drei Joche unterteilt und gewölbt. Doppelgeschossige Kapellen gibt es in entsprechender Lage im 11. und 12. Jahrhundert mehrfach an Bischofskirchen. Unter dem längsrechteckigen Chor lag eine Hallenkrypta, deren Umfassungsmauern im großen Umfang von der durch Bischof Rethar (983–1009) erbauten Vorgängerin übernommen wurden. Gegenüber jener wurden die Freistützen und die beiden Eingänge verändert.
Im Westen reduzierte Meinwerk die Länge des Domes gegenüber dem von Rethar geschaffenen Westbau. Meinwerks Westwerk erhielt einen quadratischen Mittelraum, der ein Portal in der Westfront und zum Mittelschiff hin eine dreiteilige Bogenreihe über zwei Stützen besaß. Seitlich flankierten ihn zwei runde Treppentürme im Westen und dahinter Flankenräume von etwa quadratischem Grundriss. Einen Altar gab es im Mittelraum nicht. Der ergrabene Grundriss des Westwerks entspricht einer ganzen Reihe von teils gut, teils nur fragmentarisch erhaltenen Bauten etwa gleicher Zeitstellung, die hauptsächlich im Gebiet des alten liudolfingischen Herzogtums Sachsen vorkommen und auf einen karolingischen Bautypus zurückgehen, von dem ein Vertreter in Corvey erhalten ist. Zu den Merkmalen dieser ottonischen Westwerke gehört außer dem beschriebenen Grundriss die Mehrgeschossigkeit. Über einem verhältnismäßig niedrigen, in der Mehrzahl der Fälle ungewölbten Erdgeschoss erhebt sich ein Obergeschoss mit hohem durchfensterten Mittelteil und niedrigen Flankenräumen. Der Mittelturm wird durch ein weiteres Geschoss erhöht. In seiner Höhe wird er aber von den Treppentürmen in der Regel noch übertroffen. Mit Westwerk, Querhaus und Hallenkrypta entsprach der Dom dem Erscheinungsbild, das Dom-, Stifts- und große Klosterkirchen dieser Zeit im nördlichen Teil des Reiches boten, wie wir vor allem durch Ausgrabungen wissen.
Als besonderes Ausstattungsmerkmal muss ein Musterfußboden genannt werden. In Opus-sectile-Manier, wie sie vor allem in Oberitalien und im griechischen Bereich im 5./6. Jahrhundert überliefert ist, waren Platten aus heimischem Material, d.h. aus hellgrauem Kalkstein und schwarzem Tonschiefer, in unterschiedlichen geometrischen Formen gearbeitet und in wechselnden Mustern verlegt worden (Kat.Nr. 110). Ein entsprechender Boden war bereits 1907 beim Bau des Küsterhauses nördlich des Domes in den Mauerresten einer Kapelle freigelegt worden. Weitere Platten fanden sich in sekundärer Lagerung im Bereich der Meinwerkaula und der Abdinghofkirche.

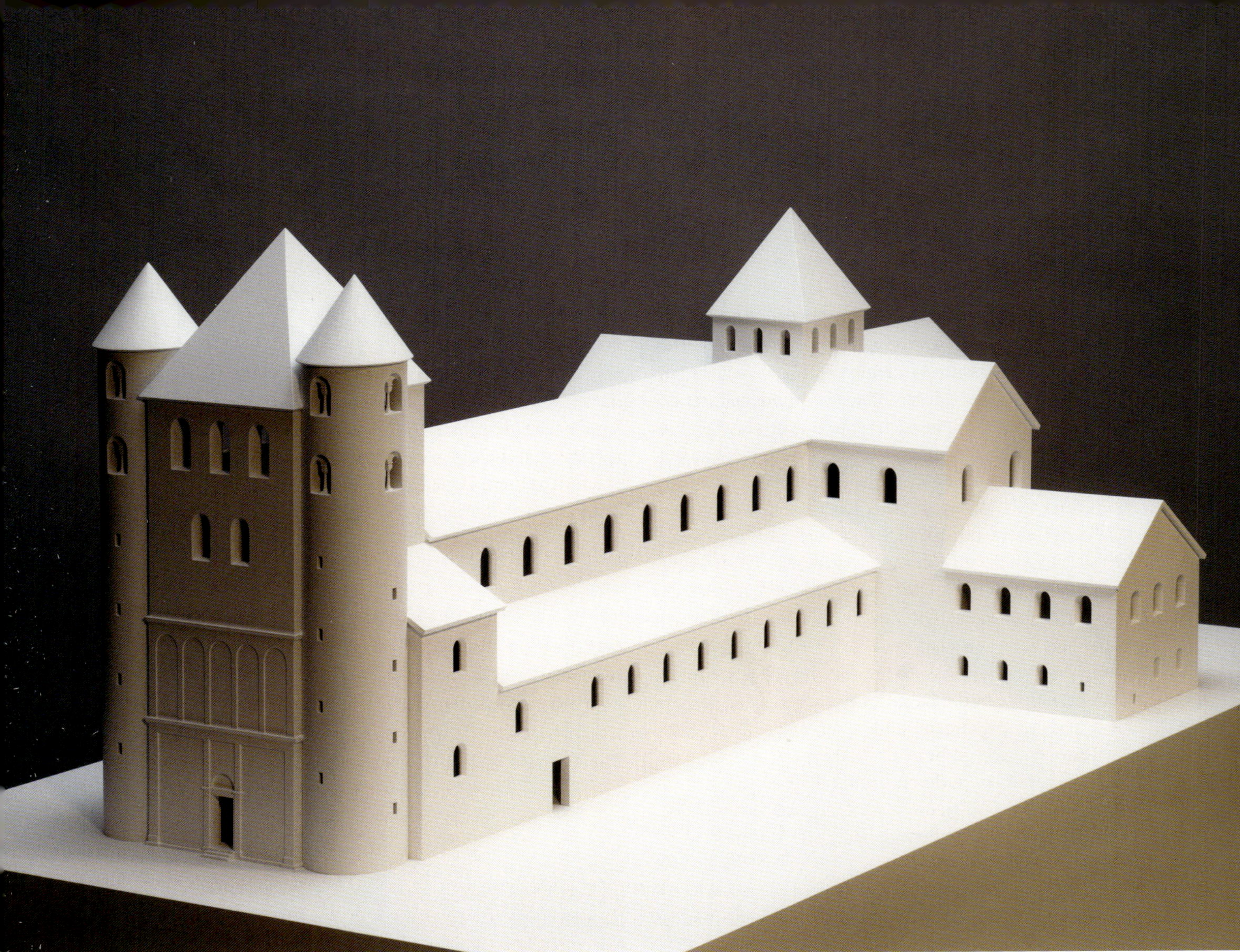

212

Rekonstruktion

Zum Versuch einer Rekonstruktion des aufgehenden Baues ist zunächst zu sagen, dass jede Aussage hypothetisch ist, insofern oberhalb des Fußbodens nur an der Westwand ganz geringe Mauerreste erhalten sind. Um Willkür zu vermeiden, wurden die Höhenproportionen sämtlicher ganz oder in Resten erhaltener Westwerke verglichen. Daraus wurde ein Mittelwert gebildet und damit auch gleichzeitig ein Anhaltspunkt für die Höhe des Langhauses gewonnen. Elemente wie Fensterform und -größe, Dachneigung usw. wurden auf gleichem Wege ermittelt.
Die Fenster des Chores wurden entsprechend denen des Langhauses rekonstruiert. Vergleicht man die frei rekonstruierten gleichförmigen Fenster der Paderborner Pfalzkapelle, der sog. Ikenbergkapelle, mit den nach Befund wieder hergestellten Apsisfenstern der Bartholomäuskapelle neben dem Dom, wird deutlich, dass eine solche Gleichförmigkeit den Baumeistern Meinwerks kaum zuzutrauen ist. Da die Variationsmöglichkeiten – z.B. die abgestimmt variierende Größe in der Bartholomäuskapelle und St. Michael in Hildesheim oder die zweigeschossige Fensteranordnung in Gernrode und Walbeck – aber groß sind, haben wir auf einen Vorschlag verzichtet. Die Lage der Kryptenfenster erklärt sich daraus, dass die Umfassungsmauern in erheblichem Umfang vom Vorgänger, d.h. dem Kryptenbau Bischof Rethars, übernommen wurden.
Vierungstürme sind an Bauten dieser Zeit mit Ausnahme von St. Michael in Hildesheim (Kat.Nr. 202) nicht sicher nachweisbar. Es gibt aber eine ganze Reihe von Argumenten für die Annahme, dass sie in größerer Zahl vorhanden, vielleicht sogar an größeren Kirchen allgemein gebräuchlich waren. Ein erheblicher Teil dieser Türme dürfte aus Holz konstruiert gewesen sein, schon um den statischen Problemen im Bereich der großen Vierungsbögen zu begegnen.
An der Westfront wurden neben dem Portal Abdrücke von flankierenden Lisenen gefunden. Die an den seitlichen Abschlüssen der Westfront ergrabenen Vorsprünge müssen ebenfalls zu Lisenen gehört haben. Der Rest eines gleichartigen Befundes befindet sich an dem eng verwandten und zweifellos von Paderborn abhängigen Westbau der Damen-

stiftskirche von Neuenheerse. Leider ist auch hier völlig unklar, wie die Gliederung nach oben weiter verlief. Die flankierenden Rundtürme in Neuenheerse zeigen eine Gliederung ihrer zylindrischen Baukörper durch schmale Lisenen und Gesimse. Entsprechend ist auch für Paderborn eine Gliederung zu erwarten. Die erhaltenen originalen Teile der Stiftskirchen von Gernrode und Freckenhorst unterstützen diese Annahme. Bei der Rekonstruktion wurde auf eine Gliederung der Treppentürme verzichtet. Dagegen wurde am Mittelteil der Fassade eine durch Bögen verbundene Lisenenreihe angeordnet. Dies kann sich auf einen Befund in Freckenhorst stützen. Horizontalgesimse bieten die Möglichkeit, die flankierenden Lisenen nach oben abzuschließen.

Unbekannt ist auch der Anschluss der Gebäude des Domstifts. Mauern eines nordsüdlich verlaufenden Gebäudes, die hierzu gehört haben könnten, wurden 1907 ausgegraben. Sie liefen auf das Ostende des Nordseitenschiffes zu. Vermutlich fluchtete die Ostwand dieses Baues mit der Westwand des Domquerhauses. Ob er sich direkt an den Dom anlehnte, ist ungewiss, sogar eher unwahrscheinlich. Gänzlich unklar bleibt die Lage des Kreuzganges, denn ein zu erwartender, an den genannten Bau angelehnter Westflügel wurde nicht ergraben. Er hätte auch die Kapelle durchschneiden müssen, deren unmittelbar an die Grundmauern des Nord-Süd-Baues anschließende Mauern zusammen mit diesen ergraben wurden. Erst künftige Grabungen können hier weiterhelfen.

Lit.: Jacobsen/Lobbedey/Winterfeld 2001 · Lobbedey 1986a · Lobbedey 1986b · Lobbedey 1998 · Lobbedey 2002. U.L.

213 Reliquienverzeichnis des Paderborner Domes (um 1068)

Abschrift des Jesuitenpaters Johannes Gamans, um 1640
Papier, Leder – H. 30,2 cm, B. 20,8 cm
Paderborn, Verein für Geschichte und Altertumskunde Westfalens, Abt. Paderborn e.V., Cod. 317

Der Text ist in einer Sammelhandschrift mit Abschriften von liturgischen Dokumenten des Bistums Paderborn bewahrt, die die beiden Jesuiten Johannes Gamans († 1684) und Johannes Grothaus († 1669) um 1640 anfertigten. Am Anfang steht ein Festkalender aus der Zeit Bischof Meinwerks (1009–1036), den Grothaus 1641 kopierte und Gamans kommentierte, und auf S. 39 von Gamans Hand unter der Überschrift »DE RELIQUIIS CATHEDRALIS Ecclesiae Paderbornensis ex pervetusta Scheda pergamena manuscripta« das Reliquienverzeichnis. Die Vorlagen sind verloren. Die Handschrift befand sich als Geschenk Gamans bis 1770 noch in der Bibliothek der Bollandisten in Antwerpen. Um die Mitte des 19. Jahrhunderts besaß sie der englische Sammler Thomas Phillipps († 1872); 1911 kaufte sie der Altertumsverein in London.

Aufgrund der Nennung der von Meinwerk besonders verehrten Heiligen bzw. durch ihn erworbenen Reliquien kann das Verzeichnis frühestens gegen Ende seiner Amtszeit entstanden sein. Höchstwahrscheinlich aber beschreibt es erst die Verhältnisse im 1068 von Bischof Imad (1051–1076) geweihten Dom. Dass wir für diesen Bischof die älteste Nachricht über einen Liboriusschrein besitzen, dürfte nämlich erklären, warum die Reliquien dieses Heiligen, der seit dem Ende des 10. Jahrhunderts in der Verehrung zum wichtigsten Patron des Domes wurde, in dem Verzeichnis fehlen.

Es ist nicht mehr zu sagen, ob die vier nach links ausgeworfenen Beischriften so schon in der Vorlage Gamans stan-

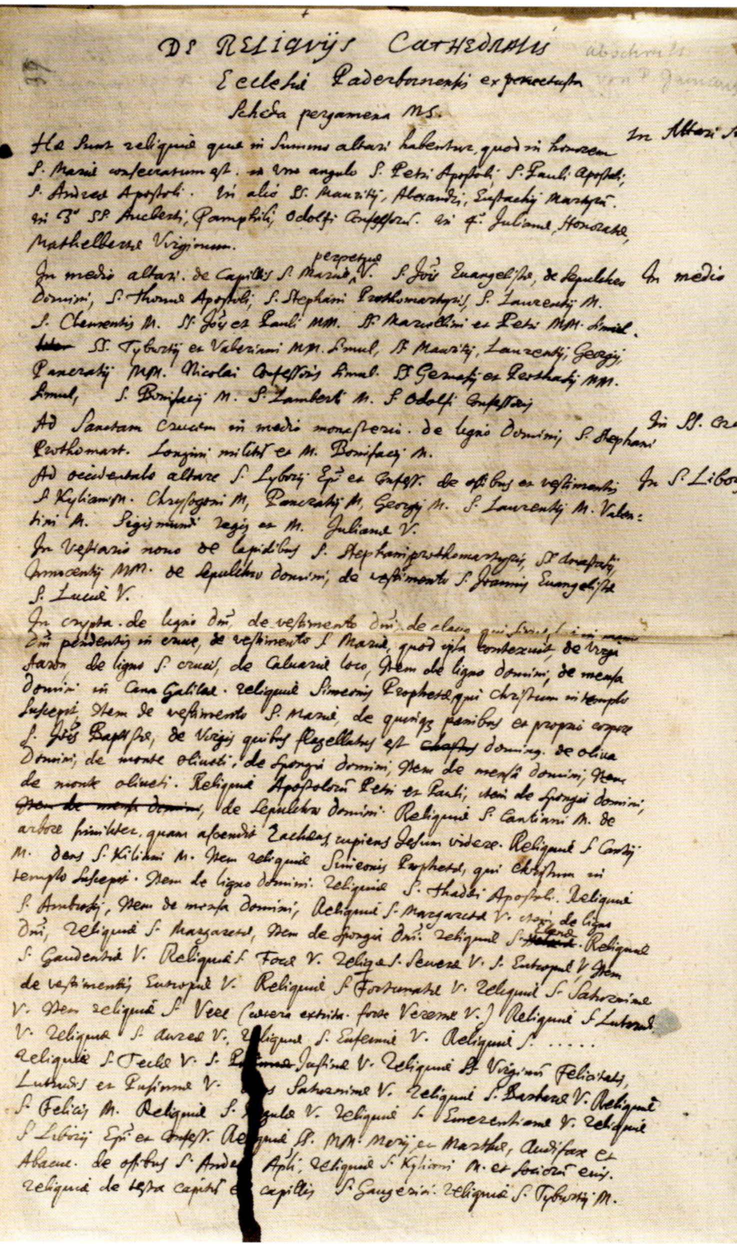
De Reliquijs Cathedralis
Ecclesiae Paderbornensis ex pervetusta
Scheda pergamena MS.

213 · fol. 38v–39r

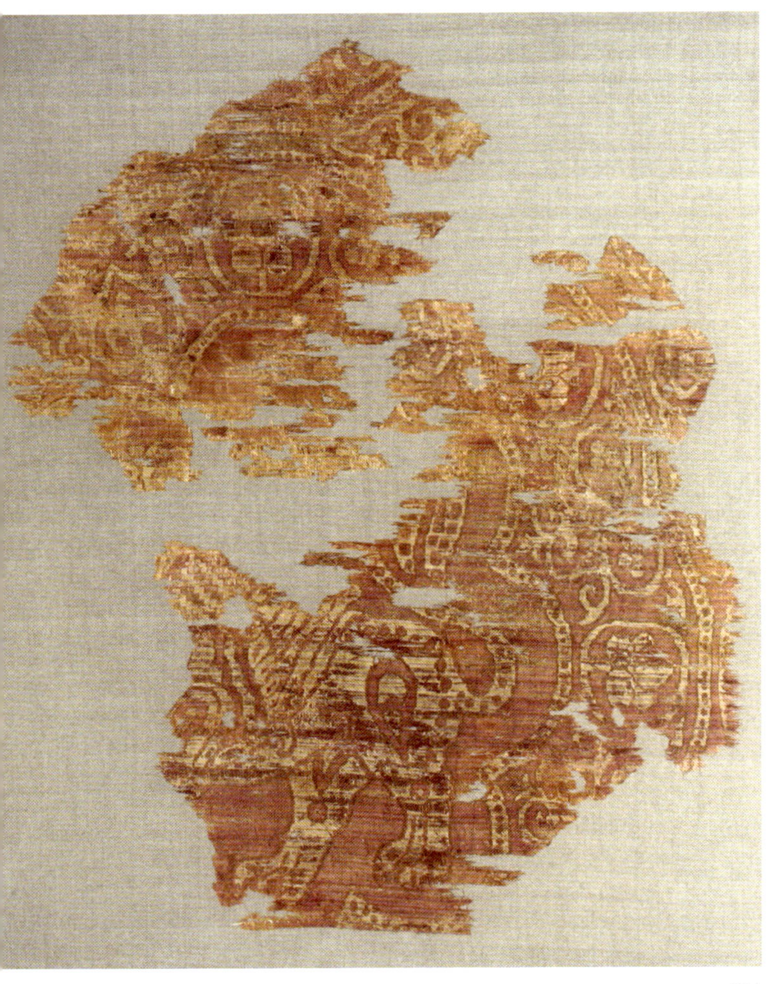

214

den. In jedem Fall ist die zweite, »In medio«, irreführend, da sie sich nicht wie die drei übrigen auf einen eigenen Altar bezieht, sondern den Text zum Hochaltar missversteht. Am Anfang steht nämlich der der Gottesmutter geweihte Hauptaltar des Domes (»In Altari Summo«), der über fünf Reliquiengräber verfügte – je eines in den vier Ecken und eines in der Mitte. Sie bildeten die Rangordnung der in ihnen bewahrten Heiligen ab: In der ersten Ecke ruhten drei Apostel, gefolgt von drei Märtyrern und drei Bekennern, während die vierte Ecke drei heiligen Jungfrauen vorbehalten war. Das Sepulchrum in der Mitte des Altars (»In medio altari[s]«) bewahrte an erster Stelle als Reliquie der Altar- und Dompatronin Marienhaare, die Karl der Große (768–814) bei der Kirchweihe des Jahres 799 geschenkt haben dürfte. In der »Mitte« der Kirche stand der Kreuzaltar, für den eine Kreuzreliquie an erster Stelle genannt wird. Im Westen befand sich der Liboriusaltar, der aber keine Reliquien dieses Heiligen besaß, sondern – wiederum an erster Stelle – solche des zweiten Dompatrons, des hl. Kilian (»de ossibus et vestimentis S. Kyliani M.«). Es folgen – ohne dass das erneut durch Beischriften hervorgehoben wäre und ohne Nennung von Altären oder Reliquiaren – die »Neue Sakristei« (»In vestiario novo«) und die Krypta (»In crypta«), letztere mit einer langen Liste und der abschließenden Bemerkung: »et aliorum plurimorum SS. quorum nomina et merita deus scit« (»und von vielen anderen Heiligen, deren Namen und Verdienste Gott kennt«).

Lit.: Balzer 1986b (mit diplomatischem Abdruck des Textes) · Balzer 2006b, S. 48 · Honselmann 1936b. M.B.

214 Sog. Kilianstoff

Byzanz, 11. Jahrhundert
Dreifarbiges Seidengewebe (Samit in Köper 1/2 S, Kette: 2:1, Z-Drehung, braun, 26 Haupt- u. 13 Bindekettfäden/cm, Schuss I–III: ohne erkennbare Drehung, purpurrot, weiß, braun, ca. 36 Passées/cm), zwei unregelmäßige, mustergerecht aneinanderpassende Fragmente – H. 99 cm, B. 85 cm
Paderborn, Erzbischöfliches Diözesanmuseum und Domschatzkammer, Inv.Nr. DS 5

Im Sockel der silbernen Kilianstatuette im Paderborner Domschatz (Kat. Corvey 1966, Bd. 2, S. 610 [Hans Eickel]) fanden sich 1956 zwei Abschnitte dieses einst überaus prachtvollen Seidengewebes. Sie dienten zur Umhüllung der Reliquien des Heiligen, der – neben Maria – ältester Patron der Paderborner Domkirche ist.
Die anlässlich der jüngsten Konservierung im Germanischen Nationalmuseum in Nürnberg erstellte Rekonstruktionszeichnung erleichtert das Erfassen des monumentalen Musters. In einem achtfach gelobten Medaillon mit breiter, von Blattrankenwerk und Blüten gefüllter Rahmung steht ein einzelnes geflügeltes Tier – am ehesten ein Greif, dessen Löwenkörper samt Schwanz und Flügelansatz gut zu erkennen sind. Vom Kopf blieben nur geringe Reste erhalten, wahrscheinlich war es ein Raubvogelkopf mit Federohren. Die muskulösen Oberschenkel des Tieres werden durch Tropfenformen betont, kleine Scheiben markieren die Gelenke, und Punktreihen konturieren die Hinterhand und schmücken den Schwanz. Die Zwickelfelder zwischen den unverbunden in Reihen neben- und übereinander angeordneten Medaillons sind mit achsensymmetrisch angeordnetem Rankenwerk gefüllt. Die Farbgebung ist schlicht; alle Musterbestandteile stehen hell und mit dunkelbrauner Kontur vor purpurrotem Grund.
Mit einem Medaillondurchmesser von 102–108 cm gehört der Kilianstoff zu den wenigen sehr großformatig gemusterten byzantinischen Seidengeweben. Diese sind zumeist von herausragender Qualität und dürften im Umfeld des kaiserlichen Hofes entstanden sein. Aus dem späten 10. Jahrhundert beispielsweise datieren zwei Seidengewebe

mit schreitenden, gegen 80 cm langen Löwen, dazwischen Inschriften, die sich auf den oder die regierenden byzantinischen Kaiser beziehen (Siegburg, Köln). Ähnlich groß und ebenfalls rahmenlos in der Fläche angeordnet sind auf zwei Stoffen in Auxerre und Brixen monumentale Adler mit ausgebreiteten Flügeln. Die Medaillons mit Elefanten auf der Seide im Schrein Karls des Großen (768–814) in Aachen, die möglicherweise von Otto III. (983–1002) im Jahr 1000 zu den Gebeinen gelegt worden war, messen etwa 65 cm im Durchmesser; etwa 80 cm maß das Medaillon mit einem reitenden Kaiser auf einem Seidenfragment aus der Bamberger Domsepultur. Der Kilianstoff ist diesen, durch Motivwahl und Format höchste Ansprüche dokumentierenden Geweben zur Seite zu stellen. Auch wenn seine zeichnerische Ausführung viel weniger detailliert ist, zeugt er von wuchtiger Eleganz und Großzügigkeit. Damit setzt er sich deutlich ab vom erst etwa um 1100 zu datierenden Sudarium des hl. Siviard in Sens, das das gleiche Motiv – Greifen in runden Medaillons von etwa 67 cm Durchmesser – zeigt.

Alle diese Stoffe sind webtechnische Meisterleistungen, für die Tausende von Fäden kontrolliert, über komplizierte Zugsysteme bewegt und diese Bewegungen schließlich gespeichert werden mussten, um die nächste Motivwiederholung zu ermöglichen. Gleichzeitig sind die Stoffe auch in riesigen Webbreiten von oft deutlich über zwei Metern entstanden; von den Greifenmedaillons lagen also wohl ursprünglich zwei nebeneinander im Gewebe. Die schiere Größe der Motive lässt annehmen, dass solche Stoffe weniger für Gewänder gedacht waren als beispielsweise für Behänge oder repräsentative Tuchbahnen. Ob der Greifenstoff schon in einer solchen Funktion mit den Kiliansreliquien im Paderborner Dom in Verbindung stand oder erst als altehrwürdiges gebrauchtes Gewebe in das spätmittelalterliche Reliquiar gelangte, ist unbekannt.

Lit.: Kat. Corvey 1966, Bd. 1, Abb. 91, Bd. 2, S. 428, Nr. 117 (Dorothea Kluge) · Kat. Paderborn 1999, Bd. 2, S. 536–537, Nr. VIII.22 (Regula Schorta) · Wilckens 1987, S. 63 · Wilckens 1991, S. 54.

R.Sch.

Die Jerusalemer Grabeskirche und das Heilige Grab in Illustrationen

Nachdem die Toten beim Letzten Gericht nach ihren Werken gerichtet sind, so heißt es in der Offenbarung, werde aus dem Himmel die Heilige Stadt, das neue Jerusalem herabkommen, geschmückt wie eine Braut für ihren Mann; dort wohne dann Gott inmitten der Menschen: »Der Tod wird nicht mehr sein, keine Trauer, keine Klage, keine Mühsal.« (Offb 21, 1–4). Der Wunsch, Bewohner dieses neuen Jerusalems zu sein, trieb Bischof Meinwerk (1009–1036) an, mit großem Aufwand die »heilige Jerusalemer Kirche« in Paderborn nachbilden zu wollen (UB Busdorf, Nr. 1). Deshalb habe er die genauen Maße des Heiligen Grabes einholen lassen (Vita Meinwerci 1921, cap. 216–217): Das Grab in der Busdorfkirche sollte dem Jerusalemer ähnlich sein – das hieß einen Neubau errichten, der sich in Teilformen, Größen- und Zahlenverhältnissen am Vorbild im Heiligen Land orientierte; identisch waren die zahlreichen Nachbauten des Mittelalters mit dem Original (Kat. Nr. 215) jedoch nicht.

Aufgrund der herausragenden Bedeutung sowohl des irdischen als auch des Himmlischen Jerusalems für die christliche Welt waren Darstellungen der Heiligen Stadt und des Heiligen Landes bereits in der Spätantike ein beliebtes Motiv der sakralen Kunst. Einzelabbildungen der Grabeskirche oder des Heiligen Grabes, das sich in der Rotunde der Grabeskirche befindet, blieben bis ins späte Mittelalter auf wenige Beispiele beschränkt. Mehr noch als die Grabeskirche wurde das Heilige Grab beispielsweise auf Pilgerampullen, Münzen und Reliquienkästen in abstrakten Formen dargestellt (Kat.Nr. 218–221). Die um 680 angefertigte Zeichnung des schottischen Abtes Adamnanus nach Vorgaben des gallischen Bischofs Arculf von Kirche und Grab stellt für die frühmittelalterliche Überlieferung eine Ausnahme dar: Sie fand weite Verbreitung und beeinflusste nachhaltig die Vorstellungen vom Heiligen Grab sowie von dessen Nachbauten (Kat.Nr. 217). Diese Nachbauten wirkten wiederum exemplarisch auf weitere: So wurde Busdorf zum Vorbild der Johanneskirche bei Helmarshausen (Kat. Nr. 234). Bei einigen Holzschnitten und Zeichnungen des ausgehenden Mittelalters kann heute kaum entschieden werden, ob das Heilige Grab in Jerusalem oder eines seiner Nachbildungen den Schöpfern vor Augen stand.

Über die unterschiedlichen Ausprägungen der Darstellungen entschieden der mit dem Bild angestrebte Zweck, die Gebundenheit an bestimmte Eigenschaften eines Mediums, künstlerische Traditionen und natürlich, welcher Wert auf die Wiedererkennung einzelner Bauensembles gelegt wurde.

Bis zum 11. Jahrhundert gibt es vereinzelte Jerusalemabbildungen, in denen zumindest Straßenzüge und Gebäude herausgehoben dargestellt wurden. Der erste Kreuzzug ins Heilige Land, der mit der Eroberung Jerusalems 1099 seinen Höhepunkt erreichte, sollte neue Akzente für die Darstellungsweisen setzen. Die knapp 90-jährige Präsenz der Christen im anschließend gegründeten Königreich Jerusalem (bis 1187) ließ genauere Kenntnisse von der Beschaffenheit der Heiligen Stadt in den Abbildungen Eingang finden. Zwar überwogen noch immer stark abstrahierende Darstellungen, jedoch wurden Grabeskirche und Heiliges Grab am korrekten Standort in der Stadt platziert. Ein heute in Cambrai verwahrter Stadtplan Jerusalems aus dem 12. Jahrhundert zeigt die Grabeskirche sogar in groben Formen

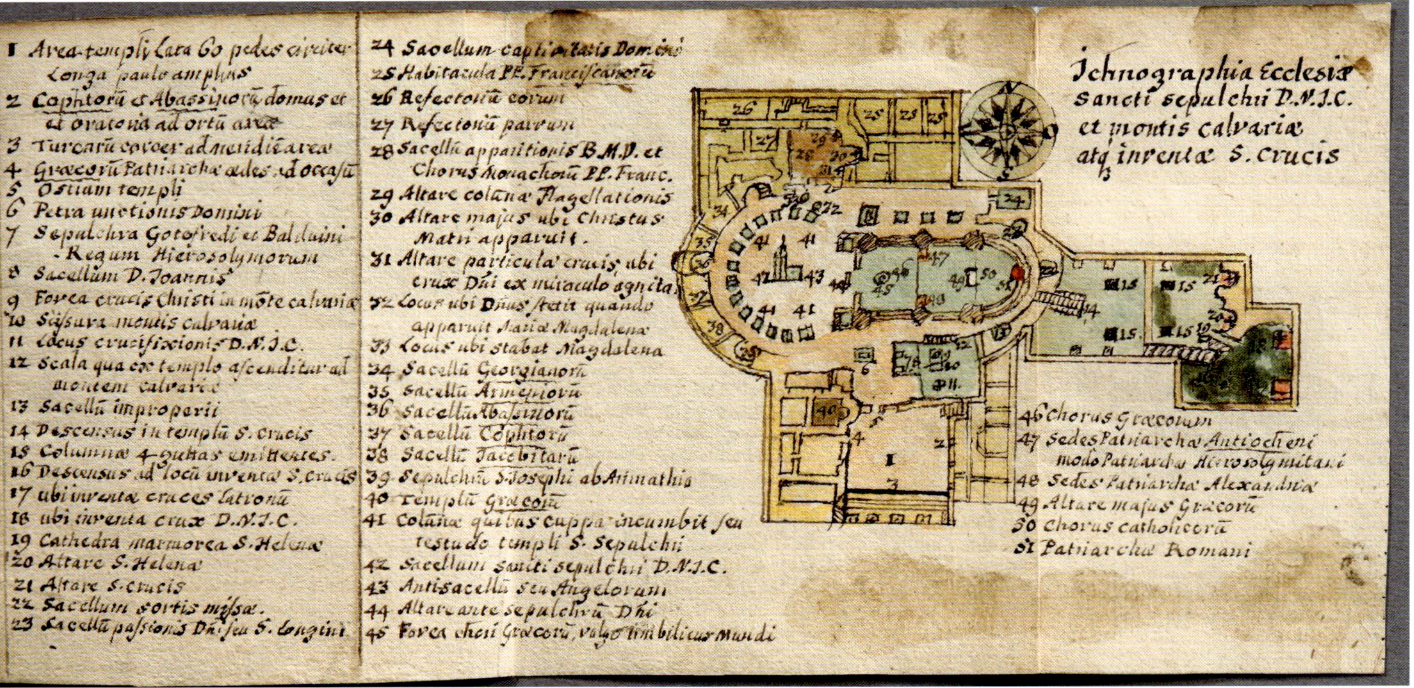

Grundriss der Grabeskirche in Jerusalem; *Lux compendiosa terrae sanctae,* Ende 17. Jahrhundert. Paderborn, Erzbischöfliche Akademische Bibliothek, Ba 57, fol. 116r (Kat.Nr. 223)

nahe am bestehenden Gebäude (Krüger 2000, Abb. 195) und weist auf die künftige Entwicklung hin. Im 14., gehäufter seit dem 15. Jahrhundert treten illustrierend zu Pilgerberichten auf Altarbildern und in Gebetbüchern Einzeldarstellungen von Grabeskirche und Heiligem Grab auf, die sicher kein detailliertes Abbild der Baulichkeiten präsentieren, aber einem architekturspezifischen Formenkanon verpflichtet sind.

Aufwendig gestaltete und gedruckte Pilgerberichte – der erste, von Bernhard von Breidenbach († 1497) verfasste und durch Erhard Reuwich († um 1500) illustrierte entstand 1487 in Mainz (Kat.Nr. 222) – spiegeln Strömungen wider, die am Ausgang des Mittelalters das christliche Abendland erfassten. Die Auseinandersetzung mit den tiefschürfenden Reformbewegungen der Kirche und die weite Teile der Gesellschaft ergreifende individuelle Frömmigkeit, die stärker als zuvor das eigenverantwortliche Handeln betonte, fanden ihren Ausdruck u.a. in den Pilgerfahrten ins Heilige Land. Während für das 14. Jahrhundert 93 Schriften Hinweise auf die gefahrvollen Wallfahrten geben, sind es von 1400 bis zur Reise Bernhards von Breidenbach 1483 bereits 130. Und obwohl der Reiseweg nach Palästina mit der Eroberung der Insel Rhodos durch die Türken 1521 beschwerlicher wurde, legen von Bernhards Reise bis ins Jahr 1656, in dem der Franziskaner Ignatius von Rheinfelden († 1702) nach Jerusalem pilgerte (Kat.Nr. 224), fast 700 überlieferte Schriften Zeugnis vom Wunsch nach innerer Einkehr und Sinnorientierung der Pilger ab (Röhricht 1963). Dieser Quantitätssprung in der Neuzeit wurzelt in der Lese- und Schriftkultur, die von der Erfindung der beweglichen Lettern (1450) durch Johannes Gutenberg revolutioniert wurde.

Die Pilgerberichte waren ein begehrter Lesestoff zur Vorbereitung auf die Reise und ein Wegbegleiter. Beim Verfassen neuer Berichte wurden Teile der älteren Überlieferung oftmals übernommen, so dass dieses Genre eine ganze Reihe topischer Merkmale prägt, u.a. die Aufzählung der Gnadenorte mit den damit verbundenen legendären Erzählungen, Wunderberichten und Ablässen. Auf den Wegen nach Jerusalem waren die christlichen Gnadenorte wie auf einer Perlenschnur aneinander gereiht. Die Pilgerkarten tragen diesem Umstand Rechnung, indem jeder Ort mit einer oft schematisch dargestellten Baulichkeit angezeigt wird. Herausgehobene Gnadenorte wie die Geburtskirche in Bethlehem oder die Grabeskirche in Jerusalem stellte man hingegen detaillierter dar. In Pilgerberichten und Beschreibungen des Heiligen Landes, wenn sie denn illustriert waren, finden sich daher neben Karten und Stadtansichten auch Illustrationen mit ausgesuchten Gebäuden oder Räumlichkeiten. Seit dem 16. Jahrhundert kommen vermehrt Grundrisse hinzu, später auch Bilder von Heiligen und biblischen Szenen. Die Gnadenorte wurden anfangs in den Karten und Abbildungen beschriftetet. Wiederum im 16. Jahrhundert ging man dazu über, die Orte durch Nummern zu kennzeichnen und in einer Legende zu beschreiben. Dadurch wurden die Darstellungen nicht nur übersichtlicher

und in ihrem Inhalt kompakter, sondern es war auch möglich, die oft tabellarisch im Text aufgeführten Gnadenorte im Bild zu situieren: Die Bild-Text-Bezüge gewannen an Dichte und entwickelten sich zu einem bibliophilen Leitsystem fort, das in modernen Reiseführern noch immer zur Anwendung kommt.
Obwohl parallel zu den gedruckten Berichten weiterhin viele Texte handschriftlich verbreitet wurden, wirkten besonders die illustrierten Druckwerke vorbildlich auf die Art und Weise der Darstellungen. Kopien und Nachdrucke finden sich in der hand- und druckschriftlichen Überlieferung der frühen Neuzeit gleichermaßen: Neben Reuwichs Holzschnitten hinterließen Illustrationen von Noè Bianchi († um 1568), Jean Zuallart († 1634, Kat.Nr. 223) oder Bernardino Amico († um 1620) beeindruckende rezeptionsgeschichtliche Spuren.

Q.: UB Busdorf · Vita Meinwerci 1921. Lit.: Bekemeier 1993 · Krüger 2000 · Laor/Klein 1986 · Naredi-Rainer 1994 · Röhricht 1963 · Rubin 1999 · Timm 2006 · Tishby 2001. M.M.

215 Modell der Kirche St. Petrus u. Andreas, genannt Busdorf

Rekonstruierter Zustand: 2. Hälfte 11. Jahrhundert
Entwurf: Uwe Lobbedey, Christoph Stiegemann u. Simone Heimann
Ausführung: Wolfgang Hannemann, Modellbau für Architektur und Industrie, Oldenburg 2009
Kunststoff – Grundplatte: 70 x 60 cm, H. (gesamt) 49 cm, M. 1:66
Paderborn, Erzbischöfliches Diözesanmuseum und Domschatzkammer

In seinem letzten Regierungsjahr begann Bischof Meinwerk (1009–1036) den Bau der Kanonikerstiftskirche zu Ehren der Gottesmutter Maria und der Apostel Petrus und Andreas außerhalb der »Stadt«, d.h. der befestigten Domimmunität, auf dem Gebiet des damaligen Busdorfes. Als Vorbild diente die Grabeskirche in Jerusalem (»cepi construere [...] ad similitudinem Iherosolomitane ecclesie«). Meinwerk hatte zuvor, so die *Vita Meinwerci*, den Abt Wino von Helmarshausen (um 1015–1036) nach Jerusalem gesandt, um die Maße des Grabes Christi zu ermitteln und Reliquien mitzubringen. Die *Vita Meinwerci* zitiert die Weihe- und Dotationsurkunde Meinwerks, in der der 25. Mai 1036 als Weihetag und die Anwesenheit der Erzbischöfe von Mainz und Köln und des Bischofs von Würzburg genannt sind und ebenso die Tatsache des Baubeginns im gleichen Jahr (UB Busdorfstift, Nr. 1; Vita Meinwerci 1921, cap. 216–217). Mitgeweiht wurden eine Nachbildung des Grabes Christi und ein davor gestellter Altar. Für Bischof Imad (1051–1076) ist eine weitere Weihe überliefert, die höchstwahrscheinlich am Tage vor der Domweihe des Jahres 1068 stattfand. Nach Grabungsbefunden entstand im 12. Jahrhundert eine romanische Basilika an der Stelle der heutigen Kirche. Der erhaltene Bau, eine gotische Halle, stammt aus dem späten 13. Jahrhundert. 1787 wurde die obere Hälfte des südöstlichen Turmes abgetragen, 1964 wurde sie nach dem Vorbild des Gegenstücks wieder aufgebaut.
Vom Bau des 11. Jahrhunderts sind nur noch die beiden runden Treppentürme im Osten der heutigen Kirche, der Querriegel zwischen ihnen oberhalb der Gewölbe und die Seitenwände des heutigen Chorjochs erhalten. Die Grabung von Alois Fuchs 1935 hat ergeben, dass diese Teile ursprünglich den westlichen Abschluss eines Zentralbaues bildeten, der östlich des heutigen Chorjochs lag und die Gestalt eines achteckigen Zentralbaues mit vier etwa quadratischen Kreuzarmen in den vier Hauptrichtungen hatte. Die vier diagonalen Seiten des Oktogons sprangen innen jeweils 30 cm tief zwischen Ecklisenen zurück. Vermutlich wurden diese wandbreiten Nischen von Blendbögen in der Größe der Bogenöffnungen zu den Annexen überfangen. Sehr wahrscheinlich war das Oktogon gewölbt. Im Westen gab es eine Eingangsnische mit halbrundem Grundriss. Der Querriegel zwischen den Türmen hat oben je eine Arkade, nach Osten mit vier, nach Westen mit drei Bögen. Die Bedeutung der zur Mitte hin ansteigenden vier, ehemals vielleicht fünf rechteckigen Öffnungen in der Westwand ist ungewiss. Von dem erwähnten Heiligen Grab hat sich bisher nichts gefunden.
Gegenüber der Annahme von Fuchs muss man bezweifeln, dass der Bau in dieser Form auf Meinwerk zurückging. Selbst wenn die Angabe zum Zeitpunkt des Baubeginns 1036 – Meinwerk hätte dann kaum fünf Monate Zeit für den Bau gehabt – infolge der Überlieferung durch jüngere Abschrift ungenau sein sollte, bleibt eine Bauzeit von nicht mehr als drei Jahren bis zum Weihetermin, denn Abt Wino dürfte seine Reise nicht vor 1033 durchgeführt haben. Der Bau kann also bis zu Meinwerks Tod nicht sehr weit gediehen gewesen sein. Für eine Fertigstellung unter Imad spricht, dass die dendrochronologische Untersuchung des originalen hölzernen Fensterrahmens in dem erhaltenen westlichen Annex ein Datum nach 1050, vermutlich um 1066 ergab. Die Kapitelle in den Arkaden des Querriegels zwischen den beiden Rundtürmen können nicht aus der Zeit Meinwerks stammen, wohl aber aus der 2. Hälfte des 11. Jahrhunderts. Dieser ganze Bereich ist allerdings, worauf weitere datierte Holzproben deuten, in der 2. Hälfte des 13. Jahrhunderts stark erneuert worden.
Der Zentralbau besaß unter den Maueransätzen für das Oktogon ein kreisrundes Fundament von 2,36 m Dicke. Das spricht dafür, dass Meinwerk einen Rundbau geplant hatte, dass dieser nach seinem Tod als Provisorium liegen blieb und dass erst Imad ihn als Oktogon neu erbaute. Dies

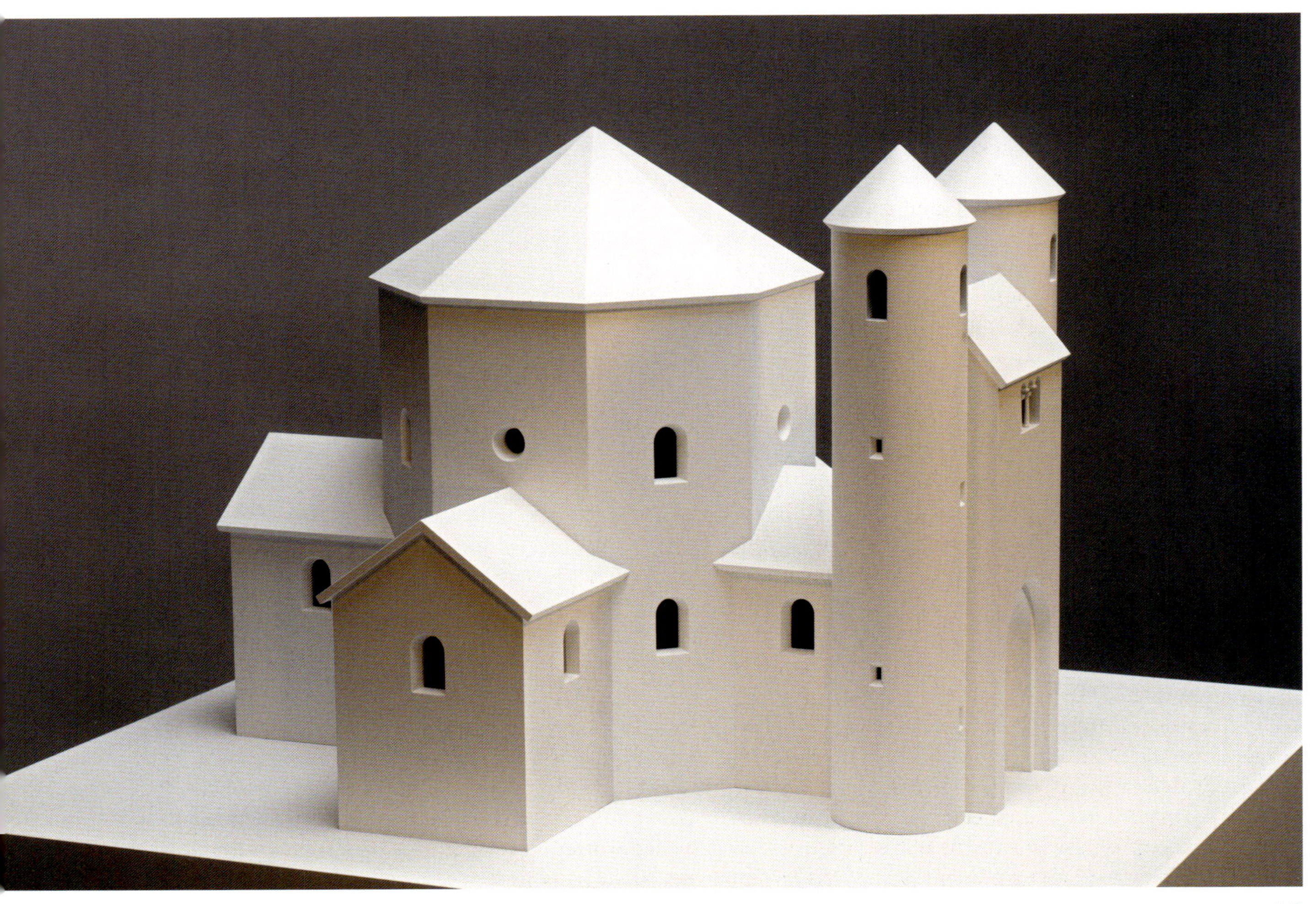

215

und die im 19. und in der 1. Hälfte des 20. Jahrhunderts mehrfach festgestellten übrigen Fundamente und Bauspuren bedürften einer gründlichen Nachuntersuchung, bevor sichere Aussagen zur Baugeschichte möglich sind. Ein älteres niedrigeres Fenster in der Nordwand des heutigen Chorjochs könnte auf den Bau Meinwerks zurückgehen, bei dem auch eine Wölbung der Annexe jeweils durch eine Tonne denkbar wäre. In der Argumentation spielt außerdem eine Rolle, dass auf der Krukenburg oberhalb von Helmarshausen die Ruine einer Johannes dem Täufer geweihten Kirche erhalten ist, die Bischof Heinrich II. von Paderborn (1084–1127) erbauen und 1126 weihen ließ, und zwar unter Bezugnahme auf eine nicht durchgeführte Jerusalemwallfahrt. Der Bau besitzt einen kreisrunden Zentralraum und tonnengewölbte Annexe. Seine Grundrissmaße stimmen auffallend genau mit denen der ergrabenen Fundamente der Busdorfkirche überein. Folgten beide Bauten der gleichen Planskizze? Hier konnte im Zentrum übrigens auch eine Heilig-Grab-Nachbildung ausgegraben werden (Kat.Nr. 234).
Die Stiftskirche im Busdorf sollte, so die *Vita Meinwerci*, den Ostarm eines von Meinwerk geplanten, aber nicht vollendeten Kirchenkreuzes bilden. Mit ihrer Nachbildung des Heiligen Grabes verweist sie auf die eine der beiden zentralen Stätten des Christentums, Jerusalem. Auf die andere, Rom, bezieht sich Meinwerks Klosterkirche Abdinghof mit ihrem Petrus-und-Paulus-Patrozinium und dem geplanten westlichen Querhaus und Hauptchor (Kat.Nr. 112).

Q.: UB Busdorf · Vita Meinwerci 1921. Lit.: Fuchs 1935 · Isenberg 1983 · Kosch 2006 · Kat. Paderborn 2006, Bd. 2, S. 468–469, Nr. 553 (Clemens Kosch) · Lobbedey 1986b · Mietke 1991.
U.L.

216 **Modell der Jerusalemer Grabeskirche**
Rekonstruierter Zustand: nach 325
Entwurf: Carsten Henschel, Winfried Weber u. Barbara Weber-Dellacroce
Ausführung: Lilli Steier, Ayl
Kunststoff, Holz – Grundplatte: 102 x 52 cm, H. (gesamt) 18 cm, M. 1:200
Trier, Bischöfliches Dom- und Diözesanmuseum

Nach 325 ließ Kaiser Konstantin (306–337) in Jerusalem, dort wo man das Grab Christi vermutete, eine große Kirchenanlage errichten. Das Areal lag innerhalb der römischen Stadt, unmittelbar am von Säulengängen gesäumten Cardo Maximus. Zunächst wurde der an dieser Stelle errichtete nicht christliche Tempel abgerissen und das Felsengrab freigelegt. Nachdem Konstantin dem Jerusalemer Bischof Makarios (313/314–333) nicht nur finanzielle Mittel, sondern jegliche Unterstützung zugesagt hatte, wurde die aus mehreren Teilen bestehende und etwa 120 m lange Kirchenanlage nach dem Willen des Kaisers ausgeführt und im Jahre 335 feierlich eingeweiht.

Man gelangte vom Cardo Maximus aus zunächst in einen trapezförmigen ummauerten Hof, der vor der Fassade der sich nach Westen anschließenden fünfschiffigen Emporenbasilika gelegen war. Das Mittelschiff der Basilika, die in den Schriftquellen »Martyrion« genannt wird und in der die Eucharistiefeiern stattfanden, endete nach Westen in einer halbrunden Apsis. In ihr befand sich nach dem Zeugnis des Bischofs Eusebius von Caesarea (313–339) ein Weihegeschenk Kaiser Konstantins, nämlich zwölf hohe Säulen mit aufgesetzten silbernen Mischkrügen, die als Sinnbilder der zwölf Apostel galten. Eine nicht sicher zu rekonstruierende Anzahl von Säulen trennte jeweils die beiden Seitenschiffe vom Mittelschiff. Nach der Baubeschreibung des Eusebius befanden sich über den inneren und äußeren Seitenschiffen, die ebenfalls durch eine Säulenreihe getrennt waren, Emporen. Unklar ist, wie die oberen Teile des Gebäudes gestaltet waren; als eine Möglichkeit wird – wie im Modell dargestellt – ein gemeinsames Satteldach für das Mittelschiff und die Seitenschiffe angenommen.

An die Basilika schloss sich nach Westen ein weiterer gepflasterter Hof an, der an drei Seiten (Ost-, Nord- und Südseite) von einem Säulengang gerahmt wurde, der in der Süd-Ost-Ecke wegen des hier befindlichen Golgotafelsens unterbrochen war. Auf dem etwa 5 m hohen Felsen – Ort der Kreuzigung Jesu – wurde später ein vergoldetes Kreuz aufgerichtet. Den Abschluss der Westseite des Hofes bildete die tempelartige Fassade der Anastasisrotunde, in deren Zentrum sich das aus dem Felsen herausgearbeitete und mit Marmor geschmückte Heilige Grab befand. Über dem Zentrum der von einem Umgang umgebenen Rotunde erhob sich ein kuppelüberwölbter Tambour mit einer Fensterzone; möglicherweise besaß die Kuppel eine Mittelöffnung (Opaion) wie heute noch das Pantheon in Rom. Die Anastasisrotunde ist höchstwahrscheinlich erst nach dem Tode Kaiser Konstantins unter seinem Sohn Konstantin II. (337–340) fertiggestellt worden. Spätestens 1009 wurde der Bau zerstört; wieder erneuert wurde von dem antiken Bau lediglich die Anastasisrotunde. In der heutigen Grabeskirche haben sich von ihr noch wesentliche Teile der Umfassungsmauern erhalten.

Lit.: Corbo 1982 · Coüasnon 1974 · Krüger 2000. W.We.

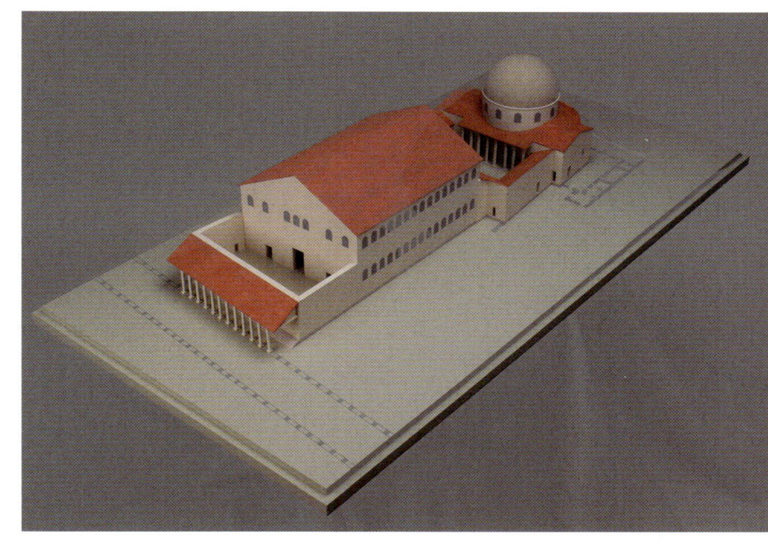

216

217 Zeichnung der Grabeskirche in Jerusalem

Südwestdeutschland, 9. Jahrhundert
Pergamentblatt – H. 28,9 cm, B. 24,4 cm
Karlsruhe, Badische Landesbibliothek, Cod. Aug. perg. 129

Das ausgestellte Pergamentblatt ist als fol. 10 einem, von der Insel Reichenau stammenden Evangelienkommentar beigefügt und war ursprünglich Teil einer im 9. Jahrhundert verfassten Kopie der in den 680er Jahren von Adamnanus verfassten Schrift *De locis sanctis libri tres*. Während das Original des Adamnanus nicht erhalten ist, war seine Schrift offenbar von höchstem Interesse und ist in mehr als 20 Kopien überliefert, manche von ihnen mit Zeichnungen, so auch das Karlsruher Pergamentblatt. Sie gehen zurück auf jene Skizzen, die Adamnanus, Abt des schottischen Klosters Iona, von dem gallischen Bischof Arculf erhalten hatte, der um 680 die heiligen Stätten in Palästina besucht hatte. Dieser hatte auf Wachstafeln zur Erläuterung seiner Beschreibungen Grundrisse der wichtigsten Bauten gefertigt, darunter auch eine Darstellung der Rotunde mit dem Heiligen Grab, die schließlich Adamnanus als Zeichnungen seinem protokollähnlichen Bericht über die Mitteilungen Arculfs beifügte. Im Vergleich mit der archäologisch nachweisbaren Baugestalt der konstantinischen Kirchenanlage (Kat.Nr. 216) zeigen die Skizzen erhebliche Unterschiede und sind nicht als maßstabsgetreue Grundrisse zu werten, sondern lediglich als »Merkzeichen«, die das Wesentliche zur Erinnerung an die heilsgeschichtlichen Vorgänge darstellen wollen. Dennoch überliefern sie interessante Details, auch wenn die erhaltenen Kopien untereinander Unterschiede und zahlreiche, von den Kopisten hinzugefügte Beschriftungen aufweisen.

Das Karlsruher Blatt enthält neben der Darstellung der Grabeskirche im oberen Teil und unten rechts auch den Text des Adamnanus mit der Beschreibung der Grabeskirche (lib. I, cap. 3–8). Die »genordete« und damit der Lage

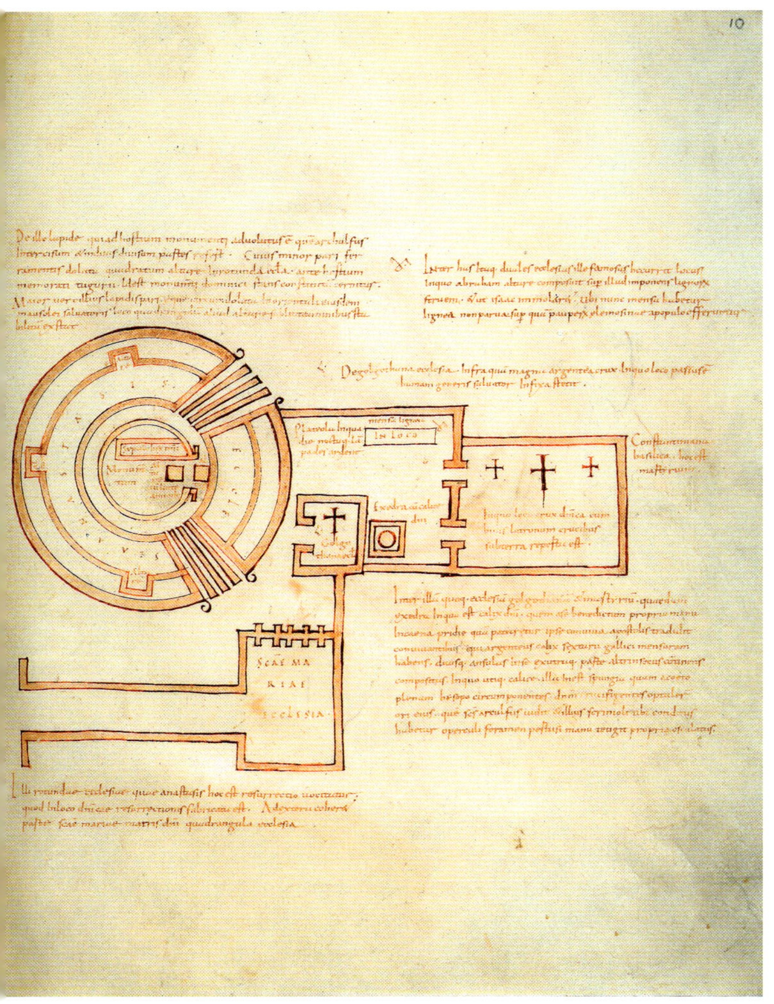

217 · fol. 10r

der Jerusalemer Grabeskirche entsprechende Zeichnung zeigt zunächst einen aus vier konzentrischen Kreisen bestehenden Zentralbau mit der Beischrift ECCLESIA ANASTASIS. Der innere Kreis stellt die Mauer des Heiligen Grabes dar, das Arculf als »tegurium«/»tugurium« (Hütte) bezeichnet. Rechts vom Eingang ist im oberen Kreissegment die längsrechteckige Grabbank (»sepulchrum domini«) eingetragen. Die beiden im Eingang dargestellten kleinen Quadrate sind als Altäre bezeichnet, die nach dem Bericht des Arculf aus dem Verschlussstein des Grabes gefertigt waren. Der zweite innere Ring dürfte die Säulen- und Pfeilerstellungen der Rotunde meinen; die von Arculf erwähnten zweimal vier Eingänge sind als korridorähnliche Strukturen eingetragen, die vom äußeren Ring bis zum Säulen- und Pfeilerkranz reichen. Der zweite Ring von außen ist aufgrund der drei rechteckigen Nischen mit Sicherheit als die Außenmauer der Anastasisrotunde zu identifizieren, auch wenn die Nischen im Baubefund kleine halbkreisförmige Apsiden sind. In den Nischen befinden sich Altäre. Der äußere Kreis ist mit dem Baubefund der konstantinischen Anastasis nicht in Einklang zu bringen.

Die Gebäudekomplexe östlich der Rotunde zeigen einmal die »golgothana ecclesia« mit dem Golgotafelsen und dem dort aufgerichteten silbernen Kreuz (»magnum argentea crux«). Die daneben befindliche quadratische Struktur mit dem eingezeichneten Kreis wird als »exedra cum calice domini« benannt und war eine kleine Kapelle, in welcher der Abendmahlskelch aufbewahrt wurde. Am oberen Rand dieses Bereiches, der wohl den vor der Anastasisrotunde liegenden Hof meint, ist ein Rechteck eingezeichnet, darüber die Beischrift »mensa lignea in loco«. Andere Zeichnungen fügen noch hinzu, dass hier der Altar Abrahams gezeigt wurde. Der ganze Bereich wird »plateola« (kleiner Platz) genannt, auf dem bei Tag und bei Nacht Lampen brennen. Zwei Durchgänge führen nach Osten in einen rechteckigen Raum, der am Baubefund nicht eindeutig identifiziert werden kann. Es müsste eigentlich die nach Osten anschließende Basilika sein, die auch in der Beischrift (»Constantiniana basilica. hoc est martyrium«) am äußeren rechten Rand erwähnt wird. In dem Rechteck sind drei Kreuze eingetragen; der Text verweist darauf, dass hier das heilige Kreuz und die Kreuze der beiden mit Jesus gekreuzigten Schächer in der Erde vergraben waren (»In quo loco crux Dominica cum binis latronum crucibus sub terra reposita est.«). Schließlich ist im unteren Teil der Zeichnung noch die rechteckige (»quadrangula ecclesia«) Marienkirche (SANCTAE MARIAE ECCLESIA) mit einem langen Eingangskorridor dargestellt, die im Bereich der heutigen Grabeskirche nicht genau zu lokalisieren ist.

Lit.: Gnägi 2004/2005. W.We.

218 Weihrauchfass mit Den Frauen am Grab u. weiteren christologischen Szenen

Palästina, 7. Jahrhundert
Bronze, Reliefguss – H. 10,1 cm, Dm. 14,1 cm
München, Sammlung C. S., Inv.Nr. 0342

Die Außenwand des Gefäßes besteht aus drei horizontalen, durch Stege getrennten Frieszonen, dem Standring und der Bodenfläche. Der Hauptfries in der Mitte zeigt sieben christologische Szenen: Mariae Verkündigung, Zachäus im Baum (Lk 19, 1–10), Christi Himmelfahrt, Christi Einzug in Jerusalem, Christi Kreuzigung, Die Frauen am Grab (Mt 28, 1–8; Mk 16, 1–8), Christi Verklärung. Die obere Zone wird unterhalb der drei Ösen für das heute fehlende Gehänge durch je eine Ädikula mit Sitzfigur gegliedert, die durch gravierte Blattranken miteinander verbunden sind. Die untere Zone zeigt nilotische Motive. Innerhalb des Standringes ist ein bärtiger Kopf zu sehen, der an Darstellungen des Hauptes Johannes des Täufers erinnert.

Die beiden Frauen nähern sich von rechts dem Grab, die

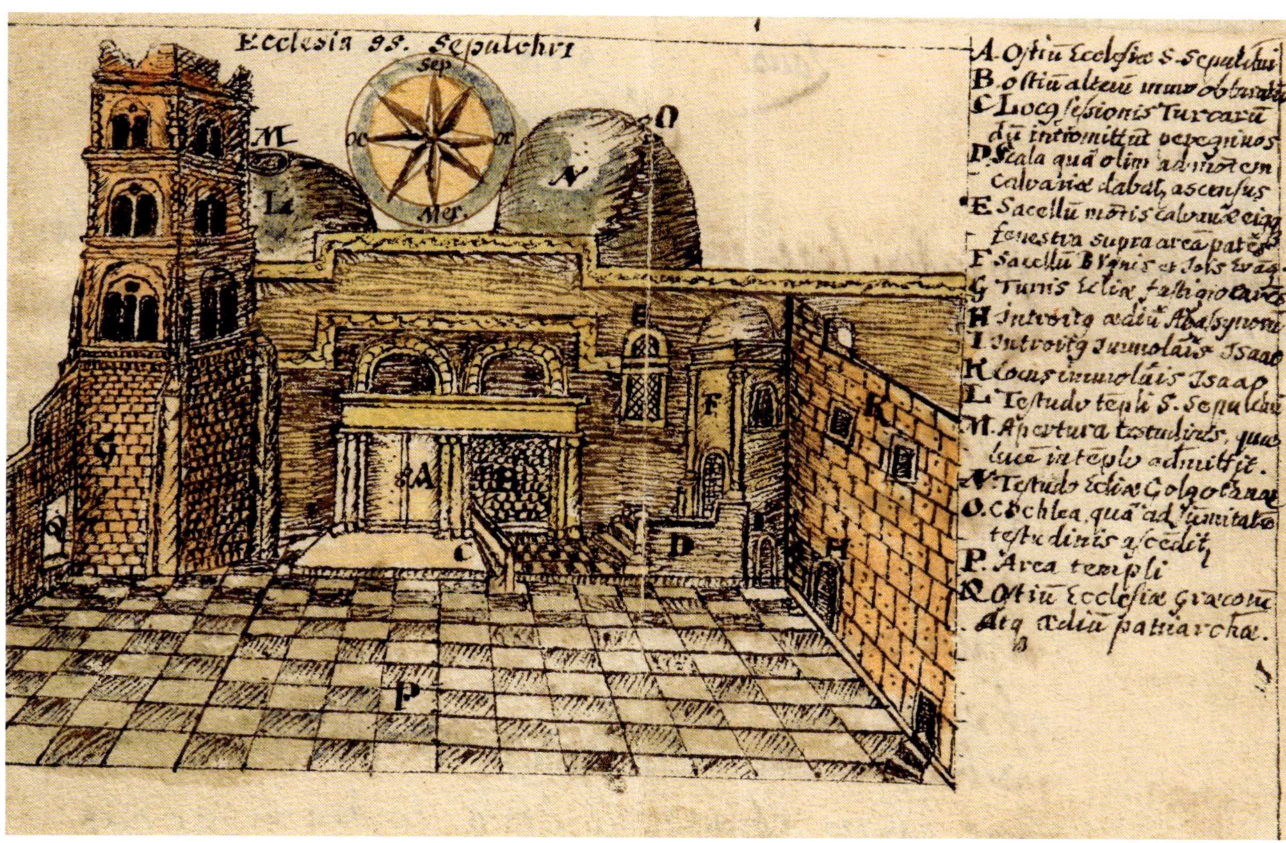

223

ber zu treffen, welche Bücher als unmittelbare Vorlage dienten. Hingegen lassen sich die ursprünglichen Vorbilder bestimmen: Die meisten der Abbildungen der Handschrift gehen auf den Bericht Jean Zuallarts († 1634) aus Ath (Belgien) zurück. Sein mit Holzschnitten und Kupfern versehener Bericht *Il devotissimo viaggio di Gierusalemme* wurde 1587 erstmals in Rom gedruckt und erfuhr bis 1608 drei weitere Auflagen in deutscher und französischer Sprache. Die abgebildete Darstellung des Heiligen Grabes mit Detailansichten des Inneren aus der *Lux compendiosa* findet sich erstmals bei Zuallart.

Q.: Sigmung Feyerabend 1584 · Zuallart 1595. Lit.: Röhricht 1963. Ein herzlicher Dank für viele hilfreiche Hinweise gilt Herrn Dr. Hermann-Josef Schmalor, Leiter der Erzbischöflichen Akademischen Bibliothek, Paderborn. M.M.

224 Pater F. Ignatius von Rheinfelden: *Neue Jerosolymitanische Bilger-Fahrt*

Gedruckt u. verlegt von Hiob Hertz(en), Würzburg 1667
Papier, einfacher Pergamenteinband, mit drei Kupferstichen u. 21 Holzschnitten (davon vier ausklappbare Karten) – H. 21,0 cm, B. 16,5 cm, Satzspiegel: 16,3 x 11,3 cm, 256 S.
Paderborn, Erzbischöfliche Akademische Bibliothek, 21,122

Der aus dem vorderösterreichischen Rheinfelden stammende Ignatius Eggs († 1702) – er nannte sich nach seinem Eintritt ins Freiburger Franziskanerkloster Pater F. Ignatius von Rheinfelden – gilt als selbstloser, unbeugsamer und zutiefst gläubiger Mann, dessen Leben in der Heimat und in der Fremde vom Kriegsalltag geprägt war. Nach eigenen Aussagen folgte er 1654/1655 dem Aufruf seines Ordensoberen, sich im sechsten Venezianischen Türkenkrieg (1645–1669) um die Seelsorge der Soldaten und um die Missionierung der Muslime zu bemühen, insbesondere auf der Insel Lido. 1655–1656 reiste er als Pilger und Visitator des Kapuzinerordens ins Heilige Land. Ein erster, nicht illustrierter Bericht von dieser Reise wurde 1664 in Konstanz gedruckt und mit einem weiteren zur weltweiten Missionstätigkeit der Kapuziner versehen. Vermutlich über die zahlreichen Fehler der ersten Auflage verärgert, gab P. Ignatius seinen Reisebericht überarbeitet und illustriert bei Hiob Hertz(en) in Würzburg 1667 ein zweites Mal in Druck.

Die vorliegende, mit einer weiteren Schrift zu einem Sammelcodex zusammengefasste zweite Auflage verfügt über ein Titelkupfer von Matthäus Küssel († 1681), dem vielleicht zwei weitere Karten in diesem Pilgerbericht zugeschrieben werden können. Darunter befindet sich ein Plan zur Schlacht bei den Dardanellen (1655), an der P. Ignatius selbst teilgenommen haben soll. Die verbleibenden Holz-

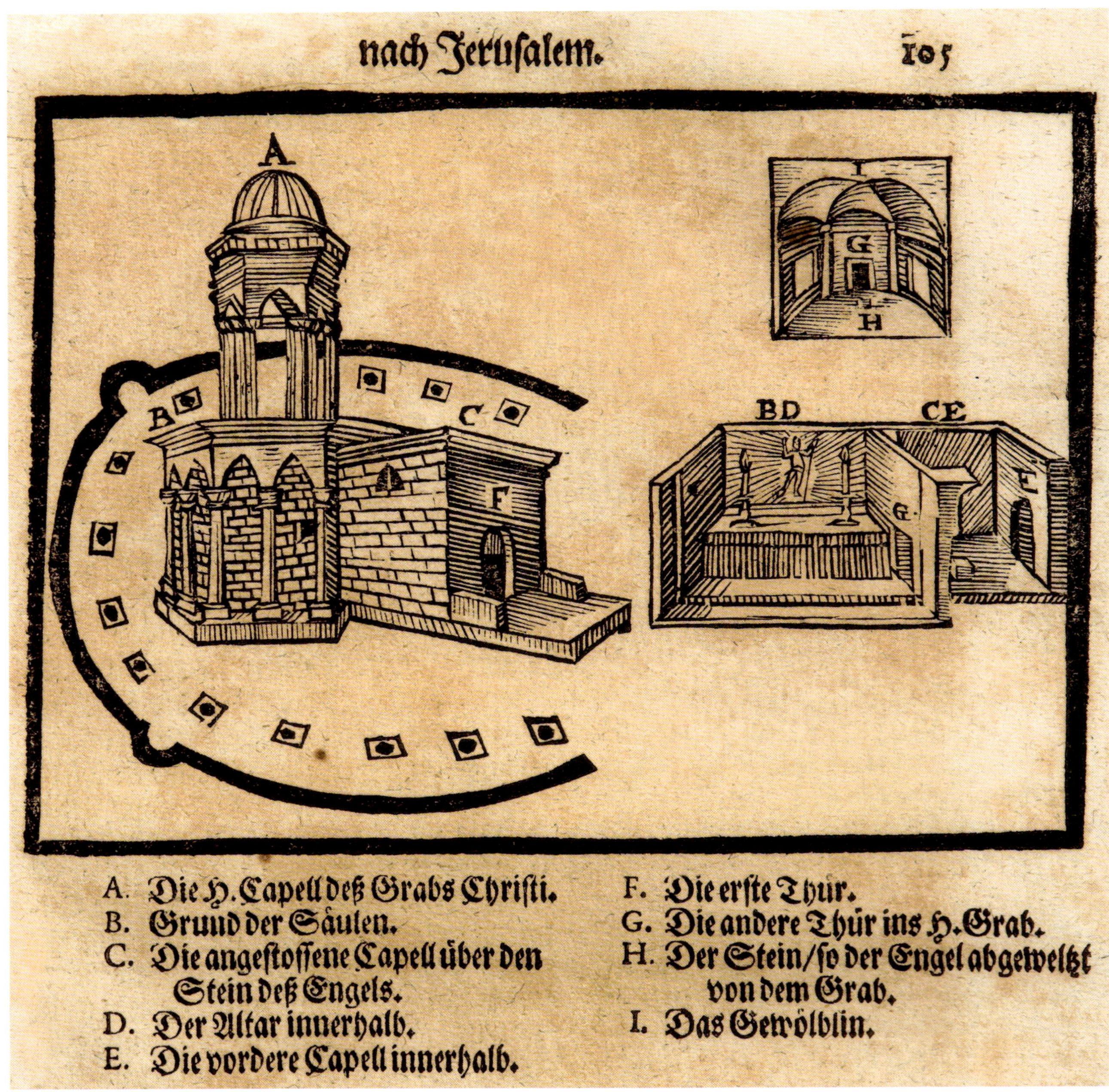

224 · S. 105

schnitte gehen größtenteils auf Jean Zuallart († 1634) zurück wie beispielsweise die abgebildete äußere und innere Darstellung des Heiligen Grabes (12,5 x 9,0 cm) auf S. 105. Ganz den Gewohnheiten seiner Zeit folgend, suchte P. Ignatius eine Übersichtskarte des Heiligen Landes aus, Stadtveduten, Grundrisse der bedeutendsten Kirchen sowie Einzeldarstellungen von Gebäuden. Das Bildprogramm zu den Reiseberichten hatte sich am Ausgang des Mittelalters herausgebildet, mit großer Wahrscheinlichkeit wirkte Breidenbachs *Peregrinatio in terram sanctam* (Kat.Nr. 222) vorbildlich: teilweise in der Art der Darstellung, insbesondere aber für das Arrangement aus Karten sowie Stadt- und Einzeldarstellungen von Gebäuden. P. Ignatius' zweite Auflage lag wohl auch dem Anonymus der *Lux compendiosa terrae sanctae* (Kat.Nr. 223) vor, der diese Abbildungen für die Illustrationen seines Berichts zum Heiligen Land verwendete und damit – vielleicht ohne es zu wissen – die Bildmotive und den Bilderkanon Zuallarts weiter tradierte.

Lit.: ADB 5, S. 675–676 (A. Schumann) · Schib 1961. M.M.

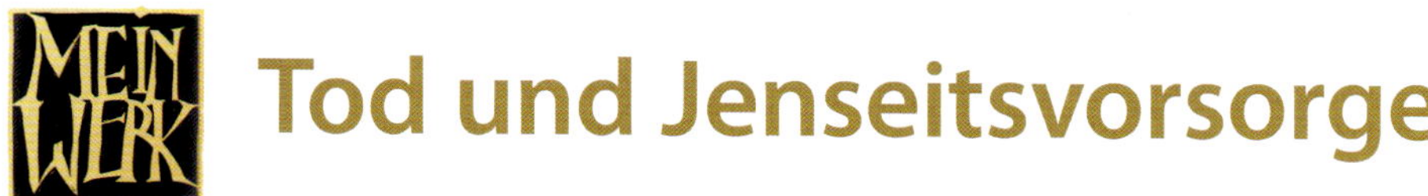

Tod und Jenseitsvorsorge

225 Sarkophag Bischof Meinwerks von Paderborn
Kalkstein, Oberkanten ergänzt u. überarbeitet, Abflussöffnung mittig im Sarkophagboden, Sarkophagdeckel ergänzt – H. 52 cm, B. (Kopfende) 72 cm, B. (Fußende) 60 cm, L. (außen) ca. 200 cm, L. (innen) 172 cm
Paderborn, Kath. Pfarrgemeinde St. Liborius, Busdorfkirche

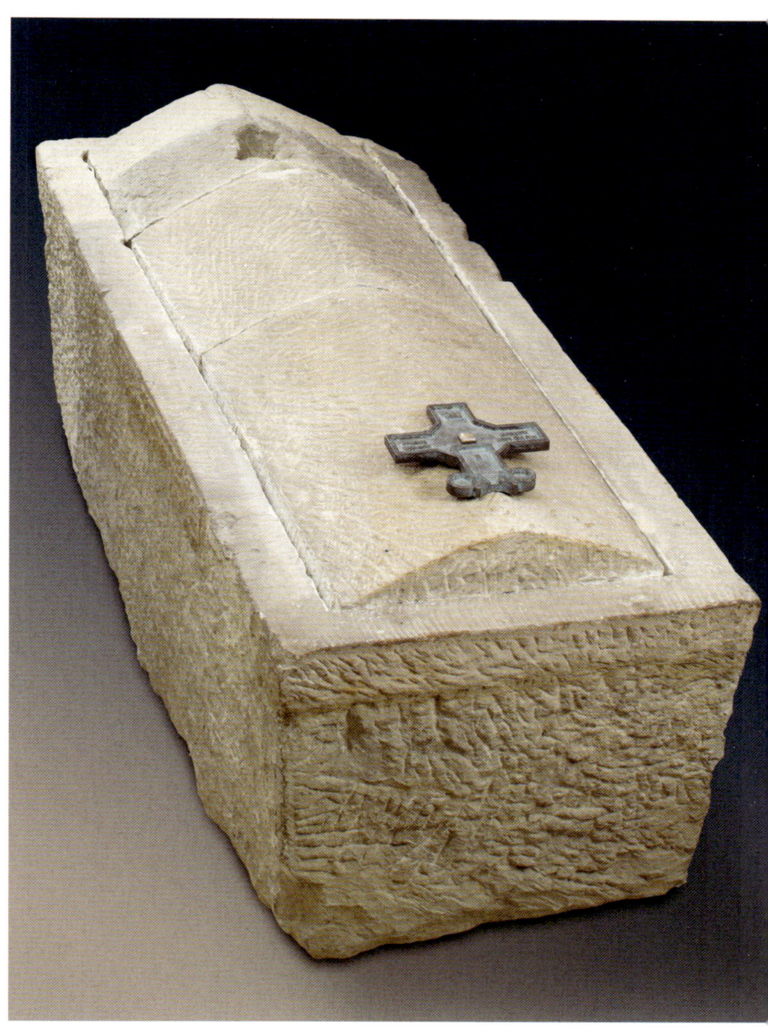

225

Bischof Meinwerk wurde nach seinem Tod am 5. Juni 1036 seinem Wunsch gemäß zunächst in der Krypta des von ihm vor der Domburg neu gegründeten und erbauten Klosters Petrus und Paulus, genannt Abdinghof, beigesetzt. Kosch zufolge lag die Grabstelle vor dem Kryptenaltar, welcher dem hl. Stephanus geweiht war, einem – wie die *Vita Meinwerci* vermerkt – »Altarstein von ansehnlicher Größe […], der vom seligen Papst Leo III. (795–816) geweiht und den man aus der Kirche zu Detmold herbeigeschafft hatte« (Vita Meinwerci 2001, cap. 183). Tack vermutete 1936, dass der Bischof ursprünglich in eben jenem Sarkophag beigesetzt wurde, der sich damals noch an der Ostwand der Abdinghofkrypta aufgestellt fand. Er beschreibt ihn als aus einem Sandsteinblock gefertigt, innen und außen grob behauen und vermutet daher, er sei von Anfang an nicht für die sichtbare Aufstellung gedacht gewesen. Der gleichfalls aus Sandstein bestehende Deckel des Sarkophages sei beschädigt, innen flach gewölbt und zur Mitte zu einem Grat hin leicht ansteigend gestaltet. Er sei mit Mörtel in eine Falz der Seitenwände fest eingebettet gewesen. Kurz nach der Mitte des 13. Jahrhunderts wurde auf den Bestattungsplatz in der Krypta eben jene Reliefplatte mit der Darstellung Meinwerks aufgebracht, die heute noch in der Bischofsgruft des Domes zu sehen ist (Kat.Nr. 106).

Anlässlich umfangreicher baulicher Veränderungen der Abdinghofskirche durch Abt Konrad II. (1362–1405) wurden die Gebeine Meinwerks am Markustag des Jahres 1376 feierlich erhoben und in einem neu geschaffenen Hochgrab im Konventschor der Kirche beigesetzt. Die Gebeine wurden damals in ein Bleireliquiar umgebettet, dessen gotische Inschrift auch von der Verlegung des Grabes in den Chor berichtet. Dort ruhten die Gebeine Meinwerks bis zur Aufhebung der Abtei im Jahre 1803, anlässlich derer das Hochgrab geöffnet und das Bleireliquiar in die Busdorfkiche überführt wurde. Zunächst fand das Kästchen im dortigen Sakristeischrank Obdach; seit Beginn des 20. Jahrhunderts wurden die Gebeine Meinwerks jedoch in einem zu diesem Zwecke angefertigten, vergoldeten, neobarocken Holzschrein im Kreuzaltar würdig präsentiert. 1936 wurde ein

Teil der Gebeine Meinwerks in die damals neu gestaltete Bischofsgruft im Dom überführt.
Über den Verbleib des Sarkophages seit dem 14. Jahrhundert ist nichts Genaues bekannt. Bis 1957 befand er sich – wohl bereits ohne den Deckel – an einem nicht näher charakterisierten Standort in der Abdinghofkirche. 1958 wurde er nach einer Restaurierung in die Busdorfkirche verbracht, dort im Ostchor aufgestellt und birgt heute erneut Gebeine des seligen Meinwerk.

Q.: Vita Meinwerci 2001. Lit.: Kat. Paderborn 2006, Bd. 2, S. 147–148, Nr. 141 (Claudia Dobrinski) · Kosch 2006 · Tack 1936. C.Ru.

226 Sakramentar mit Kalender

St. Gallen, 2. Hälfte 10. Jahrhundert
Merseburg, 11. Jahrhundert
Pergament – H. ca. 22,5 cm, B. 19,0 cm, 221 Bl.
Merseburg, Domstiftsbibliothek, Cod. I, 129

Die Handschrift 129 der Domstiftsbibliothek Merseburg zählt zu den kostbarsten Memorialzeugnissen aus ottonischer Zeit. Ihre Entstehungsgeschichte ist aufs Engste mit dem Skriptorium des Benediktinerklosters St. Gallen sowie mit Bischof Thietmar von Merseburg (1009–1018) und seinem Umfeld verbunden. Der Kalender (fol. 1r–8r), dessen zwei erste Blätter bis auf geringe Reste verloren sind (erhaltener Zeitraum 17. März bis 31. Dezember), und das gregorianische Sakramentar (fol. 28r–203v, 206r–218r) wurden im Wesentlichen von einer Hand geschrieben. Darüber hinaus lassen sich zwei weitere Hände nachweisen, die jedoch nur in sehr eingeschränktem Umfang tätig geworden sind. Die Zuordnung dieser drei Hände in das St. Galler Skriptorium ergibt sich einerseits daraus, dass in den Kalender die für das Bodenseekloster typischen Heiligenfeste eingetragen wurden, andererseits aus dem Umstand, dass die in Gold und Silber ausgeführten Initialen mit ihren reichen Verzierungen in Form von Flechtwerk und Blattmotiven (vor allem fol. 36v–38r) enge Verwandtschaft mit dem Sakramentarteil des Codexes 342 der Stiftsbibliothek St. Gallen aufweisen. Die in St. Gallen entstandene Handschrift gelangte im frühen 11. Jahrhundert höchstwahrscheinlich durch eine Schenkung Heinrichs II. (1002–1024), der das Merseburger Bistum wieder aufgerichtet hatte, im Jahre 1004 nach Merseburg. Dort wurden sowohl der Kalender als auch das Sakramentar den eigenen Bedürfnissen angepasst. Beidseitig des Schaftes einer T-Initiale des Sakramentars trug Bischof Thietmar mit eigener Hand die Bitte an seine Amtsnachfolger ein, seiner zu gedenken (fol. 38r). Darüber hinaus wurden zwischen dem 2. Jahrzehnt und dem letzten Drittel des 11. Jahrhunderts von verschiedenen in Merseburg tätigen Schreibern Ergänzungen und Korrekturen vorgenommen (z.B. auf fol. 8v–27r Ergänzung der Adventssonntage). Weit bedeutsamer ist jedoch die in Merseburg erfolgte Veränderung des Kalenders. Ergänzt wurden hier nicht nur weitere Heiligenfesttage, sondern auch die Namen von über 700 Toten. Diese Namen trugen mehrere Hände ein, wobei sich nach Althoff und Wollasch zwei verschiedene Hauptschichten unterscheiden lassen (Totenbücher 1983). Die erste, auf 1015/1016 zu datierende Namensschicht spiegelt den Verwandten- und Bekanntenkreis Bischof Thietmars von Merseburg wider, während die zweite, um 1017/1018 eingetragene Ergänzungsschicht die Memorialtradition der ottonischen Herrscherfamilie und ihres bayerischen Nebenzweiges darstellt und aus ihrem Eintrag auf die von Kaiser Heinrich II. bewusst veranlasste Verlagerung des ottonischen Familiengedenkens von Quedlinburg nach Merseburg geschlossen werden dürfe.
Das aufgeschlagene Doppelblatt (fol. 2v–3r) enthält fast 100 Einträge von Verstorbenen. Ein besonderes Interesse verdienen die Einträge auf fol. 3r. Hier findet sich der Eintrag zu Bischof Meinwerks Todestag (5. Juni, Z. 4) ebenso wie der des Magdeburger Erzbischofs Tagino (1004–1012, 9. Juni, Z. 8). Für die Hochrangigkeit der Quelle in Bezug auf das ottonische Totengedenken spricht, dass hier der Todestag Theophanus (15. Juni 991, Z. 14), der Gemahlin Kaiser Ottos II. (973–983), nachgetragen wurde.
Der Merseburger Codex dokumentiert mit seinen Einträgen die enge Verknüpfung der weltlichen und geistlichen

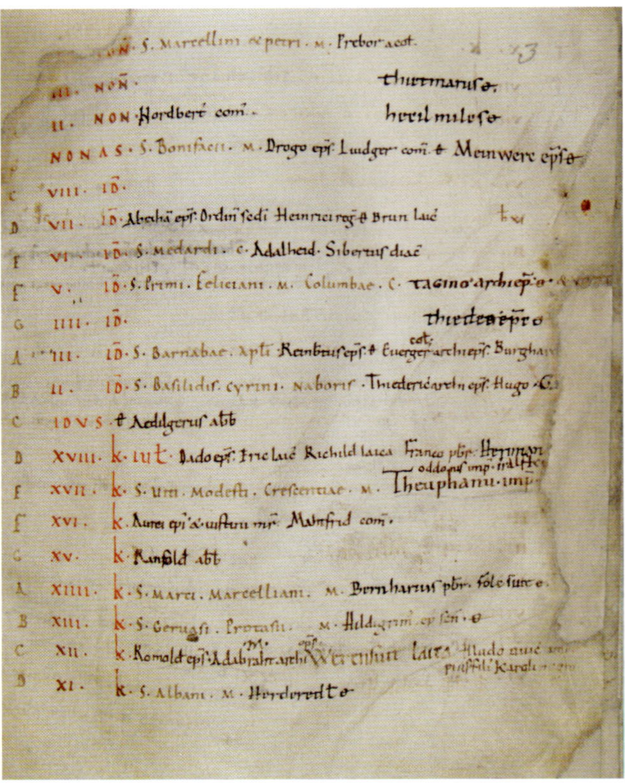

226 · fol. 3r

Großen des ausgehenden 10. und beginnenden 11. Jahrhunderts. Es ist daher nicht überraschend, dass hier auch herausragende Vertreter der ottonischen Hofkapelle wie der Magdeburger Erzbischof Tagino (1004–1012) und die Bischöfe Meinwerk von Paderborn (1009–1036) und Thietmar von Merseburg verzeichnet wurden. Merseburg als eine der wichtigsten Pfalzen des Reiches unter König Heinrich II. spielte daher auch für das reichsweite Totengedenken eine zentrale Rolle.

Q.: Totenbücher 1983, S. XX–XXVII, Abb.Tl. S. 1–31. Lit.: Hoffmann 1986, S. 386 · Kat. Bamberg 2002, S. 366–367, Nr. 190 (Holger Kunde) · Kat. Magdeburg 2001, Bd. 2, S. 387–389, Nr. V.40 (Hartmut Hoffmann) · Kat. Magdeburg 2006, Bd. 2, S. 47–48, Nr. II.4 (Holger Kunde) · Kat. Merseburg 2004, Bd. 1, S. 51–52, Nr. I.13 (Holger Kunde) · Rademacher 1912, S. 174–178 · Wellmer 1973. H.Ku.

227 Sog. *Salzburger Graduale* u. *Sakramentar*

Salzburg (?), um 1020/1030 (?)
Pergament, zahlreiche goldene Rankeninitialen, zwei Initialzierseiten, eine Miniatur – H. 21,7 cm, B. 16,6 cm, 256 Bl.
Trier, Domschatz, Ms. 151/62

Die Handschrift enthält ein Graduale in Neumenschrift mit zugehörigem Kalendar von mindestens drei Händen (fol. 67v–77v), dessen Blatt für Januar fehlt. Die darauf folgenden Ostertafeln beginnen mit dem Jahr 1009 und enden 30 Jahre später mit der Nennung des Jahres 1039. Nach Suckale-Redlefsen ist sie »nicht nur am Anfang und Ende, sondern auch im Inneren unvollständig« und es ist unklar, ob das an das Graduale anschließende Sakramentar ursprünglich in diesen Kontext gehörte. Die Handschrift enthält zahlreiche Messformulare: neben auffällig vielen für bayerische Heilige auch ein solches für Heinrich II. (1002–1024) und seine Gemahlin Kunigunde († 1033, fol. 143r). Die Handschrift befand sich offenbar lange in Bamberg, mehr als 40 verzeichnete Gedenktage des Bistums legen dies nahe. So sind neben den Todestagen des Kaiserpaares auch diejenigen der ersten fünf Bamberger Bischöfe verzeichnet. Vermutlich brachte der Bamberger Dompropst Poppo die Handschrift mit an die Pader, als er 1076 neuer Bischof von Paderborn wurde. In Paderborn erweiterte man die Liste der bisher verzeichneten Gedenktage um weitere 45, darunter auch die der Kaiser Konrad II. (1024–1039) und Heinrich III. (1039–1056) sowie zehn Paderborner Bischöfe, darunter auch Bischof Meinwerk von Paderborn (1009–1036, fol. 71r).

Lit.: Kat. Bamberg 2002, S. 283–284, Nr. 120 (Gude Suckale-Redlefsen) · Kat. Trier 1984, S. 110, Nr. 39 (Franz Ronig). S.H.

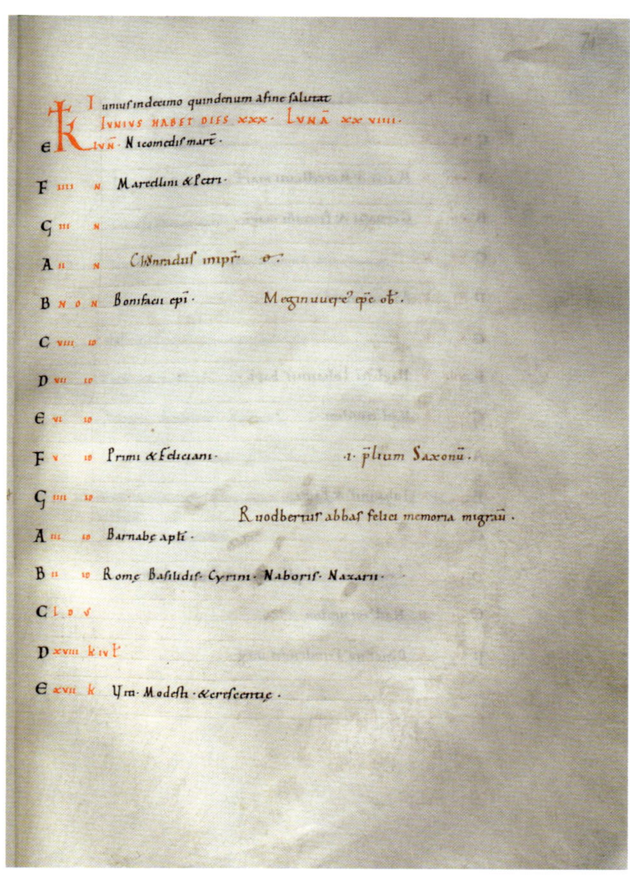

229 · fol. 103r

228 Evangeliar aus dem Kloster St. Petrus u. Paulus, genannt Abdinghof, mit Schatzverzeichnis

Wesergebiet, spätes 10. Jahrhundert
Zusammengesetzte Handschrift aus Evangeliar (fol. 1–151) u. dem Anfang eines Evangelistars (fol. 152–159) – Blattgrößen: H. ca. 24,5, B. ca. 19,5 cm (leicht schwankend) bzw. H. 23,0 cm, B. 19,0 cm, 159 Bl.
U.a. ganzseitige, braune, unkolorierte Federzeichnungen: Kreuzigung (fol. 1r), Die Frauen am Grabe u. Höllenfahrt Christi (fol. 2v), Pfingsten (fol. 3v), Maiestas Domini (fol. 12r) – ergänzende Eintragungen des 11. u. 12. Jahrhunderts auf ursprünglich frei gebliebenen Seiten
Vorderdeckel mit Einband, 15. Jahrhundert, in der Mitte Flügelpaar eines Triptychons (Ende 10. Jahrhundert)
Kassel, Universitätsbibliothek Kassel, Landesbibliothek und Murhardsche Bibliothek der Stadt Kassel, 2° Ms. theol. 60

Das Evangeliar ist im späten 10. Jahrhundert im Wesergebiet, im Umkreis von Kloster Corvey, entstanden und gehörte zur Gründungsausstattung des Klosters Abdinghof durch Bischof Meinwerk (1009–1039); 1773 wurde es durch Abt Felix Tüllmann (1764–1780) an Rudolf Erich Raspe († 1794) als Geschenk an den hessischen Landgrafen Friedrich II. (1760–1785) übergeben (Kat.Nr. 124). Historisch wichtig, weil zum Teil nur hier überliefert, sind die zusätz-

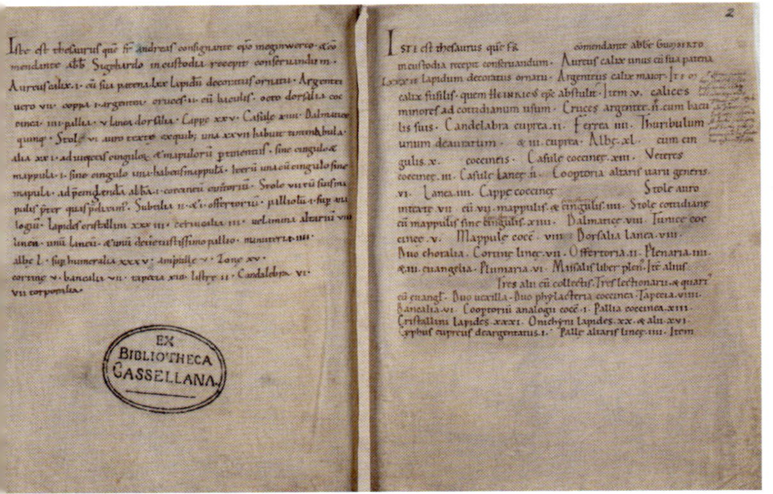

228 · fol. 1v–2r

lichen Einträge: zwei Schatzverzeichnisse (fol. 1v–2r) und drei Reliquienverzeichnisse (fol. 53v, 80v, 151r), vier Urkunden (fol. 76v–77r, 80v, 151v) und ein Brief (fol. 79v).

Das älteste Schatzverzeichnis (fol. 1v) beginnt mit dem Satz: »Dies ist der Schatz, den der Bruder Andreas mit der Beglaubigung Bischof Meinwerks und der Beauftragung durch Abt Sigehard im Küsteramt zur Aufbewahrung entgegennahm.« (»Iste est thesaurus, quem frater Andreas consignante episcopo Meginwerco et commendante abbate Sigehardo in custodia recepit conservandum.«). An erster Stelle wird ein goldener Kelch mit Patene, der mit 70 Edelsteinen geschmückt war, genannt, gefolgt von sieben silbernen Kelchen, einem silbernen Becher und zwei Vortragekreuzen. Anschließend werden vor allem liturgische Gewänder und Textilien aufgeführt. Ein Vergleich dieses Textes mit einer zweiten, jüngeren Fassung, die die *Vita Meinwerci* überliefert (Vita Meinwerci 1921, cap. 211), zeigt, dass Bischof Meinwerk die Ausstattung seines Klosters später noch erweitert hat, und zwar – um nur dies zu nennen – mit einem silbernen Antependium für den Hauptaltar, einem gegossenen Stephanuskelch, zwei silbernen Leuchtern sowie zwei silbernen Radleuchtern mit zwölf bzw. 72 Kerzen vor dem Hauptaltar bzw. in der Mitte der Kirche.

Es war üblich und sollte eine zusätzliche Sicherung durch das »heilige Buch« sein, wenn in mittelalterlichen Klöstern Reliquien- und Schatzverzeichnisse oder auch für den Konvent wichtige Urkunden auf freie Seiten von Evangeliaren eingetragen wurden. Diese standen nicht in der Klosterbibliothek, sondern wurden mit dem Kirchenschatz in der Sakristei aufbewahrt – unter der Aufsicht des Pater Custos.

Q.: Bischoff 1967, Nr. 62a, 63 · INA, Kr. Paderborn, S. 143 · Vita Meinwerci 1921 · WUB 1, Nr. 202 · WUB Suppl., Nr. 17, 35. Lit.: Balzer 2006b, S. 50–56, S. 55 Abb. von fol. 151r · Bauer 1977, Bd. 2, S. 125–138 · Kat. Corvey 1966, Bd. 2, S. 484–485, Nr. 173 (Karl H. Usener) · Wiedemann 1994, S. 85–88.

M.B.

229 Evangeliar aus dem Kloster St. Petrus u. Paulus, genannt Abdinghof, mit Reliquienverzeichnissen

Corvey, vor 1000

Pergament, Kanontafeln, Textzierseiten u. Evangelistenbilder (nur das des Markus erhalten), zusätzliche Eintragungen des späten 11. u. 12. Jahrhunderts – H. 24,5 cm, B. 18,5 cm, 221 Bl.

Hölzerner Vorderdeckel mit reich verzierter Metallverkleidung, Reste des Steinbesatzes vorhanden

Trier, Domschatz, Ms. 135/123/63

Die Handschrift dürfte wie das Kasseler Exemplar (Kat.Nr. 228) schon im Zuge der Gründung in das Kloster Abdinghof gekommen sein; erst im 19. Jahrhundert gelangte es mit der Sammlung des Paderborner Domdechanten Reichsgraf Christoph von Kesselstadt († 1814) testamentarisch nach Trier, zunächst an seinen Bruder, den Trierer Domdechanten Reichsgraf Philipp von Kesselstadt († 1828), und dann in die dortige Dombibliothek. Der besondere historische Wert auch dieses Evangeliars liegt in den Eintragungen, für die die bei der Anlage der Handschrift freigebliebenen Seiten genutzt wurden. Es sind Nachzeichnungen und Abschriften von Papst-, Königs- und Privaturkunden für den Paderborner Dom und das Kloster Abdinghof aus der 1. Hälfte des 11. sowie aus dem 12. Jahrhundert. Auskunft über Kapellen

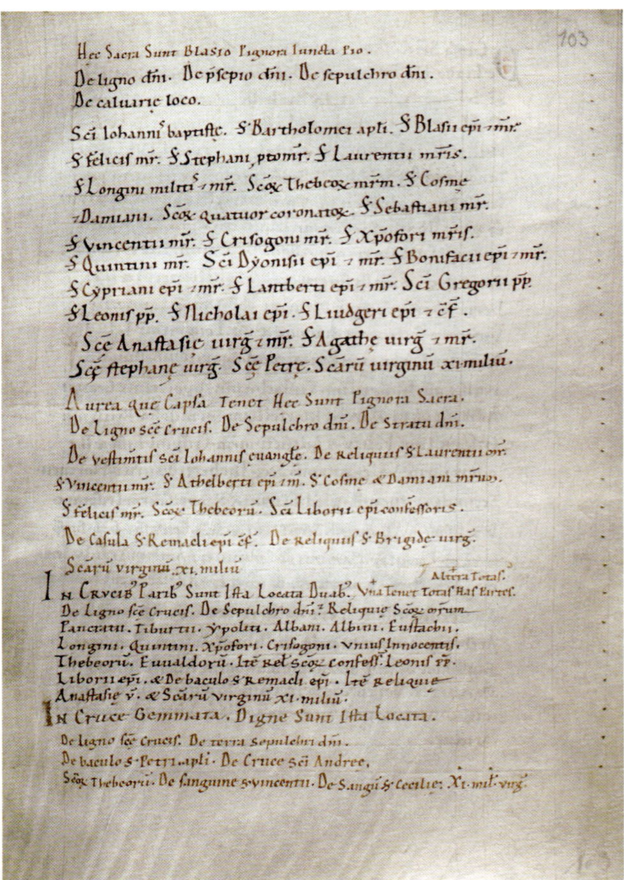

227 · fol. 71r

und Altäre des Klosters und seiner Kirche sowie die Ausstattung mit Reliquiaren geben die an mehreren Stellen stehenden Reliquienverzeichnisse. Genannt werden die Benediktskapelle (fol. 19v), neben der im 12. Jahrhundert der Krankensaal lag und die damals als der Gründungsbau galt (Vita Meinwerci 1921, cap. 131), und eine Jakobuskapelle (fol. 19r). An Altären werden – ohne Patrozinien – der Haupt- und je ein Nord- und Südaltar genannt sowie der Marienaltar »unter dem Turm« (fol. 19v, 20v, 53r). Dass mit solchen Aufzeichnungen keine Vollständigkeit angestrebt wurde, zeigt das Fehlen der Felixkapelle, in der 1107 die Modoaldusreliquien bei der Übertragung von Trier nach Helmarshausen über Nacht aufgestellt waren.

Auffallend ist die große Zahl von Ausstattungsstücken mit Reliquien: zwei kleine identische Vortragekreuze, eine »crux gemmata«, ein großes Kreuz und ein goldenes Reliquiar (»capsa«). Erwähnenswert ist auch, dass für die Blasiusreliquien und die mit ihnen »vereinten Reliquien« kein Behältnis genannt wird, denn erstere sind später mit den Felixreliquien im Abdinghofer Tragaltar nachweisbar. Diese Stücke stehen als Gruppe auf fol. 102v und 103r der Handschrift; ihr Eintrag gehört in das späte 11. Jahrhundert (Bischoff 1967, Nr. 64), genauer nach 1090, dem Weihejahr des »großen Kreuzes«. Die Überschriften sind gereimt wie z.B. auch die Stifterinschrift am Domtragaltar.

In zwei weiteren Verzeichnissen werden noch eine Ansgarkapsel (fol. 103v), die erst nach der Schenkung seiner Reliquien durch den früheren Paderborner Domschüler und dann Bremer Domscholaster Vizelin (um 1120) entstanden sein kann, und ein Schrein (»scrinium«) Johannes' des Täufers erwähnt (fol. 171v).

Q.: Bischoff 1967 · Vita Meinwerci 1921 · WUB Suppl., Nr. 6 (Auszüge). Lit.: Balzer 2006a, S. 53, 56 · Bauer 1977, Bd. 2, S. 167–179 · Hoffmann 1986, S. 127–129 · Jansen 1936 · Kat. Corvey 1966, Bd. 2, S. 486–487, Nr. 175 (Karl H. Usener) · Kat. Paderborn 2006, Bd. 2, S. 333, Nr. 441 (Manfred Balzer).

M.B.

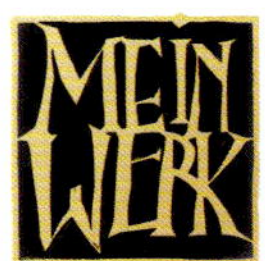

Meinwerk im Bild – das Nachleben

230 Tragaltar aus dem Paderborner Dom
Helmarshausen, um 1120–1127
Eichenholzkasten, Silberblech, teilweise vergoldet, getrieben, graviert, punziert u. nielliert, Gold- u. Silberfiligran, Steinschmuck, Perlen, Bodenplatte: Kupferblech, graviert u. vergoldet, Bronzefüße: gegossen, vergoldet, nielliert, mit Silberauflagen, Altarstein: Verde antico – H. 16,5 cm, L. 34,5 cm, B. 21,2 cm
Paderborn, Erzbischöfliches Diözesanmuseum und Domschatzkammer, Inv.Nr. DS 2

Der Tragaltar ist eine Stiftung des Paderborner Bischofs Heinrich von Werl (1084–1127), der ihn um 1120 dem Dom und seinen Patronen, der Gottesmutter sowie den Heiligen Liborius und Kilian, widmete. Das ikonographische Programm des Tragaltars ist besonders aufschlussreich: Auf der Oberseite findet sich im oberen querrechteckigen Bildfeld die älteste erhaltene Darstellung Meinwerks. Sie entstand noch vor der *Vita Meinwerci*. Der Bischof ist als Zelebrant dargestellt. Er hebt die Opfergaben empor; der beigefügte Text zitiert das Gebet zur Kelchkommunion. Meinwerk erscheint im Bildfeld der oberen Schmalseite zwischen Medaillons mit den Symbolen der Evangelisten Matthäus (Engel) und Johannes (Adler), während der Stifter Bischof Heinrich an der unteren Schmalseite zwischen den Medaillons mit den Symbolen von Markus (Löwe) und Lukas (Stier) dargestellt ist. Angetan mit Albe, Dalmatik und Messgewand steht der Bischof vor einem mit einem faltenreichen Altartuch bedeckten Blockaltar. Darauf ist der Tragaltar zu sehen, der mit seiner Stirnseite zum Zelebranten zeigt. Auf dem Portatile steht der Kelch mit Patene und Hostie. Der Bischof hält den Bischofsstab im Arm und schwenkt ein Weihrauchgefäß. Sein Blick geht nach oben: Aus den Wolken neigt sich die Hand Gottes (»dextera Dei«) ihm zu. Heinrich präsentiert seine Stiftung – und das ist das Besondere – in Funktion und sich selbst beim Inzensieren des Altares nach dem Offertorium, was sich gleichfalls durch die Beischrift erschließt.
Auch die anderen Seiten des Tragaltares sind mit Figur, Inschrift und vegetabilem Ornament reich verziert, wobei unterschiedliche Goldschmiedetechniken zur Anwendung kamen. An der reich ausgestalteten, dem Zelebranten zugewandten Stirnseite thront Christus als Weltenrichter und Creator auf dem Regenbogen in einer kreisförmigen, mit Perlen und Edelsteinen besetzten Glorie. Seitlich stehen die beiden Dompatrone Kilian und Liborius, deren Reliquien das Portatile birgt. Alle drei Figuren wurden in Treibarbeit ausgeführt und damit gegenüber den anderen Seiten besonders hervorgehoben. Liborius ist als Bischof zur Linken Christi abgebildet. Er trägt über Albe und Dalmatik das Messgewand, dazu Manipel, Pektorale und Pontifikalschuhe. Noch fehlt auf dem von einem Nimbus umschlossenen Haupt die Mitra, die von Rom aus eingeführt, in Deutschland erst im Verlauf des 12. Jahrhunderts Eingang in die Bildkünste fand. In der linken Hand hält Liborius den Stab, in der rechten Hand ein geöffnetes Buch mit der Inschrift: »D(eu)s M(eu)s« – »Der Herr wird kommen und alle seine Heiligen mit ihm«. Dieser adventliche Ruf erschließt uns die eschatologische Bedeutung der Darstellung. Schon die Nähe der Heiligen zur Maiestas Domini bedeutet eine besondere Auszeichnung, wird ihnen doch hier eine Position eingeräumt, die eigentlich den Apostelfürsten Petrus und Paulus vorbehalten war. Derart einbezogen in den Ideenbereich der Verherrlichung und des Triumphes Christi, erscheinen sie als vornehmste Mitglieder des himmlischen Hofstaates und mächtige Fürsprecher am Throne Gottes.
Die in Gravur und Niello ausgeführte Rückseite zeigt Maria im Gebetsgestus mit erhobenen Händen zwischen Johannes und Jakobus unter plastisch ausgeprägten Arkaden thronend. Die Gegenüberstellung von Christus und Maria als Fürbitterin folgt einem aus der frühchristlichen Monumentalkunst geläufigen Schema. An den Längsseiten folgen in strenger Ordnung unter Arkaden je fünf weitere Apostel mit Petrus und Paulus in der Mitte. Auf der kupfernen Bodenplatte findet sich eine weitere gravierte Darstellung des hl. Liborius, wiederum als Ganzfigur, in einer Säulenarkade, die von drei Turmaufbauten bekrönt wird.
Der Tragaltar steht – wie zuletzt Michael Peter herausgearbeitet hat – im Zentrum einer kleinen, stilistisch zusam-

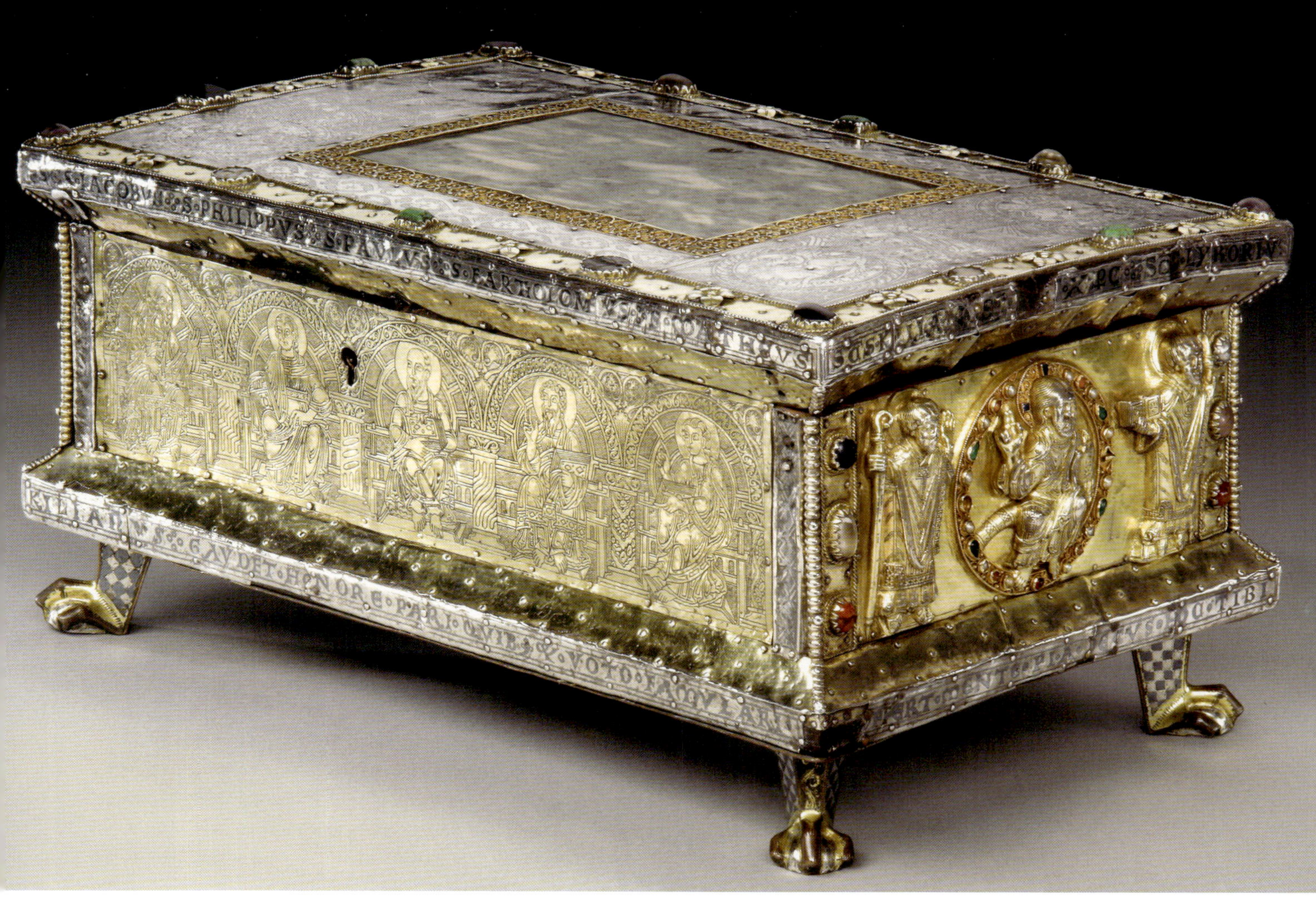

230

mengehörenden Gruppe von Werken, deren Herkunft in der Buchmalerei des Klosters Helmarshausen zwischen 1120 und 1130 zu vermuten ist. Viele Jahre galt er als Werk des Rogerus von Helmarshausen, der in einer 1215 gefälschten Urkunde für das Jahr 1100 als Goldschmied eines im Auftrag Bischof Heinrichs von Werl gearbeiteten Schreins (»scrinium«) für die Heiligen Kilian und Liborius überliefert ist. Das Wort »scrinium« ist für diese Zeit als Bezeichnung für einen Tragaltar durchaus belegt. Dennoch ist die Frage der Identität des Tragaltares mit dem in der Urkunde genannten Werk letztlich noch nicht geklärt. Die Aufnahme Meinwerks ins Bildprogramm diente der Legitimation des Stifters, dessen Stellung in den Wirren des Investiturstreits nachhaltig gefährdet und in seiner Rechtmäßigkeit infrage gestellt war. Die ursprüngliche Funktion des Domtragaltars geriet allerdings in Vergessenheit. Er wurde im 18. Jahrhundert als Reliquienkästchen angesehen und an das Krankenlager der Domherren getragen. Zudem war es üblich, ihn bei der Prozession am Markustage mitzuführen.

Lit.: Fillitz 1992 · Freise 1981 · Fuchs 1916 · Kat. Corvey 1966, Bd. 2, S. 569–570, Nr. 248 (Karl H. Usener) · Kat. Paderborn 2006a, Bd. 2, S. 418–419, Nr. 506 (Michael Peter) · Lasko 2003, S. 180–188 · Mende 2003, S. 164–168 · Stiegemann/Westermann-Angerhausen 2006 · Westermann-Angerhausen 1992. C.S.

231 Thronende Madonna, sog. Imad-Madonna

Paderborn, zwischen 1051 u. 1058
Lindenholz mit Resten originaler Fassung – H. 112 cm, B. 45 cm, T. 52 cm
Rechte Hände von Mutter u. Kind separat geschnitzt, Nasenspitze, Finger u. Fußspitzen Marias fehlen, Teile der Thronbank stark zerstört, Oberflächenschäden durch Brand u. Anobienbefall (gekittet u. retuschiert), zwischenzeitlich mit vergoldeten Kupferblechen überzogen, mit neuzeitlichen Ergänzungen u. mehreren Überfassungen versehen, 1968–1970 umfassende Restaurierung (Freilegung der Reste der originalen Farbfassung) in der Werkstatt des Westfälischen Landesamtes für Denkmalpflege in Münster
Paderborn, Erzbischöfliches Diözesanmuseum und Domschatzkammer, Inv.Nr. SK 1

Die Madonna des Paderborner Bischofs Imad (1051–1076) gilt als eines der Hauptwerke der Skulptur aus salischer Zeit. Neben der Goldenen Madonna aus dem Essener Münsterschatz (um 980) und der ebenfalls mit Goldblech belegten »Großen Goldenen Madonna« aus dem Dom zu Hildesheim (1010–1015) zählt sie zu den ältesten monumentalen Darstellungen der Gottesmutter in der abendländischen Kunst. Das bedeutende Bildwerk wurde der Über-

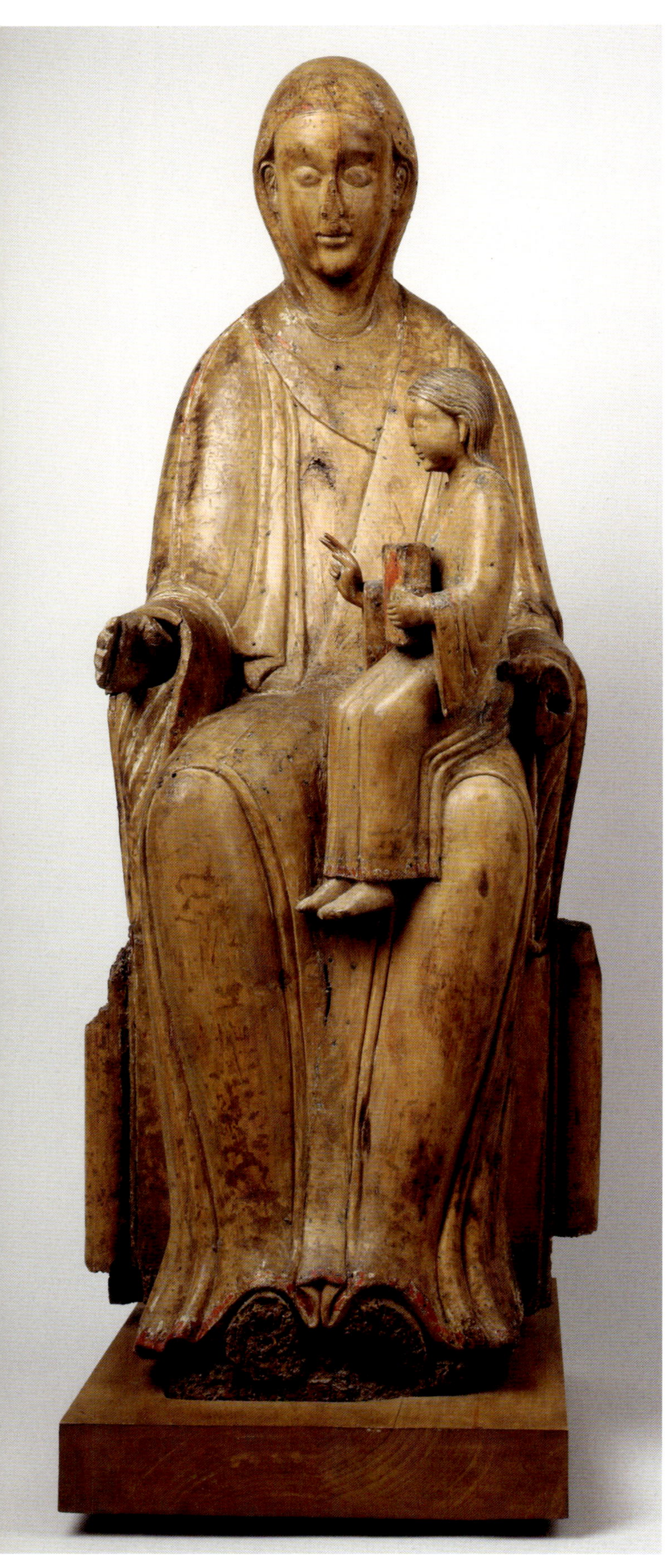

lieferung nach in den ersten Jahren nach der Wahl Imads zum Bischof von Paderborn von ihm an den Paderborner Dom gestiftet.
Frontal dem Betrachter zugewandt sitzt die Gottesmutter auf einer ursprünglich mit offenen Rundbögen ausgestalteten Thronbank, die mit einem flachen Kissen ausgestattet ist. Mit nach vorn gestreckter linker Hand (verloren), gibt sie dem auf ihrem linken Knie und in Profilansicht sitzenden Kind schützenden Halt. Sie steht damit in der Tradition byzantinischer Marienbilder vom Typ der *Hodegetria*. Die rechte Hand (heute in die Senkrechte gedreht) hielt ursprünglich vermutlich einen Apfel und weist Maria als neue Eva aus. Christus, in thronender Haltung würdevoll aufrecht sitzend, umfasst mit seiner Linken das Buch der Weisheit und hält seine Rechte segnend erhoben.
Die letzte Restaurierung des Marienbildes erbrachte unter den abgenommenen Ergänzungen und Fassungen der letzten 200 Jahre unerwartete Erkenntnisse zu ihrem ursprünglichen Erscheinungsbild. Zutage kamen Reste einer dünn aufgetragenen Fassung, die allerdings ein nahezu vollständiges Bild von der originalen Fassung ermöglicht. Demnach umhüllte den Körper Mariens ein weißes Gewand, ihren Kopf ein weißes Pallium. Beide waren in den plastisch angelegten Faltentiefen mit betonenden roten Begleitstrichen und einem Muster aus roten Pünktchen versehen. Die Tunika des Kindes hob sich in einem Mittelblau ab, das mit roten Sternchen verziert war. Der Thron in seiner architektonischen Gliederung zeigte sich als farbig aufwendig und differenziert ausgestaltet. Vergleichbare Details ornamentaler Gewandgestaltung finden sich in der Kölner Buchmalerei um 1050–1080. Die ausgewogen angelegte Farbigkeit und Musterung lassen einen routinierten Fassmaler vermuten, der, in vorhandenen Traditionen geübt, seine Kenntnisse technisch und künstlerisch ausgefeilt umzusetzen wusste. Die originale Farbfassung kennzeichnen großflächige Fehlstellen und Abarbeitungen, die nach erheblichen Brandschäden an der Figur durchgeführt wurden und in der Folge Anlass gaben, eine Verkleidung des Bildwerkes mit vergoldetem Kupferblech anzufertigen. Nagelspuren, Nägelchen und Partikel der Metallhülle fanden sich über den Resten der beschriebenen Erstfassung. Sie dürften aus der Zeit unmittelbar nach dem großen Dombrand von 1058 herrühren und belegen, dass der versehrten Figur offensichtlich bereits kurze Zeit nach ihrer Entstehung hohe Wertschätzung beigemessen und ihr nunmehr – wohl wiederum durch Bischof Imad veranlasst – eine kostbare Umhüllung mit Edelsteinbesatz angelegt wurde. So lässt sich auch die in einem Visitationsprotokoll von 1654 überlieferte Inschrift auf dem Sockel erklären, die Bischof Imad als Stifter der »statua aurea« (»goldenes Standbild«) nennt. Die Erwähnung »Ad imaginem sanctae marie XI marcas et dimidiam« in einem Schatzverzeichnis vom Ende des 11. Jahrhunderts (Vatikanstadt, Biblioteca Aposto-

lica Vaticana, Cod. Pal. lat. 482, fol. 66v) dürfte sich ebenfalls auf die Imad-Madonna beziehen. Die »marcas« bezeichnen hier ein mittelalterliches Maß und könnten auf das Gewicht der metallenen Bekleidung der Figur Bezug nehmen. Erst 1762 wurde diese wieder abgenommen, als im Siebenjährigen Krieg vom Paderborner Domkapitel Kriegskontributionen zu leisten waren.

Lit.: Beer 2002, S. 149–150, Abb. S. 152 · Beuckers/Cramer/Imhof 2002/2006 · Claussen/Endemann 1970 · Forsyth 1972, S. 124–127 · Fuchs 1918 · Kat. Corvey 1966, Bd. 2, S. 347–348, Nr. 29 (Paul Pieper) · Kat. Mantua 2008–2009, S. 408–409, Nr. X.30 (Sveva Gai) · Kat. Münster 1972, Nr. 1 · Kat. Paderborn 2006, Bd. 2, S. 321, Nr. 428 (Manuela Beer) · Wesenberg 1972, S. 52–53, Abb. 116–123. U.P.

232 Abts- oder Bischofsstab (sog. Stab Bischof Meinwerks von Paderborn)

Anfang 14. Jahrhundert
Kupfer, vergoldet – Holzstab erneuert –
H. 175 cm, H. (Krümme) 25 cm
Paderborn, Erzbischöfliches Diözesanmuseum und Domschatzkammer, Inv.Nr. PR 58

Der zierliche Abts- oder Bischofsstab gelangte bereits 1913 aus der Busdorfkirche St. Petrus und Andreas in die Sammlung des Paderborner Diözesanmuseums. Über dem wulstförmigen Schaftknauf zwischen Hohlen steigt die aus achteckigem Grundriss entwickelte Krümme auf. Ihr Rücken ist mit kleinen kugeligen Knospen besetzt; davon sind drei ausgebrochen. Die spiralförmig sich verjüngende Kurva endet in einem mit starken Mittelrippen versehenen, gebuckelten Dreiblatt. Der Stab galt als derjenige Bischof Meinwerks (1009–1036). Er stammt aus seinem Grab in der Abdinghofkirche, von wo er nach der Säkularisation 1803 mit den Reliquien in die Busdorfkirche gelangte. Mit der Erhebung der Gebeine am 25. März 1376 unter Abt Konrad von Allenhusen (1362–1405) waren die Gebeine in jenen Bleikasten eingelegt worden, in dem sie sich heute noch befinden. Es ist sehr wahrscheinlich, dass zu diesem Zeitpunkt der Stab, der dem Stilbefund nach eindeutig aus der 1. Hälfte des 14. Jahrhunderts stammt, mit in das neu gestaltete Hochgrab im Hochchor der Abdinghofklosterkirche eingelegt wurde, um die Würde des Stifters zu betonen. Vermutlich hat man dazu den vorhandenen, schlichten, aber elegant geformten Stab verwendet.

Lit.: Bericht des Diözesanmuseumsvereins zu Paderborn 1913, S. 11 · BKW Kreis Paderborn 1899, S. 124, Taf. 95 · Fuchs 1936c · Heppe 1977, Nr. 300 · Kat. Corvey 1966, Bd. 2, S. 602, Nr. 294 (Hans Eickel) · Kat. Soest 1907, S. 62, Nr. C, 125. C.S.

231

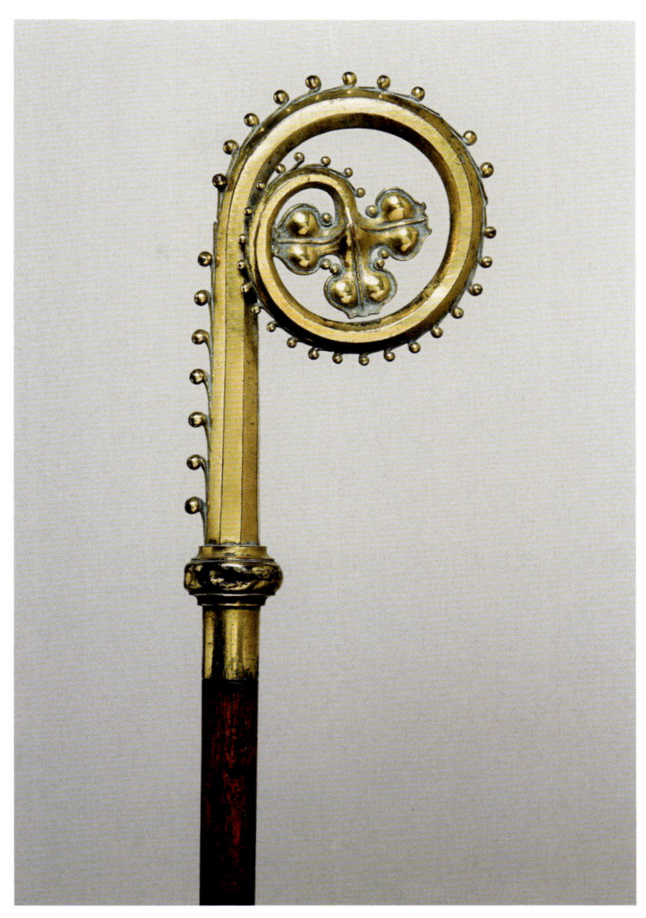

232

233 Spanschachtel mit Reliquie Bischof Meinwerks von Paderborn

Anfang 19. Jahrhundert
Holz, Siegel an allen vier Seiten erbrochen, nicht mehr zu identifizieren – H. 4,0 cm, L. 7,0 cm, B. 5,5 cm
Paderborn, Hoher Dom

Die in der kleinen, längsovalen Spanschachtel aufbewahrte Reliquie des seligen Bischofs Meinwerk (1009–1036) gehört zum Reliquienbestand des Hohen Domes. Sie wurde jüngst bei dessen Aufnahme und Verzeichnung von Prälat Dr. Heribert Schmitz entdeckt, der mich freundlicherweise darauf aufmerksam machte. Die Spanschachtel ist auf dem Deckel mit Tinte beschriftet: »Reliquiae / authenticae de / B[eato] Meinwerco Epis[copo] / Fundatore M[ona]st[erii] / Abdinghofensis«. In den Deckel ist ein mit Tinte beschrifteter und gefalteter Zettel eingelegt mit folgender lateinischer Authentik: »Reliquiae de B[eato] Meinwerco / nostro fundatore, quae 1803 / aliquot mensibus post nostram ex: / tinctionem ex sepulchro eius ex: / tractae in stanneo repositorio / erant positae, ex quibus ego Bene: / dictus Ferrari professus Abdinghof / fensis hanc particulam sum[p]si, et / in hac scatula reposui.« (»Reliquien vom seligen Meinwerk, unserem Gründer, die 1803 einige Monate nach unserer

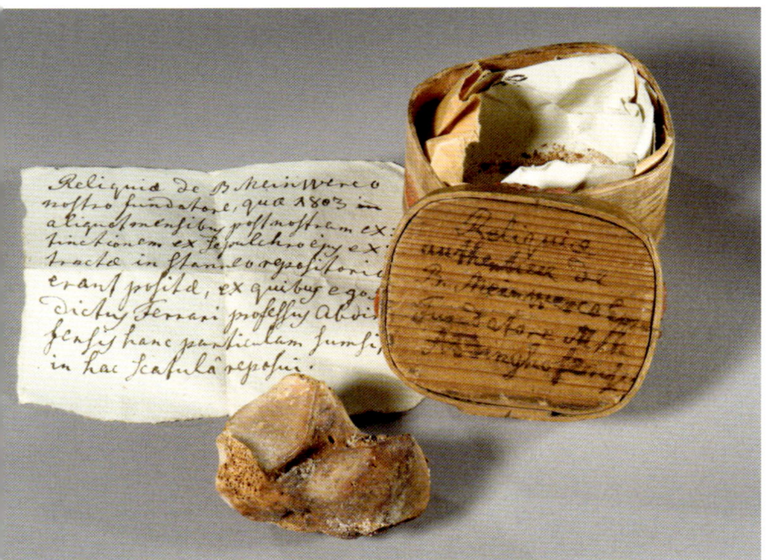

233

Aufhebung aus seinem Grab herausgenommen und in einem zinnernen Repositorium [Behältnis] bewahrt wurden, aus denen ich Benediktus Ferrari, Profess[-mönch] vom Abdinghof, dieses Stückchen herausgenommen und in diese Schachtel gelegt habe.«). Pater Benediktus Ferrari († 1807) – die Angaben zur Biographie verdanke ich Wilhelm Krüggeler – trat 1779 als Novize in das Kloster ein. Er wirkte nach Profess und Priesterweihe als Prediger und Katechet in Borchen und hatte im Kloster das Amt des Pomarius (Obstgärtner) inne. Zuletzt war er Culinarius (Küchenmeister) im Kloster. Einige Monate nach dessen Aufhebung wurde er 1803 zum Augenzeugen der Öffnung der Grabtumba Meinwerks in der Abdinghofkirche. Dem darin aufgefundenen Bleikasten, in den die Reliquien bereits 1376 umgebettet worden waren, entnahm er die Partikeln. Pater Benedikt Ferrari lebte nach der Aufhebung im Hause des Rezeptors und Sekretärs Sypolla über der Kanzlei und teilte die Verbannung aus dem Kloster mit Abt Wolfgang Heidtland (1802–1803). Er starb am 6. Mai 1807 im Alter von 46 Jahren. Wann die Spanschachtel mit der Meinwerkreliquie in den Dom kam, ist nicht bekannt. C.S.

234 Modell der Kirche (Kapelle?) St. Johannes Baptist bei Helmarshausen

Rekonstruierter Zustand: 1. Hälfte 12. Jahrhundert
Entwurf: Clemens Kosch u. Thomas Labusiak
Ausführung: Wolfgang Hannemann, Modellbau für Architektur und Industrie, Oldenburg 2006
Kunststoff – Grundplatte: 86 x 66 cm,
H. (gesamt): 63 cm, M. 1:50
Paderborn, Erzbischöfliches Diözesanmuseum und Domschatzkammer

Um die Baugeschichte und kirchenrechtliche Stellung von St. Johannes Baptist auf dem Krukenberg bei Helmarshausen kreisen viele offene Fragen. Nach den Erwähnungen in der mittelalterlichen Überlieferung (»ecclesia«, »Münster«) handelte es sich vermutlich um eine dem Kloster Helmarshausen zugehörige Kirche und nicht um eine Kapelle. Ein erster Kirchenbau auf dem Krukenberg wird in der *Translatio S. Modoaldi* für das Jahr 1107 erwähnt, der aber nicht mit der im Modell dargestellten Kirche identisch sein muss. Für 1126 ist das erste Weihedatum überliefert. Der Paderborner Bischof Heinrich von Werl (1084–1127) habe die ursprünglich für eine Wallfahrt nach Jerusalem gesammelten Mittel für die Kirche St. Johannes bereitgestellt, u.a. motiviert durch eine wundertätige Heilung von einem Siechtum durch die im Kloster Helmarshausen aufbewahrten Reliquien des hl. Modoaldus. Anfang des 13. Jahrhunderts überwarf sich das um 1000 gegründete und unter Bischof Meinwerk (1009–1036) an die Paderborner Kirche gekommene Kloster (Kat. Nr. 142) mit seinem Kirchenoberen, ohne dass eine gütliche Einigung mehr möglich zu sein schien. Infolgedessen entstand um die Johanneskirche herum die sog. Krukenburg als ein das Kloster sowie die Alt- und Neustadt Helmarshausen beherrschender Burgward, der auch aufgrund seiner strategisch günstigen Lage an der östlichen Grenze der Paderborner Diözese jahrhundertelang zum Streitobjekt zwischen der Paderborner, Mainzer und Kölner Kirche wurde. In einer Fehde zwischen Paderborn und Hessen erlitt die Krukenburg 1464 schwere Schäden, die wohl nicht wieder behoben wurden und den schleichenden Verfall von Kirche und Burg einleiteten. Nachdem Paderborn 1597 auf Helmarshausen verzichtet hatte, gerieten Kloster, Stadt und Burg endgültig an Hessen.

Das Weihedatum von St. Johannes Baptist fällt in die kulturelle Blütezeit des Klosters, in der u.a. der Paderborner Tragaltar durch einen Helmarshausener Mönch entstand (Kat.Nr. 230), das Kloster nach einem Brand umfassend erneuert wurde und es sich aufgrund der aus Trier herbeigebrachten Modoaldusreliquien mit hoher Wahrscheinlichkeit zu einem regionalen Wallfahrtsort entwickelte. Bischof Heinrichs Engagement dürfte daher als eine aussichtsreiche »Investition« in Seelsorge sowie in zu erwartende wirtschaftliche Gewinne verstanden werden. Als Vorbild für den Neu- oder Umbau von St. Johannes in der 1. Hälfte des 12. Jahrhunderts diente die »Jerusalemkirche« des Paderborner Busdorfstiftes mit der Nachbildung des Heiligen Grabes, die in den letzten Lebensjahren Bischof Meinwerks begonnen und vermutlich in den 1060er Jahren fertig gestellt wurde (Kat.Nr. 215). Dass Heinrich von Werl, der als kaiserlicher Kandidat inmitten des Investiturstreites Bischof von Paderborn wurde, mit dem Nachbau den »kaisertreuen« Meinwerk für seine Zwecke politisch instrumentalisierte und St. Johannes nach den unbekannten, in der *Vita Meinwerci* erwähnten Heilig-Grab-Plänen des Helmarshausener Abtes Wino (um 1015–1036) erbaut wurde

(Vita Meinwerci 1921, cap. 216–217), wie es in der Forschungsliteratur häufig dargestellt wird, ist spekulativ. Deutlicher erscheint Heinrichs Vorliebe für Heilig-Grab-Imitationen. Auf ihn geht wohl nicht nur jene Nachbildung in der Krypta von St. Johannes zurück, die bei Grabungen zwischen 1934 und 1939 entdeckt wurde, sondern auch ein 1115 geweihtes Heiliges Grab in den Externsteinen bei Detmold. Die das gesamte Abendland erfassende Begeisterung für die – wenn auch blutige – Eroberung der Heiligen Stadt 1099 durch das christliche Kreuzfahrerheer und die anschließende Errichtung eines Königreiches Jerusalem spiegelt sich nicht nur in Heinrichs Lebenswerk wider. Im 12. Jahrhundert nahm die Zahl der bekannten Pilgerfahrer aus der Paderborner Diözese – wie andernorts auch – schlagartig zu (Brandt/Hengst 2002, S. 584). Für die Johanneskirche mit ihrem als Nischengrab (Arkosolium) nachempfunden Heiligen Grab in der Krypta und dem darüber aufragenden Kuppelbau gibt es nur wenige erhaltene Vergleichsbeispiele in Deutschland. Architektonische Vorbilder sind wohl u.a. in Konstanz (Mauritiuskapelle) zu finden. Damit knüpfte Bischof Heinrich, sicher im Verbund mit dem Helmarshausener Kloster, an die herausragenden künstlerischen Leistungen an, die bereits von Meinwerk und seinen Nachfolgern – insbesondere Imad (1051–1076) und Poppo (1076–1083) – auf den Weg gebracht und nach Kräften gefördert wurden.

Q.: Translatio Modoaldi 1680 · Vita Meinwerci 1921. Lit.: Brandt/Hengst 1984, S. 95–99 · Brandt/Hengst 2002 · Dehio Hessen 1982, S. 402–404 · HHS Hessen 1976, S. 280 (Claus Cramer) · Holtmeyer 1920 · Honselmann/Schmalor 2004 · Hootz 1974, S. 383–384 · Kat. Paderborn 2006, Bd. 2, S. 468–469, Nr. 553 (Clemens Kosch) · Wesenberg 1949. M.M.

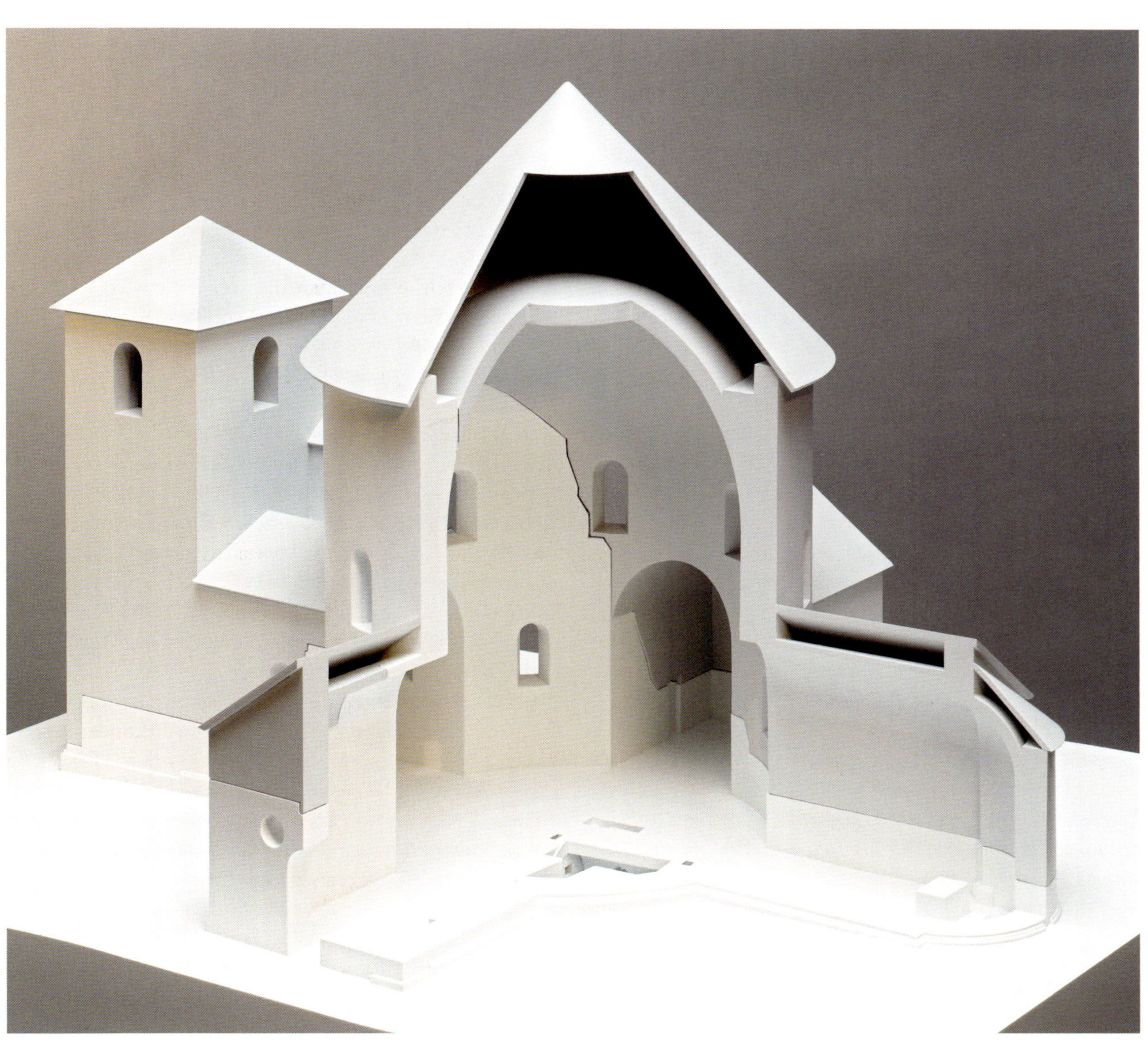

234

235–236 Reliquienbüsten des Kaiserpaares Heinrich II. u. Kunigunde
Östliches Westfalen (?), 1. Viertel 15. Jahrhundert
Paderborn, Erzbischöfliches Diözesanmuseum und Domschatzkammer, Inv.Nr. SK 110–111

235 Kaiser Heinrich II. (1002–1024)
Nussholz (?) mit originalen Fassungsresten –
H. 59,0 cm, B. 41,5 cm, T. 24,0 cm
Durchgängig hohl, aus drei separat geschnitzten Stücken zusammengesetzt, Übergänge geleimt u. mit geschmiedeten Nägeln verstärkt, teilweise mit Leinwand überklebt, in der Vorderseite rundes, am Rand abgefastes Loch, Rückseite mit zweiteiligem Brett verstärkt u. mit hölzernen Vierkantdübeln verbunden
Kronenzacken im rückwärtigen Teil verloren, Bekrönung der einzelnen Zacken verloren, am Kronreif Spuren von ehemals montiertem Zierrat, Standfäche der Figur mit Sägespuren, teilweise ausgefressen (Sockelplatte fehlt), Oberfläche durch Anobienbefall beschädigt, Schwundrisse verkittet – Restaurierung 1949 in der Werkstatt des Dortmunder Museums für Kunst u. Kulturgeschichte auf Schloss Cappenberg

236 Kaiserin Kunigunde († 1033)
Nussholz (?) mit originalen Fassungsresten –
H. 64,0 cm, B. 38,5 cm, T. 23,0 cm
Durchgängig hohl, aus zwei separat geschnitzten Stücken, geleimt u. mit geschmiedeten Nägeln zusammengesetzt
Massiver Ausbruch des stellenweise äußerst dünnwandigen (0,3–0,8 cm) Holzes im Bereich des Oberbauches, von den ursprünglich vier Kronenzacken nur eine fragmentarisch erhalten, Standfäche der Figur gänzlich ausgefressen (Sockelplatte erneuert), Oberfläche durch Anobienbefall besonders im Schulterbereich stark beschädigt, Restaurierung (Freilegung der Fassung mit Ergänzung der Inkarnatpartien) 1954 in der Werkstatt des Dortmunder Museums für Kunst u. Kulturgeschichte auf Schloss Cappenberg

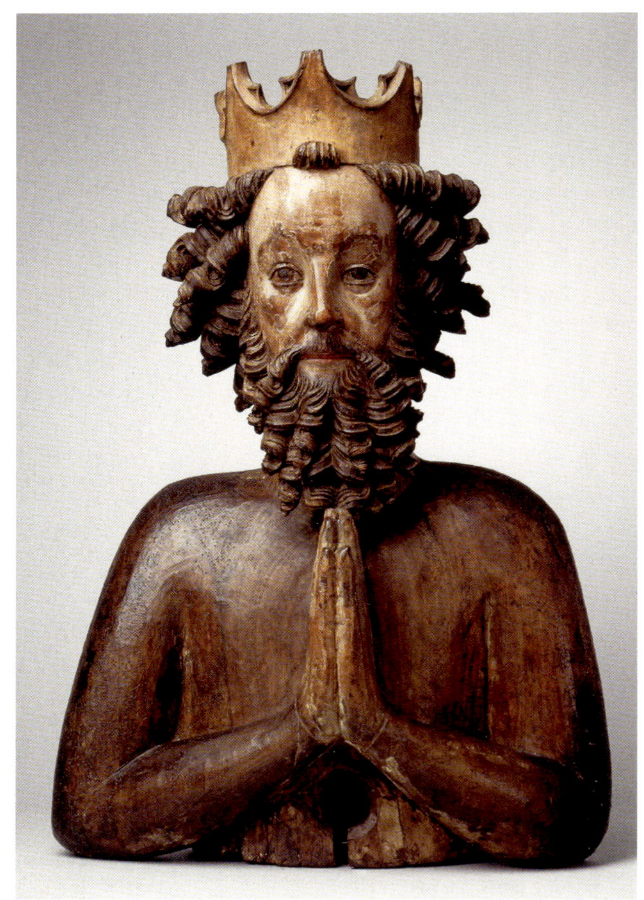

235

Ernst und würdevoll den Blick geradeaus gerichtet, wird der Kaiser in modischem, hauteng anliegendem Gewand mit hohem Kragen präsentiert. Lediglich die siebenzackige Krone auf seinem vollen, kunstvoll in Strähnen gedrehten Haupthaar weist ihn als Herrscher aus. Die vor der Brust andächtig zusammengelegten Hände berühren leicht die Bartspitzen und geben unterhalb der Unterarme den Blick auf eine kleine runde Öffnung frei, hinter der wahrscheinlich Reliquien des Heiligen geborgen waren. Das von leichten Stirnfalten, hohen Wangenknochen und wachen Augen geprägte Gesicht verleiht der Büste den Ausdruck hoher Konzentration und herrschaftlicher Präsenz.
Die Büste der kaiserlichen Gemahlin Kunigunde zeichnet sich durch die gleiche formale Gestaltung aus. Auch sie ist frontal wiedergegeben und hält die zum Gebet aneinander gelegten Hände vor der Brust. Über ihren Schultern liegen nach vorn und zu den Seiten je zwei voluminöse Haarsträhnen, die bis in Höhe der angewinkelten Ellenbogen reichen. Auch ihr Haupt wird von einer (hier vierzackigen) Krone gekrönt. Das ovale Gesicht ist durch eine hohe Stirn, hohe volle Wangen und ein kleines rundes Kinn charakterisiert. Die leicht niedergeschlagenen Augenlider vermitteln demütige Andacht. Von dem sicherlich auch bei dieser Büste ehemals vorhandenen Oculus für die Reliquienschau ist aufgrund des großflächigen Ausbruchs in der Partie unterhalb der Arme nichts erhalten.
Die kompositorisch aufeinander bezogenen Büsten des heiligen Kaiserpaares (Heiligsprechung Heinrichs am 14. März 1146, Kunigundes am 3. April 1200) beeindrucken durch die strenge Axialität im Aufbau und durch das Gleichmaß in den Proportionen. Entgegen der Mehrzahl der kompakter formulierten hölzernen Reliquienbüsten, die formal reduziert und somit abstrakter in der Wirkung nur Kopf und Schulterpartie aufweisen, repräsentieren unsere Bildwerke mit den zum Gebet erhobenen Händen einen Typus, der sich im Laufe des 14. Jahrhunderts entwickelte und von dem besonders in den Schatzkammern Kölner Kirchen bis auf den heutigen Tag zahlreiche Beispiele erhalten sind.

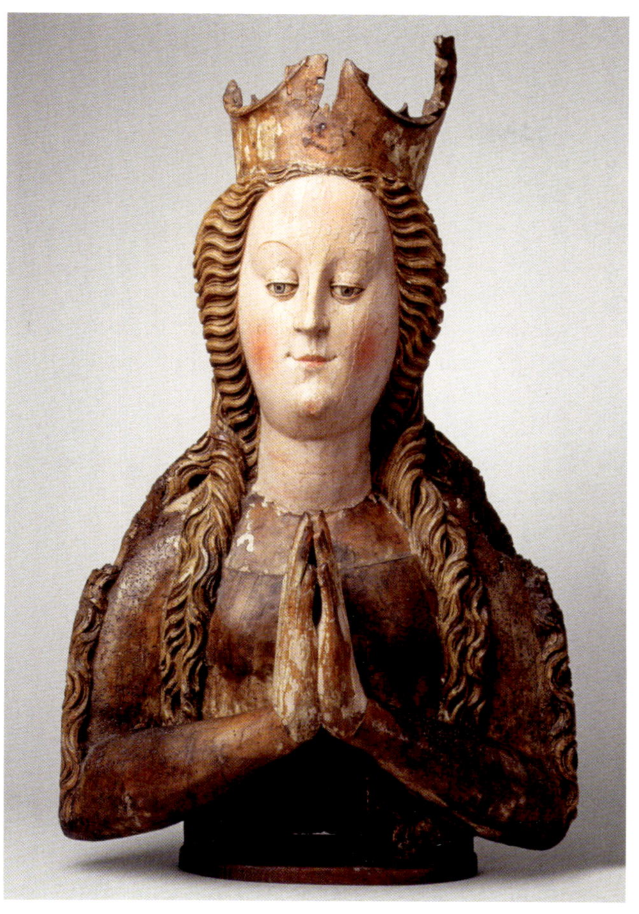

236

vermutet, dass sie vielleicht zum Bestand der abgebrochenen Marktkirche, der ebenfalls nicht mehr bestehenden Minoritenkirche oder der nach der Säkularisation zeitweilig profanierten Abdinghofkirche gehört haben könnten. In Betracht zieht er auch den mittelalterlichen Vorgängerbau der von Fürstbischof Ferdinand von Fürstenberg (1661–1683) 1668 neu errichteten Pfarrkirche in Schloss Neuhaus, deren »Patrone Heinrich und Kunigunde vielleicht von der älteren Kirche übernommen wurden«.
Die Büsten befanden sich 1890 im Besitz des Paderborner Altertumsvereins (BKW Kreis Paderborn 1899), der sie Anfang der 1920er Jahre im Tausch gegen andere Objekte dem Erzbischöflichen Diözesanmuseum übergab (Fuchs 1923).
Die beiden Paderborner Reliquienbüsten bezeugen die fortwährende Bedeutung und Wertschätzung der Heiligen Heinrich und Kunigunde innerhalb der Kirche von Paderborn noch in spätmittelalterlicher Zeit. Bereits zu Lebzeiten richtete das Kaiserpaar mit dem Paderborner Domkapitel eine dauerhafte Gebetsverbrüderung ein, in der das Kapitel verpflichtet war, für das Seelenheil ihrer Wohltäter zu beten.

Lit.: Bergmann 1989 · BKW Kreis Paderborn 1899, S. 133, Taf. 100.1–2 · Fuchs 1923, S. 4 · Fuchs 1954, S. 109, Abb. 6, 8 · Karrenbrock 2001, S. 386, 389 · Kat. Bamberg 2002, S. 363–364, Nr. 187 (Ulrich Kuder) · Kat. Bamberg 2007, S. 432–433, Nr. 86 (Klaus Rupprecht), 87–90 (Peter Schwarzmann), 91 (Regina Hanemann) · Kat. Corvey 1966, Bd. 2, S. 362–363, Nr. 60–61 (beide Paul Pieper). U.P.

Vergleichbar den Haltungen bei Liegefiguren auf Grabtumben vermitteln sie fromme Andacht und lassen sich als Fürbitter der Menschen vor Gott verstehen.
Neben den Paderborner Bildwerken bewahrt das Kölner Museum Schnütgen vergleichbare Reliquienbüsten des letzten ottonischen Kaiserpaares. Beide Büsten dort sind allerdings nicht in einem direkten zeitlichen Zusammenhang entstanden: Die Büste Heinrichs datiert um 1420, die Kunigundes um 1450. Beide wurden jüngst ausführlich vorgestellt (Karrenbrock 2001). Wenngleich nicht von einem Werkstattzusammenhang ausgegangen werden kann, so dürften die Paderborner Büsten möglicherweise als Vorbilder bekannt gewesen sein. Auffällig ist, dass die technische Herangehensweise des Schnitzers der Paderborner Bildwerke Parallelen zu zahlreichen Kölner Reliquienbüsten (Bergmann 1989) aufweist. Sie sind wie auch die Heinrichsbüste aus dem Museum Schnütgen beide ebenfalls aus separaten Teilen geschnitzt, die anschließend zusammengefügt wurden.
Herkunft und Verwendung der Reliquienbüsten liegen weitgehend im Dunkeln. Bislang ist nicht geklärt, aus welchem Zusammenhang sie stammen. Fuchs (1954) nimmt an, dass sie zur Ausstattung einer Paderborner Kirche gehörten, da dem heiligen Kaiserpaar von alters her in der Bischofsstadt hohe Verehrung entgegengebracht wurde. Er

237 Paderborner Haupt-, Stadt- und Stifts-Calender 1714

Kupferstich (vier Platten) von Johann Heinrich Löffler nach Johann Georg Rudolphi, Kalendarium in rot-schwarzem Typendruck, eingeklebt – H. (Blatt) 158,8 cm, B. 61,5 cm
Münster, LWL–Landesmuseum für Kunst und Kulturgeschichte, Westfälisches Landesmuseum, Inv.Nr. K 71-72 LM

Eine epitaphähnliche Pilasterädikula mit Sockelzone, in Quader geteilte, seitliche Pilaster und eine Kämpferzone mit in der Mitte rundbogig erhöhtem Architrav rahmen das Kalendarium. In der darüberliegenden Himmelszone erscheint im Zentrum die Gottesmutter auf einer Mondsichel, flankiert von den Heiligen des Bistums als Ganzfiguren mit zugehörigen Attributen und Schrift: links Karl der Große (768–814), der hl. Meinolf († 857) und der hl. Liborius († um 397); rechts der selige Meinwerk (1009–1036), der hl. Kilian und Kaiser Heinrich II. (1002–1024). Im Rundbogen des Architravs sitzt das Wappen des Fürstbischofs Franz Arnold von Wolff-Metternich zur Gracht (1704–1718). Darunter im Kämpferfries befindet sich eine Inschriftkartusche, flankiert von je zwei Abteiwappen. Im Binnenfeld oberhalb und un-

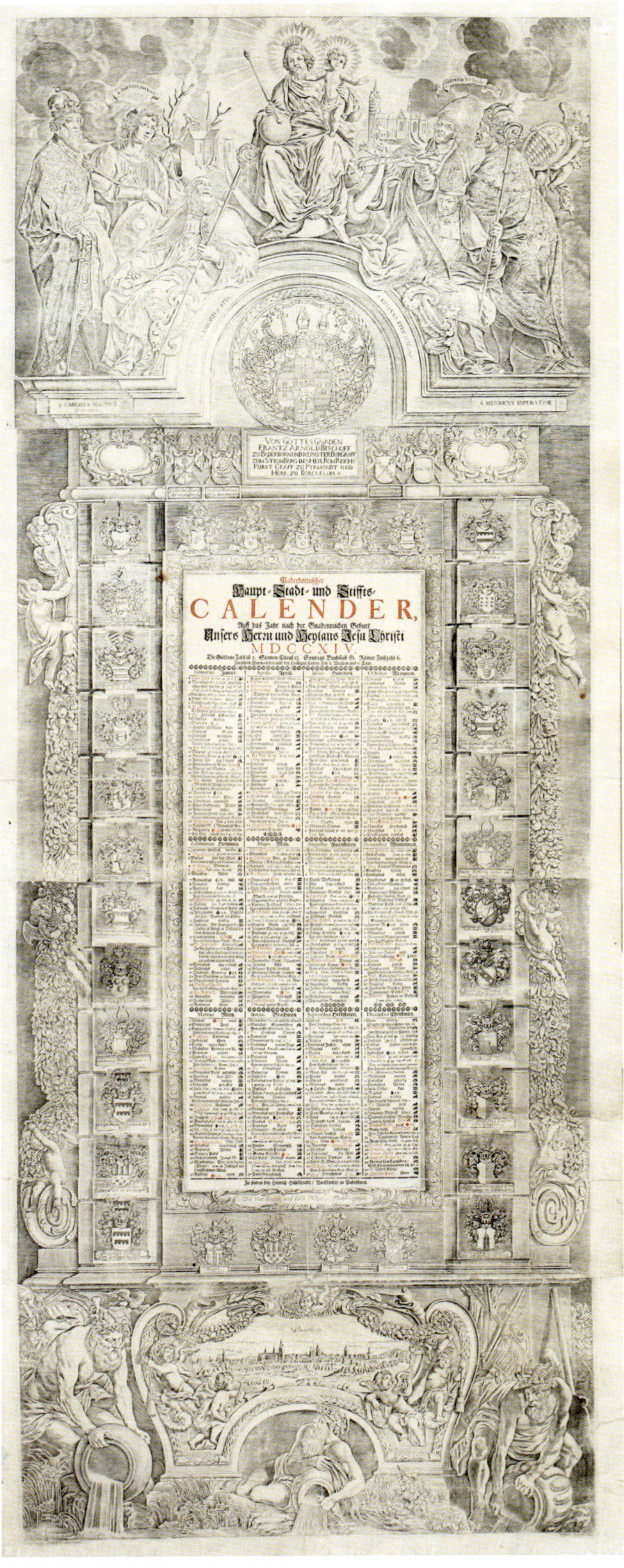

237

terhalb des Kalendariums sitzen die Namen und Wappen der fünf Erbämter (Hofmeister, Marschall, Mundschenk, Küchenmeister und Türwart) sowie der vier Säulen und edlen Meier des Bistums (von Stapel, von Brenken, von Krevet, von Haxthausen). Auf den Pilastern sind die Wappen der 24 Domherren angeordnet. In der Sockelzone ist die Stadtansicht Paderborns von Nordwesten dargestellt. Drei Flussgötter an den Seiten und unten können als Personifikationen von Lippe, Alme und Pader gedeutet werden. Der Stiftskalender wurde vom Paderborner Hofmaler Johann Georg Rudolphi († 1693) entworfen. Die Vorzeichnung zum Kopfstück des Kalenders aus der Hand Rudolphis hat sich im Wallraf-Richartz-Museum Köln (Inv.Nr. Z 3838) erhalten. Der Kalender wurde von dem Kölner Kupferstecher Johann Heinrich Löffler († nach 1680) gestochen und von 1691–1718 jährlich herausgegeben.

Lit.: Kat. Paderborn 1986b, S. 201, 204, Nr. 127 (Christoph Stiegemann) · Kat. Münster 1993b, S. 201–202, Nr. 4.41 (Petra Koch) · Strohmann 1981, Nr. 58–58a · Tack 1955. C.S.

238 Memorialbild Bischof Meinwerks von Paderborn

Paderborn, Johann Ferdinand Woltemate (?),
3. Viertel 18. Jahrhundert
Öl auf Leinwand – H. 99 cm, B. 76 cm
Paderborn, Erzbischöfliches Diözesanmuseum und Domschatzkammer, Leihgabe aus Privatbesitz, Inv.Nr. M 517

In leichter Drehung nach rechts ist die Figur des Bischofs bildbeherrschend in den Vordergrund gerückt. Sie wird von einem dunkelbraunen, diffus räumlichen Grund hinterfangen. Meinwerk (1009–1036) erscheint im festlichen roten Pontifikalornat – Mitra und Kasel sind reich mit figürlichen Stickereien und Perlen verziert, auch die zinnoberroten Pontifikalhandschuhe tragen Zierbesätze. In der Rechten führt Meinwerk den Bischofsstab, in der Linken trägt er das Modell der 1031 geweihten Abdinghofkirche. Das jugendlich-ernste Antlitz mit gerader, schmal geschnittener Nase, bogenförmigen Brauen und großen, klaren Augen ist ebenmäßig modelliert, doch bleibt es seltsam ausdruckslos und leer. Ein kleiner Titulus am linken unteren Bildrand trägt den Namen MEINWERCUS. Darüber in der oberen Bildhälfte erscheint das Bischofswappen mit Mitra, Schwert und Krummstab. Das Wappen mit den drei Lilien ist bereits als Holzschnittillustration der Lebensbeschreibung Meinwerks in der Paderborner Bischofsgeschichte von Hermann von Kerssenbroick († 1585) beigegeben. Ein schmales Schriftband unter dem Wappen gibt die Amtszeit Meinwerks und sein Todesjahr an. Dieser Zusatz betont den Epitaphcharakter des Gemäldes, das dem Andenken des großen Bischofs gewidmet ist.

Da es weder datiert noch signiert ist, sind wir auf die Mittel der Stilkritik angewiesen, um das Bild einzuordnen. Zum Vergleich bietet sich ein weiteres Memorialbild an, das gegen Ende des 18. Jahrhunderts für die Busdorfkirche ge-

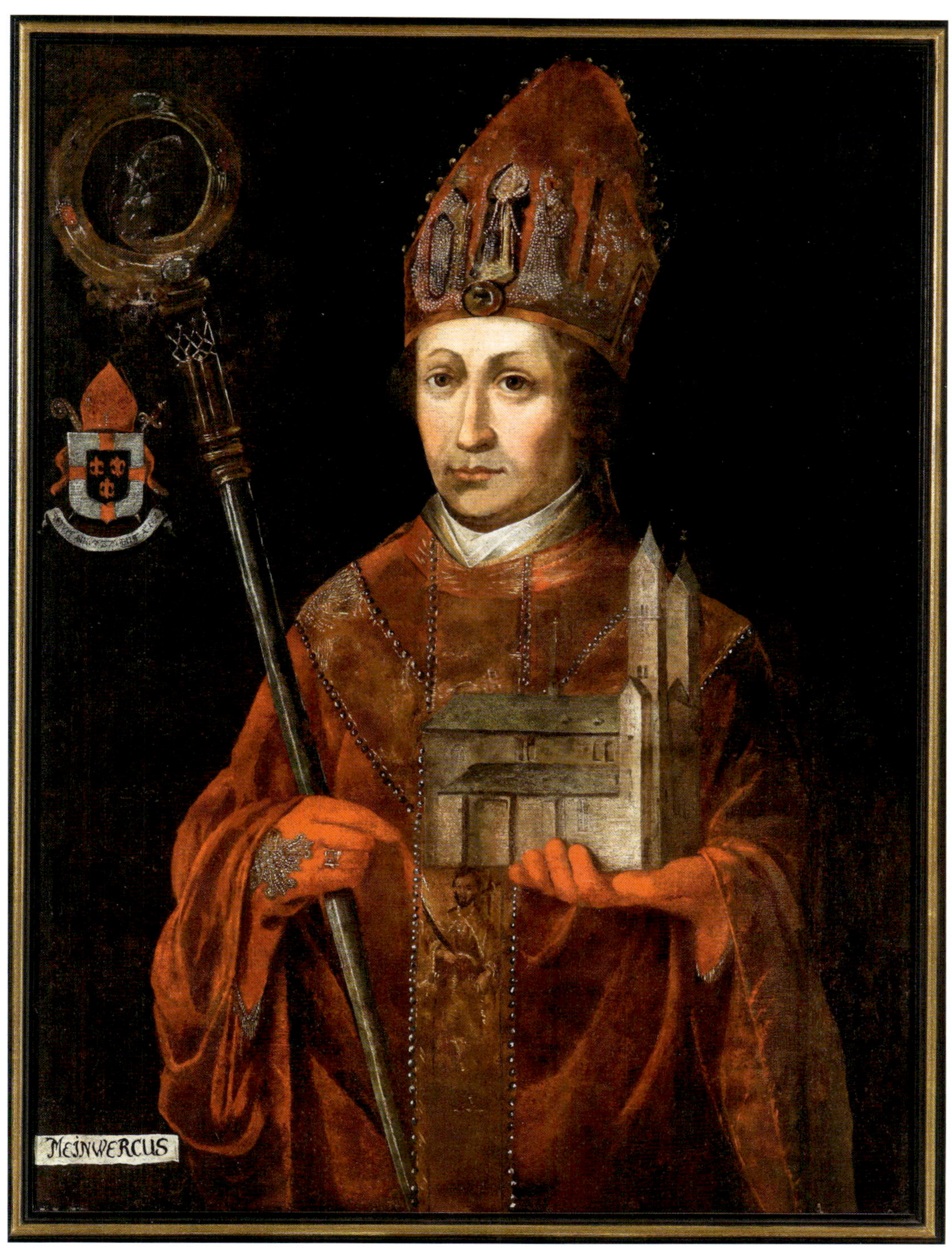

238

schaffen wurde. Es fiel 1945 den Bomben zum Opfer, ist uns aber in einer recht genauen Kopie und auf alten Fotografien überliefert. Auch hier ist das Figurenschema des fast frontal gegebenen Hüftbildes beibehalten; die Komposition wird jedoch um einige Motive bereichert. Nach Alois Fuchs stammt das Original in der Busdorfkirche aus der Hand des Paderborner Meisters Johann Ferdinand Woltemate († 1791), dessen Signatur es wohl trug. Woltemate hatte seit 1754 das Amt eines domkapitularischen Wappenmalers inne, das er fast ein halbes Jahrhundert bis zu seinem Tod ausübte. Auch dieses Memorialbild lässt sich mit guten Gründen Woltemate zuschreiben. Es wird, der noch etwas unschlüssigen malerischen Auffassung nach zu urteilen, wohl früher als das Gemälde der Busdorfkirche entstanden sein, dessen formstrenge Prägnanz ihm noch fehlt.

Q.: Catalogus episcoporum Padibornensium 1578. Lit.: Fuchs 1936c, S. 94 · Stiegemann 1986, S. 59–60, Abb. 1. C.S.

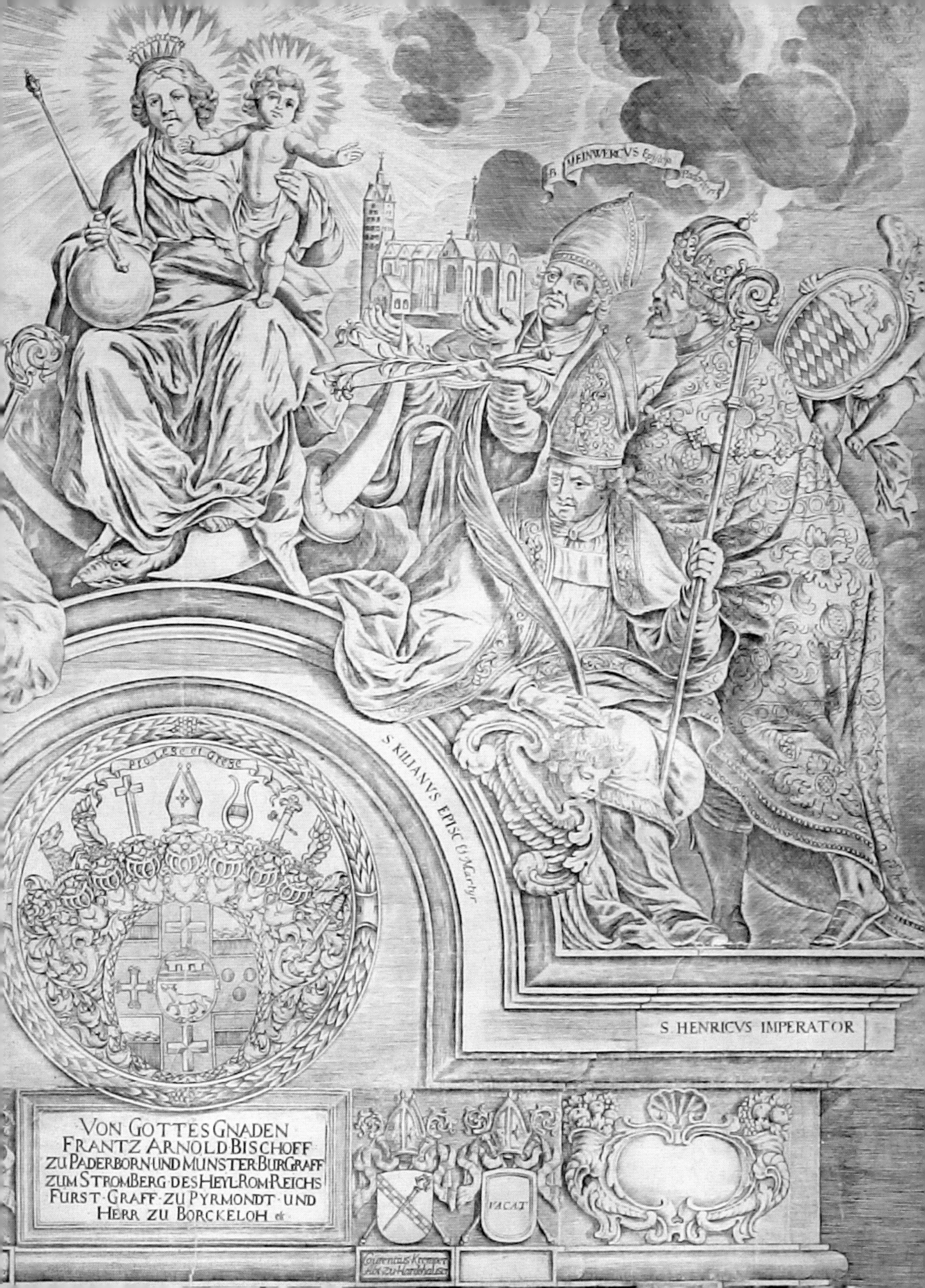
B MEINWERCVS
S KILIANVS EPISC & Martyr
S HENRICVS IMPERATOR
VON GOTTES GNADEN
FRANTZ ARNOLD BISCHOFF
ZU PADERBORN UND MUNSTER BURGRAFF
ZUM STROMBERG DES HEYL. ROM. REICHS
FURST GRAFF ZU PYRMONDT UND
HERR ZU BORCKELOH etc
VACAT

Anhang

Autorensiglen

A.B.	Andrea Bulla
A.D.	Aurelia Dickers
A.L.	Albert Lemeunier
A.P.	Annika Pröbe
A.Pa.	Anna Pawlik
A.S.	Andrea Stieldorf
A.v.E.	Anton von Euw
A.W.	Alexis Wilkin
B.F.	Birgitta Falk
B.L.	Babette Ludowici
B.P.	Bernd Päffgen
B.T.	Bernd Thier
C.H.	Cornelie Holzach
C.H.T.	Claudia Holze-Thier
C.B.	Clemens M. M. Bayer
C.R.	Christian Radtke
C.Ru.	Christiane Ruhmann
C.S.	Christoph Stiegemann
C.Sch.	Christian Schmidt
C.S.D.	Claudia S. Dobrinski
D.B.	Dieter Bischop
D.M.	Doris Mührenberg
E.B.	Edeltraud Balzer
E.K.	Elke Krotz
E.M.	Eva Manz
E.T.	Evelin Thomik
F.B.	Friedrich Battenberg
F.D.	Friederike-Andrea Dorner
F.K.	Friedrich Kunkel
F.M.K.	Frank Matthias Kammel
G.M.B.	Guido M. Berndt
G.S.	P. Gerfried Sitar OSB
H.K.	Hermann Kamp
H.Ku.	Holger Kunde
H.P.	Heike Pöppelmann
H.Que.	Hermann Queckenstedt
H.R.	Hedwig Röckelein
H.W.	Harald Weiß
H.W.A.	Hiltrud Westermann-Angerhausen
I.G.	Ingo Gabriel
J.G.	Janusz Górecki
J.P.K.	Jennifer P. Kingsley
L.L.	Lothar Lambacher
M.B.	Manfred Balzer
M.Be.	Manuela Beer
M.Br.	Michael Brandt
M.C.	Markus Cottin
M.D.	Matthias Deml
M.K.	Martin Kroker
M.L.	Micha Leeflang
M.M.	Mario Müller
N.F.M.	Nicole Freitag-Millet
N.K.	Norbert Kössinger
O.E.	Otfried Ellger
Ph.D.	Philippe Depreux
P.I.	Peter Ilisch
R.K.	Reinhard Karrenbrock
R.M.	Ralf Mahytka
R.S.	Rudolf Schieffer
R.Sch.	Regula Schorta
S.G.	Sonja Glauch
S.Ga.	Sveva Antonella Gai
S.H.	Simone Heimann
S.M.	Stephan Müller
S.Mo.	Séverine Monjoie
S.Sp.	Sven Spiong
S.W.	Stefanie Westphal
T.B.	Tania Brüsch
T.A.P.	Theo A. Pronk
T.S.	Tobias Springer
U.H.	Ulrike Hauser
U.L.	Uwe Lobbedey
U.P.	Ursula Pütz
W.K.	Wilhelm Klare
W.M.	Walter Milutzki
W.W.	Winfried Wilhelmy
W.We.	Winfried Weber

Abkürzungs- und Siglenverzeichnis

AA SS · *Acta Sanctorum*
A.D. · *Anno Domini*
A.F. · *Alte Folge*
AfD · *Archiv für Diplomatik*
AiD · *Archäologie in Deutschland*
AKG · *Archiv für Kulturgeschichte*
ALw · *Archiv für Liturgiewissenschaft*
AQ · *Ausgewählte Quellen zur deutschen Geschichte des Mittelalters, Freiherr vom Stein-Gedächtnisausgabe*
B. · *Breite*
BBKL · *Biographisch-bibliographisches Kirchenlexikon*
Bd./Bde. · *Band/Bände*
bearb. · *bearbeitet*
Bearb.Nr. · *Bearbeitungsnummer*
begr. · *begründet*
bes. · *besonders*
Bf. · *Bischof*
B.I.A.L. · *Bulletin de l'Institut archéologique liégeois*
BKW · *Bau- und Kunstdenkmäler von Westfalen*
Bm. · *Bistum*
cap. · *capitulum*
CC Cont. Med. · *Corpus Christianorum, Continuatio Mediaevalis*
CCSL · *Corpus Christianorum, Series Latina*
Cod. · *Codex*
D. · *Dicke*
DA · *Deutsches Archiv für die Erforschung des Mittelalters*
DI · *Deutsche Inschriften*
dems./ders. · *demselben/derselbe*
Dm. · *Durchmesser*
ebda. · *ebenda*
Ebf. · *Erzbischof*
Ebm. · *Erzbistum*
ed. · *ediert*
erg. · *ergänzt*
Fd.Nr. · *Fundnummer*
FmSt · *Frühmittelalterliche Studien*
fortgef. · *fortgeführt*
FS · *Festschrift*
Gem. · *Gemahlin*
Gew. · *Gewicht*
Gf. · *Graf*
H. · *Höhe*
HiKo · *Historische Kommission*
Hs. · *Handschrift*
HV · *Historische Vierteljahrsschrift*
HZ · *Historische Zeitschrift*
Hz. · *Herzog*
Hzm. · *Herzogtum*
Inv.Nr. · *Inventarnummer*
Kat. · *Katalog*
Kat.Nr. · *Katalognummer*
Kg. · *König*
Kl. · *Kloster*
Kr. · *Kreis*
Ks. · *Kaiser*
L. · *Länge*
Lgf. · *Landgraf*
lib. · *liber*
M. · *Maßstab*
Mgf. · *Markgraf*
Mgft. · *Markgrafschaft*
MGH · *Monumenta Germaniae Historica*
MGH Briefe d. dt. Kaiserzeit · *Die Briefe der deutschen Kaiserzeit*
MGH Capit. N.S. · *Capitularia regum Francorum, Nova Series*
MGH Const. · *Constitutiones et acta publica imperatorum et regum*
MGH DD · *Diplomata*
MGH Epp. · *Epistolae*
MGH Epp. sel. · *Epistolae selectae*
MGH Ldl · *Libelli de lite imperatorum et pontificum*
MGH Libri mem. N.S. · *Libri memoriales et Necrologia, Nova Series*
MGH Poetae · *Poetae Latini medii aevi*
MGH SS · *Scriptores*
MGH SS rer. Germ. N.S. · *Scriptores rerum Germanicarum, Nove Series*
MGH SS rer. Germ. · *Scriptores rerum Germanicarum in usum scholarum separatim editi*
MIÖG · *Mitteilungen des Instituts für Österreichische Geschichtsforschung*
Ms. · *Manuskript*
NA · *Neues Archiv der Gesellschaft für ältere deutsche Geschichtskunde*
ND · *Nachdruck*
N.F. · *Neue Folge*
N.S. · *Nova Series*
o.g. · *oben genannt*
o.J. · *ohne (Erscheinungs-)Jahr*
o.O. · *ohne (Erscheinungs-)Ort*
pag. · *pagina*
Pfgf. · *Pfalzgraf*
PL · *Patrologia Latina*
Q. · *Quelle, Edition*
RGA · *Reallexikon der germanischen Altertumskunde*
s. · *sanctus*
Sp. · *Spalte*
SQWFG · *Studien und Quellen zur westfälischen Geschichte*
Suppl. · *Supplementbd.*
T. · *Tiefe*
Tl. · *Teil*
Tlbd./Tlbde. · *Teilband/Teilbände*
UB · *Urkundenbuch*
VSWG · *Vierteljahrschrift für Sozial- und Wirtschaftsgeschichte*
VuF · *Vorträge und Forschungen*
Westf. · *Westfalen*
WUB · *Westfälisches Urkundenbuch*
WZ · *Westfälische Zeitschrift*
ZAM · *Zeitschrift für Archäologie des Mittelalters*
ZfA · *Zeitschrift für Archäologie*
ZRG KA · *Zeitschrift der Savigny-Stiftung für Rechtsgeschichte, kanonistische Abteilung*

Quellen

Adam von Bremen 1961
Adam von Bremen: Gesta Hammaburgensis ecclesiae pontificum, bearb. v. Werner Trillmich, in: Quellen des 9. und 11. Jahrhunderts zur Geschichte der hamburgischen Kirche und des Reiches, hg. v. dems. u. Rudolf Buchner (AQ, 11), Darmstadt 1961, S. 137–499.

Adam von Bremen 1993
Adam von Bremen: Gesta Hammaburgensis ecclesiae pontificum. Hamburgische Kirchengeschichte, hg. v. Bernhard Schmeidler (MGH SS rer. Germ. 2), Hannover 1993.

ADB 5
Algemeine deutsche Bibliographie, hg. v. der Historischen Commission bei der Königlichen Akademie der Wissenschaften, Bd. 5, Leipzig 1877.

Adelbold von Utrecht 1983
De Vita Heinrici II. imperatoris van bisschop Adelbold van Utrecht, bearb. v. Hans van Rij, in: Nederlandse Historische Bronnen 3 (1983), S. 7–95.

Ademar 1841
Ademari historiarum libri III, bearb. v. Georg Waitz, in: MGH SS 4, hg. v. Georg H. Pertz, Hannover 1841, S. 106–148.

Adventus Landoaldi 1888
Ex adventu et elevatione S. Landoaldi sociorumque eius, hg. v. Oswald Holder-Egger, in: MGH SS 15.2, hg. v. der Gesellschaft für ältere deutsche Geschichtskunde, Hannover 1888, S. 607–611.

Aegidius 1880
Aegidii Aureaevallensis: Gesta episcoporum Leodiensium, bearb. v. Johannes Heller, in: MGH SS 25, hg. v. Georg Waitz, Hannover 1880, S. 1–129.

Alcuin 1881
Alcuini (Albini) carmina, bearb. v. Ernst Dümmler, in: MGH Poetae 1, Berlin 1881, S. 160–351.

Alpert von Metz 1859
Des Alpertus von Metz zwei Bücher über verschiedene Zeitereignisse, nebst zwei Bruchstücken über Bischöfe von Metz, bearb. u. hg. v. Andreas Dederich, Münster 1859.

Alpert von Metz 1980
Alpert von Metz: De diversitate temporum et fragmentum de Deoderico primo episcopo Mettensis, hg. v. Hans van Rij, Amsterdam 1980.

Althochdeutsche Literatur 2007
Althochdeutsche Literatur. Eine kommentierte Anthologie, hg. v. Stephan Müller, Stuttgart 2007.

Animae illustres 1663
Animae illustres Iuliae, Cliviae, Montium, Marchiae, Ravenspurgi, Morsae annexarumque provinciarum e monumentis calamo, bearb. v. Theodor Rhay, Neuburg/Donau 1663.

Annales Brunwilarenses 1859
Annales Brunwilarenses a. 1000–1179, hg. v. Georg H. Pertz, in: MGH SS 16, hg. v. dems., Hannover 1859, S. 724–728.

Annales Corbeienses maiores 1996
Annales Corbeienses maiores. Die größeren Annalen von Corvey, bearb. v. Franz-Josef Schmale (Abhandlungen zur Corveyer Geschichtsschreibung, 8. Veröffentlichungen der HiKo für Westfalen, 10), Münster 1996.

Annales Paderbornenses 1693–1698
Annales Paderbornenses, 2 Bde., bearb. v. Nikolaus Schaten, Neuhaus 1693–1698.

Annales Quedlinburgenses 2004
Die Annales Quedlinburgenses, hg. v. Martina Giese (MGH SS rer. Germ. 72), Hannover 2004.

Annalista Saxo 1844
Annalista Saxo a. 741–1139, hg. v. Georg Waitz, in: MGH SS 6, hg. v. Georg H. Pertz, Hannover 1844, S. 542–777.

Anonymus Haserensis 1987
Die Geschichte der Eichstätter Bischöfe des Anonymus Haserensis, hg. v. Stefan Weinfurter (Eichstätter Studien, N.F. 24), Regensburg 1987.

Arabische Berichte 1927
Arabische Berichte von Gesandten an germanische Fürstenhöfe aus dem 9. und 10. Jahrhundert, hg. v. Georg Jacob (Quellen zur deutschen Volkskunde, 1), Berlin u.a. 1927.

Aristoteles Latinus 1965
Aristoteles Latinus, Bd. 2.1–2, hg. v. Laurentius Minio-Paluello, Brügge 1965.

Arnold von St. Emmeram 1841
Arnold von St. Emmeram: Liber de miraculis s. Emmerammi, hg. v. Georg Waitz, in: MGH SS 4, hg. v. Georg H. Pertz, Hannover 1841, S. 543–574.

Bern von Reichenau 1961
Die Briefe des Abtes Bern von Reichenau, hg. v. Franz-Josef Schmale (Veröffentlichungen der Kommission für geschichtliche Landeskunde in Baden-Württemberg, Reihe A, Quellen, 6), Stuttgart 1961.

Boethius 1970
Boethius: Geometrie II. Ein mathematisches Lehrbuch des Mittelalters, hg. v. Menso Folkerts (Boethius, 9), Wiesbaden 1970.

Briefe des Bonifatius 1916
Die Briefe des heiligen Bonifatius und Lullus, hg. v. Michael Tangl (MGH Epp. sel. 1), Berlin 1916.

Briefe des Bonifatius 1968
Briefe des Bonifatius. Willibalds Leben des Bonifatius nebst einigen zeitgenössischen Dokumenten, neu bearb. v. Reinhold Rau (AQ, 4b), Darmstadt 1968.

Burchard von Worms 1853
Burchardi ecclesiae Wormaciensis episcopi, in: Burchardi Vormatiensis episcope opera omnia, hg. v. Jacques-Paul Migne (PL 140), Paris 1853, Sp. 549–1058.

Burchard von Worms 1886
Das Hofrecht des Bischofs Burchard von Worms, hg. v. Heinrich Boos, in: Urkundenbuch der Stadt Worms, Bd. 1, hg. v. dems. (Quellen zur Geschichte der Stadt Worms, 1), Berlin 1886, S. 39–45.

Burchard von Worms 1992
Burchard von Worms: Decretorum libri XX, hg. v. Gérard Fransen u. Theo Kölzer, Aalen 1992.

Catalogus episcoporum Padibornensium 1578
Hermann von Kerssenbroick: Catalogus episcoporum Padibornensium eorumque acta quatenus haberi potuerunt, Lemgo 1578.

CCH 1
Catalogus codicum hagiographicorum Bibliothecae Regiae Bruxellensis, Bd. 1.1–2, begr. v. Jean Bolland (Subsida Hagiographica, 1. Analecta Bollandiana, 1), Brüssel 1886–1889.

CCSL 77
S. Hieronymi presbyteri opera, Bd. 1.7, bearb. v. David Hurst u. Marcus Adriaen, Turnhout 1969.

CCSL 113
Isidorus Hispalensis: De ecclesiasticis officiis, bearb. v. Christopher M. Lawson, Turnhout 1989.

Codex Brescia 2000
Arnold Angenendt u. Gisela Muschiol: Die liturgischen Texte, in: Der Memorial- und Liturgiecodex von San Salvatore/Santa Giulia in Brescia, hg. v. Dieter Geuenich u. Uwe Ludwig (MGH Libri mem. N.S. 4), Hannover 2000, S. 28–55.

Cölner Bücherkatalog 1876
Ernst Dümmler: Cölner Bücherkatalog, in: Zeitschrift für deutsches Altertum und Literatur 19 (1876), S. 466–467.

Coloniensis codices manuscripti 1874
Ecclesiae metropolitanae Coloniensis codices manuscripti, bearb. v. Philipp Jaffé u. Wilhelm Wattenbach, Berlin 1874.

Commentariorum 1898
Commentariorum in aratum reliquiae, hg. v. Ernst Maass, Berlin 1898.

Constitutiones et acta 1893
Constitutiones et acta publica imperatorum et regum, Bd. 1, hg. v. Ludwig Weiland (MGH Const. 1), Hannover 1893.

Dedicatio ecclesiae s. Petri Babenbergensis 1861
Dedicatio ecclesiae s. Petri Babenbergensis a. 1012, hg. v. Philipp Jaffé, in: MGH SS 17, hg. v. Georg H. Pertz, Hannover 1861, S. 635–636.

DI 2
Die Inschriften der Stadt Mainz von frühmittelalterlicher Zeit bis 1650, bearb. v. Fritz Viktor Arens (Die deutschen Inschriften, 2. Heidelberger Reihe, 2), Stuttgart 1958.

DI 46
Die Inschriften der Stadt Minden, bearb. v. Sabine Wehking (Die deutschen Inschriften, 46. Düsseldorfer Reihe, 3), Wiesbaden 1997.

DI 58
Die Inschriften der Stadt Hildesheim, bearb. v. Christine Wulf, 2 Tlbde. (Die deutschen Inschriften, 58. Göttinger Reihe, 10), Wiesbaden 2003.

DI 70
Die Inschriften der Stadt Trier, Bd. 1, bearb. v. Rüdiger Fuchs (Die deutschen Inschriften, 70. Mainzer Reihe, 10), Wiesbaden 2006.

Diplomata Belgica 1950
Diplomata Belgica ante annum millesimum centesimum scripta, Bd. 1, hg. v. Maurits Gysseling u. Anton C. F. Koch (Bouwstoffen en studiën voor de geschiedenis en de lexicografie van het Nederlands, 1), Brüssel 1950.

Egbert von Lüttich 1889
Egbert von Lüttich: Fecunda ratis, hg. v. Ernst Voigt, Halle 1889.

Ekkehard IV. 1980/1991
Ekkehard IV: Casus sancti Galli. St. Galler Klostergeschichten, bearb. v. Hans F. Haefele (AQ, 10), Darmstadt 1980/31991.

Epistola Brunonis 1973
Epistola Brunonis ad Henricum regem, hg. v. Jadwiga Karwasińska (Monumenta Poloniae Historica, N.S. 4.3), Warschau 1973, S. 85–106.

Feier der Heiligen Messe 1986
Die Feier der Heiligen Messe. Eigenfeiern für das Erzbistum Paderborn. Ergänzungen. Authentische Ausgabe für den liturgischen Gebrauch, Paderborn 1986.

Feier des Stundengebetes 1986
Die Feier des Stundengebetes. Eigenfeiern des Erzbistums Paderborn. Authentische Ausgabe für den liturgischen Gebrauch, Paderborn 1986.

Ferdinand von Fürstenberg 1669
Ferdinand von Fürstenberg: Monumenta Paderbornensia. Ex historia Romana, Francica, Saxonica eruta et notis illustrata, Paderborn 1669.

Froumund von Tegernsee 1925
Froumund: Codex epistolarum Tegernseensium. Die Tegernseer Briefsammlung, hg. v. Karl Strecker (MGH Epp. sel. 3), Berlin 1925.

Frutolfs und Ekkehards Chroniken 1972
Frutolfs und Ekkehards Chroniken und die anonyme Kaiserchronik, hg. v. Franz-Josef Schmale u. Irene Schmale-Ott (AQ, 15), Darmstadt 1972.

Gallus Anonymus 1952
Gallus Anonymus: Cronicae et gesta ducum sive principum polonorum, hg. v. Karol Maleczynski (Monumenta Poloniae Historica, N.S. 2.2. Wydawnictwa Komisji Historycznej, Polska Akademia Umietnosci, 89), Krakau 1952.

Geschichte der Slaven 1984–1988
Regesten zur Geschichte der Slaven an Elbe und Oder (vom Jahr 900 an), 5 Bde., hg. v. Christian Lübke (Osteuropastudien der Hochschulen des Landes Hessen, 1. Giessener Abhandlungen zur Agrar- und Wirtschaftsforschung des europäischen Ostens, 131, 133, 134, 152 u. 157), Berlin 1984–1988.

Geschichte in Quellen und Darstellung 1995
Deutsche Geschichte in Quellen und Darstellung, Bd. 1, hg. v. Wilfried Hartmann, Stuttgart 1995.

Gesta Chuonradi 1915
Wipo: Gesta Chuonradi II. imperatoris, hg. v. Harry Bresslau, in: Wiponis opera. Die Werke Wipos, hg. v. dems. (MGH SS rer. Germ. 61), Hannover u.a. 31915, S. 1–62.

Gesta Chuonradi 1961/1978
Wipo: Gesta Chuonradi II. imperatoris, bearb. v. Werner Trillmich, in: Quellen des 9. und 11. Jahrhunderts zur Geschichte der Hamburgischen Kirche und des Reiches, hg. v. dems. u. Rudolf Buchner (AQ, 11), Darmstadt 1961/51978, S. 522–613.

Gesta episcoporom Cameracensium 1846
Gesta episcoporom Cameracensium, hg. v. Ludwig C. Bethmann, in: MGH SS 7, hg. v. Georg H. Pertz, Hannover 1846, S. 393–525.

Gobelinus Person 1900
Cosmidromius Gobelini Person, hg. v. Max Jansen (Veröffentlichungen der HiKo der Provinz Westfalen, 7), Münster 1900.

GW 4
Gesamtkatalog der Wiegendrucke, hg. v. der Kommission für den Gesamtkatalog der Wiegendrucke, Bd. 4, Leipzig 1930.

Helmold von Bosau 1963
Helmold von Bosau: Chronica Slavorum. Slawenchronik, bearb. v. Heinz Stoob (AQ, 19), Darmstadt 1963.

Hermann von Reichenau 1844
Herimanni Augiensis chronicon a. 1–1054, hg. v. Georg H. Pertz, in: MGH SS 5, hg. v. dems., Hannover 1844, S. 67–133.

Herrad von Landsberg 1979
Herrad von Landsberg: Hortus delicarum, 2 Bde., hg. v. Rosalie Green (Studies of the Warburg Institute, 36), London 1979.

Honorius 1854
Honorii Augustodunensis opera omnia, hg. v. Jacques-Paul Migne (PL 172), Paris 1854.

Hrabanus Maurus 2006
Hrabanus Maurus: De institutione clericorum. Über die Unterweisung der Geistlichen, 2 Bde., bearb. v. Detlev Zimple (Fontes Christiani, 61), Turnhout 2006.

Hugo von Verdun 1848
Chronicon Hugonis monachi Virdunensis et Divionensis, abbatis Flaviniacensis, hg. v. Georg H. Pertz, in: MGH SS 8, hg. v. dems., Hannover 1848, S. 280–503.

Humbertus 1891
Humbertus: Libri tres, adversus simoniacos, hg. v. Friedrich Thaner, in: MGH Ldl 1, hg. v. Gesellschaft für ältere deutsche Geschichtskunde, Hannover 1891, S. 95–253.

INA
Inventare der nichtstaatlichen Archive Westfalens, hg. v. LWL-Archivamt für Westfalen, Münster, erscheint seit 1961.

Innozenz 1855
Innocentii III. romani pontificis opera omnia, hg. v. Jacques-Paul Migne (PL 217), Paris 1855.

Kapitulariensammlung 1996
Collectio capitularium Ansegisi. Die Kapitulariensammlung des Ansegis, hg. v. Gerhard Schmitz (MGH Capit. N.S. 1), Hannover 1996.

Lampert von Hersfeld 1894
Lamperti monachi Hersfeldensis opera, hg. v. Oswald Holder-Egger (MGH SS rer. Germ. 38), Hannover u.a. 1894.

Le sacramentaire grégorien 1971–1992
Le sacramentaire grégorien. Ses principales formes d'après les plus anciens manuscrits, 3 Bde., hg. v. Jean Deshusses (Spicilegium Friburgense, 16, 24, 28), Freiburg 1971/1979/1982, 21979/21988/21992, 31992.

Libellus Scolasticus 1962
Der Libellus Scolasticus des Walther von Speyer. Ein Schulbericht aus dem Jahre 984, hg. v. Peter Vossen, Berlin 1962.

Liber Ordinarius Paderborn 1971
Der Paderborner Liber Ordinarius von 1324. Textausgabe mit einer strukturgeschichtlichen Untersuchung der antiphonalen Psalmodie, hg. v. Franz Kohlschein (SQWFG, 11), Paderborn 1971.

Liudprand von Cremona 1915
Antapodosis, hg. v. Joseph Becker, in: Liudprandi opera. Die Werke Liudprands von Cremona, hg. v. dems. (MGH SS rer. Germ. 41), Hannover u.a. 31915, S. 1–158.

Liudprand von Cremona 1998
Liudprandi Cremonensis opera omnia: Antapodosis, Homelia paschalis, Historia Ottonis, Relatio de legatione Constantinopolitana, Hauptbd., hg. v. Paolo Chiesa (CC Cont. Med., 156), Turnhout 1998.

Magdeburger Bischofschronik 2006
Magdeburger Bischofschronik, bearb. v. Hermann Michaëlis, Dößel 2006.

Martianus Capella 2005
Martianus Capella: De nuptiis Philologiae et Mercurii. Die Hochzeit der Philologie mit Merkur, bearb. v. Hans Günter Zekl, Würzburg 2005.

MGH DD H II
Heinrici II. et Arduini Diplomata. Die Urkunden Heinrichs II. und Arduins, hg. v. Harry Bresslau, Hermann Bloch u. Robert Holtzmann, Hannover 1900–1903.

MGH DD H III
Heinrici III. Diplomata. Die Urkunden Heinrichs III., hg. v. Harry Bresslau u. Paul F. Kehr, Berlin 1931.

MGH DD H IV
Heinrici IV. Diplomata. Die Urkunden Heinrichs IV., 3 Bde., bearb. v. Dietrich v. Gladiss u. Alfred Gawlik, Hannover 1941–1978.

MGH DD K II
Conradi II. Diplomata. Die Urkunden Konrads II. Mit Nachträgen zu den Urkunden Heinrichs II., hg. v. Harry Bresslau, Hannover u.a. 1909.

MGH DD K III
Karoli III. Diplomata. Die Urkunden Karls III., hg. v. Paul F. Kehr, Berlin 1936–1937.

MGH DD O I
Die Urkunden der deutschen Könige und Kaiser, hg. v. der Gesellschaft für ältere deutsche Geschichtskunde, Bd. 1: Die Urkunden Konrad I., Heinrich I. u. Otto I., Hannover 1879–1884

MGH DD O II
Ottonis II. Diplomata. Die Urkunden Otto des II., hg. v. Theodor Sickel, Hannover 1888.

MGH DD O III
Ottonis III. Diplomata. Die Urkunden Otto des III., hg. v. Theodor Sickel, Hannover 1893.

MGH Epp. 4
Epistolae, Bd. 4, hg. v. Ernst Dümmler, Berlin 1895.

MGH Poetae 1
Poetae Latini medii aevi, Bd. 1, hg. v. Ernst Dümmler, Berlin 1881.

MGH Poetae 4.2–3
Poetae Latini medii aevi, Bd. 4.2–3, hg. v. Karl Strecker, Berlin 1914–1923.

MGH Poetae 5.1–2
Poetae Latini medii aevi, Bd. 5.1–2, hg. v. Karl Strecker, Leipzig 1937–1939.

MGH Poetae 6.1
Poetae Latini medii aevi, Bd. 6.1, hg. v. Karl Strecker, Weimar 1951.

MGH SS 13
Scriptores, Bd. 13, hg. v. Gesellschaft für ältere deutsche Geschichtskunde, Hannover 1881.

Mindener Geschichtsquellen 1917–1932
Mindener Geschichtsquellen, 2 Bde., hg. v. Klemens Löffler, Münster 1917–1932.

Monumenta palaeographica 1899–1940
Monumenta palaeographica. Denkmäler der Schreibkunst des Mittelalters, 3 Serien, hg. v. Anton Chroust, München u.a. 1899–1940.

MUB 1
Mainzer Urkundenbuch, Bd. 1, bearb. v. Manfred Stimming, Darmstadt 1932.

Necrologien 1998
Necrologien, Anniversarien- und Obödienzverzeichnisse des Mindener Domkapitels aus dem 13. Jahrhundert, hg. v. Ulrich Rasche (MGH Libri mem. N.S. 5), Hannover 1998.

Notker der Deutsche 1979
Notker der Deutsche: Martianus Capella. De nuptiis Philologiae et Mercurii, hg. v. James C. King (Die Werke Notkers des Deutschen, 4), Tübingen 1979.

Notker der Deutsche 1986
Notker der Deutsche: Boethius. De consolatione Philosophiae, Buch 1/2, hg. v. Petrus W. Tax (Die Werke Notkers des Deutschen, 1), Tübingen 1986.

Notker der Deutsche 1996
Notker der Deutsche: Die kleineren Schriften, hg. v. James C. King u. Petrus W. Tax (Die Werke Notkers des Deutschen, 7), Tübingen 1996.

Notker der Deutsche 2003
Notker der Deutsche: Notker latinus zu den kleineren Schriften, hg. v. James C. King u. Petrus W. Tax (Die Werke Notkers des Deutschen, 7A), Tübingen 2003.

Notker der Stammler 1959
Notker der Stammler: Taten Kaiser Karls des Großen, hg. v. Hans F. Haefele (MGH SS rer. Germ. N.S. 12), Berlin 1959.

Notker Labeo 1995
Notker Labeo: De musica, bearb. u. hg. v. Martin van Schaik, Utrecht 1995.

Papsturkunden Spaniens 1926
Die ältesten Papsturkunden Spaniens, bearb. v. Paul Kehr (Abhandlungen der Preußischen Akademie der Wissenschaften, philosophisch-historische Klasse, Jg. 2), Berlin 1926.

Pilgerfahrt ins Heilige Land 2002
Pilgerfahrt ins Heilige Land. Die ältesten Berichte christlicher Palästinapilger (4.–7. Jahrhundert), hg. v. Herbert Donner, Stuttgart 22002.

Plato 1962
Plato: Timaeus a Calcidio, hg. v. Jan Hendrik Waszink (Corpus platonicum medii aevi. Plato latinus, 4), London u.a. 1962.

PUU
Papsturkunden 896–1046, 2 Bde., bearb. v. Harald Zimmermann (Österreichische Akademie der Wissenschaften, philosophisch-historische Klasse, Denkschriften 174 u. 177. Veröffentlichungen der HiKo, 3 u. 4), Wien 1984–1985.

Radziwiłł-Chronik 1986
Rauchspur der Tauben. Radziwiłł-Chronik, hg. v. Helmut Graßhoff, Dietrich Freydank u. Gottfried Sturm, Leipzig u.a. 1986.

Regesta archiepiscoporum Maguntinensium 1877
Regesta archiepiscoporum Maguntinensium. Regesten zur Geschichte der Mainzer Erzbischöfe von Bonifatius bis Heinrich II. 742–1288, Bd. 1, hg. v. Cornelius Will, Innsbruck 1877.

Regesta Imperii II/3
Die Regesten des Kaiserreiches unter Otto III. 980 (983)–1002, bearb. v. Mathilde Uhlirz, Wien u.a. 1956.

Regesta Imperii II/4
Die Regesten des Kaiserreiches unter Heinrich II. 1002–1024, bearb. v. Theodor Graff, Wien u.a. 1971.

Regesta Imperii III/1
Die Regesten des Kaiserreiches unter Konrad II. 1024–1039, bearb. v. Heinrich Appelt, Köln u.a. 1951.

REK 1
Die Regesten der Erzbischöfe von Köln im Mittelalter, Bd. 1, bearb. v. Friedrich W. Oediger (Publikationen der Gesellschaft für rheinische Geschichtskunde, 21.1), Bonn 1954–1961.

Reliquienverzeichnis Paderborner Dom 1986
Manfred Balzer: Reliquienverzeichnis des Paderborner Domes, in: Lobbedey 1986a, S. 119–121.

Rep. font.
Repertorium fontium historiae medii aevi, bisher erschienen 11 Bde., begr. v. August Potthast, Rom 1962–2007.

Richer von Saint-Remi 1839
Richeri historiarum libri IIII. Hg. v. Georg H. Pertz (MGH SS rer. Germ. 51), Hannover 1839.

Rodulfus Glaber 1989
Rodulfus Glaber: Historiarum libri quinque. The Five Books of the Histories, hg. v. John France, Oxford (USA) 1989.

Rohleder 2004
Michael Rohleder: Übersetzung der Urkunde Heinrichs II. von 1004 November 13, in: Wörlitz. Weltkulturerbe der UNESCO, hg. v. der Stadt Wörlitz, Wörlitz 2004, vorderer Buchspiegel.

RUB
Rheinisches Urkundenbuch, 2 Bde., bearb. v. Erich Wisplinghoff (Publikationen der Gesellschaft für rheinische Geschichtskunde, 57), Düsseldorf 1972–1994.

Schatzverzeichnisse 1967
Mittelalterliche Schatzverzeichnisse, Bd. 1, hg. v. Bernhard Bischoff (Veröffentlichungen des Zentralinstituts für Kunstgeschichte in München, 4), München 1967.

Schriftquellen zur Kunstgeschichte 1938
Schriftquellen zur Kunstgeschichte des 11. und 12. Jahrhunderts für Deutschland, Lothringen und Italien, 2 Bde., hg. v. Otto Lehmann-Brockhaus, Berlin 1938.

Sigmund Feyerabend 1584
Sigmund Feyerabend: Reyßbuch deß heyligen Lands, Frankfurt/Main 1584.

SMAH 1
Scriptoria Medii Aevi Helvetica. Denkmäler schweizerischer Schreibkunst des Mittelalters, Bd. 3, hg. u. bearb. v. Albert Bruckner, Genf 1938.

Smaragdus 1881
Smaragdus (Zmaragdus) Carmina, in: MGH Poetae 1, S. 605–619.

Smaragdus 1974
Smaragdi abbatis expositio in regulam s. Benedicti, hg. v. Alfred Spannagel, Pius Engelbert u. Kassius Hallinger (Corpus consuetudinum monasticarum, 8), Siegburg 1974.

Thietmar von Merseburg 1935
Thietmari Merseburgensis episcopi chronicon. Die Chronik des Bischofs Thietmar von Merseburg und ihre Korveier Überarbeitung, hg. v. Robert Holtzmann (MGH SS rer. Germ. N.S. 9), Berlin 1935.

Thietmar von Merseburg 1957/2002
Thietmari Merseburgensis episcopi chronicon, bearb. v. Werner Trillmich (AQ, 9), Darmstadt 1957/82002.

Thomasin von Zerklaere 2004
Thomasin von Zerklaere: Der Welsche Gast, bearb. v. Eva Willms, Berlin 2004.

Totenbücher 1983
Die Totenbücher von Merseburg, Magdeburg und Lüneburg, hg. v. Gerd Althoff u. Joachim Wollasch (MGH Libri mem. N.S. 2), Hannover 1983.

Translatio Landoaldi 1888
Herigerus: Translatio s. Landoaldi sociorumque eius, hg. v. Oswald Holder-Egger, in: MGH SS 15.2, hg. v. Gesellschaft für ältere deutsche Geschichtskunde, Hannover 1888, S. 599–607.

Translatio Modoaldi 1680
Translatio s. Modoaldi, in: AA SS Mai, Bd. 3, begr. v. Jean Bolland, bearb. v. Godefroid Henschenius u. Daniel Papebroch, Antwerpen 1680, S. 63–78.

UB Bremen 1
Bremisches Urkundenbuch, Bd. 1, hg. v. Diedrich R. Ehmck u. Wilhelm v. Bippen, Bremen 1873.

UB Busdorf
Die Urkunden des Stifts Busdorf in Paderborn, 2 Bde., bearb. v. Joseph Prinz (Westfälische Urkunden, 1. Veröffentlichungen der HiKo für Westfalen, 37.1–2), Paderborn 1975–1984.

UB Halberstadt 1
Urkundenbuch der Stadt Halberstadt, Bd. 1, bearb. v. Gustav Schmidt (Geschichtsquellen der Provinz Sachsen und angrenzender Gebiete, 7), Halle/Saale 1878.

UB Hamburg 1
Hamburgisches Urkundenbuch, Bd. 1, hg. v. Johann M. Lappenberg, Hamburg 1842.

UB Hilwartshausen
Urkundenbuch des Stifts Hilwartshausen (Göttingen-Grubenhagener Urkundenbuch, 4. Abt. Veröffentlichungen der HiKo für Niedersachsen und Bremen, 208), bearb. v. Manfred von Boetticher, Hannover 2001, S. 9–13.

UB Kloster Berge
Urkundenbuch des Klosters Berge bei Magdeburg, bearb. v. Hugo Holstein (Geschichtsquellen der Provinz Sachsen und angrenzender Gebiete, 9), Halle/Saale 1879.

Vita Adalberonis 1841
Constantin: Vita Adalberonis II., hg. v. Georg H. Pertz, in: MGH SS 4, hg. v. dems., Hannover 1841, S. 658–672.

Vita Altmanni 1856
Vita Altmanni episcopi Pataviensis, hg. v. Wilhelm Wattenbach, in: MGH SS 12, hg. v. Georg Heimrich Pertz, Hannover 1856, S. 226–243.

Vita Bernwardi 1841
Thangmar: Vita Bernwardi episcopi Hildesheimensis, hg. v. Georg H. Pertz, in: MGH SS 4, hg. v. dems., Hannover 1841, S. 754–782.

Vita Bernwardi 1973
Das Leben des heiligen Bernward, Bischof von Hildesheim, verfasst von Thangmar (?) In: Vitae quorundam episcoporum 1986, S. 272–361.

Vita Brunonis 1951/1958
Ruotgeri vita Brunonis archiepiscopi Coloniensis. Ruotgers Lebensbeschreibung des Erzbischofs Bruno von Köln, hg. v. Irene Ott (MGH SS rer. Germ. N.S. 10), Weimar u.a. 1951/1958.

Vita Burchardi 1841
Vita Burchardi episcopi Wormatiensis, hg. v. Georg Waitz, in: MGH SS 4, hg. v. Georg H. Pertz, Hannover 1841, S. 829–846.

Vita Christophori 1937
Walther von Speyer: Vita s. Christophori, hg. v. Karl Strecker, in: MGH Poetae 5.1, S. 1–79.

Vita Constantini 2007
Eusebios: De vita Constantini, hg. v. Paul Dräger, Oberhaid 22007.

Vita Deicoli 1684
De s. Deicolo, sive Deicola, abbate Lutrensi in Burgundia, in: AA SS Januar, Bd. 2, begr. v. Jean Bolland, neu bearb. v. Joaune Cornandet, Paris 1684, S. 563–574.

Vita Deoderici 1841
Sigebertus Gemblacensis: Vita Deoderici episcopi Mettensis, hg. v. Georg H. Pertz, in: MGH SS 4, hg. v. dems., Hannover 1841, S. 461–483.

Vita Godehardi 1854
Wolfher: Vita Godehardi episcopi Hildenesheimensis, hg. v. Georg H. Pertz, in: MGH SS 11, hg. v. dems., Hannover 1854, S. 162–221.

Vita Haimeradi 1852
Erinher: Vita s. Haimeradi, hg. v. Rudolf Koepke, in: MGH SS 10, hg. v. Georg H. Pertz, Hannover 1852, S. 608–612.

Vita Heinrici 1999
Die Vita sancti Heinrici regis et confessoris und ihre Bearbeitung durch den Bamberger Diakon Adelbert, hg. v. Marcus Stumpf (MGH SS rer. Germ. 69), Hannover 1999.

Vita Landoaldi 1668
Vita s. Landoaldi, in: AA SS März, Bd. 3, begr. v. Jean Bolland, bearb. v. Godefroid Henschenius u. Daniel Papebroch, Antwerpen 1668, S. 35–43.

Vita Landoaldi 1880
Herigerus Lobiensis: Vita sancti Landoaldi, in: Silvestri II. pontificis romani, Thietmari Merseburgensis episcopi opera omnia, hg. v. Jacques-Paul Migne (PL 139), Paris 1853, Sp. 1109–1124.

Vita Meinwerci 1616
Vita B. M. Meinwerci clarissimi et nobilissimi Patherbornensis ecclesiae episcopi, bearb. v. Christoph Brower, in: Sidera illustrium et sanctorum virorum qui germaniam praesertim magnam olim gestis rebus ornarunt, hg. v. dems., Mainz 1616, S. 459–575.

Vita Meinwerci 1618
Vita B. Meinwerci episcopi Patherbornensis, hg. v. Christoph Brouwer, in: De probatis sanctorum vitis, Bd. 6: Juni, hg. v. Laurentius Surius, Köln 1618, S. 84–106.

Vita Meinwerci 1681
Vita B. Meinwerci ecclesiae Paderbornensis episcopi, begr. v. Christoph Brouwer, bearb. v. Adolph Overham, Neuhaus 1681.

Vita Meinwerci 1695
De Beato Meinwerco, episcopo Paderbornensi in Westphalia, in: AA SS Juni, Bd. 1, begr. v. Jean Bolland, bearb. v. Godefroid Henschenius, Daniel Papebroch, François Baert u. Conrad Janning, Antwerpen 1695, S. 507–553.

Vita Meinwerci 1707
Vita Meinwerci episcopi Paterbrunnensis, bearb. v. Gottfried Wilhelm Leibniz, in: Scriptores rerum Brunsvicensium, Bd. 1, hg. v. dems., Hannover 1707, S. 517–564.

Vita Meinwerci 1854
Vita Meinwerci episcopi Patherbrunnensis, hg. v. Georg H. Pertz, in: MGH SS 11, hg. v. dems., Hannover 1854, S. 104–161.

Vita Meinwerci 1921
Vita Meinwerci episcopi Patherbrunnensis, hg. v. Franz Tenckhoff (MGH SS rer. Germ. 59), Hannover 1921.

Vita Meinwerci 2001
Klaus Terstesse: Das Leben des Bischofs Meinwerk von Paderborn, erste deutsche Übersetzung der v. Franz Tenckhoff 1921 hg. Vita Meinwerci, Paderborn 2001.

Vita Meinwerci 2009
Vita Meinwerci episcopi Patherbrunnensis. Das Leben Bischof Meinwerks von Paderborn, hg. v. Guido M. Berndt (MittelalterStudien 21), München 2009.

Vita Notgeri 1905
Vita Notgeri episcopi Leodiensis. Auctore anonymo qui saeculo XI exeunte scripsisse videtur, hg. v. Godefroid Kurth, in: Ders. 1905, Bd. 2, S. 10–15.

Vita Uodalrici 1993
Gerhard von Augsburg: Vita sancti Uodalrici. Die älteste Lebensbeschreibung des hl. Ulrich, hg. v. Walter Berschin u. Angelika Häse (Editiones Heidelbergenses, 24), Heidelberg 1993.

Vita Wolfkangi 1894
Othloh von St. Emmeram: Vita s. Wolfkangi episcopi, in: AA SS November, Bd. 2.1, begr. v. Jean Bolland, bearb. v. Charles de Smedt, Joseph de Backer, François van Ortroy, Joseph van den Gheyn, Hippolyte Delehaye u. Albert Poncelet, Brüssel 1894, S. 565–583.

Vulgata 2007
Biblia Sacra iuxta Vulgatam versionem, bearb. v. Roger Gryson, hg. v. Robert Werber, Stuttgart 52007.

Westphalia sancta 1854–1855
Westphalia sancta, pia, beata, sive vitae eorum, qui sanctitate sua piisque exemplis Westphaliam illustrarunt, hg. v. Wilhelm E. Giefers u. Michael Strunck, 2 Bde., Paderborn 1854–1855.

Widukind von Corvey 1935
Widukindi monachi Corbeiensis rerum gestarum saxonicarum, libri tres, hg. v. Paul Hirsch u. Hans-Eberhard Lohmann (MGH SS rer. Germ. 60), Hannover 51935.

Wormser Briefsammlung 1949
Die ältere Wormser Briefsammlung, bearb. v. Walther Bulst (MGH Briefe d. dt. Kaiserzeit 3), Weimar 1949.

WUB
Westfälisches Urkundenbuch. Fortsetzung der Regesta Historiae Westfaliae von Heinrich A. Erhard, 11 Bde., Münster u.a. 1847–2005.

WUB Suppl.
Westfälisches Urkundenbuch. Supplementbd., bearb. v. Wilhelm Diekamp, Münster 1885.

Zuallart 1595
Jean Zuallart: Il devotissimo viaggio di Gierusalemme, Rom 1595.

Literatur

Aarts 1996
Bas Aarts: Early Castles of the Meuse-Rhine Border Region and some Parallels in Western Europe c. 1000. A Comparative Approach, in: Château Gaillard 17 (1996), S. 11–23.

Althoff 1984
Gerd Althoff: Adels- und Königsfamilien im Spiegel ihrer Memorialüberlieferung. Studien zum Totengedenken der Billunger und Ottonen (Münstersche Mittelalter-Schriften, 47), München 1984.

Althoff 1988
Gerd Althoff: Causa scribendi und Darstellungsabsicht. Die Lebensbeschreibungen der Königin Mathilde und andere Beispiele, in: Litterae medii aevi, hg. v. Michael Borgolte u. Herrad Spilling, Sigmaringen 1988, S. 117–133.

Althoff 1990
Gerd Althoff: Verwandte, Freunde und Getreue. Zum politischen Stellenwert der Gruppenbindungen im früheren Mittelalter, Darmstadt 1990.

Althoff 1991
Gerd Althoff: Die Billunger in der Salierzeit, in: Die Salier und das Reich, Bd. 1, hg. v. Stefan Weinfurter, Sigmaringen 1991, S. 309–329.

Althoff 1992
Gerd Althoff: Amicitiae und Pacta. Bündnis, Einung, Politik und Gebetsgedenken im beginnenden 10. Jahrhundert (MGH Schriften 37), Hannover 1992.

Althoff 1997a
Gerd Althoff: Otto III. und Heinrich II. in Konflikten, in: Schneidmüller/Weinfurter 1997/2000, S. 77–94.

Althoff 1997b
Gerd Althoff: Spielregeln der Politik im Mittelalter. Kommunikation in Frieden und Fehde, Darmstadt 1997.

Althoff 1998
Gerd Althoff: Magdeburg – Halberstadt – Merseburg. Bischöfliche Repräsentation und Interessenvertretung im ottonischen Sachsen, in: Althoff/Schubert 1998, S. 267–293.

Althoff 2000/2005
Gerd Althoff: Die Ottonen. Königsherrschaft ohne Staat, Stuttgart u.a. 2000/²2005.

Althoff 2003
Gerd Althoff: Die Macht der Rituale. Symbolik und Herrschaft im Mittelalter, Darmstadt 2003.

Althoff/Goetz/Schubert 1998
Menschen im Schatten der Kathedrale. Neuigkeiten aus dem Mittelalter, hg. v. Gerd Althoff, Hans-Werner Goetz u. Ernst Schubert, Darmstadt 1998.

Althoff/Kamp 1998
Gerd Althoff u. Hermann Kamp: Die Bösen schrecken, die Guten belohnen. Bedingungen, Praxis und Legitimation mittelalterlicher Herrschaft, in: Althoff/Goetz/Schubert 1998, S. 1–110.

Althoff/Keller 2008
Gerd Althoff u. Hagen Keller: Das Königtum und die ottonische Reichskirche, in: Keller/Althoff 2008, S. 364–372.

Althoff/Schubert 1998
Herrschaftsrepräsentation im ottonischen Sachsen, hg. v. Gerd Althoff u. Ernst Schubert (VuF, 46), Sigmaringen 1998.

Angenendt 1977a
Arnold Angenendt: Bonifatius und das Sacramentum initiationis. Zugleich ein Beitrag zur Geschichte der Firmung (1977), in: Angenendt 2005, S. 35–87.

Angenendt 1977b
Arnold Angenendt: Mensa Pippini Regis (1977), in: Angenendt 2005, S. 89–109.

Angenendt 1983
Arnold Angenendt: Missa specialis. Zugleich ein Beitrag zur Entstehung der Privatmessen (1983), in: Angenedt 2005, S. 111–190.

Angenendt 1992
Arnold Angenendt: Libelli bene correcti. Der »richtige Kult« als ein Motiv der karolingischen Reform (1992), in: Angenendt 2005, S. 227–243.

Angenendt 1993
Arnold Angenendt: »Mit reinen Händen«. Das Motiv der kultischen Reinheit in der abendländischen Askese (1993), in: Angenendt 2005, S. 245–267.

Angenendt 1997
Arnold Angenendt: Heilige und Reliquien. Die Geschichte ihres Kultes vom frühen Christentum bis zur Gegenwart, München 21997.

Angenendt 2004a
Arnold Angenendt: Das Offertorium. In liturgischer Praxis und symbolischer Kommunikation, in: Zeichen – Rituale – Werte, hg. v. Gerd Althoff, Münster 2004, S. 71–150.

Angenendt 2004b
Arnold Angenendt: Pro vivis et defunctis. Geschichte und Wirkung einer Meßoration (2004), in: Angenendt 2005, S. 385–395.

Angenendt 2004c
Arnold Angenendt: Die Welt des Thietmar von Merseburg, in: Kat. Merseburg 2004, S. 35–62.

Angenendt 2005
Arnold Angenendt: Liturgie im Mittelalter. Ausgewählte Aufsätze zum 70. Geburtstag, hg. v. Thomas Flammer u. Daniel Meyer (Ästhetik – Theologie – Liturgik, 35), Münster 22005.

Angenendt 2008
Arnold Angenendt: Bischofswahl und Bischofsweihe, in: Kat. Magdeburg 2008–2009, S. 27–31.

Anke/Révész/Vida 2008
Bodo Anke, László Révész u. Tivadar Vida: Reitervölker im Frühmittelalter. Hunnen – Awaren – Ungarn, Stuttgart 2008.

Anton/Haverkamp 1996
Hans H. Anton u. Alfred Haverkamp: 2000 Jahre Trier, Bd. 2, Trier 1996.

Appelt 1969
Heinrich Appelt: Heinrich II. In : NDB 8, Berlin 1969, S. 310–313.

Arens 1965/1966
Fritz V. Arens: Beigaben in Bischofsgräbern. Der Ring aus dem Grabe des Erzbischofs Adolph I. von Nassau im Mainzer Dom, in: Mainzer Zeitschrift 60/61 (1965/1966), S. 118–124.

Arnrich 2002
Valentin Arnrich: Burchard I. Der X. der Halberstädter Bischöfe, in: Siebrecht 2002a, S. 64–75.

Arnulf 1998
Arwed Arnulf: Mittelalterliche Beschreibungen der Grabeskirche in Jerusalem (Colloquia Academica. Akademievorträge junger Wissenschaftler, G 1997), Stuttgart 1998, S. 7–43.

Auer 1971/1972
Leopold Auer: Der Kriegsdienst des Klerus unter den sächsischen Kaisern, Tl. 1, in: MIÖG 79 (1971), S. 316–407, Tl. 2, in: Ebda. 80 (1972), S. 48–70.

Augello 1983
Giuseppe Augello: La tradizione manoscritta ed editoriale delle opere martiniane di Sulpicio Severo, in: Orpheus 4 (1983), S. 413–426.

Bärsch 2004
Jürgen Bärsch: Allerseelen. Studien zu Liturgie und Brauchtum eines Totengedenktages in der abendländischen Kirche (Liturgiewissenschaftliche Quellen und Forschungen, 90), Münster 2004.

Bakker 2000
Lothar Bakker: Ein eiserner Nasalhelm aus Augsburg, in: Das archäologische Jahr in Bayern 1999 (2000), S. 103–104.

Balau 1903
Sylvain Balau: Les sources de l'histoire de Liége au moyen âge (Mémoires couronnés et mémoires des savants étrangers, 61), Brüssel 1903.

Baldovin 1987
John F. Baldovin: The Urban Character of Christian Worship. The Origins, Development, and Meaning of Stational Liturgy (Orientalia Christiana Analecta, 228), Rom 1987.

Balzer 1977
Manfred Balzer: Untersuchungen zur Geschichte des Grundbesitzes in der Paderborner Feldmark (Münstersche Mittelalter-Schriften, 29), München 1977.

Balzer 1982
Manfred Balzer: Zeugnisse für das Selbstverständnis Bischof Meinwerks von Paderborn, in: Tradition als historische Kraft, hg. v. Norbert Kamp u. Joachim Wollasch, Berlin u.a. 1982, S. 267–296.

Balzer 1984a
Manfred Balzer: Berichte und Anekdoten von den Königsaufenthalten des 11. Jahrhunderts in Paderborn. Kaiser Heinrich II. und die Paderborner Bischöfe Rethar und Meinwerk (Museum in der Kaiserpfalz Paderborn, Materialien 2), Paderborn 1984.

Balzer 1984b
Manfred Balzer: Ergebnisse und Probleme der Pfalzenforschung in Westfalen, in: Blätter für deutsche Landesgeschichte 120 (1984), S. 105–134.

Balzer 1986a
Manfred Balzer: Meinwerk von Paderborn (1009–1036). Ein Bischof in seiner Zeit, in: Kat. Paderborn 1986a, S. 11–41.

Balzer 1986b
Manfred Balzer: Die Schriftüberlieferung, in: Lobbedey 1986a, S. 91–140.

Balzer 1986c
Manfred Balzer: Reliquienverzeichnis des Paderborner Domes, in: Lobbedey 1986a, S. 119–121.

Balzer 1993
Manfred Balzer: Die Stadtwerdung. Entwicklungen und Wandlungen vom 9. bis 12. Jahrhundert, in: Geschichte der Stadt Münster, Bd. 1, hg. v. Franz-Josef Jakobi, Münster 1993, S. 53–89.

Balzer 1999/2000
Manfred Balzer: Paderborn im frühen Mittelalter (776–1050). Sächsische Siedlung – karolingischer Pfalzort – ottonisch-salische Bischofsstadt, in: Jarnut 1999/2000, S. 2–118.

Balzer 2005
Edeltraud Balzer: Neue Forschungsergebnisse zur Geschichte Westsachsens, des Bistums und der Stadt Münster im früheren Mittelalter, in: Westfalen 83 (2005), S. 181–198.

Balzer 2006a
Edeltraud Balzer: Adel – Kirche – Stiftung. Studien zur Geschichte des Bistums Münster im 11. Jahrhundert (Westfalia Sacra, 15), Münster 2006.

Balzer 2006b
Manfred Balzer: Schriftzeugnisse über die Ausstattung von Kirchen des Bistums Paderborn im 11. und frühen 12. Jahrhundert, in: Stiegemann/Westermann-Angerhausen 2006, S. 41–64.

Balzer 2006c
Manfred Balzer: Siedlungs- und Besitzvoraussetzungen für die Gründung von Bischofssitzen im westlichen Sachsen, in: Westfalen 84 (2006), S. 159–194.

Balzer 2007
Manfred Balzer: Kirchen und Siedlungsgang im westfälischen Mittelalter, in: Leben bei den Toten. Kirchhöfe in der ländlichen Gesellschaft der Vormoderne, hg. v. Jan Brademann u. Werner Freitag (Symbolische Kommunikation und gesellschaftliche Wertesysteme, 19), Münster 2007, S. 83–115.

Balzer 2009
Manfred Balzer: Westfälische Bischöfe des 10. und 11. Jahrhunderts als Bauherren und Architekten, in: Bischöfliches Bauen im 11. Jahrhundert, hg. v. Jörg Jarnut, Ansgar Köb u. Matthias Wemhoff (MittelalterStudien, 18), Paderborn 2009, S. 109–136.

Balzer/Wemhoff 1997
Die karolingische und die ottonisch-salische Königspfalz in Paderborn. Führer durch das Museum in der Kaiserpfalz, hg. v. Manfred Balzer u. Matthias Wemhoff, Paderborn 51997.

Bannasch 1972
Hermann Bannasch: Das Bistum Paderborn unter den Bischöfen Rethar und Meinwerk, 983–1036 (SQWFG, 12), Paderborn 1972.

Bannasch 1977
Hermann Bannasch: Fälscher aus Frömmigkeit. Der Meinwerkbiograph – ein mittelalterlicher Fälscher und sein Selbstverständnis, in: AfD 23 (1977), S. 224–241.

Barthélemy/Bougard/Le Jan 2006
La vengeance, 400–1200, hg. v. Dominque Barthélemy, François Bougard u. Régine Le Jan (Collection de l'Ecole Française de Rome, 357), Rom 2006.

Battke 1953
Heinz Battke: Geschichte des Ringes in Beschreibung und Bildern, Baden-Baden 1953.

Bauer 1977
Gerd Bauer: Corvey oder Hildesheim? Zur ottonischen Buchmalerei in Norddeutschland, 2 Bde., Diss. Hamburg 1977.

Bauer 1988
Gerd Bauer: »Neue« Bernward-Handschriften, in: Gosebruch/Steigerwald 1988, S. 211–235.

Bauer/Hohmann 1968
Heinz Bauer u. Friedrich G. Hohmann: Der Dom zu Paderborn, Paderborn 1968.

Bauermann 1928
Johannes Bauermann: Die Gründungsurkunde des Klosters Abdinghof in Paderborn. Ein Beitrag zur Frage der Abdinghofer Fälschungen, in: Westfälische Studien, hg. v. Hermann Degering u. Walter Menn, Leipzig 1928, S. 16–36.

Baumgärtner 2004
Ingrid Baumgärtner: Fürsprache, Rat und Tat, Erinnerung: Kunigundes Aufgaben als Herrscherin, in: Dick/Jarnut/Wemhoff 2004, S. 47–69.

Bautier 1995
Robert-Henri Bautier: Apparition, diffusion et évolution typologique du sceau épiscopal au moyen âge, in: Die Diplomatik der Bischofsurkunde vor 1250, hg. v. Christoph Haidacher u. Werner Köfler, Innsbruck 1995, S. 225–241.

Bayer 1996
Clemens M. M. Bayer: Essai sur la disposition des inscriptions par rapport à l'image. Proposition d'une typologie basée sur des pièces de l'orfèvrerie rhéno-mosane, in: Epigraphie et iconographie, hg. v. Robert Favreau (Civilisation Médiévale, 2), Poitiers 1996, S. 1–25.

Bayer 2005
Clemens M. M. Bayer: Les fonts baptismaux de Liège. Qui les bœufs soutenant la cuve figurent-ils? In: Cinquante années d'études médiévales, hg. v. Claude Arrignon, Marie-Hélène Debiès, Claudio Galderisi u. Eric Palazzo (Culture et société médiévales, 5), Turnhout 2005, S. 665–726.

Bayer o.J.
Clemens M. M. Bayer: Notger de Liège écrivain, demnächst in: Notger et son temps, hg. v. Jean-Louis Kupper u. Alexis Wilkin, in Vorbereitung.

BBKL
Biographisch-bibliographisches Kirchenlexikon, begr. v. Friedrich W. Bautz, fortgef. v. Traugott Bautz, bisher erschienen 30 Bde., Hamm u.a. 1975–2009.

Becher 1999
Matthias Becher: Zwischen Reichspolitik und regionaler Orientierung. Paderborn im Hochmittelalter (1050–1200), in: Jarnut 1999/2000, S. 120–196.

Becks/Lauer 2000
Leonie Becks u. Rolf Lauer: Die Schatzkammer des Kölner Domes (Meisterwerke des Kölner Domes, 6), Köln 2000.

Beer 2002
Manuela Beer: Ottonische und frühsalische Monumentalskulptur. Entwicklung, Gestalt und Funktion von Holzbildwerken des 10. und frühen 11. Jahrhunderts, in: Beuckers/Cramer/Imhof 2002/2006, S. 129–152.

Beissel 1891/1894
Stephan Beissel: Des hl. Bernward Evangelienbuch im Dome zu Hildesheim, Hildesheim 21891/31894.

Bekemeier 1993
Anemone Bekemeier (Bearb.): Reisen nach Jerusalem. Das Heilge Land in Karten und Ansichten aus fünf Jahrhunderten. Sammlung Loewenhardt – Bestandskatalog Jüdisches Museum, Wiesbaden 1993.

Benz 1975
Karl J. Benz: Untersuchungen zur politischen Bedeutung der Kirchweihe unter Teilnahme der deutschen Herrscher im hohen Mittelalter. Ein Beitrag zum Studium des Verhältnisses zwischen weltlicher Macht und kirchlicher Wirklichkeit unter Otto III. und Heinrich II. (Regensburger Historische Forschungen, 4), Kallmünz/Oberpfalz 1975.

Berend 2007
Christianization and the Rise of Christian Monarchy. Scandinavia, Central Europe and Rus' c. 900–1200, hg. v. Nora Berend, Cambridge (GB) 2007.

Berger 1964
Rupert Berger: Die Wendung »offerre pro« in der römischen Liturgie (Liturgiewissenschaftliche Quellen und Forschungen, 41), Münster 1964.

Bergmann 1989
Museum Schnütgen. Die Holzskulpturen des Mittelalters, Bd.1, bearb. v. Ulrike Bergmann, Köln 1989.

Bergmann 2006/2008
Viola Bergmann: Herstellung kleiner Buntmetallgegenstände in der mittelalterlichen Stadt. Werkstätten, Arbeitsmethoden und Arbeitsorganisation an ausgewählten Beispielen, Bachelorarbeit 2006, Online-Publikation München 2008.

Bergmann/Stricker 2005
Rolf Bergmann u. Stefanie Stricker: Katalog der althochdeutschen und altsächsischen Glossenhandschriften, 6 Bde., Berlin u.a. 2005.

Berndt/Moser 2003
Guido M. Berndt u. Marianne Moser: Spuren mittelalterlichen Handwerks an der Warmen Pader. Die Rettungsgrabung »Synagoge« vom 6. bis 25. November 1998, in: Vorstoß in historische Tiefen. 10 Jahre Stadtarchäologie in Paderborn, hg. v. Jens Schneider u. Matthias Wemhoff (MittelalterStudien, 4), München u.a. 2003, S. 81–101.

Bernhardt 1997
John W. Bernhardt: Der Herrscher im Spiegel der Urkunden. Otto III. und Heinrich II. im Vergleich, in: Schneidmüller/Weinfurter 1997/2000, S. 327–348.

Berschin 1980
Walter Berschin: Griechisch-lateinisches Mittelalter. Von Hieronymus zu Nikolaus von Kues, Bern u.a. 1980.

Berschin 1991/1992
Walter Berschin: Griechisches in der Klosterschule des alten St. Gallen, in: Byzantinische Zeitschrift 84/85 (1991/1992), S. 329–340.

Berschin 2005
Walter Berschin: Griechisches in der Klosterschule des alten St. Gallen, in: Mittellateinische Studien, hg. v. dems., Heidelberg 2005, S. 179–192.

Berschin/Hellmann 2004
Walter Berschin u. Martin Hellmann: Hermann der Lahme. Gelehrter und Dichter, 1013–1054 (Reichenauer Texte und Bilder, 11), Heidelberg 2004.

Bertram 1893
Adolf Bertram: Die Bernwardsgruft in Hildesheim. Ein Gedenkblatt zum Bernwardsjubiläum 1893, Hildesheim 1893.

Bertram 1896
Adolf Bertram: Die Bischöfe von Hildesheim. Ein Beitrag zur Kenntnis der Denkmäler und Geschichte des Bisthums Hildesheim, Hildesheim 1896.

Bertram 1897
Adolf Bertram: Hildesheims Domgruft und die Fundatio Ecclesie Hildense-

mensis. Nebst Beschreibung der neuentdeckten Confessio des Kreuzaltars, der Gräberfunde der Domgruft und des nielloartigen Chorfußbodens, Hildesheim 1897.

Bertram 1899–1925
Adolf Bertram: Geschichte des Bisthums Hildesheim, 3 Bde., Hildesheim 1899–1925.

Beseler/Roggenkamp 1954
Hartwig Beseler u. Hans Roggenkamp: Die Michaeliskirche in Hildesheim, Berlin 1954.

Bessen 1820
Georg J. Bessen: Geschichte des Bisthums Paderborn, 2 Bde., Paderborn 1820.

Best 1997
Werner Best: Die Ausgrabungen in der frühmittelalterlichen Wallburg Gaulskopf bei Warburg-Ossendorf, Kreis Höxter. Vorbericht, in: Germania 75 (1997), S. 159–192.

Best 1999
Werner Best: Die Ausgrabung des vorromanischen Zentralbaus auf der Wittekindsburg. Vorbericht, in: Klosterkirche, Burgkapelle, Familiengrab? Ergebnisse des interdisziplinären Kolloquiums auf der Wittekindsburg, hg. v. Klaus Günther (Archäologie in Ostwestfalen, 4), Bielefeld 1999, S. 33–42.

Beuckers 1993
Klaus G. Beuckers: Die Ezzonen und ihre Stiftungen. Eine Untersuchung zur Stiftungstätigkeit im 11. Jahrhundert (Kunstgeschichte, 42), Münster u.a. 1993.

Beuckers/Cramer/Imhof 2002/2006
Die Ottonen. Kunst, Architektur, Geschichte, hg. v. Klaus G. Beuckers, Johannes Cramer u. Michael Imhof, Petersberg 2002/22006.

Beumann 1990
Helmut Beumann: Das Rationale der Bischöfe von Halberstadt und seine Folgen, in: Gedenkschrift für Reinhold Olesch, hg. v. Hans Rothe, Roderich Schmidt u. Dieter Stellmacher (Mitteldeutsche Forschungen, 100), Köln u.a. 1990, S. 39–70.

Beyer 2004
Hartmut Beyer: Urkundenübergabe am Altar. Zur liturgischen Dimension des Beurkundungsaktes bei Schenkungen der Ottonen und Salier an Kirchen, in: FmSt 38 (2004), S. 323–346.

Beyreuther 1991
Gerald Beyreuther: Die Osterfeier als Akt königlicher Repräsentanz und Herrschaftsausübung unter Heinrich II. (1002–1024), in: Feste und Feiern im Mittelalter. Paderborner Symposion des Mediävistenverbandes, hg. v. Detlef Altenburg, Jörg Jarnut u. Hans-Hugo Steinhoff, Sigmaringen 1991, S. 245–255.

Beyreuther 1995
Gerald Beyreuther: Meinwerk, Bischof von Paderborn (1009–1036), in: Deutsche Fürsten des Mittelalters, hg. v. Eberhard Holtz u. Wolfgang Huschner, Leipzig 1995, S. 112–119.

Biddle 1998
Martin Biddle: Das Grab Christi. Neutestamentliche Quellen, historische und archäologische Forschungen, überraschende Erkenntnisse (Biblische Archäologie und Zeitgeschichte, 5), Gießen u.a. 1998.

Binding 1971a
Günther Binding: »Memoriensteine« am unteren Niederrhein, in: Kalender für das Klever Land 1971, S. 49–62.

Binding 1971b
Günther Binding: Die karolingisch-salische Klosterkirche Hersfeld, in: Aachener Kunstblätter 41 (1971), S. 189–201.

Binding 1972
Günther Binding: Die Saalhof-Kapelle zu Frankfurt am Main, in: Schriften des historischen Museums Frankfurt am Main 13 (1972), S. 7–31.

Binding 1974
Günther Binding: Eine Gruppe romanischer Grabsteine (»Memoriensteine«) im Erzbistum Köln, in: ZAM 2 (1974), S. 41–61.

Binding 1988
Günther Binding: Bischof Bernward von Hildesheim – architectus et artifex? In: Gosebruch/Steigerwald 1988, S. 27–47.

Binding 1993
Günther Binding: Baubetrieb im Mittelalter, Darmstadt 1993.

Binding 1996
Günther Binding: Deutsche Königspfalzen von Karl dem Großen bis Friedrich II. (765–1240), Darmstadt 1996.

Binding 1998
Günther Binding: Der früh- und hochmittelalterliche Bauherr als sapiens architectus, Darmstadt 21998.

Binding 2001
Günther Binding: Der mittelalterliche Baubetrieb in zeitgenössischen Abbildungen, Darmstadt 2001.

Binding 2006
Günther Binding: Bischof Bernward von Hildesheim und die Dachziegel. Zur Bedeutung von »tegula, later, laterculus und imbrex«, in: Mittellateinisches Jahrbuch 41 (2006), S. 193–208.

Binding 2008
Günther Binding: St. Michaelis in Hildesheim. Einführung, Forschungsstand und Datierung, in: St. Michael in Hildesheim. Forschungsergebnisse zur bauarchäologischen Untersuchung im Jahr 2006, hg. v. Christiane Segers-Glocke (Arbeitshefte zur Denkmalpflege in Niedersachsen, 34), Hameln 2008, S. 7–72.

Binding/Janssen/Jungklaaß 1970
Günther Binding, Walter Janssen und Friedrich K. Jungklaaß: Burg und Stift Elten am Niederrhein. Archäologische Untersuchungen der Jahre 1964/65 (Rheinische Ausgrabungen, 8), Düsseldorf 1970.

Bischoff 1966
Bernhard Bischoff: Elementarunterricht und Probationes Pennae in der ersten Hälfte des Mittelalters, in: Ders.: Mittelalterliche Studien. Ausgewählte Aufsätze zur Schriftkunde und Literaturgeschichte, Bd. 1, Stuttgart 1966.

Bischoff 1971/1981
Bernhard Bischoff: Paläographische Fragen deutscher Denkmäler der Karolingerzeit, in: FmSt 5 (1971), S. 101–134, wieder in: Ders.: Mittelalterliche Studien, Bd. 3, Stuttgart 1981, S. 73–111.

Bischoff 1998–2004
Bernhard Bischoff: Katalog der festländischen Handschriften des neunten Jahrhunderts (mit Ausnahme der wisigotischen), 2 Bde., Bd. 2 aus dem Nachlass hg. v. Birgit Ebersperger, Wiesbaden 1998–2004.

Bischop 2000
Dieter Bischop: Siedler, Söldner und Piraten (Bremer Archäologische Blätter, Beiheft 2), Bremen 2000.

Bischop 2003
Dieter Bischop: Händler im Tempel? In: AiD 5 (2003), S. 42.

Bischop 2005a
Dieter Bischop: Die Steinkammern am Fluss – Vorberichte über die Ausgrabungen auf dem Grundstück Hotel Überfluss, in: Bremer Archäologische Blätter N.F. 6 (2005), S. 67–78.

Bischop 2005b
Dieter Bischop: Am Rande der Domburg. Vorbericht über die Grabung 2002 auf dem historischen Marktplatz von Bremen, in: Itinera Archaeologica. Vom Neolithikum bis in die Frühe Neuzeit, hg. v. Heidemarie Eilbracht, Vera Brieske u. Barbara Grodde (Internationale Archäologie. Studia Honoraria, 22), Rahden/Westf. 2005, S. 9–24.

Bischop 2006
Dieter Bischop: Mit Knochen gepflastert. Die archäologischen Beobachtungen und Grabungen am historischen Bremer Markt, in: ZAM 34 (2006), S. 215–230.

Bischop 2008a
Dieter Bischop: Frühe Steinbauten an der Bremer Schlachte, in: Steinwerke – ein Bautyp des Mittelalters? Hg. v. Michael J. Hurst, Bruno Switala u. Bodo Zehm (Schriften zur Archäologie des Osnabrücker Landes, 6. Kulturregion Osnabrück, 28), Bramsche 2008, S. 159–178.

Bischop 2008b
Dieter Bischop: Mehr Schein als Sein, in: AiD 3 (2008), S. 42.

Bischop 2009
Dieter Bischop: Kreuz im Uferschlamm, in: AiD 1 (2009), S. 50–51.

Bischop/Jager 2004–2008
Dieter Bischop u. Daniela Jager: Der Balge auf der Spur – Ausgrabungen 2004/2005 beiderseits der Langenstraße, in: Bremer Archäologische Blätter N.F. 7 (2004–2008), S. 187–198.

BKW Kreis Höxter1914
Die Bau- und Kunstdenkmäler des Kreises Höxter, bearb. v. Albert Ludorff (Bau- und Kunstdenkmäler von Westfalen, 37), Münster 1914.

BKW Kreis Paderborn 1899
Die Bau- und Kunstdenkmäler des Kreises Paderborn, bearb. v. Albert Ludorff (Bau- und Kunstdenkmäler von Westfalen, 7), Münster 1899.

BKW Stadt Minden 1998–2000
Stadt Minden, Altstadt 1. Der Dombezirk, 2 Tlbde., bearb. v. Roland Pieper u. Anna Beatriz Chadour-Sampson (Bau- und Kunstdenkmäler von Westfalen, 50.II.1.1–2), Essen 1998–2000.

BKW Stadt Münster 1933
Max Geisberg: Die Stadt Münster, Tlbd. 2: Die Dom-Immunität, die Marktanlage, das Rathaus (Bau- und Kunstdenkmäler von Westfalen, 41.2), Münster 1933.

BKW Stadt Münster 1941
Max Geisberg: Die Stadt Münster, Tlbd. 6: Die Kirchen und Kapellen der Stadt ausser dem Dom (Bau- und Kunstdenkmäler von Westfalen, 41.6), Münster 1941.

Blaauw 2002
Sible de Blaauw: Contrasts in Processional Liturgy. A Typology of Outdoor Processions in Twelth-Century Rome, in: Art, cérémonial et liturgie au moyen âge, hg. v. Nicolas Bock (Études lausannoises d'histoire de l'art, 1), Rom 2002, S. 357–396.

Blatt 1973
Novum glossarium mediae latinitatis ab anno DCCC usque ad annum MCC, Index scriptorium, bearb. v. Franz Blatt, Kopenhagen 1973.

Bloch 1992
Peter Bloch: Romanische Bronzekruzifixe (Bronzegeräte des Mittelalters, 5), Berlin 1992.

Bloch/Schnitzler 1967–1970
Peter Bloch u. Hermann Schnitzler: Die Ottonische Kölner Malerschule, 2 Bde., Düsseldorf 1967–1970.

Blöcher 2006
Heidi Blöcher: Die bischöfliche Mitra von ihren Anfängen bis in das 14. Jahrhundert. Eine Bestandsaufnahme und Auswertung der erhaltenen Mitren in Europa, Diss. Koblenz-Landau 2006.

Bock 1859–1871
Franz Bock: Geschichte der liturgischen Gewänder des Mittelalters, 3 Bde., Bonn 1859–1871.

Bodarwé 2004
Katrinette Bodarwé: Sanctimoniales litteratae. Schriftlichkeit und Bildung in den ottonischen Frauenkommunitäten Gandersheim, Essen und Quedlinburg (Quellen und Studien, Institut für kirchengeschichtliche Forschung des Bistums Essen, 10), Münster 2004.

Boeckler 1930
Albert Boeckler: Abendländische Miniaturen bis zum Ausgang der romanischen Zeit (Tabulae in usum scholarum, 10), Berlin u.a. 1930.

Böhm 1993
Gabriele Böhm: Mittelalterliche figürliche Grabmäler in Westfalen von den Anfängen bis 1400 (Kunstgeschichte, 19), Münster u.a. 1993.

Bönnen 2005
Geschichte der Stadt Worms, hg. v. Gerold Bönnen, Stuttgart 2005.

Börste/Ernesti 2004
Friedensfürst und Guter Hirte. Ferdinand von Fürstenberg. Fürstbischof von Paderborn und Münster, hg. v. Norbert Börste u. Jörg Ernesti (Paderborner Theologische Studien, 42), Paderborn u.a. 2004.

Boewe-Koob 1997
Edith Boewe-Koob: Das Antiphonar der Essener Handschrift D3 (Quellen und Studien. Institut für kirchengeschichtliche Forschung des Bistums Essen, 7), Münster 1997.

Boinet 1904
Amédée Boinet: Un manuscrit à peintures de la bibliothèque de Saint-Omer, in: Bulletin archéologique du comité des travaux historiques et scientifiques (1904), S. 415–430.

Borchers 1974
Walter Borchers: Der Osnabrücker Domschatz (Osnabrücker Geschichtsquellen und Forschungen, 19), Osnabrück 1974.

Borst 1986
Arno Borst: Das mittelalterliche Zahlenkampfspiel, Heidelberg 1986.

Boutemy 1956
André Boutemy: Nouvelles réflexions sur les Évangiles de Notger. L'activité artistique du Scriptorium de Stavelot aux IXe et Xe siècles, in: Fédération archéologique et historique de Belgique. Annales, 36e congrès 1955, Gent 1956, S. 481–495.

Brandl/Jäger 2005
Heiko Brandl u. Franz Jäger: Überlegungen zur Identifizierung der archäologisch nachgewiesenen, bisher unbekannten Kirche auf dem Magdeburger Domplatz, in: Meller/Schenkluhn 2005, S. 55–61.

Brandt 1990
Hans J. Brandt: Zwischen Wahl und Ernennung. Zu Theorie und Praxis der mittelalterlichen Bischofsbestellungen im Spannungsfeld von regnum und sacerdotium, in: Papsttum und Kirchenreform, hg. v. Manfred Weitlauff u. Karl Hausberger, St. Ottilien 1990, S. 223–233.

Brandt 1998
Hans J. Brandt: Der Bischof und die Armen. Zur Rolle und Spiritualität der Armenfürsorge an der ersten Jahrtausendwende, in: Vita exemplum – in Bildern und Gleichnissen, hg. v. Irmingard Böhm u. Martin Gritz (Quellen und Studien zur Geschichte der Militärseelsorge, 11), Paderborn 1998, S. 34–48.

Brandt 1969
Karl-Heinz Brandt: Fundchronik Land Bremen, in: Bremer Archäologische Blätter 5 (1969), S. 79–93.

Brandt 1992
Karl-Heinz Brandt: Zur archäologischen Mittelalterforschung in Bremen, in: Bremisches Jahrbuch 71 (1992), S. 191–222.

Brandt 1993
Das Kostbare Evangeliar des Heiligen Bernward, hg. v. Michael Brandt, München 1993.

Brandt 2002
Michael Brandt: Zur Stuckdekoration der Hildesheimer Michaeliskirche, vor 1186, in: Hoch- und spätmittelalterlicher Stuck. Material, Technik, Stil, Restaurierung, hg. v. Martin Hoernes, Regensburg 2002, S. 99–106.

Brandt 2005
Michael Brandt: Erkanbalds Krümme, in: Iconographia christiana, hg. v. Werner Telesko u. Leo Andergassen, Regensburg 2005, S. 45–60.

Brandt/Hengst 1984
Hans J. Brandt u. Karl Hengst: Die Bischöfe und Erzbischöfe von Paderborn, Paderborn 1984.

Brandt/Hengst 1986a
Die Busdorfkirche St. Petrus und Andreas in Paderborn, 1036–1986, hg. v. Hans J. Brandt u. Karl Hengst, Paderborn 1986.

Brandt/Hengst 1986b
Felix Paderae civitas. Der heilige Liborius 836–1986, hg. v. Hans J. Brandt u. Karl Hengst (SQWFG, 24), Paderborn 1986.

Brandt/Hengst 1990
Hans J. Brandt u. Karl Hengst: Victrix Mindensis Ecclesia. Die Mindener Bischöfe und Prälaten des Hohen Domes, Paderborn 1990.

Brandt/Hengst 2002
Hans J. Brandt u. Karl Hengst: Geschichte des Erzbistums Paderborn, Bd. 1 (Veröffentlichungen zur Geschichte der mitteldeutschen Kirchenprovinz, 12), Paderborn 2002.

Brassinne 1900
Joseph Brassinne: La première histoire de Huy. L'œuvre de Maurice de Neufmoustier, in: Bulletin de la société d'art et d'histoire du diocèse de Liège 12 (1900), S. 111–126.

Brassinne 1908
Joseph Brassinne: Le neuvième centenaire de la mort de Notger, in: Chronique archéologique du Pays de Liège 3 (1908), S. 66–68.

Brassinne 1912
Joseph Brassinne: La reliure mosane, 2 Bde., Lüttich 1912.

Brather 2001
Sebastian Brather: Archäologie der westlichen Slawen. Siedlung, Wirtschaft und Gesellschaft im früh- und hochmittelalterlichen Ostmitteleuropa (RGA, Ergänzungsbd., 30), Berlin u.a. 2001.

Braun 1898
Joseph Braun: Die pontificalen Gewänder des Abendlandes nach ihrer geschichtlichen Entwicklung (Stimmen aus Maria-Laach, Ergänzungsheft, 73), Freiburg/Breisgau 1898.

Braun 1905
Joseph Braun: Alter und Herkunft der sog. Missa Illyrica, in: Stimmen aus Maria-Laach 69 (1905), S. 143–155.

Braun 1907
Joseph Braun: Die liturgische Gewandung im Occident und Orient, nach Ursprung und Entwicklung, Verwendung und Symbolik, Freiburg/Breisgau 1907.

Braun 1924
Joseph Braun: Der christliche Altar in seiner geschichtlichen Entwicklung, Bd. 1, München 1924.

Braun 1932
Joseph Braun: Das christliche Altargerät in seinem Sein und in seiner Entwicklung, München 1932.

Braun 1948
Joseph Braun: Bischofsring, in: RDK 2, Stuttgart 1948, Sp. 784–787.

Bresslau 1900–1903
Harry Bresslau: Heinrich II. Einleitung, in: Heinrici II. et Arduini Diplomata. Die Urkunden Heinrichs II. und Arduins, hg. v. dems., Hermann Bloch u. Robert Holtzmann (MGH DD H II), Hannover 1900–1903, S. XVII–XXX.

Brinkhus 1992
Gerd Brinkhus: Instandsetzung von Kulturgut – Konservierung, Restaurierung, Renovierung, Rekonstruktion und Replik. Zur Begriffsklärung und zu den Grundsätzen, in: Bestandserhaltung in Archiven und Bibliotheken, hg. v. Hartmut Weber (Werkhefte der Staatlichen Archivverwaltung Baden-Württemberg, Serie A, Heft 2), Stuttgart 1992, S. 43–52.

Brühl 1968
Carlrichard Brühl: Fodrum, gistum, servitium regis. Studien zu den wirtschaftlichen Grundlagen des Königtums im Frankenreich und in den fränkischen Nachfolgestaaten Deutschland, Frankreich und Italien vom 6. bis zur Mitte des 14. Jahrhunderts, 2 Bde. (Kölner Historische Abhandlungen, 14), Köln u.a. 1968.

Brunhölzl 1992
Franz Brunhölzl: Geschichte der lateinischen Literatur des Mittelalters, Bd. 2, München 1992.

Buc 1997
Philippe Buc: Conversion of Objects. Suger of Saint-Denis and Meinwerk of Paderborn, in: Viator. Medieval and Renaissance Studies 28 (1997), S. 99–143.

Budde 1998
Michael Budde: Altare Portatile. Kompendium der Tragaltäre des Mittelalters 600–1600, 3 Bde., Münster u.a. 1998.

Buddensieg 1967
Tilmann Buddensieg: Zur ottonischen Buchmalerei und Elfenbeinskulptur in Sachsen, in: Dettweiler/Köllner/Riedl 1967, S. 93–114.

Buddensieg 1969
Tilmann Buddensieg: Über ein neugefundenes Elfenbein aus dem Umkreis des Echternacher Meisters, in: Museen in Köln, Bulletin 8 (1969), S. 814–815.

Bünz 1998
Enno Bünz: Zeitz, in: Lex.MA 9, München 1998, Sp. 517–518.

Bumke 1986
Joachim Bumke: Höfische Kultur. Literatur und Gesellschaft im hohen Mittelalter, 2 Bde., München 1986.

Bur 1995
Michel Bur: Reims, in: Lex.MA 7, München 1995, Sp. 657–663.

Busen 1963
Hermann Busen: Die Bartholomäuskapelle in Paderborn, in: Westfalen 41 (1963), S. 273–312.

Caillet 1985
Jean-Pierre Caillet: L'antiquité classique, le haut moyen âge et Byzance au Musée de Cluny, Paris 1985.

Caillet 1995
Jean-Pierre Caillet: »Et magnae silvae creverunt ...«. Observations sur le thème du rinceau peuplé dans l'orfèvrerie et l'ivoirerie liturgiques aux époques ottonienne et romane, in: Cahiers de civilisation médiévale 38 (1995), S. 23–33.

Capitaine 1854
Ulysse Capitaine: Correspondance de Bernard de Montfaucon, Bénédictin,

avec le baron G. de Crassier, archéologue liégeois, in: B.I.A.L. 2 (1854), S. 347–424.

Claude 1972
Dietrich Claude: Geschichte des Erzbistums Magdeburg bis in das 12. Jahrhundert, Bd. 1 (Mitteldeutsche Forschungen, 67.1), Köln u.a. 1972.

Claussen 1977
Hilde Claussen: Minden. Dompfarrkirche St. Petrus und Gorgonius u. Paderborn. Busdorfkirche, kath. Pfarrkirche St. Petrus und Andreas, ehem. Kollegiatstiftkirche, in: Dies. u.a.: Hölzerne Fensterrahmen in Kirchen und Klöstern Westfalens. Funde aus dem 10.–13. Jahrhundert, in: Westfalen 55 (1977), S. 504–524 u. 517–520.

Claussen/Endemann 1970
Hilde Claussen u. Klaus Endemann: Zur Restaurierung der Paderborner Imad-Madonna, in: Westfalen 48 (1970), S. 79–125.

Clemen 1938
Paul Clemen: Der Dom zu Köln, Düsseldorf 21938.

Coens 1934
Maurice Coens: Catalogus codicum hagiographicorum latinorum bibliothecae civitatis Treverensis, in: Analecta Bollandiana 52 (1934), S. 157–285.

Collon-Gevaert 1967
Suzanne Collon-Gevaert: Notger de Liège et saint Bernward de Hildesheim, in: Dettweiler/Köllner/Riedl 1967, S. 27–32.

Colman/Lemeunier o.J.
Pierre Colman u. Albert Lemeunier: Datation des plaquettes gravées de style gothique incorporées dans la reliure de l'Évangéliaire de Notger, in: Actes du 8e congrès de l' Association des Cercles francophones d'Histoire et d'Archéologie de Belgique 2008, hg. v. Ministère de la région wallonne, in Vorbereitung.

Colman/Lhoist-Colman 1984
Pierre Colman u. Berthe Lhoist-Colman: Recherches sur deux chefs-d'œuvre du patrimoine artistique liégeois. L'ivoire dit de Notger et les fonts baptismaux dits de Renier de Huy, in: Aachener Kunstblätter 52 (1984), S. 151–186.

Corbet 1986
Patrick Corbet: Les saints ottoniens. Sainteté dynastique, sainteté royale et sainteté féminine autour de l'an mil (Beihefte der Francia, 15), Sigmaringen 1986.

Corbo 1982
Virgilio C. Corbo: Il Santo Sepolcro di Gerusalemme. Aspetti archeologici dalle origini al periodo crociato, Bd. 1 (Collectio maior studium biblium franciscanum, 29), Jerusalem 1982.

Coüasnon 1974
Charles Coüasnon: The Church of the Holy Sepulchre in Jerusalem, London 1974.

Cramer/Jacobsen/Winterfeld 1993
Johannes Cramer, Werner Jacobsen u. Dethard von Winterfeld: Die Michaeliskirche, in: Kat. Hildesheim 1993, Bd. 1, S. 369–382.

Cramer/Winterfeld 1995
Johannes Cramer u. Dethard von Winterfeld: Die Entwicklung des Westchores von St. Michael im Zusammenhang mit der Heiligsprechung Bernwards, in: Kat. Hildesheim 1995, S. 13–32.

Creutz 1908
Max Creutz: Rheinische Goldschmiedeschulen des X. und XI. Jahrhunderts, in: Zeitschrift für christliche Kunst 21 (1908), Sp. 163–172, 201–210 u. 229–238.

Curtze 1895
Maximilian Curtze: Die Handschrift No. 14836 der Königl. Hof- und Staatsbibliothek zu München, in: Zeitschrift für Mathematik und Physik 40 (1895), Supplement, S. 75–142.

Cutler 1998
Anthony Cutler: A Byzantine Triptych in Medieval Germany and its Modern Recovery, in: Gesta 37 (1998), S. 3–12.

Dalman 1922
Gustaf Dalman: Das Grab Christi in Deutschland (Studien über christliche Denkmäler, 14), Leipzig 1922.

Dannenberg 1876–1905
Hermann Dannenberg: Die deutschen Münzen der sächsischen und fränkischen Kaiserzeit, 4 Bde., Berlin 1876–1905.

Dasler 2001
Clemens Dasler: Forst- und Wildbann im frühen deutschen Reich. Die königlichen Privilegien für die Reichskirche vom 9. bis 12. Jahrhundert (Dissertationen zur mittelalterlichen Geschichte, 10), Köln u.a. 2001.

Deckers 1982
Joseph Deckers: La fondation de la collégiale Saint-Jean l'Evangéliste à Liège, in: Kat. Lüttich 1982, S. 15–16.

Dehio Hessen 1982
Handbuch der deutschen Kunstdenkmäler. Hessen, begr. v. Georg Dehio, bearb. v. Magnus Backes, München u.a. 21982.

Delrée 1946
Pierre Delrée: Contribution à l'histoire de la reliure liégeoise, in: Bulletin de la Société des Bibliophiles liégeois 17 (1946), S. 133–156.

Delville 2008
Jean-Pierre Delville: Notger, nouveau saint Jean. La fondation de l'église Saint-Jean à Liège et l'ivoire de Notger, in: Notger et Liège. L'an mil au cœur de l'Europe, hg. v. Jean-Pierre Delville, Jean-Louis Kupper u. Marylène Laffineur-Crépin, Alleur 2008, S. 65–86.

Depreux 2006a
Philippe Depreux: »Investitura per anulum et baculum«. Ring und Stab als Zeichen der Investitur bis zum Investiturstreit, in: Vom Umbruch zur Erneuerung? Das 11. und beginnende 12. Jahrhundert, hg. v. Jörg Jarnut u. Matthias Wemhoff (MittelalterStudien, 13), München 2006, S. 169–195.

Depreux 2006b
Philippe Depreux: Symbole und Rituale. Die Investitur als formaler Akt, in: Kat. Paderborn 2006, Bd. 1, S. 159–167.

Deremble 2000
Colette Deremble: L'illustration romane de la Vie de saint Omer, manuscrit 698 de la bibliothèque de Saint-Omer, in: La cathédrale de Saint-Omer. 800 ans de mémoire vive, hg. v. Nicolette Delanne-Logié u. Yves-Marie Hilaire, Paris 2000, S. 39–48.

Derks 1995
Paul Derks: Gerswid und Altfrid. Zur Überlieferung der Gründung des Stiftes Essen, in: Essener Beiträge 107 (1995), S. 3–191.

Dettweiler/Köllner/Riedl 1967
Studien zur Buchmalerei und Goldschmiedekunst des Mittelalters, hg. v. Frieda Dettweiler, Herbert Köllner u. Peter Riedl, Marburg 1967.

DHGE
Dictionnaire d'histoire et de géographie ecclésiastiques, bisher erschienen 30 Bde., begr. v. Alfred Baudrillart, fortgef. v. Albert De Meyer u. Roger Aubert, Paris 1912–2008.

Dick/Jarnut/Wemhoff 2004
Kunigunde – consors regni. Vortragsreihe zum tausendjährigen Jubiläum der Krönung Kunigundes in Paderborn (1002–2002), hg. v. Stefanie Dick, Jörg Jarnut u. Matthias Wemhoff (MittelalterStudien, 5), München 2004.

Dick/Ruhmann 2002
Stefanie Dick u. Christiane Ruhmann: Die handelnden Personen, in: Kat. Paderborn 2002, S. 21–34.

Diederich 1991
Toni Diederich: Die Siegel der Kölner Erzbischöfe von Bruno I. bis zu Hermann II., in: Euw/Schreiner 1991, S. 89–108.

Diederich o.J.
Toni Diederich: Sancta Colonia – Sancta Coloniensis religio. Zur »Botschaft« der Bleibullen Erzbischof Pilgrims von Köln (1021–1036), in Vorbereitung.

Diekamp 1882
Wilhelm Diekamp: Zum päpstlichen Urkundenwesen des XI., XII. und der ersten Hälfte des XIII. Jahrhunderts, in: MIÖG 3 (1882), S. 565–627.

Dieterich 2004/2005
Barbara Dieterich: Anastasis-Rotunde und Heiliges Grab in Jerusalem. Überlegungen zur architektonischen Rezeption im Mittelalter, in: Georges-Bloch-Jahrbuch 11/12 (2004/2005), S. 7–29.

Dimier 1984
Anselme Dimier: Gilles d'Orval ou de Liège, in: DHGE 20, Paris 1984, Sp. 1371–1372.

Dobrinski 2008
Claudia Dobrinski: Archäologische Untersuchungen auf dem Kirchplatz. Apsiden, Maueranschlüsse, Laufhorizonte, in: Bei uns am Abdinghof. Gemeindebrief Nr. 40, hg. v. der Ev.-Luth. Kirchengemeinde Abdinghof in Paderborn, Paderborn 2008, S. 14–15.

Dopsch 1997
Heinz Dopsch: Il patriarca Poppone di Aquileia (1019–1042). L'origene, la famiglia e la posizione di principe della chiesa, in: Kat. Aquileja 1996–1997, S. 15–40.

Drescher 1984
Hans Drescher: Glockenfunde aus Haithabu, in: Berichte über die Ausgrabungen in Haithabu, Bericht 19: Das archäologische Fundmaterial 4, hg. v. Kurt Schietzel, Neumünster 1984, S. 9–62.

Drescher 1992
Hans Drescher: Denkmäler der Kirche VIII. Glocken und Glockenguß im 11. und 12. Jahrhundert, in: Kat. Speyer 1992, S. 405–419.

Dubbi 2006
Franz-Josef Dubbi: Der Warburger Burgberg. Grafensitz – Landesburg – Schloß – Wallfahrtsort – Friedhof, Marsberg 2006.

Dumont/Scherf/Schütz 1998
Mainz. Die Geschichte der Stadt, hg. v. Franz Dumont, Ferdinand Scherf u. Friedrich Schütz, Mainz 1998.

Dunin-Wąsowicz 2000a
Teresa Dunin-Wąsowicz: Der heilige Adalbert – Schutzheiliger des neuen Europas, in: Kat. Berlin u.a. 2000–2002, Bd. 2, S. 839–841.

Dunin-Wąsowicz 2000b
Teresa Dunin-Wąsowicz: Die neuen Heiligenkulte in Mitteleuropa um das Jahr 1000, in: Kat. Berlin u.a. 2000–2002, Bd. 2, S. 834–838.

Düring 1990
Walter Düring: Eulogie, in: Lex.MA, München 1989, Sp. 95.

Eastwood/Graßhoff 2004
Bruce Eastwood u. Gerd Graßhoff: Planetary Diagrams for Roman Astronomy in Medieval Europe ca. 800–1500 (Transaction of the American Philosophical Society, 94.3), Philadelphia 2004.

Echinger 1988
Claudia Echinger: Zur Sündenfalldarstellung der Krümme des Erkanbald, in: Gosebruch/Steigerwald 1988, S. 127–152.

Eckenfels-Kunst 2006
Sybille E. Eckenfels-Kunst: Kostbar wie Edelstein. Zur Verwendung ottonischer Emails, in: Beuckers/Cramer/Imhof 2002/2006, S. 175–190.

Eckenfels-Kunst 2008
Sybille E. Eckenfels-Kunst: Goldemails. Untersuchungen zu ottonischen und frühsalischen Goldzellenschmelzen, Berlin 2008.

Ehlers 2006
Caspar Ehlers: Zur Geschichte des Magdeburger Domplatzes (805 bis 1208), in: Der Magdeburger Domplatz. Archäologie und Geschichte 805–1209, hg. v. Matthias Puhle u. Harald Meller (Magdeburger Museumsschriften, 8), Magdeburg 2006, S. 11–28.

Ehlers 2007
Caspar Ehlers: Die Integration Sachsens in das fränkische Reich (751–1024) (Veröffentlichungen des Max-Planck-Instituts für Geschichte, 231), Göttingen 2007.

Ehlers 1996
Joachim Ehlers: Dom- und Klosterschulen in Deutschland und Frankreich im 10. und 11. Jahrhundert, in: Schule und Schüler im Mittelalter. Beiträge zur europäischen Bildungsgeschichte des 9. bis 15. Jahrhunderts, hg. v. Martin Kintzinger, Sönke Lorenz u. Michael Walter (AKG, Beiheft 42), Köln u.a. 1996, S. 29–52.

Ehrentraut 1951
Hartmut Ehrentraut: Bleierne Inschrifttafeln aus mittelalterlichen Gräbern, Diss. Bonn 1951.

Ehrentraut 1952
Hartmut Ehrentraut: Bleierne Inschrifttafeln aus mittelalterlichen Gräbern in den Rheinlanden, in: Bonner Jahrbücher 152 (1952), S. 190–225.

Ehrhardt 1910
Ernst F. H. Ehrhardt: Das Palatium der bremischen Erzbischöfe in der Stadt Bremen, in: Jahrbuch der bremischen Sammlungen 3 (1910), S. 73–86.

Eickhoff 1996
Ekkehard Eickhoff: Theophanu und der König. Otto III. und seine Welt, Stuttgart 1996.

Eickhoff 1999
Ekkehard Eickhoff: Kaiser Otto III. Die erste Jahrtausendwende und die Entfaltung Europas, Stuttgart 1999.

Elbern 1963
Victor H. Elbern: Der eucharistische Kelch im frühen Mittelalter, in: Zeitschrift des Deutschen Vereins für Kunstwissenschaft 17 (1963), S. 1–76 u. 117–188.

Elbern 1969
Victor H. Elbern: Eine frühmittelalterliche Handschrift aus Werden in Baltimore, in: Aachener Kunstblätter 39 (1969), S. 92–110.

Elbern/Reuther 1969
Victor H. Elbern u. Hans Reuther: Der Hildesheimer Domschatz, Hildesheim 1969.

Ellmers 1999
Detlev Ellmers: Handelsschiffahrt, in: RGA 13, Berlin u.a. 21999, S. 595–609.

Elmshäuser 2000
Konrad Elmshäuser: Bremen, in: Die deutschen Königspfalzen, Bd. 4.2, bearb. v. dems., Caspar Ehlers, Lutz Fenske u. Hans Goetting, Göttingen 2000, S. 165–219.

Elsner 2004
Hildegard Elsner: Wikinger Museum Haithabu. Schaufenster einer frühen Stadt, Schleswig 32004.

Engels 1998
Odilo Engels: Metropolit oder Erzbischof? Zur Rivalität der Erzstühle von Köln, Mainz und Trier bis zur Mitte des 11. Jahrhunderts, in: Dombau und Theologie im mittelalterlichen Köln, hg. v. Ludger Honnefelder, Norbert Trippen u. Arnold Wolff (Studien zum Kölner Dom, 6), Köln 1998, S. 267–294.

Engemann 2002
Josef Engemann: Palästinische frühchristliche Pilgerampullen. Erstveröffentlichungen und Berichtigungen, in: Jahrbuch für Antike und Christentum 45 (2002), S. 153–169.

Ennen 1999
Edith Ennen: Frauen im Mittelalter, München 61999.

Erkens 1998a
Die früh- und hochmittelalterliche Bischofserhebung im europäischen Vergleich, hg. v. Franz-Reiner Erkens (AKG, Beiheft 48), Köln u.a. 1998.

Erkens 1998b
Franz-Reiner Erkens: Konrad II. (um 990–1039). Herrschaft und Reich des ersten Salierkaisers, Darmstadt 1998.

Erkens 2003
Franz-Reiner Erkens: Vicarius Christi, sacratissimus legislator, sacra majestas. Religiöse Herrschaftslegitimierung im Mittelalter, in: ZRG KA 89 (2003), S. 1–55.

Erkens 2006
Franz-Reiner Erkens: Herrschersakralität im Mittelalter. Von den Anfängen bis zum Investiturstreit, Stuttgart 2006.

Ernesti 2004
Jörg Ernesti: Ferdinand von Fürstenberg (1626–1683). Geistiges Profil eines barocken Fürstbischofs (SQWFG, 51), Paderborn 2004.

Essen 1907
Léon van der Essen: Étude critique et littéraire sur les vitae des saints mérovingiens de l'ancienne Belgique (Recueil de travaux, Université de Louvain, 17), Louvain u.a. 1907.

Esser 1975
Karl H. Esser: Der Mainzer Dom des Erzbischofs Willigis, in: Willigis und sein Dom, hg. v. Anton P. Brück (Quellen und Abhandlungen zur mittelrheinischen Kirchengeschichte, 24), Mainz 1975, S. 135–184.

Euw 1973a
Anton von Euw: Zur Buchmalerei im Maasgebiet von den Anfängen bis zum 12. Jahrhundert, in: Kat. Köln u.a. 1972, Bd. 2, S. 343–360.

Euw 1973b
Anton von Euw: Elfenbeinarbeiten des 9. bis 12. Jahrhunderts, in: Kat. Köln u.a. 1972, Bd. 2, S. 377–386.

Euw 1985
Anton von Euw: Liturgische Handschriften, Gewänder und Geräte, in: Kat. Köln 1985, Bd. 1, S. 385–483.

Euw 2000
Anton von Euw: Die Textgeschichte des Lorscher Evangeliars, in: Das Lorscher Evangeliar, hg. v. Hermann Schefers (Arbeiten der Hessischen HiKo Darmstadt, N.F. 18), Luzern 2000, S. 33–53.

Euw 2005
Anton von Euw: Astronomie und Zeitrechnung im Karolingerreich, in: Mittelalterliche Handschriften der Kölner Dombibliothek, hg. v. Heinz Finger (Libelli Rhenani, 12), Köln 2005, S. 21–64.

Euw 2006
Anton von Euw: Artes liberales und artes technicae im Spiegel der antiken, früh- und hochmittelalterlichen Handschriftenüberlieferung, in: Kat. Paderborn 2006, Bd. 1, S. 544–554.

Euw 2008a
Anton von Euw: Die St. Galler Buchkunst vom 8. bis zum Ende des 11. Jahrhunderts, 2 Bde. (Monasterium Sancti Galli, 3), St. Gallen 2008.

Euw 2008b
Anton von Euw: Der Hillinus-Codex der Kölner Dombibliothek und die Reichenauer Buchkunst, in: Mittelalterliche Handschriften der Kölner Dombibliothek, hg. v. Heinz Finger (Libelli Rhenani, 24), Köln 2008, S. 251–300.

Euw/Schreiner 1991
Kaiserin Theophanu. Begegnung des Ostens und Westens um die Wende des ersten Jahrtausends, Bd. 1, hg. v. Anton von Euw u. Peter Schreiner, Köln 1991.

Ewald 1884
Paul Ewald: Zur Diplomatik Silvesters II., in: NA 9 (1884), S. 321–358.

Exner 2008
Matthias Exner: Das Guntbald-Evangeliar. Ein ottonischer Bilderzyklus und sein Zeugniswert für die Rezeptionsgeschichte des Lorscher Evangeliars (Quellen und Studien zu Geschichte und Kunst im Bistum Hildesheim, 1), Regensburg 2008.

Falk 2009
Der Essener Domschatz, hg. v. Birgitta Falk, Essen 2009.

Falke/Meyer 1935
Otto von Falke u. Erich Meyer: Romanische Leuchter und Gefäße. Gießgefäße der Gotik, Berlin 1935.

Fath 1970
Manfred Fath: Architekturfragmente im Hessischen Landesmuseum in Darmstadt, in: Kunst in Hessen und am Mittelrhein 10 (1970), S. 113–137.

Felgenhauer-Schmiedt 1993
Sabine Felgenhauer-Schmiedt: Die Sachkultur des Mittelalters im Lichte der archäologischen Funde (Europäische Hochschulschriften, Reihe 38, Archäologie 42), Frankfurt/Main u.a. 1993.

Fichtenau 1984
Heinrich Fichtenau: Lebensordnungen des 10. Jahrhunderts. Studien über Denkart und Existenz im einstigen Karolingerreich, 2 Bde. (Monographien zur Geschichte des Mittelalters, 30), Stuttgart 1984.

Fichtenau 1994
Heinrich Fichtenau: »Stadtplanung« im frühen Mittelalter, in: Ethnogenese und Überlieferung. Angewandte Methoden der Frühmittelalterforschung, hg. v. Karl Brunner u. Brigitte Merta, Wien u.a. 1994, S. 232–249.

Fiess/Grandjean 1875
Joseph Fiess u. Mathieu L. Grandjean: Bibliothèque de l'Université de Liège. Catalogue des manuscrits, Lüttich 1875.

Fillitz 1992
Hermann Fillitz: Rogerus von Helmarshausen, in: Gosebruch/Steigerwald 1992, S. 43–62.

Fillitz 2006
Hermann Fillitz: Die Elfenbeinkunst zur Zeit der Salier. Von der Mitte des 11. bis zum Beginn des 12. Jahrhunderts, in: Kat. Paderborn 2006, Bd. 1, S. 419–430.

Finck von Finckenstein 1989
Albrecht Graf Finck von Finckenstein: Bischof und Reich. Untersuchungen zum Integrationsprozeß des ottonisch-frühsalischen Reiches, 919–1056 (Studien zur Mediävistik, 1), Sigmaringen 1989.

Finger 2008
Heinz Finger: Memoria im frühmittelalterlichen (Erz-)Bistum Köln, in: Nomen et Fraternitas, hg. v. Uwe Ludwig u. Thomas Schilp (RGA, Ergänzungsbd. 62), Berlin u.a. 2008, S. 297–316.

Fingernagel 1991
Die illuminierten lateinischen Handschriften deutscher Provenienz der Staatsbibliothek Preußischer Kulturbe-

sitz Berlin, 8.–12. Jahrhundert, Bd. 1, bearb. v. Andreas Fingernagel, Wiesbaden 1991.

Fischer 1985
Bonifatius Fischer: Lateinische Bibelhandschriften im frühen Mittelalter (Vetus Latina. Aus der Geschichte der lateinischen Bibel, 11), Freiburg/Breisgau 1985, Erstpublikation in: Die Bibel von Moutiers-Grandval, British Museum Add. Ms. 10546, Bern 1971, S. 49–98.

Fischer 1988
Bonifatius Fischer: Die lateinischen Evangelien bis zum 10. Jahrhundert, Bd. 1 (Vetus Latina. Aus der Geschichte der lateinischen Bibel, 13), Freiburg/Breisgau 1988.

Fischer 2004
Thorsten Fischer: Probleme um Adela und Balderich. Zur Geschichte eines niederrheinischen Grafenpaares um 1000, in: Mittelalter an Rhein und Maas. Beiträge zur Geschichte des Niederrheins, hg. v. Uwe Ludwig u. Thomas Schilp (Studien zur Geschichte und Kultur Nordwesteuropas, 8), Münster u.a. 2004, S. 87–106.

Fleckenstein 1966
Josef Fleckenstein: Die Hofkapelle der deutschen Könige, Tlbd. 2 (MGH Schriften 16.2), Stuttgart 1966.

Fliedner 1979
Siegfried Fliedner: Der frühromanische Dom zu Bremen, in: Kat. Bremen 1979, S. 9–55.

Folkerts 1982
Menso Folkerts: Die Altercatio in der Geometrie I des Pseudo-Boethius. Ein Beitrag zur Geometrie im mittelalterlichen Quadrivium, in: Fachprosa-Studien. Beiträge zur mittelalterlichen Wissenschafts- und Geistesgeschichte, hg. v. Gundolf Keil u.a., Berlin 1982, S. 84–114.

Folkerts 1992
Menso Folkerts: Rithmimachia, in: VL 8, Berlin u.a. 1992, Sp. 86–94.

Forstner 1968
Karl Forstner: Das mittellateinische Alexisgedicht und die zwei folgenden Gedichte im Admonter Codex 664, in: Mittellateinisches Jahrbuch 5 (1968), S. 42–53.

Forsyth 1972
Ilene H. Forsyth: The Throne of Wisdom. Wood Sculptures of the Madonna in Romanesque France, Princeton 1972.

Franke 1936
Hermann Franke: Der Meinwerk-Gedächtnis-Ornat zum 900jährigen Jubiläum des Busdorf, in: FS Busdorfstift 1936, S. 101–106.

Freise 1981
Eckhard Freise: Roger von Helmarshausen in seiner monastischen Umwelt, in: FmSt 15 (1981), S. 180–293.

Freise 1983
Eckhard Freise: Die Sachsenmission Karls des Großen und die Anfänge des Bistums Minden, in: An Weser und Wiehen. Beiträge zur Geschichte und Kultur einer Landschaft, hg. v. Hans Nordsiek, Minden 1983, S. 57–100.

Freise 2006
Eckhard Freise: Adelsstiftung, Reichsabtei, Bischofskloster – Konvent der Kalligraphen, Künstler und Fälscher. Zur Geschichte der Äbte und Mönche von Helmarshausen (997–1220), in: Stiegemann/Westermann-Angerhausen 2006, S. 12–27.

Fried 1989
Johannes Fried: Endzeiterwartung um die Jahrtausendwende, in: DA 45 (1989), S. 381–473.

Fried 1994
Johannes Fried: Der Weg in die Geschichte. Die Ursprünge Deutschlands bis 1024 (Propyläen Geschichte Deutschlands, 1), Berlin 1994.

FS Busdorfstift 1936
Festschrift zum 900. Jahrestag der Errichtung des Busdorfstiftes, der Weihe der Busdorfkirche, der Gründung der Busdorfpfarrei zu Paderborn, Paderborn 1936.

Fuchs 1916
Alois J. Fuchs: Ausgrabungen in der Krypta des Domes zu Paderborn, in: Vierter Jahresbericht des Diözesan-Museumsvereins der Diözese Paderborn über das Vereinsjahr 1915 (1916), S. 25–30.

Fuchs 1918
Alois J. Fuchs: Die goldene Madonna des Bischofs Imad von Paderborn, in: Zeitschrift für Christliche Kunst 31 (1918), S. 30–35.

Fuchs 1923
Alois J. Fuchs: Bericht über die Zeit vom 1. Mai 1920 bis zum 1. Juli 1923, in: Achter Jahresbericht des Museums-Vereins des Bistums Paderborn über die Vereinsjahre 1920, 1921 und 1922 (1923), S. 3–7.

Fuchs 1935
Alois J. Fuchs: Die ursprüngliche Busdorfkirche in Paderborn auf Grund der Grabung 1935, in: Westfalen 20 (1935), S. 359–376.

Fuchs 1936a
Alois J. Fuchs: Grabungen und Funde im und am Paderborner Dom seit 1907, in: Simon 1936, S. 207–236.

Fuchs 1936b
Alois J. Fuchs: Zur Geschichte des Paderborner Domschatzes, in: Simon 1936, S. 299–354.

Fuchs 1936c
Alois J. Fuchs: Die Busdorfkirche, in: FS Busdorfstift 1936, S. 80–100.

Fuchs 1954
Alois J. Fuchs: Vom Erzbischöflichen Diözesanmuseum, in: Alte und Neue Kunst im Erzbistum Paderborn 4 (1954), S. 108–115.

Fuchs 1958
Alois J. Fuchs: Änderungen und Restaurationen an der Bartholomäuskapelle in Paderborn, in: Alte und Neue Kunst im Erzbistum Paderborn 8 (1958), S. 5–26.

Fuchs 1965
Alois J. Fuchs Paderborn, München 1965.

Funken 1983
Rolf Funken: Epigraphische Anmerkungen zu niederrheinischen Grabsteinen, in: Bonner Jahrbücher 183 (1983), S. 327–339.

Gaborit-Chopin 1978
Danielle Gaborit-Chopin: Elfenbeinkunst im Mittelalter, Berlin u.a. 1978.

Gabriel 1978
Ingo Gabriel: Eine Tonfigur aus dem slawischen Oldenburg in Holstein. Götterbild, Zauberpuppe, Spielzeug? In: Die Heimat 85 (1978), S. 365–379.

Gabriel 1984
Ingo Gabriel Starigard/Oldenburg. Hauptburg der Slawen in Wagrien, Bd. 1 (Archäologische Ausgrabungen 1973–1982), Neumünster 1984.

Gabriel 1988a
Ingo Gabriel: Zur Innenbebauung von Starigard/Oldenburg, in: Berichte der Römisch-Germanischen Kommission 69 (1988), S. 55–86.

Gabriel 1988b
Ingo Gabriel: Hof- und Sakralkultur sowie Gebrauchs- und Handelsgut im Spiegel der Kleinfunde von Starigard/Oldenburg, in: Berichte der Römisch-Germanischen Kommission 69 (1988), S. 103–291.

Gabriel 1991a
Ingo Gabriel: Heerwesen, Reitzeug und Bewaffnung, in: Müller-Wille 1991, S. 229–233.

Gabriel 1991b
Ingo Gabriel: Christentum und Heidentum, in: Müller-Wille 1991, S. 279–297.

Gabriel 2000a
Ingo Gabriel: Burgenbau und Oberschicht, in: Kat. Berlin u.a. 2000–2002, Bd. 2, S. 157–161.

Gabriel 2000b
Ingo Gabriel: Starigard-Oldenburg, in: Kat. Berlin u.a. 2000–2002, Bd. 2, S. 658–661.

Gabriel 2002
Ingo Gabriel: Starigard/Oldenburg – Die große Landesburg der Wagrier, in: Kat. Bremen u.a. 2002, S. 29–42.

Gabriel 2006
Ingo Gabriel: Der König von Wagrien und sein goldener Reliquienbeutel, in: Kat. Schleswig 2006–2007, S. 144–155 u. 222–223.

Gabriel/Kempke 1991
Ingo Gabriel u. Torsten Kempke: Ausgrabungsmethode und Chronologie, in: Müller-Wille 1991, S. 123–148.

Gai 2007
Sveva Gai: Zu Rekonstruktion und Zeitstellung der spätottonischen Pfalz in Paderborn, in: Deutsche Königspfalzen. Beiträge zu ihrer historischen und archäologischen Erforschung, Bd. 7, hg. v. Caspar Ehlers, Jörg Jarnut u. Matthias Wemhoff (Veröffentlichungen des Max-Planck-Instituts für Geschichte, 11.7), Göttingen 2007, S. 121–150.

Gai 2008
Sveva Gai: Paderborn als königlicher Aufenthaltsort. Die Neugestaltung der Domburg zur Zeit Heinrich II. (1002–1024), in: Begleitheft zur Ausstellung »Der reisende König«, hg. v. Martin Kroker, Münster 2008, S. 19–23.

Gai 2009
Sveva Gai: Zur Bautätigkeit Bischof Meinwerks von Paderborn (1009–1036). Die ottonisch-salische Pfalzanlage, München 2009.

Gai/Mecke 2004
Sveva Gai u. Birgit Mecke: »Est locus insignis ...« Die Pfalz Karls des Großen in Paderborn und ihre bauliche Entwicklung bis zum Jahre 1002. Die Neuauswertung der Ausgrabungen Wilhelm Winkelmanns in den Jahren 1964–1978 (Denkmalpflege und Forschung in Westfalen, 40.2), Mainz 2004.

Gai/Mecke o.J.
Sveva Gai u. Birgit Mecke: Bischof Meinwerk von Paderborn als Bauherr (1009–1036). Die ottonisch-salische Pfalzanlage in der Domburg (Denkmalpflege und Forschungen in Westfalen, 40.3), in Vorbereitung.

Gai u.a. 2006
Sveva Gai, Claudia Dobrinski, Clemens Kosch, Sven Spiong u. Martin Kroker: Die Siedlungsentwicklung Paderborns im 11. und frühen 12. Jahrhundert im Kontext der westfälischen Bischofsstädte, in: Kat. Paderborn 2006, Bd. 1, S. 251–264.

Gallistl 1990
Bernhard Gallistl: Die Bronzetüren Bischof Bernwards im Dom zu Hildesheim, Freiburg/Breisgau u.a. 1990.

Gason o.J.
Pierre-M. Gason: La reliure du livre des évangiles dit de Notger. Problèmes d'attribution, demnächst in: Notger et son temps, hg. v. Jean-Louis Kupper u. Alexis Wilkin, in Vorbereitung.

Gelderblom 1962
Hans Gelderblom: Das neue Dombaumuseum in Minden, in: Alte und Neue Kunst im Erzbistum Paderborn 12 (1962), S. 53–65.

George/Kupper/Pirenne 2000
Liège. Autour de l'an mil, la naissance d'une principauté (Xe–XIIe siècle), hg. v. Philippe George, Jean-Louis Kupper u. Françoise Pirenne, Alleur 2000.

George u.a. 2001/2002
Philippe George, Joseph Guillaume, Lucien Martinot u. Georges Weber: Archéométrie et orfèvrerie mosane. Émaux du musée Curtius sous l'œil du cyclotron, in: B.I.A.L. 112 (2001/2002), S. 151–186.

Gerlich 1999
Alois Gerlich: Aribo, in: Lex.MA 1, München u.a. 1999, Sp. 927-928.

Gheyn 1905
Joseph van den Gheyn: Catalogue des manuscrits de la Bibliothèque Royale de Belgique, Bd. 5, Brüssel 1905.

Gierlich 1990
Ernst Gierlich: Die Grabstätten der rheinischen Bischöfe vor 1200 (Quellen und Abhandlungen zur mittelrheinischen Kirchengeschichte, 65), Mainz 1990.

Giese 1982
Wolfgang Giese: Zur Bautätigkeit von Bischöfen und Äbten des 10. bis 12. Jahrhunderts, in: DA 38 (1982), S. 388–438.

Giesebrecht 1885
Wilhelm von Giesebrecht: Geschichte der deutschen Kaiserzeit, Bd. 2, Braunschweig 51885.

Glaeske 1962
Günter Glaeske: Die Erzbischöfe von Hamburg-Bremen als Reichsfürsten, 937–1258 (Quellen und Darstellungen zur Geschichte Niedersachsens, 60), Hildesheim 1962.

Glauch 2000
Sonja Glauch: Die Martianus-Capella-Bearbeitung Notkers des Deutschen, 2 Bde. (Münchener Texte und Untersuchungen zur deutschen Literatur des Mittelalters, 116 u. 117), Tübingen 2000.

Glauche 1970
Günter Glauche: Schullektüre im Mittelalter. Entstehung und Wandlungen des Lektürekanons bis 1200 nach den Quellen dargestellt (Münchener Beiträge zur Mediävistik und Renaissance-Forschung, 5), München 1970.

Gnägi 2004/2005
Thomas Gnägi: De locis sanctis – Zeichnungen im Pilgerbericht des Adomnan aus dem 7. Jahrhundert, in: Georges-Bloch-Jahrbuch 11/12 (2004/2005), S. 31–45.

Görich 1993a
Knut Görich: Der Gandersheimer Streit zur Zeit Ottos III. Ein Konflikt um die Metropolitanrechte des Erzbischofs Willigis von Mainz, in: ZRG KA 79 (1993), S. 56–94.

Görich 1993b
Knut Görich: Otto III. Romanus Saxonicus et Italicus. Kaiserliche Rompolitik und sächsische Historiographie (Historische Forschungen, 18), Sigmaringen 1993.

Görich 1997/2000
Knut Görich: Eine Wende im Osten: Heinrich II. und Bolesław Chrobry, in: Schneidmüller/Weinfurter 1997/2000, S. 95–167.

Goetting 1984
Hans Goetting: Das Bistum Paderborn, Bd. 3 (Germania Sacra. Die Bistümer der Kirchenprovinz Mainz, N.F. 20), Berlin 1984.

Goez 1998
Werner Goez: Der heilige Willigis. Ein Bischof voller Mut und Tatkraft, in: Säulen der Mainzer Kirche im ersten Jahrtausend. Martinus, Bonifatius, Hrabanus Maurus, Willigis (Mainzer Perspektiven aus der Geschichte des Bistums, 3), Mainz 1998, S. 63–80.

Goldschmidt 1914–1926/1969–1975
Die Elfenbeinskulpturen, Bd. 1–4, bearb. v. Adolph Goldschmidt (Denkmäler der deutschen Kunst, 2. Sektion: Plastik, 4. Abt.), Berlin 1914–1926 (ND Berlin 1969–1975).

Goldschmidt/Weizmann 1930–1934
Die byzantinischen Elfenbeinskulpturen, 2 Bde., bearb. v. Adolph Goldschmidt u. Kurt Weitzmann, Berlin 1930–1934.

Górecki 2001
Janusz Górecki: Waffen und Reiterausrüstungen von Ostrów Lednicki. Zur Geschichte des frühen polnischen Staates und seines Heeres, in: ZAM 29 (2001), S. 41–86.

Górecki 2002
Janusz Górecki: Gród na Ostrowie Lednickim na tle wybranych ośrodków grodowych pierwszej monarchii Piastowskiej (Biblioteka Studiów Lednickich, 7), Posen 2002.

Gosebruch/Steigerwald 1988
Bernwardinische Kunst, hg. v. Martin Gosebruch u. Frank N. Steigerwald (Schriftenreihe der Kommission für Niedersächsische Bau- und Kunstgeschichte bei der Braunschweigischen Wissenschaftlichen Gesellschaft, 3), Göttingen 1988.

Gosebruch/Steigerwald 1992
Helmarshausen und das Evangeliar Heinrichs des Löwen, hg. v. Martin Gosebruch u. Frank N. Steigerwald (Schriftenreihe der Kommission für Niedersächsische Bau- und Kunstgeschichte bei der Braunschweigischen Wissenschaftlichen Gesellschaft, 4), Göttingen 1992.

Gottlieb 1890
Theodor Gottlieb: Über mittelalterliche Bibliotheken, Leipzig 1890.

Grabar 1958
André Grabar: Ampoules de Terre Sainte, Paris 1958.

Grauert 1901
Hermann Grauert: Die Kaisergräber im Dome zu Speyer. Bericht über ihre Oeffnung im August 1900, in: Sitzungsberichte der philosophisch-philologischen und der historischen Classe der königlichen bayerischen Akademie der Wissenschaften 1900 (1901), S. 539–617.

Grebe 1999
Sabine Grebe: Martianus Capella De nuptiis Philologiae et Mercurii. Darstellung der Sieben Freien Künste und ihrer Beziehungen zueinander (Beiträge zur Altertumskunde, 119), Stuttgart u.a. 1999.

Greve 1894
Geschichte der Benedictiner-Abtei Abdinghof in Paderborn, aus gedruckten u. ungedruckten Quellen bearb. v. Johann B. Greve, nach dem Tode des Verfassers hg. v. Franz J. Greve, Paderborn 1894.

Grimm 1932
Paul Grimm: Die Entwicklung der mittelalterlichen Keramik im nördlichen Harzvorland, in: Prähistorische Zeitschrift 23 (1932), S. 310–313.

Groten 1995
Manfred Groten: Das Urkundenwesen der Erzbischöfe von Köln vom 9. bis zur Mitte des 13. Jahrhunderts, in: Die Diplomatik der Bischofsurkunde vor 1250, hg. v. Christoph Haidacher u. Werner Köfler, Innsbruck 1995, S. 97–108.

Haarländer 2000
Stephanie Haarländer: Vitae episcoporum. Eine Quellengattung zwischen Hagiographie und Historiographie, untersucht an Lebensbeschreibungen von Bischöfen des Regnum Teutonicum im Zeitalter der Ottonen und Salier (Monographien zur Geschichte des Mittelalters, 47), Stuttgart 2000.

Härtel/Ekowski 1982
Helmar Härtel u. Felix Ekowski: Die Handschriften der Niedersächsischen Landesbibliothek Hannover, Bd. 2 (Mittelalterliche Handschriften in Niedersachsen, 6), Wiesbaden 1982.

Häußling 1973
Angelus Albert Häußling: Mönchskonvent und Eucharistiefeier. Eine Studie über die Messe in der abendländischen Klosterliturgie des frühen Mittelalters und zur Geschichte der Meßhäufigkeit (Literaturwissenschaftliche Quellen und Forschungen, 85), Münster 1973.

Häußling 1985
Angelus Albert Häußling: Dokumente der Liturgiegeschichte – wie verstehen? Erwägungen über einen Satz des Ordo Romanus primus, in: Zeitschrift für Katholische Theologie 107 (1985), S. 24–30.

Hardt 2007
Matthias Hardt: Mauritius, Innocentius, Petrus, Christus Salvator, Paulus und andere. Von Laurentius kaum eine Spur. Zu den ottonenzeitlichen Kirchenbauten auf dem Magdeburger Domplatz, in: Aedificatio Terrae. Beiträge zur Umwelt- und Siedlungsarchäologie Mitteleuropas, hg. v. Gerson H. Jeute, Jens Schneeweiß u. Claudia Theune (Studia Honoraria, 26), Rahden/Westf. 2007, S. 177–183.

Hardt 2008
Matthias Hardt: Fernhandel und Subsistenzwirtschaft. Überlegungen zur Wirtschaftsgeschichte der frühen Westslawen, in: Nomen et Fraternitas, hg. v. Uwe Ludwig u. Thomas Schilp (RGA, Ergänzungsbd. 62), Berlin u.a. 2008, S. 741–763.

Hardt/Ludowici 2005
Matthias Hardt u. Babette Ludowici: Zwei Kirchen auf dem Magdeburger Domhügel und die Folgen für die Gräber Edgithas und Ottos des Großen in Magdeburg, in: Reliquiae Gentium, FS Tl. 1, hg. v. Claus Dobiat (Veröffentlichungen des Vorgeschichtlichen Seminars Marburg, Sonderbd. 14. Studia Honoria, 23), Rahden/Westf. 2005, S. 183–194.

Hartmann 2000
Bischof Burchard von Worms 1000–1025, hg. v. Wilfried Hartmann (Quellen und Abhandlungen zur mittelrheinischen Kirchengeschichte, 100), Mainz 2000.

Haseloff 1905
Arthur Haseloff: Peintures, miniatures et vitraux de l'époque romane, in: Histoire de l'art depuis les premiers temps chrétiens jusqu'à nos jours, Bd. 2, hg. v. André Michel, Paris 1905, S. 711–755.

Hattemer 1846–1849
Denkmahle des Mittelalters. St. Gallens altdeutsche Sprachschätze, Bd. 2, hg. v. Heinrich Hattemer, St. Gallen 1846.

Hauck 1983
Karl Hauck: Text und Bild in einer oralen Kultur. Antworten auf die zeugniskritische Frage nach der Erreichbarkeit mündlicher Überlieferung im frühen Mittelalter, in: FmSt 17 (1983), S. 510–599.

Hauck 1987
Karl Hauck: Die religionsgeographische Zweiteilung des frühmittelalterlichen Europas im Spiegel der Bilder seiner Gottheiten, in: Fornvännen. Tidskrift för svensk antikvarisk forskning 82 (1987), S. 161–181.

Hauke/Klemm 2008
Hermann Hauke u. Elisabeth Klemm: Das Gebetbuch Ottos III. Kommentar zur Faksimile-Edition der Handschrift Clm 30111 der Bayerischen Staatsbibliothek München, Luzern 2008.

HDA
Handwörterbuch des deutschen Aberglaubens, 10 Bde., hg. unter bes. Mitwirkung v. Eduard Hoffmann-Krayer u. Mitarbeit zahlreicher Fachgenossen v. Hanns Bächtold-Stäubli (Handwörterbuch zur deutschen Volkskunde, Abt. 1, Aberglaube), Berlin u.a. 1927–1942 (ND Berlin u.a. 1987–2000).

Hechberger 2005
Werner Hechberger: Adel im fränkisch-deutschen Mittelalter. Zur Anatomie eines Forschungsproblems (Mittelalter-Forschungen, 17), Ostfildern 2005.

Hehl 1998a
Ernst-Dieter Hehl: Goldenes Mainz und Heiliger Stuhl. Die Stadt und ihre Erzbischöfe im Mittelalter, in: Dumont/Scherf/Schütz 1998, S. 839–858.

Hehl 1998b
Ernst-Dieter Hehl: Der widerspenstige Bischof. Bischöfliche Zustimmung und bischöflicher Protest in der ottonischen Reichskirche, in: Althoff/Schubert 1998, S. 295–344.

Hehl 2000a
Ernst-Dieter Hehl: Die heiligen Mauritius, Laurentius, Ulrich und Veit, in: Kat. Berlin u.a. 2000–2002, Bd. 2, S. 895–898.

Hehl 2000b
Ernst-Dieter Hehl: Erzbischof Aribo (1021–1031). Konflikt mit dem Papsttum und Verlust des Krönungsrechts, in: HMKG 1.1, S.263–273.

Heimann 2002
Simone Heimann: »Welch Schande« – das Krönungsfest Kunigundes in Paderborn. Schlaglichter mittelalterlicher Festkultur und ihre Bedeutung, in: Kat. Paderborn 2002, S. 57–65.

Heindel 1986
Ingo Heindel: Ave-Maria-Schnallen und Hanttruwebratzen mit Inschriften, in: ZfA 20 (1986), S. 65–79.

Heinemann 1888
Die Handschriften der Herzoglichen Bibliothek zu Wolfenbüttel, erste Abtheilung: Die Helmstedter Handschriften III, bearb. v. Otto von Heinemann, Wolfenbüttel 1888.

Heinen 2008
Heinz Heinen: Konstantins Mutter Helena. Geschichte und Bedeutung, in: Archiv für mittelrheinische Kirchengeschichte (2008), S. 9–29.

Hengst 1986a
Karl Hengst: Geschichte der Pfarrei im Busdorf, in: Brandt/Hengst 1986a, S. 13–105.

Hengst 1986b
Karl Hengst: Die Altäre und Benefizien des Paderborner Domes und anliegender Kapellen von 777–1550, in: Brandt/Hengst 1986b, S. 214–265.

Henning 2004
Joachim Henning: Schere, in: RGA 27, Berlin u.a. 22004, S. 3–5.

Hensel 1982
Witold Hensel: Kultur und Kunst im frühmittelalterlichen Pommern (7. bis 11. Jahrhundert), in: Herrmann 1982, S. 263–290.

Heppe 1977
Karl B. Heppe: Gotische Goldschmiedekunst in Westfalen vom zweiten Drittel des 13. bis zur Mitte des 16. Jahrhunderts, Münster 1977.

Herrmann 1982
Wikinger und Slawen. Zur Frühgeschichte der Ostseevölker, hg. v. Joachim Herrmann, Berlin 1982.

Herrmann 1985
Die Slawen in Deutschland. Geschichte und Kultur der slawischen Stämme westlich von Oder und Neiße vom 6. bis 12. Jahrhundert. Ein Handbuch, hg. v. Joachim Herrmann (Veröffentlichungen des Zentralinstituts für Alte Geschichte und Archäologie der Akademie der Wissenschaften der DDR, 14), Berlin 21985.

Herrmann 1986
Welt der Slawen. Geschichte, Gesellschaft, Kultur, hg. v. Joachim Herrmann, Leipzig u.a. 1986.

Herrnbrodt 1967
Adolf Herrnbrodt: Die Ausgrabung der Motte Burg Meer in Büderich bei Düsseldorf, in: Château Gaillard 2 (1967), S. 62–72.

Hesse 2005
Stefan Hesse: Dachziegel als Quelle kulturhistorischer Informationen, in: Mittelalterarchäologie und Bauhandwerk, hg. v. Walter Melzer (Soester Beiträge zur Archäologie, 6), Soest 2005, S. 223–231.

Heyen 1972
Das Erzbistum Trier, Bd. 1, bearb. v. Franz-Josef Heyen (Germania Sacra. Die Bistümer der Kirchenprovinz Trier, N.F. 6), Berlin u.a. 1972.

HHS Hessen 1976
Handbuch der historischen Stätten, Bd. 4: Hessen, hg. v. Georg Wilhelm Sante, Stuttgart [3]1976.

Hirschmann 1996
Frank G. Hirschmann: Verdun im hohen Mittelalter. Eine lothringische Kathedralstadt und ihr Umland im Spiegel der geistlichen Institutionen, 3 Bde. (Trierer Historische Forschungen, 27), Trier 1996.

Hirschmann 1997
Frank G. Hirschmann: Klosterreform und Grundherrschaft. Richard von St. Vanne, in: Grundherrschaft – Kirche – Stadt zwischen Maas und Rhein während des hohen Mittelalters, hg. v. Alfred Haverkamp u. Frank G. Hirschmann (Trierer Historische Forschungen, 37), Mainz 1997, S. 125–170.

Hirschmann 1998
Frank G. Hirschmann: Stadtplanung, Bauprojekte und Großbaustellen im 10. und 11. Jahrhundert. Vergleichende Studien zu den Kathedralstädten westlich des Rheins (Monographien zur Geschichte des Mittelalters, 43), Stuttgart 1998.

Hirschmann 2004
Frank G. Hirschmann: Der Ausbau der Kathedralstädte im frühen 11. Jahrhundert, in: Aufbruch ins zweite Jahrtausend. Innovation und Kontinuität in der Mitte des Mittelalters, hg. v. Achim Hubel u. Bernd Schneidmüller (Mittelalter-Forschungen, 16), Ostfildern 2004, S. 73–116.

Hirschmann 2009
Frank G. Hirschmann: Die Anfänge des Städtewesens in Mitteleuropa. Die Bischofssitze im Reich bis ins 12. Jahrhundert, in Vorbereitung.

Hlawitschka 1978
Eduard Hlawitschka: Zur Bleitafelinschrift aus dem Grab der Kaiserin Gisela, in: Historisches Jahrbuch 97/98 (1978), S. 439–445.

HMKG 1.1
Handbuch der Mainzer Kirchengeschichte, Bd. 1.1, hg. v. Friedhelm Jürgensmeier (Beiträge zur Mainzer Kirchengeschichte, 6.1.1), Würzburg 2000.

Hochkirchen 1990
Dorothea Hochkirchen: Mittelalterliche Steinbearbeitung und die unfertigen Kapitelle des Speyerer Domes (Veröffentlichungen der Abteilung für Architekturgeschichte des Kunsthistorischen Instituts der Universität zu Köln, 39), Köln 1990.

Hochkirchen 1995
Dorothea Hochkirchen: Steinbearbeitung am Dom zu Speyer. Rückschlüsse auf Baubetrieb und Bauabfolge, in: Die Baukunst im Mittelalter, hg. v. Liana C. Vegas, Solothurn 1995, S. 99–126.

Hoffmann 1986
Hartmut Hoffmann: Buchkunst und Königtum im ottonischen und frühsalischen Reich, 2 Bde. (MGH Schriften 30), Stuttgart 1986.

Hoffmann 1988
Hartmut Hoffmann: Eigendiktat in den Urkunden Ottos III. und Heinrichs II., in: DA 44 (1988), S. 390–423.

Hoffmann 1993a
Hartmut Hoffmann: Mönchskönig und »rex idiota«. Studien zur Kirchenpolitik Heinrichs II. und Konrads II. (MGH Studien und Texte, 8), Hannover 1993.

Hoffmann 1993b
Hartmut Hoffmann: Das Skriptorium von Essen in ottonischer und frühsalischer Zeit, in: Kunst im Zeitalter der Kaiserin Theophanu, hg. v. Anton von Euw u. Peter Schreiner, Köln 1993, S. 113–153.

Hoffmann 1995
Hartmut Hoffmann: Bamberger Handschriften des 10. und 11. Jahrhunderts (MGH Schriften 39), Hannover 1995.

Hoffmann 2004
Hartmut Hoffmann: Schreibschulen des 10. und des 11. Jahrhunderts im Südwesten des Deutschen Reiches, 2 Bde. (MGH Schriften 53.1–2), Hannover 2004.

Hoffmann 2006
Hartmut Hoffmann: Die Paderborner Schreibschule im 11. Jahrhundert, in: Kat. Paderborn 2006, Bd. 1, S. 449–464.

Hoffmann/Pokorny 1991
Hartmut Hoffmann u. Rudolf Pokorny: Das Dekret des Bischofs Burchard von Worms. Textstufen – Frühe Verbreitung – Vorlagen (MGH Hilfsmittel, 12), München 1991.

Hoffmann/Schuffels 1986
Hildesheim, Domschatz 19, bearb. v. Hartmut Hoffmann auf Grundlage von Hans J. Schuffels, in: Hoffmann 1986, Bd. 1, S. 285–289.

Hofstra 1999
Tette Hofstra: »Vui lesed«. Zur volkssprachlichen Allerheiligenhomilie, in: Speculum Saxonum. Studien zu den kleineren altsächsischen Sprachdenkmälern (Amsterdamer Beiträge zur älteren Germanistik, 52), Amsterdam 1999, S. 105–114.

Holder-Egger 1886
Oswald Holder-Egger: Zu den Heiligengeschichten des Genter St. Bavoklosters, in: Historische Aufsätze dem Andenken an Georg Waitz gewidmet, Hannover 1886, S. 622–665.

Holtmeyer 1920
Alois Holtmeyer: Die Krukenburg bei Helmarshausen, in: Jahrbuch der Denkmalpflege im Regierungsbezirk Cassel 1 (1920), S. 135–151.

Holtschoppen 2004
N. Alexandra Holtschoppen: Zur Gründungsgeschichte des Klosters St. Vitus in Mönchengladbach. Die Necrologeinträge für die Gründer Baldricus, Gero und Sandrad, in: Mittelalter an Rhein und Maas. Beiträge zur Geschichte des Niederrheins, hg. v. Uwe Ludwig u. Thomas Schilp (Studien zur Geschichte und Kultur Nordwesteuropas, 8), Münster u.a. 2004, S. 69–85.

Holze-Thier/Werner 2005
Claudia Holze-Thier u. Manuela Werner: Bauornamente älterer Gebäude im

Dombereich, in: Kat. Münster 2005, S. 206–208.

Honselmann 1934
Klemens Honselmann: Alte Handschriften der Paderborner Dombibliothek in Leipzig, in: Die Warte 2 (1934), S. 55–58.

Honselmann 1936a
Klemens Honselmann: Geschichte des Busdorfstiftes bis zur Aufhebung 1810, in: FS Busdorfstift 1936, S. 3–48.

Honselmann 1936b
Klemens Honselmann: Ein Festkalender des Paderborner Domes aus der Zeit Meinwerks, in: Simon 1936, S. 95–120.

Honselmann 1939
Klemens Honselmann: Von der Carta zur Siegelurkunde. Beiträge zum Urkundenwesen im Bistum Paderborn 862–1178 (Paderborner Studien, 1), Paderborn 1939.

Honselmann 1950
Klemens Honselmann: Die sogenannten Abdinghofer Fälschungen. Echte Traditionsnotizen in der Aufmachung von Siegelurkunden, in: WZ 100 (1950), S. 292–356.

Honselmann 1962
Klemens Honselmann: Aus der Blütezeit der Domschule, in: Von der Domschule zum Gymnasium Theodorianum, hg. v. dems. (SQWFG, 3), Paderborn 1962, S. 49–64.

Honselmann 1964
Klemens Honselmann: Der Autor der Vita Meinwerci, vermutlich Abt Konrad von Abdinghof, in: WZ 114 (1964), S. 349–353.

Honselmann 1975
Klemens Honselmann: Das Rationale der Bischöfe, Paderborn 1975.

Honselmann/Schmalor 2004
Klemens Honselmann u. Hermann-Josef Schmalor: Helmarshausen, in: Die benediktinischen Mönchs- und Nonnenklöster in Hessen, bearb. v. Friedhelm Jürgensmeier u. Franziskus Büll, St. Ottilien 2004, S. 560–588.

Hootz 1974
Deutsche Kunstdenkmäler. Ein Bildhandbuch. Hessen, hg. v. Reinhardt Hootz, Darmstadt [2]1974.

Hoppe 1975
Ursula Hoppe: Die Paderborner Domfreiheit. Untersuchungen zu Topographie, Besitzgeschichte und Funktionen (Münstersche Mittelalter-Schriften, 23), München 1975.

Horch 2001
Caroline Horch: Der Memorialgedanke und das Spektrum seiner Funktionen in der bildenden Kunst des Mittelalters, Königstein/Taunus 2001.

Humann 1904
Georg Humann: Die Kunstwerke der Münsterkirche zu Essen, 2 Bde., Düsseldorf 1904.

Humann 1918
Georg Humann: Die Baukunst unter Bischof Meinwerk von Paderborn, Aachen 1918.

Huschner 2003
Wolfgang Huschner: Transalpine Kommunikation im Mittelalter. Diplomatische, kulturelle und politische Wechselwirkungen zwischen Italien und dem nordalpinen Reich (9.–11. Jahrhundert), 3 Bde. (MGH Schriften 52), Hannover 2003.

Huschner 2006a
Wolfgang Huschner: Die ottonische Kanzlei in neuem Licht, in: AfD 52 (2006), S. 353–370.

Huschner 2006b
Wolfgang Huschner: Die ottonisch-salische Reichskirche, in: Kat. Magdeburg 2006, Bd. 2, S. 98–109.

Hussong 1986
Ulrich Hussong: Studien zur Geschichte der Reichsabtei Fulda bis zur Jahrtausendwende, in: AfD 32 (1986), S. 129–304.

Ilisch 1997/1998
Peter Ilisch: Die Münzprägung im Herzogtum Niederlothringen, in: Jaarboek voor Munt- en Penningkunde 84/85 (1997/1998), S. 1–272.

Ilisch/Kösters 1992
Die Patrozinien Westfalens von den Anfängen bis zum Ende des Alten Reiches, bearb. v. Peter Ilisch u. Christoph Kösters (Westfalia Sacra. Quellen und Forschungen zur Kirchengeschichte Westfalens, 11), Münster 1992.

Inkunabeln EAB 1993
Die Inkunabeln in der Erzbischöflichen Akedemischen Bibliothek Paderborn, hg. v. Matthias Hartig u.a., Wiesbaden 1993.

Irsigler 1970
Franz Irsigler: Divites und Pauperes in der Vita Meinwerci. Untersuchungen zur wirtschaftlichen und sozialen Differenzierung der Bevölkerung Westfalens im Hochmittelalter, in: VSWG 57 (1970), S. 449–499.

Irsigler 1976/1977
Franz Irsigler: Bischof Meinwerk, Graf Dodiko und Warburg. Herrschaft, Wirtschaft und Gesellschaft des hohen Mittelalters im östlichen Westfalen, in: WZ 126/127 (1976/1977), S. 181–200.

Isenberg 1983
Gabriele Isenberg: Fundchronik, Regierungsbezirk Detmold: Paderborn, in: Ausgrabungen und Funde in Westfalen-Lippe 1 (1983), S. 272–273.

Isenberg 1991
Gabriele Isenberg: Ausgrabungen 1986 im Dom St. Petrus und Gorgonius zu Minden, in: Ausgrabungen und Funde in Westfalen-Lippe 6B (1991), S. 79–110.

Isenberg 1992
Gabriele Isenberg: Bemerkungen zur Baugeschichte des Mindener Domes, in: Westfalen 70 (1992), S. 92–111.

Isenberg/Peine 1998
Gabriele Isenberg u. Hans-Werner Peine: Was sucht das Gold im Schlamm? Archäologische Spurensuche in der Mindener Bäckerstraße, Minden 1998.

Jablonowski 2004
Ulla Jablonowski: 1000 Jahre Wörlitz. Von den Anfängen bis an die Schwelle des 18. Jahrhunderts, in: Wörlitz. Weltkulturerbe der UNESCO, hg. v. der Stadt Wörlitz, Wörlitz 2004, S. 13–19.

Jacobsen 1996
Werner Jacobsen: Die Abteikirche in Fulda von Sturmius bis Eigil – kunstpolitische Positionen und deren Veränderungen, in: Kloster Fulda in der Welt der Karolinger und Ottonen, hg. v. Gangolf Schrimpf (Fuldaer Studien, 7), Frankfurt/Main 1996, S. 105–127.

Jacobsen/Lobbedey/Winterfeld 2001
Werner Jacobsen, Uwe Lobbedey u. Dethard von Winterfeld: Ottonische Baukunst, in: Kat. Magdeburg 2001, Bd. 1, S. 251–282.

Jacobsen/Schaefer/Sennhauser 1991
Vorromanische Kirchenbauten. Katalog der Denkmäler bis zum Ausgang der Ottonen, Nachtragsbd., bearb. v. Werner Jacobsen, Leo Schaefer u. Hans R. Sennhauser (Veröffentlichungen für Kunstgeschichte in München, 3.2), München 1991.

Jakobi 2005
Paul Jakobi: Der Mindener Domschatz. Zeugnisse christlicher Kunst, Minden 2005.

Jansen 1936
Franz Jansen: Der Paderborner Domdechant Graf Christoph von Kesselstadt und seine Handschriftensammlung, in: Simon 1936, S. 355–368.

Janssen 1991
Walter Janssen: Die frühmittelalterliche Niederungsburg bei Haus Meer, Büderich, Stadt Meerbusch, Kreis Neuss in: Burgen der Salierzeit, Bd. 1, hg. v. Horst W. Böhme, Sigmaringen 1991, S. 195–224.

Janssen/Janssen 1999
Walter u. Brigitte Janssen: Die frühmittelalterliche Niederungsburg bei Haus Meer, Kreis Neuss. Archäologische und naturwissenschaftliche Untersuchungen (Rheinische Ausgrabungen, 46), Köln 1999.

Jarnut 1999/2000
Paderborn. Geschichte der Stadt in ihrer Region, Bd. 1, hg. v. Jörg Jarnut, Paderborn u.a. 1999/22000.

Jeffré 1991
Irmgard Jeffré: Handschriftliche Zeugnisse zur Geschichte der Kölner Domschule im 10. und 11. Jahrhundert, in: Euw/Schreiner 1991, S. 165–171.

Johanek 1977
Peter Johanek: Zur rechtlichen Funktion von Traditionsnotiz, Traditionsbuch und früher Siegelurkunde, in: Recht und Schrift im Mittelalter, hg. v. Peter Classen (VuF, 23), Sigmaringen 1977, S. 131–162.

Jones 1939
Charles W. Jones: Bedae Pseudepigrapha. Scientific Writings Falsely Attributed to Bede, Ithaca u.a. 1939.

Jongbloed 2005
Hein H. Jongbloed: Wichman, Adela en Alpertus. De Eltense boedelkwestie (968–996), in: Bijdragen en Mededelingen. Historisch Jaarboek voor Gelderland 96 (2005), S. 7–47.

Jongbloed 2006a
Hein H. Jongbloed: Immed »von Kleve« (um 950). Das erste Klevische Grafenhaus (ca. 885–ca. 1015) als Vorstufe des geldrischen Fürstentums, in: Annalen des historischen Vereins für den Niederrhein, insbesondere das alte Erzbistum Köln 209 (2006), S. 13–44.

Jongbloed 2006b
Hein H. Jongbloed: Tussen »Paltsverhaal« en »Ijssellinie«. Averarda »van Zutphen« († 11 augustus [961]) en de geboorte van de graafschappen Zutphen en Gelre (1026–1046), in: Bijdragen en Mededelingen. Historisch Jaarboek voor Gelderland 97 (2006) S. 57–130.

Jongbloed 2008
Hein H. Jongbloed: »Cold Case« Upladen (oktober 1016). Godfrieds prefectuur tussen grote politiek en dynastieke competitie (850–1101), in: Jaarboek voor Middeleeuwse Geschiedenis 11 (2008), S. 7–68.

Jungmann 1958
Josef A. Jungmann: Missarum Sollemnia, eine genetische Erklärung der römischen Messe, 2 Bde., Freiburg/Breisgau 41958.

Juste 2004
David Juste: Comput et divination chez Abbon de Fleury, in: Obrist 2004a, S. 95–127.

Kahsnitz 1979
Rainer Kahsnitz: Der Werdener Psalter in Berlin. Eine Untersuchung zu Problemen mittelalterlicher Psalterillustrationen (Beiträge zu den Bau- und Kunstdenkmälern im Rheinland, 24), Düsseldorf 1979.

Kahsnitz 1993
Rainer Kahsnitz: Inhalt und Aufbau der Handschrift. Die Bilder, in: Brandt 1993, S. 18–55.

Kahsnitz 2001
Rainer Kahsnitz: Frühottonische Buchmalerei, in: Kat. Magdeburg 2001, Bd. 1, S. 225–250.

Kaiser 1989
Reinhold Kaiser: Gervasius, in: Lex.MA 4, München u.a. 1989, Sp. 1359–1360.

Kamp 2006
Hermann Kamp: La vengeance, le roi et les compétitions faidales dans l'empire ottonien, in: Barthélemy/Bougard/Le Jan 2006, S. 259–280.

Karrenbrock 2001
Die Holzskulptur des Mittelalters II.1, 1400 bis 1540, Tl. 1, bearb. v. Reinhard Karrenbrock (Sammlungen des Museum Schnütgen, 5), Köln 2001.

Kat. Aachen 2000
Krönungen. Könige in Aachen. Geschichte und Mythos, 2 Bde., hg. v. Mario Kramp [Ausstellung Aachen 2000], Mainz 2000.

Kat. Aquileja 1996–1997
Poppone. L'età d'oro del Patriarcato di Aquileia, hg. v. Silvia Blason Scarel [Ausstellung Aquileja 1996–1997], Rom 1997.

Kat. Augsburg 1973
Suevia Sacra. Frühe Kunst in Schwaben, hg. v. Bruno Bushart [Ausstellung Augsburg 1973], Augsburg 1973.

Kat. Bamberg 2002
Kaiser Heinrich II. 1002–1024, hg. v. Josef Kirmeier, Bernd Schneidmüller, Stefan Weinfurter u. Evamaria Brockhoff [Ausstellung Bamberg 2002], Augsburg u.a. 2002.

Kat. Bamberg 2007
1000 Jahre Bistum Bamberg 1007–2007. Unterm Sternenmantel, hg. v. Luitgar Göller [Ausstellung Bamberg 2007], Petersberg 2007.

Kat. Berlin u.a. 1992–1993
Wikinger, Waräger und Normannen. Die Skandinavier und Europa 800–1200, hg. v. Else Roesdahl [Ausstellung Berlin, Kopenhagen u. Paris 1992–1993], Berlin 1992.

Kat. Berlin u.a. 2000–2002
Europas Mitte um 1000. Beiträge zur Geschichte, Kunst und Archäologie, 3 Bde., hg. v. Alfried Wieczorek u. Hans-Martin Hinz [Ausstellung Berlin, Bratislava, Budapest, Krakau, Mannheim u. Prag 2000–2002], Stuttgart 2000.

Kat. Bregenz/Feldkirch 2008
Gold. Schatzkunst zwischen Bodensee und Chur, hg. v. Tobias G. Natter [Ausstellung Bregenz u. Feldkirch 2008], Ostfildern 2008.

Kat. Bremen 1979
Der Bremer Dom. Baugeschichte, Ausgrabungen, Kunstschätze, hg. v. Rosemarie Pohl-Weber [Ausstellung Bremen 1979], Bremen 1979.

Kat. Bremen u.a. 2002
Heiden und Christen. Slawenmission im Mittelalter, hg. v. Manfred Gläser, Hans-Joachim Hahn u. Ingrid Weibezahn [Ausstellung Bremen, Lübeck u. Oldenburg 2002], Lübeck 2002.

Kat. Chicago 1975–1976
Raiment for the Lord's Service. A Thousand Years of Western Vestments, hg. v. Christa C. Mayer-Thurman [Ausstellung Chicago 1975–1976], Chicago 1975.

Kat. Corvey 1966
Kunst und Kultur im Weserraum 800–1600, 2 Bde., [Ausstellung Corvey 1966], Münster 1966.

Kat. Einsiedeln 2003
Musica Sacra. Musik für Gott in der Stiftsbibliothek Einsiedeln 10.–18. Jahrhundert, hg. v. Odo Lang [Ausstellung Einsiedeln 2003], Einsiedeln 2003.

Kat. Emmerich 1977
Kunstschätze aus dem St. Martini-Münster zu Emmerich, bearb. v. Gerard T. Lemmens u. Guido de Werd [Ausstellung Emmerich 1977], Emmerich 1977.

Kat. Essen 1956
Werdendes Abendland an Rhein und Ruhr, bearb. v. Viktor H. Elbern [Ausstellung Essen 1956], Essen 1956.

Kat. Essen/Bonn 2005
Krone und Schleier. Kunst aus mittelalterlichen Frauenklöstern, hg. v. Kunst- u. Ausstellungshalle der Bundesrepublik Deutschland, Bonn u. Ruhrlandmuseum Essen [Ausstellung Essen u. Bonn 2005], München 2005.

Kat. Essen 2008–2009
Gold vor Schwarz. Der Essener Domschatz auf Zollverein, hg. v. Birgitta Falk [Ausstellung Essen 2008–2009], Essen 2008.

Kat. Frankfurt 1983–1984
Spätantike und frühes Christentum, hg. v. Herbert Beck u. Peter C. Bol [Ausstellung Frankfurt 1983–1984], Frankfurt/Main 1983.

Kat. Granada/New York 1992
Al-Andalus. The Art of Islamic Spain, hg. v. Jerrilynn D. Dodds [Ausstellung Granada u. New York 1992], New York 1992.

Kat. Hildesheim 1993
Bernward von Hildesheim und das Zeitalter der Ottonen, 2 Bde., hg. v. Michael Brandt u. Arne Eggebrecht [Ausstellung Hildesheim 1993], Hildesheim u.a. 1993.

Kat. Hildesheim 1995
Der vergrabene Engel. Die Chorschranken der Hildesheimer Michaeliskirche. Funde und Befunde, hg. v. Michael Brandt [Ausstellung Hildesheim 1995], Mainz 1995.

Kat. Köln u.a. 1972
Rhein und Maas. Kunst und Kultur 800–1400, 2 Bde., hg. v. Anton Legner [Ausstellung Köln u. Brüssel 1972], Köln 1972–1973.

Kat. Köln 1985
Ornamenta Ecclesiae. Kunst und Künstler der Romanik, 3 Bde., hg. v. Anton Legner [Ausstellung Köln 1985], Köln 1985.

Kat. Köln 1991
Vor dem Jahr 1000. Abendländische Buchkunst zur Zeit der Kaiserin Theophanu [Ausstellung Köln 1991], Köln 1991.

Kat. Köln 1998
Glaube und Wissen im Mittelalter. Die Kölner Dombibliothek, hg. v. Joachim M. Plotzek, Katharina Winnekes, Stefan Kraus, Ulrike Surmann u. Juan A. Cervello-Margalef [Ausstellung Köln 1998], München 1998.

Kat. Lüttich 1982
Millénaire de la collégiale Saint-Jean de Liège. Exposition d'art et d'histoire, hg. v. Ministère de la Communauté française [Ausstellung Lüttich 1982], Lüttich 1982.

Kat. Magdeburg 2001
Otto der Große, Magdeburg und Europa, 2 Bde., hg. v. Matthias Puhle [Ausstellung Magdeburg 2001], Mainz 2001.

Kat. Magdeburg 2006
Heiliges Römisches Reich Deutscher Nation 962 bis 1806. Von Otto dem Großen bis zum Ausgang des Mittelalters, 2 Bde., hg. v. Matthias Puhle u. Claus-Peter Hasse [Ausstellung Magdeburg 2006], Dresden 2006.

Kat. Magdeburg 2008–2009
Spektakel der Macht. Rituale im Alten Europa 800–1800, hg. v. Barbara Stollberg-Rilinger, Matthias Puhle, Jutta Götzmann u. Gerd Althoff [Ausstellung Magdeburg 2008–2009], Darmstadt 2008.

Kat. Magdeburg 2009
Aufbruch in die Gotik 1209. Der Magdeburger Dom und die späte Stauferzeit, hg. v. Matthias Puhle [Ausstellung Magdeburg 2009], Mainz 2009.

Kat. Mantua 2008–2009
Matilde di Canossa. Il papato l'impero. Storia, arte, cultura alle origini del romanico, hg. v. Renata Salvarani u. Liana Castelfranchi [Ausstellung Mantua 2008–2009], Mailand 2008.

Kat. Merseburg 2004
Zwischen Kathedrale und Welt. 1000 Jahre Domkapitel Merseburg, hg. v. Karin Heise, Holger Kunde u. Helge Wittmann [Ausstellung Merseburg 2004], Petersberg 2004.

Kat. München/Nürnberg 1988
Schönes Schach. Die Spiele des Bayerischen Nationalmuseums in München und des Germanischen Nationalmuseums in Nürnberg, bearb. v. Georg Himmelheber u. Ulrich Schneider [Ausstellung München u. Nürnberg 1988], Nürnberg 1988.

Kat. München 1998–1999
Rom und Byzanz. Archäologische Kostbarkeiten aus Bayern, hg. v. Ludwig Wamser u. Gisela Zahlhaas [Ausstellung München 1998–1999], München 1998.

Kat. München 2004–2005
Die Welt von Byzanz. Europas östliches Erbe. Glanz, Krisen und Fortleben einer tausendjährigen Kultur, hg. v. Ludwig Wamser [Ausstellung München 2004–2005], Stuttgart u.a. 2004.

Kat. Münster 1951–1952
Westfalia Sacra, hg. v. Landesmuseum für Kunst und Kulturgeschichte Münster [Ausstellung Münster 1951–1952], Münster 1951.

Kat. Münster 1972
Die Paderborner Imad-Madonna und das Soester Scheibenkreuz im Umkreis romanischer Kunst in Westfalen, hg. v. Landesmuseum für Kunst und Kulturgeschichte Münster [Ausstellung Münster 1972], Münster 1972.

Kat. Münster 1982–1983
Die Wiedertäufer in Münster [Ausstellung Münster 1982–1983], Münster 1982.

Kat. Münster 1993a
Zwischen Pflug und Fessel. Mittelalterliches Landleben im Spiegel der Wüstungsforschung, 2 Bde., hg. v. Rudolf Bergmann u. Bendix Trier [Ausstellung Münster 1993], Münster 1993.

Kat. Münster 1993b
Bischofsländer. Bilder und Dokumente zur Geschichte der westfälischen Bistümer Münster, Osnabrück, Paderborn, Minden, hg. v. Siegfried Kessemeier u. Petra Koch [Ausstellung Münster 1993], Münster 1993.

Kat. Münster 2005
805 – Liudger wird Bischof. Spuren eines Heiligen zwischen York, Rom und Münster, hg. v. Gabriele Isenberg u. Barbara Rommé [Ausstellung Münster 2005], Mainz 2005.

Kat. New York 1997
The Glory of Byzantium. Art and Culture of the Middle Byzantine Era A.D. 843–1261, hg. v. Helen C. Evans u. William D. Wixom [Ausstellung New York 1997], New York 1997.

Kat. Nürnberg 1983
Schätze der Astronomie. Arabische und deutsche Instrumente aus dem Germanischen Nationalmuseum, hg. v. Ger-

hard Bott [Ausstellung Nürnberg 1983], Nürnberg 1983.

Kat. Nürnberg 1992–1993
Focus Behaim-Globus, 2 Bde., hg. v. Johannes K. Willers u. Karin Holzamer [Ausstellung Nürnberg 1992–1993], Nürnberg 1992.

Kat. Oldenburg 2008–2009
Die Kunst der frühen Christen in Syrien. Zeichen, Bilder und Symbole vom 4. bis 7. Jahrhundert, hg. v. Mamoun Fansa u. Beate Bollmann [Ausstellung Oldenburg 2008–2009], Mainz 2008.

Kat. Paderborn 1986a
Meinwerk von Paderborn (1009–1036). Ein Bischof in seiner Zeit, hg. v. Hans L. Drewes [Ausstellung Paderborn 1986], Paderborn 1986.

Kat. Paderborn 1986b
Liborius im Hochstift Paderborn. Seine Verehrung in Werken der Architektur und der bildenden Kunst, hg. v. Karl-Josef Schmitz [Ausstellung Paderborn 1986], Paderborn 1986.

Kat. Paderborn 1994
Heilige und Heiltum. Eine rheinische Privatsammlung und die Reliquienverehrung der Barockzeit in Westfalen, hg. v. Christoph Stiegemann [Ausstellung Paderborn 1994], Paderborn 1994.

Kat. Paderborn 1995
Ferdinand von Fürstenberg und seine Bücher. Fürstbischof von Paderborn 1661–1683, bearb. v. Hermann-Josef Schmalor [Ausstellung Paderborn 1995], Paderborn 1995.

Kat. Paderborn 1999
799 – Kunst und Kultur der Karolingerzeit. Karl der Große und Papst Leo III. in Paderborn, 3 Bde., hg. v. Christoph Stiegemann u. Matthias Wemhoff [Ausstellung Paderborn 1999], Mainz 1999.

Kat. Paderborn 2001
Byzanz. Das Licht aus dem Osten. Kult und Alltag im byzantinischen Reich vom 4. bis 15. Jahrhundert, hg. v. Christoph Stiegemann [Ausstellung Paderborn 2001], Mainz 2001.

Kat. Paderborn 2002
Kunigunde – empfange die Krone. Szenen einer Krönung in der Kaiserpfalz Paderborn, hg. v. Matthias Wemhoff [Ausstellung Paderborn 2002], Paderborn 2002.

Kat. Paderborn 2006
Canossa 1077 – Erschütterung der Welt. Geschichte, Kunst und Kultur am Aufgang der Romanik, 2 Bde., hg. v. Christoph Stiegemann u. Matthias Wemhoff [Ausstellung Paderborn 2006], München 2006.

Kat. Paderborn/Würzburg 2008
Eine Welt in Bewegung. Unterwegs zu Zentren des frühen Mittelalters, hg. v. Georg Eggenstein, Norbert Börste, Helge Zöller u. Eva Zahn-Biemüller [Ausstellung Paderborn u. Würzburg 2008], München u.a. 2008.

Kat. Passau 2001
Bayern – Ungarn. Tausend Jahre, hg. v. Wolfgang Jahn [Ausstellung Passau 2001], Augsburg 2001.

Kat. Regensburg 1987
Regensburger Buchmalerei. Von frühkarolingischer Zeit bis zum Ausgang des Mittelalters, bearb. v. Florentine Mütherich u. Karl Dachs, [Ausstellung Regensburg 1987], München 1987.

Kat. Saarbrücken 2000
Weinpokal und Rosenkranz. Archäologisches aus Burgen und Kirchen des Saarlandes, hg. v. Andrei Miron [Katalog Saarbrücken 2000], Saarbrücken 2000.

Kat. Schleswig 2006–2007
Magischer Glanz. Gold aus archäologischen Sammlungen Norddeutschlands, hg. v. Ralf Bleile [Ausstellung Schleswig 2006–2007], Schleswig 2006.

Kat. Soest 1907
Kirchliche Kunst zu Soest [Ausstellung Soest 1907], Soest 1907.

Kat. Speyer 1992
Das Reich der Salier 1024–1125 [Ausstellung Speyer 1992], Sigmaringen 1992.

Kat. St. Paul 2009
Macht des Wortes. Benediktinisches Mönchtum im Spiegel Europas, 2 Bde., hg. v. Gerfried M. Sitar u. Martin Kroker [Ausstellung St. Paul 2009], Regensburg 2009.

Kat. Stuttgart 1977
Die Zeit der Staufer. Geschichte, Kunst, Kultur, 5 Bde., hg. v. Reiner Haussherr u. Christian Väterlein [Ausstellung Stuttgart 1977], Stuttgart 1977–1979.

Kat. Trier 1984
Schatzkunst Trier, hg. v. Bischöflichen Generalvikariat Trier [Ausstellung Trier 1984], Trier 1984.

Kat. Trier 2007
Konstantin der Große. Imperator Caesar Flavius Constantinus, hg. v. Alexander Demandt u. Josef Engemann [Ausstellung Trier 2007], Mainz 2007.

Kat. Wolfenbüttel 1989
Wolfenbütteler Cimelien. Das Evangeliar Heinrichs des Löwen in der Herzog August Bibliothek, hg. v. Peter Ganz, Helmar Härtel u. Wolfgang Milde [Ausstellung Wolfenbüttel 1989], Weinheim 1989.

Kat. Wolfenbüttel 1991
Mittelalterliche Handschriften der Dombibliothek in Hildesheim, hg. v. Jochen Bepler u. Helmar Härtel [Ausstellung Wolfenbüttel 1991], Wolfenbüttel 1991.

Kat. Wolfenbüttel 2004–2005
Divina Officia. Liturgie und Frömmigkeit im Mittelalter, hg. v. Patrizia Carmassi [Ausstellung Wolfenbüttel 2004–2005], Wolfenbüttel 2004.

Kavanagh 1975
Aidan Kavanagh: Liturgical Vesture in the Roman Catholic Tradition, in: Kat. Chicago 1975–1976, S. 13–17.

Keller 1964
Hagen Keller: Kloster Einsiedeln im ottonischen Schwaben (Forschungen zur oberrheinischen Landesgeschichte, 13), Freiburg/Breisgau 1964.

Keller 1968
Hagen Keller: »Adelsheiliger« und Pauper Christi in Ekkeberts Vita sancti Haimeradi, in: Adel und Kirche, hg. v. Josef Fleckenstein u. Karl Schmid, Freiburg/Breisgau 1968, S. 307–324.

Keller 1985
Hagen Keller: Herrscherbild und Herrschaftslegitimation. Zur Deutung der ottonischen Denkmäler, in: FmSt 19 (1985), S. 290–311.

Keller 1986
Hagen Keller: Zwischen regionaler Begrenzung und universalem Horizont. Deutschland im Imperium der Salier und Staufer 1024–1250 (Propyläen Geschichte Deutschlands, 2), Berlin 1986.

Keller 1993
Hagen Keller: Die Investitur. Ein Beitrag zum Problem der »Staatssymbolik« im Hochmittelalter, in: FmSt 27 (1993), S. 51–86.

Keller 1998
Hagen Keller: Zu den Siegeln der Karolinger und der Ottonen. Urkunden als »Hoheitszeichen« in der Kommunikation des Königs mit seinen Getreuen, in: FmSt 32 (1998), S. 400–441.

Keller 2000
Hagen Keller: Die Siegel und Bullen Ottos III., in: Kat. Berlin u.a. 2000–2002, Bd. 2, S. 767–773.

Keller 2001
Hagen Keller: Ritual, Symbolik und Visualisierung in der Kultur des ottonischen Reiches, in: FmSt 35 (2001), S. 23–59.

Keller 2004
Hagen Keller: Hulderweis durch Privilegien. Symbolische Kommunikation innerhalb und jenseits des Textes, in: FmSt 38 (2004), S. 309–321.

Keller 2005/2007
Hagen Keller: Meinwerk von Paderborn und Heimad von Hasungen. Spätottonische Kirchenmänner und Frömmigkeitsformen in Darstellungen aus der Zeit Heinrichs IV. und Friedrich Barbarossas, in: FmSt 39 (2005), S. 129–150, auch in: WZ 157 (2007), S. 179–200.

Keller 2006
Hagen Keller: Religiöse Leitbilder und das gesellschaftliche Kräftefeld am Aufgang der Romanik, in: Kat. Paderborn 2006, Bd. 1, S. 184–198.

Keller 2008
Hagen Keller: Die Ottonen, München 42008.

Keller 2009
Hagen Keller: Wählen im frühen Mittelalter, in: Technik und Symbolik vormoderner Wahlverfahren, hg. v. Christoph Dartmann, Günther Wassilowsky u. Thomas Weller (HZ, Beiheft), in Vorbereitung.

Keller/Althoff 2008
Hagen Keller u. Gerd Althoff: Die Zeit der späten Karolinger und der Ottonen. Krisen und Konsolidierungen 888–1024 (Gebhardt Handbuch der deutschen Geschichte, 3), 10., neu bearb. Aufl., Stuttgart 2008.

Kemper 2003
Dorothee Kemper: Bauornamentik des 11. bis 15. Jahrhunderts im Rheinischen Landesmuseum Bonn (Kataloge des Rheinischen Landesmuseums Bonn, 10), Wiesbaden 2003.

Kessemeier/Luckhardt 1982
Siegfried Kessemeier u. Jochen Luckhardt: Dom und Domschatz in Minden, Königstein/Taunus 1982.

Kier 1970
Hiltrud Kier: Der mittelalterliche Schmuckfußboden unter besonderer Berücksichtigung des Rheinlandes (Kunstdenkmäler des Rheinlandes, Beiheft 14), Düsseldorf 1970.

Kindl 1986
Harald Kindl: Die Pfarreien des Bistums Paderborn bis zum Tode Bischof Meinwerks 1036, in: Brandt/Hengst 1986b, S. 8–101.

King 1991
David A. King: Medieval Astronomical Instruments. A Catalogue in Preparation, in: Bulletin of the Scientific Instrument Society 31 (1991), S. 3–7.

King 1992
David A. King: Die Astrolabiensammlung des Germanischen Nationalmuseums, in: Kat. Nürnberg 1992–1993, Bd. 1, S. 101–114.

Kirpicznikov 1998
Anatolii N. Kirpicznikov: Tajemnice mieczy z Lednicy, in: Archeologia Żywa 2 (7) (1991), S. 22–24.

Klauser 1965
Theodor Klauser: Kleine abendländische Liturgiegeschichte, Bonn 1965.

Klemm 2004
Elisabeth Klemm: Die ottonischen und frühromanischen Handschriften der Bayerischen Staatsbibliothek, 2 Bde. (Katalog der illuminierten Handschriften der Bayerischen Staatsbibliothek in München, 2), Wiesbaden 2004.

Klopsch 1999
Paul Klopsch: Walther von Speyer, in: VL 10, Berlin u.a. 21999, Sp. 660–664.

Kluge 1991
Bernd Kluge: Deutsche Münzgeschichte von der späten Karolingerzeit bis zum Ende der Salier (Römisch-Germanisches Zentralmuseum Mainz, Forschungsinstitut für Vor- und Frühgeschichte, Monographien 29), Sigmaringen 1991.

Kluge-Pinsker 1991
Antje Kluge-Pinsker: Schach und Trictrac. Zeugnisse mittelalterlicher Spielfreude in salischer Zeit (Römisch-Germanisches Zentralmuseum Mainz, Forschungsinstitut für Vor- und Frühgeschichte, Monographien 30), Sigmaringen 1991.

Kneppe/Peine 2000
Der Desenberg bei Warburg, Kreis Höxter, hg. v. Cornelia Kneppe u. Hans-Werner Peine (Frühe Burgen in Westfalen, 16), Münster 2000.

Koch 1969
Charlotte Koch: Die Haare Kaiser Konrads II. und der Kaiserin Gisela und die zeitgenössische ikonographische und literarische Überlieferung, in: Mitteilungen des Historischen Vereins der Pfalz 67 (1969), S. 205–218.

Koehler/Mütherich 1930–1999
Die karolingischen Miniaturen, 6 Bde., begr. v. Wilhelm Koehler, fortgef. v. Florentine Mütherich, Berlin 1930–1999.

Kölzer 1998
Theo Kölzer: Die ottonisch-salische Herrscherurkunde, in: Typologie der Königsurkunden, hg. v. Jan Bistřický, Olmütz 1998, S. 127–142.

Könsgen/Schaller/Klein 1977–2005
Initia carminum Latinorum saeculo undecimo antiquiorum. Bibliographisches Repertorium für die lateinische Dichtung der Antike und des früheren Mittelalters, bearb. v. Ewald Könsgen u. Dieter Schaller, Supplementbd. fortgef. v. Thomas Klein, Göttingen 1977–2005.

Körntgen 2001
Ludger Körntgen: Königsherrschaft und Gottes Gnade. Zu Kontext und Funktion sakraler Vorstellungen in Historiographie und Bildzeugnissen der ottonisch-frühsalischen Zeit (Orbis Mediaevalis. Vorstellungswelten des Mittelalters, 2), Berlin 2001.

Kötzsche 1995
Lieselotte Kötzsche: Das Heilige Grab in Jerusalem und seine Nachfolge, in: Akten des 12. Internationalen Kongresses für Christliche Archäologie, Bonn 1991, Tl. 1, hg. v. Ernst Dassmann u. Josef Engemann (Jahrbuch für Antike und Christentum, Ergänzungsbd. 20.1. Studi di antichità cristiana, 52), Münster 1995, S. 272–290.

Kohl 1999
Das Bistum Münster, Bd. 7.1, bearb. v. Wilhelm Kohl (Germania Sacra. Die Bistümer der Kirchenprovinz Köln, N.F. 37.1), Berlin u.a. 1999.

Kohlschein/Wünsche 1998
Heiliger Raum. Architektur, Kunst und Liturgie in mittelalterlichen Kathedralen und Stiftskirchen, hg. v. Franz Kohlschein u. Peter Wünsche (Liturgiewissenschaftliche Quellen und Forschungen, 82), Münster 1998.

Kola/Wilke 1991
Andrzej Kola u. Gerad Wilke: Sprawozdanie z archeologicznych badań podwodnych przeprowadzonych w Jeziorze Lednickim na reliktach mostu wczesnośredniowiecznego, tzw. »gnieźnieńskiego« w latach 1984–1985, in: Acta Universitatis Nicolai Copernici. Archeologia 15, Nauki humanistyczno-spoleczne 199 (1991), S. 43–58.

Kos 2002
Anton Kos: Machtstrijd in Hamaland. De politieke ambities van Balderik en Adela, circa 973–1016, in: Jaarboek voor Middeleeuwse Geschiedenis 5 (2002), S. 27–68.

Kosch 2006
Clemes Kosch: Paderborns mittelalterliche Kirchen. Architektur und Liturgie um 1300, Regensburg 2006.

Kosch/Stracke 1995
Clemens Kosch u. Gottfried Stracke: Überlegungen zur geistlichen Konzeption der Michaeliskirche vom 11. bis zum 13. Jahrhundert, in: Kat. Hildesheim 1995, S. 33–43.

Kottje 1967
Raymund Kottje: Oratio Periculosa – eine frühmittelalterliche Bezeichnung des Kanons? In: ALw 10 (1967), S. 165–168.

Krabath 2001
Stefan Krabath: Die hoch- und spätmittelalterlichen Buntemetallfunde nördlich der Alpen. Eine archäologisch-kunsthistorische Untersuchung zu ihrer Herstellungstechnik, funktionalen und zeitlichen Bestimmung, 2 Bde. (Internationale Archäologie, 63), Rahden/Westf. 2001.

Krah 1987
Adelheid Krah: Absetzungsverfahren als Spiegelbild von Königsmacht. Untersuchungen zum Kräfteverhältnis zwischen Königtum und Adel im Karolingerreich und seinen Nachfolgestaaten (Untersuchungen zur deutschen Staats- und Rechtsgeschichte, N.F. 26), Aalen 1987.

Krautheimer 1942/1988
Richard Krautheimer: Introduction to an »Iconography of Medieval Architecture«, in: Journal of the Warburg and Courtauld Institutes 5 (1942), S. 1–33, in Deutsch: Einführung zu einer Ikonographie der mittelalterlichen Architektur, in: Richard Krautheimer: Ausgewählte Aufsätze zur europäischen Kunstgeschichte, Köln 1988, S. 142–197.

Kroker 2006
Martin Kroker: Von Mimigernaford nach Münster. Zur Kontinuität der Besiedlung des Domplatzes in Münster, in: Kontinuität und Diskontinuität im archäologischen Befund, hg. v. Matthias Untermann (Mitteilungen der Deutschen Gesellschaft für Archäologie des Mittelalters und der Neuzeit, 17), Paderborn 2006, S. 43–52.

Kroker 2007
Martin Kroker: Der Dom zu Münster. Die Domburg (Denkmalpflege und Forschung in Westfalen, 26.3), Mainz 2007.

Kroker 2008
Martin Kroker: Die Königspfalz – Station des reisenden Königs und Ort der Herrschaft, in: Begleitheft zur Ausstellung »Der reisende König«, hg. v. Martin Kroker, Münster 2008, S. 4–7.

Kroker 2009
Martin Kroker: Paderborn. Pfalz Karls des Großen, in: Archäologie erleben. 50 Ausflüge in die Vergangenheit, hg. v. André Wais, Tina Steinhilber u. Karoline Müller, Stuttgart 2009, S. 146–149.

Krüger 2000
Jürgen Krüger: Die Grabeskirche zu Jerusalem. Geschichte – Gestalt – Bedeutung, Regensburg 2000.

Krüger 2006
Kristina Krüger: Zur liturgischen Benutzung karolingischer »Westwerke« anhand von bauarchäologischen Zeugnissen und Schriftquellen zu Liturgie und Altarstellen, in: Architektur und Liturgie, hg. v Michael Altripp u. Claudia Nauerth (Spätantike, frühes Christentum, Byzanz. Kunst im ersten Jahrtausend, Reihe B, 21), Wiesbaden 2006, S. 125–142.

Kubach/Verbeek 1989
Hans E. Kubach u. Albert Verbeek: Romanische Baukunst an Rhein und Maas, Bd. 4, Berlin 1989.

Kuder 1993
Ulrich Kuder: Ottonische Buchmalerei und bernwardinische Handschriftenproduktion, in: Kat. Hildesheim 1993, Bd. 1, S. 191–200.

Kuder 1997
Ulrich Kuder: Die Konstanzer Christusscheibe, in: Schriften des Vereins für Geschichte des Bodensees und seiner Umgebung 115 (1997), S. 1–88.

Kuder 1999
Ulrich Kuder: Nachtrag zur Konstanzer Christusscheibe, in: Schriften des Vereins für Geschichte des Bodensees und seiner Umgebung 117 (1999), S. 1–10.

Küchelmann/Zidarov 2005
Hans C. Küchelmann u. Petar Zidarov: Let's skate together! Skating on Bones in the Past and Today, in: From Hooves to Horns, from Mollusc to Mammoth. Manufacture and Use of Bone Artefacts from Prehistoric Times to the Present, hg. v. Heidi Luik, Alice M. Choyke, Colleen E. Batey u. Lembi Lõugas (Muinasaja Teadus, 15), Tallinn 2005, S. 425–445.

Kühlborn 1989
Johann-Sebastian Kühlborn: Archäologische Luftbildprospektion in Westfalen, in: Archäologie aus der Luft, hg. v. Bendix Trier, Münster 1989, S. 7–26.

Kühne 2009
Hartmut Kühne: Reliquien und Reliquiare des Magdeburger Domes im 13. Jahrhundert. Versuch einer Bestands-Aufnahme, in: Kat. Magdeburg 2009, Bd. 1, S. 181–191.

Küppers/Mikat 1966
Leonhard Küppers u. Paul Mikat: Der Essener Münsterschatz, Essen 1966.

Kuhn 2005
Rainer Kuhn: Die ottonische Kirche am Magdeburger Domplatz. Baubefunde und stratigraphische Verhältnisse der Grabungsergebnisse 2001–2003, in: Meller/Schenkluhn 2005, S. 9–49.

Kupper 1981
Jean-Louis Kupper: Liège et l'Église Impériale. XIe–XIIe siècles (Bibliothèque de la Faculté de Philosophie et Lettres de l'Université de Liège, 228), Brüssel 1981.

Kupper 1996
Jean-Louis Kupper: Les voies de la création hagiographique. Lettre d'envoi par l'évêque Notger de Liège de la Vita sancti Landoaldi, in: Autour de Gerbert d'Aurillac, le pape de l'an mil, hg. v. Olivier Guyotjeannin u. Emmanuel Poulle (Matériaux pour l'histoire publiés par l'École des chartes, 1), Paris 1996, S. 300–305.

Kupper 2000
Jean-Louis Kupper: Le sceau de Notger, in: George/Kupper/Pirenne 2000, S. 27.

Kurth 1905
Godefroid Kurth: Notger de Liège et la civilisation au Xe siècle, 2 Bde., Paris u.a. 1905.

Labusiak 2009
Thomas Labusiak: Die Ruodprechtgruppe der ottonischen Reichenauer Buchmalerei. Bildquellen, Ornamentik, stilgeschichtliche Voraussetzungen, Berlin 2009.

Ladner 1995
Pascal Ladner: Schreibgeräte, in: Lex. MA 7, München 1995, Sp. 1554–1556.

Lagers 2004
Michael Lagers: Topografische Untersuchungen zur Erwerbspolitik Bischof Meinwerks von Paderborn, in: WZ 154 (2004), S. 179–220.

Lahrkamp 1977
Helmut Lahrkamp: v. Kerssenbrock (Kerssenbroch), in: NDB 11, Berlin 1977, S. 537–538.

Laor/Klein 1986
Eran Laor u. Shoshana Klein: Maps of The Holy Land. Cartobibliography of Printed Maps 1475–1900, Amsterdeam/New York 1986.

Lasko 1994
Peter E. Lasko: Ars Sacra 800–1200, New Haven u.a. 21994.

Lasko 2003
Peter E. Lasko: Roger of Helmarshausen, Author and Craftsman. Life, Sources of Style and Iconography, in: Objects, Images and the Word. Art in the Service of the Liturgy, hg. v. Colum Hourihane (Index of Christian Art, Occasional Papers, 6), Princeton 2003, S. 180–201.

Lata 2007
Sabine Lata: Kunstwerke aus der Zeit der Ottonen, Salier und Staufer, in: Mittelalter. Kunst und Kultur von der Spätantike bis zum 15. Jahrhundert, hg. v. G. Ulrich Großmann (Die Schausammlungen des Germanischen Nationalmuseums, 2), Nürnberg 2007, S. 79–87.

Laudage 1984
Johannes Laudage: Priesterbild und Reformpapsttum im 11. Jahrhundert (AKG, Beiheft 22), Köln u.a. 1984.

Lauer 1987
Rudolf F. Lauer: Studien zur ottonischen Mainzer Buchmalerei, Diss. Bonn 1987.

Lauer 2000
Rolf Lauer: Kunst und Herrscherbild in der Salierzeit, in: Kat. Aachen 2000, Bd. 1, S. 313–321.

Laurent 1912
Marcel Laurent: Les ivoires prégothiques conservés en Belgique, Brüssel u.a. 1912.

Lehmann 1991
Janusz Lehmann: Miecz odkryty w 1990 roku w Gieczu. Badania technologiczne i konserwatorskie, in: Studia Lednickie 2 (1991), S. 369–370.

Le Jan 2006
Régine Le Jan: La vengeance d'Adèle ou la construction d'une légende noire, in: Barthélemy/Bougard/Le Jan 2006, S. 325–340.

Lejeune 1953
Jean Lejeune: Genèse de l'art mosan, in: Wallraf-Richartz-Jahrbuch 15 (1953), S. 47–73.

Lejeune 1955
Jean Lejeune: A propos de l'art mosan et des ivoires liégeois, in: Problèmes liégeois d'histoire médiévale, hg. v. Jean Lejeune, Jacques Stiennon u. Denise van Derveeghde (Anciens pays et assemblées d'états, 8), Louvain 1955, S. 91–155.

Lejeune/Stiennon 1962
Jean Lejeune u. Jacques Stiennon: Die übrigen Techniken, in: Romanische Kunst an der Maas im 11., 12. und 13. Jahrhundert, hg. v. Suzanne Collon-Gevaert, Jean Lejeune u. Jacques Stiennon, Brüssel 1962, S. 117–146.

Lemmens 1983
Die Schatzkammer Emmerich. Die Kirchenschätze von St. Martini, Emmerich, und St. Vitus, Hochelten, bearb. v. Gerard Lemmens, Kleve 1983.

Leo/Gelderblom 1961
Peter Leo u. Hans Gelderblom: Der Domschatz und das Dombaumuseum in Minden (Mindener Beiträge zur Geschichte, Landes- und Volkskunde des ehemaligen Fürstentums Minden, 9) Minden 1961.

Leonardi 1959/1960
Claudio Leonardi: I codici di Marziano Capella, in: Aevum. Rassegna di scienze storiche, linguistiche, filologiche 33 (1959), S. 443–489 u. 34 (1960), S. 1–99 u. 411–524.

Leopold 1983
Gerhard Leopold: Der Dom Ottos I. zu Magdeburg. Überlegungen zu seiner Baugeschichte, in: Architektur des Mittelalters. Funktion und Gestalt, hg. v. Friedrich Möbius u. Ernst Schubert, Weimar 1983, S. 63–83.

Leopold/Schubert 1984
Gerhard Leopold u. Ernst Schubert: Der Dom zu Halberstadt bis zum gotischen Neubau, Berlin 1984.

Lex.MA
Lexikon des Mittelalters, 9 Bde. u. Registerbd., München u.a. 1980–1999.

Leyser 1984
Karl J. Leyser: Herrschaft und Konflikt. König und Adel im ottonischen Sachsen (Veröffentlichungen des Max-Planck-Instituts für Geschichte, 76), Göttingen 1984.

Licht 1935
Eva Licht: Ottonische und frühromanische Kapitelle in Deutschland, Stuttgart 1935.

Lobbedey 1986a
Uwe Lobbedey: Die Ausgrabungen im Dom zu Paderborn 1978/80 und 1983, 4 Bde. (Denkmalpflege und Forschung in Westfalen, 11. SQWFG, 23), Bonn 1986.

Lobbedey 1986b
Uwe Lobbedey: Die Kirchenbauten Bischof Meinwerks, in: Kat. Paderborn 1986a, S. 42–58.

Lobbedey 1998
Uwe Lobbedey: Ottonische Krypten. Bemerkungen zum Forschungsstand an Hand ausgewählter Beispiele, in: Althoff/Schubert 1998, S. 77–102.

Lobbedey 1999
Uwe Lobbedey: Romanik in Westfalen, Würzburg 1999.

Lobbedey 2002
Uwe Lobbedey: Les »Westwerke« de l'époque ottonienne en Allemagne du nord, in: Avant-nefs et espaces d'accueil dans l'église entre le IVe et le XIIe siècle, hg. v. Christian Sapin, Paris 2002, S. 67–75.

Lobbedey/Scholz/Vestring-Buchholz 1993
Uwe Lobbedey, Herbert Scholz u. Sigrid Vestring-Buchholz: Der Dom zu Münster 793–1945–1993. Der Bau (Denkmalpflege und Forschung in Westfalen, 26.1), Bonn 1993.

Löer 2007
Das adlige Kanonissenstift St. Cyriakus zu Geseke, bearb. v. Ulrich Löer (Germania Sacra. Die Bistümer der Kirchenprovinz Köln, N.F. 50. Das Erzbistum Köln, 6), Berlin u.a. 2007.

Lohr 1994
Charles Lohr: Aristotelica Helvetica (Scrinium Friburgense, Sonderbd. 6), Freiburg/Üechtland 1994.

Lotter 1983
Friedrich Lotter: Brun von Querfurt, in: Lex.MA 2, München u.a. 1983, Sp. 755–756.

LThK
Lexikon für Theologie und Kirche, 3., völlig neu bearb. Aufl., 11 Bde., begr. v. Michael Buchberger, hg. v. Walter Kasper, Freiburg/Breisgau u.a. 1993–2001.

Ludowici 2002
Babette Ludowici: Ein neuentdeckter mittelalterlicher Kirchenbau in Magdeburg? Zweiter Bericht zum Stand der Auswertung der Grabungen von 1959–1968 auf dem Magdeburger Domplatz, in: Archäologisches Korrespondenzblatt 32 (2002), S. 281–293.

Ludowici 2003
Babette Ludowici: Magdeburg als Hauptort des ottonischen Imperiums, in: Inventing the Pasts in North Central Europe. The National Perception of Early Medieval History and Archaeology, hg. v. Matthias Hardt, Christian Lübke u. Dittmar Schorkowitz, Frankfurt/Main u.a. 2003, S. 111–126.

Ludowici/Hardt 2004
Babette Ludowici u. Matthias Hardt: Zwei ottonenzeitliche Kirchen auf dem Magdeburger Domhügel. Überlegungen zu ihrer historischen Identifizierung, in: FmSt 38 (2004), S. 89–99.

Ludowici/Rogacki-Thiemann 2003
Babette Ludowici u. Birte Rogacki-Thiemann: »Der erste Thumb oder Kirche welche Keyser Otto erbawet ist auffem Newen marckte [...] gelegen.« Ein Diskussionsbeitrag zur Frage nach dem Standort des ottonischen Domes in Magdeburg, in: Zeitschrift für Geschichtswissenschaft 51 (2003), S. 649–655.

Ludwig 2002
Uwe Ludwig: Graf Wichmann von Hamaland und die Gründung des Frauenstifts Elten, in: Herrschaft, Liturgie und Raum. Studien zur mittelalterlichen Geschichte des Frauenstifts Essen, hg. v. Katrinette Bodarwé u. Thomas Schilp (Essener Forschungen zum Frauenstift, 1), Essen 2002, S. 81–100.

Lübke 2001
Christian Lübke: Fremde im östlichen Europa. Von Gesellschaften ohne Staat zu verstaatlichten Gesellschaften, 9.–11. Jahrhundert (Ostmitteleuropa in Vergangenheit und Gegenwart, 23), Köln u.a. 2001.

Lübke 2004
Christian Lübke: Das östliche Europa (Die Deutschen und das europäische Mittelalter), München 2004.

Lutterbach 1995
Hubertus Lutterbach: The Mass and Holy Communion in the Medieval Penitentials (600–1200). Liturgical and Religio-Historical Perspectives, in: Bread of Heaven. Customs and Practices Surrounding Holy Communion, hg. v. Charles Caspers, Gerard M. Lukken u. Gerard Rouwhorst (Liturgia Condenda, 3), Kampen 1995, S. 61–81.

Lutterbach 1999
Hubertus Lutterbach: Sexualität im Mittelalter. Eine Kulturstudie anhand von Bußbüchern des 6.–12. Jahrhunderts (AKG, Beiheft 43), Köln u.a. 1999.

Luykx 1955/1961
Bonifaas Luykx: De oorsprong van het gewone der mis (De eredienst der kerk, 3), Utrecht u.a. 1955, in Deutsch: Der Ursprung der gleichbleibenden Teile der heiligen Messe, in: Priestertum und Mönchtum, hg. v. Theodor Bogler (Liturgie und Mönchtum. Laacher Hefte, 29), Maria Laach 1961, S. 72–119.

MacGregor 1976
Arthur MacGregor: Bone Skates. A Review of the Evidence, in: The Archaeological Journal 133 (1976), S. 57–74.

MacGregor 1985
Arthur MacGregor: Bone, Antler, Ivory and Horn. The technology of Skeletal Materials since the Roman Period, London u.a. 1985.

Manitius 1911–1931/1973–1976
Max Manitius: Geschichte der lateinischen Literatur des Mittelalters, 3 Bde. (Handbuch der Altertumswissenschaft, 9.2.1–3), München 1911–1931 (ND München 1973–1976).

Mann 1977
Vivian B. Mann: Romanesque Ivory Tablemen, Diss. New York 1977.

Maquet 2008
Julien Maquet: »Faire justice« dans le diocèse de Liège au moyen âge (VIIIe–XIIe siècles). Essai de droit judiciaire reconstitué (Bibliothèque de la Faculté de Philosophie et Lettres de l'Université de Liège, 290), Genf 2008.

Masai 1958
François Masai: Rezension zu Philippe 1956, in: Revue belge de philologie et d'histoire 36 (1958), S. 1389–1391.

Matheus 1995
Michael Matheus: Zur Romimitation in der Aurea Moguntia, in: Landesgeschichte und Reichsgeschichte, hg. v. Winfried Dotzauer, Wolfgang Kleiber, Michael Matheus u. Karl-Heinz Spieß (Geschichtliche Landeskunde, 42), Stuttgart 1995, S. 35–49.

Maurer 1976
Helmut Maurer: Kirchengründung und Romgedanke am Beispiel des ottonischen Bischofssitzes Konstanz, in: Bischofs- und Kathedralstädte des Mittelalters und der frühen Neuzeit, hg. v. Franz Petri (Städteforschung. Reihe A, Darstellungen 1), Köln u.a. 1976, S. 47–59.

Maurer 1989
Helmut Maurer: Konstanz im Mittelalter, Bd. 1 (Geschichte der Stadt Konstanz, 1), Konstanz 1989.

May 1995
Georg May: Der Erzbischof von Mainz als Primas, in: Archiv für katholisches Kirchenrecht 164 (1995), S. 76–122.

Mayer 1956
Leo A. Mayer: Islamic Astrolabists and Their Works. Genf 1956.

Mayr-Harting 1991
Henry Mayr-Harting: Ottonische Buchmalerei. Liturgische Kunst im Reich der Kaiser, Bischöfe und Äbte, Stuttgart u.a 1991.

Mayr-Harting 2007
Henry Mayr-Harting: Church and Cosmos in Early Ottonian Germany. The View from Cologne, Oxford (GB) 2007.

McDonough 1974
Christopher J. McDonough: Trier, Bibliothek des Priesterseminars Ms. 100 and the Text of Martianus Capella, in: Mediaeval Studies 36 (1974), S. 56–66.

Mecke/Wemhoff 2002
Birgit Mecke u. Matthias Wemhoff: Das Wirken Bischof Meinwerks in Paderborn – ein Neuanfang, in: Kat. Paderborn 2002, S. 95–99.

Meier 1899
Gabriel Meier: Catalogus Codicum Manu Scriptorum qui in Bibliotheca Monasterii Einsidlensis O.S.B. servantur, Bd. 1, Leipzig 1899.

Meier 1987
Gabriele Meier: Die Bischöfe von Paderborn und ihr Bistum im Hochmittelalter (Paderborner Theologische Studien, 17), Paderborn u.a. 1987.

Meier 1967
Rudolf Meier: Die Domkapitel zu Goslar und Halberstadt in ihrer persönlichen Zusammensetzung im Mittelalter (Studien zur Germania Sacra, 1. Veröffentlichungen des Max-Planck-Instituts für Geschichte, 5), Göttingen 1967.

Meier 1997
Thomas Meier: Inschrifttafeln aus mittelalterlichen Gräbern. Einige Thesen zu ihrer Aussagekraft, in: Death and Burial in Medieval Europe, Bd. 2, hg. v. Guy de Boe u. Frans Verhaeghe (Instituut vor het Archeologisch Patrimonium Rapporten, 2), Zellik 1997, S. 43–53.

Meier 2002
Thomas Meier: Die Archäologie des mittelalterlichen Königsgrabes im christlichen Europa (Mittelalter-Forschungen, 8), Stuttgart 2002.

Meller/Schenkluhn 2005
Aufgedeckt. Ein neuer ottonischer Kirchenbau am Magdeburger Domplatz, hg. v. Harald Meller u. Wolfgang Schenkluhn (Archäologie in Sachsen-Anhalt, Sonderbd. 3), Halle/Saale 2005.

Mende 2003
Ursula Mende: Goldschmiedekunst in Helmarshausen, in: Helmarshausen. Buchkultur und Goldschmiedekunst im Hochmittelalter, hg. v. Ingrid Baumgärtner, Kassel 2003, S. 163–198.

Mériaux 2006
Charles Mériaux: Gallia irradiata. Saints et sanctuaires dans le nord de la gaule du haut moyen âge (Beiträge zur Hagiographie, 4), Stuttgart 2006.

Merton 1923
Adolf Merton: Die Buchmalerei in St. Gallen vom neunten bis zum elften Jahrhundert, Leipzig [2]1923.

Meyer 1961
Ruth Meyer: Karolingische Kapitelle in Westfalen und ihr Verhältnis zur Spätantike, Tl. 1, in: Westfalen 39 (1961), S. 181–210.

Meyer 1967
Ruth Meyer: Die Miniaturen im Sakramentar des Bischofs Sigebert von Minden, in: Dettweiler/Köllner/Riedl 1967, S. 181–200.

Meyer 1997
Ruth Meyer: Frühmittelalterliche Kapitelle und Kämpfer in Deutschland. Typus – Technik – Stil, 2 Bde., nach dem Tode der Verfasserin hg. u. erg. v. Daniel Herrmann, Berlin 1997.

Mietke 1991
Gabriele Mietke: Die Bautätigkeit Bischof Meinwerks von Paderborn und die frühchristliche und byzantinische Architektur (Paderborner Theologische Studien, 21), Paderborn u.a. 1991.

Milde 1993
Wolfgang Milde: Die Handschriften des Bischofs Sigebert von Minden, in: Lectionarium. Berlin, Ehem. Preußische Staatsbibliothek, Ms. theol. lat. qu. 1, hg. v. Martin Klöckener (Codices illuminati medii aevi, 18), München 1993, S. 7–25.

Molhuysen 1912
Codices Bibliothecae Publicae Latini, hg. v. Philip C. Molhuysen (Bibliotheca Universitatis Leidensis codices manuscripti, 3), Leiden 1912.

Mortensen 1999/2000
Lars B. Mortensen: The Diffusion of Roman Histories in the Middle Ages. A List of Orosius, Eutropius, Paulus Diaconus, and Landolfus Sagax Manuscripts, in: Filologia mediolatina 6/7 (1999/2000), S. 101–200.

Müller 1991
Heribert Müller: Die Kölner Erzbischöfe von Bruno I. bis Hermann II. (953–1056), in: Euw/Schreiner 1991, S. 15–32.

Müller 2008
Ulrich Müller: Luxus und Lifestyle – Konzepte, Funde und Befunde am Beispiel von Schleswig, in: Lübecker Kolloquium zur Stadtarchäologie im Hanseraum 6: Luxus und Lifestyle, hg. v. Manfred Gläser, Lübeck 2008, S. 357–376.

Müller-Christensen 1960
Sigrid Müller-Christensen: Das Grab des Papstes Clemens II. im Dom zu Bamberg, München 1960.

Müller-Christensen/Kubach/Stein 1972
Sigrid Müller-Christensen, Hans E. Kubach u. Günter Stein: Die Gräber im Königschor, in: Der Dom zu Speyer, Textbd., bearb. v. Hans E. Kubach u. Walter Haas (Die Kunstdenkmäler von Rheinland-Pfalz, 5), München 1972, S. 923–1024.

Müller-Mertens/Huschner 1992
Eckhard Müller-Mertens u. Wolfgang Huschner: Reichsintegration im Spiegel der Herrschaftspraxis Kaiser Konrads II. (Forschungen zur mittelalterlichen Geschichte, 35), Weimar 1992.

Müller-Wille 1991
Starigard/Oldenburg. Ein slawischer Herrschersitz des frühen Mittelalters in Ostholstein, hg. v. Michael Müller-Wille, Neumünster 1991.

Mütherich 1962
Florentine Mütherich: Grab der Kaiserin Gisela, in: Schramm/Mütherich 1962–1978, Bd. 1, S. 171–172.

Mütherich 1973
Florentine Mütherich: Die ottonische Malerei, in: Louis Grodecki, Florentine Mütherich, Jean Taralon u. Francis Wormald: Die Zeit der Ottonen und Salier, München 1973, S. 88–225.

Nadolski 1966
Andrzej Nadolski: Wczesnośredniowieczne militaria z jeziora Lednickiego, in: Studia Muzealne 5 (1966), S. 7–18.

Naredi-Rainer 1994
Paul von Naredi-Rainer: Salomons Tempel und das Abendland. Monumentale Folgen historischer Irrtümer, Köln 1994.

NDB
Neue deutsche Biographie, bisher erschienen 23 Bde., hg. v. der HiKo der Bayerischen Akademie der Wissenschaften, Berlin 1953–2007.

Nebel 2000
Johannes Nebel: Die Entwicklung des römischen Messritus im ersten Jahrtausend anhand der Ordines Romani (Pontificium Athenaeum Anselmianum, Pontificium Institutum Liturgicum, Thesis ad Lauream, 264), Diss. Rom 2000.

Neiske 1991
Franz Neiske: Abdinghof und Cluny. Neue Quellen zu einem alten Thema, in: WZ 141 (1991), S. 263–305.

Neugebauer 1964/1965
Werner Neugebauer: Der Burgwall Alt-Lübeck, in: Offa 21/22 (1964/1965), S. 127–257.

Nickel 1964
Ernst Nickel: Der »Alte Markt« in Magdeburg (Deutsche Akademie der Wissenschaften zu Berlin, Schriften der Sektion für Vor- und Frühgeschichte, 18), Berlin 1964.

Nickel 1973
Ernst Nickel: Magdeburg in karolingisch-ottonischer Zeit, in: ZfA 7 (1973), S. 102–142.

Niederhöfer 2004
Kai Niederhöfer: Die mittelalterliche Befestigungsanlage Alt-Schieder bei Schieder-Schwalenberg, Kreis Lippe (Frühe Burgen in Westfalen, 22), Münster 2004.

Nielsen 1987
Hans-Otto Nielsen: Physikalische Untersuchungen am Goldring von Warder, Kreis Segeberg, in: Offa 44 (1987), S. 181–184.

Nilgen 1967
Ursula Nilgen: Der Codex Douce 292 der Bodleian Library zu Oxford. Ein ottonisches Evangeliar, Diss. Bonn 1967.

Nisters-Weisbecker 1983
Andrea Nisters-Weisbecker: Grabsteine des 7.–11. Jahrhunderts am Niederrhein, in: Bonner Jahrbücher 183 (1983), S. 175–326.

Nitschke 1962
August Nitschke: Die Einstimmigkeit der Wahlen im Reiche Ottos des Großen, in: MIÖG 70 (1962), S. 29–59.

Nordenfalk 1950
Carl Nordenfalk: Der Meister des Registrum Gregorii, in: Münchner Jahrbuch der bildenden Kunst, 3. Folge, 1 (1950), S. 61–77.

Nordenfalk 1971
Carl Nordenfalk: Noch eine turonische Bilderbibel, in: FS Bernhard Bischoff zu seinem 65. Geburtstag, hg. v. Johanne Autenrieth u. Franz Brunhölzl, Stuttgart 1971, S. 153–163.

Nordhoff 1868
Josef B. Nordhoff: Die Ueberwasser- oder Liebfrauenkirche zu Münster, in: Organ für christliche Kunst 18 (1868), S. 117–120 u. 123–128.

Obrist 2004a
Abbon de Fleury. Philosophie, sciences et comput autour de l'an mil, hg. v. Barbara Obrist (Oriens-Occidens. Sciences, mathématiques et philosophie de l'antiquité à l'âge classique, 6), Paris 2004.

Obrist 2004b
Barbara Obrist: Les tables et figures abboniennes dans l'histoire de l'iconographie des recueils de comput, in: Obrist 2004a, S. 141–186.

Ochsenbein/Schmuki 1992
Peter Ochsenbein u. Karl Schmuki: Die Notkere im Kloster St. Gallen. Träger von Wissenschaft und Kunst im Goldenen und Silbernen Zeitalter, 9. bis 11. Jahrhundert (Führer durch die Ausstellung St. Gallen 1991–1992), St. Gallen 1992.

O'Connor 1980
Elizabeth C. W. O'Connor: The Star Mantle of Henry II., Diss. New York 1980.

Odenthal 1995
Andreas Odenthal: Zwei Formulare des Apologientyps der Messe vor dem Jahre 1000. Zu Codex 88 und 137 der Kölner Dombibliothek, in: ALw 37 (1995), S. 25–44.

Odenthal 1999
Andreas Odenthal: Ein früher Ordo Missae rheinischen Typs aus dem Fuldaer Skriptorium in Bamberg. Zur Sakramentarhandschrift Bamberg, Staatsbibliothek, Msc.Lit.1, in: Historischer Verein Bamberg, Bericht 135 (1999), S. 119–134.

Odenthal 2007
Andreas Odenthal: »Ante conspectum diuinae maiestatis tuae reus assisto«. Liturgie- und frömmigkeitsgeschichtliche Untersuchungen zum »Rheinischen Messordo« und dessen Beziehungen zur Fuldaer Sakramentartradition, in: ALw 49 (2007), S. 1–35.

Odenthal/Stracke 1998
Andreas Odenthal u. Gottfried Stracke: Die Stationsliturgie Kölns und ihre topographischen Bezüge zu Rom. Die Libri Ordinarii des Kölner Apostelnstiftes, in: Kohlschein/Wünsche 1998, S. 134–162.

Oediger 1954/1973
Friedrich W. Oediger: Adelas Kampf um Elten, in: Annalen des historischen Vereins für den Niederrhein insbesondere das alte Erzbistum Köln 155/156 (1954), S. 67–86, wieder in: Ders.: Vom Leben am Niederrhein. Aufsätze aus dem Bereich des alten Erzbistums Köln, Düsseldorf 1973, S. 217–235.

Oedinger 1958
Die Stiftskirche des hl. Viktor zu Xanten, Bd. 2.3, hg. v. Friedrich W. Oediger (Veröffentlichungen des Xanter Dombauvereins, 5), Kevelaer 1958.

Oesch 1961
Hans Oesch: Berno und Hermann von Reichenau als Musiktheoretiker. Mit einem Überblick über ihr Leben und die handschriftliche Überlieferung ihrer Werke, Bern 1961.

Oexle 1990
Otto G. Oexle: Aspekte der Geschichte des Adels im Mittelalter und in der Frühen Neuzeit, in: Europäischer Adel 1750–1950, hg. v. Hans-Ulrich Wehler (Geschichte und Gesellschaft, Sonderheft 13), Göttingen 1990, S. 19–56.

Oexle 1995
Otto G. Oexle: Memoria als Kultur, in: Memoria als Kultur, hg. v. dems. (Veröffentlichungen des Max-Planck-Instituts für Geschichte, 121), Göttingen 1995, S. 9–78.

Oexle/Paravicini 1997
Nobilitas. Funktion und Repräsentation des Adels in Alteuropa, hg. v. Otto G. Oexle u. Werner Paravicini (Veröffentlichungen des Max-Planck-Instituts für Geschichte, 133), Göttingen 1997.

Offergeld 2001
Thilo Offergeld: Reges pueri. Das Königtum Minderjähriger im frühen Mittelalter (MGH Schriften 50), Hannover 2001.

Olsen 1982–1989
Birger M. Olsen: L'étude des auteurs classiques latins aux XIe et XIIe siècles, 3 Bde., Paris 1982–1989.

Oppermann 1922
Otto Oppermann: Rheinische Urkundenstudien, Bd. 1 (Publikationen der Gesellschaft für Rheinische Geschichtskunde, 39.1. Bijdragen van het Instituut voor Middeleeuwsche Geschiedenis der Rijksuniversiteit te Utrecht, 7), Bonn 1922.

Opsomer 2007
Carmélia Opsomer: Le livre manuscrit. Image et écriture (1000–1200), in: L'art mosan. Liège et son pays à l'époque romane du XIe au XIIIe siècle, hg. v. Benoît van den Bossche, Alleur 2007, S. 185–199.

Ortlam 1994
Dieter Ortlam: Die Balge als Hauptstrom der Werra/Weser? Neue Erkenntnisse zur Flußgeschichte der Weser in Bremen, in: Die Weser 68 (1994), S. 100–105.

Ortmann 1957
Bernhard Ortmann: Baugeschichte der Salvator- und Abdinghofkirche zu Paderborn/Westfalen nach den Ausgrabungen 1949–1956, in: WZ 107 (1957), S. 255–364.

Ortmann 1961
Bernhard Ortmann: Eine frühromanische, bisher unbekannte Kapelle in Paderborn, in: Neue Ausgrabungen und Untersuchungen im Nahen Osten, Mittelmeerraum und in Deutschland, hg. v. Wilhelm Rausch, Stuttgart 1961, S. 34–36.

Ortmann 1962
Bernhard Ortmann: Frühmittelalterliche Kapelle am Ikenberg, in: Heimatborn 91 (1962), S. 53, 56.

Ortmann 1974
Bernhard Ortmann: Die Abdinghof-Kirche St. Peter und Paul zu Paderborn, München u.a. 21974.

Ortmanns 1972
Kurt Ortmanns: Das Bistum Minden in seinen Beziehungen zu König, Papst und Herzog bis zum Ende des 12. Jahrhunderts (Reihe der Forschungen, 5), Bensberg 1972.

Ott 1998
Joachim Ott: Krone und Krönung. Die Verheißung und Verleihung von Kronen in der Kunst von der Spätantike bis um 1200 und die geistige Auslegung der Krone, Mainz 1998.

Päffgen 2001/2002
Bernd Päffgen: Die Speyerer Bischofsgräber und ihre vergleichende Einordnung. Eine archäologische Studie zu Bischofsgräbern in Deutschland von den frühchristlichen Anfängen bis zum Ende des Ancien Régime, Habil. Bonn 2001/2002.

Päffgen 2006a
Bernd Päffgen: Die Gräber der Bischöfe von Halberstadt vom frühen bis hohen Mittelalter, in: Siebrecht 2006, S. 221–241.

Päffgen 2006b
Bernd Päffgen: Magdeburg im 10. Jahrhundert. Überlegungen zur Geschichte der Stadt und ihrer Kirchen, in: Der Magdeburger Domplatz. Archäologie und Geschichte 805–1209, hg. v. Matthias Puhle u. Harald Meller (Magdeburger Museumsschriften, 8), Magdeburg 2006, S. 127–165.

Pätzold 2002
Stefan Pätzold: Sechs Urkunden zur früh- und hochmittelalterlichen Geschichte Halberstadts, in: Siebrecht 2002a, S. 30–39.

Palazzo 1993
Eric Palazzo: Histoire des livres liturgiques: Le moyen âge. Des origines au XIIIe siècle, Paris 1993.

Pedersen 1997
Anne Pedersen: Weapons and Riding Gear in Burials. Evidence of Military and Social Rank in 10th Century Denmark? In: Military Aspects of Scandinavian Society in a European Perspective, A.D. 1–1300, hg. v. Anne Nørgård Jørgensen u. Birthe L. Clausen (Publications from the National Museum, Studies in Archaeology & History, 2), Kopenhagen 1997, S. 123–135.

Peeters 1961
Paul Peeters: L'œuvre des bollandistes, Brüssel 21961.

Peroni 1981
Adriano Peroni: Nota sulla »Situla« di Gotofredo, in: Miscellanea Augusto Campana, Bd. 2, hg. v. Rino Avesani, Mirella Ferrari u. Giovanni Pozzi (Medioevo e Umanesimo, 45), Padua 1981, S. 561–574.

Pesch 2005
Alexandra Pesch: Der Dom zu Münster. Das Domkloster (Denkmalpflege und Forschung in Westfalen, 26.4), Mainz 2005.

Petersohn 1994
Politik und Heiligenverehrung im Hochmittelalter, hg. v. Jürgen Petersohn (VuF, 42), Sigmaringen 1994.

Peine 2005
Hans-Werner Peine: Befestigte Höfe und Wallburgen im Münsterland. Königtum und Adel im 9. bis 11. Jahrhundert, in: Kat. Münster 2005, S. 45–54.

Peine 2006
Hans-Werner Peine: Burgen als Zentren von Macht und Herrschaft. Aspekte der Bautätigkeit des westfälischen Adels im Hochmittelalter, in: Kat. Paderborn 2006, Bd. 1, S. 235–242.

Pelster 1941
Franz Pelster: Ein Schulbücherverzeichnis aus der Mindener Dombibliothek in der Mitte des 11. Jahrhunderts, in: Scholastik 16 (1941), S. 534–553.

Pfeifer 1997
Michael Pfeifer: Der Weihrauch. Geschichte, Bedeutung, Verwendung, Regensburg 1997.

Pfister 1927a
Friedrich Pfister: Analogiezauber, in: HDA 1, Berlin u.a. 1927, Sp. 385–395.

Pfister 1927b
Friedrich Pfister: Bild und Bildzauber, in: HDA 1, Berlin u.a. 1927, Sp. 1282–1298.

Philippe 1956
Joseph Philippe: L'evangéliaire de Notger et la chronologie de l'Art mosan des époques pré-romane er romane. Miniatures, ivoires, orfèvreries (Académie

royale de Belgique, classe des beaux-arts, mémoires), Brüssel 1956.

Philippe 1985
Joseph Philippe: Art mosan et art byzantin. A propos de l'ivoire de Notger et des fonts baptismaux du 12e siècle de Liège, in: Aachener Kunstblätter 53 (1985), S. 77–104.

Pierce 1988
Joanne M. Pierce: Sacerdotal Spirituality at Mass. Text and Study of the Prayerbook of Sigebert of Minden (1022–1036), Diss. Notre Dame (USA) 1988.

Pierce 1996
Joanne M. Pierce: Early Medieval Vesting Prayers in the Ordo missae of Sigebert of Minden (1022–1036), in: Rule of Prayer, Rule of Faith, hg. v. Nathan Mitchell u. John F. Baldovin, Collegeville 1996, S. 80–105.

Pierce 1997
Joanne M. Pierce: The Evolution of the Ordo missae in the Early Middle Ages, in: Medieval Liturgy. A Book of Essays, hg. v. Lizette Larson-Miller (Garland Reference Library of the Humanities, 1884), New York u.a. 1997, S. 3–23.

Plotzek 1998
Joachim M. Plotzek: Zur Geschichte der Kölner Dombibliothek, in: Kat. Köln 1998, S. 15–64.

Pöppelmann 2009
Heike Pöppelmann: Eine neue Welt im Entstehen. Magdeburgs Bürgerstadt im 12. und 13. Jahrhundert, in: Kat. Magdeburg 2009, Bd. 1, S. 470–483.

Poeschke 1993
Joachim Poeschke: Mittelalterliche Kirchen in Münster, München 1993.

Poncelet 1938
Édouard Poncelet: Les sceaux et les chancelleries des princes-évêques de Liège, Liège 1938.

Posse 1909–1913
Die Siegel der deutschen Kaiser und Könige von 751 bis 1913, 5 Bde., hg. v. Otto Posse, Dresden 1909–1913.

Pratzner 1970
Ferdinand Pratzner: Messe und Kreuzesopfer. Die Krise der sakramentalen Idee bei Luther und in der mittelalterlichen Scholastik (Wiener Beiträge zur Theologie, 29), Wien 1970.

Préaux 1978
Jean G. Préaux: Les manuscrits principaux du De nuptiis Philologiae et Mercurii de Martianus Capella, in: Lettres latines du moyen âge et de la renaissance, hg. v. Guy Cambier, Carl Deroux u. Jean G. Préaux (Collection Latomus, 158), Brüssel 1978, S. 76–128.

Price 1955
Derek J. Price: An International Checklist of Astrolabes, Tl. 1, in: Archives Internationales d'Histoire des Sciences 32 (1955), S. 243–263, Tl. 2, in: Ebda. 33 (1955), S. 363–381.

Prochno 1929
Joachim Prochno: Das Schreiber- und Dedikationsbild in der deutschen Buchmalerei, Bd. 1 (Die Entwicklung des menschlichen Bildnisses, 2), Leipzig u.a. 1929.

Queckenstedt 2005
Hermann Queckenstedt: »Karl ist unser großer Wohltäter!« Osnabrück und die Erinnerung an seinen »heiligen« Gründer und Helfer, in: Der Dom als Anfang, hg. v. Hermann Queckenstedt u. Bodo Zehm (Schriften zur Archäologie des Osnabrücker Landes, 4. Das Bistum Osnabrück, 6), Osnabrück 2005, S. 11–108.

Rademacher 1912
Otto Rademacher: Über die Merseburger Kalendarien, in: Thüringisch-Sächsische Zeitschrift für Geschichte und Kunst 2 (1912), S. 171–223.

Radtke 2006
Christian Radtke: Ein königliches Geschenk. Die goldene Buckelfibel mit Trommelkranz aus Schleswig, in: Kat. Schleswig 2006–2007, S. 156–164.

Rankin 1995
Susan K. Rankin: Ways of Telling Stories, in: Essays on Medieval Music in Honor of David G. Hughes, hg. v. Graeme Boone, Cambridge (USA) 1995, S. 371–394.

RDK
Reallexikon zur deutschen Kunstgeschichte, bisher erschienen 10 Bde., begr. v. Otto Schmitt, Stuttgart u.a. 1937–2009.

Rech 2004
Manfred Rech: Gefundene Vergangenheit. Archäologie des Mittelalters in Bremen. Mit besonderer Berücksichtigung von Riga (Begleitpublikation zur gleichnamigen Ausstellung Bremen 2003–2004. Bremer Archäologische Blätter, Beiheft 3), Bonn 2004.

Reliquienfund 1954
Reliquienfund im Emmericher Martins-Münster, in: Kirche und Leben. Bistumsblatt Münster, vom 14. Februar 1954 (ohne Autor).

Rensing 1962
Theodor Rensing: Zwei ottonische Kunstwerke des Essener Münsterschatzes, in: Westfalen 40 (1962), S. 44–58.

Reuter 1992
Timothy Reuter: Episcopi cum sua militia. The Prelate as Warrior in the Early Staufer Era, in: Warriors and Churchmen in the High Middle Ages, hg. v. Timothy Reuter, London 1992, S. 79–93.

Reuter 1995a
Timothy Reuter: »Filii matris nostrae pugnant adversus nos«. Bonds and Tensions Between Prelates and Their »milites« in the German High Middle Ages, in: Chiesa e mondo feudale nei secoli X–XII (Miscellanea del Centro di Studi Medioevali, 14. Pubblicazioni della Università Cattolica del Sacro Cuore, Scienze storiche, 59), Mailand 1995, S. 241–276.

Reuter 1995b
Timothy Reuter: Property Transactions and Social Relations between Rulers, Bishops and Nobles in Early Eleventh-Century Saxony. The Evidence of the Vita Meinwerci, in: Property and Power in the Early Middle Ages, hg. v. Wendy Davies u. Paul Fouracre, Cambridge (GB) 1995, S. 165–199.

RGA
Reallexikon der germanischen Altertumskunde, begr. v. Johannes Hoops, 35 Bde. u. 2 Registerbde., Berlin u.a. 21973–2008.

Richter-Siebels 1989/1990
Ilse Richter-Siebels: Die palästinensischen Weihrauchgefäße mit Reliefszenen aus dem Leben Christi, 2 Bde., Diss. Berlin 1989/1990.

Rieckenberg 1952
Hans Jürgen Rieckenberg: Das Geburtsdatum der Kaiserin Gisela, in: DA 9 (1952), S. 535–538.

Röckelein 2002
Hedwig Röckelein: Reliquientranslationen nach Sachsen im 9. Jahrhundert. Über Kommunikation, Mobilität und Öffentlichkeit im Frühmittelalter (Beihefte der Francia, 48), Stuttgart 2002.

Röckelein 2003
Hedwig Röckelein: Der Kult des heiligen Florinus im Stift Essen, in: Essen und die sächsischen Frauenstifte im Frühmittelalter, hg. v. Jan Gerchow u. Thomas Schilp (Essener Forschungen zum Frauenstift, 2), Essen 2003, S. 59–86.

Röckelein 2006
Hedwig Röckelein: Gandersheimer Reliquienschätze. Erste vorläufige Beobachtungen, in: Gandersheim und Essen. Vergleichende Untersuchungen zu sächsischen Frauenstiften, hg. v. Martin Hoernes u. Hedwig Röckelein (Essener Forschungen zum Frauenstift, 4), Essen 2006, S. 33–96.

Röckelein 2007
Hedwig Röckelein: Essener Reliquienbehältnisse aus Blei, in: »… wie das Gold den Augen leuchtet.« Schätze aus dem Essener Frauenstift, hg. v. Birgitta Falk, Thomas Schilp u. Michael Schlagheck (Essener Forschungen zum Frauenstift, 5), Essen 2007, S. 111–149.

Röhricht 1963
Reinhard Röhricht: Bibliotheca Geographica Palaestinae. Chronologisches Verzeichnis der von 333–1878 verfassten Literatur über das Heilige Land, verbesserte u. vermehrte Neuausgabe von David H. K. Amiran, Jerusalem 1963.

Römer 1984
Christof Römer: Kemnade, in: Die Frauenklöster in Niedersachsen, Schleswig-Holstein und Bremen, bearb. v. Ulrich Faust (Germania Benedictina, 11), St. Ottilien 1984, S. 298–330.

Ronig 1969
Franz Ronig: Die Buchmalerei des 11. und 12. Jahrhunderts in Verdun, in: Aachener Kunstblätter 38 (1969), S. 7–212.

Ronig 2004
Franz Ronig: Einige Beobachtungen zum Lütticher Sakramentar der Bamberger Dombibliothek, in: Hortulus floridus Bambergensis. Studien zur fränkischen Kunst- und Kulturgeschichte, hg. v. Werner Taegert, Petersberg 2004, S. 363–370.

Röhricht 1963
Reinhold Röhricht: Bibliotheca geographica Palaestina. Chronologisches Verzeichnis der von 333–1878 verfassten Literatur über das Heilige Land mit dem Versuch einer Karthographie, vermehrte Neuausgabe v. David H. K. Amiran, Jeruslaem 1963.

Rose 1903
Valentin Rose: Verzeichnis der Handschriften der königlichen Bibliothek zu Berlin, Bd. 2 (Die Handschriften-Verzeichnisse der Königlichen Bibliothek zu Berlin, 13) Berlin 1903.

Rubin 1999
Rehav Rubin: Image and Reality. Jerusalem in Maps an Views, Jerusalem 1999.

Rüdiger 2003
Michael Rüdiger: Nachbauten des Heiligen Grabes in Jerusalem in der Zeit von Gegenreformation und Barock. Ein Beitrag zur Kultgeschichte architektonischer Devotionalkopien, Regensburg 2003.

Rüthing 2008
Heinrich Rüthing: Der Wittekindsberg bei Minden als »heilige Stätte«, 1000–2000 (Religion in der Geschichte. Kirche, Kultur und Gesellschaft, 15), Bielefeld 2008.

Samerski 2005
Stefan Samerski: Die Kölner Pantaleonsverehrung. Kontext – Funktion – Entwicklung (Forschungen zur Volkskunde, 51), Norderstedt 2005.

Samerski 2007a
Stefan Samerski: Politik braucht Symbole. Hausheilige als Signa ottonischer Herrschaftsauffassung, in: Mittelalterliches Denken, hg. v. Christian H. Schäfer u. Martin Thurner, Darmstadt 2007, S. 31–48.

Samerski 2007b
Stefan Samerski: Die Renaissance der Nationalpatrone. Erinnerungskulturen in Ostmitteleuropa im 20./21. Jahrhundert, Köln u.a. 2007.

Samerski 2009
Die Landespatrone der böhmischen Länder. Geschichte – Verehrung – Gegenwart, hg. v. Stefan Samerski, Paderborn 2009.

Sanders 1978
Willy Sanders: Altsächsische Homilie Bedas, in: VL 1, Berlin u.a. 1978, Sp. 317–318.

Santoro 1992/1993
Verio Santoro: La versione in sassone antico della prima »lectio« del sermone »In festiuitate omnium sancotrum«, in: Romanobarbarica 12 (1992/1993), S. 223–249.

Schadt 1982
Hermann Schadt: Die Darstellungen der Arbores Consanguinitatis und der Arbores Affinitatis. Bildschemata in juristischen Handschriften, Tübingen 1982.

Schaefer 1999
Artes im Mittelalter, hg. v. Ursula Schaefer, Berlin 1999.

Scherrer 1875
Gustav Scherrer: Verzeichniss der Handschriften der Stiftsbibliothek von St. Gallen, Halle 1875.

Schib 1961
Karl Schib: Geschichte der Stadt Rheinfelden, Rheinfelden 1961.

Schich 2001
Winfried Schich: Die topographische Entwicklung Würzburgs in Hoch- und Spätmittelalter (1000–1400), in: Wagner 2001, S. 183–210.

Schieffer 1976
Rudolf Schieffer: Die Entstehung von Domkapiteln in Deutschland (Bonner Historische Forschungen, 43), Bonn 1976.

Schieffer 1981
Rudolf Schieffer: Die Entstehung des päpstlichen Investiturverbots für den deutschen König (MGH Schriften 28), Stuttgart 1981.

Schieffer 1989
Rudolf Schieffer: Der ottonische Reichsepiskopat zwischen Königtum und Adel, in: FmSt 23 (1989), S. 291–301.

Schieffer 1998a
Rudolf Schieffer: Der geschichtliche Ort der ottonisch-salischen Reichskirchenpolitik (Nordrhein-Westfälische Akademie der Wissenschaften, Vorträge, G 352), Opladen 1998.

Schieffer 1998b
Rudolf Schieffer: Mediator cleri et plebis. Zum geistlichen Einfluß auf Verständnis und Darstellung des ottonischen Königtums, in: Althoff/Schubert 1998, S. 345–361.

Schieffer 2001
Rudolf Schieffer: Das Grab des Bischofs in der Kathedrale (Bayerische Akademie der Wissenschaften, philosophisch-historische Klasse, Sitzungsberichte, 4), München 2001.

Schlager 1989
Karlheinz Schlager: Cod. Guelf. 1008 Helmst., Graduale aus Minden, in: Kat. Wolfenbüttel 1989, S. 96–101.

Schlesinger 1983
Walter Schlesinger: Kirchengeschichte Sachsens im Mittelalter, Bd. 1 (Mitteldeutsche Forschungen, 27.1), Köln u.a. 21983.

Schlüter 2002
Mercatum et Monetam. 1000 Jahre Markt-, Münz- und Zollrecht in Osnabrück, hg. v. Wolfgang Schlüter (Schriften zur Archäologie des Osnabrücker Landes, 3. Kulturregion Osnabrück, 20), Bramsche 2002.

Schlunk/Giersch 2003
Andreas C. Schlunk u. Robert Giersch: Die Ritter. Geschichte – Kultur – Alltagsleben, Stuttgart 2003.

Schmale 1981
Franz-Josef Schmale: Hermann von Reichenau, in: VL 3, Berlin u.a. 1981, Sp. 1082–1090.

Schmalor 2000
Hermann-Josef Schmalor: Gobelin Person (1358–1421), in: Westfälische Lebensbilder, Bd. 16, hg. v. Wilhelm Steffens, Münster 2000, S. 9–30.

Schmid 1926
Paul Schmid: Der Begriff der kanonischen Wahl in den Anfängen des Investiturstreits, Stuttgart 1926.

Schmid 1985
Reich und Kirche vor dem Investiturstreit, hg. v. Karl Schmid, Sigmaringen 1985.

Schmid 1995
Alois Schmid: Schweinfurt, II. Grafen, in: Lex.MA 7, München 1995, Sp. 1641–1642.

Schmid 1998a
Karl Schmid: Geblüt, Herrschaft, Geschlechterbewusstsein. Grundfragen zum Verständnis des Adels im Mittelalter, aus dem Nachlaß hg. v. Dieter Mertens u. Thomas Zotz (VuF, 44), Sigmaringen 1998.

Schmid 1998b
Wolfgang Schmid: Poppo von Babenberg († 1047). Erzbischof von Trier – Förderer des hl. Simeon – Schutzpatron der Habsburger, Trier 1998.

Schmidt 1981
Hermann Schmidt: Beiträge zur Geschichte der Stadt, der Reichsabtei und der Kunstwerkstätten in Helmarshausen, Lippoldsberg 31981.

Schmidt-Wiegand 1980
Ruth Schmidt-Wiegand: Essener Heberolle, in: VL 2, Berlin u.a. 1980, Sp. 634–635.

Schnackenburg 2002
Marie-Luise Schnackenburg: Die Ornamenta des Osnabrücker Doms aus dem 11. Jahrhundert, in: Schlüter 2002, S. 71–97.

Schmuki/Ochsenbein/Dora 1998
Cimelia Sangallensia. Hundert Kostbarkeiten aus der Stiftsbibliothek St. Gallen, bearb. v. Karl Schmuki, Peter Ochsenbein u. Cornel Dora, St. Gallen 1998.

Schneidmüller 1997
Bernd Schneidmüller: Neues über einen alten Kaiser? Heinrich II. in der Perspektive der modernen Forschung, in: Historischer Verein Bamberg, Bericht 133 (1997), S. 13–41.

Schneidmüller/Weinfurter 1997/2000
Otto III. – Heinrich II. Eine Wende? Hg. v. Bernd Schneidmüller u. Stefan Weinfurter (Mittelalter-Forschungen, 1), Sigmaringen 1997/22000.

Schnettger 2001
Matthias Schnettger: Papebroch, Daniel, in: BBKL 18, Herzberg 2001, Sp. 1113–1118.

Schnitzler 1965
Hermann Schnitzler: Der Goldaltar von Aachen, Mönchengladbach 1965.

Schnitzler 1967
Hermann Schnitzler: Ein frühottonisches Kunstwerk des Essener Münsterschatzes, in: Dettweiler/Köllner/Riedl 1967, S. 115–118.

Schnütgen 1911
Alexander Schnütgen: Bücherschau, Die Kunstdenkmäler der Rheinprovinz – Die Kunstdenkmäler der Stadt Köln, Bd. 2.1, in: Zeitschrift für christliche Kunst 24 (1911), Sp. 319–320.

Scholz 2006
Sebastian Scholz: Politik – Selbstverständnis – Selbstdarstellung. Die Päpste in karolingischer und ottonischer Zeit (Historische Forschungen, 26), Stuttgart 2006.

Schorta 2001
Regula Schorta: Monochrome Seidengewebe des hohen Mittelalters. Untersuchungen zu Webtechnik und Musterung, Berlin 2001.

Schott 1931
Max Schott: Zwei Lütticher Sakramentare in Bamberg und Paris und ihre Verwandten. Zur Geschichte der Lütticher Buchmalerei im XI. Jahrhundert (Studien zur deutschen Kunstgeschichte, 284), Straßburg 1931.

Schrader 1895
Franz Xaver Schrader: Leben und Wirken des seligen Meinwerk, Bischofs von Paderborn 1009–1036, Paderborn 1895.

Schramm 1954–1956
Percy E. Schramm: Herrschaftszeichen und Staatssymbolik. Beiträge zu ihrer Geschichte vom 3. bis zum 16. Jahrhundert, 3 Bde. (MGH Schriften 13), Stuttgart 1954–1956.

Schramm 1983
Percy E. Schramm: Die deutschen Kaiser und Könige in Bildern ihrer Zeit 751–1190, Neuaufl. der Ausgabe Berlin u.a. 1928, bearb. v. Peter Berghaus, hg. v. Florentine Mütherich, München 1983.

Schramm/Mütherich 1962–1978
Percy E. Schramm u. Florentine Mütherich: Denkmale der deutschen Könige und Kaiser, 2 Bde. (Veröffentlichungen des Zentralinstituts für Kunstgeschichte in München, 2 u. 7), München 1962–1978.

Schröder 1916
Friedrich Schröder: Die Geschichte der Paderborner Bischöfe von Rotho bis Heinrich von Werl 1036–1127, in: Zeitschrift für vaterländische Geschichte und Altertumskunde 74 (1916), S. 169–205.

Schubert 1982
Ernst Schubert: Der ottonische Dom in Magdeburg. Die Umbauten der ersten Hälfte des 11. Jahrhunderts nach den literarischen Quellen, in: ZfA 16 (1982), S. 211–220.

Schubert 1984
Ernst Schubert: Der Magdeburger Dom, Leipzig 1984.

Schubert 1993
Ernst Schubert: Der Reichsepiskopat, in: Kat. Hildesheim 1993, Bd. 1, S. 93–102.

Schubert/Patze 1997
Geschichte Niedersachsens, Bd. 2.1, hg. v. Ernst Schubert u. Hans Patze (Veröffentlichungen der HiKo für Niedersachsen und Bremen, 36), Hannover 1997.

Schüßler 1988
Gosbert Schüßler: Die Krümme des Erkanbald als monastisches Sinnbild, in: Gosebruch/Steigerwald 1988, S. 153–168.

Schütte 1998
Bernd Schütte: Bischofserhebungen im Spiegel von Bischofsviten und Bistumsgesten der Ottonen- und Salierzeit, in: Erkens 1998a, S. 139–191.

Schuffels 1993
Hans J. Schuffels: Bernward, Bischof von Hildesheim. Eine biographische Skizze, in: Kat. Hildesheim 1993, Bd. 1, S. 29–43.

Schulten 1980
Walter Schulten: Der Kölner Domschatz, Köln 1980.

Schulze-Dörrlamm 1988
Mechthild Schulze-Dörrlamm: Untersuchungen zur Herkunft der Ungarn

und zum Beginn ihrer Landnahme im Karpatenbecken, in: Jahrbuch des Römisch-Germanischen Zentralmuseums Mainz 35 (1988), S. 373–478.

Schulze-Dörrlamm 1991a
Mechthild Schulze-Dörrlamm: Der Mainzer Schatz der Kaiserin Agnes aus dem mittleren 11. Jahrhundert. Neue Untersuchungen zum sogenannten »Gisela-Schmuck« (Römisch-Germanisches Zentralmuseum Mainz, Forschungsinstitut für Vor- und Frühgeschichte, Monographien 24), Sigmaringen 1991.

Schulze-Dörrlamm 1991b
Mechthild Schulze-Dörrlamm: Die Kaiserkrone Konrads II. (1024–1039). Eine archäologische Untersuchung zu Alter und Herkunft der Reichskrone (Römisch-Germanisches Zentralmuseum Mainz, Forschungsinstitut für Vor- und Frühgeschichte, Monographien 23), Sigmaringen 1991.

Schwineköper 1987
Berent Schwineköper: Schönebeck, in: Handbuch historischer Stätten, Bd. 11, hg. v. dems., Stuttgart 21987, S. 420–423.

Scriverius 1966
Dieter Scriverius: Die weltliche Regierung des Mindener Stiftes von 1140–1397, Diss. Hamburg 1966.

Sedov 1982
Valentin Vasil'evič Sedov: Ostslawen, Balten und Esten, in: Herrmann 1982, S. 225–238.

Seebach 1968
Carl-Heinrich Seebach: Kloster Drübeck, in: Niederdeutsche Beiträge zur Kunstgeschichte 7 (1968), S. 43–64.

Shanzer 1986
Danuta Shanzer: Felix Capella. Minus sensus quam nominis pecudalis, in: Classical Philology 81 (1986), S. 62–81.

Siebrecht 1992
Adolf Siebrecht: Halberstadt aus stadtarchäologischer Sicht. Die Bodenfunde des 8.–13. Jahrhunderts aus dem mittelalterlichen Stadtgebiet und ihre historische Erschließung (Veröffentlichungen des Landesmuseums für Vorgeschichte in Halle, 45), Halle/Saale 1992.

Siebrecht 2002a
Adolf Siebrecht: Halberstadt. Vom Bischofssitz zur Hansestadt. Skizzen zur Halberstädter Geschichte mit einem Exkurs zur Halberstädter Münzgeschichte, hg. v. Adolf Siebrecht, Halberstadt 2002.

Siebrecht 2002b
Adolf Siebrecht: Zu den Anfängen der Stadt Halberstadt, in: Siebrecht 2002a, S. 82–91.

Siebrecht 2006
Geschichte und Kultur des Bistums Halberstadt 804–1648, hg. v. Adolf Siebrecht, Halberstadt 2006.

Siemers 2006
Sven-Hinrich Siemers: Völkerwanderung und Stadtplanung. Die Ausgrabung »Königstraße 72« oberhalb der Warmen Pader, in: Spiong/Wemhoff 2006, S. 87–103.

Silvestre 1959
Hubert Silvestre: Sur la provenance de deux manuscrits du »Memoriale« d'Alexandre de Roes, les »Bruxellenses« 946–58 et 7503–18, in: Scriptorium 13 (1959), S. 249–255.

Simon 1936
Sankt Liborius. Sein Dom und sein Bistum, hg. v. Paul Simon, Paderborn 1936.

Simon 2003
Wolfgang Simon: Die Messopfertheologie Martin Luthers. Voraussetzungen, Genese, Gestalt und Rezeption (Spätmittelalter und Reformation, 22), Tübingen 2003.

Sitar 2000
Gerfried M. Sitar: Die Abtei im Paradies. Das Stift St. Paul im Lavanttal, Wien 2000.

Solla Price/Gibbs/Henderson 1973
Derek J. de Solla Price, Sharon L. Gibbs u. Janice A. Henderson: A Computerized Checklist of Astrolabes, New Haven 1973.

Sonderegger 1987
Stefan Sonderegger: Notker III. von St. Gallen, in: VL 6, Berlin u.a. 1987, Sp. 1212–1236.

Sørensen 2005
Anne B. Sørensen: Ein Prachtfund aus der mittelalterlichen Siedlung Østergård bei Hyrup in Sønderjylland, Dänemark, in: Germania 83 (2005), S. 337–372.

Spengler-Reffgen 2006
Ulrike Spengler-Reffgen:Elten, in: HHS Nordrhein-Westfahlen, hg. v. Manfred Groten, Peter Johanek, Wilfried Reininghaus u. Margret Wensky, Stuttgart ³2006, S. 308.

Spiong 2000
Sven Spiong: Fibeln und Gewandnadeln des 8.–12. Jahrhunderts in Zentraleuropa. Eine archäologische Betrachtung ausgewählter Kleidungsbestandteile als Indikatoren menschlicher Identität (ZAM, Beiheft 12), Bonn 2000.

Spiong 2002
Sven Spiong: Die Burg am Finger und Jesus um den Hals, in: AiD 5 (2002), S. 52.

Spiong 2008a
Sven Spiong: Neuere Untersuchungen der Stadtarchäologie im Paderborner Domstift, in: Erzbischöfliches Generalvikariat Paderborn. Dokumentation zum Umbau 2005–2007, hg. v. Alfons Hardt, Paderborn 2008, S. 60–73.

Spiong 2008b
Sven Spiong: Neue Ausgrabungen bei der Paderborner Klosterkirche Abdinghof, in: WZ 158 (2008), S. 189–198.

Spiong 2008c
Sven Spiong: Schicksalsjahre einer Bischofsstadt. Zur Paderborner Stadtkerngrabung »Am Stadelhof«, in: Archäologie in Ostwestfalen 10 (2008), S. 62–78.

Spiong 2008d
Sven Spiong: Archäologische Spurensuche im Paderborner Osten, Münster 2008.

Spiong 2008e
Sven Spiong: Spuren der Paderborner Dombauhütte, in: AiD 24 (2008), S. 46–47.

Spiong 2008f
Sven Spiong: Handwerk im polyzentrischen Paderborn des 11. Jahrhunderts, in: Archäologie in Ostwestfalen 10 (2008), S. 56–6[illegible].

Spiong/Wemhoff 2006
Scherben der Vergangenheit. Neue Ergebnisse der Stadtarchäologie in Paderborn, hg. v. Sven Spiong u. Matthias Wemhoff (MittelalterStudien, 8), Paderborn 2006.

Sporbeck 1991
Gudrun Sporbeck: Froumund von Tegernsee (um 960–1006/12) als Literat und Lehrer, in: Euw/Schreiner 1991, S. 369–378.

Staecker 1999
Jörn Staecker: Rex regum et dominus dominorum. Die wikingerzeitlichen Kreuz- und Kruzifixanhänger als Ausdruck der Mission in Altdänemerk und Schweden (Lund Studies in Medieval Archaeology, 23), Stockholm 1999.

Stähli 1984
Die Handschriften im Domschatz zu Hildesheim, bearb. v. Marlis Stähli (Mittelalterliche Handschriften in Niedersachsen, 7), Wiesbaden 1984.

Stafski 1965
Heinz Stafski: Die mittelalterlichen Bildwerke, Bd. [illegible], Nürnberg 1965.

Steenbock 1965
Frauke Steenbock: Der kirchliche Prachteinband im frühen Mittelalter. Von den Anfängen bis zum Beginn der Gotik, Berlin 1965.

Steenbock 1983
Frauke Steenbock: Ein fürstliches Geschenk, in: Studien zum europäischen Kunsthandwerk, hg. v. Jörg Rasmussen, München 1983, S. 25–33.

Stein 1962
Rudolf Stein: Romanische, gotische und Renaissance-Baukunst in Bremen. Erhaltene und verlorene Baudenkmäler als Kultur- und Geschichtsdokumente (Forschungen zur Geschichte der Bau- und Kunstdenkmäler in Bremen, 2), Bremen 1962.

Steinbring 2006
Bernd Steinbring: Siedlungsspuren des 12. Jahrhunderts am Paderborner Schildern, in: Spiong/Wemhoff 2006, S. 39–50.

Steuer 1977
Heiko Steuer: Zusammenklappbare Waagen des hohen Mittelalters, in: Archäologisches Korrespondenzblatt 7 (1977), S. 295–300.

Steuer 1987
Heiko Steuer: Gewichtsgeldwirtschaft im frühgeschichtlichen Europa, in: Untersuchungen zu Handel und Verkehr der vor- und frühgeschichtlichen Zeit in Mittel- und Nordeuropa, Tl. 4 (Abhandlungen der Akademie der Wissenschaften in Göttingen, philologisch-historische Klasse, 3. Folge, 156), Göttingen 1987, S. 405–527.

Steuer 2002
Heiko Steuer: Tradition und Innovation um 1000. Das Leben der Sachsen zur Zeit der Ottonen, in: Schlüter 2002, S. 15–46.

Stiegemann 1986
Christoph Stiegemann: Ein unbekanntes Memorialbild Bischof Meinwerks aus dem 18. Jahrhundert, in: Kat. Paderborn 1986a, S. 59–60.

Stiegemann 1989
Christoph Stiegemann: Heinrich Gröninger, um 1578–1631. Ein Beitrag zur Skulptur zwischen Spätgotik und Barock im Fürstbistum Paderborn (SQWFG, 26), Paderborn 1989.

Stiegemann 2008
Christoph Stiegemann: Der Paderborner Dom-Tragaltar, sein Stifter und der Gang nach Canossa. Ausstellungsidee und Forschungserträge, in: Saluti hominum providendo, hg. v. Rüdiger Althaus, Franz Kalde u. Karl-Heinz Selge (Münsterischer Kommentar zum Codex Iuris Canonici, Beiheft 51), Essen 2008, S. 667–678.

Stiegemann/Westermann-Angerhausen 2006
Schatzkunst am Aufgang der Romanik. Der Paderborner Dom-Tragaltar und sein Umkreis, hg. v. Christoph Stiegemann u. Hiltrud Westermann-Angerhausen, München 2006.

Stiennon 1981
Jacques Stiennon: L'ivoire de Notger, in: La collégiale Saint-Jean de Liège. Mille ans d'art et d'histoire, hg. v. Joseph Deckers, Lüttich u.a. 1981, S. 29–33.

Stiennon 1982
Philippe Stiennon: L'ivoire de Notger et la fondation de la collégiale Saint-Jean, nouvelles hypothèses, in: Kat. Lüttich 1982, S. 33–41.

Stiennon 2000
Jacques Stiennon: L'ivoire de Notger, in: George/Kupper/Pirenne 2000, S. 131–132.

Stolleis 2001
Karen Stolleis: Messgewänder aus deutschen Kirchenschätzen vom Mittelalter bis zur Gegenwart. Geschichte, Form und Material, Regensburg 2001.

Stolz 2004
Michael Stolz: Artes-liberales-Zyklen. Formationen des Wissens im Mittelalter, 2 Bde. (Bibliotheka Germanica, 47), Tübingen u.a. 2004.

Stolzenburg 2007
Xenia Stolzenburg: Non est hic. Heilige Gräber als Erinnerungsorte an die Auferstehung, in: Das Münster 60 (2007), S. 171–175.

Stornajolo 1902
Codices Urbinates Latini, Bd. 1, hg. v. Cosimo Stornajolo (Bibliothecae Apostolicae Vaticanae Codices manu scripti recensit), Rom 1902.

Stotz 1972
Peter Stotz: Ardua spes mundi. Studien zu lateinischen Gedichten aus Sankt Gallen (Geist und Werk der Zeiten, 32), Bern u.a. 1972.

Stratford 1997
Neil Stratford: The Lewis Chessmen and the Enigma of the Hoard, London 1997.

Strating 1990
R. Strating: Adela, heerszuchtige vrouw of vrouwelijke heerser? In: Vrouw, familie en macht. Bronnen over vrouwen in de Middeleeuwen, hg. v. Marco Mostert, A. Demyttenaere, E. O. van Hartingsveldt u. R. E. Künzel (Amsterdamse Historische Reeks, grote serie 11), Hilversum 1990, S. 167–180.

Strecker 1931
Karl Strecker: Die Handschrift des Christophorus von Walther von Speyer, in: HV 26 (1931), S. 178–193.

Strohmann 1981
Johann Georg Rudolphi 1633–1693. Das druckgraphische Werk, Gemäldekatalog-Nachtrag, bearb. v. Dirk Strohmann, Paderborn u.a. 1981.

Strohmann 1986
Dirk Strohmann: Johann Georg Rudolphi. Ein Beitrag zur Malerei des 17. Jahrhunderts in Westfalen (Denkmalpflege und Forschung in Westfalen, 10), Bonn 1986.

Struve 1974
Karl W. Struve: Die Ausgrabungen auf der befestigten slawischen Inselburg von Warder, Gemeinde Rohlstorf, Kreis Segeberg, in: Heimatkundliches Jahrbuch für den Kreis Segeberg 20 (1974), S. 23–45.

Struve 1981
Karl W. Struve: Die Burgen in Schleswig-Holstein, Bd. 1, Neumünster 1981.

Struve 1969
Tilman Struve: Hersfeld, Hasungen und die Vita Haimeradi, in: AKG 51 (1969), S. 210–233.

Suckale-Redlefsen 1995
Gude Suckale-Redlefsen: Eine kaiserliche Goldschmiedewerkstatt in Bamberg zur Zeit Heinrichs II. Überlegungen zum Rückdeckel des Perikopenbuchs und der Werkgruppe um den Watterbacher Tragaltar, in: Bericht des historischen Vereins Bamberg 131 (1995), S. 129–175.

Suckale-Redlefsen 2002
Gude Suckale-Redlefsen: Goldener Schmuck für Kirche und Kaiser, in: Kat. Bamberg 2002, S. 78–92.

Suckale-Redlefsen 2004
Gude Suckale-Redlefsen: Die Handschriften des 8. bis 11. Jahrhunderts der Staatsbibliothek Bamberg (Katalog der illuminierten Handschriften der Staatsbibliothek Bamberg, 1), Wiesbaden 2004.

Suntrup 1987
Rudolf Suntrup: Die Bedeutung der liturgischen Gebärden und Bewegungen in lateinischen und deutschen Auslegungen des 9.–13. Jahrhunderts (Münstersche Mittelalter-Schriften, 37), München 1978.

Svoboda 1983
Rosemary A. Svoboda: The Illustrations of the Life of Saint Omer (Saint-Omer, Bibliothèque Municipale, Ms. 698), Diss. Minneapolis 1983.

Swarzenski 1901/1969
Georg Swarzenski: Die Regensburger Buchmalerei des X. und XI. Jahrhunderts, Leipzig u.a. 1901/21969.

Swarzenski 1967
Hanns Swarzenski: Monuments of Romanesque Art. The Art of Church Treasures in North-Western Europe, London 21967.

Swoboda 1963
Franz Swoboda: Die liturgischen Kämme, Diss. Tübingen 1963.

Tack 1935
Wilhelm Tack: Eine mehr als 1000jährige Grabstätte im Paderborner Dom, in: Die Warte 3 (1935), S. 183–188.

Tack 1936
Wilhelm Tack: Die Grabstätte des Bischofs Meinwerk von Paderborn († 1036), in: Die Warte 4 (1936), S. 98–101.

Tack 1955
Wilhelm Tack: Die Wappenkalender des Paderborner Domkapitels, in: WZ 105 (1955), S. 191–218.

Tellenbach 1988
Gerd Tellenbach: Die westliche Kirche vom 10. bis zum frühen 12. Jahrhundert (Die Kirche in ihrer Geschichte, 2.1), Göttingen 1988.

Tenckhoff 1900
Franz Tenckhoff: Die Paderborner Bischöfe. Von Hathumar bis Rethar (von 806 oder 807 bis 1009) (Beilage zum Jahresbericht über das Königliche Gymnasium Theodorianum in Paderborn, 76), Paderborn 1900.

Tenckhoff 1919
Franz Tenckhoff: Der kultur- und wirtschaftsgeschichtliche Ertrag der sog. Traditionskapitel (Kapitel 30–130) der Vita Meinwerci, in: Verzeichnis der Vorlesungen, die an der Bischöflichen philosophisch-theologischen Akademie zu Paderborn während des Wintersemesters 1919/20 gehalten werden, Paderborn 1919, S. 1–52.

Tenckhoff 1920
Franz Tenckhoff: Eine kurze Zusammenfassung des Lebens des Bischofs Meinwerk von Paderborn in Hexametern, in: Zeitschrift für vaterländische Geschichte und Altertumskunde 78 (1920), S. 71–73.

Tersteeg 1973
Jacques Tersteeg: Enkele hoofdzaken uit de geschiedenis van het oude kerspel Renkum, in: Bijdragen en Mededelingen. Historisch Jaarboek voor Gelderland 67 (1973), S. 1–25.

Terstesse 2002
Klaus Terstesse: Meinwerk, Bischof von Paderborn, in: BBKL 20, Nordhausen 2002, Sp. 1025–1027.

Thiele 1898
Georg Thiele: Antike Himmelsbilder. Mit Forschungen zu Hipparchos, Aratos und seinen Fortsetzern und Beiträgen zur Kunstgeschichte des Sternenhimmels, Berlin 1898.

Thier 2005
Bernd Thier: Architekturfragment aus einem frühen münsterischen Kirchengebäude, in: Geschichte der Stadt Münster, hg. v. Verein Münster-Museum e.V., Emsdetten 2005, S. 16–17.

Thümmler 1950
Hans Thümmler: Die ältesten Kirchen Paderborns auf Grund der Grabungen in der Abdinghof-Kirche, in: WZ 100 (1950), S. 396–400.

Thümmler 1953
Hans Thümmler: Neue Funde zur mittelalterlichen Baukunst Westfalens, in: Westfalen 31 (1953), S. 274–303.

Thümmler 1965
Hans Thümmler: Grabungen zur mittelalterlichen Baugeschichte Westfalens. Paderborn, Kapellen an der Nordseite des Domes, in: Westfalen 43 (1965), S. 128–130.

Timm 2006
Frederike Timm: Der Palästina-Pilgerbericht des Bernhard von Breidenbach und die Holzschnitte Erhard Reuwichs. Die Peregrinatio in terram sanctam (1486) als Propagandainstrument im Mantel der gelehrten Pilgerschrift, Stuttgart 2006.

Timmers 1971
Jan J. M. Timmers: De kunst van het Maasland, Bd. 1 (Maaslandse Monografieën, groot formaat, 1), Assen 1971.

Tischler 1996
Matthias M. Tischler: Die ottonische Klosterschule in Einsiedeln zur Zeit Abt Gregors. Zum Bildungsprofil des hl. Wolfgang, in: FS zum tausendsten Todestag des seligen Abtes Gregor, des dritten Abtes von Einsiedeln 996–1996, hg. v. Odo Lang, St. Ottilien 1996, S. 93–181.

Tishby 2001
Ariel Tishby (Hg.): Holy Land in Maps, Jerusalem 2001.

Traub 1995
Andreas Traub: Der Musiktraktat Notkers des Deutschen, in: Deutsche Literatur und Sprache von 1050–1200, hg. v. Annegret Fiebig u. Hans-Jochen Schiewer, Berlin 1995.

Treude 1999
Elke Treude: Minden im frühen Mittelalter, in: Kat. Paderborn 1999, Bd. 3, S. 380–385.

Trotzig 1991
Gustaf Trotzig: Craftmanship and Function. A Study of Metal Vessels Found in Viking Age Tombs on the Island of Gotland, Sweden (The Museum of National Antiquities, Stockholm, Monographs, 1), Stockholm 1991.

Tschan 1942–1952
Francis J. Tschan: Saint Bernward of Hildesheim, 3 Bde. (Publications in Medieval Studies, 6, 12–13), Notre Dame (USA) 1942–1952.

Ulbricht 1984
Ingrid Ulbricht: Die Verarbeitung von Knochen, Geweih und Horn im mittelalterlichen Schleswig (Ausgrabungen in Schleswig, 3), Neumünster 1984.

Unterkircher 1986
Franz Unterkircher: Der Wiener Froumund-Codex, in: Codices manuscripti 12 (1986), S. 27–51.

Untermann 1999
Matthias Untermann: Kreuz und Kreis. Die kreuzförmige Kapelle auf der Wittekindsburg im Licht mittelalterlicher Zentralbauten, in: Klosterkirche, Burgkapelle, Familiengrab? Hg. v. Klaus Günther (Archäologie in Ostwestfalen, 4), Bielefeld 1999, S. 56–64.

Urbańczyk 2000
The Neighbours of Poland in the 10th Century, hg. v. Przemysław Urbańczyk, Warschau 2000.

Urbańczyk 2001
Europe around the Year 1000, hg. v. Przemysław Urbańczyk, Warschau 2001.

Usener 1950
Karl H. Usener: Das Brevier Clm 23261 der Bayerischen Staatsbibliothek und

die Anfänge der romanischen Buchmalerei in Lüttich, in: Münchener Jahrbuch der bildenden Kunst 1 (1950), S. 78–92.

Usener 1966
Karl H. Usener: Buchmalerei bis 1200, in: Kat. Corvey 1966, S. 464–469.

Venner 2001
Gerard H. A. Venner: Is het zegel van Florbert, »bisschop van Maastricht« (727–736/738) het oudst bekende bisschoppelijke zegel in West-Europa? Een vergelijkend onderzoek naar bisschoppelijke zegels in de volle Middeleeuwen, in: Jaarboek voor Middeleeuwse Geschiedenis 4 (2001), S. 7–27.

Verlinden 1970
Charles Verlinden: Wo, wann und warum gab es einen Großhandel mit Sklaven während des Mittelalters? (Kölner Vorträge zur Sozial- und Wirtschaftsgeschichte, 11), Köln 1970.

VL
Die deutsche Literatur des Mittelalters, Verfasserlexikon, begr. v. Wolfgang Stammler, fortgef. v. Karl Langosch, 2., völlig neu bearb. Aufl., 14 Bde., hg. v. Kurt Ruh u. Burghart Wachinger, Berlin u.a. 1978–2008.

Vleeschouwers 1990–1991
De oorkonden van de Sint-Baafsabdij te Gent (819–1321), 2 Bde., hg. v. Cyriel Vleeschouwers, Brüssel 1990–1991.

Vöge 1893
Wilhelm Vöge: Die Mindener Bilderhandschriftengruppe, in: Repertorium für Kunstwissenschaft 16 (1893), S. 198–213.

Vogel 2000
Manuscripta historica, bearb. v. Peter Vogel (Die Handschriften der Universitätsbibliothek Kassel, Landesbibliothek und Murhardsche Bibliothek der Stadt Kassel, 4.3), Wiesbaden 2000.

Vogel/Elze 1963–1972
Le pontifical romano-germanique du dixième siècle, 3 Bde., hg. v. Cyrille Vogel u. Reinhard Elze (Studi e testi, Biblioteca Apostolica Vaticana, 226–227 u. 269), Vatikanstadt 1963–1972.

Vogtherr 2005
Thomas Vogtherr: Bischofsstäbe und Abtsstäbe im frühen und hohen Mittelalter, in: Kleidung und Repräsentation in Antike und Mittelalter, hg. v. Ansgar Köb u. Peter Riedel (MittelalterStudien, 7), München 2005, S. 83–90.

Voigtländer 1980
Klaus Voigtländer: Die Stiftskirche zu Gernrode und ihre Restaurierung 1858–1872, Berlin 1980.

Wagner 2001
Geschichte der Stadt Würzburg, Bd. 1, hg. v. Ulrich Wagner, Stuttgart 2001.

Wappler 1892
Emil Wappler: Bemerkungen zur Rhythmomachie, in: Zeitschrift für Mathematik und Physik 37 (1892), Supplement, S. 1–17.

Ward 1987
Anne Ward: Der Ring im Wandel der Zeit, Erlangen 1987.

Wattenbach/Holtzmann/Schmale 1967
Wilhelm Wattenbach u. Robert Holtzmann: Deutschlands Geschichtsquellen im Mittelalter. Die Zeit der Sachsen und Salier, Bd. 1, neu bearb. v. Franz-Josef Schmale, Darmstadt 1967.

Weber 1982
Winfried Weber: Die Heiligkreuzkapelle in Trier (Treveris Sacra. Kunst und Kultur der Diözese Trier, 2), Trier 1982.

Webinger 1935/1936
Alfred Webinger: Puppe, in: HDA 7, Berlin u.a. 1935/1936, Sp. 388–400.

Wedekind 1836
Anton C. Wedekind: Noten zu einigen Geschichtsschreibern des deutschen Mittelalters, Bd. 3, Hamburg 1836.

Weilandt 1992
Gerhard Weilandt: Geistliche und Kunst. Ein Beitrag zur Kultur der ottonisch-salischen Reichskirche und zur Veränderung künstlerischer Traditionen im späten 11. Jahrhundert (AKG, Beiheft 35), Köln u.a. 1992.

Weinfurter 1986/2005
Stefan Weinfurter: Sancta Aureatensis Ecclesia. Zur Geschichte Eichstätts in ottonisch-salischer Zeit, in: Zeitschrift für bayerische Landesgeschichte 49 (1986), S. 3–40, wiederabgedruckt in: Gelebte Ordnung, gedachte Ordnung. Ausgewählte Beiträge zu König, Kirche und Reich, hg. v. Helmuth Kluger, Hubertus Seibert u. Werner Bomm, Ostfildern 2005, S. 95–134.

Weinfurter 1999/2000/2002
Stefan Weinfurter: Heinrich II. (1002–1024). Herrscher am Ende der Zeiten, Regensburg u.a. 1999/22000/32002.

Weinfurter 2000
Stefan Weinfurter: Neue Kriege: Heinrich II. und die Politik im Osten, in: Kat. Berlin u.a. 2000–2002, Bd. 2, S. 819–824.

Weinfurter 2004
Stefan Weinfurter: Kunigunde, das Reich und Europa, in: Dick/Jarnut/Wemhoff 2004, S. 9–27.

Weinfurter 2005
Stefan Weinfurter: Investitur und Gnade. Überlegungen zur gratialen Herrschaftsordnung im Mittelalter, in: Investitur- und Krönungsrituale. Herrschaftseinsetzungen im kulturellen Vergleich, hg. v. Marion Steinicke u. Stefan Weinfurter, Köln u.a. 2005, S. 105–123.

Weinfurter 2006
Stefan Weinfurter: Canossa. Die Entzauberung der Welt, München 2006.

Weinfurter 2007
Stefan Weinfurter: Konfliktverhalten und Individualität des Herrschers am Beispiel Kaiser Heinrichs II. (1002–1024), in: Rechtsverständnis und Konfliktbewältigung. Gerichtliche und außergerichtliche Strategien im Mittelalter, hg. v. Stefan Esders, Köln u.a. 2007, S. 291–311.

Weiß 2009
Harald Weiß: Die Baugeschichte von St. Georg zu Vreden, in Vorbereitung.

Wellmer 1973
Hansjörg Wellmer: Persönliches Memento im deutschen Mittelalter (Monographien zur Geschichte des Mittelalters, 5), Stuttgart 1973.

Wenskus 1956
Reinhard Wenskus: Studien zur historisch-politischen Gedankenwelt Bruns von Querfurt (Mitteldeutsche Forschungen, 5), Münster u.a. 1956.

Werner 1968
Karl F. Werner: Heeresorganisation und Kriegführung im deutschen Königreich des 10. und 11. Jahrhunderts, in: Ordinamenti militari in occidente nell'alto medioevo, Bd. 2 (Settimane di studio del Centro Italiano di studi sull'alto medioevo, 15.2), Spoleto 1968, S. 791–843.

Werner 1980a
Karl F. Werner: Albert (Alpertus) v. Metz, in: LexMA 1, München u.a. 1980, Sp. 289.

Werner 1980b
Matthias Werner: Der Lütticher Raum in frühkarolingischer Zeit. Untersuchungen zur Geschichte einer karolingischen Stammlandschaft (Veröffentlichungen des Max-Planck-Instituts für Geschichte, 62), Göttingen 1980.

Wesenberg 1949
Rudolf Wesenberg: Wino von Helmarshausen und das kreuzförmige Oktogon, in: Zeitschrift für Kunstgeschichte 12 (1949), S. 30–40.

Wesenberg 1955
Rudolf Wesenberg: Bernwardinische Plastik. Zur ottonischen Kunst unter Bischof Bernward von Hildesheim, Berlin 1955.

Wesenberg 1957
Rudolf Wesenberg: Curvatura Erkanbaldis Abbatis. Bestimmung und Datierung der silbernen Krümme im Domschatz zu Hildesheim, in: Karolingische und ottonische Kunst. Werden, Wesen, Wirkung (Forschungen zur Kunstgeschichte und christlichen Archäologie, 3), Wiesbaden 1957, S. 373–381.

Wesenberg 1972
Rudolf Wesenberg: Frühe mittelalterliche Bildwerke. Die Schulen rheinischer Skulptur und ihre Ausstrahlung, Düsseldorf 1972.

Westermann-Angerhausen 1977
Hiltrud Westermann-Angerhausen: Ein ottonisches Schmuckstück aus dem Rheinland in Schleswig, in: Beiträge zur Schleswiger Stadtgeschichte 22 (1977), S. 7–20.

Westermann-Angerhausen 1987
Hiltrud Westermann-Angerhausen: Die Mindener Gold-Fibel, in: Ausgrabungen in Minden. Bürgerliche Stadtkultur des Mittelalters und der Neuzeit, hg. v. Bendix Trier, Münster 1987, S. 185–191.

Westermann-Angerhausen 1992
Hiltrud Westermann-Angerhausen: »Die Tragaltäre des Rogerus in Paderborn« – Der Wandel eines mittelalterlichen Künstlerbildes zwischen Alois Fuchs und Eckhard Freise, in: Gosebruch/Steigerwald 1992, S. 63–78.

Westfälisches Klosterbuch 1992
Lexikon der vor 1815 errichteten Stifte und Klöster von ihrer Gründung bis zur Aufhebung, hg. v. Karl Hengst, Bd. 1, Münster 1992.

Wichmann/Wichmann 1960
Hans u. Siegfried Wichmann: Schach. Ursprung und Wandlung der Spielfigur in zwölf Jahrhunderten, München 1960.

Wiedemann 1994
Manuscripta Theologica. Die Handschriften in Folio, bearb. v. Konrad Wiedemann (Die Handschriften der Gesamthochschulbibliothek Kassel, Landesbibliothek und Murhardsche Bibliothek der Stadt Kassel, 1.1), Wiesbaden u.a. 1994.

Wiesenbach 1993
Joachim Wiesenbach: Pacificus von Verona als Erfinder einer Sternenuhr, in: Science in Western and Eastern Civilization in Carolingian Times, hg. v. Paul L. Butzer u. Dietrich Lohrmann, Basel u.a. 1993, S. 229–250.

Wiesenbach 1994
Joachim Wiesenbach: Der Mönch mit dem Sehrohr. Die Bedeutung der Miniatur Codex Sangallensis, in: Schweizerische Zeitschrift für Geschichte 44 (1994), S. 367–388.

Wilckens 1987
Leonie von Wilckens: Zur kunstgeschichtlichen Einordnung der Bamberger Textilfunde, in: Textile Grabfunde aus der Sepultur des Bamberger Domkapitels, hg. v. Michael Petzet (Bayerisches Landesamt für Denkmalpflege, Arbeitsheft 33), München 1987.

Wilckens 1988
Leonie von Wilckens: Die Stola aus Neumagen in Trier, in: Zeitschrift für Kunstgeschichte 51 (1988), S. 301–312.

Wilckens 1991
Leonie von Wilckens: Die textilen Künste. Von der Spätantike bis um 1500, München 1991.

Wilckens 1994
Leonie von Wilckens: Ein mittelalterliches Zubehör von Kasel und Pluviale, in: Jahrbuch des Museums für Kunst und Gewerbe Hamburg N.F. 13 (1994), S. 47–54.

Wilmans 1876
Roger Wilmans: Die Urkundenfälschungen des Klosters Abdinghof und die Vita Meinwerci, in: Zeitschrift für vaterländische Geschichte und Altertumskunde Westfalens 34 (1876), S. 3–36.

Wilschewski 2007
Frank Wilschewski: Die karolingischen Bischofssitze des sächsischen Stammesgebietes bis 1200 (Studien der internationalen Architektur- und Kunstgeschichte, 46), Petersberg 2007.

Winkelmann 1970/1990
Wilhelm Winkelmann: Die Königspfalz und die Bischofspfalz des 11. und 12. Jahrhunderts in Paderborn, in: FmSt 4 (1970), S. 398–415; wieder abgedruckt in: Ders. 1984/1990, S. 93–105.

Winkelmann 1984
Wilhelm Winkelmann: Frethenna praeclara – berühmtes Vreden. Vorbericht über die Ausgrabungen unter der Pfarrkirche in Vreden (Kreis Ahaus) 1949–1951, in: Ders. 1984/1990, S. 12–23.

Winkelmann 1984/1990
Wilhelm Winkelmann: Beiträge zur Frühgeschichte Westfalens. Gesammelte Aufsätze (Veröffentlichungen der Altertumskommission im Provinzialinstitut für westfälische Landes- und Volksforschung, Landschaftsverband Westfalen-Lippe, 8), Münster 1984/²1990.

Winter 1980
Johanna M. van Winter: Die Hamaländer Grafen als Angehörige der Reichsaristokratie im 10. Jahrhundert, in: Rheinische Vierteljahrsblätter 44 (1980), S. 16–46.

Winterer 2009
Christoph Winterer: Das Fuldaer Sakramentar in Göttingen. Benediktinische Observanz und römische Liturgie (Studien zur internationalen Architektur- und Kunstgeschichte, 70), Petersberg 2009.

Wirth 1959
Karl-August Wirth: Nachrichten über Begräbnis und Grab Bischof Bernwards von Hildesheim in Thangmars Vita Bernwardi, in: Zeitschrift für Kunstgeschichte 22 (1959), S. 305–323.

Witte 1913
Die liturgischen Geräte und andere Werke der Metallkunst in der Sammlung Schnütgen in Cöln, zugleich mit einer Geschichte des liturgischen Gerätes, hg. v. Fritz Witte, Berlin 1913.

Wittek 2002
Gudrun Wittek: Das Halberstädter Marktprivileg vom 4. Juli 989, in: Siebrecht 2002a, S. 76–81.

Wolfinger 2006
Lukas Wolfinger: Politisches Handeln mit dem hl. Adalbert von Prag. Mittelalterliche Vorstellungen von einer »civitas sancta«, in: MIÖG 114 (2006), S. 219–250.

Wolfram 2000
Herwig Wolfram: Konrad II. 990–1039. Kaiser dreier Reiche, München 2000.

Wolfram von den Steinen 1956
Wolfram von den Steinen: Bernward von Hildesheim über sich selbst, in: DA 12 (1956), S. 331–362.

Wollasch 1980
Joachim Wollasch: Ansegis, in: Lex.MA 1, München u.a. 1980, Sp. 677–678.

Wolter 1988
Heinz Wolter: Die Synoden im Reichsgebiet und in Reichsitalien von 916 bis 1056 (Konziliengeschichte, Reihe A, Darstellungen, 5), Paderborn u.a. 1988.

Worstbrock 1980
Franz J. Worstbrock: Erinher, in: VL 2, Berlin u.a. 1980, Sp. 586.

Worstbrock 1999
Franz J. Worstbrock: Wormser Briefsammlung, in: VL 10, Berlin u.a. 1999, Sp. 1422–1424.

Wünsche 2006
Peter Wünsche: »Quomodo ecclesia debeat dedicari«. Zur Feiergestalt der westlichen Kirchweihliturgie vom Frühmittelalter bis zum nachtridentinischen Pontifikale von 1596, in: »Das Haus Gottes, das seid ihr selbst«. Mittelalterliches und barockes Kirchenverständnis im Spiegel der Kirchweihe, hg. v. Ralf M. W. Stammberger u. Claudia Sticher (Erudiri Sapientia, 6), Berlin 2006, S. 113–141.

Wulf 2008
Christine Wulf: Bernward von Hildesheim, ein Bischof auf dem Weg zur Heiligkeit, in: Concilium medii aevi 11 (2008), S. 1–19.

Wullen 2002
Moritz Wullen: Die Deutschen sind im Treppenhaus. Der Fries Otto Geyers in der Alten Nationalgalerie, Berlin 2002.

Wynands 1997
Dieter P. J. Wynands: Landoald, in: LThK 6, Freiburg/Breisgau 1997, Sp. 633.

Zeitler 2003
Barbara Zeitler: The Migrating Image. Uses and Abuses of Byzantine Icons in Western Europe, in Icon and Word. The Power of Images in Byzantium, hg. v. Anthony Eastmond u. Liz James, Aldershot u.a. 2003.

Zielinski 1984
Herbert Zielinski: Der Reichsepiskopat in spätottonischer und salischer Zeit (1002–1125), Bd. 1, Stuttgart 1984.

Zimmermann 1982
W. Haio Zimmermann: Archäologische Befunde frühmittelalterlicher Webhäuser. Ein Beitrag zum Gewichtswebstuhl, in: Jahrbuch der Männer vom Morgenstern 61 (1982), S. 111–144.

Verzeichnis der Leihgaben nach Aufbewahrungsorten

Augsburg
Römisches Museum der Kunstsammlungen und Museen
Nasalhelm: 36

Bad Lippspringe
Sammlung Jens Lütkemeyer
Fibeln der Wüstung Dedinghausen: 117a–b
Fibeln der Wüstung Wietheim: 118b–e
Halbmondohrring: 119
Pektoralkreuze: 120a–b

Bamberg
Diözesanmuseum
Liturgischer Kamm: 4
Staatsbibliothek
Burchard v. Worms *Decretum*: 5
Indiculus loricatorum: 34
Pontifikale-Benediktionale: 185
Sog. *Lütticher Sakramentar*: 200

Bergkamen
Sammlung Andreas Ernst
Pektoralkreuz: 120c

Berlin
Staatsbibliothek zu Berlin – Preußischer Kulturbesitz
Einzelblatt mit der Miniatur Sigeberts v. Minden: 196
Elfenbeinrelief mit Darstellung Sigeberts v. Minden: 197
Evangelistar für Sigebert v. Minden: 193
Graduale für Sigebert v. Minden: 191
Hymnar für Sigebert v. Minden: 192
Kalenderblatt: 153
Sakramentar für Sigebert v. Minden: 194

Bonn
LVR-LandesMuseum, Rheinisches Landesmuseum für Archäologie, Kunst- und Kulturgeschichte
Bodenplatte: 20
Fenstersäule: 29
Hölzernes Tischgeschirr: 51–53
Konsole: 19
Marmorplättchen: 18
Wandplanke mit Fensteröffnung: 28
Werkzeuge im Baubetrieb: 66–68
Zwei Pfosten eines Möbelstücks: 30

Bremen
Stiftung Bremer Dom e.V. / Dom-Museum
Baureste der frühromanischen Westfassade des Bremer Domes: 69a–e
Landesarchäologie
Fibel: 70–72
Holzlöffel: 55
Holzschalenfragment: 56
Kämme: 57a–b
Klappwaagenfragment: 74
Münzgewicht: 75
Pektoralkreuz: 73
Pingsdorfer Tüllenkanne: 54
Schlittknochen: 77a–b
Schwertfragment: 76

Brüssel
Bibliothèque Royale de Belgique
Vita Meinwerci: 126

Darmstadt
Hessisches Staatsarchiv
Urkunde Heinrichs II. für die Wormser Kirche (1008): 134

Düsseldorf
Universitäts- und Landesbibliothek
Altsächsische Allerheiligenpredigt, *Essener Heberolle*: 31
Essener Sakramentar: 32

Einsiedeln
Stiftsbibliothek
Boethius: *De institutione geometrica*, *De musica*: 157
Boethius: *Peri hermeneias*: 151

Emmerich
Kath. Kirchengemeinde St. Christophorus
Reliquienkästchen: 180

Erfurt
Universitätsbibliothek
Bücherkatalog u. Ausleihverzeichnis der Kölner Dombibliothek: 148

Essen
Domschatzkammer
Relieffragment mit der Himmelfahrt Christi: 184
Relieffragment mit der Verkündigung an Maria: 183
Reliquienbehältnisse: 175–179

Gent
Rijksarchief
Vita Landoaldi mit Siegel Notkers v. Lüttich: 137

Gotha
Forschungsbibliothek
Collectio legum, Kapitulariensammlung des Ansegis v. Fontenelle: 140

Halberstadt
Städtisches Museum
Fragment eines Doppelkamms: 58
Fünf Beschlagfragmente: 87
Gabel einer Klappwaage: 90
Glasring u. Fragment eines Glasrings: 86
Griffel (?): 59
Oberteil eines Kugeltopfes: 61
Otto-Adelheid-Pfennig: 89
Schnalle: 88
Spinnwirtel: 92
Teil einer Einlegearbeit: 60
Wetzstein: 91
Zwei Webgewichte: 93

Halle (Saale)
Landesamt für Denkmalpflege und Archäologie – Landesmuseum für Vorgeschichte – Sachsen-Anhalt
Grabkelch mit Patene: 164

Hannover
Gottfried Wilhelm Leibniz Bibliothek – Niedersächsische Landesbibliothek
Alpert v. Metz: *De diversitate temporum libri duo*: 17
Niedersächsisches Landesarchiv – Hauptstaatsarchiv Hannover
Urkunde Heinrichs II. für das Nonnenkloster Hilwartshausen (1017): 141
Urkunde Heinrichs II. über die Beilegung des Gandersheimer Streites (1013): 143

Herne
LWL-Museum für Archäologie – Westfälisches Landesmuseum
Fundstücke aus der Damenstiftskirche Vreden: 21–24

Hildesheim
Dom-Museum
Bernwardbibel: 206
Bernwardleuchter: 166
Guntbaldevangeliar: 208
Kleines Bernwardevangeliar: 204
Kostbares Evangeliar: 203
Krümme des Abtes Erkanbald v. Fulda: 211
Lunulaförmiges Goldemail: 210
Sakramentar Bernwards v. Hildesheim: 207
Silbernes Bernwardkreuz: 165
Ziegelfragmente Bernwards v. Hildesheim: 209a–e

Karlsruhe
Badische Landesbibliothek
Martianus Capella: *De nuptiis Philologiae et Mercurii*: 145
Zeichnung der Grabeskirche in Jerusalem: 217

Kassel
Universitätsbibliothek Kassel, Landesbibliothek und Murhardsche Bibliothek der Stadt Kassel
Brief des Brun v. Querfurt an Heinrich II.: 45
Evangeliar aus dem Kloster Abdinghof mit Schatzverzeichnis: 228
Vita Meinwerci: 124

Bildnachweise

Vorwort der Herausgeber

Abb. 1: Paderborn, www.onebreaker.de · Abb. 2: Paderborn, Fotografie: Ansgar Hoffmann · Abb. 3: Köln, Kölnisches Stadtmuseum, Fotografie: Wolfgang F. Meier

Essays

Stefan Weinfurter – Abb. 1: Bamberg, Staatsarchiv · Abb. 2: Bildarchiv – Preußischer Kulturbesitz, Réunion des Musées Nationaux, Fotografie: Hervé Lewandowski · Abb. 3: Niederalteich, Benediktinerabtei, Fotografie: Ansgar Hoffmann · Abb. 4: www.onebreaker.de · Abb. 5: Bamberg, Staatsbibliothek, Fotografie: Gerald Raab

Hagen Keller – Abb. 1: Wien, Kunsthistorisches Museum · Abb. 2: Aachen, Domkapitel, Fotografie: Ann Münchow · Abb. 3–4: München, Bayerische Staatsbibliothek · Abb. 5: Eichstätt, Diözesanarchiv · Abb. 6: Dresden, Sächsische Landes-, Staats- und Universitätsbibliothek, Deutsche Fotothek, Fotografie: Regine Richter · Abb. 7: St-Omer, Bibliothèque de l'Agglomération · Abb. 8: Mainz, Bischöfliches Dom- und Diözesanmuseum · Abb. 9: Köln, Denkmälerarchiv, Fotografie: Helmut Stahl

Franz-Reiner Erkens – Abb. 1, 4: München, Bayerische Staatsbibliothek · Abb. 2–3: Bamberg, Staatsbibliothek, Fotografien: Gerald Raab · Abb. 5: Vatikanstadt, Biblioteca Apostolica Vaticana · Abb. 6: Madrid, Patrimonio Nacional, Biblioteca del Monasterio de El Escorial · Abb. 7: Berlin, Staatsbibliothek zu Berlin – Preußischer Kulturbesitz · Abb. 8: Göttingen, Städtisches Museum

Rudolf Schieffer – Abb. 1: Magdeburg, Landeshauptarchiv Sachsen-Anhalt · Abb. 2: Münster, Landeshauptarchiv · Abb. 3: Hildesheim, Dom-Museum · Abb. 4: Speyer, Historisches Museum der Pfalz · Abb. 5: Berlin, Staatsbibliothek zu Berlin – Preußischer Kulturbesitz · Abb. 6: www.onebreaker.de

Manfred Balzer: *Vornehm – reich – klug* – Abb. 1–4: www.onebreaker.de

Hermann Kamp – Abb. 1: Schleswig, Archäologisches Landesmuseum in der Stiftung Schleswig-Holsteinische Landesmuseen, Schloß Gottorf · Abb. 2: Münster, LWL – Landesmuseum für Kunst und Kulturgeschichte – Westfälisches Landesmuseum, Fotografie: Peter Ilisch · Abb. 3: Emmerich, Stadtarchiv

Matthias Becher – Abb. 1, 3: www.onebreaker.de · Abb. 2: Geseke, Stiftskirchengemeinde St. Cyriakus, Fotografie: Benedikt Laame

Werner Best – Abb. 1: Vorlage: Werner Best, Bearbeitung: www.onebreaker.de · Abb. 2–3: Vorlagen: Werner Best

Matthias Hardt u. Christian Lübke – Abb. 1: Gnesen (Gniezno), Dom Mariä Himmelfahrt und St. Adalbert, Fotografie: Jerzy Andrzejewski · Abb. 2, 7–8: www.onebreaker.de · Abb. 3: Bearbeitung: www.onebreaker.de · Abb. 4: München, Bayerische Staatsbibliothek · Abb. 5–6: Reproduktionen aus Kat. Berlin u.a. 2000–2002, Bd. 1, S. 468, S. 351

Stefan Samerski – Abb. 1: Wünschendorf a. d. Elster, Pfarrkirche St. Veit · Abb. 2: Wien, Schatzkammer in der Hofburg · Abb. 3: New York, The Metropolitan Museum of Art · Abb. 4: Gnesen, Dom Mariä Himmelfahrt und St. Adalbert, Fotografie: Jerzy Andrzejewski

Manfred Balzer: *Oberhirte der Paderborner Diözese* – Abb. 1–2: Paderborn, Erzbischöfliches Diözesanmuseum und Domschatzkammer, Fotografie: Ansgar Hoffmann · Abb. 3: Bremen, Staats- und Universitätsbibliothek · Abb. 4: Hildesheim, Dom-Museum · Abb. 5: Aachen, Domkapitel, Fotografie: Ann Münchow · Abb. 6: Bildarchiv – Preußischer Kulturbesitz, Réunion des Musées Nationaux, Fotografie: Hervé Lewandowski

Andreas Odenthal – Abb. 1: Wolfenbüttel, Herzog August Bibliothek · Abb. 2–5: Paderborn, Erzbischöfliches Diözesanmuseum und Domschatzkammer, Fotografien: Ansgar Hoffmann

Christian Popp – Abb. 1: London, British Library · Abb. 2: Heidelberg, Universitätsbibliothek · Abb. 3: München, Bayerische Staatsbibliothek

Lothar Lambacher – Abb. 1: Lüttich (Liège), Grand Curtius · Abb. 2: Köln, Kolumba – Kunstmuseum des Erzbistums Köln · Abb. 3: Berlin, Staatliche Museen zu Berlin – Kunstgewerbemuseum · Abb. 4: Bildarchiv – Preußischer Kulturbesitz, Réunion des Musées Nationaux, Fotografie: Hervé Lewandowski

Anton von Euw – Abb. 1: Bamberg, Staatsbibliothek, Fotografie: Gerald Raab · Abb. 2: Einsiedeln, Stiftsbibliothek · Abb. 3, 5: Köln, Erzbischöfliche Diözesan- und Dombibliothek · Abb. 4: Kassel, Universitätsbibliothek Kassel, Landesbibliothek und Murhardsche Bibliothek der Stadt Kassel

Stephan Müller – Abb. 1–3: Vorlagen: Stephan Müller

Steffen Patzold – Abb. 1: Eichstätt, Diözesanarchiv · Abb. 2–7: www.onebreaker.de

Frank G. Hirschmann – Abb. 1, 4, 6–7: www.onebreaker.de · Abb. 2–3: Reproduktionen: Ansgar Hoffmann · Abb. 5: Bearbeitung: www.onebreaker.de

Winfried Weber – Abb. 4–5, 7: Karlsruhe, Jürgen Krüger Archiv · Abb. 2: Stuttgart, Württembergisches Landesmuseum · Abb. 3: Narbonne, Musée Archéologique · Abb. 5: www.onebreaker.de · Abb. 6: Reproduktion aus Mietke 1991, Abb. 148

Sveva Gai u. Sven Spiong – Abb. 1–2: www.onebreaker.de · Abb. 3: Paderborn, Museum in der Kaiserpfalz, Fotografie: Ansgar Hoffmann

Guido M. Berndt – Abb. 1: Kassel, Universitätsbibliothek Kassel, Landesbibliothek und Murhardsche Bibliothek Kassel · Abb. 2–3: Paderborn, Erzbischöfliche Akademische Bibliothek, Fotografien: Ansgar Hoffmann

Hermann-Josef Schmalor – Abb. 1: Paderborn, Erzbischöfliche Akademische Bibliothek, Fotografie: Ansgar Hoffmann · Abb. 2, 4: Paderborn, Archiv des Vereins für Geschichte und Altertumskunde Westfalens, Abt. Paderborn, Fotografien: Ansgar Hoffmann · Abb. 3: Paderborn, Archiv des Paderborner Studienfonds, Fotografie: Ansgar Hoffmann

Bernd Päffgen – Abb. 1: Vorlage: Bernd Päffgen · Abb. 2: Paderborn, Stadtarchiv · Abb. 3: Paderborn, Kirchenzeitung DER DOM, Fotografie: Gerd Vieler · Abb. 4: www.onebreaker.de

Christoph Stiegemann – Abb. 1–2: Paderborn, Hoher Dom, Fotografien: Ansgar Hoffmann · Abb. 3: Berlin, Staatliche Museen zu Berlin – Preußischer Kulturbesitz, Alte Nationalgalerie, Fotografie: Andres Kilger

Katalog

Augsburg, Römisches Museum der Kunstsammlungen und Museen – Kat.Nr. 36

Bad Lippspringe, Sammlung Jens Lütkemeyer – Kat. Nr. 117a–b, 118b–e, 119, 120a–c

Bamberg, Diözesanmuseum – Kat.Nr. 4

Bamberg, Staatsbibliothek, Fotografien: Gerald Raab – Kat.Nr. 5, 34, 185, 200

Berlin, Staatsbibliothek zu Berlin – Preußischer Kulturbesitz, Bildarchiv – Preußischer Kulturbesitz, Sonderbestände, Fotografien: Ruth Schacht – Kat.Nr. 153, 191–194, 196 · Bildarchiv – Preußischer Kulturbesitz, Réunion des Musées Nationaux, Fotografie: Jean-Gilles Berizzi – Kat.Nr. 197 · Fotografie: Hervé Lewandowski – Kat.Nr. 169

Bonn, LVR-LandesMuseum, Rheinisches Landesmuseum für Archäologie, Kunst- und Kulturgeschichte, Fotografien: Theo Gerhards – Kat.Nr. 18–20, 28–30, 51–53, 66–68

Bremen, Stiftung Bremer Dom e.V. / Dom-Museum – Kat.Nr. 69a–e

Bremen, Landesarchäologie – Kat.Nr. 54–57, 70–77
Brüssel, Algemeen Rijksarchief, Fotografie: Bart Boom – Kat.Nr. 137
Brüssel, Bibliothèque Royale de Belgique – Kat.Nr. 126
Darmstadt, Hessisches Staatsarchiv – Kat.Nr. 134
Düsseldorf, Universitäts- und Landesbibliothek – Kat. Nr. 31–32
Einsiedeln, Stiftsbibliothek – Kat.Nr. 151, 157
Erfurt, Universitätsbibliothek – Kat.Nr. 140, 148
Essen, Domschatzkammer, Fotografien: Jens Nober (Essen) – Kat.Nr. 175–179 · Fotografien: Anne Gold (Aachen) – Kat.Nr. 183–184
Gent, Rijksarchief – Kat.Nr. 137 (Abb. in Farbe) · Reproduktion aus Kat. Köln 1972, Bd. 1, S. 50, durch Ansgar Hoffmann (Abb. in schwarz-weiß)
Halberstadt, Städtisches Museum, Fotografien: Studio Mahlke – Kat.Nr. 58–61, 86–93
Halle (Saale), Landesamt für Denkmalpflege und Archäologie – Landesmuseum für Vorgeschichte – Sachsen-Anhalt, Fotografie: Juraj Lipták – Kat.Nr. 164
Hannover, Gottfried Wilhelm Leibniz Bibliothek – Niedersächsische Landesbibliothek – Kat.Nr. 17
Hannover, Niedersächsisches Landesarchiv – Hauptstaatsarchiv Hannover – Kat.Nr. 141, 143
Herne, LWL-Museum für Archäologie – Westfälisches Landesmuseum – Kat.Nr. 21–24
Hildesheim, Dom-Museum – Kat.Nr. 165–166, 203–204, 206–211
Karlsruhe, Badische Landesbibliothek – Kat.Nr. 217 · Fotografie: Beate Ehlig – Kat.Nr. 145
Kassel, Universitätsbibliothek Kassel, Landesbibliothek und Murhardsche Bibliothek der Stadt Kassel – Kat.Nr. 45, 124, 228
Köln, Denkmälerarchiv, Fotografie: Helmut Stahl – Kat.Nr. 2
Köln, Domschatzkammer, Dombauarchiv Köln, Fotografie: Winfried Kralisch – Kat.Nr. 181
Köln, Erzbischöfliche Diözesan- und Dombibliothek – Kat.Nr. 150
Köln, Kolumba – Kunstmuseum des Erzbistums Köln, Fotografie: Lothar Schnepf – Kat.Nr. 221
Köln, Rheinisches Bildarchiv – Kat.Nr. 65, 168a–b
Konstanz, Landesbetrieb Vermögen und Bau Baden-Württemberg, Amt Konstanz – Kat.Nr. 139
Lednogóra, Muzeum Pierwszych Piastów na Lednicy, Fotografien: Mariola Jóźwikowska – Kat.Nr. 37–42
Leiden, Universiteitsbibliotheek – Kat.Nr. 152
Lübeck, Bereich Archäologie und Denkmalpflege – Abteilung Archöologie – Kat.Nr. 48
Lüttich, Archéoforum – Kat.Nr. 198
Lüttich, Grand Curtius, Fotografien: Marc Verpoorten – Ville de Liège – Kat.Nr. 199
Luxemburg, Grand Séminaire – Kat.Nr. 201
Magdeburg, Kulturhistorisches Museum, Fotografien Kat.Nr. 80–81: Ines Sachsenweger, Fotografien Kat.Nr. 78–79, 82–83: Jutta Rödling
Magdeburg, Landeshauptarchiv Sachsen-Anhalt – Kat.Nr. 84–85, 131, 136
Mainz, Bischöfliches Dom- und Diözesanmuseum – Kat.Nr. 3
Marburg, Hessisches Staatsarchiv – Kat.Nr. 142
Merseburg, Domstiftsarchiv – Kat.Nr. 132
Merseburg, Domstiftsbibliothek – Kat.Nr. 226
Minden, Kath. Dompropsteigemeinde St. Gorgonius und Petrus Ap., Fotografie: Arnold Weigelt – Kat.Nr. 95 · Fotografien: Ansgar Hoffmann – Kat.Nr. 94, 97, 186
Minden, Museum für Geschichte, Landes- und Volkskunde, Fotografie: Rolf Plöger – Kat.Nr. 96
München, Bayerisches Hauptstaatsarchiv – Kat.Nr. 11
München, Bayerische Staatsbibliothek – Kat.Nr. 147, 161
München, Sammlung C. S. – Kat.Nr. 218–220
Münster, Domkammer der Kathedralkirche St. Paulus, Fotografien: Stefan Kube – Kat.Nr. 98b, 99, 105, 180
Münster, Landesarchiv NRW Abteilung Westfalen – Kat.Nr. 6, 104, 121–123, 130, 138, 188–189
Münster, LWL-Archäologie für Westfalen, Fotografien: Stefan Brentführer – Kat.Nr. 100–103, 120c
Münster, LWL-Landesmuseum für Kunst und Kulturgeschichte – Westfälisches Landesmuseum, Fotografien: Peter Ilisch – Kat.Nr. 16a–i · Fotografie: Sabine Ahlbrand-Dornseif – Kat.Nr. 237
Münster, Stadtmuseum, Förderverein Stadtmuseum Münster e.V. – Kat.Nr. 98a
Nürnberg, Germanisches Nationalmuseum – Kat.Nr. 62–63, 156
Osnabrück, Domkapitel zu Osnabrück – Kat.Nr. 64, 173
Paderborn, Erzbischöfliche Akademische Bibliothek, Fotografien: Ansgar Hoffmann – Kat.Nr. 127–128, 205, 222–224
Paderborn, Erzbischöfliches Diözesanmuseum und Domschatzkammer, Fotografien: Ansgar Hoffmann – Kat.Nr. 162, 167, 171, 174, 187, 202, 212–215, 225, 230–232, 234–236, 238
Paderborn, Hoher Dom, Fotografien: Ansgar Hoffmann, Bearbeitung: www.onebreaker.de – Kat.Nr. 106, 182, 233
Paderborn, Museum in der Kaiserpfalz – Kat.Nr. 7 (Kopie), 12–13 (Kopien), 107–116, 118a
Paderborn, Universitätsbibliothek – Kat.Nr. 129
Pécs, Janus Pannonius Múzeum – Kat.Nr. 35
Pforzheim, Sammlung Schmuckmuseum (aus der Sammlung Heinz Battke) – Kat.Nr. 26
Pulheim-Brauweiler, Kath. Kirchengemeinde St. Nikolaus, Fotografie: Ansgar Hoffmann – Kat.Nr. 170
Reims, Palais du Tau, Centre des monuments nationaux, Fotografie: Pascal Lemaître, Paris – Kat.Nr. 163
Schaffhausen, Stadtbibliothek, Ministerialbibliothek – Kat.Nr. 9
Schleswig, Archäologisches Landesmuseum in der Stiftung Schleswig-Holsteinische Landesmuseen, Schloß Gottorf – Kat.Nr. 8, 25, 27, 43–44, 46–47, 49–50
Speyer, Domschatzkammer im Historischen Museum der Pfalz – Kat.Nr. 14–15
St. Gallen, Stiftsbibliothek – Kat.Nr. 146, 154–155
St-Omer, Bibliothèque de l'Agglomération – Kat.Nr. 1
St. Paul, Benediktinerstift – Kat.Nr. 10
Stade, Niedersächsisches Landesarchiv, Staatsarchiv Stade – Kat.Nr. 135
Trier, Bibliothek des Bischöflichen Priesterseminars – Kat.Nr. 144
Trier, Bischöfliches Dom- und Diözesanmuseum, Fotografie: Rudolf Schneider – Kat.Nr. 172, 216
Trier, Bistumsarchiv – Kat.Nr. 125
Trier, Domschatz, Amt für kirchliche Denkmalpflege, Fotografien: Rita Heyen – Kat.Nr. 227, 229
Utrecht, Museum Catharijneconvent – Kat.Nr. 133
Vatikanstadt, Biblioteca Apostolica Vaticana – Kat.Nr. 149, 159–160
Wolfenbüttel, Herzog August Bibliothek – Kat.Nr. 158, 190, 195
Xanten, LVR-Archäologischer Park / RömerMuseum Xanten – Kat.Nr. 33

Grafiken

S. 306 Rekonstruktion der Niederungsburg bei Haus Meer, Reproduktion aus Janssen/Janssen 1999, S. 9, Abb. 1
S. 337 Stadtplan Bremen: www.onebreaker.de
S. 344 Stadtplan Magdeburg: www.onebreaker.de
S. 349 Stadtplan Halberstadt: www.onebreaker.de
S. 356 Stadtplan Minden: www.onebreaker.de
S. 360 Stadtplan Münster: www.onebreaker.de

Frontispiz

S. 2 Paderborn, Innenansicht der Bartholomäuskapelle. Fotografie: www.onebreaker.de

Doppelseiten zur Gliederung

S. 4 Kopie der Grabplatte Bischof Meinwerks (Detail); Paderborn, Museum in der Kaiserpfalz. Fotografie: www.onebreaker.de
S. 24 Darstellung Bischof Meinwerks am Rotho-Grabdenkmal (Detail); Paderborn, Hoher Dom, um 1460. Fotografie: Ansgar Hoffmann
S. 28 Bischof Meinwerk im Figurenfries der Alten Nationalgalerie zu Berlin; Otto Geyer, 1870–1876. Berlin, Staatliche Museen zu Berlin – Preußischer Kulturbesitz, Alte Nationalgalerie, Fotografie: Andres Kilger
S. 146 Bischof Meinwerk auf dem Glasfenster der St. Michaeliskirche zu Kirchborchen; 1907. Fotografie: Ansgar Hoffmann
S. 244 Statuette Bischof Meinwerks im Chorgestühl des Hohen Doms zu Paderborn; Heinrich Gerhard Bücker, 1982. Fotografie: Ansgar Hoffmann
S. 276 Skulptur Bischof Meinwerks am Giebel des Ostquerhauses des Hohen Doms zu Paderborn; um 1270. Fotografie: Ansgar Hoffmann
S. 540 Kupferstich Johann Heinrich Löfflers nach Johann Georg Rudolphi (Detail); Paderborner Stiftskalender für das Jahr 1714. Münster, LWL-Landesmuseum für Kunst und Kulturgeschichte – Westfälisches Landesmuseum, K71–72, Fotografie: Sabine Ahlbrand-Dornseif

Vor- und Nachsatz

Erste u. letzte Doppelseite der *Vita Meinwerci*; Paderborn, Kloster St. Petrus u. Paulus, genannt Abdinghof, 2. Hälfte 12. Jahrhundert. Kassel, Universitätsbibliothek Kassel, Landesbibliothek und Murhardsche Bibliothek der Stadt Kassel, 4 Ms. hist. 12, fol. 0v–1r u. 73v–74r

Umschlag

Bischof Meinwerk auf dem Deckel des Tragaltares aus dem Paderborner Dom; Helmarshausen, um 1120–1127. Paderborn, Erzbischöfliches Diözesanmuseum und Domschatzkammer, Inv.Nr. DS 2, Fotografie: Ansgar Hoffmann · Detail aus der *Vita Meinwerci*; Paderborn, Kloster St. Petrus u. Paulus, genannt Abdinghof, 2. Hälfte 12. Jahrhundert. Kassel, Universitätsbibliothek Kassel, Landesbibliothek und Murhardsche Bibliothek der Stadt Kassel, 4 Ms. hist. 12, fol. 3v

Personen- und Ortsnamenregister

A

Aa, Fluss *93, 360, 365*
Aachen *30, 32, 42, 61, 66, 70, 75–76, 78, 80, 85–87, 89, 137, 142, 153, 154, 156, 167, 182, 184, 203, 205, 215, 220, 236, 246, 288, 332, 334, 477, 489, 505, 506, 507, 513*
Aagau *282*
Abbo, hl., Abt v. Fleury († 1004) *428–429*
Abel (A.T.) *184, 501*
Abraham (A.T.) *184, 208, 441*
Abraham, Bf. v. Freising (957–993/994) *32*
Abrunculus, hl., Bf. v. Trier *455–456*
Acca, Gf. *91*
Acharius, hl., Bf. Noyon-Tournai (621–639) *278*
Adalbero I., Bf. v. Metz (929–964) *219, 268*
Adalbero II., Bf. v. Metz (984–1005) *34, 181, 208, 223*
Adalbero v. Eppenstein, Hz. v. Kärnten, Mgf. v. Verona, († 1039) *64, 82*
Adalbero, Propst v. St. Paulin in Trier *53–54*
Adalbert (d. Siegreiche), Mgf. v. Österreich (1018–1055) *89*
Adalbert, Ebf. v. Hamburg-Bremen (1043–1072) *337–339*
Adalbert, hl., Bf. v. Prag (983–997) *10, 122, 124, 130, 140–145, 155, 215, 246, 321*
Adalbert, hl., Ebf. v. Magdeburg (968–981) *50, 126*
Adalbert, Mönch im Kl. St. Emmeram in Regensburg *182*
Adalbold (Adelbold) II., Bf. v. Utrecht (1010–1026) *31, 36, 38, 87, 90, 94, 419*
Adaldag, Ebf. v. Bremen-Hamburg (937–988) *401–402*
Adalhard, Abt v. St. Martin (834–843) *501, 503*
Adam (A.T.) *208, 501, 508–509*
Adam v. Bremen, Geschichtsschreiber († vor 1085) *48, 336–337*
Adamnanus v. Hy, hl., Abt v. Iona (679–704) *231–232, 513, 517*
Adela († nach 1020), Gem. Aribos v. Bayern *280*
Adela v. Vermandois († 960), Gem. Arnulfs I. *115*
Adela, Gf.in v. Hamaland († vor 1028) *80, 84, 87–94, 96 102, 105, 115, 157, 198, 246, 249, 258, 296–297, 299*
Adela, Kanonisse in Elten († 1038) *115*
Adelbert, Biograph Heinrichs *124, 210*
Adelheid, Äbtissin v. Quedlinburg u. Verden (999–1043) *9, 170*
Adelheid, hl., Ks.in († 999), Gem. Ottos I. *75, 142, 221, 352–354*
Ademar v. Chabannes, Geschichtsschreiber († 1034) *195*
Adrianus, hl., Märtyrer *404*
Aegidius v. Orval, Geschichtsschreiber († 1251) *215, 480, 488–489*
Aelia Capitolina → Jerusalem
Aethelstan, Kg. († 939) *478*
Agana, Äbtissin v. Essen († 965) *457*
Agaune im Wallis *139*
Agnes, Ks.in († 1077), Gem. Heinrichs III. *44, 223, 304, 340, 358, 382*
Aisne, Fluss *226*
Akkon *237*
al-Anbar *426*
Albrecht II., Ebf. v. Magdeburg (1205–1232) *344*
Aleppo *426*
Alexander I., hl., Märtyrer, Bf. v. Rom († 116) *173, 451*
Alexander II., Papst (1061–1073) *334*
Alexander VII., Papst (1655–1667) *184*
Alexandria *426, 451*
Alexius v. Edessa, hl. († um 417) *155–156, 419*
Alfen *97, 290*
al-Hakim bi-amr Allah, Abu Ali al-Mansur, Kalif (996–1021) *229, 232*
Alkuin († 804) *184, 195, 490, 501, 503*
Allstedt *71, 86, 97, 290*
Alme, Fluss *95, 99, 111, 539*
Almeria *426*
Alpen *30, 65, 75–76, 79, 82, 213, 216, 284, 332, 370, 441, 507*
Alpert v. Metz, Geschichtsschreiber († nach 1021/1025) *91–92, 102, 297, 299*
Alte Ijssel, Fluss *93*
Altenfels, Burg *118*
Altenweddingen *402*
Altmann, hl., Bf. v. Passau (1065–1091) *153, 196, 250*
Alvorus, Mönch *419*
Amalberga, hl. *137*
Amandus, hl., Bf. v. Maastrich (um 649) *278, 404, 406, 452*
Amelung, Vogt *385*
Amersfoort *297*
Amico, Bernardino († um 1620) *515*
Amplonius Rating de Berka, Gelehrter († 1435) *419*
Anastasius I., hl., Papst (399–402) *175*
Andreas, hl., Apostel *99, 118, 167, 171, 173, 205, 207, 209– 210, 217, 219–221, 223–224, 228, 241, 247, 266, 384, 448, 451, 515, 534*
Andreas, Mönch v. Abdinghof *528*
Anno II., hl., Ebf. v. Köln (1056–1075) *153, 192, 196, 202, 225*
Anno, Reichenauer Buchmaler *190*
Ansegis, hl., Abt v. Fontenelle (823–833) *410–411*
Anselm v. Lüttich, Geschichtsschreiber († 1056) *266, 488*
Ansfried, hl., Bf. v. Utrecht (995–1010) *297*
Ansgar, hl., Ebf. v. Hamburg-Bremen (845–865) *284*
Antakia *426*
Antiochien *234*
Antoninus Pius, Ks. (138–161) *167*
Antwerpen *257, 260, 274, 393–394, 511*
Apeldoorn *93*
Appel (Appele) *92*
Appelderbroek *92–93*
Apulien *82*
Aquileja *35, 64, 82, 97, 197, 235*
Aratos v. Soloi, Philosoph († 245 v.Chr.) *425*
Arbogast, hl., Bf. v. Straßburg *507*
Arculf, gallischer Bf. *231–232, 513, 517–518*
Arezzo *44*
Aribert II., Ebf. v. Mailand (1018–1045) *82*
Aribo, Ebf. v. Mainz (1021–1031) *8, 35–36, 73, 80, 82–84, 86, 114, 280–281, 413*
Aribonen *35*
Aripo, Mönch im Kl. St. Emmeram in Regensburg *188*
Aristoteles, Philosoph († 322 v.Chr.) *421–422*
Amiens *226*
Arneburg *402*
Arnheim *93*
Arnold, Abt v. Berge u. Nienburg (1119–1166) *161–162, 325*
Arnulf I., Mgf. v. Flandern († 964) *115*
Arnulf v. Kärnten, Kg. (887–899) *118, 188, 338*
Arnulf, Bf. v. Halberstadt (996–1023) *50–52, 75, 83, 85, 90, 128, 170, 199, 218–219, 350–351, 411*
Arnulf, Hz. v. Bayern (907–937) *41*
Arnulf, Trierer Dompropst *234*
Arolsen, Kl. *252*
Arras *188, 226, 497*
Artemisius, hl. *504*
Ascha *95*
Askalon *426*
Aslen, Wüstung *116*
Assel *93, 271*
Ath (Belgien) *523*
Athanasia *417*
Atlantik *342*
Attila (434–453) *233*
Audaxen *95*
Audomarus, hl., Bf. v. Thérouanne († um 670) *8, 54, 278–279*
Augau *97, 112, 282*
Augsburg *82, 85–87, 142, 203, 206, 223–224, 227, 266, 316, 427, 445, 452*
August d. Jüngere, Hz. v. Braunschweig-Lüneburg (1635–1666) *297*
Augustinus, hl. († 430) *419, 438, 472, 486, 491*
Austrebertha, hl. *278*
Autbertus, hl., Bf. v. Cambrai u. Arras (633–669) *173, 278*
Avian, Dichter *417*
Azecho, Bf. v. Worms (1025–1044) *87, 291, 429–431*
Azelin, Bf. v. Hildesheim (1044–1054) *208–209*
Azewijn *93*

B

Bacchus, hl., Märtyrer († um 303) *451*
Bad Arolsen *99*
Bad Driburg *99, 247*
Bad Hermannsborn *95*
Bad Lippspringe *381–384*
Bad Oeynhausen *91, 95*
Badajoz *426*
Badurad, Bf. v. Paderborn (815–862) *153, 261, 272, 375*
Bagdad *134, 137, 426*
Baldenstein, Burg *332*
Balderich v. Looz, Bf. v. Lüttich (1008–1018) *215, 266–267*
Balderich, Bf. v. Speyer (970–986) *418*
Balderich, Gf. v. Drenthe († 1021) *80, 84, 87–96, 102–103, 115, 297, 299*
Balduin V., Gf. v. Flandern († 1067) *278*
Balge, Fluss *337–338, 340, 342*
Balhorn, Wüstung *95, 98, 381*
Balkh *426*
Bamberg *30, 33, 36–38, 44, 62–63, 65, 71, 76–80, 82, 84, 86–87, 91, 94, 96–97, 126, 139, 142, 154, 161, 171, 175, 187, 199, 202–203, 210–211, 217, 223, 227, 246, 266, 281–282, 289, 314, 361–362, 401, 421, 441–444, 458, 487–488, 490, 506, 513, 527*
Bardaga → Harzgau
Bardo, Ebf. v. Mainz (1031–1051) *84, 149, 171, 291*
Barkhausen → Paderborn
Bartholomäus, hl., Apostel *155, 451*

Basel 182, 203, 224, 226
Basileios II., Ks. (976–1025) 128
Bassum, Kl. 402
Bautzen 131, 134, 398
Bayern, Hzm. 30–32, 35, 77, 102, 124, 294
Beauvais 226
Becelin, Gf. 94, 401
Beda Venerabilis, hl. († 735) 308, 418, 428
Beja (Ostsudan) 426
Benedikt IX., Papst (1032–1045/1047–1048) 219
Benedikt VIII., Papst (1012–1024) 48, 65, 79, 82, 94, 155, 167, 171, 227, 258
Benedikt, hl., Abt v. Aniane (782–821) 50
Benevent 155, 337
Bentrup 95
Berengar, Kapellan in Würzburg 38
Bergen 95
Bergheim 95
Berkel, Fluss 93
Bern, Abt v. Reichenau (1008–1048) 35–36
Bernhard I., Hz. v. Sachsen (973–1011) 75, 109–110, 112, 176, 184, 352
Bernhard II., Bf. v. Verden (994–1014) 75, 402
Bernhard II., Hz. v. Sachsen (1011–1059) 85, 90, 94–95, 152, 314, 305, 411, 454
Bernhard v. Breidenbach, Mainzer Domdekan († 1497) 237, 514, 521–522
Bernhard v. Hadmersleben, Bf. v. Halberstadt (926–968) 347
Bernhard v. Oesede, Bf. v. Paderborn (1127–1160) 249–252, 269
Bernhard, Bf. v. Oldenburg (1013–1023) 305
Bernhard, Gf. v. Northeim († um 1040) 152
Bernhard, Gf. v. Padberg († 1030) 290
Bernhard, Gf. v. Warburg (?) 290
Bernhard, hl., Abt v. Clairvaux (1115–1153) 445–445
Bernhard, Mindener Domdechant 420
Bernold, hl., Bf. v. Utrecht (1026/1027–1054) 181
Bernshausen 90–91, 96
Bernward, hl., Bf. v. Hildesheim (993–1022) 8, 11–12, 36–37, 52, 61, 75, 77–78, 83, 90, 109, 177–178, 182, 185, 189, 207–208, 213, 217, 258, 264–265, 267, 270, 275, 305, 370, 394, 412–413, 435–436, 443, 489, 491–492, 494–495, 497–498, 500, 503–509
Bertheide, Äbtissin 355
Bertinus, hl., Missionar 278
Bessen, Georg Joseph († 1820) 249
Betuwe 299
Bexten 95
Bezelin, Ebf. v. Hamburg-Bremen (1035–1043) 337
Bezprym, Hz. v. Polen († nach 1032) 132
Bianchi, Noè († um 1568) 515
Bielefeld 99, 111, 253
Bilitrud († 898), Gem. Eberhards Saxo 115
Billinghausen 95
Billy-Berclau 226
Bingerden 93
Birka 137
Birten 140
Blasius, hl., Bf. v. Sebaste († um 316) 148, 155–156, 167, 175, 441–442, 529
Blomberg 152
Bober (Bóbr), Fluss 127
Bochum 137
Bochum-Stiepel, Pfarrkirche 357
Bock, Franz († 1899) 446
Böddeken, Kl. 111, 153, 254–255, 273–274, 393
Bode, Fluss 99
Boethius, Philosoph († um 525) 10, 36, 194–196, 417, 419–422, 426–427
Böhmen, Hzm. 123–124, 126–127, 130–133, 136, 294, 365
Bökenförde, Hof bei Lippstadt 74, 76, 79, 90, 96, 108–109, 152, 156–157
Boleslav II., Hz. v. Böhmen († 997) 123–124, 127
Boleslav III., Hz. v. Böhmen († 1037) 123–124
Bolesław I. Chrobry, Hz. v. Polen (992–1025) 9, 64, 67, 85, 122, 124, 129–130, 132, 140, 171, 198, 320, 398
Bolgar 137
Bolland, Jean († 1665) 260, 274, 395
Bologna 236–237
Bonifatius → Winfrid-Bonifatius
Bonifaz IV., hl., Papst (608–615) 308
Bonifaz IX., Papst (1389–1404) 255
Bonosius, Bf. v. Trier (359–373) 456
Boppard 203
Borken 92
Börnecke 402
Boulogne 278
Brake 95, 111
Brandenburg a. d. Havel 86, 123, 126, 129, 132, 137, 203
Brandenburg, Bm. 123, 126, 202–203
Brantog, Bf. v. Halberstadt (1023–1036) 349–351
Braunschweig 183, 501
Brauweiler 226, 428–429, 444–445, 455
Bredelar 118
Bremen 9, 126, 153, 202–203, 327–328, 336–342, 361, 402
Breslau (Wrocław) 85, 122, 134–135
Brest (Brześć Kujawski) 132, 135
Breteuil 226
Brilon 111, 118
Brixen 35, 86, 203, 223, 513
Brockhausen 95
Brouwer, Christoph, Geschichtsschreiber († 1617) 250, 256–257, 259–260, 273
Bruch 95
Brügge 137
Brummen, Fluss 93
Brun v. Querfurt, hl., Missionar († 1009) 61, 75, 141, 320, 343
Brun, Bruder Haholds II. 112
Brun, hl., Ebf. v. Köln (953–965) 114, 123, 138, 189, 193, 220, 267, 294, 296
Brun, Gf. v. Arneburg († 978) 402
Brundorf 112
Brunhard, Paderborner Goldschmied 177, 183
Bruno v. Waldeck, Bf. v. Minden (1036–1055) 355
Bruno, Bf. v. Augsburg (1006–1029) 45, 82, 87, 465
Bruno, Gf. v. Braunschweig († 1013?) 291
Bruno, hl., Bf. v. Würzburg (1034–1045) 149, 171
Brüntrup 142
Brüssel 250–251, 255, 393, 483, 485
Buchara 134
Bücker, Heinrich Gerhard, Künstler († 2008) 11, 275
Büderich, Niederungsburg bei Haus Meer 305–308, 326, 336
Bug, Fluss 128, 131, 135
Büraburg bei Fritzlar 201
Burchard I., Bf. v. Halberstadt (1036–1059) 350–351
Burchard II., Bf. v. Halberstadt (1059–1088) 349–350
Burchard, Bf. v. Worms (1000–1025) 30, 75, 83, 87, 150, 185, 204, 213, 219, 221, 226, 281, 297, 375, 401, 420–421
Büren 9, 111, 260, 272
Bürgel 89
Burghausen 85
Burgund 37, 76, 79, 139
Busendorf, Ortsteil v. Beelitz 226

C

Caesarius, hl., Märtyrer 451
Calatayud 426
Calcidius, Kommentator 422
Cambrai 223–224, 226–227, 513
Canino 284
Canterbury 188
Cantianilla, hl. 504
Cantianus, hl. 504
Ceuta 426
Chapeauville Jean, Geschichtsschreiber († 1617) 488
Chersones 137
Chèvremont → Kievermont
Chlodwig I., Kg. († um 533) 452
Chlothar II., Kg. (584–629) 404
Christian, Hz. v. Braunschweig-Wolfenbüttel († 1626) 176
Christoph Bernhard v. Galen, Fürstbf. v. Münster (1651–1678) 258
Christoph, Reichsgf. v. Kesselstadt († 1814) 390, 528
Christophorus, hl. 181, 279, 418, 451
Chrodegang hl., Bf. v. Metz (742–766) 195
Chrysantus, hl. 451
Chuonradus, Mönch aus St. Lambert in Seeon 185
Chur 44, 203
Cicero, Marcus Tullius († 43 v.Chr.) 417, 420
Claudius Ptolemaios, Gelehrter († um 170) 225
Clemens II., Papst (1046–1047), zugleich Suidger, Bf. v. Bamberg (1040–1047) 291, 365, 444
Cluny, Kl. 34, 86, 149, 159, 162, 164, 203, 370
Coelestin III., Papst (1191–1198) 404
Columban, Abt v. Luxeuil († 615) 278, 452, 468
Como 84
Corbie, Kl. 188, 226, 425, 432, 473
Córdoba, Kalifat 124, 426
Corvey, Kl. 61, 67, 76, 79–80, 91, 96, 111–112, 118, 139, 149, 159, 185, 188–189, 203, 250, 255, 257, 282, 372–373, 393, 411–412, 457, 461, 463, 490, 503, 506, 509, 527–528
Cosmas, hl. 310, 451, 504
Craad, Schwertschmied 317
Crescentier 289
Crispinus I., Bf. v. Pavia (433–467) 507
Crispinus II., Bf. v. Pavia (521–541) 507
Cunera, hl. 148
Cunibert, hl. 452

D

Dagobert I., Kg. (629–639) 278–279
Dahl → Paderborn
Dalpenhusen, Wüstung 386
Dalwig, Wüstung 95
Damaskus 134, 426
Damian, hl. 310, 451, 504
Damiette 426
Dänemark 76, 126
Dardanellen 523
Daria, hl. 451
Daseburg → Warburg
David (A.T.) 208, 365, 469, 481
Dedi, Gf. († 1009) 103
Dedinghausen 95, 381, 384
Deisel 95, 111
Delden 92–93
Denain 226
Denkhausen 95
Desenberg → Warburg
Desiderius, Bf. v. Vienne (595–603) 451
Detmold 99, 104, 154, 525, 536
Deventer 93, 296, 399
Didam (Gelderland) 93
Diedenhofen (Thionville) 34
Diemel, Fluss 84, 91, 95, 99, 111, 116, 156, 159, 250
Dieren (Gelderland) 93
Dietbald, Gf. v. Valkenburg 365
Dietrich I., Bf. v. Metz (965–984) 53–54, 56, 208
Dietrich I., Bf. v. Münster (1012/1014–1022) 77, 86, 90–91, 411
Dietrich II., Bf. v. Metz (1006–1047) 220, 411
Dietrich II., Bf. v. Minden (1002/1003–1022) 86, 396, 411

Dietrich III. (Hieroselymita), Gf. v. Holland (993–1039) *92*
Dietrich v. Fürstenberg, Fürstbf. v. Paderborn (1585–1618) *256, 273, 275, 394*
Dietrich v. Haldensleben, Mgf. d. Nordmark († 985) *132*
Dietrich, Ebf. v. Trier (965–977) *52, 219, 268*
Dietrich, Gf. v. Arneburg († um 1023) *402*
Dietrich, Gf. v. Hamaland († um 1018) *77, 89–90, 94, 115, 198, 249*
Dietwin, Bf. v. Lüttich (1048–1075) *488*
Diokletian, Ks. (284–305) *139, 167*
Dionysius, hl. *170, 178, 436, 451*
Dobrowa († 977), Gem. Bolesławs Chrobry *123–124*
Dodenbroke *95*
Dodiko, Gf. v. Warburg († 1020) *9, 84, 93–94, 96–99, 113–114, 118, 149, 152, 159, 247, 290, 385–386*
Doesburg *93*
Dohnsen *90–91, 96*
Dommitzsch *398*
Donat, Grammatiker *419*
Donau, Fluss *32, 45, 86, 134, 203*
Doornspijk *93*
Dorfprozelten *64, 83, 86–87*
Dortmund, Kg.pfalz *10, 32, 46, 67, 80, 84, 90, 96, 137, 203, 283, 293, 296, 396, 403*
Dositheus, Grammatiker *424*
Drau, Fluss *86, 203*
Drenthe *88, 94, 96, 115*
Dresden *135, 446*
Drewergau *282*
Drübeck, Kl. *372*
Druthmar, hl., Abt v. Corvey (1015–1046) *153*
Dschurdschan *426*
Dublin *137*
Duderstadt *90, 97*
Duisburg, Kg.pfalz *46, 109–110, 137, 283, 296*
Duiven *93*
Durandus, Bf. v. Lüttich (1021–1025) *267*
Düsseldorf *310, 446, 459*

E

Ebbo, Wormser Domscholaster *429*
Eberhard I., Bf. v. Bamberg (1007–1040) *77, 82, 87, 94, 411*
Eberhard Saxo († 898) *115, 299*
Eberhard, Bf. v. Konstanz (1034–1046) *291*
Ebertramnus, Missionar *278*
Eberwin, Abt v. Tholey († 1040) *234*
Ecclesia *455, 471–472, 475*
Echternach, Kl. *153, 203, 226, 488*
Eckendorf *95*
Edgitha, Kg.in († 946), Gem. Ottos d. Großen *343*
Edzico, Gf. *412*
Egbert v. Lüttich, Scholaster *36*
Egbert, Ebf. v. Trier (977–993) *183, 219, 223, 285, 436, 483, 508*
Egilbert I., Bf. v. Freising (1005–1039) *82, 87, 94*
Ehringen *385*
Eichstätt *44–45, 109, 200–203, 208, 223, 236*
Eido I., hl., Bf. v. Meißen (992–1015) *52, 62, 85*
Eilbert, Bf. v. Minden (1055/1056–1080) *359, 463*
Eilhausen *385*
Eilward, Bf. v. Meißen (1016–1023) *170*
Eimhold, Äbtissin v. Ringelheim *115*
Einbeck *90–91, 98–99*
Einhard († 840) *393*
Einsiedeln, Kl. *31, 185, 187–189, 334, 417, 421–422, 427, 469*
Eisbach, Fluss *207*
Ekkebert v. Hersfeld, Geschichtsschreiber († um 1080) *152, 253, 255*
Ekkehard, Bf. v. Schleswig (vor 1000–1026) *75*
Ekkehard I., Mgf. v. Meißen (985–1002) *102–103, 109–112, 123, 126*
Ekkehard, Gf. *412*
Ekkehart II. (Ekkehardus Palatinus), Mönch im Kl. St. Gallen, Dompropst v. Mainz († 990) *187, 194–195, 466*
Ekkehart IV., Mönch im Kl. St. Gallen († nach 1056) *194*
Elbe, Fluss *64, 85–86, 122–123, 126–128, 131, 134–135, 137, 202–203, 224, 342, 344, 347, 398, 412*
Elburg *93*
Elinere *95*
Elsen → Paderborn
Elsnig *398*
Elten, Damenstift *89–90, 93, 105, 115, 297, 299–301*
Eltingen *93*
Emma († 1038), Gem. Liudgers *89, 115*
Emmer, Fluss *95, 111*
Emmeram, hl. *43, 504*
Emmerich, Georg, Kaufmann u. Bürgermeister v. Görlitz († 1507) *237*
Emmerich, Kl. *88, 93, 299, 454*
Empedokles, Philosoph († 423 v.Chr.) *422*
Ems, Fluss *95, 99, 111, 126*
Enenhus *95, 157*
Engadin *452*
Engelbert I., Ebf. v. Köln (1216–1225) *9*
Engelbert, Nicolas, Buchbinder († 1634) *476–477*
England *56, 181, 279, 337, 439*
Erfurt *134, 201, 419*
Erich, Bf. v. Havelberg (1008–nach 1028) *46, 51–52, 77, 85, 399, 411*
Erkanbald, Abt v. Fulda (996–1011), Ebf. v. Mainz (1011–1021) *36, 78, 82–83, 87, 94, 185, 268, 355, 411, 489–490, 506, 508–509*
Erkanbald, Sohn Swidegers *398*
Erkembodus, Bf. v. Thérouanne (um 721/723–um737/742) *278*
Ermschwerd *86*
Ernst I., Hz. v. Schwaben († 1015) *292*
Erpho, hl., Bf. v. Münster (1085–1097) *361*
Erpho, Sohn d. Goldschmieds Brunhard *177, 183*
Erpo, Bf. v. Verden (976–994) *75*
Erpo, Bf. v. Worms (999) *75*
Erwitte *50, 67–68, 71, 77, 82, 84, 87, 90, 94, 97, 110, 150, 163, 203*
Esbeck *95*
Essen, Damenstift *183, 299, 308, 310, 362, 450–457*
Esztergom → Gran
Etsch, Fluss *65, 86*
Etteln *97, 290*
Eugen III., Papst (1145–1153) *127*
Euklid, Mathematiker *194, 425*
Eusebius, Bf. v. Cäsarea (313–339) *228–229, 231, 517*
Eustachius, hl. *173*
Eutzsch *398*
Eva (A.T.) *495, 497, 501, 508, 533*
Everaclus, Bf. v. Lüttich (959–971) *214, 220, 404, 406*
Everger, Ebf. v. Köln (985–999) *190*
Evergis, Bf. v. Paderborn (1160–1178) *250, 252*
Evezo, Kölner Scholaster *419*
Ezzo, Pfgf. († 1034) *429*

F

Fabian, hl., Papst (236–250) *453*
Fabritius, Bruno, Abt v. Abdinghof (1579–1582) *254, 256, 260, 446*
Felicianus, hl. *97, 154, 159*
Felicitas, hl. *155*
Felix Tüllmann, Abt v. Abdinghof (1764–1780) *390, 527*
Felix, Sohn d. hl. Felicitas *155–156, 167, 191, 468, 529*
Ferdinand v. Fürstenberg, Fürstbf. v. Paderborn u. Münster (1661–1683) *253, 256–261, 263, 273–274, 538*
Ferrari, Benediktus, Küchenmeister im Kl. Abdinghof († 1807) *271, 534–535*
Feuchtwangen, Kl. *206, 421*
Feyerabend, Sigmund, Verleger († 1590) *522*
Fez *426*
Flandern *224*
Florebert, Bf. v. Lüttich (727–736/738) *404*
Florennes *226*
Florinus v. Remüs, hl., Priester *425*
Folkmar, Bf. v. Utrecht (976–990) *489*
Fontenelle, Kl. *226*
Forst, Wüstung *95*
Frankenreich *142, 184, 201, 308, 432, 439*
Frankfurt a. Main *30, 33, 38, 45, 67, 71, 76, 80, 85–86, 134, 203, 281, 372, 421, 438, 454*
Frankreich *61, 188, 196, 202, 216, 233, 278, 332, 416, 433, 491, 497–498*
Franz Arnold v. Wolff-Metternich zur Gracht, Fürstbf. v. Paderborn (1704–1718) *539*
Franz Wilhelm v. Wartenberg, Fürstbf. v. Osnabrück, Minden, Verden u. Regensburg (1627–1661) *258*
Frederun, Tochter Wichmanns *396*
Freiburg im Breisgau, Kl. *523*
Freising *201, 203, 223–224*
Fridugisus, Abt v. St. Martin (807–834) *501*
Friedrich I., Ks. (1152–1190) *334*
Friedrich II., Lgf. v. Hessen (1760–1785) *527*
Friedrich v. Ahr, Bf. v. Münster (1152–1168) *153, 192, 196, 250, 361*
Friedrich v. Wettin, Bf. v. Münster (1064–1084/1085) *153, 192, 195, 250, 361*
Friedrich v. Wettin, Ebf. v. Magdeburg (1142–1152) *367*
Friedrich Wilhelm, Kurfürst v. Brandenburg (1640–1688) *465*
Friedrich, Bruder Haholds II. *112*
Friesland *105, 293, 296–297, 299*
Fritzlar *86, 97, 111, 201*
Frohse *402–403*
Froumund v. Tegernsee († 1006/1012) *193, 421*
Frutolf v. Michelsberg, Mönch im Kl. St. Michel in Bamberg († 1103) *59*
Fulbert, Bf. v. Cambrai (933–956) *224*
Fulda *123, 144, 154, 161, 167, 173, 184–185, 187, 189–190, 226, 355, 389, 393, 410, 423*
Fulda, Fluss *95–96, 411*
Fulgentius, Dichter *416*
Füssen, Kl. *206*

G

Gallus, hl., irischer Mönch († um 640) *191, 452, 468–469, 471*
Gamans, Johannes, Geschichtsschreiber († 1684) *173, 511*
Gameren (Gelderland) *92–93*
Gandersheim, Damenstift *76–77, 80, 83–87, 91, 170, 175, 280–281, 299, 396, 411–412, 501, 508*
Gaudentius, hl., Ebf. v. Gnesen (999–1006/1020) *122, 155*
Gauzelin, hl., Bf. v. Toul (922–962) *183*
Gebhard v. Bregenz, hl., Bf. v. Konstanz (979–995) *210–212, 215*
Gebhard, Bf. v. Eichstätt → Viktor II.
Gehle, Bach *117*
Gehrden, Kl. *111, 252*
Geisleden *80, 86*
Gelasius I., hl., Papst (492–496) *184, 423*
Geldofridus, Abt v. Brauweiler († 1177) *429*
Gembloux *226*
Gent *226, 403–404, 406*
Gerberga († 1019), Gem. Hermanns II. v. Schwaben *291*
Gerberga II., Äbtissin v. Gandersheim (956–1001) *175*
Gerberga, Gf.in v. Kitzinggau († nach 1036) *351*
Gerbert v. Aurillac → Silvester II.

Gerdag, Bf. v. Hildesheim (990–992) *75*
Gereon, hl., Märtyrer *451*
Gerhard I., Bf. v. Cambrai (1012–1051) *224*
Gerhard II., Ebf. v. Hamburg-Bremen (1219–1258) *338*
Gerhard, hl., Bf. v. Toul (963–994) *215*
Gerhard, Geschichtsschreiber *206*
Gerhard, Gf. v. Metz *365*
Gerlach, Gf. *401*
Germete → Warburg
Gernrode *372, 510–511*
Gero I., Mgf. († 965) *347–348*
Gero II., Mgf. (993–1015) *128*
Gero, hl., Ebf. v. Köln (969–976) *189–190*
Gero, Ebf. v. Magdeburg (1012–1023) *52, 56, 79–80, 85, 170, 411*
Gertrud, Gf.in v. Braunschweig († 1077), Gem. Liudolfs v. Braunschweig *183*
Gervasius, Bf. v. Le Mans (1035/1036–1055), Ebf. v. Reims (1055–1067) *433*
Gervasius, hl. *453*
Géry, hl., Bf. v. Cambrai (584–623) *224*
Geseke, Damenstift *84, 99, 105, 111–114, 408*
Geyer, Otto, Bildhauer († 1914) *275*
Gezo, Merseburger Dompropst *45*
Giebichenstein, Burg *64*
Gimte *411*
Gisela, Hz.in v. Bayern († 1006/1007) *401*
Gisela, Ks.in. († 1043), Gem. Konrads II. *71, 83–84, 223, 290–292, 363–365, 467*
Giselher (Gisilher), Bf. v. Merseburg (971–981), Ebf. v. Magdeburg (981–1004) *50, 75, 397–398*
Glismod († 1041) *89, 91–92, 115*
Glogau (Głogów) *86, 128*
Gnesdowo *137*
Gnesen (Gniezno) *122, 124, 128, 132, 140, 142, 144, 215, 318, 320, 352*
Godehard, hl., Bf. v. Hildesheim (1022–1038) *32, 35, 80, 84–85, 149, 189, 208, 394, 413, 491, 508*
Godescalc v. Orbais, Theologe u. Dichter († 866/870) *185, 490*
Godesti, Äbtissin v. Herford (992–1040) *112, 152*
Godiza *91–92*
Gog und Magog (A.T.) *37*
Goldbeck *90–91, 96*
Gorgonius, hl. *191, 355, 468–469, 471*
Görlitz *134, 237*
Gorze, Kl. *31, 217, 227, 268, 355, 469*
Gorzuchy *316*
Goslar *33, 46, 62, 67, 74, 76, 80, 86, 88, 91, 96–97, 99, 108, 149, 203, 209, 246, 258, 271, 275, 291, 354*
Gosmar, Bf. v. Osnabrück (1027–1036) *86*
Gottfried II., Hz. v. Niederlothringen (1012–1023) *92, 94*
Gottfried v. Viterbo, Geschichtsschreiber († um 1190) *334*
Gottfriedsroda, Wüstung *398*
Graditz *398*
Gran (Esztergom) *141–142*
Granada *426*
Gratian v. Bologna, Kirchenrechtler († um 1150) *420*
Gregor I. (d. Große), hl., Papst (590–604) *184–185, 211, 308, 419, 423, 471–472, 488*
Gregor III., hl., Papst (731–741) *167, 200*
Gregor V., Papst (996–999) *61, 477*
Gregor VII., Papst (1073–1085), eigentlich Hildebrand, Archidiakon *40–42, 44, 271, 334*
Gregor, Abt. v. Einsiedeln (964–996) *469*
Gregor, hl., Bf. v. Nyssa (372–376) *236*
Gregor, Bf. v. Utrecht (754–775) *393*
Gregor, hl., Bf. v. Auxerre (515–530) *451*
Grobin (Grobina) *137*
Groessen *93*
Grone, Ks.pfalz *51, 80, 86, 96, 203*
Großeneder *95–96, 258, 386*
Großenwieden *90–91, 99*
Groß-Rodensleben *402*
Grothaus, Johannes († 1669) *256, 260, 511*
Guillaume de Crassier, Baron († 1751) *477*
Gumbert, Abt v. Abdinghof (1093–1114) *249*
Gundekar II., Bf. v. Eichstätt (1057–1075) *44, 51, 199, 201*
Gunderam, Eichstätter Scholaster *36*
Gunhild, Kg.in († 1038) *365*
Guntbald, Diakon in Regensburg *36, 177, 189, 491, 497, 501, 503–506*
Guntharius, Bf. v. Hildesheim (815–834) *504*
Günther v. Schwalenberg, Bf. v. Paderborn (1307–1310) *269*
Gunther, Bf. v. Bamberg (1057–1065) *210*
Gutenberg, Johannes († 1468) *514, 522*
Gütersloh *99*

H

Haaften *92–93*
Habach, Kl. *206*
Hadawich († 994), Gem. Burchards II. v. Schwaben *194*
Hadrian I., Papst (772–795) *184, 288*
Hahold II., Gf. *70, 84, 93, 96, 105, 112*
Haholde *84, 112–113, 290, 408*
Haimo, hl., Bf. v. Verdun (988–1024) *216*
Haimo v. Auxerres († um 855) *419*
Haistulf, Ebf. v. Mainz (813–825) *418*
Haithabu *137, 284, 341*
Halberstadt *9, 50, 59–60, 62, 75–76, 91, 99, 126, 139, 142, 145, 202–203, 221–223, 264, 329–330, 333, 348–354, 357, 372, 390, 398, 463*
Halle a.d. Saale *136, 434*
Hamburg-Bremen, Ebm. *35, 60, 62, 123, 137, 202–203, 264, 284*
Hameln *90–91, 99, 111*
Hammenstedt *91–92, 94, 96*
Hammerstein *203*
Hamuko, Abt v. Abdinghof (1115–1142) *250*
Hann. Münden *99, 411*
Hardehausen, Kl. *95, 111, 252, 269*
Harderwijk *92*
Harran *426*
Hartker, Rekluse († 1011) *424, 467*
Hartmannus, Paderborner Domscholaster *193*
Hartwig, Bf. v. Brixen (1022–1039) *35*
Hartwig, Ebf. v. Salzburg (991–1023) *36*
Hārūn ar-Rašīd, Kalif (786–809) *333*
Harz *74, 77, 88, 101, 284, 292, 350, 353–354, 402, 439*
Harzgau (Bardaga) *402*
Hase, Fluss *333*
Haspres *126*
Hatto, Ebf. v. Mainz (891–913) *187*
Haumont *226*
Hausberge *86, 96*
Havel, Fluss *52, 126, 132, 135, 137*
Havelberg, Bm. *52, 62, 123, 126, 202–203, 246, 399*
Haverlah *91, 96*
Hazecha, Nonne im Domstift Quedlinburg *97, 418*
Heddinghausen *95*
Hedwig, Äbtissin v. Gernrode (962–1014) *223*
Heeslingen, Kl. *402*
Heidelberg *288*
Heidenoldendorf *95*
Heiligenkirchen *95, 111*
Heimerad v. Hasungen, hl. († 1019) *149, 152, 247, 254–256, 259*
Heinrich I., Bf v. Würzburg (995/996–1018) *38, 82, 217–218, 220, 411*
Heinrich I., Kg (919–936) *41, 50, 75, 88, 115, 123, 139, 170, 274–275, 365*
Heinrich II., Gf. v. Stade († 1016) *297*
Heinrich II., hl., Ks. (1002–1024) *8–10, 30–38, 42–43, 45, 48, 50–54, 56–59, 61–68, 70–71, 73–74, 75–80, 82, 84–94, 96–97, 99, 101, 104, 108–114, 118, 122–124, 126–136, 139, 141–142, 145–150, 153, 156–158, 160, 162, 167, 170–171, 174–175, 177–178, 182–183, 188–189, 192, 197–203, 206, 210–211, 217, 219, 224, 240, 246–248, 252, 258–259, 271, 274, 280–283, 289, 293–294, 296, 320–321, 325, 334, 370, 384, 386, 390, 396–399, 401–403, 408, 411–413*
442, 463, 467, 489–490, 500, 505–506, 526–527, 536–539
Heinrich III. (d. Löwe), Hz. v. Sachsen u. Bayern (1142–1180) *252, 349, 352*
Heinrich III., Bf. v. Hildesheim (1352–1362) *508*
Heinrich III., Ks. (1039–1056) *42, 48–49, 59, 78, 80, 153, 181, 223, 280, 291–292, 355, 361, 363, 355, 396, 465, 527*
Heinrich IV., Ks. (1056–1106) *43–44, 118, 202–203, 254, 266, 271*
Heinrich v. Assel, Bf. v. Paderborn (1083–1090) *271*
Heinrich v. Bilversheim, Bf. v. Bamberg (1242–1257) *210*
Heinrich v. Ligerz, Einsiedler Stiftsbibliothekar († um 1360) *421*
Heinrich v. Parma *411*
Heinrich v. Schweinfurt, Mgf. (980–1017) *123, 351*
Heinrich v. Sloen, gen. Tribbe, Mindener Domherr († 1464) *191, 465, 470, 472, 474–475*
Heinrich v. Werl, Bf. v. Paderborn (1084–1127) *148, 151, 164, 176, 235, 242, 270–271, 516, 530–531, 536*
Heinrich V., Ks. (1106–1125) *278*
Heinrich VI., Ks. (1190–1197) *316*
Heinrich v. Geldern, Bf. v. Lüttich (1247–1274) *488*
Heinsen *95, 111*
Helena, hl., († um 330) *224, 231, 234*
Helias Scottus, Abt v. St. Pantaleon u. Groß St. Martin in Köln († 1042) *419*
Helios, Sonnengott (Sol) *324, 425, 475*
Hellouw *92–93*
Hellweg *67, 78, 113, 137, 238, 293, 296, 381, 384, 408*
Helmarshausen, Kl. *63, 68, 71, 77, 85, 91–92, 96, 111–112, 114, 149–150, 153, 156–157, 165, 168, 171, 174, 203, 210, 228, 235–236, 241–242, 250, 370, 411–412, 432, 456, 508, 513, 515–516, 529–531, 535–536*
Helmern *95*
Helmhold v. Bosau, Geschichtsschreiber († nach 1177) *193*
Helperich v. Auxerre, Theologe *429*
Hembsen *95*
Hemmerfelden *89–91, 96*
Heng *95*
Henglarn *260*
Henschen, Gottfried, Geschichtsschreiber († 1681) *260*
Herford *91, 99–112, 149, 153, 159, 171, 257, 396*
Heribert, Bf. v. Eichstätt (1022–1042) *36, 208*
Heribert, Ebf. v. Köln (999–1021) *8, 56, 61–62, 75–76, 83–84, 87, 90, 94, 110, 113, 181, 185, 189–190, 220, 268, 279–280, 408–409, 429*
Heriger, Abt v. Lobbes (990–1007) *215, 406, 488*
Hermann, Bf. v. Münster (1032–1042) *223, 361, 363, 365–367*
Hermann I., Gf. v. Werl († 985/988) *112*
Hermann I., Mgf. v. Meißen (1009–1038) *124, 128, 131*
Hermann II., Ebf. v. Köln (1036–1056) *149, 171, 181*
Hermann II., Gf. v. Werl († 1025) *93, 97*
Hermann II., Gf. v. Winzenburg, Mgf. v. Meißen, Lgf. in Thüringen (1123/1124–1152) *252*
Hermann II., Hz. v. Schwaben (997–1003) *30, 76, 84, 109–110, 291*

q̄ renouando confirmauit. et confirmando innouauit.
Ieiuniū qd martio assentit omni anno i prima ebdomada
xlme secdm lunationis et ratione sicut et pasche cele-
61 brari disposuit. sicut predecessores suos constituisse
claruit. Ieiuniū estiuale infra ebd Pentecostes
Ieiuniū autē autumpnale iuxta statuta scorum patrum
Leonis, Gelasii et aliorum primorum in vii.mo mense debent
celebrare. secdm ecclesiasticā consuetudinē in tercio
Sabbato Septembris ieiunare. hoc obseruato ut si
Kal Septembris ii. iii. vel iiii. feria intrant. in iii. ebdo
mada. si v. vi. feria vel sabbato intrant. in iiii. ebd
celebretur. Hec minus capacibus enucleata. ingenio saga
cibus non sint ingrata. quē cum antiquitatis noticia conferant
eis studii florentis exercitia.

Pe autē operis uero mon. stm inchoatum consu
mare accelerans. f. c. i. i. n. d. r. i. de supi folio
sive fol. 47. b.

Liber scorum aplorum Petri et Pauli in Padborne. Suanti benedictio. To(llenti) maledictio. AMEN.

Multi impiorum deficient et effugium peribit ab eis
Hoc fatum ... ergo ultimam aduerse fortune sarcinam cum miser
... effugit ... merruisse ...
... homini ... uanitate et uides ... nome consident